LE DROIT DES PERSONNES PHYSIQUES

5e édition

Édith Deleury • Dominique Goubau

LE DROIT DES PERSONNES PHYSIQUES

Dominique Goubau

5e édition

ÉDITIONS YVON BLAIS

Catalogage avant publication de Bibliothèque et Archives nationales du Québec et Bibliothèque et Archives Canada

Deleury, Edith, 1944-

Le droit des personnes physiques

5e édition par Dominique Goubau

Comprend des références bibliographiques et un index.

ISBN 978-2-89730-030-2

1. Personnes (Droit) – Québec (Province). 2. Personnes morales – Québec (Province). 3. Droit de la personnalité – Québec (Province). 4. Incapacité (Droit) – Québec (Province). 5. Incapables (Droit) – Québec (Province). I. Goubau, Dominique, 1955- . II. Titre.

KEQ228.D44 2014 346.71401'2 C2014-941446-3

Nous reconnaissons l'aide financière du gouvernement du Canada accordée par l'entremise du Fonds du livre du Canada (FLC) pour nos activités d'édition.

Dépôt légal : 3e trimestre 2014
Bibliothèque et Archives nationales du Québec
Bibliothèque et Archives Canada
ISBN : 978-2-89730-030-2

Imprimé aux États-Unis.

THOMSON REUTERS

Éditions Yvon Blais, une division de Thomson Reuters Canada Limitée

C.P. 180 Cowansville
(Québec) Canada
J2K 3H6

Service à la clientèle :
Téléphone : 1-800-363-3047
Télécopieur : 450-263-9256
Site Internet : www.editionsyvonblais.com

À Renée

AVANT-PROPOS

Cette cinquième édition du *Droit des personnes physiques* arrive vingt ans après la première édition qui, elle, coïncidait avec l'entrée en vigueur du *Code civil du Québec*. Vingt années d'une activité judiciaire foisonnante et en constante progression. Vingt années aux cours desquelles s'est approfondie au Québec la réflexion et s'est multipliée une production doctrinale de plus en plus sophistiquée et multidisciplinaire, comme en témoignent les nombreux colloques académiques et professionnels dans ce champ du droit, de même que quantité d'articles et ouvrages qui éclairent le droit des personnes. C'est peu dire que ce droit a connu, pendant cette période, une évolution extraordinaire. Qu'il suffise d'évoquer le droit au respect de l'intégrité physique, la biomédecine, la protection de la vie privée ou, encore, le statut des personnes inaptes et l'on saisit d'emblée la quantité d'aspects du droit des personnes qui, au cours des 20 dernières années, ont retenu l'attention des tribunaux et des auteurs, comme celle du législateur. Cette évolution rapide et riche justifiait amplement la réédition régulière de l'ouvrage tout au long de cette période. Cette cinquième édition, comme les précédentes, présente un exposé systématique du droit des personnes dont le noyau se trouve dans le Code civil mais qui a des ramifications dans de nombreuses lois connexes relevant du domaine de la santé, de la protection des renseignements personnels ou de la curatelle publique, pour n'en citer que quelques-uns. Le présent livre offre un portrait général du droit des personnes physiques, mais il ne prétend nullement à l'exhaustivité. Le juriste québécois peut heureusement compter sur de nombreux ouvrages spécialisés qui sont entièrement consacrés à certains aspects précis de ce champ du droit.

Fidèle à la méthode des quatre éditions précédentes, la cinquième édition présente le texte principal en caractères ordinaires alors que les interprétations pointues se retrouvent dans des paragraphes en plus petits caractères, destinés au lecteur qui désire en savoir plus. À la fin de la plupart des chapitres, on trouvera une section « Pour aller plus loin » dont le but est d'aiguillonner le lecteur vers la périphérie du sujet (histoire, sociologie, politique législative, théorie juridique, droit comparé, informations pratiques ou statistiques).

Le droit est une matière mouvante, heureusement. Mais cela signifie que l'auteur doit accepter le fait qu'à l'instant précis où il rédige la préface de l'édition qu'il vient de terminer, des projets de loi sont à l'étude et des jugements sont en délibéré qui rendront peut-être désuètes certaines informations avant même leur publication... On ne peut rien y faire. Par contre, il fallait trouver une solution pour ce qui est du *Code de procédure civile* de 2014 qui n'entrera en vigueur qu'à l'automne 2015. J'ai fait à cet égard un choix qui privilégie l'utile sur l'esthétique en gardant les exposés concernant le droit de la procédure actuelle (qui de toute façon se voit pour l'essentiel reconduit dans le nouveau Code) et en mettant toutes les informations concernant la nouvelle procédure dans un tramé gris, facile à repérer, à défaut d'être joli. Lorsqu'une règle est inchangée, seul le nouvel article est ainsi mentionné, en tramé gris. Lorsque le nouveau Code apporte une innovation, celle-ci est expliquée, toujours en tramé gris.

Je remercie monsieur Louis Bossé des Éditions Yvon Blais dont l'efficace et fidèle soutien, pour la cinquième fois, ne s'est pas démenti tout au long de la préparation de cette édition. Merci aussi à mesdames Sylvie Desmeules et Nathalie Audet des Éditions Yvon Blais pour leur très patient travail d'édition. Je tiens finalement à remercier mesdames Fanny Maheu et Élie Tremblay ainsi que monsieur Marc-André Cyr qui, à titre d'auxiliaires de recherche, m'ont apporté leur très précieuse collaboration.

Dominique Goubau

La recherche est à jour au 11 juin 2014.

Les informations relatives au *Code de procédure civile* de 2014 sont tramées.

TABLE DES MATIÈRES

INTRODUCTION 1

I – La personne sujet de droits 1

II – Une vision humaniste du droit des personnes 2

III – Présentation de l'étude 3

IV – Plan de l'ouvrage 4

PARTIE I

LA PERSONNALITÉ JURIDIQUE DES ÊTRES HUMAINS

TITRE I – PERSONNALITÉ JURIDIQUE ET VIE HUMAINE 7

Chapitre I – De l'existence de la personne physique 9

Section I – L'apparition de la personnalité humaine. 10

§1 – L'enfant conçu et les chartes 11

§2 – Les conditions d'acquisition de la personnalité juridique 16

A. Le principe 16

B. La consécration d'une maxime coutumière 19

C. L'embryon et le fœtus : quel statut juridique ? . . 28

Section II – L'extinction de la personnalité 34

§1 – La constatation de la mort 35

§2 – Les pouvoirs de la volonté au-delà de la mort 39

Pour aller plus loin. 41

Bibliographie sélective. 47

Chapitre II – De l'incertitude sur l'existence de la personne . . 49

Section I – L'absence. 51

§1 – Une présomption de vie 51

§2 – L'organisation de la protection des intérêts de l'absent 53

§3 – Les règles particulières aux charges familiales et aux rapports pécuniaires entre les époux 56

§4 – Les événements qui mettent fin à la présomption de vie et à la tutelle à l'absent 57

Section II – De la déclaration judiciaire de décès 58

§1 – Conditions d'ouverture 58

§2 – La procédure. 60

§3 – Des conséquences de la preuve du décès ou du retour 62

A. Les incidences du décès réel sur la dissolution du régime matrimonial et sur l'ouverture de la succession 62

B. Du retour 63

1) L'annulation du jugement déclaratif de décès 63

2) Les effets du retour de la personne dans les rapports avec son ex-conjoint 63

3) Les effets du retour de la personne dans les rapports avec les héritiers apparents 64

Section III – De la déclaration administrative de décès 65

Pour aller plus loin 67

Bibliographie sélective 69

TITRE II – LES DROITS DE LA PERSONNALITÉ 71

Chapitre I – La notion de droit de la personnalité 73

Section I – Définition, nature et caractères 73

§1 – La constitutionnalisation progressive des droits fondamentaux 75

A. La Charte canadienne et les rapports de droit privé 75

B. La Charte provinciale et le Code civil 78

§2 – Les droits de la personnalité : une catégorie originale 82

A. Des droits attachés à la personne : des droits non pécuniaires 83

B. Des jonctions entre le patrimoine et les droits de la personnalité 85

Section II – La protection des droits de la personnalité . . . 90

§1 – Les dommages-intérêts compensateurs et les dommages-intérêts punitifs 90

§2 – Mesures conservatoires et mesures de protection non monétaires 95

Bibliographie sélective 101

Chapitre II – Le droit à l'intégrité physique 103

Section I – La protection du corps pendant la vie de la personne 103

§1 – Le droit à l'inviolabilité et à l'intégrité de la personne 103

§2 – Les soins requis par l'état de santé et les soins non requis par l'état de santé de la personne 112

A. La notion de soins 112

B. Le consentement aux soins 113

1. La nécessité du consentement 113

2. La capacité à consentir aux soins 115

3. Le consentement aux soins doit être libre et éclairé 121

4. Le devoir d'information médicale. 122

5. Le consentement substitué 126

C. Le corollaire de l'exigence du consentement : le droit de refus 132

D. L'exception à l'exigence du consentement : la situation d'urgence médicale 135

E. Le cas particulier des soins futiles 138

F. Les règles particulières concernant les mineurs et les majeurs inaptes 140

1. Le mineur de 14 ans et plus 140

2. Le mineur de moins de 14 ans 146

3. Le majeur inapte 153

G. La décision autorisant ou refusant les soins . . . 158

H. Le cas particulier de l'hébergement forcé 162

§3 – L'aliénation et l'utilisation d'une partie du corps et la recherche susceptible de porter atteinte à l'intégrité 164

A. Les prélèvements aux fins scientifiques ou thérapeutiques. 165

B. L'utilisation de parties prélevées dans le cadre de soins aux fins de recherche 167

C. La recherche susceptible de porter atteinte à l'intégrité. 170

§4 – Des demandes relatives à l'intégrité de la personne 179

Section II – Du respect du corps après le décès 183

§1 – Les funérailles et la disposition du corps 184

§2 – Le don et le prélèvement d'organes 186

Pour aller plus loin 188

Bibliographie sélective 193

Chapitre III – Le droit à l'intégrité morale et les libertés civiles. 197

Section I – Le droit à l'intégrité morale 197

Section II – Le droit à la sauvegarde de la dignité, de l'honneur, de la réputation 199

Section III – Le droit au respect de la vie privée 205

§1 – L'objet et le contenu du droit 208

A. Le droit à la solitude et à l'intimité. 210

B. Le droit à l'anonymat 213

§2 – Les limites de la protection 218

A. L'expectative de vie privée 219

B. La pondération des droits et intérêts. 219

C. Le consentement. 223

Section IV – Le droit au secret, à la confidentialité et à la protection des renseignements personnels . . . 224

§1 – La constitution et la détention d’un dossier 228

§2 – La diffusion des données 230

§3 – Le contrôle des renseignements personnels 231

Section V – Les libertés civiles 237

§1 – Généralités 237

§2 – La protection spécifique de la personne dont l’état mental représente un danger 238

A. Les conditions auxquelles l’évaluation psychiatrique et la garde en établissement peuvent être imposées 240

B. Les droits des personnes astreintes à être gardées en établissement et les obligations des établissements auprès desquels elles sont gardées vis-à-vis leurs représentants légaux . . 251

Pour aller plus loin 255

Bibliographie sélective 259

TITRE III – L’INDIVIDUALISATION DES PERSONNES PHYSIQUES ET L’ÉTAT CIVIL 263

Chapitre I – Le nom 265

Section I – Les éléments constitutifs du nom 266

§1 – Le nom de famille et le(s) prénom(s) 266

§2 – Les compléments du nom 268

Section II – L’attribution du nom 269

Section III – De l’utilisation et des caractères du nom 274

§1 – L’utilisation du nom par son titulaire 274

§2 – L'utilisation de nom par un tiers et le droit au nom 277

Section IV – Le changement de nom 279

§1 – Le changement de nom par voie judiciaire 281

A. Les conditions d'ouverture 281

B. La procédure 285

§2 – Le changement de nom par voie administrative . . . 286

A. Les conditions d'ouverture 286

B. La procédure 291

§3 – Les effets du changement de nom 295

Pour aller plus loin 296

Bibliographie sélective 310

Chapitre II – Le sexe 313

Section I – Le sexe : définition et constatation 314

§1 – Définition 314

§2 – Constatation 315

Section II – D'un genre à l'autre : le transsexualisme 317

§1 – La modification de l'acte de naissance dans le droit actuel 319

§2 – La modification de l'acte de naissance dans la réforme de 2013 322

§3 – Les effets juridiques de la modification du sexe . . . 324

Pour aller plus loin 327

Bibliographie sélective 334

Chapitre III – Le domicile 337

Section I – Définitions et intérêts en présence 337

§1 – Définitions 337

§2 – Intérêt pratique et caractères 339

A. Intérêt de la détermination du domicile en droit civil 340

B. Caractères du domicile : nécessité, fixité et unité 342

C. Intérêt de la résidence 344

Section II – Détermination du domicile 345

§1 – Méthode générale de détermination du domicile 346

§2 – Modes exceptionnels de détermination du domicile 353

A. Le régime de présomptions de l'article 78 353

B. Le domicile d'origine et les autres domiciles légaux 355

1) Le domicile légal du majeur inapte 360

2) Le domicile de fonction 360

Section III – Domicile élu 360

Pour aller plus loin 365

Bibliographie sélective 368

Chapitre IV – La constatation de l'état des personnes : l'état civil 369

Section I – État des personnes et état civil 369

§1 – L'état des personnes 369

§2 – L'état civil 371

Section II – La réforme de l'état civil 372

§1 – Le contexte 372

§2 – Les grands axes de la réforme 374

Section III – L'établissement des actes de l'état civil 376

§1 – Dispositions générales 376

§2 – Les règles particulières à chacun des actes 377

A. L'acte de naissance 377

B. L'acte de mariage 381

C. L'acte d'union civile 382

D. L'acte de décès 382

Section IV – La modification du registre 386

§1 – Les actes dressés à la suite d'une enquête sommaire, sur autorisation du tribunal ou à la suite d'une notification d'un jugement et mentions en marge . . 386

§2– Les actes d'état civil dressés ailleurs au Canada ou à l'étranger et les jugements rendus hors du Québec 391

Section V – La rectification et la reconstitution des actes et du registre 393

§1 – La rectification des actes de l'état civil 393

§2 – La reconstitution des actes et du registre 396

Section VI – L'utilisation du registre : publicité et force probante des actes de l'état civil 398

§1 – La publicité des actes de l'état civil 398

A. Les divers modes de publicité 398

B. Les règles relatives à la délivrance des copies, certificats et attestations 399

C. Les règles particulières à la publicité des actes remplacés ou annulés 401

D. La consultation du registre 401

§2 – La force probante des actes de l'état civil. 404

A. Des actes authentiques 404

B. L'absence de preuve subsidiaire 406

Pour aller plus loin 406

Bibliographie sélective 419

PARTIE II

LES INCAPACITÉS ET LA PROTECTION DES INAPTES

Chapitre préliminaire – Les principes généraux 423

Section I – La règle de la capacité juridique 423

Section II – Le domaine de l'incapacité. 427

Section III – Les catégories d'incapacités 430

§1 – Incapacité de jouissance et incapacité d'exercice 430

A. L'incapacité de jouissance. 430

B. L'incapacité d'exercice. 434

§2 – Incapacité naturelle et incapacité juridique 436

Section IV – Capacité et pouvoir. 438

Section V – Les catégories de personnes inaptes 439

Section VI – Les mécanismes de protection. 441

§1 – La représentation 442

§2 – L'assistance 442

§3 – L'autorisation 442

§4 – L'avis 443

§5 – L'interdiction d'agir 443

§6 – Un régime de prescription adapté. 444

Section VII – La sanction des incapacités 446

§1 – La nullité 446

§2 – La réduction des obligations. 452

§3 – La lésion 452

Section VIII – La vérification de la capacité. 454

Pour aller plus loin 457

Bibliographie sélective 458

TITRE I – LES MINEURS 459

Chapitre I – La protection civile des mineurs 461

Section I – L'âge de la majorité 461

Section II – La minorité : période d'acquisition progressive de la capacité juridique 464

§1 – Les seuils objectifs 465

§2 – Les seuils subjectifs 469

Section III – Les mineurs et la responsabilité civile 470

Section IV – Le domaine de la capacité des mineurs 474

Section V – La sanction des actes posés par ou pour le mineur 480

Pour aller plus loin 484

Bibliographie sélective 486

Chapitre II – L'émancipation 489

Section I – Définition et fondement 489

Section II – La simple émancipation 490

§1 – Les modalités et les conditions 490

§2 – Les effets 492

A. Effets sur la tutelle 492

B. Effets sur le mineur 493

Section III – La pleine émancipation 496

§1 – Les modalités et les conditions 496

§2 – Les effets 498

Section IV – La fin de l'émancipation 499

Pour aller plus loin 501

Bibliographie sélective 503

Chapitre III – La tutelle 505

Section I – Les différentes sortes de tutelle 506

§1 – La tutelle légale 506

A. La tutelle légale des parents 507

1) Les principes en contexte « pacifique » 509

2) Les principes en situations conflictuelles 510

B. La tutelle légale des futurs parents 512

C. La tutelle légale du directeur de la protection de la jeunesse 513

D. La tutelle légale du curateur public 514

§2 – La tutelle dative 515

A. La tutelle déférée par les parents. 515

B. La tutelle déférée par le tribunal 519

C. La tutelle comme mesure de protection dans le cadre de la *Loi sur la protection de la jeunesse*. 524

§3 – La tutelle *ad hoc* 529

Section II – La charge tutélaire. 534

§1 – Les caractères de la tutelle 534

A. Les caractères relatifs au titulaire de la charge 534

B. Le caractère personnel 535

C. Le caractère facultatif ou obligatoire 536

D. Une charge gratuite ou rémunérée 537

E. Unicité et pluralité des tutelles. 542

F. Le siège de la tutelle 543

§2 – Les formalités tutélaires. 544

A. L'avis d'acceptation ou de refus. 546

B. L'inventaire 546

C. La sûreté 548

D. Les rapports et comptes de tutelle 550

E. Le compte définitif de tutelle 551

§3 – La fin de la tutelle et le remplacement du tuteur 552

A. La démission du tuteur 553

B. La destitution du tuteur. 555

C. La conversion d'une tutelle publique en tutelle privée 557

D. Les obligations du tuteur à la fin de sa charge 558

Section III – L'administration tutélaire 559

§1 – Introduction 559

§2 – Devoirs fondamentaux du tuteur 560

§3 – Les biens administrés 562

§4 – Les pouvoirs d'administration du tuteur 563

§5 – La sanction des abus de pouvoir du tuteur 570

Section IV – Le conseil de tutelle 573

§1 – Le rôle du conseil de tutelle 573

A. La surveillance du tuteur 573

B. Les avis et les autorisations. 575

C. L'intervention directe du conseil de tutelle . . . 576

§2 – La constitution du conseil de tutelle 576

A. Principes généraux 576

B. Caractères de la charge au conseil de tutelle . . 580

C. Procédure 581

1) L'initiative des procédures 581

2) L'assemblée des parents, d'alliés ou d'amis. 582

D. La sanction des irrégularités 585

§3 – Le fonctionnement du conseil de tutelle 586

Bibliographie sélective 589

Chapitre IV – Le respect des droits de l'enfant 591

Section I – L'enfant, sujet de droits comme l'adulte 591

Section II – L'enfant, sujet de droits spécifiques. 594

§1 – Les législations spécifiques aux jeunes 594

§2 – La prise en considération de l'intérêt de l'enfant . . 596

Section III – La mise en œuvre du respect des droits. 601

§1 – Le droit à la parole devant les tribunaux. 601

§2 – La protection de l'enfant témoin 603

§3 – La représentation de l'enfant 605

Section IV – La protection internationale de l'enfant 607

Pour aller plus loin 611

Bibliographie sélective 619

TITRE II – LES MAJEURS 623

Chapitre I – La protection des majeurs : principes généraux 627

Section I – La situation avant 1989 627

Section II – Les principes fondamentaux de la réforme de 1989 632

§1 – La protection dans le respect de la personne 632

§2 – Le respect de la volonté et de l'autonomie de la personne 641

Section III – La protection en dehors des régimes de protection 652

Pour aller plus loin 660

Bibliographie sélective 664

Chapitre II – La tutelle, la curatelle et le conseiller au majeur 667

Section I – L'ouverture d'un régime de protection 667

§1 – Qui peut demander l'ouverture d'un régime de protection ? 668

A. La règle générale 668

B. Le cas du bénéficiaire de soins et de services sociaux 669

§2 – La procédure 674

A. La demande 674

B. L'interrogatoire et la représentation du majeur 681

C. Le conseil de tutelle et l'assemblée des parents et amis 683

§3 – Les mesures de protection provisoire 685

A. La garde provisoire 685

B. Les actes d'administration urgents 686

C. La conservation des biens à caractère personnel 687

§4 – La décision 688

Section II – Description des régimes de protection 690

§1 – Les régimes de représentation 690

A. La curatelle 690

B. La tutelle 698

C. La garde du majeur représenté 702

D. Les règles particulières relatives à la représentation par le curateur public 703

§2 – Les régimes d'assistance 706

A. La dation d'un conseiller au majeur 706

B. La tutelle 708

Section III – La surveillance et la révision des régimes de protection 709

§1 – La surveillance 709

§2 – La révision 711

Pour aller plus loin 714

Bibliographie sélective 717

Chapitre III – Le mandat de protection 719

Section I – Principes généraux 720

§1 – Définition 720

§2 – Les caractères du mandat de protection 722

§3 – Les conditions spécifiques au mandat de protection 725

A. Conditions relatives aux parties 725

B. Conditions de forme 729

Section II – La mise en œuvre et les effets du mandat de protection 732

§1 – Les conditions d'exécution 732

§2 – Les effets du mandat homologué 743

A. La protection du mandant 743
B. Obligations des parties 747
1) Obligations du mandataire 747
2) Obligations du mandant 750
C. Les effets du mandat insuffisant 751
1) Le mandat obscur 751
2) Le mandat partiel 752
D. La sanction des actes irréguliers 756
Section III – La fin du mandat de protection 758
§1 – La fin de l'inaptitude. 758
§2 – L'ouverture d'un régime de protection 759
§3 – La révocation du mandat non homologué 760
§4 – La révocation du mandat homologué 761
§5 – La démission du mandataire 763
§6 – La faillite 764
§7 – Le décès. 764
Bibliographie sélective 774
TABLE DE LA LÉGISLATION. 777
TABLE DE LA JURISPRUDENCE 843
INDEX ANALYTIQUE 901

LISTE DES PRINCIPALES ABRÉVIATIONS

B.R.	Recueils de jurisprudence de la Cour du Banc de la Reine (ou Banc du Roi)
C.A.	Recueils de jurisprudence de la Cour d'appel
(C.A.)	Décision rendue par la Cour d'appel
C.A.S.	Commission des affaires sociales
Cass. Civ.	Cour de cassation, chambre civile
C.c.Q.	*Code civil du Québec*
C.c.B.C.	*Code civil du Bas Canada*
C. de D.	Cahiers de droit
C.P.	Recueils de jurisprudence de la Cour provinciale
C.p.c.	*Code de procédure civile*
C.P. du N.	Cours de perfectionnement du notariat
(C.Q.)	Décisions rendues par la Cour du Québec
C.S.	Recueils de jurisprudence de la Cour supérieure
(C.S.)	Décisions rendues par la Cour supérieure
CSC	Décisions de la Cour suprême du Canada
(C.S.C.)	Décisions rendues par la Cour suprême du Canada
D.	Recueil Dalloz
Dr. pros.	Droit prospectif, revue de la recherche juridique (Aix-en-Provence)

EYB	Répertoire électronique de jurisprudence des Éditions Yvon Blais
G.O.Q.	Gazette officielle du Québec
J.C.P.	Jurisclasseur périodique
J.E.	Jurisprudence Express
L.Q.	Lois du Québec
L.R.C.	Lois révisées du Canada
McGill L.J.	McGill Law Journal
O.R.C.C.	Office de révision du Code civil
QCCA	Décisions de la Cour d'appel du Québec
QCCAI	Décisions de la Commission d'accès à l'information
QCCQ	Décisions de la Cour du Québec
QCCS	Décisions de la Cour supérieure du Québec
QCTAQ	Décisions du Tribunal administratif du Québec
QCTDP	Décisions du Tribunal des droits de la personne
R.C.S.	Recueils des arrêts de la Cour suprême du Canada
R. de D.	Revue de droit
R. du B.	Revue du Barreau
R. du B. can.	Revue du Barreau canadien
R. du N.	Revue du notariat
R.D.F.	Recueil de droit de la famille
R.D.J.	Revue de droit judiciaire
R.D. McGill	Revue de droit de McGill
R.D.S.M.	Revue Droit et Santé de McGill
R.D.U.S.	Revue de droit de l'Université de Sherbrooke

REJB	Répertoire électronique de jurisprudence du Barreau
Rev. can. dr. fam.	Revue canadienne de droit familial
Rev. trim. dr. civ.	Revue trimestrielle de droit civil
R.G.D.	Revue générale de droit
R.I.D.C.	Revue internationale de droit comparé
R.J.	Revue de jurisprudence
R.J.Q.	Recueils de jurisprudence du Québec
R.J.T.	Revue juridique Thémis
R.L.	Revue légale
RLRQ	Recueil des lois et des règlements du Québec
R.P.	Rapports de pratique
R.R.A.	Recueil en responsabilité et assurance
S.	Sirey
S.C.	Statuts du Canada
S.Q.	Statuts du Québec
S.R.C.	Statuts révisés du Canada
S.R.Q.	Statuts refondus du Québec
Sem. Jur.	Semaine juridique
T.A.Q.	Tribunal administratif du Québec
T.J.	Tribunal de la jeunesse

INTRODUCTION

Le droit des personnes physiques a connu un développement considérable dans le courant des dernières décennies. Le *Code civil du Québec* et une foule de lois s'intéressant à la question tentent de refléter cette évolution et de présenter, dans un ensemble de règles gouvernant le droit des personnes, une vision globale et moderne du statut civil de l'individu. La personne est aujourd'hui clairement au centre de ce secteur du droit. Ce recentrage est en partie lié au développement des sciences et des techniques et aux formes nouvelles d'invasion de la personne qu'elles génèrent, mais il est surtout le reflet de l'idéologie des droits de la personne sur laquelle s'appuient tantôt des revendications individuelles d'autonomie, tantôt des impératifs de protection des individus. Le droit des personnes moderne entend réaliser le difficile équilibre entre ces deux notions fondamentales, autonomie et protection. Mais cette mission s'inscrit désormais dans un contexte social où les avancées étourdissantes de la science semblent vouloir élargir à l'infini le champ des possibles et où l'individu s'impose de plus en plus comme la mesure de toute chose. Le droit des personnes est ainsi constamment interpellé dans son objet et dans ses limites. Il reste que la tendance est aujourd'hui à la juridicisation des rapports sociaux et, dans le cas précis du droit des personnes, à la judiciarisation également. Tels sont les éléments qui caractérisent cette branche du droit civil.

I – LA PERSONNE SUJET DE DROITS

En accordant à tous les individus, hommes et femmes, la *personnalité juridique*, c'est-à-dire l'*aptitude à devenir sujets de droits et d'obligations*, le droit reconnaît que chaque être humain est une personne. Pour le droit, la personne, le sujet de droit, l'être humain sont donc des notions qui se recoupent.

Il existe une deuxième catégorie de personnes juridiques. À côté des êtres humains, la loi reconnaît également la qualité de personne juridique à des groupements de personnes (compagnies, coopératives, syndicats, sociétés d'État, municipalités), sujets collectifs, constituant des entités distinctes des individus qui les composent. Ces êtres juridiques, que l'on désigne sous le nom de *personnes morales* (art. 1, 298 et 301 C.c.Q.), n'ont cependant pas tous une égale consistance en tant qu'êtres juridiques. La notion de personne morale recouvre une multitude de catégories de sujets obéissant chacune à des règles spécifiques, alors que la notion de personne physique renvoie à un cadre juridique unique. Les notions de personne morale et de personne physique ont pourtant des attributs en commun en tant que sujets de droits : nom (art. 50 et 305 C.c.Q.), domicile (art. 75 et 307 C.c.Q.), patrimoine (art. 2 et 302 C.c.Q.), droits extrapatrimoniaux (art. 3 et 302 C.c.Q.). Mais par-delà ces convergences, la notion de personne morale réfère à un univers juridique très différent de celui de la personne physique. Les personnes morales obéissent à des règles propres, que ce soit du point de vue de leur constitution, de leur fonctionnement ou de leur dissolution, qui n'ont rien en commun avec celles qui régissent les personnes physiques. Par ailleurs, la grande diversité des personnes morales explique que plusieurs branches du droit s'y intéressent, que ce soit le droit de l'entreprise, le droit administratif, le droit commercial, le droit du travail, le droit municipal ou, encore, le droit scolaire. Le présent ouvrage se limite à l'étude de la personne humaine, dans le champ du droit privé.

II – UNE VISION HUMANISTE DU DROIT DES PERSONNES

Le *Code civil du Bas Canada*, fidèle à l'esprit du *Code Napoléon*, envisageait la personne humaine comme une entité abstraite et en quelque sorte désincarnée. À l'opposé, la personne physique apparaît dans le *Code civil du Québec* comme un concept central et elle représente, en soi, une valeur fondamentale du droit civil. Dans ses commentaires accompagnant le *Code civil du Québec*, le ministre de la Justice n'hésitait pas à affirmer que l'être humain dans toute sa plénitude est aujourd'hui au cœur des préoccupations du droit civil. Le respect de la personne, telle est l'assise sur laquelle reposent le *Code civil du Québec* et les lois, nombreuses, qui le complètent.

Dans le *Code civil du Bas Canada*, le droit des personnes se présentait sous la forme de quelques institutions (les actes de l'état civil, le domicile, l'absence) et de règles gouvernant la capacité des personnes à exercer leurs droits (tutelles et curatelles). À l'époque, le Livre I du Code consacré aux droits des personnes incluait les dispositions relatives au mariage et à la parenté. L'étude des grands traités de droit civil du XIXe siècle et du début du XXe siècle démontre d'ailleurs qu'en dehors de ces quelques thèmes, la personne humaine, telle qu'on l'entend aujourd'hui, est absente des préoccupations des juristes. Au fil des années, la matière du droit des personnes s'est enrichie de dispositions nouvelles, le plus souvent en marge du Code, d'où la difficulté, avant la réforme de 1991, d'en présenter une image cohérente, d'autant que ces innovations (en matière de droits fondamentaux, de curatelle publique, de protection des enfants et des personnes atteintes de maladie mentale, par exemple) participaient d'un esprit totalement différent de celui du Code civil. Alors que dans sa conception du droit des personnes le *Code civil du Bas Canada* mettait davantage l'accent sur les actes juridiques et sur les droits patrimoniaux, c'est la personne dans ses dimensions physiques, psychologiques et sociales, qui a retenu l'attention du législateur moderne. Il était devenu nécessaire d'harmoniser les dispositions anciennes avec ces valeurs nouvelles. Bon nombre d'institutions qui se trouvaient dans l'ancien Code ont donc subi d'importantes modifications dans cette métamorphose du droit des personnes.

III – PRÉSENTATION DE L'ÉTUDE

L'étude du statut juridique de la personne, en tant qu'être humain, être vivant, est infiniment vaste et le présent ouvrage n'a pas, tant s'en faut, l'ambition d'en dresser la synthèse, car cela nécessiterait de s'intéresser à un nombre considérable de champs dont certains constituent en soi des domaines de spécialité juridique. Une telle étude encyclopédique obligerait par ailleurs à faire appel à de nombreuses règles qui nous éloigneraient trop de l'étude du droit des personnes physiques au sens strict. Aussi, le présent ouvrage s'en tiendra-t-il essentiellement aux dispositions du Livre I du *Code civil du Québec*, à l'exclusion des règles relatives aux personnes morales qui se trouvent également dans le Livre I. Cette étude ne peut évidemment faire l'économie de l'analyse de certaines législations connexes qui sont en lien avec cette partie du Code civil et auxquelles celui-ci réfère d'ailleurs parfois expressément. On peut citer les exemples de la protection des personnes souffrant d'une maladie mentale, de l'organisation de la curatelle publique ou, encore, de la protection des renseignements personnels dans certains secteurs de l'activité sociale. Ces lois connexes ne seront cependant analysées que dans la mesure de leurs liens avec les principes fondamentaux énoncés dans le *Code civil du Québec*.

On ajoutera enfin qu'une approche globale de la personne humaine relève aussi de la philosophie ou d'une métaphysique et pas seulement du droit positif. C'est « une notion métajuridique », en ce sens qu'elle est certes le fondement essentiel de multiples règles de droit, mais qu'il n'entre pas dans la mission du droit de la définir dans toute sa complexité.

IV - PLAN DE L'OUVRAGE

La reconnaissance de la personnalité juridique en faveur de tous les êtres humains repose sur le principe d'égalité et se traduit par l'affirmation d'un certain nombre de droits posés comme inhérents à la nature humaine. Par ailleurs, il importe que les personnes, en tant qu'acteurs de droit, soient identifiées à partir des mêmes signes dans la vie juridique. L'individualisation de la personne se concrétise ainsi dans des événements marqués par le droit comme constitutifs de l'état civil de la personne.

Le principe de l'égalité civile souffre cependant des exceptions. Il existe ainsi des inégalités juridiques qui font que des individus se voient privés de l'aptitude à acquérir un droit ou se voient restreints dans leur droit d'agir par eux-mêmes sur la scène juridique. Il s'agit d'inégalités protectrices, qui se traduisent par les incapacités que le droit impose aux personnes particulièrement vulnérables en raison de leur inexpérience ou en raison de l'altération de leurs facultés physiques ou mentales.

Ces deux grands thèmes expliquent la division du présent ouvrage en deux parties. La première partie est consacrée à l'étude de la personnalité juridique et la seconde à celle des incapacités.

PARTIE I

LA PERSONNALITÉ JURIDIQUE DES ÊTRES HUMAINS

TITRE I

PERSONNALITÉ JURIDIQUE ET VIE HUMAINE

Toute personne, du seul fait de son existence, a la personnalité juridique : elle a « la pleine jouissance des droits civils ». Le principe, qui trouve son expression à la fois dans l'article 1 de la *Charte des droits et libertés de la personne*[1] et dans l'article 1 du *Code civil du Québec*, ne souffre aujourd'hui aucune exception. Le droit n'admet aucune discrimination et ce principe de non-discrimination est consacré au titre de droit fondamental dans les chartes[2]. Si la personnalité juridique est inhérente à l'être humain, la « jouissance » des droits est en réalité l'aptitude à devenir titulaire d'un droit (propriétaire, créancier, etc.) plutôt que l'acquisition effective de ce droit (toutes les personnes ne sont pas, par exemple, propriétaires, mais elles ont, en droit, un égal potentiel à l'être). En ce sens, le principe juridique et la réalité sociologique ne se rejoignent que très partiellement. La personnalité juridique, qui est une construction du droit, n'en demeure pas moins un attribut fondamental de l'être humain. Elle est une condition de l'autonomie et de l'égalité formelle des individus dans notre société.

La personnalité juridique et la jouissance des droits étant liées à l'existence même de la personne, il convient de vérifier les critères permettant d'en déterminer le début et la fin (Chapitre I). Par ailleurs, il peut arriver que l'existence de la personne devienne incertaine en raison de son éloignement, son absence ou sa disparition). Chacun de ces scénarios donne lieu à l'application de règles particulières (Chapitre II).

---

1. *Charte des droits et libertés de la personne*, RLRQ, c. C-12.
2. *Charte canadienne des droits et libertés*, Partie I de la *Loi constitutionnelle de 1982*, Annexe B de la *Loi de 1982 sur le Canada*, 1982, ch. 11 (R.-U.), art. 15 et *Charte des droits et libertés de la personne*, RLRQ, c. C-12, art. 10.

CHAPITRE I
DE L'EXISTENCE DE LA PERSONNE PHYSIQUE

1 – *Tout être humain vivant possède la personnalité juridique* – L'article premier du Code civil et celui de la Charte québécoise édictent que *l'être humain* possède la personnalité juridique, et il est unanimement admis que cette personnalité commence et disparaît avec la vie. Le droit ne définit cependant pas le concept de *vie*. Il se contente d'en saisir les deux extrêmes : la naissance et la mort de la personne. Ces deux « moments » appellent pourtant des nuances et peuvent soulever de sérieuses questions devant les avancées de la médecine et de la biologie pour qui l'un et l'autre de ces événements s'analysent comme un processus, un continuum, bien plus qu'un « instant ». Par exemple, les progrès en matière de réanimation peuvent conduire à une mort par étapes depuis qu'il est possible de maintenir en état de fonctionnement biologique des êtres humains dont le cerveau est irrémédiablement détruit. Des étapes sont ainsi créées et la limite entre la vie et la mort peut devenir floue. La vie prénatale pose évidemment le même questionnement. Mais pour le droit « il est plus difficile d'organiser des *continuums* que des dates précises »[1]. Entre le temps juridique qui est institué et le temps historique et vital[2] s'introduit un décalage qui oblige à interroger les rapports entre l'être humain et le sujet de droit. La notion de personne pose donc des problèmes d'arrimage entre le droit et la science. Au surplus, ces questionnements sont immanquablement tributaires des croyances et des convictions personnelles, car ils touchent à l'essence humaine.

On ne trouve pas dans le *Code civil du Québec* de définition du mot « personne » ou « être humain ». C'est donc de l'économie générale de ses dispositions que la solution doit s'inférer. Il en va différemment

---

1. J. Hauser, « Les bornes de la personnalité juridique en droit civil », *Droit de la famille* n° 9, septembre 2012, dossier 4, p. 4.
2. Y. Thomas, « L'être concret et la personne », dans O. Cayla et Y. Thomas, *Du droit de ne pas naître*, Paris, Gallimard, Collection Le Débat, 2002, p. 135, 140.

en droit criminel dont l'objet même exige des définitions univoques. Ainsi, en vertu de l'article 223(1) du *Code criminel*, « un enfant devient un être humain au sens de la présente loi lorsqu'il est complètement sorti, vivant, du sein de sa mère : *a)* qu'il ait respiré ou non ; *b)* qu'il ait ou non une circulation indépendante ; *c)* que le cordon ombilical soit coupé ou non ». Par conséquent, le fait de tuer un enfant dans le sein de sa mère ne constitue pas un homicide puisque ce n'est pas tuer un « être humain »[3]. Par contre, la question s'est posée de savoir s'il est possible de conclure, dans un tel cas, à une négligence criminelle, au sens de l'article 220 C.cr. puisque cette disposition emploie les mots causer la mort « d'une autre personne » plutôt que « d'un autre être humain ». Dans l'affaire *R.* c. *Sullivan*[4], la Cour suprême a tranché la question en décidant de façon unanime qu'il n'y avait pas à distinguer entre les deux termes, le mot « personne » étant synonyme de l'expression « être humain ». En droit canadien, les mots « personne » et « être humain » sont donc des mots interchangeables. Deux ans plus tôt, la Cour suprême du Canada avait adopté la même position en regard du droit civil québécois dans l'affaire *Tremblay* c. *Daigle*[5], refusant de voir dans l'expression « être humain » (par opposition à « personne ») un argument en faveur de la reconnaissance de la personnalité juridique de l'enfant conçu, mais pas encore né.

Il convient donc de s'arrêter sur les paramètres qui déterminent l'existence juridique de la personne humaine.

Section I
L'apparition de la personnalité humaine

2 – En droit privé comme en droit public, la naissance est le moment qui marque le début de l'existence humaine et donc de la personnalité

---

3. À quelques reprises, la Chambre des communes a été saisie, à l'initiative de députés conservateurs, de projets de lois visant la création de crimes sur l'enfant non encore né, mais aucun de ces projets n'a abouti. Le dernier en date est le controversé projet de loi C-484 – *Loi modifiant le Code criminel (blesser ou causer la mort d'un enfant non encore né au cours de la perpétration d'une infraction)*, 2e session, 39e législature, 56 Elizabeth II, 2007. Pour une analyse démontrant que ces initiatives relèvent d'une stratégie orchestrée par les opposants à l'avortement, voir L. Lemonde, « Les menaces au droit à l'avortement et à l'autonomie des femmes enceintes », (2009) 50 *C. de D.* 611-635.
4. [1991] 1 R.C.S. 489. Voir également *R.* c. *Drummond*, (1997) 112 C.C.C. (3d) 481 (Ont. Prov. Div.) et *R.* c. *Levkovic*, 103 O.R. (3d) 1, 2010 ONCA 830. Sur la protection du fœtus *de lege lata* et *de lege ferenda* en droit criminel, voir les articles 223(2) et 238(1) C.cr. et Commission de réforme du droit du Canada, *Les crimes contre le fœtus*, document de travail no 58, Ottawa, 1989.
5. *Tremblay* c. *Daigle*, [1989] 2 R.C.S. 530, EYB 1989-67833.

juridique. Dès lors, il est important que cet événement soit constaté, déclaré et acté dans les registres de l'état civil (art. 111 à 117 C.c.Q.). L'embryon et le fœtus n'étant pas des personnes au sens juridique du terme, ils ne jouissent pas des droits garantis par la *Charte canadienne des droits et libertés*[6] et par la *Charte des droits et libertés de la personne*[7].

§1 – L'enfant conçu et les chartes

3 – On ne trouve ni dans la *Charte canadienne*, ni dans la *Charte des droits et libertés*, de référence spécifique à l'enfant conçu mais pas encore né. On peut donc légitimement se demander si certaines dispositions de portée générale au sein des chartes peuvent être interprétées comme incluant l'embryon et le fœtus. Le mot embryon désigne ici l'enfant à naître jusqu'au cinquante-sixième jour de développement suivant la fécondation alors que le mot fœtus réfère à la période depuis le cinquante-septième jour de la fécondation jusqu'à la naissance[8].

4 – *La Charte canadienne et l'enfant à naître : une question presque réglée* – L'embryon et le fœtus sont-ils protégés par l'article 7 de la *Charte canadienne* ? Cette disposition garantit à chacun « le droit à la vie, à la liberté et à la sécurité de sa personne », un droit qui ne peut être limité qu'en conformité avec « les principes de justice fondamentale » et qui ne peut être restreint que par « une règle de droit, dans des limites qui soient raisonnables et dont la justification puisse se démontrer dans le cadre d'une société libre et démocratique » (art. 1). Les tribunaux ont jusqu'à maintenant répondu par la négative, sans que jamais la Cour suprême ne se soit prononcée expressément sur la question.

5 – L'arrêt clé, en la matière, est la décision *Borowski* c. *Procureur général du Canada*[9]. Dans cette affaire, l'appelant demandait que soient invalidées les dispositions de l'article 251 du *Code criminel* (aujourd'hui, art. 287 C.cr.) et plus particulièrement la défense d'immunité contenue dans cette même dis-

---

6. Partie I de la *Loi constitutionnelle de 1982*, Annexe B de la *Loi de 1982 sur le Canada*, 1982, ch. 11 (R.-U.) (ci-après citée *Charte canadienne*).
7. RLRQ, c. C-12 (ci-après citée *Charte des droits et libertés*).
8. Nous reprenons ici la distinction que fait la *Loi sur la procréation assistée*, L.C. 2004, ch. 2. C'est un découpage classique du temps de gestation que l'on retrouve dans de nombreux textes législatifs et administratifs un peu partout dans le monde.
9. [1987] 4 W.W.R. 385, 33 C.C.C. (3d) 402 (C.A. Sask.).

position « légalisant » l'avortement thérapeutique, comme constituant une violation des droits à la vie, à la liberté et à la sécurité du fœtus garantis tant par l'article 1a) de la *Déclaration canadienne des droits*[10], que par l'article 7 de la *Charte canadienne*. L'appelant s'appuyait sur des arguments d'ordre linguistique, notamment sur l'emploi par le législateur des mots « individu » dans la *Déclaration canadienne des droits* et « chacun » dans la *Charte canadienne*, par opposition à « toute personne ». Invoquant l'absence de tout fondement qui puisse juridiquement autoriser la conclusion que le fœtus est une personne, le fait qu'aucun des deux textes ne permet de dégager une intention claire ni de la part du législateur ni du constituant, ainsi que la nature des autres droits garantis par l'un et l'autre de ces instruments où l'on réfère aux mots « individu « et « chacun », la Cour d'appel de la Saskatchewan a rejeté la demande.

Saisie de l'affaire, la Cour suprême du Canada a confirmé la décision, mais pour d'autres motifs[11]. Elle ne s'est pas prononcée sur le fond, pour les raisons suivantes : l'appel est théorique, car il ne résout pas un litige ; l'appelant n'a pas la qualité pour agir puisqu'il n'invoque pas une violation de ses droits, mais de ceux du fœtus ; le contexte législatif de la demande a disparu, l'article 251 du *Code criminel* ayant été invalidé, entre-temps, par la Cour suprême[12]. Un peu plus tard, la Cour suprême refusa encore une fois d'intervenir alors que dans une affaire où une personne avait été accusée d'enfreindre la législation provinciale sur l'accès aux services d'avortement, en raison du fait qu'elle avait manifesté devant une clinique d'avortement, la Cour d'appel de la Colombie-Britannique avait rappelé dans son arrêt *R.* c. *Demers*[13] que le fœtus, n'étant pas une personne, ne bénéficie pas du droit à

---

10. L.R.C. (1985), App. III, loi ayant valeur quasi constitutionnelle.
11. *Borowski* c. *Procureur général du Canada*, [1989] 1 R.C.S. 342, EYB 1989-95668. À la lumière des principes qui gouvernent l'interprétation de la *Charte canadienne*, nous sommes d'avis que si la Cour suprême devait être saisie de cette question, elle en arriverait aux mêmes conclusions. Dans le même sens, voir M. Shaffer, « Fœtal Rights and the Regulation of Abortion », (1994) *R.D. McGill* 59 ; D. Gresner, « Abortion and Democracy for Women: A Critique of *Tremblay* v. *Daigle* », (1990) 35 *R.D. McGill* 633. Pour une approche européenne de la question du statut juridique de l'enfant conçu, voir A. Bertrand-Mirkovic, « L'enfant à naître est-il une personne protégée par la Convention européenne de sauvegarde des droits de l'homme ? », (2005) *Revue générale de droit médical* 14, 197-223.
12. *R.* c. *Morgentaler*, [1988] 1 R.C.S. 30, EYB 1988-67444. Dans cette affaire, la Cour suprême a déclaré inopérant l'article 251 C.cr. qui restreignait l'accès à l'avortement. Aux yeux de la Cour, les modalités d'accès à l'interruption volontaire de grossesse violent le droit à la sécurité de la femme, garanti par l'article 7 de la *Charte canadienne*. La question n'a donc pas été abordée sous l'angle des droits du fœtus, mais plutôt sous celui des restrictions imposées aux femmes enceintes. Bien que cette décision ait eu pour conséquence de décriminaliser l'avortement, ce n'est pas l'objectif de protection du fœtus, mais bien les moyens employés par le législateur pour atteindre cet objectif qui sont au cœur de la décision rendue par la Cour suprême. Bien que cette disposition figure encore dans le *Code criminel* (art. 287 C.cr.), elle n'en demeure pas moins inopérante, compte tenu des conclusions de la Cour suprême dans l'arrêt *Morgentaler*.
13. *R.* c. *Demers*, (2003) 102 C.C.R. (2d) 367, 2003 BCCA 28 (CanLII) [permission d'appeler à la Cour suprême refusée : [2003] 2 R.C.S. VI].

la vie qui est protégé par l'article 7 de la *Charte canadienne*. Dans cet arrêt, les juges de la Cour d'appel de la Colombie-Britannique sont d'avis que lorsque la Cour suprême avait décidé, dans *Office des services à l'enfant et à la famille de Winnipeg (région du Nord-Ouest)* c. *G. (D.F.)*, [1997] 3 R.C.S. 925, que l'absence de personnalité juridique de l'enfant à naître est un « principe général applicable dans tous les domaines du droit » (par. 3), cette affirmation s'étend également à la *Charte canadienne*. Autrement dit, l'interprétation que donne la Cour d'appel de la Colombie-Britannique à la jurisprudence de la Cour suprême est à l'effet que cette dernière se serait donc clairement prononcée sur la question de l'absence de protection constitutionnelle du fœtus dans le cadre de la *Charte canadienne.* La Cour suprême du Canada a donc, dans l'arrêt *Winnipeg*, clairement consacré le principe juridique de la primauté de l'autonomie de la femme enceinte. La solution juridique laisse cependant intacte la question de l'obligation morale de la femme enceinte en regard de sa grossesse[14].

6 – *La Charte des droits et libertés de la personne : un débat qui est clos* – Sur la scène provinciale, c'est en regard de la généralité du terme « être humain » employé tant à l'article 1 de la *Charte des droits et libertés de la personne*[15] qu'à l'article 1 du *Code civil du Québec* et sur l'emploi de ce même terme qu'on retrouve à la fois dans le préambule et à l'article 2 de la Charte[16], par opposition au mot « personne » utilisé aux articles suivants, que le débat s'est engagé. Et c'est sur le terrain du droit privé qu'il a été tranché. La réponse ne souffre aujourd'hui aucune ambiguïté : la Cour suprême, dans l'arrêt *Tremblay* c. *Daigle*[17], a clairement établi que dans l'un et l'autre cas, les mots « être humain » réfèrent à la personne juridique et que pour avoir la qualité de personne il faut naître vivant et viable. Selon le raisonnement de la Cour suprême, le fœtus ne possède donc pas la personnalité juridique en droit québécois.

7 – *L'affaire Daigle c. Tremblay* – Dans cette affaire, s'appuyant sur ces mêmes dispositions ainsi que sur les articles 752 et 753 du *Code de procédure civile*, le compagnon d'une jeune femme s'est adressé aux tribunaux en vue

---

14. Sur l'aspect éthique de la question de l'autonomie de la femme enceinte, voir M.T. Giroux, « L'autonomie de la femme enceinte et la protection de l'enfant à naître : une perspective éthique », dans Service de la formation continue, Barreau du Québec, vol. 261, *Autonomie et protection*, Cowansville, Éditions Yvon Blais, 2007, p. 33-59.
15. « Tout être humain a droit à la vie, ainsi qu'à la sûreté, à l'intégrité et à la liberté de sa personne. Il possède également la personnalité juridique. » Un droit qui doit s'exercer « dans le respect des valeurs démocratiques, de l'ordre public et du bien-être général des citoyens du Québec » (art. 9.1 de la Charte).
16. « Tout être humain dont la vie est en péril a droit au secours. »
17. *Tremblay* c. *Daigle*, [1989] 2 R.C.S. 530, EYB 1989-67833 ; [1989] R.J.Q. 1735, EYB 1989-63356 (C.A.), conf. [1989] R.J.Q. 1980, EYB 1989-79700 (C.S.).

d'obtenir une injonction interlocutoire ordonnant à cette dernière « de s'abstenir, sous toute peine que de droit, de se soumettre à un avortement ou de recourir volontairement à toutes méthodes qui, directement ou indirectement, conduiraient à la mort du fœtus qu'elle porte ». Une ordonnance à cet effet fut rendue par la Cour supérieure[18] dont la Cour d'appel, à la majorité, confirma la décision[19]. L'affaire fut ensuite portée devant la Cour suprême du Canada qui accueillit le pourvoi, puis infirma le jugement de la Cour d'appel, cassant, par voie de conséquence, l'injonction obtenue dans les instances antérieures.

Ici encore, la Cour a rejeté les arguments d'ordre linguistique, s'appuyant sur des arguments d'ordre contextuel et, plus particulièrement, les dispositions du *Code civil du Québec* qui, dans certains cas, permettent de faire rétroagir à la date de la conception l'acquisition de la personnalité juridique.

La Cour a écarté l'argument selon lequel le fœtus est tout simplement un être humain au sens ordinaire du terme : « Le sens de l'expression « être humain » est pour le moins une question hautement controversée, qui ne peut être réglée par une décision linguistique, un argument purement linguistique présente la même faille qu'un argument purement scientifique : il tente de trancher le débat juridique par des moyens non juridiques [...] » (p. 554-555).

Dès le départ, la Cour a tenu à préciser qu'elle n'entendait pas intervenir dans des débats d'ordre métaphysique : « Cet argument [selon lequel le fœtus est « un être humain », qui à ce titre a droit à la vie et droit au secours], doit être examiné dans le contexte de la législation en cause. La Cour n'est pas tenue d'intervenir dans les débats philosophiques et théologiques quant à savoir si le fœtus est une personne ; sa tâche est plutôt de répondre à une question juridique, à savoir si le législateur québécois a attribué au fœtus le statut de personne. Pour pertinents que puissent être les arguments métaphysiques, ils ne sont pas l'objet principal de l'analyse. Les arguments scientifiques sur le statut biologique du fœtus ne sont pas déterminants non plus. La classification juridique et la classification scientifique du fœtus sont deux démarches différentes. L'attribution de la personnalité au fœtus est en droit une tâche essentiellement normative. Elle a pour conséquence la reconnaissance de droits et d'obligations – une préoccupation totalement étrangère à la classification scientifique. Bref, la tâche de cette Cour est juridique. Les décisions fondées sur des choix sociaux, politiques, moraux et économiques au sens large, doivent plutôt être confiées au législateur » (p. 553).

Quant à l'argument tenant au fait que dans son préambule et aux articles 1 et 2, la Charte parle d'« êtres humains » et de « personnes » dans les

---

18. *Tremblay* c. *Daigle*, [1989] R.J.Q. 1980, EYB 1989-79700 (C.S.).
19. *Daigle* c. *Tremblay*, [1989] R.J.Q. 1735, EYB 1989-63356 (C.A.) (trois juges contre deux, sur une formation exceptionnelle de cinq juges).

articles suivants, distinction importante selon l'intimé, l'expression « être humain » étant plus large que le terme « personne » et incluant donc, à ses yeux, le fœtus, la Cour n'a pas plus souscrit à ce point de vue. D'abord parce que l'expression « être humain » ne fait ici que qualifier le mot « personne », reflétant ainsi l'intention du législateur d'empêcher les personnes artificielles, soit les personnes morales, de bénéficier des droits et libertés conférés par la Charte ; un argument avancé, en Cour d'appel, par la juge Tourigny, dissidente, et explication « beaucoup plus plausible », aux yeux de la Cour, que celle de l'intimé. De l'avis de cette dernière, la *Charte québécoise*, prise dans son ensemble, ne traduit aucune intention manifeste de la part du législateur de prendre en considération le fœtus, ce qui ressort à la fois des termes mêmes du préambule et de l'absence de définition des termes « être humain » et « personne » (p. 553-554).

Analysant ensuite les dispositions pertinentes du Code civil qui reconnaissent des droits patrimoniaux et mettent en place des mécanismes en vue de préserver les intérêts du fœtus[20], la Cour en est venue à la conclusion que la portée de ces dispositions est limitée puisqu'à moins que le fœtus ne naisse vivant et viable, il ne bénéficiera pas des droits qui y sont reconnus (p. 554). Selon la Cour, ces dispositions tendaient plutôt à justifier la conclusion contraire, à savoir que le fœtus n'a pas la personnalité juridique aux termes du Code civil (p. 558). En d'autres termes, « le fœtus n'est traité comme une personne que dans les cas où il est nécessaire de le faire pour protéger ses intérêts après sa naissance » (p. 560).

8 – Dans cet arrêt de droit civil québécois, la Cour suprême a étendu son analyse à la common law et elle a, depuis, eu l'occasion de confirmer cette extension. En effet, réitérant le principe que le fœtus n'a pas le statut de personne, la Cour suprême a décidé dans une affaire provenant du Manitoba qu'elle n'avait pas compétence pour ordonner la garde en établissement d'une femme enceinte qui inhalait des vapeurs de solvant. La demande d'internement visait à faire traiter cette femme médicalement et à protéger le fœtus[21]. La Cour estime que le droit « a toujours considéré que la femme enceinte et l'enfant qu'elle porte ne formaient qu'une seule et même personne » et que ce n'est qu'après la naissance que l'enfant acquiert une personnalité juridique distincte. En ce sens, « Intenter une poursuite contre la femme enceinte au nom du fœtus, c'est poser en principe une ano-

20. Art. 608, 771, 838, 945 et 2543 C.c.B.C., qui trouvent leur équivalent, aujourd'hui, dans les articles 617, 1891, 1242, 1279 et 2247 C.c.Q.
21. *Office des services à l'enfant et à la famille de Winnipeg (région du Nord-Ouest)* c. *G. (D.F.)*, [1997] 3 R.C.S. 925, REJB 1997-02909 (désormais cité, *Office des services à l'enfant et à la famille*). Sur le mécanisme de l'injonction et son incompatibilité avec le droit criminel, voir M. Morin, « Les confins du droit civil et du droit pénal : l'avortement et les droits de l'enfant conçu », (1997) *R.D. McGill* 199, 267-269 et *Thériault* c. *Gauvreau*, J.E. 96-1737, EYB 1996-29266 (C.S.).

malie puisqu'une partie d'une entité juridique et physique agirait en justice contre elle-même »[22]. Enfin « rendre une ordonnance visant à protéger le fœtus empièterait donc radicalement sur les libertés fondamentales de la femme enceinte, qu'il s'agisse du choix de son mode de vie, de sa manière d'être ou de l'endroit où elle choisit de vivre »[23], un pouvoir qui n'appartient pas aux tribunaux, mais bien plutôt au législateur[24].

Il convient donc de s'arrêter sur les raisons qui, du point de vue du droit civil, gouvernent l'acquisition de la personnalité juridique, c'est-à-dire la naissance vivante et la viabilité de l'enfant né.

§2 – Les conditions d'acquisition de la personnalité juridique

A. Le principe

9 – *La personnalité juridique n'appartient qu'à l'enfant qui naît vivant et viable* – L'enfant mort-né, de même que l'enfant né vivant, mais dont la conformation ne lui permet pas de survivre (malfor-

22. *Ibid.*, p. 953 (la juge McLachlin).
23. *Ibid.*, p. 944-945, décision qui, soulignons-le, n'a pas rallié la totalité des juges de la Cour suprême, les juges Major et Sopinka ayant exprimé leur dissidence et considérant, à certaines conditions, que le tribunal, en vertu de sa compétence de *parens patriae*, pourrait intervenir. L. Langevin, « Entre la non-reconnaissance et la protection : la situation juridique de l'embryon et du fœtus au Canada et au Québec », (2004) *Revue internationale de droit comparé* 39 ; S. Philips-Nootens, « La Cour suprême face à la vie, face à la mort : de valeurs et de droits », (2002) 79 *R. du B. can.* 145 et S. Rodgers, « The Legal Regulation of Women'S Reproduction Capacity in Canada », dans J. Downie, T. Caulfield et C.M. Flood (dir.), *Canadian Health Law and Policy*, Toronto, Butterworths, 2002, p. 231.
24. *Ibid.*, p. 955. Une intervention qui, selon certains auteurs, en regard de comportements excessifs, serait justifiée : R.P. Kouri et S. Philips-Nootens, *L'intégrité de la personne et le consentement aux soins*, 3e éd. (ci-après cité *L'intégrité de la personne*), Cowansville, Éditions Yvon Blais, 2012, nos 118-119, p. 121. Voir également, E.W. Keyserling, *The Unborn Child's Right to Prenatal Care*, Montréal, Centre de recherche en droit privé et comparé du Québec, 1984. Le Yukon prévoyait dans sa législation le pouvoir du service de protection de l'enfance à saisir un juge afin d'ordonner à une femme de se soumettre à une surveillance lorsqu'il avait « des motifs raisonnables et probables de croire et croit qu'un fœtus risque fort d'être victime du syndrome d'alcoolisme fœtal ou d'une autre maladie congénitale causée par la consommation par une femme enceinte de substances qui créent une dépendance à des substances enivrantes » (*Loi sur l'enfance*, L.R.Y. 2002, ch. 31, art. 135) mais ces dispositions légales ont été abolies par la *Loi sur les services à l'enfance et à la famille* (L.Y. 2008, ch. 1, art. 199). Par contre, le Yukon a adopté, en vertu de la *Loi sur la santé et la sécurité publique* de ce territoire (L.R.Y. 2002, ch. 176), un règlement prévoyant une obligation de signalement des cas de syndrome d'alcoolisme fœtal : *Règlement sur le signalement du syndrome de l'alcoolisme fœtal*, Y.D. 2000/179).

mations qui rendent la mort inéluctable, enfant dont les organes sont insuffisamment développés et qui ne peut avoir de vie indépendante parce que né trop prématurément) ne sont pas des personnes aux yeux du droit. Ils sont considérés comme n'ayant jamais eu d'existence civile[25]. Par voie de conséquence, les géniteurs d'un enfant mort-né ne peuvent prétendre à des droits en leur qualité de parents[26]. Le droit québécois ne définit pas le concept de naissance, contrairement au droit de certaines provinces canadiennes[27]. Pour naître vivant, l'enfant sorti du sein de sa mère doit avoir respiré complètement[28], peu importe s'il meurt peu de temps après la naissance. L'essentiel est qu'il ait vécu, ne fût-ce qu'un court instant ; il sera réputé avoir eu la personnalité juridique, sauf à rapporter la preuve qu'en raison de sa conformation il était dans l'incapacité d'avoir une vie autonome. L'enfant né vivant est présumé viable ; c'est donc à ceux qui allèguent la non-viabilité qu'il appartient d'en faire la preuve[29]. S'agissant d'un fait juridique, cette preuve peut se faire par tous les moyens, même si l'expertise médicale est généralement incontournable.

L'objet de l'expertise est en soi problématique. En effet, on assiste aujourd'hui à un recul des frontières de la viabilité puisque la technologie médicale permet désormais de pallier le défaut de maturité, voire les erreurs de la nature. En ce sens, la survie d'un enfant né prématurément ou souffrant de certaines malformations dépend très largement de l'équipement disponible[30]. « Dès lors, les experts doivent-ils rechercher si, concrètement, l'uti-

---

25. Voir *K.B.* c. *Société de l'assurance automobile du Québec*, [2004] T.A.Q. 781 où le tribunal conclut que l'enfant mort-né par les suites d'un accident de la route ne se qualifie pas comme « victime » au sens de la *Loi sur l'assurance-automobile*. Voir également *Assurance-automobile – 9*, [1984] C.A.S. 489 et *Aide sociale – 2,* [1993] C.A.S. 30 ; *Julien* c. *J.E. Roy Inc.*, [1975] C.S. 401 ; *Assurance automobile – 25*, [1982] C.A.S. 270.
26. Par exemple, les « parents » de l'enfant mort-né ne peuvent prétendre à des congés parentaux : *E.D.* c. *Québec (Ministre de l'Emploi et de la Solidarité sociale)*, 2009 QCTAQ 10755.
27. À titre d'exemple, on peut citer le cas du Yukon qui, dans son *Règlement sur les normes applicables aux hôpitaux*, Y.D 1994/227, définit ainsi la notion de naissance : « Expulsion ou extraction complète d'un fœtus du corps maternel, lequel fœtus, après avoir été complètement expulsé ou extrait du corps maternel, respire ou montre tout autre signe de vie, que le cordon ombilical ait été coupé ou non ou que le placenta soit encore attaché ou non ».
28. *Allard* c. *Monette*, (1928) 66 C.S. 291, 293. Ainsi que le soulignent certains auteurs, référant ici à la définition de la naissance vivante de l'Organisation mondiale de la santé, cette définition manque de nuance même si, depuis, elle n'a jamais été contestée devant les tribunaux québécois ; R.P. Kouri et S. Philips-Nootens, *L'intégrité de la personne, op. cit.*, note 24, n° 98, p. 101.
29. *Allard* c. *Monette*, précité, note 28.
30. Voir, en ce sens, les commentaires de la Commission de réforme du droit du Canada dans son document de travail n° 58, *Les crimes contre le fœtus*, *op. cit.*,

lisation de moyens disponibles et éprouvés aurait permis à l'enfant de survivre [...] Peuvent-ils tenir compte de découvertes scientifiques encore mal connues et en tous cas inapplicables dans les circonstances de temps et de lieu considérées ? La première méthode aboutit à une relativité de la notion peu satisfaisante ; la seconde risque de faire naître des controverses sur l'appréciation des mérites de recherches savantes et d'expériences parfois lointaines »[31]. Par ailleurs, peut-on, au motif qu'ils ne sont pas nés viables, ne pas reconnaître comme des personnes juridiques des enfants par exemple les enfants anencéphales, dont l'expectative de vie peut aller de quelques jours à quelques mois, ou est autrement lourdement hypothéquée ? La réponse s'impose tant il est évident que ces enfants, pendant leur courte vie, doivent pouvoir bénéficier des droits de la personnalité, dont évidemment le droit à l'intégrité physique. L'exemple de l'enfant anencéphale illustre à quel point l'exigence de viabilité comme condition d'octroi de la personnalité juridique est devenue désuète. Certains pays ont coupé court aux difficultés en accordant la personnalité juridique à tout enfant né vivant, même non viable. C'est le cas, notamment, de l'Allemagne[32] et de la Suisse[33] qui évitent ainsi les difficultés inhérentes à la définition et au constat de la viabilité de l'enfant né vivant.

À supposer que la viabilité soit encore une condition acceptable d'octroi de la personnalité juridique, et donc de l'acquisition des droits, il faut bien convenir que la question ne peut se poser que dans les cas exceptionnels où l'enfant meurt immédiatement après la naissance. Elle détermine alors l'attribution rétroactive d'une certaine protection intra-utérine. Le droit se préoccupe des intérêts des personnes futures et fait remonter l'aptitude à acquérir certains droits à la date de la conception.

---

note 4, p. 60 et C. Léonard, « Monitoring Fœtal », dans Institut canadien, *Responsabilité médicale en matière d'obstétrique, de chirurgie et d'anesthésie*, Toronto, 1997. Sur la notion de viabilité, voir également P. Salvage, « La viabilité de l'enfant nouveau-né », (1976) *R.T.D.C.* 725.

31. G. Goubeaux, *Traité de droit civil*, t. I « Les personnes », sous la direction de J. Ghestin, Paris, L.G.D.J., 1989, n° 41, p. 48-49. L'Association médicale canadienne et la Société des obstétriciens et gynécologues du Canada tiennent toutes deux la viabilité pour possible, dans des circonstances habituelles, à 22 semaines après les dernières menstruations ou lorsque le fœtus atteint le poids de 500 grammes. Ces critères sont par ailleurs conformes aux recommandations qui ont été émises par l'Organisation mondiale de la santé (*supra*, note 28) en 1987. On notera d'ailleurs qu'en vertu de la réglementation dans le cadre de la *Loi sur les laboratoiress médicaux, la conservation des organes et des tissus et la disposition des cadavres*, RLRQ, c. L-0.2, l'enfant mort-né et le fœtus avorté de plus de 500 grammes doivent faire l'objet d'une déclaration de mortinaissance aux fins du registre de la population : *Règlement d'application de la Loi sur les laboratoires médicaux, la conservation des organes et des tissus et la disposition des cadavres*, RLRQ, c. L-0.2, r. 1, art. 9. Le législateur accorde au fœtus avorté et à l'enfant mort-né le statut de défunt aux fins de cette même loi (art. 1j)).
32. Bürgerliches Gesetzbuch *BGB*, art. 1.
33. Code civil suisse, art. 31 : « La personnalité commence avec la naissance accomplie de l'enfant vivant [...] ».

B. La consécration d'une maxime coutumière

10 – *La personnalité de l'enfant né vivant et viable rétroagit, dans son intérêt, à la date de sa conception* – Si l'enfant conçu n'acquiert la personnalité juridique qu'à partir du moment où il est capable de vie autonome, le droit civil lui permet, une fois qu'il a accédé au statut de personne, de réclamer certains droits acquis pendant sa vie intra-utérine, de sa vie au stade « préembryonnaire » dans le cas de la fécondation *in vitro* ou de sa vie « en suspension » lorsque, avant l'implantation dans l'utérus « maternel », on a procédé à sa cryogénisation. Il s'agit d'une autre fiction du droit, qui trouve son expression dans une maxime coutumière, elle-même héritée du droit romain, selon laquelle l'enfant simplement conçu est réputé né chaque fois qu'il s'agit de ses intérêts (*infans conceptus pro nato habetur quoties de commodis ejus agitur*)[34]. Érigée au statut de principe général de droit, cette maxime constitue une source de droit positif[35].

Le *Code civil du Québec*, au même titre que son prédécesseur le *Code civil du Bas Canada*, prévoit une série de situations où cet adage trouve application. C'est le cas en matière de successions (art. 617, al. 1 C.c.Q.), de substitutions (art. 1242 C.c.Q.), de fiducies (art. 1279 C.c.Q.), de donations (art. 1814, al. 1 C.c.Q.) et en matière d'assurances de personnes (art. 2447 C.c.Q.). Dans certains cas (en matière de donation, de fiducie, de succession), le Code va même au-delà de la maxime classique en permettant d'avantager des enfants à naître et non encore conçus[36]. Les exemples d'application de la maxime *infans conceptus* que l'on retrouve dans le Code civil ainsi que dans d'autres lois, comme en matière d'assurance automobile[37], ne sont cependant pas limitatifs. La Cour suprême du Canada a en effet reconnu que la maxime était d'application générale en droit civil. Ainsi, l'enfant, une fois né, peut réclamer des dommages-intérêts pour le préjudice résultant du fait d'un tiers et de l'atteinte portée à son intégrité alors qu'il était encore dans le ventre de sa

---

34. Encore citée *Infans nasciturus pro nato habetur quoties de commodo ejus agitur*, A. Mayrand, *Dictionnaire de maximes et locutions latines utilisées en droit*, 4e éd., mise à jour par Mairtin Mac Aodha, Centre de recherche en droit privé et comparé du Québec, Cowansville, Éditions Yvon Blais, 2007, p. 225.
35. P.-A. Crépeau, « L'affaire *Daigle* et la Cour suprême du Canada ou la méconnaissance de la tradition civiliste », dans *Mélanges Germain Brière*, sous la direction de E. Caparros, Montréal, Wilson & Lafleur, 1993, p. 218, 257.
36. Voir les articles 439, 1239, 1289 et 1840 C.c.Q.
37. L'article 66, al. 2 de la *Loi sur l'assurance automobile,* RLRQ, c. A-25, prévoit que l'enfant de la victime né après le décès de cette dernière a le statut de « personne à charge de moins de un an ».

mère. Cette application générale de la maxime a été préconisée dans l'arrêt clé de la Cour suprême *Montreal Tramways Co.* c. *Léveillé*[38]. Dans cette affaire, un enfant était né avec un handicap (des pieds bots) et la preuve avait permis d'établir que cette difformité résultait d'un accident imputable à la faute du conducteur de tramway et survenu pendant la grossesse de la mère. Appliquant la maxime *infans conceptus*...la Cour suprême accorde à l'enfant, né vivant et viable, une indemnisation pour le dommage subit *in utero* :

> À l'argument [...] qu'un enfant non encore né, étant donné qu'il fait simplement partie de sa mère, n'a pas d'existence indépendante et ne saurait en conséquence intenter une action (en responsabilité), il faut, selon moi, répondre que, bien que l'enfant ne fût pas en fait né au moment où la société par sa faute a créé les conditions qui ont provoqué la malformation de ses pieds, il est néanmoins réputé l'avoir été en droit civil si cela est dans son intérêt. Par conséquent, quand l'enfant est par la suite né vivant et viable, il se trouvait revêtu de tous les droits d'action qu'il aurait possédés s'il avait réellement existé lors de l'accident. La lésion occasionnée par l'acte délictuel de la société s'est manifestée à la naissance de l'enfant et le droit d'action était dès lors acquis.[39]

Ainsi, l'enfant ou son représentant pourraient intenter une action en responsabilité contre le médecin ou l'établissement hospitalier pour un préjudice subi pendant la gestation ou au cours de l'accouchement et obtenir réparation sous forme d'indemnité[40]. La maxime *infans conceptus* consacre ainsi une fiction juridique qui joue en sa faveur, jamais contre lui[41].

---

38. *Montreal Tramways Co.* c. *Léveillé*, [1933] R.C.S. 456.
39. *Ibid.*, p. 465 (traduction). Voir cependant *Schrierer* c. *Canada (Sous-procureur général)*, (1996) 109 F.T.R. 28, [1997] C.C.L. 5511, où le tribunal, en s'appuyant sur le *Décret concernant les paiements à titre gracieux aux personnes déstructurées à l'Institut Allen Mémorial au cours des années 1950 et 1965,* rejette la demande d'indemnisation du requérant au motif qu'il n'était pas un patient au sens du Décret, puisqu'il n'était pas né. En l'espèce, la preuve avait pourtant démontré que les médicaments administrés ainsi que les effets provoqués par les électrochocs avaient traversé le placenta. Pour un commentaire de cette décision, voir G. Koren, P. Selby et B. Kapur, « Is a Fetus a non-Consenting Patient ? », (2004) 50 *Can. Fam. Physician* 1219-1221.
40. Ou encore à la suite d'un avortement raté : *Cherry* c. *Borsman*, (1992) 94 D.L.R. (4th) 487 (C.A. C.-B.), affaire dans laquelle la mère et l'enfant, né handicapé, ont été indemnisés (pourvoi en Cour suprême refusé : *Cherry (Guardian ad litem of)* c. *Borsman (S.C.C.)*, [1992] S.C.C.A. No. 472) ; voir également *Dudas (Guardian ad litem of)* c. *Munro*, 1997 CanLII 4313 (C.S. C.-B.).
41. *Ivanhoe inc.* c. *TUAC, section locale 500*, [2001] 2 R.C.S. 565, REJB 2001-25016, par. 100.

11 – *L'action en responsabilité pour vie préjudiciable* – Sources de progrès, la médecine prénatale et la médecine génétique sont à l'origine de revendications nouvelles. En effet, le fœtus est devenu, sans pour autant en avoir la qualité, une forme de « patient »[42], la relation contractuelle entre sa mère et son médecin emportant des obligations à son endroit. De fait, et par l'intermédiaire de la femme qui le porte, le fœtus « jouit aujourd'hui de toute une gamme de services de santé, allant des examens prénatals aux interventions intra-utérines »[43]. Mais grâce au dépistage et aux tests génétiques, il est possible également de prévenir le handicap, ce qui soulève une question d'un autre ordre : l'enfant dont le handicap aurait pu être diagnostiqué pendant la grossesse ou encore anticipé, en raison d'antécédents familiaux, a-t-il un recours contre les professionnels de la médecine qui n'auraient pas fourni les informations qui, si elles avaient été portées à la connaissance de la future mère, auraient amené celle-ci à décider d'avorter et, plutôt que de poursuivre une grossesse à risque, à privilégier la voie de l'adoption ou de la procréation assistée ? L'enfant pourrait-il poursuivre en responsabilité pour vie préjudiciable le laboratoire qui a procédé aux analyses, en cas d'erreur de diagnostic (faux négatif) ?

Au Québec, comme dans les provinces canadiennes de common law, les tribunaux ont refusé jusqu'à présent de reconnaître un recours à l'enfant, invoquant des considérations d'ordre social[44], sans compter les difficultés que peut soulever l'évaluation des dommages. Comment en effet comparer la vie avec le néant, c'est-à-dire la non-existence d'un être humain ? De l'avis de certains auteurs, rien n'autorise théoriquement à rejeter ce genre d'action, en common law, comme en droit civil[45]. La question demeurerait donc en suspens.

---

42. R.P. Kouri et S. Philips-Nootens, *op. cit.*, note 24, n° 140.
43. L. Langevin, *loc. cit.*, note 23, p. 59.
44. *Engstrom* c. *Courteau,* [1986] R.J.Q. 3048, EYB 1986-79061 (C.S.) et *Cataford* c. *Moreau*, [1978] C.S. 933 (toutefois, en l'espèce, l'enfant né à la suite d'une stérilisation ratée, était en parfaite santé). Pour les juridictions de common law, voir *Arndt* c. *Smith,* [1997] 2 R.C.S. 539 ; *Lacroix (Litigation Guardian of)* c. *Dominique*, (1999) 141 Man. R. (2d) 1 (B.R.), requête pour autorisation d'appeler à la Cour suprême rejetée ; *Paxton* c. *Ramji*, 2008 ONCA 697. Pour une analyse de la question, voir G.T. Houseman, « Wrongful Birth as Negligent Misrepresentation », (2013) 71:1 *U.T. Fac. L. Rev*. 9-30.
45. L. Langevin, *loc. cit.*, note 23, p. 53, qui s'appuie sur l'article 1457 C.c.Q. Pour la common law, voir A. Shapiro, « Wrongful Life Law Suits for Faulty Genetic Counselling: Should the Impaired Newborn be Entitled to Sue? », (1998) 24 *J. Med. Ethics* 369-375 ; R. Mykitiuk et D.N. Scott, « Risky Pregnancy: Liability, Blame, and Insurance in the Governance of Prenatal Harm », (2011) 43 *U.B.C. L. Rev.* 311-360.

Par contre, dans un système comme dans l'autre, les parents peuvent se faire indemniser dans la mesure où ils peuvent prouver l'existence d'un préjudice qui leur est propre[46].

12 – *Le recours de l'enfant contre sa mère* – S'il est impensable, en l'état actuel du droit au Québec, qu'on puisse contraindre une femme à subir une césarienne ou qu'en raison de son style de vie et compte tenu des incidences qu'il peut avoir sur le développement normal du fœtus (tabagisme, alcoolisme, toxicomanie), on puisse, pendant la gestation, mettre cette personne sous tutelle, qu'en est-il d'un éventuel recours de l'enfant, né vivant et viable, contre sa propre mère ? Si l'on applique les principes dégagés par la Cour suprême dans l'arrêt *Montreal Tramways*, il devient possible d'imaginer qu'un enfant, une fois né, puisse réclamer des dommages et intérêts pour le handicap avec lequel il est venu au monde et imputable au comportement de sa mère pendant la grossesse. On peut songer au cas de l'enfant souffrant d'un sévère syndrome d'alcoolisation fœtale, par exemple. Dans l'arrêt *Montreal Tramways*, le juge Lamont, s'exprimant au nom de la Cour à la majorité, écrivait que « permettre à l'enfant né vivant et viable d'agir en justice afin d'obtenir réparation du préjudice infligé à tort à sa personne alors qu'il était dans le ventre de sa mère est simplement conforme à la justice naturelle »[47]. Peut-on transposer cette affirmation à la situation de l'enfant victime d'un comportement fautif de sa propre mère pendant la grossesse ? La question du droit de l'enfant de poursuivre sa mère s'est posée à la Cour suprême dans une affaire venant du Nouveau-Brunswick et qui a donné lieu à un arrêt de principe dans *Dobson (Tuteur à l'instance de)* c. *Dobson*[48]. Dans cette cause, un enfant né prématurément et handicapé à la suite d'un accident d'automobile dont sa mère, alors enceinte de sept mois, était responsable, réclame de celle-ci des dommages-intérêts à titre d'indemnisation. Appliquant les principes de la responsabilité délictuelle de la common law et constatant que l'imposition à la femme

46. *Engstrom* c. *Courteau*, [1986] R.J.Q. 3048, EYB 1986-79061 (C.S.) ; *Cataford* c. *Moreau*, [1978] C.S. 933 ; *Cooke* c. *Suite*, [1995] R.J.Q. 2765, EYB 1995-59148 (C.A.) (pour une analyse critique de cette dernière décision, voir L. Langevin, « The Compensation of Wrongful Pregnancy in Quebec Civil Law », (1999) 14 *Revue canadienne Droit et Société* 61) ; *Krangle (Tutrice à l'instance de)* c. *Brisco*, (1997) 154 D.L.R (4th) 707 (C.S. C.-B.), infirmé en partie par (2000) 184 D.L.R. (4th) 251 (C.A. B.-C.). La Cour suprême a par la suite rétabli le jugement de première instance, mais le litige ne portait que sur la question de la compensation, la responsabilité du médecin étant acquise [2002] 1 R.C.S. 205, REJB 2002-27592.

47. *Montreal Tramways Co.* c. *Léveillé*, [1933] R.C.S. 456, 464.

48. [1999] 2 R.C.S. 753, REJB 1999-13280, inf. (1998) 189 R.N.-B. (2d) 208, 148 D.L.R. (4th) 332 (C.A. N.-B.).

enceinte d'une obligation légale de diligence à l'égard du fœtus qu'elle porte constituerait une intrusion grave dans la façon dont les femmes entendent vivre leur grossesse, la Cour suprême conclut que la mère doit bénéficier d'une immunité générale. L'enfant ne peut donc poursuivre sa mère pour les dommages qu'il a subis *in utero* par la faute de celle-ci. Ce faisant, la Cour suprême met de l'avant le droit des femmes à la vie privée et à l'autonomie[49]. En *obiter*, la Cour suprême suggère cependant que le législateur pourrait fort bien créer une exception à ce principe d'immunité de la mère en matière délictuelle afin de permettre une indemnisation, soigneusement balisée, en faveur de l'enfant victime d'un tel accident de la circulation avant sa naissance[50].

13 – On peut questionner le fait que cette immunité parentale dont jouit la mère de l'enfant au titre de la common law, telle qu'interprétée par la Cour suprême du Canada dans l'affaire *Dobson*, puisse être transposée en droit civil québécois, compte tenu du devoir général de « respecter les règles de conduite qui, suivant les circonstances, les usages ou la loi s'imposent à toute personne », édicté à l'article 1457 C.c.Q. et qui n'existe pas comme tel en common law. Il est vrai que la décision rendue par cette même cour dans l'affaire *Montreal Tramway* c. *Léveillé*, fut rendue à l'occasion d'un litige québécois et que l'on pourrait être tenté d'y voir une porte ouverte à l'idée d'un recours de l'enfant contre sa propre mère[51]. Une telle possibilité ne nous semble pourtant pas envisageable. En effet, rappelons d'abord que dans l'arrêt *Dobson* la Cour suprême réfère directement à son arrêt *Montreal Tramways* et souligne que rien dans cet arrêt permet de penser que la Cour avait, à l'époque, envisagé la délicate question de la responsabilité de la mère pour une négligence commise avant la naissance et que, dès lors, « l'arrêt *Montreal Tramways*, bien qu'il soit important, ne devrait pas être considéré comme décisif » en ce

49. E. Ordolis, « Maternal Substance Abuse and the Limits of Law: A Relational Challenge », (2008) 46 *Alta. L. Rev.* 119-139.
50. Depuis, certaines provinces ont effectivement légiféré afin d'autoriser les poursuites dans des situations identiques à celle de l'affaire *Dobson*, de manière à ce que l'enfant puisse être indemnisé par la compagnie auprès de laquelle la femme enceinte a souscrit une police d'assurance pour les dommages causés à des tiers. Voir pour l'Alberta, *Maternal Tort Liability Act,* S.A. 2005, c. M-7.5 et, dans le sens d'une généralisation de cette solution dans les autres provinces de common law : D. Ginin, « A Balancing that is Beyond the Scope of the Common Law: A Discussion of the Issues Raised by *Dobson (Litigation Guardian of)* v. *Dobson* », (2001) 27 *Queen's L.J.* 51. On rappellera cependant qu'au Québec, le législateur a institué en la matière un régime d'indemnisation sans égard à la faute. Dans de telles circonstances, l'enfant, considéré comme une victime au sens de l'article 6 de la *Loi sur l'assurance automobile*, serait indemnisé par la Société d'assurance automobile pour les dommages subis alors qu'il n'était pas encore né.
51. En ce sens, voir R.P. Kouri et S. Philips-Nootens, *op. cit.*, note 24, n° 122, ainsi que M.-J. Bernardi, *Le droit à la santé du fœtus*, Montréal, Éditions Thémis, 1995, p. 194 et S. Rosier et D. Boivin, « L'immunité légale de la femme enceinte et l'affaire *Dobson* », (1999-2000) 31 *R.D. Ottawa* 283.

qui concerne la question soulevée dans l'affaire *Dobson*. Il est, de plus, tout à fait probable que pour des considérations d'ordre social, les tribunaux québécois saisis d'une telle action invoquent les valeurs fondamentales de la société, dont la notion d'ordre public (art. 9 C.c.Q.), pour écarter toute action intentée au nom de l'enfant une fois né, contre sa mère, en raison du préjudice imputable à sa négligence pendant sa grossesse. Il n'y a aucune raison pour que le caractère exceptionnel de la relation qu'entretient la femme enceinte avec le fœtus qu'elle porte, si différente des rapports avec les tiers, et les conséquences qui pourraient en résulter, pour la femme enceinte, au plan de son autonomie, invoquées par la Cour suprême dans l'affaire *Dobson*, ne puissent être invoqués avec la même efficacité dans le contexte du droit québécois[52]. Certains ont avancé l'idée que le père qui serait poursuivi par l'enfant pour des dommages subis pendant la grossesse, pourrait avancer les mêmes arguments que la mère en se basant sur l'arrêt *Dobson*[53]. À notre avis, un tel argumentaire ferait abstraction du fait que la Cour suprême a basé tout son raisonnement sur la nature exceptionnelle et unique du lien entre la mère et son enfant. Pendant la grossesse, le père est en réalité un tiers et ne peut prétendre à un statut particulier, comme le rappelait d'ailleurs la Cour suprême dans l'arrêt *Tremblay* c. *Daigle*.

Il est incontestable que dans l'état actuel du droit, l'enfant à naître ne jouit d'aucun attribut attaché à la qualité de personne. On ne peut donc invoquer à son profit des droits extrapatrimoniaux[54], ce que confirme l'article 192, al. 2 C.c.Q. qui institue les père et mère tuteurs légaux de leur enfant conçu pour lequel ils sont chargés d'agir « dans tous les cas où son intérêt patrimonial l'exige ». En d'autres termes, l'enfant conçu ne devient porteur de droits propres que s'il naît vivant et viable. S'il ne remplit pas ces deux conditions, il ne peut prétendre à l'acquisition de la personnalité juridique. En ce sens, le statut de l'enfant conçu est, en droit civil, à la fois relatif et conditionnel :

– relatif, parce qu'il est tributaire de l'intérêt de l'enfant et qu'il ne peut donc jamais jouer contre lui[55] ;

---

52. En ce sens, R.-P. Avard et B.M. Knoppers, « L'affaire *Dobson (Tuteur à l'instance de)* c. *Dobson* : un conflit entre la réalité et la théorie », (2000) 45 *R.D. McGill* 315 et L. Langevin, *loc. cit.*, note 23, p. 56.
53. L. Langevin, « Entre la non-reconnaissance et la protection : la situation juridique de l'embryon et du fœtus au Canada et au Québec », (2004) 1 *Revue internationale de droit comparé* 39, 57.
54. Voir sur ce point, les commentaires de W.E. Keyserlingk, « A Right of the Unborn Child to Prenatal Care – The Civil Law Perspective », (1982) 13 *R.D.U.S.* 49, 62 à 64.
55. La maxime étant favorable à l'enfant, elle ne peut être invoquée par les parents au soutien de réclamations qui leur sont propres : voir *Julien* c. *J.E. Roy*, précité, note 25, p. 406-407.

– conditionnel, puisqu'il est subordonné à l'acquisition de la qualité de personne, ce qui apparaît donc comme une condition suspensive[56].

14 – *La détermination de la date de la conception* – L'enfant qui est né vivant et viable (ou son représentant) et qui se réclame de la maxime *infans conceptus* doit pouvoir faire la preuve qu'au moment où les droits qu'il revendique sont réputés être ouverts, il était déjà conçu[57]. Une preuve qui, au moins lorsqu'il s'agit de procréation naturelle, ne peut être faite directement. Aussi, c'est à partir de la date de la naissance et en fonction de la durée probable de la gestation telle qu'établie par la loi, au titre de la filiation, soit 300 jours[58], que sera déterminée la date de la conception. Il s'agit cependant d'une présomption simple qui, en conséquence, peut être renversée par une preuve contraire[59].

15 – *La protection des intérêts patrimoniaux de l'enfant conçu* – Le législateur a remplacé la curatelle au ventre du *Code civil du Bas Canada* par la tutelle légale des père et mère[60]. Ce sont donc les parents qui administreront, jusqu'à la naissance de l'enfant et après l'événement, jusqu'à sa majorité, les biens qui lui adviendront s'il est né vivant et viable. Dans le cas contraire, les tuteurs devront rendre compte de leur administration aux personnes qui recueilleront les biens à sa place.

Cette tutelle légale des parents de l'enfant conçu laisse cependant perplexe. En effet, comment les père et mère peuvent-ils être investis d'une telle fonction alors que, juridiquement parlant, l'enfant conçu n'a pas d'état et que, conséquemment, il n'a ni père ni mère ? Il y a là une ambiguïté qui tend à démontrer que la situation de l'enfant conçu pose problème[61].

Si les futurs parents de l'enfant conçu sont tous les deux mineurs et non émancipés, il faudra soit demander leur émancipation[62], soit faire nommer un tuteur datif au cas où l'enfant conçu aurait un patrimoine à gérer ou des

---

56. *Tremblay* c. *Daigle*, précité, note 17, p. 500.
57. Rappelons que dans quelques cas exceptionnels, la loi prévoit la possibilité d'avantager des enfants à naître, sans égard au fait qu'ils soient ou non conçus à la date de l'acte juridique concerné : voir les articles 439, 1239, 1289 et 1840 C.c.Q.
58. Art. 525, al. 1 et 538.3, al. 1 C.c.Q.
59. Art. 2847, al. 2 C.c.Q.
60. Art. 192, al. 2 C.c.Q.
61. Voir, à titre d'exemple, *Picard* c. *Leroux*, EYB 2002-34205 (C.S.).
62. Art. 175 C.c.Q.

droits à exercer. La tutelle légale est, en effet, réservée aux parents majeurs ou émancipés selon l'article 192 C.c.Q. Il y a là une situation qui ressemble à celle du curateur au ventre des articles 338 et 345 C.c.B.C., institution qui avait au moins le mérite d'assurer une certaine cohérence à la représentation de l'enfant conçu[63], mais dont la résurgence, sous cette forme, renvoie à la portée qui a été donnée à la maxime *infans conceptus*. Pour certains observateurs, en effet, on voit mal comment il est possible de reconnaître une protection des intérêts économiques du fœtus sans lui attribuer du même coup des droits de la personnalité[64].

16 – *Une remise en cause de la maxime ?* – Cette interprétation restrictive de la maxime qui veut que l'enfant simplement conçu est réputé né chaque fois qu'il y va de son intérêt n'est pas partagée par tous[65]. Certains estiment, en effet, qu'avec l'arrêt *Tremblay* c. *Daigle* la Cour suprême du Canada a tiré argument de l'ambiguïté des textes pour prendre position sur la difficile question de l'avortement et a rendu une décision plus politique que juridique. En ce sens, le *Code civil du Québec*, qui consacre explicitement la solution mise de l'avant par la Cour suprême[66], « ne fait que perpétuer un illogisme » qui consiste à reconnaître à l'enfant conçu des droits, sans lui reconnaître la qualité de personne[67]. Mais, ce n'est plus en termes d'anticipation ou de rétroactivité que la question de la personnalité juridique de l'enfant conçu est posée ; c'est la qualification même de la naissance comme condition juridique qui est remise en cause[68]. Selon certains auteurs, en effet, « l'assimilation de la naissance à une condition au sens du droit des obligations » est éminem-

63. Dispositions à propos desquelles la Cour suprême a écrit : « [...] ces articles établissent simplement un mécanisme qui permet de protéger les droits énoncés ailleurs dans le Code : ils ne confèrent au fœtus aucun droit additionnel », *Tremblay* c. *Daigle*, précité, note 17, p. 557. Au soutien de son interprétation, la Cour s'appuie, notamment, sur un passage de Pothier, cité par de Lorimier (C.-C. de Lorimier et C.-A. Vilbon, *Bibliothèque du Code civil de la Province de Québec*, t. 3, Montréal, La Minerve, 1874, p. 126) qui distingue le rôle des tuteurs, « donnés principalement pour gouverner la personne du mineur » de celui du curateur au ventre, nommé « pour l'administration des biens qui doivent lui appartenir un jour » (*Ibid.*, p. 558).
64. R.P. Kouri et S. Philips-Nootens, *L'intégrité de la personne, op. cit.*, note 24, nº 107.
65. Voir E.W. Keyserlingk, « The Unborn Child's Right to Prenatal Care », *loc. cit.*, note 54 ; J. Rhéaume, « *Daigle* : un oubli des questions de droit civil et de droit constitutionnel », (1990) 21 *R.G.D.* 151 ; M.L. McConnell, « *Sui generis* : the Legal Nature of the fœtus in Canada », (1991) 70 *R. du B. can.* 548 ; P.-A. Crépeau, *loc. cit.*, note 35 et S. Philips-Nootens, « Être ou ne pas être... une personne juridique : variations sur le thème de l'enfant conçu », dans *Mélanges Germain Brière*, Montréal, Wilson & Lafleur, 1993, p. 197 et G. Brière qui, pour sa part, s'appuie sur les mots « y compris » de l'article 617 C.c.Q. pour voir dans la capacité de succéder ainsi reconnue au fœtus, la reconnaissance implicite de sa personnalité juridique : *Les successions*, 2e éd., dans P.-A. Crépeau (dir.), *Traité de droit civil*, Cowansville, Éditions Yvon Blais, 1994, nº 70, p. 93.
66. Art. 192 C.c.Q.
67. R.P. Kouri et S. Philips-Nootens, *L'intégrité de la personne, op. cit.*, note 24, nº 107.
68. En ce sens, voir P.-A. Crépeau, *loc. cit.*, note 35, p. 270.

ment critiquable[69]. Selon ces mêmes auteurs la maxime *infans conceptus* « est une fiction qui porte non pas sur l'existence même de l'enfant conçu, mais sur sa naissance [...]. Cette fiction se maintient, à condition d'être confirmée en quelque sorte par l'éventuelle naissance de l'enfant en vie et viable. Ce ne sont pas les droits subjectifs de l'enfant conçu qui sont conditionnels, mais plutôt l'existence juridique de leur titulaire »[70]. Dans cette logique, c'est donc en terme de capacité et au regard de la notion même de droits qu'il faudrait raisonner : « À partir du moment où le législateur, par des dispositions quelconques, établit l'existence d'un rapport de droit entre deux entités susceptibles, chacune, de faire valoir ces droits ou de prendre des mesures afin de les protéger, ce ne peut être qu'entre deux sujets de droits, et non entre un sujet et un objet »[71]. Or « l'enfant conçu est à tout le moins titulaire de droits patrimoniaux »[72] : il est donc sujet de droits et, partant, possède la personnalité juridique. Selon ces auteurs, on ne peut voir dans la naissance un préalable, une condition d'acquisition de la personnalité ; ce serait une étape, au même titre que la minorité, vers la voie de la pleine capacité[73] : « En aménageant la capacité d'exercice comme il le fait pour d'autres catégories de personnes protégées, en édictant au besoin des incapacités de jouissance (nécessairement spéciales et limitées), bref, en appliquant les principes fondamentaux du droit des personnes, le législateur de droit civil est à même de répondre aux exigences liées à la situation particulière de l'enfant à naître »[74].

Ce raisonnement est logique sur le plan de la technique juridique. Il fournit une base cohérente à un régime de protection propre à la condition prénatale et qu'appelle aujourd'hui le développement de techniques qui permettent de créer artificiellement la vie humaine, bases qui, autant que faire se peut, sont indépendantes de la question de l'avortement qui ne relève que de la conscience individuelle[75].

D'autres auteurs, à partir des mêmes prémisses, c'est-à-dire l'inadéquation de la transposition d'une technique propre au droit des obligations

---

69. S. Philips-Nootens, *loc. cit.*, note 65, p. 211. Voir également, dans le même sens, M. Morin, *loc. cit.*, note 21, p. 239.
70. R.P. Kouri et S. Philips-Nootens, *L'intégrité de la personne*, *op. cit.*, note 24, n° 113.
71. S. Philips Nootens, *loc. cit.*, note 65, p. 203-204.
72. *Ibid.*, p. 204-205.
73. *Ibid.*, p. 212-213. Voir également J.-L. Baudouin et P.-G. Jobin, *Les obligations*, 6e éd. par P.-G. Jobin avec la collaboration de N. Vézina, Cowansville, Éditions Yvon Blais, 2005, n° 341, qui citent le cas de l'enfant conçu comme l'illustration la plus parfaite du caractère protectionniste de l'incapacité d'exercice et, à propos de l'embryon *in vitro*, M.A. Hermitte, « L'embryon aléatoire », dans J. Testart (dir.), *Le magasin des enfants*, Paris, Éditions François Bourin, 1990, p. 238, 263-264.
74. *Ibid.*, p. 214.
75. Voir, à titre comparatif, dans une perspective féministe, la thèse développée en common law par Eileen L. McDonagh : *Breaking the Abortion Deadlock : From Choice to Consent*, New York University Press, 1996. Pour une analyse critique de cette thèse, voir M. Ford, « The Consent Model of Pregnancy: Deadlock Undiminished », (2005) 50 *R.D. McGill* 619.

(la condition), au droit des personnes, voient l'enfant conçu comme « une personne future », notion que connaissait le droit romain, que l'on retrouve dans l'ancien droit[76] et qui sous-tend les dispositions qui, dans le Code civil, énumèrent les actes qui peuvent être accomplis en faveur de l'enfant à naître[77]. La maxime *infans conceptus*... n'aurait donc pas pour effet d'anticiper la personnalité de l'individu au moment de la conception » mais de faire rétroagir sa personnalité au jour présumé de la conception[78]. Mais doit-on pour autant conclure que la protection de l'embryon relève du droit des biens et non pas du droit des personnes ? Indépendamment de la question de l'avortement, considéré désormais comme un acte médical[79], se pose aujourd'hui la question du statut de l'embryon, notamment en raison du fait qu'il peut être isolé du corps maternel.

C. L'embryon et le fœtus : quel statut juridique ?

17 – Après avoir percé le mystère de l'enveloppe utérine grâce aux techniques comme l'échographie, la fœtoscopie, l'amniocentèse ou la biopsie du chorion, la génétique, couplée à la biologie, nous permet aujourd'hui d'avoir accès à l'univers embryonnaire et aux lois de l'hérédité. Ainsi est-il possible désormais, non seulement de créer la vie, mais aussi de la manipuler et de la programmer.

18 – *Médecine procréative, médecine prédictive et médecine programmative : des conflits potentiels* – Si le développement de tests de dépistage « contribue de manière indéniable à l'amélioration de la santé lorsque des traitements, des mesures de prévention, des décisions procréatives peuvent être au rendez-vous »[80], il nous confronte aussi

76. Voir L. Sébag, *La condition juridique des personnes physiques et des personnes morales avant leur naissance*, Paris, Sirey, 1938, p. 157 et s.
77. Une notion que vient d'ailleurs conforter le concept de patrimoine d'affectation tel que codifié dans le *Code civil du Québec* et, plus particulièrement, celui de patrimoine fiduciaire : formé des biens transférés en fiducie par contrat à titre onéreux ou gratuit, par testament ou par la loi, c'est un patrimoine qui se révèle distinct du patrimoine du constituant, du fiduciaire ou du bénéficiaire et sur lequel aucun d'entre eux n'a de droit réel (art. 1261, 1262 C.c.Q.). « Il s'agit en quelque sorte d'un patrimoine-but, dépourvu de sujet de droit, quoique émanant évidemment d'une personne physique ou morale » : D.-C. Lamontagne, « Distinction des biens, domaine, possession et droit de propriété », dans *La Réforme du Code civil*, p. 466, 483.
78. Voir X. Labbée, *La condition juridique du corps humain avant la naissance et après la mort*, Lille, P.U.L., 1990, p. 85 et s.
79. En ce sens, il n'y a pas à proprement parler de vide juridique, puisque la décision rendue par la Cour suprême conduit à la requalification de l'acte, envisagée cette fois du point de vue du droit social. E. Severin, « De l'avortement à l'interruption volontaire de grossesse : l'histoire d'une requalification sociale », (1980) 4 *Déviance et Société* 1.
80. S. Philips-Nootens, « La recherche en génétique : quel risque individuel pour quel bien commun ? », dans M.-H. Parizeau et S. Kash (dir.), *Néoracisme et dérives génétiques*, Québec, P.U.L., 2006, p. 215, 216.

aujourd'hui à des choix complexes[81], puisqu'il permet de diagnostiquer la survenance de maladies neurodégénératives qui se développeront tardivement. Le séquençage du génome humain, aujourd'hui complété, ouvre des perspectives plus larges encore dans l'identification de la composante génétique d'un nombre de plus en plus grand de maladies. Informés de ce risque, certains seront peut-être enclins à ne pas donner à l'embryon ou au fœtus, identifié comme un malade en puissance, la possibilité de se développer[82]. Derrière ces choix se profile indéniablement le spectre d'une nouvelle forme d'eugénisme[83]. Le diagnostic préimplantatoire est dès lors strictement encadré et ne peut être réalisé que dans des centres agréés de procréation assistée[84]. Par exemple, la réglementation prévoit des restrictions en matière de diagnostic génétique préimplantatoire qui ne peut être effectué sur des embryons que dans le seul but d'identifier des maladies monogéniques graves et des anomalies chromosomiques[85].

Par ailleurs, si la médecine prédictive soulève la question de la liberté de l'engendrer, elle pose aussi celle de la réification de la personne. Car ces techniques qui, au départ, ont été développées en vue de détecter la présence de malformations ou de maladies génétiques et, éventuellement, de les traiter sont aujourd'hui sollicitées à

---

81. Sur les enjeux éthiques du diagnostique préimplantatoire, voir Commission de l'éthique de la science et de la technologie (gouvernement du Québec), *Éthique et procréation assistée : des orientations pour le don de gamètes et d'embryons, la gestation pour autrui et le diagnostic préimplantatoire*, Québec, 2009 ; J. Cousineau, « L'autonomie reproductive : un enjeu éthique et légal pour le diagnostic préimplantatoire », (2008) *R. du B. can.* 42 ; J. Cousineau et A. Decroix, « Diagnostic préimplantatoire et eugénisme : l'argument de la pente glissante », (2011) 41 *R.D.U.S.* 51.
82. Pour une étude de la question, voir J. Glover, *Choosing Children : Genes, Disability, and Design*, Oxford, New York, Oxford University Press, 2006 ; T. Lemmens, M. Lacroix et R. Mykitiuk, *Reading the Future ? Legal and Ethical Challenges of Predictive Genetic Testing*, Montréal, Éditions Thémis, 2007 ; Conseil de la santé et du bien-être, *Avis, La santé et bien-être à l'ère de l'information génétique, enjeux individuels et sociaux à gérer*, Québec, Le Conseil, avril 2001 ; B.-M. Knoppers (éd.), *Socio-Ethical Issues in Human Genetics*, Cowansville, Éditions Yvon Blais, 1998.
83. Voir à cet égard, M.-H. Parizeau, « Du diagnostic prénatal à l'eugénisme : la pente glissante ? », dans M.-H. Parizeau et S. Kash (dir.), *Néoracisme et dérives génétiques*, Québec, P.U.L., 2006, p. 175 et, dans ce même ouvrage, S. Kash, « Génétique et discrimination sociale, », p. 232, 248 et s. Pour une analyse au carrefour de l'éthique, du politique et du droit, voir J. Habermas, *L'avenir de la nature humaine. Vers un eugénisme libéral ?*, Paris, Gallimard, 2002.
84. *Loi sur les activités cliniques et de recherche en matière de procréation assistée*, RLRQ, c. A-5.01.
85. *Règlement sur les activités cliniques en matière de procréation assistée*, RLRQ, c. A-5.01, r. 1, art. 18.

des fins de convenance. Pensons, par exemple, à la question de la sélection du sexe de l'enfant. Ainsi, pour « être heureux », mais aussi « rendre heureux ses géniteurs », l'enfant devrait répondre au profil désiré, au risque d'être renvoyé dans les marges sociales, au même titre d'ailleurs que ceux qui l'ont engendré[86]. Les avancées de la science créent ainsi de nouvelles attentes parentales, en même temps que de nouvelles responsabilités sur le corps médical, comme en témoignent les actions pour « gestation préjudiciable » par lesquelles des parents réclament des dommages-intérêts pour avoir été empêchés, faute de renseignements sur l'état du fœtus, de procéder à une interruption volontaire de grossesse. On voit ainsi se dessiner de nouveaux liens entre hérédité et héritage, l'enfant perdant sa « qualité d'héritier génétique pour gagner celle de propriété privée »[87], des liens que la pratique du diagnostic préimplantatoire aux fins de traitement au bénéfice d'autrui tend à resserrer. Cette pratique que l'on appelle communément le « bébé médicament »[88] permet de sélectionner, parmi les embryons sains, un embryon génétiquement compatible avec le frère ou la sœur malade, afin de l'implanter dans l'espoir de faire naître un enfant sur lequel, une fois né, on pourra prélever des cellules ou dont on utilisera le sang du cordon en vue de soigner le frère ou la sœur[89].

Ces développements posent de façon pressante la question du statut de l'enfant conçu, notamment quant à la protection de l'embryon lorsqu'il est isolé du corps maternel.

19 – *La procréation médicalement assistée et l'embryon ex utero* – Si les techniques de procréation médicalement assistée, combinées avec l'ingénierie génétique, interrogent le devenir de l'individu envisagé dans son appartenance à l'espèce, c'est notamment parce que ces technologies, plus particulièrement la fécondation *in vitro*, induisent la production d'embryons excédentaires et qu'il existe aujourd'hui des banques d'embryons. La congélation de ces embryons qui, du point de vue éthique, se présente comme la solution du moindre mal, conduit aussi à privilégier le don de ces embryons à des couples infer-

86. H. Doucet, sous Diagnostic prénatal, dans *Les mots de la bioéthique*, sous la direction de G. Hottois et M.-H. Parizeau, Bruxelles, De Boeck Université, Collection « Sciences, éthiques, sociétés », 1993, p. 127, 128.
87. F. Terré, *L'enfant de l'esclave*, Paris, Flammarion, 1987, p. 203.
88. Sur les dérives possibles d'une telle pratique, voir J. Cousineau et A. Decroix, « Diagnostic préimplantatoire et eugénisme : l'argument de la pente glissante », (2011) 41 *R.D.U.S.* 51.
89. EL. Nelson, « Comparative Perspectives : Regulating Preimplantation Diagnosis in Canada and United Kingdom », (2006) 85 *Fertil. Steril.* 1646-52.

tiles et, à défaut, leur utilisation aux fins de recherche lorsque le projet parental initial a été réalisé ou abandonné. Du point de vue du droit, ces pratiques posent la question du pouvoir de disposition des géniteurs, tant en ce qui concerne leurs forces génétiques (don et stockage des gamètes) qu'en ce qui concerne l'embryon. Ces pratiques posent également la question des limites qui devraient ou non être assignées à la recherche[90].

20 – Comment qualifier le statut de l'enfant à naître : personne humaine, personne juridique à capacité limitée, chose à destination personnelle, propriété à effets limités, simple matériau biologique et donc pur objet[91] ? Les analyses reposant sur des considérations d'ordre scientifique, philosophique et moral sont des plus variées. Dans les pays industrialisés, la réflexion s'est engagée[92]. La plupart des pays ont légiféré[93]. Le législateur québécois, pour sa part, a aménagé en 2002 les règles relatives au droit de la filiation (art. 538 à 542 C.c.Q.) et a organisé en 2010 le contrôle des pratiques de procréation assistée dans son champ de compétence constitutionnelle[94]. Une loi fédérale, la *Loi sur la procréation assistée*, encadre les pratiques en matière de procréation assistée et de recherche connexe, dans une perspective résolument de droit criminel[95]. Cette loi interdit les actes

---

90. J. Johnson, « Is research in Canada limited to « Surplus » Embryos ? », (2006) 14 *Health L. Rev.* 3 ; B. Billingsley et T. Caulfield, « The Regulation of Science and the *Charter* of Rights: Would a Ban on Non-Reproductive Human Cloning Unjustifiably Violate the Freedom of Expression ? », (2004) 29 *Queen's L.J.* 647.
91. C. Sureau, *Son nom est personne ; avant de naître, l'enfant est-il une chose, un amas de cellules ou un patient ?*, France, Albin Michel, 2005 ; C.M. Mazzoni, « La protection réelle de l'embryon », (2005) 60 *Droit et société* 499-513 ; J. Hauser, « Les bornes de la personnalité juridique en droit civil », *Droit de la famille* n° 9, septembre 2012, dossier 4.
92. L'inclusion de l'enfant conçu mais pas encore né était une des pierres d'achoppement dans les négociations internationales qui ont abouti à l'adoption de la *Convention relative aux droits de l'enfant*, résolution n° 44/25, Doc. AGNU, c. 3, 44e sess. (1989) dont le préambule reflète, par la référence qu'il fait à la Déclaration de 1959, un difficile compromis en la matière : « Ayant présent à l'esprit que comme indiqué dans la déclaration des droits de l'enfant, adopté le 20 novembre 1959 par l'assemblée générale des Nations Unies, « l'enfant, en raison de son manque de maturité physique et intellectuelle, a besoin d'une protection spéciale et de soins spéciaux, notamment d'une protection juridique appropriée, avant, comme après la naissance » ».
93. La Grande-Bretagne a été la première à amorcer la réflexion et la première aussi à légiférer : *Human Fertilisation and Embryology Act 1990*, 1990, ch. 37 (R.U.). La France a adopté en 1994 des lois communément appelées « lois de bioéthique », lesquelles on été révisées à quelques reprises ; la dernière révision a eu lieu en 2011 : Loi n° 2011-814 du 7 juillet 2011 relative à la bioéthique.
94. *Loi sur les activités cliniques et de recherche en matière de procréation assistée*, RLRQ, c. A-5.01.
95. *Loi sur la procréation assistée,* L.C. 2004, ch. 2, entrée en vigueur pour partie le 22 avril 2004 et le 12 janvier 2006 : TR/2004-49, 5 mai 2004, *Gaz. Can.*, Partie II,

suivants : le clonage d'embryons humains (al. 5(1)*a*)), la création d'embryons *in vitro* à des fins autres que la création d'un être humain ou pour la recherche (al. 5(1)*b*)), la manipulation d'embryons pour créer des enfants dont les parents n'ont jamais génétiquement existé (al. 5(1)*c*)), la conservation d'embryons en dehors du corps d'une femme après le 14e jour suivant la fécondation (al. 5(1)*d*)), le choix du sexe en fonction de critères non médicaux (al. 5(1)*e*)), la modification du génome d'une cellule de façon à rendre le changement transmissible aux descendants (al. 5(1)*f*)), la formation de chimères ou hybrides animal-humain (al. 5(1)*g*), *h*), *i*) et *j*)), la conclusion à titre onéreux de contrats ou d'accords de maternité de substitution (art. 6), l'achat ou la vente d'ovules, de spermatozoïdes ou d'embryons (art. 7), le prélèvement et l'utilisation du matériel reproductif humain sans consentement (art. 8) et l'obtention d'un ovule ou d'un spermatozoïde d'un mineur sauf si c'est pour lui permettre de devenir parent (art. 9). Les amendes peuvent aller jusqu'à 500 000 $ et les peines de prison jusqu'à dix ans.

21 – Si le Code civil reconnaît la légitimité de la procréation assistée et, par voie de conséquence, la légitimité du don de gamètes qui relève des principes en matière d'aliénation des parties et des produits du corps (art. 19 et 25 C.c.Q.), il ne règle pas la question du statut de l'embryon. Le Code laisse en suspens la question des droits qui ont pu s'ouvrir pendant le temps où l'existence de l'enfant était en quelque sorte suspendue, c'est-à-dire pendant le temps où il était congelé. Toutefois, si l'on s'en tient aux règles du droit commun, l'embryon qui, au moment du décès de l'un de ses parents, était congelé et qui a ensuite été implanté, devrait, une fois né vivant et viable, pouvoir succéder, au même titre que l'enfant conçu naturellement. Il s'agit d'une simple application de la maxime *infans conceptus*. La même solution devrait également s'appliquer en matière de donations, substitutions, fiducies et en matière d'assurance[96]. Toutefois, selon

---

vol. 38, no 9, p. 478 ; TR/2005-42, 18 mai 2005, *Gaz. Can.*, Partie II, vol. 139, no 10, p. 1033. Des pans entiers de cette loi ont cependant été déclarés inconstitutionnels par la Cour suprême car ils empiètent sur le champ de compétence des provinces lorsqu'ils visent essentiellement à réglementer une activité relative à la santé : *Renvoi relatif à la Loi sur la procréation assistée*, 2010 CSC 61, [2010] 3 R.C.S. 457. C'est dans la foulée de cette décision de la Cour suprême que le Québec a adopté la *Loi sur les activités cliniques et de recherche en matière de procréation assistée*, RLRQ, c. A-5.01.

96. M.C. Kirouak, « Le projet parental et les nouvelles règles relatives à la filiation : une avancée ou un recul quant à la stabilité de la filiation ? », dans Service de la formation permanente, Barreau du Québec, *Développements récents en droit familial (2005)*, Cowansville, Éditions Yvon Blais, 2005, p. 369, 453-459 ; J. Beaulne, « Réflexions sur quelques aspects de la procréation assistée en matière

certains auteurs, la capacité pour l'embryon d'acquérir des droits de façon rétroactive devrait s'apprécier au moment de l'implantation et non pas de sa fécondation, compte tenu des incertitudes liées à la décision de donner suite ou non au projet parental[97]. En effet, l'embryon peut ne jamais être implanté ou pourrait encore être donné à des tiers, ce qui remettrait en cause l'intention des auteurs des libéralités dont il aurait pu être gratifié au moment de sa fécondation *in vitro*. *Quid* cependant en cas d'insémination ou de transplantation *post-mortem*, sa capacité de succéder étant tributaire de la preuve de l'existence d'un lien de filiation avec le défunt qui l'a engendré ? En cas de divorce ou de séparation de ses géniteurs ou du couple pour lequel il a été conçu lorsqu'il y a eu recours à un don de gamètes, à qui appartient la décision sur son devenir ? En cas de défaillance de la technique ou de destruction involontaire, ses « géniteurs » disposent-ils d'un recours et, le cas échéant, quel en serait le fondement ? Ce sont là des questions auxquelles la *Loi sur la procréation assistée* ne répond que très partiellement.

Après une longue période de consultation, entrecoupée de soubresauts politiques, le législateur fédéral est venu encadrer les activités cliniques en matière de procréation assistée et la recherche sur l'embryon[98]. En principe, un embryon ne peut être créé que pour les seules fins de procréation et l'apprentissage ou l'amélioration de ces techniques[99]. Cependant, advenant l'abandon du projet parental, l'embryon peut être utilisé aux fins de recherche dès lors que les donneurs du matériel génétique y ont consenti[100]. La loi fédérale interdit par ailleurs un certain nombre de manipulations, considérées comme attentatoires à la dignité humaine[101]. Ainsi, tout en demeurant exclu de la catégorie des personnes, l'embryon bénéficie néanmoins d'une certaine protection de la loi.

---

de droit des personnes et de la famille », (1995) 26 *R.D.D.* 235, 245 ; S. Le Bris, « Procréation médicalement assistée et parentalité à l'aube du 21e siècle », (1994) 1 *C.P. du N.* 133, 161.

97. R.P. Kouri et S. Philips-Nootens, *L'intégrité de la personne, op. cit.*, note 24, no 139. *Contra* : A. Richard, « Le statut successoral de l'enfant conçu », (2001) 26 *R.T.J.* 1361, 1386, qui est d'avis que si l'embryon a été créé avant la mort de son auteur, l'enfant serait apte à succéder.

98. Pour un historique, voir A. Harvison Young, « Let's Try Again... This Time with Feeling: Bill C-6 and New Reproductive Technologies », (2005) 38 *U.B.C. Law Rev.* 123, et L. Langevin, *loc. cit.*, note 23, p. 62 et s.

99. *Loi sur la procréation assistée,* art. 5. Sur cette question, voir les commentaires de J. Jonhston : « Is Research in Canada Limited to "Surplus" Embryos? », (2006) 14.3 *Health Law Review* 3.

100. *Ibid.*, art. 8 : voir également le *Règlement sur la procréation assistée (article 8 de la Loi)*, DORS/2007-137.

101. Sur la notion de dignité appliquée à la vie avant la naissance, voir L. Cassiers, « La dignité de l'embryon humain », (2003) 54 *Revue Trimestrielle des Droits de l'Homme* 403-420.

Section II
L'extinction de la personnalité

22 – La personnalité juridique s'éteint avec la vie. Comme pour le début de l'existence, ce sont des données d'ordre biologique qui gouvernent la fin de l'existence juridique de la personne. Mais il n'en fut pas toujours ainsi. Le droit connaissait autrefois la mort civile, qui était une sanction s'ajoutant à certaines peines criminelles les plus graves[102]. Ces personnes étaient considérées comme juridiquement mortes et perdaient donc leurs droits civils. Cette mesure impliquait la confiscation de tous les biens du condamné[103]. Même si l'on dit souvent que la mort civile entraînait la perte de la quasi-totalité des droits, il convient de nuancer cette affirmation puisque le Code prévoyait une liste, importante certes, des droits perdus et que celle-ci ne visait que les droits patrimoniaux et judiciaires. Par ailleurs, le Code prévoyait également que le pardon, la libération, la remise de la peine ou sa commutation en une autre qui n'emporte pas mort civile, « rendent la vie »...[104]. Ce n'est qu'en 1906 que la mort civile fut abolie[105]. On lui substitua alors la dégradation civique, qui emportait la perte des droits civiques et politiques, mais non la perte de la personnalité civile, en cas de condamnation à une peine afflictive perpétuelle. La dégradation civique fut elle-même abolie en 1971[106].

23 – Puisque la mort marque la fin de la personnalité juridique, elle doit être constatée et actée. De multiples effets sont attachés à cet événement. Ainsi, la mort provoque la dissolution du mariage ou de l'union civile et c'est à ce moment que s'ouvre la succession du défunt et que les héritiers sont saisis de son patrimoine. Malgré le fait que la

---

102. Jusqu'en 1906, le Code civil prévoyait également que les personnes qui professaient la religion catholique et qui avaient formulé des vœux solennels et à perpétuité dans une communauté religieuse reconnue lors de la cession du Canada à l'Angleterre, étaient frappées d'un certain nombre d'incapacités juridiques telles que prévues par les lois en vigueur à l'époque de la cession (art. 34 C.c.B.C.). Ces incapacités étaient telles que les Commissaires à la codification de 1866 y voyaient l'équivalent de la mort civile.
103. Art. 30 à 38 C.c.B.C. ; T.-J.-J. Loranger, *Commentaires sur le Code civil du Bas-Canada*, t. I, Montréal, E. Senecal, 1879, p. 230 ; P.-B. Mignault, *Le droit civil canadien*, t. I, Montréal, Théoret, t. I, 1895, p. 150 et s. et F. Langelier, *Cours de droit civil de la province de Québec*, t. I, Montréal, Wilson & Lafleur, 1905, p. 112 et s.
104. Art. 38 C.c.B.C. La version anglaise de cette disposition utilisait l'expression, moins poétique, « restore the civil ability ».
105. *Loi abolissant la mort civile*, (1906) 6 Ed. VII, c. 38.
106. *Loi modifiant de nouveau le Code civil et modifiant la Loi abolissant la mort civile*, L.Q. 1971, c. 84.

mort représente la fin juridique de la personne, le droit admet un certain prolongement de la personnalité au-delà du décès, comme en témoignent notamment les règles relatives au respect du corps *post-mortem*.

§1 – La constatation de la mort

24 – Au même titre que la naissance, le décès doit faire l'objet d'un constat, d'une déclaration et d'une insertion au registre de l'état civil[107]. Le droit québécois ne définit pas la mort, contrairement au droit de nombreux pays[108] et de quelques provinces canadiennes où l'on retrouve tantôt une définition générale, tantôt une définition *ad hoc* pour l'application d'une loi précise. Ainsi, au Manitoba, la loi prévoit une définition générale de la mort : « Pour tout ce qui relève de la compétence législative de la Législature du Manitoba, le décès d'une personne a lieu au moment où se produit une cessation irréversible de toutes les fonctions cérébrales de cette personne »[109]. En Nouvelle-Écosse, la loi définit la mort, mais seulement pour l'application des règles en matière de dons d'organes et de tissus : « "death" means the irreversible cessation of the functioning of the organism as a whole as determined by the irreversible loss of the brain's ability to control and co-ordinate all of the organism's critical functions »[110].

Au Québec, comme dans la plupart des provinces canadiennes, la loi se contente de mettre en place des règles en vue de consigner le décès, laissant à la médecine le soin d'en définir les paramètres. C'est un autre exemple où « la science médicale dit, la science juridique constate »[111].

Les développements de la médecine moderne ont remis en cause le critère qui jusqu'alors paraissait immuable, soit l'arrêt des fonc-

---

107. Art. 122 à 128 C.c.Q.
108. En France, par exemple, le Code de la santé publique prévoit que « si la personne présente un arrêt cardiaque et respiratoire persistant, le constat de la mort ne peut être établi que si les trois critères cliniques suivants sont simultanément présents : 1- absence totale de conscience et d'activité motrice spontanée ; 2- abolition de tous les réflexes du tronc cérébral ; 3- absence totale de ventilation spontanée » (art. L 1232-6, 1o ; art. R. 1232-1 et s.) ; X. Daverat, « Dissertation sur les revenants en corps et le droit des personnes », dans *Mélanges en l'honneur du professeur Jean Hauser*, Paris, Lexis-Nexis, Dalloz, 2012, p. 25-39.
109. *Loi sur les statistiques de l'état civil,* C.P.L.M., c. V-60, art. 2.
110. *Human Organ and Tissue Donation Act*, S.N.S. 2010, ch. 36.
111. J.-L. Baudouin, « L'incidence de la biologie et de la médecine moderne sur le droit civil », (1970) 2 *R.J.T.* 217, 225.

tions cardiaques et respiratoires (désigné de « mort clinique »), projetant ainsi un certain flou sur la détermination du décès. Deux faits en particulier ont obligé médecins et juristes à repenser le problème de la détermination et de la constatation de la mort : 1° la possibilité d'assurer par des moyens artificiels la circulation d'un sang oxygéné dans un organisme atteint d'une manière irréversible ; 2° la transplantation d'organes prélevés sur le cadavre, qui acquiert ainsi une utilité sociale.

Dès lors, une première question se pose : quel est le statut juridique du patient dont la « vie » est maintenue artificiellement ? Doit-on s'en tenir au critère classique de la mort clinique ou doit-on retenir la notion plus moderne de la décérébration ou coma dépassé qui correspond à la mort biologique (*i.e.* la cessation de toutes les fonctions cérébrales, aussi bien celles du cortex, *i.e.* de la conscience, que celles du tronc cérébral, *i.e.* respiration, circulation, régulation thermique) quand bien même les fonctions circulatoire et respiratoire seraient artificiellement assurées ? En d'autres termes, où et quand, dans une telle hypothèse, peut être signée la déclaration de décès ?

La question est d'autant plus importante, qu'au-delà du problème technique de l'administration de la preuve, les organes nobles de ces malades sont en excellent état et constituent une des meilleures sources possible de greffes disponibles aujourd'hui ; peut-on alors autoriser le médecin à prélever un de ces organes sur un patient qui, quoique médicalement irrécupérable, n'est pas encore véritablement un cadavre[112] ?

Au-delà de ces questions qui, sur le plan légal, obligent à circonscrire la responsabilité civile et criminelle du médecin effectuant le prélèvement et qui posent donc la question de savoir si le juriste doit s'impliquer plus avant dans le processus graduel qui conduit à la mort, surgit un autre problème : le médecin a-t-il l'obligation de prolonger la vie d'une personne dont la mort est inévitable, est-il légalement et déontologiquement seul maître de la décision d'interrompre les moyens mécaniques ou le traitement qui sert de support à la vie d'un patient déjà engagé dans le processus de la mort ? C'est tout le problème de l'euthanasie et de la dignité devant la mort qui se trouve posé (voir *infra*, le chapitre sur l'intégrité physique).

---

112. M. Potts et D.W. Evans, « Does it Matter that Organ Donors are not Dead? Ethical and Policy Implications », (2005) 31 *J. Med. Ethics* 406.

25 – *Le problème d'une définition* – S'il existe aujourd'hui un certain consensus au sein du corps médical sur les critères de définition de la mort[113], plusieurs s'interrogent sur l'opportunité d'une définition législative[114].

La question est d'autant plus pertinente qu'il existe une certaine confusion dans l'application concrète du critère de la mort cérébrale, l'accomplissement d'examens cliniques n'éliminant en rien le diagnostic, qui reste l'apanage du médecin. Les besoins d'organes, qui se font de plus en plus pressants, font aussi que les regards se tournent vers des personnes qui, bien que ne répondant pas aux critères de la mort cérébrale, sont considérées par certains comme des morts vivants[115]. D'un autre côté, il peut être dangereux de fixer des critères rigides dans un domaine où le diagnostic clinique demeure prééminent et où les connaissances évoluent rapidement. À tout le moins le législateur québécois a-t-il prévu un certain encadrement autour de la disposition du corps humain décédé[116], en aménageant tout un chapitre sur le respect du corps après le décès et en édictant des règles strictes relatives aux prélèvements *post- mortem*[117]. Si le législateur québécois demeure donc muet quant à la définition de la mort, il convient tout de même de souligner que la Cour supérieure s'est penchée directement sur la question, dans une affaire où pour des raisons d'ordre successoral il fallait déterminer si une mère et son enfant, victimes d'un accident de la route, étaient décédés simultané-

---

113. Voir « A Definition of Irreversible Coma », (1968) 205 *J.A.M.A.* 337 ; cette publication qui émane d'un comité spécial de la Faculté de médecine de l'Université Harvard, a constitué un point tournant pour la science médicale. Voir à ce titre, les critères diffusés par Québec Transplant dans Collège des médecins du Québec, *Aspects législatifs, déontologiques et organisationnels de la pratique médicale au Québec*, Collège des médecins du Québec, 2000, p. 103 ; Canadian Medical Association Position Statement, « Guidelines for the Diagnosis of Brain Death », (1987) *Can. Med. Ass. J.* 200A.

114. R.P. Kouri, « Réflexion sur la nécessité d'une définition de la mort », (1983) 13 *R.D.U.S.* 447 ; Commission de réforme du droit du Canada, *Les critères de détermination de la mort*, Rapport nº 15, Ottawa, ministre des Approvisionnements et Services Canada, 1981 et Document de travail nº 23, Ottawa, Approvisionnements et Services Canada, 1979, p. 64.

115. C'est le cas, notamment, des malades en état végétatif chronique qui pourraient devenir des sources d'organes, malgré l'existence de fonctions cardiaques et respiratoires spontanées. Voir, à ce sujet, M. Lock, *Twice Dead. Organ Transplants and the Reinvention of Death*, Los Angeles, University of California Press, 2002.

116. « Il n'a pas été nécessaire de donner une définition de la mort ; celle-ci est un fait dont l'appréciation relève de critères autres que juridiques. D'ailleurs une telle définition n'aurait pu être que provisoire, compte tenu de l'évolution de la science », Comm. 1, sous l'article 45 C.c.Q.

117. Art. 43 à 45 C.c.Q.

ment ou si l'un avait survécu à l'autre[118]. Le tribunal rejette la proposition que le seul constat de la mort néocorticale (*i.e.* la mort du cortex cérébral) serait suffisant pour conclure au décès de la personne, et il conclut que le principe de l'arrêt de toute fonction cérébrale comme condition du décès doit inclure l'arrêt irréversible de toute fonction du tronc cérébral également. Le juge affirme ainsi que « la mort n'est pas un processus évolutif, mais plutôt un élément factuel qui se produit à un moment donné », soit l'arrêt irréversible de *toutes* les fonctions cérébrales. Conscient du fait que cette définition apporte une sérieuse restriction en matière de prélèvements d'organe, le juge Bureau écrit que « la société québécoise n'est pas encore disposée à accepter qu'un être humain, quelles que soient les atteintes cérébrales dont il peut être victime, soit déclaré mort tant et aussi longtemps qu'il démontre des fonctions cardio-respiratoires autonomes »[119]. La solution serait évidemment différente s'il est démontré que les fonctions cardio-respiratoires sont maintenues artificiellement, alors que la fin irréversible des fonctions cérébrales est constatée[120].

La question de l'opportunité d'une définition légale de la mort demeure donc posée. Certains estiment que le constat de la mort et sa définition doivent être laissés aux médecins agissant « de façon compétente, attentive et consciencieuse »[121]. Pourtant, dans l'affaire *Leclerc (Succession de)* c. *Turmel*[122], l'urgentologue appelé comme témoin expert avançait que l'enfant était décédé et s'appuyait pour cela sur la notion de mort néocorticale[123], définition rejetée par le tribunal. Ni la compétence, ni le caractère consciencieux et attentif du travail de l'expert n'étaient mis en doute. Il reste que sa définition de la mort ne correspondait pas à celle qui semble désormais dominante, soit la mort cérébrale complète, ce qui démontre l'utilité probable d'une définition légale uniforme.

---

118. *Leclerc (Succession de)* c. *Turmel*, [2005] R.J.Q. 1165, EYB 2005-87440 (C.S.) ; appel rejeté sur requête (C.A., 2005-09-19), nº 500-09-015588-056. Cette affaire mettait en jeu la présomption de décès simultané en matière successorale lorsque les personnes, dont au moins une est appelée à la succession de l'autre, décèdent sans qu'il soit possible d'établir laquelle a survécu à l'autre (art. 616 C.c.Q.).
119. *Ibid.*, par. 54.
120. *Centre de santé et services sociaux Richelieu-Yamaska* c. *M.L.*, [2006] R.D.F. 420, EYB 2006-104015 (C.S.).
121. R.P. Kouri et S. Philips-Nootens, *L'intégrité de la personne*, *op. cit.*, note 24, par. 174.
122. Cité *supra*, note 118.
123. *Ibid.*, par. 26.

§2 – Les pouvoirs de la volonté au-delà de la mort

26 – Si certains droits peuvent être accordés rétroactivement à l'enfant né vivant et viable, en dépit du fait qu'il n'a pas la personnalité juridique avant la naissance, la perte de la personnalité juridique qui s'éteignait irrémédiablement avec le décès n'emporte plus totalement les mêmes effets. En effet, le droit organise une certaine protection de la personne après la mort, même s'il n'est plus question de personnalité juridique dès l'instant du décès. Le culte des morts s'inscrit traditionnellement et généralement dans le champ des croyances et de la religion. Les règles juridiques relatives au corps après le décès reflètent aussi le respect de l'individu comme valeur sociale primordiale et elles indiquent que la personne, même décédée, participe encore d'une certaine façon de la nature humaine. En ce sens, on peut dire que même au-delà de la mort, le droit reconnaît à la personne une certaine dignité.

27 – Il fut une époque où le défunt avait une quasi-personnalité. Dans son ouvrage sur l'inviolabilité de la personne, Albert Mayrand rappelle ainsi cet état des choses : « Dans l'ancien droit, tout comme le respect qu'on lui portait, l'infamie que le défunt avait encourue s'attachait à sa dépouille mortelle. Le cadavre était doué d'une quasi-personnalité. On lui intentait des procès et on lui infligeait des peines. En 1698, le procureur général de la Nouvelle-France se porta au procès « [...] demandeur et accusateur contre le cadavre du nommé Henri Bézard dit Lafleur ». Le Conseil supérieur déclara le défunt Henri Bézard « [...] dûment atteint et convaincu de s'être battu et avoir été tué en duel par le nommé Dubé [...] », et « pour réparation, il ordonna que sa mémoire demeurerait condamnée, éteinte et supprimée à perpétuité, que tous ses biens seraient acquis et confisqués au roi, que son cadavre enfin, après avoir été attaché par l'exécuteur de la justice au derrière d'une traîne sur une claie, la tête en bas et la face contre terre, serait ensuite jeté à la voirie »[124].

28 – *Le testament* – La manifestation la plus tangible de ce prolongement de la personnalité est le testament, acte unilatéral par lequel une personne dispose à la fois de ses biens[125] et de son corps[126], pour le temps où il ne sera plus. Plus remarquable cependant est le cas de la fondation ou de la fiducie où la personne prétend, par-delà la mort,

---

124. A. Mayrand, *L'inviolabilité de la personne humaine*, Montréal, Wilson & Lafleur, 1975, n° 112.
125. Art. 613 et 731 et s. C.c.Q.
126. Art. 42 et 43 C.c.Q.

imprimer à perpétuité une certaine destination à ses biens[127]. Cette possibilité réelle de faire valoir sa volonté au-delà de la mort amène certains à considérer que la personne décédée est en quelque sorte une « semie-personne juridique » ou une « personne résiduelle »[128]. Quant au pouvoir de disposition sur son corps, il se rattache, nous l'avons déjà souligné, aux droits de la personnalité. Il sera donc analysé au chapitre sur l'intégrité physique que nous leur avons consacré dans cet ouvrage.

29 – *Le respect du cadavre et la protection de la mémoire du défunt* – Il existe un devoir moral de traiter avec respect le cadavre de la personne qui n'est plus, et de voir à ses funérailles[129], un devoir que le législateur a transformé en obligation légale. Alors qu'autrefois, à défaut pour le défunt d'avoir pris de son vivant des dispositions à cet effet, le Code civil s'en remettait à l'usage[130], ce sont les héritiers ou les successibles[131] qui, aujourd'hui, sont tenus de veiller au règlement des funérailles (art. 625, al. 3 C.c.Q.). Il en est de même de la disposition du corps, *i.e.* du choix entre la cryogénie, l'inhumation, l'incinération et la disposition des cendres qui, tout comme dans le cas des funérailles, doit respecter les volontés qui auraient pu être exprimées, même verbalement, par le défunt[132].

Si l'on peut comprendre que l'introduction de cette règle permette « d'éviter certains conflits entre les héritiers ou entre celui qui

---

127. On parlera alors de fondation ou de fiducie d'utilité sociale. Mais la fiducie d'ordre privé peut aussi, dans certaines circonstances, s'étendre sur plusieurs générations ; André J. Barette, « La fiducie d'utilité sociale : réflexions sur un thème méconnu », dans Service de la formation continue, Barreau du Québec, *Fiducies personnelles et successions (2007)*, Cowansville, Éditions Yvon Blais, 2007, p. 79-92.

128. G.B. Miranda, « Les fantômes ont-ils des droits ? », dans Centre de recherche en droit privé et comparé du Québec, *Regards croisés sur le droit privé. Cross-Examining Private Law*, Cowansville, Éditions Yvon Blais, 2005, p. 83, 86-87.

129. Ajoutons que le *Code criminel* sanctionne quiconque néglige, sans excuse légitime, d'accomplir un devoir que lui impose la loi ou qu'il s'engage à remplir, au sujet de l'inhumation d'un cadavre humain ou de restes humains, de même que quiconque commet un outrage envers un cadavre : art. 182 C.cr.

130. Art. 21 C.c.B.C.

131. Le successible est celui qui a vocation à la succession du défunt mais qui n'a pas encore exercé son option d'accepter la succession ou d'y renoncer (art. 630 C.c.Q.). Le délai de déclaration est de 6 mois (art. 632 C.c.Q.) et il est évident que les funérailles doivent avoir lieu avant cela.

132. Bien que l'article 42 C.c.Q., contrairement à l'article 44 C.c.Q., ne mentionne pas expressément l'obligation de respecter les volontés qui auraient pu être exprimées verbalement par le défunt, le commentaire qui l'accompagne ne laisse aucun doute à ce sujet.

acquitte les frais et les héritiers »[133], il nous semble qu'elle accorde bien peu d'importance aux sentiments des proches lorsque ceux-ci ne sont pas eux-mêmes héritiers[134]. L'usage qui, selon la jurisprudence antérieure, voulait que ces décisions reviennent au conjoint ou aux plus proches parents[135] était sans doute plus respectueux de la volonté du défunt.

Le cadavre est digne de respect et plusieurs législations reconnaissent ce principe, comme le Code de déontologie des coroners qui édicte que « le coroner doit s'assurer que tout cadavre dont il a la garde et la possession soit traité avec dignité et respect »[136]. Il n'en demeure pas moins que le cadavre est une *chose* et qu'on ne saurait lui reconnaître un droit de la personnalité. Cela n'exclut pas la possibilité pour ses ayants cause d'agir en justice s'il est porté atteinte à son image, à sa mémoire ou à sa dignité. Mais c'est alors à titre personnel et en raison de l'atteinte qui a pu être portée au respect de leur vie privée ou à leur sentiment personnel de l'honneur que ces derniers pourront agir[137].

Pour aller plus loin

30 – *La notion de personne, sujet de droit : un produit de la culture* – Si la notion de personne, définie comme tout individu « conçu comme un moi unique, autonome et égal en droit et en dignité » fait aujourd'hui figure d'évidence, l'histoire nous révèle qu'il n'en fut pas toujours ainsi, et l'anthropologie oblige à la relativiser : « l'invention de l'homme comme sujet doué d'une personnalité et d'un destin propre auquel il appartient de collaborer activement, est une création de l'Occident, fruit imprévisible de la rencontre de la culture grecque, du juridisme latin et de la foi chrétienne, elle-même enracinée dans la foi judaïque » (M.-T. Meulders-Klein, « Personne », dans *Dictionnaire encyclopédique de théorie et de sociologie du droit*, sous la direction de A.-J. Arnaud, Paris, L.G.D.J., 1988, 292 p.).

---

133. Commentaire, 1, sous l'article 42 C.c.Q.
134. En ce sens, R.P. Kouri et S. Philips-Nootens, *op. cit.*, note 24, n° 66.
135. A. Mayrand, « Problèmes de droit relatif aux funérailles », dans A. Popovici (dir.), *Problèmes de droit contemporain*, Mélanges Louis Baudouin, Montréal, P.U.M., 1974, p. 119.
136. *Code de déontologie des coroners*, RLRQ, c. R-0.2, r. 1 (Recherche des causes et des circonstances des décès), art. 3.
137. Voir, à titre d'exemple, *Robert* c. *Cimetière de l'Est de Montréal Inc.*, [1989] R.R.A. 124 (C.S.), où la Cour supérieure a condamné le cimetière à verser des dommages moraux à chacun des six enfants du défunt pour avoir égaré l'urne de leur père. Toute autre chose est le fait d'invoquer l'atteinte portée de son vivant à un droit de la personnalité du défunt, au nom duquel les héritiers pourront alors agir.

L'idée de droit subjectif était fondamentalement étrangère aux sociétés antiques. Dans la doctrine du droit naturel classique, « le droit est objectif, c'est-à-dire que loin d'être un attribut, qualité interne au sujet, part intégrante de son être [...] il est le résultat d'un partage » : c'est le lot qui revient à chacun, en tant que membre d'une totalité organique, le *cosmos*, selon l'ordre de la nature, inclus dans le corps social (M. Villey, « La genèse du droit subjectif chez Guillaume d'Occam », *Arch. de philosophie du droit*, t. IX, 1964, 97 p., p. 63-67. Voir également, du même auteur, *Le droit et les droits de l'homme*, Paris, P.U.F., « Collection 'Questions' », 1983).

Dans la Rome ancienne, l'esclave était asservi à son maître comme une chose (*res*) tout en étant une personne (*persona*) mais une personne sans autonomie, devant passer par son maître pour agir (E. Lazayrat et J. Rochfeld, « La distinction des personnes et des choses », *Droit de la famille* nº 4, avril 2013, Étude 5). Il ne possédait ni droits politiques, ni droits familiaux, ni droits patrimoniaux, attributs de la personnalité civile. L'Europe médiévale connut le servage, adaptation de l'esclavage aux exigences de la morale chrétienne. Contrairement à l'esclave, le serf n'était pas objet d'appropriation. Ce n'était cependant pas un homme libre, le servage impliquant une étroite dépendance personnelle : dans la société féodale, chacun marchait à son pas, selon l'ordre auquel il appartenait. Le christianisme a introduit une fracture en affirmant l'égale dignité des êtres humains devant Dieu, mais il n'en demeure pas moins qu'en invoquant l'ordre de la Création, il a permis de conforter les inégalités sociales.

Il faudra attendre le XVIIIe siècle « pour que dans la foulée de l'École du droit naturel et des gens soit proclamé comme une évidence, le principe de l'égalité et de la liberté de tous » en Occident (M.-T. Meulders-Klein, *loc. cit.*, *supra*, p. 293). Et pourtant, l'esclavage n'a été aboli dans les colonies qu'au XIXe siècle ; par les Anglais en premier lieu, en 1833, puis par les Français en 1848 (voir J. Carbonnier, « L'esclavage sous le régime du Code civil », *Annales de la Faculté de droit de Liège*, Liège, 1957, p. 53 et D. Thouvenin, « L'esclavage et les idéaux de la Révolution française », *Milieux*, 1987, nº 27, p. 30). La Nouvelle-France, qui n'a pourtant pas connu le *Code noir* (cette ordonnance de Colbert relative aux esclaves des Îles d'Amérique (1685), ne fut jamais promulguée en Nouvelle-France), et le Bas-Canada connurent eux aussi l'esclavage, encore qu'à une bien plus petite échelle (voir M. Trudel, *L'esclavage au Canada français : histoire et conditions de l'esclavage*, Québec, P.U.L., 1960).

31 – *Théorie juridique* – La notion même de sujet de droits appliquée à l'individu ne fait pas l'unanimité. Il existe une opposition classique entre les doctrines du droit subjectif – qui voient dans l'individu, dépositaire d'attributs originaires et autonomes, l'élément central du droit – et du droit objectif – qui posent l'État comme l'entité première dans l'ordre juridique, celle qui organise la vie sociale en conférant des droits aux individus, des droits dits subjectifs. Ce droit issu de l'État constitue le droit « objectif ». Dans la doctrine du droit objectif, les droits subjectifs sont des prérogatives individuelles qui sont en quelque sorte un don de la loi et non pas des attributs originaires de la personne.

Le véritable enjeu de la mise en cause de la notion de sujet de droits est donc d'ordre épistémologique, c'est celui de la « possibilité pour la personne d'avoir des « droits » (les droits de l'homme) antérieurs au droit, plus précisément à la règle de droit, au système positif des règles de droit [...]. Si bien que la personne apporterait ses droits avec elle dans le phénomène juridique et les imposerait comme transcendatalement supérieurs, et que la règle positive ne pourrait toucher à ces droits préexistants, mais devrait la respecter » (R. Martin, « Personne et sujet de droit », (1981) 13 *Rev. trim. dr. civ.* 785, 794). À propos des différentes écoles de pensée qui s'inscrivent à l'intérieur de ces deux tendances et les critiques dont elles ont fait l'objet, voir le *Dictionnaire encyclopédique de théorie et de sociologie du droit*, précité (V° droit, droit naturel, droit objectif, droit positif), *Le sujet de droit*, *Archives de philosophie du droit*, t. 34, Paris, Sirey, 1989 et A. Paynot-Rouvillois. « Sujet de droit », dans *Dictionnaire de la culture juridique*, sous la direction de D. Alland et S. Rials, Paris, P.U.F., 2003, p. 1151 et s. ; X. Bioy, « L'usage du concept de « personne » en droit », (2012) *Revue de la recherche juridique. Droit prospectif* 2171-2177.

La « question de savoir si la notion de personne juridique est un concept sans substance prédéterminée et qui, selon la décision arbitraire du droit, peut être appliquée à diverses entités humaines ou non, ou si la notion recouvre nécessairement et exclusivement des êtres humains nés et vivants, pris isolément ou en groupe organisé fait aujourd'hui l'objet d'un débat », auquel participent tant les philosophes que les juristes, alimentés en ce sens par le mouvement écologiste et les défenseurs de l'environnement (C. Labrusse-Riou et F. Bellivier, « Les droits de l'embryon et du fœtus en droit privé », (2002) 2 *R.I.D.C.* 580, 581. Ainsi, indépendamment de la question de savoir si l'embryon et le fœtus devraient faire l'objet d'une certaine protection de la loi, en leur qualité d'être humain ou de personne juridique, certains se demandent si les animaux, voire la nature elle-même, ne doivent pas être reconnus comme sujets de droit : M.-A. Hermitte, « La nature, sujet de droit ? », (2011) 1 *Annales. Histoire. Sciences Sociales* 173 ; P. Gérard, F. Ost et M. Van de Kerchove (dir.), *Images et usage de la nature en droit*, Bruxelles, Publications des Facultés universitaires de Saint-Louis, 1993 ; B. Edelman et M.A. Hermitte, *L'homme, la nature et le droit*, Paris, C. Bourgeois, 1988 ; Y. Thomas, « Le sujet de droit, la personne et la nature. Sur la critique contemporaine du sujet de droit », (1998) 100 *Le Débat* 85 ; J.-P. Marguenaud, « La personnalité juridique des animaux », *D.* 1998, chron... Ce débat s'étend aujourd'hui au statut juridique des robots intelligents : M.-A. Séguin, « Pour un droit des robots ? », (décembre 2013) *Le Journal du Barreau du Québec* 16-17 ; K. Darling, « Donnons des droits aux robots », *Le Monde*, 14 février 2013 (http://www.lemonde.fr/sciences/article/2013/02/14/donnons-des-droits-aux-robots_1832927_1650684.html). Pour une approche plus philosophique de cette question : P. Singer, *Animal Liberation*, N.Y., Avon Books Publishers, 1977 (ce grand classique du droit des animaux a été traduit en français : *La libération animale*, Paris, Grasset, 1993 ; B. Cyrulnik,

E. de Fontenay et P. Singer, *Les animaux aussi ont des droits*, Paris, Seuil, 2013 ; M.H. Parizeau et G. Chapoutier (dir.), *L'être humain, l'animal et la technique*, Québec, P.U.L., 2007 ; J.R. Lovvorn, « Animal Law in Action: The Law, The public Perception and the Limits of Animal Rights Theory as a basis for Legal Reform », (2006) 12 *Animal L.* 133, 148-149 ; T.L. Bryant, « Similarity or Difference as a Basis for Justice: Must Animals be Like Humans to be Legally Protected from Humans? », (2007) 70 *Law & Contemporary Problems* 207 ; L. Ferry, *Le nouvel ordre écologique : l'arbre, l'animal et l'homme*, Paris, Grasset, 1992 ; B. Melkevik, « La nature, un sujet de droit ? Interrogation philosophique et critique », dans *Horizons de la philosophie du droit*, Paris, L'harmattan/P.U.L., 1998, p. 39.

Sur les relations entre être humain, personne et sujet de droit : R. Demogue, « La notion de sujet de droit », (1909) *R.T.D.C.* 611 ; M. Rivet, « Esquisse d'un profil de la personne selon le droit », (1981) 11 *R.D.U.S.* 417 ; S. Joly, « Le passage de la personne, sujet de droit, à la personne, être humain », (2001) 10 *Droit de la famille* 9 ; J.-L. Baudouin, « Vie et mort de la personne : la personne humaine en droit comparé, apparition et disparition », dans *La personne humaine, sujet de droit*, Quatrièmes Journées René Savatier, Poitiers, 25 et 26 mars 1993, Paris, P.U.F., 1994, p. 73 ; C. Petit et F. Dekeuwer-Défossez (dir.), « Personne en droit privé », *Droit de la famille* nº 9, 2012 ; B. Edelman, « Qu'est devenue la personne humaine ? », (2013) 55 *Revue française de théorie, de philosophie et de culture juridiques* 129-137.

32 – *De la protection de l'enfant conçu : la maxime* infans conceptus *; son origine, son évolution et sa portée* – A. Lefevre-Teillard, *Introduction historique au droit des personnes et de la famille*, Paris, P.U.F., 1996 et « *Infans conceptus*... Existence physique et existence juridique », (1994) 72 *R.H.D.* 499 ; J.-P. Baud, *Le droit de vie et de mort, Archéologie de la bioéthique*, Paris, Aubier, Collection Alto, 2001, p. 211-246 ; C. Bernard, E. Deleury, F. Dion et P. Gaudette, « Le statut de l'embryon humain dans l'antiquité gréco-romaine », (1989) 45 *Laval théologique et philosophique* 179 ; E. Deleury, « Naissance et mort de la personne humaine ou les confrontations de la médecine et du droit », (1976) 17 *C. de D.* 178, 265 ; L. Langevin, « Entre la non-reconnaissance et la protection : la situation juridique de l'embryon et du fœtus au Canada et au Québec », *R.I.D.C.* 39. En droit français, voir B. Feuillet le Mintier (dir.), *L'embryon humain, approche multidisciplinaire*, Paris, Economica, 1996 ; M.-C. Gaudreault, « L'embryon en droit français, titulaire d'un statut juridique », (1997) 28 *R.G.D.* 167 ; C. Byk, « Embryon et pouvoir parental : tendances en droit comparé », (1996) *Jal. Intern. Bioeth.* 192 ; F. Diesse, « La situation juridique de l'enfant à naître en droit français : entre pile et face », (1999-2000) 30 *R.G.D.* 607 ; C.M. Mazzoni, « La protection réelle de l'embryon », (2005) 60 *Droit et Société* 499-513.

33 – *Sur le droit à l'autonomie de la femme enceinte, le « droit à la santé » du fœtus et le pouvoir de contrainte de la part de l'État* – Cette question a soulevé bien des controverses, aux États-Unis tout d'abord, puis au Canada, avant que la Cour suprême du Canada ne tranche définitivement la question dans l'arrêt *Office des services à l'enfant et à la famille de Winnipeg (région du Nord-Ouest)* c. *G. (D.F.)*, [1997] 3 R.C.S. 925 ; M.T. Giroux, « L'autonomie de la femme enceinte et la protection de l'enfant à naître : une perspective éthique », dans Service de la formation continue, Barreau du Québec, vol. 261, *Autonomie et protection (2007)*, Cowansville, Éditions Yvon Blais, p. 33-59 ; R.D. Bell, « Prenatal Substance Abuse and Judicial Intervention in Pregnancy: *Winnipeg Child and Family Services* v. *G. (D.F.)* », (1997) 55 *U.T. Fac. L. Rev.* 321 ; C. MacIntosh, « Conceiving Fetal Abuse », (1998) 15 *Can. J. Fam. L.* 178 ; voir aussi, dans le numéro semi-thématique consacré par l'*Alberta Law Review* à la décision rendue par la Cour suprême, S. Rodgers, « *Winnipeg Child and Family Services* v. *D.F.G.*: Juridical Interference with Pregnant Women in the Alleged Interest of the Fœtus », p. 711 ; F.C. DeCoste, « *Winnipeg Child and Family Services (Northwest Area)* v. *D.F.G.* », p. 725 ; L. Shanner, « Pregnancy Intervention and Models of Maternal Fetal Relationship: Philosophical Reflections on the Winnipeg *C.F.S.* Dissent », p. 751 ; B.P. Elman et J. Mason, « The Failure of Dialogue: *Winnipeg Child and Family Services (Northwest Area)* v. *G. (D.F.)* », p. 768 ; F. Baylis, « Dissenting with the Dissent: *Winnipeg Child and Family Services (Northwest Area)* v. *G. (D.F.)* », p. 785 ; T. Caulfield et E. Nelson, « *Winnipeg Child and Family Services* v. *D.F.G.*: A Commentary on the Law, Reproductive Autonomy and the Allure of Technopolicy », p. 799 ; A. Diduck, « Conceiving the Bad Mother: "The Focus Should Be on the Child to Be Born" », (1998) 38 *U.B.C.L.R.* 199 ; S. Philips-Nootens, « La Cour suprême face à la vie, face à la mort : de valeurs et de droits », (2000) 79 *R. du B. can.* 145. Pour une analyse de la situation aux États-Unis : L. Gomez, *Misconceiving Mothers: Legislators, Prosecutors, and the Politics of Prenatal Drug Exposure*, Philadelphia, Temple University Press, 1997 et J.R. Schroedel, *Is The Fetus a Person? A Comparison of Policies Across the Fifty States*, Ithaca/London, Cornell University Press, 2000 ; E. Spiezer, « Recent Developments in Reproductive Health Law and the Constitutional Rights of Women: The Role of the Judiciary in Regulating Maternal Health Safety », (2004-2005) *Cal. Western L. Rev.* 507. Dans une perspective de réconciliation entre le droit à l'intégrité et à la sécurité de la femme enceinte, voir la thèse développée en common law par Eileen L. McDonagh, *Breaking the Abortion Deadlock: From Choice to Consent*, New York University Press, 1996. Pour une analyse critique de cette thèse, voir M. Ford, « The Consent Model of Pregnancy: Deadlock Undiminished », (2005) 50 *R.D. McGill* 619.

34 – *Poursuites pour vie préjudicielle* – La question du droit de poursuite pour vie préjudicielle a suscité bien des remous, en France, à la suite de la décision rendue par la Cour de cassation dans l'affaire *Perruche* (Cass. Plénière, 17 novembre 2000, Bull. 2000, Ass. Plén. nº 9), p. 15. Voir Anne-Françoise Debruche, « Le juge, l'enfant à naître et l'opinion publique : le discours judiciaire comme voie d'accès à la justice en France et au Canada », (2012) 63 *U.N.B.L.J.* 213-226. Cette jurisprudence a été par la suite confirmée dans cinq autres arrêts par la Cour de Cassation) affaire dans laquelle la haute Cour a reconnu le droit pour l'enfant, dans de telles circonstances, de demander la réparation du préjudice résultant de son handicap. Cette jurisprudence a provoqué, en France, l'intervention du législateur. Aujourd'hui, en droit français « Nul ne peut se prévaloir d'un préjudice du seul fait de sa naissance » : Loi nº 2002-303 du 4 mars 2002 relative aux droits des malades et à la qualité du système de santé, art. 1. Ce texte maintient cependant la responsabilité du médecin « lorsque l'acte fautif a provoqué directement le handicap ou l'a aggravé, ou n'a pas permis de prendre les mesures susceptibles de l'atténuer » (*Ibid.*). On soulignera par ailleurs qu'en Grande-Bretagne, à la suite de la décision rendue dans *Mc Kay* c. *Essex Area Health Authority*, [1982] Q.B. 1166, le législateur a adopté une loi au même effet : V. Pécresse et B. Markesinis, « Réflexions sur l'arrêt P... et la nécessité d'un recours accru au droit étranger par les juridictions nationales », (2001) *R.T.D.C.* 77. Aux États-Unis où ce type d'actions qualifiées de *wrongful life* est connu depuis bientôt une quarantaine d'années, son accueil est plutôt mitigé (A.-C. Mercier-Jacquimont, « L'action dite de vie préjudiciable aux États-Unis », (2001) 89 *R.R.J. Droit prospectif* 1243).

35 – *Sur l'embryon et les perspectives ouvertes par la génétique et la biologie* – B. Feuillet Le Mintier (dir.), *L'embryon humain, approche multidisciplinaire*, C.R.J.O./Économie, Paris, 1996 ; M.-J. Melançon et R. Gagné, *Dépistage et diagnostique génétique, aspects juridiques, éthiques et sociaux*, Ste-Foy, P.U.L., 1999 ; J.-L. Baudouin et C. Labrusse-Riou, *Produire l'homme, de quel droit ?*, Paris, P.U.F., 1987 ; G. Delaisi de Parseval, *L'enfant à tout prix*, Paris, Seuil, 1981 ; P. Legendre, *L'inestimable objet de la transmission, Étude sur le principe généalogique en Occident*, Paris, Fayard, 1985 ; J. Dufresnes, *La reproduction humaine industrialisée*, I.Q.R.C., Québec, 1986 ; C. Overall, *The Future of Human Reproduction*, Toronto, Women's Press, 1989 ; M. Hudson, « Les nouvelles techniques de reproduction et de génétique : fixer les limites et protéger la santé », dans J.-L. Baudouin et S. Le Bris (dir.), *Droits de la personne, les bio-droits, aspects nord-américains* (ci-après cités *Les bio-droits*), Cowansville, Éditions Yvon Blais, 1997, p. 83 ; B. Edelman, « Génétique et libertés », (1991) 13 *Droits* 31 ; C. Neirinck, « L'embryon humain : une catégorie juridique à dimension variable ? », *D.* 2003, chron., Doctrine, p. 841 ; S. Le Bris, « La procréation médicalement assistée à l'aube du 21e siècle », (1994) 1 *C.P. du N.* 241. À propos de la loi fédérale sur la procréation assistée, voir le numéro spécial du *Saskatchewan Law Review*, « Assisted Human Reproduction and the Constitution », (2011) 74:1.

36 – *La mort. Des peines posthumes du droit pénal romain au concept de demi-personne* – A. Leca, « Essai sur la personnalité juridique des morts dans l'ancien droit français », dans *Le droit dans le souvenir, Liber Amicorum Benoît Savelli*, P.M. Aix-Marseilles, 1998, p. 289 ; R. Demogue, « La notion de sujet de droit », (1909) *R.T.D.C.* 611 ; G. Lebreton, « Le droit, la médecine et la mort », *D.* 1994, chron. 352 ; B. Calais, « La mort et le droit », *D.* 1995, chron. 73 ; A. Terrasson de Fougères, « La résurrection de la mort civile », (1997) *R.T.D.C.* 893. Dans une perspective historique et anthropologique, voir, entre autres, P. Aries, *L'homme devant la mort*, Paris, Seuil, 1977 ; *Essais sur la mort en Occident du Moyen Âge à nos jours*, Seuil, 1975 ; L.-V. Thomas, *Anthropologie de la mort*, Paris, Payot, 1975.

BIBLIOGRAPHIE SÉLECTIVE

AVARD, R.-P. et B.M. KNOPPERS, « L'affaire *Dobson (Tuteur à l'instance de)* c. *Dobson* : un conflit entre la réalité et la théorie », (2000) 45 *R.D. McGill* 315.

BERNARDI, M.-J., *Le droit à la santé du fœtus au Canada*, Montréal, Éditions Thémis, 1995.

COMMISSION DE RÉFORME DU DROIT DU CANADA, *Les critères de détermination de la mort*, Document de travail n° 23, Ottawa, Approvisionnements et Services Canada, 1979, p. 64.

COMMISSION DE RÉFORME DU DROIT DU CANADA, *Les crimes contre le fœtus*, Document de travail n° 58, Ottawa, Approvisionnements et Services Canada, 1989.

COMMISSION DE RÉFORME DU DROIT DU CANADA, *La procréation médicalement assistée*, Document de travail n° 65, Ottawa, Approvisionnements et Services Canada, 1992.

COMMISSION ROYALE D'ENQUÊTE SUR LES NOUVELLES TECHNOLOGIES DE LA REPRODUCTION, *Un virage à prendre en douceur*, 2 vol., Ottawa, ministère des Services intergouvernementaux, 1993.

GIROUX, M.T., « L'autonomie de la femme enceinte et la protection de l'enfant à naître : une perspective éthique », dans Service de la formation continue, Barreau du Québec, vol. 261, *Autonomie et protection (2007)*, Cowansville, Éditions Yvon Blais, p. 33-59.

KEYSERLINGK, E., *The Unborn Child's Right to Prenatal Care*, Montréal, Centre de recherche en droit privé et comparé du Québec, 1984.

KOURI, R.P. et S. PHILIPS-NOOTENS, *L'intégrité de la personne et le consentement aux soins*, 3e éd., Cowansville, Éditions Yvon Blais, 2012.

LANGEVIN, L., « Entre la non-reconnaissance et la protection : la situation juridique de l'embryon et du fœtus au Canada et au Québec », (2004) *R.I.D.C.* 39.

LEMONDE, L., « Les menaces au droit à l'avortement et à l'autonomie des femmes enceintes », (2009) 50 *C. de D.* 611-635.

McCONNELL, M.L., « *Sui generis*: the Legal Nature of the Fœtus in Canada », (1991) 70 *R. du B. can.* 548.

LÉTOURNEAU, H., « Le fœtus, une question de droit ou de bon sens ? », dans Service de la formation permanente, Barreau du Québec, *Développements récents en droit de la jeunesse*, Cowansville, Éditions Yvon Blais, 1998, p. 59.

MORIN, M., « Les confins du droit civil et du droit pénal : l'avortement et les droits de l'enfant conçu », (1997) *R.D. McGill* 199, 267-269.

PHILIPS-NOOTENS, S., « La Cour suprême face à la vie, face à la mort : de valeurs et de droits », (2002) 79 *R. du B. can.* 145.

ROSIER, S. et D. BOIVIN, « L'immunité légale de la femme enceinte et l'affaire *Dobson* », (1999-2000) 31 *R.D. Ottawa* 283.

CHAPITRE II

DE L'INCERTITUDE SUR L'EXISTENCE DE LA PERSONNE

37 – Le début de la vie et la fin de la vie sont pour le droit civil des moments précis que l'on constate et qui sont inscrits dans l'acte de naissance[1] et dans l'acte de décès[2]. Mais il peut y avoir des situations où une personne disparaît, laissant les proches dans l'incertitude quant à son sort. Une personne peut également disparaître dans des circonstances qui ne laissent à peu près aucun doute sur son décès alors que l'absence de corps empêche la possibilité de constater la mort *de visu*. Le législateur a pourvu à ces scénarios en instituant le mécanisme de l'absence et celui de la déclaration judiciaire de décès.

38 – *Définitions* – Dans le langage courant, les mots « éloignement », « absence », « disparition », sont employés pour décrire une situation de fait, celle de la non-présence d'une personne. Dans le langage courant, l'absent est celui qui n'est pas là où il pourrait ou devrait être. Parfois on sait où elle se trouve, parfois on l'ignore ; mais la notion d'absence n'inclut généralement aucune dimension d'incertitude quant à l'existence même de la personne non présente. En droit civil, par contre, le qualificatif d'absent est utilisé pour désigner la personne à l'égard de laquelle un doute existe quant à savoir si elle vit encore ou si elle est décédée.

Lorsque l'incertitude est levée, en ce sens qu'il devient quasi certain que la personne est décédée, celle-ci ne répond plus alors à la définition de l'« absence ». On parlera d'une personne disparue dont la mort est quasi certaine. Le mot « disparition » est utilisé par la doctrine civiliste classique pour désigner cet état de quasi-certitude de décès. Dans cette optique, le « disparu » est la personne dont on sait qu'elle est décédée, mais dont le décès ne peut être constaté, faute de

---

1. Art. 111 à 117 C.c.Q.
2. Art. 122 à 128 C.c.Q.

cadavre. Dans le *Code civil du Québec*, le mot disparition renvoie plutôt à une situation factuelle, tantôt condition de l'absence, tantôt condition de la déclaration de décès. Dans ce dernier cas, le droit vise les cas où les circonstances du décès sont claires alors que le corps a disparu : naufrages, catastrophes aériennes, cataclysmes naturels ou industriels, conflits armés, actes de terrorisme, noyade, etc. Le doute, ici, tient au défaut de représentation du cadavre, soit que le corps n'ait pas été retrouvé, soit qu'il n'ait pu être identifié alors que dans un cas comme dans l'autre, les probabilités de survie de la personne concernée sont quasi inexistantes[3].

39 – *La réforme de 1991* – L'une et l'autre de ces situations étaient déjà régies par le C.c.B.C.[4], encore que, pendant un peu plus d'un siècle, l'absence fut le seul régime cohérent qui couvrit les deux hypothèses.

Réglementé en 1866, à une époque où la lenteur des communications rendait difficile à interpréter le silence de ceux qui avaient quitté leur domicile sans jamais y reparaître, le mécanisme de l'absence était marqué par un formalisme lourd qui convenait mal aux situations de quasi-certitude de décès. Le législateur est donc intervenu, dans un premier temps, par la voie de lois spéciales[5]. Ces textes n'avaient toutefois qu'une portée limitée et avec le développement des moyens de communication et la sophistication des méthodes d'investigation, les cas d'absence devenaient de plus en plus rares. Le législateur a donc introduit dans le Code, à côté de l'absence, un régime général de disparition[6].

Aujourd'hui, à l'heure d'Internet et des communications électroniques, on pourrait se surprendre que le Code civil s'attache encore à organiser le statut de l'absent, tant il semble invraisemblable, de nos jours, qu'une personne puisse disparaître sans laisser de trace et sans que l'on sache si elle est en vie ou non. Il est vrai que ces situations sont sans doute de plus en plus marginales, mais elles n'en demeurent pas moins possibles. On pourrait même avancer que, dans une certaine mesure, le fait même de la mobilité croissante des per-

---

3. Sur la distinction entre les deux institutions, voir *Sandaldjian* c. *Directeur de l'état civil*, B.E. 2004BE-377 (C.A.) ; *Assurance-vie Desjardins* c. *Duguay*, [1985] C.A. 334 et *Gariepy* c. *Directeur de l'état civil*, [1997] R.D.F. 50 (C.S.).
4. Art. 70-73 et 86 110 C.c.B.C.
5. Voir É. Deleury, « La loi concernant les jugements déclaratifs de décès », (1970) 11 *C. de D.* 330.
6. *Loi concernant les jugements déclaratifs de décès*, L.Q. 1969, c. 79.

sonnes et de la prolifération des échanges internationaux entraîne en soi un plus haut risque de disparition et d'incertitude. Dans ses commentaires, le ministre de la Justice évoque également le scénario de l'adolescent en fugue et celui du débiteur alimentaire qui voudrait se faire oublier[7]. Lors de la réforme de 1991, le législateur a donc opté non seulement pour le maintien, mais aussi pour la modernisation de l'institution dans un chapitre « De l'absence et du décès »[8] qui couvre tant les scénarios d'absence que ceux de disparition avec quasi-certitude de décès.

Le Code prévoit également le scénario particulier de l'enlèvement dans des cas où les communications avec les ravisseurs sont impossibles ou rompues. Le législateur a donc introduit, à côté de l'absence et de la quasi-certitude de décès, un régime spécial de *l'éloignement forcé*. Les dispositions relatives à l'absence s'appliquent ainsi aux cas des non-présents qui se trouvent, malgré eux, hors d'état de manifester leur volonté. La frontière entre l'absence et l'éloignement forcé sera souvent ténue puisque s'il est établi qu'en cas d'éloignement forcé l'individu est encore vivant à un moment donné, sa vie peut aussi être menacée (on peut songer au cas d'un enlèvement avec demande de rançon), ce qui peut conduire très rapidement à une situation d'absence, voire à une quasi-certitude de décès.

Section I
L'absence

1 – Une présomption de vie

40 – *L'absent est présumé vivant pendant sept années* – L'article 84 C.c.Q. édicte que l'absent « est celui qui, alors qu'il avait son domicile au Québec, a cessé d'y paraître sans donner de nouvelles et sans que l'on sache s'il vit encore »[9].

---

7. Voir les *Commentaires du ministre de la Justice*, t. I, sous le chapitre III, p. 65 et 66. Sur cette question, M. Lauzon, « *Quid novi* chez les absents ? », (1972) 32 *R. du B.* 132.
8. Art. 84 à 105 C.c.Q.
9. La définition de l'absence du *Code civil du Québec* est, sous cet aspect, la même que celle du *Code civil du Bas Canada*. Les commentaires des auteurs qui ont analysé la pensée des codificateurs de 1866 restent donc utiles aujourd'hui. Voir P.B. Mignault, *Le droit civil canadien*, t. I, Montréal, Théoret, 1895, p. 252 ; H. Roch, *L'absence*, Montréal, 1951.

Le droit reconnaît ainsi que l'existence d'une personne peut être incertaine, mais il entend raccourcir cette période d'incertitude. Au cours des sept années qui suivent sa disparition, l'absent est présumé vivant[10], mais la présomption tombe au terme de cette période. Ce délai est en phase avec celui qui était rattaché à la déclaration de présomption de décès, édicté à l'article 2529 C.c.B.C. en matière d'assurance et avec le délai en matière de répression de la bigamie. En effet, en vertu de l'article 290(2)b) du *Code criminel*, une personne n'est pas réputée avoir commis la bigamie si « le conjoint de cette personne a été continûment absent pendant les sept années qui ont précédé le jour où elle passa par la formalité de mariage, à moins qu'elle n'ait su que son conjoint était vivant à un moment quelconque de ces sept années ». Passé le délai de l'article 85 C.c.Q., l'absent est tenu pour décédé, ce qu'il faudra cependant faire constater judiciairement. Le défaut de faire déclarer judiciairement la personne décédée entraîne donc une prolongation des mesures de protection au-delà du délai de sept ans. C'est ainsi que tant qu'un jugement déclaratif de décès n'est pas rendu ou que le décès n'est pas prouvé, la tutelle reste en place[11]. La présomption de vie pendant la période de sept ans est une présomption simple que la preuve du décès ou de l'existence de l'absent met en échec. Dans ces scénarios, il conviendra de rendre compte aux héritiers dans le cas du décès prouvé ou à l'absent lui-même en cas de preuve de son existence.

Pendant la période d'absence, il convient de protéger non seulement les intérêts de l'absent, il faut également veiller à l'exécution des obligations qu'il peut avoir à l'égard des tiers comme à l'égard de son conjoint et de ses enfants.

41 – *L'absent est apte à recueillir des droits et à être tenu d'obligations* – Puisque l'absent est présumé vivant, la logique veut qu'il puisse être appelé à succéder (art. 617 et 638(1) C.c.Q.). La présomption de vie laisse également intact le lien conjugal dans lequel il avait pu être engagé, réserve faite de la possibilité pour le conjoint marié de demander le divorce ou la séparation de corps pour cause de sépara-

10. Art. 85 C.c.Q.
11. Art. 90 C.c.Q. Nous verrons plus loin que le jugement déclaratif de décès, en cas de disparition pendant une période d'au moins sept ans, fixe en principe le moment du décès à l'expiration du délai de sept ans (art. 94 C.c.Q.). Cela signifie que le statut d'absent est en quelque sorte effacé rétroactivement pour ce qui est de la période postérieure au délai de sept ans.

tion factuelle[12], et pour le conjoint uni civilement, de demander la dissolution de l'union pour cause de séparation (art. 521.17 C.c.Q.). Tant en matière de divorce que de séparation de corps ou de dissolution de l'union civile, la séparation factuelle comme fondement de l'action peut être involontaire. La séparation causée par l'absence peut donc justifier une telle demande en justice.

42 – *Le caractère supplétif du régime de protection institué par le Code* – Conséquence également de la présomption de vie, le Code consacre la primauté de la représentation conventionnelle lorsque l'absent, ayant prévu son éventuelle absence, a pris la précaution de désigner un administrateur de ses biens. Nous verrons un peu plus loin que la loi met en place un mécanisme de désignation d'un tuteur à l'absent. Cependant, dans l'hypothèse où l'absent a pris soin de désigner lui-même un administrateur de ses biens, l'ouverture d'une tutelle devient impossible à moins que l'administrateur désigné soit inconnu, qu'il refuse ou néglige d'agir ou qu'il en soit empêché (art. 86 C.c.Q.). On peut ajouter à ces hypothèses celles où l'administrateur désigné décède et celle où le mandat n'aurait été donné que pour une durée limitée ou pour des actes déterminés seulement[13] ainsi que le prévoit l'article 86 C.c.Q. Un tel principe, déjà admis dans le *Code civil du Bas Canada*, s'impose d'autant plus que les dispositions relatives à la protection des intérêts de l'absent présumé vivant s'appliquent également aux non-présents involontaires (art. 91 C.c.Q.).

§2 – L'organisation de la protection des intérêts de l'absent

43 – *Un mode de protection subsidiaire* – Ces dispositions, conçues comme supplétives, ont également un caractère facultatif. L'absent, en effet, peut ne pas avoir d'intérêts à protéger, soit qu'il n'a aucun bien ni droit à exercer, soit que des règles destinées à des vivants non présents peuvent recevoir application. Ainsi, le droit familial prévoit que le conjoint est présumé mandataire de l'autre lorsque celui-ci se trouve dans l'impossibilité de prendre des décisions relatives à la

---

12. La *Loi sur le divorce*, L.R.C. (1985), ch. 3 (2e suppl.), art. 8(1) permet d'obtenir le divorce pour cause de séparation d'un an. De son côté, l'article 494(2) C.c.Q. édicte qu'il y a atteinte grave à la volonté de vie commune et donc cause de séparation de corps, lorsque « au moment de la demande, les époux vivent séparés l'un de l'autre ».
13. Dans le cas d'un mandat partiel, le tribunal appelé à désigner un tuteur pourrait moduler les pouvoirs de ce dernier afin de respecter ceux du mandataire désigné (art. 87 et 286 C.c.Q.).

direction morale ou matérielle de la famille et dans certains cas précis d'impossibilité d'agir, le tribunal peut autoriser un conjoint à agir sans le consentement de l'autre[14]. Le droit prévoit donc des règles de représentation au sein des couples en cas d'impossibilité d'agir, ce qui peut recouvrir une situation d'absence. Il demeure que ce sont là des pouvoirs ponctuels et qu'il faut penser aussi aux intérêts des tiers. En ce sens, l'ouverture d'une tutelle, quoique facultative, présente une utilité certaine.

44 – *Un système calqué sur la tutelle des mineurs* – En l'absence d'administrateur désigné, ou s'il y a carence de la part de ce dernier, on peut demander l'ouverture d'une tutelle à l'absent (art. 86 C.c.Q.), conformément aux dispositions en matière d'inaptitude, puisque la tutelle fait aujourd'hui figure de régime de droit commun en matière de protection des personnes inaptes.

45 – *Inaptitude et absence* – La situation de l'absent sous tutelle s'apparente à celle du majeur qui est inapte à administrer ses biens dont traite l'article 258 C.c.Q. Le libellé de cette disposition est suffisamment large pour couvrir l'hypothèse de l'absence, l'incapacité provenant ici de l'inaptitude physique dans laquelle l'absent se trouve de pouvoir exprimer sa volonté. Par ailleurs, le choix de la tutelle comme régime de protection répond en tout point aux conditions énoncées à l'article 285 C.c.Q. puisqu'il s'agit bien d'une inaptitude qui présente un caractère temporaire[15].

Toutefois, si l'on peut affirmer que le régime mis en place par les articles 86 et s. C.c.Q. participe de l'esprit des régimes de protection institués pour les inaptes, cela n'autorise pas pour autant à classer l'absent dans cette catégorie. En effet, l'absent est présumé vivant et ne perd pas le pouvoir de gérer ses biens puisqu'il peut toujours désigner un administrateur. En cas de réapparition, il devra obtenir du juge la mainlevée de la tutelle s'il veut que les actes qu'il est amené à faire puissent être opposables aux tiers[16]. En revanche, le tuteur nommé n'aurait, à aucun titre, la possibilité de refuser de lui rendre ses biens dès avant la décision judiciaire (art. 90 C.c.Q.).

---

14. Art. 398, al. 2, 399, 444 et 521.6, al. 4 C.c.Q.
15. Voir *infra*, Partie II, « La tutelle ».
16. Soulignons que dans le Projet de l'Office de révision du Code civil, l'absence avait été intégrée au titre sur la capacité (O.R.C.C., *Rapport sur le Code civil du Québec*, Québec, Éditeur officiel, 1977, vol. I, p. 35, art. 250 et s.) et que dans la première mouture du projet de loi, elle faisait l'objet d'un titre spécial [*Loi portant réforme au Code civil du Québec du droit des personnes*, Projet de loi 106 (Québec), 1982, art. 229 et s.]. Le législateur l'a finalement rapatriée dans le chapitre III du Livre I du Code, puisque l'absence touche à l'état de la personne et débouche normalement sur un jugement déclaratif de décès. Voir également la *Loi portant réforme au Code civil du Québec du droit des personnes, des successions et des biens*, L.Q. 1987, c. 18, art. 89 et s.

46 – *La demande* – La tutelle s'ouvre dans les conditions énoncées précédemment. Il faut que l'absence soit constatée, c'est-à-dire qu'il faut faire la preuve que la personne concernée est domiciliée au Québec, qu'elle a cessé d'y paraître et que, depuis, étant sans nouvelle de sa part, on ne sait si elle est vivante ou morte. Cette preuve se fait par la production de témoignages[17]. Le juge peut requérir toute preuve additionnelle. L'absence constatée, il faut encore convaincre le juge de la nécessité de veiller à la défense de ses intérêts, conformément aux dispositions de l'article 86 C.c.Q.

47 – *La procédure* – Selon l'article 87 C.c.Q., la tutelle est déférée par le tribunal, sur avis du conseil de tutelle ; pour le reste, le législateur renvoie aux règles relatives à la tutelle des mineurs[18]. La demande, qui doit être adressée à un juge ou à un greffier de la Cour supérieure (mais qui pourrait également être présentée à un notaire[19] en application des articles 863.4 C.p.c. et s. (art. 312 C.p.c. et s.) si l'on accepte que le renvoi que fait l'article 87 C.c.Q. implique aussi l'application des règles de procédure), peut être faite par toute personne intéressée, y inclus le curateur public. On peut penser aussi aux créanciers, aux associés, aux personnes qui pourraient être impliquées avec l'absent dans une division ou dans un démembrement de propriété, sans compter, évidemment, ses héritiers éventuels[20].

La demande est portée devant le tribunal du domicile de la personne dont on veut établir l'absence ou, s'il est inconnu, devant celui de sa dernière résidence connue, ou encore devant celui du domicile du requérant[21]. Si l'absent a désigné un administrateur de ses biens et que ce dernier refuse ou néglige d'agir ou en est empêché, la demande peut être portée devant le tribunal du domicile de l'administrateur. Elle doit également être signifiée au curateur public (à moins que ce dernier évidemment n'en soit l'auteur) (art. 394 C.p.c.) et, le cas échéant, à la personne désignée par l'absent pour administrer ses biens ainsi qu'à son conjoint, s'il en est (art. 862, 863 à 863.2 et 865.1 C.p.c.).

---

17. Sur cette question, voir *Chamberland et P.G. du Québec et la Banque de Montréal (Re)*, (1938) 76 C.S. 167.
18. Art. 222-255 C.c.Q. et 872-876.1 C.p.c. Dans le C.p.c. de 2014, ce renvoi n'est plus nécessaire puisque ces matières sont désormais réunies dans le Livre III sur la procédure non contentieuse (art. 302 et s.). Voir également *infra*, Partie II, « Les incapacités et la protection des inaptes ».
19. Au sujet de la procédure devant notaire, voir *infra*, le chapitre sur la tutelle.
20. Art. 87, al. 1 C.c.Q.
21. La juridiction compétente est celle du domicile ou de la résidence de l'absent ou de son représentant (art. 44 C.p.c.).

Le jugement, une fois rendu, doit être notifié au curateur public (art. 863.3 C.p.c. ; art. 336 C.p.c.).

48 – *Le rôle et la responsabilité du tuteur* – Ici encore, les règles relatives à la tutelle du mineur s'appliquent, compte tenu des adaptations nécessaires. Le tuteur, une fois nommé, a la simple administration des biens de l'absent[22].

La simple administration, qui renvoie aux articles 1301 et s. C.c.Q., inclut les actes nécessaires à la conservation des biens, la perception des fruits et des créances, l'exploitation des fruits sans en changer la destination, l'investissement dans des placements sûrs. Sauf exception, relevant de l'urgence et de la nécessité, elle n'inclut pas en principe les actes de disposition[23].

49 – *Le rôle du curateur public* – À défaut d'avoir été acceptée par des personnes plus proches, la charge peut être exercée par le curateur public. Ce dernier doit cependant être nommé par le tribunal, encore qu'il puisse agir provisoirement ou même d'office si le tuteur décède ou démissionne. Le *Code civil du Québec* consacre ainsi clairement le caractère supplétif de la curatelle publique lorsqu'il s'agit d'exercer des tutelles[24].

§3 – Les règles particulières aux charges familiales et aux rapports pécuniaires entre les époux

50 – *Le règlement des charges familiales* – L'absent étant présumé vivant, la loi introduit un mécanisme qui permet au tuteur d'assumer au nom de celui-ci ses éventuelles responsabilités financières à l'égard de son conjoint et de ses enfants. Le tribunal fixe, à la demande du conjoint ou de toute personne intéressée et suivant l'importance des biens, les sommes qu'il convient d'affecter aux charges du ménage, à l'entretien de la famille ou au paiement des obligations alimentaires de l'absent[25]. La demande est soumise aux mêmes

---

22. Art. 87 et 208 C.c.Q.
23. Les règles relatives à l'administration des biens d'autrui ont été regroupées dans le Titre septième du Livre IV du Code civil (Des Biens). Sur les pouvoirs du tuteur, voir *infra*, Partie II, « Les incapacités et la protection des inaptes ».
24. Art. 180, 232, 252 et 261 C.c.Q. et 12 et 24 de la *Loi sur le curateur public*, RLRQ, c. C-81 ; sur le rôle du curateur public, voir *infra*, Partie II, « Les incapacités et la protection des inaptes ».
25. Art. 88 C.c.Q. Cette disposition peut être mise en parallèle avec l'article 218 C.c.Q. relatif à la tutelle du mineur.

règles de procédure que la demande d'ouverture de tutelle elle-même (art. 865.2 C.p.c. ; art. 44 C.p.c.).

51 – *Les rapports pécuniaires entre les époux* – En vertu de l'article 89, al. 1 C.c.Q., le tribunal peut déclarer, à la demande du conjoint ou du tuteur, que les droits patrimoniaux des conjoints sont susceptibles de liquidation. La demande ne peut être présentée qu'après un an d'absence constatée. Les droits visés englobent notamment la liquidation et le partage du patrimoine familial et du régime matrimonial, ce qui permet d'opérer la séparation des patrimoines des conjoints. Le tuteur doit obtenir l'autorisation du tribunal avant de se prononcer sur les droits de l'absent susceptibles de liquidation ou de partage[26]. Il s'agit en effet de décisions importantes qui excèdent les pouvoirs normalement reconnus à l'administrateur chargé de la simple administration du bien d'autrui[27].

52 – *La filiation, l'autorité parentale et la tutelle des enfants mineurs* – L'absent perd l'exercice de l'autorité parentale en raison de l'impossibilité dans laquelle il se trouve de manifester sa volonté (art. 600 C.c.Q.) et, par voie de conséquence, celui de la tutelle de ses enfants mineurs (art. 193 C.c.Q.). Par contre les présomptions que l'on retrouve au titre de la filiation continuent à jouer à son endroit[28], puisque son mariage ou son union civile, selon le cas, n'est pas dissous. Toutefois, en l'absence de possession d'état, la filiation établie sur la base de ces présomptions demeure plutôt fragile et ne résisterait pas à une contestation[29]. Il semble également impossible d'obtenir la déchéance de l'autorité parentale du conjoint absent sur la seule base de l'absence[30], à moins de démontrer que l'absence fait partie d'une situation plus globale dans laquelle l'absent a volontairement abandonné les enfants[31].

§4 – Les événements qui mettent fin à la présomption de vie et à la tutelle à l'absent

53 – *La preuve du décès ou le retour de l'absent* – La présomption de vie et, par voie de conséquence, la tutelle peuvent cesser à tout

26. Voir également l'article 465(4) C.c.Q. relatif à la dissolution de la société d'acquêts.
27. *Comm.*, t. I, p. 70.
28. Art. 525 et 538.3 C.c.Q.
29. Art. 531 et 539 C.c.Q.
30. Voir, à titre d'exemple, *Droit de la famille – 1757*, [1993] R.D.F. 147.
31. Sur les conditions de la déchéance, voir M. D.-Castelli et D. Goubau, *Le droit de la famille au Québec*, Québec, P.U.L., 2005, p. 358-364 ; J. Pineau et M. Pratte, *La famille*, Montréal, Éditions Thémis, 2007, p. 866-877 ; M. Tétrault, *Droit de la famille*, 3e éd., Cowansville, Éditions Yvon Blais, 2005, p. 1399-1422.

moment, soit que l'absent revienne, soit qu'il désigne quelqu'un pour administrer ses biens, soit que la preuve soit faite de son décès (art. 90 C.c.Q.). Dans ces cas, la tutelle devient inutile.

Advenant l'une ou l'autre de ces situations, le tuteur doit restituer les biens, objet de sa gestion, soit à l'absent lui-même, soit à l'administrateur que ce dernier a désigné, soit encore à ses héritiers[32]. Par contre, le simple envoi de nouvelles n'implique pas la cessation de la tutelle, sous réserve d'un mandat que l'absent aurait pu donner à autrui. L'article 90 C.c.Q. exclut cette hypothèse puisque l'absent n'a alors pas exprimé de volonté[33].

Si, par contre, l'absence suit son cours sans fait nouveau, elle pourra déboucher sur une déclaration judiciaire de décès à l'expiration du délai de sept ans. Un tel jugement pourra être obtenu dans un délai plus court dès lors qu'une preuve de quasi-certitude de décès peut être présentée et que les autres conditions légales sont réunies.

Section II

De la déclaration judiciaire de décès

§1 – Conditions d'ouverture

54 – *La quasi-certitude de décès* – Lorsque la disparition se fait dans des circonstances qui autorisent à tenir la mort pour certaine, il est possible de s'adresser au tribunal qui doit alors apprécier ces circonstances afin de déclarer que la personne est morte et de déterminer la date du décès ou de l'événement qui emporte la quasi-certitude du décès[34]. La preuve doit nécessairement porter sur les circonstances précises du décès si l'on veut obtenir du tribunal que la date du décès soit établie à une date précise qui est antérieure à l'écoulement du délai de sept ans, sans quoi le tribunal déterminera que le décès est arrivé à l'expiration de cette période de sept ans d'absence[35]. C'est la

32. Art. 247, 295, 1356(3), 1363 et s. C.c.Q.
33. Voir à ce propos les commentaires de l'Office de révision du Code civil relativement à l'article 208 du Projet de Code civil, O.R.C.C., *Rapport sur le Code civil du Québec*, Québec, Éditeur officiel, 1978, vol. II, t. 1, p. 75.
34. Art. 92, al. 2 C.c.Q. Voir, à titre d'exemple, *Royer (Re)*, REJB 2006-108189 (C.S.) ; *Sandaldjian* c. *Directeur de l'état civil*, précité, note 3 ; *Salman* et *Gagnon*, [1996] R.D.F. 324 (C.S.) ; *Marois* et *Chassé*, [2000] R.D.F. 301, REJB 2000-18441 (C.S.).
35. *Frères de l'instruction chrétienne* et *Dupont*, [2006] R.L. 523, EYB 2006-114252 (C.S.).

conséquence du fait que le jugement ne peut être prononcé que s'il y a quasi-certitude de décès. Il ne suffit pas de démontrer que le décès est possible ou simplement probable[36], ni même que l'hypothèse du décès est sérieuse[37]. La jurisprudence constante exige donc une preuve circonstancielle portant sur le décès lui-même et qui devra comporter, selon l'expression qui revient constamment dans les jugements, des « indices graves, précis et concordants »[38] permettant de conclure au décès et écartant toute autre hypothèse.

Une déclaration judiciaire de décès peut être obtenue pour tout décès arrivé au Québec, donc même le décès d'une personne domiciliée à l'extérieur de la province (par exemple, le cas d'un touriste disparu dans les eaux du St-Laurent) et également, mais à la condition que la personne concernée fût domiciliée au Québec, pour les décès qui se sont produits à l'extérieur du Québec (le cas d'un alpiniste québécois qui disparaîtrait dans l'Himalaya). À titre exceptionnel, un tribunal pourrait même prononcer, en vertu de l'article 3136 C.c.Q., un jugement déclaratif de décès alors que la personne n'était pas domiciliée au Québec et que le décès est survenu à l'étranger, s'il est démontré qu'une action à l'étranger se révèle impossible ou non souhaitable et que la situation présente un lien suffisant avec le Québec[39].

55 – *Sept années d'absence* – Dans le cas de l'absent, celui dont l'existence est incertaine, le législateur a fixé à sept ans la limite au-delà de laquelle on peut présumer que la personne est décédée. Dans ce cas, il n'est pas nécessaire de faire la preuve des circonstances du décès. La preuve de sept années d'absence suffit[40]. Ce délai est calculé à partir du moment où la personne a été vue vivante pour la dernière fois ou encore de l'envoi des dernières nouvelles reçues.

L'écoulement du temps est une condition nécessaire, mais non suffisante puisque l'absence doit préalablement être constatée. À supposer qu'il y ait eu ouverture d'une tutelle, le tribunal n'est pas lié par l'interprétation qui a été donnée, sept ans auparavant, des cir-

---

36. *Assurance-vie Desjardins* c. *Duguay*, [1985] C.A. 334 ; *Trottier* et *Directeur de l'état civil*, 2008 QCCS 965.
37. *Renda (Re)*, 2013 QCCS 100.
38. *Nadon* et *Directeur de l'état civil*, 2009 QCCS 4509 ; *Salman* et *Gagnon*, [1996] R.D.F. 324 (C.S.).
39. En ce sens, *Kou* c. *Fang* (C.S., 1998-04-28), AZ-98026365, B.E. 98BE-668, [1999] R.L. 10.
40. *Sandaldjian* c. *Directeur de l'état civil*, précité, note 3.

constances dans lesquelles l'absent a disparu. D'autant que, depuis, ce dernier a pu donner de ses nouvelles et même refaire surface ou, encore, son décès a pu être prouvé. Lorsque l'article édicte qu'il doit s'être écoulé sept ans depuis la disparition, cette disposition impose en réalité une absence au sens de l'article 84 C.c.Q. qui a duré pendant toute la période de sept ans. L'écoulement du temps n'autorise donc pas à faire déclarer judiciairement décédé le non-présent involontaire qui est visé par l'article 91 C.c.Q., sauf à prouver que la situation a changé et que le silence qui entoure sa personne permet de conclure que la personne est effectivement absente au sens de l'article 84 C.c.Q.

§2 – La procédure

56 – *La demande* – La demande est introduite devant un juge de la Cour supérieure du domicile de la personne dont on veut établir le décès ou devant celui du lieu du décès, s'il est connu, ou celui du lieu de sa disparition lorsqu'il s'agit d'une personne qui n'avait pas son domicile au Québec[41]. La demande doit être signifiée au conjoint, aux père et mère et aux enfants de 14 ans et plus ainsi qu'à l'assureur du présumé défunt, s'il y a lieu[42]. Lorsque plusieurs décès se sont produits lors d'un même événement, le juge peut, d'office ou sur demande, ordonner une signification collective à toutes autres personnes selon les modalités qu'il indique.

S'agissant de dispositions d'ordre public, la demande peut encore être signifiée, d'office ou sur demande, au Procureur général du Québec, lequel peut toujours intervenir et présenter ses propres conclusions (art. 97 et 98 C.p.c. ; art. 79 C.p.c.). Ceci explique également pourquoi elle ne peut être entendue par le greffier et que, advenant une contestation, elle soit du ressort exclusif du tribunal (art. 97, 99 et 865.6 C.p.c. ; art. 71 C.p.c. ; de plus, en vertu de l'article 73 C.p.c., la compétence du greffier spécial est expressément exclue en la matière). Celui-ci ou le juge, selon les circonstances, peut par ailleurs requérir la présentation de toute preuve additionnelle, y compris la production de rapports d'experts (art. 863.1 C.p.c. ; art. 50 et 309 C.p.c.). Dans le cadre du *Code de procédure civile* de 2014, l'article 303

41. Art. 862 et 865.3 C.p.c. En vertu de l'article 303 C.p.c., la demande de jugement déclaratif de décès est soumise à la procédure des matières non contentieuses.
42. Art. 865.4 C.p.c., sur les conséquences que peut emporter le défaut de signification à l'assureur, voir *Canadian Life Assurance* c. *Lo*, [1998] R.J.Q. 418, REJB 1998-04205 (C.A.).

édicte que les demandes de jugement déclaratif de décès sont traitées selon la procédure non contentieuse. Par conséquent, tant que la demande n'est pas contestée (art. 304, al. 2 C.p.c.), elle est soumise aux règles du Livre III.

57 – *Le jugement* – Le jugement déclaratif de décès tenant lieu de déclaration de décès (art. 126 C.c.Q.), on y retrouve substantiellement les mêmes éléments[43]. Toutefois, faute de preuve matérielle quant à la date et au lieu du décès, ceux-ci sont déterminés par le Code : en cas d'absence, la date est fixée à l'expiration du délai de sept ans, calculé à compter de la « disparition ». Dans les autres cas, elle est déterminée en fonction des présomptions tirées des circonstances permettant de tenir la mort pour certaine[44]. Quant au lieu du décès, en l'absence d'autres preuves, il est fixé là où la personne a été vue pour la dernière fois (art. 94, al. 2 C.c.Q.)[45].

Le jugement, une fois notifié, est transcrit dans le registre de l'état civil (art. 129 C.c.Q.). Le Directeur de l'état civil dresse ensuite l'acte de décès, en y indiquant les mentions conformes au jugement (art. 133 C.c.Q.). Une copie du jugement doit également être transmise par le greffier au coroner en chef qui pourrait être amené à faire enquête sur les circonstances du décès (art. 93, al. 2 C.c.Q.).

58 – *Effet du jugement : l'assimilation au décès* – Une fois transcrit, le jugement produit les mêmes effets que le décès (art. 95 C.c.Q.) : le mariage ou, selon le cas, l'union civile, ainsi que le régime propre à l'organisation des rapports pécuniaires des conjoints sont dissous (art. 89 C.c.Q.), la succession est ouverte, les assurances sont payées et les régimes de retraite liquidés[46]. Le jugement modifie donc l'état de la personne, raison pour laquelle il n'est pas possible de s'en désister[47].

---

43. Art. 93 C.c.Q. Voir, à titre d'exemple, *Frères de l'instruction chrétienne* et *Dupont*, [2006] R.L. 523 (C.S.).
44. Art. 94, al. 1 C.c.Q. Voir à titre d'illustration, *Royer (Re)*, précité, note 34 et *Sandaldjian* c. *Directeur de l'état civil*, précité, note 3.
45. Pour un cas d'application où la personne est déclarée décédée à Montréal, lieu où elle a été vue pour la dernière fois plus de 12 ans avant l'audition de la requête : *Houle (Re)*, 2008 QCCS 5091.
46. Il faut tenir compte cependant des délais qui sont propres au droit des assurances et de ceux qui sont établis par la *Loi sur le régime des rentes du Québec*, RLRQ, c. R-9) en ce qui concerne la date à partir de laquelle ces montants peuvent être réclamés : *Côté*, [2006] R.R.A. 509, EYB 2006-101691 (C.Q.).
47. *Darveau* c. *Darveau*, [1977] C.S. 1077.

§3 – Des conséquences de la preuve du décès ou du retour

59 – *L'hypothèse du décès cède devant la réalité* – Le jugement déclaratif de décès étant fondé sur une hypothèse, elle-même tirée de fortes probabilités, il fallait prévoir l'éventualité où elles s'avéreraient non fondées. S'il est prouvé que le décès a eu lieu à un autre moment que celui retenu dans le jugement déclaratif, il convient d'en tirer les conséquences à l'égard des héritiers. Si au contraire, comme un Lazarre qui ressuscite, la personne judiciairement déclarée morte s'avère être vivante, le droit doit aménager les conséquences de cet improbable scénario.

A. Les incidences du décès réel sur la dissolution du régime matrimonial et sur l'ouverture de la succession

60 – *Des solutions différentes selon la date à laquelle s'est produit le décès* – Le législateur a prévu ici deux hypothèses ; les solutions diffèrent selon que la date réelle du décès est antérieure ou postérieure à celle qui est indiquée dans le jugement. Dans le cas où la date du décès prouvée est antérieure à celle qui a été fixée dans le jugement, la dissolution du régime matrimonial ou, selon le cas, du régime d'union civile rétroagit à la date du décès réel et la succession est ouverte à compter de cette même date (art. 96 C.c.Q.). Si la date du décès prouvée est postérieure à celle qui a été fixée dans le jugement, la succession, ici encore, est réputée ouverte à la date réelle du décès, mais la dissolution du régime matrimonial ou du régime d'union civile est fixée en fonction de la date indiquée dans le jugement.

La succession s'ouvre donc toujours à la date réelle du décès, conformément à l'article 613, al. 1 C.c.Q.[48]. La distinction établie par le législateur en regard de la dissolution du régime matrimonial et du régime d'union civile se veut une mesure d'équité. Le commentaire qui accompagne l'article 96 C.c.Q. précise qu'il est préférable, dans l'hypothèse où le décès réel serait antérieur à la date indiquée dans le jugement, de faire coïncider la dissolution du régime avec celle de l'ouverture de la succession de manière à ce que l'éventuel droit à une prestation compensatoire ainsi que les autres droits patrimoniaux puissent être déterminés en même temps. Un époux ou un conjoint uni civilement peut également demander l'application des articles

48. Ce qui souligne bien le caractère exceptionnel du jugement déclaratif. Voir M. Ouellette, « Des personnes », dans Barreau du Québec et Chambre des notaires du Québec, *La Réforme du Code civil, Livre 1*, Ste-Foy, P.U.L., 1993, p. 73, nº 179.

417 et 466 C.c.Q. qui permettent de faire rétroagir, entre les conjoints, l'établissement de la valeur du patrimoine familial et la dissolution du régime matrimonial à la date de la cessation de la vie commune[49].

61 – *Les rapports entre les héritiers apparents et les héritiers réels* – Sur ce point, le Code renvoie aux règles relatives à la restitution des prestations du Livre sur les obligations (art. 96 C.c.Q.)[50].

B. Du retour

62 – *Les effets du retour* – L'hypothèse d'un retour étant improbable, mais possible, le législateur y pourvoit aux articles 97 à 101 C.c.Q. : les effets du jugement déclaratif cessent. Cela ne signifie pas pour autant que l'on fasse revivre le passé. Par ailleurs, le retour ne produira son plein effet que lorsque le jugement déclaratif de décès aura été annulé.

1) L'annulation du jugement déclaratif de décès

63 – *L'existence de la personne doit être constatée* – Le retour du « mort vivant » n'annule pas automatiquement le jugement déclaratif du décès. Il appartient au « revenant » d'en demander l'annulation et de faire rectifier en conséquence le registre de l'état civil. À défaut, la demande pourra être présentée par toute personne intéressée, aux frais du « revenant » (art. 98, al. 2 C.c.Q.). La personne « ressuscitée » peut également demander au tribunal, sous réserve du droit des tiers, la radiation ou la rectification des mentions ou des inscriptions faites à la suite du jugement – que son retour rend sans effet[51] – dans le registre des droits personnels et réels mobiliers comme le prévoient les articles 2990 et s. C.c.Q. au Livre sur la publicité des droits.

2) Les effets du retour de la personne dans les rapports avec son ex-conjoint

64 – *Les liens conjugaux demeurent dissous* – Si le retour, sous réserve des précisions susmentionnées, fait cesser les effets attachés

49. *Comm.*, t. I, p. 74-75.
50. J.-L. Baudouin et P.-G. Jobin, *Les obligations*, 7e éd. par P.-G. Jobin et N. Vézina, Cowansville, Éditions Yvon Blais, 2013, p. 1133 et s.
51. Art. 98, al. 1 C.c.Q. et 865.5 C.p.c.

à la déclaration judiciaire de décès, il ne rétablit cependant pas les liens conjugaux (art. 97, al. 1 C.c.Q.). La nouvelle union – mariage ou union civile – contractée par le conjoint du « ressuscité » après le prononcé du jugement déclaratif de décès demeure donc valable. En conséquence, le conjoint de cet « ancien défunt » conserve les biens reçus lors de la dissolution du régime, ainsi que les avantages matrimoniaux qui découlent de la dissolution. Cette règle ne s'applique cependant pas aux avantages de nature testamentaire qui doivent être remis, sur demande, à celui qui reparaît, conformément au principe énoncé à l'article 101 C.c.Q.[52].

65 – *Le règlement des conflits familiaux* – Advenant l'hypothèse où des difficultés surgissent entre les ex-conjoints relativement à la garde des enfants ou aux aliments, le Code prévoit qu'elles seront réglées comme s'il y avait eu séparation de corps ou, s'ils étaient unis civilement, comme si leur union avait été dissoute (art. 97, al. 2 C.c.Q.).

3) Les effets du retour de la personne dans les rapports avec les héritiers apparents

66 – *L'ex-défunt reprend ses biens dans l'état où ils se trouvent* – Le jugement étant anéanti, il y a lieu de restituer son patrimoine à l'ex-défunt. La loi n'annule cependant pas toutes les conséquences de la dévolution successorale réalisée alors que l'on croyait au décès. L'ex-défunt reprend donc ses biens selon les modalités relatives à la restitution des prestations prévues au Livre des obligations[53].

67 – *La restitution* – La restitution se fait en principe en nature, à défaut par équivalent. L'équivalence est évaluée au moment où le débiteur, en l'occurrence l'héritier apparent, a reçu ce qu'il doit restituer. En cas de perte ou d'aliénation, et hormis l'hypothèse toujours possible d'une fraude ourdie par des héritiers trop pressés, l'héritier apparent doit rendre la valeur du bien, considérée au temps de sa réception, de sa perte ou de son aliénation ou sa valeur au moment de sa restitution, selon la moindre des deux. Advenant l'hypothèse où le bien aurait péri par force majeure, l'héritier doit alors céder au créancier l'indemnité qu'il a reçue pour cette perte ou, le cas échéant, le droit à cette indemnité. En cas de perte partielle, celui qui est tenu à restitution doit indemniser le créancier à moins que cette perte ne

52. *Comm.*, t. I, p. 97.
53. Art. 99 C.c.Q. et 1699, al. 1 C.c.Q.

résulte d'un usage normal. Par contre, celui qui est tenu à restitution garde les fruits et les revenus produits par le bien qu'il est tenu de restituer[54].

En d'autres termes, si l'ex-défunt peut profiter de certaines plus-values dues à la bonne gestion de ses héritiers (biens acquis en emploi des capitaux), il subit les contrecoups d'opérations qui se sont révélées moins avantageuses (aliénation donnant lieu à restitution du prix sans réévaluation, dégradations matérielles qui ne donnent pas droit à une indemnisation). Il doit également rembourser ceux qui, alors qu'ils étaient en possession de ses biens, ont acquitté ses obligations autrement, à moins d'une possession de mauvaise foi (art. 99 C.c.Q.).

L'héritier apparent conserve cependant la possession des biens de celui qui revient et en acquiert les fruits tant et aussi longtemps que ce dernier n'en exige pas la restitution (art. 101 C.c.Q.). Ce n'est donc pas le retour ni l'annulation du jugement déclaratif de décès qui mettent fin aux droits de l'héritier apparent, mais bien la volonté manifestée par celui qui vient de reprendre ses biens.

68 – *Les paiements faits aux héritiers par les tiers* – L'article 100 C.c.Q. précise le moment à partir duquel les paiements qui ont pu être faits aux héritiers ou aux légataires particuliers de l'ex-défunt sont valables et libératoires. Ce sont ceux qui ont été faits postérieurement au jugement déclaratif de décès, mais avant la radiation ou la rectification des mentions ou inscriptions qui en ont résulté. De fait, ces solutions trouvent leur fondement, vis-à-vis les tiers, dans la théorie de l'apparence et dans les règles relatives au possesseur de bonne foi, pour ce qui est des héritiers apparents.

Section III

De la déclaration administrative de décès

69 – *Culpabilité et disparition du corps* – Le législateur a créé en 2013 une nouvelle possibilité d'établissement du décès d'une personne lorsque la responsabilité criminelle d'un tiers est engagée[55]. Toute

54. Art. 101 et 1700 à 1704 C.c.Q.
55. *Loi modifiant le Code civil en matière d'état civil, de successions et de publicité des droits*, L.Q. 2013, c. 27.

personne intéressée peut ainsi déclarer le décès d'une personne au Directeur de l'état civil dans les cas où un tribunal a reconnu la culpabilité d'une personne soit pour des actes ayant causé le décès d'une personne disparue, soit pour la disparition du corps d'une personne décédée[56]. La déclaration doit être accompagnée d'une copie du jugement de culpabilité passé en force de chose jugée. Le nouvel article 133.1 C.c.Q. est ambigu dans sa formulation, car il indique que « tout intéressé peut déclarer le décès de l'*absent* au directeur de l'état civil ». Or nul doute qu'il ne s'agit pas ici d'un cas d'absence au sens de l'article 84 C.c.Q. puisqu'il n'y a pas d'incertitude concernant le décès. Au contraire, la responsabilité criminelle pour le décès ou pour la disparition du corps doit avoir été déterminée par un tribunal. On peut donc avancer que les cas visés par cette disposition répondent aux conditions d'une déclaration judiciaire de décès. La disposition a cependant pour objet d'éviter une nouvelle procédure alors qu'un tribunal s'est déjà nécessairement prononcé sur les circonstances du décès dans le cadre d'un procès criminel. Cela explique que la loi prévoit qu'à moins qu'ils ne soient connus, le directeur fixe la date, l'heure et le lieu du décès, comme l'aurait fait le tribunal dans le cadre d'un jugement déclaratif de décès[57]. Pour ce faire, le directeur doit se fonder sur les énonciations du jugement établissant la culpabilité, ainsi que sur les présomptions tirées des circonstances.

70 – *Effets de la déclaration* – À la réception de la déclaration et du jugement établissant la culpabilité, le Directeur de l'état civil dresse l'acte de décès de la personne. Il s'agit donc d'un nouveau pouvoir dévolu au Directeur de l'état civil, révélateur de la tendance des dernières années à déjudiciariser des aspects importants du contentieux de l'état civil. L'article 133.1, al. 3 C.c.Q. précise que cet acte produit les mêmes effets qu'un jugement déclaratif de décès. On peut comprendre par là que les dispositions concernant la preuve d'un décès antérieur ou postérieur à la date « officielle » (art. 96 C.c.Q.) et concernant les effets d'un éventuel retour (art. 97 à 101 C.c.Q.) s'appliquent ici, en faisant les adaptations nécessaires[58], même si l'hypothèse du retour est plus difficile à imaginer dès lors qu'un jugement a été rendu sur la culpabilité du tiers.

56. Art. 133.1 C.c.Q.
57. Art. 93 C.c.Q.
58. Par exemple, l'article 98 C.c.Q. traite de la demande d'annulation du jugement déclaratif de décès, ce qui ne s'applique pas ici.

Pour aller plus loin

71 – *Le droit de l'absence dans le Code civil du Bas Canada* – Le droit de l'absence, dans le *Code civil du Bas Canada*, était dominé par l'idée du retour toujours possible de l'absent. Avec l'écoulement du temps, l'incertitude fait de plus en plus place à l'improbabilité d'un retour. Ainsi, la loi se préoccupait de plus en plus des intérêts de ses héritiers, mais elle se refusait à trancher la question de l'existence ou du décès de l'absent. De fait, la situation ne trouvait de dénouement qu'avec la preuve de sa survie ou de son décès.

Ajoutons que puisque par définition l'incertitude persistait tout au long de l'absence, il était impossible de réclamer les droits qui, fondés sur la preuve de son existence, pouvaient s'ouvrir à son profit. C'est ainsi, notamment, qu'une fois l'absence constatée, l'absent ne pouvait être appelé à une succession. Inversement, la mise en œuvre de droits ou la modification d'une situation juridique subordonnée à la preuve de son décès étaient tout autant impossibles. Par exemple, l'absence n'entraînait pas la dissolution du mariage et, n'eût été l'ouverture introduite en 1968 par la législation fédérale sur le divorce, le conjoint de l'absent aurait été condamné à vivre dans le veuvage sans pour autant avoir le titre de veuf ou de veuve.

La seule exception au doute sempiternel sur lequel était fondé tout le droit de l'absence concernait le droit des assurances. En effet, l'article 2529 C.c.B.C. autorisait le bénéficiaire de l'assurance-vie souscrite par l'absent avant qu'il ne disparaisse, à réclamer, après sept ans d'absence, le versement du capital assuré.

Sur l'absence, telle qu'elle était organisée dans le *Code civil du Bas Canada*, voir les ouvrages de F. Langelier, *Cours de droit civil de la Province de Québec*, t. 1, Montréal, Wilson & Lafleur, 1905, p. 200 et s. ; T.-J.-J. Loranger, *Commentaire sur le Code civil du Bas Canada*, t. I, Montréal, E. Sénecal, 1879, p. X et s. ; G. Trudel, *Traité de droit civil du Québec*, t. I, Montréal, Wilson & Lafleur, 1942, p. 310 et s.

Sur les travaux qui ont précédé la réforme de l'institution, voir O.R.C.C., *Rapport sur le Code civil du Québec*, Québec, Éditeur officiel, 1978, vol. I, art. 205 et s. ; vol. II, t. I, p. 74 et s.

72 – *La non-présence* – Il n'existe pas, dans le Code, de régime général de la non-présence. On retrouve ici et là des dispositions particulières qui protègent, par respect pour la liberté individuelle, les droits des non-présents et qui préservent les droits des tiers que cet éloignement pourrait compromettre, voire paralyser. C'est le cas notamment des présomptions de mandat que l'on retrouve au titre du mariage (art. 398 et, par extension à l'union civile, art. 521.6, al. 4 C.c.Q.) en matière de tutelle (art. 194, al. 2 C.c.Q.) et d'exercice de l'autorité parentale (art. 603 C.c.Q.) et qui vise à faciliter l'organisation de la vie familiale.

Parfois encore, l'éloignement permet au non-présent d'exercer des droits qui, à défaut de volonté exprimée dans un délai imparti, auraient été prescrits ou éteints : art. 531, al. 2 C.c.Q. relatif au désaveu de paternité dans le cas où le père présumé n'a pas assisté à la naissance et n'en a pas été informé immédiatement, en raison de son éloignement ; art. 595 et 596 C.c.Q. en matière d'aliments où l'impossibilité de pouvoir rejoindre le débiteur ou le créancier autorise parfois l'allongement des délais à l'intérieur desquels ils sont censés agir normalement. Mais c'est surtout en matière de procédure que l'éloignement entraîne la prolongation des délais légaux (voir par exemple, en matière de signification, les articles 123, 138 et 139 C.p.c.). La non-présence, en tant que telle, emporte également des sanctions, pour ne citer que la condamnation par défaut (art. 192 à 198.1 C.p.c.).

Il existe des actes juridiques que la non-présence physique peut bloquer irrémédiablement, alors qu'en principe la volonté est efficace, même entre absents (art. 1385 à 1387 C.c.Q.). C'est les cas du mariage et de l'union civile, pour lesquels la loi requiert la présence physique de l'un et l'autre des futurs conjoints (art. 365, 374, al. 2 et 521.2 2 C.c.Q.).

La non-présence peut provoquer la modification de certaines situations juridiques. C'est ainsi que l'éloignement, qui peut être physique, mais qui s'exprime parfois aussi en termes d'indifférence peut donner ouverture à la séparation de corps (art. 493 et 494(2) C.c.Q.), au divorce (art. 8(1) et 8(2)a) de la *Loi sur le divorce de 1985*) ou à la dissolution de l'union civile (art. 521.17 C.c.Q.), et qu'il permet de déclarer un enfant admissible à l'adoption (art. 559, par. 2 C.c.Q.).

73 – *Ici et ailleurs* – Sur l'organisation de régime de l'absence dans les systèmes de droit civilistes et dans les systèmes de common law, voir H.C. Corral Talciani et M.S. Rodriguez Pinto, « Disparition de personnes et présomptions de décès, observations de droit comparé », (2000) 3 *R.I.D.C.* 553. Pour le droit français, voir le chapitre « Les incertitudes sur l'existence de la personne », dans F. Terré et D. Fenouillet, *Droit civil. Les personnes*, 8e éd., Paris, Dalloz, 2012, nos 33 à 40.

BIBLIOGRAPHIE SÉLECTIVE

CANTIN CUMYN, M., *Traité de droit civil* (P.A. Crépeau, dir.), *L'administration du bien d'autrui*, Cowansville, Éditions Yvon Blais, 2000.

DELEURY, É., « La Loi concernant les jugements déclaratifs de décès », (1970) 11 *C. de D.* 330.

FRENETTE, A., « La gestion des biens des incapables », (1987-1988) 18 *R.D.U.S.* 84.

LAUZON, G., « L'administration du bien d'autrui dans le contexte du nouveau *Code civil du Québec* (L.Q. 1991, c. 64) », (1993) 24 *R.G.D.* 107.

ROCH, H., *L'absence*, Montréal, 1951.

TITRE II

LES DROITS DE LA PERSONNALITÉ

74 – La personnalité juridique est le potentiel à détenir des droits, inhérents à toute personne. Elle implique également l'attribution automatique et effective d'un certain nombre de droits visant à protéger la personne humaine dans ce qu'elle a de plus essentiel. Il s'agit, sur le plan des droits civils, de ce que l'on qualifie de *droits de la personnalité*. On y inclut généralement aussi les libertés civiles.

S'agissant de protection de la personne humaine, la doctrine les désigne parfois par l'expression *droits primordiaux de la personne humaine*. Les contours de ces droits qui visent la personne tant dans sa dimension physique que morale ou spirituelle, ne sont pas toujours aisés à déterminer. Il convient donc de définir la notion de droits de la personnalité (chap. I). Reflet des valeurs sociales, le droit protège avec une attention particulière la dimension physique de la personne, c'est-à-dire le corps humain. Un chapitre est ainsi consacré à la protection de l'intégrité physique (chap. II). Les autres valeurs morales, qui font le prix de la vie et de la dignité humaine, font également l'objet d'un cadre juridique précis. Il s'agit du droit à l'intégrité morale et des libertés civiles nécessaires à l'épanouissement singulier de chaque personne (chap. III).

CHAPITRE I

LA NOTION DE DROIT DE LA PERSONNALITÉ

Section I

Définition, nature et caractères

75 – *Les droits de la personnalité, des droits subjectifs* – Ces prérogatives inhérentes à la personne humaine sont aussi des *droits subjectifs*[1] dont l'objet est déterminé et qui sont sanctionnés par une contrainte juridique.

On peut les décrire de la manière suivante : ce sont les prérogatives qui ont pour fonction d'assurer la protection juridique de ce qui constitue, sur le plan physique et moral, l'individualité propre de la personne dans les relations entre particuliers. Cette définition oblige à souligner la distinction, mais en même temps la ressemblance, entre la notion de droits de la personnalité (qualifiés parfois de *droits primordiaux de la personne*) et celle de *droits et libertés fondamentaux*.

76 – *Les droits et libertés fondamentaux* – Les droits fondamentaux de la personne sont ceux qui doivent être reconnus par la loi à tout individu dans ses rapports avec la collectivité tout entière, considérée comme détenant la souveraineté et, conséquemment, avec l'État dont les organes exercent, au nom de cette collectivité, cette souveraineté. Ce sont des droits qui sont à la fois antérieurs et supérieurs à l'État. On constate que certains de ces droits apparaissent plutôt comme des *libertés*, même s'il n'est pas toujours évident de savoir si une liberté exprime un droit, car on dénote une tendance, dans la société contem-

---

1. Les droits subjectifs sont des intérêts juridiquement protégés envisagés sous l'angle de leur bénéficiaire, la personne juridique, le sujet de droit, et par opposition au droit objectif, c'est-à-dire l'ensemble des règles juridiques qui régissent la vie en société et qui sont sanctionnées par une contrainte exercée par l'autorité publique.

poraine, marquée du sceau de l'individualisme, à transformer des libertés, parfois même des désirs, en droits subjectifs.

Ces droits et libertés fondamentaux qui, au XVIIIe siècle, ont fait l'objet de déclarations solennelles à l'échelle des nations, *Déclaration d'indépendance* de 1776 (États-Unis d'Amérique), *Déclaration des droits de l'Homme et du citoyen* de 1789 (France), qui ont ensuite été réaffirmés, dans la première moitié du XXe siècle, dans des instruments internationaux (*Déclaration universelle des droits de l'Homme* de 1948, *Pacte international relatif aux droits civils et politiques* de 1966, *Convention européenne des droits de l'Homme* de 1950), font référence aux valeurs humaines les plus fondamentales : égalité en valeur et en dignité, liberté et justice. Conçus au départ comme des droits négatifs, dans le sens où ils impliquent un devoir d'abstention de la part de l'État, ces droits, qui sont essentiellement des droits individuels, recouvrent des droits qu'on qualifie, du point de vue du droit privé, de droits de la personnalité et, du point de vue du droit public, de *droits de la personne*[2].

Il existe donc entre les deux catégories un fond commun, puisqu'elles participent de la même vision de la personne humaine et qu'elles font référence aux mêmes valeurs[3]. On ne saurait pour autant les confondre. En effet, les droits fondamentaux de la personne relèvent du droit public alors que les droits de la personnalité sont envisagés du point de vue du droit privé. De plus, on tend aujourd'hui à ranger parmi les droits fondamentaux de la personne, des droits qui exigent de l'État qu'il intervienne afin de compenser des situations de fait (droits économiques et sociaux), des droits dont les sujets ne sont plus des individus, mais des collectivités, voire des « peuples » ou, plus globalement encore, l'Humanité comme telle[4]. Par ailleurs, certains droits de la personnalité ne sont pas reconnus comme des « droits fondamentaux » en droit constitutionnel interne,

---

2. En dehors du contexte canadien et québécois, les *droits de la personne* sont encore souvent désignés par l'expression *Droits de l'Homme* (*Human Rights*).
3. Pour une etude fouillée sur la « cohabitation » des droits de la personnalité du Code civil et des droits fondamentaux consacrés par la Charte québécoise, voir M. Samson, *Les interactions de la Charte des droits et libertés de la personne avec le Code civil du Québec : une harmonie à concrétiser*, coll. Minerve, Cowansville, Éditions Yvon Blais, 2013.
4. Voir, à titre d'exemple, les commentaires de J.-C. Galloux sur « Les enjeux d'une déclaration universelle sur la protection du génome humain », *D.* 1996, chr. 141 et M.-J. Bernard, « Diversité génétique humaine : éléments d'une politique », (2001) 35 *R.J.T.* 273.

ni dans tous les instruments internationaux (par exemple, le droit au nom).

§1 – La constitutionnalisation progressive des droits fondamentaux

77 – Depuis le milieu du XXe siècle, les droits et libertés de la personne sont systématiquement devenus objets de législation, et même de législation constitutionnelle, au Québec et au Canada. Leur intégration dans la sphère des droits constitutionnellement protégés soulève un certain nombre de difficultés et oblige à s'interroger sur les rapports entre le droit privé et le droit public.

A. La Charte canadienne et les rapports de droit privé

78 – Entrée en vigueur le 17 avril 1982, la *Charte canadienne des droits et libertés*[5] a constitutionnalisé formellement certains des droits fondamentaux de la personne. Déjà s'appliquaient, et s'appliquent toujours d'ailleurs, au Québec et au Canada, trois Chartes qui couvrent, parfois plus complètement que ne le fait la *Charte canadienne*, le domaine des droits fondamentaux. Il s'agit de la *Déclaration canadienne des droits*[6], de la *Loi canadienne sur les droits de la personne*[7] et de la *Charte des droits et libertés de la personne*[8]. Ces instruments n'ont cependant qu'une valeur législative. Comme toutes les lois, ils sont donc susceptibles de modification, contrairement à la Charte constitutionnelle fédérale qui ne peut être modifiée que par une procédure complexe, prévue à l'article 38 de la Constitution[9].

79 – La *Charte canadienne*, qui fait partie intégrante de la Constitution du Canada, fournit une protection contre l'arbitraire de l'État en

5. Partie I de la *Loi constitutionnelle de 1982*, Annexe B de la *Loi de 1982 sur le Canada*, 1982, ch. 11 (R.-U.) (ci-après cité *Charte canadienne*).
6. *Déclaration canadienne des droits*, L.R.C. (1985), App. III, adoptée en 1960.
7. *Loi canadienne sur les droits de la personne*, L.R.C. (1985), ch. H-6. Cette loi, qui vient compléter la *Déclaration canadienne des droits*, prohibe, dans certaines situations désignées, la discrimination fondée sur certains motifs de distinction dont la liste est d'ailleurs plus étendue que celle que l'on retrouve dans la *Déclaration*. Au même titre que la *Déclaration*, la *Loi canadienne sur les droits de la personne* s'applique également au gouvernement et à toutes les instances et à l'administration fédérale. Elle s'applique aussi aux relations entre les personnes privées dans les domaines de compétence fédérale.
8. *Charte des droits et libertés de la personne*, RLRQ, c. C-12.
9. Art. 38 et 52(3) de la *Loi constitutionnelle de 1982*.

garantissant un certain nombre de droits fondamentaux. C'est le cas, notamment, de l'article 7 qui, au chapitre des garanties juridiques, érige « le droit à la vie, à la liberté et à la sécurité de sa personne » au rang de droits fondamentaux ; de l'article 2 qui garantit la liberté de conscience, de religion, de pensée, de croyance, d'opinion et d'expression, incluant la liberté de la presse ; il en va de même de l'article 15 qui consacre le droit à l'égalité et protège les citoyens contre la discrimination. Ces prérogatives ne sont pas absolues. La Charte contient une disposition limitative énonçant que les droits et libertés qu'elle garantit peuvent être restreints par « une règle de droit dans des limites qui soient raisonnables et dont la justification peut se démontrer dans le cadre d'une société libre et démocratique »[10]. La *Charte canadienne* comporte également une « clause de dérogation expresse », qui permet au Parlement fédéral ou à la législature d'une province d'écarter, à l'égard des lois que ces organismes législatifs peuvent adopter, l'application des articles 2 (libertés fondamentales) et 7 à 15 (garanties juridiques et droits à l'égalité)[11]. Ajoutons que la teneur et la portée de certains droits garantis par cette Charte sont loin de faire l'unanimité, tant du point de vue doctrinal que jurisprudentiel[12]. Enfin, cet instrument n'affecte qu'indirectement les rapports de droit privé.

80 – *Une charte publique* – La *Charte canadienne* s'intéresse en effet essentiellement à l'activité de l'État, notamment en matière pénale. Elle est donc « peu concernée par les rapports de droit privé »[13]. Un

10. Art. 1 de la *Charte canadienne*. Les conditions d'exercice de cette disposition ont été dégagées par la Cour suprême du Canada dans l'affaire *R.* c. *Oakes*, [1986] 1 R.C.S. 103, EYB 1986-67556. Suivant la Cour suprême du Canada, une limitation à un droit ou à une liberté garantis par la Charte canadienne revêt un caractère justifié pour autant qu'elle réponde à des critères de rationalité de l'objectif poursuivi et de proportionnalité du moyen limitatif utilisé pour atteindre cet objectif. L'arrêt *Oakes* demeure la décision de principe en la matière, même si la Cour suprême a par la suite préciser les critères qui y sont énoncés.
11. Art. 33 de la *Charte canadienne*. Il s'agit de cette disposition désignée par l'expression « clause nonobstant ».
12. C'est le cas, notamment, du droit à la vie, à la liberté et à la sécurité de la personne garanti par l'article 7 dont le contenu a été dégagé peu à peu par les tribunaux, mais dont les contours demeurent encore incertains dans bien des domaines (celui du « droit à la mort », par exemple).
13. Sur l'exclusion de l'application de la *Charte canadienne* aux rapports et aux litiges privés, voir *S.D.G.M.R.* c. *Dolphin Delivery Ltd.*, [1986] 2 R.C.S. 530, EYB 1986-95560. Toutefois, la *Charte canadienne* peut s'appliquer de manière indirecte à la common law de droit privé et potentiellement aussi à l'interprétation des dispositions du Code civil, qui pourraient heurter les valeurs (par opposition aux droits) qui sont énoncées dans cette même Charte : *Hill* c. *Église de scientologie de Toronto*, [1995] 2 R.C.S. 1130, EYB 1995-68609 ; *Québec (Procureur général)* c. *A*, 2013 CSC 5.

acteur privé dans un litige privé pourrait cependant s'appuyer sur la Charte pour faire rejeter une revendication fondée sur un acte de nature législative (loi, règlement, décret, etc.) ou une action gouvernementale qui serait incompatible avec un droit ou une liberté qui s'y trouve consacré[14]. De plus, il ne faut pas confondre les mots *litige privé*, c'est-à-dire un litige entre personnes privées, et l'expression *matière civile* que l'on oppose, par exemple, à *matière pénale*[15]. Si l'État n'est pas partie à un *litige privé*, il peut être une partie dans un *litige civil*. Il est tout à fait possible de contester la constitutionnalité d'une disposition du Code civil. Par exemple, le défendeur à une action en dommages-intérêts fondée sur l'article 36(6) C.c.Q. qui protège la vie privée et la correspondance, pourrait tenter de contester cette disposition en invoquant la liberté d'expression au sens de l'article 2b) de la *Charte canadienne* dans la mesure où la conduite qu'on lui reproche résulte de l'exercice de cette liberté[16].

Il faut cependant souligner que de nombreuses dispositions du Code civil sont formulées en termes généraux et abstraits et que les règles qu'elles contiennent potentiellement ne se trouvent concrétisées que dans des décisions jurisprudentielles[17], ce qui oblige à distinguer le *droit* et la *loi*[18]. Qui plus est, le Code civil est lui-même « irrigué »[19] par la *Charte des droits et libertés de la personne*, dont la portée et le champ d'application sont beaucoup plus larges. C'est aussi un instrument interprétatif, donc susceptible d'infléchir, dans le sens d'une plus grande protection des droits et des libertés, des

---

14. Voir, à titre d'exemple, *Vriend* c. *Alberta*, [1998] 1 R.C.S. 493, REJB 1998-05585 et T. Macklem, « *Vriend* v. *Alberta*: Making the Private Public », (1999) 44 *R.D. McGill* 197.
15. G. Couture, *L'admissibilité de la preuve obtenue en violation des droits et libertés fondamentaux en matière civile*, Montréal, Wilson & Lafleur, 1996, p. 15.
16. C. Brunelle, « Les droits et libertés dans le contexte civil », dans École du Barreau du Québec, Collection de droit 2013-2014, *Droit public et administratif*, Cowansville, Éditions Yvon Blais, 2013.
17. Pour une analyse de la question, voir Y.-M. Morissette, « Certains problèmes d'applicabilité des Chartes de droits et libertés en droit québécois », dans *Application des Chartes des droits et libertés en matière civile*, Cowansville, Éditions Yvon Blais, 1988, p. 1, 21. Voir également, à titre d'exemple, *P. (D.)* c. *S. (C.)*, [1993] 4 R.C.S. 141, EYB 1993-67881 (à propos de l'article 30 C.c.B.C. et de l'intérêt de l'enfant).
18. D'où les craintes exprimées par certains auteurs qui redoutent que le droit civil ne soit contaminé par la common law, compte tenu de sa prépondérance en droit constitutionnel, et compte tenu des concepts et raisonnements propres à la *Charte canadienne*. Voir A. Popovici, « Le rôle de la Cour suprême en droit civil », (2000) 34 *R.J.T.* 607, 614.
19. L'expression est de Y.-M. Morissette, « Certains problèmes d'applicabilité des Chartes de droits et libertés en droit québécois », *supra*, note 17, p. 20.

concepts flous du droit civil[20], tels que celui d'ordre public[21] ou de faute. Dans la mesure où la *Charte québécoise* sert déjà de guide d'interprétation en droit civil, elle permet d'assurer en quelque sorte « une compatibilité générale entre le droit privé et la Charte fédérale »[22].

B. La Charte provinciale et le Code civil

81 – *La Charte québécoise, source directe des droits de la personnalité ; un Code civil qui en aménage l'exercice* – Entrée en vigueur le 28 juin 1976, la *Charte québécoise* participe et témoigne d'une conception globale des droits et libertés de la personne. Qualifiée d'instrument d'une « ampleur inégalée »[23], cette loi consacre tant les libertés et droits fondamentaux (art. 1-9), les droits à l'égalité (art. 10-20.1), les droits politiques (art. 21-22) et les droits judiciaires (art. 23-38), que les droits économiques, sociaux et culturels (art. 39-48). Bien qu'elle ne soit qu'une loi ordinaire, susceptible donc de modification comme toute autre loi, la *Charte des droits et libertés de la personne*, dans ses articles 1 à 38, a préséance sur toutes les lois québécoises antérieures ou postérieures à son adoption. Le législateur ne peut déroger aux droits et libertés énoncés dans ces articles qu'à la condition de le déclarer expressément, à moins évidemment que ces dispositions ne l'y autorisent déjà (art. 52)[24]. C'est cette règle de la prépondérance qui confère à la *Charte québécoise*, comme c'est le cas pour la *Déclaration canadienne des droits*, le statut d'un texte quasi constitutionnel[25].

---

20. D. Lluelles et P. Trudel, « L'application de la *Charte canadienne des droits et libertés* aux rapports de droit privé », (1984) *R.J.T.* 219.
21. Il ne faudrait cependant pas en conclure que les valeurs protégées par les Chartes résument, à elles seules, la notion d'ordre public. Voir *Godbout* c. *Longueuil (Ville de)*, [1995] R.J.Q. 2561, 2570, EYB 1995-64631 (C.A.), confirmé par [1997] 3 R.C.S. 844, REJB 1997-02908.
22. Y.-M. Morissette, *loc. cit.*, note 17, p. 19.
23. A. Morel, « La *Charte québécoise*, un document unique dans l'histoire législative canadienne », (1987) 21 *R.J.T.* 1. Voir également H. Brun, « La *Charte des droits et libertés de la personne* : domaine d'application », (1977) 37 *R. du B.* 179, 180.
24. La lecture de l'article 52 amène généralement à la conclusion que les recours disponibles en faveur de la victime d'un droit protégé par la Charte (art. 49) n'ont pas en eux-mêmes de statut constitutionnel et que les droits économiques et sociaux n'ont, somme toute, qu'une portée symbolique puisque les tribunaux ne disposent pas du pouvoir de contraindre l'État à s'y conformer : *Gosselin* c. *Québec (Procureur général)*, [2002] 4 R.C.S. 429, REJB 2002-36302.
25. *Béliveau St-Jacques* c. *Fédération des employées et employés de services publics Inc.*, [1996] 2 R.C.S. 345 (ci-après cité *Béliveau St-Jacques*) ; *Québec (Curateur public)* c. *Syndicat national des employés de l'Hôpital St-Ferdinand*, [1996] 3 R.C.S. 211, EYB 1996-29281 (ci-après cité *Hôpital St-Ferdinand*) ; *Augustus* c. *Gosset*, [1996] 3 R.C.S. 268, EYB 1996-30154.

Toutefois, en tant que telle, la *Charte québécoise* demeure assujettie à l'obligation de conformité aux normes constitutionnelles, dont celles énoncées dans la *Charte canadienne*[26].

82 – *Un document qui lie l'État et les personnes privées* – Indépendamment des clauses de dérogation expresse, la *Charte québécoise*, tout comme la *Charte canadienne*, contient une clause limitative, « clause soupape »[27], destinée à rappeler que « les libertés et droits fondamentaux s'exercent dans le respect des valeurs démocratiques, de l'ordre public et du bien-être général des citoyens du Québec » et que « la loi peut, à cet égard, en fixer la portée et en aménager l'exercice »[28]. Cette disposition est d'autant plus importante que le régime de protection des droits mis en place par la *Charte des droits et libertés de la personne* est double puisque cet instrument, qui lie la Couronne (art. 54), vise également les matières qui sont de la compétence législative du Québec (art. 55) et qu'il affecte les rapports entre particuliers, régis par le Code civil[29]. En ce sens, et au même titre que les droits et libertés consacrés par la Charte[30], la clause limitative de l'article 9.1 joue un rôle qu'on pourrait qualifier de doublement interprétatif[31].

---

26. *Chaoulli* c. *Québec (Procureur général)*, [2005] 1 R.C.S. 791, EYB 2005-91328 ; *Québec (Commission des droits de la personne et des droits de la jeunesse)* c. *Montréal (Ville de)*, [2000] 1 R.C.S. 665, REJB 2000-18009.
27. J.-Y. Morin, « La constitutionnalisation progressive de la Charte », dans *De la Charte des droits et libertés : origine, nature et défis*, Montréal, Éditions Thémis, 1989, p. 51.
28. Pour une application de l'article 9.1 de la Charte québécoise dans un cas où il s'agissait de déterminer un difficile équilibre entre la liberté de religion d'une personne (art. 3) et le choix, pour une autre personne, de se marier et de divorcer, voir *Bruker* c. *Marcovitz*, 2007 CSC 54, EYB 2007-127332 ; L. Langevin *et al.*, « L'affaire *Bruker* c. *Marcovitz* : variations sur un thème », (2008) 49 *C. de D.* 655 ; B. Moore, « Contrat et religion – À la volonté de Dieu ou des contractants ? », (2009) 43 *R.J.T.* 219.
29. À titre d'exemple, voir *Tremblay* c. *Daigle*, [1998] 2 R.C.S. 530, EYB 1989-67833 (la question du statut du fœtus) et *Aubry* c. *Éditions Vice-Versa Inc.*, [1998] 1 R.C.S. 591, REJB 1998-05646 (la question de la protection du droit à l'image). Voir également L. Otis, G. Grenier et G. Garneau, « Les autres droits fondamentaux garantis par la *Charte des droits et libertés de la personne* », dans *Application des Chartes des droits et libertés en matière civile*, Cowansville, Éditions Yvon Blais, 1988, p. 179.
30. A.-F. Bisson, « Nouveau Code civil et jalons pour l'interprétation : traditions et transitions », (1992) 23 *R.D.U.S.* 1, 5 et 6 ; J.-M. Brisson, « Le Code civil, droit commun ? », dans Journées Maximilien Caron, *Le nouveau Code civil, interprétation et application*, Montréal, Éditions Thémis, 1992, p. 309.
31. Sur le mécanisme des dispositions justificatives de la Charte québécoise et de la Charte canadienne, voir C. Brunelle, « Les limites aux droits et libertés », dans École du Barreau du Québec, Collection de droit 2013-2014, *Droit public et administratif (Les droits et libertés fondamentaux)*, Cowansville, Éditions Yvon Blais, 2013.

Doublement, parce que les valeurs sur lesquelles repose la Charte servent de guide d'interprétation aux tribunaux et que sous cet aspect (respect des valeurs démocratiques, de l'ordre public et du bien-être général des citoyens), elle permet tout autant de faire échec à l'action étatique que de sanctionner les atteintes d'origine privée aux droits et libertés définis par la Charte[32]. Mais c'est aussi et surtout parce que la Charte est source directe de droits protecteurs de la personnalité dont le *Code civil du Québec* confirme aujourd'hui non seulement l'existence[33], mais dont il « précise aussi la portée » et « en aménage l'exercice »[34], que cette disposition revêt toute son importance. Il est même permis d'affirmer que le Code, à ce chapitre, joue un rôle complémentaire, puisque, aux droits déjà énoncés dans la Charte, il ajoute le droit au nom (art. 55 C.c.Q.) et le droit au respect du corps après le décès (art. 42 et 44 à 49 C.c.Q.). La *Charte québécoise* a donc érigé au rang des droits fondamentaux les droits de la personnalité dont l'existence avait été préalablement dégagée par la jurisprudence[35] et qui sont désormais régis par le Code civil. À l'origine, ces droits ont trouvé leur protection essentielle dans les principes généraux de la responsabilité civile ainsi que dans la notion d'ordre public (art. 13, 989, 990, 1053 et 1062 C.c.B.C. qui trouvent aujourd-

32. Mais, peut-on pour autant, par analogie à une action gouvernementale, appliquer les critères de l'arrêt *Oakes* pour établir les limites à une norme d'origine privée (par exemple, une disposition contractuelle) ou, dans le cas d'une conduite individuelle, une violation des articles 1 à 9 de la Charte ? (Voir, en ce sens, *Syndicat des travailleuses et des travailleurs de Bridgestone / Firestone de Joliette (C.S.N.)* c. *Trudeau*, [1999] R.J.Q. 2229, REJB 1999-14156 (C.A.) ; *Trahan (Succession de)* [2004] R.J.Q. 1613 (C.S.)). Sur ce point, les opinions divergent et la jurisprudence, y compris celle de la Cour suprême, se montre plutôt hésitante, voir *Godbout* c. *Longueuil (Ville de)*, [1997] 3 R.C.S. 844, REJB 1997-02908 ; *Ford* c. *Québec (Procureur général)*, [1988] 2 R.C.S. 769, 770 ; *Aubry* c. *Éditions Vice-Versa Inc.*, [1998] 1 R.C.S. 591, REJB 1998-05646 et *Syndicat Northcrest* c. *Amselem*, [2004] 2 R.C.S. 551, REJB 2004-66513 ; *Bruker* c. *Marcovitz*, 2007 CSC 54, EYB 2007-127332. Pour une analyse de la question, voir C. Brunelle, « La sécurité et l'égalité en conflit : la structure de la *Charte québécoise* comme contrainte excessive », dans Tribunal des droits de la personne et Barreau du Québec (dir.), *La Charte des droits et libertés de la personne : pour qui et jusqu'où ?*, Cowansville, Éditions Yvon Blais, 2005, p. 343.

33. Art. 3 C.c.Q. et art. 1, 4 et 5 de la Charte. Les auteurs n'ont d'ailleurs pas manqué de souligner le parallèle entre les deux documents : M. Caron, « Le *Code civil du Québec*, instrument de protection des droits et libertés de la personne ? », (1978) 56 *R. du B. can.* 197.

34. *Comm.*, t. 1, p. 6 et 10. Voir, à titre d'exemple, l'article 36 C.c.Q. qui fournit une liste indicative de comportements susceptibles de porter atteinte au droit au respect de la vie privée protégé par l'article 5 de la Charte.

35. Sur la continuité historique et conceptuelle entre le droit de la responsabilité civile et la *Charte québécoise*, voir les notes du juge Gonthier dans *Hôpital St-Ferdinand*, *supra*, note 25. Voir également L. LeBel, « La protection des droits fondamentaux et la responsabilité civile », (2004) 49 *R.D. McGill* 231 et B. Moore (dir.), *Mélanges Jean-Louis Baudouin*, Cowansville, Éditions Yvon Blais, 2012, p. 923.

'hui leurs correspondants dans les articles 7 à 9, 1373, 1411, 1413 et 1457 C.c.Q.). Droit à l'inviolabilité et à la liberté de sa personne (art. 1), droit à la sauvegarde de sa dignité, de son honneur et de sa réputation (art. 4), droit au respect de sa vie privée (art. 5) et au secret professionnel (art. 9), ces droits transcendent les frontières du droit public et du droit privé[36], ce qui contribue à leur originalité. En effet, au-delà des documents formels et de leur préséance dans la hiérarchie des normes juridiques, c'est bien dans le droit civil que l'on trouve la protection réelle et concrète des droits de la personnalité[37]. Le Code ne se contente pas de « collaborer » avec la *Charte des droits et libertés de la personne*. Rappelons que dans sa disposition préliminaire, le Code civil énonce qu'il régit « en harmonie avec la *Charte des droits et libertés de la personne* et les principes généraux du droit, les personnes, les rapports entre les personnes, ainsi que les biens » et que, « en toutes matières auxquelles se rapportent la lettre, l'esprit ou l'objet de ses dispositions, [il] établit, en termes exprès ou de façon implicite, le droit commun ». Le Code civil établit aussi des « liens de solidarité, tant avec ses dispositions substantives qu'avec ses mécanismes de sanction »[38], solidarité qui conduit à une certaine redondance[39], quand elle ne se traduit pas par une confusion des genres[40]. C'est certainement le cas du chapitre consacré au respect des droits de l'enfant qui participe de la nomenclature des droits de la personnalité qui, de fait, s'analysent plutôt comme des droits de la personne[41].

---

36. P.-A. Molinari, « Le droit de la personne sur son image : de la théorie juridique à la théorie des droits fondamentaux », dans G.-A. Beaudoin (dir.), *Vues canadiennes et européennes des droits et libertés, Actes des Journées strasbourgeoises 1988*, Cowansville, Éditions Yvon Blais, 1989, p. 537, 554.
37. Sur la cohabitation complexe des approches civiliste et « chartiste », voir S. Bernatchez, « Un tribunal spécialisé pour résister à l'approche civiliste en matière de droits de la personne », (2012) 42:1-2 *R.D.U.S.* 203.
38. J.-M. Brisson, *loc. cit.*, note 30, p. 311.
39. A. Popovici, *loc. cit.*, note 18, p. 53. Selon certains, le détail des dispositions du Code civil qui viennent aménager les droits de la personnalité, aurait eu pour effet de dénaturer l'objet de la *Charte québécoise*, d'en réduire la portée (voir par exemple les articles 10 et s. C.c.Q.).
40. J. Frémont, « La Charte, le droit statutaire et le droit commun du Québec trente ans plus tard : réflexions autour de malaises », dans *La Charte des droits et libertés de la personne : pour qui et jusqu'où ?*, Cowansville, Éditions Yvon Blais, 2005, p. 63, 79 et s. ; D. Gardner et D. Goubau, « L'affaire *Vallée* et l'exploitation des personnes âgées selon la *Charte québécoise* : quand l'harmonie fait défaut », (2005) 46 *C. de D.* 961 ; F. Allard, « *La Charte des droits et libertés de la personne* et le *Code civil du Québec* : deux textes fondamentaux du droit civil québécois dans une relation d'harmonie ambiguë », dans Barreau du Québec, « La Charte québécoise, origines, enjeux et perspectives », (2006) (numéro hors série) *R. du B.* 33.
41. Art. 32 à 34 C.c.Q. Cette confusion des genres explique notre choix de traiter la question du respect des droits et de l'intérêt de l'enfant dans la deuxième partie du livre consacrée à la protection des inaptes.

§2 – Les droits de la personnalité : une catégorie originale

83 – *La notion de protection juridique de la personnalité : une notion empirique* – La personnalité dont il est question ici ne se réduit pas à la notion technique de personnalité juridique, au sens de l'aptitude à être sujet de droits. C'est la personne humaine dans sa totalité, dans sa réalité à la fois biologique, psychologique et sociale, en d'autres termes, le support même de cette qualité juridique, qui est ici protégée par le droit. En définissant la personnalité comme « l'ensemble des caractéristiques inhérentes et spécifiques de la personne qui la distingue de toute autre personne », il faut admettre que la multiplicité de ces éléments se prête mal à une synthèse : tout effort de classification apparaît impossible « tant sa confection dépend de ce qui est, ou peut être inhérent ou spécifique »[42]. Le concept de protection de la personnalité apparaît dès lors comme une notion ouverte et évolutive, ce dont témoigne aussi bien le libellé de l'article 3 du *Code civil du Québec* qui énumère de façon non limitative les prérogatives attachées à la personne humaine[43], que les termes du titre qui chapeaute ces droits dans le Code civil : « De *certains* droits de la personnalité ».

84 – *La théorie des droits de la personnalité : un objet de débats* – D'origine jurisprudentielle, ces droits ont été approfondis par la doctrine et sont aujourd'hui consacrés formellement dans le Code civil. On doit aux progrès de la médecine et de la biologie les premières dispositions consacrant la reconnaissance pour tout être humain de la personnalité juridique et du droit à l'inviolabilité de sa personne[44]. Pourtant, ces droits résistent encore à une définition cohérente et leur classification ne fait guère l'unanimité[45]. Aux yeux du législa-

---

42. P.-A. Molinari, *loc. cit.*, note 36, p. 722. Voir aussi F. Rigaux, *La protection de la vie privée et des autres biens de la personnalité*, Bruxelles/Paris, Bruylant/L.G.D.J., 1990, n° 663, p. 738.
43. On peut établir ici un parallèle avec l'article 50 de la *Charte québécoise*, dont le libellé laisse place tout autant à l'implicite : « La Charte doit être interprétée de manière à ne pas supprimer ou restreindre la jouissance ou l'exercice d'un droit ou d'une liberté de la personne qui n'y est pas inscrit ».
44. Art. 18 à 22 C.c.B.C., tels qu'introduits par la *Loi modifiant de nouveau le Code civil et modifiant la Loi abolissant la mort civile*, L.Q. 1971, c. 84, art. 2 et 5. Pour une analyse de ces dispositions, voir É. Deleury, « Une perspective nouvelle : le sujet reconnu comme objet du droit », (1972) 12 *C. de D.* 529.
45. Cette incertitude reflète le flou qui continue à caractériser les principes théoriques qui les sous-tend. C'est ainsi que certains civilistes français se refusent à ranger dans la catégorie des droits de la personnalité le droit à la vie et à l'intégrité physique de la personne et pour qui ces droits ne seraient que l'expression d'une liberté, la liberté physique : J. Carbonnier, *Droit civil, t. I, Les personnes*, 21e éd.,

teur québécois, il n'existe pas de faux droits de la personnalité puisque la liste que l'on retrouve dans le *Code civil du Québec* couvre à la fois les biens fondamentaux que sont la vie et l'intégrité physique[46], « noyau dur des droits » de la personne[47], et les biens qui relèvent davantage de l'intimité du sujet et de la manière dont il entend se présenter à autrui, comme le nom, l'image, la voix, la réputation, le domicile et le secret, attributs personnels que chacun peut opposer tant à l'État qu'aux particuliers.

Il n'est pas de notre propos de relater ici tous les efforts de théorisation auxquels la doctrine s'est prêtée. Les droits de la personnalité constituent une catégorie originale, réductible à aucune autre. C'est « une notion qui s'intercale et s'insère entre deux autres : celle des libertés publiques et celle des droits économiques et sociaux »[48], des droits « à la limite des droits subjectifs »[49]. Bien qu'ils soient généralement qualifiés d'absolus, dans le sens d'opposables à tous, ce ne sont pas pour autant des droits à opposabilité absolue, car ils peuvent entrer en conflit avec d'autres prérogatives qui empiètent sur eux. Il revient alors aux tribunaux de fixer les contours concrets des droits de la personnalité.

A. Des droits attachés à la personne : des droits non pécuniaires

85 – *Des droits extrapatrimoniaux : intransmissibles, incessibles, insaisissables et imprescriptibles* – Les liens intimes entre les droits de la personnalité et la personne elle-même ont pour résultat que ces droits, contrairement aux autres droits, ne peuvent être détachés de la personne pour changer de titulaire. Ils sont *intransmissibles*, c'est-à-dire qu'ils s'éteignent avec la mort de la personne et ne passent pas, en principe, aux héritiers. Par le fait qu'ils mettent en

---

coll. Thémis, Paris, P.U.F., 2000, nº 8, p. 27 ; R. Nerson, « De la protection de la personnalité en droit privé français », dans *Travaux de l'Association Henri Capitant*, t. XIII, Paris, Dalloz, 1963, p. 60, 84.

46. C'est en 1971 que le droit à l'inviolabilité entre, comme droit de la personnalité, dans le *Code civil du Bas Canada* (art. 19-20) : *Loi modifiant de nouveau le Code civil et modifiant la Loi abolissant la mort civile*, L.Q. 1971, c. 84. R.P. Kouri et S. Philips-Nootens, *L'intégrité de la personne et le consentement aux soins*, 3e éd., Cowansville, Éditions Yvon Blais, 2012, p. 80.
47. F. Rigaux, *op. cit.*, note 39, nº 5, p. 17 et M.-T. Meulders-Klein, « Vie privée, vie familiale et droits de l'homme », (1992) *R.T.D.C.* 271.
48. J. Foyer, « Rapport-synthèse », dans *Les nouveaux moyens de reproduction, Travaux de l'Association Henri Capitant*, t. XXXVII, Paris, Economica, 1986, p. 20.
49. J. Ghestin et G. Goubeaux, *Traité de droit civil : Introduction générale*, sous la dir. de J. Ghestin, Paris, L.G.D.J., 1987, nº 190, p. 148, note 65.

jeu des intérêts d'ordre moral, donc généralement non susceptibles d'évaluation pécuniaire, ils échappent à l'emprise des mécanismes économiques. Ils sont, par le fait même, *incessibles* : ils ne peuvent faire l'objet, par convention, d'une cession ou d'une renonciation de façon définitive (art. 8, al. 2 C.c.Q.). N'ayant pas « d'attache matérielle et ne constituant pas des biens économiques »[50], les droits de la personnalité sont également *insaisissables*[51], ne pouvant servir de gage aux créanciers[52]. C'est pourquoi on dit aussi qu'ils sont hors commerce[53]. Enfin, ce sont des droits imprescriptibles (art. 2876 C.c.Q.) : le seul écoulement du temps ne peut entraîner la perte du droit. En revanche, les recours qui peuvent être exercés par la victime d'une atteinte à un droit de la personnalité n'échappent pas, eux, aux règles générales de la prescription.

Toutefois, ces affirmations méritent d'être nuancées. Il existe des interférences entre les droits de la personnalité et les droits patrimoniaux. Ainsi, l'atteinte à un droit de la personnalité ouvre la porte à une réparation. Or cette réparation se traduit généralement par l'allocation d'une somme d'argent – les dommages-intérêts. Les droits extrapatrimoniaux peuvent donc, à l'occasion d'une violation, faire l'objet d'une estimation pécuniaire[54]. Lorsque le préjudice allégué est un préjudice moral, le dommage est par hypothèse extrapatrimonial et l'idée même d'une *réparation* pécuniaire peut sembler problématique. On peut répondre à cela que la violation du droit de la personnalité représente un préjudice réel et que s'il est vrai que

---

50. J.-L. Baudouin, P.-G. Jobin et N. Vézina, *Les obligations*, 7e éd. par P.-G. Jobin et N. Vézina, Cowansville, Éditions Yvon Blais, 2013, no 2, p. 3 ; J. Pineau, D. Burman et S. Gaudet, *Théorie des obligations*, 4e éd., Montréal, Éditions Thémis, 2001, no 1, p. 3.
51. La saisie peut être définie ainsi : « mesure de nature conservatoire ou voie d'exécution par laquelle un créancier met sous le contrôle de la justice des biens appartenant à son débiteur dans le but d'assurer la conservation de ses droits ou d'obtenir l'exécution efficace d'un jugement » (H. Reid, *Dictionnaire de droit québécois et canadien*, Montréal, Wilson & Lafleur, 2004).
52. Art. 2644 et 2645 C.c.Q.
53. C'est d'ailleurs pourquoi certains auteurs leur refusent le caractère de droit subjectif : voir, notamment P. Roubier, *Droits subjectifs et situations juridiques*, Paris, Dalloz, 1963.
54. Il convient, sur ce plan, de ne pas confondre le droit à la compensation pour préjudice moral avec son indemnisation, *i.e.* la méthode utilisée pour quantifier les dommages-intérêts : *Québec (Curateur public)* c. *Syndicat national des employés de l'Hôpital St-Ferdinand*, précité, note 25. Le droit à une compensation s'analyse en effet de manière objective : « les dommages sont recouvrables parce qu'il y a eu atteinte à un intérêt légitime [...] et non parce qu'il existe un moyen matériel d'en pallier les inconvénients » (J.-L. Baudouin et P. Deslauriers, *La responsabilité civile*, 7e éd., Cowansville, Éditions Yvon Blais, 2007, vol. I, no 1-478, p. 480 ; D. Jutras, « *Pretium* et précision », (1990) 69 *R. du B. can.* 203).

l'indemnité pécuniaire ne peut réparer ce qui, par hypothèse, n'est pas réparable, du moins les dommages-intérêts offrent-ils une « compensation ». Il s'opère donc, par le biais des actions en responsabilité civile et l'octroi de dommages-intérêts, un rapprochement entre la personne et le patrimoine. De plus, il est indéniable que les principes d'intransmissibilité et d'indisponibilité des droits de la personnalité connaissent un certain nombre d'atténuations. Le droit reconnaît désormais la réalité et la légitimité de certaines conventions relatives aux droits de la personnalité, illustration supplémentaire de ce que les droits de la personnalité, du moins certains d'entre eux, ont des liens incontournables avec le patrimoine. Le mouvement est si net que l'on peut être tenté d'y voir l'émergence de certains droits patrimoniaux de la personnalité[55].

B. Des jonctions entre le patrimoine et les droits de la personnalité

86 – *Les conventions sur les droits de la personnalité* – Si les droits de la personnalité sont trop intimement liés à la personne pour que celle-ci puisse en être dépouillée, ils n'échappent cependant pas totalement à la volonté du sujet. Celui-ci peut renoncer à faire valoir la protection de tel ou tel aspect de sa personnalité à l'égard d'une personne déterminée qui, par l'effet de cette convention, acquiert une liberté d'action que ne détiennent pas les autres. La renonciation porte cependant sur l'exercice du droit et non pas sur le droit lui-même. La personne ne peut « s'auto-dépouiller » de ses droits de la personnalité, même si elle peut consentir à certaines atteintes à ce droit ou renoncer à l'exercice de celui-ci dans un contexte particulier. Il est vrai que le consentement à une atteinte à un droit de la personnalité ne constitue pas à strictement parler une renonciation[56]. Par ailleurs, il faut que cette autorisation, qui a un effet dérogatoire, soit « claire, précise et limitée »[57]. La renonciation ne peut être pré-

---

55. S. Normand, *Introduction au droit des biens*, Montréal, Wilson & Lafleur, 2000, p. 17-18 ; G. Loiseau, « Des droits patrimoniaux de la personnalité en droit français », (1997) 42 *R.D. McGill* 319 ; G. Cornu, *Droit civil, Introduction, Les personnes, Les biens*, 12e éd., Paris, Montchrestien, 2005, no 67, p. 36.
56. Sur la question, voir A. Popovici, « La renonciation à un droit de la personnalité », dans Centre de recherché en droit privé et comparé du Québec, *Regards croisés sur le droit privé. Cross-Examining Private Law*, Cowansville, Éditions Yvon Blais, 2005, p. 99-108. L'auteur explique que le consentement à une atteinte à un droit de la personnalité est un phénomène différent du consentement à un contrat ayant pour objet un droit de la personnalité (p. 103).
57. *La Métropolitaine* c. *Frenette*, [1990] R.J.Q. 62, EYB 1989-63413 (C.A.), notes des juges Baudouin et Gendreau, p. 67, 74 (infirmé par la Cour suprême pour d'autres motifs, [1992] 1 R.C.S. 647, EYB 1992-68617) ; *Syndicat Northwest* c. *Amselem*, [2004] 2 R.C.S. 551, REJB 2004-66513.

sumée[58], ce qui ne signifie pas qu'elle puisse découler des circonstances lorsque celles-ci sont claires et précises. La « renonciation » et l'autorisation qu'elle implique doivent être interprétées restrictivement[59]. Les notions d'abus de droit et d'ordre public jouent, en la matière, le rôle d'un frein puissant[60]. Comme le souligne un auteur, « le pouvoir que j'ai sur l'objet d'un droit de la personnalité n'est pas absolu et les limites qui peuvent être tracées sont, en dernier ressort, celles qui découlent d'un nouveau genre d'ordre public, celui basé sur la dignité humaine. Un ordre public « humaniste » »[61]. Ainsi, une transaction dans laquelle une personne s'engage à subir une chirurgie n'est pas susceptible d'exécution forcée et n'entame en rien le droit inaliénable de refuser l'intervention[62]. Par ailleurs, dans certains cas, la loi vient elle-même baliser le champ de la volonté de la personne. Il en est ainsi des conventions relatives au corps humain lorsqu'elles n'ont pas de finalité strictement thérapeutique, de même que des conventions relatives à certaines parties du corps humain lorsqu'elles sont détachées de celui-ci.

La renonciation peut parfois aussi se monnayer. L'exploitation et l'utilisation du nom, de l'image, de la voix, dans une société où l'audiovisuel règne en roi, est aujourd'hui monnaie courante et, pour celui qui s'y prête, source de profits. Les droits de la personnalité peuvent ainsi se dédoubler pour comporter, à l'instar des droits d'auteur, un véritable caractère commercial, en marge du droit extrapatrimonial[63]. Le nom lui-même, lorsqu'il sert au ralliement d'une clientèle commerciale, devient l'objet d'un véritable droit de propriété.

87 – *Le recours des héritiers en cas de violation d'un droit de la personnalité* – Sous le *Code civil du Bas Canada*, le principe voulait que les héritiers soient sans droit pour invoquer l'atteinte à un droit de la personnalité subie par leur auteur. C'est au nom de ce même principe

---

58. *Bloc québécois* c. *Sourour*, 2009 QCCA 942, [2009] R.R.A. 435.
59. *La Métropolitaine* c. *Frenette*, précité, note 57 : *Syndicat Northwest* c. *Amselem*, précité, note 57 ; *Syndicat des professionnels du centre jeunesse de Québec (CSN)* c. *Desnoyers*, [2005] R.J.Q. 414, EYB 2005-86208 (C.A.).
60. Art. 9 et 2632 C.c.Q.
61. A. Popovici, « La renonciation à un droit de la personnalité », dans Centre de recherche en droit privé et comparé du Québec, *Regards croisés sur le droit privé. Cross-Examining Private Law*, Cowansville, Éditions Yvon Blais, 2005, p. 107.
62. *Ethier* c. *Moufarrège*, [2005] AZ-50337354 (C.Q.).
63. Voir, en ce sens, G. Loiseau, *loc. cit.*, note 55, qui distingue les droits primaires (extrapatrimoniaux) des droits dérivés de la personnalité (droits patrimoniaux à caractère personnel). Voir également à propos du droit au nom et du droit à l'image, M. Bui Leturcq, « Patrimonialité, droits de la personnalité et protection de la personne, une association cohérente », (2006) *R.R.J.* 766.

et en s'appuyant sur les règles de la responsabilité civile qui exigent la preuve de la faute, du dommage et du lien de causalité, que sous l'empire de l'article 1053 C.c.B.C. la Cour suprême du Canada avait refusé d'accorder aux héritiers une indemnité pour perte de vie ou d'expectative de vie de leur auteur lorsque celui-ci était décédé sur le coup ou n'avait pas repris conscience avant de mourir et était donc dans l'incapacité de ressentir quoi que ce soit[64]. Le droit à une indemnisation pour douleurs et souffrances ne se concrétise qu'à la double condition qu'il se soit écoulé une période de temps suffisamment longue entre l'acte fautif et le décès et que la victime ait réellement souffert[65]. Argument péremptoire donc, qui veut que le droit à la vie prenne fin avec la vie et que la consécration dans la *Charte des droits et libertés de la personne* du droit de tout être humain à la vie n'a pas permis pour autant de réfuter. La Cour suprême prend néanmoins soin de souligner qu'il ne faut pas y voir une dévalorisation du droit à la vie : « Au contraire, c'est précisément le respect qui est dû au droit à la vie qui commande que seules les personnes aux yeux desquelles ce droit avait effectivement de la valeur puissent obtenir compensation ». À cet égard, la reconnaissance du *solatium doloris*, *i.e.*, « la douleur morale éprouvée par les proches d'une personne qui perd la vie par la faute d'autrui », comme chef de dommages « n'est nulle autre que la reconnaissance de la valeur même du droit à la vie »[66]. Mais c'est aussi un argument que certains ont qualifié de « captieux », puisque « le préjudice réclamé ne résulte pas du décès, mais bien plutôt de l'abrègement de la vie » (*i.e.*, la perte de chance de vivre sa vie jusqu'au moment, au moins, de son expectative présumée), le décès lui-même n'étant que l'aboutissement de la perte déjà éprouvée »[67]. Mais c'est aussi un argument qui fait autorité et que l'article 625, al. 3 C.c.Q., selon lequel les héritiers sont saisis des droits d'action du défunt contre l'auteur de toute violation d'un droit de la personnalité, ne saurait suffire à écarter[68], puisque la perte objective d'expectative de vie n'est pas considérée comme un chef de dommage moral.

64. *Driver* c. *Coca-Cola Ltd.*, [1961] R.C.S. 201 ; *Pantel* c. *Air Canada*, [1975] 1 R.C.S. 472.
65. Cette approche a été confirmée par la Cour suprême dans l'arrêt *de Montigny* c. *Brossard (Succession)*, 2010 CSC 51, [2010] 3 R.C.S. 64.
66. *Augustus* c. *Gosset*, précité, note 25, par. 63. Sur l'indemnisation du *solatium doloris*, voir J.-L. Baudouin et P. Deslauriers, *op. cit.*, note 54, n°s 1-504 à 1-519.
67. A. Mayrand, « Que vaut la vie ? », (1962) 22 *R. du B.* 1, 8.
68. G. Brière, *Traité de droit civil : les successions*, Cowansville, Éditions Yvon Blais, 1994, n° 118, p. 144. Voir également l'article 1610, al. 2 C.c.Q., selon lequel le droit du créancier à des dommages-intérêts qui résultent de la violation d'un droit de la personnalité, y inclus des dommages punitifs, n'est transmissible qu'aux héritiers.

88 – Il en va autrement des postes de dommages autres que le *pretium mortis* et des droits d'action dont sont spécifiquement investis les héritiers du *de cujus* contre l'auteur d'une atteinte à l'un de ses droits de la personnalité, portée lors de son vivant. Le droit d'action pour violation d'un droit de la personnalité entre dans le patrimoine de la personne et, à ce titre, est transmissible aux héritiers[69]. Les articles 625, al. 3 et 1610, al. 2 C.c.Q. consacrent, du même coup, le droit à l'intransmissibilité des droits de la personnalité.

Le législateur avait pourtant dérogé à ce principe en 1994 dans un cas bien précis, en faisant survivre le droit au respect de la vie privée du défunt dans la personne de ses héritiers. Certes, on aurait pu voir dans cette transmissibilité une forme d'héritage moral, par opposition à l'héritage patrimonial, dans la mesure où le mot « héritiers » aurait désigné les proches du défunt, c'est-à-dire la famille ou les personnes qui en tiennent lieu[70]. Mais en l'absence de toute précision en ce sens, et devant les incohérences qui pouvaient résulter de l'application de l'article 35 C.c.Q. à toute personne susceptible de venir à la succession du défunt au sens où l'entend l'article 619 C.c.Q.[71], le législateur est revenu sur sa décision[72]. Aujourd'hui donc, le droit au respect de la vie privée ne survit plus au décès et on peut dire que le principe de l'intransmissibilité des droits de la personnalité ne souffre plus d'exception[73].

---

69. *de Montigny* c. *Brossard (Succession)*, précité, note 65, par. 63.
70. C'est la thèse que nous avions soutenue à l'époque : voir la 2e édition de cet ouvrage (1997), no 74, p. 75-76. Dans le même sens, voir M. Ouellette, « Livre premier : Des personnes », dans Barreau du Québec et Chambre des notaires du Québec, *La réforme du Code civil*, t. 1, « Personnes, successions, biens », Ste-Foy, P.U.L., 1993, p. 47, par. 100.
71. On privilégiait clairement les droits du défunt sur les intérêts et les droits que peuvent faire valoir les vivants, ce dont se sont plaints différents organismes représentatifs des journalistes, des éditeurs de livres, des archivistes et des généalogistes devant la Commission permanente des institutions lors de l'étude du projet de loi qui a mené à la modification du Code civil : *Journal des débats*, 9 avril 2002, vol. 37, no 56.
72. *Loi modifiant le Code civil et d'autres dispositions législatives*, L.Q. 2002, c. 19, sanctionné le 13 juin 2002. L'article 35, al. 2 C.c.Q. se lit donc aujourd'hui comme suit : « Nulle atteinte ne peut être portée à la vie privée d'une personne sans que celle-ci y consente ou sans que la loi l'autorise. »
73. Certains estiment pourtant que le droit de faire cesser une atteinte « survit » au décès de la personne et que le droit d'action, intransmissible, peut cependant être exercé par autrui, soit par les héritiers (G.B. Miranda, « Les fantômes ont-ils des droits ? », dans Centre de recherche en droit privé et comparé du Québec, *Regards croisés sur le droit privé. Cross-Examining Private Law*, Cowansville, Éditions Yvon Blais, 2005, p. 83, 92-93).

Mais la mort met en scène un « théâtre d'ombres »[74] où évoluent aussi des vivants dont les intérêts moraux sont, en quelque sorte, habités par ces ombres. C'est pourquoi on reconnaît aux héritiers, aux membres de la famille et aux personnes qui lui étaient liés par les liens de l'affectivité le droit de défendre l'honneur du défunt, son image ou le nom[75]. Mais c'est à titre personnel, *i.e.* pour obtenir réparation d'un préjudice qui leur est propre, que ces personnes peuvent faire valoir un droit d'action contre celles qui terniraient la mémoire ou le nom de celui qui n'est plus. Sous-jacente à la reconnaissance de ces droits se profile l'idée non pas d'un héritage moral, mais d'un patrimoine moral dont les personnes qui étaient liées au défunt par les liens du sang ou auquel elles étaient unies par l'union civile ou le mariage, seraient titulaires, parce qu'elles partagent avec lui certains éléments constitutifs de leur personnalité[76]. Il ne s'agit donc pas à proprement parler d'une exception au principe de l'intransmissibilité des droits de la personnalité.

89 – *Une atténuation à la règle de l'imprescriptibilité* – Toute atténuation au principe de l'imprescriptibilité ne pourrait être qu'exceptionnelle, puisque les droits de la personnalité sont inhérents à la personne. L'écoulement du temps ne peut donc ni créer, ni emporter la perte de ce droit. On peut cependant soutenir que le droit au nom échappe exceptionnellement, dans un des ses aspects, à cette règle puisque l'utilisation d'un autre nom que le sien donne ouverture à une demande de changement de nom. Cela revient à dire que l'acquisition d'un nom autre que celui qui figure à l'acte de naissance peut résulter d'une prescription, même s'il est vrai que techniquement cette acquisition dépend d'une décision judiciaire[77] .

---

74. J. Pousson-Petit, « La personne humaine sur la scène d'un théâtre d'ombres », dans *Liber Amicorum, Marie-Thérèse Meulders-Klein*, Bruxelles, Bruylant, 1998, p. 505.
75. Art. 56, al. 2 C.c.Q. Voir également *supra*, Titre I, chap. I, à propos du respect du corps *post mortem*.
76. Art. 42 C.c.Q. Ce qui explique aussi que, dans certains cas, l'intérêt du *de cujus* puisse céder le pas à celui des personnes qui lui sont liées par le sang, quitte à violer le secret dont ce dernier s'est entouré. L'article 23 de la *Loi sur les services de santé et les services sociaux*, RLRQ, c. S-4.2, et son correspondant en ce qui a trait au secteur privé, l'article 31 de la *Loi sur la protection des renseignements personnels dans le secteur privé*, RLRQ, c. P-39.1, en sont de bons exemples : ils reconnaissent aux personnes qui sont liées par le sang à un patient ou à un usager décédé, le droit de recevoir communication des renseignements contenus dans son dossier, nonobstant le refus que ce dernier aurait pu y faire consigner.
77. Art. 58, al. 1 C.c.Q. Pour une analyse détaillée de cette question, voir *infra*, le chapitre sur le nom (Titre III, chap. I).

Section II
La protection des droits de la personnalité

90 – Toute atteinte illicite, *i.e.* non justifiée par un intérêt légitime et indépendamment des mesures pénales ou quasi pénales de répression, engendre le droit pour la victime d'obtenir réparation du préjudice qui pourrait en résulter. Mais la protection des droits de la personnalité, de défensive qu'elle était, relève aujourd'hui tout autant du droit préventif que du droit simplement curatif. À cet égard, on note qu'il existe une étroite relation entre l'évolution technologique et l'évolution juridique. Si l'on a pu dire qu'en matière de droits de la personnalité, la technologie était non seulement révélatrice, mais aussi créatrice de droits[78], il existe une relation tout aussi évidente entre l'évolution technologique et celle des mécanismes mis en œuvre pour assurer la protection de ces mêmes droits. On peut parler aujourd'hui d'un droit « engagé », un droit qui est tourné vers l'avenir et non vers le passé. C'est un droit qui encadre, qui surveille, qui « facilite l'exercice par le particulier de son [...] droit à sa personnalité »[79], par opposition au droit qui n'intervient essentiellement que pour sanctionner la faute dans le cadre de l'application des principes généraux de la responsabilité civile.

§1 – Les dommages-intérêts compensateurs et les dommages-intérêts punitifs

91 – *Le droit à réparation du préjudice causé par la violation d'un droit protégé* – La *Charte des droits et libertés de la personne* protège depuis 1975 ce qui autrefois ne relevait que du droit commun de la responsabilité civile. Outre l'affirmation des droits et libertés de la personne, la Charte aménage par l'article 49 un recours particulier qui permet à la victime d'une atteinte illicite à un droit protégé d'obtenir la réparation du préjudice moral ou matériel qui en résulte[80].

---

78. P.-A. Molinari, *loc. cit.*, note 36, p. 14.
79. H.P. Glenn, « Les nouveaux moyens de reproduction et les droits de la personnalité », dans *Les nouveaux moyens de reproduction, Travaux de l'Association Henri Capitant*, t. XXXVII, Paris, Economica, 1986, p. 33, 37.
80. P. Deslauriers, « L'indemnisation résultant d'une atteinte à un droit de la personnalité », dans Collection de droit 2013-2014, vol. 4, *Responsabilité (Les préjudices)*, Cowansville, Éditions Yvon Blais, 2013.

Dans l'état actuel de la jurisprudence de la Cour suprême, le recours en dommages-intérêts compensatoires de l'article 49, al. 1 de la Charte ne peut pas prétendre à une autonomie par rapport au régime général de la responsabilité civile[81] où la faute, source du droit à réparation, est entendue comme « la violation, par une conduite se situant en dehors de la norme, du devoir de *se « bien » comporter* à l'égard d'autrui »[82]. Cela inclut la violation des droits fondamentaux. Qui plus est, la référence que fait l'article 49, al. 1, au préjudice moral ou matériel montre bien que le système de protection n'est pas détaché des principes de réparation qui sont à la base du régime de droit commun de la responsabilité civile[83]. Le dommage, aussi minime soit-il, doit donc être prouvé et on ne peut présumer l'existence d'un dommage du seul fait de l'atteinte à un droit garanti par la Charte[84]. On a donc pu dire que la Charte « n'innove pas » et qu'elle vient tout simplement clarifier les choses, « sans ajouter au droit commun »[85]. Pendant longtemps, la jurisprudence a consacré la théorie du chevauchement intégral du régime de droit commun et des mesures de redressement de la Charte, par opposition à la thèse de l'autonomie de principe de l'article 49, laquelle, selon certains observateurs, instituerait un système de responsabilité objective[86]. Il convient donc plutôt de parler de chevauchement, « de coordination ou de convergence », puisque le droit de la victime à la réparation, bien que se fondant sur la *Charte*, relève bien des principes de la responsabilité du droit civil. Par ailleurs, toute violation d'un droit consacré par la Charte québécoise n'implique pas automatiquement qu'il y a faute ouvrant la porte à une compensation, puisque encore faut-il que l'atteinte constitue une violation de la norme objective

81. D. Boulet, « Indemnisation du préjudice corporel : la réalité et les défis », dans Service de la formation continue, Barreau du Québec, vol. 344, *La protection des personnes vulnérables*, Cowansville, Éditions Yvon Blais, 2013, p. 189.
82. J.-L. Baudouin et P. Deslauriers, *op. cit.*, note 54, nº 1-162, p. 152.
83. Voir A.-F. Bisson, « La Charte québécoise des droits et libertés de la personne et le dogme de l'interprétation spécifique des textes constitutionnels », (1986) 17 *R.D.U.S.* 19 ; K. Delwaide, « Les articles 49 et 52 de la Charte québécoise des droits et libertés : recours et sanctions à l'encontre d'une violation des droits et libertés garantis par la Charte », dans *Application des Chartes des droits et libertés en matière civile*, Cowansville, Éditions Yvon Blais, 1988, p. 122.
84. *Hôpital général juif Sir Mortimer B. Davis* c. *Commission des droits de la personne et des droits de la jeunesse*, 2010 QCCA 172 (pourvoi en Cour suprême refusé, C.S.C., nº 33631) ; *Aubry* c. *Éditions Vice-Versa Inc.*, précité, note 29 ; *Bou Malhab* c. *Diffusion Métromédia CMR inc.*, 2011 CSC 9, [2011] 1 R.C.S. 214.
85. M. le juge Gonthier dans *Béliveau St-Jacques*, précité, note 25, par. 122. Voir également *Hôpital St-Ferdinand* et *Augustus* c. *Gosset*, précités, note 25.
86. M. Drapeau, « La responsabilité pour atteinte illicite aux droits et libertés de la personne », (1994) 28 *R.J.T.* 31 ; G. Otis, « Le spectre d'une marginalisation des voies de recours découlant de la *Charte québécoise* », (1991) 51 *R. du B.* 561.

prévue par l'article 1457 C.c.Q. qui est celle du comportement de la personne raisonnable[87]. À cela s'ajoute que dans certains cas il faut procéder à un test de justification et de pondération des intérêts au sens de l'article 9.1 de la Charte et que cet exercice peut aboutir à une neutralisation de l'atteinte[88].

92 – *L'attribution de dommages punitifs* – L'article 49, al. 2 de la Charte prévoit qu'en cas d'atteinte illicite et intentionnelle à un droit protégé, le tribunal peut condamner son auteur à des dommages punitifs. L'intention ne porte pas sur la volonté de commettre la faute, mais plutôt sur celle de provoquer le résultat[89], c'est-à-dire porter atteinte à un droit protégé par la Charte[90]. Il s'agit d'une mesure de redressement de nature punitive et dissuasive qui participe de la nature d'une peine privée[91] et qui, selon la jurisprudence, demeure une mesure exceptionnelle[92]. L'idée est de sanctionner civilement la conduite du fautif et de montrer publiquement la réprobation d'une telle violation d'un droit protégé par la Charte[93], ce qui, au-delà de l'élément dissuasif, dénote également un objectif d'éducation civique[94]. Les dommages punitifs doivent donc être adaptés à la

87. *Bou Malhab* c. *Diffusion Métromédia CMR inc.*, 2011 CSC 9, [2011] 1 R.C.S. 214.
88. L. LeBel, « La protection des droits fondamentaux et la responsabilité civile », (2004) 49 *R.D. McGill* 231, 245. Il en est ainsi, notamment, lorsqu'une situation juridique met potentiellement en conflit des droits également protégés, mais concurrents, comme la liberté d'expression et le droit à la protection de l'honneur, de la réputation ou de la vie privée.
89. *Gazette (The)* c. *Goulet*, 2012 QCCA 1085 ; *Canoë Inc.* c. *Corriveau*, 2012 QCCA 109.
90. *Fédération des médecins spécialistes du Québec* c. *Conseil pour la protection des malades*, 2014 QCCA 459.
91. La notion de dommages punitifs (qualifiés à l'origine de dommages *exemplaires*) trouve son origine dans la common law et son introduction dans notre système de responsabilité extracontractuelle qui, par essence, est compensatoire, suscite bien des discussions. Voir D. Gardner, « Les dommages-intérêts : une réforme inachevée », (1988) 28 *C. de D.* 833 ; L. Perret, « Le droit de la victime à des dommages punitifs en droit québécois : sens et contresens », (2003) *R.G.D.* 223. Pour un exposé général de cette question, voir C. Dallaire, *La mise en œuvre des dommages exemplaires sous le régime des chartes.*, 2e éd., Montréal, Wilson & Lafleur, 2003.
92. *Richard* c. *Time Inc.*, 2012 CSC 8, [2012] 1 R.C.S. 265 ; dans le même sens : M. Samson, « Les dommages punitifs en droit québécois : tradition, évolution et ... révolution ? », (2012) 42:1-2 *R.D.U.S.* 159.
93. *Association des professeurs de Lignery (A.P.L.), Syndicat affilié à la C.E.Q.* c. *Alvetta-Comeau*, [1990] R.J.Q. 130, EYB 1989-63377 (C.A.), p. 137 ; *Hôpital St-Ferdinand*, précité, note 25.
94. L'article 24(1) de la Charte canadienne qui reconnaît le droit à la victime d'une violation d'un droit fondamental de s'adresser à un tribunal compétent pour obtenir la réparation que le tribunal estime convenable et juste, eu égard aux circonstances, donne également ouverture à l'octroi de dommages-intérêts *exemplaires* (expression synonyme de *punitifs*) : *Vancouver (Ville)* c. *Ward*, 2010 CSC 27, [2010] 2 R.C.S. 28.

situation particulière de la personne condamnée[95]. Ainsi, le montant de la condamnation peut être symbolique si la personne est sans ressources financières[96].

Il s'agit toutefois d'une faculté pour le tribunal ; l'octroi de dommages punitifs n'est donc pas automatique, quand bien même on aurait fait la preuve du caractère intentionnel de l'acte. Cette discrétion n'est pas absolue. Élaborés dans un premier temps par la jurisprudence, les critères d'attribution ont ensuite été codifiés. L'article 1621 C.c.Q. invite à une retenue judiciaire en édictant que les montants accordés ne doivent excéder ce qui est suffisant pour assurer leur fonction *préventive*[97] et en obligeant à tenir compte de la situation particulière dans laquelle se trouve le débiteur[98]. Selon la Cour suprême, les dommages punitifs ont donc pour objectif la punition et la dissuasion, mais également la dénonciation visant à décourager dans la société toute action analogue[99]. Chacun de ces objectifs peut, en soi, justifier l'octroi de dommages punitifs[100].

Contrairement aux dommages compensatoires, l'octroi de dommages punitifs ne dépend pas de la mesure du préjudice résultant de l'atteinte illicite, mais du caractère intentionnel de cette atteinte. En d'autres termes, ce n'est pas la faute mais plutôt l'atteinte illicite qui

---

95. *Cinar Corporation* c. *Robinson (Weinberg* c. *Robinson ; Izard* c. *Robinson ; Robinson* c. *France Animation S.A.)*, 2013 CSC 73.
96. *M.D.* c. *F.D.*, 2014 QCCS 919.
97. *Richard* c. *Time Inc.*, 2012 CSC 8, [2012] 1 R.C.S. 265, par. 155.
98. L'article 1621, al. 2 C.c.Q. édicte que les dommages-intérêts punitifs « s'apprécient en tenant compte de toutes les circonstances appropriées, notamment de la gravité de la faute du débiteur, de sa situation patrimoniale ou de l'étendue de la réparation à laquelle il est déjà tenu à l'égard du créancier, ainsi que, le cas échéant, du fait que la prise en charge du paiement réparateur est, en tout ou en partie, assumée par un tiers ».
99. *de Montigny* c. *Brossard (Succession)*, précité, note 65, par. 52.
100. *Ibid.* La Cour suprême est d'avis que l'objectif de dénonciation est inclus dans l'objectif préventif que vise l'article 1621 C.c.Q. Le caractère suffisant de l'objectif de dénonciation explique que les dommages punitifs pourraient être accordés même si la personne fautive est décédée. Pour un cas d'application où le tribunal accorde deux millions en dommages punitifs sur la base de l'objectif de dénonciation : *Conseil pour la protection des malades* c. *Fédération des médecins spécialistes du Québec**, 2010 QCCS 6094, [2011] R.J.Q. 89 (ce jugement a cependant été réformé par la Cour d'appel qui a jugé que la prevue n'avait pas démontré l'intention de porter atteinte à la dignité des patients : *Fédération des médecins spécialistes du Québec c. Conseil pour la protection des malades*, 2014 QCCA 459).

doit être intentionnelle. Le caractère intentionnel renvoie à un état d'esprit qui dénote soit une volonté de causer les conséquences certaines ou probables, soit une connaissance (et donc une acceptation implicite) de ces conséquences. Moins exigeant que le critère de l'intention particulière, ce test dépasse tout de même celui de la simple négligence[101].

L'autonomie du recours en dommages punitifs par rapport au recours en responsabilité du droit commun, a longtemps fait l'objet de tergiversations en jurisprudence et en doctrine. En 2010, la Cour suprême est cependant venue affirmer le caractère autonome des dommages punitifs de l'article 49, al. 2 de la Charte[102], en précisant que s'il y a souvent coïncidence des recours (dommages compensatoires et dommages punitifs), la finalité de l'article 49, al. 2 peut « viser des actes et des conduites qui ne cadrent pas avec la notion de faute civile, ne tombant pas ainsi dans le domaine d'application du régime général de la responsabilité civile du Québec »[103]. La Cour suprême considère, à juste titre, que le principe de l'autonomie du recours de l'article 49, al. 2 découle du caractère quasi constitutionnel, et donc de la préséance de la Charte sur les règles du droit commun dans l'ordre normatif québécois[104]. Curieusement, tout en affirmant l'autonomie du recours en dommages punitifs de l'article 49, al. 2, la Cour ajoute qu'il convient néanmoins de « présenter une preuve conforme aux principes de droit commun de tous les éléments constitutifs [...] de la responsabilité civile »[105].

---

101. *Hôpital St-Ferdinand*, précité, note 25, par. 118.
102. S. Grammond, « Un nouveau départ pour les dommages punitifs », (2012) 42 R.G.D. 105.
103. *de Montigny* c. *Brossard (Succession)*, précité, note 65, par. 44. La Cour suprême restreint ainsi sa jurisprudence en soulignant que les principes de l'arrêt *Béliveau St-Jacques* ne doivent être appliqués que dans le contexte des cas visés par des régimes publics d'indemnisation (*in casu* en matière de lésions professionnelles). L'arrêt *de Montigny* représente donc une timide mais réelle ouverture vers la reconnaissance d'une distinction entre le régime général de la responsabilité civile et le recours de l'article 49, al. 2 de la Charte (M. Rivet et M. Montpetit, « L'incorporation doctrinaire des éléments constitutifs de responsabilité civile dans l'analyse de la Charte québécoise : dérives conceptuelles », dans B. Moore (dir.), *Mélanges Jean-Louis Baudouin*, Cowansville, Éditions Yvon Blais, 2012, p. 923.
104. *de Montigny* c. *Brossard (Succession)*, précité, note 65, par. 45.
105. *Ibid.*, par. 40. Pour une analyse critique de ce paradoxe, voir M. Rivet et M. Montpetit, « L'incorporation doctrinaire des éléments constitutifs de responsabilité civile dans l'analyse de la Charte québécoise : dérives conceptuelles », précité, note 103, p. 939 et s.

§2 – *Mesures conservatoires et mesures de protection non monétaires*

93 – *L'injonction* – La condamnation à des dommages-intérêts, moyen curatif plus ou moins efficace lorsqu'il s'agit de réparer des dommages moraux, n'est pas toujours la meilleure façon de répondre à une lésion de droit. La véritable protection se trouve, lorsque cela est possible, dans l'action préventive destinée, par exemple, à gagner de vitesse les indiscrétions ou la divulgation de propos calomnieux ou à mettre fin à une intervention médicale non voulue par un patient. L'article 49, alinéa 1 de la *Charte québécoise* prévoit la possibilité d'obtenir la cessation d'une atteinte illicite à un droit ou à une liberté qu'elle consacre. Le recours en injonction[106] est dès lors un instrument important de protection des droits de la personnalité.

Il ne suffit pas d'alléguer une apparence de violation des droits fondamentaux pour obtenir la délivrance d'une injonction interlocutoire, qui est qualifiée de recours extraordinaire. L'article 49, al. 1 utilise le mot « victime » et ne modifie pas les critères traditionnels (*i.e.* apparence de droit, de préjudice irréparable et balance des inconvénients)[107]. Par contre, il en va différemment dans le cadre d'une demande d'injonction permanente si l'on peut établir clairement que sans une ordonnance d'injonction, la violation du droit garanti serait une réalité. Un recours en injonction *quia timet* peut être intenté. Une analogie peut être faite entre ce recours et le redressement prévu à l'article 24 de la *Charte canadienne*.

94 – *La rétractation et le droit de réponse en matière de presse* – On peut ranger sous le même registre que l'injonction, les sanctions prévues par la *Loi sur la presse*, qui sont à la fois punitives et réparatrices[108]. La liberté de la presse, garantie par la *Charte canadienne*, constitue une limite au droit au respect de la vie privée lorsque ce droit entre en conflit avec le droit à l'information du public[109]. Cette liberté n'autorise pas pour autant à diffuser, par la voie des journaux, des informations fausses ou calomnieuses. Une loi spéciale, la *Loi sur*

---

106. Art. 751 C.p.c.
107. *Lambert* c. *P.P.D. Rim-Spec Inc.*, [1991] R.J.Q. 2174, EYB 1991-63804 (C.A.).
108. Pour des cas d'application, voir *Lavoie* c. *Vailles*, 2013 QCCA 1482 ; *Gesca ltée c. Corporation Sun Media**, 2013 QCCS 3689 ; *Doyon* c. *Corporation Sun Media*, 2011 QCCS 6220 ; *GIFRIC* c. *Corporation Sun Media (Journal de Québec)*, 2009 QCCS 4148.
109. Art. 2 de la *Charte canadienne* et art. 36(6) C.c.Q.

la presse[110], aménage un régime distinct du droit commun et s'applique aux journaux et aux périodiques. La partie lésée doit permettre au journal de se rétracter, ce qui réduit considérablement les possibilités de poursuite en dommages-intérêts. De plus, elle bénéficie, à certaines conditions, d'un droit de réponse que le journal doit publier[111]. La rétractation, qui doit être faite dans un endroit de la publication qui soit aussi en vue que l'article incriminé et qui est jointe à la publication de la réponse, met fin aux possibilités de poursuite[112]. Le journal condamné pour diffamation peut aussi être obligé de publier le jugement.

95 – *L'irrecevabilité de la preuve obtenue en violation des droits et libertés fondamentaux* – L'article 2858 C.c.Q. consacre en matière civile un principe reconnu depuis longtemps en matière pénale et criminelle, soit l'irrecevabilité de tout élément de preuve obtenu dans des conditions qui portent atteinte aux droits et libertés fondamentaux et dont l'utilisation est susceptible de déconsidérer l'administration de la justice[113]. Lorsque cette double condition est remplie, la preuve doit être exclue par le tribunal[114]. Les conditions de rejet d'une preuve imposées par l'article 2858 C.c.Q. sont substantiellement semblables à celles prévues par l'article 24(2) de la *Charte canadienne des droits et libertés*, justifiant une transposition prudente de la jurisprudence rendue en application de la Charte[115]. L'exigence d'une démonstration de déconsidération de la justice n'est cependant pas posée lorsqu'il s'agit de la violation du secret professionnel puisque celui-ci est protégé spécifiquement par l'article 9 de la *Charte québécoise*[116].

---

110. *Loi sur la presse*, RLRQ, c. P-19.
111. *Ibid.*, art. 3 à 6.
112. *Ibid.*, art. 8.
113. *Charte canadienne*, art. 24, al. 2, dont le champ d'application ne se limite d'ailleurs pas au droit pénal, même si c'est surtout dans ce domaine que les tribunaux en ont dégagé les conditions d'application. Sur cette question, voir Y. Paradis et G. Cournoyer, « La *Charte canadienne* : les droits protégés, principes de base », dans École du Barreau du Québec, Collection de droit 2013-2014, *Droit pénal (Procédure et preuve)*, Cowansville, Éditions Yvon Blais, 2013, p. 221.
114. *Bowater Produits forestiers du Canada Inc. – Papeterie de Donnacona c. Beaulieu*, [2009] R.J.D.T. 941 (C.S.) : exclusion d'une bande vidéo obtenue en violation du droit au respect de la vie privée d'un employé à l'occasion d'une filature organisée hâtivement par l'employeur sur la seule base de vagues soupçons à l'encontre du salarié.
115. J.-C. Royer, *La preuve civile*, 4e éd. par J.-C. Royer et S. Lavallée, Cowansville, Éditions Yvon Blais, 2008, p. 904.
116. Cas d'application : *Protection de la jeunesse – 127173*, 2012 QCCS 6986.

L'article 2858 C.c.Q. permet de sanctionner, sur le terrain de la preuve, les droits et libertés garantis tant par la *Charte québécoise* que par la *Charte canadienne*, voire « toute disposition incarnant une valeur inscrite dans les Chartes ou qui se situe dans leur prolongement »[117]. Pensons plus particulièrement au droit à l'inviolabilité de la personne humaine et au droit au respect de la vie privée tels qu'aménagés par le *Code civil du Québec*. Les conditions de rejet d'une preuve obtenue en violation des droits et libertés étant substantiellement semblables à celles mentionnées dans la *Charte canadienne*, on aurait pu penser que les critères élaborés par les tribunaux en application du paragraphe 24(2) de la Charte[118], eux-mêmes regroupés autour de trois éléments, soit l'équité du procès, la gravité de la violation et l'effet de l'inclusion de la preuve sur la déconsidération de la justice, seraient utilisés pour interpréter et appliquer les dispositions du Code civil[119]. On aurait même pu penser que l'exclusion d'un élément de preuve, obtenu dans de telles conditions, serait plus fréquente dans les affaires civiles, les conséquences en étant en principe moins significatives pour la société qu'en matière pénale. Pourtant, tout en reconnaissant qu'« ils peuvent servir de guide »[120], les tribunaux semblent plutôt hésitants à transposer intégralement, en matière civile, la jurisprudence et les principes développés sous l'angle du droit criminel[121]. Il en est ainsi des facteurs reliés à l'équité du procès qui, en matière pénale, relèvent du principe de non-incrimination, lui-même fondé sur la présomption d'innocence, privilège qui n'existe pas en matière civile. En effet, dans le procès civil, « le défendeur ne jouissant d'aucune position privilégiée »[122], la recherche de la vérité constitue la norme[123]. Aussi,

---

117. G. Couture, *L'admissibilité de la preuve obtenue en violation des droits fondamentaux*, Montréal, Wilson & Lafleur, 1996, p. 45. Pour une analyse approfondie de l'article 2858 C.c.Q., voir l'opinion de la juge Bich dans *Bellefeuille* c. *Morisset*, [2007] R.J.Q. 796, EYB 2007-117913 (C.A.).
118. Ces critères ont été initialement dégagés dans l'affaire *R.* c. *Collins*, [1987] 1 R.C.S. 265, EYB 1987-66975.
119. *Comm.*, t. II, p. 1790 : « L'article 2858 généralise l'application du principe de cet article 24 à tous les litiges qui mettent en cause les droits et libertés fondamentaux. »
120. *Mascouche (Ville de)* c. *Houle*, [1999] R.J.Q. 1894, REJB 1999-13538 (C.A.), p. 1921 à 1923.
121. *Syndicat des travailleuses et des travailleurs de Brigestone Firestone de Joliette (C.S.N.)* c. *Trudeau*, [1999] R.J.Q. 2229, REJB 1999-14156 (C.A.), p. 2244.
122. L. Ducharme, *Précis de la preuve*, 6e éd., Montréal, Wilson & Lafleur, 2005, no 768.
123. *Mascouche (Ville de)* c. *Houle*, précité, note 120, p. 1905, 1906 et 1909 ; *9116-8609 Québec inc.* c. *Senécal*, 2010 QCCS 3308.

les tribunaux considèrent-ils généralement comme admissible la preuve qui ne fait que confirmer un autre élément de preuve acquis de façon légale ou qui peut être établie au procès. Il en va différemment lorsque la preuve a été entièrement obtenue en violation d'un droit fondamental. C'est la gravité de la violation qui, dans ces circonstances, est considérée comme l'élément central. L'objectif poursuivi par l'auteur de l'atteinte aux droits fondamentaux et les modalités de sa réalisation sont considérés comme déterminants. Ainsi, « l'absence d'un intérêt juridique, d'une motivation ou d'une finalité sérieuse accroît la gravité de la violation »[124]. Par ailleurs, la violation d'un droit fondamental peut être plus ou moins sérieuse selon les moyens mis en œuvre pour obtenir l'élément de preuve litigieux : filmer à son insu une personne dans une rencontre sociale ne se compare pas à filmer secrètement une personne dans sa chambre à coucher.

L'enjeu du procès constitue également un facteur important dans l'évaluation de la recevabilité d'une preuve obtenue en violation d'un droit fondamental. Si la gravité de la violation apparaît comme une condition nécessaire pour autoriser l'exclusion de la preuve, elle n'en fait pas pour autant une condition suffisante. L'exclusion n'est jamais automatique. Il faut que le tribunal soit convaincu qu'il y a un abus du système de justice, avant de rejeter l'élément de preuve. Chaque cas doit donc être envisagé de façon particulière. Dans cet exercice de pondération entre le respect des droits fondamentaux et celui de l'intégrité du système de preuve civile, certaines valeurs sociales, comme l'intérêt de l'enfant[125], peuvent commander que la priorité soit donnée à la recherche de la vérité. Le respect des droits fondamentaux ne semble guère, alors, lui faire contrepoids. En inscrivant ainsi les règles relatives à l'exclusion de la preuve obtenue en violation des droits fondamentaux dans le Code civil plutôt que dans la *Charte des droits et libertés de la personne*, on les réduit à des dispositions bien ordinaires[126].

---

124. *Mascouche (Ville de)* c. *Houle*, précité, note 120, p. 1907.
125. Voir les applications dans *Droit de la famille – 2206*, [1995] R.J.Q. 1419, EYB 1995-72384 (C.S.) ; *Droit de la famille – 2474*, [1996] R.D.F. 612, EYB 1996-29228 (C.S.) ; *Droit de la famille – 2469*, [1997] R.D.F. 241 (C.S.).
126. En ce sens, C. Brunelle, « Les limites aux droits et libertés », dans École du Barreau du Québec, Collection de droit 2013-2014, *Droit public et administratif (Les droits et libertés fondamentaux)*, Cowansville, Éditions Yvon Blais, 2013, par. 4 : « [c]et article du *Code civil du Québec* aurait gagné à être inclus dans la Charte québécoise, ne serait-ce que pour souligner, par ce fait, la nature fondamentale du droit qu'il comporte ».

96 – *L'autorisation judiciaire, rempart de l'intégrité physique* – Le développement des connaissances et des techniques en médecine et en biologie ainsi que l'élargissement du rôle reconnu à la volonté individuelle dans la plupart des domaines ont amené le législateur québécois à encadrer les actes à caractère médical et psychosocial et à instituer les tribunaux en arbitres des conflits qui peuvent opposer le corps médical aux patients, l'intérêt de la société à celui de l'individu et l'intérêt d'autrui à celui du patient. C'est ainsi que le *Code civil du Québec* contient aujourd'hui toute une section, au chapitre des droits de la personnalité, consacrée aux soins (art. 11-24 C.c.Q.). Cette section se présente comme un cas d'application particulière du principe inscrit à l'article 10 et qui consacre l'inviolabilité de la personne humaine. Qu'il s'agisse de soins requis ou non par l'état de santé, de prélèvements d'organes et de tissus, la loi oblige dans de nombreux scénarios impliquant des mineurs ou des majeurs inaptes, à obtenir l'autorisation du tribunal avant de pouvoir poser l'acte médical visé.

Cette mesure préventive tend à garantir la liberté et l'autonomie de la personne, mais elle témoigne aussi de la nécessité d'harmoniser des droits, voire des intérêts, concurrents : droit à la vie des uns opposé au droit à l'intégrité et à la liberté des autres, droit à l'autonomie opposé à la dignité de la personne, liberté de la recherche opposée à la protection de la dignité humaine.

97 – *Gestion fiduciaire et droit d'accès : de nouveaux mécanismes contre l'invasion de la vie privée* – L'État détient et gère une masse phénoménale d'informations sur les citoyens, informations que celui-ci n'a guère le choix de céder, « que ce soit en vertu de la loi (ex. : en matière d'impôt), en demandant un service essentiel (ex. : des services médicaux) ou au nom d'une contrainte de la vie moderne (ex. : l'enregistrement d'une automobile) »[127]. La concentration au sein de l'État de ces informations a engendré, quant à ses effets, la crainte d'une nouvelle forme de despotisme incompatible avec nos conceptions de la démocratie. Cette crainte a provoqué une évolution de la rationalité de la collecte, de la gestion et de la diffusion de ces informations qui font aujourd'hui de l'État le fiduciaire de l'information qu'il détient sur ses citoyens. La *Loi sur l'accès aux documents des organismes publics et sur la protection des renseignements person-*

---

127. M.-C. Prémont, « Données personnelles et secret de la vie privée, approche nord-américaine », dans *Nouvelles technologies et droit de propriété*, Montréal, Éditions Thémis/Litec, 1991, p. 153, 169-170.

nels[128] régit, depuis 1982, la collecte, la conservation, l'utilisation et l'accès aux renseignements détenus par les différents organes de l'État. La Commission d'accès à l'information, instituée par cette même loi et chargée d'en surveiller l'application, s'est vu confier un certain nombre de pouvoirs aux fins de contrôler le contenu de ces banques de données et d'en surveiller le fonctionnement, de manière à ce qu'elles ne contiennent pas, sans son consentement, de données susceptibles de préjudicier la personne et pour que leur finalité soit respectée. La Commission peut également réviser toute décision par laquelle un particulier s'est vu refuser l'accès à de tels documents, facilitant ainsi, pour ce dernier, l'exercice d'un nouveau droit subjectif, celui de l'*habeas data* ou *habeas scriptum*[129], soit le droit de vérifier le contenu des informations et d'en exiger la rectification.

Le législateur a, par la suite, étendu aux dossiers constitués par une entreprise, le même type de protection à l'égard des particuliers que celui qui a été institué vis-à-vis de l'État. La *Loi sur la protection des renseignements personnels dans le secteur privé*[130] complète, en ce sens, les articles 37 à 41 du Code civil qui, comportant essentiellement des énoncés de principe, étaient apparus insuffisants pour assurer de manière efficace le droit au respect de la vie privée face au développement de l'informatique et à la diffusion d'informations à caractère personnel dans le secteur privé. Cette loi impose désormais aux personnes qui exploitent une entreprise privée un certain nombre d'obligations, visant ainsi la transparence des systèmes d'information qui se sont constitués dans le secteur privé et permettant à l'individu d'exercer un meilleur contrôle sur les renseignements personnels qu'une entreprise détient à son sujet. Ce contrôle se concrétise dans la reconnaissance d'un droit d'accès et d'un droit de rectification dont la loi établit les conditions et les modalités d'exercice.

En ce sens, le droit d'accès aux informations à caractère personnel, sous ses multiples facettes, apparaît comme un droit subjectif, « celui de la personne fichée de participer à la formation de l'image que les personnes qui l'entourent se font d'elle »[131].

128. RLRQ, c. A-2.1.
129. H.P. Glenn, *loc. cit.*, note 79, p. 47.
130. *Loi sur la protection des renseignements personnels dans le secteur privé*, RLRQ, c. P-39.1.
131. Y. Poulet, « Le fondement du droit à la protection des données nominatives : propriétés ou libertés », dans *Nouvelles technologies et propriété*, Montréal, Éditions Thémis/Lélec, 1991, 175, p. 191.

BIBLIOGRAPHIE SÉLECTIVE

BARREAU DU QUÉBEC, « La Charte québécoise, origines, enjeux, perspectives », (2006) *R. du B.*, (numéro thématique en marge du trentième anniversaire de l'entrée en vigueur de la *Charte des droits et libertés de la personne*).

BRISSON, J.-M., « Le Code civil, droit commun ? », dans Journées Maximilien Caron, *Le nouveau Code civil, interprétation et application*, Montréal, Éditions Thémis, 1992, p. 309.

BRUNELLE, C., « La sécurité et l'égalité en conflit : la structure de la *Charte québécoise* comme contrainte excessive », dans Tribunal des droits de la personne et Barreau du Québec, *La Charte des droits et libertés de la personne : pour qui et jusqu'où ?*, Cowansville, Éditions Yvon Blais, 2005, p. 345.

BRUNELLE, C., « Les droits et libertés dans le contexte civil », dans École du Barreau du Québec, Collection de droit 2013-2014, *Droit public et administratif*, Cowansville, Éditions Yvon Blais, 2014 (disponible sur le site web du Centre d'Accès à l'Information Juridique (CAIJ) : <http://www.caij.qc.ca/>).

BRUNELLE, C., « Les limites aux droits et libertés », dans École du Barreau du Québec, Collection de droit 2013-2014, *Droit public et administratif (Les droits et libertés fondamentaux)*, Cowansville, Éditions Yvon Blais, 2014 (disponible sur le site web du Centre d'Accès à l'Information Juridique (CAIJ) : <http://www.caij.qc.ca/>).

DALLAIRE, C., « L'évolution des dommages exemplaires depuis les décisions de la Cour suprême en 1996 : dix ans de cheminement », dans Service de la formation continue, Barreau du Québec, *Développements récents en droit administratif et constitutionnel (2006)*, Cowansville, Éditions Yvon Blais, 2006, p. 185.

JOBIN, P.G., « Contrats et droits de la personne : un arrimage laborieux », dans Benoît MOORE (dir.), *Mélanges Jean Pineau*, Montréal, Éditions Thémis, 2003, p. 357.

KAYSER, P., « Les droits de la personnalité, aspects théoriques et pratiques », (1971) *Rev. trim. dr. civ.* 446.

LEBEL, L., « La protection des droits fondamentaux et la responsabilité civile », (2004) 49 *R.D. McGill* 231.

LINDON, R., *Les droits de la personnalité*, Paris, Dalloz, 1974.

LOISEAU, G., « Des droits patrimoniaux de la personnalité en droit français », (1997) 42 *R.D. McGill* 319.

MORRISSETTE, Y.-M., « Certains problèmes d'applicabilité des Chartes des droits et libertés en droit québécois », dans Service de la formation permanente, Barreau du Québec, *Application des Chartes des droits et libertés en matière civile*, Cowansville, Éditions Yvon Blais, 1988, p. 1.

NERSON, R., « De la protection de la personnalité en droit privé français », dans *Travaux de l'Association Henri Capitant*, t. XIII, Paris, Dalloz, 1963, p. 60.

PERRET, L., « Le droit de la victime à des dommages punitifs en droit civil québécois : sens et contresens », (2003) 33 *R.G.D.* 233.

RENCHON, J.-L. (dir.), *Les droits de la personnalité*, Actes du Xe Colloque de l'Association « Famille & Droit », Bruxelles, Bruylant, 2009.

SAMSON, M., *Les interactions de la Charte des droits et libertés de la personne avec le Code civil du Québec : une harmonie à concrétiser*, coll. Minerve, Cowansville, Éditions Yvon Blais, 2013.

TRIBUNAL DES DROITS DE LA PERSONNE et BARREAU DU QUÉBEC (dir.), *La Charte des droits et libertés de la personne : pour qui et jusqu'où ?*, Cowansville, Éditions Yvon Blais, 2005.

CHAPITRE II

LE DROIT À L'INTÉGRITÉ PHYSIQUE

98 – La protection de la personne, en droit, implique la mise en place d'un cadre juridique particulier pour le corps humain[1]. Au cœur de cette protection se trouve le principe de l'inviolabilité de la personne, aujourd'hui consacré formellement par la loi. « *Noli me tangere* : ne me touche pas, tel est le principe fondamental »[2], un principe qui s'étend en partie au-delà de l'existence humaine. Le Code civil consacre en effet un chapitre particulier au respect du corps après le décès. Il convient donc de distinguer le droit à l'inviolabilité et à l'intégrité physique de la personne (I), du respect dû au corps après la mort (II).

Section I

La protection du corps pendant la vie de la personne

99 – La personne humaine, telle qu'elle apparaît dans le Code, n'est pas seulement un concept abstrait ; elle est « incarnée », avec pour conséquence que dans sa dimension charnelle le sujet est devenu, à certains égards, objet du droit. Car le corps que l'on est, est aussi le corps que l'on a. Et ce corps est de plus en plus sollicité par la médecine et par la recherche biomédicale.

§1 – Le droit à l'inviolabilité et à l'intégrité de la personne

Porter atteinte au corps humain, c'est porter atteinte à la personne même. De là l'affirmation du droit à l'inviolabilité et à l'intégrité de la personne, un principe dont il convient toutefois de

1. « Une réalité concrète (le corps), et une idée abstraite (la personnalité) se fusionnent pour ainsi dire, dans une même perception » : J.-L. Baudouin et C. Labrusse-Riou, *Produire l'homme : de quel droit ?*, Paris, P.U.F., 1987.
2. J. Carbonnier, *Droit civil*, t. I, *Les personnes*, 21e éd., Paris, P.U.F., Collection Thémis, 2000, no 5, p. 20.

mesurer la portée, avant d'analyser la façon dont son exercice a été aménagé dans le Code.

100 – L'article 10 C.c.Q. énonce clairement le principe en édictant que « toute personne est inviolable et a droit à son intégrité. Sauf dans les cas prévus par la loi, nul ne peut lui porter atteinte sans son consentement libre et éclairé ». Consacré formellement en 1971 dans le *Code civil du Bas Canada*[3], érigé au rang de droit fondamental par le législateur québécois tout d'abord[4], puis par le constituant canadien, avec l'enchâssement, dans la Constitution, de la *Charte canadienne des droits et libertés*[5], le principe de l'inviolabilité et du droit de chacun à l'intégrité de sa personne a donc pris rang, dans le *Code civil du Québec*, au Titre des droits de la personnalité. Le Code consacre ainsi le lien ultime qui unit la personne à son corps. Le principe de l'inviolabilité et celui de l'intégrité, qui *a priori* se complètent et qui peuvent même apparaître redondants[6], ne se recouvrent pourtant pas nécessairement. Il est des cas où l'un devra céder le pas à l'autre. En effet, ce que le droit consacre avant toute chose, c'est la dignité qui participe de l'essence même de la personne et qui passe par la reconnaissance de son libre arbitre. En ce sens, le droit à l'inviolabilité, posé comme un interdit vis-à-vis des tiers, protège l'autonomie décisionnelle de la personne et apparaît comme un moyen de sauvegarder sa dignité. Or cette autonomie peut être déficiente, ce qui peut faire céder le pas à l'inviolabilité, au nom de l'intégrité. Comme l'indiquaient les Commentaires du ministre de la Justice sur le *Code civil du Québec*, « l'atteinte à l'inviolabilité est le fait de tierces personnes, alors que l'atteinte à l'intégrité peut être le fait de la personne elle-même en raison de ses propres déficiences ; les exceptions légales à l'inviolabilité se justifient d'ailleurs par le droit à l'intégrité »[7]. La personne ne se réduit pas à la seule volonté pensante puisque cela reviendrait à exclure de toute protection l'enfant en bas âge et le majeur inapte, incapables d'exprimer une telle volonté. La volonté individuelle n'est pas non plus toute puissante : non seulement elle ne doit pas menacer les tiers, mais elle doit parfois s'effacer devant

3. Art. 19 C.c.B.C., tel qu'introduit par la *Loi modifiant de nouveau le Code civil et modifiant la Loi abolissant la mort civile*, L.Q. 1971, c. 84, art. 2.
4. *Charte des droits et libertés de la personne*, RLRQ, c. C-12, art. 1 : « Tout être humain a droit à la vie, ainsi qu'à la sûreté, à l'intégrité et à la liberté de sa personne. »
5. *Charte canadienne des droits et libertés*, Partie I de la *Loi constitutionnelle de 1982*, Annexe B de la *Loi de 1982 sur le Canada*, 1982, ch. 11 (R.-U.), art. 7.
6. G. Brière, « La jouissance et l'exercice des droits civils : nouvelle version », (1989) *R.G.D.* 265, 281.
7. *Comm.*, t. I, p. 12.

l'intérêt collectif. Il existe entre la personne et son corps, un ordre public qui joue, au nom de la dignité humaine, comme un rempart contre les excès de la volonté individuelle[8]. C'est dire que si la protection de la personne passe par l'affirmation du droit à son inviolabilité vis-à-vis des tiers, elle oblige aussi à des arbitrages entre le sujet de droit, pouvoir de volonté et personne sociale, et la personne comme valeur en soi. Il convient donc de s'arrêter sur ces prémisses avant d'analyser les dispositions autour desquelles s'articulent les droits sur le corps.

101 – *La protection contre les atteintes des tiers* – Toute personne a le droit d'être protégée contre les atteintes des tiers, dans les rapports privés comme dans ses rapports avec l'État. Le droit à l'inviolabilité, complément nécessaire du droit à l'autodétermination, s'oppose à toute atteinte non consentie au corps humain.

Nul ne peut être contraint de subir une atteinte à son intégrité corporelle et, indépendamment des éventuelles sanctions à caractère pénal, la personne victime d'une atteinte non consentie a droit à la réparation du préjudice qui en résulte. Le droit sanctionne tout autant l'atteinte qui résulte d'une omission. Le droit à l'intégrité physique, particulièrement le droit à la vie, a pour corollaire le droit au secours, garanti par l'article 2 de la *Charte des droits et libertés de la personne* qui édicte que « tout être humain dont la vie est en péril a droit au secours ; toute personne doit porter secours à celui dont la vie est en péril, personnellement ou en obtenant du secours, en lui apportant l'aide physique nécessaire et immédiate à moins d'un risque pour elle ou pour les tiers ou d'un autre motif raisonnable »[9]. Seule

8. X. Dijon, *Le sujet de droit en son corps. Une mise à l'épreuve du droit subjectif*, Bruxelles, Larcier, 1982, p. 344 et s.
9. Ce droit, dans sa généralité, se trouve sanctionné par le truchement de l'article 219 du *Code criminel* qui fait de l'omission à un devoir légal une négligence criminelle. Voir également l'article 252 C.cr. qui sanctionne spécifiquement le délit de fuite en cas d'accident ainsi que l'article 168 du *Code de la sécurité routière*, RLRQ, c. C-24.2. Sur la portée de l'article 2, voir A. Klotz, « Le droit au secours dans la province de Québec », (1991) 21 *R.D.U.S.* 479 ; N. Kasirer, « L'expression civile de la solidarité : l'obligation de porter secours en droit canadien et québécois », dans Institut canadien d'études juridiques supérieures, *Droits de la personne : solidarité et bonne foi*, Actes des Journées strasbourgeoises 2000, Cowansville, Éditions Yvon Blais, 2000, p. 215-243 ; J.-M. Paulus, « L'obligation de porter secours », dans Institut canadien d'études juridiques supérieures, *Droits de la personne : solidarité et bonne foi*, Actes des Journées strasbourgeoises 2000, Cowansville, Éditions Yvon Blais, 2000, p. 245-252. Cas d'application : *Mowatt* c. *Québec (Procureur général)*, 2011 QCCS 2206 ; *Ducharme* c. *Laval (Ville de) (Service de protection des citoyens, département de police)*, 2010 QCCS 5015.

une autorisation légale permet de porter atteinte à la personne contre sa volonté. On peut donc dire que le consentement de la personne et l'autorisation légale représentent les deux exceptions au principe du respect de l'inviolabilité de la personne physique.

Ainsi, c'est dans l'intérêt général et en vue du bien-être collectif que la loi permet certaines atteintes au corps humain. Il en est ainsi lorsque la santé ou la sécurité publiques sont menacées. Par exemple, la loi autorise le gouvernement à décréter par règlement un état d'urgence sanitaire et à ordonner la vaccination de toute la population ou d'une partie de celle-ci contre la variole ou contre toute autre maladie contagieuse[10]. Elle permet également d'utiliser des moyens de contention physique ou chimique lorsqu'il s'agit d'empêcher une personne hospitalisée de s'infliger ou d'infliger à autrui des lésions[11], d'imposer des mesures de prophylaxie (isolement) ainsi que le traitement de certaines maladies contagieuses dont la liste est déterminée par règlement[12]. Pour ce qui est de la sécurité publique, on peut mentionner l'exemple des dispositions relatives aux prélèvements qui peuvent être exigés en cas de conduite en état d'ivresse (échantillons d'haleine ou de sang) ou dans les cas d'infractions perpétrées avec violence ou à caractère sexuel (empreintes génétiques aux fins médicolégales)[13]. Mais des dérogations à l'exigence du consentement peuvent aussi être justifiées par le souci de protéger la personne elle-même. Ainsi, certaines dispositions de la *Loi sur la protection des personnes dont l'état mental présente un danger pour elles-mêmes ou pour autrui* et du *Code civil du Québec*[14] permettent, sur décision du

---

10. *Loi sur la santé publique*, RLRQ, c. S-2.2, art. 118 à 130.
11. *Loi sur les services de santé et les services sociaux*, RLRQ, c. S-4.2, art. 118.1 ; *Loi sur les infirmières et les infirmiers*, RLRQ, c. I-8, art. 36, al. 2(14) et (15). Pour un cas de condamnation à des dommages et intérêts pour non-respect des conditions de l'isolement et la contention d'une patiente, voir *L.J.* c. *Institut universitaire en santé mentale de Québec (Hôpital Robert-Giffard)*, 2013 QCCQ 5672.
12. *Règlement ministériel d'application de la Loi sur la santé publique*, RLRQ, c. S-2.2, r. 2, art. 9. À titre d'exemple, voir *Déry* c. *Annanack*, J.E. 2005-716, EYB 2004-83145 (C.Q.).
13. Art. 254, 258 et 487.05 et s. C.cr. Ces dispositions existent aussi dans l'intérêt d'une bonne justice : sur cette question plus précisément, voir C. Hennau-Hublet et B.M. Knoppers, *L'analyse génétique à des fins de preuve et les droits de l'homme : aspects médico-scientifique, éthique et juridique*, Bruxelles, Bruylant, 1997 ; J. Marceau, « La mise en œuvre de la banque d'empreintes génétiques », dans Service de la formation permanente, Barreau du Québec, *Congrès annuel du Barreau du Québec (2001)*, p. 215.
14. RLRQ, c. P-38.001, art. 2, 5, 7 et 13 ; art. 26 à 30 C.c.Q. Voir également l'article 672.58 du *Code criminel*, L.R.C. (1985), ch. C-46, qui prévoit la possibilité à l'égard d'un accusé ayant bénéficié d'un verdict d'inaptitude, de lui imposer des traitements, sous réserve de modalités fixées par le tribunal.

tribunal, l'examen psychiatrique obligatoire d'une personne qui présente des troubles mentaux susceptibles de mettre en danger sa santé ou sa sécurité, ou la santé et la sécurité d'autrui, motifs qui autorisent également à ordonner sa mise sous garde. De même, l'urgence, dans certaines conditions, autorise le médecin à intervenir sans le consentement du malade ou de son représentant légal[15].

Mis à part ces exceptions, le droit civil se sépare du droit de la puissance publique. L'intérêt d'un individu, si légitime soit-il, bien qu'il puisse donner ouverture à certaines mesures d'instruction, n'autorise pas à employer la coercition. Ainsi, celui qui dans le cadre d'un procès civil refuse de se prêter à une expertise médicale ou à un prélèvement aux fins d'analyse[16], risque, tout au plus, de voir son refus être interprété contre lui[17]. Encore faut-il que l'ensemble des éléments de la preuve l'autorise[18]. C'est en vertu de ce même principe, dans le cas d'obligations de faire exigeant une intervention unique et personnelle du débiteur, que le créancier ne peut exercer son pouvoir de contrainte que sur les biens et non la personne de ce dernier[19].

---

15. Art. 13 C.c.Q., art. 43 de la *Loi sur les laboratoires médicaux, la conservation des organes et des tissus et la disposition des cadavres*, RLRQ, c. L-0.2, art. 43 et art. 7 de la *Loi sur les services de santé et les services sociaux*, RLRQ, c. S-4.2.
16. Art. 399 et 414 C.p.c. ; art. 242, 243 et 234 C.p.c. ; pour une analyse des conditions d'application de l'article 399 C.p.c. et de sa validité constitutionnelle, voir *Turmel* c. *Turmel*, 2010 QCCA 653 ; pour des cas d'application, voir *Côté* c. *CHU de Québec (Centre hospitalier affilié universitaire de Québec (CHA) et Centre hospitalier universitaire de Québec (CHUQ))*, 2013 QCCS 4053 ; *Industrielle Alliance, assurances et services financiers inc.* c. *Lebel*, 2013 QCCA 581 ; *Szpiro* c. *Gigante*, 2012 QCCS 6080. Les articles 242 et 243 C.p.c. ajoutent que même si l'examen est nécessaire pour statuer (ce qui est une condition) cet examen doit être justifié eu égard à la nature, à la complexité et à la finalité de la demande en justice ; de plus, un préavis d'au moins dix jours doit être notifié à la personne et aux avocats des parties.
17. Voir, par exemple, *Gilbert* c. *Couture*, 2006 QCCS 1458, J.E. 2006-866, EYB 2006-102772 (une partie n'est pas obligée de se soumettre à un examen qui lui causerait des inconvénients majeurs) ; *R.* c. *Beaulieu*, [1992] R.J.Q. 2959, EYB 1992-75115 (C.Q.) (rejet d'une requête présentée dans le cadre d'une instance civile par la victime d'une agression sexuelle en vue de contraindre son agresseur à un prélèvement de sang, afin de savoir s'il était porteur du virus du sida).
18. Ainsi, l'article 535.1 C.c.Q. qui, dans les actions relatives à la filiation, autorise aujourd'hui le tribunal à ordonner qu'il soit procédé à une analyse permettant, par prélèvement d'une substance corporelle, d'établir une empreinte génétique, exige, lorsque l'action vise à établir la filiation, l'établissement au préalable d'un commencement de preuve ; M. Giroux, « Test d'ADN et filiation à la lumière des développements récents : dilemmes et paradoxes », (2002) 32 *R.G.D.* 865-907.
19. Par exemple, peindre un portrait, jouer dans une pièce de théâtre (art. 1590 et 1601 C.c.Q.). Sur l'exécution forcée, en nature, voir J.-L. Baudouin, P.G. Jobin et N. Vézina, *Les obligations*, 7e éd. par P.G. Jobin et N. Vézina, Cowansville, Éditions Yvon Blais, 2013, p. 751 et s.

Si le consentement est une condition nécessaire, il n'est pourtant pas toujours suffisant pour autoriser une atteinte au corps humain. Il existe des limites à l'intérieur desquelles la personne peut librement disposer de son corps, par convention. La détermination de ces limites pose directement la question de la nature juridique de la relation de la personne avec son corps.

102 – *L'indisponibilité du corps humain et la protection contre soi-même* – Le droit a depuis longtemps établi comme axiome que du principe de l'inviolabilité de la personne physique découle le principe de l'indisponibilité du corps humain : puisque le corps humain est la personne et que la personne n'est pas une chose, il ne peut faire l'objet d'appropriation ; étant « hors du commerce » il ne saurait donc être l'objet de conventions ; il est inaliénable. On peut mentionner, pour exemple, l'article 541 du Code civil qui déclare nulles et non avenues les conventions de procréation ou de gestation pour autrui, les fameux « contrats de mère porteuse »[20]. Ce discours sur la consubstantialité du corps et de la personne et sur le principe d'indisponibilité du corps humain qui en découle mérite toutefois d'être nuancé. En effet, s'il est vrai que le corps humain, envisagé dans sa totalité, ne peut être considéré comme un bien susceptible d'appropriation, parce que cela est incompatible avec les notions de liberté et de dignité humaine, cela ne signifie pas pour autant que toute convention ayant une relation quelconque avec le corps humain est en soi illicite.

Appliqué largement, le principe conduirait à écarter tout contrat impliquant une activité corporelle dont, au premier chef, le

20. Par contre, la loi fédérale qui encadre les pratiques de procréation assistée n'interdit pas comme tel le recours à une mère porteuse ; elle en proscrit seulement la rétribution, ainsi que celle des intermédiaires et la publicité qui ferait état d'une telle rétribution. C'est dire que si le contrat de procréation ou de gestation est nul sur le plan du droit civil, il n'est pas *interdit* pour autant. Cependant, la loi fédérale interdit d'inciter ou d'aider une jeune femme de moins de 21 ans à devenir mère porteuse : *Loi concernant la procréation assistée et la recherche connexe*, L.C. 2004, ch. 2, art. 6. Sur la pratique des contrats de procréation et de gestation pour autrui, M. Giroux, « Le recours controversé à l'adoption pour établir la filiation de l'enfant né d'une mère porteuse : entre ordre public contractuel et intérêt de l'enfant », (2011) 70 *R. du B.* 509 ; L. Langevin, « Réponse jurisprudentielle à la pratique des mères porteuses au Québec : une difficile réconciliation », (2010) 26 *Can. J. Fam. L.* 171 ; M.-F. Bureau et E. Guilhermont, « Maternité, gestation et liberté : Réflexions sur la prohibition de la gestation pour autrui en droit québécois », (2011) 4 *R.D. & Santé McGill* 45 ; K. Busby et D. Vun, « Revisiting *The Handmaid's Tale*. Feminist Theory Meets Empirical Research on Surrogate Mothers », (2010) 26 *Can. J. Fam. L.* 13 ; B. Moore, « Maternité de substitution et filiation en droit québécois », dans *Liber amicorum Camille Jauffret-Spinosi*, Paris, Dalloz, 2013, p. 859.

contrat de travail[21], sans compter les conventions portant sur la réparation des atteintes au corps humain, pour ne citer que l'exemple du contrat d'assurances de personnes. Par ailleurs, il a bien fallu admettre que si le corps fait la personne, il n'est pas évident que le corps et le sujet se confondent au point que les parties du corps soient totalement solidaires en tant que support de la personne. En témoignent les conventions entre le patient et son chirurgien en vue d'une intervention mutilante, parfois sans aucun objectif thérapeutique comme c'est le cas pour certaines chirurgies esthétiques et pour le contrat de soins dont la doctrine et la jurisprudence ont toujours reconnu la validité. En témoignent également, dans un autre ordre, l'ancien contrat de nourrice dont la validité n'était pas questionnée[22] ou la vente des phanères, largement pratiquée au XIXe siècle et le don du sang, actes de disposition qui, soit en raison de leur caractère altruiste, soit parce que consacrés par les mœurs et n'impliquant qu'une atteinte négligeable au corps humain, sont considérés comme licites. La tendance actuelle est plutôt d'affirmer que la personne peut disposer librement de son corps, par convention, pourvu que l'exercice de cette liberté ne soit pas contraire à l'ordre public[23]. Un ordre public qui est aujourd'hui balisé et qui trouve son expression dans le Code civil. Le législateur est venu normaliser les atteintes au corps humain. Mais il faut souligner que cette notion d'ordre public, quand il s'agit du corps humain, est pour le moins fluctuante et incertaine. Qu'il suffise de mentionner à nouveau l'exemple du *Code civil du Québec* qui déclare nulle de nullité absolue la convention de mère porteuse alors que la législation fédérale, sans interdire cette pratique, se satisfait d'en assurer le caractère gratuit !

103 – *Le sujet devenu objet du droit* – Si le corps humain a été posé comme inaliénable par les auteurs du XIXe et du début du XXe siècle, c'est aussi parce qu'il ne pouvait être pensé comme extérieur à la personne. Or cette perception a été profondément modifiée par la pratique des greffes et des transplantations d'organes et par l'utilisation progressive, à des fins médicales et scientifiques, de tous les éléments du corps[24]. Devenu objectivé, le corps humain traverse désormais la

---

21. En ce qui concerne les contrats conclus par les professionnels du sport, voir A. Mayrand, *L'inviolabilité de la personne humaine*, Montréal, Wilson & Lafleur, 1975, n° 23, p. 27 et s.
22. F. Terré, *L'enfant de l'esclave, génétique et droit*, Paris, Flammarion, 1987.
23. J.-L. Baudouin et C. Labrusse-Riou, *op. cit.*, note 1, p. 185 et s.
24. R. Nerson, « L'influence de la biologie et de la médecine modernes sur le droit civil », (1970) 68 *Rev. trim. dr. civ.* 661, 681. Voir également, dans une perspective presque prémonitoire, A. David, *Structure de la personne humaine ; limite*

frontière entre les personnes et les choses. L'expression « l'homme biotech » exprime bien cette réalité incontournable[25]. L'absence de cadre juridique global et cohérent sur le statut des parties et des produits du corps humain, oblige à s'interroger sur l'opportunité d'imaginer, entre les personnes et les choses, une catégorie juridique mitoyenne[26]. C'est ici qu'intervient la notion de dignité dont procède toute la réglementation que l'on retrouve au chapitre de l'intégrité dans les normes juridiques, notamment dans le Code civil. Pour protéger la personne, on a en quelque sorte personnifié le corps.

Consacrées aux soins, ces dispositions qui concernent le corps humain se présentent comme un véritable ordre public de protection de la personne.

104 – *Personnification du corps et biologisation de la personne* – L'inscription du corps humain dans le Code participe ainsi, assez paradoxalement, d'une forme de déconstruction de la personne corporelle, amorcée par le développement des sciences et des techniques. Devenu objet d'utilité sociale, le corps humain a perdu de sa sacralité ; il s'inscrit désormais résolument dans l'échange et peut même déboucher, une fois les éléments qui en ont été détachés transformés, sur le marché[27]. Mais ce processus de réification du corps humain risquait aussi d'emporter dans son sillage la biologisation de la personne. Il s'agissait en quelque sorte, face aux impératifs sociaux de la science et la médecine, de concilier l'être et l'avoir, *i.e.* la personne sociale et la dignité qui la fonde, avec son support biologique[28], de manière à ce que les éléments qui en sont détachables conservent quelque chose de son humanité.

Devant le risque d'une préservation « forcée », générée par le développement de nouvelles techniques de survie, on a vu l'individu « se rebeller et revendiquer l'autonomie et le contrôle de sa propre

---

actuelle entre les personnes et les choses, Paris, P.U.F., Bibliothèque de philosophie contemporaine, 1955 et « Réflexions pour un schéma de l'homme », (1955) *Arch. Phil. dr.* 103.

25. J.-P. Béland (dir.), *L'homme biotech : humain ou posthumain ?*, Québec, P.U.L., 2006.
26. M.-È. Arbour et M. Lacroix, « Le statut juridique du corps humain ou l'oscillation entre l'objet et le sujet de droit », (2009-2010) 40 *R.D.U.S.* 231-268.
27. Pour une analyse critique de l'émergence d'une sorte de droit de propriété sur le corps humain, voir J. Fierens, « Critique de l'idée de propriété du corps humain ou le miroir de l'infâme belle-mère de Blanche-Neige », (2001) 42 *C. de D.* 647-665.
28. N. Lenoir, *Aux frontières de la vie*, Paris, La Documentation française, 1991, p. 121.

protection, posant ainsi tout à la fois la question de savoir ce que l'individu peut faire *de* et *avec* son corps »[29]. De là l'affirmation du droit à l'autodétermination du sujet et la normalisation des actes médicaux et psychosociaux.

Ces actes juridiques relèvent désormais d'un ordre public « spécial » au carrefour du droit des personnes, du droit des biens et du droit des obligations, mais qui inscrit fondamentalement la personne biologique dans la relation sujet-attribut, consacrant ainsi le caractère extrapatrimonial des droits sur le corps. Le cadre qui a été redessiné se veut à la fois assez souple pour favoriser les échanges socialement utiles des éléments et des produits du corps et néanmoins suffisamment contraignant pour empêcher l'individu de céder à des pressions attentatoires à la dignité humaine[30]. Tout en instituant une certaine distance par rapport au sujet[31], les nouvelles dispositions sur l'intégrité permettent d'échapper à une conception purement objective du corps humain, même s'il faut bien admettre que ce nouvel ordre public de protection de la personne dans sa dimension corporelle a une connotation fortement sanitaire et biologisante.

105 – *Le corps sujet et le corps objet* – Les dispositions relatives aux soins sont chapeautées par l'affirmation du droit à l'autodétermination qu'édicte l'article 11 C.c.Q. : « Nul ne peut être soumis sans son consentement à des soins, quelle qu'en soit la nature, qu'il s'agisse d'examens, de prélèvements, de traitements ou autre intervention »[32]. Ces dispositions obligent à distinguer le corps que l'on est, du corps que l'on a, c'est-à-dire les soins qui sont prodigués en vue de préserver la vie, la santé et le bien-être de la personne, et les interventions qui sont essentiellement motivées par l'intérêt d'autrui ou qui sont effectuées dans l'intérêt collectif de la recherche et de la santé publique. Selon leur finalité, ces actes seront soumis à des conditions plus ou moins strictes, conditions qui peuvent encore différer selon l'état ou la condition physique ou mentale des personnes qui en sont l'objet.

---

29. J.-L. Baudouin, « Le droit de refuser d'être traité », dans *Justice Beyond Orwell*, Cowansville, Éditions Yvon Blais, 1985, p. 207.
30. N. Lenoir, « Le statut juridique du corps humain : pour répondre à l'angoisse contemporaine », dans *L'État de droit*, Mélanges en l'honneur de Guy Braibant, Paris, Dalloz, 1996, p. 417.
31. X. Dijon, *Le sujet de droit en son corps. Une mise à l'épreuve du droit subjectif*, Bruxelles, Larcier, 1982, nº 200.
32. Voir également l'article 9 de la *Loi sur les services de santé et les services sociaux*, précitée, note 15.

§2 – Les soins requis par l'état de santé et les soins non requis par l'état de santé de la personne

A. La notion de soins

106 – *Les soins : une notion englobante et complexe* – Le mot « soins » est entendu dans un sens générique, tant du point de vue de son objet que de la nature des actes qu'il recouvre. Le commentaire qui accompagne l'article 11 C.c.Q. précise en effet que « le mot soins [...] recouvre toutes espèces d'examens, de prélèvements, de traitements ou d'interventions, de nature médicale, psychologique ou sociale, requis ou non par l'état de santé, physique ou mentale[33]. Il couvre également, comme acte préalable, l'hébergement en établissement de santé lorsque la situation l'exige »[34]. La *Loi sur les services de santé et les services sociaux* propose la même approche large[35]. Cette définition recoupe en effet celle de l'article 1 de cette loi, qui vise le « maintien et l'amélioration de la capacité physique, psychique et sociale des personnes », et plus largement, celle de l'O.M.S. Selon la jurisprudence, entre également dans cette définition ce qu'on appelle communément les soins de base, telles l'alimentation et l'hydratation. Sont donc aussi couvertes par la notion de soins, les contentions physiques et pharmacologiques[36], de même que les mesures d'isolement d'un patient[37]. On peut même aller aussi loin que de considérer que si dans

33. Ce qui inclut donc tout ce qui relève du dépistage (sauf exception prévue par la loi) et les évaluations psychosociales : *Droit de la famille – 2558*, [1997] R.D.F. 55, EYB 1996-85446 (C.S.).

34. *Comm.*, t. I, p. 12 : *Manoir de la Pointe Bleue* c. *Corbeil*, [1992] R.J.Q. 712, EYB 1992-74873 (C.S.). En ce qui a trait à l'hébergement qui peut être envisagé à titre de soin préventif ou comme faisant partie intégrante du traitement, voir *Alloi-Lussier* c. *Centre d'hébergement Champlain*, [1997] R.J.Q. 807, REJB 1997-00104 (C.A.) ; *M.B.* c. *Centre Hospitalier Pierre-Le-Gardeur*, [2004] R.J.Q. 792, REJB 2004-54544, [2004] R.D.F. 224 (C.A.) ; *J.C.* c. *Centre de santé et de services sociaux de Laval*, 2013 QCCA 2239. Voir également, en matière de transfert d'un établissement à un autre, *Centre de santé et de services sociaux Pierre-Boucher* c. *P.D.*, 2014 QCCS 1385 ; *Centre de santé et de services sociaux Pierre-Boucher* c. *P.D.*, 2013 QCCS 4057.

35. *Loi sur les services de santé et les services sociaux*, RLRQ, c. S-4.2, art. 9.

36. D. Boulet, « Contentions : quand la protection devient un piège, à qui la faute ? », dans Service de la formation permanente, Barreau du Québec, vol. 200, *Responsabilité et mécanisme de protection (2004)*, Cowansville, Éditions Yvon Blais, 2004, p. 127-161 ; P.J. Durand, « Contention physique en soins de longue durée et le paradoxe de la protection », dans Service de la formation permanente, Barreau du Québec, vol. 182, *Pouvoirs publics et protection (2003)*, Cowansville, Éditions Yvon Blais, 2003, p. 165-180.

37. D. Boulet, « Justice ou injustice en santé mentale : le droit, les regards et les perspectives », dans Service de la formation permanente, Barreau du Québec, vol. 182, *Pouvoirs publics et protection (2003)*, Cowansville, Éditions Yvon Blais, p. 85-115.

le cadre de soins psychiatriques il est nécessaire d'obtenir des renseignements auprès des proches afin de mieux établir le diagnostic, le fait de recueillir cette information constitue un élément intrinsèque de la thérapeutique et donc un soin au sens de l'article 11 C.c.Q.[38].

On constate non seulement que la notion de soins est englobante, mais que le législateur a tendance à la ramifier. En effet, la loi utilise une série de qualificatifs pour désigner des soins particuliers qui appellent des solutions distinctes. Or le législateur ne définit pas ces notions. Ainsi et indépendamment de la distinction déjà soulignée entre *les soins requis* et *les soins non requis par l'état de santé*, dont l'étanchéité est loin d'être évidente, la loi traite de *soins inutiles*, de *soins inusités*, de *soins innovateurs*, de *soins d'hygiène*, de *soins qui présentent un risque sérieux*, de *soins qui peuvent causer des effets graves et permanents*, de *soins dont les conséquences peuvent être intolérables pour la personne*... Il y a donc place à interprétation et cela n'est pas rassurant pour le sujet dont on prétend pourtant assurer la protection[39] !

B. Le consentement aux soins

1. La nécessité du consentement

107 – *Nécessité, caractères et fondement* – Le consentement est la pierre angulaire de tout le système ; c'est lui qui vient concrétiser le droit à l'autonomie et qui rend licite l'atteinte portée au corps humain. Analysée traditionnellement comme une condition nécessaire à la formation du contrat qui fonde la relation patient-médecin[40], l'exigence du consentement nous renvoie aujourd'hui à la

38. En ce sens, M.T. Giroux, « Opposition du patient à une rencontre entre ses proches et son médecin dans un contexte psychiatrique », dans Service de la formation continue, Barreau du Québec, vol. 330, *La protection des personnes vulnérables*, Cowansville, Éditions Yvon Blais, 2011, p. 3, 16.
39. Sur l'ambiguïté de ces expressions et la confusion qui peut en résulter, voir R.P. Kouri et S. Philips-Nootens, *L'intégrité de la personne et le consentement aux soins*, 2e éd., Cowansville, Éditions Yvon Blais, 2005, no 92, p. 271 (ci-après cité : - *L'intégrité de la personne*).
40. Voir P.A. Crépeau, *La responsabilité civile du médecin et de l'établissement hospitalier*, Montréal, Wilson & Lafleur, 1956 ; « La responsabilité civile de l'établissement hospitalier en droit civil canadien », (1981) 26 *McGill L.J.* 673 ; A. Bernardot et R.P. Kouri, *La responsabilité civile médicale*, Sherbrooke, Revue de droit de Sherbrooke, 1980, nos 146 et s., p. 103 et s. ; S. Philips-Nootens, P. Lesage-Jarjoura et R.P. Kouri, *Éléments de responsabilité civile médicale*, 3e éd., Cowansville, Éditions Yvon Blais, 2007.

théorie des droits fondamentaux[41]. Sauf exception prévue par la loi, les intervenants du domaine de la santé sont tenus d'obtenir le consentement du patient. Du point de vue du droit civil, comme au plan de la déontologie[42], il s'agit pour eux d'un devoir, auquel sont également rattachées des sanctions pénales[43].

Le consentement doit exister, bien entendu. Mais, il doit aussi être libre et éclairé, au même titre que ses corollaires, le refus et l'interruption de traitement. Le consentement s'analyse comme un processus ; il représente un rapport entre le patient et son médecin et non pas un « instant déterminé »[44]. Le consentement peut être initial et couvrir tous les actes médicaux courants du médecin traitant[45]. Mais le principe de la nécessité du consentement emporte pour la personne le droit de faire interrompre un traitement, une investigation ou toute autre procédure qui aurait pu être amorcée, dans la mesure où la chose est possible[46].

Dans les cas d'inaptitude, que nous verrons plus loin en détail, il convient d'avoir recours au consentement substitué, c'est-à-dire au consentement d'une personne habilitée à représenter le patient qui, en raison de son âge ou de son état physique ou mental, est incapable d'exprimer lui-même sa volonté. Il existe par ailleurs des circonstances où le consentement n'est pas nécessaire, par exemple dans certaines situations d'urgence. Dans des cas exceptionnels, les soins

---

41. P.A. Molinari, « La prestation de soins de santé et le respect des droits fondamentaux », dans *Études offertes à Jean-Marie Auby*, Paris, Dalloz, 1992, p. 771, 778. Voir également F. Allard, « *La Charte des droits et libertés de la personne* et le *Code civil du Québec* : des textes fondamentaux et complémentaires du droit québécois dans une relation d'harmonie ambiguë », dans Barreau du Québec, *La Charte québécoise, origines, enjeux, perspectives*, (2005) *R. du B.* (nº hors série) 33, 65-75 ; C. Gendreau, *Le droit du patient psychiatrique de consentir à un traitement : élaboration d'une norme internationale*, Montréal, Éditions Thémis, 1996, p. 19 ; D. Poirier, « La protection juridique des personnes âgées ou handicapées et la *Charte canadienne des droits et libertés* », (1991) 23 *R.D. Ottawa* 553, 556.
42. Art. 1457 C.c.Q. et *Code de déontologie des médecins*, RLRQ, c. M-9, r. 17, art. 28 et 29.
43. Sous réserve des cas d'immunité prévus par la loi, le fait d'administrer un traitement sans avoir obtenu au préalable le consentement du patient (ou de son représentant) est qualifié de voies de fait au sens de l'article 265 C.cr.
44. M. Ouellette, « Les personnes et la famille », dans *Le nouveau Code civil du Québec : un bilan*, Collection Études critiques, Montréal, Wilson & Lafleur, 1995, p. 5, 12.
45. *Lacasse* c. *Lefrançois*, EYB 2007-122339 (C.A.).
46. *Ciarlariello* c. *Schacter*, [1993] 2 R.C.S. 119, 136, EYB 1993-68611. Sur le retrait du consentement en cours de procédure, voir S. Philips-Nootens, P. Lesage-Jarjoura et R.P. Kouri, *op. cit.*, note 40, nº 215 et R.P. Kouri et S. Philips-Nootens, *op. cit.*, note 39, nºs 379 à 382.

pourront être administrés nonobstant le refus de la personne ou de son représentant.

2. La capacité à consentir aux soins

108 – *La capacité à consentir aux soins : une approche fonctionnelle*. En principe, la capacité s'entend comme « l'aptitude décrétée par la loi à s'obliger par acte juridique »[47]. En matière de soins, elle renvoie plutôt à la notion de « compétence » ou d'aptitude mentale à consentir, à un moment précis, notion qui relève davantage d'un jugement clinique[48]. Elle implique que le patient soit à même de recevoir et de comprendre l'information[49], qu'il soit capable de raisonner, d'évaluer les conséquences de ses choix dans une situation donnée et qu'il soit capable de les exprimer[50]. En d'autres termes, il s'agit d'une donnée factuelle qui s'apprécie indépendamment de la situation juridique de l'individu ou, plus précisément, de sa capacité légale[51]. On ne peut donc prendre prétexte de ce qu'une personne est sous régime de protection pour passer outre à l'exigence du consentement[52]. Comme le souligne la Cour d'appel, « l'aptitude à consentir à des soins médicaux donnés est soumise à une évaluation particulière qui, si la personne concernée est sous le coup d'un régime de protection, peut être diffé-

---

47. J.-L. Baudouin, P.G. Jobin et N. Vézina, *Les obligations*, *op. cit.*, note 19, nº 362, p. 385.
48. Sur la difficulté clinique de conclure à l'inaptitude, voir D. Geneau, « Évaluation clinique de l'aptitude chez le majeur », dans Service de la formation continue, Barreau du Québec, vol. 378, *La protection des personnes vulnérables*, Cowansville, Éditions Yvon Blais, 2014, p. 53 ; M. Beaulieu et S. Philips-Nootens, « La détermination de l'inaptitude de la personne âgée au carrefour des disciplines : le défi du respect de l'autonomie », dans Service de la formation continue, Barreau du Québec, vol. 378, *La protection des personnes vulnérables*, Cowansville, Éditions Yvon Blais, 2014, p. 143 ; A.-M. Veilleux, « Le constat de l'inaptitude à consentir aux soins : par qui et comment ? », dans Service de la formation continue, Barreau du Québec, vol. 344, *La protection des personnes vulnérables*, Cowansville, Éditions Yvon Blais, 2013, p. 3.
49. Sur l'importance pour les personnes vulnérables d'une information sur leurs droits qui soit adaptée à leur situation, voir E. Bernheim, « Repenser la vulnérabilité sociale en termes d'égalité réelle : une contribution des droits de la personne », dans Service de la formation continue, Barreau du Québec, vol. 330, *La protection des personnes vulnérables*, Cowansville, Éditions Yvon Blais, 2011, p. 189.
50. *Starson* c. *Swayze*, [2003] 1 R.C.S. 722, REJB 2003-42849 ; *M.B.* c. *Hôpital-Le-Gardeur*, précité, note 34 ; *Institut Philippe-Pinel* c. *A.G.*, [1994] R.J.Q. 2523, 2528, EYB 1994-64538 (C.A.) (requête pour permission d'appeler à la Cour suprême rejetée, [1995] 1 R.C.S. vii). Sur l'ensemble de la question, voir R.P. Kouri et S. Philips-Nootens, *L'intégrité de la personne*, *op. cit.*, note 39, nºs 217-226.
51. R.P. Kouri et S. Philips-Nootens, *L'intégrité de la personne et le consentement aux soins*, 3e éd., Cowansville, Éditions Yvon Blais, 2012, p. 218.
52. *M.C.* c. *Service professionnel du Centre de santé et de services sociaux d'Arthabaska-et-de-l'Érable*, 2010 QCCA 1114.

rente de l'évaluation dont a fait l'objet la raison pour laquelle un tel régime lui a été ouvert [...]. Il peut fort bien arriver qu'une personne soit incapable d'administrer ses biens, tout en étant parfaitement consciente de ses besoins de santé »[53]. L'aptitude ou l'inaptitude à consentir à des soins ne doit pas être confondue avec l'inaptitude générale[54], ni avec des notions comme l'inaptitude particulière à subir son procès, l'absence de responsabilité criminelle pour maladie mentale ou, encore, la dangerosité pour soi-même ou pour autrui[55]. Chacune de ces restrictions à l'exercice des droits de l'individu se définit limitativement et n'emporte pas, en soi, d'inaptitude à consentir à des soins de santé. Il faudra donc, dans chacune des situations, apprécier le degré d'autonomie et de conscience de la personne concernée, d'autant plus que l'aptitude d'une même personne peut changer selon les circonstances[56]. Cet exercice est très complexe sur le plan clinique et comme le souligne un neuropsychologue « [L]intervenant qui en a la responsabilité doit éviter de tomber dans l'un ou l'autre piège qui le guette, soit d'un côté un excès de protection s'associant à un paternalisme dans lequel, au nom de la sécurité, les droits à l'autonomie du majeur sont déniés, soit au contraire un laisser-aller qui, au nom de l'autonomie, exposera (la personne) à des situations de risques qu'il ne pourra assumer compte tenu de son état. Entre ces deux extrêmes, la voie à suivre est parfois bien étroite »[57]. Une chose est certaine, face à un soin donné, la loi prévoit deux scénarios, celui de l'aptitude et celui de l'inaptitude. Il n'y a pas de situation intermédiaire[58]. Et c'est à celui qui invoque l'inaptitude qu'il appartient de la prouver, ce qui, dans bien des cas, nécessitera une expertise médicale[59]. Le tribunal

---

53. M. le juge Delisle dans *Institut Philippe-Pinel* c. *A.G.*, précité, note 50, p. 2529 et 2532.
54. R.P. Kouri et S. Philips-Nootens, « Le majeur inapte et le refus catégorique de soins de santé : un concept pour le moins ambigu », (2003) 63 *R. du B.* 1-28.
55. « La dangerosité devrait être prise en considération au moment où le tribunal s'interroge sur le caractère d'opportunité du traitement et non au moment de l'évaluation de l'inaptitude » : *Institut Philippe-Pinel* c. *A.G.*, précité, note 50, p. 2536.
56. J. Lecomte et C. Caux, « Le consentement aux soins en contexte d'intervention psychosociale : état des connaissances et réflexions », dans Service de la formation continue, Barreau du Québec, vol. 330, *La protection des personnes vulnérables*, Cowansville, Éditions Yvon Blais, 2011, p. 217, 222-223.
57. D. Geneau, « Évaluation clinique de l'aptitude chez le majeur », dans Service de la formation continue, Barreau du Québec, vol. 378, *La protection des personnes vulnérables*, Cowansville, Éditions Yvon Blais, 2014, p. 53, 63.
58. D. Boulet, « Les soins de santé pour le majeur inapte : ce que la Loi ne dit pas », dans Service de la formation continue, Barreau du Québec, vol. 344, *La protection des personnes vulnérables*, Cowansville, Éditions Yvon Blais, 2012, p. 183, 189.
59. Ainsi, dans *Centre de santé et de services sociaux Drummond (Hôpital Ste-Croix)* c. *A.M.*, 2011 QCCS 2622, le tribunal décide que le témoignage d'employés de la

n'est pas lié par les conclusions d'une expertise, mais il doit expliquer les motifs qui l'amènent à les écarter[60]. Par ailleurs, les mineurs dont la capacité d'exercice est en principe réduite se sont-ils vu reconnaître, en matière de soins, comme pour un certain nombre d'actes à caractère personnel, une capacité spéciale. Ils peuvent, dès l'âge de 14 ans, consentir seuls aux soins de santé[61]. Mais cette capacité est elle-même modulée en fonction des circonstances et de la nature des soins.

109 – *Le refus de traitement dans le cas particulier des maladies mentales* – Un individu n'est pas considéré inapte à exprimer un consentement du seul fait qu'il refuse un traitement alors qu'il est atteint d'une maladie mentale[62]. Même si le refus de traitement peut avoir pour conséquence le décès de la personne, ce refus n'est pas en soi une preuve suffisante de l'inaptitude de la personne[63]. Pourtant, en cas de refus de traitement, on semble attacher une importance particulière au déni de la maladie, un critère qui ne fait cependant pas l'unanimité au plan de son utilisation comme au plan de son application, dans le domaine de la psychiatrie. Il semble en effet que les professionnels de la santé se questionnent plus souvent au sujet de l'aptitude de leur patient quand ce dernier exprime un refus que lorsqu'il exprime un consentement, alors qu'on devrait appliquer, dans tous les cas, la même rigueur d'analyse[64].

Ainsi que le soulignent certains auteurs, cette pratique qui consiste, d'une part, à considérer comme incapable un patient qui refuse explicitement un traitement, particulièrement en matière de

---

curatelle publique et d'une travailleuse sociale spécialisée en hébergement de personnes inaptes sont insuffisants pour conclure à l'inaptitude d'une personne que le CSSS veut héberger de force.

60. *Centre hospitalier de l'Université de Montréal (CHUM) – Hôpital Notre-Dame* c. *G.C.*, 2010 QCCA 293.
61. Art. 14, al. 2 C.c.Q. Voir également les articles 153 et 155 C.c.Q. et *infra*, Partie II, Titre I, chap. I.
62. Pour une analyse de la question, voir H. Dorvil, « Autonomie et santé mentale ; relation complexe, mais possible et souhaitable », dans Service de la formation continue, Barreau du Québec, vol. 261, *Autonomie et protection*, Cowansville, Éditions Yvon Blais, 2007, p. 297.
63. *Hôpital Charles-Lemoyne* c. *N.D.*, J.E. 2005-618 (C.Q.).
64. Sur la gestion, par les tribunaux canadiens, de la contradiction entre le modèle juridique qui privilégie l'autonomie de la personne et le modèle médico-social qui privilégie l'intervention dans l'intérêt supérieur de la personne, voir D. Poirier, « La protection juridique des personnes âgées ou handicapées et la *Charte canadienne des droits et libertés* », (1991) 23 *R.D. Ottawa* 553. Voir également D. Blondeau et É. Gagnon, « De l'aptitude à consentir à un traitement ou à le refuser : une analyse critique », (1994) 35 *C. de D.* 651.

soins psychiatriques[65] (certains parlent du « mythe de l'inaptitude du non-obéissant »[66]) et, d'autre part, à considérer capable un patient qui accepte un traitement, c'est-à-dire qui n'y résiste pas, a une double conséquence sur les droits de la personne[67]. La première conséquence consiste à outrepasser la décision des patients qui sont capables de consentir à un traitement mais qui le refusent. Ainsi, on porte atteinte, entre autres, à leur droit à l'autodétermination et à leur droit à l'égalité en rendant impossible l'exercice de ce droit[68]. La deuxième conséquence consiste à priver de la protection d'un tiers une personne incapable qui n'opposerait pas de résistance à l'administration d'un traitement.

Il ne faudrait donc pas que le recours à un tiers décideur, « qu'il s'agisse du mandataire ou du tribunal, ne devienne une technique pour priver une personne de son droit de refuser un traitement recommandé par ses médecins traitants »[69]. Aussi, les tribunaux ont essayé de dégager des critères de détermination de l'inaptitude et ont développé un test en cinq volets, regroupés autour des questions suivantes[70] :

---

65. M.A. Grégoire, « Ces « fous » qui dérangent », dans B. Moore (dir.), *Mélanges Jean-Louis Baudouin*, Cowansville, Éditions Yvon Blais, 2012, p. 41-57.
66. D. Provencher et A. Rainville, « Mythes en droit de la santé mentale : enjeux sociaux et juridiques », dans Service de la formation continue, Barreau du Québec, vol. 315, *La protection des personnes vulnérables*, Cowansville, Éditions Yvon Blais, 2010, p. 143, 152.
67. Sur la relation thérapeutique entre le médecin psychiatre et son patient, voir P.-A. Lafleur, « Je ne suis pas malade, docteur ! », dans Service de la formation permanente, Barreau du Québec, vol. 165, *Être protégé malgré soi (2002)*, Cowansville, Éditions Yvon Blais, 2002, p. 1. Selon certains, toutefois, il semble que les médecins, incluant les médecins psychiatres, « seraient plutôt allergiques à comparaître devant les tribunaux tels que la Cour supérieure ». Ils auraient ainsi « tendance à respecter le refus catégorique du majeur inapte, plutôt que de se lancer dans ce qu'ils perçoivent comme une saga judiciaire, même si c'est la psychose qui motive ce refus » : F. Grunberg, « Réflexion sur le déni psychotique et le refus catégorique aux soins », dans *Le refus catégorique*, A.H.Q., Collection Code civil du Québec, 1993, p. B-4.
68. *Institut Philippe-Pinel* c. *A.G.*, précité, note 50, p. 2542. On soulignera ici que dans le commentaire qui accompagne l'article 16 C.c.Q., on parle d'un refus qualifié : « un refus doit s'apparenter à un refus libre et éclairé et se distinguer du simple réflexe biologique totalement étranger à l'expression de la volonté » : *Comm.*, t. 1, p. 18.
69. Mme la juge LeBel, dans *Institut Philippe-Pinel* c. *Blais*, [1991] R.J.Q. 1974 (C.S.) ; voir également les notes du juge J.-L. Baudouin, dans *M.-W. (J.)* c. *C.-W. (S.)*, [1996] R.J.Q. 229, 335, EYB 1996-71138 (C.A.). C'est pourquoi il est permis d'énoncer que c'est à tort qu'on a pu affirmer que l'autorisation du tribunal participait davantage de la procédure d'homologation : *Québec (Curateur public)* c. *C. (M.)*, J.E. 98 1317, REJB 1998-06599 (C.S.).
70. *Institut Philippe-Pinel* c. *A.G.*, précité, note 50, où la Cour d'appel reprend les critères énoncés à l'article 52(2) du *Hospital Act* de la Nouvelle-Écosse (*Nova Scotia Hospital Act*, R.S.N.S. 1989, ch. 208).

- La personne comprend-elle la nature de la maladie pour laquelle un traitement lui est proposé ?
- La personne comprend-elle la nature et le but du traitement ?
- La personne saisit-elle les risques et les avantages du traitement si elle le subit ?
- La personne comprend-elle les risques de ne pas subir le traitement ?
- La capacité de comprendre de la personne est-elle affectée par sa maladie ?

Les tribunaux réfèrent régulièrement à ce « test » proposé par la Cour d'appel[71], même s'il semble moins approprié lorsque les soins proposés ne sont pas de nature médicale, mais plutôt psychosociale[72]. Ces critères ne sont cependant pas cumulatifs et, en conséquence, ils doivent être considérés dans leur ensemble. Ils appellent aussi certaines nuances. Particulièrement en ce qui concerne la question de savoir si la capacité de comprendre de la personne est affectée par sa maladie, critère qui en pratique joue un rôle important dans la détermination de l'inaptitude[73], il convient d'être circonspect, comme l'a rappelé la Cour suprême dans l'arrêt *Starson* c. *Swayze*[74]. Ainsi, ce n'est pas parce que le patient n'est pas d'accord avec son médecin sur un diagnostic particulier ni, même, avec les soins qui lui sont proposés qu'on peut conclure à son inaptitude. Il faut démontrer que la maladie amène le patient à minimiser, voire à nier, les effets de celle-ci, révélant ainsi une absence d'autocritique[75]. C'est en fonction

71. *Centre de santé et de services sociaux de la Haute-Yamaska* c. *A.*, REJB 2007-114635 (C.S.) (en l'espèce le patient disait que ses hallucinations, effets de la schizophrénie, étaient d'origine divine) ; *Centre hospitalier Robert-Giffard* c. *L. (S.)*, REJB 2006-110523 (C.S.).
72. En ce sens, A.-M. Veilleux, « Le constat de l'inaptitude à consentir aux soins : par qui et comment ? », dans Service de la formation continue, Barreau du Québec, vol. 344, *La protection des personnes vulnérables*, Cowansville, Éditions Yvon Blais, 2013, p. 3, 33.
73. R.P. Kouri et S. Philips-Nootens, *L'intégrité de la personne et le consentement aux soins*, *op. cit.*, note 51, par. 223 ; E. Bernheim, « Le refus de soins psychiatriques est-il possible au Québec ? Discussion à la lumière du cas de l'autorisation aux soins », (2012) 57 *R.D. McGill* 553.
74. *Starson* c. *Swayze*, [2003] 1 R.C.S. 722, REJB 2003-42849.
75. *G.B.* c. *Institut universitaire de santé mentale de Québec*, 2010 QCCA 2188 ; *M.C.* c. *Service professionnel du Centre de santé et de services sociaux d'Arthabaska-et-de-l'Érable*, 2010 QCCA 1114 ; *Centre de santé et de services sociaux de la Haute-Yamaska* c. *G. (C.)*, 2014 QCCS 28 ; *Institut universitaire en santé mentale de Québec* c. *F.D.*, 2012 QCCS 4320.

de l'*état* du patient, c'est-à-dire des manifestations objectivement perceptibles de la maladie, plutôt qu'à l'interprétation qui lui est donnée, que la décision doit être prise. L'important est que, s'il est démontré que le patient est dans un « état psychologique donné, il soit apte à reconnaître qu'il puisse être affecté par cet état » et qu'il comprenne vraiment les paramètres de la décision » qu'il doit prendre, c'est-à-dire la nature et l'objet du traitement, les effets bénéfiques et les risques prévisibles, les autres traitements possibles et les conséquences prévisibles du fait de ne pas le subir[76].

À partir du moment où le patient « montre qu'il comprend ces paramètres – peu importe qu'il juge les renseignements d'une manière différente de celle de son médecin traitant », « qu'il ne leur accorde pas la même valeur, et qu'il ne soit pas d'accord avec le traitement recommandé, il est apte à évaluer la décision qu'il prend »[77] . C'est dire que le recours au tribunal devrait être limité aux cas où le refus opposé par le majeur inapte s'avère « structuré et conscient »[78], quand bien même il peut sembler déraisonnable.

Cet exercice d'appréciation de l'aptitude ou de l'inaptitude de la personne n'est pas à l'abri d'éléments subjectifs et demeurera sujet à controverse[79]. La pratique montre, en effet, qu'il existe un réel

76. M. le juge Major, *ibid.*, par. 80. Dans cette affaire, qui présente de nombreuses similitudes avec celle de l'*Institut Philippe-Pinel* c. *A.G.* (précité, note 50), la Cour suprême avait à interpréter la *Loi sur le consentement aux soins* de l'Ontario dont l'article 4(1) (2) définit la capacité de consentir comme l'aptitude « à comprendre les renseignements pertinents à l'égard de la prise d'une décision concernant le traitement [...] et [...] à évaluer les conséquences raisonnablement prévisibles d'une décision ou de l'absence de décision ».

77. *Ibid.* Voir également *M.B.* c. *Centre hospitalier Pierre-Le-Gardeur*, [2004] R.J.Q. 792, REJB 2004-54544, décision dans laquelle la Cour d'appel du Québec, tout en soulignant la prudence qui est de mise avant d'importer, en droit québécois, des concepts élaborés dans un autre cadre législatif, fait siens, à titre de guides pour les fins de l'examen en cinq questions proposé dans *Institut Philippe-Pinel* c. *A.G.* (précité, note 50), les critères dégagés dans l'affaire *Starson* : M. le juge Chamberland, aux par. 42 à 47. Soulignons que la Cour d'appel n'avait pas à statuer sur le refus par la patiente de prendre sa médication, mais sur son refus du type d'hébergement qui lui était proposé, ce qui nous renvoie à la notion de soins et à sa conception globalisante.Voir aussi *L.P.* c. *Cité de la santé de Laval*, J.E. 2004-1333, EYB 2004-65861 (C.A.), où la Cour d'appel applique également les principes de l'arrêt *Starson*.

78. R.P. Kouri et S. Philips-Nootens, *loc. cit.*, note 54, p. 19.

79. Ce dont témoignent les analyses divergentes, à la lumière de l'arrêt rendu dans l'affaire *Starson*, de la décision rendue dans *Institut Philippe-Pinel* : S. Lussier, « L'arrêt *Gharavy* à la lumière de l'arrêt *Starson* », dans Service de la formation permanente, Barreau du Québec, vol. 200, *Responsabilités et mécanisme de protection (2004)*, Cowansville, Éditions Yvon Blais, 2004, p. 237 et J.-P. Ménard, « Le refus catégorique de soins revu et corrigé. L'aptitude à consentir aux soins

danger, celui de jauger l'aptitude en fonction d'un objectif médical et de conclure un peu rapidement à l'aptitude d'une personne qui accepte le plan d'intervention proposé et à l'inaptitude de celle qui refuse[80]. Ni la preuve qu'un traitement est bénéfique, ni le refus de soins ne permettent de conclure à l'inaptitude[81].

Les tribunaux, lorsqu'ils autorisent l'administration de soins, ont développé la pratique d'assujettir cette autorisation à certains contrôles, en imposant au médecin traitant ou à l'établissement l'obligation de faire rapport périodiquement, soit à la Cour, soit au comité d'évaluation de l'acte médical du Conseil des médecins, dentistes et pharmaciens, à son Comité exécutif ou encore au comité d'éthique de l'établissement[82].

3. Le consentement aux soins doit être libre et éclairé

110 – *Un consentement libre et éclairé* – Le consentement exprimé doit être libre de toute contrainte. Cette affirmation n'exclut évidemment pas la possibilité pour le soignant de se faire insistant et persuasif lorsqu'il y va de l'intérêt du patient[83] tant que cela ne se solde pas par une contrainte. Le consentement doit aussi être éclairé,

---

médicaux : la Cour suprême redéfinit les propositions de la Cour d'appel du Québec », dans Service de la formation permanente, Barreau du Québec, vol. 219, *Famille et protection (2005)*, Cowansville, Éditions Yvon Blais, 2005, p. 295.

80. L. Gauthier et M. Pauzé, « L'évaluation psychosociale dans le cadre des régimes de protection : l'acceptation de la solitude des choix difficiles pour le travailleur social », dans Service de la formation continue, Barreau du Québec, vol. 344, *La protection des personnes vulnérables*, Cowansville, Éditions Yvon Blais, 2012, p. 79, 93 ; S. Philips-Nootens, « L'hébergement forcé : quels intérêts, quels enjeux ? », dans Service de la formation continue, Barreau du Québec, vol. 301, *La protection des personnes vulnérables*, Cowansville, Éditions Yvon Blais, 2009, p. 43, 50.

81. *Hôpital Maisonneuve-Rosemont* c. *M.H.*, 2013 QCCS 974.

82. Sur cette pratique et sur la responsabilité des intervenants et des établissements de santé à l'endroit des patients inaptes, voir J.-P. Ménard, « Les requêtes en autorisation de traitements : enjeux et difficultés importantes à l'égard des droits des personnes », dans Service de la formation continue, Barreau du Québec, vol. 261, *Autonomie et protection (2007)*, Cowansville, Éditions Yvon Blais, 2007, p. 317 ; H. Guay, « Quelles sont les responsabilités des intervenants qui réalisent les diverses évaluations en milieu de santé ? », dans Service de la formation permanente, Barreau du Québec, vol. 200, *Responsabilité et mécanisme de protection (2004)*, Cowansville, Éditions Yvon Blais, 2004, p. 181 ; H. Guay, « Quelles sont les limites à l'intervention d'un établissement de santé pour fins de protection des personnes majeures inaptes ? », dans Service de la formation permanente, Barreau du Québec, vol. 200, *Responsabilités et mécanismes de protection (2004)*, Cowansville, Éditions Yvon Blais, 2004, p. 1.

83. M.T. Giroux, « Contrat thérapeutique et bienveillance exceptionnelle », dans Service de la formation continue, Barreau du Québec, vol. 315, *La protection des personnes vulnérables*, Cowansville, Éditions Yvon Blais, 2010, p. 23, 36.

c'est-à-dire que la personne, avant de s'engager, doit avoir l'information nécessaire pour prendre une décision en toute connaissance de cause[84]. La manière de fournir l'information doit tenir compte de la condition particulière du patient, par exemple en cas de déficience intellectuelle[85]. En d'autres termes, la personne doit pouvoir faire un véritable choix d'accepter ou de refuser les interventions proposées. Cela se traduit pour les acteurs du milieu médical, et plus particulièrement les médecins, par une obligation de renseignement dont l'étendue est cependant loin de faire l'unanimité.

En effet, s'il existe un consensus quant au contenu même de l'obligation d'informer, il en va différemment en ce qui a trait au critère qui doit être utilisé lorsqu'il s'agit de déterminer la suffisance de l'information dans l'établissement du lien de causalité entre le manquement à cette obligation et le préjudice subi par le patient.

4. Le devoir d'information médicale

111 – Le devoir d'information est donc un corollaire du principe de l'inviolabilité de la personne[86]. Dans certains cas, toutefois, le médecin pourra, dans l'intérêt du malade, dissimuler certaines informations. On comprendra que cette exception, qu'on désigne habituellement sous le nom de « privilège thérapeutique », doit s'interpréter restrictivement[87].

112 – *L'étendue du devoir d'information et la norme du test objectif de divulgation* – Deux décisions rendues dans les années 1980 par la Cour suprême du Canada, *Hopp* c. *Lepp*[88] et *Reibl* c. *Hughes*[89], ont

---

84. Art. 10 et 11 C.c.Q. En ce sens, le consentement éclairé ne se résume pas à l'apposition d'une signature au bas d'un formulaire : *Cantin-Cloutier* c. *Gagnon*, [2002] R.R.A. 75, REJB 2000-21212 (C.S.) ; *Daigle* c. *Lafond* (C.S., 2006-09-08), 2006 QCCS 5136, EYB 2006-110324.
85. J. Lecomte et C. Caux, « Enjeux et perspectives en vue d'une intégration des aspects cliniques, organisationnels et légaux dans l'intervention auprès des personnes présentant une déficience intellectuelle ou un trouble envahissant du développement », dans Service de la formation continue, Barreau du Québec, vol. 301, *La protection des personnes vulnérables*, Cowansville, Éditions Yvon Blais, 2009, p. 149, 156.
86. J.-L. Baudouin et P. Deslauriers, *La responsabilité civile*, 7e éd., Cowansville, Éditions Yvon Blais, 2007, vol. II, no 2-47. Voir également l'article 8 de la *Loi sur les services de santé et les services sociaux*, précitée, note 15 et les articles 28 et 29 du *Code de déontologie des médecins*, précité, note 42.
87. Art. 57 du *Code de déontologie des médecins*, précité, note 42. Pour une analyse de la question, voir R.P. Kouri et S. Philips-Nootens, *L'intégrité de la personne et le consentement aux soins*, *op. cit.*, note 39, no 358.
88. *Hopp* c. *Lepp*, [1980] 2 R.C.S. 192.
89. *Reibl* c. *Hughes*, [1980] 2 R.C.S. 880.

profondément modifié le droit applicable. Bien que limités, dans leur portée, à la common law, ces deux arrêts ont fortement influencé la jurisprudence québécoise. Il en est résulté toute une controverse.

Du point de vue du droit civil, en effet, le consentement constitue la rencontre, non pas de volontés abstraites, mais bien de volontés individuelles : « ce que le praticien est tenu de révéler ou même, à l'occasion de passer sous silence, doit, en tenant compte des circonstances particulières de chaque cas, s'apprécier *in abstracto*, c'est-à-dire selon la norme abstraite de la diligence du praticien avisé et prudent, tout en se rappelant qu'il doit s'assurer *in concreto* que le patient a compris les explications fournies et a pu dès lors donner un consentement éclairé »[90]. C'est dire qu'en principe, un médecin n'est tenu de révéler que « les risques probables » et non pas « tous les risques possibles »[91]. Un principe à propos duquel les deux arrêts précités sont venus créer une certaine confusion en droit québécois. Dans l'affaire *Hopp* c. *Lepp* tout d'abord, le juge en chef Laskin en est venu à la conclusion que les chirurgiens doivent « divulguer la nature de l'opération envisagée, sa gravité, tous risques *importants* et tous risques particuliers ou inhabituels que présente cette opération »[92]. Doivent également être dévoilés tous les risques possibles dont les conséquences pourraient être graves même si leur réalisation est peu probable[93]. Dans l'affaire *Reibl* c. *Hughes*, le juge Laskin, reprenant les conclusions[94] auxquelles il en était arrivé dans l'arrêt *Hopp*, poursuit son raisonnement et propose de remplacer, dans l'appréciation du lien de causalité, le critère du médecin raisonnable jusqu'alors

90. P.-A. Crépeau, *L'intensité de l'obligation juridique ou des obligations de diligence, de résultat et de garantie*, Cowansville, Éditions Yvon Blais, 1989, p. 52, 53. Voir également R.P. Kouri, « L'influence de la Cour suprême sur l'obligation de renseigner en droit médical québécois », (1984) 44 *R. du B.* 851.
91. L. Potvin, *L'obligation de renseignement du médecin. Étude comparée du droit québécois, français et du common law canadien*, Collection Minerve, Cowansville, Éditions Yvon Blais, 1984, p. 29-29 ; P.-A. Crépeau, *op. cit.*, note 90, p. 53 ; J.-L. Baudouin et P. Deslauriers, *La responsabilité civile*, *op. cit.*, note 86, n°s 2-50 et 2-51.
92. *Hopp* c. *Lepp*, précité, note 88, p. 210.
93. *Ibid.*, p. 209.
94. *Reibl* c. *Hughes*, précité, note 89, p. 894 : « Le devoir de divulgation du médecin s'applique aussi bien à ce qu'il sait ou devrait savoir qu'un certain patient considère pertinent à la décision de subir ou non le traitement prescrit, *qu'aux risques importants* que les connaissances médicales requises permettent d'identifier » (nos italiques). Pour une analyse de cette décision du point de vue de la common law, voir M.A. Sommerville, « Structuring the Issues in Informed Consent », (1981) 26 *McGill L.J.* 740, 754-755.

suivi par la common law, pour le remplacer par une norme objective, celle du patient raisonnable[95].

La doctrine québécoise a dénoncé avec vigueur une certaine tendance des tribunaux québécois à accueillir, inconditionnellement, les principes de common law des arrêts *Hopp* et *Reibl*[96]. Pour certains, le critère objectif auquel font appel ces décisions est non seulement contraire à la tradition civiliste, mais il entre également en conflit avec le droit à l'autonomie des individus qui ont « le droit d'être déraisonnables [...] et d'agir à l'encontre de leurs propres intérêts »[97].

Ces deux tendances qui participent de traditions différentes ne sont cependant pas irréconciliables. Ainsi, la Cour d'appel du Québec, qui dans un premier temps s'était montrée divisée sur la question, s'est orientée depuis vers une solution de compromis en développant le test de « raisonnabilité subjective » ou de « subjectivité rationnelle ». Il s'agit en fait d'« apprécier, en fonction de la nature du risque et de la preuve, quelle aurait été la réponse raisonnable du patient en l'instance et non de l'homme raisonnable dans l'abstrait »[98], une approche qui concilie en quelque sorte une règle de fond, celle de l'appréciation subjective des risques qui auraient été acceptés par le patient, et une règle de preuve, en vue de permettre au juge, à partir d'un test objectif, d'évaluer la crédibilité à accorder à son témoignage[99].

---

95. *Ibid.*, p. 894 à 900, principe qui a été repris et explicité par le juge Cory dans *Ciarlariello* c. *Schacter* : « Pour décider si un risque est important et doit en conséquence être expliqué au patient, il convient d'adopter un point de vue objectif. La question clé dans cette décision est de savoir si une personne raisonnable se trouvant dans la situation du patient souhaiterait connaître le risque » (p. 237). Voir également R.P. Kouri et S. Philips-Nootens, *L'intégrité de la personne et le consentement aux soins*, *op. cit.*, note 51, par. 179 et s.
96. R.P. Kouri, « L'obligation de renseigner en matière de responsabilité médicale et la « subjectivité rationnelle » : mariage de convenance ou mésalliance ? », (1994) 24 *R.D.U.S.* 345.
97. R.P. Kouri, *loc. cit.*, note 90, p. 858. Il faut reconnaître, sur ce point, que l'exercice risque d'atteindre un tel degré d'abstraction qu'on peut s'interroger sur la possibilité pour le patient de prendre une décision tout court. D'une part, celui-ci risque d'être « submergé par l'information » et, d'autre part, « le médecin pourrait fournir tous les renseignements désirés par une personne raisonnable, mais ne pas divulguer ce que *ce* patient, compte tenu de son intelligence, de son caractère, de sa nervosité, etc., aurait voulu savoir, précisément à cause d'éléments qui lui sont propres » : R.P. Kouri et S. Philips-Nootens, *L'intégrité de la personne*, *op. cit.*, note 39, n° 267.
98. M. le juge Brossard, dans *Pelletier* c. *Roberge*, [1991] R.R.A. 726, EYB 1991-63575 (C.A.). C'est aussi l'approche qui, depuis lors, semble avoir été retenue par la Cour suprême en droit civil : *Marcoux* c. *Bouchard*, [2001] 2 R.C.S. 726, REJB 2001-25654.
99. J.-L. Baudouin et P. Deslauriers, *La responsabilité civile*, *op. cit.*, note 86, n° 2-65 ; S. Philips-Nootens, P. Lesage-Jarjoura et R.P. Kouri, *op. cit.*, note 40, n° 192.

113 – Lorsqu'on considère les éléments qui sont nécessaires à une prise de décision éclairée, en ce qui concerne les soins requis par l'état de santé, la doctrine et la jurisprudence s'accordent pour dire que le patient doit être informé sur les éléments suivants : la nature de sa maladie (diagnostic) ; la nature et l'objectif de l'intervention ou du traitement envisagé ; les chances de réussite ou d'échec ; les risques courus ; les effets escomptés ; les choix thérapeutiques possibles (alternatives) ; les conséquences d'un défaut d'intervention ou de traitement. Par ailleurs, si la question de la pertinence des risques qui doivent être divulgués fait toujours l'objet de controverses, il est au moins deux paramètres autour desquels jurisprudence et doctrine se rencontrent, soit la probabilité de leur matérialisation, c'est-à-dire l'évaluation, sur un plan statistique, de leur probabilité d'actualisation (en d'autres termes, la fréquence) et la gravité ou la sévérité de leur réalisation pour le patient. En d'autres termes, « plus un risque peut entraîner des conséquences graves même s'il ne survient que rarement, plus le risque doit être considéré comme important. Inversement, une fréquence élevée d'un risque somme toute mineur doit également être considérée comme importante »[100]. Dans l'un et l'autre cas, le patient doit en être informé.

Par contre, le standard de divulgation retenu par les tribunaux est beaucoup plus exigeant, lorsqu'il s'agit de soins à caractère facultatif[101], qui ne sont donc pas requis par l'état de santé[102] ou encore de soins qui ne sont pas encore considérés dans la pratique médicale comme des soins standards. On parlera alors, dans ce dernier cas, de soins innovateurs, de thérapie expérimentale ou d'expérimentation ou « recherche susceptible de porter atteinte à l'intégrité »[103]. Inversement, dans les situations d'urgence, les standards seront généralement moins élevés.

100. F. Tôth, « L'obligation de renseignement du médecin en droit civil québécois », dans *Responsabilité médicale et hospitalière. Aspects éthiques et juridiques*, Canadian Institute, Montréal, 1990, p. 1, 22.

101. Parfois qualifiés erronément de *soins électifs*, notion qui renvoie à des traitements qui peuvent être requis par l'état de santé mais dont la mise en œuvre peut être différée : R.P. Kouri et S. Philips-Nootens, *L'intégrité de la personne*, *op. cit.*, note 39, n° 294.

102. Voir, par exemple, *Meloche* c. *Bernier*, [2005] R.R.A. 172, EYB 2005-86371 (C.S.) (niveau d'information requise en cas de chirurgie esthétique).

103. La *Loi modifiant le Code civil et d'autres dispositions législatives en matière de recherche*, L.Q. 2013, c. 17 a remplacé le terme « expérimentation », qui était l'expression usuelle jusqu'alors, par l'expression « recherche susceptible de porter atteinte à l'intégrité ».

5. Le consentement substitué

114 – *Le consentement substitué ou la volonté pour autrui*. Lorsque la personne est inapte à consentir ou à refuser des soins, la loi lui désigne un représentant qui se substituera au patient. La loi ne présume jamais le consentement d'une personne qui ne peut consentir personnellement[104]. Pour les enfants et les adolescents, ce rôle est assumé par le titulaire de l'autorité parentale ou le tuteur (art. 14 C.c.Q.), alors qu'en ce qui concerne les majeurs, le Code prévoit une liste de représentants, selon les scénarios : le mandataire, le tuteur ou le curateur, le conjoint, un proche parent, une personne qui démontrent pour la personne un intérêt particulier (art. 15 C.c.Q.). À l'occasion de la réforme de la *Loi sur la curatelle publique*[105], le législateur a institué un mécanisme de représentation fondé sur le respect de l'autonomie de la personne. *Le mandat donné en prévision de l'inaptitude* (ou *mandat de protection*[106]), régi aujourd'hui par les articles 2166 et s. C.c.Q., permet à une personne d'aménager de façon particulière son régime de protection, advenant son inaptitude. Cela peut inclure sa représentation en ce qui a trait aux actes à caractère personnel, comme le sont les actes médicaux[107]. Le Code prévoit par ailleurs, de manière supplétive, un mécanisme de représentation informelle pour l'adulte inapte à consentir et qui n'a pas fait de mandat de protection en ce qui concerne sa personne et qui n'est pas pourvu d'un tuteur ou d'un curateur. Ici encore, l'esprit qui sous-tend

---

104. Voir, à ce sujet, la comparaison entre le système ontarien, qui exige également un consentement substitué, et le système de la Colombie-Britannique, qui a instauré, dans une certaine mesure, une présomption de consentement : S.N. Verdun-Jones et M.S. Lawrence, « The Charter Right to Refuse Psychiatric Treatment: A Comparative Analysis of the Laws of Ontario and British Columbia Concerning the Right of Mental-Health Patients to Refuse Psychiatric Treatment », (2013) 46:2 *U.B.C. Law Review* 489.

105. *Loi sur la curatelle publique et modifiant le Code civil et d'autres dispositions législatives*, L.Q. 1989, c. 54.

106. Le *Code de procédure civile* de 2014 indique en son article 778 que dans les lois (incluant le Code civil) et leurs textes d'application, l'expression « mandat de protection » remplace « mandat en prévision de l'inaptitude », « mandat donné en prévision de l'inaptitude », « mandat d'inaptitude » ou toute expression au même effet.

107. Il convient donc d'examiner le mandat lui-même pour savoir si le mandataire s'est vu confier ou non le gouvernement de la personne du mandant : *S.B.* c. *Kemp*, J.E. 2005-147, EYB 2004-81535 (C.S.). À titre d'illustration particulière, à propos du refus par le mandataire de cesser tout traitement, contrairement à la volonté du mandant, voir *Centre de santé et de services sociaux Richelieu-Yamaska* c. *M.L.*, J.E. 2006-918, EYB 2006-104015 (C.S.) ; J.P. Ménard, « Mandat en prévision d'inaptitude et consentement aux soins », dans Service de la formation permanente, Barreau du Québec, vol. 165, *Être protégé malgré soi (2002)*, Cowansville, Éditions Yvon Blais, 2002, p. 129.

la législation est de respecter, dans toute la mesure du possible, la volonté qu'aurait pu exprimer, même tacitement, la personne concernée avant la survenance de son inaptitude. En effet, dans de telles circonstances, on fera appel aux personnes qui sont en principe le plus proche du patient dont on a constaté l'inaptitude et qui sont les plus susceptibles de connaître ses volontés. Ainsi, à défaut de mandat et en l'absence de régime de protection, ce sont, dans un ordre hiérarchique, le conjoint, le mot étant entendu ici dans son sens le plus large (personne mariée, en union civile ou conjoint de fait) ; à défaut de conjoint ou en cas d'empêchement de ce dernier, ce sont les proches, *i.e.* les membres de la parenté ou une personne qui démontre pour le majeur un intérêt particulier qui seront appelés à consentir ou à refuser les soins requis par son état de santé. Mais en privilégiant tout à la fois les liens du sang et de l'affectivité, le législateur a aussi ouvert la porte à d'éventuels conflits. En effet le Code, à l'endroit des proches, ne prévoit pas de hiérarchie, pas plus qu'il n'en établit entre ceux-ci et la personne qui démontre pour le majeur inapte un intérêt particulier. Or ces personnes peuvent avoir des visions différentes de l'intérêt du patient. On peut penser aussi au conflit qui pourrait opposer le conjoint de fait au conjoint marié, ou uni civilement, alors que la situation matrimoniale ne serait pas liquidée. Certains avancent l'idée qu'il faudrait donner priorité au conjoint qui vit maritalement avec la personne inapte en raison d'une sorte de présomption de proximité[108]. Pourtant, la loi ne prévoit pas une telle hiérarchie alors qu'elle le fait entre les autres catégories de personnes. Il nous semble donc que dans de telles circonstances, à défaut de conciliation entre ces personnes, et dans la mesure où le temps le permet, le recours au tribunal s'impose.

Quant à la personne qui démontre pour le majeur un intérêt particulier, on peut penser aux liens d'amitié qui ont pu se développer au fil des ans, mais aussi plus largement à toute personne qui au gré des relations professionnelles, familiales ou sociales, a développé à l'égard de la personne des liens qui l'amène à se soucier du bien-être de celle-ci. On pourrait penser au mandataire désigné dont le mandat n'aurait pas encore pris effet. Ici encore se pose la question d'une possible dissension entre ces personnes, car la loi est muette à ce sujet. Encore une fois, c'est donc le recours au tribunal qui s'impose, car il n'appartient pas au soignant de « choisir » parmi les proches celui qui

---

108. D. Boulet, « Les soins de santé pour le majeur inapte : ce que la Loi ne dit pas », dans Service de la formation continue, Barreau du Québec, vol. 344, *La protection des personnes vulnérables*, Cowansville, Éditions Yvon Blais, 2012, p. 183, 190.

assumera le rôle de représentant de la personne inapte[109]. Il convient de souligner également le rôle joué par le curateur public à l'endroit des personnes qui n'ont pas de régime de protection et qui sont complètement isolées, *i.e.* qui n'ont ni conjoint, ni parents ou amis[110].

115 – Fallait-il que la loi habilite les proches, au cas d'empêchement du représentant légal (ou conventionnel), à consentir aux soins requis par son état de santé[111] ? Il nous semble que ce serait leur permettre d'empiéter sur les responsabilités et les pouvoirs du représentant légal que de leur confier ce pouvoir résiduaire, notamment dans les cas de situations conflictuelles au sein de la famille[112]. Ce mécanisme de représentation supplétif (c'est-à-dire en dehors du mandat, de la tutelle ou de la curatelle) n'englobe pas les soins à finalité non thérapeutique, auxquels seul le représentant légal (tuteur ou curateur) ou conventionnel (mandataire) est habilité à consentir. Par contre, advenant l'hypothèse où un majeur devient inapte subitement et où les délais ne permettent pas de lui attribuer un représentant légal en temps utile, le conjoint ou, à défaut, les autres personnes autorisées aux termes de l'article 15 C.c.Q. à consentir aux soins requis par son état de santé, se voient investis du pouvoir de consentir à une recherche susceptible de porter atteinte à l'intégrité sur sa personne. Ces proches peuvent également donner un consentement à une telle recherche lorsque celle-ci ne comporte qu'un risque minimal (art. 21, al. 6 C.c.Q.).

116 – *Les facteurs décisionnels* – L'intervention d'une tierce personne en matière de soins de santé doit toujours se faire avec le souci de protéger la personne représentée. On comprend donc que le consentement substitué soit strictement balisé. À cette fin, le législateur a fixé un certain nombre de paramètres que les personnes autorisées à consentir pour autrui doivent observer. L'article 12 C.c.Q. apparaît comme le petit guide destiné aux représentants en matière médicale.

---

109. En ce sens, D. Boulet, *loc. cit.*, note 108, p. 192.
110. F. Dupin, « Le curateur public : mode d'emploi et interface avec les autres organismes », dans Service de la formation permanente, Barreau du Québec, *Pouvoirs publics et protection (2003)*, Cowansville, Éditions Yvon Blais, 2003, p. 127.
111. R.P. Kouri et S. Philips-Nootens, *L'intégrité de la personne*, *op. cit.*, note 39, n° 416.
112. Voir, à titre d'exemple, *P.A.* c. *Hôpital de Rivière-des-Prairies*, [2000] R.J.Q. 2070, REJB 2000-19710 (C.S.).

Cette disposition n'est pas très élaborée[113] mais elle énonce tout de même les grands principes qui doivent inspirer toute personne dont la mission est d'accepter ou de refuser les soins pour une autre personne. Ce « guide » doit également être respecté par le tribunal lorsqu'il est appelé à se prononcer sur une autorisation de soins. Selon cette disposition, le représentant doit « agir dans le seul intérêt de la personne concernée, en tenant compte, dans la mesure du possible, des volontés que cette dernière a pu manifester » (art. 12, al. 1 C.c.Q.). Encore faut-il que cette volonté puisse être clairement prouvée, particulièrement lorsqu'il s'agit d'un cas de refus de soins et que l'absence de soins a des conséquences graves sur la santé, voire sur la vie de la personne[114]. Vérifier les volontés de la personne peut, dans certains cas, impliquer pour le représentant le fait de s'informer auprès des proches[115]. Si le représentant exprime un consentement, il doit s'assurer que « les soins seront bénéfiques, malgré la gravité et la permanence de certains de leurs effets, qu'ils sont opportuns dans les circonstances et que les risques présentés ne sont pas hors de proportion avec le bienfait qu'on en espère » (art. 12, al. 2 C.c.Q.). Il s'agit donc de critères à la fois objectifs et subjectifs, distincts et reliés. L'intérêt du patient s'appréciera, dans un premier temps, à la lumière du pronostic et de la proportionnalité entre les risques courus et les bienfaits escomptés. Mais des soins qui pourraient paraître *a priori* bénéfiques du point de vue des avantages et des inconvénients (par exemple, un traitement dont les effets secondaires sont minimes) peuvent néanmoins ne pas être opportuns dans les circonstances, par exemple en raison du fait qu'ils iraient à l'encontre de l'intérêt psychique du patient[116] ou parce qu'ils seraient contraires à ses valeurs, ses croyances ou ses opinions. Il est à noter que dans le projet de loi sur

---

113. Moins élaborée en tout cas que de nombreuses législations nord-américaines sur les directives anticipées (D.L. Ambrosini, « Ulysses Contracts, Autonomy and the "Self-Binding" Problem: Legal and Ethical Perspectives », dans Service de la formation continue, Barreau du Québec, vol. 315, *La protection des personnes vulnérables*, Cowansville, Éditions Yvon Blais, 2010, p. 107.

114. C'est ainsi que dans une affaire où les parents refusent la continuation des soins pour leur fille de 22 ans qui est dans le coma à la suite d'une overdose d'héroïne, le tribunal conclut que la preuve ne démontre pas clairement la volonté de cette jeune adulte de se suicider et, par voie de conséquence, de refuser les soins qui lui permettraient de survivre : *CHU de Québec* c. *M.G.*, 2014 QCCS 1404.

115. M.T. Giroux, « Le représentant légal se trouve-t-il dans l'obligation éthique de consulter les proches de son pupille avant de consentir à des soins ? », dans Service de la formation permanente, Barreau du Québec, vol. 219, *Famille et protection (2005)*, Cowansville, Éditions Yvon Blais, 2005, p. 275-293.

116. *Douglas Hospital* c. *C.T.*, [1993] R.J.Q. 1128, EYB 1992-74087 (C.S.) : une demande d'autorisation visant à procéder à des examens en vue de vérifier l'existence d'un cancer du poumon est refusée par le tribunal en raison de la peur panique qu'ils suscitaient chez le patient.

les soins de fin de vie de 2013[117], il est prévu que les volontés exprimées par une personne deviennent contraignantes lorsqu'elles respectent les conditions de fond et de forme énoncés dans la loi. Ce projet répond ainsi à la délicate question de l'effet obligatoire des directives médicales anticipées, en y rattachant un formalisme et des mécanismes d'encadrement, notamment par la création d'un registre des directives médicales anticipées.

Autorisées par la loi à consentir pour autrui, les personnes ainsi habilitées ont le droit de recevoir toute l'information nécessaire pour donner un consentement libre et éclairé. On comprend que dans ces circonstances, on ait fait exception aux règles relatives à la confidentialité du dossier médical qu'elles sont autorisées à consulter[118].

117 – *Le testament de vie* – On désigne généralement sous cette expression (ou sous l'expression *testament biologique*) le document par lequel une personne a énoncé un certain nombre d'instructions en rapport avec les soins administrés en fin de vie. Il s'agit généralement de directives visant à refuser tout acharnement thérapeutique en fin de vie. Même si le Code ne réglemente pas le testament de vie de façon particulière, on peut dire que ce document est implicitement visé par l'article 12 C.c.Q. qui énonce qu'il convient *dans la mesure du possible* de tenir compte des volontés que la personne a pu exprimer relativement aux soins, quels qu'ils soient. Cela inclut donc le testament de vie[119]. On peut donc dire que le testament de vie ne s'impose pas abso-

---

117. *Loi sur les soins de fin de vie*, P.L. 52, Assemblée nationale du Québec, 1re sess., 40e Législature. Ce projet a été déposé, discuté en commission des institutions, pour mourir au feuilleton en raison du déclenchement des élections provinciales en mars 2014. Il a finalement été adopté le 5 juin 2014.

118. *Loi sur les services de santé et les services sociaux*, précitée, note 15, art. 22. Voir également l'article 18, al. 1(4) et (7) de la *Loi sur la protection des renseignements personnels dans le secteur privé*, RLRQ, c. P-39. En ce qui concerne l'accès aux dossiers des personnes mineures, voir l'article 21 de la *Loi sur les services de santé et les services sociaux*, précitée, note 15.

119. *Comm.*, t. I, p. 14. Sur le testament de vie, voir D. Chalifoux, « Les directives préalables de fin de vie et les pouvoirs publics », dans Service de la formation permanente, Barreau du Québec, vol. 182, *Pouvoirs publics et protection (2003)*, Cowansville, Éditions Yvon Blais, 2003, p. 1-54 ; P. Duchaine, « Réflexion sur le "living will" de common law dans le contexte du droit civil québécois », (2000) 102 *R. du N.* 393 ; G. Mullins, « Le refus de soins requis : quand la vague de l'intervention se brise sur les rochers du droit », dans Service de la formation permanente, Barreau du Québec, *Être protégé malgré soi*, Cowansville, Éditions Yvon Blais, 2002, p. 117 ; M. Ouellette, « Nancy B. et les volontés de fin de vie », (1993) 1 *C.P. du N.* 1 ; « Le testament de vie », dans G. Durand et C. Perrotin (dir.), *Contribution à la réflexion bioéthique, Dialogue France-Québec*, Collection « Vie, santé, valeurs », Montréal, Fides, 1991, p. 203 ; M. Lord, « Le consentement libre et éclairé et le testament biologique », (1994) 16 *R.P.F.S.* 650.

lument au représentant, mais que ce dernier doit en tenir compte dans la mesure où ce document fait effectivement état de la volonté exprimée par la personne. L'efficacité du testament de vie dépend donc en bonne partie de la mesure dans laquelle il reflète adéquatement, et de façon contemporaine, la volonté du patient relativement à certains soins proposés. Comme l'exprimait la Cour suprême dans le contexte du droit ontarien, « l'imprécision d'un désir exprimé antérieurement ou les changements survenus dans l'état de santé, le pronostic ou les options de traitement du patient peuvent rendre le désir exprimé inapplicable »[120]. Selon nous, cette affirmation s'applique parfaitement bien à l'article 12 C.c.Q. De plus, le respect des volontés exprimées doit évidemment être matériellement possible et légal. Il convient de souligner ici que le projet de loi de 2013 concernant les soins de vie[121] prévoyait le mécanisme des *directives médicales anticipées* qui, lorsque les conditions sont respectées, sont contraignantes, reconnaissant ainsi « la primauté des volontés relatives aux soins exprimées clairement et librement par une personne » (art. 1). Cependant, en commission parlementaire, un amendement fut voté afin de spécifier que les directives ne peuvent inclure une demande d'aide médicale à mourir.

118 – *L'autorisation judiciaire* – En plus de ces paramètres qui viennent circonscrire la marge de discrétion dont dispose celui ou celle qui est appelé à exprimer un consentement ou un refus pour autrui, le législateur a mis en place un mécanisme de contrôle : l'autorisation judiciaire. En tant que garant des libertés fondamentales, le tribunal est appelé à intervenir dans trois catégories de situations. La première concerne l'impossibilité d'agir ou le refus du représentant, si le refus apparaît injustifié dans les circonstances. La deuxième vise les cas dans lesquels le majeur dont l'inaptitude a été constatée ou le mineur de plus de 14 ans refusent catégoriquement les soins qui sont requis par leur état de santé, exception faite des cas d'urgence ou, dans le cas particulier du majeur inapte, des soins d'hygiène. Troisièmement, certains soins à finalité non thérapeutique ne pourront être administrés qu'après avoir été préalablement autorisés par le tribunal. Ces situations commandent des solutions différentes selon qu'il s'agit d'un mineur de plus ou de moins de quatorze ans ou d'un majeur inapte. À tous ces scénarios s'appliquent les critères de l'article 12 C.c.Q., en ce sens que dans la décision d'autoriser ou non les soins, le

120. *Cuthbertson* c. *Rasouli*, 2013 CSC 53, par. 105.
121. *Loi sur les soins de fin de vie*, P.L. 52, Assemblée nationale du Québec, 1re sess., 40e Législature. La loi été adoptée le 5 juin 2014.

tribunal devra tenir compte des facteurs dont les représentants doivent prendre en considération en matière de consentement ou de refus substitué[122]. Au cœur de cet exercice se trouve la notion d'intérêt de la personne. Ainsi, un tribunal devra refuser une demande d'hébergement s'il est démontré qu'en dépit des avantages d'une telle mesure, l'intérêt de la personne dicte qu'elle puisse résider auprès d'un proche qui a les moyens de s'occuper d'elle[123].

C. Le corollaire de l'exigence du consentement : le droit de refus

119 – *Le refus de soins et la demande d'interruption de traitement* – À l'intérieur des limites posées par la loi, la personne est maître de ses décisions. Ce droit à la liberté est reconnu en matière médicale aussi. On peut même dire qu'il est reconnu de façon radicale puisque dès lors qu'une personne est apte, sa volonté doit être respectée. Même si le refus d'un traitement ou son interruption devait entraîner le décès de la personne, sa volonté doit impérativement être respectée. En ce sens, on peut dire que le droit reconnaît au majeur apte le droit absolu de refuser des soins, quelles qu'en soient les conséquences sur sa qualité de vie et sur sa vie elle-même. L'intervention en dépit du refus engage dès lors la responsabilité civile du soignant[124]. Ce droit au refus a été clairement confirmé dans une série de décisions de justice. C'est ainsi que dans l'affaire *Nancy B.* c. *Hôtel-Dieu de Québec*[125], la Cour supérieure a reconnu le droit d'une jeune femme de 25 ans, atteinte de paralysie ascendante motrice causée par le syndrome de Guillain-Barré, d'exiger l'interruption du respirateur artificiel sur lequel elle avait été placée. De même, dans l'affaire *Manoir de la Pointe Bleue* c. *Corbeil*[126] qui soulevait la question des obligations d'un centre d'accueil pour malades chroniques à l'endroit d'une personne devenue paraplégique à la suite d'un accident routier et qui

122. *Centre hospitalier universitaire de Sherbrooke – Hôtel-Dieu* c. *J.R.*, 2011 QCCS 5547 ; *Centre de santé et de services sociaux de Beauce – services hospitaliers* c. *D.S.*, 2011 QCCS 3977 ; *Centre de santé et de services sociaux de Rimouski-Neigette* c. *C.F.*, 2011 QCCS 3550.

123. *Centre de santé et de services sociaux de la Haute-Yamaska* c. *P.T.*, 2012 QCCS 4083 ; *Centre de santé et de services sociaux de Trois-Rivières* c. *J.G.*, 2012 QCCS 3511.

124. Pour un exemple, voir *Beshara* c. *Turgeon*, 2014 QCCS 287 (responsabilité retenue, en raison du fait qu'un infirmier avait pris la température par la voie rectale alors que le patient avait expressément refusé cette méthode) ; *M.G.* c. *Pinsonneault**, 2014 QCCS 1222 (responsabilité de l'obstétricien retenue, en raison de l'absence de consentement à l'utilisation des forceps dans les circonstances).

125. *Nancy B.* c. *Hôtel-Dieu de Québec*, [1992] R.J.Q. 361 (C.S.).

126. *Manoir de la Pointe Bleue* c. *Corbeil*, [1992] R.J.Q. 712, EYB, 1992-74873 (C.S.).

demandait l'arrêt de tout support nutritionnel, le tribunal déclare qu'il convient de respecter la décision du patient qui veut mettre fin à ses jours. À cette occasion, le tribunal a rappelé que le refus du patient apte doit primer l'obligation du médecin de fournir des soins. La question centrale est celle de l'aptitude de la personne. Si le patient est apte (au sens analysé plus haut) : son refus doit être respecté. Il n'est pas juridiquement pertinent de savoir si le refus est raisonnable ou déraisonnable dès lors que la personne a, dans les faits, l'aptitude requise[127]. Il est utile de rappeler l'obligation déontologique qui pèse sur le médecin dans de telles circonstances : « Le médecin doit agir de telle sorte que le décès d'un patient qui lui paraît inévitable survienne dans la dignité. Il doit assurer à ce patient le soulagement approprié »[128]. Dans les cas de refus de soins ayant pour conséquence la mort de la personne, les tribunaux enjoignent les institutions impliquées à fournir aux patients toute l'assistance requise afin d'assurer le respect de la dignité dans la mort.

Ce respect du droit au refus est relativement récent. Jusqu'au milieu des années 1980, la doctrine et la jurisprudence se montraient plutôt réticentes face au refus de soins vitaux manifesté par la personne, particulièrement dans les cas où la mort n'était pas imminente ou lorsque l'état du patient n'était pas irréversible. La tendance était plutôt à l'intervention forcée, au nom du respect du caractère sacré de la vie[129].

120 – *Le droit de mourir* – Le droit reconnaît aujourd'hui à l'individu la liberté de refuser ou d'interrompre des soins ou un traitement. En ce sens, on peut dire qu'il existe un droit de se laisser mourir, ce que certains qualifient d'euthanasie passive. Jusqu'à ce jour, le droit a cependant refusé de franchir le pas de l'euthanasie active[130] ou du

---

127. Voir également *Centre hospitalier de Chandler* c. *C.C.*, [2000] R.J.Q. 1159, REJB 2000-17538 (C.S.) ; *Carrefour de la santé et des services sociaux de la St-Maurice* c. *Cadieux*, [1999] R.D.F. 292, REJB 1999-10538 (C.S.) ; *Centre Hospitalier affilié universitaire de Québec* c. *L.B.*, 2006 QCCS 1966.

128. *Code de déontologie des médecins*, précité, note 42, art. 58.

129. A. Mayrand, *op. cit.*, note 21, nº 40, p. 48-49. Pour une application de cette thèse, voir *Canada (Procureur général)* c. *Hôpital Notre-Dame*, [1984] C.S. 426.

130. Le *Code criminel* interdit ces actes. L'article 14 édicte : « Nul n'a le droit à ce que la mort lui soit infligée, et un tel consentement n'atteint pas la responsabilité pénale d'une personne par qui la mort peut être infligée à celui qui a donné son consentement ». L'euthanasie active, qui consiste dans le fait de donner sciemment et volontairement la mort (par opposition à la cessation de traitement permettant au patient de mourir), constitue un meurtre (art. 229 C.cr.). Quant à l'aide au suicide, elle est sanctionnée par l'article 241b) C.cr.

suicide assisté[131]. En ce sens, il n'existe pas de véritable droit de mourir et une personne ne pourrait donc revendiquer le droit que l'on mette activement fin à ses jours, quelles que soient les raisons invoquées[132].

Nombreux sont les groupes, cependant, qui réclament aujourd'hui la décriminalisation de l'aide au suicide au nom du droit à l'autodétermination. Si, prétendent-ils, la liberté de l'homme sur sa vie n'est pas un vain concept, l'exercice de cette liberté passe par son droit de demander de l'aide lorsqu'il entend mettre fin à ses jours et est physiquement incapable de le faire seul. La loi ne devrait donc pas pénaliser le médecin ou le proche qui fournit au patient en phase terminale un produit lui permettant de mourir au moment choisi et d'une manière douce[133]. Plusieurs projets de loi ont en vain été déposés en ce sens et la Cour suprême, en 1993, a elle-même été saisie de la question à l'occasion de l'affaire *Rodriguez* c. *Colombie-Britannique*[134]. L'appelante, âgée de 42 ans, était atteinte d'une sclérose latérale amyotrophique et son expectative de vie se situait entre 2 et 14 mois. Elle ne souhaitait pas mourir tant qu'elle pouvait encore jouir de la vie et elle demandait par conséquent qu'un médecin qualifié soit autorisé à mettre en place des moyens technologiques à sa disposition pour le jour où elle perdrait la jouissance de la vie. La requérante voulait ainsi pouvoir se donner elle-même la mort au moment choisi par elle. Appelée à statuer sur la compatibilité de l'article 241b) du *Code criminel* avec les droits garantis par les articles 7, 12 et 15 de la *Charte canadienne des droits et libertés*, la Cour a conclu, dans une décision de cinq contre quatre, que l'interdiction générale de l'aide au suicide n'est ni arbitraire, ni injuste, qu'elle est liée à l'intérêt de l'État à la protection des personnes vulnérables et qu'elle reflète les valeurs fondamentales véhiculées dans notre société. Cette question est cependant appelée à revenir dans l'actualité puisque le 15 juin 2012, un tribunal de la Colombie-Britannique a statué que l'alinéa 241b) viole les articles 7 et 15 de la Charte canadienne[135] et que la Cour suprême est saisie du dossier qui lui permet-

---

131. N. Butler *et al.*, *L'euthanasie et l'aide au suicide au Canada*, Ottawa, Bibliothèque du Parlement, 2013, disponible en ligne : <http://www.parl.gc.ca/Content/LOP/ResearchPublications/2010-68-f.pdf>.

132. S. Philips-Nootens, « La personne en fin de vie : le regard du droit cicil du Québec », (2009-2010) 40 *R.D.U.S.* 327.

133. J.-L. Baudouin, « Le droit de refuser d'être traité », *loc. cit.*, note 29, p. 216 et J.-L. Baudouin et D. Blondeau, *Éthique de la mort et droit à la mort*, Collection « Les voies du droit », Paris, P.U.F., 1993.

134. *Rodriguez* c. *Colombie-Britannique (P.G.)*, [1993] 3 R.C.S. 519, EYB 1993-67109.

135. *Carter* c. *Canada (Attorney General)*, 2012 BCSC 886.

tra de revisiter la position qu'elle a adoptée dans l'affaire *Rodriguez*. L'Assemblée nationale du Québec est allée de l'avant avec cette question[136]. Dans la foulée des travaux de sa Commission spéciale *Mourir dans la dignité*, un projet de loi sur les soins de fin de vie a fait l'objet d'une étude en commission parlementaire de la santé et des services sociaux. Cette loi, en plus de réaffirmer le droit de refuser des soins même si le décès doit en découler, introduit la notion de l'« aide médicale à mourir ». Cette aide, qui confine à l'euthanasie et à l'aide au suicide, rendant ainsi le projet de loi à tout le moins fragile sur le plan du partage constitutionnel des compétences, est cependant très encadrée et limitée. En effet, les conditions pour l'obtention de l'aide médicale à mourir sont très restrictives puisque le patient doit être majeur, apte, en fin de vie et atteint d'une maladie incurable et grave. La loi ajoute que la situation médicale de cette personne doit se caractériser par un déclin avancé et irréversible de ses capacités et qu'elle doit éprouver des souffrances physiques ou psychiques constantes, insupportables qui ne peuvent être apaisées dans des conditions qu'elle juge tolérables[137]. Par ailleurs, la question de la décriminalisation de l'aide au suicide est également posée au Parlement fédéral qui est régulièrement saisi de projets de lois émanant de députés[138].

D. L'exception à l'exigence du consentement : la situation d'urgence médicale

121 – *L'urgence : la protection de l'intégrité dans le respect de la dignité et de l'autonomie de la personne* – L'urgence, au sens de l'article 13 C.c.Q., vise les situations où « la vie de la personne est en danger ou son intégrité menacée et où son consentement ne peut être obtenu en temps utile ». Elle a un effet dérogatoire important, mais elle ne dispense pas des démarches en vue d'obtenir le consentement de la personne ou de son représentant si le temps le permet[139]. L'urgence est source d'un droit d'exception et fait office de défense d'immunité ou de fait justificatif en droit civil[140] comme en droit

136. *Loi sur les soins de fin de vie*, P.L. 52, Assemblée nationale du Québec, 1re sess., 40e Législature ; adoption le 5 juin 2014.
137. *Ibid.*
138. Le dernier projet de loi en titre : *Loi modifiant le Code criminel (aide médicale à mourir)*, C-581, 2e session, 41e Législ., 62-63 Eliz. II, 2013-2014.
139. Voir D. Boulet, « Justice ou injustice en santé mentale : le droit, les regards et les perspectives », dans Service de la formation permanente, Barreau du Québec, vol. 182, *Pouvoirs publics et protection (2003)*, Cowansville, Éditions Yvon Blais, 2003, p. 85-115.
140. *Dufour* c. *Centre hospitalier Robert Giffard*, [1986] R.R.A. 262 (C.S.) ; *Boyer* c. *Grignon*, [1988] R.J.Q. 829, EYB 1988-86759 (C.S.).

criminel[141]. Situation d'exception, l'urgence s'interprète de façon restrictive ; il faut donc la prouver[142]. L'urgence permet non seulement de se passer du consentement de la personne lorsque les conditions de l'article 13 C.c.Q. sont réunies, mais elle confronte les soignants à leur obligation d'intervenir, comme le rappellent les différents codes de déontologie[143] ainsi que la *Loi sur les services de santé et les services sociaux*[144]. Le principe de l'obligation d'obtenir le consentement de la personne ou un consentement substitué est d'application délicate lorsque l'équipe soignante fait face à un refus de soins. Dans certaines circonstances, le refus sera considéré comme non valable en raison d'un comportement irrationnel[145].

L'urgence fait référence « à la célérité de l'action à entreprendre », à une action « qui ne peut être différée ». En ce sens, elle ne se limite pas à la salle d'urgence. Elle englobe également des situations où, dans le cadre d'une intervention chirurgicale à laquelle le patient a préalablement consenti, le médecin découvre, par exemple, une tumeur cancéreuse et procède à son ablation[146]. Il faut faire vite et bien souvent l'intéressé, même conscient et capable de discernement, n'aura pas le temps d'être informé de la nature et des consé-

---

141. Voir l'article 45 C.cr. Du point de vue du droit civil, il serait sans doute plus exact de dire que l'urgence remplace le consentement puisque l'on se situe ici en dehors du cadre contractuel et que les effets du défaut d'autorisation ne sont pas les mêmes : R.P. Kouri et S. Philips-Nootens, *op. cit.*, note 39, n° 384.
142. J.-M. Handfield, *L'urgence médicale et ses effets sur la responsabilité civile*, Ottawa, Bibliothèque du Canada, 1993, p. 13 et s. ; R.P. Kouri et S. Philips-Nootens, *op. cit.*, note 39, n°s 353-354.
143. *Code de déontologie des médecins*, RLRQ, c. M-9, r. 17, art. 38 (« le médecin doit porter secours et fournir les meilleurs soins possibles à un patient lorsqu'il est vraisemblable de croire que celui-ci présente une condition susceptible d'entraîner des conséquences graves à moins d'attention médicale immédiate ») ; *Code de déontologie des infirmières et infirmiers*, RLRQ, c. I-8, r. 9, art. 1.
144. *Loi sur les services de santé et les services sociaux*, RLRQ, c. S-4.2, art. 7 : « Toute personne dont la vie est en danger a le droit de recevoir les soins que requiert son état. Il incombe à tout établissement, lorsque demande lui est faite, de voir à ce que soient fournis les soins ».
145. M.T. Giroux, « Suicidaire aux soins intensifs et demande des proches pour une cessation du traitement thérapeutique », dans Service de la formation continue, Barreau du Québec, vol. 344, *La protection des personnes vulnérables*, Cowansville, Éditions Yvon Blais, 2013, p. 141, 152-153.
146. Voir *Kulczycky* c. *Rafferty*, [1994] R.J.Q. 1792, EYB 1994-58465 (C.A.) ; *Bédard* c. *Gauthier*, J.E. 96-1540, [1996] R.R.A. 860, EYB 1996-85023 (C.S.) et *Boyer* c. *Grignon*, précité, note 140. Sur la définition de l'urgence, voir A. Bernardot et R.P. Kouri, *op. cit.*, note 40, n° 207 ; S. Philips-Nootens, P. Lesage-Jarjoura et R.P. Kouri, *op. cit.*, note 40, n°s 257-259 ; A. Sommerville, *Le consentement à l'acte médical et le droit criminel*, Commission de réforme du droit du Canada (ci-après citée : C.R.D.), Série Protection de la vie, Ottawa, ministère des Approvisionnements et Services Canada, 1980, p. 99 ; R. Nerson, « Urgence et droit médical », (1975) 10 *R.J.T.* 13, 14.

quences des soins qui vont lui être prodigués. En ce sens, la menace à l'intégrité, de droit nouveau, a suscité des réserves. Le danger est que des soins soient administrés contre la volonté de la personne[147]. L'article 13, al. 2 C.c.Q. pose certaines balises, l'idée étant de prévenir l'acharnement thérapeutique. Ainsi, le consentement n'en devra pas moins être obtenu lorsque les soins sont inusités ou devenus inutiles ou que leurs conséquences pourraient être intolérables pour la personne.

122 – Il peut paraître surprenant que dans la nomenclature des exceptions où la nature des soins recommande un consentement, on retrouve une notion telle que *soins devenus inutiles*, puisque par définition aucun bénéfice n'en peut être attendu. Superfétatoire[148], et dans une certaine mesure, même, confondante[149], l'expression n'en fait pas moins figure de symbole, l'idée étant de prévenir des interventions forcées et de laisser à la personne (ou à son représentant) le soin de définir seule la qualité de sa vie. C'est ce que traduit plus précisément l'obligation de requérir le consentement lorsque les soins pourraient avoir des conséquences intolérables pour la personne. C'est ici que le principe d'autodétermination prend toute sa signification. Comme le soulignent certains auteurs, il peut sembler difficile de concilier l'obligation de porter secours à une personne en danger qui incombe au médecin en vertu, notamment, de la *Charte des droits et libertés de la personne* et du *Code de déontologie des médecins*, avec l'article 13, al. 2 C.c.Q., d'autant plus que, dans l'ordre hiérarchique, c'est la Charte qui devrait avoir préséance sur les autres lois[150]. Mais on peut aussi considérer que les soins qui y figurent constituent une exception comprise dans les « autres motifs raisonnables » de l'article 2 de la Charte qui, dans son préambule, réfère spécifiquement à la notion de dignité. Une interprétation que tendent à confirmer les commentaires du ministre de la Justice : « L'article 13 vise à reconnaître une certaine primauté à la qualité de la vie sur le maintien de la vie à tout prix, dans des conditions inacceptables ». Toutefois, le commentaire précise que le refus de traitement ne doit pas être confondu avec l'euthanasie qui « implique une intervention positive pour mettre fin à la vie, alors que le refus de traitement consiste plutôt à cesser tous traitements autres que ceux visant à soulager les

---

147. M. Ouellette, « Livre 1, *Les personnes* », dans *La réforme du Code civil*, textes réunis par le Barreau du Québec et par la Chambre des notaires du Québec, Québec, P.U.L., 1993, nº 26, p. 23 (ci-après cité : *La Réforme*).

148. Ainsi que le soulignent R.P. Kouri et S. Philips-Nootens, en administrant des soins inutiles à une personne dont la vie est en danger, on sort du cadre des soins urgents imposés et le principe de l'inviolabilité de la personne reprend toute sa vigueur : *L'intégrité de la personne*, *op. cit.*, note 39, nº 386.

149. De fait, le mot « inutile » peut renvoyer aussi à la notion de *futility* que l'on retrouve dans la littérature anglo-américaine consacrée à l'éthique clinique, et à propos de laquelle les avis sont très partagés.

150. S. Philips-Nootens, P. Lesage-Jarjoura et R.P. Kouri, *op. cit.*, note 40, nº 225 et D. Chalifoux et J. LeMay, *Le consentement aux soins requis par l'état de santé*, A.H.Q., Collection Code civil du Québec, 1993, p. 28-29.

souffrances de la personne à l'approche de la mort »[151]. On peut penser, par exemple, aux témoins de Jéhovah dont les préceptes religieux s'opposent à toute transfusion sanguine[152], comme on peut penser au refus de recevoir un traitement dont les effets secondaires pourraient affecter la motricité ou les facultés intellectuelles de la personne d'une façon incompatible avec sa conception de la vie.

Reste à définir ce qu'on entend par *soins inusités*, concept qui, compte tenu du caractère englobant qu'on doit prêter au mot « soins », peut donner lieu aux interprétations les plus diverses. À tout le moins est-il permis d'affirmer que ce qualificatif ne recouvre pas ce qui relève du champ de la recherche susceptible de porter atteinte à l'intégrité (expérimentation) auquel le Code civil consacre deux articles (art. 20 et 21 C.c.Q.).

E. Le cas particulier des soins futiles

123 – *Le droit d'exiger l'administration de soins futiles* – Le retrait d'un traitement que les médecins jugent futile, doit-il faire l'objet d'un consentement de la part des proches du patient inapte ? En d'autres mots, les proches peuvent-ils exiger l'administration de soins alors que l'équipe médicale estime que ceux-ci sont devenus inutiles ? La Cour suprême a été saisie de cette question dans le cas de médecins qui souhaitaient cesser le traitement d'un patient inconscient et maintenu artificiellement en vie depuis quelques années, alors que les proches invoquaient les convictions religieuses de celui-ci pour exiger la continuation des soins de maintien en vie[153]. La Cour suprême a conclu que contrairement à ce que les médecins soutenaient, le retrait d'un traitement de vie qui n'a aucun effet bénéfique pour le patient doit néanmoins faire l'objet d'un consentement substitué et qu'en cas de contestation, la question relevait de la Commission ontarienne du consentement et de la capacité[154]. La Cour suprême ne décide donc pas du fond de la question, mais elle souligne tout de même que si en vertu de la loi ontarienne il est impératif de tenir compte des croyances du patient et de ses désirs exprimés antérieurement, « il ne fait aucun doute que les conséquences d'ordre

---

151. *Comm.*, t. 1, p. 15, sous l'article 13.
152. Voir en ce sens, *Mallette* c. *Schulman*, (1990) 72 O.R. 417, affaire dans laquelle la Cour d'appel de l'Ontario a condamné un médecin pour avoir transfusé une femme témoin de Jéhovah, arrivée inconsciente à l'urgence à la suite d'un accident. Sur cette question, voir R.P. Kouri et C. Lemieux, « Les témoins de Jéhovah et le refus de certains traitements : problèmes de forme, de capacité et de constitutionnalité découlant du *Code civil du Québec* », (1995) 26 *R.D.U.S.* 77.
153. *Cuthbertson* c. *Rasouli*, précité, note 120.
154. Commission mise en place par la *Loi de 1996 sur le consentement aux soins de santé*, L.O. 1996, ch. 2, Ann. 2.

médical du traitement proposé revêtiront une importance majeure dans l'analyse »[155]. L'intérêt de la personne étant au cœur du processus décisionnel, « les faits propres à chaque affaire permettent d'établir si le retrait du traitement de maintien de la vie est dans l'intérêt véritable du patient »[156]. En l'absence de dispositions spécifiques sur cette question dans le *Code civil du Québec*, on peut néanmoins soutenir que cette qualification par la Cour suprême, c'est-à-dire que le retrait de traitement nécessite le consentement, a pour conséquence que la décision du représentant du patient inapte doit être soumise au tribunal si l'équipe soignante veut passer outre et mettre fin aux soins.

124 – *La définition de soins futiles* – La notion même de soins futiles est problématique[157]. Dans certains cas, il y aura peu de doute que les soins sont objectivement inutiles compte tenu de la condition du patient. Dans d'autres cas, la question est beaucoup plus délicate lorsque les chances de succès des soins sont minimes sans que l'on puisse d'emblée affirmer leur totale inutilité. La définition devient encore plus problématique si l'on accepte l'idée que des soins peuvent être subjectivement utiles pour une personne, par exemple en raison de ses convictions religieuses. Au-delà de la définition, se pose également la question de savoir si une personne ou ses proches peuvent exiger des soins que le médecin considère comme futiles dans les circonstances. Lorsque les soins exigés ne sont pas médicalement nécessaires, le médecin peut et doit même les refuser, conformément au *Code de déontologie des médecins* dont l'article 50 édicte que « Le médecin ne doit fournir un soin ou émettre une ordonnance que si ceux-ci sont médicalement nécessaires »[158]. Mais des soins peuvent être considérés par le patient ou par ses proches comme « médicalement nécessaires » tout en étant jugés futiles par le corps médical. En cas de conflit insurmontable entre le patient ou ses proches qui exigent des soins et l'équipe soignante qui, estimant que ces soins

155. *Cuthbertson* c. *Rasouli*, précité, note 120, par. 96.
156. *Ibid.*, par. 102.
157. Sur la notion de soins futiles, voir l'excellente analyse du professeur R.P. Kouri, « Le traitement futile et le devoir de soigner en droit québécois : l'impact normatif du désespoir », dans B. Moore (dir.), *Mélanges Jean-Louis Baudouin*, Cowansville, Éditions Yvon Blais, 2012, p. 61-86. La question des soins futiles se pose de manière particulièrement pressante dans un contexte où la technologie autorise bien des interventions mais où les ressources ne sont pas inépuisables. Voir, par exemple, L. Willmott, B. White et J. Downie, « Withholding and Withdrawing of "futile" Life-sustaining Treatment: Unilateral Medical Decision-making in Australia and New-Zealand », (2013) 20:4 *Journal of Law and Medecine* 907.
158. *Code de déontologie des médecins*, RLRQ, c. M-9, r. 17.

sont futiles, refusent de les administrer, le recours au tribunal s'impose et ce dernier devra prendre une décision en tenant compte de l'intérêt du patient, ce qui inclut sa dignité, et de l'ensemble des circonstances[159].

F. Les règles particulières concernant les mineurs et les majeurs inaptes

1. Le mineur de 14 ans et plus

125 – *Un état intermédiaire entre la minorité et la majorité* – Sujet de droit à part entière, l'enfant mineur a la pleine jouissance de ses droits. Sa capacité d'exercice se trouve toutefois modulée en fonction de son âge, de son discernement, de la nature et des conséquences des actes juridiques qu'une personne peut être amenée à faire (art. 155 C.c.Q.). En ce sens, la minorité apparaît comme un état évolutif et l'âge de 14 ans constitue en matière de soins un moment charnière. Depuis 1973 la loi reconnaît à l'adolescent une espèce de majorité anticipée, mais incomplète lorsqu'il s'agit de sa santé[160]. Ainsi, le mineur de 14 ans et plus, apte et non émancipé[161], peut consentir seul aux soins requis par son état de santé. Toutefois, le Code civil introduit des nuances. Sa « capacité médicale » s'apprécie en regard de la nature des soins, selon qu'ils sont ou non à finalité thérapeutique. Il existe des conditions propres à chacune des catégories. Il convient donc de distinguer chacune des situations.

126 – *Les soins à finalité thérapeutique* – Sur ce plan, les règles vont à la fois dans le sens de la reconnaissance d'une plus grande autonomie, mais aussi d'un plus grand contrôle de son exercice. En effet, le Code fait obligation à l'établissement de santé ou de services sociaux, lorsque l'état de santé du mineur exige qu'il y soit hébergé pendant plus de 12 heures, d'en informer le titulaire de l'autorité parentale ou son tuteur. Toutefois, l'établissement ou le médecin consulté n'a pas à les

---

159. R.P. Kouri, « Le traitement futile et le devoir de soigner en droit québécois : l'impact normatif du désespoir », *loc. cit.*, note 57, p. 84-85.

160. Art. 42 de la *Loi sur la protection de la santé publique*, RLRQ, c. P-35.1, remplacé par l'article 14, al. 2 C.c.Q. ; *Loi concernant le partage de certains renseignements de santé*, L.Q. 2012, c. 23 : droit du mineur de 14 ans de refuser certaines communications d'informations de son dossier médical.

161. Le mineur émancipé n'est pas visé par ces dispositions, celui-ci n'étant plus sous l'autorité de ses père et mère : art. 171 et 176 C.c.Q.

aviser lorsque les soins nécessitent un certain suivi, sans toutefois exiger son hospitalisation[162].

Par contre, le droit du mineur de 14 ans et plus de refuser des soins requis par son état de santé est plus restreint. Deux hypothèses sont envisagées, selon qu'il y a urgence ou non. Dans les cas d'urgence, le consentement du titulaire de l'autorité parentale ou du tuteur suffit à passer outre à son refus[163]. Dans l'hypothèse où les parents appuient le refus du mineur et où l'urgence ne permet pas de saisir le tribunal, certains auteurs sont d'avis que les autorités médicales sont tenues de respecter ce double refus[164]. Cette opinion ne fait cependant pas l'unanimité et l'économie du Code va plutôt dans le sens d'une intervention de la part des autorités médicales[165]. Dans les cas non urgents et où le mineur de 14 ans et plus refuse les soins qui sont requis par son état de santé, seul le tribunal peut les lui imposer[166]. La demande d'autorisation peut être formulée par les personnes intéressées[167], parmi lesquelles figurent évidemment les

---

162. Art. 14, al. 2 C.c.Q. Cette situation peut poser problème, comme ce fut le cas dans *Labbé* c. *Laroche*, [2001] R.R.A. 184, REJB 2000-21617 (C.S.). En l'espèce, un mineur de plus de 14 ans avait été hospitalisé alors qu'il était pris en charge par le Directeur de la protection de la jeunesse. Le mineur avait consenti à son hospitalisation et au traitement et l'information sur la maladie dont il était atteint avait été transmise au D.P.J. La mère qui, par la suite, avait repris la charge de son fils, n'a eu connaissance de l'intervention médicale qu'à la mort de ce dernier.

163. Art. 16, al. 2 C.c.Q. En introduisant cette réserve par rapport au principe établi à l'article 13 C.c.Q., le législateur entendait concilier les droits reconnus au mineur avec les devoirs des titulaires de l'autorité parentale ou du tuteur : *Comm.*, t. I, p. 18.

164. B. Knoppers et S. Lebris, « L'inviolabilité de la personne et responsabilité hospitalière à la lumière du nouveau *Code civil du Québec* : quand le prisme législatif sclérose la pratique médicale », dans *La responsabilité hospitalière, maximiser la protection, minimiser l'exposition*, Toronto, Institut canadien, 1994, p. 33.

165. Pour une étude de la question, voir É. Seguin, « Le refus de soins injustifié d'un mineur âgé de 14 ans et plus : quand l'établissement de santé doit-il intervenir pour le protéger ? », dans Service de la formation permanente, Barreau du Québec, vol. 182, *Pouvoirs publics et protection*, Cowansville, Éditions Yvon Blais, 2003, p. 147 ; F. Allard, *loc. cit.*, note 41, p. 65 et R.P. Kouri et S. Philips-Nootens, *L'intégrité de la personne et le consentement aux soins*, *op. cit.*, note 39, n° 464.

166. Art. 16, al. 2 C.c.Q ; *A.G. (Dans la situation de)* (C.Q., 2002-12-19), AZ-50158918, J.E. 2003-400, REJB 2002-37205 ; *Protection de la jeunesse – 599*, [1993] R.J.Q. 611, EYB 1993-74033 (C.Q.) ; *Protection de la jeunesse – 884*, [1998] R.J.Q. 816, REJB 1998-04853 (C.S.) ; *Allan Memorial Institute* c. *McIntosh*, REJB 1999-15815 (C.S.).

167. Sur l'obligation des médecins et des établissements de santé de procéder aux demandes d'autorisation de soins, voir M.N. Paquet, « Prendre les moyens légaux de soigner : choix ou obligation ? », dans Service de la formation continue, Barreau du Québec, *Obligations et recours contre un curateur, tuteur ou mandataire défaillant 2008*, Cowansville, Éditions Yvon Blais, 2008, p. 161.

parents. On peut penser que les tribunaux refuseraient d'autoriser des traitements dont les bénéfices sont incertains dans les cas, par exemple, où le traitement ne fait que retarder une échéance devenue inéluctable. La question reste ouverte en ce qui concerne le refus que pourrait opposer le mineur qui, pour des motifs religieux, mais témoignant par ailleurs d'une certaine maturité, refuserait une transfusion sanguine salvatrice. Les rares décisions qui ont été rendues jusqu'à présent ont toutes autorisé l'intervention[168]. Cependant, un arrêt de la Cour suprême du Canada dans une affaire venant du Manitoba[169] et dans laquelle une mineure de 14 ans et 10 mois refusait une transfusion sanguine pour des raisons religieuses, apporte un éclairage intéressant sur l'interprétation que l'on peut donner aux dispositions du Code civil en la matière. En l'espèce, la jeune patiente contestait la validité constitutionnelle de la loi manitobaine[170] qui permettait de lui imposer des soins malgré sa maturité, en plaidant que la loi violait ses droits fondamentaux (comme sa liberté de religion, son droit à l'égalité, son droit à la liberté et à la sécurité)[171]. La Cour suprême conclut à la validité constitutionnelle de la loi manitobaine, notamment en raison du fait que cette loi-ci implique que le tribunal, dans l'évaluation de l'intérêt de la jeune patiente, doit tenir compte de l'opinion de celle-ci et doit accorder à cette opinion un poids de plus en plus important à mesure que le mineur est mature. L'impératif de protection, qui reste généralement la considération première lorsque les soins sont vitaux, doit donc, selon les circonstances, céder le pas à mesure que le mineur acquiert de la maturité. Cet arrêt de la Cour suprême permet de conclure sans hésitations à la constitutionnalité des dispositions du Code civil en matière de consentement aux soins des mineurs, mais il oblige en même temps à donner un effet réel à l'article 12 C.c.Q. qui oblige de tenir compte, dans la mesure du possible, des volontés exprimées par la personne. Cette disposition s'applique également aux mineurs dont l'opinion

---

168. *Hôpital Sainte-Justine* c. *Giron*, J.E. 2002-1080, [2002] R.D.F. 732, REJB 2002-32270 (C.S.) ; *Hôpital de Montréal pour enfants* c. *D.J.*, J.E. 2002-1363, REJB 2002-32899. Sur cette question, voir É. Seguin, *loc. cit.*, note 165, p. 147-164. Et, sur la délicate question du suicide, D. Boulet, « Le traitement juridique du mineur suicidaire », (2001-2002) 32 *R.D.U.S.* 317-426.
169. *A.C.* c. *Manitoba (Directeur des services à l'enfant et à la famille)*, 2009 CSC 30.
170. *Loi sur les services à l'enfant et à la famille*, C.P.L.M., ch. C-80.
171. Pour une analyse de cet arrêt, voir R.P. Kouri, « Le mineur et les soins médicaux, *A.C.* c. *Manitoba* : de l'autonomie au meilleur intérêt, une limite bien floue », (2010) 4 *R.D.S.M.* 65 ; S.H.E. Harmon, « Body Blow: Mature Minors and the Supreme Court of Canada's Decision in *A.C. v. Manitoba* », (2010) 4 *R.D.S.M.* 83.

fait donc partie des facteurs décisionnels en matière d'autorisation de soins requis par l'état de santé[172].

127 – *Les soins non requis par l'état de santé* – La question des soins non requis par l'état de santé du mineur est plus complexe. La première difficulté réside dans le fait que cette catégorisation des soins est loin d'être étanche. Ces soins qui, dans un cas donné, peuvent présenter un caractère facultatif ou électif peuvent, dans une autre situation, être considérés comme importants pour la santé. Il s'agit d'un critère fluctuant et le caractère requis ou non dépend donc aussi de la situation particulière du patient.

Le mineur de 14 ans et plus peut consentir seul aux soins non requis par son état de santé, auquel cas son consentement doit être donné par écrit (art. 17 et 24 C.c.Q.). Mais ce principe s'accompagne d'une importante exception. Le consentement du titulaire de l'autorité parentale ou du tuteur est en effet nécessaire lorsque les soins présentent un risque sérieux pour la santé de l'adolescent *et* peuvent lui causer des effets graves *et* permanents. Il conviendrait plutôt de parler d'autorisation que de consentement, terme qui réfère à l'acquiescement de la volonté donné par la personne que visent les soins[173]. Si la notion de permanence ne soulève pas de problème d'interprétation, il en va différemment de la gravité qui fait appel à des éléments tant objectifs que subjectifs. En ce sens, cette disposition laisse plutôt perplexe et l'on peut s'interroger sur sa portée pratique, que ce soit en matière d'avortement, de contraception ou d'orthodontie, par exemple[174]. Même si l'on peut admettre que compte tenu des conditions qui sont cumulatives, l'article 17 C.c.Q. ne vise que de rares actes auxquels le mineur serait tenté de se sou-

---

172. La question du refus de soins lorsqu'il s'agit de mineurs est d'actualité dans de nombreux pays. Voir, par exemple, le cas de l'Australie : N. Lennings, « Children and Refusal of Medical Treatment: In Urgent Need of Reform », (2013) 21:1 *Journal of Law and Medecine* 122.

173. Voir, sur ce point, les observations de N. Girard, *Le consentement du mineur aux soins médicaux*, Collection Minerve, Cowansville, Éditions Yvon Blais, 1993, p. 417 et s. ; B.M. Knoppers, « Les notions d'autorisation et de consentement dans le contrat médical », (1978) 19 *C. de D.* 893 et M.A. Sommerville, *op. cit.*, note 146, p. 91.

174. Par ailleurs, la question se pose de savoir qui va payer lorsque les soins ne sont pas couverts par le Régime de l'assurance maladie : le mineur ou ses parents ? Sur cette question, voir, *Clinique dentaire Lafrenière & St-Pierre* c. *McLean*, J.E. 2003-2080, REJB 2003-50416 (C.Q.). Comparer avec *Dupont* c. *Ruffo*, [1987] R.J.Q. 1592, EYB 1987-83428 (C.S.), où les traitements avaient été ordonnés par la Cour du Québec dans le cadre d'une mesure de protection.

mettre seul[175], il n'en demeure pas moins qu'il pourrait consentir à des interventions draconiennes, qui présentent peu de risque, comme la stérilisation purement contraceptive.

Il y a au moins une certitude : le mineur de 14 ans et plus ne peut en aucun cas se faire imposer des soins qui ne sont pas requis par son état de santé. À cet égard, peu importe qu'il soit apte ou inapte, son droit de refus est absolu (art. 23, al. 2 C.c.Q.). Toutefois, advenant son inaptitude, le mineur de 14 ans et plus est alors assimilé au mineur de moins de 14 ans.

175. R.P. Kouri et S. Philips-Nootens, *op. cit.*, note 39, n°s 541-543.

LE CONSENTEMENT AUX SOINS

LE MINEUR DE 14 ANS ET PLUS, APTE À CONSENTIR

- Soins requis par son état de santé
  - peut consentir seul (art. 14 C.c.Q.)
  - s'il y a nécessité d'une hospitalisation de plus de 12 heures, le titulaire de l'autorité parentale ou le tuteur doit en être informé (art. 14, al. 2 C.c.Q.)
  - si le mineur REFUSE des soins non urgents, il faut l'autorisation du tribunal (art. 16, al. 2 C.c.Q.)
  - si le mineur REFUSE des soins urgents et que sa vie est en danger ou son intégrité menacée, le consentement du titulaire de l'autorité parentale ou du tuteur suffit (art. 16, al. 2 C.c.Q.)
- Soins non requis par son état de santé
  - SANS RISQUES SÉRIEUX ET EFFETS GRAVES ET PERMANENTS : le consentement écrit (art. 24 C.c.Q.) du mineur suffit (art. 17 C.c.Q.)
  - AVEC RISQUES SÉRIEUX ET EFFETS GRAVES ET PERMANENTS : le consentement écrit (art. 24 C.c.Q.) du titulaire de l'autorité parentale ou du tuteur est nécessaire (art. 17 C.c.Q.)

2. Le mineur de moins de 14 ans

128 – *Le consentement aux soins : une prérogative parentale* – Le mineur de moins de 14 ans est considéré comme incapable dans le domaine des soins et c'est donc aux parents, en tant que protecteurs naturels de l'enfant, chargés de son éducation et de son développement, qu'il revient de consentir ou d'autoriser les interventions médicales, comme à toute forme d'atteinte à l'intégrité[176]. Il faut bien comprendre que, contrairement à la règle en matière d'inaptitude des majeurs, l'inaptitude des mineurs de moins de 14 ans dans le domaine médical ne réfère pas à une situation de fait. Leur inaptitude est automatique, en ce sens qu'elle découle du simple statut de mineur. En d'autres mots, quel que soit le degré de développement mental de l'enfant, son inaptitude en matière médicale est la règle. La seule exception formelle à cette règle, que nous analyserons plus loin, est celle, partielle, du droit de l'enfant de refuser des soins non requis par son état de santé. Nous disons « formelle » car depuis la décision de la Cour suprême *A.C.* c. *Manitoba (Directeur des services à l'enfant et à la famille)*[177] on peut soutenir que puisque les parents sont tenus de respecter l'article 12 C.c.Q. lorsqu'ils décident de consentir ou de refuser les soins au nom de leur enfant, ils doivent donner à la volonté de ce dernier un poids qui tienne compte de son degré de maturité[178]. Le pouvoir parental qui, du point de vue du droit public, s'analyse comme une liberté fondamentale, protégée par l'article 7 de la *Charte canadienne*[179], est un effet de la filiation. Il fait partie des attributs de l'autorité parentale. Ce pouvoir est aussi une contrepartie des devoirs et responsabilités qui incombent aux parents (art. 598 et s. C.c.Q.). Lorsque les circonstances prêtent à l'ouverture d'une tutelle, c'est au tuteur, qui agit alors comme titulaire de l'autorité parentale, qu'il appartient de consentir aux soins (art. 14 et 186 C.c.Q.).

129 – *Consentement aux soins et statut parental* – L'autorité parentale est une institution collégiale. C'est dire qu'à moins de décès,

---

176. Par exemple le perçage de la langue pour y insérer un bijou : *Corbeil* c. *Ladouceur (Boutique Énigma)*, 2012 QCCQ 402.
177. 2013 CSC 30.
178. Voir *supra* la section sur le mineur de plus de 14 ans.
179. *B. (R.)* c. *Children's Aid Society of Metropolitan Toronto*, [1995] 1 R.C.S. 315, EYB 1995-67419 ; *Nouveau-Brunswick (Ministre de la Santé et des Services communautaires)* c. *G. (J.)*, [1999] 3 R.C.S. 46, REJB 1999-14250 ; *Office des services à l'enfant et à la famille de Winnipeg* c. *K.K.W.*, [2000] 2 R.C.S. 48, REJB 2000-20378.

de déchéance ou d'impossibilité pour l'un d'entre eux d'exprimer sa volonté, elle est exercée conjointement par les père et mère de l'enfant (art. 600, al. 2 C.c.Q.). En cas de séparation des parents, cette collégialité continue à être la règle à l'égard des soins de santé[180], à moins qu'un tribunal n'ait retiré à un des parents cet attribut de l'autorité[181] ou l'ait confié à un tiers[182].

Il n'est cependant pas nécessaire dans tous les cas d'obtenir le consentement des deux parents. En effet, vis-à-vis des tiers de bonne foi, le père ou la mère qui accomplit seul un acte d'autorité à l'égard de l'enfant est présumé agir avec le consentement de l'autre (art. 603 C.c.Q.)[183]. Dans l'hypothèse où un différend venait à surgir entre les parents à propos des soins à prodiguer à l'enfant, chacun d'entre eux peut s'adresser au tribunal qui tranchera la question après avoir tenté une conciliation des parties (art. 604 C.c.Q.)[184].

En cas de divorce, de séparation de corps ou de séparation de fait, et nonobstant certains *obiters* de la Cour suprême selon lesquels, à moins d'une ordonnance de garde conjointe, le parent gardien disposerait seul du pouvoir de prendre des décisions[185], la majorité des auteurs québécois, tout en admettant que l'autorité du parent non-gardien est affaiblie, considérait qu'en contexte de séparation, le parent non gardien a non seulement le droit, mais aussi le devoir de participer aux décisions importantes. Cela touche évidemment aussi le choix des traitements médicaux. Le parent gardien est donc tenu de le consulter, sauf décision contraire du tribunal[186]. La Cour d'appel du Québec a clairement consacré cette approche favorisant le principe de la coparentalité post-séparation et post-divorce[187]. Bien entendu, le tribunal pourrait, au nom de l'intérêt de l'enfant, écarter

---

180. *Droit de la famille – 121670*, 2012 QCCS 3633.
181. *Protection de la jeunesse – 1097*, 2010 QCCQ 8414.
182. *Protection de la jeunesse – 095353*, 2009 QCCQ 17397.
183. La tutelle fonctionne sur le même principe de la collégialité et de la présomption à l'égard des tiers de bonne foi : art. 193 et s. C.c.Q. Voir *infra*, « La tutelle ».
184. Le tribunal pourrait aussi être saisi sur la base de l'article 16 C.c.Q., l'un des parents pouvant invoquer le refus injustifié de l'autre de consentir ou de poursuivre un traitement. Voir, à titre d'illustration à propos de l'administration d'un vaccin contre la méningite, à la suite d'un programme mis sur pied par le gouvernement, *J.L.* c. *D.B.*, J.E. 2001-2227, REJB 2001-27365 (C.S.).
185. *P. (D.)* c. *S. (C.)*, [1993] 4 R.C.S. 141, EYB 1993-67881 ; *W. (V.)* c. *S. (D.)*, [1996] 2 R.C.S. 108, EYB 1996-67897 ; *Young* c. *Young*, [1993] 4 R.C.S. 3, EYB 1993-67111.
186. M. D.-Castelli et D. Goubau, *Le droit de la famille au Québec*, 5e éd., Québec, P.U.L., 2005, p. 333-345 ; J. Pineau et M. Pratte, *La famille*, Montréal, Éditions Thémis, 2006, p. 855-866.
187. *D.W.* c. *A.G.*, [2003] R.J.Q. 1481, REJB 2003-38730 (C.A.).

ce principe et investir un seul parent du pouvoir décisionnel en matière médicale. Mais une telle décision n'est rendue que dans des circonstances particulières. Ce pourrait être le cas lorsque les parents ont, à l'égard des soins de santé, des approches irréconciliables[188]. Une interprétation qui s'applique, *a fortiori*, à l'endroit des tiers à qui la garde de l'enfant a pu être confiée par le tribunal et que vient conforter la décision rendue par la Cour suprême dans l'arrêt-clé *T.V.-F* et *D.F.* c. *G.C.*[189].

La situation est cependant plus complexe lorsque l'exercice de l'autorité parentale a été confié à des tiers à la suite d'une mesure ordonnée en vertu de la *Loi sur la protection de la jeunesse*[190]. Dans ces circonstances, il convient de distinguer selon qu'il s'agit de soins qui entrent dans le quotidien de l'enfant ou de soins médicaux importants, auxquels seuls les parents sont habilités à consentir. Sauf décision judiciaire leur donnant ce pouvoir, la famille d'accueil ou l'établissement à qui l'enfant a été confié ne pourraient consentir à des soins[191] (que ce soit une consultation médicale, l'administration de médicaments ou tout autre soin) qu'en cas d'affection sans gravité, sous réserve des cas d'urgence et des obligations qui incombent alors au médecin et à l'établissement de santé.

130 – *Les limites au consentement parental* – Elles sont de trois ordres. Elles peuvent résulter de circonstances objectives qui font qu'il est impossible de solliciter le consentement des parents ou du tuteur. On parle alors d'absence de consentement. Il existe aussi des limites plus générales qui tiennent à la finalité de l'autorité parentale et qui, sur autorisation du tribunal, permettront de passer outre au refus des parents. Ceci explique également que pour certains types de soins le consentement parental, à lui seul, est insuffisant. Selon la nature de l'atteinte envisagée, particulièrement lorsqu'il s'agit de soins qui ne sont pas requis par l'état de santé, la loi exige l'autorisation du tribunal.

---

188. Voir *D.M.* c. *P.L.*, [2005] R.D.F. 141, EYB 2004-82118 (C.S.), où la mère suit l'avis des experts alors que le père ne croit qu'aux médecines douces et refuse toute médication pour les enfants.
189. *T.V.-F et D.F.* c. *G.C.*, [1987] 2 R.C.S. 244, EYB 1987-67733 : dans cet arrêt, la Cour suprême établit les conditions permettant de confier la garde d'un enfant à un tiers plutôt qu'à son parent et elle énonce les principes régissant l'exercice de l'autorité parentale en pareilles circonstances.
190. *Loi sur la protection de la jeunesse*, RLRQ, c. P-34.1, art. 52 et 54e) et j), 74.1, 76.1 et 91g) et i).
191. *Protection de la jeunesse – 095353*, 2009 QCCQ 17397.

L'absence de consentement parental est généralement liée à une situation d'urgence ou à une impossibilité de rejoindre le titulaire de l'autorité parentale. Ce dernier cas rejoint l'hypothèse où l'exercice de l'autorité parentale a été déléguée et où l'état du mineur nécessite des soins ou un suivi médical importants. L'autorisation judiciaire est alors incontournable. Contrairement au majeur inapte pour lequel la loi prévoit un mécanisme de représentation informel lorsque le majeur n'a ni mandataire, ni curateur ou tuteur, le mineur ne bénéficie curieusement pas d'un tel mécanisme[192]. Cette protection serait pourtant utile dans certains cas. On peut penser, par exemple, à la situation de l'enfant qui a un statut de réfugié et qui n'est pas pourvu d'un tuteur[193].

131 – L'urgence permet donc de passer outre à l'exigence du consentement, mais ne permet pas pour autant d'intervenir à tout prix. Il demeure que dans le cas d'un enfant, lorsqu'il s'agit de soins, qui aux yeux des parents peuvent sembler inutiles, de soins inusités ou de soins dont ils jugent les conséquences intolérables, le refus parental s'interprète différemment de celui que peut exprimer un patient majeur. Dans ces circonstances, et au même titre que pour des soins non urgents, le médecin ou l'établissement qui considèrent le refus parental déraisonnable doivent s'adresser au tribunal (art. 16, al. 1 C.c.Q.). Le tribunal prendra alors l'avis d'experts et du titulaire de l'autorité parentale. Il peut prendre aussi l'avis de toute personne qui manifeste un intérêt particulier pour le mineur. Le tribunal est tenu, sauf impossibilité, de recueillir l'avis de ce dernier (art. 23 C.c.Q.), représenté en la circonstance par un tuteur *ad hoc* (art. 394.2 C.p.c. ; art. 160, al. 3 C.p.c.). Le tribunal statuera dans le respect des droits et l'intérêt de l'enfant, conformément à l'article 33 C.c.Q.[194]. C'est ainsi qu'en l'absence de mode alternatif de soins, les tribunaux autorisent les *transfusions* sanguines auxquelles les parents s'opposent pour des motifs d'ordre religieux lorsque ces transfusions sont nécessaires. Dans ces cas, les tribunaux n'hésitent pas à affirmer que le droit fondamental des parents à la liberté de religion doit céder le pas au droit

---

192. S. Philips-Nootens, P. Lesage-Jarjoura et R.P. Kouri, *op. cit.*, note 40, nº 16.
193. *D.-J.S. (Dans la situation de)*, J.E. 2004-2179, EYB 2004-81112 (C.Q.).
194. *Goyette (In Re) : Centre de services sociaux du Montréal métropolitain*, [1983] C.S. 429, affaire dans laquelle le juge a autorisé une intervention cardiaque chez une enfant atteinte de trisomie 21, âgée de 26 mois. Dans le même sens, voir *Protection de la jeunesse – 332*, [1988] R.J.Q. 1666 (C.S.) ; *Centre hospitalier Ste-Marie* c. *Fournier*, [1996] R.J.Q. 2325, EYB 1996-30252 (C.S.).

fondamental de l'enfant à la vie, la sûreté et l'intégrité[195]. On ne peut accepter, en effet, que pour obéir à une règle morale ou religieuse, les parents compromettent la vie ou la santé de leur enfant. Par contre, cela ne signifie pas que les parents ne peuvent refuser un traitement qu'ils estiment contraire à l'intérêt de l'enfant. En effet, l'article 12 C.c.Q. oblige les parents à prendre leur décision dans le seul intérêt de l'enfant. Or il est des circonstances où le refus de traitement, même s'il doit entraîner le décès de l'enfant, est dans l'intérêt de ce dernier. En ce sens, les tribunaux n'interviendront que si le refus parental est manifestement injustifié, comme l'a rappelé la Cour d'appel dans l'arrêt *Couture Jacquet* c. *Montreal Children's Hospital*[196]. Dans cette décision, qui est souvent citée, il s'agissait d'une enfant de trois ans qui souffrait d'une forme très rare de cancer. La fillette avait déjà subi plusieurs traitements de chimiothérapie et sa mère s'opposait à ce qu'on lui administre une nouvelle série de traitements. Considérant les souffrances endurées par l'enfant, les effets secondaires importants qu'avaient eus les traitements et les chances de guérison qui étaient de l'ordre de 10 % à 20 %, le tribunal a estimé que la décision de la mère ne pouvait être qualifiée de déraisonnable et il a refusé d'intervenir. En l'espèce, la mère avait correctement exercé son pouvoir de représentation. La Cour conclut que son refus devait être respecté au nom de l'intérêt de l'enfant.

On rappellera, à cet égard, qu'en vertu de la *Loi sur la protection de la jeunesse*, la Cour du Québec, lorsque la sécurité ou le développement de l'enfant est compromis, peut ordonner l'exécution de certaines mesures, notamment que l'enfant soit confié à un centre hospitalier afin qu'il reçoive les soins nécessaires[197], et que le Direc-

195. *Centre hospitalier universitaire Sainte-Justine* c. *M.C.*, 2013 QCCS 2583 ; *Centre hospitalier universitaire de Sherbrooke – site Fleurimont* c. *B.P.*, 2012 QCCS 3679 ; *Centre hospitalier universitaire Sainte-Justine* c. *X.*, 2011 QCCS 3803 ; *Centre hospitalier universitaire de Québec* c. *A.*, J.E. 2007-1093, EYB 2007-119927 (C.A.) ; *B. (R.)* c. *Children's Aid Society of Metropolitan Toronto*, précité, note 179.

196. *Couture Jacquet* c. *Montreal Children's Hospital*, [1986] R.J.Q. 1221, 1227, EYB 1986-62351 (C.A.). Voir également *Commission de protection des droits de la jeunesse* c. *C.T. et G.R.*, [1990] R.J.Q. 1674, EYB 1990-76655 (C.S.) et *B. (R.)* c. *Children's Aid Society of Metropolitan Toronto*, précité, note 179.

197. À titre d'illustration, voir *Protection de la jeunesse – 1110*, [2000] R.J.Q. 579, REJB 2000-16960 (C.Q.). C'est dire aussi que la Cour supérieure et la Cour du Québec, chacune dans l'exercice de la compétence qui leur est propre, exercent une juridiction concurrente en la matière : *D.-J.S. (Dans la situation de)*, J.E. 2004-2179, EYB 2004-81112 (C.Q.).

teur de la protection de la jeunesse, en cas d'urgence, peut prendre des mesures temporaires avant d'en référer au tribunal[198].

132 – *Les soins non requis par l'état de santé de l'enfant* – Il est d'autres situations où l'appréciation de l'intérêt de l'enfant pose problème et où le législateur a estimé qu'elle ne pouvait être laissée complètement aux parents ou aux personnes qui en tiennent lieu. Il s'agit des soins à finalité non thérapeutique. Pour ces soins non requis par l'état de santé de l'enfant, il faut, dans certaines circonstances, que le titulaire de l'autorité parentale ou le tuteur obtiennent l'autorisation du tribunal. Il en est ainsi lorsque ces soins, qui visent ni à prévenir, ni à soigner ou à pallier une maladie, une infirmité ou une déficience, présentent un risque sérieux pour la santé du mineur *ou* qu'ils peuvent avoir des effets graves et permanents (art. 18 C.c.Q.). Contrairement au cas du mineur de plus de 14 ans, il ne s'agit pas ici de critères cumulatifs. Le test est donc plus restrictif. Mais les mêmes questions se posent quant à la qualification de certaines interventions qui peuvent ou non être requises par l'état de santé de l'enfant selon les circonstances particulières (la chirurgie esthétique ou l'avortement par exemple).

198. *Loi sur la protection de la jeunesse*, RLRQ, c. P-34.1, art. 46 à 48.

LE CONSENTEMENT AUX SOINS

LE MINEUR DE MOINS DE 14 ANS

Le principe = le consentement substitué (art. 11, al. 2 C.c.Q.) dans le respect des critères de l'article 12 C.c.Q.

- Soins requis par son état de santé
  - consentement du titulaire de l'autorité parentale ou du tuteur (art. 14, al. 1 C.c.Q.)
  - en cas de refus ou d'empêchement du représentant : nécessité de l'autorisation du tribunal (art. 16 C.c.Q.)
  - le mineur n'a pas de droit de refus mais, dans la mesure du possible, il faut tenir compte de son opinion (art. 23 C.c.Q.)
- Soins non requis par son état de santé
  - consentement du titulaire de l'autorité parentale ou du tuteur (art. 18 C.c.Q.)
  - si risque sérieux ou possibilité d'effets graves et permanents
    - autorisation du tribunal (art. 18 C.c.Q.) + consentement du titulaire de l'autorité parentale ou du tuteur
    - droit de refus du mineur (art. 23 C.c.Q.)

3. Le majeur inapte

133 – *L'inaptitude : une question de fait* – Nous avons analysé plus haut la question de l'établissement de l'inaptitude en matière médicale. Rappelons que l'inaptitude est ici une donnée factuelle qui s'apprécie indépendamment de la capacité juridique. Il appartient à celui qui invoque l'inaptitude de démontrer que le patient ne peut faire connaître ses intentions ou sa volonté. Ce peut être pour des raisons tenant à la maladie, la déficience, un affaiblissement dû à l'âge et qui altère les facultés mentales de la personne, comme cela peut être lié à sa condition physique. Dans les faits, l'appréciation de la capacité médicale relèvera, le plus souvent, du médecin traitant. Dans certains cas, on aura recours à une expertise psychiatrique. Toutefois, il faut admettre qu'en matière de maladie mentale, il n'existe pas de critère qui, à lui seul, soit satisfaisant. En contexte psychiatrique, la détermination de la capacité à consentir constitue un enjeu critique d'autant plus important que le législateur consacre une certaine forme de validité du refus de traitement de la personne inapte[199]. Ainsi, devant un refus catégorique, à moins qu'il ne s'agisse de soins d'hygiène ou d'un cas d'urgence, il faudra l'autorisation du tribunal pour pouvoir administrer les soins (art. 16, al. 1 C.c.Q.). La qualification *catégorique* signifie que le refus doit être sans ambiguïté. Cela ne signifie pas pour autant qu'il soit expressément formulé, car il pourrait aussi découler des circonstances. Ainsi, un pseudo-consentement pourrait camoufler un refus catégorique[200]. Dans le cas des majeurs inaptes, la demande d'autorisation vise souvent la question de l'hébergement de la personne. Nous avons vu plus haut que l'hébergement peut être qualifié de « soins » au sens de l'article 11 C.c.Q. Cependant, il est important de souligner qu'une telle autorisation ne peut être accordée que lorsqu'il est démontré que la santé de la personne dicte impérativement et immédiatement une telle mesure qui ne peut donc être basée sur des conclusions spéculatives. Ainsi, on ne pourrait obtenir une décision judiciaire visant

---

199. R.P. Kouri et S. Philips-Nootens, « Le majeur inapte et le refus catégorique de soins de santé : un concept pour le moins ambigu », *loc. cit.*, note 54 ; M. Hébert, « Le refus catégorique : quelques considérations éthiques », dans *Le refus catégorique*, *op. cit.*, note 56, p. F-1, F-3.

200. C'est la conclusion à laquelle le tribunal en arrive dans un dossier où la preuve démontrait que le consentement à prendre la médication était stratégique et transitoire et n'avait pour but que d'éviter une hospitalisation pourtant nécessaire : *W.S.* c. *Hôpital Charles-Lemoyne*, 2010 QCCA 1209 ; voir aussi *Centre de santé et services sociaux Alphonse-Desjardins (CHAU, Hôtel-Dieu de Lévis)* c. *Y.L.*, 2011 QCCS 6021 ; *Centre hospitalier universitaire de Sherbrooke – Hôtel-Dieu* c. *M.B.*, 2013 QCCS 5898 ; *Centre de santé et de services sociaux de Chicoutimi* c. *V.B.*, 2011 QCCS 5523 ; *Hôpital du Sacré-Cœur de Montréal* c. *Y.C.*, 2009 QCCS 2431.

l'hébergement forcé d'une personne pendant une période de soins, chaque fois que du seul avis du médecin traitant l'état de la personne exige un tel hébergement. En effet, seul le tribunal peut ordonner l'hébergement[201]. Soulignons également qu'une demande d'hébergement basée sur les articles 11 et 16 C.c.Q. ne pourrait pas non plus servir à éviter les exigences particulières en matière de mise sous garde en établissement psychiatrique au sens des articles 26 à 31 C.c.Q.

Le droit de refus du majeur inapte peut, à certains égards, sembler paradoxal. L'article 16 C.c.Q. prévoit que l'autorisation judiciaire est nécessaire en présence d'un refus catégorique, à moins qu'il ne s'agisse de soins d'hygiène ou d'un cas d'urgence. Le tribunal peut donc, au nom de l'intérêt du patient, décider de respecter son refus dès lors que celui-ci est catégorique ou, au contraire, autoriser les soins malgré le refus. On comprend que cette règle se fonde sur l'idée que les soins forcés constituent une atteinte au droit à l'intégrité physique et que, par conséquent, ils ne peuvent être imposés à l'inapte qu'au nom d'un impératif de protection. C'est donc ce même principe de protection qui dicte l'idée du respect possible d'un refus catégorique. En même temps, cela revient à dire que l'inapte (et on se souvient que les conditions permettant de conclure à l'inaptitude sont très exigeantes), en dépit de son inaptitude, conserve une capacité résiduelle à refuser certains soins, sous réserve d'une autorisation judiciaire. La logique voudrait que, puisqu'il s'agit nécessairement d'une personne inapte, le tribunal ne vérifie le bien-fondé du refus que de manière objective (en se posant la question : les soins sont-ils objectivement dans l'intérêt de la personne qui les refuse ?). Pourtant, l'analyse de certaines décisions démontre que les tribunaux ont parfois tendance à analyser la question du bien-fondé du refus en passant par le prisme d'un test portant sur l'aptitude ou l'inaptitude de la personne à refuser des soins. Cela aboutit au résultat surprenant qu'il y aurait d'une part une inaptitude à consentir à des soins et, d'autre part, une (in)aptitude à refuser ces mêmes soins...[202].

134 – *Consentement substitué et pouvoir de délégation* – En l'absence d'opposition catégorique de la part du majeur inapte aux soins requis par son état de santé, on devra s'adresser aux substituts, conformé-

---

201. *Centre de santé et de services sociaux de Rimouski-Neigette* c. *A.*, 2007 QCCS 1403 ; *J.R.* c. *Centre hospitalier de l'Université de Montréal* 2009 QCCA 480.

202. Voir par exemple *Centre hospitalier de Québec* c. *M.G.*, [2007] R.D.F 732 (C.S.), où le tribunal, tout en constatant l'inaptitude de la patiente, conclut à sa capacité à exprimer valablement son refus de soin. En l'espèce, la patiente refusait catégoriquement une trachéotomie qui l'aurait empêchée de continuer à fumer ses trois cigarettes quotidiennes.

ment à la hiérarchie établie à l'article 15 C.c.Q. Étant donné que la loi permet au tuteur ou au curateur de déléguer la garde et l'entretien du majeur protégé, certains observateurs suggèrent qu'une personne déléguée pourrait donc consentir aux soins requis par son état de santé[203]. Cette interprétation semble cependant faire abstraction du fait que, contrairement à l'article 264 C.c.Q., relatif à l'exercice de la charge par le curateur public, l'article 260, al. 2 C.c.Q. ne prévoit pas spécifiquement la possibilité d'une telle délégation.

Il est vrai qu'à moins qu'elle ne lui ait été confiée par le tribunal, le curateur public n'a pas la garde du majeur auquel il a été nommé tuteur ou curateur (art. 261, al. 1. C.c.Q.). Dans ces circonstances, c'est la personne à qui la garde du majeur protégé a été confiée qui a le pouvoir de consentir aux soins (art. 263, al. 2 C.c.Q.). Par ailleurs, lorsque la garde a été confiée au curateur public, la loi lui permet de déléguer certains éléments de sa charge. Cette délégation peut se faire à toute personne qu'il désigne, pourvu qu'elle ne soit pas salariée de l'établissement où le majeur est soigné et n'y occupe aucune fonction. Néanmoins, lorsque les circonstances le justifient, il peut passer outre à cette restriction si l'employé de l'établissement est le conjoint ou un proche parent du majeur protégé (art. 264 C.c.Q.). Mais c'est lui qui détermine l'étendue de cette délégation, comme il peut limiter les pouvoirs de la personne à qui la garde du majeur protégé a été confiée par le tribunal. Le curateur public peut donc se réserver le droit de consentir à des soins spécifiques. Mais au même titre que le tuteur ou le curateur privé ou leur délégué, la personne qu'il désigne doit, dans la mesure du possible, maintenir une relation personnelle avec le majeur, obtenir son avis, le cas échéant, et le tenir informé des décisions prises à son sujet[204].

135 – *Les soins non requis par l'état de santé* – Contrairement aux soins qui sont requis par l'état de santé du majeur inapte à consentir, seules les personnes mentionnées à l'article 18 C.c.Q., c'est-à-dire le mandataire, le tuteur ou le curateur, peuvent consentir aux soins non requis par l'état de santé de la personne. Toutefois, s'il s'agit de soins qui présentent des risques sérieux pour la santé *ou* qui ont des effets graves et permanents, le représentant de l'inapte doit préalablement obtenir l'autorisation du tribunal. La situation du majeur inapte à consentir s'apparente, en ce sens, à celle du mineur de moins de 14 ans. Cependant, au nombre des interventions les plus susceptibles

203. J.-P. Ménard, *loc. cit.*, note 107, p. E-18.
204. Art. 17 de la *Loi sur le Curateur public*, RLRQ, c. C-81 et art. 260 C.c.Q.

d'être régies par l'article 18 C.c.Q., on se trouve confronté, dans le cas du majeur inapte, à la question délicate de la stérilisation contraceptive des personnes souffrant de maladie mentale. Rappelons que le Code civil exige que tout acte soit posé dans le seul intérêt de la personne (art. 12 C.c.Q.). Les tribunaux se montrent très circonspects à cet égard[205].

Tout comme le mineur de quatorze ans et plus, le majeur inapte jouit d'un droit de refus absolu pour ce qui est des soins non requis par l'état de santé. Encore faut-il que le patient soit capable de s'exprimer et d'être entendu (art. 23 C.c.Q.).

Certains n'ont pas manqué de souligner que la rédaction de l'article 18 C.c.Q. aboutit à un résultat plutôt curieux. En effet, parce que son représentant légal a le pouvoir de consentir seul à des actes de moindre gravité, on pourrait conclure que, contrairement aux cas où le tribunal aura à statuer, le refus de l'inapte n'aurait pas à être respecté[206]. Mais ce serait oublier l'article 12 C.c.Q. et les obligations qui pèsent sur les représentants légaux (notamment tenir compte de la volonté exprimée par la personne, dans la mesure du possible), sans compter les obligations auxquelles sont tenus les professionnels de la santé[207].

---

205. *T. (N.)* c. *N.-T. (C.)*, [1999] R.J.Q. 223, REJB 1998-10487 (C.S.). Dans l'affaire *E. (Mrs)* c. *Eve*, [1986] 2 R.C.S. 388, EYB 1986-67712, la Cour suprême du Canada avait estimé qu'on ne pouvait jamais déterminer d'une manière certaine qu'une stérilisation est à l'avantage de la personne et qu'elle ne devrait jamais être autorisée en vertu de la compétence *parens patriae* des tribunaux de common law. Pour une comparaison avec le droit en vigueur dans les provinces de common law, voir K. Savell, « Sex and the Sacred: Sterilization and Bodily Integrity in English and Canadian Law », (2004) 49 *R.D. McGill.* 1093.

206. R.P. Kouri et S. Philips-Nootens, *op. cit.*, nº 513.

207. Par ailleurs, l'obligation faite au tribunal en vertu de l'article 23 C.c.Q. de respecter le refus, se comprend bien dans le cadre de l'article 18 C.c.Q. puisque cette disposition vise précisément des soins qui tout en étant non requis par l'état de santé de la personne, représentent néanmoins un risqué sérieux pour celle-ci.

LE CONSENTEMENT AUX SOINS

LE MAJEUR INAPTE

Le principe = le consentement substitué (art. 11, al. 2 C.c.Q.), dans le respect des critères de l'art. 12 C.c.Q.

- Soins requis par son état de santé
  - consentement du mandataire, tuteur ou curateur ou, à défaut, du conjoint, ou à défaut, d'un proche parent ou d'une personne intéressée (art. 15 C.c.Q.)
  - en cas de refus ou d'empêchement du représentant : autorisation du tribunal (art. 16 C.c.Q.)
  - en cas de refus catégorique de l'inapte : autorisation du tribunal, sauf s'il s'agit de soins d'hygiène ou d'un cas d'urgence (art. 13 et 16 C.c.Q.)
- Soins non requis par son état de santé
  - consentement du mandataire, tuteur ou curateur (art. 18 C.c.Q.)
  - si risque sérieux ou possibilité d'effets graves et permanents
    - autorisation du tribunal (art. 18 C.c.Q.) + consentement du mandataire, tuteur ou curateur
    - droit de refus du majeur (art. 23 C.c.Q.)

G. La décision autorisant ou refusant les soins

136 – *Les éléments du processus décisionnel* – Le tribunal appelé à autoriser ou à rejeter la demande d'autorisation de soins doit décider en fonction de la preuve qui lui est présentée – éventuellement sous forme d'affidavits détaillés (art. 766 C.p.c.) – et des critères énoncés à l'article 12 C.c.Q. Lorsque la demande vise à autoriser un traitement contre la volonté du patient, le tribunal statuera, dans un premier temps, sur l'aptitude de ce dernier à consentir au traitement qu'il refuse. Face à un constat d'inaptitude, il statuera ensuite sur l'opportunité du traitement pour lequel l'autorisation a été demandée. La décision doit s'appuyer sur les éléments de preuve afin que le dispositif du jugement soit le plus précis possible quant aux modalités de l'intervention médicale.

137 – *Le degré de précision de l'autorisation* – Plus l'ordonnance est invasive pour le patient, plus elle devrait être précise quant aux paramètres du traitement autorisé[208]. La mesure autorisée par le tribunal constituant une intervention exceptionnelle à l'encontre de la volonté de la personne ou de son représentant, « elle devra être la moins contraignante, la moins agressive, la moins intrusive et la moins irréversible dans les circonstances »[209]. Pourtant, certaines autorisations sont tellement larges, qu'elles constituent une sorte de chèque en blanc que donne le tribunal à l'équipe soignante, par exemple lorsque le tribunal autorise le demandeur « à prodiguer (au défendeur) les soins et traitements que nécessite son état de santé ». Malgré l'absence complète de balises, la Cour d'appel n'a pas considéré qu'une telle ordonnance est trop imprécise[210].

138 – *La durée de l'autorisation* – Le caractère exceptionnel d'une mesure d'autorisation de soins dicte qu'en principe elle soit la plus courte possible dans le temps. En effet, la loi ne prévoit pas de mécanisme de révision automatique de la situation d'un patient à l'égard duquel des soins ont été ordonnés contre sa volonté. Dans la pratique,

---

208. Dans *Québec (Curateur public)* c. *Institut Pinel de Montréal*, 2008 QCCA 286, EYB 2008-129599, la Cour d'appel reproche au premier juge d'avoir autorisé des électrochocs sans en préciser la fréquence et la durée. La Cour rappelle que dans ce domaine la discrétion appartient au juge et non pas au personnel médical, d'où l'importance d'un jugement détaillé.

209. J.-P. Ménard, « Le refus de traitement du majeur inapte », dans *Le refus catégorique*, A.H.Q., Collection Code civil du Québec, 1993, p. E-28.

210. *M.C.* c. *Service professionnel du Centre de santé et de services sociaux d'Arthabaska-et-de-l'Érable*, 2010 QCCA 1114.

on constate que les tribunaux ont tendance à exiger que les traitements fassent l'objet de rapports périodiques au Conseil des médecins, des dentistes et pharmaciens (CMDP) de l'établissement de santé concerné[211]. On assiste ainsi, en ce qui concerne le contrôle sur les soins imposés, à une reconnaissance du pouvoir *de facto* des établissements de santé[212]. La Cour d'appel a cependant rappelé que cette pratique d'imposer l'obligation de faire rapport au CMDP ne peut en aucun cas remplacer le rôle confié aux tribunaux en la matière par le législateur[213]. On peut sans doute voir dans l'absence de mécanisme de révision l'indication de la volonté du législateur de ne soumettre les personnes à des soins de longue durée que dans des situations exceptionnelles. L'analyse de la jurisprudence montre pourtant que le terme moyen prévu dans de telles ordonnances est de deux ans[214] et que dans certains cas le terme peut être aussi éloigné que trois ans[215], voire cinq ans[216]. La durée de cinq ans est cependant clairement une mesure qui ne doit pouvoir être autorisée que dans des cas tout à fait exceptionnels[217]. Dans certains cas une durée assez

211. *Centre hospitalier universitaire de Sherbrooke – Hôtel-Dieu* c. *J.L.*, 2014 QCCS 1362 ; *Centre hospitalier universitaire de Sherbrooke – Hôtel-Dieu* c. *M.L.*, 2011 QCCS 5530 ; *Centre hospitalier universitaire de Sherbrooke – Hôtel-Dieu* c. *J.B.*, 2011 QCCS 5058 ; *Centre de santé et de services sociaux Richelieu-Yamaska* c. *C.H.*, 2010 QCCS 2300.

212. Dans *Centre de santé et de services sociaux Domaine-du-Roy* c. *Z.J.*, 2008 QCCS 935, le tribunal ordonne à l'établissement de porter à la connaissance du tribunal toute divergence d'opinion entre le Comité d'évaluation de l'acte médical, dentaire et pharmaceutique et le médecin traitant.

213. *Québec (Curateur public)* c. *Centre de santé et de services sociaux de Laval*, 2008 QCCA 833.

214. *Hôpital Maisonneuve-Rosemont* c. *C.L.*, 2014 QCCS 1383 ; *Centre hospitalier universitaire de Sherbrooke – Hôtel-Dieu* c. *J.L.*, 2014 QCCS 1362 ; *M.C.* c. *Service professionnel du Centre de santé et de services sociaux d'Arthabaska-et-de-l'Érable*, 2010 QCCA 1114 ; *Centre hospitalier universitaire de Sherbrooke – Hôtel-Dieu* c. *J.S.*, 2009 QCCS 5269 ; *Centre hospitalier universitaire de Sherbrooke – Hôtel-Dieu* c. *N.G.*, 2012 QCCS 1450.

215. *Centre hospitalier universitaire de Sherbrooke – Hôtel-Dieu* c. *L.K.*, 2013 QCCS 5250 ; dans *Centre de santé et de services sociaux de la Haute-Yamaska* c. *G. (C.)*, 2014 QCCS 28, le tribunal ordonne un hébergement d'une durée de trois ans afin de permettre que se stabilise la maladie et que se forme une alliance thérapeutique entre la patiente et son équipe soignante ; *Centre de santé et de services sociaux du Nord de Lanaudière* c. *C.B.*, 2013 QCCS 6283 ; *Centre de santé et de services sociaux de Beauce – services hospitaliers* c. *B.P.*, 2012 QCCS 6293.

216. *Centre de santé et de services sociaux Drummond (Hôpital Sainte-Croix)* c. *A. (C.)*, 2009 QCCS 3532 ; *Institut Philippe-Pinel de Montréal* c. *F.V.*, 2007 QCCS 3981, EYB 2007-123276). Voir aussi la jurisprudence rapportée dans l'arrêt *Québec (Curateur public)* c. *Institut Pinel de Montréal*, 2008 QCCA 286, EYB 2008-129599.

217. Dans *Québec (Curateur public)* c. *Centre de santé et de services sociaux de Drummond*, 2010 QCCA 144, la Cour d'appel confirme le bien-fondé d'une durée de cinq ans mais insiste sur son caractère exceptionnel. En l'espèce, la patiente de

longue peut donc être justifiée par des circonstances particulières[218], mais pour ces cas-là on peut s'interroger sur l'absence dans la loi de mécanismes de révision des autorisations de soins[219]. Dans ces cas, une ordonnance obligeant l'équipe soignante à faire régulièrement rapport au CMDP avec copie à la personne, est certainement une mesure utile[220]. La discrétion du juge dans la détermination d'un terme doit s'exercer judiciairement. Cela signifie que le juge est tenu d'analyser et de pondérer les facteurs pertinents. Comme le rappelle la Cour d'appel dans une affaire où elle réduit le terme accordé par le premier juge, on ne peut autoriser des périodes prolongées de traitement uniquement dans le but de laisser plus de latitude aux intervenants médicaux dans l'administration des soins[221].

139 – *La révision de l'autorisation* – La loi est muette sur la possible révision de la décision autorisant les soins. Mais la Cour d'appel a déjà énoncé qu'il est toujours possible de saisir le tribunal avant l'échéance lorsque les soins sont autorisés pour une durée déterminée et que la condition du patient nécessite de revoir les choses[222]. Il reste qu'il serait sans doute opportun de prévoir dans la loi une disposition

---

85 ans souffrait de graves troubles psychiatriques en plus de la maladie d'Alzheimer et la Cour retient que l'ordonnance en était à son troisième renouvellement. Dans *Centre de santé et de services sociaux Richelieu-Yamaska* c. *F.N.*, 2012 QCCS 1840, le tribunal justifie la durée de cinq ans en raison notamment des très nombreuses hospitalisations de la personne ; mais on peut regretter que la motivation se limite essentiellement à dire que l'expertise expose en détail les raisons pour laquelle une si longue période est nécessaire ; voir aussi *Centre hospitalier de l'Université de Montréal* c. *T.F.*, 2012 QCCS 4436 ; *Institut Philippe-Pinel de Montréal* c. *S.D.*, 2010 QCCS 4296.

218. *Centre de santé et de services sociaux de Rouyn-Noranda* c. *J.T.*, 2010 QCCS 6532 : refus du juge d'accorder une durée de cinq ans car il n'est pas démontré que les présences de la patiente au tribunal ont un effet perturbateur.

219. A. Rainville et M.-C. Lafleur, « L'absence de mécanisme de révision dans le cadre des requêtes en autorisation de traitements : une violation du principe de sauvegarde de l'autonomie ? », dans Service de la formation continue, Barreau du Québec, vol. 330, *La protection des personnes vulnérables*, Cowansville, Éditions Yvon Blais, 2011, p. 43. Une étude menée dans le district judiciaire de Montréal pour l'année 2009 montre que près de la moitié des autorisations de soins psychiatriques le sont pour une période de trois ans, que 36,5 % des autorisations le sont pour deux ans et que seul 1 % dépasse trois ans : M. Otero et G. Kristofferson-Dugré, *Les usages des autorisations judiciaires de traitement psychiatrique à Montréal : entre thérapeuthique, contrôle et gestion de la vulnérabilité sociale*, Montréal, UQAM, Action Autonomie, le collectif pour la défense des droits en santé mentale de Montréal, 2012, p. 17

220. *Centre de santé et de services sociaux du Sud de Lanaudière (Clinique Charlemagne)* c. *J.R.*, 2010 QCCS 2168.

221. *Québec (Curateur public)* c. *Institut Pinel de Montréal*, 2008 QCCA 286, EYB 2008-129599, par. 34.

222. *Ibid.*

prévoyant, à l'instar de l'article 612 C.c.Q. concernant les décisions touchant les enfants dans le cadre de l'autorité parentale, que les décisions concernant les autorisations de soins devraient pouvoir être révisées lorsque l'intérêt du patient ou les circonstances le justifient. Ce parallèle nous semble d'autant plus justifié que dans les deux cas le facteur de l'intérêt de la personne est au cœur de la décision et que ce facteur, dans son essence, est fluctuant. L'article 322 du nouveau *Code de procédure civile* prévoit d'ailleurs expressément que les jugements concernant l'intégrité de la personne sont susceptibles de révision lorsque des faits nouveaux suffisamment importants existent. Nul doute que l'aptitude de la personne ou tout simplement la démonstration que les soins ne sont plus utiles pour elle constituent des faits nouveaux permettant la révision judiciaire.

140 – *L'exécution de la décision* – Lorsqu'il constate l'inaptitude de la personne à consentir aux soins ou à les refuser valablement, le tribunal est amené à rendre éventuellement une décision d'autorisation de soins contre la volonté de la personne. Dans ce contexte, il arrive que les tribunaux fassent droit à une conclusion visant à obtenir l'autorisation pour les forces de l'ordre de porter assistance au corps médical dans l'exécution de l'ordonnance[223]. Un tribunal pourrait même ordonner à la personne de se soumettre au traitement autorisé, à moins qu'une preuve démontre que le patient n'est pas apte à comprendre une telle ordonnance[224]. Le constat de l'inaptitude à consentir ou à refuser des soins ne permet pas de conclure *ipso facto* à l'inaptitude à comprendre l'ordonnance d'autorisation de soins. Même s'il peut sembler tentant de conclure qu'on ne peut obliger une personne à respecter une ordonnance de soins alors qu'on a d'abord conclu que cette personne était inapte à consentir à des soins[225], une telle inaptitude à comprendre une ordonnance de soins doit pourtant être démontrée. Par contre, lorsque la preuve concernant l'inaptitude à consentir aux soins démontre que le patient est déconnecté de la réalité, on peut en déduire qu'il y a une inaptitude à comprendre

223. Exemple : *Centre hospitalier universitaire de Sherbrooke – Hôtel-Dieu* c. *M.L.*, 2011 QCCS 5530.

224. *McGill University Health Centre* c. *H.M.*, 2006 QCCA 951, EYB 2006-107771 : « Bien qu'on puisse facilement concevoir que la personne jugée inapte à consentir aux soins requis par son état de santé mentale puisse aussi être jugée inapte à comprendre le sens et la portée d'une ordonnance que lui impose certaines obligations, encore faut-il que, dans chaque cas, la preuve administrée permette d'en arriver à une telle conclusion. » (par. 3) ; *Hôpital Maisonneuve-Rosemont* c. *C.L.*, 2014 QCCS 1383.

225. *McGill University Health Centre* c. *D. (D.)*, REJB 2006-111711 (C.S.).

une ordonnance obligeant la personne à se soumettre aux soins autorisés[226].

H. Le cas particulier de l'hébergement forcé

141 – *Hébergement, hospitalisation, soins* – La question de l'hébergement et de l'hospitalisation d'une personne contre son gré pose des défis particuliers parce qu'elle met en jeu non seulement l'intégrité physique de la personne, mais également sa liberté physique[227] et, plus largement, sa liberté fondamentale de mener sa vie comme elle l'entend[228]. En ce sens, l'hébergement forcé constitue une extraordinaire atteinte à l'intégrité de la personne dans son sens le plus englobant. C'est la raison pour laquelle il faut, à l'égard de cette mesure, être particulièrement attentif à ne pas conclure à l'inaptitude de la personne du seul fait de son refus[229]. Dans le cadre de la *Loi sur la protection des personnes dont l'état mental présente un danger pour elles-mêmes ou pour autrui*[230], il est prévu qu'une personne qui représente un danger pour elle-même ou pour autrui en raison de son état mental, peut faire l'objet de mesures de mise sous garde et donc d'une privation civile de liberté (voir *infra* le chapitre sur l'intégrité morale). Mais en dehors du cadre très strict de cette loi d'exception, l'hébergement forcé, nous l'avons vu, peut entrer dans la définition large des « soins » au sens de l'article 11, al. 1 C.c.Q. En effet, selon la jurisprudence, l'hébergement peut être qualifié de soin, qu'il s'agisse d'hébergement aux fins de traitement[231] ou d'hébergement préventif visant à protéger la santé de la personne[232] ou d'un hébergement qui

---

226. C'est, à notre avis, ainsi qu'il faut comprendre la position de la Cour d'appel dans l'arrêt *McGill University Health Centre* c. *A*, 2007 QCCA 208, EYB 2007-114454.
227. M. Charpentier, « L'hébergement des personnes âgées vulnérables – Une analyse à la croisée du social et du juridique », dans Service de la formation continue, Barreau du Québec, vol. 344, *La protection des personnes vulnérables*, Cowansville, Éditions Yvon Blais, 2012, p. 105.
228. P. Deschamps, « La confiscation des droits fondamentaux des personnes inaptes et les régimes de protection », dans Service de la formation continue, Barreau du Québec, *La protection des personnes vulnérables*, Cowansville, Éditions Yvon Blais, 2013, p. 69.
229. En ce sens, S. Philips-Nootens, « L'hébergement forcé : quels intérêts, quels enjeux ? – Regards sur la jurisprudence récente...et plus », dans Service de la formation continue, Barreau du Québec, *La protection des personnes vulnérables*, Cowansville, Éditions Yvon Blais, 2009, p. 45.
230. RLRQ, c. P-38.001.
231. *Centre hospitalier universitaire de Sherbrooke – Hôtel-Dieu* c. *C.R.*, 2011 QCCS 5991.
232. *J.C.* c. *Centre de santé et de services sociaux de Laval*, 2013 QCCA 2239 ; *G.B.* c. *Institut universitaire de santé mentale de Québec*, 2010 QCCA 2188 ; *Centre de*

est un soin en soi[233]. Dans les deux cas, il est soumis à l'exigence de l'article 16 C.c.Q. en cas de refus de la personne inapte et donc à l'intervention judiciaire. Le refus d'hébergement, même si la personne consent aux autres soins, oblige dès lors à passer par le mécanisme de l'autorisation judiciaire[234].

Tant dans le cas d'un hébergement aux fins de traitement que dans celui d'un hébergement préventif, le tribunal devra se pencher sur les deux aspects de la demande d'autorisation, car la personne peut fort bien être considérée comme inapte pour ce qui est de l'hébergement, mais apte pour ce qui est des soins administrés pendant son séjour en milieu institutionnel. Le constat qu'une hospitalisation représente un soin nécessaire pour une personne n'autorise cependant pas à éluder les exigences de la *Loi sur la protection des personnes dont l'état mental présente un danger pour elles-mêmes ou pour autrui* lorsqu'il s'agit en réalité de mettre une personne sous garde[235]. Or l'analyse de la jurisprudence en matière d'autorisation de soins, incluant médication et hébergement en milieu protégé ou fermé, montre que la frontière est parfois bien mince entre l'hébergement thérapeutique et la mise sous garde lorsque l'état mental de la personne est source de danger[236].

---

santé et de services sociaux Pierre-Boucher c. *A.G.*, 2009 QCCA 2395 ; *Centre de santé et de services sociaux de Laval* c. *G.P.*, 2008 QCCS 1002 ; *Hôpital Santa Cabrini* c. *J.V.*, 2013 QCCS 2260 (dans ce dernier jugement, le tribunal rappelle que la notion de soins couvre les interventions de nature sociale, ce qui autorise l'hébergement forcé en vue de protéger une personne âgée et inapte qui ne peut veiller à ses propres besoins).

233. On peut penser ici à un hébergement provisoire en attendant qu'une solution à long terme soit mise en place pour la personne : V. Beaumont et M.-N. Paquet, « Hospitalisation et autorisation de soins : soigner pour garder ou hospitaliser pour ne pas garder », dans Service de la formation continue, Barreau du Québec, vol. 344, *La protection des personnes vulnérables*, Cowansville, Éditions Yvon Blais, 2012, p. 153, 162.

234. D. Boulet, « Hébergement des personnes « protégées » ; pour éviter les dérapages », dans Service de la formation continue, Barreau du Québec, vol. 330, *La protection des personnes vulnérables*, Cowansville, Éditions Yvon Blais, 2011, p. 153. Cette auteure met également en lumière que dans la pratique, les délais inhérents au processus judiciaire et le fait que l'hébergement en tant que soin n'est pas soumis aux exigences de délais rigoureux de la *Loi sur la protection des personnes dont l'état mental présente un danger pour elles-mêmes ou pour autrui*, ont pour conséquence que la personne qui refuse catégoriquement l'hébergement peut pourtant restée privée de sa liberté pendant de longues périodes, parfois jusqu'à un an.

235. V. Beaumont et M.-N. Paquet, *loc. cit.*, note 233, p. 153.

236. Pour un exemple de scénario limite, voir *Centre de santé et de services sociaux des Etchemins* c. *J.N.*, 2011 QCCS 1581.

142 – *La durée de l'hébergement* – Mesure exceptionnelle, la mesure d'hébergement devrait tendre à être la moins longue possible et la durée devrait être justifiée par une preuve concrète de nécessité médicale. En ce sens, une ordonnance d'hébergement permanent ne devrait jamais être envisagée, de même que le droit du patient de demander une révision (souvent illusoire dans les faits) ne devrait jamais justifier une longue durée d'hébergement[237]. L'analyse de la jurisprudence démontre que les durées varient généralement d'un an à trois ans et que ce ne sont que des circonstances exceptionnelles qui justifieraient une période plus longue[238]. Lorsqu'il s'agit de soumettre un patient à une thérapie en milieu fermé, c'est-à-dire dans un environnement quasi carcéral, la durée devrait être la plus courte possible, quitte à revenir devant le tribunal pour demander un renouvèlement de l'ordonnance[239].

§3 – L'aliénation et l'utilisation d'une partie du corps et la recherche susceptible de porter atteinte à l'intégrité

143 – Les perspectives offertes par la science et la médecine modernes ont amené le législateur à encadrer l'expérimentation[240] sur les sujets humains ainsi que l'aliénation *in vivo* des éléments et des produits du corps et les dons d'organes prélevés *post-mortem*. Ces actes, dont la légitimité repose sur la finalité et le caractère altruiste, étaient déjà normalisés sous le *Code civil du Bas Canada*[241] et font l'objet de normes plus détaillées dans le *Code civil du Québec*. En effet, le Code réaffirme la licéité des ces interventions, tout en recherchant un juste équilibre entre les intérêts individuels et les intérêts collectifs.

C'est ainsi qu'en ce qui concerne les prélèvements, le législateur a élargi le bassin des donneurs vivants, qui englobe désormais tous

---

237. S. Philips-Nootens, *loc. cit.*, note 229, p. 45, 60.
238. *Institut Philippe-Pinel de Montréal* c. *F.V.*, 2007 QCCS 3981, EYB 2007-123276.
239. Par exemple, dans *Centre de santé et de services sociaux du Rocher-Percé* c. *J.K.*, 2013 QCCS 4282, le tribunal autorise une thérapie en milieu fermé pour une période de six mois et ensuite un suivi externe pour une période de trois ans.
240. La *Loi modifiant le Code civil et d'autres dispositions législatives en matière de recherche*, L.Q. 2013, c. 17, a remplacé le terme « expérimentation », qui était l'expression usuelle jusqu'alors, par l'expression « recherche susceptible de porter atteinte à l'intégrité ».
241. Art. 20 C.c.B.C. W.F. Bowker, « Experimentation on Humans and Gifts of Tissues: Articles 20-23 of the Civil Code », (1973) 19 *McGill L.J.* 161.

les inaptes, *i.e.*, mineurs non émancipés, quels que soient leur âge et leur degré de discernement[242], majeurs sous tutelle ou curatelle ou dont le mandat de protection a été homologué par le tribunal. Il en est de même en matière de recherche susceptible de porter atteinte à l'intégrité, alors que dans le *Code civil du Bas Canada* les majeurs inaptes sous régime de protection, au même titre que les mineurs non doués de discernement, étaient exclus du champ de la recherche. Ces concessions actuelles s'accompagnent toutefois de conditions strictes. En effet, dans le cas particulier des inaptes, le pouvoir d'aliéner une partie du corps est limité aux seuls éléments susceptibles de régénération. Enfin, deux principes sont affirmés avec force : la gratuité de l'acte (art. 25 C.c.Q.) et le respect de l'autonomie qui, en ce qui concerne les mineurs et les majeurs inaptes, se concrétise par la reconnaissance d'un droit de veto lorsque la personne peut l'exprimer (art. 21, al. 3 et 23, al. 2 C.c.Q.). Ces principes rappellent que donneurs et sujets de recherche sont des personnes sociales et non pas simplement des corps biologiques. D'où l'insertion de dispositions sur l'utilisation, aux fins de recherche, des éléments et des produits du corps prélevés dans le cadre de soins.

A. Les prélèvements aux fins scientifiques ou thérapeutiques

144 – *Les conditions* – Toute personne majeure, apte à consentir, peut aliéner entre vifs une partie de son corps pourvu que le risque couru ne soit pas hors de proportion avec le bienfait qu'on peut raisonnablement en espérer (art. 19, al. 1 C.c.Q.). Autrement dit, « entre l'inconvénient accepté par celui qui subit l'intervention et l'avantage prévu ou espéré, il doit y avoir un certain équilibre, ou mieux un déséquilibre en faveur de l'avantage espéré »[243].

---

242. Selon l'article 20, al. 2 et 4 C.c.B.C., le mineur doué de discernement pouvait consentir par écrit à l'aliénation entre vifs d'une partie de son corps ou se soumettre à une expérimentation, « avec l'autorisation d'un juge de la Cour supérieure et le consentement du titulaire de l'autorité parentale à condition qu'il n'en résulte pas un risque sérieux pour sa santé ». Il est vrai, aussi, que la notion de discernement, telle qu'interprétée par les tribunaux, avait conduit à reconnaître à des enfants de trois à cinq ans la capacité de consentir à de tels prélèvements, s'agissant, plus particulièrement, de transplantations intra-familiales : *Cayouette* et *Mathieu*, [1987] R.J.Q. 2230, EYB 1987-78462 (C.S.). Sur les dérives auxquelles cette disposition a donné lieu, voir R.P. Kouri, « The Law Governing Human Experimentation in Quebec », (1991) 22 *R.D.U.S.* 77 ; « Le consentement aux soins médicaux à la lumière du projet de loi 20 », (1987) 18 *R.D.U.S.* 27 ; P. Deschamps et D. Sauvé, « Aspects juridiques de la transplantation de moëlle osseuse », (1981) 16 *Le médecin du Québec* 51.

243. Office de révision du Code civil, *Rapport sur la reconnaissance de certains droits concernant le corps humain*, Montréal, 1971, p. 14.

Il y a donc une obligation de renseignement beaucoup plus lourde qui pèse sur le corps médical compte tenu du caractère altruiste du geste, particulièrement lorsqu'il s'agit d'un organe, ce qui n'autorise pas à minimiser pour autant les risques auxquels peuvent être exposés ceux qui consentent à d'autres types de prélèvements corporels. On peut penser, notamment, au prélèvement d'échantillons d'ADN qui, comme tel, ne comporte pas de risque pour la santé du donneur, mais qui peut révéler sur lui des informations dont la connaissance peut lui être individuellement ou socialement préjudiciable.

Le consentement doit être donné par écrit (art. 24, al. 1 C.c.Q.). Ce formalisme se justifie par le souci de protéger efficacement tant le donneur que l'équipe ou le médecin appelé à effectuer le prélèvement. Par contre, l'article 24 C.c.Q. dispose expressément que la révocation du consentement peut être faite verbalement, permettant ainsi au donneur de changer d'avis à tout moment.

Le don est soumis à d'autres conditions : l'aliénation ne peut être répétée si elle présente un risque sérieux pour la santé et elle doit être gratuite (art. 25, al 1 C.c.Q.). Est-il nécessaire de rappeler que l'aliénation d'une partie du corps ou d'une substance corporelle ne peut être que volontaire et qu'un tribunal ne pourrait jamais l'ordonner ? C'est ainsi que dans le cadre d'une ordonnance de droit de visite à l'égard d'un nourrisson, un tribunal a souligné, à juste titre, que d'ordonner à une mère de remettre du lait maternel au père pour qu'il puisse nourrir lui-même l'enfant, serait une atteinte inacceptable à l'intégrité physique de la mère[244].

145 – Dans le cas des mineurs et des majeurs inaptes, les conditions de l'aliénation sont encore plus strictes. Le prélèvement ne peut, dans ces cas, comporter de risques sérieux pour la santé du donneur et l'aliénation est limitée aux parties du corps susceptibles de régénération, comme le sang ou la moëlle osseuse. En ce qui concerne les majeurs inaptes, ne sont autorisés que les dons faits par une personne sous régime de protection ou dont le mandat de protection a été homologué (art. 19, al. 2 C.c.Q.). Les mineurs, quel que soit leur âge, sont assimilés aux majeurs inaptes pour ce qui est de l'aliénation d'une partie du corps entre vifs. En matière de dons corporels, comme en matière d'expérimentation, les mineurs sont considérés comme

---

244. *S.A.* c. *P.T.*, [2004] R.D.F. 447, REJB 2004-54934 (C.S.).

des incapables. La loi ne reconnaît pas ici un statut particulier à l'adolescent. Dans tous les cas de mineurs, le consentement du titulaire de l'autorité parentale ou du tuteur est requis. Signe de l'importance qu'attache le législateur à la protection des enfants et des inaptes lorsqu'il s'agit d'aliénation d'une partie du corps, l'autorisation du tribunal est exigée dans tous les cas[245]. Entrent en ligne de compte non seulement le caractère exceptionnel de l'acte qui profite à autrui, mais aussi le risque de conflit d'intérêts, particulièrement lorsqu'il s'agit de transplantations intrafamiliales. Il convient, en effet, de ne pas minimiser le risque que des pressions pourraient être exercées sur ces personnes vulnérables, particulièrement quand ces personnes sont incapables d'exprimer ce refus. Si la personne refuse l'aliénation, on peut comprendre que le tribunal soit tenu de respecter le refus, contrairement à ce qui prévaut en matière de soins requis par l'état de santé (art. 23, al. 2.C.c.Q.).

Toutefois, au-delà de la distinction entre les parties susceptibles ou non de régénération, il nous semble que le législateur aurait pu opérer des distinctions plus spécifiques entre les différents éléments corporels et qu'il devrait attribuer un statut particulier aux éléments du corps qui sont susceptibles de transmettre la vie. En effet, les gamètes ne sont pas des produits du corps ni des cellules comme les autres. Le donneur de gamètes ne dispose pas simplement d'une chose, comme c'est le cas pour les autres parties du corps. À la différence du don d'organe, on peut dire qu'ici le don se perpétue[246]. Si l'on peut admettre que par l'apport de ses « forces génétiques » une personne puisse contribuer au projet parental d'autrui ou au développement de la science et que, par voie de conséquence, les gamètes puissent être considérées comme des choses, on devrait leur reconnaître une indisponibilité relative. Certes, le don de gamètes est encadré en partie par le Code civil et en partie par la loi fédérale sur la procréation assistée qui interdit notamment « d'obtenir l'ovule ou le spermatozoïde d'une personne de moins de 18 ans et de l'utiliser, sauf pour le conserver ou pour créer un être humain qui sera élevé par cette personne »[247]. Cette loi interdit également l'achat ou l'offre d'achat de gamètes, mais non la vente.

B. L'utilisation de parties du corps prélevées dans le cadre de soins aux fins de recherche

146 – *Une transparence nécessaire* – L'avancement de la science et l'amélioration des soins dictent que l'on puisse utiliser, aux fins de

245. Voir *Collin Re*, EYB 2007-118477 (un mineur de 16 ans est autorisé à se soumettre au prélèvement de 20 % du total de sa mœlle osseuse, l'objectif étant de traiter son frère atteint d'un cancer du sang).
246. R.P. Kouri et S. Philips-Nootens, *op. cit.*, note 39, n° 27.
247. *Loi sur la procréation assistée et la recherche connexe*, L.C. 2004, ch. 2, art. 9.

recherche, des parties du corps qui ont été prélevées dans le cadre des soins. Cet impératif ne permet cependant pas d'écarter le principe du respect des droits des personnes[248]. C'est pourquoi le Code, dans un souci de cohérence, exige le consentement de la personne concernée ou de celle habilitée à consentir pour elle. Ici encore, le consentement doit être donné par écrit et il peut être révoqué en tout temps[249]. Si la personne est décédée, le consentement peut être donné par la personne qui aurait pu consentir aux soins requis par l'état de santé[250]. Le Code vise l'utilisation d'une partie du corps aux fins de recherche, mais il est muet sur la question de l'utilisation aux fins thérapeutiques[251]. En l'absence de référence aux fins thérapeutiques, doit-on en conclure que le Code civil n'exige le consentement qu'en amont et non pas en aval, ce qui reviendrait à dire que le consentement n'est plus nécessaire, dès lors que les éléments qui sont prélevés sont utilisés aux fins de produits finis ? Selon certains auteurs, l'article 22 C.c.Q., *prima facie*, ne défendrait pas à l'individu de demander une contrepartie pour l'obtention de son consentement à l'utilisation de ses produits biologiques aux fins de recherche[252]. La question mérite d'être posée, en rappelant que les droits sur le corps ont été rangés formellement dans la catégorie des droits extrapatrimoniaux.

147 – Ces prélèvements ne sont pas directement attentatoires à l'intégrité physique de la personne puisqu'ils sont effectués dans le

---

248. *Comm.*, t. I, p. 25.
249. Art. 22 et 24 C.c.Q. Ainsi que le soulignent certains auteurs, logiquement, la désignation de ceux pouvant consentir pour autrui et les conditions de validité de leur consentement dépendraient de la nature des soins, la loi étant plus exigeante à l'égard des soins non requis par l'état de santé de la personne. La question qui se pose alors à cet égard est de savoir si les autres conditions de validité du consentement aux soins s'appliquent à la permission additionnelle nécessaire afin d'effectuer des recherches. Dans le cas du mineur de plus de 14 ans, sauf un risque particulier dont celui-ci pourrait mal mesurer la portée, sa seule autorisation serait alors suffisante : R.P. Kouri et S. Philips-Nootens, *L'intégrité de la personne*, *op. cit.*, note 39, n° 31.
250. Cet ajout concernant le consentement *post mortem* a été apporté par la *Loi modifiant le Code civil et d'autres dispositions législatives en matière de recherche*, L.Q. 2013, c. 17, art. 3.
251. A. Bertrand-Mirkovic, « La licéité du prélèvement du sang du cordon ombilical à la naissance en droit québécois », (2003) 38 *R.J.T.* 495-503.
252. R.P. Kouri et S. Philips-Nootens, *L'intégrité de la personne et le consentement aux soins*, *op. cit.*, note 39, n°s 39 et 46. Voir cependant *contra :* R.W. Marusyk et M.S. Swain, « A Question of Property Rights in the Human Body », (1989) 21 *R.D.U.S.* 351. Selon ces auteurs, les prélèvements, tels que régis par l'article 20 C.c.B.C., pouvaient faire l'objet de droits patrimoniaux, ce qui n'est plus le cas avec le C.c.Q.

cadre de soins prodigués dans son propre intérêt[253]. Qui plus est, les formulaires de consentement utilisés dans les centres hospitaliers comportent une clause prévoyant l'abandon ou la cession des tissus prélevés au cours des interventions chirurgicales en faveur de l'établissement, faisant ainsi de la prise en charge de ces déchets biologiques une partie intégrante du contrat hospitalier[254]. Il n'en demeure pas moins que l'utilisation que l'on peut faire de ces déchets médicaux[255] peut choquer la conception de la dignité que la personne a d'elle-même. Les patients ignorent généralement que certains de ces « déchets » sont recyclables et qu'on peut les stocker (par exemple les valves cardiaques ou les os), les transformer, les utiliser pour la fabrication de médicaments ou aux fins de recherche, voire de produits cosmétiques (par exemple le placenta) ou utiliser les cellules souches que peuvent contenir certaines de ces parties du corps, par exemple le cordon ombilical. Les « déchets hospitaliers » ont longtemps été considérés par le droit comme des choses abandonnées (*res derelictae)* appropriables par celui qui s'en empare, sans qu'il soit nécessaire que le patient en soit informé. Le législateur a donc rompu avec ces pratiques discutables. Il ne faut pas ignorer les avantages économiques importants qui peuvent résulter de l'utilisation de ces parties du corps[256]. Après transformation, les produits prélevés peuvent en effet être commercialisés. Il existe aujourd'hui des médicaments fabriqués à partir de produits d'origine humaine. Certains produits ainsi prélevés sont intimement liés à l'identité de la personne. C'est le cas, notamment, des produits de type moléculaire ou, plus communément, de l'ADN. Il en est de même des gamètes et des tissus fœtaux ou des « produits d'avortement » qui touchent à

253. Sur le traitement des déchets, voir *Règlement sur les déchets biomédicaux*, RLRQ, c. Q-2, r. 12.

254. Toutefois, cet abandon ou cette cession n'autorise pas pour autant l'établissement à les utiliser pour la recherche : voir S. Gascon, *L'utilisation médicale et la commercialisation du corps humain*, Collection Minerve, Cowansville, Éditions Yvon Blais, 1993, p. 59.

255. Le *Règlement d'application de la Loi sur les laboratoires médicaux, la conservation des organes et des tissus et la disposition des cadavres*, RLRQ, c. L-0.2, r. 1 qualifie de « restes humains » une partie du corps d'un être humain décédé ainsi que les parties détachées du corps d'un être humain vivant.

256. Sur ce plan, la décision rendue par la Cour d'appel de la Californie dans l'affaire *Moore* a permis de mettre en évidence qu'un patient pouvait recéler des trésors insoupçonnés et que sur le terrain l'intérêt du chercheur prime parfois sur celui du thérapeute : *Moore* c. *Regents of the University of California*, 249 Cal. Rptr. 494 (Cal. Ap. 2 Dist., 1988) ; 271 Cal. Rptr. 146 (Cal. Sup. Ct. 146) ; permission d'appeler à la Cour suprême des États-Unis refusée, 499 U.S. 936. Voir également, B.M. Dickens, « Conflicts of Interest in Canadian Health Care Law », (1995) 21 *Am. J. of Law and Med.* 259. Sur la question des brevets, voir J.-C. Galloux, « La brevetabilité des éléments et des produits du corps humain ou les obscurités d'une loi grand public », (1995) I *J.C.P.* 3872.

l'intimité de la femme concernée[257]. L'utilisation des déchets médicaux pose donc aussi la délicate question du statut juridique du matériel génétique, de son stockage et de son utilisation, questions que nous n'abordons pas ici[258]. Il apparaît normal que la personne puisse avoir un droit de regard sur le sort des produits prélevés. Cela implique que la personne soit informée de leur utilisation et qu'elle ait donné son consentement libre et éclairé.

La question est particulièrement sensible dans le domaine de la génétique, notamment lorsque l'échantillon prélevé a gardé un caractère nominatif et qu'il peut servir à des recherches ultérieures[259]. Il ne fait aucun doute que l'échantillon nominalisé fait partie intégrante du dossier médical de la personne puisque cet échantillon constitue un « renseignement personnel » au sens de différentes législations concernant la protection des renseignements personnels[260]. Les prélèvements et les déchets nominalisés sont dès lors protégés au titre de renseignements personnels[261]. La question du consentement éclairé et l'obligation de renseignement qui le sous-tend prennent ici un relief particulier eu égard à l'information que permet d'obtenir son analyse. La question de la protection de la vie privée est posée. Or, il est loin d'être certain que, telle qu'organisée par le droit actuel, la protection des renseignements personnels soit adaptée à l'information génétique[262].

C. La recherche susceptible de porter atteinte à l'intégrité

148 – *De la légitimité à la légalité* – Devenue nécessité sociale, l'expérimentation sur les sujets humains est entrée dans le champ de

---

257. Commission royale sur les nouvelles techniques de reproduction, *Un virage à prendre en douceur*, ministre des Services gouvernementaux Canada, Ottawa, 1993, vol. 1, Recommandation n° 188, p. 722.
258. Sur le sujet, voir en particulier R.P. Kouri et S. Philips-Nootens, *L'intégrité de la personne et le consentement aux soins*, *op. cit.*, note 39, n°s 52 et s. ; E. Lévesque, « Les banques de matériel biologique utilisées en recherche : préférer une évaluation globale afin de décider du meilleur moyen de protéger la confidentialité », (2009) 43 *R.J.T.* 773.
259. Commission de l'éthique de la science et de la technologie, *Les enjeux éthiques des banques d'information génétique : pour un encadrement démocratique responsable*, Québec, 13 février 2003, <http://www.ethique.gouv.qc.ca/fr/ftp/Avis-BanquesGen.pdf>.
260. Voir *infra*, le chapitre sur l'intégrité morale.
261. En ce sens, M.-N. Paquet, « Un dossier et des restes humains...l'accessibilité des échantillons de sang et de tissus conservés par les établissements de santé du Québec », (2014) 7 *Personnes physiques et successions en bref* 2-5.
262. Sur l'importance du consentement éclairé lorsqu'il s'agit de parties du corps identifiées au nom du donneur et susceptibles d'être stockées dans des bio-

la légalité et elle a acquis droit de cité dans le Code civil. L'expérimentation était régie de façon minimale par le *Code civil du Bas Canada* qui, sur ce point, référait aux grands principes dégagés par la bioéthique, c'est-à-dire « consentement libre et éclairé du sujet, caractère scientifique de la recherche, proportionnalité acceptable entre le bénéfice escompté et les risques pour le sujet et, enfin, conformité à l'ordre public »[263]. L'expérimentation, qualifiée depuis 2013 de « recherche susceptible de porter atteinte à l'intégrité », fait aujourd'hui l'objet d'une réglementation plus serrée. Pour ce qui est du majeur apte, les seules conditions de la recherche susceptible de porter atteinte à son intégrité sont 1) que le risque soit proportionnel au bienfait espéré, 2) que la recherche ait été approuvée et suivi par un comité d'éthique de la recherche (art. 20 C.c.Q.), 3) que le consentement soit donné par écrit, à moins que le comité d'éthique de la recherche ait conclu que les circonstances justifient un autre mode (art. 24, al. 2 C.c.Q.), et 4) qu'il n'y ait pas de contrepartie financière (art. 25 C.c.Q.). Tout en réaffirmant les grands principes précédemment évoqués en ce qui concerne les majeurs aptes à s'obliger, le Code civil élargit le champ de la recherche aux majeurs protégés et à l'ensemble des personnes mineures. Leur participation est essentielle dans le cadre de la recherche sur certaines maladies, ce qui pose de façon aiguë la question de l'équilibre entre cet impératif de participation et la protection des enfants et des inaptes[264]. Les exigences à leur endroit sont cependant beaucoup plus strictes.

149 – *La préséance du droit à l'intégrité sur le droit à l'autonomie* – Participer à un projet de recherche n'est pas un geste anodin lorsqu'il implique un risque d'atteinte à l'intégrité. Nombre de protocoles de recherche comportent une part de risque, parfois important, pour les personnes qui y prêtent leur concours. Ces risques ne se limitent pas aux complications organiques ni aux effets secondaires qui peuvent être associés à la prise d'une médication à l'essai[265] ou à

---

banques comme matériau de recherches futures, voir R.P. Kouri et S. Philips-Nootens, *L'intégrité de la personne et le consentement aux soins*, *op. cit.*, note 39, nº 40.

263. J.-L. Baudouin, « Les expériences biomédicales sur l'être humain : modèle et modalités des systèmes actuels des droits de la personne », dans *Expérimentation biomédicale et droits de l'Homme*, Paris, P.U.F., 1988, p. 72.

264. J. Samuel, R. Alemdjrodo et B.M. Knoppers, « Les droits de l'enfant et la thérapie génique : les enjeux éthiques et les particularités de l'article 21 du *Code civil du Québec* », (2006) 66 *R. du B.* 183.

265. Au-delà des dispositions du Code, les essais de médicaments sont assujettis, au Canada, à la *Loi sur les aliments et drogues* (L.R.C. (1985), ch. F-27), ainsi qu'à la réglementation qui la complète (C.R.C., ch. 870) : voir M. Gagné, *Le droit des médicaments*, Cowansville, Éditions Yvon Blais, 2005.

l'assujettissement à une technique expérimentale ou invasive, ils peuvent également entraîner l'humiliation, la perte de dignité et le sentiment d'être exploité. Les règles relatives au consentement sont donc très strictes. La personne sollicitée pour participer à un projet de recherche doit recevoir une information complète, particulièrement quant aux risques[266]. En effet, la proportionnalité risques-bénéfices constitue le test de validité de l'acte et représente donc une importante limite au pouvoir de la personne de disposer d'elle-même[267]. La question de l'équilibre entre les risques et les bénéfices se pose de façon particulièrement délicate lorsqu'il s'agit de recherche en génétique[268] de même que dans les cas où la personne qui accepte de se soumettre à l'expérimentation en espère des bienfaits personnels en raison de son état de santé désespéré et pourrait donc sous-évaluer les risques[269].

Le caractère libre et éclairé du consentement implique aussi que l'information transmise ne soit pas trop complexe et qu'elle le soit dans des termes compréhensibles pour la personne dont le consentement est sollicité[270]. La compréhension réelle de l'information est une condition essentielle du caractère libre et éclairé du consentement[271]. À la différence des soins ordinaires, l'aspect de protection l'emporte sur le droit à l'autonomie[272]. L'obligation de renseignement du chercheur s'en trouve d'autant plus alourdie et il n'existe aucune place, en la matière, « pour le privilège thérapeutique ou la renonciation à être informé même si tel est le souhait du sujet ».

---

266. Voir notamment à ce propos les décisions rendues dans les affaires *Halinshka* c. *University of Saskatchewan*, (1966) 53 D.L.R. (3d) 436 (Sask. C.A.) et *Weiss* c. *Solomon*, [1989] R.J.Q. 731, EYB 1989-95790 (C.S.).
267. R. Drouin et C. Bouffard, « Le consentement et la communication des bienfaits et des risques de la recherche », dans *La recherche en génétique et en génomique : droits et responsabilités*, Montréal, Éditions Thémis, 2005, p. 75-89.
268. K. Cranley-Glass, « L'appréciation et l'évaluation des risques et des bénéfices : un équilibre délicat », dans *La recherche en génétique et en génomique : droits et responsabilités*, Montréal, Éditions Thémis, 2005, p. 61-74.
269. Collège des médecins du Québec, *Le médecin et la recherche clinique*, Montréal, juillet 2007 (www.collegedesmedecins.qc.ca) ; D. Joncas et S. Philips-Nootens, « Le malentendu thérapeutique ; un défi pour le consentement médical en recherche clinique », (2005-2006) 36 *R.D.U.S.* 133.
270. À ce sujet, voir les constats dans J.P. Cabanac et M. Giroux, « Le formulaire de consentement à la recherche : incompatibilité entre le droit des personnes et le droit des contrats », (2006-2007) 37 *R.D.U.S.* 235-274.
271. D. Joncas, « Le consentement libre et éclairé : la communication des bienfaits et des risques de la recherche », dans *La recherche en génétique et en génomique : droits et responsabilités*, Montréal, Éditions Thémis, 2005, p. 17-31.
272. A. Fagot-Largeault, « L'expérimentation humaine et les questions d'autonomie, de don et de solidarité », dans M.-H. Parizeau (dir.), *Les fondements de la bioéthique*, Bruxelles, De Boeck Université, Collection « Sciences, éthiques, sociétés », 1992, p. 143, 144.

150 – *La gratuité*. Toute recherche susceptible de porter atteinte à l'intégrité doit être gratuite, en ce sens que le sujet de recherche ne peut recevoir une rémunération pour sa participation (art. 25, al. 2 C.c.Q.). L'interdiction de recevoir une contrepartie financière renforce la dimension de protection qui domine l'ensemble du dispositif législatif relatif aux actes de disposition du corps au bénéfice d'autrui. Toutefois, en matière de recherche, le sujet peut recevoir une indemnité en compensation pour les pertes et inconvénients subis. Il demeure que la délimitation des frontières entre indemnisation et rémunération est parfois ténue. Les compagnies pharmaceutiques se montrent parfois fort généreuses et les indemnités versées débordent bien souvent le cadre d'une indemnité, ce qui constitue une forme déguisée de sollicitation, voire de contrainte. Chose certaine, l'indemnité ne devrait jamais prendre des proportions qui la transformeraient en un incitatif à participer à une recherche susceptible de porter atteinte à l'intégrité, car c'est précisément pour éviter cet écueil que la loi interdit la contrepartie financière[273]. L'argument de certains chercheurs qui consiste à présenter les sujets de l'expérimentation comme des partenaires du projet de recherche dont la participation mérite, en équité, une reconnaissance financière, peut sembler séduisant, mais il n'en va pas moins directement à l'encontre de l'article 25, al. 2 C.c.Q. Il soulève le spectre des expérimentations auxquelles des personnes démunies n'acceptent de se soumettre que pour des raisons financières.

151 – *Les règles spécifiques à la recherche sur les mineurs et les majeurs inaptes* – L'article 21 C.c.Q. ne distingue pas les enfants des adolescents au chapitre de la recherche. Dans un souci de protection, tous les mineurs sont soumis aux conditions de cette disposition. La seule petite exception est celle introduite en 2013 et qui prévoit que le mineur de 14 ans peut consentir seul à la double condition que le comité d'éthique est d'avis que le risque de la recherche est minimal et que les circonstances le justifient. On doit donc comprendre que même si le risque est minimal, il peut y avoir des circonstances qui dictent que le consentement du titulaire de l'autorité parentale ou du tuteur soit sollicité. Les dispositions du Code civil qui encadrent la recherche sur les mineurs et les majeurs inaptes soulèvent plusieurs

---

273. Le Collège des médecins du Québec rappelle donc à juste titre dans son guide sur la recherche clinique que les « indemnités ne doivent aucunement avoir pour effet d'exercer sur le sujet une influence pouvant indûment l'amener à participer » : Collège des médecins du Québec, *Le médecin et la recherche clinique*, Montréal, juillet 2007, p. 26.

questions. La première est celle de la délimitation des frontières entre la recherche sur une seule personne et celle sur un groupe de personnes (art. 21). À ces deux catégories de situations déjà couvertes lors de la réforme de 1991[274], s'ajoutent depuis 1998 la recherche en cas d'urgence (art. 21, al. 3 C.c.Q.) et depuis 2013 la recherche ne comportant qu'un risque minimal. De plus, dans le cas particulier des majeurs inaptes en situation d'urgence, il faut distinguer ceux qui sont sous régime de protection et ceux qui, en raison du caractère subi de leur inaptitude, ne peuvent être pourvus d'un représentant légal dans les délais qu'une intervention à caractère expérimental devrait respecter pour être efficace.

En distinguant, comme il l'avait fait en 1991, la recherche sur une seule personne de celle sur un groupe de personnes, le législateur semblait vouloir s'écarter de la logique qui conduit à opposer thérapie et recherche. Les avancées de la médecine moderne tendent en effet à démontrer que ces deux domaines, posés *a priori* comme distincts, se chevauchent. En ce sens, il était permis d'affirmer que ce n'est pas seulement l'objectif poursuivi qui avait guidé le législateur, mais aussi la démarche, voire les moyens employés pour l'atteindre. L'affirmation demeure tout aussi valable aujourd'hui, mais elle mérite d'être nuancée.

Quelle que soit la situation envisagée, la recherche dont traite l'article 21 C.c.Q. doit s'inscrire dans un projet scientifique approuvé. Elle doit donc faire appel à la méthode scientifique, *i.e.* un ensemble de règles, de principes normatifs sur lesquels reposent les démarches que suit l'esprit pour vérifier une hypothèse ou démontrer la vérité[275]. C'est dire aussi qu'on doit exclure toute initiative spontanée comme celle du médecin qui, face « à un conflit entre l'intérêt de son patient et le souci de l'exactitude scientifique », recourt, dans des cas extrêmes, à un traitement ou à une procédure inédite, *i.e.* non validée, non éprouvée et non approuvée par ses pairs[276]. Une telle conduite, qui tient plutôt de l'expérience, entendue au sens commun

274. Art. 21 ancien, al. 2 et al. 3 C.c.Q.
275. Voir, sur ce point, l'énoncé de politique des trois grands organismes fédéraux qui subventionnent la recherche au Canada : « il doit s'agir d'un projet de « recherche », terme qui désigne toute investigation systématique visant à établir des faits, des principes et des connaissances généralisables » : *Énoncé de politique des trois Conseils : Éthique de la recherche avec des êtres humains*, Ottawa, ministre des Approvisionnements et Services Canada, 2010.
276. En ce sens, voir le document de réflexion sur la recherche auprès des enfants du Conseil national de la bioéthique en recherche chez les sujets humains (CNBRH, devenu depuis Conseil national d'éthique en recherche chez l'humain (CNERH) qui définit la « thérapie novatrice comme étant une intervention nouvelle ou non

du terme, et où l'on fait appel à l'exploitation des connaissances acquises, relève davantage de la notion floue de « soins innovateurs », expression abandonnée par le législateur en 2013.

152 – De fait, c'est sans doute le mot « expérimentation » qui portait le plus à confusion. Car, en définitive, c'est bien la recherche sur les sujets humains que le législateur a voulu tout à la fois permettre et encadrer, et non pas l'expérimentation, au sens vulgaire du terme, dont les bénéfices sont plus qu'aléatoires et qui, s'agissant ici de personnes vulnérables, pourrait conduire à leur exploitation[277]. Tout acte de recherche ne se qualifie pas d'emblée comme recherche visée par les dispositions du Code. La simple observation ou la simple compilation statistique s'inscrivant dans un projet de recherche ne devient pas une recherche au sens des articles 20 et 21 C.c.Q. si elle n'implique aucune dimension d'essai ou d'intervention sur ou avec la personne susceptible de porter atteinte à l'intégrité de la personne. Depuis la modification de ces dispositions en 2013 et l'abandon du terme « expérimentation » au profit de l'expression « recherche susceptible de porter atteinte à l'intégrité », on peut dire que la notion de risque est centrale dans leur application. Toute recherche comportant un risque, fût-ce un risque minimal, est visée alors qu'en l'absence totale de risque, les exigences des articles 20 et 21 C.c.Q. ne s'appliquent pas.

Chacune des catégories à l'intérieur desquelles s'inscrit la recherche dont traite l'article 21 C.c.Q. est régie par des règles générales et spécifiques. Il convient donc de s'arrêter sur les conditions de validité de l'expérimentation sur les mineurs et les majeurs inaptes.

153 – *Les conditions de la recherche sur les mineurs et les majeurs inaptes* – Pour ce qui est des mineurs et des majeurs inaptes, la recherche, telle qu'encadrée par l'article 21 C.c.Q., conduit à distinguer la recherche sur une personne, celle sur un groupe de personnes, celle en situation médicale d'urgence et, finalement, celle qui ne comporte qu'un risque minimal. Lorsque la recherche ne vise qu'une seule personne, l'article 21 C.c.Q. exige qu'on puisse en espérer un bienfait pour la santé du mineur ou du majeur inapte. Il s'agit donc

---

standardisée, et non évaluée, dont l'objectif est d'obtenir un bienfait direct au patient » : CNBRH, *Réflexions sur la recherche auprès des enfants*, Ottawa, décembre 1993, p. viii.

277. Pour une proposition de distinction entre l'expérimentation et la recherche, voir E. Lévesque, « Les exigences légales entourant le consentement dans la recherche avec des enfants et des adultes inaptes : une piste de solution aux difficultés posées par les articles 21 et 24 C.c.Q. », (2006) 51 *R.D. McGill* 385.

d'expérimentation à finalité thérapeutique ou de thérapie expérimentale.

Dans le cas de la recherche qui vise un groupe de personnes, on doit pouvoir s'attendre à des résultats qui sont bénéfiques pour les personnes possédant les mêmes caractéristiques d'âge, de maladie ou de handicap que les membres du groupe. Cette condition a pour résultat qu'il n'est pas permis de soumettre les personnes inaptes et les mineurs à des projets de recherche qui portent sur des maladies ou sur des questions médicales qui ne concernent pas leur groupe. Le bénéfice espéré peut être direct ou indirect : direct, dans la mesure où certains membres du groupe (par exemple, ceux qui reçoivent un médicament à l'essai) peuvent voir leur état s'améliorer ; indirect dans la mesure où il s'agit d'approfondir des connaissances qui déboucheront, à moyen ou à long terme, sur de nouveaux traitements. Dans un cas comme dans l'autre, le consentement à l'expérimentation ne peut être exprimé que par le représentant légal du mineur ou du majeur inapte. C'est dire aussi qu'aux fins de la recherche, le mineur, dans un souci de protection, est considéré comme un incapable. Inhabiles aux yeux de la loi à consentir à une recherche susceptible de porter atteinte à leur intégrité (sous réserve du cas du mineur de plus de 14 ans lorsque le risque est déclaré minimal), les mineurs et les majeurs inaptes peuvent cependant refuser d'y participer. Encore faut-il qu'ils puissent comprendre la nature et les conséquences de l'acte pour que ce refus soit respecté. La capacité de discernement se présente désormais comme une condition qui permet l'opposition à l'acte. En d'autres termes, c'est le refus qui devient volontaire. C'est dire aussi que seul le mineur doué d'un certain degré de discernement ou le majeur inapte dont les facultés sont simplement réduites ou limitées, peuvent valablement opposer leur veto.

154 – *La recherche en situation médicale d'urgence et la recherche dont le risque est minimal* – Ces scénarios constituent des exceptions puisqu'ils permettent d'inclure dans un protocole de recherche des majeurs devenus inaptes subitement et qui n'ont pas nécessairement de représentant légal. En cas de risque minimal, même en dehors des cas d'urgence, le consentement peut également être donné par le représentant visé par l'article 15 C.c.Q. depuis la réforme de 2013, ce qui ouvre la porte à la recherche sur des maladies comme l'Alzheimer[278]. Ces exceptions sont motivées, dans le cas de l'urgence,

278. Cette réforme de l'article 21 C.c.Q. était réclamée par les milieux de la santé et de la recherche et a donc été reçue avec satisfaction par les chercheurs ; P. Voyer *et al.*, « Alzheimer : un projet de loi bienvenu », *La Presse*, édition du 10 avril 2013.

par l'intérêt du patient comme par l'intérêt général, dans la mesure où la recherche doit être effectuée rapidement après l'apparition de l'état qui y donne lieu et dans le cas des recherches dont le risque est minimal, par le souci de ne pas alourdir le processus de consentement. Dans ces circonstances, et afin de ne pas priver ces personnes des bénéfices potentiels de la recherche, le conjoint ou, à défaut, un parent proche ou une personne qui présente pour le majeur un intérêt particulier peuvent consentir à ce que celui-ci participe à une recherche. Indépendamment des conditions énumérées précédemment, la recherche doit répondre à certains critères qui s'appliquent de façon uniforme à chacune des situations. Ainsi, le test de proportionnalité entre le risque et le bienfait espérés est assujetti au principe selon lequel le risque doit être apprécié en tenant compte de l'état de santé et de la condition personnelle du mineur ou du majeur inapte. Ce test est nouveau puisqu'avant 2013 l'expérimentation n'était possible qu'en l'absence de risque sérieux et l'article 21 C.c.Q. ne permettait pas de jauger le risque en regard du bienfait espéré. Désormais, il faut comprendre que ce test de pondération permet la recherche dont le risque n'est pas négligeable, dès lors qu'en regard de la condition médicale de la personne et du bienfait espéré, ce risque est acceptable. Cette approche n'est pas sans dangers, mais elle offre comme avantage que les enfants et les personnes inaptes pourront bénéficier des éventuelles retombées individuelles ou collectives bénéfiques de recherches qui, par ailleurs, ne sont pas sans risque[279]. Par ailleurs, la recherche doit aussi revêtir un caractère scientifique. Cela explique la nécessité d'une approbation et d'un contrôle par un comité d'éthique accrédité par le ministre de la Santé et des Services sociaux.

155 – Ces comités qui, à l'origine, ne jouissaient que d'un simple pouvoir de recommandation auprès du ministre responsable de l'approbation des projets[280] se voient investis de pouvoirs et de responsa-

279. Sur les enjeux de la recherche biomédicale avec les enfants, voir J.-P. Amann, M.-L. Delfosse, M.-H. Parizeau (dir.), *La recherche clinique avec les enfants : à la croisée de l'éthique et du droit. Belgique-France-Québec*, Louvain-la-Neuve et Québec, Anthémis et P.U.L., 2009 ; E. Levesque et B.M. Knoppers, « Principes assurant la protection des enfants participant à des biobanques : du stade prénatal jusqu'aux adolescents », (2011) 5:2 *R.D.S.M.* 163 ; D. Avard, J. Samuel et B.M. Knoppers, *Paediatric Research in Canada*, Montréal, Éditions Thémis, 2009.

280. Art. 21, ancien al. 3 C.c.Q. Les comités d'éthique de la recherche, mis en place dans les universités et les hôpitaux affiliés en réponse aux exigences des organismes qui financent la recherche au Québec et au Canada à même les fonds publics, ont été désignés par le ministre pour les fins du contrôle alors institué par l'article 21 C.c.Q. Pour ce qui est des recherches réalisées hors des centres

bilités considérables, puisque c'est sur eux que reposent l'encadrement et le contrôle de la recherche. Le comité d'éthique de la recherche a pour mission de s'assurer que toute demande qui lui est soumise est respectueuse de la dignité, du bien-être, de la sécurité, de l'intégrité et des droits de la personne. Cela implique l'évaluation des risques, le contrôle de la validité scientifique, ainsi que la vérification de la conformité du projet de recherche aux normes éthiques usuelles[281]. Il doit évaluer les demandes de recherche en s'assurant que les projets impliquant des sujets humains sont conformes au cadre normatif en vigueur. Le comité doit aussi s'assurer de la réévaluation des recherches en cours déjà approuvées, en plus de mener des activités de formation et d'éducation[282]. La mission est vaste et délicate, particulièrement lorsqu'il s'agit d'assurer le suivi éthique des projets de recherche[283]. Il est vrai que pour être accrédités, les comités doivent répondre à des standards édictés par voie réglementaire[284], mais il n'est pas certain toutefois que ces comités disposent des moyens nécessaires à l'accomplissement de leur mandat ni que l'obligation qui leur est faite de rendre compte de leurs activités assure une complète transparence du processus qui entoure l'approbation des projets de recherche.

156 – De plus, il est loin d'être certain que le mécanisme mis en place permette de s'assurer que le refus que pourrait opposer le mineur ou le majeur inapte sera respecté. On voit mal, en effet, comment les comités d'éthique de la recherche, bien que chargés d'examiner le

---

hospitaliers ou dans des établissements qui ne disposent pas d'un comité d'éthique accrédité par le ministre ou qui n'en ont pas, celles-ci sont évaluées par un comité d'éthique provincial dont le secrétariat est assumé par le Fonds de recherche en santé du Québec (F.R.S.Q.).

281. M.T. Giroux, « Le dilemme entre la protection des personnes inaptes et la recherche sur leur maladie », dans Service de la formation permanente, Barreau du Québec, vol. 200, *Responsabilité et mécanisme de protection (2004)*, Cowansville, Éditions Yvon Blais, 2004, p. 163-179.

282. Gouvernement du Québec, ministère de la Santé et des Services sociaux, *Modèle de règles de fonctionnement d'un comité d'éthique de la recherche*, Québec, 2004 (document disponible sur le site Internet du ministère : <ethique.msss.gouv.qc.ca>).

283. M. Deschênes, « Le suivi de l'éthique des projets de recherche en génétique », (2004-2005) 35 *R.D.U.S.* 187-229.

284. Ces normes s'inspirent du *Rapport sur l'évaluation des mécanismes de contrôle en matière de recherche éthique au Québec*, juin 1995 (plus communément appelé Rapport Deschamps, du nom du président de ce comité). Garants de l'intégrité des personnes, ces comités engagent, par le fait même, la responsabilité des établissements auxquels ils appartiennent. Avant l'adoption de l'article 21 C.c.Q., les tribunaux avaient déjà sanctionné la faute commise par un CÉR qui ne s'était pas montré suffisamment vigilant lors de l'examen d'un projet de recherche : *Weiss* c. *Solomon*, [1989] R.J.Q. 371, EYB 1989-95790 (C.S.).

mode de sélection des participants à la recherche et d'évaluer les modalités du consentement à celle-ci, peuvent intervenir à cet égard puisque dans les faits ils ne rencontrent pas les personnes visées par la recherche[285].

Dans la mesure, enfin, où lors de l'approbation d'un projet de recherche, un comité peut aussi avoir à décider si un majeur devenu inapte subitement pourra ou non, du consentement des tiers habilités à cet effet, être soumis à une recherche, de même que le comité décide si le risque associé à une recherche peut être qualifié de minimal, on peut s'interroger sur la nature des protocoles qui seront ainsi agréés. En effet, contrairement à la recherche sur une seule personne, pour laquelle la loi exige qu'on puisse au moins espérer un bienfait pour la personne concernée, en situation d'urgence médicale la recherche n'est pas soumise à un tel critère.

§4 – Des demandes relatives à l'intégrité de la personne

157 – *Le tribunal compétent* – Les demandes relatives à des soins, à l'aliénation d'une partie du corps ou à une expérimentation sont régies par les articles 774 et s. C.p.c. En vertu de l'article 303 C.p.c., les demandes relatives aux soins non requis par l'état de santé, ainsi que l'aliénation d'une partie du corps, lorsqu'il s'agit d'un mineur de moins de 14 ans ou d'un inapte, relèvent de la procédure non contentieuse. En cas de contestation, la demande doit cependant être traitée selon la procédure contentieuse du Livre II (art. 304 C.p.c.). À cela s'ajoutent les articles 391 à 397 C.p.c. qui visent, de manière générale, les demandes en matière de droit des personnes et, en particulier, celles relatives à l'intégrité, incluant les soins et la garde en établissement. La Cour supérieure a juridiction[286], à moins qu'il s'agisse d'une situation de compromission au sens de la *Loi sur la protection de la jeunesse*, auquel cas les soins peuvent être ordonnés dans le cadre des mesures de protection et c'est alors la Cour du Québec qui est le tribunal compétent[287]. La Cour du Québec ne devrait cependant pas intervenir lorsque le seul problème posé est celui de l'opportunité

---

285. Il n'est pas sûr, par ailleurs, que le mécanisme de traitement des plaintes mis en place par la *Loi sur les services de santé et les services sociaux*, RLRQ, c. S-4.2, art. 29 à 71, soit à cet égard le mécanisme le plus approprié.

286. *É.P. (Dans la situation de)*, REJB 2004-68761 (C.Q.) ; *L.M. (Dans la situation de)*, J.E. 2005-1304, EYB 2005-93292 (C.Q.) ; *Y.P.* c. *Hôpital Louis-H. Lafontaine*, [2005] T.A.Q. 57.

287. *X (Dans la situation de)*, [2006] R.J.Q. 2488 (C.Q.) ; *M.-M.S. (Dans la situation de)*, B.E. 2006BE-330 (C.Q.) ; *R. (F.-S.) (Dans la situation de)*, J.E. 2003-1946, REJB 2003-49696 (C.Q.).

de soins précis sans que la situation ne puisse pour autant être assimilée à un cas de compromission[288]. Les demandes relatives à l'intégrité physique doivent nécessairement être entendues par un juge ou par le tribunal. Elles sont traitées d'urgence et elles ont préséance sur toute autre demande, à l'exception des demandes en *habeas corpus*, en première instance comme en appel. La demande est introduite devant le tribunal du domicile du mineur ou du majeur inapte. Elle peut cependant être portée devant le tribunal du lieu de l'établissement où la personne est gardée (art. 70.2 C.p.c.). L'avis d'au moins un expert, c'est-à-dire le médecin lorsque l'intervention proposée l'est par un médecin[289], doit être joint à la requête de même que l'avis du conseil de tutelle s'il a été formé.

Toute demande en vue d'obtenir l'autorisation du tribunal doit être signifiée à la personne concernée si elle est âgée de 14 ans et plus, de même qu'au titulaire de l'autorité parentale, au tuteur ou au curateur, le cas échéant, ou au mandataire du majeur inapte (art. 776 C.p.c.). Le juge saisi de la demande peut aussi en ordonner la signification d'office (art. 97 C.p.c.). Si le majeur n'est pas représenté, la demande doit être signifiée au curateur public qui, de toute façon, peut intervenir d'office[290]. La pratique démontre cependant que le curateur public n'utilise que rarement cette prérogative[291].

Le *Code de procédure civile* de 2014 : toute demande en matière d'intégrité de la personne doit être introduite dans le district du domicile ou de la résidence de la personne. Lorsqu'il s'agit d'un majeur qui réside dans un établissement de santé ou de services sociaux, la demande peut être présentée devant différentes juridictions : celle du lieu où 1) la personne est gardée, 2) elle avait son domicile, 3) elle avait sa résidence ou 4) le demandeur est domicilié. En cas de demande de révision, si ni la personne, ni son représentant, ni le demandeur ne demeurent encore dans le district du jugement initial, la demande de révision peut être présentée dans le district du domi-

288. *F.P. (Dans la situation de)*, EYB 2005-97957 (C.Q.).
289. A.-M. Veilleux, « Le constat de l'inaptitude à consentir aux soins : par qui et comment ? », dans Service de la formation continue, Barreau du Québec, vol. 344, *La protection des personnes vulnérables*, Cowansville, Éditions Yvon Blais, 2013, p. 3, 13. Cette auteure souligne à juste titre que lorsque les soins sont proposés par un autre professionnel (infirmier, psychologue, etc.), l'avis d'un médecin n'est pas absolument requis.
290. Art. 13, 3° de la *Loi sur le curateur public*, RLRQ, c. C-81.
291. J.-P. Ménard, « Les requêtes en autorisation de traitements : enjeux et difficultés importantes à l'égard des droits des personnes », dans Service de la formation continue, Barreau du Québec, vol. 261, *Autonomie et protection*, Cowansville, Éditions Yvon Blais, 2007, p. 317.

cile ou de la résidence de l'un d'eux (art. 44 C.p.c.). Ni le greffier, ni même le greffier spécial n'ont compétence en matière d'intégrité physique dont le contentieux est du seul ressort du juge et du tribunal (art. 71 et 73 C.p.c.). Dès lors que la personne visée par la procédure a 14 ans ou plus, la demande doit lui être signifiée en mains propres (art. 121 C.p.c.) ou, si une telle signification risque de nuire à la santé de la personne, le juge peut autoriser la signification à une personne de l'établissement ou du lieu où est gardé le patient, voire à une autre personne (art. 123 C.p.c.). Dans le cas du mineur, le titulaire de l'autorité parentale et le tuteur doivent recevoir signification de la demande (art. 393 C.p.c.). Dans le cas des majeurs, la demande doit être notifiée au curateur, au tuteur ou au mandataire ou, à défaut d'un représentant, à une personne susceptible de consentir aux soins. Ce n'est qu'à défaut que la demande et les pièces du dossier doivent être notifiées au curateur public. La demande ne peut être présentée au tribunal moins de cinq jours après ces notifications (art. 395). Le tribunal peut décider que notification doit également être donnée à d'autres personnes qu'il estime intéressées (art. 309 C.p.c.).

158 – *Les règles relatives à la représentation et à l'audition* – Si le tribunal estime nécessaire que le mineur ou le majeur inapte soit représenté, il peut, même d'office, ajourner l'audition jusqu'à ce qu'un avocat lui soit nommé (art. 394.1 C.p.c. ; art. 90 C.p.c.). En cas d'opposition d'intérêts entre la personne concernée et son représentant légal, il doit leur désigner un tuteur ou un curateur *ad hoc* (394.2 C.p.c. ; art. 160, al. 3 C.p.c.).

Le mineur ou le majeur que le tribunal estime inapte peut en outre être accompagné d'une personne pouvant l'assister ou le rassurer lors de son témoignage. Cette audition peut se dérouler hors la présence des parties si le juge estime que l'intérêt de la personne l'exige. Le tribunal peut même se déplacer et entendre ce dernier au lieu où il réside ou à celui où il est gardé (art. 394.3 et 394.4 C.p.c. ; art. 290 et 291 C.p.c.).

Rappelons qu'en vertu de l'article 23 C.c.Q., le tribunal appelé à statuer sur une demande d'autorisation relative à des soins, à l'aliénation d'une partie du corps ou à une expérimentation, doit prendre l'avis d'experts, du titulaire de l'autorité parentale, du mandataire, du tuteur ou du curateur et du conseil de tutelle. Il peut aussi prendre l'avis de toute personne qui manifeste un intérêt particulier pour l'individu concerné par la demande. Le tribunal est tenu, sauf impossibilité, de recueillir l'avis de la personne visée par la demande.

Le principe de l'inviolabilité dicte que ce n'est qu'exceptionnellement qu'une audition devrait pouvoir se tenir sans la présence de la personne concernée. Cette présence est généralement essentielle au bon déroulement du processus[292]. En pratique, ce principe ne semble pas respecté partout[293]. Dès lors que la personne est apte à témoigner, elle doit être personnellement entendue, qu'il s'agisse de recueillir ses observations ou son avis ou de l'interroger, à moins que cela ne soit manifestement inutile en raison de l'urgence ou de l'état de santé de la personne ou s'il est démontré que cela pourrait être nuisible à sa santé ou sa sécurité ou à celle d'un tiers (art. 391 C.p.c.). Aux conditions de l'article 392 C.p.c., cette mission peut être déléguée à un juge, un greffier ou un notaire du district où réside la personne. Le tribunal doit, tout au long du processus veiller, dans les affaires non contentieuses, à l'intérêt de la personne concernée, au respect de ses droits et à la sauvegarde de son autonomie (art. 305 C.p.c.).

Si le juge autorise le traitement, le prélèvement ou l'expérimentation et qu'il n'y est pas donné suite dans les six mois, le jugement devient caduc. Le jugement peut aussi prévoir un autre délai et fixer des conditions ou des modalités pour se prévaloir de l'autorisation (art. 777 C.p.c.). L'article 330, al. 2 C.p.c. réduit ce délai à trois mois.

Rappelons qu'en présence de soins qui ne sont pas requis par l'état de santé, le tribunal est tenu de respecter le refus exprimé par la personne (art. 23, al. 2 C.c.Q.).

Finalement, le jugement qui accueille une demande d'autorisation de soins ne prend effet que dans un délai de cinq jours qui est le délai spécial pour interjeter appel d'une telle autorisation (art. 783, al. 1 C.p.c. ; art. 361, al. 2 C.p.c.).

Ces procédures sont soumises aux règles générales et particulières en matière de gestion de l'instance (art. 151.1 et 151.11 C.p.c. ; art. 148 et s.). Le jugement qui concerne l'intégrité d'une personne

292. En ce sens, J.-P. Ménard, « La mise en œuvre judiciaire des autorisations de traitement », dans Service de la formation continue, Barreau du Québec, vol. 344, *La protection des personnes vulnérables*, Cowansville, Éditions Yvon Blais, 2013, p. 173, 179.

293. Une étude des dossiers de demandes d'autorisation de soins dans le disctrict judiciaire de Montréal démontre que pendant l'année 2009, le défendeur est absent du tribunal dans la moitié des cas : M. Otero et G. Kristofferson-Dugré, *Les usages des autorisations judiciaires de traitement psychiatrique à Montréal : entre thérapeuthique, contrôle et gestion de la vulnérabilité sociale*, Montréal, UQAM, Action Autonomie, le collectif pour la défense des droits en santé mentale de Montréal, 2012, p. 10.

peut faire l'objet d'une révision dès lors que le demandeur ou toute personne intéressée (dont, évidemment, le patient lui-même) est en mesure de présenter des faits nouveaux suffisamment importants (art. 322 C.p.c.). Il peut également faire l'objet d'un appel de plein droit (art. 30 C.p.c.).

Section II

Du respect du corps après le décès

159 – *Du respect de la personne à celui de sa dépouille mortelle* – Dans toutes les civilisations et à toutes les époques, les êtres humains ont manifesté une forme de respect à l'égard de la mort et du corps après le décès. Ce culte des morts, l'une des plus vieilles et des plus profondes idées religieuses de l'humanité, est passé dans la norme juridique[294]. Le droit criminel sanctionne très sévèrement toute indignité commise sur les cadavres et fait du défaut de sépulture un délit (art. 182 C.cr.). Quant au droit civil, il affirme le principe de l'inviolabilité du corps humain même au-delà de la mort. Le *Code civil du Québec* consacre tout un chapitre, au titre des droits de la personnalité, au respect du corps après le décès. Dans ses Commentaires, le ministre de la Justice énonce que « le droit d'une personne à la sauvegarde de sa dignité continue même après sa mort : son corps doit être l'objet de soins particuliers »[295]. Cette affirmation du ministre mérite d'être rappelée face à des événements comme l'organisation d'expositions dont l'objet est la mise en scène quasi ludique de dépouilles mortelles « plastinées »[296].

La notion de piété qu'on trouvait exprimée dans le *Code civil du Bas Canada*[297] fait place dans le *Code civil du Québec* à la notion de dignité, qui fonde la souveraineté posthume de la personne sur son corps et le respect de son intimité au-delà de la mort. Car « le respect des morts commence [...] par le respect de leur volonté »[298].

---

294. Pour une analyse de la question, voir R. Dierkens, *Les droits sur le corps et le cadavre de l'homme*, Paris, Masson, 1966, p. 196 et s. Dans une perspective à la fois historique et anthropologique, voir J. Potel, *Les funérailles, une fête ?*, Paris, Cerf, 1973 et H. Denis, *Laissez les morts enterrer leurs morts*, Lyon, Profac, 1984.
295. *Comm.*, t. I, p. 37.
296. En France, la Cour de cassation a confirmé que l'exposition de cadavres à des fins commerciales méconnaît l'exigence posée par l'article 16-1-1, alinéa 2, du Code civil, selon laquelle les restes des personnes décédées doivent être traités avec respect, et décence. Pour un commentaire, voir Cass. 1re civ., 16 sept. 2010 : *RTD civ.* 2010, p. 760, obs. J. Hauser.
297. Art. 2217, al. 2 C.c.B.C. : les « restes des morts, *choses sacrées de leur nature* », disposition qui n'a plus d'équivalent dans le C.c.Q.
298. A. Mayrand, *L'inviolabilité de la personne humaine*, Montréal, Wilson & Lafleur, 1975, p. 154.

Souveraine quant à la disposition de ses biens par testament, la volonté du *de cujus* est aussi souveraine quant à la disposition de son cadavre. À défaut de dispositions expresses, la loi s'en remet aux héritiers ou aux successibles pour les funérailles et à la famille quant à la disposition du cadavre. Ce n'est que par exception, lorsqu'un intérêt supérieur le justifie, qu'on pourra passer outre à la volonté du *de cujus* ou de ses proches. C'est le cas, notamment, lorsque le décès ne paraît pas avoir résulté de causes naturelles ou accidentelles ou pour des raisons de santé publique[299].

Cependant, la médecine moderne a ouvert des perspectives qui obligent à trouver un équilibre entre le principe de l'intégrité du corps après la mort et l'impératif social de procéder à des transplantations d'organes. Considéré autrefois sous l'angle des valeurs morales et affectives qu'il représentait, le cadavre est désormais vu aussi comme une source de vie pour d'autres. Ainsi la loi autorise, dans certaines circonstances, l'utilisation des cadavres aux fins d'étude anatomique[300] et, en cas de nécessité, le prélèvement d'organes et de tissus sur le corps du défunt.

§1 – Les funérailles et la disposition du corps

160 – *Le droit de disposer librement de son cadavre* – Le majeur doué de la capacité requise par la loi peut fixer librement les modalités de ses funérailles (art. 42 C.c.Q.), sous réserve des dispositions impératives de certaines législations dont l'objet est de réglementer les questions relatives au transport du cadavre, à l'inhumation, à l'exhumation[301], l'embaumement, la crémation ou la thanatopraxie[302]. Généralement, la volonté de la personne quant à la disposition de son

299. Voir la *Loi sur la recherche des causes et des circonstances des décès*, RLRQ, c. R-0.2 et la *Loi sur les laboratoires médicaux, la conservation des organes et des tissus et la disposition des cadavres*, RLRQ, c. L-0.2.
300. *Loi sur les laboratoires médicaux, la conservation des organes et des tissus et la disposition des cadavres*, RLRQ, c. L-0.2, art. 58. Sur les débats qui ont entouré l'adoption des lois d'anatomie au Québec et au Canada, voir Commission de réforme du droit, *Prélèvement et utilisation médicale de tissus et d'organes humains*, Ottawa, 1992, p. 2 et 3 et p. 148 à 150.
301. Art. 48 et 49 C.c.Q. et la *Loi sur les inhumations et les exhumations*, RLRQ, c. I-11. Cette loi pose des conditions strictes qui sont dictées soit par le principe du respect du corps après le décès, soit par des impératifs de sécurité et de santé publiques.
302. *Règlement sur l'identification, le transport, la conservation, la garde et la remise des cadavres, objets et documents*, RLRQ, c. R-0.2, r. 3 ; *Tarif sur les frais de transport, de garde et de conservation des cadavres*, RLRQ, c. R-0.2, r. 6.

corps prendra la forme d'un contrat ou d'une clause testamentaire[303]. Mais elle peut être simplement verbale. Par exemple, la personne peut avoir déclaré vouloir que ses cendres soient dispersées à un endroit précis. Sauf motif sérieux, cette volonté doit être respectée[304]. Une telle disposition verbale qui serait postérieure à une clause testamentaire relative aux funérailles aurait pour résultat d'annuler cette clause du testament[305]. Il appartient ainsi à la personne de préciser le caractère civil ou religieux, public ou privé, de la cérémonie et de décider du mode de disposition de son cadavre. Le respect des volontés du défunt est le principe premier lorsqu'il s'agit de la disposition du corps[306]. Bien que les volontés ainsi exprimées par le défunt puissent paraître comme une composante de la liberté de tester, il faut comprendre que ce droit de disposition reconnu à l'individu constitue essentiellement une composante du droit à l'autonomie corporelle. Ainsi, le mineur est privé du droit de disposer de ses biens de valeur par testament (art. 708 C.c.Q.), mais il peut néanmoins régler les questions de la disposition de son corps, pourvu qu'il ait le consentement écrit du titulaire de l'autorité parentale ou, le cas échéant, de son tuteur (art. 42 C.c.Q.).

Le Code précise que les frais relatifs aux funérailles ou à la disposition du cadavre sont à la charge de la succession[307]. Celui qui a acquitté les frais des funérailles peut donc en demander le remboursement à la succession[308]. On comprend aussi qu'au regard de cette obligation, la loi confie à ces mêmes héritiers ou successibles le soin de choisir les conditions des funérailles ainsi que le mode de disposi-

---

303. La *Loi sur les arrangements préalables de services funéraires et de sépulture*, RLRQ, c. A-23.001, permet de conclure un contrat relatif aux biens et aux services reliés à l'inhumation ou à la crémation du cadavre.
304. *Gagné* c. *Boulay*, 2012 QCCS 5226.
305. *Comtois* c. *Comtois*, 2013 QCCA 247 ; *Pelletier* c. *Pelletier*, J.E. 2004-985, REJB 2004-55601 (C.S.).
306. *Gagné* c. *Directeur de l'état civil*, B.E. 2005BE-596 (C.S.) : refus d'autoriser une exhumation ; le tribunal reproche à la demande d'exhumation de ne pas faire état des volontés éventuellement exprimées par la défunte. Dans *Lapolla-Longo* c. *Lapolla*, REJB 2003-39529 (C.S.), le tribunal autorise une exhumation afin que le défunt, dont le testament ne fut découvert qu'après l'inhumation, soit enterré selon ses volontés.
307. Art. 42 C.c.Q. ; *Coopérative funéraire de la Mauricie* c. *Gendron*, J.E. 2004-110, REJB 2003-50921 (C.Q.) ; *Follows* c. *Follows*, 2012 QCCA 1128. Si les proches se désintéressent manifestement du défunt pendant une période de 24 heures, la loi prévoit que le corps est réputé « non réclamé » ; il peut alors être acheminé vers une institution d'enseignement si un médecin estime cette solution adéquate (*Loi sur les laboratoires médicaux, la conservation des organes et des tissus et la disposition des cadavres*, RLRQ, c. L-0.2, art. 56).
308. *Bélanger-Gauthier* c. *Véronneau*, J.E. 2002-1296, REJB 2002-32771 (C.Q.).

tion du cadavre[309]. Par souci de sécurité, l'article 48 C.c.Q. prévoit que l'incinération ou l'inhumation ne peuvent avoir lieu avant que le constat de décès n'ait été dressé et qu'il ne se soit écoulé six heures depuis le constat.

§2 – Le don et le prélèvement d'organes

161 – *La personne peut faire don de ses organes* – Le don d'organe est une nécessité sociale puisqu'il permet d'améliorer la qualité de vie de personnes malades et de sauver des vies[310]. Une personne peut donc faire preuve d'altruisme et décider de faire don de son corps à la science, comme il peut consentir au prélèvement *post-mortem* d'organes ou de tissus sur son cadavre[311]. Il s'agit d'une liberté qui peut également être exercée par le mineur âgé de 14 ans et plus. Le commentaire du ministre précise : « Cet article ne retient pas comme nécessaire l'autorisation du titulaire de l'autorité parentale ou du tuteur dans le cas du mineur de 14 ans et plus. En effet, si dans le cas des funérailles on pouvait craindre que le mineur exprime des volontés disproportionnées par rapport à sa fortune, cette crainte ne subsiste plus lorsqu'il s'agit du don de son cadavre ou de prélèvements sur celui-ci »[312]. Le mineur de moins de 14 ans peut également agir en ce sens, mais seulement avec l'autorisation du titulaire de l'autorité parentale ou du tuteur. Ces volontés peuvent être exprimées soit verbalement devant deux témoins, soit par écrit. Elles peuvent être révoquées de la même manière (art. 43, al. 2 C.c.Q.). De manière à prévenir d'éventuels conflits entre la volonté exprimée par le défunt et celle des membres de sa famille, le Code précise qu'il « doit être donné effet à la volonté exprimée, sauf motif impérieux »[313]. En

309. Art. 42 C.c.Q. On notera que le Code s'en remettait autrefois à l'usage (art. 21 C.c.B.C.).

310. La Commission de l'éthique de la science et de la technologie du gouvernement du Québec a publié un document de réflexion et d'information fort complet sur cette question : *Avis. Le don et la transplantation d'organes : dilemmes éthiques en contexte de pénurie*, Québec, gouvernement du Québec, 2004.

311. Art. 43 C.c.Q. La « gestion » des cadavres légués à la science est régie par la *Loi sur les laboratoires médicaux, la conservation des organes et des tissus et la disposition des cadavres*, RLRQ, c. L-0.2 et le *Règlement d'application de la Loi sur les laboratoires médicaux, la conservation des organes et des tissus et la disposition des cadavres*, RLRQ, c. L-0.2, r. 1.

312. *Comm.*, t. I, p. 39. Notons que le mineur de 14 ans et plus peut consentir tout aussi valablement, de son vivant, à l'autopsie, celle-ci étant assimilée au don de son corps aux fins médico-légales : art. 43 et 46 C.c.Q.

313. Ces motifs peuvent tenir, par exemple, au caractère impropre des organes : M. Ouellette, « Les personnes », dans *La réforme du Code civil*, vol. 1, *Personnes, successions, biens*, Québec, P.U.L., 1993, p. 15, 52.

l'absence de sanction spécifique, sauf à invoquer l'indignité qui rend inhabile à succéder, il faut conclure qu'il s'agit d'une obligation liant la seule conscience des médecins et de la famille. En théorie, on pourrait envisager une poursuite engagée par les héritiers et fondée sur la réparation du dommage moral, le dommage s'exprimant dans le « mépris de la volonté exprimée par le défunt »[314].

Une des grandes difficultés soulevées par le don d'organes, au-delà de celle de la définition même de la mort[315] qui demeure une des questions les plus controversées[316], dans un contexte juridique où cela relève de la volonté individuelle est de convaincre les personnes à faire ce genre de don. L'autre difficulté consiste à savoir si la personne décédée a effectivement consenti ou non au prélèvement de ses organes. Afin de faciliter cette vérification, la loi encadre depuis 2005 la mise en place et la gestion d'un registre des dons d'organes et de tissus sous la responsabilité de la Chambre des notaires du Québec[317]. Dans le souci de généraliser la pratique, le législateur est ensuite intervenu pour mettre en place un système global d'enregistrement des volontés en matière de don d'organes, encadré depuis 2011 par la *Loi facilitant les dons d'organes et de tissus*[318].

162 – *Le prélèvement d'organes en l'absence de volontés exprimées ou connues* – Lorsque la personne a exprimé verbalement ou par écrit sa volonté de faire don de ses organes, cette volonté suffit pour procéder aux prélèvements en cas de décès. Cette expression de volonté doit même, nous l'avons vu, être respectée sauf motif impérieux. Cependant, dans la plupart des cas, on ne connaît pas la volonté de la personne. La loi met donc en place un mécanisme qui reflète l'équilibre entre le respect du corps et l'utilité des prélèvements d'organes. L'article 44, al. 1 C.c.Q. autorise le consentement substitué par les

---

314. M. Ouellette, « De la jouissance et de l'exercice des droits civils et de certains droits de la personnalité », (1988) 118 *C.P. du N.* 1, 41.
315. Voir, *supra*, la section sur la fin de la personnalité juridique.
316. J. Shaw, « A Death-defying Leap: Section 7 Charter Implications of the Canadian Council for Donation and Transplantation's Guidelines for the Neurological Determination of Death », (2012) 6:1 *MJLH* 41.
317. *Loi modifiant la Loi sur les services de santé et les services sociaux et d'autres dispositions législatives*, L.Q. 2005, c. 32 ; *Loi sur le notariat*, RLRQ, c. N-3, art. 93 et s. (ces dispositions prévoient également la mise en place d'un registre sur les directives de fin de vie) ; *Règlement sur les registres de la Chambre des notaires du Québec*, RLRQ, c. N-3, r. 13.
318. La *Loi facilitant les dons d'organes et de tissus*, L.Q. 2010, c. 38, a mis en place le Registre des consentements au don d'organes et de tissus au sein de la Régie de l'assurance maladie du Québec.

personnes qui peuvent consentir aux soins. C'est donc le titulaire de l'autorité parentale ou le tuteur qui peut autoriser les prélèvements sur le corps d'un mineur (art. 14 C.c.Q.). Quant au majeur, la loi désigne d'abord le mandataire, le curateur ou le tuteur et, à défaut, le conjoint et, en dernière instance, un proche parent ou une personne qui démontre pour la personne un intérêt particulier, comme en matière de soins (art. 15 C.c.Q.). Ce pouvoir n'est donc pas accordé à l'héritier. Le cadavre, pas plus que le corps vivant, ne peut être considéré comme un bien et si les héritiers doivent honorer leurs morts et les ensevelir, ils n'en ont pas la propriété. Droit extrapatrimonial, le droit sur le cadavre s'analyse comme un prolongement de la protection de la personne. Le pouvoir décisionnel en matière de don d'organes revient donc naturellement à ceux qui peuvent être les plus fidèles interprètes de la volonté de la personne. Ici encore, et dans le souci de sauver des vies humaines, l'urgence représente une importante exception à l'exigence du consentement. Entre l'inviolabilité du corps humain décédé et la vie des autres, le législateur fait un choix facile puisqu'en cas d'urgence et lorsque l'on peut raisonnablement espérer sauver une vie humaine ou en améliorer la qualité, les prélèvements sur le cadavre sont possibles[319]. S'agissant d'un pouvoir exceptionnel, la loi le délimite strictement. On exige l'attestation écrite de deux médecins qui confirment que le consentement ne peut être obtenu en temps utile, qu'il y a urgence à procéder à l'intervention et qu'il existe un espoir sérieux de sauver une vie humaine ou d'en améliorer sensiblement la qualité. Afin d'éviter tout conflit d'intérêts, l'article 45 C.c.Q. précise en outre que le prélèvement ne peut être effectué avant que le décès du donneur n'ait été constaté par deux médecins qui ne participent ni au prélèvement ni à la transplantation. La manipulation, le stockage et l'utilisation des organes sont soumis à des règles fédérales particulières de sécurité et de contrôle[320].

Pour aller plus loin

163 – *Le corps hors commerce ?* – Voir L. Josserand, « La personne dans le commerce juridique », *D.H.* 1932, chr. 1 ; L. Mazeaud, « Les contrats sur le corps humain », (1956) 16 *R. du B.* 157 ; A. Jack, « Les conventions relatives à

319. Art. 44, al. 2 C.c.Q. qui reprend l'article 22 C.c.B.C. mais en élargissant, dans « un esprit humanitaire », les cas d'ouverture (*Comm.*, t. I, p. 40). C'est un compromis entre la thèse du *opting in* (obligation de consentement) et celle du *opting out* (présomption de consentement) qui tend à privilégier la qualité de la vie.
320. *Règlement sur la sécurité des cellules, tissus et organes humains destinés à la transplantation*, DORS/2007-118.

la personne physique », (1933) *Rev. crit. de la législation et de jurisprudence* 392 ; J.-L. Baudouin, « Corps humain et actes juridiques », (1976) 6 *R.D.U.S.* 387 ; F. Heleine, « Le dogme de l'intangibilité du corps humain et ses atteintes normalisées dans le droit des obligations du Québec contemporain », (1976) 16 *R. du B.* 157 ; Vissert Hooft, « Les actes de disposition concernant le corps humain », (1979) *Arch. Phil. dr.* 87 ; D. Thouvenin, « La disponibilité du corps humain : corps sujet et corps objet », dans *Le corps aux mains du droit, Actes*, nos 49/50, 1984, p. 35 ; M.-A. Hermitte, « Le corps hors du commerce, hors du marché », (1988) *Arch. Phil. dr.* 323 ; M. Harichaux, « Le corps objet », dans R. Drai et M. Harichaux (dir.), *Bioéthique et droit*, Paris, P.U.F., 1988, p. 130, 131 ; M. Gobert, « Réflexions sur les sources du droit et les 'principes' de l'indisponibilité du corps humain et de l'état des personnes », (1992) *Rev. trim. dr. civ.* 489 ; J.-P. Béland (dir.), *L'homme biotech : humain ou posthumain ?*, Ste-Foy, P.U.L., 2006 ; F. Bellivier et C. Noiville, *Contrats et Vivant. Le droit de la circulation des ressources biologiques*, Paris, L.G.D.J., Montchrestien, 2006 ; S. Gascon, *L'utilisation médicale et la commercialisation du corps humain*, Collection Minerve, Cowansville, Éditions Yvon Blais, 1993 ; C. Byk, « Vers de nouvelles frontières du corps ? Le mariage imparfait du corps et du droit », dans B. Moore (dir.), *Mélanges Jean-Louis Baudouin*, Cowansville, Éditions Yvon Blais, 2012, p. 19-40. Sur le statut du *matériel humain*, voir le Numéro spécial du *Journal of Law and Medecine*, (2013) 21:2.

164 – *Le don d'organes* – La Commission de l'éthique, de la science et de la technologie du gouvernement du Québec a publié un document de réflexion et d'information fort complet sur cette question : *Avis*, *Le don et la transplantation d'organes : dilemmes éthiques en contexte de pénurie*, Québec, gouvernement du Québec, 2004 ; voir également T. Leroux, « Intégrité, dignité et dons d'organes : les modalités du consentement en droit québécois », dans J. Saint-Arnaud (dir.), *L'allocation des ressources rares en soins de santé : l'exemple des transplantations d'organes*, Cahiers scientifiques de l'A.C.F.A.S., vol. 92, 1996, p. 41 ; J.M. Mantz, « Transplantations et greffes d'organes et de tissus : le point sur la question », dans *Droits de la personne, les bio-droits, aspects nord-américains*, Cowansville, Éditions Yvon Blais, 1997, p. 91 ; Commission de réforme du droit, *Prélèvement et utilisation médicale de tissus et d'organes humains*, Ottawa, 1992, p. 54 et s.

165 – *Utilisation des parties du corps et protection de la vie privée* – Il existe une abondante littérature sur la question, particulièrement en ce qui concerne l'information génétique : Conseil de la santé et du bien-être, *Avis, La santé et bien-être à l'ère de l'information génétique, enjeux individuels et sociaux à gérer*, Québec, Le Conseil, avril 2001 ; K. Cranley-glass, « L'appréciation et l'évaluation des risques et des bénéfices : un équilibre délicat », dans *La recherche en génétique et en génomique : droits et responsabilités*, Montréal, Éditions Thémis, 2005. p. 61-74 ; E. Lévesque, B.M. Knoppers et D. Avard, « La génétique et le cadre juridique applicable au secteur de la santé : examens génétiques, recherche en génétique et soins innovateurs », (2004) 64 *R. du B.* 57-102 ; M.-H. Parizeau, « De l'individu au groupe : la face cachée de la recherche en génétique », dans *La recherche en génétique et en génomique : droits et responsabilités*, Montréal, Éditions Thémis, 2005, p. 49-59. La question de la protection de la vie privée se pose de façon toute particulière en regard des recherches à caractère épidémiologiques aujourd'hui fort prisées et qui conduisent à interroger la pertinence et les utilisations éventuelles de banques de données populationnelles ; E. Lévesque, « Les banques de matériel biologique utilisées en recherche : préférer une évaluation globale afin de décider du meilleur moyen de protéger la confidentialité », (2009) 43 *R.J.T.* 773, par. 33-34 ; C. Hervé, B.M. Knoppers, P.A. Molinari et M.A. Grimaud (dir.), *Systèmes de santé et circulation de l'information : encadrement éthique et juridique*, Paris, Dalloz, 2007.

166 – *La recherche impliquant des êtres humains* – L'affirmation des droits du sujet d'expérimentation doit beaucoup à des textes de valeur éthique comme, en tout premier lieu, le *Code de Nuremberg* dont les principes ont été repris de façon plus élaborée sous l'égide de l'Association médicale mondiale [*Déclaration d'Helsinki* (1964) ; *Déclaration de Tokyo* (1975) ; *Déclaration de Venise* (1983)], et le Conseil des Organisations Internationales des Sciences Médicales : *Déclaration de Genève, 1993*. Au Canada, des lignes directrices ont été élaborées par les trois organismes subventionnaires : Conseil de recherches médicales du Canada, Conseil de recherches en sciences naturelles et en génie du Canada et Conseil de recherches en sciences humaines du Canada, *Énoncé de politique des trois Conseils : Éthique de la recherche avec des êtres humains*, Ottawa, ministère des Approvisionnements et Services du Canada, 2010 (cet énoncé dont la première version date de 1998 remplace le *Code de déontologie de la recherche utilisant des sujets humains* du C.R.S.H. (Ottawa, 1977) ainsi que les *Lignes directrices concernant la recherche sur des sujets humains* du CRM (1997) ; l'énoncé réfère explicitement à des documents internationaux comme les *Lignes directrices internationales d'éthique pour la recherche biomédicale impliquant des sujets humains* du Conseil des organisations internationales des sciences médicales (Genève 2002) ou encore la *Déclaration d'Helsinki* de l'Association médicale mondiale. En matière de recherche subventionnée, l'énoncé des trois conseils représente dès lors une source importante de normes qui s'ajoutent aux multiples énoncés de politiques des gouvernements provinciaux et aux normes légales ; H. Doucet, *L'éthique de la recherche. Guide pour le chercheur en sciences de la santé*, Montréal, P.U.M., 2002 ; J.-L. Baudouin, « Les expériences biomédicales sur l'être humain : modèle et modalités des systèmes actuels des droits de la personne », dans *Expérimentation biomédicale et droits de l'Homme*, Paris, P.U.F., 1988, p. 72 ; M. D.-Castelli, « L'expérimentation biomédicale et l'inviolabilité de la personne : autodétermination ou protection de l'intégrité physique », (1994) 25 *R.G.D.* 173 ; E.W. Keyserlingk, « Revisiting the Guidelines and Learning from Scandals », (1995) 6 *Jal. Intern. Bioéth.* 243 ; D. Roy, J. Williams, B. Dickens et J.-L. Baudouin, « La recherche médicale et l'expérimentation sur les sujets humains », dans *La Bioéthique, ses fondements et ses controverses*, Les éditions du Renouveau pédagogique, 1995 (chap. 13). Sur l'incorporation de ces principes dans le corpus juridique, voir M. Gagné, « L'expérimentation humaine : l'intégration des règles bioéthiques en droit québécois », (2001) *C. de D.* 1125 ; Commission de réforme du Canada, *L'expérimentation biomédicale sur l'être humain*, Ottawa, 1989, p. 25 ; M.T. Giroux, « Le dilemme entre la protection des personnes inaptes et la recherche sur leur maladie », dans Service de la formation permanente, Barreau du Québec, vol. 200, *Responsabilité et mécanisme de protection (2004)*, Cowansville, Éditions Yvon Blais, 2004, p. 163-179 ; J. Samuel, R. Alemdjrodo et B.M. Knoppers, « Les droits de l'enfant et la thérapie génique : les enjeux éthiques et les particularités de l'article 21 du *Code civil du Québec* », (2006) 66 *R. du B.* 183 ; E. Lévesque, « Les exigences légales entourant le consentement dans la recherche avec des enfants et des adultes inaptes : une piste de solution aux difficultés posées par les articles 21 et 24 C.c.Q. », (2006) 51 *R.D. McGill* 385 ; Collectif, *La recherche en génétique et en génomique : droits et responsabilités*, Montréal, Éditions Thémis, 2005. À propos des comités d'éthique de la recherche et des tensions qui peuvent exister entre les exigences éthiques et les attentes des chercheurs, voir G.A. Legault, J. Patenaude et M. Parent, « Les comités d'éthique de la recherche sur l'humain : les chercheurs face aux enjeux d'internormativité et de gouvernance », (2009-2010) 40 *R.D.U.S.* 383.

167 – *Le droit à la mort* – L'affaire *Rodriguez* c. *Colombie-Britannique (Procureur général)*, [1993] 3 R.C.S. 519, a donné lieu à de nombreuses analyses. On consultera notamment celles publiées dans un numéro de la *Revue de droit de McGill* dédié à cette question : (1994) 39 *R.D. McGill* : E. Bereza, « The Private and Public Death of Sue Rodriguez » (p. 179) ; B. Freedman, « The Rodriguez Case: Sticky Questions and Slippery Answers » (p. 644) ; E.W. Keyserlingk, « Assisted Suicide, Causality and the Supreme Court of Canada » (p. 708) ; M.A. Sommerville, « Death Talk in Canada: the Rodriguez Case » (p. 602) ; L. Wienrib, « The Body and the Body Politic: Assisted Suicide under the *Canadian Charter of Rights and Freedoms* » (p. 618) et K.K. Young, « A Cross-Cultural Historical Case against Planned Self-Willed and Assisted Suicide » (p. 657) ; B. Melkevik, « La responsabilité devant la mort ? Sue Rodriguez devant la Cour suprême du Canada », (1995) 7/8 *Rev. intern. philosophie pénale et de criminologie* 87 ; S. Philips-Nootens, « La Cour suprême face à la vie, face à la mort : de valeurs et de droits », (2000) 79 *R. du B. can.* 145 ; D. Challifoux, « L'euthanasie active et le rôle de l'État », (2000) 79 *R. du B. can.* 119. Un comité sénatorial spécial a été créé à la suite de l'arrêt *Rodriguez* : Sénat du Canada, *De la vie et de la mort : Rapport du Comité sénatorial spécial sur l'euthanasie et l'aide au suicide*, Ottawa, Approvisionnements et Services Canada, 2000, ; en 2011, la Société royale du Canada a produit un rapport recommandant des assouplissements en la matière : *Prise de décisions en fin de vie*, Ottawa, 2011 ; voir aussi Commission de l'éthique, de la science et de la technologie du Gouvernement du Québec, *Mourir dans la dignité. Sept questions sur la fin de vie, l'euthanasie et l'aide au suicide, Document de réflexion*, Québec, 2010. Pour un état de la question en droit français et européen : Fanny Vasseur-Lambry, « Fin de vie, dignité et droits de l'homme », dans *Mélanges en l'honneur de la Professeure Françoise Dekeuwer-Défossez*, Montchrestien, Paris, 2012, p. 379-397.

Au Québec, les travaux de la Commission spéciale de l'Assemblée nationale *Mourir dans la dignité* ont également suscité de nombreuses publications sur le sujet de l'autonomie de la personne en fin de vie et de son emprise sur sa mort : D. Blondeau, « Questions de vie et de mort : un débat de société d'abord », dans B. Moore (dir.), *Mélanges Jean-Louis Baudouin*, Cowansville, Éditions Yvon Blais, 2012, p. 5-15 ; M.T. Giroux, « Dignité, aide médicale à mourir et volontés contemporaines de la personne en fin de vie », dans Service de la formation continue, Barreau du Québec, vol. 378, *La protection des personnes vulnérables*, Cowansville, Éditions Yvon Blais, 2014, p. 81 ; J.-P. Ménard, « Le projet de loi 52 – *Loi concernant les soins de fin de vie* : quel impact sur la protection des personnes vulnérables ? », dans Service de la formation continue, Barreau du Québec, vol. 378, *La protection des personnes vulnérables*, Cowansville, Éditions Yvon Blais, 2014, p. 169 ; S. Philips-Nootens, « Du don de vie au choix de mort. Brèves réflexions sur l'autonomie », dans B. Moore (dir.), *Mélanges Jean-Louis Baudouin*, Cowansville, Éditions Yvon Blais, 2012, p. 139 ; H. Wolde-Gioghis, « Le dilemme de la société occidentale face à la revendication du « droit » à l'aide médicale ultime au suicide », dans B. Moore (dir.), *Mélanges Jean-Louis Baudouin*, Cowansville, Éditions Yvon Blais, 2012, p. 163.

BIBLIOGRAPHIE SÉLECTIVE

AMMAN, J.-P., DELFOSSE, M.-L., PARIZEAU, M.-H., *La recherche clinique avec les enfants : à la croisée de l'éthique et du droit. Belgique-France-Québec*, Bruxelles, Anthemis et P.U.L., 2009.

ARBOUR, M.-È. et M. LACROIX, « Le statut juridique du corps humain ou l'oscillation entre l'objet et le sujet de droit », (2009-2010) 40 *R.D.U.S.* 231-268.

BARREAU DU QUÉBEC, *Autonomie et protection*, vol. 261, Cowansville, Éditions Yvon Blais, 2007.

BARREAU DU QUÉBEC, *La protection des personnes vulnérables 2009*, vol. 301, Cowansville, Éditions Yvon Blais, 2009.

BARREAU DU QUÉBEC, *La protection des personnes vulnérables 2010*, vol. 315, Cowansville, Éditions Yvon Blais, 2010.

BARREAU DU QUÉBEC, *La protection des personnes vulnérables 2011*, vol. 330, Cowansville, Éditions Yvon Blais, 2011.

BARREAU DU QUÉBEC, *La protection des personnes vulnérables 2012*, vol. 344, Cowansville, Éditions Yvon Blais, 2012.

BARREAU DU QUÉBEC, *La protection des personnes vulnérables 2013*, vol. 359, Cowansville, Éditions Yvon Blais, 2013.

BARREAU DU QUÉBEC, *La protection des personnes vulnérables 2014*, vol. 378, Cowansville, Éditions Yvon Blais, 2014

BAUDOUIN, J.-L., « Le droit de refuser d'être traité », dans *Justice Beyond Orwell*, Cowansville, Éditions Yvon Blais, 1985, p. 207.

BAUDOUIN, J.-L., « Expérimentation sur l'être humain, aperçu de la législation canadienne et québécoise, questions éthiques sous-jacentes », dans *Contribution à la réflexion bioéthique Dialogue France-Québec*, Québec, Fides, 1991, p. 91.

BUTLER N. *et al.*, *L'euthanasie et l'aide au suicide au Canada*, Ottawa, Bibliothèque du Parlement, 2013, disponible en ligne : <http://www.parl.gc.ca/Content/LOP/ResearchPublications/2010-68-f.pdf>.

COMMISSION DE RÉFORME DU DROIT DU CANADA, *Prélèvement et utilisation médicale de tissus et d'organes humains*, Ottawa, Approvisionnements et Services, 1992.

COMMISSION DE RÉFORME DU DROIT DU CANADA, *Euthanasie, aide au suicide et interruption de traitement*, Rapport no 20, Ottawa, Approvisionnements et Services, 1983.

COMMISSION DE RÉFORME DU DROIT DU CANADA, *L'expérimentation biomédicale sur l'être humain*, Document de travail no 61, Ottawa, Approvisionnements et Services, 1989.

GALLOUX, J.-C., « Réflexion sur la catégorie des choses hors du commerce : l'exemple des éléments et des produits du corps humain en droit français », (1989) 30 *C. de D.* 1011.

GASCON, S., *L'utilisation médicale et la commercialisation du corps humain*, Collection Minerve, Cowansville, Éditions Yvon Blais, 1993.

GENDREAU, C., *Le droit du patient psychiatrique de consentir à un traitement : élaboration d'une norme internationale*, Montréal, Éditions Thémis, 1996.

KOURI, R.P. et S. PHILIPS-NOOTENS, *L'intégrité de la personne et le consentement aux soins*, 3e éd., Cowansville, Éditions Yvon Blais, 2012.

KOURI, R.P., « Le traitement futile et le devoir de soigner en droit québécois : l'impact normatif du désespoir », dans B. MOORE (dir.), *Mélanges Jean-Louis Baudouin*, Cowansville, Éditions Yvon Blais, 2012, p. 61.

KOURI, R.P., « Le mineur et les soins médicaux, *A.C.* c. *Manitoba* : de l'autonomie au meilleur intérêt, une limite bien floue », (2010) 4 *R.D.S.M.* 65.

LESAGE-JARJOURA, P., *La cessation de traitement : au carrefour du droit et de la médecine*, Collection Minerve, Cowansville, Éditions Yvon Blais, 1990.

LÉVESQUE, E., « L'expérimentation sur les majeurs inaptes : de nouvelles pistes de solution », dans Barreau du Québec, *Obligations et recours contre un curateur, tuteur ou mandataire défaillant 2008*, Cowansville, Éditions Yvon Blais, 2008, p. 37.

LÉVESQUE, E., « Les banques de matériel biologique utilisées en recherche : préférer une évaluation globale afin de décider du meilleur moyen de protéger la confidentialité », (2009) 43 *R.J.T.* 773.

MAYRAND, A., *L'inviolabilité de la personne humaine*, Montréal, Wilson & Lafleur, 1975.

MEULDERS-KLEIN, M.-T., « La production des normes en matière de bioéthique », dans C. Neirinck (sous la direction de), collection Droit et société, vol. 8, *De la bioéthique au bio-droit*, Paris, L.G.D.J., 1994, p. 23.

PHILIPS-NOOTENS, S., P. LESAGE-JARJOURA et R.P. KOURI, *Éléments de responsabilité civile médicale*, 3e éd., Cowansville, Éditions Yvon Blais, 2007.

SOMMERVILLE, M.A., « Labels versus Contents: Variance between Philosophy, Psychiatry and Law in Concepts Governing Decision-Making », (1994) *R.D. McGill* 179.

CHAPITRE III

LE DROIT À L'INTÉGRITÉ MORALE ET LES LIBERTÉS CIVILES

Le droit à l'intégrité de la personne ne se limite pas à la seule dimension corporelle. La pensée, les sentiments, les qualités qui sont reconnues à une personne doivent pouvoir être défendus. C'est pourquoi l'on s'accorde généralement pour classer le droit à la sauvegarde de la dignité, de l'honneur, de la réputation et au respect de la vie privée dans les droits primordiaux de la personne humaine. À ces droits érigés au rang de droits subjectifs, s'ajoute un certain nombre de libertés que consacre le droit civil.

Section I

Le droit à l'intégrité morale

168 – Enchâssés dans la *Charte des droits et libertés de la personne*, les droits au respect de la réputation[1] et de la vie privée[2] dont les contours avaient été préalablement dégagés par la jurisprudence et par la doctrine sont consacrés également par le Code civil. Énoncé à l'article 3 C.c.Q., au Titre de la jouissance et de l'exercice des droits, le principe en est réaffirmé aux articles 35 et suivants C.c.Q. Le Code consacre en effet tout un chapitre à l'aménagement de l'exercice de ces droits, avec une attention particulière pour le droit au respect de la vie privée. Cette notion est plus récente que celles de l'honneur et de la réputation qui, elles, ont traversé les époques, mais que l'on tend aujourd'hui à rattacher au concept de vie privée, notamment dans les instruments internationaux[3]. Leur inscription dans le Code procède de la même technique. L'article 35 C.c.Q. édicte que « Toute personne a droit au

1. *Charte des droits et libertés de la personne*, RLRQ, c. C-12, art. 4 (ci-après *Charte québécoise*) : « Toute personne a droit à la sauvegarde de sa dignité, de son honneur et de sa réputation. »
2. *Ibid.*, art. 5 : « Toute personne a droit au respect de sa vie privée. »
3. Ainsi, l'article 12 de la *Déclaration universelle des droits de l'Homme* de 1948 est le premier texte international à reconnaître le droit à la vie privée comme un droit de la personne. L'article 17 du *Pacte international relatif aux droits civils et politiques* de 1966 le consacre également.

respect de sa réputation et de sa vie privée. Nulle atteinte ne peut être portée à la vie privée d'une personne sans que celle-ci y consente ou que la loi l'autorise »[4], ce qui n'autorise cependant pas à les confondre, comme ont tendance à le faire parfois les tribunaux[5].

169 – *Dignité, honneur, réputation et vie privée : des concepts à la fois autonomes et interreliés* – La protection de la dignité, de l'honneur, de la réputation et de la vie privée ne reposent pas sur le même fondement et n'ont pas la même finalité[6]. La dignité est inhérente à la personne humaine et est plus large que le simple sentiment que la personne a d'elle-même comme individu et de l'idée que les autres se font d'elle. Elle repose sur le principe que tout être humain possède une valeur intrinsèque qui le rend digne de respect. La notion de vie privée tend à protéger la paix et la tranquillité de la vie personnelle. Sa définition n'est pas aisée, car elle englobe également une dimension de liberté.

Il convient donc de bien distinguer ce qui relève du champ de la protection de la vie privée de celle de la dignité dont participent l'honneur et la réputation. Certes, il peut arriver que les mêmes actes portent atteinte à l'un et l'autre de ces attributs. Nombreux sont les cas où une atteinte au respect de la vie privée emporte dans son sillage une atteinte à l'honneur ou à la réputation. Mais l'une ne comporte pas nécessairement l'autre. Là s'arrêtent donc les rapports entre les deux. Dans une décision célèbre concernant le droit à l'image, la Cour d'appel du Québec, sous la plume du juge LeBel, exprime bien cette idée : « La législation associe parfois défense de l'honneur et de la réputation et protection de la vie privée, comme dans l'article 35 C.c.Q. Les mêmes actes peuvent constituer des violations de ces droits en principe distincts, que la jurisprudence invoque simultanément, à l'occasion, pour sanctionner des comportements illicites. Leur mise en œuvre appelle des distinctions, en raison de l'impossibilité d'identifier totalement le domaine d'application du concept d'atteinte à la vie privée et celui de préjudice à la réputation »[7].

---

4. Contrairement à l'article 4 de la *Charte québécoise*, ni l'article 3 ni l'article 35 C.c.Q. ne font référence à l'honneur et à la dignité. Quant à la *Charte québécoise*, elle consacre le droit au respect de la vie privée dans une disposition distincte.
5. Par exemple, les atteintes à la réputation se prescrivent par un an (art. 2929 C.c.Q.), alors que les autres atteintes répondent au droit commun de l'article 2925 C.c.Q., c'est-à-dire à une prescription de trois ans : A. Popovici, « L'altération de la personnalité aux yeux du public », (1994) 28 *R.J.T.* 289, 295.
6. P. Kayser, *La protection de la vie privée par le droit*, 3e éd., Paris, Economica, Presses universitaires d'Aix-Marseilles, 1995, no 73, p. 127.
7. *Aubry* c. *Éditions Vice-Versa Inc.*, [1996] R.J.Q. 2137, 2142, EYB 1996-65174 (C.A.), confirmé par la Cour suprême dans *Aubry* c. *Éditions Vice-Versa Inc.*, [1998] 1 R.C.S. 591, REJB 1998-05646.

Section II

Le droit à la sauvegarde de la dignité, de l'honneur, de la réputation

170 – *La dignité : un principe fondateur érigé au rang de droit fondamental* – Nous avons vu dans le chapitre sur l'intégrité physique que la dignité est au cœur du dispositif de protection. Il est vrai que la notion de dignité est étroitement liée au corps de la personne, mais elle intéresse également son vécu et l'image qu'elle se donne d'elle-même[8]. Dans cette deuxième dimension, la notion de dignité s'entend généralement comme l'estime de soi, le sentiment que l'on a de mériter de la considération, ce qui est aussi le propre de l'honneur. L'atteinte à la dignité peut dès lors se traduire également par le mépris et le manque de respect[9]. Ce sont les atteintes au sentiment que chacun se fait de sa dignité, au droit de garder sa propre estime, en plus de celle des autres auxquelles renvoie le concept de réputation que l'on retrouve à l'article 35 C.c.Q., que les tribunaux sanctionnaient habituellement au titre de la responsabilité civile. Tel est également le sens que lui prêtent plusieurs auteurs[10]. Mais la notion de dignité, difficile à définir, est un terme à sens multiples[11] auquel s'ajoute une dimension objective[12]. Le concept possède à la fois une dimension « interne » et une dimension « externe ». Ainsi en a statué la Cour suprême[13], confirmant sur ce point la jurisprudence amorcée

---

8. D.M. Lavroff, « Réflexions sur le principe de sauvegarde de la dignité de la personne humaine », dans *Mélanges en l'honneur du professeur Jean Hauser*, Paris, Lexis-Nexis, Dalloz, 2012, p. 281-297, 293.
9. *Commission des droits de la personne et des droits de la jeunesse* c. *Chamberland*, 2013 QCTDP 37 (insulter une personne en raison de la couleur de sa peau constitue un acte discriminatoire et une atteinte à la dignité de la personne).
10. H. Brun, « Liberté d'expression et de presse ; droits à la dignité, l'honneur, la réputation et la vie privée », (1992) 23 *R.G.D.* 449, 453 ; N. Vallières, *La presse et la diffamation*, Montréal, Wilson & Lafleur, 1986, p. 6.
11. C. Brunelle, « La dignité, ce digne concept juridique », dans École du Barreau, Collection de droit 2010-2011, vol. hors série, *Justice, société et personnes vulnérables*, Cowansville, Éditions Yvon Blais, 2010, chapitre II, p. 21-31.
12. Pour une analyse du concept, voir C. Brunelle, « La dignité dans la Charte des droits et libertés de la personne : de l'ubiquité à l'ambiguïté d'une notion fondamentale », (2006) *R. du B.* (nº hors série) 143-174 ; C. Brunelle, « La dignité, ce digne concept juridique », dans École du Barreau du Québec, Collection de droit 2010-2011, *Justice, société et personnes vulnérables*, Cowansville, Éditions Yvon Blais, 2010, p. 21-31 ; M.T. Giroux, « Les soins intimes et la dignité de la personne qui les reçoit », dans Service de la formation continue, Barreau du Québec, vol. 301, *La protection des personnes vulnérables*, Cowansville, Éditions Yvon Blais, 2009, p. 75-94.
13. *Syndicat national des employés de l'Hôpital St-Ferdinand (C.S.N.)* c. *Québec (Curateur public)*, [1996] 3 R.C.S. 211, EYB 1996-29281, confirmant [1994] R.J.Q.

par les tribunaux inférieurs. Indépendamment de la perception ou de la conscience que l'individu peut avoir de sa dignité, il y a celle qui est inhérente à la condition humaine. Comme le soulignait la juge L'Heureux-Dubé, « l'article 4 de la *Charte* vise les atteintes aux attributs fondamentaux de l'être humain qui contreviennent au respect auquel toute personne a droit du seul fait qu'elle est un être humain et au respect qu'elle se doit à elle-même »[14]. C'est dans l'arrêt *Syndicat national des employés de l'Hôpital St-Ferdinand (C.S.N.)* c. *Québec (Curateur public)*, que la Cour suprême décidait que l'inconfort souffert par les bénéficiaires déficients intellectuels d'un centre hospitalier privés de soins pendant une grève illégale constitue non seulement un préjudice moral sous le régime général de la responsabilité civile, mais aussi une atteinte illicite au droit garanti à l'article 4 de la *Charte des droits et libertés de la personne*. Comme le souligne Jean-Guy Belley, « [L]'idée de dignité humaine affirme la valeur éminente de tout être humain reconnu comme une personne à part entière, indépendamment de ses caractéristiques individuelles et de ses appartenances sociales »[15]. Le concept de dignité ne se confond donc pas complètement avec la notion d'honneur et de réputation qui n'en sont que des composantes. Il réfère plus globalement à la dignité humaine qui constitue le fondement des droits et libertés enchâssés dans la *Charte canadienne* et dans la *Charte des droits et libertés de la personne* et à laquelle renvoient la plupart des préambules des instruments internationaux. Le préambule de la *Charte québécoise* illustre bien cela en édictant que « le respect de la dignité de l'être humain et la reconnaissance des droits et libertés dont il est titulaire constituent le fondement de la justice et de la paix ». La force juridique de la notion de dignité résulte de cette double dimension[16] : d'un côté principe fondateur et universel, la dignité est une valeur sous-jacente essentielle des droits fondamentaux, d'un autre en étant elle-même qualifiée de droit fondamental (art. 4 de la *Charte québécoise*), la dignité se voit accorder une protection concrète, comme en témoigne l'abondante jurisprudence qui, dans de nombreux domaines (droit du travail[17], droit de la santé, biodroits, droit professionnel,

---

2761, EYB 1994-28741 (C.A.), infirmant, pour partie, [1990] R.J.Q. 359, EYB 1989-76768 (C.S.).

14. *Ibid.*, par. 105.
15. J.-G. Belley, « La protection de la dignité humaine dans le pluralisme juridique contemporain », (2010) 8 *C.R.D.F.* 117, 119.
16. C. Brunelle, « La dignité, ce digne concept juridique », dans École du Barreau, Collection de droit 2010-2011, vol. hors série, *Justice, société et personnes vulnérables*, Cowansville, Éditions Yvon Blais, 2010, chapitre II, p. 21-31.
17. C. Brunelle, « Le droit à la dignité : un vecteur de la citoyenneté au travail », dans M. Coutu et G. Murray (dir.), *Travail et citoyenneté : quel avenir ?*, Québec, P.U.L., 2010, p. 273.

la protection contre les actes et les propos discriminatoires[18], etc.), s'appuie sur ce concept pour sanctionner des violations de l'intégrité morale de la personne. La double dimension du concept de dignité a été exprimée par la Cour suprême dans *Syndicat national des employés de l'Hôpital St-Ferdinand (C.S.N.)* c. *Québec (Curateur public)* : « l'article 4 de la Charte vise les atteintes aux attributs fondamentaux de l'être humain qui contreviennent au respect auquel toute personne a droit du seul fait qu'elle est un être humain et au respect qu'elle se doit à elle-même »[19]. Cette référence au respect de l'humanité commune des êtres humains rapproche, à certains égards, la notion de dignité de celle d'ordre public.

171 – *L'honneur, un sentiment complexe* – La dignité, dans l'acception qu'on lui donne plus communément (l'honneur), relève des sentiments personnels[20]. Elle a par conséquent un caractère subjectif. On peut dire que l'honneur renvoie à la conception qu'a l'individu de sa propre dignité. Mais l'honneur ne relève pas seulement de l'intériorité ; il a aussi un caractère social : perdre son honneur, c'est « perdre la considération de ses semblables »[21], d'où l'association entre honneur et réputation. L'honneur est un concept difficile à cerner, car sa perception est largement tributaire de la position sociale et de l'entourage immédiat de chacun. Il est aussi fortement coloré par les mœurs. Le sentiment qu'on en éprouve s'apprécie différemment selon les époques et les cultures. Ainsi, la séduction et la rupture abusive de promesse de mariage qui sont des notions d'une autre époque, ou encore l'aliénation d'affection, ont-elles été sanctionnées par les tribunaux en tant qu'atteintes à l'honneur d'une personne[22]. Aujourd'hui, l'atteinte à la dignité constitue un des fondements juridiques reconnus par la jurisprudence en ce qui concerne le recours

---

18. C. Tremblay, « Recours collectifs visant le propos discriminatoire comme atteinte à la dignité et au droit à l'égalité », dans Service de la formation continue, Barreau du Québec, *Développements récents en recours collectifs*, Cowansville, Éditions Yvon Blais, 2009, p. 121.
19. *Syndicat national des employés de l'Hôpital St-Ferdinand (C.S.N.)* c. *Québec (Curateur public)*, [1996] 3 R.C.S. 211, 256.
20. Sur la conception de l'honneur et son évolution à travers les siècles, voir B. Beignier, *L'honneur et le droit*, Coll. Bibliothèque de droit privé, t. 234, Paris, L.G.D.J., 1995.
21. B. Beignier, *loc. cit.*, note 20, p. XXXIII. Voir également *Hervieux-Payette* c. *Société St-Jean-Baptiste de Montréal*, [1998] R.J.Q. 131, REJB 1997-03422 (C.S.).
22. R. De Bottini, « La nature du recours pour rupture de fiançailles », dans *Quelques aspects du droit de la province de Québec*, Paris, Cujas, 1963, p. 135 ; A. Mayrand, « Problèmes juridiques nés de la rupture des promesses de mariage », (1963) 23 *R. du B.* 1 ; A. Popovici, « Ingérence du droit anglais dans le droit civil québécois en matière de rupture de promesse de mariage », (1963) *R.J.T.* 119.

pour harcèlement sexuel. C'est souvent dans le contexte des relations de travail que les tribunaux sont saisis de ce genre de recours. Le harcèlement sexuel est d'ailleurs considéré comme une lésion professionnelle au sens de la *Loi sur les accidents du travail et les maladies professionnelles*[23]. Mais il ne se limite pas au milieu du travail[24]. Dans certains cas, le harcèlement prend la forme d'une agression tout court[25]. Le harcèlement psychologique en milieu de travail est également considéré comme une atteinte à la dignité, comprise dans sa dimension « honneur de la personne »[26].

172 – *La réputation, un sentiment fragile* – Les atteintes à l'honneur et à la réputation prennent le nom technique de diffamation lorsqu'elles résultent de l'allégation ou de l'imputation d'un fait[27]. Le terme « diffamation » est employé le plus souvent dans un sens large. L'atteinte portée à la réputation d'une personne peut ainsi reposer sur des allégations de fait ou simplement sur des propos outrageants et injurieux[28], même si une distinction entre atteinte à la réputation et injure peut être utile lorsqu'il s'agit d'évaluer les dommages que provoquent ces atteintes à l'intégrité de la personne[29].

---

23. RLRQ, c. A-3.001. Mais il ne peut alors être invoqué sous le chef de l'article 4 de la *Charte québécoise*.
24. Voir, à titre d'illustration, *Lalancette* c. *Guillemette*, [1999] R.R.A. 1035, REJB 1999-15513 (C.S.).
25. *Larocque* c. *Côté*, [1996] R.J.Q. 1930, EYB 1996-30544 (C.S.). Il s'agissait en l'espèce de l'initiation d'un jeune soldat, traité de manière dégradante par les membres du corps d'armée auquel il appartenait. Voir aussi *M.D.* c. *C.D.*, J.E. 2005-27, EYB 2004-80330 (C.S.) : l'agression sexuelle d'une jeune de 13 ans est considérée comme une violation de l'article 4 de la *Charte québécoise*.
26. Cette protection est effective depuis 2004, date d'entrée en vigueur de la *Loi modifiant la Loi sur les normes du travail et d'autres dispositions législatives*, L.Q. 2002, c. 80 ; F. Lamy, « Le harcèlement psychologique ; un terreau fertile à l'imprévisibilité », dans Service de la formation continue, Barreau du Québec, *Développements récents en droit du travail*, Cowansville, Éditions Yvon Blais, 2009 ; pour une analyse de cette loi : J.-Y. Brière, « Harcèlement psychologique : un joyeux cafouillis ! », dans Service de la formation continue, Barreau du Québec, vol. 364, *Développements récents en droit du travail*, Cowansville, Éditions Yvon Blais, 2013, p. 105.
27. La diffamation constitue également une infraction pénale qui porte le nom de libelle diffamatoire, sanctionnée par les articles 297 et s. C.cr. Ces dispositions ne visent cependant, en ce qui concerne la diffamation médiatique, que les médias écrits.
28. *Bou Malhab c. Diffusion Métromédia CMR inc.*, 2011 CSC 9. Pour des commentaires de cet arrêt, voir P.-G. Jobin, « La diffamation d'un groupe au Québec », (2013) *RTD Civ.* p. 67.et A. Popovici, « Discussions disparates à propos de l'affaire *Bou Malhab* », dans *Mélanges Pierre Ciotola*, Montréal, Éditions Thémis, 2012, p. 417.
29. *Genex Communications inc.* c. *Association québécoise de l'industrie du disque, du spectacle et de la vidéo*, 2009 QCCA 2201.

Ainsi, toute atteinte à la réputation, qu'elle soit verbale (parole[30], chanson, mimique) ou écrite (lettre[31], pièce de procédure, caricature, portrait, etc.), publique (articles de journaux, de revues, livres, commentaires de radio, de télévision[32], publication sur Internet[33], notamment dans des réseaux sociaux comme Facebook[34] ou un blogue[35] qui semblent offrir un terrain fertile pour les atteintes réelles ou prétendues à la réputation, si l'on en juge par le nombre de jugements en la matière) ou privée (lettre[36], tract, rapport, mémoire), qu'elle procède d'une affirmation ou d'une imputation ou d'un sous-entendu[37], peut constituer une faute qui, si elle entraîne un dommage prouvé, ouvre la porte à une compensation pécuniaire[38]. Comme le souligne la Cour suprême, « le droit civil québécois ne se soucie pas que les assertions prennent la forme d'écrits, de paroles, d'images ou de gestes, ni qu'elles s'attaquent directement à la réputation d'autrui ou qu'elles y attentent par allusion ou insinuation »[39].

La diffamation n'implique pas nécessairement l'intention de nuire en voulant sciemment ridiculiser, humilier ou exposer une personne au mépris ou à la haine du public ou d'un groupe. Mais

---

30. *D'Ambroise* c. *Kodrun*, 2013 QCCS 150.
31. *Hubert* c. *Université Laval*, [2001] R.R.A. 975, REJB 2001-27172 (C.S.) ; *Jouvet* c. *Lévesque*, [2001] R.R.A. 861, REJB 2001-26010 (C.S.) ; *E. Néron Communication Marketing inc.* c. *Chambre des notaires du Québec*, [2004] 3 R.C.S. 95, REJB 2004-68721.
32. *Journal de Québec (Le), Division des Communications Quebecor inc.* c. *Beaulieu-Marquis*, [2002] R.R.A. 797 (C.A.) ; *Devoir Inc. (Le)* c. *Centre de psychologie préventive et de développement humain Inc.*, [1999] R.R.A. 17, REJB 1999-10604 (C.A.).
33. *Chayer* c. *Messier*, 2014 QCCS 357.
34. *Lapointe* c. *Gagnon*, 2013 QCCQ 923 ; *Carpentier* c. *Tremblay*, 2013 QCCQ 292 ; *Lapierre* c. *Sormany*, 2012 QCCS 4190 ; *9080-5128 Québec inc.* c. *Morin-Ogilvy*, 2012 QCCS 1464 ; *G.P.* c. *S.S.*, 2012 QCCQ 8325.
35. *Canoë inc.* c. *Corriveau*, 2012 QCCA 109 ; *Diop* c. *Wade*, 2010 QCCA 2281 ; *Immeubles Robin inc.* c. *Ingold*, 2013 QCCS 1373 ; *Ward* c. *Labelle*, 2011 QCCS 6753 ; *National Bank of Canada* c. *Weir*, 2010 QCCS 402 ; *Rosenberg* c. *Lacerte*, 2013 QCCS 6286 ; *Acadia Subaru* c. *Michaud*, 2012 QCCS 5668.
36. *Productions et distributions Imavision 21 ltée* c. *Avecom Distribution Inc.*, [2002] R.R.A. 227, REJB 2001-29853 (C.S.).
37. *Prud'homme* c. *Prud'homme*, 2002 CSC 85, REJB 2002-36356 ; *Bou Malhab* c. *Diffusion Métromédia CMR inc.*, 2011 CSC 9 ; *Srivastava* c. *Hindu Mission of Canada (Québec) Inc.*, [2001] R.J.Q. 1111, REJB 2001-23958 (C.A.).
38. Dans le cas des personnalités publiques, particulièrement les hommes politiques, la jurisprudence se montre généralement plus tolérante : *Éthier* c. *Boutique à coiffer Tonic Inc.*, [1999] R.R.A. 100, REJB 1998-10030 (C.S.). Voir cependant *Berrière* c. *Filion*, [1999] R.J.Q. 1127 (C.S.) ; *Guitouni* c. *Société Radio-Canada*, [2000] R.J.Q. 2889, REJB 2000-20329 (C.S.) ; *Bélisle* c. *Grenier*, [2000] R.R.A. 923, REJB 2000-21283 (C.S.) ; *Parizeau* c. *Lafferty, Hartwood & Partners Ltd.*, [2000] R.R.A. 417, REJB 2001-17424 (C.S.) et *Blanchette* c. *Bury*, [2001] R.R.A. 904, REJB 2001-26864 (C.S.).
39. *Bou Malhab* c. *Diffusion Métromédia CMR inc.*, 2011 CSC 9, par. 15.

l'intention de nuire peut évidemment être un élément pertinent[40]. La diffamation peut résulter d'un comportement qui, sans s'attaquer délibérément à la réputation de la victime, jette néanmoins le discrédit sur elle par témérité, négligence ou incurie[41]. La véracité est un facteur pertinent, mais il est insuffisant en soi, car il faut tenir compte de la teneur globale des propos tenus et, s'il s'agit d'un travail journalistique, de la méthodologie et du respect des normes professionnelles[42]. La nature diffamatoire des propos doit s'analyser selon une norme objective, en ce sens qu'il convient de se demander si le citoyen ordinaire estimerait que les propos tenus, pris dans leur ensemble, ont ou non déconsidéré la réputation de la personne concernée[43]. L'analyse doit donc nécessairement tenir compte du contexte particulier de chaque cas.

Mais dans ce domaine comme dans d'autres, il faut compter avec la liberté d'opinion et la liberté d'expression (qui inclut le droit de critiquer[44] et de caricaturer[45], lesquelles entretiennent des rapports tout aussi antagonistes avec le droit au respect de la vie privée[46]. Il convient de trouver chaque fois un équilibre, délicat[47], entre deux valeurs fondamentales puisque, comme le rappelle la Cour suprême, le droit à la sauvegarde de la réputation entre en compétition avec la liberté d'expression[48], particulièrement lorsque la liberté d'expression sert l'intérêt public[49]. Cette opposition connaît, bien entendu, un regain d'actualité dans un contexte social et technologique qui

---

40. *Tremblay* c. *Plourde*, 2014 QCCS 201 ; *Métromédia CMR Montréal inc.* c. *Johnson*, [2005] R.R.A. 39, EYB 2006-100768 (C.A.) ; *Frappier* c. *Constant*, [2005] R.R.A. 1056, EYB 2005-94625 (C.A.).
41. *Pilon* c. *St-Pierre*, [1999] R.J.Q. 1825, REJB 1999-13437 (C.S.).
42. *E. Néron Communication Marketing inc.* c. *Chambre des notaires du Québec*, [2004] 3 R.C.S. 95 ; *Bou Malhab* c. *Diffusion Métromédia CMR inc.*, 2011 CSC 9 ; *Gesca ltée* c. *Corporation Sun Media*, 2013 QCCS 3689.
43. *Prud'homme* c. *Prud'homme*, 2002 CSC 85, REJB 2002-36356.
44. *Société Radio-Canada* c. *Canada (Procureur général)*, 2011 CSC 2.
45. *Trudeau* c. *AD 4 Distribution Canada inc.*, 2013 QCCS 2678 ; *Girard* c. *Desmeules*, 2011 QCCS 6764 ; F. Demers, « Au 21e siècle, le ridicule peut-il tuer ? », dans Service de la formation continue, Barreau du Québec, vol. 357, *Développements récents en droit de la propriété intellectuelle*, Cowansville, Éditions Yvon Blais, 2012, p. 183.
46. *Charte canadienne des droits et libertés* (ci-après *Charte canadienne*), L.R.C. (1985), App. 11, no 44, art. 2b), qui précise que ces libertés incluent la liberté de presse et art. 3 de la *Charte québécoise* qui protège également le droit du public à l'information (art. 44).
47. R. Danay, « The Medium is not the Message: Reconciling Reputation and Free Expression in Cases of Internet Defamation », (2010) 56:1 *McGill L.J.* 1-37.
48. *Bou Malhab* c. *Diffusion Métromédia CMR inc.*, 2011 CSC 9 ; *E. Néron Communication Marketing inc.* c. *Chambre des notaires du Québec*, [2004] 3 R.C.S. 95 ; *Prud'homme* c. *Prud'homme*, 2002 CSC 85.
49. *W.I.C. Radio Ltd.* c. *Simpson*, 2008 CSC 40 ; *Grant* c. *Torstar Corp.*, 2009 CSC 61.

démultiplie les occasions et les possibilités de faire circuler des informations[50]. Comme le souligne un jugement de la Cour supérieure, « le Web peut rendre quelqu'un célèbre en quelques minutes (mais) il peut ternir et détruire une réputation en un seul clique »[51]. La Cour suprême soulignait la même chose dans *Crookes* c. *Newton* : « Parce qu'il constitue un moyen d'expression si puissant, l'Internet peut s'avérer un véhicule extrêmement efficace pour exprimer des propos diffamatoires »[52].

Section III

Le droit au respect de la vie privée

173 – La protection de la vie privée sous sa forme actuelle est un phénomène relativement récent. La vie privée est non seulement devenue « un trait de la civilisation contemporaine »[53], mais on peut dire qu'elle est désormais une valeur en soi. Érigée en droit subjectif par le législateur québécois, elle a pris rang de droit protégé par la Constitution. La protection de la vie privée est devenue, avec le temps, une branche particulière du droit et la pratique dans ce domaine est désormais une spécialité en soi. Depuis une vingtaine d'années, le nombre de procès soulevant des questions relatives à la vie privée est en constante augmentation et la production doctrinale sur ce thème est particulièrement prolifique. Nous en aborderons quelques aspects dans le cadre du droit privé, en nous arrêtant plus particulièrement aux règles de base du Code civil.

174 – *La vie privée : un trait de la civilisation contemporaine*. Cette tendance à l'extension du droit au respect de la vie privée est généralement associée aux facteurs suivants :

– le développement des technologies qui permettent à la fois de fixer et de reproduire le son et l'image[54], d'intercepter et d'enregistrer

50. F. Letendre, « De Gutenberg à Twitter : supports différents, même combat – La diffamation et les médias sociaux », dans Service de la formation continue, Barreau du Québec, vol. 328, *Développements récents en droit de la propriété intellectuelle*, Cowansville, Éditions Yvon Blais, 2010, p. 283.
51. *Laforest* c. *Collins*, 2012 QCCS 3078, cité par B. Gamache, « La diffamation en ligne : ce qu'il ne faut pas mettre sur un blogue », dans Service de la formation continue, Barreau du Québec, vol. 375, *Développements récents en droit de la propriété intellectuelle*, Cowansville, Éditions Yvon Blais, 2013, p. 121.
52. *Crookes* c. *Newton*, 2011 CSC 47.
53. B. Beignier, *Le droit de la personnalité*, Éd. Que sais-je ?, Paris, P.U.F., 1995, p. 8.
54. Voir *infra* les références dans la section Pour aller plus loin.

des communications verbales, ainsi que les progrès fulgurants en informatique et en génétique ;

- l'émergence des sociétés de masse où l'information est devenue une valeur fondamentale et la démocratisation de nos sociétés qui repose sur la liberté d'expression et de communication ; ces libertés forcent un repositionnement du droit au respect de la vie privée ;

- l'insertion de certains éléments constitutifs de la personnalité dans un marché d'échange patrimonial (nom, image, voix) ;

- le pluralisme des morales et des valeurs et, conséquemment, l'élargissement des sphères de liberté individuelle face à l'État[55] et aux autres individus, amenant à l'élargissement de la notion de vie privée qui à la dimension de l'intimité ajoute celle de la liberté « de choisir son mode de vie » ou même, plus largement, « de pouvoir vivre sa vie »[56]. Le droit à la protection de la vie privée peut être ainsi décrit comme « un instrument au service des capacités de développement personnel autonome »[57], des capacités de l'individu à forger son identité[58].

175 – *Une notion englobante* – La notion de vie privée est élastique et difficile à définir[59]. Les descriptions qui en sont faites sont généralement très générales, comme en témoigne cet extrait d'une décision de la Cour d'appel souvent cité : « La notion du droit à la vie privée représente une constellation de valeurs concordantes et opposées, de droits

55. F. Rigaux, *La protection de la vie privée et des autres biens de la personnalité*, Bruxelles/Paris, Bruylant/L.G.D.J., 1990.
56. B. Beignier, « Vie privée et vie publique », dans *Le privé et le public*, *Archap. Phil.*, t. 43, Paris, Sirey, 1997, p. 163. On rejoint ainsi le *Right of Privacy* du droit américain tel que développé par E.A. Warren et L. Brandeis, « The Right to Privacy », (1890) *Harv. L. Rev.* 193, consacré par la Cour suprême des États-Unis dans *Griswold* c. *State of Connecticut*, 381 U.S. 479 (1965) et aujourd'hui reconnu comme un droit fondamental par la Cour suprême du Canada : *Godbout* c. *Longueuil (Ville de)*, [1997] 3 R.C.S. 844, REJB 1997-02908.
57. Y. Poullet et A. Rouvroy, « Le droit à l'autodétermination informationnelle et la valeur du développement personnel. Une réévaluation de l'importance de la vie privée pour la démocratie », dans *État de droit et virtualité*, Montréal, Éditions Thémis, 2009. P. 157, 160-161.
58. L. M. Austin, « Privacy and Private Law: The Dilemma of Justification », (2010) 55:2 *McGill L.J.* 165, 169.
59. Dans l'arrêt *Syndicat des travailleuses et travailleurs de Bridgestone / Firestone de Joliette (C.S.N.)* c. *Trudeau*, [1999] R.J.Q. 2229, REJB 1999-14156 (C.A.), le juge LeBel écrivait que « le concept de vie privée reste flou et difficile à circonscrire ».

solidaires et antagonistes, d'intérêts communs et contraires évoluant avec le temps et variant d'un milieu culturel à l'autre »[60]. On peut tout de même référer à l'énumération non exhaustive des scénarios considérés comme des atteintes à la vie privée et que l'on retrouve à l'article 36 C.c.Q. Cette liste permet d'ordonner plusieurs cas d'application et de décrire les limites assignées à sa protection. D'autre part, certains principes dégagés par la Cour suprême à propos des limites à l'intérieur desquelles l'État peut s'immiscer dans la vie personnelle des citoyens peuvent aussi être transposés dans le champ des droits de la personnalité et ainsi servir de guide dans l'interprétation de l'article 5 de la *Charte des droits et libertés de la personne* et de l'article 35 C.c.Q.[61].

176 – *Le droit au respect de la vie privée : une valeur démocratique et un droit qui entre dans le champ de protection des articles 7 et 8 de la Charte canadienne* – Bien que la *Charte canadienne des droits et libertés* ne prévoie pas de manière expresse le droit au respect de la vie privée, la Cour suprême a considéré que l'article 8, qui protège les citoyens contre les fouilles, les perquisitions et les saisies abusives, permet de fonder un droit constitutionnel à la vie privée[62]. Il convient toutefois de préciser que la personne qui se réclame du droit à la vie privée selon l'article 8 de la *Charte canadienne* doit prouver l'existence d'une attente raisonnable de sphère de vie privée[63], une expectative qui s'évalue d'un point de vue subjectif. Il s'agit alors de déterminer si une personne placée dans la même situation peut raisonnablement croire à la possibilité d'être laissée tranquille, à l'abri des indiscrétions. La Cour suprême a également vu dans l'article 7 de la *Charte canadienne* une protection de la vie privée puisque la

---

60. Propos du juge Michaud dans *Valiquette* c. *The Gazette (Division de Southam inc.)*, [1997] R.J.Q. 30, EYB 1996-65651 (C.S.).
61. Encore qu'on ne fasse pas toujours les nuances qui s'imposent lorsqu'il s'agit de les appliquer dans le cadre de litiges impliquant des particuliers. Voir, à ce titre, les notes du juge Lamer dans *Aubry* c. *Éditions Vice-Versa Inc.*, [1998] 1 R.C.S. 591, REJB 1998-05646, particulièrement les paragraphes 9 à 19 ; comparer avec les notes du juge LeBel dans *Syndicat des travailleuses et travailleurs de Bridgestone* c. *Trudeau*, [1999] R.J.Q. 2229, REJB 1999-14156 (C.A.), particulièrement aux pages 2241 à 2244 de l'arrêt.
62. Le principe en a été dégagé dans l'affaire *Hunter* c. *Southam*, [1984] 2 R.C.S. 145. Mais c'est dans l'affaire *R.* c. *Dyment*, [1988] 2 R.C.S. 417, EYB 1988-67715, que la Cour suprême s'est le plus avancée. Voir également *R.* c. *Patrick*, 2009 CSC 17 ; *Syndicat canadien des communications, de l'énergie et du papier, section 30* c. *Pâtes & Papier Irving ltée*, 2013 CSC 34.
63. *R.* c. *Patrick*, 2009 CSC 17.

liberté implique que la personne doit pouvoir contrôler les aspects privés de sa vie[64].

À cet égard, la Cour suprême a identifié trois sphères, considérées comme des composantes fonctionnelles ou conceptuelles de la vie privée : la sphère spatiale ou territoriale, la personne et la sphère informationnelle[65], lesquelles recoupent d'ailleurs plusieurs des situations couvertes par les articles 36 et 37 C.c.Q. Or bien que ces principes aient été dégagés dans le cadre d'un contentieux impliquant des actions gouvernementales, les tribunaux y font appel régulièrement dans les affaires civiles lorsqu'il s'agit de préciser le contenu du droit protégé par l'article 5 de la *Charte québécoise*[66]. À la lumière des articles 5 et 7 de la *Charte québécoise*, des articles 35 à 41 C.c.Q. qui les complètent et des principes dégagés par la Cour suprême, on peut donc préciser l'objet et le contenu du droit au respect de la vie privée, dans sa dimension individuelle. Il faut rappeler que de nombreux aspects du droit à la vie privée relèvent du droit public et que si l'on peut s'en inspirer quand il s'agit du droit privé, il ne faut pas oublier que les considérations qui sous-tendent le domaine du droit public sont particulières, notamment en raison de l'impératif d'assurer la sécurité publique.

§1 – L'objet et le contenu du droit

177 – Le caractère extensible de la notion de vie privée et la difficulté à la cerner dans toutes ses dimensions n'empêchent cependant pas d'en décrire les aspects essentiels, qui s'articulent autour de la personne, des lieux et de l'information relative à la personne[67]. À cet égard, on cite souvent cet extrait d'une décision de la Cour d'appel qui fait figure d'arrêt de principe en la matière : « Il est possible cependant de relever les composantes du droit au respect de la vie privée, lesquelles sont relativement précises. Il s'agit du droit à l'anonymat

64. C'est ainsi que dans *Godbout* c. *Longueuil (Ville de)*, [1997] 3 R.C.S. 844, REJB 1997-02908, la Cour conclut que le droit de la personne de déterminer son lieu de résidence, élément de la vie privée, est protégé par l'article 7 de la Charte.
65. *R.* c. *Patrick*, 2009 CSC 17.
66. *Srivastava* c. *Hindu Mission of Canada (Québec) Inc.*, [2001] R.J.Q. 1111, 1122, REJB 2001-23958 (C.A.) ; *Mascouche (Ville de)* c. *Houle*, [1999] R.J.Q. 1894, REJB 1999-13538 (C.A.) ; *Syndicat des travailleuses et travailleurs de Bridgestone/Firestone* c. *Trudeau*, [1999] R.J.Q. 2229, REJB 1999-14156 (C.A.).
67. J.-P. Villaggi, « Le droit à la vie privée : un droit en mutation », dans *Mes amis Facebook, moi et mon emploi : l'arbitrage de grief à l'ère des réseaux sociaux*. Montréal, Wilson & Lafleur, 2012, p. 151, 157.

et à l'intimité ainsi que le droit à l'autonomie dans l'aménagement de sa vie personnelle et familiale ou encore le droit au secret et à la confidentialité [...]. On inclut le droit à l'inviolabilité du domicile, à l'utilisation de son nom, les éléments relatifs à la santé, la vie familiale et amoureuse, l'orientation sexuelle »[68]. Cette description englobe les dimensions défensive (la protection contre l'intrusion) et dynamique (la liberté) de la notion de vie privée. Pour compléter celle-ci, on peut ajouter que cette liberté comprend, comme nous l'avons souligné plus haut, le droit à l'autodétermination informationnelle. Ce dernier volet de la vie privée est clairement reconnu par la jurisprudence qui reconnaît que la vie privée inclut « le droit d'un individu de déterminer lui-même quand, comment et dans quelle mesure il diffusera des renseignements personnels le concernant »[69]. Le respect de la vie privée, dans les rapports entre particuliers, se traduit en bonne partie par un devoir de non-immixtion, de non-ingérence dans les affaires d'autrui. C'est le droit d'être laissé tranquille, de faire respecter le caractère privé de sa personne. Ce droit comporte une multitude d'expressions : le droit de rester *incognito*, de ne pas être surveillé ou dérangé, le droit de rester discret dans toutes les facettes de sa vie. L'article 35 C.c.Q. illustre le principe énoncé par l'article 5 de la *Charte des droits et libertés de la personne* alors que l'article 36 C.c.Q. énumère de manière non limitative un certain nombre d'atteintes considérées comme illicites. Cette énumération permet de circonscrire en partie le contenu du droit au respect de la vie privée. Ainsi, sauf dans les cas prévus par la loi, personne ne peut sans l'autorisation de la personne intéressée :

1° pénétrer chez elle ou y prendre quoi que ce soit ;

2° intercepter ou utiliser volontairement une communication privée ;

3° capter ou utiliser son image ou sa voix lorsqu'elle se trouve dans des lieux privés ;

4° surveiller sa vie privée par quelque moyen que ce soit ;

5° utiliser son nom, son image, sa ressemblance ou sa voix à toute autre fin que celle de l'information légitime du public ;

---

68. *The Gazette (division Southam)* c. *Valiquette*, [1997] R.J.Q. 30, EYB 1996-65651 (C.A.).
69. *9179-3588 Québec inc. (Institut Drouin)* c. *Drouin*, 2013 QCCA 2146.

6° utiliser sa correspondance, ses manuscrits ou ses autres documents personnels.

De telles intrusions dans la vie privée de la personne peuvent elles-mêmes être regroupées autour de trois éléments préalablement dégagés par la doctrine et la jurisprudence comme relevant du droit au respect de la vie privée. Ce sont le droit à la solitude et à l'intimité, le droit à l'anonymat et le droit au secret et à la confidentialité auxquels il faut rattacher le droit au contrôle des données personnelles, régi par les articles 37 à 41 C.c.Q. Compte tenu du régime particulier attaché à la protection des renseignements personnels, une section distincte lui sera consacrée.

A. Le droit à la solitude et à l'intimité

178 – Ce droit à la solitude et à l'intimité coexiste souvent avec un droit à l'isolement physique[70]. C'est l'inviolabilité du domicile que vise l'article 36, 1° C.c.Q. et qui est également sanctionnée par le droit pénal[71]. Mais ce droit ne se ramène pas uniquement à la propriété ou à la jouissance des choses matérielles. Il existe aussi en l'absence de tout isolement physique[72].

179 – *L'inviolabilité du domicile* – La protection de l'intimité s'intéresse ici au lieu de vie de la personne. Le droit reconnaît à l'individu une emprise sur un lieu dont les frontières le protègent contre les intrusions des tiers et où il peut faire ce qui lui plaît. Garantie par l'article 7 de la *Charte des droits et libertés de la personne*, l'inviolabilité du domicile a une double dimension. Elle permet à la personne de maintenir une distance entre elle et les autres et elle définit les contours de l'endroit où elle peut prétendre s'isoler. En d'autres termes, « c'est la liberté d'avoir la paix chez soi »[73] ou de ce qui en tient lieu. Le mot « domicile » doit être pris dans son sens étymologique de *domus*, demeure, et non pas du lieu du principal établissement au sens de l'article 75 C.c.Q. Il s'entend largement et désigne tout lieu habité par la personne, quel que soit son lien de droit avec ce

70. *Legare* c. *Flammand*, [2004] R.D.I. 752, EYB 2004-66402 (C.Q.) : jeter des regards répétitifs et insistants sur ses voisins porte atteinte à leur droit à leur intimité.
71. Voir, par exemple, les articles 348 (introduction par effraction) et 349 (présence illégale dans une maison d'habitation) du *Code criminel*.
72. *Syndicat des professionnelles du Centre jeunesse de Québec (CSN)* c. *Desnoyers*, 2005 QCCA 110, EYB 2005-86208.
73. G. Cornu, *Droit civil*, t. I, *Introduction, Les personnes, Les biens*, 10e éd., Paris, Montchrestien, 2001, p. 230.

lieu. Par exemple le locataire peut opposer au locateur son droit à l'inviolabilité du domicile[74]. De même, la chambre d'une adolescente qui est hébergée dans un centre d'accueil en vertu d'une mesure de protection est un endroit d'intimité auquel elle peut prétendre[75]. C'est sur ce fondement également que repose le droit de clore son terrain prévu par l'article 1002 C.c.Q. ainsi que les contraintes en matière de servitudes de vue, c'est-à-dire les distances à observer pour ouvrir des vues sur une propriété voisine (art. 1179 C.c.Q.). Par ailleurs, la protection ne se limite pas au domicile ou à la résidence en elle-même. Elle couvre aussi les abords de la résidence : par exemple, il fut déjà jugé que la liberté d'expression ne permet pas de piqueter sans entrave aux abords des résidences et d'intervenir ainsi dans la vie privée des cadres et de leur famille[76]. C'est sur cette base aussi que les tribunaux sanctionnent le harcèlement par téléphone dont ont été victimes des individus de la part de leurs créanciers ou d'agences de recouvrement[77] ou encore l'avalanche de communications suscitées par certains médias[78] ou le harcèlement par Internet[79].

Comme tous les droits de la personnalité, le droit à l'inviolabilité du domicile est général, en ce sens qu'il est accordé à toute personne dans le lieu où elle demeure. La protection n'est cependant pas absolue. Indépendamment des dispositions qui, en matière criminelle, autorisent les perquisitions à domicile[80] et des dispositions du *Code de procédure civile* qui, à certaines conditions et à certaines heures, autorisent l'huissier qui veut procéder à une saisie à pénétrer dans le domicile du débiteur en défaut (art. 581 et 582 C.p.c.), le droit à l'inviolabilité du domicile doit parfois céder le pas au droit de

---

74. *Commission des droits de la personne et des droits de la jeunesse* c. *Caumartin*, 2007 QCTDP 22.
75. *Protection de la jeunesse – 273*, [1987] R.J.Q. 1923, EYB 1987-78788 (T.J.).
76. *Syndicat des communications graphiques, local 41 M* c. *Journal de Montréal*, [1994] R.D.J. 456, EYB 1994-64349 (C.A.). Voir également *Société Radio-Canada* c. *Courtemanche*, [1999] R.J.Q. 1577, REJB 1999-12880 (C.A.).
77. *Cooperberg* c. *Buckman*, [1958] C.S. 427 ; *McIlwaine* c. *Equity Accounts Buyers Ltd.*, [1974] R.L. 115 ; *Auger* c. *Equity Account Buyers Ltd.*, [1976] C.S. 279 ; *Beaudoin* c. *Beaudoin*, [1986] R.R.A. 68 et *Pasquale* c. *Descôteaux*, [1990] R.R.A. 574, EYB 1990-76626 (C.S.).
78. *Robbins* c. *Canadian Broadcasting Corp. (Québec)*, [1958] C.S. 152, affaire dans laquelle, en réponse à une lettre critique d'un téléspectateur, l'animateur d'une station de télévision avait invité le public à lui écrire ou à lui téléphoner. Pour des cas de harcèlement téléphonique jugés comme des violations de la vie privée, voir *Lehouillier-Rail* c. *Visa Desjardins*, 2007 QCCQ 10123 et *Plante* c. *Bisson*, 2006 QCCQ 3890.
79. *McCoy* c. *McCoy*, 2014 QCCS 286.
80. Art. 487 C.cr.

propriété. C'est ainsi qu'à condition d'en user de manière raisonnable, le propriétaire des lieux loués conserve le droit d'y pénétrer afin de vérifier l'état des lieux et le droit de les faire visiter à un futur locataire ou à un acquéreur éventuel (art. 1857 et 1931 à 1933 C.c.Q.).

180 – *Le droit de préserver son intimité* – La vie privée ne se réduit pas à la seule protection de la demeure privée. La protection de la loi couvre la vie privée même en dehors de ce lieu. La notion de solitude s'entend en effet de manière beaucoup plus large. C'est « une sorte d'intégrité mentale ou spirituelle, une condition dans laquelle l'individu est libre de toute entrave à son état d'esprit »[81]. Elle s'étend également aux conversations et communications privées[82], à la correspondance, les manuscrits, les documents personnels comme un journal intime[83]. La vie privée s'étend, de manière plus globale, à tout lieu considéré comme privé (art. 36, 2o et 36, 3o C.c.Q.). Reste cependant à déterminer ce qui peut être considéré comme un lieu privé, ce qui soulève le problème de l'interception et de la divulgation d'un fait qui est intervenu publiquement ou de la présence d'une personne dans un lieu ouvert à tous comme, par exemple, un restaurant. Il est généralement admis que les éléments de la vie privée doivent être sauvegardés dès lors qu'ils ne se rattachent pas à une activité publique en elle-même[84].

Au cœur de la vie privée, il y a donc la vie personnelle. À ce titre, sera considérée comme injustifiable, l'intrusion « qui a comme effet de porter un renseignement personnel à la connaissance de l'intrus ou tout simplement de gêner la victime »[85]. Les éléments relatifs aux origines de la personne entrent dans cette catégorie. Ainsi, c'est le respect de la vie privée qui est invoqué pour justifier le principe controversé de la confidentialité entourant les dossiers d'adoption (art.

---

81. H.-P. Glenn, « La protection de la vie privée », (1979) 39 *R. du B.* 879, 884, définition reprise dans *Valiquette* c. *The Gazette*, [1997] R.J.Q. 30, EYB 1996-65651 (C.A.).
82. À titre d'illustration, *Thibodeau* c. *Commission municipale de Québec*, [1996] R.J.Q. 1217, EYB 1996-87949 (C.S.) et *Srivastava* c. *Hindu Mission of Canada (Québec) Inc.*, [2001] R.J.Q. 1111, REJB 2001-23958 (C.A.) ; *R.* c. *Solomon*, [1992] R.J.Q. 2631 (C.S.).
83. *Sergerie* c. *Centre jeunesse du Saguenay-Lac-St-Jean*, J.E. 2004-547, REJB 2004-54071 (C.A.).
84. P.-A. Molinari et P. Trudel, « Le droit au respect de l'honneur, de la réputation et de la vie privée : aspects généraux et applications », dans Service de la formation permanente, Barreau du Québec, *Application des Chartes des droits et libertés en matière civile*, Cowansville, Éditions Yvon Blais, 1988, p. 197, 214-215.
85. H.P. Glenn, « Le secret de la vie privée en droit québécois », (1974) 5 *R.G.D.* 24.

582 et 584 C.c.Q.) et qui apporte des limites à l'intérieur desquelles l'adopté peut exercer son droit aux origines[86]. Une logique identique s'applique en ce qui a trait à la filiation issue de la procréation médicalement assistée (art. 542 C.c.Q.). Sont également visés par cette protection, les éléments relatifs à l'état de santé[87] de la personne (indépendamment de la protection à laquelle un patient a droit en vertu des règles relatives au secret professionnel)[88], et tout ce qui, plus globalement, touche au corps[89], la vie familiale ou sentimentale[90], les loisirs, l'aspect privé du travail professionnel. Des éléments qui, d'un point de vue objectif, peuvent être qualifiés de privés par nature[91] et auxquels se greffent également les opinions politiques, philosophiques ou religieuses[92]. En ce sens, le droit à la solitude recoupe souvent le droit à l'anonymat qui constitue un autre élément du droit au respect de la vie privée.

B. Le droit à l'anonymat

Sous cette rubrique, on peut ranger tous les éléments qui se rapportent à l'identification de la personne, c'est-à-dire le nom, l'image, la voix, ou même la ressemblance (art. 36, 5o C.c.Q.), signes distinctifs qui constituent en quelque sorte le reflet de la personne.

181 – *Le nom* – Élément important de l'individualisation de la personne et de son état civil, le nom est également un moyen pour la per-

---

86. *Droit de la famille – 2367*, [1996] R.J.Q. 829, EYB 1996-88116 (C.Q.) ; *Droit de la famille – 27*, [1984] T.J. 2073 ; *Droit de la famille – 140*, [1984] T.J. 2049 ; *Droit de la famille – 657*, [1989] R.D.F. 542, EYB 1989-77170 (C.Q.) ; *Droit de la famille – 3212*, [1999] R.D.F. 185, REJB 1998-09468.
87. *Régie de l'assurance maladie du Québec* c. *Mailloux*, 2012 QCCS 3124.
88. *The Gazette (division Southam)* c. *Valiquette*, [1997] R.J.Q. 30, EYB 1996-65651 (C.A.) : un article de journal traitait du cas particulier d'un enseignant dans le cadre d'un reportage sur la discrimination exercée à l'endroit des sidéens et dont le libellé, sans que la personne soit nommée expressément, permettait néanmoins de la reconnaître ; *Torrito* c. *Fondation Lise T. pour le respect du droit à la vie et à la dignité des personnes lourdement handicapées*, [1995] R.D.F. 429, EYB 1995-72401 (C.S.) : action exercée par les parents d'un enfant mineur, lourdement handicapé, pour usage non autorisé de son nom et de sa photographie et de vidéos tournées peu de temps avant son décès (appel réglé hors cour).
89. *Sébille* c. *Photo Police*, [2007] R.R.A. 320, EYB 2007-116399 (C.S.).
90. *Droit de la famille – 2427*, [1996] R.J.Q. 1451, EYB 1996-88125 (C.Q.) ; *Lancaster* c. *Desgroseillers*, [1991] R.R.A. 290 (C.S.).
91. M. Contamine-Raynaud, « Le secret de la vie privée », dans *L'information en droit privé*, Paris, LGDJ, 1979, p. 401 et s.
92. P.-A. Molinari et P. Trudel, « Le droit au respect de l'honneur, de la réputation et de la vie privée : aspects généraux et applications », dans Service de la formation permanente, Barreau du Québec, *Application des Chartes des droits et libertés en matière civile*, Cowansville, Éditions Yvon Blais, 1988, p. 197, 211 et s.

sonne de s'approprier son identité. La protection de l'anonymat implique dès lors une protection du nom et de la diffusion non autorisée du nom lorsque la vie privée est en jeu. Ainsi, dans les procédures en matières familiales qui affectent l'un des volets les plus intimes de la vie des parties concernées, la loi interdit la publication de toute information permettant de les identifier[93], protégeant ainsi leur anonymat. C'est ici qu'on rejoint la double nature du droit au nom qui, en tant qu'élément de l'état, jouit d'une protection particulière. Expression de son identité, l'utilisation du nom par une autre personne que son titulaire est en effet sanctionnée (art. 56 C.c.Q.). Mais c'est l'usurpation de l'identité qui est visée ici[94] et non plus la violation de l'intimité résultant de la divulgation du nom de la personne, associée à la publication ou à la divulgation d'informations à caractère personnel. Il en est de même du droit à l'image.

182 – *L'image* – Au même titre que le nom, l'image de la personne est protégée en tant qu'élément identificateur de la personnalité. Parce qu'elle est une représentation des traits physiques de la personne, la captation de l'image dans des lieux privés et, *a fortiori*, sa reproduction sans l'autorisation de la personne constituent une violation du droit à l'intimité (art. 36, 3° C.c.Q.)[95]. Selon les circonstances, le droit à l'image peut protéger contre l'utilisation illégitime de la ressemblance d'une personne[96]. Le droit à l'image ne couvre cependant pas la protection contre les caricatures qui relève plutôt de la protection de la réputation[97]. Mais le droit à l'image déborde le strict cadre de la vie privée, tout au moins de l'intimité. Il exclut que l'image saisie dans des lieux publics ou qui n'ont rien d'intime soit utilisée sans le consentement de la personne à d'autres fins que l'information légitime du public (art. 36, 5° C.c.Q.), notamment à des fins publici-

---

93. Art. 13 C.p.c. Voir également l'article 83 de la *Loi sur la protection de la jeunesse*, RLRQ, c. P-34.1.
94. *Laliberté* c. *Transit Éditeur inc.*, 2009 QCCS 6177 (dans cette affaire, la défenderesse avait créé un site Internet utilisant le nom du demandeur et son identité dans le but de faire la promotion d'une biographie non autorisée. Voir aussi *Unfasung* c. *Assouline*, 2011 QCCS 1842 (50 000 $ de dommages moraux pour vol d'identité).
95. À titre d'illustration, *J.G.* c. *M.B.*, 2009 QCCS 2765 (dans cette affaire, le défendeur est condamné à 39 000 $ en dommages et intérêts pour avoir transmis à ses « amis Facebook » des images et vidéos de la demanderesse la représentant nue dans des ébats sexuels) ; *Pelletier* c. *Ferland*, [2004] R.R.A. 944, REJB 2004-66848 (C.S.).
96. *Technologies et laboratoires de nutrition MVP inc.* c. *Tremblay*, 2009 QCCS 5026.
97. *Perron* c. *Éditions des Intouchables inc.*, J.E. 2003-1736, REJB 2003-46170 (C.S.) ; S. Martin, « Rira bien qui rira le dernier : la caricature confrontée au droit à l'image », (2003-2004) 16 *C.P.I.* 611.

taires[98], artistiques ou littéraires[99]. Le consentement donné pour une diffusion déterminée de l'image n'implique pas que ce consentement vaut pour d'autres diffusions. Le consentement est donc *ad hoc*[100]. Cette faculté de contrôler l'usage, qui peut en être fait à l'insu de la personne, s'appuie sur l'idée d'autonomie individuelle. Le contrôle sur sa propre identité suppose un choix personnel et des décisions fondamentalement privées protégées par l'article 5 de la *Charte des droits et libertés de la personne*, tel qu'interprété par la Cour suprême du Canada dans l'affaire *Aubry*[101]. Dans cette décision, la Cour a clairement établi que la publication de l'image d'une personne n'est permise que si cette personne a donné son consentement ou, lorsqu'il s'agit d'une image captée dans un lieu public, si l'intérêt public le justifie. La Cour a également établi que le droit à l'image implique que la personne soit reconnaissable. Ce principe est constamment rappelé par les tribunaux[102]. Même si la personne peut être reconnue, elle ne pourra pas invoquer son droit à l'image pour s'opposer à la diffusion de l'image si en réalité elle ne représente qu'un élément du décor dans un lieu public. La liberté de photographier les sites (paysages, monuments, places publiques) a pour conséquence nécessaire la liberté de capter l'image des personnes qui se trouvent sur les lieux au moment du cliché. Dans ces circonstances, l'image de la personne n'est que l'accessoire du lieu et sa capture est parfaitement licite. Il en est de même lorsque l'image de la personne est captée dans le cadre de la couverture d'un événement public[103]. Les circonstances

98. *Bonneville* c. *Brasseurs du Nord Inc.*, [2000] R.R.A. 144, REJB 2000-16215 (C.S.) : brochure publicitaire distribuée dans des caisses de bière reproduisant la photo du requérant jouant de la guitare parmi un groupe de personnes et prise à son insu.

99. *Aubry* c. *Éditions Vice-Versa Inc.*, précité, note 61 : la demanderesse avait été photographiée à son insu alors qu'elle était assise dans l'escalier extérieur d'un édifice, dans une rue de Montréal. La photographie avait été publiée dans une revue littéraire et artistique.

100. *Cohen* c. *Queenswear International Ltd.*, [1989] R.R.A. 570 (C.S.) ; *Rebeiro* c. *Shawinigan Chemicals (1969) Limited*, [1973] C.S. 389 ; *Deschamps* c. *Renault Canada*, (1977) 18 *C. de D.* 937 (C.S.) ; *Laoun* c. *Malo*, [2003] R.J.Q. 381, REJB 2003-36925 (C.A.) ; *Larente* c. *9140-9599 Québec inc.*, 2011 QCCS 3430 ; *Bloc québécois* c. *Sourour*, 2009 QCCA 942 (dans ce dernier cas, le tribunal déduit de la preuve que le consentement à être photographié avec un député n'autorisait pas ce dernier à utiliser cette photo dans un dépliant distribué en 45 000 exemplaires).

101. *Aubry* c. *Éditions Vice-Versa*, précité, note 61, par. 52 et 53.

102. *Rossi* c. *Urgence-santé inc.*, [2006] R.R.A. 989 (C.S.) ; *Chabot* c. *Sun Media*, J.E. 2008-140, REJB 2007-131908 (C.S.).

103. Voir, en ce sens, les notes de la juge C. L'Heureux-Dubé dans *Aubry* c. *Vice-Versa*, précité, note 61, par. 60. À titre d'illustration, pour un concert en plein air, *Field* c. *United Amusement Corporation Ltd.*, [1971] C.S. 283 ; dans le même sens, voir *D'Alexis* c. *Société de publication Merlin ltée*, C.S. Montréal,

factuelles (notamment la qualification des lieux) sont donc essentielles pour déterminer les contours du droit à l'image.

Il demeure que dans de telles circonstances, c'est l'appropriation d'autrui plus que l'atteinte à son intimité qui est en cause. C'est la diffusion et la distribution de l'image qui constitue l'atteinte et non pas la captation en soi. D'où la controverse doctrinale qui opposait ceux qui ne voyaient dans le droit à l'image qu'une variante ou un attribut du droit au respect de la vie privée et ceux pour qui il constitue un droit autonome, fondé sur la notion de propriété. Le principe est que « le sujet est propriétaire de lui-même et que si on lui vole son reflet, on lui vole une partie de lui-même et on lui doit réparation »[104]. Cette théorie, qui a trouvé un certain écho dans la jurisprudence et la doctrine québécoises[105], doit cependant être écartée, puisque c'est au chapitre de la réputation et du respect de la vie privée que le droit à l'image a été consacré par la loi[106]. Il s'agit donc d'un droit extrapatrimonial qui participe du régime des droits de la personnalité[107], ce qui permet de confirmer, par exemple, que le droit à l'image est incessible en soi et que toute personne en est titulaire, qu'elle soit inconnue ou célèbre[108]. Par ailleurs, si, comme l'affirme la jurisprudence, l'on doit admettre que « le droit à la vie privée a largement absorbé le droit à l'image »[109], on peut en dire tout autant du droit au respect de la dignité et du droit à l'honneur et à la protection de la réputation. C'est le cas, notamment, de l'exploitation que l'on peut faire de l'effigie d'une personne afin de tirer parti de sa notoriété sans le lui avoir demandé. Il y a alors « captation » de sa réputation[110], entendue ici dans le sens de renommée, alors que dans le cas des personnes qui n'ont pas de notoriété particulière, c'est beaucoup plus la dignité qui peut être en cause[111]. En ce sens, c'est bien plus à l'ensemble des

---

n° 500-05-007199-878, 10-01-96 (photographie prise dans un lieu public, dans le cadre d'un exercice de boxe).

104. B. Edelman, « Esquisse d'une théorie du sujet : l'homme et son image », *D.* 1970, Chron. 119, n° 5.
105. *Éthier* c. *Boutique à coiffer Tonic Inc.*, [1994] R.R.A. 100 (C.S.) ; D. Chalifoux, « Droit à l'image : une amorce de protection de l'identité artistique ? », dans Service de la formation permanente, Barreau du Québec, *Congrès annuel du Barreau du Québec*, 2000, p. 533.
106. *Gazette (The)* c. *Goulet*, 2012 QCCA 1085.
107. *Aubry* c. *Éditions Vice-Versa Inc.*, précité, note 61, par. 52 (Mme la juge C. L'Heureux-Dubé).
108. *Laoun* c. *Malo*, [2003] R.J.Q. 381, REJB 2003-36925 (C.A.), par. 60 et 110.
109. *Éditions Vice-Versa Inc.* c. *Aubry*, précité, note 61, p. 2148 (juge LeBel).
110. *Gagné* c. *Roy*, 2013 QCCS 2003.
111. Voir, en ce sens, *Cohen* c. *Queenswear International Ltd.*, [1989] R.R.A. 570 (C.S.) ; *Rebeiro* c. *Shawinigan Chemicals (1969) Limited*, [1973] C.S. 389.

droits de la personnalité que le droit à l'image devrait être rattaché. Mais il n'est pas non plus une fin en soi. Il doit s'analyser tout simplement comme un moyen, parmi d'autres, d'assurer la protection de la personnalité.

Cela ne signifie pas qu'en dehors de la protection de la vie privée, de la dignité, de l'honneur ou de la réputation, il n'y ait pas place pour une sanction pleinement indépendante du droit à l'image. Mais ce sont les intérêts pécuniaires résultant de l'exploitation lucrative de cet élément de sa personnalité qui sont alors en cause. L'image prend donc « la forme accessoire d'un droit patrimonial »[112] se rapprochant des principes qui sous-tendent le droit d'auteur[113], sans cependant s'identifier totalement avec lui. Ce droit se rattache davantage au droit de clientèle tel que défini par les auteurs français[114].

183 – *La voix* – Si l'usage de la parole est protégé comme faculté naturelle d'expression, la voix, émanation personnelle et signe distinctif de la personnalité, appelle une protection particulière. Aussi toute forme d'écoute clandestine[115], au même titre que la conservation et l'utilisation de la voix, est considérée comme une atteinte illicite lorsque la personne s'est exprimée dans des lieux privés ou tenait une conversation de nature privée. Il en est de même de toute utilisation secondaire, lorsque non autorisée par la loi ou par la personne concernée (art. 36, 3° et 36, 5° C.c.Q.). Par contre, l'enregistrement d'une conversation téléphonique par l'un des interlocuteurs ne constitue pas *per se* une introduction illégale dans la vie privée de l'autre.

---

112. P.-A. Molinari, « Observations sur la production des théories juridiques : les images floues du droit à l'image », dans *Nouvelles technologies de propriété*, Montréal, Éditions Thémis/Litec, 1991, p. 68. Sur la dimension patrimoniale du droit à l'image, voir G. Loiseau, « Des droits patrimoniaux de la personnalité en droit français », (1997) 42 *R.D. McGill* 319.
113. S.H. Abramovitch, « Publicity Exploitation of Celebrities : Protection of a Star's Style in Quebec Civil Law », (1991) 32 *C. de D.* 301 ; S. Gilker, « Les artistes exécutants et interprètes et le nouveau *Code civil du Québec* », (1995-96) 8 *C.P.I.* 91.
114. Voir plus particulièrement P. Roubier, « Droits intellectuels ou droits de clientèle », (1935) *R.T.D.C.* 25. Pour une analyse dans le même sens en droit québécois, voir S. Martin, « Protection du pseudonyme au titre du droit au respect de la vie privée », dans Service de la formation permanente, Barreau du Québec, *Développements récents en droit du divertissement*, Cowansville, Éditions Yvon Blais, 2003, p. 211 et s. Pour une analyse comparative, voir L. Potvin, *La personne et la protection de son image – Étude comparée des droits québécois, français et de la common law*, Cowansville, Éditions Yvon Blais, 1991.
115. Sous réserve, évidemment, des dispositions du *Code criminel* : Partie VI, art. 183 et s. ; voir P. Patenaude, *La preuve, les techniques modernes et le respect des valeurs fondamentales (Enquête, surveillance et conservation de données)*, Sherbrooke, R.D.U.S., 1990.

Tout est question de circonstances. On ne peut alors parler d'interception illicite ; seule l'utilisation peut constituer une atteinte[116]. Il a par ailleurs été jugé qu'une mère qui a enregistré à leur insu une conversation téléphonique entre son enfant et le père de celui-ci, n'avait pas porté atteinte au droit à la vie privée du père étant donné qu'en tant que titulaire de l'autorité parentale, la mère avait le pouvoir de consentir pour l'enfant et ne faisait qu'exercer son droit et son devoir de surveillance[117].

C'est sous le double chef du droit au respect de la réputation et de la vie privée que l'expression vocale est protégée. La voix est un élément de l'identité et relève, à ce titre, du droit à l'anonymat. Mais sa captation, au même titre que sa reproduction ou sa diffusion, peut constituer une atteinte à d'autres attributs de la personnalité. Dans certaines circonstances, l'usage qu'en fait un tiers non autorisé peut porter atteinte à la dignité, à l'honneur et à la réputation de la personne[118]. C'est donc encore l'intégrité morale et la dignité de la personne humaine qui fondent la protection de cet élément distinctif de la personnalité. Pas plus que le droit à l'image, le droit à la voix ne peut s'analyser comme attribut particulier de la personnalité. Ici encore, c'est un moyen d'assurer la protection de la personnalité[119].

§2 – Les limites de la protection

184 – *La notion de vie privée n'est pas absolue* – Si les tribunaux n'hésitent pas à qualifier le droit au respect de la vie privée comme « l'un des droits les plus fondamentaux des droits de la personnalité »[120], il reste que ce droit n'est pas absolu. En réalité, il est soumis à d'importantes limites. La première est inhérente à la notion même de vie privée et concerne l'expectative de la personne à voir certains aspects de sa vie privée protégés ou non. La deuxième résulte du

---

116. *Wilson* c. *Bano*, [1995] R.J.Q. 787 (C.S.).
117. *Droit de la famille – 2206*, [1995] R.J.Q. 1419, EYB 1995-72384 (C.S.) ; voir également les décisions rendues dans *Roy* c. *Saulnier*, [1992] R.J.Q. 2419 (C.A.) et *Cadieux* c. *Service de gaz naturel Laval Inc.*, [1991] R.J.Q. 2490 (C.A.).
118. *Srivastava* c. *Hindu Mission of Canada (Québec Inc.)*, [2001] R.J.Q. 1111, REJB 2001-23958 (C.A.).
119. Tout autre cependant est la question de savoir si l'emprunt de mots prononcés par des artistes dans le cadre d'un spectacle et utilisés à leur insu, à des fins publicitaires, constitue une atteinte à leur personnalité : *Thériault* c. *Association montréalaise d'action récréative et culturelle*, [1984] C.S. 946.
120. *The Gazette (division Southam)* c. *Valiquette*, [1997] R.J.Q. 30, EYB 1996-65651 (C.A.).

conflit qui peut exister entre le droit à la vie privée et d'autres droits ou d'autres intérêts, bref les limites imposées par le contexte social. La troisième n'est pas tant une limite qu'une abdication puisque, comme c'est le cas pour tous les droits de la personnalité, il peut être porté atteinte au droit à la vie privée lorsque son titulaire y consent.

A. L'expectative de vie privée

185 – *De l'importance des circonstances* – Une action, telle la diffusion d'une information, la captation d'une image ou l'écoute électronique d'une conversation téléphonique, peut constituer une violation du droit à la vie privée dans des circonstances données et ne pas l'être dans d'autres circonstances, selon l'expectative de protection de la vie privée de la personne. La jurisprudence a clairement établi cette importante limite au droit à la vie privée en précisant qu'il s'agit ici des attentes *subjectives* de la personne et que cette expectative doit être raisonnable[121]. Dans l'évaluation de celle-ci, la nature de l'élément de la vie privée (par exemple la nature privée d'une conversation téléphonique par opposition à un contenu commercial d'une telle conversation) est centrale, de même que peut avoir une incidence la personnalité de la personne impliquée (par exemple, un personnage public n'a pas la même expectative de protection de son image que peut avoir un *quidam*). Dans la détermination de l'expectative de vie privée, les tribunaux vérifient donc plusieurs facteurs : le degré de contrôle qu'a la personne sur l'élément de la vie privée concerné (par exemple, diffuser une information sur Internet ou dans une lettre privée n'entraîne pas la même attente de confidentialité), la nature de l'information, la personnalité visée, l'attente subjective de protection, le caractère raisonnable de cette attente (et donc l'analyse objective de celle-ci en regard des circonstances, par exemple en tenant compte du caractère plus ou moins public d'un lieu[122]).

B. La pondération des droits et intérêts

186 – *Le droit à la vie privée en contexte* – L'exercice du droit au respect de la vie privée ne se fait pas en vase clos, mais en relation et, qui

121. *R.* c. *Cole*, [2012] 3 R.C.S. 34 ; *Srivastava* c. *Hindu Mission of Canada (Québec Inc.)*, [2001] R.J.Q. 1111, REJB 2001-23958 (C.A.).
122. Là encore, l'exercice est délicat, comme le montre un arrêt de la Cour d'appel qui rejette l'argument selon lequel un gardien des services correctionnels en uniforme exerçant ses fonctions officielles à l'entrée publique d'un établissement de détention ne pouvait prétendre à aucune expectative de vie privée (*Gazette (The)* c. *Goulet*, 2012 QCCA 1085).

plus est, dans le cadre d'une société fondée sur des valeurs telles la liberté d'expression ou la liberté de la presse[123] et marquée par le développement exponentiel des technologies de l'information. C'est dire que la vie privée entre en conflit avec d'importants intérêts concurrents. Le droit reconnaît cette complexité et propose des équilibres. Par exemple, la loi indique que le concept d'« information légitime du public » peut justifier l'utilisation du nom, de l'image, de la ressemblance ou de la voix d'une personne alors qu'il s'agit pourtant d'éléments constitutifs de la vie privée (art. 36(5) C.c.Q.). La loi prévoit de nombreuses limitations de cette nature. Sans multiplier les exemples, mentionnons la *Loi sur la protection de la jeunesse* dans laquelle on prévoit un système de signalement qui, au nom de la protection des enfants en danger, écarte les règles en matière de secret professionnel[124]. Mais étant donné que le droit au respect de la vie privée est protégé comme droit fondamental, que ce soit dans le cadre de l'article 5 de la *Charte québécoise* ou des articles 7 et 8 de la *Charte canadienne*, on peut dire qu'il n'est pas absolu et qu'il doit être pondéré à la lumière de l'intérêt général et des droits fondamentaux concurrents[125]. L'intérêt de la société s'impose, dans certaines conditions, comme valeur supérieure. Il se peut que certaines atteintes à ce droit (on peut songer à la surveillance[126], par exemple) ne soient pas considérées comme des atteintes illicites à la vie privée dès lors qu'elles sont justifiées par des motifs rationnels et qu'elles sont conduites par des moyens raisonnables au sens de la clause de limitation de l'article 9.1 de la Charte[127]. Cette disposition permet de justi-

123. Sur les distinctions entre liberté de la presse et liberté d'expression, voir B. Oliphant, « Freedom of the Press as a Discrete Constitutional Guarantee », (2013) 59:2 *McGill L.J.* 283.

124. *Loi sur la protection de la jeunesse*, RLRQ, c. P-34.1, art. 39.

125. L. Roy et R. Plante, « La pertinence de l'encadrement législatif actuel à l'ère des médias sociaux », dans *Mes amis Facebook, moi et mon emploi : l'arbitrage de grief à l'ère des réseaux sociaux*, Montréal, Wilson & Lafleur, 2012, p. 213.

126. *Tremblay* c. *Compagnie d'assurances Standard Life*, 2008 QCCS 2488 ; *Grilo* c. *Hachey*, 2010 QCCS 5424.

127. *Syndicat des travailleuses et travailleurs de Bridgestone/Firestone de Joliette (CSN)* c. *Trudeau*, [1999] R.J.Q. 2229, REJB 1999-14156 (C.A.). Cet arrêt a établi les principes qui s'appliquent pour déterminer la légalité d'une filature et il est constamment cité : *Veilleux* c. *Compagnie d'assurance-vie Penncorp*, 2008 QCCA 257 ; *MP2B* c. *Payette*, 2010 QCCS 5223 ; R. Lafond et M. Lussier, « La filature 10 ans après *Bridgestone/Firestone* : admissibilité devant la C.L.P., utilité et conséquences », dans Service de la formation continue, Barreau du Québec, *Développements récents en droit de la santé et sécurité au travail*, Cowansville, Éditions Yvon Blais, 2010, p. 191. Sur l'interaction entre l'article 9.1 de la Charte et l'article 2858 C.c.Q. concernant l'exclusion de la preuve, voir Villaggi, « Le droit à la vie privée : un droit en mutation », dans *Mes amis Facebook, moi et mon emploi : l'arbitrage de grief à l'ère des réseaux sociaux*. Montréal, Wilson & Lafleur, 2012, p. 151, 161-165 et C. Brunelle et M. Samson,

fier les atteintes au droit[128]. Il s'agit donc d'appliquer un test de proportionnalité[129]. C'est ainsi que dans certains domaines, particulièrement celui de l'emploi et des relations de travail, on assiste à un phénomène de rétrécissement du domaine de la vie privée (certains diront une fragilisation[130]), justifié essentiellement par des considérations d'ordre économique et d'organisation efficace du travail[131].

Par ailleurs, le droit à la liberté d'expression et l'intérêt du public à l'information représentent sans doute les plus importants facteurs légitimant des restrictions à l'exercice du droit au respect de la vie privée.

187 – *La liberté d'expression, une liberté qui régit le droit* – La liberté d'expression, considérée souvent comme la liberté la plus fondamentale en démocratie[132], est sans doute le droit dont la cohabitation avec la vie privée est la plus délicate, comme en témoigne l'abondante jurisprudence en la matière[133]. Le droit du public à l'information, soutenu par la liberté d'expression, protégée par l'article 3 de la *Charte des droits et libertés de la personne*, au même titre que la liberté d'opinion, pose la question des limites qui peuvent être assignées aux droits garantis par les articles 4 et 5 de la *Charte des droits et libertés de la personne*, tels qu'aménagés par l'article 36 C.c.Q.

« L'exclusion de la preuve obtenue en violation du droit à la vie privée des salariés : à chacun sa vérité ? », (2013) 54 *C. de D.* 223.

128. *Compagnie d'assurances Standard Life* c. *Tremblay*, [2010] R.J.Q. 1098 (C.A.).
129. *Veilleux* c. *Compagnie d'assurance-vie Penncorp*, 2008 QCCA 257, EYB 2008-129355.
130. C. Brunelle et M. Samson, « L'exclusion de la preuve obtenue en violation du droit à la vie privée des salariés : à chacun sa vérité ? », (2013) 54 *C. de D.* 223.
131. Voir, par exemple, *Laplante* c. *Groupe de sécurité Garda inc.*, 2008 QCCQ 1594 ; *Ste-Marie* c. *Placements JPM Marquis inc.*, [2005] R.R.A. 295, EYB 2005-88296 (C.A.) ; *Amzïane* c. *Bell Mobilité*, J.E. 2004-1702, EYB 2004-68815 (C.S.) ; *Ghattas* c. *École nationale de théâtre du Canada*, [2006] R.J.Q. 852, EYB 2006-102226 (C.S.).
132. Sur le sujet, voir le numéro thématique des *Cahiers de droit*, C. Brunelle et L.-P. Lampron (dir.), *Liberté d'expression : enjeux et menaces*, (2012) 53 *C. de D.* 681-909.
133. Voir, par exemple, *Gesca ltée* c. *Groupe Polygone Éditeurs inc. (Malcom Média inc.)*, 2009 QCCA 1534 (liberté des médias de publier des informations relatives à une négociation obtenues d'une source anonyme) ; *Audette* c. *Société Radio-Canada*, 2009 QCCA 4241 (diffusion de l'enregistrement de conversations téléphoniques remis à un journaliste par un des interlocuteurs) ; *Alberta (Information and Privacy Commissioner)* c. *Travailleurs et travailleuses unis de l'alimentation et du commerce, section locale 401*, 2013 CSC 62 (la Cour suprême estime que le fait de prendre des photos et de filmer les personnes qui traversent les lignes de piquetage fait partie de la liberté d'expression du syndicat ; il faut dès lors pondérer le droit au respect de la vie privée des personnes et le droit du syndicat à la liberté d'expression).

À cet égard, la Cour suprême nous rappelle dans l'affaire *Aubry* qu'en vertu de l'article 9.1 de la *Charte des droits et libertés de la personne*, les droits et libertés doivent s'exercer les uns par rapport aux autres, dans le respect de l'ordre public, des valeurs démocratiques et du bien-être général[134]. En fait, « le véritable baromètre en matière de liberté d'expression et plus particulièrement dans le cas de la presse et des autres moyens de communication [...] se situe dans la notion d'intérêt public et du droit du public à l'information qui, selon la personne, sa situation, les faits en cause, et l'intérêt de la nouvelle, permettront de faire pencher la balance d'un côté ou de l'autre »[135].

Ainsi, certains éléments de la vie privée d'une personne exerçant une activité publique ou ayant acquis une certaine notoriété peuvent devenir matière d'intérêt public[136]. C'est le cas des artistes et des personnalités politiques, mais aussi de tous ceux dont la réussite professionnelle dépend de l'opinion publique. L'inverse est tout aussi vrai, car il peut arriver que par son comportement privé, un simple particulier touche à des intérêts qui relèvent du domaine public comme, par exemple, la justice[137], l'emploi de fonds publics ou la sécurité publique. C'est dire que la vie privée des personnes ordinaires peut donner lieu, elle aussi, à un débat public. En définitive, dans ce domaine comme dans bien d'autres, tout est une question de contexte. À cet égard, la décision rendue par la Cour suprême dans l'affaire *Aubry* a fait couler beaucoup d'encre. Pour certains auteurs, en effet, en reconnaissant à une personne le droit de s'opposer à la diffusion d'une image, même prise dans un contexte notoirement public, la Cour suprême véhicule une vision trop étroite de l'intérêt public. À leurs yeux, cette décision serait même dangereuse, car elle ferait dépendre la liberté d'expression « non des impératifs d'un autre droit

---

134. *Aubry* c. *Éditions Vice-Versa*, précité, note 61, par. 57 et s.
135. F. Allard, « Les droits de la personnalité », dans École du Barreau du Québec, Collection de droit 2007-2008, vol. 3, *Personnes, famille et successions*, Cowansville, Éditions Yvon Blais, 2007.
136. F. Rigaux propose de retenir le critère de la « valeur d'actualité » qui peut être attachée à tout un chacun de ces notables (*newsworthiness*), un critère qui permettrait de cerner de manière plus objective si les faits répondent à un besoin d'information légitime : F. Rigaux, « La liberté de la vie privée », (1991) *R.T.D.C.* 539, 541.
137. À ce titre, il semblerait que pour les personnes qui ont un casier judiciaire, il n'existerait pas de droit à l'oubli, tout au moins quand leur photographie est publiée au soutien d'un article d'actualité : *Lévesque* c. *Communication Quebecor Inc.*, [1999] R.R.A. 681, REJB 1999-14105 (C.S.) ; comparer avec *Ouellet* c. *Pigeon*, [1997] R.R.A. 1168, REJB 1997-03106 (C.S.).

fondamental, mais plutôt des sensibilités infiniment variables des individus »[138]. Pour d'autres encore, cette décision véhicule une notion étroite de l'activité artistique[139]. Il convient cependant de bien circonscrire le contexte factuel de l'arrêt *Aubry* et de constater que rien ne permettait de relier ce scénario précis à une situation relevant de l'information légitime du public[140].

C. Le consentement

188 – Dans le contexte de la liberté d'expression, il faut aussi tenir compte du consentement exprès de la personne à la divulgation d'informations touchant à son intimité ou d'éléments révélateurs de son identité. La liberté qui s'exprime comprend le droit de disposer des éléments constitutifs de son individualité. Le consentement constitue en quelque sorte une renonciation *ad hoc* à la vie privée. Une telle renonciation « doit être claire et faite en toute connaissance de cause, par une personne libre et bien informée »[141]. Par contre, cela n'exclut pas un consentement tacite.

189 – *Consentement tacite et autorisations antérieures* – Le consentement ne doit pas nécessairement être exprès. Il peut s'inférer de certaines circonstances. Par exemple, une personne qui se laisse interviewer et photographier sans réserve par un journaliste consent implicitement à ce que son identité, le contenu de l'entrevue et sa photo soient diffusés[142]. La plupart des difficultés pratiques ont pour origine l'allégation d'une autorisation tacite et la tolérance dont la personne peut faire preuve à l'égard de la publicité entourant sa

---

138. P. Trudel, « Droit à l'image. La vie privée devient veto privé ; *Aubry* c. *Éditions Vice-Versa Inc.*, [1998] 1 R.C.S. 591, REJB 1998-05646 », (1998) 77 *R. du B. can.* 456, 465.
139. M.-A. Blanchard, « Le droit à l'image en droit québécois : une critique de l'arrêt *Aubry* c. *Vice-Versa* », dans Service de la formation permanente, Barreau du Québec, *Développements récents en droit du divertissement (1998)*, Cowansville, Éditions Yvon Blais, 1998, p. 1 ; M.-A. Blanchard et S. Dormeau, « L'équilibre entre le droit à la vie privée et le droit à l'information : droit à l'image versus l'image d'un droit », dans Barreau du Québec, *Congrès annuel du Barreau du Québec, 1999*, Montréal, 1999, p. 37.
140. Contrairement au scénario dans *Rouleau* c. *Groupe Quebecor Inc.*, [1992] R.R.A. 244, EYB 1992-74893 (C.S.), où l'on a jugé qu'un article accompagné d'une photo prise à l'entrée de l'urgence d'un hôpital et rapportant la noyade d'une enfant de deux ans et demi était matière d'intérêt public ; voir également *Thomas* c. *Publications Photo-Police Inc.*, [1997] R.J.Q. 2321, REJB 1997-03552 (C.S.).
141. *Harrisson (Succession de)* c. *Desjardins Sécurité financière*, 2011 QCCQ 3762.
142. *Journal de Québec (Le), Division des Communications Quebecor inc.* c. *Beaulieu-Marquis*, [2002] R.R.A. 797, REJB 2002-33702 (C.A.).

notoriété, comme constituant un consentement implicite à l'usage de son nom ou de son image. Il semble cependant difficile qu'on puisse inférer un consentement implicite du seul fait qu'on a exploité antérieurement sa notoriété à des fins commerciales[143], compte tenu du principe aujourd'hui consacré par la loi et par la jurisprudence, qui veut que seule la personne a le droit de fixer les limites de l'utilisation des éléments constitutifs de son individualité (sous réserve de l'ordre public) ou de ce qui peut être publié sur sa vie intime. On ne peut pas plus s'abriter derrière le consentement pour légitimer l'utilisation ou la diffusion d'un élément de la personnalité si la personne, bien qu'ayant consenti à la saisie de son image ou de sa voix, n'a pas consenti expressément ou implicitement à l'utilisation ou à la diffusion qui en a été faite[144]. De même, le consentement qui légitime l'indiscrétion n'autorise pas pour autant la reprise de l'information dans une autre publication ou diffusion qui n'est pas couverte par l'autorisation antérieure[145].

Section IV

Le droit au secret, à la confidentialité et à la protection des renseignements personnels

190 – *La difficile protection de l'information sur la personne* – Constitue une atteinte à la vie privée d'une personne, le fait d'utiliser, sans autorisation, sa correspondance, ses manuscrits ou tous autres documents personnels (art. 36, 6o C.c.Q.). Le principe qui sous-tend cette règle est que la personne a, en principe, le droit de rester maître des informations qui la concernent[146]. Ce principe est plus facile à faire respecter à l'égard des écrits sur support papier, alors qu'il est sérieusement mis à mal lorsqu'il s'agit d'écrits électroniques et de cyberespace. La multiplication des espaces réseau représente un défi de

---

143. *Laoun* c. *Malo*, [2003] R.J.Q. 381, REJB 2003-36925 (C.A.) et *Deschamps* c. *Renault Canada*, (1977) 18 *C. de D.* 937 (C.S.).

144. *Cohen* c. *Queenswear International Ltd.*, [1989] R.R.A. 570 (C.S.) ; *Rebeiro* c. *Shawinigan Chemicals (1969) Limited*, [1973] C.S. 389 ; *Larente* c. *9140-9599 Québec inc.*, 2011 QCCS 3430 ; *Bloc québécois* c. *Sourour*, 2009 QCCA 942.

145. Le consentement donné ne profite qu'au contractant autorisé, à l'exclusion de toute autre personne, selon le principe énoncé à l'article 1440 C.c.Q.

146. À titre d'illustration : un formulaire d'embauche qui requiert des candidats des informations sur leurs antécédents judiciaires en général, et non pas seulement sur ceux ayant un lien avec l'emploi, porte atteinte à la vie privée : *Commission des droits de la personne et des droits de la jeunesse* c. *Magasins Wal-Mart Canada Inc.*, [2003] R.J.Q. 1345, REJB 2003-38790 (T.D.P.Q.) ; appel accueilli pour d'autres motifs, J.E. 2005-441, EYB 2005-86103 (C.A.).

taille pour l'effectivité des législations en matière de protection des renseignements. Comme l'indique le professeur P. Trudel, « [D]e plus en plus, le régime juridique actuel ne protège pas vraiment plus que le droit souvent théorique de consentir à la circulation de renseignements personnels qui nous concernent alors qu'il devrait s'attacher à garantir que ceux qui accèdent à nos renseignements personnels auront effectivement l'obligation de rendre des comptes à l'égard de ce qu'ils ont fait de ces renseignements et des motifs pour lesquels ils y ont accédé »[147].

C'est en vertu du même principe de la maîtrise de l'individu sur les renseignements personnels qu'est établi le droit au secret professionnel auquel sont soumis, par exemple, les médecins[148] et les avocats[149]. Il s'agit d'un rempart contre la divulgation non autorisée de renseignements confidentiels. C'est aussi un droit garanti par la *Charte des droits et libertés de la personne*, mais par renvoi à des dispositions légales[150]. De plus, indépendamment de l'existence ou non d'une obligation de secret professionnel, le respect de la vie privée implique une certaine emprise de l'individu sur les renseignements personnels qui le concernent et qui sont détenus par un tiers. Le secret ne peut être levé que du consentement de la personne ou en vertu d'une autorisation de la loi comme le prévoit, par exemple, le *Code des professions* lorsqu'il s'agit de prévenir un acte de violence et qu'il existe un danger imminent de mort ou de blessures graves[151].

191 – *Le cadre législatif de la protection des renseignements personnels* – Dans une société où l'avancement des technologies permet de colliger, de stocker, d'apparier et de traiter des informations de plus en plus rapidement et facilement, il est impératif de mettre en place des mécanismes de contrôle lorsqu'il s'agit de renseignements à caractère personnel. Depuis 1982, à la suite de l'adoption de la *Loi sur l'accès aux documents des organismes publics et sur la protection des renseignements personnels*[152], le secteur public vit sous un régime qui

---

147. P. Trudel, « Vers de nouvelles approches pour garantir la protection de la vie privée dans un monde en réseaux », dans *Leg@l.TI – Droit et technologies de l'information : devenir aujourd'hui l'avocat de demain !*, Cowansville, Éditions Yvon Blais, 2008, p. 1, 3.
148. *Code de déontologie des médecins*, RLRQ, c. M-9, r. 17.
149. *Loi sur le Barreau*, RLRQ, c. B-1 et *Code de déontologie des avocats*, RLRQ, c. B-1, r. 3.
150. *Charte des droits et libertés de la personne*, art. 9.
151. *Code des professions*, RLRQ, c. C-26, art. 60.4.
152. RLRQ, c. A-2.1 (ci-après *Loi sur l'accès*).

garantit la confidentialité des renseignements recueillis, conservés et traités à des fins administratives. Cette loi, qui a un caractère prépondérant, trouve son pendant, en ce qui concerne les organismes fédéraux, dans la *Loi sur l'accès à l'information*[153] et dans la *Loi sur la protection des renseignements personnels*[154]. Certaines lois sectorielles contiennent en outre des mécanismes de protection qui sont plus restrictifs encore que ceux institués par la *Loi sur l'accès*. C'est le cas, notamment, en ce qui concerne la protection des dossiers médicaux[155]. Mais il devenait impératif d'étendre cette protection aux activités informationnelles du secteur privé, et d'encadrer ce qu'il est convenu d'appeler « l'industrie du renseignement »[156]. Les mécanismes existants de protection étaient éparpillés dans différentes lois[157] et étaient jugés insuffisants. Le *Code civil du Québec* a donc introduit des dispositions générales sur la constitution de dossiers personnels (art. 37 à 41 C.c.Q.). Ces dispositions sont applicables à toute personne – individu ou personne physique et personne morale – qui constitue des dossiers sur une personne physique au Québec. Cette toile de fond est elle-même complétée par la *Loi sur la protection des renseignements personnels dans le secteur privé*[158]. Saluée lors de son adoption comme une des lois les plus avant-gardistes en la matière, il reste que son effectivité est souvent remise en question[159]. Cette loi a aujourd'hui un équivalent au niveau fédéral, la *Loi sur la protec-*

---

153. L.R.C. (1985), ch. A-1.
154. L.R.C. (1985), ch. P-21.
155. *Loi sur les services de santé et les services sociaux*, RLRQ, c. S-4.2, art. 17 à 28. Voir également les articles 72.5 à 72.7 de la *Loi sur la protection de la jeunesse*, RLRQ, c. P-34.1, ainsi que la *Loi concernant le partage de certains renseignements de santé*, L.Q. 2012, ch. 23. Comme l'indiquent les notes explicatives de cette dernière, la loi vise « à assurer la protection des renseignements de santé contenus dans les banques de renseignements de santé ainsi que celles relatives à la communication, à l'utilisation et à la conservation des renseignements » et précise « les droits des personnes concernées par ces renseignements, notamment quant au refus que les renseignements contenus dans les domaines cliniques soient communiqués et quant à leur rectification ».
156. R. Côté et R. Laperrière, *Vie privée sous surveillance : la protection des renseignements personnels en droit québécois*, Cowansville, Éditions Yvon Blais, 1994, p. 57.
157. Notamment la *Loi sur la protection du consommateur*, RLRQ, c. P-40.1, art. 260.1 à 260.4 ; la *Loi sur les intermédiaires de marché*, RLRQ, c. I-15.1, art. 25 ; la *Loi sur le courtage immobilier*, RLRQ, c. C-73, art. 21.
158. RLRQ, c. P-39.1 (ci-après *Loi sur les renseignements personnels*).
159. S. Lacoste indique que « cette loi est probablement violée quotidiennement par la totalité des entreprises qui y sont soumises, par ignorance plutôt que par mauvaise foi » (S. Lacoste, « La protection de la vie privée : impacts et expérience en relations de travail dans le secteur privé québécois et fédéral », dans Service de la formation continue, Barreau du Québec, *Développements récents en droit du travail*, Cowansville, Éditions Yvon Blais, 2011, p. 51, 62).

tion des renseignements personnels et les documents électroniques[160]. Ajoutons que dans la mesure où la législation provinciale offre une protection similaire, les entreprises québécoises n'entrent pas dans son champ d'application et sont régies par les seules dispositions provinciales[161]. La *Loi sur la protection des renseignements personnels dans le secteur privé*, au même titre que la *Loi sur l'accès*, a un statut prépondérant (art. 94)[162]. Par contre, si une loi antérieure à celle-ci prévoit des mécanismes de protection plus contraignants encore, ceux-ci continuent à s'appliquer. Autrement dit, en matière de lois plus restrictives en ce qui concerne l'accès à l'information, la loi la plus ancienne conserve ses effets et elle s'applique malgré la loi sur le secteur privé[163]. Cette dernière se présente comme une loi d'application pour l'exercice des droits conférés aux articles 35 à 40 C.c.Q. à l'égard des renseignements recueillis, utilisés et communiqués à des tiers à l'occasion de l'exploitation d'une entreprise, au sens de l'article 1525 C.c.Q. ainsi qu'aux ordres professionnels[164]. L'article 1525 C.c.Q. édicte que « Constitue l'exploitation d'une entreprise l'exercice, par une ou plusieurs personnes, d'une activité économique organisée, qu'elle soit ou non à caractère commercial, consistant dans la production ou la réalisation de biens, leur administration ou leur aliénation, ou dans la prestation de services »[165]. Toutefois, la collecte, la détention et l'utilisation ou la communication de maté-

---

160. L.C. 2000, ch. 5, pleinement entrée en vigueur en 2004 seulement. Pour une étude de cette loi dans le contexte des transferts internationaux de données électroniques, voir E. Gratton, « Dealing with Canadian and Quebec Legal Requirements in the Context of Trans-border Transfers of Personal Information and Cloud Computing Services », dans Service de la formation continue, Barreau du Québec, vol. 358, *Développements récents en droit d'accès à l'information et de la protection des renseignements personnels – les 30 ans de la Commission d'accès à l'information (2012)*, Cowansville, Éditions Yvon Blais, 2012, p. 9.
161. *Loi sur la protection des renseignements personnels et les documents électroniques*, L.C. 2000, ch. 5, art. 26(2)b).
162. *A.L. (Succession de)* c. *Duchesne*, AZ-50463468 (C.A.I., 2007-11-02) ; *Pierre* c. *Federal Express Canada ltée*, [2003] C.A.I. 139.
163. *D.R.* c. *Coopérative d'habitation A*, 2013 QCCQ 4456.
164. La loi s'applique aux ordres professionnels pour ce qui est des renseignements autres que ceux détenus dans le cadre du contrôle de l'exercice de la profession : *M.F.* c. *Ordre des technologues professionnels du Québec*, 2009 QCCQ 5526 ; *C.M.* c. *Ordre des ingénieurs du Québec*, 2011 QCCAI 92.
165. Sur la notion d'entreprise, telle qu'assujettie à la *Loi sur la protection des renseignements personnels*, voir *Congrégation des Témoins de Jéhovah d'Issoudun-Sud* c. *Mailly*, [2000] C.A.I. 427, REJB 2000-20159 ; *Rochette* c. *Tribunal ecclésiastique de Québec*, [2004] C.A.I. 1 (l'Église catholique n'est pas une « entreprise » au sens de cette loi) ; *G.F.* c. *Ligue de balle molle masculine de St-Majorique*, 2010 QCCAI 317 (une ligue bénévole de balle molle n'est pas une « entreprise » au sens de la loi).

riel journalistique, historique ou généalogique sont exclues du champ d'application de la Loi.

Aujourd'hui, le stockage et la diffusion de renseignements personnels sont donc visés par la protection légale de la vie privée. La *Loi concernant le cadre juridique des technologies de l'information*[166], pour sa part, précise le droit applicable à l'information qui se trouve sur des supports faisant appel aux technologies de l'information et elle apporte des règles spécifiques de protection de la vie privée dans ce contexte.

Sans entrer dans le détail[167], nous évoquerons ici les grands principes des mécanismes de protection des renseignements personnels qui s'articulent en trois grands volets : 1) la constitution et la détention de dossiers, 2) la diffusion des données et 3) le contrôle des données.

§1 – La constitution et la détention d'un dossier

192 – *Des règles strictes* – La constitution d'un dossier personnel est soumise à des règles strictes, tant en ce qui a trait à la collecte des renseignements qu'à leur caractère confidentiel[168]. Le dossier peut se présenter sous forme écrite, graphique, sonore[169], visuelle[170], informatisée ou autre[171]. Sont visés, les renseignements qui concernent une personne physique[172] et permettent de l'identifier[173]. Indépen-

---

166. *Loi concernant le cadre juridique des technologies de l'information*, RLRQ, c. C-1.1. Pour une analyse de cette loi, voir P. Trudel, *Introduction à la Loi concernant le cadre juridique des technologies de l'information*, Cowansville, Éditions Yvon Blais, 2012, 303 p.
167. Pour des applications jurisprudentielles de la loi, voir L. Granosik et K.-A. Grenier, *Loi sur la protection des renseignements personnels dans le secteur privé*, 2e éd. annotée, Cowansville, Édition Yvon Blais, 2013.
168. En 2006, le législateur a cependant exclu de l'application des sections II et III de la *Loi sur la protection des renseignements personnels dans le secteur privé* les renseignements personnels qui ont un caractère public en vertu de la loi (*Loi modifiant la Loi sur l'accès aux documents des organismes publics et sur la protection des renseignements personnels et d'autres dispositions législatives*, L.Q. 2006, c. 22, art. 111).
169. *G.T.* c. *Entreprise A.*, 2011 QCCAI 285.
170. *C.P.* c. *Centre A.*, 2013 QCCAI 138.
171. *Loi sur les renseignements personnels*, art. 1.
172. À l'exclusion des personnes morales : *Assurance-vie Desjardins-Laurentienne inc.* c. *Boissonnault*, J.E. 1998-995, REJB 1998-09260 (C.S.).
173. *Loi sur les renseignements personnels*, art. 2. La notion de renseignement personnel est interprétée de manière large. À titre d'exemple, voir *Bouffard* c. *Assurances générales Desjardins*, [2000] C.A.I. 110 ; *I.M.S. du Canada* c. *Commission d'accès à l'information*, J.E. 2005-511, EYB 2005-86003 (C.S.).

damment des identifiants rattachés à un individu déterminé (numéro d'assurance sociale, numéro de permis de conduire, carte d'assurance-maladie, adresse, numéro de téléphone personnel, âge, sexe), sont considérés comme personnels les renseignements concernant la race, le statut social, le revenu d'une personne, son statut de propriétaire ou de locataire, ses diplômes ou résultats scolaires, son état de santé, son comportement disciplinaire, ses intentions (d'acquérir un bien ou un service, de changer d'emploi, etc.), bref, tout renseignement qui permet de cerner les caractéristiques d'une personne[174]. Ainsi, les opinions, jugements, commentaires consignés par le représentant d'une entreprise dans le cadre de l'évaluation d'un employé constituent des renseignements personnels sur ce dernier.

Lorsqu'une personne constitue un dossier sur une autre personne, elle doit, d'une part, avoir un « intérêt sérieux et légitime »[175] pour le faire et, d'autre part, se limiter aux renseignements pertinents[176] quant à l'objet déclaré du dossier[177]. La personne qui constitue le dossier ne peut, dès lors, utiliser les renseignements à d'autres fins que celles qui ont présidé à la constitution du dossier[178]. Le non-respect de l'article 37 C.c.Q. constitue une atteinte à la vie privée de la personne concernée[179]. Mais il faut souligner d'emblée une lacune importante dans le système. En effet, ni le Code civil, ni la *Loi sur les renseignements personnels* ne définissent l'intérêt « sérieux et légitime » qui est exigé à l'égard d'une collecte de renseignements et rien, par ailleurs, ne vient préciser la légitimité des objets assignés au dossier. Il y a donc place à interprétation et, partant, une source évidente de conflits potentiels.

---

174. *Perreault* c. *Blondin*, [2006] C.A.I. 162 ; *Assurance-vie Desjardins* c. *Stebenne*, [1997] R.J.Q. 416 (C.S.), confirmant [1995] C.A.I. 14.
175. Art. 37 C.c.Q. et *Loi sur les renseignements personnels*, art. 4 ; *Alain* c. *Caisse populaire Laval-des-Rapides*, [2005] C.A.I. 25.
176. Par exemple, il a été jugé que les renseignements concernant d'éventuelles maladies contagieuses sont pertinents lorsqu'il s'agit d'engager une personne dont l'emploi la mettra en contact avec des bénéficiaires de soins de santé (*A.P.* c. *Y.R.*, 2012 QCCQ 9732), de même qu'il est légitime pour un employeur de demander des informations concernant les antécédents judiciaires d'un candidat lorsque l'emploi consiste à transporter des enfants (*Autobus Transco (1988) inc.* et *Syndicat des travailleuses et travailleurs de Transco (CSN) (griefs syndicaux)*, [2010] R.J.D.T. 1199). Par contre, il n'est pas pertinent de demander les numéros d'assurance sociale et de permis de conduire à un éventuel locataire (*Pickard* c. *7239785 Canada inc. (Gestion P. Laflèche)*, 2013 QCCQ 2783).
177. *X.* c. *Banque de Montréal*, A.I.E. 96AC-68 ; *X.* c. *Brault et Martineau Inc.*, A.I.E. 96AC-35 ; *X.* et *Aventure Électronique*, A.I.E. 96AC-76 ; *Service d'aide au consommateur* et *Reliable (La), Compagnie d'assurance-vie*, A.I.E. 96AC-102 ; *Boucher* c. *Assurances générales des Caisses Desjardins*, [1999] C.A.I. 52.
178. Art. 37 C.c.Q. et *Loi sur les renseignements personnels*, art. 13.
179. *Courtemanche* c. *Poisson*, [2004] R.R.A. 272, REJB 2004-52229 (C.S.).

La collecte des renseignements doit se faire par des moyens licites et doit, en principe, s'effectuer auprès de la personne concernée, à moins que celle-ci ne consente à ce qu'ils soient recueillis auprès de tiers (art. 6). Il demeure qu'on peut s'interroger sur la qualité d'un tel consentement, la personne devant souvent s'y obliger pour obtenir des services indispensables, que ce soit en matière d'assurance, de logement, d'éducation, de crédit à la consommation, sans parler du domaine de l'emploi, un secteur peut-être encore plus sensible que les autres. Qui plus est, le principe lui-même souffre trois exceptions, soit l'autorisation de la loi, les cas où ces renseignements sont recueillis dans l'intérêt de la personne et ne peuvent l'être auprès d'elle en temps utile, et la nécessité, pour l'entreprise, de s'assurer de l'exactitude des renseignements. Précisons toutefois que l'entreprise qui désire se prévaloir des deux dernières exceptions doit justifier d'un intérêt sérieux et légitime et que la communication des renseignements, si le tiers est lui-même assujetti à la *Loi sur les renseignements personnels*, implique le consentement de la personne concernée (art. 13 et 14). L'entreprise qui, à partir des renseignements communiqués par un tiers, constitue un dossier personnel doit en faire mention au dossier et elle doit également y indiquer ses sources (art. 7).

Au moment de la collecte, la personne qui rassemble ces informations doit informer la personne concernée de l'objet du dossier, de son utilisation, de l'endroit où il sera détenu, ainsi que des droits d'accès et de contrôle (art. 8). Une fois les renseignements colligés, ceux-ci sont frappés du sceau de la confidentialité, le détenteur du dossier ayant, à cet égard, une obligation de sécurité. Les mesures doivent être raisonnables, ce qui dépend notamment de la sensibilité des renseignements, ainsi que de la finalité de leur utilisation, de leur quantité et de leur support (art. 10). Les exigences de sécurité fluctuent donc selon le cas. Le détenteur doit aussi en vérifier l'exactitude, ce qui pourrait impliquer leur mise à jour au moment où il les utilise pour prendre une décision (art. 11). Il ne peut, bien entendu, dans la constitution et l'utilisation du dossier, porter autrement atteinte à la vie privée et à la réputation de la personne concernée (art. 37 C.c.Q.).

§2 – La diffusion des données

193 – *La communication de renseignements personnels à des tiers* – La confidentialité et la finalité mêmes des dossiers personnels impliquent l'interdiction de communiquer les renseignements à des tiers, si ce n'est avec le consentement exprès de la personne ou sur autorisation de la loi[180], sous peine de dommages-intérêts[181]. Cependant, si tel est le principe de base, la générosité avec laquelle la *Loi sur les renseignements personnels* distribue les autorisations risque bien de mettre en péril l'axiome de la confidentialité et donc le droit au respect de la vie privée. Ces exceptions au principe du consentement à la communication des renseignements personnels visent, notamment, des renseignements qui sont utiles en matière pénale, des renseignements requis par le représentant d'un organisme public dans l'exercice de ses fonctions, des informations nécessaires en raison d'une situation d'urgence mettant en danger la vie, la santé ou la sécurité de la personne concernée ou, à certaines conditions, des renseignements contenus dans une liste nominative (art. 22 à 26). Une liste nominative est « une liste de noms, de numéros de téléphone, d'adresses géographiques de personnes physiques ou d'adresses technologiques où une personne physique peut recevoir communication d'un document ou d'un renseignement technologique » (art. 22), par exemple une liste des anciens élèves d'un collège privé[182]. La loi permet leur utilisation à des fins de prospection commerciale ou philanthropique (art. 22 à 26). Sans entrer dans le détail de toutes ces entorses au principe général, on peut noter qu'elles sont toutes motivées par un critère de nécessité, relié soit à l'intérêt public, soit au bon fonctionnement du commerce, soit à l'intégrité des personnes (art. 18 et s.).

§3 – Le contrôle des renseignements personnels

194 – *Le principe* – Un des buts essentiels de ces mécanismes de protection est de permettre aux individus de ne pas être « dépossédés » de l'information qui les concerne personnellement, parfois intimement. La loi a donc mis en place des garanties visant à permettre à

---

180. Art. 37 C.c.Q. et *Loi sur la protection des renseignements personnels*, art. 13. Sur l'exigence du consentement aux fins de communication des renseignements, voir : *Syndicat de l'Autobus Terremont ltée (CSN)* c. *Autobus Terremont ltée*, 2010 QCCA 1050. À souligner également, en ce qui a trait à la confidentialité, l'obligation, pour les entreprises qui exportent de tels renseignements, de prendre les moyens « raisonnables » pour s'assurer qu'ils recevront une protection équivalente dans le pays destinataire : *Loi sur les renseignements personnels*, art. 17.
181. Pour un cas d'application : *Roy* c. *Société sylvicole d'Arthabaska-Drummond*, J.E. 2005-279, EYB 2004-82277 (C.Q.).
182. *G. (M.)* c. *Association Selwyn House*, 2009 QCCS 989.

l'individu de contrôler lui-même, dans une certaine mesure, les renseignements qui circulent sur lui. Ces garanties s'expriment par un droit de consultation, de reproduction, de rectification, voire de suppression des renseignements (art. 38 à 40 C.c.Q.). Ces droits visent ainsi la possibilité d'accéder au dossier et celle d'y faire apporter des modifications.

195 – *L'accès au dossier* – En principe, la personne peut accéder à son dossier, le consulter gratuitement et le faire reproduire ou en obtenir une transcription intelligible, moyennant des frais raisonnables[183]. Le caractère raisonnable des frais doit être évalué à la lumière de deux principes : l'objectif légal de gratuité de l'accès aux renseignements personnels et les considérations financières propres à l'exploitation d'une entreprise[184]. Par ailleurs, le droit d'accès exige du détenteur du dossier qu'il organise et communique les modalités concrètes de l'accès[185]. Seuls les renseignements personnels peuvent être obtenus[186] et non pas les renseignements relatifs à l'entreprise[187]. La loi reconnaît par ailleurs un droit d'accès limité à certaines catégories d'ayants droit : il s'agit, plus particulièrement, des héritiers, de l'administrateur de la succession, du bénéficiaire d'une assurance-vie et du titulaire de l'autorité parentale même si l'enfant mineur est décédé (art. 30 et 41). Peuvent également avoir accès au dossier de santé en cas de décès de la personne, et à certaines conditions, le conjoint, les ascendants et les descendants directs (art. 31).

Le droit d'accès n'est cependant pas absolu. Ainsi, ne peuvent être communiqués les renseignements personnels protégés par le secret professionnel[188] ou les renseignements qui sont susceptibles

183. Art. 38 C.c.Q. et *Loi sur les renseignements personnels*, art. 27 et 33. Le détenteur du dossier ne pourrait réclamer des honoraires comme condition d'accès : *Maegher* c. *Blanchette*, 2011 QCCQ 5085. À noter que dans cette cause, le tribunal considère que les frais réclamés de 158 $ pour la reproduction et la transmission de 14 pages d'un dossier médical sont excessifs. De son côté, la Commission d'accès a décidé que les frais de 75 $, pour 14 pages d'un dossier médical n'incluant aucune radiographie, représentent également une réclamation excessive.
184. *Maegher* c. *Blanchette*, 2011 QCCQ 5085.
185. *A.A.* c. *Société canadienne de consultants en immigration*, 2012 QCCAI 393.
186. *L.T.* c. *Coopérative d'habitation Chung Hua*, 2013 QCCAI 47 ; *M.G.* c. *Bureau d'évaluation psychologique*, 2013 QCCAI 132 ; *S.Y.* c. *Intact Assurance*, 2012 QCCAI 331 ; *C.L.* c. *Christian Daviau Notaire inc.*, 2013 QCCAI 171.
187. *Goyette* c. *Fédération québécoise des centres de réadaptation pour personnes alcooliques et autres toxicomanes*, [2006] C.A.I. 131.
188. *Jou* c. *Allstate du Canada, compagnie d'assurances*, [2003] C.A.I. 640.

de révéler l'identité d'un tiers et dont la divulgation pourrait nuire sérieusement à ce dernier[189]. Il ne s'agit pas d'un test d'opportunité, mais bien d'une mesure visant à éviter un préjudice grave[190]. La loi entend par là protéger la vie privée des autres personnes qui pourraient être concernées par l'ensemble ou par une partie du dossier[191]. Mais elle entend aussi protéger les intérêts du détenteur du dossier à qui cette consultation pourrait être préjudiciable. Celui-ci pourra donc en refuser l'accès à la personne concernée, mais il devra alors justifier d'un « intérêt sérieux et légitime ». Cette exception viserait, selon les commentaires officiels, à éviter au détenteur du dossier de subir un préjudice plus considérable et de l'empêcher d'atteindre un objectif tout à fait légitime. Ce refus doit être motivé et donné par écrit[192]. La *Loi sur les renseignements personnels* énonce un certain nombre de cas où un tel refus est considéré comme justifié. Il en va ainsi des dossiers qui contiennent des renseignements de nature médicale et dont la divulgation pourrait entraîner un préjudice grave pour la santé de la personne concernée[193]. De même, un mineur de moins de 14 ans peut se voir refuser l'accès à des renseignements de nature médicale ou sociale, sauf s'il le fait par l'intermédiaire de son procureur, dans le cadre restreint de procédures judiciaires (art. 38). L'article 39 édicte que le refus est justifié lorsque l'accès peut « nuire à une enquête menée par son service de sécurité interne ayant pour objet de prévenir, détecter ou réprimer le crime ou les infractions à la loi »[194]. D'autres exemples sont prévus, basés essentiellement sur des considérations de sécurité publique, de respect de la vie privée ou des intérêts d'un tiers. Cela peut viser également le détenteur lui-même. C'est ainsi que l'article 39(2) de la Loi prévoit que ce dernier peut refuser l'accès au dossier si cette consultation risque d'avoir un effet sur une procédure judiciaire dans laquelle l'une ou l'autre de ces personnes a un intérêt. Cette disposition couvre, par exemple, le cas de l'employé congédié qui veut accéder au dossier que détient

189. Art. 39 C.c.Q. et *Loi sur la protection des renseignements personnels*, art. 40. Cette disposition, qui génère beaucoup de jurisprudence, doit faire l'objet d'une interprétation restrictive : *G.L.* c. *Compagnie A*, 2012 QCCAI 193.
190. Ainsi, la notion d'intérêt de l'enfant est insuffisante pour refuser à un parent l'accès au dossier médical de celui-ci : *A* c. *Charrette*, 2012 QCCAI 332.
191. *Comm.*, p. 36.
192. *Loi sur les renseignements personnels*, art. 34 ; *Demers* c. *Club des archers de Beaurivage*, [1994] C.A.I. 209.
193. *Loi sur les renseignements personnels*, art. 37, empruntée, pour partie, à la *Loi sur les services de santé et les services sociaux*, RLRQ, c. S-4.2.
194. Cela vise aussi bien une enquête actuelle qu'une enquête future impliquant d'autres personnes que celle qui demande l'accès : *Sears Canada inc.* c. *Gauthier*, 2013 QCCQ 16635.

sur lui son employeur alors qu'une procédure judiciaire oppose les deux parties[195]. Cela peut également viser des cas de protection de l'intégrité des personnes[196].

196 – *La modification du dossier* – Plusieurs types de modifications peuvent être exigées par la personne concernée. Ainsi, celle-ci peut compléter les renseignements ; elle peut, bien entendu, faire corriger ceux qui sont inexacts, équivoques ou incomplets[197] et faire supprimer ceux qui seraient périmés[198] ou non justifiés par l'objet du dossier[199]. Encore faut-il que les faits soient précis et vérifiables[200]. De façon générale, elle peut exiger la suppression de tout renseignement dont la collecte est illégale[201]. La rectification doit porter sur des données factuelles et non sur des opinions, jugements ou perceptions qui peuvent avoir été consignés par le détenteur du dossier. La personne concernée par ce dernier peut cependant ajouter ses propres commentaires sur les opinions entretenues à son sujet[202]. La personne peut également formuler par écrit des commentaires qui doivent être ajoutés au dossier.

197 – La *Loi sur les renseignements personnels* prévoit que la demande d'accès ou de rectification doit être faite par écrit (art. 30). Toutefois, lorsqu'il s'agit de faire retrancher des renseignements d'une liste nominative, la demande peut être formulée verbalement (art. 25).

---

195. L'article 39 de la *Loi sur les renseignements personnels* est la disposition qui génère le plus de jurisprudence. Voici quelques exemples : *M.T.* c. *TD Assurance habitation et auto*, 2012 QCCAI 340 ; *G.J.* c. *Consolidated Thompson Iron Mines*, 2012 QCCAI 475 ; *A.C.* c. *Desjardins sécurité financière*, 2011 QCCAI 218 ; *F.S.* c. *Compagnie A*, 2010 QCCAI 208 ; *D.S.* c. *Intact Assurance*, 2013 QCCAI 35 ; *M.B.* c. *SSQ Assurances générales inc.*, 2013 QCCAI 27.
196. *Loi sur les renseignements personnels*, art. 37 à 41. Selon la jurisprudence de la Commission d'accès à l'information, outre les motifs d'ordre public, ces dispositions épuiseraient la notion d'« intérêt sérieux et légitime » de l'article 39 C.c.Q. ; *Morin-Gauthier* c. *Assurance-vie Desjardins*, [1994] C.A.I. 226.
197. Pour établir qu'une information est inexacte, incomplète ou équivoque, cela ne doit pas requérir une discussion préalable en droit : *M.B.* c. *Banque Amex du Canada*, 2008 QCCAI 42.
198. *Wallack* c. *Services financiers DaimlerChrysler Canada inc. (Services financiers Chrysler Canada inc.)*, 2011 QCCQ 4532.
199. *Chamberlain* c. *Association québécoise d'aide aux personnes souffrant d'anorexie nerveuse et de boulimie*, [2003] C.A.I. 544.
200. *Bilodeau* c. *Goulet*, [2004] C.A.I. 366.
201. Art. 40, al. 1 C.c.Q. et *Loi sur les renseignements personnels*, art. 28.
202. *X.* c. *Compagnie de La Baie d'Hudson*, [1995] C.A.I. 283. À noter également que, selon les secteurs d'activité, certains renseignements qui ont une valeur historique peuvent être conservés au dossier pendant plusieurs années. À propos de la mention d'une faillite personnelle dans un dossier de crédit : *X.* c. *Equifax Canada*, [1994] C.A.I. 230.

Le détenteur du dossier doit donner suite dans les 30 jours à une demande d'accès ou de rectification. À défaut de respecter ce délai, il est réputé avoir refusé la demande (art. 32). S'il s'agit d'une demande visant à retrancher un renseignement d'une liste nominative, aucun délai n'est prévu, la loi se contentant d'édicter que le détenteur doit alors agir « avec diligence », ce qui signifie que le retrait doit se faire dans les plus brefs délais. Le refus d'acquiescer à une demande d'accès ou de rectification doit être notifié et motivé par écrit. Le détenteur du dossier a également l'obligation d'informer la personne de ses recours (art. 34).

La rectification, ainsi que la demande de rectification contestée, doit être notifiée sans délai à toute personne qui a reçu les renseignements dans les six mois précédents, ainsi qu'à la personne de qui, le cas échéant, celui qui a constitué le dossier sujet à rectification tient lui-même les renseignements (art. 40, al. 2 C.c.Q.)[203], peu importe l'époque où on les lui a communiqués. Cette règle, selon les commentaires officiels, « vise à corriger le préjudice que pourrait subir la personne qui fait l'objet du dossier en raison de la transmission de renseignements inexacts, incomplets ou équivoques »[204]. Si la rectification est effectuée, la personne qui détient le dossier doit transmettre à la personne concernée une copie gratuite du renseignement modifié ou, le cas échéant, une attestation du retrait de cette information (art. 35).

198 – *L'obligation du détenteur d'informer la personne concernée* – Le contrôle réel et efficace des renseignements personnels, et finalement la protection elle-même, implique que la personne concernée soit au courant de l'existence d'un dossier qui la concerne. En effet, le droit d'accès au dossier et, de façon générale, la maîtrise par les individus des informations qui les concernent, signifieraient peu de choses si les renseignements pouvaient être recueillis, conservés et traités à leur insu. Le Code civil est muet sur cette question. Par contre, la *Loi sur les renseignements personnels* y pourvoit, du moins partiellement.

Lorsque les renseignements ont été obtenus directement auprès de la personne concernée, le contrôle est plus facile puisque le détenteur du dossier a l'obligation expresse d'aviser cette personne de la constitution du dossier[205]. De plus, lorsqu'il s'agit, par exemple, de listes nominatives utilisées à des fins de prospection commerciale ou

203. *V.P.* c. *Commission de la santé et de la sécurité du travail*, 2013 QCCAI 205.
204. *Comm.*, p. 36 et *X.* c. *Vision Trust Royal*, [1994] C.A.I. 290 ; *McFarlane* c. *Royal Trust*, [1995] C.A.I. 105.
205. Voir également l'article 19, en vertu duquel les personnes qui exploitent une entreprise ayant pour objet le prêt d'argent et qui prennent connaissance de rapports de crédit ou de recommandations concernant la solvabilité de personnes physiques, préparés par un agent de renseignements personnels, doivent informer ces personnes de leurs droits d'accès et de rectification du dossier.

philanthropique, le détenteur doit accorder aux personnes « une occasion valable de refuser que des renseignements personnels les concernant soient utilisés à de telles fins » (art. 23, al. 2). La question est beaucoup plus délicate lorsqu'il s'agit de renseignements obtenus auprès de tiers. Si ce tiers est lui-même une personne qui exploite une entreprise au sens de la loi, il doit obtenir le consentement de la personne pour pouvoir communiquer les renseignements. La source de ces renseignements doit alors être consignée (art. 13). Cette inscription fait partie du dossier (art. 7) et, sur demande de la personne concernée, le détenteur du dossier ainsi constitué doit lui en confirmer l'existence et lui en permettre l'accès (art. 27). Mais encore faut-il qu'elle ait une connaissance préalable, ou du moins des soupçons, quant à l'existence même du dossier. À cet égard, et dans la mesure où toute personne qui exploite une entreprise et qui détient des renseignements sur autrui doit « prendre les mesures nécessaires pour assurer l'exercice des droits [...] prévus aux articles 37 à 40 du Code civil » (art. 29)[206], on est autorisé à penser que le détenteur de tels renseignements a l'obligation d'informer ses « clients » de l'existence d'un dossier.

199 – *Le rôle de surveillance de la Commission d'accès à l'information* – Les mésententes concernant soit l'accès et la rectification d'un dossier, soit le retrait d'un renseignement d'une liste nominative peuvent être soumises, par écrit et dans les 30 jours, à l'examen de la Commission d'accès à l'information (art. 42 à 60)[207]. Cet organisme, dont la compétence s'étend donc aux différends de nature privée[208], possède par ailleurs un important pouvoir d'enquête qu'il peut exercer aussi bien sur une plainte d'une personne intéressée que de sa

---

206. Cette disposition prévoit également que le détenteur doit notamment porter à la connaissance du public l'endroit où ces dossiers sont accessibles et les moyens d'y accéder.

207. Pour autant que la *Loi sur les renseignements personnels* s'applique au dossier visé.

208. Il s'agit en effet de la Commission créée par l'article 103 de la *Loi sur l'accès aux documents des organismes publics et sur la protection des renseignements personnels*, RLRQ, c. R-8.1. Sur le rôle et les activités de la Commission, voir J. Chartier, « Les 30 ans de la Commission d'accès à l'information », dans Service de la formation continue, Barreau du Québec, vol. 358, *Développements récents en droit d'accès à l'information et de la protection des renseignements personnels – les 30 ans de la Commission d'accès à l'information*, Cowansville, Éditions Yvon Blais, 2012, p. 1 ; Commission d'accès à l'information du Québec, *Technologies et vie privée : à l'heure des choix de sociétés – Rapport sur la mise en œuvre de la Loi sur l'accès aux documents des organismes publics et sur la protection des renseignements personnels et de la Loi sur la protection des renseignements personnels dans le secteur privé*, Québec, Commission d'accès à l'information du Québec, 2011 (il s'agit du rapport quinquennal de la Commission).

propre initiative[209]. Ses décisions sont exécutoires et ont, à la date de leur homologation en Cour supérieure, tous les effets d'une décision judiciaire (art. 58). L'homologation résulte du simple dépôt de la décision au bureau du greffier de la Cour supérieure. Elles peuvent faire l'objet d'un appel de plein droit devant la Cour du Québec, mais seulement sur une question de droit ou de compétence. Les décisions interlocutoires de la Commission peuvent faire l'objet d'un appel aussi, mais seulement sur permission (art. 61 à 69).

Dans le cas des dossiers qui ne sont pas détenus par des entreprises et auxquels s'appliquent, de façon exclusive, les articles 35 à 41 C.c.Q., les demandes doivent être soumises directement au tribunal (art. 41, al. 2 C.c.Q.). C'est à la Cour supérieure qu'il appartient de trancher, et c'est à elle aussi qu'il appartient d'établir les conditions et les modalités d'exercice des droits d'accès et de rectification, lorsque la loi ne le prévoit pas (art. 41, al. 1 C.c.Q.).

Section V

Les libertés civiles

§1 – Généralités

200 – Traditionnellement, on inclut également les libertés civiles dans la notion de droits de la personnalité. Les Chartes consacrent le principe de la liberté individuelle[210]. Les libertés sont multiples et leur analyse nécessite des nuances importantes. Il n'entre pas dans notre propos de les présenter en détail. D'autres s'y consacrent abondamment, essentiellement dans la perspective du droit public. Nous nous contenterons d'évoquer certaines de ces libertés dans le contexte spécifique du droit privé. Parmi ces libertés, on retient en premier lieu la liberté de conscience, à laquelle on rattache généralement la liberté de religion et la liberté d'opinion. En droit civil, elle permettra, par exemple, d'invalider la clause d'un testament ou d'un legs qui subordonne la libéralité à la condition de pratiquer telle religion ou de ne pas épouser une personne qui soit de telle croyance. On peut citer également la liberté du mode de vie. L'individu est en effet libre de vivre comme il lui plaît, dans le respect de la liberté d'autrui. C'est cette même liberté d'action qui fonde l'interdiction d'engager les services d'un individu à vie (art. 2091 C.c.Q.).

---

209. La Commission s'est également vu confier une mission de conciliation auprès des parties : *Loi sur les renseignements personnels*, art. 48.
210. *Charte des droits et libertés de la personne*, art. 1 ; *Charte canadienne des droits et libertés*, art. 7.

201 – Le libre choix du mode de vie rejoint le principe fondamental de la liberté physique. Elle signifie que la personne peut, dans les limites du droit, se mouvoir où elle le désire. La mise en place de certaines servitudes de passage (art. 1179 et s. C.c.Q.) et le droit de choisir son domicile (art. 76 C.c.Q.) en sont des expressions. Ainsi, est invalide une clause testamentaire qui impose aux héritiers de résider ensemble pendant un nombre déterminé d'années pour pouvoir hériter[211]. La personne peut même vivre recluse si telle est sa volonté. L'inviolabilité du domicile participe, en quelque sorte, de cette liberté[212].

Mais l'aspect de la liberté physique qui retient le plus l'attention est celui du droit de ne pas être enfermé contre son gré. Cette liberté, qui constitue le fondement de la procédure en *habeas corpus* (art. 851 et s. C.p.c. ; art. 398 à 402 C.p.c.), a pour effet de rendre impossible la contrainte par corps en droit civil, l'inexécution des obligations donnant ultimement lieu à une réparation par le paiement de dommages et intérêts (art. 1458 et s. C.c.Q.). C'est également dans le souci de respecter la liberté physique que le législateur a mis en place un mécanisme complexe de protection de la personne dont l'état mental nécessite une privation de liberté.

§2 – La protection spécifique de la personne dont l'état mental représente un danger

202 – *Le cadre législatif* – L'évaluation psychiatrique et la garde d'une personne dans un établissement de santé, contre son gré, peuvent devenir nécessaires, en raison de son état mental. Mais ces interventions forcées « constituent une exception très importante aux principes fondamentaux d'inviolabilité et de liberté de la personne »[213]. C'est la raison pour laquelle la loi les encadre de façon très stricte, distinguant clairement ces mesures privatives de liberté, de la question des soins et des cas de simple hébergement ou de résidence en établissement de santé à titre de soins « ordinaires »[214]. En ce sens, la notion de garde en établissement nous apparaît beaucoup plus juste puisque, contrairement à celle qu'on employait autrefois où l'on parlait alors de cure fermée, elle n'infère aucune autorisation de

211. *Trahan (Succession de)*, [2004] R.J.Q. 1613, REJB 2004-61359 (C.S.).
212. *Charte des droits et libertés de la personne*, art. 7 et 8.
213. *Comm.*, p. 11. Nous n'envisagerons pas ici la question de la garde des personnes déclarées inaptes à subir leur procès en raison de troubles mentaux, qui relève plus spécifiquement de l'étude du droit criminel (art. 2, 16 et 672.10 à 672.66 (Partie XX.1) C.cr.).
214. *Comm.*, p. 26.

traitement. La question de la « cohabitation » du mécanisme particulier de la mise sous garde avec les règles générales en matière d'autorisation de soins est cependant posée, dans la mesure où la notion de soins, comme nous l'avons vu dans le chapitre sur l'intégrité physique, peut inclure l'hébergement et l'hospitalisation d'une personne[215]. Ainsi, il se peut que dans une situation particulière, l'autorisation de soins incluant un hébergement rende inutile une mise sous garde[216], mais le délicat arrimage des deux options ne doit pas occulter le caractère distinct de leurs objectifs et de leurs critères d'application[217].

Le Code civil consacre une section à la garde en établissement et à l'évaluation psychiatrique (art. 26 à 31 C.c.Q.). Ces dispositions sont complétées par la *Loi sur la protection des personnes dont l'état mental présente un danger pour elles-mêmes ou pour autrui*[218], laquelle remplace la *Loi sur la protection du malade mental*[219] dont les principes directeurs ont été intégrés dans le Code. Il n'existe plus qu'un seul régime d'internement civil dont les principes essentiels de droit substantif sont régis par le Code civil, mais qui trouvent leur complément dans la nouvelle loi ainsi que dans le *Code de procédure civile* (art. 778 à 782 C.p.c.)[220]. Il faut donc lire ces textes en parallèle pour avoir une image complète des mécanismes dont le but fondamental est de protéger l'individu tout en cherchant à minimiser les atteintes à sa liberté. S'agissant d'une atteinte à une liberté fondamentale, ces dispositions doivent s'interpréter restrictivement[221]

---

215. Voir à ce sujet M.-N. Paquet, « Hospitalisation et autorisation de soins : soigner pour garder ou hospitaliser pour ne pas garder », dans Service de la formation continue, Barreau du Québec, vol. 344, *La protection des personnes vulnérables*, Cowansville, Éditions Yvon Blais, 2012, p. 153.
216. *Centre de santé et de services sociaux Pierre-Boucher* c. *A.G.*, 2009 QCCA 2395.
217. *Centre de santé et de services sociaux de Rimouski-Neigette* c. *T.G.*, 2010 QCCA 143.
218. RLRQ, c. P-38.001 (plus loin citée la Loi). Sanctionnée le 18 décembre 1997, cette loi est entrée en vigueur le 1er juin 1998 (Décret 98-625, du 6 mai 1998, (1998) 130 *G.O.Q.* II, 2481). Pour une analyse détaillée de cette loi, voir E. Bernheim, *Garde en établissement et autorisation de soins ; quel droit pour quelle société ?*, Cowansville, Éditions Yvon Blais, 2011.
219. RLRQ, c. P-41.
220. Sur l'évolution de la législation dans ce domaine, voir V. Bergeron, *L'attribution d'une protection légale aux malades mentaux*, Cowansville, Éditions Yvon Blais, 1981, p. 89 et s. et M. Otero, « Qu'est-ce que la « folie civile » aujourd'hui ? L'alliance volatile des dimensions sociales et mentales », dans Service de la formation continue, Barreau du Québec, vol. 359, *La protection des personnes vulnérables*, Cowansville, Éditions Yvon Blais, 2013, p. 35. Les dispositions sur la mise sous garde se trouvent désormais intégrées aux règles qui concernent les demandes en matière de droit des personnes (art. 391 et s. C.p.c.).
221. Voir, en ce sens, *Lavigne* c. *P.F.*, 2008 QCCQ 482, EYB 2008-129198 (C.Q.) ; *Y.-E.S.* c. *Hôpital Charles-Lemoyne*, [2000] T.A.Q. 242 ; S. Philips-Nootens,

et leur non-respect peut entraîner la responsabilité civile de l'établissement[222].

A. Les conditions auxquelles l'évaluation psychiatrique et la garde en établissement peuvent être imposées

203 – *Les principes généraux* – La règle est que nulle personne ne peut être gardée dans un établissement en vue d'une évaluation ou à la suite d'une évaluation psychiatrique, sans son consentement ou sans que la loi ou le tribunal l'autorise. Tout le régime de garde en établissement découle de cette disposition fondamentale, application directe du principe de l'inviolabilité de la personne humaine, énoncé à l'article 10 C.c.Q. Du même coup, les exigences de la loi peuvent créer des tensions entre l'approche juridique et l'approche médicale[223], certains n'hésitant pas à considérer l'intervention judiciaire comme contreproductive en la matière[224]. Elles représentent pourtant un impératif dans un système fondé sur le respect des droits fondamentaux. Or trop souvent ces droits apparaissent bien fragiles dans leur application concrète[225].

204 – *Le consentement* – La condition première d'une telle intervention est celle du consentement libre et éclairé de la personne (art. 26,

---

P. Lesage-Jarjoura et R.P. Kouri, Éléments de responsabilité civile médicale. Le droit dans le quotidien de la médecine, 3e éd., Cowansville, Éditions Yvon Blais, 2007, no 265. Voir cependant *Grizenko* c. *V.*, [2000] R.J.Q. 2193, REJB 2000-17984 (C.Q.), où le juge, dans un souci de protection de la personne, tempère cette interprétation.

222. Pour un exemple où l'établissement de santé est condamné à des dommages-intérêts pour avoir maintenu une personne sous garde sans autorisation judiciaire, voir *Bourassa-Lacombe* c. *Centre universitaire de santé de l'Estrie*, 2007 QCCS 620 (9 500 $ pour 19 jours de garde illégale en établissement).

223. E. Bernheim, « Une tension normative irréconciliable. Le discours psychiatrique et juridique sur le risque psychiatrique », (2009-2010) 40 *R.D.U.S.* 31.

224. E. Tremblay, S. Lévesque et G. Dubeau, « Comparaison de l'évolution longitudinale des patients pour qui la requête de garde provisoire ou de garde en établissement fut refusée ou maintenue par le tribunal », dans Service de la formation continue, Barreau du Québec, vol. 379, *La protection des personnes vulnérables*, Cowansville, Éditions Yvon Blais, 2014, p. 65.

225. J. Lauzon, « Près de dix ans d'application de la *Loi sur la protection des personnes dont l'état mental présente un danger pour elles-mêmes ou pour autrui* – Notre constat : le respect des libertés et droits fondamentaux toujours en péril », dans Service de la formation continue, Barreau du Québec, vol. 283, *Obligations et recours contre un curateur, tuteur ou mandataire défaillant*, Cowansville, Éditions Yvon Blais, 2008, p. 3. Cette auteure fait le constat inquiétant du non-respect de principes fondamentaux, que ce soit, par exemple, sur le plan de la qualité de la preuve de dangerosité ou sur celui du respect des délais imposés par la loi.

al. 1 C.c.Q.). Même si dans de nombreux cas un tel consentement est impossible en raison précisément de l'état mental du patient, il est important d'affirmer clairement cette exigence qui implique qu'une vérification préalable de l'inaptitude de la personne soit faite. Dans le cas des mineurs et des personnes majeures qui ne peuvent exprimer leur volonté, le consentement peut être donné par le représentant légal ou conventionnel, *i.e.* le titulaire de l'autorité parentale, le tuteur, le curateur ou le mandataire selon le cas (art. 26, al. 2 C.c.Q.). Ce consentement ne peut cependant être donné par le représentant légal qu'en l'absence d'opposition de la personne. Dans ce cas, ou en l'absence de régime de protection dans le cas du majeur inapte à consentir, l'autorisation judiciaire devient nécessaire, sauf en cas d'urgence où une mesure de garde préventive devient possible.

205 – *La dangerosité : le seul critère qui autorise à garder en établissement, contre son gré, une personne qui présente des troubles d'ordre mental* – Présentée comme une mesure de protection de la personne ou de son entourage, la garde en établissement se fonde sur la notion de dangerosité. Une personne ne peut être gardée dans un établissement en vue ou à la suite d'une évaluation psychiatrique que si elle manifeste des troubles causés par son état mental susceptible de mettre en danger sa santé ou sa sécurité ou la sécurité d'autrui[226]. Ce n'est donc pas l'état mental de la personne comme tel[227], bien que condition nécessaire[228], qui peut donner ouverture à une mesure d'internement, mais le danger que, en raison même de cet état, celle-ci représente pour elle-même ou pour autrui[229]. La garde en établissement ne peut donc pas être interprétée comme un élément de traitement lorsque le facteur dangerosité est absent[230]. En l'absence de danger, l'imposition de soins relève dès lors des règles générales en matière de soins de santé et non pas de la mise sous garde[231]. C'est

226. Art. 27 et 29 C.c.Q. et art. 1, 7 et 8 de la *Loi sur la protection des personnes dont l'état mental présente un danger pour elles-mêmes ou pour autrui*.
227. *Centre de santé et de services sociaux de Rivière-du-Loup* c. *M.M.*, 2010 QCCQ 6316 ; *Centre de santé et de services sociaux de Sept-Îles* c. *C.D.*, 2010 QCCQ 6348.
228. « Sans un tel état mental, la dangerosité (le deuxième élément essentiel) n'a pas d'assise » : *Grizenko et Douglas Hospital* c. *Mastromatteo*, C.Q. Montréal, nº 500-40-002343-965, 1996-11-27. Ainsi, la garde en établissement ne peut être utilisée comme un cataplasme pour résoudre des problèmes administratifs. Elle n'est pas non plus un moyen légal pour empêcher une personne de dépenser exagérément ni pour la soustraire aux contraintes socio-économiques de la société : *M.C.* c. *Centre hospitalier régional de Lanaudière*, [2001] T.A.Q. 1152.
229. *Centre de santé et de services sociaux Pierre-Boucher* c. *A.G.*, 2009 QCCA 2395.
230. *G.G.* c. *CSSS Richelieu-Yamaska*, 2009 QCCA 2359.
231. *J.D.* c. *Hôpital Sacré-Cœur de Montréal*, 2012 QCCA 1674.

l'état mental de la personne, peu importe qu'un diagnostic soit posé ou non, qui, associé à la dangerosité, sert de base à l'application de la loi, ce qui inclut les troubles du comportement[232]. Un diagnostic de maladie mentale ne crée aucune présomption de dangerosité[233] ; celle-ci doit être démontrée[234]. De même, le refus de traitement ne constitue pas en soi une preuve de dangerosité[235], mais ce refus peut, bien entendu, devenir pertinent lorsque le danger qui en découle est démontré[236]. À défaut de remplir les conditions et en l'absence même d'opposition, la garde est illégale et donne ouverture à la délivrance d'un bref d'*habeas corpus*.

Bien que non définie par la loi, la notion de dangerosité est entendue restrictivement par les tribunaux[237]. Notion floue par excellence[238], elle se trouve cependant balisée par les éléments du contenu que doit obligatoirement comporter le rapport d'examen psychiatrique. Ainsi, le médecin appelé à évaluer la dangerosité de la personne doit préciser son opinion sur la gravité de l'état mental du patient, ses conséquences probables, ainsi que les motifs et les faits sur lesquels il fonde son diagnostic et son opinion[239].

206 – Le danger appréhendé doit à la fois être sérieux et probable[240], c'est-à-dire prévisible à court terme[241], et non pas simplement poten-

232. *Protection du malade mental – 4*, [1997] C.A.S. 271.
233. *Centre de santé et de services sociaux de Sept-Îles* c. *L.T.*, 2011 QCCQ 5263 ; *Centre de santé et de services sociaux de Rimouski-Neigette* c. *J.B.*, 2013 QCCQ 16500.
234. *S.L.* c. *Centre hospitalier universitaire de Québec*, 2010 QCCA 959 ; *Centre de santé et de services sociaux Pierre-Boucher* c. *A.G.*, 2009 QCCA 2395.
235. *Hôpital Charles-Lemoyne* c. *N.D.*, J.E. 2005-618, EYB 2005-98650 (C.Q.) ; *Guèvremont* c. *A.S.*, [2004] R.D.F. 467, REJB 2004-53335 (C.Q.).
236. *Centre de santé et de services sociaux de Sept-Îles* c. *B.B.*, 2013 QCCQ 1700.
237. Certains regrettent cette interprétation restrictive, jugeant qu'elle constitue un obstacle à l'intervention efficace de protection de la personne : J.-L. Dubreucq, « Sans-abri, caractériel, alcoolique, drogué et fou... Au secours ! », dans Service de la formation permanente, Barreau du Québec, vol. 238, *Dépendances et protection (2006)*, Cowansville, Éditions Yvon Blais, 2006, p. 23-39.
238. M. Otero, « Qu'est-ce que la « folie civile » aujourd'hui ? L'alliance volatile des dimensions sociales et mentales », dans Service de la formation continue, Barreau du Québec, vol. 359, *La protection des personnes vulnérables*, Cowansville, Éditions Yvon Blais, 2013, p. 35.
239. *D.D.* c. *Centre de santé et de services sociaux de Rivière-du-Loup*, 2013 QCCA 829.
240. *Centre de santé et de services sociaux Pierre-Boucher* c. *A.G.*, 2009 QCCA 2395.
241. *Centre de santé et de services sociaux de Sept-Îles* c. *J.B.*, 2008 QCCQ 12765 ; *Centre de santé et de services sociaux de Rimouski-Neigette* c. *R.D.*, 2008 QCCQ 9205.

tiel ou hypothétique. Pour reprendre la terminologie de la Cour d'appel, il doit s'agir d'un « danger important ou d'un potentiel de danger élevé »[242]. Il n'existe cependant pas de critères absolus ou exhaustifs, tout au plus certains jalons susceptibles de guider ceux qui ont à prendre une décision en matière de garde[243]. À ce titre, au nombre des éléments qui sont généralement retenus par le tribunal administratif chargé de réviser la situation des personnes qui ont été admises sous garde, on trouve l'absence d'autocritique[244], combinée avec la présence d'éléments psychotiques et un comportement agressif, d'idées suicidaires[245], d'un comportement régressif, ou de l'incapacité de contrôler ses pulsions[246]. Les simples craintes fondées sur des antécédents d'une personne sous garde ne permettent pas de conclure d'emblée à la dangerosité pour la maintenir sous garde[247]. Il faut bien admettre cependant que le critère de « dangerosité » demeure, à bien des égards, un critère imprécis dont la traduction pratique ne peut être que variable[248] et qui comporte un certain degré de subjectivité.

Dans de telles circonstances, une personne pourra donc être enfermée contre son gré dans un centre exploité par un établissement au sens de l'article 79 de la *Loi sur les services de santé et les services sociaux*[249].

---

242. *A.* c. *Centre hospitalier de St. Mary*, 2007 QCCA 358, par. 17 ; *Centre de santé et de services sociaux Pierre-Boucher* c. *A.G.*, 2009 QCCA 2395.
243. *G.G.* c. *CSSS Richelieu-Yamaska*, 2009 QCCA 2359.
244. *Centre de santé et de services sociaux de Lac-St-Jean-Est* c. *M.T.*, 2011 QCCQ 15932 ; *Centre hospitalier de St.Mary* c. *M.B.*, 2012 QCCQ 2094 ; *Hôpital A.* c. *A*, 2013 QCCQ 16268.
245. *Centre de santé et de services sociaux de Sept-Îles* c. *B.B.*, 2013 QCCQ 1700. Ou de tentatives de suicide : *Centre hospitalier Pierre-Janet* c. *S.M.*, 2011 QCCQ 10508 ; *Centre de santé et de services sociaux de Sept-Îles* c. *X*, 2013 QCCQ 4043. À noter cependant que la présence d'idées suicidaires ne permet pas de présumer la présence d'un danger au sens de la loi : *Centre de santé et de services sociaux de Rivière-du-Loup* c. *M.P.*, 2013 QCCQ 1697.
246. *A.* c. *Centre hospitalier A.*, T.A.Q.E. 2007AD-19 ; *D.L.* c. *Hôpital X*, T.A.Q.E. 2006AD-67 ; *N.D.* c. *Hôpital X.*, T.A.Q.E. 2006AD-251. Pour une analyse critique de cette jurisprudence, voir K. Brown et E. Murphy, « Falling Through the Cracks: The Quebec Mental Health System », (2000) 45 *R.D. McGill* 1037. Ces auteurs notent l'absence de prise en considération de facteurs d'ordre émotionnel ou psychosocial dans l'appréciation de la dangerosité.
247. *Centre de santé et de services sociaux de la Côte-de-Gaspé* c. *C.P.*, 2013 QCCQ 11942.
248. S. Philips-Nootens, P. Lesage-Jarjoura et R.P. Kouri, *Éléments de responsabilité civile médicale. Le droit dans le quotidien de la médecine*, 3e éd., Cowansville, Éditions Yvon Blais, 2007, no 265.
249. RLRQ, c. S-4.2.

On peut distinguer trois séries de situations :

- *la garde préventive* : une personne peut être gardée temporairement dans un établissement de santé, sans son consentement, sans l'autorisation du tribunal et sans qu'aucun examen psychiatrique n'ait été effectué ;

- la *garde provisoire* : la garde est ordonnée par le tribunal en vue de forcer la personne à se soumettre à une évaluation psychiatrique ;

- la *garde régulière* : la garde est ordonnée par le tribunal à la suite d'une évaluation psychiatrique ; il s'agit donc d'une véritable mesure d'*internement*.

207 – *La garde préventive* – La garde préventive est une mesure d'urgence permettant à tout médecin de l'établissement où une personne a pu être conduite, de l'y garder de force s'il estime que le danger qu'elle présente pour elle-même ou pour autrui est grave et immédiat[250]. Dans de telles circonstances, la loi permet qu'on ait recours à un agent de la paix. Celui-ci n'est autorisé à agir qu'à la demande d'un intervenant en situation de crise, du titulaire de l'autorité parentale, du tuteur au mineur ou de l'une ou l'autre des personnes énumérées à l'article 15 C.c.Q. Encore faut-il, dans ces derniers cas, qu'aucun intervenant en situation de crise ne soit disponible pour évaluer la situation. De plus, l'agent de la paix doit lui-même déterminer si l'état de la personne nécessite ou non son intervention[251].

La garde préventive ne peut durer plus de 72 heures. Passé ce délai, la personne doit être libérée à moins que le tribunal n'ait ordonné que la garde soit prolongée afin de lui faire subir une évaluation psychiatrique. Ce délai pourra être prolongé si la période se termine un samedi ou un jour non juridique et qu'aucun juge compétent ne peut agir (art. 7). Dans de telles circonstances, la garde

---

250. Art. 27, al. 2 C.c.Q. et art. 6 et 7 de la Loi.

251. Voir l'article 8 de la Loi. Sur les pouvoirs des policiers en la matière, voir M.-M. Daigneault, « Le Projet de loi n° 39 : trop ou pas assez. L'intervention policière auprès des personnes présentant un danger pour elles-mêmes ou pour autrui », dans Service de la formation permanente, Barreau du Québec, *Développements récents en droit de la santé mentale (1998)*, Cowansville, Éditions Yvon Blais, 1998, p. 43 et P. Deschamps, « Aspects éthiques et juridiques des interventions de protection de première ligne », dans Service de la formation permanente, Barreau du Québec, vol. 165, *Être protégé malgré soi*, Cowansville, Éditions Yvon Blais, 2002, p. 17.

devient provisoire, celle-ci pouvant elle-même déboucher sur une ordonnance d'internement ou de garde régulière.

208 – *La garde provisoire* – La garde provisoire est prévue par l'article 23, al. 1 du Code civil. Condition préalable à toute ordonnance de garde en établissement au sens de l'article 30 C.c.Q., c'est-à-dire à l'enfermement dans un établissement autorisé à recevoir des personnes atteintes de maladie mentale (art. 9), la garde provisoire est régie par des règles strictes. Il en est ainsi des délais à l'intérieur desquels doivent être effectués les examens requis par la loi aux fins de l'évaluation psychiatrique de la personne. Il s'agit de délais de rigueur. On observe pourtant une tendance dans la jurisprudence à considérer, au nom de la protection de la personne, que le non-respect des délais ne doit pas entraîner automatiquement la libération de la personne dès lors que des motifs raisonnables peuvent expliquer le retard et que l'intégrité de la personne dicte qu'elle soit mise sous garde[252].

Lorsqu'à la suite de la décision d'un médecin la personne a été admise sous garde préventive, un premier examen doit avoir lieu dans les 24 heures de l'ordonnance du tribunal. Si cet examen conduit à la nécessité d'une garde en établissement, un deuxième examen doit être effectué par un médecin différent dans les 24 heures qui suivent, soit dans les 48 heures de l'ordonnance du tribunal (art. 28, al. 1 et al. 2 C.c.Q.).

Dans les autres cas, *i.e.* lorsque la garde a été mise en place en vue d'une évaluation psychiatrique sur ordre du tribunal, la personne doit être examinée dans les 24 heures de sa prise en charge par l'établissement où elle a été conduite[253]. Dans ces circonstances, si un deuxième examen devient nécessaire pour confirmer la nécessité de la garde, celui-ci doit être effectué par un autre médecin, au plus tard dans les 96 heures de la prise en charge (art. 28, al. 2 C.c.Q.).

C'est dire aussi que si à la suite de l'un ou l'autre des examens exigés par la loi, un médecin considère qu'elle ne constitue pas ou qu'elle ne représente plus un danger pour elle-même ou pour autrui,

---

252. Voir, par exemple, *Lavigne* c. *P.F.*, 2008 QCCQ 482, J.E. 2008-518, EYB 2008-129198 (C.Q.).

253. Art. 28, al. 1 C.c.Q. Il peut s'agir aussi d'une personne qui a déjà été admise dans un établissement et qui nécessite une évaluation psychiatrique à laquelle elle se refuse. Soulignons par ailleurs que le tribunal peut aussi ordonner tout autre examen médical rendu nécessaire dans les circonstances : art. 27, al. 1 C.c.Q.

la personne doit être libérée (art. 28, al. 3 C.c.Q.). Ces examens doivent en principe être complétés par un psychiatre. Un résident en psychiatrie n'est donc pas habilité au sens de la loi à signer un rapport d'examen et le fait que son rapport soit entériné *a posteriori* par un psychiatre qui n'a pas effectué l'examen conjointement ne valide pas l'exercice[254]. En outre, le médecin habilité à effectuer l'examen ne peut être le conjoint, le conjoint de fait, un allié ou un proche parent ou encore le représentant de la personne[255]. Exceptionnellement, lorsque les services d'un psychiatre ne peuvent être obtenus en temps utile, l'examen pourra être complété par tout autre médecin[256]. Advenant l'hypothèse où deux médecins concluent à la nécessité de la garde et où la personne s'y refuse, l'autorisation du tribunal devient nécessaire. L'établissement au sein duquel elle est gardée dispose alors d'une période de 48 heures pour obtenir une ordonnance de garde[257].

Cette garde provisoire ne peut excéder sept jours, délai à l'intérieur duquel un rapport d'examen doit être soumis au tribunal[258], lequel assure ainsi un certain suivi. C'est sur la foi de ce rapport confidentiel que le tribunal statuera, une fois l'évaluation psychiatrique complétée, sur la nécessité d'une garde forcée.

209 – *La garde régulière autorisée par le tribunal à la suite d'une évaluation psychiatrique : une mesure temporaire, assortie d'un contrôle sévère* – La garde ne peut être ordonnée que sur production des rapports d'évaluation psychiatrique. Le rapport ne peut être divulgué qu'aux parties, sauf autorisation du tribunal (art. 29, al. 2 C.c.Q.). Le contenu des rapports est décrit à l'alinéa 1 de ce même article (dans ce cas, il faudrait plutôt parler des deux rapports d'examens psychiatriques, compte tenu du libellé de l'article 30, al. 2 C.c.Q.). Les rapports doivent expliquer précisément en quoi la personne représente un danger pour elle-même ou pour autrui[259], sans quoi il devient impos-

---

254. *Y.-E.S.* c. *Hôpital Charles-Lemoyne*, [2001] T.A.Q. 142.
255. *J.D.* c. *Centre hospitalier Robert-Giffard*, [2001] T.A.Q. 330.
256. Art. 2 et 23 de la Loi. Une exception qui, ici encore, est entendue de façon restrictive : *Lirette* c. *M. (C.)*, [1997] R.J.Q. 1794, REJB 1997-07489 (C.Q.).
257. Art. 28, al. 3 C.c.Q., délai à l'intérieur duquel la personne peut être maintenue sous garde provisoire.
258. Art. 29, al. 2 C.c.Q. et art. 4 de la Loi selon lequel, lorsqu'un examen psychiatrique est requis d'un établissement, le rapport du médecin doit être transmis au tribunal.
259. *Hôpital Maisonneuve-Rosemont* et *M.R.*, 2011 QCCQ 15090 ; *Rousseau* c. *A.B.*, 2011 QCCQ 7624 ; *CSSS St-Jérôme* c. *R.G.*, 2011 QCCQ 8615 ; *Centre de santé et de services sociaux de Chicoutimi* c. *K.G.*, 2011 QCCQ 7071.

sible pour le tribunal de se forger sa propre opinion[260]. Au-delà de la nécessité ou non de garder la personne en établissement, le rapport doit donner des indications sur l'aptitude de celle-ci à prendre soin d'elle-même ou à administrer ses biens et, le cas échéant, sur l'opportunité d'ouvrir à son endroit un régime de protection. Cette disposition doit être complétée par l'article 3 de la Loi. Le tribunal n'est cependant pas lié par les conclusions du rapport. Son rôle ne se limite pas à vérifier la conformité de la procédure. Il doit former sa propre opinion, quelle que soit la preuve qui lui est présentée, quand bien même il n'y aurait pas de contre-expertise[261]. De plus, le juge doit faire état de ses motifs tant sur le danger que sur la nécessité de la garde. Il ne suffit pas que le juge déclare disposer de motifs sérieux permettant la mise sous garde ; encore faut-il qu'il les explique[262]. C'est la conséquence directe du fait que la mise sous garde constitue une atteinte à la liberté de la personne et que les raisons d'une telle atteinte doivent donc pouvoir être contrôlées[263].

210 – Mesure exceptionnelle et de dernier recours, l'ordonnance de garde doit être la moins contraignante possible. Il n'y a pas de place, ici, pour l'arbitraire. Aussi, lorsqu'à la lumière de l'évaluation psychiatrique, laquelle implique deux rapports d'examens concordants effectués dans les délais fixés par la loi, le tribunal conclut à la nécessité de garder la personne en établissement, il doit fixer la durée de cette mise sous garde[264]. Cela ne signifie pas que la personne restera nécessairement internée pendant toute cette période puisqu'elle doit être libérée dès que la garde ne se justifie plus (art. 30.1, al. 2 C.c.Q.). La *Loi sur la protection des personnes dont l'état mental présente un danger pour elles-mêmes ou pour autrui* précise d'ailleurs que la personne peut être libérée sur délivrance d'un certificat par le médecin

---

260. *Guèvremont* c. *A.S.*, [2004] R.D.F. 467, REJB 2004-53335 (C.Q.).
261. Art. 30, al. 2 C.c.Q. tel que modifié par la *Loi modifiant le Code civil et d'autres dispositions législatives*, L.Q. 2002, c. 19, art. 1. Le législateur entendait ainsi faire échec à une certaine jurisprudence qui, tout en affirmant que le tribunal n'est pas lié par le rapport d'examen psychiatrique, considérait qu'il n'était pas indiqué de s'en écarter en l'absence de contre-expertise, *C.H.A.L.* c. *T.I.B.*, [2001] R.D.F. 414.
262. *G.T.* c. *Centre de santé et de services sociaux du Suroit*, 2010 QCCA 573 ; *G.G.* c. *CSSS Richelieu-Yamaska*, 2009 QCCA 2359.
263. *N.B.* c. *Centre hospitalier affilié universitaire de Québec*, 2007 QCCA 1382, EYB 2007-124980 ; *A.* c. *Centre hospitalier de St. Mary*, 2007 QCCA 358, EYB 2007-116185 ; *D.M.* c. *Prosper*, B.E. 2005BE-1075, EYB 2004-85751 (C.A.).
264. Art. 30.1 C.c.Q. tel que modifié par L.Q. 2002, c. 19, art. 1, dont l'alinéa 1 reprend l'énoncé de l'ancien art. 30, al. 2 C.c.Q. Les commentaires officiels soulignent que cette limite est essentielle car la garde constitue « une exception au principe fondamental de la liberté » (*Comm.*, p. 29).

traitant (art. 12, par. 1) et elle impose à l'établissement de procéder à des examens psychiatriques périodiques. Ainsi, un premier examen de révision doit être effectué dans les 21 jours de la décision prise par le tribunal en application de l'article 30 C.c.Q. Par la suite, les examens devront être faits tous les trois mois (art. 12, par. 2). Les rapports d'évaluation périodiques doivent respecter les critères énoncés à l'article 3. De simples notes d'évolution ne satisfont pas ces exigences[265]. Le législateur accorde une grande importance à ces examens périodiques et au respect des délais qui les entourent puisqu'il édicte que la garde prend fin automatiquement, sans autre formalité, si à l'expiration du délai à l'intérieur duquel ces examens doivent être effectués, aucun rapport psychiatrique n'a été produit[266].

La décision de maintenir la garde à la suite d'une des évaluations périodiques peut être contestée devant le Tribunal administratif du Québec (art. 21, al. 1), tant par la personne elle-même que par son représentant légal ou conventionnel, ou encore par la personne qui démontre à son endroit un intérêt particulier. Le Tribunal administratif peut également agir d'office et réviser la décision de maintenir la personne sous garde[267].

Enfin si, au terme de la période fixée dans le jugement initial, la personne n'a pas été autrement libérée, la garde prend fin automatiquement, à moins d'obtenir une nouvelle ordonnance du tribunal[268].

211 – *La procédure* – Les demandes d'examen et de mise sous garde forcées sont du ressort de la Cour du Québec, à l'exclusion de la Cour supérieure. En cas d'urgence, la loi donne juridiction aux cours municipales des villes de Montréal, Laval ou Québec (art. 36.2 C.p.c.). L'ordonnance peut être rendue contre le tuteur, le curateur ou le gardien légal si le refus émane de ce représentant (art. 779, al. 1 C.p.c.).

---

265. Ces rapports doivent par ailleurs être conservés au dossier médical de la personne (art. 10 *in fine* qui doit être lu en conjonction avec l'article 5). La Loi prévoit en outre l'obligation pour l'établissement d'informer le Tribunal administratif du Québec des conclusions de chaque rapport prévu à l'article 10 et de la fin de la garde (art. 20).
266. *G.T.* c. *Hôpital X.*, T.A.Q.E. 2006AD-12 ; *L.L.* c. *Hôpital X.*, T.A.Q.E. 2007AD-144.
267. *Ibid.*, art. 21, al. 2.
268. Art. 12, par. 3 de la Loi et art. 30.1, al. 3 C.c.Q.

La demande a préséance sur toute autre, à l'exception des demandes en *habeas corpus* (art. 775 C.p.c.). S'agissant ici de demandes relatives à l'intégrité de la personne, elles ne peuvent en aucun cas être entendues par le greffier ni par le greffier spécial. Il y est joint, le cas échéant, l'avis du conseil de tutelle et d'au moins un expert concernant la personne visée par la demande (art. 774 C.p.c.).

La requête doit être signifiée, au moins deux jours avant sa présentation, à la personne qui refuse l'évaluation ou la garde et à une personne raisonnable de sa famille ou, le cas échéant, au titulaire de l'autorité parentale, au tuteur, curateur, mandataire ou à la personne qui en a la garde ou qui démontre un intérêt particulier pour elle. À défaut de pouvoir signifier à l'une ou l'autre de ces personnes, la requête doit être signifiée au curateur public (art. 779, al. 1 et 2 C.p.c.)[269]. Le tribunal peut dispenser le requérant de signifier la requête à la personne concernée s'il estime que cela serait nuisible à sa santé ou à sa sécurité, ou à celle d'autrui[270]. L'urgence peut également justifier une telle dispense qui doit cependant demeurer exceptionnelle (art. 779, al. 3 C.p.c.).

L'audition doit se tenir le jour de la présentation de la requête, à moins que le tribunal ou le juge n'en décide autrement (art. 778 C.p.c.). Sauf exception, le tribunal a l'obligation d'interroger la personne (art. 780 C.p.c.)[271] et cela peut se faire dans un lieu autre que le tribunal[272]. Ces exceptions couvrent les cas où l'interrogatoire est manifestement inutile en raison de l'état de santé de l'intimé, les cas où la personne est introuvable et, s'il s'agit d'une demande d'évaluation psychiatrique, les cas d'urgence ou ceux dans lesquels un tel interrogatoire s'avérerait manifestement nuisible pour la personne. Cette disposition prévoit également que l'interrogatoire de la personne peut se faire par un juge du district où elle se trouve, même si la requête est présentée dans un autre district. Dans ce cas, l'interrogatoire doit être pris par écrit et communiqué sans délai au

269. Il est à noter que cette disposition est muette sur les délais, comme le soulève le juge dans *Centre hospitalier de St.Mary* c. *S.M.*, 2012 QCCQ 6141. En l'espèce, le tribunal estime que la question du délai de signification de la requête au Curateur public est dérisoire et ne rend pas en soi la privation de liberté illégale.
270. *Centre de santé et de services sociaux du Lac-St-Jean-Est* c. *M.T.*, B.E. 2006BE-129, EYB 2005-98457 (C.Q.).
271. *J. (G.)* c. *Directeur des services professionnels du Centre hospitalier Pierre-Le-Gardeur*, EYB 2007-122663 (C.A.) ; *G.T.* c. *Centre de santé et de services sociaux du Suroit*, 2010 QCCA 573.
272. *Centre de santé et de services sociaux de Rivière-du-Loup* c. *V.M.*, 2009 QCCQ 4353.

tribunal saisi. La personne bénéficie des règles spéciales quant à sa représentation devant le tribunal[273].

Le jugement est notifié aux personnes à qui la requête devait être signifiée et il peut être exécuté par un agent de la paix (art. 781, al. 2 C.p.c.). Une copie en est transmise au Tribunal administratif du Québec (art. 782 C.p.c.) qui, nous l'avons vu, exerce un rôle de surveillance à l'endroit des personnes sous garde. De là également, l'obligation qui est faite aux établissements de santé, d'informer sans délai le Tribunal administratif des conclusions de chaque rapport d'examen périodique et de la fin de la garde (art. 20).

Le jugement qui ordonne la garde est exécutoire nonobstant l'appel. Toutefois, un juge de la Cour d'appel peut, dans l'intérêt de la justice, en ordonner la suspension (art. 783, al. 2 C.p.c.)[274].

Le *Code de procédure civile* de 2014 : rappelons que les règles de procédure, qui dans le Code actuel sont dispersées selon qu'il s'agit de soins de santé, de mise sous garde, de protection des mineurs, etc., sont désormais réunies, que ce soit dans le cadre du Livre III sur les procédures non contentieuses ou de celui du Livre V sur les règles applicables à certaines matières civiles, dont le contentieux sur l'intégrité des personnes (art. 391 et s.). La plupart des règles s'appliquant à l'évaluation psychiatrique ou à la mise sous garde, que ce soit la question de la compétence territoriale ou celle de la représentation de la personne, ont donc été analysées *supra* dans le chapitre sur l'intégrité physique. Nous ne relevons dès lors ici que les quelques règles spécifiques à l'évaluation psychiatrique et à la mise sous garde. Ce contentieux est de la compétence exclusive de la Cour du Québec (art. 38 C.p.c.). En ce qui concerne la notification, alors que normalement celle-ci doit être faite en mains propres (art. 121 et 393 C.p.c.), le tribunal peut ici exceptionnellement dispenser de cette exigence s'il y a urgence ou s'il considère qu'une telle notification serait nuisible à la santé ou à la sécurité de la personne (art. 123, al. 2 C.p.c.). La notification doit aussi être faite aux personnes visées par l'article 396 C.c.Q. et la demande ne peut être présentée au tribunal moins de deux jours après ces notifications aux tiers. Quant à

---

273. Sur ces dispositions particulières, voir *infra*, Partie II, Titre I, chap. IV, « Le respect des droits de l'enfant ».

274. *A.* c. *Centre hospitalier de St. Mary*, 2007 QCCA 358 ; *J. (G.)* c. *Directeur des services professionnels du Centre hospitalier Pierre-Le-Gardeur*, EYB 2007-122663 (C.A.).

l'obligation d'entendre la personne, elle ne peut être évitée qu'en cas d'impossibilité ou lorsqu'elle peut être jugée inutile en raison du risque que cela représente pour la santé ou la sécurité de la personne ou d'un tiers. Rappelons également que, le cas échéant, le juge peut déléguer la mission d'entendre la personne, dans les conditions strictes de l'article 392 C.p.c. Quant au jugement ordonnant l'évaluation ou la mise sous garde, il est exécutoire immédiatement et peut être exécuté par un agent de la paix, mais un juge de la Cour d'appel peut en suspendre l'exécution (art. 397, al. 1 C.p.c.). Le greffier transmet le jugement au Tribunal administratif du Québec, ce qui est dans la logique des compétences du TAQ dans le cadre de la *Loi sur la protection des personnes dont l'état mental présente un danger pour elles-mêmes ou pour autrui.* Finalement, mentionnons que toutes les personnes qui ont reçu notification de la demande doivent recevoir notification du jugement (art. 397 C.p.c.).

B. Les droits des personnes astreintes à être gardées en établissement et les obligations des établissements auprès desquels elles sont gardées vis-à-vis leurs représentants légaux

212 – *Le droit à l'information, garantie contre l'arbitraire* – Il ne peut y avoir de protection contre l'arbitraire sans un droit à l'information et sans un droit d'exercer des recours. La loi impose des obligations aux intervenants afin que, dans la mesure du possible, la personne soit en mesure de comprendre le pourquoi de sa situation et l'encadrement prévu par la loi en vue d'assurer sa protection – ou celle des autres – ainsi que l'exercice de ses droits. Délicat dans son application concrète[275], ce droit à l'information n'en demeure pas moins une des pierres d'assise de la loi.

La loi actuelle prévoit une série de dispositions qui, selon le cheminement du cas et la qualité des personnes impliquées, décrivent le contenu et la forme dans laquelle cette information doit être commu-

---

275. Voir, à cet égard, la critique sévère de G. Goulet, « Des libertés bien fragiles... L'application de la *Loi sur la protection des personnes dont l'état mental présente un danger pour elles-mêmes ou pour autrui*. Pour le respect des règles d'application d'une loi d'exception dans une culture humanisée de services de santé », dans Service de la formation continue, Barreau du Québec, vol. 261, *Autonomie et protection (2007)*, Cowansville, Éditions Yvon Blais, 2007, p. 183-211 ; E. Bernheim, « Le droit à l'information des patients gardés en établissement : un instrument essentiel de promotion des valeurs démocratiques et du statut citoyen », (2009) 54:3 *R.D. McGill* 547 (cette auteure, traitant de la mise en œuvre du droit à l'information, parle d'une « grande illusion »).

niquée. Délivrée verbalement lorsque, sans faire l'objet d'une ordonnance judiciaire, la personne est interpelée par un agent de la paix (art. 14) et dès sa prise en charge, s'agissant de garde provisoire ou préventive (art. 15), l'information revêt un caractère plus formel, et elle est aussi plus détaillée, lorsque la personne est admise sous garde par suite d'une ordonnance rendue par le tribunal en vertu de l'article 30 C.c.Q. Elle doit dans ce cas recevoir un écrit dont la teneur est décrite en annexe dans la loi (art. 16, al. 1) et qui se présente comme un document d'information sur les droits et recours dont elle dispose[276]. Ce document d'information doit également lui être remis après chaque rapport d'examen périodique. L'établissement a également le devoir de s'assurer que la personne visée est en mesure de comprendre l'information. Dans le cas contraire, l'établissement doit en transmettre une copie à la personne habilitée à consentir à la garde ou, à défaut, à la personne qui démontre un intérêt pour la personne visée (art. 16, al. 2).

La personne doit aussi être informée sur son état et sur le plan de soins, des changements qui pourraient y être apportés ainsi que des modifications que cela implique relativement à ses conditions de vie (art. 31, al. 1 C.c.Q.). Encore faut-il que la personne sous garde puisse tirer profit d'une telle information. Lorsqu'il s'agit d'un mineur de moins de 14 ans ou d'une personne de plus de 14 ans inapte à consentir, l'information doit plutôt être donnée à ceux qui peuvent consentir aux soins à sa place (art. 31, al. 2 C.c.Q.).

213 – *Le droit à la communication* – Le droit à l'information a pour corollaire le droit pour la personne de communiquer, en toute confidentialité, avec les personnes de son choix, à moins que le médecin traitant n'estime que cela serait contraire à son intérêt. Cette restriction ne peut être que temporaire et elle doit être formulée par écrit, motivée et versée au dossier. La personne doit également en être informée (art. 17, al. 1 et 2). Ce pouvoir accordé au médecin traitant est limité. En effet, cette restriction ne peut viser les communications entre la personne concernée et ceux qui peuvent assurer la défense de ses intérêts, *i.e.* son représentant légal, la personne habilitée à

276. Ce document reprend substantiellement les dispositions du *Règlement d'application de l'article 27 de la Loi sur la protection du malade mental*, R.R.Q. 1981, c. P-41, r. 1, auquel on a ajouté le droit pour la personne d'être transférée dans un autre établissement et le droit de refuser toute forme de soin autre que les examens psychiatriques périodiques.

consentir aux soins pour elle, un avocat, le Curateur public ou le Tribunal administratif du Québec (art. 17, al. 3).

214 – *Le droit de s'opposer à des soins autres que les soins de garde* – Il faut distinguer la garde en établissement, mesure privative de liberté, des autorisations de traitement qui relèvent de l'article 16 C.c.Q. À cet égard, exception faite des examens périodiques auxquels la loi l'oblige à se prêter[277], la situation de la personne astreinte à une mesure de garde, en ce qui concerne la prestation de soins médicaux, n'est pas différente de celle des autres patients. La garde ne saurait donc être interprétée comme une autorisation implicite de soigner le malade[278]. Si la personne est apte à consentir et qu'elle refuse d'être soignée, quelle que soit sa dangerosité, son refus doit être respecté[279]. Dans le cas contraire, sous réserve des soins d'hygiène ou de l'urgence de sa condition, seul le tribunal peut, après avoir statué sur l'inaptitude, autoriser l'administration de soins auxquels cette personne s'oppose (art. 16, al. 1 C.c.Q.).

Par ailleurs, l'existence d'une ordonnance autorisant à administrer un traitement contre le gré du patient ne permet pas de conclure au caractère superfétatoire d'une ordonnance de garde ni à conclure à sa nécessité, quand bien même l'autorisation de soins serait assortie d'une ordonnance d'hébergement : « Les soins dont a besoin une personne et la nécessité de la garde en établissement appartiennent en effet à des régimes différents qui font appel à des principes et des critères distincts » et le fait de conclure à la présence ou à l'absence de dangerosité, qui est une constatation ponctuelle, n'entre pas en contradiction avec l'autorisation d'un traitement qui a pu être ordonné par la Cour supérieure[280].

215 – *L'utilisation de la force, de l'isolement et des contentions* – En situation d'urgence, particulièrement dans le domaine de la psychiatrie, le recours à la force, à l'isolement et à des mesures de conten-

277. Ou des examens qui sont requis aux fins de son évaluation psychiatrique s'il s'agit d'une garde provisoire, encore qu'il puisse s'y ajouter d'autres formes d'examen médical si, comme nous l'avons vu, le Tribunal l'estime nécessaire dans les circonstances : art. 27, al. 1 C.c.Q.

278. S. Philips-Nootens, P. Lesage-Jarjoura et R.P. Kouri, *Éléments de responsabilité civile médicale. Le droit dans le quotidien de la médecine*, 3e éd., Cowansville, Éditions Yvon Blais, 2007, no 266.

279. Art. 10 et 11 C.c.Q. ; *Charte des droits et libertés de la personne*, RLRQ, c. C-12, art. 1 et 10.

280. *Affaires sociales – 518*, [2000] T.A.Q. 1049 ; *Affaires sociales – 204*, [1999] T.A.Q. 91.

tion[281] comme modes de contrôle est fréquent. Ici encore, la situation du patient qui fait l'objet d'une mesure de garde n'est pas différente de celles des autres patients dont le comportement peut être dangereux pour eux-mêmes, pour les autres patients ou pour le personnel soignant, s'agissant ici non pas de soigner[282], mais de contrôler le comportement d'une personne. On comprend que l'utilisation des moyens qui peuvent être employés pour ce faire soit strictement encadrée et que le non-respect des conditions ouvre la porte à une condamnation en dommages-intérêts[283]. La *Loi sur les services de santé et les services sociaux* contient, à cet égard, des dispositions en vue d'empêcher les abus. On y précise que ces mesures de contrôle ne peuvent être utilisées que pour empêcher une personne de s'infliger ou d'infliger à autrui des lésions. D'utilisation exceptionnelle, elles ne doivent être employées qu'en dernier ressort. Leur application doit être minimale et elle doit tenir compte de l'état de santé du patient[284]. Elle exige, au surplus, que leur emploi fasse l'objet d'une mention détaillée au dossier du patient.

216 – *Les obligations des établissements à l'endroit des représentants légaux de la personne* – Lorsque la personne gardée en établissement à la suite d'une ordonnance du tribunal n'est pas en mesure de comprendre la portée et la substance de l'information concernant ses droits et ses recours, l'établissement doit transmettre une copie du document d'information au représentant légal ou conventionnel ou, à défaut, à la personne qui démontre à l'endroit de la personne un intérêt particulier. Compte tenu des devoirs et des responsabilités qui incombent, dans le cas du mineur, au titulaire de l'autorité parentale ou, à défaut, au tuteur et, dans le cas des majeurs inaptes, au tuteur, au curateur ou au mandataire, on comprend que la loi puisse imposer aux établissements des obligations complémentaires à leur endroit.

281. Sont visés ici des moyens mécaniques ou chimiques comme modes de contrôle de la personne : *Loi sur les services de santé et les services sociaux*, art. 118.1.

282. Encore qu'elles puissent être incluses dans un plan de traitement, auquel cas elles doivent faire l'objet d'un consentement libre et éclairé. Mais il faut admettre aussi que ces mesures, maintenant encadrées, s'avèrent dans bien des cas nécessaires, « en raison aussi, hélas, du manque flagrant de personnel dans les institutions » : S. Philips-Nootens, P. Lesage-Jarjoura et R.P. Kouri, *Éléments de responsabilité civile médicale. Le droit dans le quotidien de la médecine*, 3e éd., Cowansville, Éditions Yvon Blais, 2007, no 268.

283. Pour des cas d'application, voir *A.G.* c. *Centre hospitalier régional de Baie-Comeau*, 2009 QCCQ 5954 (3 000 $ pour 36 heures de contention ; un cynique dirait que cela fait 83 $ par heure de contention illégale...).

284. Voir également, Collège des médecins du Québec, *Lignes directrices*, « Recommandations concernant l'utilisation de la contention et de l'isolement », (1999) 39:2 *Le Collège* 2 (encart central).

Ainsi l'établissement auprès duquel un mineur ou un majeur sous régime de protection fait l'objet d'une mesure de garde doit obligatoirement aviser l'une ou l'autre de ces personnes de la décision d'un médecin de mettre leur pupille en garde préventive, comme de la nécessité de maintenir la garde après un examen périodique. L'établissement doit également les informer de chaque demande présentée au Tribunal administratif du Québec et de la libération de la personne (art. 19).

Pour aller plus loin

217 – *Protection de la vie privée dans le milieu du travail* – Nous avons souligné plus haut que le concept de vie privée est différent dans certains secteurs de l'activité sociale et que les tribunaux acceptent facilement que dans certaines circonstances l'expectative de respect de la vie privée est moindre. C'est certainement le cas dans le domaine de l'emploi et des relations de travail. La notion de vie privée dépend d'une analyse contextuelle. Or les relations de travail constituent un contexte particulier en raison du fait que des éléments de la vie privée des travailleurs peuvent se heurter aux impératifs de la bonne marche de l'entreprise. La jurisprudence est abondante en la matière et elle gravite toujours autour de la détermination d'un difficile équilibre entre ces deux valeurs. Voici quelques références utiles en la matière : S. Lacoste, « La protection de la vie privée : impacts et expérience en relations de travail dans le secteur privé québécois et fédéral », dans Service de la formation continue, Barreau du Québec *Développements récents en droit du travail*, Cowansville, Éditions Yvon Blais, 2011, p. 51 ; R. Lafond et M. Lussier, « La filature 10 ans après *Bridgestone / Firestone* : admissibilité devant la C.L.P., utilité et conséquences », dans Barreau du Québec, *Développements récents en droit de la santé et sécurité au travail (2010)*, Cowansville, Éditions Yvon Blais, 2010, 191 ; C. Brunelle et M. Samson, « L'exclusion de la preuve obtenue en violation du droit à la vie privée des salariés : à chacun sa vérité ? », (2013) 54:2-3 *C. de D.* 223 ; G. Beaudin et S. Fillion, « Les frontières entre la vie privée et la vie professionnelle : revue jurisprudentielle », (2013) 54:2-3 *C. de D.* 255 ; J. Drolet et K. Lebnan, « Les défis du télétravail à l'égard de la vie privée du télétravailleur », (2013) 54:2-3 *C. de D.* 303 ; S. Chabot et M.-O. Laporte, « Médias sociaux et filature... Vous vous croyez au cinéma ? Non, il s'agit plutôt de gestion de dossiers de lésions professionnelles ! », dans Collection Blais, vol. 17, *Santé et sécurité du travail*, Cowansville, Éditions Yvon Blais, 2013, p. 1-27 ; R. Laperrière et N. Kean, « Le droit des travailleurs au respect de leur vie privée », (1994) 35 *C. de D.* 709 ; V.L. Marleau, « Les droits et libertés dans l'entreprise : le dépistage et l'utilisation de renseignements personnels dans le domaine de l'emploi », dans Service de la formation permanente, Barreau du Québec, *Développements récents en droit administratif*, Cowansville, Éditions Yvon Blais, 1993, p. 111 ; K. Eltis, « La surveillance du courrier électronique en milieu de travail : le Québec succombera-t-il à l'influence de l'approche américaine ? », (2006) 51 *R.D. McGill* 475-502 ;

I. Lauzon et L. Bernier, *Charte et vie privée au travail : tout ce que l'employeur doit savoir*, Cowansville, Éditions Yvon Blais, 2005, 219 p. ; R. Perreault et S.-P. Paquette, « Le dépistage d'alcool et de drogues en entreprise : où en sommes-nous ? », dans Service de la formation continue, Barreau du Québec, *Développements récents en droit du travail*, Cowansville, Éditions Yvon Blais, 2007 ; M.A. Geist, « Computer and E-mail Workplace Surveillance in Canada: the Shift from Reasonable Expectation of Privacy to Reasonable Surveillance », (2003) 82 *R. du B. can.* 151 ; C. Morgan, « Monitoring Employee – Electronic Mail and Internet Use: Balancing Competing Rights », dans *Droit du commerce électronique*, Montréal, Éditions Thémis, 2002, p. 171 ; L. Duhaime, « La protection des renseignements personnels en milieu de travail », dans Service de la formation continue, Barreau du Québec, vol. 258, *Vie privée et protection des renseignements personnels (2006)*, Cowansville, Éditions Yvon Blais, 2006, p. 83 ; Y. Saint-André, « Le respect du droit à la vie privée au travail : mythe ou réalité ? », dans Service de la formation permanente, Barreau du Québec, vol. 205, *Développements récents en droit du travail (2004)*, Cowansville, Éditions Yvon Blais, 2004, p. 51.

218 – *Protection de la vie privée et les nouvelles technologies de l'information* – Les nouvelles technologies, particulièrement le développement du Web 2.0, posent des défis tout à fait particuliers en matière de droit au respect de la vie privée. Non seulement ces technologies interrogent-elles la notion même de vie privée (on se rappellera le jugement à l'emporte-pièce du jeune fondateur de Facebook, annonçant sur toutes les tribunes la fin du concept de vie privée), mais elles obligent à imaginer des façons originales d'appliquer les principes juridiques en la matière et de trouver de nouveaux équilibres entre vie privée, liberté d'expression et droit à l'information. Ces défis pour le droit sont à la mesure des bouleversements technologiques. Il existe une abondante littérature sur la question. Voici quelques références utiles : D.J. Solove, *Understanding Privacy*, Cambridge, Harvard University Press, 2008 ; C. Chassigneux, *Vie privée et commerce électronique*, Montréal, Éditions Thémis, 2005, 348 p. ; J.-P. Villaggi, « Le droit à la vie privée : un droit en mutation », dans *Mes amis Facebook, moi et mon emploi : l'arbitrage de grief à l'ère des réseaux sociaux*, Montréal, Wilson & Lafleur, 2012, p. 151-165 ; L. Roy et R. Plante, « La pertinence de l'encadrement législatif actuel à l'ère des médias sociaux », dans *Mes amis Facebook, moi et mon emploi : l'arbitrage de grief à l'ère des réseaux sociaux*, Montréal, Wilson & Lafleur, 2012, p. 213 ; F. Lucas, « Les cinq saisons de l'année 2011 en matière de vie privée », (2012) 24 *C.P.I.* 473-503 ; D. Henrard, « La protection des renseignements personnels à l'heure des réseaux sociaux », dans Association sur l'accès et la protection de l'information, *20 ans d'expertise à partager (19e Congrès, 27 et 28 avril 2011)*, Montréal, SOQUIJ, 2011, p. 253-274 ; Y. Poullet et A. Rouvroy, « Le droit à l'autodétermination informationnelle et la valeur du développement personnel. Une réévaluation de l'importance de la vie privée pour la démocratie », dans *État de droit et virtualité*, Montréal, Éditions Thémis, 2009, p. 157-222 ; C. Chassigneux, « La protection face aux nouveaux lieux de communication », dans *État de droit et virtualité*, Montréal, Éditions Thémis, 2009, p. 223-242 ; P. Trudel, « Vers de nouvelles approches pour garantir la protection de la vie privée dans un monde en réseaux », dans *Leg@l.TI – Droit et technologies de l'information : devenir aujourd'hui l'avocat de demain !*, Cowansville, Éditions Yvon Blais, 2008, p. 1-25 (l'auteur soutient l'idée selon laquelle « la protection de la vie privée sur Internet doit emprunter des voies reflétant les dimensions sociales des activités qui s'y déroulent plutôt que privilégier une conception incompatible avec les exigences de la transparence et de la critique publique » (p. 9) ; c'est donc bien la notion même de vie privée qui est remise en question dans le contexte d'Internet, en ce sens que le point d'équilibre entre d'un côté la protection de l'intégrité de la personne et de l'autre l'intérêt général, pourrait devoir être déplacé) ; G. Grenier et N. Sapp, « Le droit à l'image et à la vie privée à l'ère des nouvelles technologies », dans Service de la formation continue, Barreau du Québec, vol. 314, *Développements récents en droit de la propriété intellectuelle*, Cowansville, Éditions Yvon Blais, 2009, p. 379 ; D. Dubrovsky, « Protecting Online Privacy in the Private Sector: is there a *"Better"* Model? », (2005) 18:2 *R.Q.D.I.* 171-186 ; J. Rochfeld, « La vie tracée ou le Code civil doit-il protéger la présence numérique des personnes ? », dans *Mélanges en l'honneur du professeur Jean Hauser*, Paris, Lexis-Nexis, Dalloz, 2012, p. 619-638 (l'auteure, constatant que de nombreuses composantes numériques permettent d'identifier la personne et composent une sorte de « présence » relevant la personnalité, propose de consacrer de façon autonome le droit à la protection de la présence numérique) ; V. Gautrais et P. Trudel, *Circulation des renseignements personnels et Web 2.0*, Montréal, Éditions Thémis, 2010, 231 p. (dans ce dernier ouvrage, les auteurs expliquent comment envisager les différentes opérations de traitement des renseignements personnels dans les environnements du Web 2.0 qui, en raison du rôle plus actif joué par l'internaute, modifie les conditions d'application de plusieurs exigences des lois protégeant les renseignements personnels. Les nouvelles technologies de l'univers numérisé obligent, selon ces auteurs, à mettre de l'avant le critère du degré de *contrôle* que l'on peut avoir sur des renseignements personnels : « Pour rendre compte du régime juridique applicable à la protection des renseignements personnels dans un réseau et calibrer de façon adéquate les droits et les obligations de ceux qui interviennent dans les diverses opérations de traitement de ces documents technologiques, il est nécessaire de caractériser plus précisément les types de maîtrise et de contrôle qui sont exercés sur les documents » (p. 69).

219 – *Organismes gouvernementaux de surveillance* – Le site de la Commission d'accès à l'information (C.A.I.) du Québec permet d'accéder à la jurisprudence et aux avis de la Commission. Le site établit des liens avec les organismes gouvernementaux des autres provinces qui assument un rôle de même nature : <http://www.cai.gouv.qc.ca/>.

Le site du Commissariat à la protection de la vie privée du Canada fournit également de nombreuses informations sur le sujet de la protection des renseignements personnels et de l'accès à l'information au Canada : <http://www.privcom.gc.ca/index_f.asp>.

220 – *Santé mentale et liberté* – La gestion de la « folie » par le droit s'est souvent limitée à la répression et à la privation de liberté. Sur la dimension historique de la question, voir M. Foucault, *Histoire de la folie à l'âge classique*, Paris, Gallimard, 1972 ; M. Otero, « Qu'est-ce que la « folie civile » aujourd'hui ? L'alliance volatile des dimensions sociales et mentales », dans Service de la formation continue, Barreau du Québec, vol. 344, *La protection des personnes vulnérables*, Cowansville, Éditions Yvon Blais, 2013, p. 35 ; F. Boudreau, *De l'asile à la santé mentale. Les soins psychiatriques : histoire et institutions*, Montréal, Éditions St-Martin, 2003 ; E. Bernheim, *Garde en établissement et autorisation de soins : quel droit pour quelle société ?*, Cowansville, Éditions Yvon Blais, 2011 ; H. Dorvil, *De L'Annonciation à Montréal. Histoire de la folie dans la communauté 1962-1987*, Montréal, Éditions E. Nelligan, 1988. À propos des difficultés d'application de la *Loi sur la protection des personnes dont l'état mental présente un danger pour elles-mêmes ou pour autrui*, voir Gouvernement du Québec (ministère de la Santé et des Services sociaux), *Rapport d'enquête sur les difficultés d'application de la Loi sur la protection des personnes dont l'état mental présente un danger pour elles-mêmes ou pour autrui*, Québec, 2011. Selon ce rapport, les difficultés soulevées concernent principalement l'application de l'article 8 de la loi, plus particulièrement quant au partage des responsabilités attribuées aux policiers et aux intervenants des services d'aide en situation de crise (SASC) qui y sont désignés, de même qu'en ce qui a trait au moment où l'établissement de santé doit prendre en charge la personne visée. Le respect de la procédure judiciaire lors du dépôt au tribunal d'une requête de mise sous garde en établissement et le respect des droits et des recours de la personne sous garde sont aussi pointés du doigt par le rapport. En outre, contrairement à ce qui était attendu des autorités et du milieu à la suite de l'entrée en vigueur de cette loi d'exception, le nombre de requêtes pour garde en établissement déposées à la Cour du Québec a, selon l'étude, connu une nette augmentation. L'enquête a surtout montré que ce n'est pas tant la loi elle-même qui pose problème que la méconnaissance que certains en ont, l'interprétation libre plutôt que restrictive et rigoureuse qui en est faite concernant son application et, surtout, le manque de moyens matériels et financiers pour en garantir l'application. Voir également Association des groupes d'intervention en défense des droits en santé mentale du Québec (AGIDD-SMQ), *La garde en établissement – Une loi de protection... une pratique d'oppression*, Montréal, 2009, 32 p.

BIBLIOGRAPHIE SÉLECTIVE

BEIGNIER, B., *L'honneur et le droit*, Paris, L.G.D.J., Coll. Bibliothèque de droit privé, t. 234, 1995.

BERNHEIM, E., *Les décisions d'hospitalisation et de soins psychiatriques sans le consentement des patients dans des contextes clinique et judiciaire : une étude du pluralisme normatif appliqué*, thèse de doctorat, Université de Montréal, 2010.

BERNHEIM, E., *Garde en établissement et autorisation de soins : quel droit pour quelle société ?*, Cowansville, Éditions Yvon Blais, 2011.

BOURRASSA, S., « Les droits de la personnalité », École du Barreau du Québec, Collection de droit 2013-2014, vol. 3, *Personnes, famille et successions*, Cowansville, Éditions Yvon Blais, 2013.

BRUNELLE, C., « La dignité, ce digne concept juridique », dans École du Barreau du Québec, Collection de droit 2010-2011, vol. hors série, *Justice, société et personnes vulnérables*, Cowansville, Éditions Yvon Blais, 2010, chapitre II, p. 21-31.

BRUNELLE, C. et M. SAMSON, « L'exclusion de la preuve obtenue en violation du droit à la vie privée des salariés : à chacun sa vérité ? », (2013) 54 *C. de D.* 223.

DEMERS, F., « Au 21e siècle, le ridicule peut-il tuer ? », dans Service de la formation continue, Barreau du Québec, vol. 357, *Développements récents en droit de la propriété intellectuelle*, Cowansville, Éditions Yvon Blais, 2012, p. 183.

DORÉ, L., « Surveillance vidéo *vs* respect du droit à la vie privée », dans Service de la formation permanente, Barreau du Québec, *Développements récents en droit de l'accès à l'information*, Cowansville, Éditions Yvon Blais, 2005, p. 27.

DUBREUCQ, J.-L., « Sans-abri, caractériel, alcoolique, drogué et fou... Au secours ! », dans Service de la formation continue, Barreau du Québec, vol. 238, *Dépendances et protection*, Cowansville, Éditions Yvon Blais, 2006, p. 23-39.

DUFOUR, N., « Droit à l'image : une amorce de protection de l'identité de l'artiste », *Congrès du Barreau*, 1999, p. 533.

GENDREAU, Y., *La protection des photographies en droit d'auteur français, américain, britannique et canadien*, Paris, L.G.D.J., coll. Bibliothèque de droit privé, t. 246, 1994.

GOULET, G., « Des libertés bien fragiles... L'application de la *Loi sur la protection des personnes dont l'état mental présente un danger pour elles-mêmes ou pour autrui*. Pour le respect des règles d'application d'une loi d'exception dans une culture humanisée de services de santé » dans Service de la formation continue, Barreau du Québec, vol. 261, *Autonomie et protection*, Cowansville, Éditions Yvon Blais, 2007, p. 183-211.

GOULET, J., *Grand angle sur la photographie et la loi. Un précis sur le droit de la photographie au Québec et au Canada*, Montréal, Wilson & Lafleur, 2010.

GRANOSIK, L. et K.-A. GRENIER, *Loi sur la protection des renseignements personnels dans le secteur privé*, 2e éd. annotée, Cowansville, Éditions Yvon Blais, 2013.

KASIRER, N. (dir.), *La solitude en droit privé*, Montréal, Éditions Thémis, 2002.

KAYSER, P., *La protection de la vie privée par le droit*, 3e éd., Paris, Économica/Presses universitaires d'Aix-Marseille, 1995.

LAFOND, R. et M. LUSSIER, « La filature 10 ans après *Bridgestone / Firestone* : admissibilité devant la C.L.P., utilité et conséquences », dans Service de la formation continue, Barreau du Québec, *Développements récents en droit de la santé et sécurité au travail*, Cowansville, Éditions Yvon Blais, 2010, p. 191.

LANGELIER, R., « La protection de la vie privée par la Commission d'accès à l'information : quelle vie privée ? Quelle protection ? En fonction de quels intérêts ? », dans Service de la formation permanente, Barreau du Québec, *Développements récents en droit de l'accès à l'information*, Cowansville, Éditions Yvon Blais, 2005, p. 149.

LAUZON, J., « Près de dix ans d'application de la *Loi sur la protection des personnes dont l'état mental présente un danger pour elles-mêmes ou pour autrui* – Notre constat : le respect des libertés et droits fondamentaux toujours en péril », dans Service de la formation continue, Barreau du Québec, vol. 283, *Obligations et recours contre un curateur, tuteur ou mandataire défaillant 2008*, Cowansville, Éditions Yvon Blais, 2008, p. 3.

MICHAUD, M., *Le droit au respect de la vie privée dans le contexte médiatique*, Montréal, Wilson & Lafleur, 1996.

NADEAU, A.R., *Vie privée et droits fondamentaux : étude de la protection de la vie privée en droit constitutionnel canadien et américain et en droit international*, Cowansville, Éditions Yvon Blais, 2000.

OTERO, O., « Qu'est-ce que la « folie civile » aujourd'hui ? L'alliance volatile des dimensions sociales et mentales », dans Service de la formation continue, Barreau du Québec, vol. 359, *La protection des personnes vulnérables*, Cowansville, Éditions Yvon Blais, 2013, p. 35.

POTVIN, L., *La personne et la protection de son image – Étude comparée des droits québécois, français et de la common law*, Cowansville, Éditions Yvon Blais, 1991.

POULLET, Y. et A. ROUVROY, « Le droit à l'autodétermination informationnelle et la valeur du développement personnel. Une réévaluation de l'importance de la vie privée pour la démocratie », dans *État de droit et virtualité*, Montréal, Éditions Thémis, 2009, p. 157.

RIGAUX, F., *La protection de la vie privée et des autres biens de la personnalité*, Bibliothèque de la Faculté de droit de l'Université catholique de Louvain, t. XX, Bruxelles, 1990.

TRUDEL, P., « Vers de nouvelles approches pour garantir la protection de la vie privée dans un monde en réseaux », dans *Leg@l.TI – Droit et technologies de l'information : devenir aujourd'hui l'avocat de demain !*, Cowansville, Éditions Yvon Blais, 2008, p. 1.

VALLIÈRES, N., *La presse et la diffamation*, Montréal, Wilson & Lafleur, 1986.

VILLAGGI, J.-P., « Le droit à la vie privée : un droit en mutation », dans *Mes amis Facebook, moi et mon emploi : l'arbitrage de grief à l'ère des réseaux sociaux*, Montréal, Wilson & Lafleur, 2012, p. 151.

TITRE III

L'INDIVIDUALISATION DES PERSONNES PHYSIQUES ET L'ÉTAT CIVIL

221 – *Les éléments d'identification de la personne dans le Code civil* – Les personnes humaines sont toutes destinataires des mêmes normes juridiques et la qualité de sujet de droits emporte pour chacun des attributs identiques. Mais sous d'autres rapports, le droit distingue chaque individu. Comme toute personne est appelée à jouer un rôle sur la scène juridique, elle doit être identifiable. Quatre éléments remplissent cette fonction d'identification :

- le nom permet de désigner la personne (Chap. I) ;
- le sexe complète cette identification en opérant une classification entre les hommes et les femmes (Chap. II) ;
- le domicile permet de localiser la personne (Chap. III) ;
- les actes de l'état civil fixent l'identité de la personne et permettent de la situer aussi bien dans le temps qu'en regard de sa situation de famille à laquelle le droit attache des conséquences diverses (Chap. IV).

222 – *Les autres éléments d'identification.* Le développement de l'appareil de l'État, couplé à celui de la technique, favorise aujourd'hui un système parallèle attribuant à chaque individu un numéro ou un code dont la composition permet (en principe) d'éviter les confusions. De plus, les développements fulgurants de la biométrie permettent d'identifier une personne à partir de ses caractéristiques biologiques (empreintes digitales, yeux, voix, etc.) avec une rapidité et une efficacité inégalées[1]. Une même personne peut être désignée par plusieurs numéros ou plusieurs codes dont l'utilisation n'est pas nécessairement limitée à des fins purement administratives, dans les administrations publiques comme dans le secteur privé (numéro d'assurance sociale, carte d'assurance maladie, permis de conduire, sans compter les systèmes propres au secteur industriel ou commercial). Certains des systèmes mis en place permettent d'inclure dans ce matricule des éléments qui touchent à l'état des personnes (mariage, filiation, divorce) de sorte qu'il existe en quelque sorte plusieurs archives de l'état des personnes.

L'immatriculation est plus précise et « à bien des égards supérieure à la dénomination dans la fonction d'identification des personnes »[2], mais elle ne peut avoir d'autre rôle.

Bien que tous différents, ces numéros se ressemblent. Paradoxalement, le moyen qui est le plus sûr de distinguer les individus est aussi celui qui les confond dans une masse dont rien n'émerge. Le nom, lui, est évocateur d'une famille, d'une région ; il se prononce, se fixe dans les mémoires ; il est le produit d'une histoire, ancienne ou récente, mais non d'une création abstraite. La désignation du sexe de la personne est également considérée comme faisant partie des éléments facilitant la particularisation de l'individu. Le domicile, quoique plus volatile, fait aussi partie de ces éléments classiques d'identification. C'est pourquoi les deux modes d'individualisation coexistent : le nom/le sexe/le domicile, à l'usage des personnes, le numéro, à l'usage des ordinateurs.

---

1. Compte tenu de l'atteinte à l'intégrité que représente l'identification par des données biométriques, la *Loi concernant le cadre juridique des technologies de l'information*, RLRQ, c. C-1.1, prévoit que l'on ne peut exiger d'une personne qu'elle s'identifie par un procédé de biométrie, sans son consentement (art. 43 et 44).
2. G. Goubeaux, *Traité de droit civil*, t. I « Les personnes », sous la dir. de J. Ghestin, Paris, L.G.D.J., 1989, n° 110, p. 117.

CHAPITRE I

LE NOM

223 – *Définition* – Le nom est un moyen d'individualisation consistant dans l'usage de mots ou d'une série de mots faisant partie du système d'identification des personnes. C'est sous son nom que l'individu exerce ses droits civils et politiques, qu'il remplit ses obligations à l'égard de l'État et des particuliers, qu'il pose des actes juridiques ou qu'il est cité en justice.

224 – Si le Code civil présente aujourd'hui une réglementation d'ensemble de cette institution, jusque-là ses contours étaient plutôt diffus. En effet, à l'exception de quelques dispositions éparses, la coutume, la jurisprudence et les pratiques administratives avaient forgé au nom sa configuration[3]. Aujourd'hui, le Code traite à la fois de l'attribution, de l'utilisation et du changement du nom et il est possible, à partir de ces dispositions, de construire une véritable théorie du nom qui relève à la fois des droits de la personnalité et de l'état des personnes. Le nom est, en effet, comme une conséquence de la filiation. Étant aussi porteur de l'identité de la personne et étant un élément de son état civil[4] le nom jouit d'une protection légale particulière.

---

3. Le *Code civil du Bas Canada* ne contenait que quelques allusions au nom (art. 56 relatif à l'utilisation du nom, art. 54, 65, 67 et 71 relatifs aux actes de l'état civil et aux jugements qui y suppléent). Les règles d'attribution, qui relevaient de la coutume, ont été modifiées en 1980, dans le sillage de la réforme du droit de la famille (art. 56 à 56.4 C.c.B.C., tels qu'introduits par la *Loi instituant le Code civil du Québec et portant réforme du droit de la famille*, L.Q. 1980, c. 39, art. 7). Pour le reste, la seule autre source d'origine législative était la *Loi sur le changement de nom et autres qualités de l'état civil*, sanctionnée en 1965 puis modifiée substantiellement en 1977 (RLRQ, c. C-10) pour finalement être abrogée en 1992 (L.Q. 1992, c. 57, art. 463).
4. À ce titre, le nom fait partie des motifs prohibés de discrimination de l'article 10 de la Charte québécoise (*Commission des droits de la personne et des droits de la jeunesse* c. *Immeubles Chanta et Martin inc. (Manoir de La Baie inc.)*, 2013 QCTDP 23).

Section I

Les éléments constitutifs du nom

§1 – Le nom de famille et le(s) prénom(s)

225 – Dans la série de mots qui peuvent servir à nommer une personne, il en est deux essentiels : le nom de famille et le ou les prénoms. D'autres (pseudonyme ou surnom, particule, titre de noblesse) ne sont que des accessoires exceptionnels[5]. Les prénoms constituent des discriminants individuels, car plusieurs personnes peuvent porter le même nom de famille, surtout dans des régions à population fortement endogène comme on en retrouve au Québec.

Ces mêmes éléments sont mentionnés dans l'article 50 C.c.Q., dont le libellé reprend sensiblement celui de l'article 56.1 C.c.B.C. C'est dans ce double sens qu'il faut comprendre le mot « nom », lorsqu'il est employé sans autre précision dans le Code. Il en est ainsi de l'article 5 C.c.Q., qui figure au titre I, consacré à la jouissance et à l'exercice des droits civils et qui dispose :

> Toute personne exerce ses droits civils sous le nom qui lui est attribué et qui est énoncé dans son acte de naissance.

Le terme vise, dans cette disposition, le prénom et le nom de famille. Nous verrons cependant qu'en cas de pluralité de prénoms, la loi n'impose pas de les utiliser tous et que les sanctions attachées au caractère obligatoire du port du nom appellent également des nuances.

226 – *Nom patronymique et nom de famille* – Autrefois, le nom de famille désignait le nom commun à tous les membres d'une même famille qui descendaient par le père d'un même auteur. On parlait alors indifféremment de nom de famille ou de nom patronymique qui, du point de vue étymologique, évoque la référence au père. Le nom de famille n'était donc pas individuel, mais héréditaire et indiquait en principe la filiation paternelle[6].

---

5. J. Carbonnier, *Droit civil*, v. 1. Introduction, les personnes, la famille, l'enfant, le couple, Quadrige/Presses universitaires de France, Paris, 2004, n°s 220 et s., p. 422.
6. Encore qu'à l'origine la transmission du nom fut rattachée à la terre. Voir S.-G. Parent, *Le nom patronymique dans le droit québécois*, Québec, Chartier et Dugal, 1951 et A. Lefevre-Teillard, *Le nom – droit et histoire*, Paris, P.U.F., 1990.

Le nom de famille est aujourd'hui encore le signe d'une appartenance familiale, une conséquence de la filiation, mais il n'est plus nécessairement commun à tous les membres d'une même famille et il a perdu sa nécessaire vocation héréditaire. L'attribution du nom repose, en effet, sur le libre choix des parents. Le principe d'égalité des hommes et des femmes, ainsi que la participation de plus en plus active des femmes à la vie publique et sociale s'accommodaient mal de cette conception patriarcale qui commandait l'attribution du nom. Aussi, le législateur a-t-il rompu avec cette tradition, plus que séculaire, de transmission du nom du père pour ajuster le droit à la nouvelle vision des rapports hommes-femmes, laissant aux parents la liberté de choisir le nom qu'ils entendent transmettre à leurs enfants. Certains auraient préféré des solutions plus souples mais qui impliquent nécessairement une part d'arbitraire et qui privilégient, selon les cas, un sexe par rapport à l'autre. La solution retenue, qui peut sembler complexe, a cependant le mérite de la cohérence, que ce soit en regard du principe d'égalité ou de celui de la liberté reconnue aux personnes dans la façon d'organiser leurs relations familiales.

On est ainsi passé d'un système de dévolution à un système d'attribution. Il n'est pas certain que la « dynamique du choix » sur laquelle le système repose aboutit aux « effets recherchés par la symbolique de l'égalité »[7] ni qu'elle rencontre toujours l'intérêt de l'enfant. En démantelant le nom de famille au profit du nom de naissance, le risque est de le réduire à un mot vide de sens[8] et si les généalogistes se réjouissent du fait, les anthropologues sont sceptiques[9].

---

7. A. Boisgibault de Bryas, « La symbolique du nom de famille », (2005) 109 *R.R.J.* 533, 544. Voir également J.-F. Mellet, *Le régime contemporain de l'attribution du nom au Québec : le « grand bond en avant » d'une institution de droit civil*, mémoire de maîtrise, Montréal, Institut de droit comparé, Université McGill, 2000.
8. Dans le même sens, voir à propos du droit français et de la réforme opérée par la Loi du 4 mars 2002, calquée, avec des nuances, sur le système québécois : G. Cornu, *Droit civil : Les personnes*,13e éd., Paris, Montchrestien, 2007, n° 49, p. 108 et s.. ; C. Neirinck (dir.), *L'État civil dans tous ses états*, Paris, L.G.D.J., Droit et société, 2008.
9. Voir entre autres, I. Thery, « Entre préséance et préférence », *Esprit*, 2002, n° 282, p. 110 ; H. Lecuyer, « L'identité de la personne », dans *La personne dans tous ses états, Petites Affiches*, 1er juillet 2004, n° 131, p. 31 ; F. Dekeuwer-Défossey et C. Choain, (éd.), *Les enjeux de la transmission entre générations. Du don pesant au dû vindicatif*, Paris, Presses universitaires du Septentrion, 2005.

§2 – Les compléments du nom

227 – D'autres éléments peuvent compléter le nom, mais ils ne font figure que d'accessoires. C'est le cas du *pseudonyme* et du *surnom*, qui doivent être distingués du nom d'usage, encore que les uns et les autres soient subsidiaires ou additionnels par rapport au nom principal.

228 – *Le pseudonyme* – Le pseudonyme est un faux nom que la personne se choisit elle-même pour s'en faire désigner à la place de son véritable nom dans l'exercice d'activités particulières. La pratique est très courante dans les milieux artistiques et littéraires[10]. C'est un nom de fantaisie qui « tout à la fois individualise la personne et dissimule son identité civile »[11], afin de préserver sa vie privée. En tant que création de l'esprit, le pseudonyme jouit d'une protection comparable à celle du nom commercial. Il est donc susceptible d'appropriation et acquiert un caractère patrimonial[12].

229 – *Le surnom* – À la différence du pseudonyme, le surnom n'est pas un nom choisi par celui qui le porte, mais par les tiers qui distinguent ainsi la personne des autres individus qui portent le même nom. Il n'a donc pas pour but de dissimuler l'identité de la personne mais plutôt de la préciser. Il peut parfois, à titre d'élément d'identification, être joint au nom, précédé du mot « dit ». Ce nom surajouté est aussi désigné sous le vocable de *sobriquet*. L'apposition du surnom, s'il est utilisé de façon courante et qu'il est personnel au signataire, peut constituer une signature valide au sens de l'article 2827 C.c.Q.[13]. Il faut différencier le surnom du diminutif, le diminutif étant un nom propre dérivé d'un autre et comportant une nuance d'affection ou de familiarité[14]. Le diminutif ne peut servir à identifier une personne et celle-ci ne pourra l'utiliser dans l'exercice de ses droits[15].

---

10. À titre d'exemple parmi les « classiques », on peut citer les « noms » de Molière, Voltaire, Stendhal ou encore, plus près de nous, Dominique Michel et Hergé.
11. G. Goubeaux, *op. cit.*, note 2, n° 146, p. 145.
12. Voir R. Lindon, *Dictionnaire juridique : les droits de la personnalité*, Paris, Dalloz, 1983, p. 200-205 ; S.-G. Parent, *op. cit.*, note 6, p. 76-82 et H. Simon, *Le nom commercial*, Montréal, Wilson & Lafleur/Sorej, 1984, p. 7-14, 23-28, 61, 62, 82-112 ; S. Martin, « La protection du nom de scène », dans Service de la formation permanente, Barreau du Québec, *Développements récents en droit du divertissement (2001)*, Cowansville, Éditions Yvon Blais, p. 203. Pour un exemple de la protection qui est accordée au pseudonyme, voir *Fondation Le Corbusier* c. *Société en commandite Manoir Le Corbusier Phase I*, [1991] R.J.Q. 2864, EYB 1991-76023 (C.S.).
13. *SSQ, société d'assurances inc.* c. *Froidebise*, 2014 QCCS 205.
14. À titre d'exemple : Ed pour Édouard, Jef pour Jean-François, Vali pour Valentina, etc.
15. *Nejad-Assasi* c. *Directeur de l'état civil*, 2009 QCCS 948.

Section II

L'attribution du nom

230 – *Le nom, un effet de la filiation* – En principe, le nom de famille s'acquiert à la naissance et il est attribué à chaque individu en fonction de sa filiation. Il faut distinguer les situations selon que l'enfant a une double ou une simple filiation.

231 – *La filiation est connue à l'égard des deux auteurs* – L'enfant porte le nom qui lui a été attribué dans l'acte de naissance, sur la foi de la déclaration produite par les parents (art. 50, 108 et 115 C.c.Q.). La loi leur permet de choisir entre leurs deux noms ou une combinaison des deux, sous réserve du nombre de mots qui peuvent entrer dans la composition du nom de l'enfant, fixé impérativement à maximum deux parties provenant de celles qui forment leur propre nom (art. 51 C.c.Q.)[16]. En cas de nom composé, les composantes doivent être reliées par un tiret, sans quoi la personne aurait deux noms de famille, ce que la loi n'autorise pas[17]. Pour ce qui est des prénoms, le Code laisse aux parents ici entière liberté quant au nombre. L'enfant doit avoir au moins un prénom (art. 50 C.c.Q.). C'est aussi ce qui permet de l'individualiser au sein du groupe familial[18]. En ce sens, l'attribution du nom apparaît comme une véritable prérogative de l'autorité parentale. Le prénom peut aussi prendre la forme d'une

---

16. Un enfant dont la filiation est établie vis-à-vis de ses deux parents ne pourrait donc porter, comme nom de famille, un de ses prénoms : *Droit de la famille – 268*, [1986] R.D.F. 46 (C.S.).
17. *Adoption – 0859*, 2008 QCCQ 7208.
18. Toutefois, le prénom ne sert pas qu'à distinguer les enfants d'une même famille. Il peut être aussi le signe d'une certaine fraternité entre les membres d'une famille. En ce sens, le Directeur de l'état civil ne pourrait pas refuser d'attribuer un prénom déjà porté par un enfant du même couple, au motif qu'advenant l'hypothèse où la personne déciderait de n'utiliser que ce seul prénom, il y aurait risque de confusion ; voir *Brasseur* c. *Lavigne*, [1995] R.J.Q. 2183, EYB 1995-75632 (C.S.). Dans une perspective plus sociologique, il n'est d'ailleurs pas sans intérêt de noter une certaine tendance, au Québec et, de manière générale en Amérique du Nord, à vouloir concilier l'importance qu'on attache à souligner l'appartenance de l'enfant à la lignée, tout en gardant le souci d'une identification propre. L'usage du mot « Junior » ou de son abréviation (*Jr* ou *JR*), acceptée par la direction de l'état civil, en est une bonne illustration. On peut penser également à une autre coutume, peut-être moins répandue et à consonance plus régalienne, qui consiste à souligner la chronologie dans l'usage d'un même prénom (Jean-François II, Jean-François III, etc.), tout aussi acceptée (*L'État civil Express*, vol. 2, nº 1, p. 3 et vol. 3, nº 1, p. 6).

initiale, le plus souvent celle du nom de famille de l'un des deux parents, en référence à ce nom[19].

232 – La restriction relative au nombre de composantes du nom de famille se comprend aisément, car les possibilités offertes aux parents sont déjà multiples. Autoriser toute adjonction à cette dualité eût fait perdre au nom sa raison d'être, c'est-à-dire l'individualisation de la personne. Quelques exemples permettent d'illustrer les choix que peuvent exercer les parents.

Julie Colombe et Germain Ladouceur peuvent transmettre un seul de leurs noms à leur enfant (le patronyme ou le matronyme) ou un double nom (le patronyme de l'un et le matronyme de l'autre accolés dans l'ordre déterminé par eux et reliés par un trait d'union)[20].

L'enfant pourrait donc porter l'un des quatre noms de famille suivants :

- Colombe
- Ladouceur
- Colombe-Ladouceur
- Ladouceur-Colombe

Il s'agit donc ici d'une option à trois branches, dont la troisième comporte deux variantes, mais reposant toutes sur leur accord. Selon l'option choisie elle peut conduire à « opacifier »[21] les liens à l'intérieur d'une même fratrie comme les liens qui peuvent exister entre les générations[22]. Rien n'interdit en effet aux parents d'attribuer un nom

---

19. *Brasseur* c. *Lavigne*, précité, note 18 ; *Létourneau* c. *Lavigne*, [1995] R.D.F. 228, EYB 1995-72350 (C.S.).
20. « Lorsqu'un nom de famille est composé de deux parties, une règle grammaticale claire de la langue française établit que le trait d'union les relie » : *S.L.* et *Directeur de la protection de la jeunesse du Bas St-Laurent*, [2001] R.D.F. 647. Le droit québécois se démarque donc du droit français où le double nom est constitué par le nom accolé de chacun des parents, identifiable par le « – » placé entre les deux noms, alors que le nom composé, quant à lui, est identifiable par un seul tiret : L. Cimar, « Le double nom : du tiret séparateur au double trait d'union », (2005) 4 *Droit de la famille* 7.
21. G. Cornu, *op. cit.*, note 8, n° 49, p. 113.
22. Il semblerait cependant que si l'attribution d'un double nom à l'enfant a connu un certain engouement au Québec dans les années 1990, la pratique tend aujourd'hui à s'estomper. Par contre, de nouvelles pratiques, qui ressortissent sans doute d'un compromis entre deux paradigmes, l'identitaire et l'égalitaire, semblent s'instaurer. Il en est ainsi par exemple de l'attribution, à titre de prénom pour l'enfant, du nom de famille du parent dont le nom propre n'a pas été retenu au nombre des options possibles : pour une analyse des pratiques onomastiques au Québec, voir D. Lemieux, « Nommer le premier enfant, Pratiques et discours de parents

différent à chacun de leurs enfants. Lorsque les parents ont eux-mêmes un nom de famille composé, les possibilités se multiplient. Ainsi, Isabelle, fille de Sylvie Colombe-Ladouceur et de Jacques Florient-Laplante, pourrait porter l'un des noms suivants :

- Isabelle Colombe-Ladouceur
- Isabelle Florient-Laplante
- Isabelle Colombe-Florient
- Isabelle Colombe-Laplante
- Isabelle Ladouceur-Florient
- Isabelle Florient-Ladouceur
- Isabelle Florient-Colombe
- Isabelle Ladouceur-Laplante
- Isabelle Laplante-Colombe
- Isabelle Laplante-Ladouceur

Les parents qui portent un double nom ne peuvent donc pas transmettre à leur enfant leurs deux noms de famille composés accolés l'un à l'autre. L'une des parties de leur nom, patronyme ou matronyme, selon leur choix, devra être nécessairement éliminée[23]. Par contre, ils peuvent porter un nom composé seulement d'une partie de celui des deux parents, soit :

- Isabelle Colombe
- Isabelle Ladouceur
- Isabelle Florient
- Isabelle Laplante

Ils pourraient même inverser les éléments de leur propre nom comme :

Isabelle Ladouceur-Colombe ou Isabelle Laplante-Florient

Ces deux derniers noms s'ajoutant donc à la liste des noms disponibles énoncés plus haut.

233 – *Limites à la volonté parentale* – Dans certains cas, l'attribution peut résulter d'une décision administrative ou judiciaire plutôt que de la seule volonté des parents. Deux hypothèses doivent être envisagées :

---

québécois », dans A. Fine et F.-R. Ouellette, *Le nom dans les sociétés occidentales contemporaines*, Toulouse, Presses universitaires du Mirail, 2005, p. 163.

23. *Jean Louis* c. *Directeur de l'état civil*, [1998] R.J.Q. 518, REJB 1997-03657 (C.S.), où le Directeur de l'état civil a refusé d'inscrire un nom de famille composé de trois parties.

– si les parents ne s'entendent pas sur le nom de famille ou sur le ou les prénoms de l'enfant, c'est le Directeur de l'état civil qui tranche. Il attribue à l'enfant un double nom de famille, une partie provenant du nom du père, l'autre du nom de la mère, selon le choix respectif de ces derniers (art. 52 C.c.Q.)[24]. Quant aux prénoms, il en retient deux, l'un choisi par le père, l'autre par la mère. Le principe d'égalité entre les parents se trouve donc ici respecté et le nom reflète la double filiation de l'enfant. Soulignons cependant que la décision du Directeur de l'état civil, dans un tel cas, est susceptible de révision (art. 74 C.c.Q.) ;

– l'autorité parentale est un droit-fonction et le législateur devait donc prévoir l'hypothèse où un nom choisi par des parents prêterait au ridicule ou serait susceptible de déconsidérer l'enfant. Dans un tel cas, le Directeur de l'état civil invitera les parents à modifier leur choix. Si ces derniers refusent de le faire, il en avise le Procureur général qui peut saisir le tribunal dans les 90 jours de l'inscription de l'acte de naissance que le Directeur de l'état civil doit néanmoins dresser (art. 54, al. 1 C.c.Q.)[25]. Le Procureur général peut, à sa discrétion, demander au tribunal de remplacer le nom ou les prénoms choisis par les parents, par le nom de famille de l'un d'eux ou par deux prénoms usuels, selon le cas. Le pouvoir du Directeur de l'état civil est donc réduit, puisque son seul pouvoir en est un de persuasion.

En ce qui a trait au choix du prénom, on constate que les tribunaux n'interviendront que de manière exceptionnelle[26], sans doute en raison de la charge symbolique que peut représenter, pour les parents, un tel choix[27]. Un nom inusité ne doit donc pas être refusé *a priori*. Dans une société pluraliste, les facteurs d'ordre culturel,

---

24. Le Directeur de l'état civil ne peut pas attribuer le nom d'un seul parent : *Jean Louis* c. *Directeur de l'état civil*, précité, note 23.
25. À l'origine, la question était directement soumise au tribunal, mais le contentieux qui en est résulté et sa médiatisation ont amené le législateur à modifier la procédure, manifestant aussi par là que le choix du nom de famille et des prénoms relève de la liberté des parents.
26. Selon la Banque de prénom des enfants du Québec, en 2012, des enfants québécois auraient été nommés « Bébé », « Pelle », « Lampe » et ce sans avoir fait l'objet d'une intervention du Procureur général. Voir, à titre d'exemple, *Lavigne* c. *Beaucaire*, [1996] R.J.Q. 1970, EYB 1996-88187 (C.S.), où les parents entendaient nommer leur fille *Spatule*.
27. J.-P. Albert, « La transmission des prénoms. Quelques enjeux religieux de dérégulation », dans *Le nom dans les sociétés occidentales contemporaines*, *op. cit.*, note 22 ; L. Duschesne, *Les prénoms les plus courants et les plus rares au Québec*, Montréal, Éditions du Trécarré, 2001.

linguistique ou ethnique joueront nécessairement dans la décision que serait appelé à rendre un tribunal[28].

234 – *La filiation n'est établie qu'à l'endroit d'un seul parent* – Puisque l'attribution du nom est un effet de la filiation, l'enfant dont la filiation n'est établie qu'à l'endroit d'un seul auteur porte nécessairement le nom de ce dernier, c'est-à-dire celui de sa mère ou de son père, selon le cas, lequel choisit aussi son ou ses prénoms (art. 53, al. 1 C.c.Q.)[29].

235 – *La filiation est inconnue* – L'attribution du nom relève alors de la seule autorité et de la discrétion du Directeur de l'état civil (art. 53, al. 2 C.c.Q.). Selon l'article 116 C.c.Q., la personne qui recueille ou garde un nouveau-né dont les père et mère sont inconnus ou empêchés d'agir, est tenue d'en faire la déclaration, dans les 30 jours, au Directeur de l'état civil. Cette déclaration, dans laquelle le nom de l'enfant, s'il est connu, est mentionné, doit être accompagnée d'une note « faisant état des faits et circonstances et y indiquer, s'ils lui sont connus, les noms des père et mère ». Il n'est donc pas impossible qu'un enfant porte un nom choisi par sa mère sans que pour autant on ait connaissance de son identité, puisque cette note n'est pas consignée à l'acte de naissance. En admettant même que son nom de famille ait été indiqué dans la note, cela n'autoriserait pas pour autant à établir un lien de filiation à son endroit. Rappelons qu'en vertu de l'article 114 C.c.Q., exception faite de pères et mères mariés ou unis civilement, seuls le père ou la mère peuvent déclarer la filiation de l'enfant à leur endroit (art. 114 C.c.Q.).

236 – Par ailleurs, il est des circonstances où l'état civil d'une personne ne peut être retracé et où la personne a elle-même perdu la connaissance de son identité. L'hypothèse est assez rare et concerne le cas de l'amnésique, une situation que ne prévoit pas le Code civil.

---

28. *Québec (Procureur général)* c. *Comeau*, [2006] R.J.Q. 2729, EYB 2006-110945 (C.S.), à propos du prénom *Caresse*, prénom qui origine des Philippines. Voir également *Lavigne* c. *Villeneuve*, [1998] R.J.Q. 573, REJB 1997-09452 (C.S.), jugement dans lequel *C'Est-Un-Ange*, qui pourtant est une phrase, n'a pas été considéré comme prêtant au ridicule ou comme pouvant déconsidérer l'enfant. Il est vrai qu'en l'espèce, il s'agissait d'un 2e prénom ; voir également *Gagnon* c. *Directeur de l'État civil*, B.E. 98BE-267 (C.S.).
29. L'enfant ne pourrait donc porter le nom de famille du nouveau conjoint de son père ou de sa mère, puisqu'il n'a pas de lien de filiation avec celui-ci, à moins évidemment qu'il ne l'ait adopté : *Droit de la famille – 268*, précité, note 16 et *Droit de la famille – 1102*, [1987] R.D.F. 258 (C.S.).

Devant cet état de fait, la Cour supérieure a déjà accueilli une requête en jugement déclaratoire (art. 453 C.p.c.) qui dote l'individu d'une nouvelle identité et lui permet d'exercer ses droits civils[30].

Section III

De l'utilisation et des caractères du nom

237 – Emblème de la personnalité, signe d'une appartenance, le nom constitue aussi un facteur de sécurité puisqu'il facilite l'identification de la personne dans la société. En ce sens, il participe de la nature d'une institution de police civile. Le port du nom représente ainsi pour l'individu un droit autant qu'une obligation.

§1 – L'utilisation du nom par son titulaire

238 – *Le droit de porter son nom* – Chacun a le droit de se désigner ou de se faire désigner par le nom qui lui a été attribué et qui est inscrit à son acte de naissance, dans tous les actes de la vie civile, dans ses activités professionnelles et commerciales. Toutefois, et contrairement à une tendance qui semblait se dégager de la jurisprudence, il nous semble qu'une personne ne pourrait profiter d'une homonymie pour exercer, sous son nom, une activité commerciale analogue à celle d'un commerçant qui s'était déjà fait connaître, surtout si elle vend ses produits sous ce même nom[31].

239 – *Le port du nom, un droit inaliénable et imprescriptible* – Le titulaire du nom ne peut ni le vendre ni le léguer par testament. Il faut cependant faire une exception pour le nom commercial, qui fait partie du fonds de commerce. Le nom n'est plus alors le signe qui permet d'individualiser la personne physique, mais un bien incorporel qui peut être cédé[32]. En tant que marque de commerce, le nom jouit également d'une protection spécifique[33]. De même, si l'individu ne perd pas

30. *Michel Women et le protonotaire de la Cour supérieure et le greffier de la Ville de Québec*, C.S. Québec, nº 200-14-000-371-911, 11 avril 1991 (juge Ivan Migneault).
31. Voir *Century 21/Les immeubles Brière Connolly (1983) Inc.* c. *Hazel Connolly*, [1986] R.J.Q. 1370 (C.S.). On pourrait penser aussi à une action en concurrence déloyale fondée sur les principes de la responsabilité civile.
32. À propos du nom comme élément de la personnalité morale, voir les articles 302, 303, 305, 306 et 308 C.c.Q.
33. Le nom de commerce est aussi considéré comme un bien au sens de l'article 6 de la *Charte des droits et libertés de la personne*, RLRQ, c. C-12, et il jouit à ce titre d'une double protection.

le droit de porter le nom qui lui a été attribué à la naissance par le non-usage, la coutume[34] et la loi admettent « l'équipollent d'une prescription acquisitive »[35] puisque l'usage d'un nom qui ne correspond pas à celui qui est inscrit dans son acte de naissance peut se transformer en droit, par suite d'une décision administrative ou judiciaire.

240 – *L'obligation de porter son nom* – Le principe est énoncé à l'article 5 du Code civil : « Toute personne exerce ses droits civils sous le nom qui lui est attribué et qui est énoncé dans son acte de naissance ». Toutefois, en cas de pluralité de prénoms, elle peut n'en utiliser qu'un seul (art. 55, al. 2 C.c.Q.). Cette obligation a cependant des limites.

241 – *L'obligation n'est pas absolue* – L'utilisation d'un faux nom constitue, sous certaines conditions, le crime de faux sanctionné par le *Code criminel*[36]. En droit civil, l'obligation n'est absolue que dans les rapports et les actes de droit privé dans lesquels intervient la puissance publique (actes de l'état civil, actes notariés, procédures judiciaires[37]). Il en va différemment dans les rapports avec les tiers, sous réserve des droits d'autrui. Il est donc possible de se servir d'un faux nom, voire de conserver son nom secret, notamment dans les relations contractuelles, dans la mesure où cette attitude ne porte pas préjudice aux tiers[38]. C'est cette liberté qui légitime l'usage d'un pseudonyme et qui permet à un individu de garder l'anonymat (art. 36, par. 5 C.c.Q.).

34. M. Ouellette, *Droit des personnes et de la famille*, Montréal, Éditions Thémis, 1978, p. 78 et T.P. Slattery, « The Meaning and Effect of Article 56*a*) C.c. », (1953) 13 *R. du B.* 23.
35. J. Carbonnier, *op. cit.*, note 5, n° 226, p. 432.
36. Art. 366 et 374 C.cr. De même, le *Code criminel* condamne la supposition de personnes (art. 403).
37. *Droit de la famille – 990*, [1991] R.J.Q. 1215, EYB 1991-57832 (C.A.) ; *Montreuil* c. *Directeur de l'état civil*, [1999] R.J.Q. 2819, REJB 1999-15029 (C.A.) et *Montreuil* c. *Québec (Procureur général)*, [2001] R.D.F. 452 (C.S.). Par contre, l'article 59 C.p.c. (art. 93 C.p.c.), qui prévoit que nul ne peut plaider sous le nom d'autrui, ne s'oppose pas à ce que, dans une poursuite en dommages-intérêts, le demandeur puisse intenter l'action sous ses initiales, ni à ce que celles-ci soient utilisées pour le désigner dans les actes de la procédure, lorsqu'il y a violation appréhendée de ses droits fondamentaux : *D. (J.L.)* c. *Vallée*, [1996] R.J.Q. 2480, REJB 1996-29278 (C.A.) ; comparer avec *B. (B.)* c. *Québec (Procureur général)*, [1998] R.J.Q. 317, REJB 1997-03811 (C.A.). De même, en cas de danger réel pour la sécurité des personnes, un tribunal pourrait autoriser une partie à se présenter dans les procédures sous un pseudonyme ; voir *Droit de la famille – 123545*, 2012 QCCA 2224, où une mère et son enfant faisaient l'objet de menaces de mort.
38. Sur ces pratiques et leur licéité, voir J.-L. Baudouin, P.-G. Jobin et N. Vézina, *Les obligations*, 7e éd. par P.-G. Jobin et N. Vézina, Cowansville, Éditions Yvon Blais, 2013, nos 495 et s., p. 591.

242 – *L'usage du nom du conjoint* – En vertu d'une règle d'origine coutumière et implicitement consacrée par certains textes législatifs[39], il était d'usage que la femme mariée fût désignée par le nom de son mari. Cette attribution résultant du mariage n'avait cependant rien d'absolu ni de définitif. Elle était considérée comme un droit et non comme une obligation. La femme mariée pouvait donc exercer ses droits civils « soit sous le nom de famille de son mari, soit sous son propre nom patronymique, soit encore utiliser les deux à la fois »[40].

Toutefois, si la jurisprudence et la doctrine s'entendaient sur la persistance de ce droit d'usage advenant le prédécès du conjoint, les solutions proposées étaient moins claires en cas de divorce. La majorité des auteurs considéraient que, sauf circonstances exceptionnelles, la femme perdait l'usage du nom de son mari par le seul effet du jugement de divorce[41].

Cette « coutume-loi » a été abrogée par la réforme du droit de la famille de 1980. Depuis le 1er avril 1981, « Chacun des époux conserve, en mariage, son nom ; il exerce ses droits civils sous ce nom » (art. 393 C.c.Q., qui reprend l'article 441 du C.c.Q. de 1980).

Certains y ont vu une victoire féministe. À tout le moins, il est permis de prétendre, face à ceux qui voyaient dans cette attribution « non pas tant la marque d'une dépendance qu'une sorte de publicité pour affirmer au regard des tiers l'unité du ménage et de la famille »[42], que le principe d'égalité autour duquel s'articulent aujourd'hui les rapports entre époux ne se serait guère accommodé d'une autre solution. Par ailleurs, rien n'empêche les femmes mariées qui le désirent d'utiliser le nom de leur mari dans la vie sociale, un usage qui n'a cependant plus de dimension juridique.

La tradition était à ce point enracinée qu'afin d'éviter une rupture trop brutale pour les femmes connues sous le nom de leur mari depuis fort longtemps, le législateur a permis à celles qui s'étaient

---

39. Voir A. Morel, « L'article 56*a* du Code civil », (1951-1952) 2 *R.J.T.* 216 et *Harris* c. *Bosworthick*, [1966] C.S. 482.
40. S.-G. Parent, *op. cit.*, note 6 ; J. Beetz, « Attribution et changement du nom patronymique », (1956) 16 *R. du B.* 59 ; L. Lemieux, « Utilisation du nom patronymique de la femme mariée », (1977) 37 *R. du B.* 510.
41. S.-G. Parent, *op. cit.*, note 6 ; P. Azard et A.-F. Bisson, *Droit civil québécois*, t. I, *Notions fondamentales, Famille, Incapacités*, Ottawa, Éd. de l'Université d'Ottawa, 1971, p. 62 ; J. Pineau, *Mariage, séparation, divorce : l'état du droit au Québec*, Montréal, P.U.M., 1976, p. 159, no 220.
42. J. Carbonnier, *op. cit.*, note 5, no 225, p. 429.

mariées sous le régime de l'ancienne loi de conserver, si elles le désiraient, l'usage du nom de leur conjoint[43].

C'est dire qu'aujourd'hui encore, le nom d'usage de la femme mariée persiste et qu'il peut prêter à contentieux pour quelques années encore. Les solutions retenues jusqu'à présent, quant au nom de la femme divorcée (encore qu'il y ait peu de décisions en la matière), semblent rejoindre celles du droit français où l'épouse « peut continuer par exception à porter le nom du mari, soit par l'effet d'une convention passée avec lui (même tacite), soit en vertu d'une décision du tribunal fondée sur son intérêt personnel (elle était professionnellement connue sous ce nom) »[44]. La perte du droit de porter le nom du mari, comme conséquence du divorce, est une solution insatisfaisante. Elle postule que ce droit est un effet du mariage qui disparaît donc avec sa dissolution. S'il fallait suivre cette logique, il faudrait conclure que le décès du mari entraîne pour son épouse la perte du droit d'usage du nom du défunt ! Une solution de rechange existe, en cas de contestation, puisque la femme qui portait le nom de son ex-mari pendant le mariage peut revendiquer le droit au changement de nom fondé sur l'usage prolongé et généralisé du nom de son ex-mari (art. 58 C.c.Q.). La facilité à obtenir désormais un changement de nom sur cette base (voir *infra* la section sur le changement de nom) devrait amener à conclure de façon réaliste que ni le divorce ni le décès n'emportent la perte du nom.

§2 – L'utilisation de nom par un tiers et le droit au nom

243 – *La défense du nom* – Expression trop intime de la personnalité de l'individu pour en être séparée, on comprend que l'utilisation de son nom par un tiers, comme toute autre forme d'atteinte à son intégrité, soit sanctionnée. Le principe est énoncé à l'article 56,

---

43. Art. 79 de la *Loi instituant un nouveau Code civil et portant réforme du droit de la famille*, L.Q. 1980, c. 39. Il en est de même pour les femmes qui ont acquis le nom de leur mari suivant la loi de leur domicile au moment du mariage et qui peuvent garder ce nom après s'être établies au Québec : A. Goldstein et E. Groffier, *Traité de droit international privé*, t. 2, *Règles spécifiques*, Cowansville, Éditions Yvon Blais, 2003, n° 213, p. 27-29.

44. C. Atias, *Les personnes, les incapacités*, Paris, P.U.F., 1985 (« Collection de droit fondamental »), n° 45, p. 78 et 79. À titre d'exemple, voir *Mackay* c. *Jolicœur*, [1993] R.J.Q. 2104 (C.S.). Voir *Droit de la famille – 2181*, [1995] R.D.F. 269, EYB 1995-72375 (C.S.) (confirmé en appel le 16 novembre 1995 ; C.A.M., n° 500-09-000702-951), où le tribunal a ordonné à l'intimée de cesser de porter le nom de son ex-conjoint.

al. 1 C.c.Q. qui dispose : « Celui qui utilise un autre nom que le sien est responsable de la confusion ou du préjudice qui peut en résulter »[45].

244 – *Une action qui a son régime propre* – Il ne s'agit cependant pas d'un droit subjectif, la violation du droit n'est pas suffisante en elle-même pour justifier une réaction défensive du titulaire du droit. En ce sens, le risque de confusion, érigé ici « en condition de l'action, pose une limite propre à la défense du nom »[46] par la personne qui le porte. Il est vrai que les deux éléments se trouvent réunis, car la confusion, qui renvoie à la notion d'intérêt (intérêt à agir), permet d'inférer le préjudice, tout au moins le préjudice moral. Il n'en reste pas moins que la protection du nom se trouve aujourd'hui assurée en dehors des conditions ordinaires de la responsabilité civile.

245 – *La nature du droit au nom* – Le législateur a consacré les théories dominantes qui voient dans le droit au nom un droit qui participe à la fois des droits de la personnalité (art. 3 C.c.Q.) et des éléments de l'état. C'est un droit autonome qui a son régime propre et qui témoigne bien de l'originalité de la nature juridique du nom, « élément qui, dans sa dimension extrapatrimoniale, a deux dimensions, l'une personnelle, l'autre familiale »[47].

En effet, si chacun a droit à son identité et à ne pas être confondu avec d'autres – ce qui implique une certaine originalité du nom litigieux – les membres de la famille, y inclus ceux qui ne portent pas le même nom[48], ont un droit égal « d'empêcher qu'un pur étranger prétende se rattacher à la maison »[49], comme ils peuvent exiger réparation du discrédit qui aurait été jeté sur la famille par suite de l'utilisation abusive ou malveillante qui aurait été faite du nom d'un des membres du clan, que ce soit aux fins publicitaires, commerciales,

---

45. Voir *Laliberté* c. *Transit Éditeur inc.*, 2009 QCCS 6177. La Cour accueille une demande d'injonction interlocutoire contre Transit Éditeur. Elle donne raison au demander, Guy Laliberté, car l'utilisation de son nom provoque une confusion entre le site Internet des défendeurs et Laliberté lui-même dans l'esprit de l'utilisateur. De plus, la Cour rappelle que l'utilisation du nom ou de l'image d'une personne sans son autorisation et sans justification constitue une violation de la vie privée de cette personne.
46. G. Goubeaux, *op. cit.*, note 2, n° 157, p. 156.
47. G. Cornu, *op. cit.*, note 8, n° 62, p. 143.
48. Proches parents dont, bien sûr, les enfants ou la personne à laquelle l'individu est marié ou uni civilement : art. 56, al. 2 C.c.Q.
49. G. Goubeaux, *op. cit.*, note 2, n° 156, p. 153.

littéraires, artistiques ou encore politiques[50]. Ce droit des proches peut être exercé lorsqu'un tiers utilise illégitimement le nom d'une personne décédée[51].

En ce sens, et sans que l'on puisse prétendre à une totale assimilation, la protection du nom présente une certaine analogie avec celle de la propriété privée[52]. Il ferait partie, en quelque sorte, d'« un patrimoine moral de la famille »[53].

246 – *Les sanctions* – Dans un cas comme dans l'autre, qu'il s'agisse de la protection du nom comme élément de l'état des personnes ou comme attribut de la personnalité[54], le titulaire du nom et sa famille pourraient s'opposer à son utilisation et exiger la réparation du préjudice causé. Ils pourraient même obtenir des dommages-intérêts exemplaires, s'il s'agit d'une atteinte illicite et intentionnelle, au sens de l'article 49 de la *Charte des droits et libertés de la personne*. On rejoint alors l'atteinte à la réputation, ou à la vie privée, qui constitue une violation distincte et qui est sanctionnée comme telle[55].

Section IV

Le changement de nom

247 – Le nom peut être appelé à changer, comme conséquence d'un changement dans l'état de la personne. Au-delà des modifications que peut induire un changement dans la filiation, le nom peut encore

50. Sous réserve des restrictions déjà mentionnées quant à la liberté de la presse protégée tant par la *Charte canadienne* (art. 2*b*)) que par la *Charte des droits et libertés de la personne* (art. 3 et 44). Sur cette question, voir *infra*, Titre II (chap. I, n° 72) et Titre II (chap. III, n°s 153 et s.). Par contre, bien que l'article 56 C.c.Q. n'englobe pas le pseudonyme, il semble que ce dernier puisse jouir de la même protection. À tout le moins, il pourrait être protégé par le biais de l'article 35 C.c.Q. sous le chef d'atteinte à la vie privée ou à la réputation. Voir *Fondation Le Corbusier* c. *Société en commandite Manoir Le Corbusier Phase 1*, précité, note 12.
51. *Biddle* c. *Club de jazz Biddle inc.**, J.E. 2003-1538 (C.S.) (requête pour permission d'appeler rejetée, C.A. Montréal, n° 500-09-013528-039, 2003-06-25).
52. Une thèse qui a eu ses adeptes, en droit français (voir *supra*, note 47), comme en droit québécois : S.-G. Parent, *op. cit.*, note 6, et T.P. Slattery, *loc. cit.*, note 34 ; une thèse qui n'est pas sans lien avec l'histoire du nom, à l'origine associée à celle de la possession des terres et qui a été rejetée puisque la notion de propriété implique celle d'aliénabilité.
53. M. Ouellette, « Des personnes », dans *La réforme du Code civil : personnes, successions, biens*, Québec, P.U.L., 1993, vol. 1, n° 130, p. 58. Voir *supra*, note 47.
54. Art. 35, al. 2 C.c.Q.. ; le nom constitue un élément de la vie privée de la personne : *Laliberté* c. *Transit Éditeur inc.*, 2009 QCCS 6177.
55. Voir *infra*, Titre II, chap. III, « L'intégrité morale ».

se trouver modifié à la suite d'événements qui emportent l'extinction de certains droits qui découlent de la parenté. Dans de telles circonstances, le nouveau nom est attribué par le tribunal.

Au-delà des modulations rattachées aux aléas de la vie familiale, il existe un autre type de changement de nom. Il s'agit du changement volontaire, faculté reconnue à l'individu de changer d'identité. Dans un tel cas, l'attribution du nouveau nom et sa substitution à l'ancien résulteront d'une décision administrative.

248 – *Immutabilité du nom et indisponibilité de l'état* – Traditionnellement, le nom était considéré comme immuable. Le principe, qui provient de l'ancien droit, avait été repris dans l'article 56*a*) du *Code civil du Bas Canada*, formulé en termes prohibitifs. Depuis lors, ce dogme qui, ici comme ailleurs, coïncidait avec celui plus général de l'indisponibilité du nom, dès lors que le nom, élément de l'état civil, participe à l'indisponibilité de règle de l'état des personnes[56], a été sérieusement érodé. La consécration de l'égalité dans les rapports entre époux et la liberté qui leur a été reconnue d'organiser à leur gré leur mode de vie familiale sont venues ajouter à cette érosion. Il faut dire également que, après avoir admis, à certaines conditions, le changement de sexe comme donnant ouverture à un changement de nom, il devenait incohérent de ne pas reconnaître à la personne le pouvoir de se couper de ses racines familiales, ethniques ou territoriales lorsque celles-ci ne correspondent plus à ce que l'individu ressent comme exprimant son identité et sa personnalité propre. Aujourd'hui donc, le principe de l'immutabilité du nom n'a plus rien d'absolu. Il est vrai que « le nom appartient à l'individu »[57], mais il reste que lorsque les conditions légales sont rencontrées, la possibilité de demander le changement de nom ou de ne pas changer de nom participe de la sphère d'autonomie individuelle garantie par le droit à la vie privée. C'est donc à bon droit qu'un tribunal a déclaré nulles des clauses testamentaires qui, dans le but de garantir la pérennité d'un nom de famille, imposaient des obligations et des restrictions aux héritiers quant à leur nom[58]. En restreignant la faculté des héritiers de maintenir le nom de famille qui leur a été donné ou qu'ils ont

56. G. Cornu, *op. cit.*, note 8, nº 52, p. 119.
57. S. Pilon, « Le casse-tête juridique des règles d'attribution et de changement de nom », dans Service de la formation permanente, Barreau du Québec, *Congrès annuel de Québec (1992)*, 1992, p. 421, 435.
58. *Savard* c. *Curtin-Savard*, 2012 QCCS 3523.

choisi, la condition posée par la testatrice portait atteinte à leur droit au respect de la vie privée.

§1 – Le changement de nom par voie judiciaire

A. Les conditions d'ouverture

249 – Signe de rattachement familial, le nom se trouve naturellement affecté par les changements qui peuvent intervenir au sein du cercle familial. C'est ainsi qu'un changement dans la filiation, la déchéance de l'autorité parentale ou l'abandon[59] par le père ou la mère, peuvent entraîner un changement de nom pour l'enfant mineur. On comprend aussi que, dans de tels cas, qui sont de nature contentieuse, la question relève de la compétence exclusive du tribunal (art. 65 C.p.c.).

À l'exception de ces deux derniers cas, le changement de nom par voie judiciaire se présente comme accessoire à un changement d'état.

250 – *Adaptation du nom aux changements d'état* – La modification juridique du lien de filiation entraîne la modification correspondante du nom de famille. Dans de telles circonstances, le changement de nom est la conséquence du jugement qui établit le véritable statut de l'enfant. Il en est ainsi lorsque la filiation, jusqu'alors inconnue, est établie à la suite d'une action judiciaire contre l'un ou contre les deux parents[60]. La reconnaissance d'une nouvelle filiation n'entraîne pas automatiquement la modification du nom, puisque cette modification doit s'effectuer dans le respect de l'intérêt de l'enfant[61]. Ainsi, il est de jurisprudence constante qu'en l'absence d'un lien significatif entre le parent et l'enfant ou d'une réelle possibilité d'établir un tel lien, il n'est pas de l'intérêt de ce dernier de porter le nom de ce parent

---

59. En incluant l'abandon au nombre des situations familiales qui donnent ouverture à un changement de nom, le législateur entendait faire échec à une jurisprudence de la Cour d'appel pour qui l'abandon, comme motif de déchéance, n'autorisait pas à faire droit à une demande de changement de nom : *Droit de la famille – 990*, [1991] R.J.Q. 1215, EYB 1991-57832 (C.A.) et *Côté* c. *St-Antoine*, [1991] R.D.F. 513, EYB 1991-56729 (C.A.).
60. *Droit de la famille – 072111*, 2007 QCCS 4112, EYB 2007-123560 ; *Droit de la famille – 072036*, 2007 QCCS 3995, EYB 2007-123371.
61. *Droit de la famille – 14259*, 2014 QCCS 549.

absent[62]. Notons qu'en l'absence de contestation de la part du parent dont le nom était déjà indiqué à l'acte de naissance, il n'est pas nécessaire pour le parent à l'endroit duquel la filiation serait établie postérieurement, soit sur la base d'une déclaration tardive, soit par une possession d'état constante, de procéder par action d'état afin d'obtenir le changement du nom de l'enfant. L'acte de naissance étant considéré comme incomplet, la demande de changement de nom relève de la compétence du Directeur de l'état civil (art. 58, al. 2 et 130 C.c.Q.)[63].

Inversement, un jugement accueillant une action en contestation d'état fait perdre à l'enfant le nom de famille de la personne dont le tribunal a constaté qu'elle n'en était pas le parent biologique[64]. À cette hypothèse peut encore se greffer l'action en annulation d'une reconnaissance qui serait fausse ou mensongère.

251 – Il reste que, particulièrement dans les cas où, à la naissance, la filiation n'a été établie qu'à l'endroit d'un des deux parents, la demande qui vise à ajouter au nom initialement attribué à l'enfant le nom de l'autre, peut ne pas être conforme à son intérêt, condition déterminante (art. 33 C.c.Q.)[65]. Il n'y a donc pas d'automaticité :

> Parmi les facteurs qui permettent d'apprécier si une demande de changement de nom est dans l'intérêt de l'enfant et dans le respect de ses droits, on retrouve notamment : l'âge de l'enfant, les raisons qui expliquent l'absence d'identification du père à la déclaration de naissance, les raisons de l'absence du père dans la vie de l'enfant depuis sa naissance, l'existence d'un lien significatif entre le père et l'enfant, le désir sincère du père d'être une personne significative dans la vie de l'enfant, ses efforts pour

62. *Droit de la famille – 103390*, 2010 QCCS 6185 (confirmé en appel : *Droit de la famille – 111978*, 2011 QCCA 1256) ; *Droit de la famille – 133688*, 2013 QCCS 6556 ; *Droit de la famille – 131006**, 2013 QCCS 1700.
63. *Droit de la famille – 2049*, [1994] R.J.Q. 1068, EYB 1994-73339 (C.S.) ; *Droit de la famille – 3122*, [1998] R.J.Q. 2809, REJB 1998-08029 (C.S.) et *Chrétien* c. *Chrétien*, [1997] R.J.Q. 1767, REJB 1997-00190 (C.S.) ; *Droit de la famille – 073498*, 2007 QCCS 6594, EYB 2007-132581 : le tribunal estime que puisque le père avait une possession constante d'état établissant sa paternité depuis la naissance, sa demande de voir son nom inscrit dans l'acte de naissance de l'enfant ne constitue pas une demande de changement de filiation et, partant, ne permet pas l'application de l'article 65 C.c.Q. Cependant, une telle situation pourrait, selon nous, donner lieu à l'application de l'article 59, al. 2 C.c.Q.
64. Art. 531 C.c.Q. Voir, à titre d'exemple, *É.P. (dans la situation de)*, [2004] AZ-502657 (C.S.).
65. *Droit de la famille – 1702*, [1993] R.J.Q. 9, EYB 1992-58027 (C.A.) ; *Y.F.* c. *I.F.A.*, [2001] R.D.F. 43, REJB 2000-22452.

s'impliquer dans la vie de l'enfant, ses efforts pour assumer son bien-être, la qualité de la relation père-enfant, l'apport du père dans la vie de l'enfant jusqu'au moment de la demande, l'incidence du nom de l'enfant comme facteur identitaire et l'incidence chez l'enfant du changement de nom demandé.[66]

Tout est une question d'appréciation des circonstances et chaque cas demeure un cas d'espèce[67].

252 – *Le cas particulier de l'adoption* – L'adoption confère à l'adopté une filiation qui se substitue à sa filiation d'origine. L'adoptant devient parent au sens de la loi et il jouit des mêmes prérogatives qu'un parent par le sang quant au choix du nom de l'adopté. L'enfant adopté conjointement peut donc porter le nom de l'un des adoptants ou un nom composé d'une partie de leurs propres noms, à moins que ces derniers ne décident de lui laisser son nom d'origine (art. 576 et 577 C.c.Q.)[68]. C'est le cas de l'enfant orphelin de père ou de mère qui est adopté par le nouveau conjoint du parent survivant ou par un proche parent (art. 555 C.c.Q.). Rien n'empêche le ou les adoptants de donner à l'enfant un nom double, composé d'une partie de leur propre nom et de son nom d'origine.

Le Code précise également que pendant la durée du placement, étape préalable et nécessaire au prononcé du jugement, l'enfant peut exercer ses droits civils sous les nom et prénoms choisis par l'adoptant (art. 569, al. 1 C.c.Q.). À cette étape, il ne s'agit pas à proprement parler d'un changement de nom. L'état civil de l'adopté ne peut être modifié avant que le jugement d'adoption soit passé en force de chose jugée (art. 129, 132 et 137 C.c.Q.)[69], d'autant qu'il peut toujours être mis fin au placement et que l'ordonnance peut encore être révoquée (art. 570 et 571 C.c.Q.). Cette disposition permet néanmoins d'éviter le *vacuum* qui pourrait résulter du principe de la confidentia-

---

66. *B. (A.)* c. *H. (M.-J.)*, [2006] R.D.F. 10, EYB 2006-99696 (C.A.), par. 14 : ce passage est fréquemment repris par les juges lorsqu'il est question d'analyser l'intérêt de l'enfant devant une demande de changement de nom.
67. Y inclus les cas où la filiation de l'enfant aurait été établie après le décès de son auteur : *L.-J.K. (dans la situation de)*, [2001] R.D.F. 909 (C.S.), où le tribunal a refusé d'ajouter au nom de la mère celui du père. Comparer avec *M.-C.L.* c. *P.C. (Succession de)*, AZ-50212863 (C.S.) ; *J.L.* c. *M.J.*, AZ-50167415 (C.S.) ; *Lebrun* c. *Directeur de l'état civil*, [2002] R.D.F. 656, REJB 2002-33179 (C.S.). Concernant l'impact de l'absence de contact régulier depuis la naissance voir, *Droit de la famille – 12168*, 2012 QCCS 323.
68. *S.L.* c. *Directeur de la protection de la jeunesse du Bas St-Laurent*, précité, note 20.
69. *Droit de la famille – 150*, [1984] T.J. 2052.

lité entourant la procédure et les dossiers d'adoption. L'enfant, qu'on ne peut identifier du nom de ses parents biologiques[70], se serait alors retrouvé sans identité pendant toute la durée de l'ordonnance de placement. Le tribunal ne fait donc que constater le choix exercé par les adoptants.

253 – *Déchéance de l'autorité parentale et abandon de l'enfant* – Indépendamment des modifications qui peuvent résulter de l'établissement, par voie judiciaire, ou de la contestation du lien de filiation de l'enfant avec l'un ou même ses deux parents, l'abandon et la déchéance de l'autorité parentale donnent ouverture à une demande de changement de nom (art. 65 C.c.Q.)[71]. Toutefois, la déchéance ne saurait servir de prétexte à une telle demande. La jurisprudence est abondante et unanime : le parent qui emprunterait cette voie pour obtenir un changement de nom verra sa demande rejetée, l'effet ne devant pas être confondu avec la cause[72]. Le changement de nom n'est pas non plus un corollaire automatique de la déchéance de l'autorité parentale, mesure qui, rappelons-le, n'est pas irréversible (art. 610 C.c.Q.)[73]. C'est, ici encore, l'intérêt de l'enfant qui sert de guide en la matière, peu importe le motif de la demande, qu'il s'agisse de la déchéance ou de l'abandon[74]. Les tribunaux ont à cet égard reconnu l'importance de la stabilité du nom d'un enfant[75]. Au nombre

70. Hypothèse qui se rencontrera dans les cas où les parents ont donné un consentement général à l'adoption (art. 555 C.c.Q.) ou en cas de déclaration d'admissibilité à l'adoption (art. 559 C.c.Q.).
71. L'abandon ne doit pas être confondu avec la rupture du lien conjugal. En conséquence, la convention déposée par les parties devant le tribunal appelé à statuer sur la garde de l'enfant et par laquelle le père consent au changement de nom est contraire à l'ordre public, parce qu'elle sanctionne l'irresponsabilité parentale : *Droit de la famille – 2177*, [1995] R.D.F. 232, EYB 1995-72366 (C.S.).
72. *Droit de la famille – 130*, [1984] C.A. 184 ; *Droit de la famille – 639*, [1989] R.J.Q. 1082, EYB 1989-63336 (C.A.). Dans ces circonstances, la décision rendue dans l'affaire suivante est pour le moins étonnante, la demande en déchéance ayant été rejetée : *C. (C.)* c. *D. (F.)*, REJB 2005-95281 (C.S.).
73. Voir *Droit de la famille – 121473*, 2012 QCCS 3316 ; illustration de la rétractation du jugement en déchéance de l'autorité parentale et de l'impact sur le changement de nom de l'enfant.
74. Voir *Droit de la famille – 10217*, 2010 QCCS 392, situation d'un père déchu de son autorité parentale, coupable d'agression sexuelle à l'égard de huit enfants et n'ayant jamais respecté ses obligations envers son fils. Le changement du nom de famille de son garçon pour celui de sa mère est justifié selon la volonté de l'enfant de ne plus entretenir de relation avec lui, et ce, en accord avec le principe de l'intérêt supérieur de l'enfant (*Droit de la famille – 133688*, 2013 QCCS 6556 ; *Droit de la famille – 131006* *, 2013 QCCS 1700 ; *Droit de la famille – 122577*, 2012 QCCA 1677).
75. *J.S.* c. *D.D.*, [2001] R.J.Q. 329, REJB 2001-22280 (C.A.) ; *Droit de la famille – 990* et *Côté* c. *St-Antoine*, précité, note 59.

des motifs retenus par les tribunaux pour autoriser un tel changement, on soulignera l'absence d'identification avec le parent déchu[76], le traumatisme vécu par l'enfant et les tracasseries subies du fait qu'il porte un nom différent de celui des membres de la famille à laquelle il est identifié[77], l'usage du nom de l'autre parent[78] ou encore l'intention du nouveau conjoint du parent, qui a demandé la déchéance, d'adopter l'enfant[79].

B. La procédure

254 – Chacune de ces situations, changement d'état, abandon ou déchéance de l'autorité parentale, affecte essentiellement, mais non exclusivement, l'enfant mineur. Assimilé à un majeur lorsqu'il s'agit de l'exercice de droits à caractère extrapatrimonial, à compter de l'âge de 14 ans, ce dernier peut présenter lui-même la demande ou s'y opposer (art. 66 C.c.Q.)[80].

255 – *La demande* – La demande est portée dans le district de Québec ou devant le tribunal du requérant, conformément aux dispositions des articles 864 et s. C.p.c. (les art. 71, 73, 393 et 403 C.p.c.). Elle est notifiée aux père et mère ou au tuteur, ainsi qu'à l'enfant de 14 ans et plus, le cas échéant. Le mineur de 14 ans et plus qui présente lui-même la demande doit alors en aviser le titulaire de l'autorité parentale ainsi que son tuteur, le cas échéant.

---

76. *Droit de la famille – 1726*, [1993] R.J.Q. 22 (C.A.) ; *Droit de la famille – 2105*, [1995] R.D.F. 646, EYB 1995-28865 (C.S.) ; *Droit de la famille – 1070*, [1987] R.D.F. 64 (C.S.) ; *Droit de la famille – 072641*, 2007 QCCS 5183, EYB 2007-126097.
77. *Droit de la famille – 1343*, [1990] R.D.F. 531 (C.S.) ; *Droit de la famille – 2105*, [1995] R.D.F. 646, EYB 1995-28865 (C.S.) ; *Droit de la famille – 3441*, [1999] R.D.F. 740, REJB 1999-15438. Comparer avec *M.C.* c. *C.B.*, [2001] R.J.Q. 356, REJB 2001-22587 (C.A.) ; *Droit de la famille – 072863*, 2007 QCCS 5601, EYB 2007-126838.
78. *Droit de la famille – 3726*, [2000] R.D.F. 656, REJB 2000-20984 (C.S.).
79. *Droit de la famille – 1102*, précité, note 29. Voir également *Anonyme*, C.S. Montréal, nº 500-04-004051-927, 11-12-1995, dans lequel, s'appuyant sur l'article 58 C.c.Q. et par analogie avec les motifs qui autorisent le Directeur de l'état civil à faire droit à une demande de changement de nom, le tribunal a permis à l'enfant de porter le nom de sa famille d'accueil ; *S.C.* c. *C.F.*, [2000] R.D.F. 507, REJB 2000-19712 (C.S.), où le tribunal a fait droit à la demande de la tante de l'enfant auprès de qui il avait été placé par le Directeur de la protection de la jeunesse jusqu'à sa majorité, nommée tutrice dans la même instance, de changer le nom de l'enfant pour lui donner le sien.
80. Voir, à titre d'exemple, *Droit de la famille – 2105*, [1995] R.D.F. 22, EYB 1994-72558 (C.S.) ; *Droit de la famille – 072982*, 2007 QCCS 5678, EYB 2007-127043 (irrecevabilité de la demande présentée par un enfant de moins de 14 ans).

§2 – Le changement de nom par voie administrative

256 – Alors que sous le régime antérieur, le changement de nom indépendant de toute modification de la structure familiale était perçu comme un privilège[81], il apparaît aujourd'hui comme un droit, mais un droit qui s'exerce dans un cadre précis. Attribut de la personnalité, le nom est aussi un élément de sécurité et de stabilité dans les rapports qu'une personne entretient avec la société et l'État, à ce titre, a un intérêt en la matière. Le principe de la stabilité de nom[82], pour l'ensemble de la société, demeure une valeur fondamentale. Aussi, la modification recherchée ne doit-elle pas créer de confusion quant à l'identité de la personne[83].

Nous examinerons successivement les conditions d'ouverture de la demande et celles qui sont relatives à la procédure.

A. Les conditions d'ouverture

257 – *Un motif sérieux* – Aux termes de l'article 58 C.c.Q., la personne qui désire changer de nom, nom de famille ou prénom, doit justifier d'un motif sérieux, c'est-à-dire un motif grave, valable et important. Le Directeur de l'état civil exerce donc sa discrétion[84] pour apprécier la suffisance des motifs allégués au soutien de la demande et qui ne sont pas de la compétence exclusive du tribunal. Le Code énumère un certain nombre de situations qui pourraient donner ouverture à un tel changement. Cette liste n'est cependant pas limitative :

- le nom généralement utilisé ne correspond pas à celui qui est inscrit dans l'acte de naissance. Les tribunaux exigent toutefois

---

81. *Loi sur le changement de nom et autres qualités de l'état civil*, précitée, note 3.
82. Un principe qui « recouvre, à la fois, la nécessité de l'individualisation et l'importance de la contenir par des normes objectives de cohérence institutionnelle et de stabilité sociale », Mme la juge Otis dans *Koulmyeh-Abaneh* c. *Québec (Directeur de l'état civil)*, [2006] R.D.F. 38, EYB 2006-101024 (C.A.), par. 18. Voir également *Montreuil* c. *Directeur de l'état civil*, précité, note 37, p. 2824.
83. *Plante* c. *Directeur de l'état civil*, [1996] R.D.F. 54, EYB 1995-84787 (C.S.) ; *D'Anjou* c. *Registrar of Civil Status*, [1998] R.D.F. 519, REJB 1998-06300 (C.A.) ; *Laliberté* c. *Directeur de l'état civil*, [2001] R.D.F. 258 (C.S.) ; *Thompson* c. *Directeur de l'état civil*, [2002] R.D.F. 182, REJB 2002-28176 (C.S.).
84. Une discrétion qui, compte tenu de l'intérêt de l'État en la matière, ne contrevient pas à la Charte (*Thompson* c. *Directeur de l'état civil*, précité, note 83) dont les valeurs, notamment celle de la dignité inhérente à toute personne, doivent cependant le guider dans l'exercice de cette discrétion : *Gabriel* c. *Québec (Directeur de l'état civil)*, [2005] R.D.F. 160, EYB 2005-82832 (C.S.) ; *Imbeault* c. *Directeur de l'état civil*, [2003] R.D.F. 372, REJB 2003-39533 (C.S.).

que son usage soit répandu et qu'il l'ait été pendant une période minimale de cinq ans[85] ;

- le nom est d'origine étrangère ou trop difficile à prononcer dans sa forme originale[86] ;

- le nom prête au ridicule[87] ou il est frappé d'infamie[88].

Malgré que cette liste ne soit pas exhaustive, « elle constitue un signe de la volonté du législateur qu'il n'entend pas autoriser le Directeur de l'état civil à accorder toutes les demandes qui lui sont présentées sans étudier pour chaque cas s'il s'agit bien d'un motif sérieux, grave ou important »[89]. L'appréciation des motifs qui pourraient éventuellement donner ouverture à un changement de nom doit se faire selon un test objectif, c'est-à-dire en tenant compte de ce qu'une personne raisonnable, placée dans les mêmes circonstances, considérerait comme un motif sérieux[90]. La protection de la dignité de la personne joue un rôle important lorsque le nom peut prêter au ridicule ou être trop difficile à prononcer. Ainsi, selon la Cour supérieure, le droit de ne pas être exposé au ridicule, comme le

---

85. *Hoque* c. *Directeur de l'état civil*, J.E. 2001-180 ; *Tourigny* c. *Directeur de l'état civil*, [2000] R.D.F. 283, REJB 2000-17395 (C.S.) ; *Montreuil* c. *Directeur de l'état civil* et *Montreuil* c. *Québec (Procureur général)*, précités, note 37 ; *Thompson* c. *Directeur de l'état civil*, précité, note 83 ; *Laliberté* c. *Directeur de l'état civil*, précité, note 83. À cet égard, mentionnons que dans l'affaire *Montreuil* c. *Directeur de l'état civil*, précitée, note 83, la Cour d'appel arrive à l'étonnante conclusion que le nom n'ayant pas pour objet de désigner le sexe d'une personne, l'utilisation d'un prénom féminin par une personne de sexe masculin ne créait pas de confusion quant à l'individualisation de la personne.
86. À titre d'illustration, voir *Droit de la famille – 1070*, [1987] R.D.F. 1117 (C.S.). Inversement, la difficulté de prononciation du nom de famille dans une langue autre que le français n'a pas été considérée comme un motif sérieux : *Desmarais* c. *Québec (Directeur de l'état civil)*, J.E. 2007-794, EYB 2007-116911 (C.S.).
87. *Re Cheng*, [1987] R.J.Q. 1177, EYB 1987-78666 (C.S.). Comparer avec *D'Anjou* c. *Registrar of Civil Status*, précité, note 83.
88. Voir *Melançon* c. *Directeur de l'état civil du Québec*, 2008 QCCS 4948 ; la demanderesse prétendait que son nom avait été sali à la suite d'une lettre recommandant son congédiement ; sa demande fut refusée, faute de preuves et de motifs sérieux ; cas où fut simplement invoquée la connotation négative du nom : *Mbolika* c. *Québec (Directeur de l'état civil)*, [2003] R.D.F. 211 (C.S.) ; *Droit de la famille – 334*, [1987] R.J.Q. 368, EYB 1986-78536 (C.S.) et *Desloges* c. *Desloges*, J.E. 83-767 (C.S.).
89. *Mereuta* c. *Directeur de l'État civil*, 2010 QCCS 3890, par. 9.
90. *Koulmyeh-Abaneh* c. *Québec (Directeur de l'état civil)*, précité, note 82, par. 21 ; *D'Anjou* c. *Registrar of Civil Status*, précité, note 83. Voir cependant *Côté* et *St-Antoine*, [1991] R.D.F. 513, EYB 1991-56729 (C.A.) ; *Droit de la famille – 071547*, 2007 QCCS 3096, EYB 2007-121475 (confirmation du refus du Directeur de l'état civil de permettre l'ajout du titre « Sir » en avant du nom).

prévoit l'article 58 C.c.Q., fait partie de la sauvegarde de la dignité humaine[91], qui jouit de la protection de l'article 4 de la *Charte des droits et libertés de la personne*.

C'est dire aussi que la « politique » adoptée par le Directeur de l'état civil, largement inspirée des décisions qui portaient autrefois le sceau du ministre de la Justice (ou plutôt celui du Conseil des ministres), doit être appliquée avec souplesse[92]. On assiste, en effet, « à l'émergence d'une démarcation entre, d'une part, l'application formaliste d'une politique institutionnelle et, d'autre part, l'examen contextuel et individualisé de la demande de changement de nom en regard, particulièrement, des caractères distinctifs de la personne humaine et du milieu dans lequel elle évolue »[93]. En ce sens, on constate que tout en affirmant le principe de la stabilité du nom, les tribunaux sont tout aussi sensibles aux considérations d'ordre culturel[94], religieux[95], psychologique[96] ou affectif, qui participent du sentiment d'identité, sans compter les considérations d'ordre humanitaire. De fait, il semble bien, à s'en tenir à la lecture de la jurisprudence, que la notion de motif sérieux se définirait plutôt par la négative, c'est-à-dire comme « un motif qui n'est pas banal, ne provient pas d'un caprice et qui se justifie facilement dans une société libre et démocratique, sans raisonnement compliqué »[97]. De là à conclure que cela autorise à sacrifier des valeurs, telles que celles de l'égalité entre les

---

91. *Nejad-Assadi* c. *Directeur de l'état civil*, 2009 QCCS 948, par. 32 et 33.
92. Sur la teneur de cette politique, voir *D'Aoust* c. *Directeur de l'état civil*, [2005] R.J.Q. 1128, EYB 2005-89308 (C.S.) ; *Koulmyeh-Abaneh* c. *Québec (Directeur de l'état civil)*, précité, note 82.
93. *Koulmyeh-Abaneh* c. *Québec (Directeur de l'état civil)*, précité, note 82, par. 24.
94. *Ibid.*, voir également *Bawa* c. *Directeur de l'état civil*, 2010 QCCS 4667, *D'Aoust* c. *Directeur de l'état civil*, [2005] R.J.Q. 1128, EYB 2005-89308 (C.S.) ; *Bagdan* c. *Directeur de l'état civil*, [2000] R.J.Q. 1425, REJB 2000-18445 (C.S.) ; *Mbolika* c. *Directeur de l'état civil*, [2003] R.D.F. 221, REJB 2002-36683 (C.S.).
95. *Gabriel* c. *Directeur de l'état civil* et *Imbeault* c. *Directeur de l'état civil*, précités, note 84.
96. *M.-B. (É.)* c. *Québec (Directeur de l'état civil)*, [1996] R.J.Q. 1384, EYB 1996-84899 (C.S.) : souffances psychologiques éprouvées par le rappel constant des années traumatisantes passées dans la famille adoptive ; changement pour le nom du père biologique. Par contre, le désir de porter le nom d'un père naturel que l'on n'a pas connu et découvrir, à 46 ans, qu'un autre prénom correspond davantage à sa personnalité, n'ont pas été considérés comme des motifs suffisamment sérieux pour faire droit à la demande. Comparer avec *Pasteur* c. *Directeur de l'état civil*, [2000] R.D.F. 46, REJB 2000-19462 (C.S.). Voir également *Croteau* c. *Directeur de l'état civil*, [1995] R.D.F. 31 (C.S.).
97. *Chauvette* c. *Directeur de l'état civil*, [2004] R.D.F. 840, REJB 2004-69630 (C.S.), par. 18.

hommes et les femmes, il y a un pas qui ne devrait pas être franchi[98]. Ainsi, la Cour supérieure a rappelé qu'il faut faire la preuve de séquelles ou de souffrances psychologiques ayant un certain caractère durable et que, par exemple, le désaccord avec le principe de la « tradition catholique patriarcale » n'était pas un motif sérieux au sens de l'article 58 C.c.Q.[99].

À l'opposé, le souci d'une meilleure intégration des nouveaux citoyens dans leur société d'adoption a été accepté comme motif sérieux au sens de l'article 58 C.c.Q.[100]. C'est donc de dire qu'un motif est sérieux au regard de la situation personnelle et subjective de la personne et que tout est cas d'espèce.

Toutefois, il existe un certain consensus jurisprudentiel concernant le caractère sérieux des motifs suivants :

- la confusion possible avec d'autres personnes ;
- la crainte, en raison de son statut de réfugié, que la sécurité de la personne soit menacée[101] ;
- l'attribution de la garde à l'un des parents et le retour du matronyme ou du patronyme, selon le cas, lorsque les enfants sont identifiés sous son nom et s'identifient comme tels[102].

258 – *L'ajout au nom de famille* – Le Code attribue également le pouvoir au Directeur de l'état civil d'ajouter au nom de naissance de l'enfant une partie provenant du nom de famille de son père ou de sa mère selon le cas (art. 58, al. 2 C.c.Q.). Il s'agit d'un critère objectif,

---

98. *Gabriel* c. *Directeur de l'état civil*, précité, note 84, décision dans laquelle on a fait droit à la demande d'une femme mariée, fondée sur ses convictions religieuses, de changer le nom qui lui avait été attribué à la naissance pour celui de son mari. Or l'article 393 C.c.Q., selon lequel « chacun des époux conserve, en mariage, son nom » et « exerce, sous ce nom ses droits civils » est une disposition impérative qui n'a jamais été contestée quant à sa conformité en regard des droits garantis par les Chartes canadienne et québécoise.
99. *Dupuis* c. *Directeur de l'état civil*, 2010 QCCS 1526, décision dans laquelle la demanderesse s'est vue refuser le droit de prendre le nom de famille de sa mère au lieu de celui de son père, l'appartenance civile et laïque n'étant pas considérée par le tribunal comme un motif sérieux au sens de l'article 58 C.c.Q.
100. *Nejad-Assadi* c. *Directeur de l'état civil*, précité, note 91.
101. *Bonilla* c. *Directeur de l'état civil*, [1997] R.D.F. 318 (C.S.).
102. À titre d'exemple : *C. (R.)* c. *Québec (Directeur de l'état civil)*, REJB 2004-69630 (C.S.). On peut penser aussi aux parents qui reviennent sur leur choix initial après que la déclaration de naissance a été enregistrée.

l'idée étant de permettre aux parents de l'enfant dont la filiation est indiquée dans l'acte de naissance, d'attribuer à ce dernier un nom composé, possibilité qui leur avait été offerte, à titre transitoire, par la Loi 89[103] et qui s'étend aujourd'hui aux enfants majeurs. Il n'est donc pas nécessaire, sous réserve d'une possible opposition de la part de l'un des parents dans le cas d'un mineur de moins de 14 ans et de l'obligation pour le Directeur de l'état civil, dans un tel cas, de rendre sa décision en fonction de l'intérêt de l'enfant, d'invoquer l'existence d'un motif sérieux[104].

259 – *Les conditions relatives aux personnes* – Ce sont substantiellement les mêmes que celles requises autrefois par la *Loi sur le changement de nom*. Il faut cependant distinguer les cas selon que la demande est présentée par une personne majeure ou par le tuteur d'un enfant mineur. Le Code prévoit en outre un droit d'opposition pour le mineur de 14 ans et plus concerné par une telle demande.

260 – *La demande est présentée par une personne majeure* – Les conditions générales sont énoncées à l'article 59 C.c.Q. : il faut être citoyen canadien[105] et être domicilié au Québec depuis au moins un an. La demande concernant le nom de famille de la personne vaut également pour ses enfants mineurs qui portent le même nom ou une partie de ce nom. À la demande touchant le changement de son propre nom de famille, le législateur assimile celle qui vise à ajouter au nom de ses enfants mineurs son propre nom de famille ou une partie de ce nom.

Enfin, on peut également demander que les prénoms de ses enfants soient modifiés.

261 – *Le cas des mineurs* – C'est le tuteur du mineur qui doit présenter la demande pour son pupille. Encore faut-il que ce dernier ait la citoyenneté canadienne et son domicile, depuis au moins un an, au Québec[106]. Cette possibilité « vise à donner au mineur orphelin ou abandonné, représenté par son tuteur, les mêmes droits qu'aux autres mineurs »[107].

---

103. *Loi instituant le Code civil du Québec et portant réforme du droit de la famille*, précitée, note 3, art. 79.
104. *Chauvette* c. *Directeur de l'état civil*, précité, note 97.
105. Ce qui ne constitue pas une atteinte au droit à l'égalité au sens de l'article 15 de la *Charte canadienne* : *Benmansour* c. *Directeur de l'état civil*, [1995] R.J.Q. 205, EYB 1994-72282 (C.S.) (appel rejeté, C.A. Montréal, nº 500-09-000702-951, 1995-11-16).
106. Art. 60 C.c.Q.
107. *Comm.*, t. I, p. 51.

262 – *Le droit d'opposition du mineur* – Sauf motif impérieux, la demande qui affecte le nom d'un mineur ne sera accordée que si le tuteur ou l'enfant lui-même, s'il est âgé de 14 ans et plus, ont été avisés et ne s'y sont pas opposés. Le Code se trouve ainsi à consacrer le droit, pour l'enfant, à son identité. En cas d'ajout, le droit d'opposition lui est même réservé, ce qui se comprend, le mineur de 14 ans et plus étant doté d'une majorité anticipée au regard des actes à caractère personnel[108].

B. La procédure

263 – *Les formalités* – La procédure, la publicité et les droits exigibles de la personne qui fait la demande sont déterminés par un règlement et non par le Code civil[109]. Il y est cependant précisé qu'avant d'autoriser un changement de nom, le Directeur de l'état civil peut exiger du demandeur des explications ou des renseignements supplémentaires (art. 63 C.c.Q.). Il doit par ailleurs s'assurer, sauf dispense spéciale accordée par le ministre de la Justice[110], que les avis de la demande ont été publiés. Il doit aussi donner aux tiers la possibilité de faire connaître leurs observations. En 2013, l'article 63 C.c.Q. a été modifié pour ajouter deux scénarios dans lesquels l'autorisation de changement de nom ne doit pas être précédée de la publication d'un avis. Il s'agit du cas d'une demande de changement de prénom lorsqu'il est manifeste que le changement concerne la modification de l'identité sexuelle de la personne. On vise le scénario où, sans passer par le changement de la mention du sexe, il est évident que la personne demande à pouvoir porter un nom l'identifiant clairement au

---

108. *Comm.*, t. I, p. 53. Un droit que consacre la *Convention relative aux droits de l'enfant* adoptée par l'ONU et dont le Canada est signataire : Rés. 44/25, AGNU C.3, 44e sess., Doc. N4 Ac.3/44/l.44 (1989). On ne peut cependant inférer du libellé de l'article 62, al. 2 C.c.Q. que le tuteur au mineur de moins de 14 ans serait privé du droit de former opposition, l'article 62 C.c.Q. devant être interprété comme un tout dans son contexte. Voir *J.-J.F.* c. *Directeur de l'état civil*, [2004] R.J.Q. 254, REJB 2003-51195 (C.S.).
109. *Règlement relatif au changement de nom et d'autres qualités de l'état civil*, D. 1592-93, (1993) 125 *G.O.* II, 8053.
110. Dispense qui pourra être accordée « afin notamment, de protéger l'identité de certaines personnes susceptibles de se trouver dans une situation difficile » (*Comm.*, t. I, p. 53). On peut penser ici aux personnes dont le nom peut être associé, dans le public, à certains fraudeurs ou malfaiteurs. Mais, sur ce point, le commentaire est plutôt vague et le Règlement tout aussi discret : *Règlement relatif au changement de nom et d'autres qualités de l'état civil*, précité, note 109, art. 5 à 7.

sexe opposé. Le deuxième cas est celui d'une demande de changement de nom concernant un mineur de moins de six mois[111].

264 – *Contenu de la demande et documents à fournir* – La demande doit être accompagnée d'une déclaration sous serment attestant de la véracité des motifs qui y sont exposés et, lorsqu'il s'agit d'*une personne majeure*, des renseignements suivants[112] :

- le nom de la personne, tel qu'il est constaté dans son acte de naissance, le nom que cette dernière demande et le nom qu'elle utilise à la date de la présentation de la demande ;
- son sexe ;
- les date et lieu de sa naissance ainsi que l'endroit où elle a été enregistrée ;
- l'adresse de son domicile à la date de la présentation de la demande et depuis combien d'années elle est domiciliée au Québec ;
- la date à laquelle elle est devenue citoyenne canadienne, si elle est née ailleurs qu'au Canada ;
- les noms de ses père et mère ;
- son état civil et, si elle est mariée ou unie civilement, le nom de son conjoint ou de sa conjointe ainsi que les date et lieu de la célébration du mariage ou de l'union civile ;
- le nom de ses enfants, si elle en a, ainsi que leur date de naissance et le nom de l'autre parent de chacun d'eux ;
- si elle a changé de nom, à la suite d'une décision judiciaire ou administrative, le nom qu'elle portait avant cette décision ou, si un tel changement de nom lui a été refusé, les motifs de ce refus ;
- les motifs pour lesquels elle demande un changement de nom.

---

111. *Loi modifiant le Code civil en matière d'état civil, de successions et de publicité des droits*, L.Q. 2013, c. 27. Cette modification est entrée en vigueur le 1er mars 2014 (Décret 109-2014, (2014) 146 *G.O.* II, 711).
112. *Règlement relatif au changement de nom et d'autres qualités de l'état civil*, précité, note 109, art. 1 à 4.

La personne doit en outre produire des documents attestant de son état civil et politique, soit :

- copie des actes de naissance, de mariage et de décès mentionnés à la demande lorsque ces actes ont été faits hors du Québec ;
- copie de son certificat de citoyenneté canadienne lorsque la personne est née ailleurs qu'au Canada ;
- copie du jugement irrévocable, du certificat de divorce ou du jugement prononçant la nullité de son mariage, le cas échéant ;
- copie des décisions de changement de nom, lorsqu'elle a déjà changé de nom antérieurement.

265 – La demande qui porte sur le changement de nom d'une personne majeure et de son enfant mineur, de même que celle qui porte uniquement sur le changement de nom d'un enfant mineur comprend, outre les renseignements susmentionnés ayant trait à la personne majeure ainsi qu'à l'enfant, les informations et documents additionnels suivants[113] le cas échéant, s'il y a eu déchéance de l'autorité parentale du père ou de la mère de l'enfant ; si sa filiation a été changée par jugement ; enfin, si un tuteur lui a été nommé, le nom et l'adresse de ce dernier, le mode de nomination ainsi que la date de prise d'effet de la tutelle. Dans cette dernière hypothèse, on exigera copie du jugement nommant un tuteur à l'enfant ou lorsque celui-ci a été désigné par testament ou par une déclaration au curateur public, copie du testament ou de la déclaration.

266 – *Publicité et avis* – Sauf dans les cas prévus par l'article 63 C.c.Q., la demande doit faire l'objet d'un avis officiel dans la *Gazette officielle* et dans un journal publié ou circulant dans le district du domicile officiel du demandeur et, s'il y a lieu, du domicile de l'enfant. La demande qui porte sur le changement de nom d'un enfant mineur doit, en outre, être notifiée aux père et mère de l'enfant, à son tuteur, le cas échéant, et à l'enfant lui-même, s'il est âgé de 14 ans et plus[114].

267 – *Oppositions et observations* – Les personnes intéressées qui le désirent ou qui veulent s'opposer, dans le cas d'un enfant mineur, à la

113. *Ibid.*, art. 3 et 4.
114. *Ibid.*, art. 5 à 10.

demande peuvent, dans les 20 jours suivant la dernière publication requise dans la *Gazette officielle*[115], notifier leurs observations au demandeur et au Directeur de l'état civil. Le demandeur bénéficie alors d'un délai de 15 jours pour répondre à l'opposition ou aux observations formulées sur sa demande. Sa réponse doit elle-même être notifiée à l'opposant ainsi qu'aux autres personnes intéressées conformément au *Code de procédure civile*[116].

268 – *La décision du Directeur de l'état civil* – Ce n'est qu'après avoir franchi toutes ces étapes que la demande sera étudiée à son mérite par le Directeur de l'état civil. Qu'il autorise ou qu'il refuse la demande de changement de nom, la décision du directeur doit être motivée. Elle est ensuite notifiée au demandeur, à l'opposant[117] et aux personnes qui ont formulé des observations, le cas échéant. La décision du Directeur de l'état civil peut cependant faire l'objet d'une révision.

269 – *Les garanties procédurales* – Dans la mesure où, de privilège qu'il était, le changement de nom est devenu un droit, il fallait assortir la demande *de garanties procédurales*[118]. Aussi, le législateur a-t-il institué un recours en révision par le tribunal. Ce recours se veut d'ailleurs général, l'autorité judiciaire exerçant ici le pouvoir de surveillance et de contrôle que lui reconnaît spécifiquement l'article 74 C.c.Q., un pouvoir beaucoup plus large donc que celui que lui reconnaît l'article 33 du *Code de procédure civile*. Le pouvoir de révision du tribunal ne se limite donc pas à la légalité de la décision administrative ; il doit aussi considérer le mérite de la décision et, s'il y a lieu, sa légitimité[119]. Le requérant en révision n'a pas non plus le fardeau de démontrer que la décision du Directeur de l'état civil est « manifestement déraisonnable » ou même « déraisonnable », comme l'exige la jurisprudence en matière d'évocation[120]. Le tribunal appelé à statuer peut donc accueillir une autre preuve ou une preuve nouvelle.

270 – La demande de révision doit être présentée dans les 30 jours qui suivent la réception de la décision et doit être portée dans le district

115. *Ibid.*, art. 5-7.
116. *Ibid.*, art. 20-22 et art. 146.1 et 146.2. C.p.c. (art. 109 et s. C.p.c.).
117. *Règlement relatif au changement de nom et d'autres qualités de l'état civil*, précité, note 109, art. 11-16.
118. Comm., t. I, p. 59.
119. *Brasseur* c. *Lavigne*, précité, note 18.
120. *Koulmyeh-Abaneh* c. *Québec (Directeur de l'état civil)*, précité, note 82.

de Québec ou devant le tribunal du domicile du requérant. Le directeur doit alors transmettre sans délai, au greffe du tribunal saisi, le dossier relatif à la décision qui fait l'objet de la demande de révision (art. 864 et 864.2 C.p.c.). La demande en révision d'une décision du Directeur de l'état civil n'est reçue que si elle est introduite dans les 30 jours de la notification de cette décision du directeur au demandeur. Le directeur doit, en cas de demande de révision judiciaire, transmettre immédiatement son dossier au greffe de la Cour supérieure (art. 403 C.p.c.). La compétence territoriale en matière d'état des personnes est réglée par l'article 44 C.p.c.

§3 – Les effets du changement de nom

271 – Le principe est énoncé à l'article 68 C.c.Q. : « le changement de nom ne modifie en rien les droits et les obligations d'une personne ». Les documents faits sous l'ancien nom sont réputés faits sous le nouveau nom, mais il appartient à la personne concernée de demander que ces documents soient rectifiés par l'indication du nouveau nom. Elle doit toutefois en assumer les frais, au même titre que les tiers intéressés qui en font la demande (art. 69 C.c.Q.).

Quant aux actions auxquelles la personne peut être partie, l'article 70 C.c.Q. précise qu'elles se poursuivent sous son nouveau nom, sans reprise d'instance.

Enfin, le législateur a pris soin de préciser que le changement de nom ne prend effet qu'à compter de la décision finale qui l'autorise (art. 67, al. 1 C.c.Q.). Il est également publicisé, à moins d'une dispense spéciale de publication accordée par le ministre de la Justice[121].

272 – Du point de vue de l'état civil, un nouvel acte est dressé, lequel se substitue à l'acte primitif. En ce sens, il est permis d'affirmer que le changement de nom a un effet rétroactif. Une mention de la substitution est cependant portée à l'acte primitif (art. 132 C.c.Q.). Toutefois, seules les personnes mentionnées à l'acte nouveau peuvent obtenir copie de l'acte initial (art. 149 C.c.Q.).

---

121. Art. 67, al. 2 C.c.Q. et art. 17 et 18 du *Règlement relatif au changement de nom et d'autres qualités de l'état civil*, précité, note 109.

Pour aller plus loin

273 – *Histoire* – Ce sont les Romains qui nous fournissent le premier exemple d'une désignation bien précise des personnes. Leur système onomastique comprenait quatre éléments : le *praenomen* (équivalent de nos prénoms) ; le *nomen gentilium* (correspondant de notre nom de famille), qui indiquait la *gens* : « c'était le nom par excellence, le nom sacré, qui désignait toutes les personnes qui participaient au même culte familial » ; le *cognomen*, qui servait à distinguer les branches de la même *gens* ; enfin l'*agnomen*, surnom individuel qui devenait parfois héréditaire. La multiplicité des *cognomina* et des *agnomina*, à la fin de l'Empire, rendit le système impraticable parce que trop compliqué. En ce sens, l'usage d'un nom unique, à l'époque franque (VIe-Xe siècles), apparaît comme la résultante de la rencontre de deux cultures, celle des Germains, qui portaient un nom unique, et celle des Romains dont la pratique, dès les premiers siècles après J.-C., tendait vers la simplification. Au Moyen-Âge, le nom devint ce qu'on appelle communément le *nom de baptême*, c'est-à-dire le prénom. Apparut ensuite le surnom qui, à la fin du XIIe siècle, se généralisa et qui, en devenant héréditaire, donna naissance au nom de famille. Le système onomastique passa dès lors du nom unique au nom composé à deux termes : « la transmission du surnom, dans la mesure où elle correspond à celle de la terre, de la boutique ou de la fonction, paraît alors toute naturelle, phénomène auquel s'ajoute alors la tendance fondamentale pour l'individu, à transmettre son nom pour rappeler le lien de filiation ». Cependant, jusqu'au XVIe siècle, c'est le nom de baptême qui resta le nom véritable. C'est à partir du XVIIe siècle que le nom de famille prit la première place. Le nom de baptême devint un *prénom*. Ce n'est toutefois qu'à la fin du XVIIIe siècle que le terme *nom* se substitua au surnom (voir A. Lefebvre-Teillard, *op. cit.*, note 6 ; G. Brunet, P. Darlu et G. Zei (dir.), *Le patronyme, Histoire, Anthropologie, société*, CNRS Éditions, 2001 ; S.-G. Parent, « Votre nom dans le droit québécois », Thèse de doctorat, Université Laval, Québec, 1951. Sur les liens entre l'apparition du patronyme héréditaire et la genèse de l'État moderne, voir J. Scott, C. Terhanian et J. Mathias, « The Production of legal Identities proper to States: The case of Permanent Family Surname », *Comparative Studies in Society and History* 44-1, p. 4. Rappelons que ce n'est qu'en 1951 que le législateur intervint, au Québec, en vue de réglementer l'usage du nom. L'immutabilité du nom devint alors la règle, assortie d'une seule exception : le changement de nom par une loi de la législature, puis en 1961, par décret du lieutenant-gouverneur. Sur les pratiques antérieures en matière de changement de nom, notamment la pratique des *Deed pools* (déclarations devant notaires), voir A. Morel, *loc. cit.*, note 39 ; S.-G. Parent, « Le changement de nom patronymique », (1950-1951) 53 *R. du N.* 420 et T.P. Slattery, « The Meaning and Effect of Article 562 C.c. », (1953) 13 *R. du B.* 23.

Il est intéressant de souligner que l'ancienne distinction entre le nom de baptême et le surnom persiste encore aujourd'hui dans la langue anglaise où le *given name* est notre prénom et le *surname*, le nom qui, en common law, s'acquiert par l'usage. On la retrouve encore aujourd'hui dans les différentes lois adoptées dans les provinces anglaises sur le changement de nom (*Change of Name Acts* ou *Name Acts*) : voir, pour l'Alberta, R.S.A. 2000, ch. C-7 ; pour la Colombie-Britannique, R.S.B.C. 1996, ch. 328 ; pour le Manitoba, C.P.L.M., ch. C50 ; pour l'Ontario, R.S.O. 1990, ch. C.7 ; pour la Nouvelle-Écosse, R.S.N.S. 1989, ch. C-66 ; pour le Nouveau-Brunswick, L.N.-B. 1987, ch. C-2.001 ; pour la Saskatchewan, S.S. 1995, ch. C-6.1 ; pour Terre-Neuve et le Labrador, S.N.L. 2009, ch. C-8.1 ; pour les Territoires du Nord-Ouest, L.T.N.-O. 2007, ch. 12 ; pour le Nunavut, L.R.T.N.-O. 1988, ch. C-3 ; pour le Yukon, R.S.Y. 2002, ch. 28 ; pour l'Île-du-Prince-Édouard, R.S.P.E.I. 1988, ch. C-3.1.

274 – *Théorie juridique : nature du droit au nom* – Au plan théorique, la protection du nom a donné lieu à quatre grandes constructions doctrinales :

- Produit de l'histoire (voir Merlin, *Répertoire universel et raisonné de jurisprudence*, 4e éd., Paris, 1813), la propriété du nom sera affirmée avec force tout au long du XIXe siècle par la doctrine et la jurisprudence françaises dont s'inspira la jurisprudence québécoise jusqu'en 1951.

- Cette théorie a été violemment critiquée à la fin du XIXe siècle par Planiol, qui ne voyait dans le nom qu'une institution de police : celui-ci ne pouvait donc engendrer aucun droit au profit de son titulaire, puisqu'il n'était pour lui qu'objet d'obligation (M. Planiol, *Traité élémentaire de droit civil*, 3e éd., 1904, t. I, p. 155, encore que ce dernier atténua l'effet de sa thèse en admettant une protection du nom par l'application des règles de la responsabilité civile).

- La théorie de Planiol fut elle-même critiquée par Colin, pour qui le nom est le signe extérieur de cet élément de l'état des personnes qui résulte de la filiation, d'où son caractère inaliénable et imprescriptible (note sous Paris, 21 janvier 1903, D. 1904, 2, 1 ; voir également A. Colin et H. Capitant, *Cours élémentaire de droit civil*, 1914, t. I, no 590).

- La conception du nom, attribut de la personnalité, qui finira par rassembler la majorité de la doctrine, a été élaborée par les auteurs allemands au début du XXe siècle (R. Saleilles, « Le nom individuel dans le Code civil pour l'Empire allemand », (1900) *Rev. crit. de lég. et de jur.* 94. Soulignons également l'ouvrage de E.-H. Perreau, qui exercera une grande influence, *Le droit au nom en matière civile*, Paris, 1910). Cette théorie a été reprise récemment par E. Agostini, pour qui, contrairement aux autres droits de la personnalité, le droit au nom n'est pas un droit subjectif autonome, mais un droit subjectif dépendant, « un moyen utilisé pour protéger les personnes mêmes qu'il sert à désigner [...]. C'est un des multiples aspects d'une prérogative plus générale appartenant à tout homme du seul fait de sa qualité d'être humain, prérogative que l'on peut analyser comme un droit de créance, comme une obligation de ne pas faire, pesant sur tous et bénéficiant à chacun, l'obligation de ne pas pénétrer indûment dans la sphère légitime d'activité d'un de ses semblables » (E. Agostini, « La protection du nom patronymique et la nature du droit au nom », *D.* 1973, chron. 313, p. 317).

La protection du nom, telle qu'elle se présente aujourd'hui dans le *Code civil du Québec*, s'inspire à des degrés divers des quatre explications proposées. C'est une « prérogative protéiforme, irréductible à l'unité » : l'on y retrouve un côté familial, mais la dimension individuelle est aujourd'hui privilégiée, l'identitaire prenant désormais le pas sur l'identifiant.

275 – *Droit comparé. a) Attribution du nom* – Le modèle patriarcal cède aujourd'hui du terrain. « La tendance actuelle à pourchasser les inégalités », notamment celle de l'homme et de la femme, dans le mariage, et entre les enfants légitimes et naturels, dans le droit de la filiation, ont conduit à abandonner la rigidité de la norme au profit d'une certaine plasticité : on cherche moins « à imposer qu'à proposer » (M. Gobert, « Le nom ou la redécouverte d'un masque », *J.C.P.*, 1980, I, 2966).

On retrouve ainsi deux tendances dans les législations contemporaines, lesquelles font une large place à l'autonomie de la volonté en vue d'établir l'égalité sur le terrain de la transmission du nom :

– soit que les parents attribuent à l'enfant, à leur choix, le nom de l'un ou l'autre ou un composé, auquel cas on limitera généralement le patronyme à au plus deux parties provenant du nom des deux, solution adoptée par le législateur québécois et qu'on retrouve également dans les provinces de langue anglaise (rompant ainsi avec la common law) et dans certains États américains (Nebraska, Pennsylvanie, Tennessee qui se sont dotés de « statutes », alors que dans d'autres États les tribunaux ont « revisité » la common law, certains allant même jusqu'à accepter l'attribution d'un nom résultant de la fusion partielle du nom des deux parents : Hawaï, Floride). Sur l'état du droit aux États-Unis, voir G. Sutton, « Le nom aux États-Unis », (1990) *Rev. trim. dr. civ.* 427. Soulignons que la France, qui avait été condamnée, sur la base de l'article 14 (droit à la non-discrimination) et de l'article 8 (droit au respect de la vie privée) de la *Convention européenne des droits de l'Homme*, pour son système d'attribution du nom, a rejoint les rangs des pays qui ont opté pour la liberté de choix : *Lois* du 4 mars 2002 et du 18 juin 2003 relatives au nom de famille, complétées par l'ordonnance n° 2005-759 du 4 juillet 2005 portant réforme du droit de la filiation. Pour une analyse du dispositif français, voir C. Neirinck (dir.), *L'État civil dans tous ses états*, Droit et société, Paris, L.G.D.J., 2008 ; J. Massip, « Incidence de l'ordonnance relative à la filiation sur le nom de famille », dans *Droit de la famille*, Paris, LexisNexis, Étude n° 8, janvier 2006, p. 25. Ainsi, en France, on note que les enjeux sont considérables face à l'internationalisation croissante des relations familiales (du fait de la mixité des unions et de la mobilité internationale des personnes) et face à la diversité des réglementations internes en matière de nom (A. Devers, Juris-Classeur Droit international, Fascicule 542 (*Nom*), avril 2008). Ces questionnements et ces réflexions démontrent la portée évolutive du concept du nom et la place qu'il a à jouer sur le plan du droit international ;

– soit que les époux choisissent, par voie de déclaration, au moment du mariage un nom matrimonial commun, celui de l'homme ou de la femme, qui se transmet alors aux enfants. Si les époux décident de conserver chacun leur nom de famille, ils doivent alors choisir, entre leurs deux noms, celui que portera leur enfant commun : c'est la solution adoptée, notamment, par l'Allemagne (art. 1355, 1616 *B.G.B.*). On le retrouve également en Autriche, dans les pays de l'Europe de l'Est ainsi que dans les pays nordiques (Suède, Norvège). De manière générale, on exigera cependant que tous les enfants d'une même famille portent le même nom. Sur tous ces points, voir le *juri-classeur de législation comparée*.

Parmi les tempéraments apportés à la règle de l'attribution du nom, lorsqu'elle est sous la double dépendance du mariage et de la filiation paternelle, on notera, pour *les pays de common law*, la possibilité de choisir un nom de famille comme prénom. Pour une étude des règles de l'attribution du nom dans les provinces canadiennes hors Québec, voir L. Chambers, « In the Name of the Father: Children, Naming Practices, and the Law in Canada », (2010) 43:1 *U.B.C. Law Review* 1.

b) Le choix du prénom – Ici encore, la liberté n'est pas absolue. Au-delà de l'intérêt de l'enfant qui peut s'avérer une contrainte à la fantaisie, certains pays exigent même qu'on attribue à l'enfant un prénom qui corresponde à son sexe. (Sur le prénom comme marqueur du sexe, voir L. Duschesne, *Les prénoms, des plus rares au plus courants au Québec*, Montréal, Éditions du Trécarré, 2001). Dans les pays de droit hispanique où les noms de famille sont composés d'un élément maternel et paternel (mais où le seul élément transmissible à la génération suivante est le nom du père), certains États, afin d'éviter toute confusion sur l'identité des membres d'une même famille, ont interdit le port d'un prénom identique par plus d'un membre de la famille immédiate.

276 – *Sociologie* – Si le nom a longtemps fait corps avec le sacrement du baptême, pour devenir signe d'appartenance à une terre, à un rang, à une fonction, à un métier, à une profession puis « indice de filiation et de mariage », nombreux sont ceux qui, aujourd'hui comme hier, cherchent à se composer un masque. Si, entre 1867 et 1964, 150 changements de nom ont été accordés par le biais de lois privées au Québec, c'est à 12 381 demandes qu'on a fait droit entre 1965 et 1992, dont 10 397 depuis 1977 (année charnière où la *Loi sur le changement de nom*, L.Q. 1965, c. 77, a été à nouveau modifiée par le législateur, *supra*, note 3). Il semble cependant que l'immense brassage des populations qui caractérise notre époque et la volonté des individus qui se sont établis au Québec de s'intégrer ou de faciliter leur insertion sociale soient un facteur non négligeable. Ainsi, sur les 4 837 changements de nom accordés par le ministre de la Justice entre 1986 et 1992, 975, c'est-à-dire plus du quart environ, émanaient de personnes originaires d'autres pays (757, soit le tiers environ) ou d'autres provinces canadiennes (218). Sur ce nombre, les Asiatiques viennent en tête, suivis par les pays du Moyen-Orient et les pays d'Europe, dont l'Europe de l'Est (statistiques de la direction des enregistrements officiels du ministère de la Justice). Si, depuis, les statistiques ne permettent plus de ventiler, elles sont révélatrices d'une inflation qui ne devrait pas être endiguée. Ainsi, entre 2000 et 2004, c'est un peu plus de 1 200 demandes de changement de nom par année qui ont été présentées au Directeur de l'état civil, dont 2 % à peine n'ont pas été acceptées. Ces statistiques tendent ainsi à confirmer que le nom, dans la société contemporaine, se prête davantage aux enjeux identitaires des individus. Ces pratiques onastiques s'inscrivent par le fait même dans le mouvement de désinstitutionnalisation des rapports sociaux.

Il est aussi possible de remettre en question la place du droit et de la législation par rapport au nom, un élément personnel, culturel et intimement lié à la coutume de chacun. Face aux réformes de plus en plus importantes concernant le nom en France (par exemple, les incitations législatives en faveur d'un double nom), plusieurs ont décrié le formalisme et la rigidité de l'intervention législative dans ce domaine : « Que de trésors intellectuels mal employés, que d'énergie et de technicité déployées dans un domaine naguère paisiblement régi par la coutume, que d'attention aussi pour un problème somme toute marginal et très secondaire dans un droit où, de plus, le dogme de l'immutabilité recule ! Tous ces kilomètres de texte en tout genre produits depuis 2002 grandissent-ils vraiment le droit français et améliorent-ils foncièrement la vie de nos concitoyens ? Il est permis de penser que la science des juristes peut être mieux mobilisée pour le bien-être de la société » (P. Murat, « La saga du séparateur « -- » », *Droit de la famille*, février 2010, Repère n° 2).

Quant à l'impact des modifications qui ont été apportées au *Code civil du Bas Canada* relativement aux règles d'attribution du nom, dans le sillage de la réforme du droit de la famille, dont l'entrée en vigueur remonte au 2 avril 1981, on relèvera que 9 564 enfants se sont vu doter d'un nom composé en vertu des dispositions transitoires (*Loi instituant le Code civil du Québec et portant réforme du droit de la famille*, précitée, note 3, art. 78). Toutefois, les statistiques qui ont été établies dans les années post-réforme tendent à démontrer que l'attribution du double nom tend à diminuer : plus de 75 % des enfants nés au début du XXIe siècle au Québec portent le nom du père seul, 13 % portent un nom composé (dont 9 % dans le sens mère-père et 4 % dans le sens père-mère) et 5 % des enfants portent le seul nom de la mère. Cette régression s'expliquerait en partie pour des raisons de commodité, mais la préséance accordée au nom du père serait aussi révélatrice d'une manière empirique, pour les couples, d'équilibrer les relations asymétriques entre les hommes et les femmes face à la procréation : voir les articles de D. Lemieux, J.-L. Legall et D. Meintel dans A. Fine et F.-R. Ouellette (dir.), *Le nom dans les sociétés occidentales contemporaines*, Toulouse, Presses universitaires du Mirail, 2005, p. 163 et 169.

Répartition (%) des noms de famille attribués aux enfants

	1980	1986	1990	1992	1995	2000	2001	2002	2003	2004
Nom du père	92,5	76,6	72,9	71,2	73,6	78	78,8	79,8	81,1	81,6
Nom de la mère	4,9	7,7	6,4	6,3	6,4	5,8	5,3	5,2	5	4,6
Parents du même nom	0,8	0,8	0,8	0,9	0,8	1	1	1	1	1
Père-mère	0,3	2,8	4,5	4,5	5,3	4,6	4,7	4,3	4,1	4,2
Mère-père	1,5	12,1	15,4	17,2	13,8	10,5	10,2	9,7	8,8	8,6
Total noms doubles	**1,8**	**14,9**	**19,9**	**21,7**	**19,1**	**15,1**	**14,9**	**14**	**12,9**	**12,8**

SOURCE : Institut de la statistique du Québec.

N.B. : Pour arriver à 100 %, il faut ajouter les noms de tiers et les cas non déclarés.

277 – *Psychologie et anthropologie* – L'évolution que l'on peut faire de l'usage du nom a été rapprochée, par certains auteurs, d'une autre évolution, celle qui a conduit nos sociétés contemporaines à bannir le culte des morts (P. Ariès, *L'homme devant la mort*, Paris, Seuil, 1975, p. 607). Dans la structure symbolique de la famille, « le nom, écrit E. Ortiguès, gage de reconnaissance qui permet à chacun de savoir "qui je suis" "qui tu es" est le dernier résidu irréductible du culte des morts » (E. Ortiguès, *Le discours et le symbole*, Paris, Aubier, p. 211). Ce résidu irréductible lui survivra-t-il ou « ayant perdu sa fonction symbolique, aura-t-il perdu sa raison d'être ? ».

Plusieurs études en anthropologie ou en psychanalyse permettent de mesurer l'importance du processus d'attribution du nom dans la construction subjective du sujet. Au-delà d'une fonction d'individualisation ou de « repérage » des individus dans la société, le port du nom joue en effet un rôle important dans la construction identitaire du sujet, en lui permettant, en quelque sorte, de naître une seconde fois, dans le registre symbolique, un registre qui lui permet de sortir de l'état de fusion/confusion dans lequel il naît, et qui lui permet de survivre. Peu d'auteurs québécois se sont penchés expressément sur la valeur symbolique du nom pour l'individu, à l'exception, toutefois, de Jean-François Mellet qui, transcendant les taxinomies juridiques et à la lumière d'une approche empruntant à la psychanalyse, étudie le droit qui gouverne au Québec la transmission et le changement du nom : *Le régime contemporain de l'attribution et du changement de nom au Québec : le « grand bond en avant » d'une institution de droit civil ?*, mémoire de maîtrise, Montréal, Institut de droit comparé, Université McGill, 2000, 103 p. On soulignera aussi deux articles issus d'études empiriques qui, sans viser directement la fonction symbolique, laissent percevoir cette fonction, notamment, lorsque le « marquage identitaire » par le nom n'a pas opéré. Voir R. Dufour, « Dis-moi comment tu t'appelles et je te dirai qui tu es. Nom et illégitimité dans les institutions religieuses du Québec » et J. Le Gall et D. Meintel, « Pratiques de nomination dans les unions mixtes à Montréal. L'affichage des multiples appartenances de l'enfant », dans A. Fine, F.-R. Ouellette (dir.), *Le nom dans les sociétés occidentales contemporaines*, *op. cit.*, note 22, p. 93 et 191. En revanche, plusieurs auteurs français ont écrit sur la dimension symbolique du nom, principalement à la suite de l'adoption des lois du 4 mars 2002 et du 18 juin 2003 ; voir, entre autres, A. Boisgibault de Bryas, intitulé « La symbolique du nom de famille », (2005) 1 *Revue de la recherche juridique. Droit prospectif* 533.Voir aussi B. Zarca, « La transmission du nom : identité et dualité », (2002) *Esprit* 84 et I. Théry, « Le nom entre préséance et préférence », (2002) 282 *Esprit* 110.

Dans le cadre de l'étude de la dimension symbolique du nom, l'exemple de la société inuite du Nunavik est intéressant. En effet, cette société, fondée sur la tradition coutumière (et non l'État), a mis en place un processus d'attribution du nom, appelé l'éponymie, qui joue clairement un rôle symbolique pour les individus. L'éponymie est l'acte d'attribuer le nom d'une personne adulte significative – vivante ou défunte – à un nouveau-né, devenant l'éponyme de l'enfant. Il arrive parfois que les enfants aient plusieurs éponymes, en moyenne trois ou quatre. Cette pratique nominale ancestrale a une vocation primordiale dans l'élaboration de l'identité des individus, en ce qu'elle tend à montrer une personne divisible, « l'individu étant appelé à absorber plusieurs identités ». L'Inuit ne reste donc pas collé à sa propre image pour se définir, mais au contraire, en décolle en se soumettant à une autorité supérieure à lui, la tradition inuite, qui le force à s'ouvrir aux autres pour composer sa propre identité, particulièrement en intégrant certaines de leurs caractéristiques. Voir É. Houde, *L'éponymie et l'adoption dans la tradition inuit du Nunavik : une mise en scène de l'altérité*, Thèse de doctorat, Université Laval, Québec, 2003.

278 – *Sur le nom de la femme mariée* – On signalera ici la décision rendue par la Cour européenne des droits de l'Homme contre la Turquie, par suite de la contestation par une ressortissante de l'obligation que lui imposait sa loi nationale, de faire précéder son nom de jeune fille par le nom de son mari ; au nom de l'unité familiale. La Cour de Strasbourg, en l'instance, a considéré que les motifs invoqués par l'État turc étaient ni justes ni raisonnables : *Ünal Tekeli* c. *Turquie*, (2005) 2 R.J.P.F. 4. Voir sur ce point les commentaires de J.-P. Marguinaud, « La Cour de Strasbourg, Cour européenne des droits de la femme : la question du nom », (2005) *R.T.D. civ.* 343.

279 – *Directives de l'état civil concernant l'attribution du nom à un enfant* –

Directeur de l'état civil
Québec

Directive de l'état civil

CCQ 51-1 (diffusée depuis le 31 mars 2011; révisée le 1er juin 2012)
Attribution du nom à un enfant

LOI : Code civil du Québec (L.Q., 1991, c. 64), articles 50, 51, 52, 53, 54, 58, 59, 74, 108, 111, 113, 115, 116.

La présente directive a pour objet de préciser les règles suivies par le Directeur de l'état civil (ci-après nommé « le Directeur ») en matière d'attribution du nom à un enfant.

ATTRIBUTION DU NOM

1. Toute personne a un nom de famille et un ou des prénoms qui lui sont attribués à la naissance et qui figurent dans son acte de naissance.

2. Dans la présente directive, ainsi qu'il est prévu au Code civil du Québec, le nom comprend le nom de famille et les prénoms.

3. Les parents inscrivent dans la déclaration de naissance, qu'ils doivent faire parvenir au Directeur dans les 30 jours suivant la naissance, le nom qu'ils entendent attribuer à leur enfant.

4. Le Directeur dresse l'acte de naissance à partir du constat de naissance rempli et signé par l'accoucheur et de la déclaration de naissance remplie et signée par le ou les parents. Le nom de l'enfant doit respecter les règles fixées par le Code civil du Québec.

PRÉNOMS

5. Au moyen de la déclaration de naissance, les parents attribuent à leur enfant, selon leur choix, un ou plusieurs prénoms, et ils inscrivent dans la case prévue à cet effet le prénom que l'enfant utilisera de façon usuelle. Il est suggéré de ne pas attribuer plus de quatre prénoms à l'enfant.

6. Les deux parties d'un prénom composé peuvent être unies par un trait d'union ou ne pas l'être, au choix des parents.

7. L'enfant dont seule la filiation paternelle ou maternelle est déclarée porte un ou plusieurs prénoms choisis par le parent dont la filiation est déclarée.

8. Lorsque les parents expriment un désaccord entre eux quant à l'attribution du ou des prénoms à leur enfant, le Directeur les invite à corriger la situation. Un délai de 30 jours suivant la date de mise à la poste de la demande de correction leur est alors accordé.

9. Lorsque le désaccord entre les parents sur le choix du ou des prénoms subsiste, le Directeur attribue à l'enfant deux prénoms, un choisi par le père et l'autre par la mère.

10. Lorsqu'un ou des prénoms choisis sont inusités et que manifestement ils prêtent au ridicule ou sont susceptibles de déconsidérer l'enfant, le Directeur peut inviter les parents à modifier leur choix.

NOM DE FAMILLE

11. Les parents attribuent à leur enfant un nom de famille simple ou composé d'au plus deux parties qui proviennent de leurs noms de famille.

12. Les deux parties d'un nom de famille composé peuvent être unies par un trait d'union ou ne pas l'être, au choix des parents.

13. L'enfant dont seule la filiation paternelle ou maternelle est déclarée porte un nom de famille simple ou composé d'au plus deux parties qui proviennent du nom de famille du parent dont la filiation est déclarée.

14. Lorsque les parents attribuent à leur enfant un nom de famille qui n'est pas conforme aux dispositions de la loi ou qu'ils expriment un désaccord entre eux quant à l'attribution du nom de famille à leur enfant, le Directeur les invite à corriger la situation. Un délai de 30 jours suivant la date de mise à la poste de la demande de correction leur est alors accordé.

15. Lorsque le désaccord entre les parents sur le choix du nom de famille subsiste, le Directeur attribue à l'enfant un nom de famille composé de deux parties dont l'une provient du nom de famille du père et l'autre provient du nom de famille de la mère, selon leurs choix respectifs.

16. Lorsqu'un nom de famille composé prête manifestement au ridicule ou qu'il est susceptible de déconsidérer l'enfant, le Directeur peut inviter les parents à modifier leur choix.

17. Le Code civil du Québec permet aux parents d'attribuer à leur enfant uniquement un nom de famille dont l'orthographe est identique à celle du nom de famille du père et/ou de la mère.

18. Le Code civil du Québec permet aux parents d'attribuer à leur enfant uniquement un nom de famille provenant de leurs noms de famille. Ainsi, est exclue l'attribution, comme nom de famille,
    - d'un prénom du père ou de la mère;
    - de tout autre nom de famille ou prénom, même s'il figure dans l'acte de naissance du père ou de la mère et concerne une autre personne qui y est mentionnée;
    - d'une initiale pour remplacer le nom de l'un des parents.

19. Certaines particularités peuvent s'appliquer en fonction des faits propres à votre situation. Pour toute question, n'hésitez pas à communiquer avec le Directeur de l'état civil. Consultez la section Pour nous joindre de notre site Internet.

ABSENCE DE FILIATION

20. Lorsqu'il s'agit d'un enfant dont la filiation n'est pas établie, le Directeur attribue un nom à l'enfant.

CARACTÈRES OU SIGNES DIACRITIQUES

21. Lorsque le nom attribué à un enfant comporte un caractère, un signe diacritique (placé sur ou sous une lettre) ou une combinaison d'un caractère et d'un signe diacritique qui n'est pas utilisé pour l'écriture du français ou de l'anglais, le Directeur doit en effectuer la transcription en français ou en anglais, au choix du parent portant le nom qui le comporte.

AVIS AU PROCUREUR GÉNÉRAL

22. Dans les situations mentionnées aux paragraphes 10 et 16, si les parents refusent de modifier leur choix, l'acte de naissance sera dressé par le Directeur. Cependant, un avis sera transmis au procureur général du Québec. Celui-ci pourra saisir le tribunal de la question dans les 90 jours suivant l'inscription de l'acte au registre de l'état civil du Québec. Le tribunal pourra alors, selon ce qu'il estime opportun, remplacer le nom de famille ou les prénoms choisis par les parents par le nom de famille de l'un d'eux ou par deux prénoms usuels.

RÉVISION D'UNE DÉCISION DU DIRECTEUR

23. Toute décision du Directeur relative à l'attribution d'un nom de famille ou d'un prénom à un enfant peut être révisée par le tribunal, à la demande d'une personne intéressée. Plus de renseignements concernant ce sujet sont donnés dans la directive *Requêtes signifiées ou notifiées au Directeur de l'état civil.*

CORRECTION DU NOM PAR LA PROCÉDURE DE CHANGEMENT DE NOM

24. Lorsque l'acte de naissance d'un enfant a été inséré au registre de l'état civil et que les parents sont d'avis qu'ils ont un motif sérieux de demander le changement du nom de famille ou du ou des prénoms de l'enfant, ils peuvent s'adresser au Directeur afin d'obtenir les formulaires relatifs à une demande de changement de nom. La directive *Définition de la notion de motif sérieux justifiant une demande de changement de nom* présente de l'information sur la notion de « motif sérieux ».

Approuvé par	Signature		Date
Denis Bouchard	(original signé)		2012-06-01
Reno Bernier	(original signé)		2012-06-01

280 – *Directives de l'état civil concernant les motifs sérieux de l'article 59 C.c.Q. enfant –*

Directeur de l'état civil
Québec

Directive de l'état civil

CCQ 58-1 (4 avril 2011)
Définition de la notion de motif sérieux justifiant une demande de changement de nom

LOI : Code civil du Québec (L.Q., 1991, c. 64) articles 50, 58 à 70.

La présente directive a pour objet de définir la notion de motif sérieux dans le cadre d'une demande de changement de nom.

COMPÉTENCE DU DIRECTEUR DE L'ÉTAT CIVIL

1. Toute personne a un nom qui lui est attribué à la naissance et qui figure dans l'acte de naissance. Ce nom comprend un ou des prénoms et un nom de famille. Afin d'éviter toute confusion quant à l'identité d'une personne, les tribunaux ont posé le principe de la stabilité du nom à titre de règle fondamentale. Néanmoins, le Directeur de l'état civil (ci-après nommé « le Directeur ») a, sous réserve des pouvoirs exclusifs du tribunal, compétence pour autoriser le changement de nom d'une personne pour un motif sérieux.

2. Le Directeur a également compétence pour ajouter au nom de famille d'une personne une partie provenant du nom de famille de son père ou de sa mère qui figure dans l'acte de naissance.

COMPÉTENCE EXCLUSIVE DU TRIBUNAL

3. Le tribunal est seul compétent pour autoriser le changement de nom d'un enfant en cas de modification dans la filiation, d'abandon par le père ou la mère ou de déchéance de l'autorité parentale.

DÉFINITION DE MOTIF SÉRIEUX

4. Un motif sérieux justifie et soutient une demande. Ce motif doit être grave, valable et important. C'est un motif qui n'est pas banal, qui ne provient pas d'un caprice et qui justifie facilement le changement de nom dans une société libre et démocratique, laquelle reconnaît l'importance d'appliquer le principe de la stabilité du nom en ce qui concerne chaque personne qui la compose.

EXEMPLES DE MOTIFS SÉRIEUX MENTIONNÉS AU CODE CIVIL DU QUÉBEC

5. Le Code civil du Québec énumère un certain nombre de motifs sérieux :

   - le nom utilisé ne correspond pas à celui qui est inscrit dans l'acte de naissance;
   - le nom est d'origine étrangère;
   - le nom dans sa forme originale est trop difficile à prononcer ou à écrire;
   - le nom prête au ridicule;
   - le nom est frappé d'infamie.

AUTRES EXEMPLES DE MOTIFS SÉRIEUX

6. D'autres situations peuvent représenter des motifs sérieux. Une personne qui se trouve dans une de ces situations doit toutefois pouvoir le démontrer au Directeur.

7. Notamment, les situations suivantes peuvent représenter des motifs sérieux. Le nom concerné par la demande de changement

   - rappelle des mauvais traitements ou cause des souffrances psychologiques;
   - revêt une connotation péjorative ou humiliante dans le milieu familial ou social;
   - n'est aucunement significatif quant à la réalité familiale;
   - ne correspond pas au sexe;
   - restreint ou empêche une pratique religieuse et va à l'encontre des croyances religieuses.

8. Lors de la présentation d'une demande de changement de nom, le demandeur doit démontrer qu'il a au moins un motif sérieux.

DÉMONSTRATION DU SÉRIEUX DES MOTIFS INVOQUÉS

9. Une personne qui demande un changement de nom atteste sous serment que les motifs invoqués et les renseignements donnés sont exacts.

10. Lors du dépôt d'une demande de changement de nom, afin de permettre au Directeur d'avoir en sa possession tous les éléments nécessaires pour rendre une décision éclairée et complète, il est important de bien exposer les motifs sérieux au soutien de la demande et de

    - joindre tous les documents utiles;
    - fournir toutes les explications, renseignements et témoignages pertinents.

11. Les documents utiles pour faire la démonstration d'un motif sérieux peuvent être, selon le cas,

    - un rapport d'un professionnel de la santé (médecin, psychiatre, psychologue, psychothérapeute, sexologue, etc.);
    - un rapport d'un organisme public;
    - un rapport de police;

- o une décision ou une ordonnance d'un tribunal;
- o un document d'un organisme public ou privé qui confirme des faits ou des événements;
- o un document légal (testament, contrat de mariage, d'assurances, de vente immobilière, d'hypothèque, etc.);
- o une pièce ou un document délivré par un organisme public (carte d'assurance maladie, permis de conduire, passeport, avis de cotisation, bulletin scolaire, attestation d'études, diplôme, etc.);
- o un document d'état civil dressé hors du Québec par une autorité compétente.

12. Lorsque le nom utilisé ne correspond pas à celui qui est inscrit dans l'acte de naissance, le Directeur exige des preuves d'usage de ce nom dans les activités professionnelles, personnelles et sociales pendant une période d'au moins cinq ans.

13. Lorsque le motif invoqué est d'ordre religieux, la démonstration de la nécessité d'un changement de nom du demandeur compte tenu la croyance à laquelle il adhère doit être faite. Également, l'adhésion du demandeur à cette croyance doit être prouvée. De plus, une lettre, rédigée par une personne significative pour le demandeur en ce qui concerne sa religion ou ses croyances, doit accompagner la demande. Cette personne doit occuper une fonction officielle et reconnue au sein de l'institution religieuse. La lettre doit

- o mentionner le fait que la personne est au courant de la démarche de changement de nom du demandeur;
- o mentionner depuis combien de temps la personne accompagne le demandeur dans ses croyances;
- o souligner le sérieux du demandeur à l'égard de ses croyances;
- o corroborer la déclaration assermentée contenue dans la demande;
- o être signée et datée par la personne.

14. Le Directeur peut, lors de l'étude d'une demande de changement de nom, exiger des documents, des explications et des renseignements supplémentaires.

Approuvé par	**Signature**		**Date**
Denis Bouchard	(original signé)		2011-04-04
Pierre E. Rodrigue	(original signé)		2011-04-04

BIBLIOGRAPHIE SÉLECTIVE

AGOSTINI, E., « La protection du nom patronymique et la nature du droit au nom », *D.* 1973, *chron.* 313.

BOISGIBAULT DE BRYAS, A., « La symbolique du nom de famille », (2005) *R.R.J.* 533, 544.

DEKEUWER-DÉFOSSEY, F. et C. CHOAIN (éd.), *Les enjeux de la transmission entre générations. Du don pesant au dû vindicatif*, Paris, Presses universitaires du Septentrion, 2005.

FINE, A. et F.-R. OUELLETTE, « La révolution du nom dans les sociétés occidentales contemporaines », dans A. Fine et F.-R. Ouellette (dir.), *Le nom dans les sociétés occidentales contemporaines*, Toulouse, Presses universitaires du Mirail, 2005.

GOBERT, M., « Le nom ou la redécouverte d'un masque », (1980) I *J.C.P.* 2966.

GOBERT, M., « Le nom, cet inconnu et une inconnue », (1983) 8 *Corps écrit* 49, 58.

GUTMAN, D., *Le sentiment d'identité, étude de droit des personnes de la famille*, Bibliothèque de droit privé, t. 327, Paris, L.G.D.J., 2000.

LEMIEUX, L., « Utilisation du nom patronymique de la femme mariée », (1977) 37 *R. du B.* 510.

LOISEAU, G., *Le nom objet d'un contrat*, Bibliothèque de droit privé, t. 274, Paris, L.G.D.J., 1997.

MELLET, J.-F., *Le régime contemporain de l'attribution du nom au Québec : le « grand bond en avant » d'une institution de droit civil*, mémoire de maîtrise, Montréal, Institut de droit comparé, Université McGill, 2000.

NEIRINCK, C. (dir.), *L'État civil dans tous ses états*, Droit et société, Paris, L.G.D.J., 2008.

OFFICE DE RÉVISION DU CODE CIVIL, *Rapport sur le nom et l'identité physique de la personne humaine*, XXXV, Montréal, Éditeur officiel du Québec, 1975.

PARENT, S.-G., *Votre nom dans le droit québécois*, Québec, Thèse de doctorat de l'Université Laval, 1951.

PILON, S., « Le casse-tête juridique des règles d'attribution et de changement de nom », dans Service de la formation permanente, Barreau du Québec, *Congrès annuel du Barreau du Québec (1992)*, 1992, p. 421.

SAVARD, A.-M., « Nom », dans P.-C. Lafond et A. Roy (dir.), *Personnes et famille*, Jurisclasseur Québec, Collection Droit civil, Fasc. 6, Markham, LexisNexis, 2011.

SIMON, H., *Le nom commercial*, Montréal, Wilson & Lafleur/Sorej, 1984.

CHAPITRE II

LE SEXE

281 – *Le sexe, élément de l'état des personnes* – Le sexe fait incontestablement partie de l'état des personnes[1]. Sa mention figure obligatoirement dans les constats de naissance et de décès (art. 111, al. 2, 115, 124 et 126 C.c.Q.) et dans l'acte de naissance et de décès de tout individu enregistré à l'état civil (art. 108 et 109 C.c.Q.). Si du point de vue démographique le sexe constitue le premier critère de répartition statistique de la population, on le retrouve également, sous forme de sigle ou de symbole, dans la plupart des documents employés comme pièces d'identité au Québec et au Canada[2].

282 – *Égalité et différence* – Le droit consacre la différence de sexe, comme élément d'individualisation des personnes physiques[3], il s'efforce également de faire cohabiter cette « disparité naturelle » avec le principe fondamental de l'égalité des sexes[4].

283 – Bien que le « droit à la même protection et au même bénéfice de la loi » soit aujourd'hui garanti par la Constitution[5], la différenciation des sexes a longtemps inféré une différenciation des droits qui, le plus

---

1. *Commission des droits de la personne du Québec* c. *Arglsberger*, [1982] C.P. 82 et *Commission des droits de la personne et des droits de la jeunesse* c. *Maison des jeunes*, [1998] R.J.Q. 2549, REJB 1998-07058 (T.D.P.).
2. Parmi les documents couramment utilisés aux fins d'identification au Québec on retrouve le permis de conduire et la carte d'assurance maladie : voir le *Règlement sur les permis*, RLRQ., c. C-24.2, r. 34, et le *Règlement sur l'admissibilité et l'inscription des personnes auprès de la Régie de l'assurance maladie du Québec*, RLRQ, c. A-29, r. 1, art. 14.
3. Une distinction qui renvoie à l'étymologie du mot sexe : « n.m., XIIe siècle, peu usité jusqu'au XVIe siècle ; empr. lat. « sexus », rac. « sectus » = « séparation », « distinction », P. Robert, *Dictionnaire alphabétique et analogique de la langue française*.
4. J. Carbonnier, *Droit civil*, t. I, *Les personnes*, 21e éd., Paris, P.U.F., 2000, n° 76, p. 135.
5. Art. 1, 15, 28 et 52 de la *Charte canadienne des droits et libertés*, Partie 1 de la *Loi constitutionnelle de 1982*, Annexe B de la *Loi de 1982 sur le Canada*, 1982, ch. 11 (R.-U.). Voir également les articles 10 et 10.1 à 20.1 de la *Charte des droits et libertés de la personne*, RLRQ, c. C-12.

souvent, s'est traduite par des inégalités entre hommes et femmes. Le principe de l'égalité des sexes transcende désormais l'ensemble du droit civil[6], mais les pratiques sociales, incluant les pratiques contractuelles et judiciaires, attestent que cette égalité n'est toujours pas acquise. Aussi, le législateur s'attaque-t-il au sexisme[7] en condamnant les discriminations fondées sur le sexe.

Section I
Le sexe : définition et constatation

§1 – Définition

284 – *Le sexe, élément nécessaire d'individualisation de la personne* – Toute personne, même si elle présente des anomalies organiques, est obligatoirement rattachée, à la naissance, à l'un des deux sexes : « en droit, l'hermaphrodite n'existe pas »[8]. Pour l'état civil québécois, le sexe renvoie nécessairement à une distinction binaire entre masculin et féminin en fonction de critères morphologiques[9]. Cette approche, dominante dans la plupart des pays, est pourtant remise en cause par certains qui considèrent que l'appartenance sexuelle ne devrait plus faire partie des éléments d'individualisation de la personne[10], alors que d'autres estiment qu'il convient de tenir compte de la situation des personnes transgenres en leur permettant de se présenter officiellement sous ce tiers statut. Ainsi, une cour d'appel australienne en est arrivée à la conclusion qu'une personne pouvait être inscrite à l'état civil non pas dans la catégorie « homme » ou femme » mais dans une catégorie « neutre »[11]. Comme le souligne M.-F. Bureau, « bien que cela semble, *a priori*, aller de soi dans un contexte civiliste, nous pouvons néanmoins nous demander pourquoi une telle catégorie serait plus incontestablement importante qu'une autre, comme la

---

6. Une égalité qui n'a été pleinement acquise qu'en 1980 avec l'adoption de la *Loi instituant le Code civil du Québec et portant réforme du droit de la famille*, L.Q. 1980, c. 39.
7. Sexisme : « l'infériorisation systématique d'un groupe par un autre, fondée sur l'identité sexuelle » : Collectif Clio, *L'histoire des femmes au Québec depuis quatre siècles*, 2e éd., Montréal, Le Jour, 1992, p. 576.
8. R. Nerson et J. Rubellin, « État civil et changement de sexe », (1981) *R.T.D.C.* 840, 841.
9. M.F. Bureau, « Changement de la mention du sexe et état civil au Québec, critique d'une approche législative archaïque », (2011) 41 *R.D.U.S.* 5.
10. D. Needham, « A Categorical Imperative? Questioning the Need for Sexual Classification in Québec », (2011) 52 *C. de D.* 71.
11. *Norrie* c. *NSW Registrar of Births, Deaths and Marriages*, [2013] NSWCA 145.

couleur des yeux à titre d'exemple. Pourquoi le sexe et non pas le groupe sanguin ? »[12]. D'autres, au contraire, avancent que le fait d'éluder la mention du sexe de tout acte civil aurait comme conséquence un « brouillage des repères sociaux »[13]. Or, si la dimension sociale et psychique de la sexualité doit désormais faire partie de l'identité sexuelle, le sexe biologique demeure jusqu'à nouvel ordre un facteur à prendre en compte dans l'établissement de l'état des personnes[14].

285 – *Sexe et identité sexuelle* – Le Code civil ne définit pas le sexe. On s'entend cependant pour dire que sa définition ne répond pas à un critère unique mais à une combinaison de composantes dont certaines sont objectives (sexe anatomique ou morphologique, sexe génétique ou chromosomique, sexe hormonal), d'autres subjectives « au nombre desquelles le sentiment intime d'appartenance sexuelle, élément psychique a sa place »[15] (vécu personnel), sans compter la dimension sociale (vécu relationnel). En principe, tous ces éléments concordent, mais il peut y avoir dysharmonie entre certains de ces caractères sexuels. Lorsqu'il y a discordance entre les éléments objectifs et subjectifs, lorsque les facteurs anatomiques et génétiques indiquent un sexe déterminé qui est contredit par des facteurs psychosociaux, le droit s'alignera sur le psychisme, c'est-à-dire sur la conscience que le sujet a de son sexe. En ce sens, plutôt que de sexe, il serait préférable de parler d'identité sexuelle. Toutefois, c'est le sexe morphologique qui détermine, à la naissance, le sexe légal.

§2 – Constatation

286 – *L'acte de naissance* – Les articles 111 et 115 C.c.Q. exigent que le sexe de l'enfant soit mentionné dans le constat et la déclaration de naissance, documents à partir desquels le Directeur de l'état civil

12. M.F. Bureau, *loc. cit.*, note 9, p. 33.
13. G. Mémeteau, « Transsexualisme et débat de société », (2007) 86 *Médecine et droit* 146-147.
14. À titre d'exemple, certains emplois doivent être occupés par des femmes, comme c'est le cas pour les intervenantes dans les maisons pour femmes victimes de violence conjugale. Ainsi, dans *Vancouver Rape Relief Society* c. *Nixon*, 2005 BCCA 601, la Cour d'appel de la Colombie-Britannique a décidé qu'un homme transsexuel devenu femme ne peut occuper un tel poste puisque qu'il a été socialisé comme un homme : « The Society was entitled to exercise an internal preference in the group served, to prefer to train women who had never been treated as anything but female. », par. 59 (pourvoi en Cour suprême refusé).
15. J.-P. Branlard, *Le sexe et l'état des personnes*, Paris, L.G.D.J., 1993, n° 1352, p. 407 ; C. Chiland, *Changer de sexe*, Paris, Odile Jacob, 1997, p. 70.

dresse l'acte de naissance (art. 106 et 109 C.c.Q.). C'est le sexe anatomique, identifiable dans la quasi-totalité des cas par simple examen superficiel, qui est alors porté à l'acte de naissance du nouveau-né. Si, par suite d'une malformation, l'examen physiologique est insuffisant, un bilan cytogénétique (caryotype) permettra d'établir le véritable sexe de l'enfant, le sexe génétique, pour sa part, étant immuable.

287 – *Intersexualités physiques et état civil.* Il existe des anomalies qui affectent certaines composantes du sexe ; une personne peut réunir les éléments masculin et féminin, qu'il s'agisse de la composante anatomique ou même de la composante génétique. On parle alors d'intersexualité physique, qu'on oppose à l'intersexualité psychique, où seule la représentation subjective que l'individu se fait de son sexe est en cause et où le sujet ne présente aucune anomalie[16]. Dans certains cas, un traitement médical ou chirurgical permettra de lever l'ambiguïté. C'est le cas notamment des malformations congénitales. Dans la mesure cependant où le sexe génétique aura été déterminé à la naissance, cela n'affecte pas l'état civil. Advenant l'hypothèse où une imperfection initiale de l'anatomie a été interprétée à la naissance dans un sens que vient démentir un événement ultérieur, il faudra procéder à la rectification de l'état civil.

288 – *La procédure de rectification* – Dans ces cas rarissimes, il ne s'agit pas à proprement parler de changement d'état, mais de mise en accord de l'état civil avec la réalité[17]. Peut-on cependant parler d'erreur matérielle au sens de l'article 142 C.c.Q., auquel cas le Directeur de l'état civil procèderait lui-même à la correction ? Si l'on interprète la notion d'erreur matérielle comme une erreur purement cléricale, la rectification relèverait alors de la compétence du tribunal (art. 141, al. 1 C.c.Q.). Il nous semble cependant que l'article 130

---

16. Pour une description des intersexualités physiques, voir *infra* la rubrique « Pour aller plus loin ».
17. Il demeure que, parfois, la médecine se révèle incapable de mettre fin à l'ambiguïté du sexe déclaré et que, sous couvert de rectification, l'état civil puisse consacrer un véritable changement de sexe : voir, à titre d'exemple C.A. Versailles, 1re Ch. A, 22 juin 2000, commentaire de P. Guez, « Le changement de sexe d'un enfant hermaphrodite », *J.C.P.* 2001, no 39, 1781 ; voir également les commentaires de J.A. Greenberg à propos de la décision rendue par la Cour d'appel du Texas dans *Littleton* c. *Prange*, 9 S.W.3d 223, « When is a Man a Man, and when is a Woman a Woman », (2000) 52 *Fl. L. Rev.* 745 ; E. Groffier, « De certains aspects juridiques du transsexualisme dans le droit québécois », (1975) 6 *R.D.U.S.* 114, 132, et J.-L. Baudouin, « La vérité et le droit des personnes : aspects nouveaux », (1987) 18 *R.G.D.* 801, 805.

C.c.Q. autorise une solution plus simple. Cette disposition « dispense de l'intervention du tribunal et confie au Directeur de l'état civil le soin de procéder à une enquête sommaire et de dresser l'acte de l'état civil, lorsque les constats ou déclarations requis n'ont pas été fournis ou sont incorrects ou tardifs »[18]. La solution, en définitive, se ramène à une question de circonstances et elle dépend du moment où le sexe véritable sera « révélé ». Si l'erreur est découverte dans un temps relativement court après la naissance, la procédure prévue à l'article 130 C.c.Q. devrait s'appliquer. Par contre, si la détermination du sexe auquel appartient réellement l'individu n'a lieu que beaucoup plus tard, la rectification devrait relever de la compétence du tribunal (art. 141, al. 1 C.c.Q. et 864 C.p.c. ; art. 73 C.p.c.).

Section II
D'un genre à l'autre : le transsexualisme

289 – *Définition* – Le transsexualisme est un état pathologique, une forme extrême de dysphorie sexuelle[19] dont l'étiologie est inconnue ou, à tout le moins, peu connue[20]. Il « se caractérise par le sentiment irrésistible et inébranlable d'appartenir au sexe opposé à celui qui est génétiquement, physiologiquement et juridiquement le sien, avec le besoin obsédant de changer d'état sexuel, anatomie comprise »[21]. À la différence de l'intersexualité physique, le transsexualisme ne présuppose aucune ambiguïté sexuelle[22]. C'est cet écartèlement entre le

18. *Comm.*, t. I, p. 96.
19. R.W. Reid, « Aspects psychiatriques et psychologiques du transsexualisme », dans Conseil de l'Europe, *Transsexualisme, médecine et droit*, Actes du XXIIIe Colloque de droit européen, 14-16 avril 1993, Vrije Universiteit Amsterdam, Éditions du Conseil de l'Europe, 1993, p. 25.
20. R.-E. Garet, « Self-Transformability », (1991) 65 *S.Cal. L. Rev.* 121 et C.-N. Armstrong et T. Walton, « Transsexual Metamorphoses », (1992) *New L.J.* 96. Voir également G. Herdt (dir.), *Third Sex, Third Gender*, New York, Zone Books, 1994 et les auteurs cités *supra*, notes 16 et 19. Il semblerait toutefois, d'après les données les plus récentes, qu'il s'agirait d'une anomalie cérébrale, due à un défaut d'imprégnation hormonale au moment de la naissance. Certains parlent même aujourd'hui d'un sexe cérébral qui viendrait s'ajouter aux autres composantes déjà citées : L.J.G. Gooren, « Aspects biologiques du transsexualisme et leur importance pour la réglementation en ce domaine, « Memorandum », dans *Transsexualisme, médecine et droit*, *op. cit.*, note 19, p. 123 ; J.N. Zhou *et al.*, « A Sex Difference in the Human Brain and its Relation to Transsexuality », (1995) 378 *Nature* 68 ; C. Vidal, « Le cerveau a-t-il un sexe ? », (1996) *La recherche* 240. Toutefois, si l'étiologie du transsexualisme fait l'objet de controverses, personne, par contre, ne met en doute l'existence du syndrome lui-même.
21. J. Rubellin-Devichi, « Transsexualisme », (1989) *R.T.D.C.* 721, 724.
22. Il ne doit donc pas être confondu avec le travestisme – comportement fétichiste à l'égard du vêtement féminin – ni avec l'homosexualité qui, pour sa part, relève

sexe physique et le sexe « psychique » qui fait du transsexualisme une maladie. On peut se poser la question sur l'absence de prise en compte de l'aspect psychique et social de la sexualité par le législateur qui se base uniquement sur la réalité biologique et médicale du sujet. En l'état actuel de la science, la médecine demeure encore démunie face au transsexualisme. Tout au plus permet-elle de syntoniser le corps avec le psychisme, grâce à des traitements hormonaux et chirurgicaux[23]. Faute de traitement satisfaisant et devant l'échec notamment de la psychothérapie, les opérations de conversion sexuelle apparaissent comme la seule thérapie envisagée[24]. De là leur légalité, au plan du droit criminel, et leur licéité, au plan du droit civil, sous réserve du consentement libre et éclairé de la personne. Ce changement structurel des organes génitaux qu'impose le droit en vue de « guérir » le transsexualisme est cependant lourdement critiqué et cette exigence sera abolie lorsque la réforme de l'article 71 C.c.Q. entrera en vigueur[25].

290 – *Le droit à l'identité sexuelle* – Le droit québécois permet, à certaines conditions, aux personnes dont les caractères sexuels apparents ont été changés, d'obtenir du Directeur de l'état civil que leur acte de naissance soit modifié, de manière à refléter leur véritable personnalité. Les conditions d'obtention d'un changement de la mention du sexe dans l'acte de naissance sont cependant appelées à changer de manière importante lorsque la réforme de 2013 entrera en vigueur. Au moment d'écrire ces lignes, cela n'était pas encore le cas. Nous analyserons donc, dans un premier temps, les conditions actuelles auxquelles la modification de la mention du sexe peut être obtenue. Ensuite, nous exposerons les principes de la réforme de 2013 pour finalement traiter des effets qu'a le transsexualisme sur les

---

davantage de l'ordre de l'affect et de l'*éros* que d'un problème d'identité. Le transsexualisme, en ce sens, ne peut être considéré comme une variante parmi d'autres de la sexualité potentielle et vécue : *Commission des droits de la personne et des droits de la jeunesse* c. *Maison des jeunes*, précité, note 1 ; R.-P. Kouri, « Comments on Transsexualism in the Province of Quebec », (1973) 4 *R.D.U.S.* 167, 170.

23. Certains observateurs dénoncent une tendance à réduire le traitement à une variété sexuelle de la chirurgie esthétique et des suppléances hormonales : C. Chiland, *Changer de sexe*, Paris, Odile Jacob, 1997 ; G. Morel, « Ambiguïtés sexuelles, Sexuation et psychose », (2000) *Antropos* 200.
24. Selon les *Standards of Care of the Harry Benjamin International Gender Dysphoria Association Inc.*, les conditions exigées pour entreprendre le remodelage du corps dans un tel cas sont un suivi psychiatrique d'au moins 6 mois, une épreuve du vécu (vivre 24 heures sur 24 dans la peau de l'autre sexe) pendant au moins 12 mois et, ensuite, l'hormonothérapie.
25. *Loi modifiant le Code civil en matière d'état civil, de successions et de publicité des droits*, L.Q. 2013, c. 27.

droits attachés à la personne et qui sont fonction de son identité sexuelle.

§1 – La modification de l'acte de naissance dans le droit actuel

291 – *Les conditions de fond* – Seule une personne majeure domiciliée au Québec depuis au moins un an et ayant la citoyenneté canadienne peut présenter une telle demande. L'exigence quant à l'âge de la personne peut s'expliquer par le fait qu'il s'agit d'une décision lourde de conséquences. Mais le même argument pourrait être avancé pour conclure au caractère discriminatoire de cette condition[26]. La personne doit en outre avoir subi avec succès des traitements médicaux et chirurgicaux « impliquant une modification structurale des organes sexuels, et destinés à changer leurs caractères sexuels apparents » (art. 71 C.c.Q.)[27], les mots « traitements médicaux » impliquant par ailleurs un suivi psychologique[28]. On entend ainsi s'assurer qu'il s'agit réellement d'un cas de transsexualisme[29]. Le droit actuel est donc marqué par l'exigence d'une transformation physique de la personne qui désire changer d'appartenance sexuelle et c'est le volet le plus controversé du cadre juridique actuel.

---

26. En ce sens, M.F. Bureau, « Changement de la mention du sexe et état civil au Québec, critique d'une approche législative archaïque », (2011) 41 *R.D.U.S.* 5, 33. Dans le cadre des travaux parlementaires sur la réforme de l'article 71 C.c.Q. en 2013, la question de l'opportunité de baisser la condition d'âge à 14 ans a été abondamment discutée. Le critère de la protection des mineurs a cependant amené le législateur à maintenir l'exigence de 18 ans : *Journal des débats*, 40e législature, 1re session, mercredi 12 juin 2013 – vol. 43, no 68.
27. Jusqu'en 2004, on exigeait également que la personne ne soit pas mariée. Cette exigence créait, par le fait même, une inégalité, basée sur le statut familial, en empêchant la personne concernée « de terminer, par une légitimation juridique, le traitement de sa pathologie » : B. Moore, « Le droit de la famille et les minorités », (2003-04) 34 *R.D.U.S.* 229, 256 ; K.A. Lahey, « Legal "Persons" and the Charter of Rights: Gender, Race and Sexuality in Canada », (1998) 77 *R. du B. can.* 402 et A. Robinson, « Lesbiennes, mariage et famille », (1994) 7 *C.J.W.L. / R.J.F.D.* 393. Le mariage étant aujourd'hui ouvert aux conjoints de même sexe, le législateur a amendé l'article 71 du Code civil, assurant ainsi une cohérence avec les exigences propres aux conditions relatives au changement de sexe : *Loi modifiant le Code civil relativement au mariage*, L.Q. 2004, c. 23, art. 1 et 2. Voir également la *Loi sur le mariage civil*, L.C. 2005, ch. 33, art. 2 et la *Loi instituant l'union civile et établissant de nouvelles règles de filiation*, L.Q. 2002, c. 6.
28. C'est une condition pour que le Régime d'assurance-maladie du Québec couvre les frais d'intervention : *Règlement d'application de la Loi sur l'assurance maladie*, RLRQ, c. A-29, r. 5, art. 22, lequel exige que les traitements et interventions soient amorcés sur la recommandation d'un médecin psychiatre et qu'ils aient lieu dans un centre hospitalier autorisé à cette fin : voir R. Joyal, « Transsexualisme et identité parentale », (1989) 20 *R.D.U.S.* 155.
29. B. Moore, *loc. cit.*, note 27, p. 257.

292 – *La procédure* – La demande est faite au Directeur de l'état civil. Elle obéit à la même procédure, à la même publicité que la demande en changement de nom lorsqu'elle relève de la compétence du Directeur de l'état civil[30]. La demande doit être appuyée d'une déclaration sous serment attestant que les motifs qui y sont exposés et les renseignements qui y sont donnés sont exacts. Elle doit comprendre les renseignements suivants :

- le nom de la personne, tel qu'il est constaté dans son acte de naissance, éventuellement, les prénoms qu'elle demande ainsi que celui ou ceux qu'elle utilise à la date de la présentation de la demande ;
- son sexe ;
- les date et lieu de sa naissance ainsi que l'endroit où celle-ci a été enregistrée ;
- l'adresse de son domicile à la date de la présentation de la demande et depuis combien d'années elle est domiciliée au Québec ;
- la date où elle est devenue citoyenne canadienne, si elle est née ailleurs qu'au Canada ;
- les noms de ses père et mère ;
- son état civil et, si elle est mariée ou unie civilement, le nom de son conjoint ainsi que les date et lieu de leur mariage ou union civile ;
- le nom de ses enfants s'il en est, ainsi que leur date de naissance et le nom de l'autre parent de chacun d'eux ;
- si elle a déjà changé de nom, à la suite d'une décision judiciaire ou administrative, le nom qu'elle portait avant cette décision ou, si un tel changement de nom lui a été refusé, les motifs de ce refus ;
- les motifs pour lesquels elle demande le changement de la mention du sexe.

293 – La demande doit être accompagnée des documents suivants :

- copie des actes de naissance, de mariage et de décès mentionnés à la demande, lorsque ces actes ont été faits hors du Québec ;
- copie de son certificat de citoyenneté, lorsque la personne est née ailleurs qu'au Canada ;

30. Art. 58, 65, 72, 73 et 151 C.c.Q. et *Règlement relatif au changement de nom et d'autres qualités de l'état civil*, D. 1592-93, (1993) 125 *G.O.* II, 8053, art. 23 et 24.

- copie du jugement irrévocable ou du certificat de divorce, si celle-ci est divorcée ;
- copie du jugement prononçant la nullité du mariage, le cas échéant ;
- copie des décisions antérieures de changement de nom, si elle a déjà changé de nom antérieurement[31].

294 – Outre les documents pertinents, la demande doit être accompagnée d'un certificat du médecin traitant et d'une attestation du succès des soins établie par un autre médecin qui exerce au Québec[32]. Ajoutons qu'on ne peut, dans une demande de modification de la mention du sexe, demander un changement de nom de famille[33]. Pour ce qui est du prénom, rappelons que quand il est manifeste que le changement demandé concerne la modification de l'identité sexuelle de la personne, ce changement peut être accordé sans publication. En d'autres mots, lorsqu'une personne transgenre ne demande pas le changement de la mention du sexe mais seulement un changement de prénom qui manifestement renvoie à un changement de l'identité sexuelle, les avis ne doivent pas être publiés. Le législateur reconnaît de cette manière le statut des personnes « trans » qui ne désirent pas procéder à un changement de la mention du sexe dans leur acte de naissance, tout en facilitant le changement de nom comme accessoire d'un changement de la mention du sexe.

295 – Quant à la publicité exigée[34], qui pourrait laisser croire que l'on porte atteinte au respect de la vie privée, on a jugé nécessaire d'en maintenir le principe (art. 63 C.c.Q.), afin d'assurer la protection des droits des tiers : « les possibilités de discrimination existent toujours indépendamment de cette publication »[35].

296 – La décision du Directeur de l'état civil doit être motivée[36]. Elle est susceptible de révision par le tribunal, à la demande de toute per-

31. Art. 64 C.c.Q. et *Règlement relatif au changement de nom et d'autres qualités de l'état civil*, précité, note 30, art. 1, 2 et 4, ce à quoi s'ajoute encore le paiement des droits exigibles qui sont de 125 $: *ibid.*, art. 4.
32. Art. 72 C.c.Q.
33. *Règlement relatif au changement de nom et d'autres qualités de l'état civil*, précité, note 30, art. 24. Quant au changement de prénom, il n'apparaît pas non plus comme un accessoire automatique : la demande devrait donc être faite dans une procédure distincte.
34. Art. 63, 64 et 73 C.c.Q. On notera cependant qu'en vertu du *Règlement relatif au changement de nom et d'autres qualités de l'état civil*, précité, note 30, seuls les articles 1 à 4, 16 à 22 s'appliquent à la demande (art. 24 du règlement). Or les règles relatives à la publicité sont régies par les articles 5 à 7.
35. *Comm.*, t. I, p. 59.
36. *Règlement sur le changement de nom et d'autres qualités de l'état civil*, précité, note 30, art. 16.

sonne intéressée[37]. Sauf dispense spéciale de publication accordée par le ministre de la Justice, la modification demandée et accordée fait l'objet d'un avis dans la *Gazette officielle du Québec*[38]. Un certificat de changement de nom est alors délivré par le Directeur de l'état civil[39].

§2 – La modification de l'acte de naissance dans la réforme de 2013

297 – *Une nouvelle approche* – La notion d'identité sexuelle, telle qu'inscrite dans le droit, est aujourd'hui réinterprétée à la lumière du concept philosophique d'identité, *i.e.* de droit à l'autonomie du sujet, et l'on assiste à de nouvelles formes de revendications qui, d'égalitaires, sont devenues identitaires. Ces revendications s'appuient sur les théories développées par les féministes pour lutter contre les inégalités dont historiquement elles ont été victimes et sur la notion de *genre*, elle-même empruntée à l'anthropologie et telle que redéfinie par les *gay and lesbian studies*[40]. Selon cette école de pensée, le discours juridique sur le transsexualisme serait biaisé ; il ne ferait que reproduire, sous le couvert du genre, une division sociale des rôles fondée autrefois sur le sexe, *i.e.* anatomique. Ce discours consacrerait l'hégémonie de l'hétérosexualité dans la culture juridique dont les homosexuels seraient des *outsiders*. Posées en ces termes, la question du transsexualisme et celle du sexe comme élément de l'état des personnes deviennent un enjeu politique, un enjeu qui commande d'abolir tout lien entre le sexe et le genre afin de paver la voie à l'égalité. D'après cette école « chaque individu serait porteur d'une identité de genre, à la fois sexuée et sexuelle, laissée à sa seule appréciation personnelle »[41]. Cette théorie se trouve elle-même confortée

---

37. Art. 74 C.c.Q. et art. 864, 864.2 et 865 C.p.c. ; art. 393, 404, 71 et 73 C.p.c.
38. Art. 67 C.c.Q. et *Règlement sur le changement de nom et d'autres qualités de l'état civil*, précité, note 30, art. 17 et 18.
39. *Ibid.*, art. 19.
40. Voir, entre autres, T. Flynn, « Transforming the Debate: Why We Need to Include Transgender Rights in the Struggle for Sex and Sexual Orientation Equality », (2001) 101 *Columbia L. Rev.* 392 ; A.N. Sharpe, « Anglo-Australian Judicial Approaches to Transsexuality: Discontinuities, Continuities and Wider Issues at Stake », (1997) 6(1) *Social & Legal Studies* 213 ; *Transgender Jurisprudence: dysphoric bodies of law*, London/Sydney, Cavendish Pub., 2002 ; A. Fausto-Sterling, *Sexing the Body: Gender Politics and the Construction of Sexuality*, New York, Basic Books, 2000, P. Currah, Richard M. Juang et Shannon Price-Minter, *Transgender Rights*, Minneapolis, University of Minnesota Press, 2006 et J. Cromwell, *Transmen and FTMs: Identities, Bodies, Genders and Sexualities*, Chicago, University of Chicago Press, 1999.
41. A. Preciado, *Manifeste contra-sexuel*, Paris, Balland, 2000.

par l'affaiblissement, dans la littérature médicale[42], de la référence pathologique[43]. De là, les revendications exprimées par certains groupes : si le genre est déterminé par la seule volonté du sujet, chacun devrait être libre du choix de son sexe à l'état civil et les conditions posées par la loi, à cet égard, seraient discriminatoires puisque, pour changer de sexe, ils sont obligés de passer par un traitement mutilant et irréversible[44]. Ainsi, l'approche médicale utilisée pour définir l'identité sexuelle au sens de la sphère juridique consiste ultimement en un obstacle à l'autodétermination des personnes transsexuelles, obstacle les discriminant et leur portant préjudice de façon irréparable. C'est dans cette perspective que le législateur québécois a décidé d'abandonner l'exigence de l'intervention chirurgicale comme condition du changement de la mention du sexe dans l'acte de naissance. Cette réforme n'était cependant pas encore en vigueur au moment d'écrire ces lignes.

298 – *L'assouplissement des conditions* – Le nouvel article 71 C.c.Q. réfère à la notion d'identité de la personne en édictant que si cette identité ne correspond pas à la mention dans l'acte de naissance, la personne peut obtenir auprès du Directeur de l'état civil la modification aux conditions prévues par le code et par celles déterminées par règlement. Au moment d'écrire ces lignes, le règlement n'était pas encore disponible. Quant au Code, il exclut expressément l'exigence d'un traitement médical ou d'une intervention chirurgicale. Trois conditions sont imposées : la personne doit être majeure, avoir la citoyenneté canadienne et être domiciliée depuis au moins un an au Québec. Le nouvel article 3084.1 C.c.Q. prévoit une exception à l'exigence de domiciliation et de nationalité en permettant à une personne qui, quelle que soit sa nationalité, est née au Québec, mais domiciliée hors Québec, de faire une demande de changement de la mention du sexe dans son acte de naissance québécois et, le cas échéant, de son prénom, lorsqu'une telle demande est impossible dans l'État de son domicile.

---

42. H. Frignet, *Le Transsexualisme*, Paris, Desclée de Brouwer, 2000, p. 98.
43. D'après le classement opéré par l'American Psychiatric Association (*Diagnostic and Statistical Manual of Mental Disorder*, 4e éd., Washington D.C., 1994) le transsexualisme s'inscrirait dans un *continuum* qui englobe tous les particularismes sexuels dont il ne se différencie que sur un mode quantitatif : H. Frignet, *op. cit.*, note 42, p. 112. Aussi, la réassignation hormono-chirurgicale est-elle de plus en plus contestée par les psychanalystes, « car si elle peut satisfaire un désir, elle ne guérit pas ».
44. Voir en ce sens les revendications exprimées par les groupes CACTUS et ASTT(E)Q dans K. Namaste, *Évaluation des besoins : les travesti(e)s et les transsexuel(e)s au Québec à l'égard du VIH/Sida*, Montréal, CACTUS.

§3 – *Les effets juridiques de la modification du sexe*

299 – *L'état civil après le changement de sexe* – Les modifications apportées au plan de l'état civil par suite de la délivrance du certificat de changement de sexe n'ont qu'une portée relative. En effet, la nouvelle mention du sexe n'est portée qu'à l'acte de naissance de la personne intéressée (art. 71, al. 1 C.c.Q.) ; l'acte antérieur de mariage ou l'acte de naissance de ses enfants, s'il y a lieu, ne sont donc pas affectés. Le Directeur de l'état civil dresse un nouvel acte qui se substitue à l'acte primitif. Ce nouvel acte en reprend toutes les énonciations et mentions qui n'ont pas fait l'objet de modifications. Une mention de la substitution est cependant portée à l'acte initial (art. 132 C.c.Q.). Seul l'individu concerné pourra obtenir copie de l'acte original (art. 149 C.c.Q.). Le respect de la vie privée, garanti par l'article 5 de la *Charte des droits et libertés de la personne* exige en effet qu'on interdise l'accès à l'information initiale aux tiers : « en l'absence d'injustice vis-à-vis la société, le dogme légal cède le pas devant le bien de l'individu »[45]. Encore faut-il assurer la continuité des droits et obligations de la personne. Comme pour le changement de nom, la modification de la mention du sexe ne modifie en rien les droits et les obligations de cette dernière. Les documents faits antérieurement à la modification sont réputés être faits sous son nouvel état civil et la personne (ou un tiers intéressé) peut exiger que ces documents soient rectifiés par l'indication du nouveau sexe, et éventuellement, du ou des nouveaux prénoms qui, à sa demande, auront pu être substitués à ceux qui lui avaient été attribués à l'origine (art. 68, 69, 71 et 73 C.c.Q.).

Quant aux autres documents utilisés ou exigés aux fins d'identification, l'intéressé devra, en produisant une copie de son nouvel acte de naissance (ou même plus simplement, un certificat d'état civil), en demander la modification : passeport, certificat de citoyenneté, carte d'assurance sociale, carte d'assurance-maladie, permis de conduire, etc.[46]. Au-delà des droits personnels du seul intéressé, il faut encore envisager les conséquences de l'assignation d'un nouveau sexe, sur les rapports qu'il peut entretenir avec d'autres personnes ; on pense particulièrement au conjoint et aux enfants qui seraient nés avant la conversion morphologique de leur parent. Il convient également de s'interroger sur le droit pour ce dernier de fonder une famille, après sa « réassignation sexuelle »[47].

---

45. R.-P. Kouri, *loc. cit.*, note 22, p. 183.
46. Pour un cas particulier, voir *Montreuil* c. *Société de l'assurance automobile du Québec*, J.E. 98-1988, REJB 1998-08124 (C.S.).
47. Pour emprunter la nouvelle terminologie qui nous vient des pays de langue anglaise : voir, entre autres, J.A. Greenberg, *loc. cit.*, note 17.

300 – *Les conséquences du changement d'identité sexuelle sur les rapports entre conjoints et les droits des enfants déjà nés* – Si pour le conjoint, comme pour les tiers, le changement de la mention du sexe n'affecte pas le passé, la réassignation sexuelle, par contre, peut venir perturber les rapports au sein du couple. Dans la mesure où le processus de transformation, bien qu'occulté, aurait déjà été entamé avant que le mariage ou l'union civile ait été contracté, l'annulation pourrait être envisagée. Le conjoint pourrait alors invoquer l'erreur sur les qualités essentielles[48]. En dehors de cette hypothèse, la seule autre avenue qui s'offre au conjoint est de demander le divorce ou la dissolution de l'union civile. Le conjoint pourrait invoquer le fait que ce changement a conduit à l'échec du mariage[49] ou a atteint, de façon irrémédiable, la volonté de faire vie commune (art. 521.12 C.c.Q.).

301 – Il n'est pas exclu, par ailleurs, que le conjoint du transsexué puisse accepter cet état de fait et de droit, ce qui le conduira nécessairement à vivre, dorénavant, avec une personne du même sexe, tout en restant marié ou uni civilement à une personne de sexe différent. La situation est désormais possible puisque le mariage est permis entre personnes de même sexe[50].

302 – *Capacité, identité parentale et changement de sexe* – En ce qui a trait à la capacité parentale, la transsexualité, pas plus que l'orientation sexuelle de l'un des parents, ne constitue un facteur déterminant[51]. L'intérêt de l'enfant est le seul critère à prendre en considération (art. 33 C.c.Q.). En ce sens, « l'attribution de la garde (ou d'un attribut de l'autorité parentale) ne devrait pas se poser différemment à l'égard du parent transsexuel qu'elle ne l'est quant aux parents hétérosexuels »[52]. Les droits des enfants ne se trouveront pas plus affectés pour ce qui est des questions relatives au patrimoine, compte tenu des dispositions des articles 68 et 73 C.c.Q., la filiation

---

48. À propos de la notion d'erreur sur la qualité substantielle, voir M. D.-Castelli et D. Goubau, *La famille*, Québec, P.U.L., 2005, p. 39-41 ; J. Pineau et M. Pratte, *La famille*, Montréal, Éditions Thémis, 2007, n°s 42 à 46.
49. Art. 8(1) de la *Loi sur le divorce*, L.R.C. (1985), ch. 3 (2e suppl.).
50. *Loi sur le mariage civil*, L.C. 2005, ch. 33, art. 2.
51. Rappelons ici que l'article 10 de la *Charte des droits et libertés de la personne* prohibe la discrimination fondée sur le sexe et sur l'orientation sexuelle. La discrimination fondée sur l'état de transsexuel ou sur le processus de transsexualisme constitue de la discrimination fondée sur le sexe : *Commission des droits de la personne et des droits de la jeunesse* c. *Maison des jeunes*, précité, note 1.
52. M. Rivet, « La vérité et le statut juridique de la personne en droit québécois », (1987) 18 *R.D.U.S.* 861. Voir également É. Deleury, « Le droit de la famille et l'union homosexuelle », (1984) 25 *C. de D.* 751, 763 et s.

telle qu'établie initialement n'étant par ailleurs aucunement affectée. Celui des deux parents qui, à l'origine, a été indiqué comme le père, bien que devenu femme, le restera et vice-versa[53].

Rappelons que la décision faisant droit à la demande de modification du sexe dans le registre de l'état civil n'a pas d'effet rétroactif. Elle est constitutive d'état. Il est donc possible qu'un lien de filiation qui n'aurait pas été établi avant la modification du sexe légal puisse être établi ultérieurement à l'endroit du ou de la transsexuée, en fonction de son sexe d'origine. Le jugement faisant droit à une action en réclamation d'état a, en effet, un caractère déclaratif.

303 – *Le droit de fonder une famille après la modification de la mention du sexe* – Si la question de la validité du mariage de la personne transsexuée avec une personne qui, en apparence, a un sexe différent du sien, est devenue obsolète compte tenu de la définition qu'on en retient aujourd'hui, la question d'une possible annulation du mariage contracté après la « réassignation » morphologique et civile n'est pas à exclure pour autant. Ici encore, le conjoint qui n'aurait pas été mis au courant de cet état de fait avant la célébration pourrait invoquer l'erreur sur les qualités substantielles au soutien d'une demande en nullité.

Mais le transsexué dont l'état civil a été modifié peut également vouloir fonder une famille. Désireux d'avoir un enfant, lui et son conjoint peuvent se tourner vers l'adoption comme l'y autorisent les articles 546 et 555 C.c.Q. C'est d'ailleurs la seule avenue que pourrait emprunter un couple homosexuel (formé d'une femme, devenue homme, avec un autre homme), le recours à la maternité de substitution n'étant pas admis en droit québécois (art. 541 C.c.Q.)[54]. Par contre, dans l'hypothèse où le transsexué et son conjoint forment un couple hétérosexuel (donc de sexe différent selon leur état civil) ou encore un couple homosexuel féminin (donc de même sexe selon leur

53. *J.M.* et *Je.M.*, [2004] R.J.Q. 2491 (C.S.) : refus de modifier, dans l'acte de naissance des enfants, la mention du sexe du parent. En d'autres mots, la *mère* ne devient évidemment pas le *père* à la suite d'un changement de sexe.

54. Ce qui introduit, par le fait même, une distinction entre les femmes et les hommes homosexuels. Toutefois, rien n'interdit à la femme qui agirait comme mère porteuse de donner un consentement en faveur du conjoint de celui vis-à-vis duquel la paternité de l'enfant aurait été établie : art. 555 C.c.Q. La Cour d'appel a d'ailleurs confirmé, au nom de l'intérêt de l'enfant, la légitimité de l'adoption comme mécanisme d'établissement de la filiation d'un enfant né d'un projet de gestation pour autrui : *Adoption – 1445*, 2014 QCCA 1162.

état civil), la procréation assistée se présente comme une solution possible. Dans ces circonstances, à défaut d'indication dans l'acte de naissance de la filiation paternelle et en présence de conjoints mariés ou unis civilement, la présomption de parenté de l'article 538.3 C.c.Q. s'applique. C'est dire aussi que dans la famille ainsi constituée, l'enfant pourrait avoir, selon le cas, un père et une mère, deux mères ou deux pères qui, quel que soit le scénario envisagé, ont à son endroit les mêmes droits et les mêmes obligations (art. 538.1 C.c.Q.). On se trouve ainsi à bouleverser les structures traditionnelles de la parenté, d'autant plus que dans le cas particulier du transsexué, on se trouve à la fois à gommer, pour l'enfant, et ses origines biologiques et le sexe sous lequel est né celui qui est, sur le plan du droit, son père ou sa mère.

304 – *Le recul du principe de l'indisponibilité de l'état* – On peut considérer que la transcription dans le droit du phénomène du transsexualisme représente un recul du principe de l'indisponibilité de l'état. Mais l'indisponibilité n'est pas l'immutabilité[55]. Quand le changement est l'effet d'une cause étrangère à la volonté, quand il s'agit d'un « déterminisme de nature pathologique », peut-on parler de changement ? Ainsi que l'écrit un auteur, le transsexuel n'agit pas, il « est agi », il subit et c'est précisément pourquoi, dans la logique de cette vision, le transsexualisme échappe au principe de l'indisponibilité de l'état[56].

Pour aller plus loin

305 – *Mythologie, histoire et légendes* – « Le syndrome est ancien » : la mythologie grecque nous révèle que les dieux changeaient déjà les filles en garçons (une faveur lourde de symbolique). Mais « le mythe de l'androgynat a toujours hanté l'humanité [...] : dans l'Antiquité, Juvénal rapporte le cas des Phrygiens d'Anatolie ; Hérodote cite la maladie des Scythes, une peuplade du Nord-Est de l'Europe où les hommes vivaient en femmes. Dans *Les Métamorphoses d'Ovide*, l'auteur décrit le comportement inverse. Les exemples jalonnent l'histoire : l'empereur Caligula, la papesse Jeanne ou Jean XXIII, Henri III, l'abbé de Choisy, [...] le chevalier d'Éon [...], Catherine de Suède présentent des symptômes de transsexualisme » (J. Petit, « L'ambiguïté du droit face

55. J. Pousson-Petit, « Une illustration, le cas du transsexualisme », dans C. Neirinck, *De la bioéthique au bio-droit*, Collection Droit et Société, Paris, L.G.D.J., nº 8, 1994, p. 133, 138.
56. G. Cornu, « Droit civil », t. 1, *Introduction, Les personnes, Les biens*, 12e éd., Paris, Montchrestien, 2005, nº 564 *bis*, p. 273, qui ajoute : « Le sexe d'arrivée est un sexe de conviction, enraciné dans le psychisme, non un sexe de sélection, de convenance, de caprice ou d'emprunt ».

au syndrome transsexuel », (1976) *R.T.D.C.* 264). De nos jours encore, en Inde, une communauté secrète d'eunuques, les hijra, s'habillent et vivent à la manière des femmes, et leurs communautés parsèment tout le pays (D. Lapierre, *La cité de la joie*, Paris, Le livre de poche, 1987, p. 444 et 470, cité par J.-P. Branlard, *op. cit.*, note 15, nº 1186, p. 412). Plus près de nous, on peut penser au mouvement hippy qui refuse la division des sexes. Et si notre époque a été génératrice d'hétérogénéités sexuelles (M. Foucault, *Histoire de la sexualité*, t. I, *La volonté de savoir*, Paris, Gallimard, 1976), d'aucuns voient poindre l'avènement historique de l'androgynie (E. Badinter, *L'un et l'autre : des relations entre hommes et femmes*, Paris, Odile Jacob, 1986).

306 – *Sexe, genre et identité sociale de sexe* – L'établissement d'une distinction conceptuelle entre le sexe et le genre (*gender*), construit culturel qui varie d'une société à l'autre, est probablement la plus grande contribution des chercheures féministes aux débats épistémologiques et méthodologiques en sciences sociales (R.J. Stoller, *Sex and Gender*, New York, Science House, 1968 ; M.T. Nelson, *Sex and Gender, Making Cultural Source of Civilization*, Leyde, 1989 ; K.A Lahey, *Are we "Persons" yet?: Law and Sexuality in Canada*, Toronto, University of Toronto Press, 1999 ; N.-C. Mathieu, *Anatomie politique, catégorisations et idéologies du sexe*, Paris, Éditions Côté-femmes, 1991 et J. Scott, « Le genre : une catégorie utile d'analyse historique », *Les Cahiers du Grif*, nº 37/38, printemps 1988, p. 125). Les anthropologues nous proposent aujourd'hui la « construction d'un paradigme ternaire des catégories sociales de sexe, en parlant d'un « troisième sexe » social pour les individus dont la socialisation impliquerait un chevauchement de la frontière des sexes sociaux » (H. Guay, « Femmes inuit, développement et catégories sociales de sexe », *Recherches féministes*, 1988, vol. 1, nº 2, 91, p. 93). Dans les sociétés primitives, on appelle *chamanes* ces chevaucheurs de frontière entre les sexes. Bernard Saladin d'Anglure, dénonçant la confusion qu'on continue à entretenir entre sexe social et sexualité, définit comme suit ce troisième sexe : « une catégorie de sexe résultant d'une construction socio-culturelle de l'identité opérée par le groupe, à travers l'« atome familial » de reproduction (modèle idéal, mais aussi unité sociale) en manipulant et la filiation (ordre des générations, ou ordre de naissance) et les catégories de sexe, en fonction de l'état de développement de cet atome familial et de l'identité de ceux qui en ont la charge » (B. Saladin d'Anglure, « Du projet par A.I.D. du sexe des anges : notes et débats autour d'un troisième sexe », *Anthropologie et sociétés*, 1985, vol. 9, nº 3, 139, p. 164 ; voir également du même auteur, « Le "troisième" sexe », *La recherche*, nº 245, juillet-août 1992, p. 836).

307 – *Histoire du droit* – Les jurisconsultes romains classaient les individus qui présentaient l'apparence des deux sexes en faisant « appel à la distinction du principal et de l'accessoire » (J. Carbonnier, *Droit civil*, t. I, *Les personnes*, 21e éd., Paris, P.U.F., 2000, nº 77, p. 111). Ils les rangeaient dans celui qui semblait prédominant (Dig. I, 5, 10 ; 28, 2, 6, 2 et Ulpien, L.622, *De liberis et posthumis*, XVII.2). C'était aussi l'enseignement de Domat, *Les lois civiles dans leur ordre naturel*, t. I, *De l'état des personnes par la nature*, p. 68.

Intéressante cependant est la thèse du criminaliste espagnol Lorenzo Matheu y Sanz (1663) qui, non seulement, soutenait la thèse de la possibilité technique de l'hermaphrodisme parfait (phénomène extrêmement rare pour ne pas dire inexistant chez l'humain), mais aussi celle de la réalité biologique et historique d'un être humain complètement formé dans ses capacités bisexuelles : voir V. Marchetti, « Proposition de règlement juridique d'une troisième sexualité », dans *Droit, histoire et sexualité*, textes réunis et présentés par J. Poumarède et J.-P. Royer, Publications de l'Espace juridique, 1987, p. 133.

308 – *Droit comparé* – « La composante psychologique et psychosociale sont deux aspects de l'identité sexuelle qui prennent de plus en plus d'importance dans le développement des sociétés occidentales. Ce que révèle une incursion dans le droit comparé » : J.-P. Branlard, *op. cit.*, note 15, nº 1391, p. 463. Dans l'ensemble, en effet, l'attitude semble assez libérale. Pourtant, certains pays n'autorisent que le changement de prénom. Dans les pays qui permettent le changement de la mention du sexe à l'état civil, la procédure appropriée est soit judiciaire (on procède alors par action d'état), soit administrative. Certains pays se contentent d'exiger la conviction de la personne qu'elle appartient à l'autre sexe (on exige cependant la preuve que la personne est dans l'incapacité de procréer (Belgique, Pays-Bas, Allemagne, dont la loi prévoit deux procédures judiciaires au choix du transsexuel : la solution « restreinte », limitée au changement de prénom, et la solution « large », qui comporte une décision du tribunal constatant le changement de sexe et dont les conditions d'ouverture sont plus strictes)) ; d'autres exigent la preuve préalable d'une transformation physique. Le célibat apparaît encore comme une condition essentielle, mais la nationalité n'est pas toujours une condition nécessaire. En Australie, depuis 2011, une troisième case nommée « X » a été ajoutée aux passeports à la suite de la décision de la Cour d'appel de New South Wales (*Norrie* c. *NSW Registrar of Births, Deaths and Marriages*, [2013] NSWCA 145). Dans cette décision, on a reconnu l'existence du sexe « non spécifié » soit le sexe « neutre », une première mondiale. Le tribunal a alors affirmé qu'il s'agissait d'une erreur de droit que de croire que la notion de « sexe » était limitée au caractère mâle ou femelle, et qu'il était donc inconcevable de refuser l'enregistrement d'une personne ne s'identifiant ni à l'un et ni à l'autre. En 2013, la Nouvelle-Zélande a emboîté le pas en permettant de s'identifier au sexe « X » sur le passeport. Toutefois, comme en Australie, cette possibilité existe sous réserve de certaines conditions, par exemple la présentation d'un certificat médical constatant l'appartenance au sexe neutre, et n'a pas d'influence sur la mention du sexe sur le certificat de naissance : il s'agit de deux actes civils différents (Site officiel du gouvernement de la Nouvelle-Zélande, *Information about Changing Sex / Gender Identity*, en ligne : <http://www.passports.govt.nz/Transgender-applicants>, consulté le 24 mars 2014). Par ailleurs, l'Allemagne a adopté en mai 2013 une loi permettant aux parents de retarder l'inscription du sexe sur le certificat de naissance de leur enfant qui présente une ambiguïté biologique. Cette mesure est destinée « à atténuer la pression sur les parents, poussés à décider d'urgence du sexe de leurs enfants » (l'Allemagne, premier pays européen à légaliser un troisième genre, <http://www.france24.com/fr/20131101-allemagne-legalise-troisieme-genre-intersexualite/>, consulté en ligne le 28 mars 2014). Dans les faits, les opérations sont réalisées presque immédiatement après la naissance, une pratique dénoncée par des associations créées depuis 20 ans, qui estiment que chacun doit avoir le choix de son identité (*ibid.*). Pour une analyse de l'état du droit en Belgique, France, Espagne et Royaume-Uni, voir M.F. Bureau, « Changement de la mention du sexe et état civil au Québec, critique d'une approche législative archaïque », (2011) 41 *R.D.U.S.* 5. Voir également Gouvernement du Québec, *Réalités juridiques et sociales de l'homosexualité et de la transsexualité dans les principaux pays d'origine des nouveaux arrivants au Québec*, Québec, 2008. Pour la situation en droit français et en droit européen, voir J.-J. Lemouland, « Transsexualisme et droit de la famille », (2013) 4 *Droit de la famille*, dossier 12.

Au Canada, on trouve, dans l'ensemble des provinces, des dispositions particulières qui s'apparentent sensiblement à celles du *Code civil du Québec* : on les retrouve généralement dans les lois sur les statistiques de l'état civil (*Vital Statistics Act*) calquées, le plus généralement sur le *Uniform Vital Statistics Act* élaboré par la Conférence pour l'harmonisation des lois au Canada, *Recueil des lois uniformes*, ch. 50, A-1. Voir pour l'Alberta, R.S.A. 2000, ch. V-4 ; la Colombie-Britannique, R.S.B.C. 1996, ch. 479 ; le Manitoba, C.C.S.M., ch. V50 ; le Nouveau-Brunswick, S.N.B. 1979, ch. V-3 ; la Nouvelle-Écosse, R.S.N.C. 1989, ch. 494 ; l'Ontario, R.S.O. 1990, ch. V.4 ; la Saskatchewan, S.S. 1995, ch. V-7.1 et, pour les Territoires du Nord-Ouest, R.S.N.W.T. 1988, ch. 3, supp. S.17. Cependant, on assiste de plus en plus à des revendications visant à éliminer la mention du sexe dans des documents officiels et à éliminer le sexe comme marqueur de l'identité juridique des personnes. Ainsi, en Saskatchewan, une mère demande au gouvernement d'enlever toute référence au sexe dans les actes de naissance : *Journal de Radio-Canada* : <http://m.radio-canada.ca/regions/saskatchewan/2014/03/25/001-mere-enfant-transgenre-retrait-reference-sexe-actes-naissance.shtml>, consulté en ligne le 25 mars 2014.

309 – *Sociologie* – Le transsexualisme semblerait surtout préoccuper les pays industrialisés (Amérique du Nord et Europe occidentale). Apparemment, le syndrome « aurait une moindre implantation dans le tiers-monde américain, africain, asiatique et les pays de l'Europe centrale : « il s'agirait donc d'un problème de société » (J.-P. Branlard, *op. cit.*, note 15, n° 1200, p. 416).

Le phénomène demeure malgré tout marginal. En France, on parle d'environ un millier de cas (*ibid.*, n° 2079, p. 618). Aux États-Unis, on estime entre 700 et 2 000 le nombre de conversions sexuelles effectuées annuellement (R.-E. Garet, « Self-Transformability », (1991) 65 *S.Cal. L. Rev.* 129, note 11. Voir cependant T. Walton, « A Measure of Appreciation », (1992) 4 *New L.J.* 1201). Au Québec, les statistiques de la direction des enregistrements officiels du ministère de la Justice démontrent cependant que le phénomène, tout marginal qu'il soit, a plus d'ampleur. Entre 1979 et 1992, 251 requêtes pour changement d'indication de sexe et de prénoms ont en effet été accordées. On note cependant que depuis le milieu des années 1990, le nombre de demandes a nettement diminué. Par contre, ici comme ailleurs, l'écart entre hommes et femmes tend à se réduire. D'après les statistiques de l'état civil, les demandes de changement dans la direction femme-homme, même si elles sont moins nombreuses, représentent environ 30 % de l'ensemble des demandes présentées au cours des cinq dernières années. Une évolution liée, selon certains, au fait qu'autrefois, les femmes atteintes de ce syndrome n'osaient se faire connaître, alors qu'aujourd'hui, elles le font (J.-P. Branlard, *op. cit.*, note 15, n° 1758, p. 547). Sur la dimension sociale du transsexualisme, voir F.W. Lewins, *Transsexualism in Society: A Sociology of Male to Female Transsexuals*, South Melbourne, McMillan Education, Australia, 1995.

310 – *Description du transsexualisme* – Le terme a été employé pour la première fois par le docteur Caudwell dans le titre d'un article paru en 1949 « Psychopathia Transsexualis », (1949) 16 *Sexology* 274-280, repris et consacré par H. Benjamin et E.-A. Gutheil qui en traceront le tableau clinique et qui en donneront la première définition : H. Benjamin, « Travestism and Transsexualism », (1953) 7 *Int. J. Sexol.* 12-14 ; « Travestism and Transsexualism, Symposium », (1954) 8 *Am. J. Psychother.* 219-230 ; E.R. Gutheil, « The Psychologic Background of Transsexualism and Travestism », (1954) 8 *Am. J. Psychother.* 231-239. Voir également H. Benjamin, *The Transsexual Phenomenon*, New York, The Julian Press Inc., 1966. C'est à ce titre qu'on le retrouve aujourd'hui dans la *Classification internationale des troubles mentaux et des troubles du comportement* de l'Organisation mondiale de la santé, O.M.S., Geneviève Masson, p. 192. Voir également, American Psychiatric Association, *Diagnostic and Statistical Manual of Mental Disorder*, 4e éd. (DSM-IV), Washington D.C., 1994, p. 537, à qui certains reprochent d'avoir imposé une approche exclusivement comportementale à la psychiatre du monde entier sur la question, sa définition du phénomène comme une dysphorie de genre (*gender dysphoria*) évoquant davantage un état qu'une maladie. Voir notamment, A. Frignet, *Le transsexualisme*, Paris, Desclée de Brouwer, 2000, p. 33, note 9. Sur les glissements induits par ce changement de terminologie, voir J. Pousson-Petit, « Une illustration, le cas du transsexualisme », dans C. Neirinck, *De la bioéthique au bio-droit*, Paris, L.G.D.J., Collection Droit et Société, n° 8, 1994, 133, p. 134. L'étiologie du transsexualisme est mal connue. R.-E. Garet, « Self-Transformability », (1991) 65 *S.Cal. L. Rev.* 121 et C.-N. Armstrong et T. Walton, « Transsexual Metamorphoses », (1992) *New L.J.* 96. Voir également G. Herdt (dir.), *Third Sex, Third Gender*, New York, Zone Books, 1994. Il semblerait toutefois qu'il s'agirait d'une anomalie cérébrale, due à un défaut d'imprégnation hormonale au moment de la naissance. Certains parlent même d'un sexe cérébral qui viendrait s'ajouter aux autres composantes : L.J.G. Gooren, « Aspects biologiques du transsexualisme et leur importance pour la réglementation en ce domaine, « Memorandum », dans *Transsexualisme, médecine et droit*, *op. cit.*, note 19, p. 123 ; J.N. Zhou *et al.*, « A Sex Difference in the Human Brain and its Relation to Transsexuality », (1995) 378 *Nature* 68 ; C. Vidal, « Le cerveau a-t-il un sexe ? », (1996) *La recherche* 240. Toutefois si l'étiologie du transsexualisme fait l'objet de controverses, personne, par contre, ne met en doute l'existence du syndrome lui-même (désigné comme le syndrome de Benjamin). Le transsexualisme est un phénomène complexe. « Cette réalité complexe, mouvante et globale, écrit Jacqueline Petit, est d'appréhension difficile, partielle et relative. Généticien, embryologiste, anatomiste, histologiste, endocrinologue, psychologue, juriste et sociologue l'envisagent selon leurs optiques et critères. Mais le sexe d'un individu ne peut résulter que d'un bilan : il est issu de la juxtaposition d'une série d'éléments : génétique, chromosomial [...], chromatinien, gonadique, germinal, gamétique ou gonocytaire, gonophorique interne, gonophorique externe ou périnéal, hormonal, somatique, psychique voire social [...] » : J. Petit, « L'ambiguïté du droit face au syndrome transsexuel », (1976) *R.T.D.C.* 263, 269. À la complexité de cette réalité, s'ajoutent encore les particularismes identitaires dont fait état l'anthropologie. On peut penser plus particulièrement à l'éponyme, *i.e.* le nom sous lequel l'enfant, quel que soit son sexe, sera identifié jusqu'à sa puberté, dans la culture inuite. Le nom donné à l'enfant est celui d'une personne défunte, le plus généralement, un de ses ancêtres, dont il habitera l'*habitus* du sexe, dans une identification complète, qu'il s'agisse d'un homme ou d'une femme. Il s'agit en quelque sorte d'un « sexe d'élevage » : voir sur cette question, B. Saladin-d'Anglure, « Du projet par A.I.D. au sexe des anges : notes et débats autour d'un « troisième sexe », (1985) 9(3) *Anthropologie et Sociétés* 139. Ce sont les chromosomes X et Y qui font la différenciation entre les sexes : chez la femme, les deux chromosomes sexuels sont identiques (XX) alors que chez l'homme apparaît la combinaison XY : « Apparemment, c'est un modèle (toujours le même) que la nature suit. Au départ, l'embryon est neutre et possède une double potentialité. Si le sujet est destiné à devenir un mâle, des modifications interviennent qui l'orientent dans le sens masculin. S'il est destiné à devenir une fille, ces modifications n'ont pas lieu. Le sexe féminin apparaît ainsi comme le sexe « fondamental » ; pour qu'il y ait « virage » vers le sexe masculin, il faut qu'une puissance agissante se mette en marche. Cette « machinerie », au commencement, c'est le chromosome Y » : J.-P. Branlard, *op. cit.*, note 15, n° 1539, p. 456, qui renvoie à l'article de J. Belaisch, « Comment se fabrique un individu de sexe masculin et comment il fonctionne », dans *Les sexes de l'Homme*, Paris, Éditions du Seuil, 1985, p. 77 à 122. Voir également D.L. Hawley, « The Legal Problems of Sex Determination », (1977) 15 *Alta L. Rev.* 122, 123. C'est après l'apparition des gonades, soit les glandes sexuelles (vers la 7e semaine environ) que les organes génitaux prendront leur configuration définitive (vers le 3e mois environ).

311 – *Les intersexualités physiques* – On les regroupe en quatre catégories « à savoir les aplasies ou les hypoplasies gonadiques à caryotype XX ou XY, les dysgénésies gonadiques vraies, l'hermaphrodisme, les pseudo-hermaphrodismes masculin et féminin » (J. Petit, « L'ambiguïté du droit face au syndrome transsexuel », (1976) *R.T.D.C.* 263, 269 ; K. Haffen, « Intersexualité », dans *Encyclopedia Universalis* ; B. Salzgeber, « Hermaphrodisme », dans *Encyclopedia Universalis*).

Ces anomalies visent :

- soit le génotype lui-même ou le sexe génétique ou le sexe chromosomial (le syndrome de Turner : (44 + X) c'est-à-dire l'absence d'ovaires ; le syndrome de Klinefelter : (44 + XXY) c'est-à-dire l'hypoplasie testiculaire ; le syndrome des super-femelles (44 + XXX) c'est-à-dire l'hypoplasie mammaire – l'aménorrhée – l'hypoplasie des ovaires – la configuration infantile des organes génitaux externes) ;

- soit les relations du génotype avec le phénotype gonadique (les aplasies, les hypoplasies, les dysgénésies gonadiques à caryotype XX ou XY, l'hermaphrodisme vrai, c'est-à-dire l'ambiguïté des organes génitaux internes et externes) ;

- soit la subordination à la glande des divers constituants du phénotype sexuel (le pseudo-hermaphrodisme féminin (44 + XX), c'est-à-dire la virilisation des organes génitaux externes ; le pseudo-hermaphrodisme masculin (44 + XY) c'est-à-dire la féminisation des organes génitaux externes ; l'affection du testicule féminisant, c'est-à-dire la présence de testicules, l'absence d'androgènes gonadiques et surrénaux et le phénotype féminin ; les anomalies des organes génitaux et des caractères sexuels secondaires ; *ibid.*, p. 268-269. Voir également A.-M. Rajon, « L'épreuve corporelle : l'intersexualité à la naissance », dans C. Neirinck (dir.), *L'État civil dans tous ses états*, Droit et société, Paris, L.G.D.J., 2008, p. 71. Pour une présentation synthétique de l'ensemble de ces ambiguïtés sexuelles, voir G. Le Maner-Idrissi, *L'identité sexuée*, Les topos, Paris, Dunod, 1997, p. 42 et s.

312 – *Statistiques de l'état civil pour les années 2007 à 2013* (chiffres obtenus auprès du Directeur de l'état civil le 28 avril 2014) –

Décision de changement de la mention du sexe (femme à homme)	2007	2008	2009	2010	2011	2012	2013
Autorisation	5	8	11	6	12	17	22
Refus	0	0	0	0	0	0	0

Décision de changement de la mention du sexe (homme à femme)	2007	2008	2009	2010	2011	2012	2013
Autorisation	6	14	5	17	19	48	42
Refus	0	0	0	0	0	0	0

BIBLIOGRAPHIE SÉLECTIVE

BAUDOUIN, J.-L., « La vérité et le droit des personnes : aspects nouveaux », (1987) 18 *R.G.D.* 801.

BENJAMIN, H., *The Transsexual Phenomenon*, New York, The Julian Press, 1966.

BRANLARD, J.-P., *Le sexe et l'état des personnes*, Paris, L.G.D.J., 1993.

BUREAU, M.F., « Changement de la mention du sexe et état civil au Québec, critique d'une approche législative archaïque », (2011) 41 *R.D.U.S.* 5.

CARPENTIER, D., « Homosexualité et transsexualisme : l'évolution dans la reconnaissance du droit à l'égalité », dans Association Henri Capitant (section québécoise), *Droit à l'égalité et discrimination : aspects nouveaux*, Cowansville, Éditions Yvon Blais, 2002, p. 49.

CHAVENT-LECLERC, A.-S., « Des bouleversements du droit européen en matière de transsexualisme », (2003) 30 *Dalloz Sirey* 2032.

CONSEIL DE L'EUROPE, *Transsexualisme, médecine et droit*, Actes du XXIIIe Colloque de droit européen, 14-16 avril 1993, Éditions du Conseil de l'Europe, 1993.

DAVY, Z., *Recognizing Transsexuals: Personal, Political and Medicolegal Embodiment*, Surrey, Ashgate Publishing Limited, 2011.

DEBET, A., « Le sexe et la personne », dans *Les Petites Affiches*, no 131, 2004, p. 21.

FAUSTO-STERLING, A., *Sexing the Body: Gender Politics and the Construction of Sexuality*, New York, N.Y. Basic Books, 2000.

FRIGNET, H., *Le transsexualisme*, Paris, Desclée de Brouwer, 2000.

GROFFIER, E., « De certains aspects juridiques du transsexualisme dans le droit québécois », (1975) 6 *R.D.U.S.* 114.

GUTMAN, D., *Le sentiment d'identité, étude du droit des personnes et de la famille*, Bibliothèque de droit privé, T-327, Paris, L.G.D.J., 2000.

HAWLEY, D.L., « The Legal Problems of Sex Determination », (1977) 15 *Alta L. Rev.* 122.

IACUB, M., « Transsexualisme et société », dans *Situation actuelle et perspectives d'évolution de la prise en charge médicale du transsexualisme en France*, Haute autorité de Santé, Service Évaluation des actes professionnels, novembre 2009.

JOYAL, R., « Transsexualisme et identité parentale », (1989) 20 *R.D.U.S.* 155.

KOURI, R.-P., « Comments on Transsexualism in the Province of Quebec », (1973) 4 *R.D.U.S.* 167.

MOORE, B., « Le droit de la famille et les minorités », (2003-2004) 34 *R.D.U.S.* 229.

NEEDHAM, M, « A Categorical Imperative? Questioning the Need for Sexual Classification in Québec », (2011) 52 *C. de D.* 71.

PETIT, L.-É., *Les transsexuels*, Paris, P.U.F., 1992.

RASSAT, M.L., « Sexe, médecine et droit », dans *Mélanges offerts à Pierre Raynaud*, Paris, Dalloz-Sirey, 1985, 651, p. 661.

RIVET, M., « La vérité et le statut juridique de la personne en droit québécois », (1987) 18 *R.D.U.S.* 843.

ROY, Olivier, « Réalités juridiques et sociales de l'homosexualité et de la transsexualité dans les principaux pays d'origine des nouveaux arrivants au Québec » [ressource électronique], Montréal : ministère de l'Immigration et des Communautés culturelles, Direction des politiques et des programmes d'intégration, de régionalisation et des relations interculturelles avec la collaboration de la Direction des affaires publiques et des communications, 2008.

SALAS, D., *Sujet de chair et sujet de droit : la justice face au transsexualisme*, Collection Les voies du droit, Paris, P.U.F., 1994.

CHAPITRE III
LE DOMICILE

Section I
Définitions et intérêts en présence

§1 – Définitions

313 – *Le domicile et la résidence sont des localisations juridiques de la personne* – Ce sont des lieux auxquels « la loi rattache une personne afin de compléter l'identification de celle-ci et de faciliter également la participation de cette personne à la vie juridique »[1]. Au même titre que le nom, ce sont des éléments de l'état des personnes. Replacée dans un cadre territorial, la personne est déterminée par un lieu, un « point fixe » qui constitue en quelque sorte son « port d'attache »[2].

314 – *Des notions distinctes : le domicile est un droit, la résidence est un fait*[3] – Dans le langage courant, le domicile évoque le lieu où habite une personne, sa demeure effective et habituelle. C'est aussi son sens étymologique : le mot « domicile » tire son origine des mots latins *domus* (maison) et *colere* (habiter). Il est alors employé comme synonyme de résidence, telle que la définit l'article 77 C.c.Q. :

> La résidence d'une personne est le lieu où elle demeure de façon habituelle ; en cas de pluralité de résidences, on considère, pour l'établissement du domicile, celle qui a le caractère principal.

La notion de résidence fait appel à un critère factuel. Elle se distingue également de la notion d'habitation, en ce qu'elle implique

---

1. P. Azard et A.-F. Bisson, *Droit civil québécois*, t. I, *Notions fondamentales, Famille, Incapacités*, Ottawa, Éd. de l'Université d'Ottawa, 1971, n° 53, p. 68.
2. J. Carbonnier, *Droit civil*, t. I, *Les personnes*, 17e éd., Paris, P.U.F., 1990, n° 51, p. 71.
3. P.-B. Mignault, *Le droit civil canadien*, t. I, Montréal, C. Théoret, 1895, p. 229.

une certaine stabilité, l'habitation désignant plutôt le lieu d'un séjour bref (par exemple, une chambre d'hôtel)[4] ou occasionnel (location d'un chalet, d'une villa, pour une période temporaire)[5].

Il ressort de l'article 77 C.c.Q. que la résidence, en tant qu'élément matériel, n'est qu'une composante du domicile juridique. Du point de vue du droit civil, le domicile est le lieu où la personne est présumée présente de façon permanente, où elle est toujours censée pouvoir être rejointe, indépendamment de sa présence physique[6].

La résidence se présente donc comme un pur fait, alors que le domicile, notion abstraite, est un lien de droit. La jurisprudence rappelle régulièrement que la notion de résidence est essentiellement une question de fait[7].

315 – *Définition du domicile* – Le *Code civil du Québec*, pas plus que son prédécesseur le *Code civil du Bas Canada*, ne définit le domicile. Il se contente de le situer : « Le domicile d'une personne, quant à l'exercice de ses droits civils, est au lieu de son principal établissement »[8]. Partant de là, la plupart des auteurs y ont vu « une relation légale et purement intellectuelle entre une personne et le lieu où elle a son principal établissement », c'est-à-dire celui où elle a fixé le centre de ses intérêts[9]. L'idée matérielle est remplacée par une idée juridique[10]

4. *Gill et Houle* c. *Home Dépôt Canada inc.*, J.E. 2005-789, EYB 2005-88595 (C.S.).
5. *Brizard* c. *Boivin*, J.E 2004-640, EYB 2004-54477 (C.S.) : quelques séjours inopinés dans la demeure d'un membre de la famille sont insuffisants pour conclure que ce lieu est celui de résidence ; voir également *Harvey* c. *Société de l'assurance automobile du Québec*, 2006 QCCS 3310, EYB 2006-106714.
6. Voir F. Langelier, *Cours de droit civil de la province de Québec*, t. I, Montréal, Wilson & Lafleur, 1905, p. 186 ; P.-B. Mignault, *op. cit.*, note 3, p. 227 ; *Traité de droit civil du Québec*, t. I, par G. Trudel, Montréal, Wilson & Lafleur, 1942, p. 231.
7. *Droit de la famille – 2617* , [1997] R.J.Q. 1011, EYB 1996-87769 (C.S.) ; *G.M.H.E.* c. *A.H.F.M.*, J.E. 2006-515, EYB 2006-101600 (C.S.).
8. Art. 75 C.c.Q., qui reprend l'article 79 C.c.B.C., lui-même copié sur l'article 102 du *Code Napoléon*.
9. P.-B. Mignault, *op. cit.*, note 3, p. 227 ; F. Langelier, *op. cit.*, note 6, p. 136 ; G. Trudel, *op. cit.*, note 6, p. 231 (qui reprend ici la définition d'Aubry et Rau, *Cours de droit civil français d'après la méthode de Zachariae*, t. I, 4e éd., Paris, Cosse, Marchal et Cie, 1869, no 141, p. 576). Voir également W.S. Johnson, *Conflict of Laws*, 2e éd., Montréal, Wilson & Lafleur, 1962, p. 93 et s. ; J.-G. Castel, *Droit international privé québécois*, 4e éd., Toronto, Butterworths, 1980, p. 117 et C. Cimon, « Du domicile », (1955) 2 *C. de D.* 20. Une définition à laquelle semble adhérer une certaine jurisprudence : *Laing* c. *Macfie*, J.E. 84-820, EYB 1984-142916 (C.S.) et *Ali Khan* c. *Arthington Cutten*, J.E. 85-348, EYB 1985-159331 (C.A.).
10. P.-B. Mignault, *op. cit.*, note 3, p. 226.

qui implique la conjonction d'un élément *matériel* et d'un élément *intentionnel*, chacun d'eux pris isolément étant insuffisant.

316 – En pratique, si la résidence coïncide bien souvent avec le domicile (un peu « comme la possession avec la propriété »)[11], il importe de ne pas les confondre. Ces deux notions emportent des conséquences juridiques distinctes. De plus, la détermination du domicile relève de règles spécifiques.

§2 – Intérêt pratique et caractères

317 – Le domicile, contrairement à la résidence, « a un effet de centralisation juridique »[12]. Sa portée n'est cependant pas absolue puisque le « principal établissement », dont traite l'article 75 C.c.Q., ne vaut que pour le droit civil. Il a ses caractères propres, ce qui oblige à le distinguer des domiciles spéciaux prévus par la loi, notamment par le droit statutaire. En effet, si la notion de domicile n'est pas étrangère aux autres branches du droit, chacune peut avoir sa définition propre[13], que ce soit en droit électoral, en droit administratif, droit fiscal, droit social ou, encore, en droit pénal[14]. C'est dire que, selon la matière, une même personne peut, au même moment, être domiciliée dans des endroits différents[15].

---

11. J. Carbonnier, *op. cit.*, note 2, nº 55, p. 79 et P.-B. Mignault, *op. cit.*, note 3.
12. G. Cornu, *Droit civil*, t. I, *Introduction*, *Les personnes*, *Les biens*, Paris, Montchrestien, 2005, nº 676, p. 321.
13. Laquelle renvoie généralement à la notion de résidence. Voir, à titre d'exemple, la *Loi électorale* du Québec, RLRQ, c. E-3.3, art. 1 à 3.
14. En droit social, c'est généralement la résidence qui sert à déterminer le droit d'une personne à bénéficier des différents programmes mis en place par les pouvoirs publics. Voir, notamment, la *Loi sur l'assurance maladie*, RLRQ, c. A-29, art. 1g), 1g.1), 5 à 9, 69 et le *Règlement sur l'admissibilité et l'inscription auprès de la Régie de l'assurance maladie*, RLRQ, c. A-29, r. 1 et la *Loi sur l'assurance automobile*, RLRQ, c. A-25, art. 1, 7, 8, 195 et *Règlement sur la définition de certains mots et expressions aux fins de la Loi sur l'assurance automobile*, RLRQ, c. A-25, r. 5, art. 3 à 8. De même, en droit fiscal, c'est la notion de résidence qui est retenue comme critère d'imposition ; voir la *Loi sur les impôts*, RLRQ, c. I-3, art. 8 à 10. (Pour une étude de la question, voir B.-P. Casey, « Residence of Individuals », (1993) 13 *R.P.F.S.* 627.) Quant au *Code criminel*, il utilise la notion d'habitation (art. 2 C.cr.).
15. Bien que ces différents concepts se recouvrent plus ou moins, ils ne coïncident pas nécessairement. Parfois même, la résidence, lorsqu'elle est utilisée de manière autonome, prend la couleur du domicile, au sens que lui reconnaît le droit civil. Ainsi, la notion de résidence habituelle, telle que définie dans la *Loi électorale du Canada*, L.C. 2000, ch. 9, art. 8, rappelle étrangement celle du principal établissement de l'article 75 C.c.Q. Dans certains cas même, le législateur renvoie tout simplement aux dispositions du Code civil en la matière : voir la *Loi sur les élections et les référendums dans les municipalités*, RLRQ, c. E-2.2, art. 50. Cette disposition

A. *Intérêt de la détermination du domicile en droit civil*

Pour ce qui est de l'exercice des droits civils, l'intérêt pratique de la détermination du domicile s'articule autour de trois fonctions.

318 – *Le domicile, critère de rattachement à une compétence territoriale* – L'exercice des droits civils exige parfois l'intervention d'une autorité (le plus souvent une autorité judiciaire), dont la compétence, pour des raisons d'efficacité et de saine administration, est délimitée au plan territorial (district judiciaire, région administrative). Le recours à la notion de domicile permet alors de déterminer les autorités compétentes auxquelles chaque personne peut avoir affaire, relativement à l'accomplissement d'un certain nombre d'opérations juridiques. En tant que critère d'appartenance à un ressort territorial, le domicile présente, plus particulièrement, les utilités suivantes.

319 – En cas de procès et en vertu d'un principe de politique judiciaire, corollaire du principe que la protection est due à la défense, le tribunal normalement compétent est celui du domicile du défendeur (*Actio sequitur forum rei*). Plus spécialement, en matière purement personnelle, le domicile du défendeur constitue le critère de principe[16].

320 – Le domicile détermine le lieu où sont centralisées les opérations juridiques qui sont nécessaires pour régler ou liquider les intérêts pécuniaires d'une personne, opérations qui, généralement, impliquent l'intervention des autorités judiciaires dans une fonction de juridiction gracieuse. C'est le cas, notamment, des opérations de tutelle, au domicile du pupille (art. 191 C.c.Q.), et de liquidation d'une succession, au lieu d'ouverture de la succession, soit au dernier domicile du défunt (art. 613 C.c.Q. et 74 C.p.c. ; art. 46 C.p.c.).

---

ajoute, *in fine*, une règle permettant à l'électeur d'écarter le critère du domicile au sens du Code civil : « Une personne est réputée choisir d'être considérée comme domiciliée au lieu où elle réside plutôt qu'au lieu de son domicile réel lorsqu'elle présente une demande en ce sens lors de la révision de la liste électorale ou référendaire. Ce choix est valide tant qu'il n'est pas révoqué et que la personne réside au même endroit ».

16. Art. 68, al. 1 C.p.c. (art. 41, al. 1 C.p.c.). Pour les matières familiales, voir l'article 70 C.p.c. (art. 45 C.p.c.) et pour les demandes relatives à l'intégrité et à la protection des personnes, l'article 70.2 C.p.c. (art. 44 C.p.c. ; mentionnons que dans ce dernier cas, les notions de domicile et de résidence sont sur un pied d'égalité ; en matière d'intégrité, d'état et de capacité, la juridiction compétente est donc celle du domicile ou de la résidence de la personne concernée).

321 – *Le domicile, en tant que lieu de présence permanente* – S'il est souhaitable, pour la personne, de se voir faciliter sa participation à la vie juridique par la désignation d'un « port d'attache », il convient de souligner que le domicile facilite aussi l'exercice par les tiers de leurs droits contre le titulaire du domicile[17]. On ne peut en effet forcer ces derniers « à le prévenir en personne, à lui parler corporellement, à le guetter ou à le trouver » eux-mêmes[18]. De là découle la prédominance des intérêts procéduraux. Ainsi, c'est au domicile que seront signifiés (en principe notifiés par huissier de justice) les actes de procédure, à défaut de pouvoir être remis en mains propres (art. 123, al. 2 C.p.c. ; l'article 116 C.p.c. prévoit que le document peut être laissé soit au domicile, soit à la résidence de la personne, autre exemple de la tendance du législateur à traiter les deux notions sur un pied d'égalité).

322 – Par ailleurs, il est de principe que les dettes sont *quérables* et non portables. Ainsi, en dehors des cas que réserve l'article 1566 C.c.Q., le paiement, c'est-à-dire l'exécution des obligations, doit être fait au domicile du débiteur. La solution, dirigée ici contre le débiteur, a « pour but de lui fermer une échappatoire »[19].

323 – *Le domicile comme critère de rattachement à une compétence législative* – Toutes les fois qu'un litige comporte un élément d'extranéité, la question se pose de savoir quel ordre juridique aura la vocation de le trancher. Se soulève donc le problème du critère qui permettra de déterminer, parmi les lois en présence, celle qui s'applique. En droit international privé québécois, c'est le domicile plutôt que la nationalité qui, en matière de statut personnel, constitue le principal critère de compétence législative lorsqu'il s'agit de l'état et de la capacité des personnes. Comme le soulignent Goldstein et Groffier, « il a paru convenable de rattacher une personne au lieu où se trouvent son principal établissement, ses affaires, ses intérêts pécuniaires. Dans les actions d'état, la société à laquelle appartiennent les parties est la plus apte à déterminer leur condition juridique et à fixer leurs relations au sein de leur famille »[20].

---

17. P. Azard et A.-F. Bisson, *op. cit.*, note 1, n° 53, p. 69.
18. G. Cornu, *op. cit.*, note 12, n° 684, p. 324.
19. J. Carbonnier, *op. cit.*, note 2, n° 51, p. 74.
20. G. Goldstein et E. Groffier, *Traité de droit civil. Droit international privé*, t. I « Théorie générale », Cowansville, Éditions Yvon Blais, 1998, par. 31. Ses auteurs notent, cependant, que la notion de résidence habituelle apparaît comme un facteur de rattachement de plus en plus courant en droit international privé québécois, ce qui a pour avantage de supprimer les difficultés de preuve créées par l'élément d'intention que l'on retrouve dans la notion de domicile. Dans certains cas, les deux notions, domicile et résidence, sont mises sur un pied d'égalité comme facteur de rattachement (voir, par exemple, l'article 3149 C.c.Q. ; pour un cas d'application, voir *Rees* c. *Convergia*, J.E. 2005-738, EYB 2005-88752 (C.A.).

Ceci explique également que les successions portant sur des biens meubles soient régies par la loi du domicile du défunt (art. 3098, al. 1 C.c.Q.). Toutes ces fonctions ne pourraient cependant pas être remplies si le domicile ne présentait les caractères que la doctrine classique lui a assignés.

B. Caractères du domicile : nécessité, fixité et unité

324 – *Nécessité du domicile* – Toute personne, quels que soient son mode de vie ou ses déplacements, a nécessairement un domicile[21], ce qui n'entrave nullement la liberté d'établissement ni la liberté d'aller et venir[22]. Chacun est libre de fixer là où il veut son domicile et d'en changer. L'expression « au lieu où elle a son principal établissement » implique en effet la détermination libre et volontaire, principe qui se trouve en outre confirmé par les règles relatives au changement de domicile[23]. La liberté de choisir son lieu de résidence (inhérent à l'établissement du domicile) est d'ailleurs un aspect de la vie privée protégé par la *Charte des droits et libertés de la personne*[24]. Toute personne ayant un domicile, il est permis d'affirmer qu'il y a là comme un prolongement de la personnalité[25].

325 – Chaque personne devant avoir un port d'attache et chaque personne ayant le droit d'aller et venir librement, le législateur a établi une série de présomptions (art. 78 C.c.Q.)[26] qui, en cas d'impossibilité

On peut d'ailleurs noter que dans tous les domaines du droit, et pas seulement en droit international privé, la notion de résidence a tendance à supplanter de plus en plus celle de domicile (voir H.P. Glenn et D. Desbiens, « L'appartenance au Québec : citoyenneté, domicile et résidence dans la masse législative québécoise », (2003) 48 *R.D. McGill* 117-153).

21. Ce qui s'induit du libellé de l'article 75 C.c.Q. : *le domicile d'une personne*.
22. Garanties par la Constitution canadienne (art. 6 et 24(1) de la *Charte canadienne des droits et libertés*, Partie 1 de la *Loi constitutionnelle de 1982*, Annexe B de la *Loi de 1982 sur le Canada* (R.-U.), 1982, ch. 11) et par la *Charte des droits et libertés de la personne*, RLRQ, c. C-12, art. 5.
23. P. Azard et A.-F. Bisson, *op. cit.*, note 1, nº 54, p. 71.
24. *Godbout* c. *Longueuil (Ville de)*, [1997] 3 R.C.S. 844.
25. G. Trudel, *op. cit.*, note 6, p. 232 ; J. Carbonnier, *op. cit.*, note 2, nº 53, p. 75.
26. En ce sens, l'affirmation du juge Lamothe dans l'affaire *Irwin* c. *Gagnon*, (1917) 23 R.L. (n.s.) 47, 48 (C.S.), selon laquelle « toute personne a un domicile, même si elle prétend ne pas en avoir », prend une coloration différente. Car si les auteurs admettaient volontiers le caractère supplétif de la résidence (P.-B. Mignault, *op. cit.*, note 3, p. 239 et G. Trudel, *op. cit.*, note 6, p. 232), le *Code civil du Bas Canada* ne prévoyait pas de solutions subsidiaires. Or, en faisant du domicile un révélateur de la personnalité, il se trouvait à faire du vagabond une non-personne (J. Carbonnier, *op. cit.*, note 2, nº 57, p. 81). Il est vrai que le Code connaissait aussi la mort civile (*supra*, Titre I, « Personnalité juridique et vie humaine ») et,

d'établir avec certitude le lieu où une personne a fixé le centre de ses intérêts, permet de la rattacher, de façon plus ou moins artificielle, à un lieu déterminé[27].

326 – *Fixité du domicile* – Le domicile ne pourrait pas remplir toutes ces fonctions s'il ne présentait une certaine stabilité. Il ne s'agit pas d'une fixité absolue, puisque la personne peut changer de domicile. Mais, s'il peut y avoir substitution d'un domicile à un autre, c'est la durabilité de la nouvelle situation qui sera prise en considération. Par contre, les déplacements et les séjours plus ou moins longs qu'une personne peut faire dans un autre lieu n'ont pas d'incidence sur la détermination du domicile. C'est en ce sens que le domicile est indépendant de l'habitation : « On ne l'acquiert point, on ne le perd point nécessairement avec elle »[28].

327 – *Unité du domicile* – Une personne ne peut avoir qu'un seul domicile. On serait tenté de voir dans la règle de l'unité du domicile un lien avec la personnalité : « étant unique, la personne ne peut avoir une pluralité d'attributs analogues »[29]. Pour notre part, nous rejoignons plutôt l'analyse de certains auteurs qui y voient un « impératif légal »[30], le principe de l'unité étant essentiel à la cohérence du système[31]. S'il existe un lien avec la personnalité, c'est plutôt dans le sens d'« une manifestation commune à toute personnalité » que d'« un aspect propre à la personnalité de chacun »[32].

Le principe de l'unité du domicile présente cependant de nombreux inconvénients d'ordre pratique, particulièrement pour les gens d'affaires dont les activités se partagent souvent entre deux ou plu-

---

à l'époque de la codification, les problèmes soulevés par cette définition incomplète du domicile n'avaient pas la complexité qu'ils revêtent aujourd'hui. Ainsi que le souligne Louis Baudouin, les familles étaient plutôt sédentaires : « La personne humaine au centre du droit québécois », (1966) 26 *R. du B.* 67, 83.

27. On est donc loin de l'époque où certains voyaient dans le domicile non seulement un droit, mais un devoir et où le fait de ne vouloir se fixer dans aucun lieu était considéré comme contraire à l'ordre public et comme une conduite antisociale. En ce sens, la présomption en faveur du dernier domicile connu apparaissait plus comme une sanction que comme une faveur de la loi : voir P.-B. Mignault, *op. cit.*, note 3, p. 240.
28. *Ibid.*, p. 229.
29. C. Atias, *Les personnes, les incapacités*, Paris, P.U.F., 1985 (« Collection de droit fondamental »), n° 62, p. 100.
30. L. Baudouin, *loc. cit.*, note 26, p. 85.
31. G. Goubeaux, *Traité de droit civil*, t. I, *Les personnes*, sous la dir. de J. Ghestin, Paris, L.G.D.J., 1989, n° 180, p. 177.
32. C. Atias, *op. cit.*, note 29, n° 62, p. 102.

sieurs lieux éloignés les uns des autres. Ainsi, un individu pourrait être amené à plaider ou à recevoir des communications concernant ses activités professionnelles ou commerciales loin du lieu où il exerce ces mêmes activités. C'est pourquoi le Code reconnaît, aux parties à un acte juridique, la possibilité de déroger, aux fins de son exécution, à la règle de l'unité du domicile. Ce domicile conventionnel, qu'on appelle *domicile élu*, est aussi dit *spécial*, par opposition au *domicile réel* qui, lui, est *général*.

C. Intérêt de la résidence

328 – Si le législateur est resté fidèle à la théorie classique du domicile, la résidence, notion plus concrète, plus objective, n'est pas ignorée du droit civil. La résidence est, en effet, un élément de détermination du domicile. De plus, dans certains cas, elle aura valeur de domicile et, dans d'autres, elle fera figure de critère juridique autonome avec ses effets propres.

329 – La résidence constitue un *élément de détermination du domicile*, le Code retenant pour cette fin celle qui a le caractère principal (art. 77 C.c.Q.). Lorsqu'une personne partage sa vie entre plusieurs lieux, on considérera, aux fins de l'établissement du domicile, celui qu'elle fréquente ordinairement, c'est-à-dire celui qu'elle occupe généralement lorsqu'elle exerce ses principales activités. Une personne, en effet, peut fréquenter habituellement un autre lieu, mais y demeurer moins longtemps de manière effective ou, encore, le fréquenter sur une base saisonnière (résidence d'été, résidence secondaire). Dans certains cas, c'est la résidence, en tant qu'élément factuel et critère unique, qui permet de déterminer le domicile.

330 – La loi reconnaît également à la résidence une valeur de suppléance ; elle produit alors les mêmes effets que le domicile, à titre subsidiaire (art. 78, al. 1 C.c.Q.). Parfois même, la résidence est envisagée comme référence concurrente au domicile. C'est le cas en droit international privé, où la résidence, au même titre que le domicile, fonde la compétence internationale des tribunaux québécois[33]. Il arrive aussi que la loi lui fasse produire des effets propres. Ainsi, en

---

33. Voir plus particulièrement les articles 3143 à 3146 et 3148 à 3150 C.c.Q. Sur la compétence internationale des tribunaux québécois, voir G. Goldstein et E. Groffier, *Traité de droit civil. Droit international privé*, t. I «Théorie générale », Cowansville, Éditions Yvon Blais, 1998, par. 122.

matière de divorce, c'est la résidence qui détermine la compétence des tribunaux[34]. Les systèmes de droit international privé modernes et les conventions internationales utilisent de plus en plus souvent le concept de résidence habituelle[35]. Le Code civil reconnaît également à la notion de résidence un rôle autonome en tant que facteur de rattachement[36]. Enfin, en tant qu'habitat, entendu comme cadre de vie intime ou familiale, elle jouit d'une protection particulière[37].

Section II
Détermination du domicile

331 – En principe, une personne a le libre choix de son domicile. C'est là une des manifestations de la liberté individuelle. Le respect de la liberté et de l'autonomie du sujet ont été mis de l'avant pour écarter la proposition de l'Office de révision du Code civil visant à remplacer la notion de « principal établissement » par celle de « résidence habituelle », critère plus objectif et plus facile à manier[38] :

> Il apparaît en effet important de reconnaître et de respecter une intention claire et manifeste exprimée par une personne, qu'elle résulte d'un ensemble déterminant de circonstances ou de déclarations, et de respecter ainsi sa volonté, même à l'encontre de faits matériels [...]. La position contraire risquerait d'opérer une confusion entre les concepts de résidence et de domicile qui pourrait, en certaines circonstances, jouer à l'encontre des intérêts des personnes concernées.[39]

332 – *Le domicile légal* – Dans certains cas, le domicile est déterminé par la loi, sans référence à la volonté de l'individu. C'est pourquoi on oppose traditionnellement le domicile volontaire au domicile légal.

---

34. *Loi sur le divorce*, L.R.C. (1985), ch. 3 (2e suppl.), art. 3 à 5.
35. C. Emanuelli, *Droit international privé québécois*, 3e éd., Montréal, Wilson & Lafleur, Coll. bleue, 2011, p. 59 ; G. Goldstein, « Analyse comparative de la notion de résidence habituelle en droit civil québécois et selon les Conventions de La Haye de 1980 sur l'enlèvement international d'enfants et de 1996 sur la protection des mineurs », (2005) 65 *R. du B.* 223-292.
36. Art. 3089, 3090, 3114 et 3117 C.c.Q.
37. Ainsi, la résidence *familiale* possède-t-elle un statut propre : voir M. D.-Castelli et D. Goubau, *Le droit de la famille au Québec* 5e éd., Québec, P.U.L., 2005, p. 106 et s. ; de même, la *Loi sur la Régie du logement*, RLRQ, c. R-8.1, prévoit un certain nombre de mécanismes en vue de protéger les droits des locataires.
38. O.R.C.C., *Rapport sur le Code civil du Québec*, vol. I, *Projet de Code civil*, Québec, Éditeur officiel du Québec, 1978, art. 60, et vol. II, t. I, p. 38.
39. *Comm.*, t. I, p. 60 et 61, sous l'article 76 C.c.Q.

Mais, dans les deux cas, c'est toujours la loi qui précise comment déterminer le domicile ; seule la méthode diffère[40]. Dans le cas du domicile volontaire, elle se contente d'indiquer quels en sont les éléments constitutifs, mais elle prévoit aussi un régime de présomptions qui permet de suppléer à l'absence d'un de ces éléments. Dans le cas du domicile légal, elle fixe d'autorité le lieu où la personne est toujours censée être présente. Par ailleurs, si le domicile légal constitue une exception à la règle du libre choix, « il représente, en un sens, le principe, puisque chaque être humain commence sa vie dans un domicile légal à sa naissance, celui de ses auteurs (domicile d'origine) ; puis, pendant sa minorité, le domicile de ses père et mère ou de son tuteur (domicile de dépendance) »[41]. Il reste que ce domicile d'origine est lui-même fonction du lieu où ces personnes ont fixé leur principal établissement.

§1 – Méthode générale de détermination du domicile

333 – *Les critères* – Ils sont énoncés aux articles 75 à 78 C.c.Q. L'article 75 indique le lieu du domicile, définition dont on a dit qu'elle présentait un caractère amphibologique, encore que les mots « principal établissement » semblent impliquer la convergence de centres d'intérêt et une certaine stabilisation[42]. L'établissement s'entend alors comme « cet intérêt primordial qui rattache la personne à un lieu donné, de préférence à tout autre ; cet intérêt peut être la famille, la propriété, une fonction, etc. »[43]. C'est une définition sur laquelle s'appuient souvent les tribunaux pour distinguer le domicile de la résidence[44]. Encore faut-il pouvoir déterminer où se situe ce « centre de gravité ». Une personne peut en effet avoir des champs d'intérêt situés dans des endroits différents. C'est ici qu'interviennent les articles 76 et 77 C.c.Q. qui développent le critère préalablement énoncé en précisant les éléments qui doivent être pris en considération aux fins de sa détermination.

334 – *L'élément matériel et l'élément intentionnel* – L'article 76 C.c.Q. exige deux conditions pour qu'il y ait changement de domicile :

40. *Bonilla* c. *Lefèvre*, [1964] B.R. 102, 104 : « le domicile est une question d'ordre public qui ne peut être changé ni établi par le consentement des parties ».
41. J. Carbonnier, *op. cit.*, note 2, n° 53, p. 75.
42. L. Baudouin, *loc. cit.*, note 26, p. 83.
43. G. Trudel, *op. cit.*, note 6, p. 231.
44. *Bonilla* c. *Lefèvre*, précité, note 40 ; *Feltrinelli* c. *Barzini*, J.E. 90-1669, EYB 1990-95815 (C.S.).

l'établissement de sa résidence dans un autre lieu et l'intention d'en faire son principal établissement. Ces deux éléments sont d'égale importance[45]. Le caractère involontaire du changement de résidence n'entraîne donc pas en soi un changement de domicile[46]. L'article 77 C.c.Q. définit ce qu'il faut entendre par résidence et précise qu'en cas de pluralité, c'est la résidence principale qu'on doit prendre en considération. De plus, étant donné que cette disposition prévoit que la personne doit demeurer à un endroit de façon habituelle pour pouvoir conclure au fait qu'elle y réside, la jurisprudence exclut de cette définition le lieu où une personne se trouve physiquement de façon temporaire et précaire, par exemple en cas d'incarcération préliminaire à une éventuelle sentence[47].

La détermination du « principal établissement » implique donc la réunion de deux éléments : un élément matériel, la résidence, soit l'habitation dans un lieu de façon habituelle – situation objective donc – et un élément intentionnel, c'est-à-dire un élément subjectif – la volonté d'établir dans ce lieu son principal établissement[48]. Il ne suffit donc pas d'avoir des attaches objectives dans un lieu (intérêts familiaux, intérêts financiers, intérêts professionnels) pour y avoir son domicile. Inversement, la seule intention de s'établir dans un lieu donné ne permet pas d'inférer qu'une personne en a fait son « principal établissement ». Seule la conjonction de ces deux éléments permet d'établir le domicile. Par contre, le titre juridique en vertu duquel une personne occupe un lieu n'a pas automatiquement une incidence sur sa détermination, peu importe qu'elle soit propriétaire ou locataire de l'immeuble qui en constitue le siège[49]. Le titre peut cependant

---

45. *J.S.H.* c. *B.B.F.*, [2001] R.J.Q. 1262 (C.S.) ; *Droit de la famille – 3618*, [2000] R.D.F. 327, REJB 2000-17885 (C.S.).
46. *Droit de la famille – 3510*, [2000] R.J.Q. 559, REJB 1999-16297 (C.Q.) (dans ce cas, il s'agissait de déterminer le domicile d'une mère ayant été déportée aux Philippines, son pays d'origine, alors que son enfant était resté au Québec où il faisait l'objet d'une procédure de déclaration d'admissibilité à l'adoption).
47. *Kolitsidas* c. *Société des loteries du Québec*, EYB 2007-122644 (C.S.) : une personne résidant au Québec, mais incarcérée aux États-Unis à la suite d'une demande d'extradition du gouvernement américain et en attente de son procès, n'est pas considérée comme résidant hors Québec au sens de l'article 65 C.p.c. et n'est donc pas tenue de fournir caution pour la sûreté de sa demande (en l'espèce, la personne incarcérée poursuivait la Société des loteries du Québec pour une somme de plus de 2 000 000 $).
48. *Bélanger* c. *Carrier*, [1954] B.R. 125, 135 ; *Karim* c. *Ali*, [1971] C.S. 439 ; *Cicchillitti* c. *Hormaza*, [1974] C.S. 525 ; *Droit de la famille – 2617*, [1997] R.J.Q. 1011, EYB 1996-87769 (C.S.).
49. *Fournier* c. *Giroux*, [1996] R.J.Q. 326, EYB 1995-84809 (C.S.) ; *P.B.* c. *M.C.E.*, J.E. 2003-2147, REJB 2003-49666 (C.S.).

figurer parmi les éléments pertinents, selon les circonstances, pour déterminer l'élément intentionnel.

335 – *La mise en œuvre des critères légaux* – La mise en œuvre des critères légaux oblige tout d'abord à distinguer, au regard des obligations imposées par la loi aux personnes mariées ou unies civilement, la notion de communauté de vie de celle de cohabitation ou d'habitation commune. Dans tous les contextes d'établissement du domicile, la détermination de l'intention apparaît comme le volet délicat de l'opération. Force est également de constater que la méthode laisse une large part à l'incertitude.

336 – *Domicile et situation conjugale* – Jusqu'en 1980, la loi édictait que la femme mariée, à moins qu'elle ne fût séparée de corps, était domiciliée de plein droit chez son mari[50]. Il est même permis d'affirmer qu'elle était aussi assignée à résidence, l'article 175 C.c.B.C. lui faisant obligation d'habiter avec son mari et de le suivre partout où il jugeait à propos de fixer la résidence de la famille[51]. Conséquent avec les principes d'égalité et d'indépendance qui ont présidé à la réforme du droit de la famille, le législateur a affranchi la femme mariée de son domicile et de sa résidence de dépendance[52]. Aujourd'hui, le domicile de la femme mariée se détermine indépendamment de celui de son mari.

Mais dans la mesure où la loi fait obligation aux époux et aux conjoints unis civilement de faire vie commune (art. 392 C.c.Q.) et où elle précise qu'ils choisissent ensemble la résidence familiale (art. 395 C.c.Q.), doit-on conclure que ces conjoints auront toujours un domicile commun ? Lorsqu'on parle de vie commune, on n'entend pas nécessairement habitat commun. On peut penser, par exemple, à la situation dans laquelle l'un des conjoints dirige une entreprise située dans une autre municipalité que celle où les époux ont établi la résidence de la famille et où il a lui-même une résidence, alors que l'autre exerce sa profession au lieu de l'habitation commune.

---

50. Art. 83, al. 1 C.c.B.C.
51. Un tempérament fut cependant apporté en 1964 avec l'adoption de la *Loi sur la capacité juridique de la femme mariée*, L.Q. 1964, c. 66, celle-ci ayant désormais la possibilité de s'adresser au juge lorsque la résidence choisie présentait des dangers d'ordre physique ou moral pour la famille. Ce dernier pouvait fixer la résidence : l'assignation prenait ainsi un caractère judiciaire.
52. *Loi instituant le Code civil du Québec et portant réforme du droit de la famille*, L.Q. 1980, c. 30, art. 12.

Ce sont là des concepts distincts qui recouvrent deux réalités : « La notion de cohabitation exprime un fait matériel alors que celle de vie commune exprime une volonté et un projet de vie »[53]. C'est pourquoi l'article 82 C.c.Q. précise que le fait d'avoir un domicile distinct ne constitue pas en soi une atteinte à l'obligation de faire vie commune[54].

337 – *Domicile matrimonial et domicile conjugal* – Le fait que les époux ou les conjoints unis civilement puissent ne pas avoir de domicile commun soulève un problème d'un autre ordre, celui de la détermination de leur régime matrimonial lorsqu'ils n'ont pas fait de contrat de mariage ou d'union civile, ce dernier étant régi, en principe, par la loi de leur domicile commun au moment du mariage ou de l'union. Le législateur a donc édicté des règles de rattachement subsidiaires, consacrant certaines solutions jurisprudentielles. Ainsi, lorsque les conjoints, au moment du mariage ou de l'union civile, étaient domiciliés dans des États différents, le régime matrimonial sera régi par la loi de leur première résidence commune ou, à défaut, par la loi du lieu de célébration[55]. Il convient cependant de ne pas confondre domicile matrimonial et résidence familiale. Ce sont deux notions distinctes dont les effets sont indépendants l'un de l'autre. Alors que le domicile matrimonial sert à déterminer la loi qui régit le régime matrimonial des parties, le concept de résidence familiale apparaît comme une composante du statut matrimonial des parties et même, dans un sens plus large, de la famille.

338 – *Les solutions jurisprudentielles* – La détermination du domicile est, par essence, une question de fait, chaque situation constituant un cas d'espèce. Ceci explique la multiplicité des solutions retenues par les tribunaux lorsqu'ils ont à départager l'importance des différents intérêts en présence pour localiser le lieu du « principal établissement ». Tout au plus peut-on trouver, à travers la jurisprudence, quelques lignes directrices.

---

53. *Comm.*, t. I, sous l'article 82 C.c.Q., p. 64. Voir également, M. Ouellette, « Petite suite pour la loi 89 », (1981) 41 *R. du B.* 483, 484.
54. Soulignons également que le domicile de dépendance des employés de maison majeurs (réputés domiciliés chez la personne qu'elles servaient ou chez qui elles travaillaient lorsqu'elles demeuraient avec elles dans la même maison), notion qui dérivait d'une conception tout aussi autoritaire et hiérarchique que le domicile de la femme mariée (art. 84 C.c.B.C.), n'existe pas dans le Code.
55. Art. 3123 C.c.Q. Voir également l'article 3089 C.c.Q. relatif aux effets du mariage.

339 – Pratiquement, la question se pose dans deux séries d'hypothèses : soit la personne a plusieurs résidences et le problème revient à déterminer laquelle est la principale, soit l'intéressé (ou son créancier) prétend qu'il a changé de domicile. Bien souvent, ces questions sont interreliées et tout revient à la question de savoir où la personne a eu l'intention de fixer son principal établissement. Nous ne distinguerons donc pas les deux hypothèses puisque sur le plan de la preuve, elles requièrent les mêmes éléments. Le domicile étant unique, une personne est présumée conserver son domicile tant qu'il n'est pas démontré qu'elle en a acquis un autre. Pour démontrer qu'il y a eu changement de domicile, il faut donc faire la preuve *et* de l'établissement de la résidence dans un nouveau lieu *et* de l'intention de faire de cette nouvelle résidence le principal établissement[56].

340 – Sur le plan de la preuve, si la matérialité de la résidence dans un nouveau lieu est relativement facile à constater, l'intention, par contre, est beaucoup plus difficile à cerner. Le Code ne fournit que des indices vagues. Il se contente de préciser que « la preuve de l'intention résulte des déclarations de la personne et des circonstances » (art. 76, al. 2 C.c.Q.). Conformément au droit commun, c'est à la personne qui allègue le changement de domicile qu'il revient d'en rapporter la preuve. La terminologie de l'article 77 C.c.Q., qui détermine que la résidence d'une personne vise un lieu où elle réside de façon *habituelle*, permet de constater qu'en réalité il y aura généralement adéquation entre le lieu de résidence et celui du domicile. La jurisprudence a souligné à de nombreuses reprises le rapprochement sensible de ces deux notions, qui sont pourtant juridiquement distinctes, comme nous l'avons vu plus haut[57].

341 – *Les déclarations* – Toute déclaration, faite expressément, peut être prise en considération. Généralement, il s'agira de déclarations faites dans des actes judiciaires ou extrajudiciaires, des actes de l'état

56. Art. 76, al. 1 C.c.Q., qui reprend l'article 80 C.c.B.C. Sur la nécessité d'établir les deux éléments, voir *Trottier* c. *Rajotte*, [1940] R.C.S. 203 ; *Wadsworth* c. *McCord*, (1886) 12 R.C.S. 456 ; *Roussel* c. *Dumais*, [1958] C.S. 448 ; *Wanless* c. *Bain*, [1964] R.P. 312 (C.S.) ; *Fredette* c. *Lalanne*, [1965] B.R. 75 ; *Winnycka* c. *Oryschuck*, [1970] C.A. 1163 ; *Jarucka* c. *Korzeniewski*, [1975] C.S. 73 ; *Attias* c. *Pons et Bond*, [1977] C.A. 326 et *Robinson* c. *Montreal Trust*, [1971] C.A. 876.

57. Voir, par exemple, *Harvey* c. *Société de l'assurance automobile du Québec*, 2006 QCCS 3310 où le tribunal s'appuie sur une étude de F. Auger (« Étude sur la dissociation de la législation fiscale fédérale par rapport au droit civil du Québec », en ligne : <http://www.bijurilex.org/site/att/AUGER-Residence_2002_APFF_F.htm>) pour constater que l'adjectif « habituelle » confère à la notion de résidence un contenu qui se rapproche sensiblement de celle de domicile.

civil, des actes notariés ou des actes sous seing privé[58]. Ces déclarations ne forment cependant que des indices qui peuvent être renversés par la preuve de faits contraires[59]. Il n'est pas nécessaire cependant qu'elles soient contemporaines du changement allégué pour pouvoir être invoquées en preuve. En ce sens, le témoignage des parties pourra être reçu à titre de déclaration, encore que généralement on lui accorde moins de poids[60]. À défaut de manifestation expresse quant à la volonté, il faut s'en remettre aux circonstances. On aura donc recours, ici encore, aux présomptions de fait, pour chercher à dégager, à partir du comportement de l'intéressé, une intention tacite.

342 – *Les indices matériels ou les circonstances* – Si, parmi les indices les plus fréquemment relevés par les tribunaux, l'achat ou l'occupation d'une nouvelle résidence[61], la présence d'intérêts pécuniaires (exercice d'un emploi ou d'une profession, présence d'intérêts de nature patrimoniale)[62] et l'existence de relations affectives (familiales ou sentimentales) sont les plus importants[63], il est cependant difficile de les départager, du point de vue quantitatif, lorsque ces

---

58. À titre d'exemple, voir *Taggart-Watt* c. *Zaremba*, [1980] C.S. 78 (déclarations faites dans un acte constitutif d'hypothèque et dans un testament notarié) ; *Lillie* c. *Hendershott*, [1962] B.R. 148 (testament notarié) ; *Ingelsberger* c. *Molho*, [1971] C.A. 699 (correspondance suivie, corroborée par les déclarations de l'appelante au procès) et *Fournier* c. *Giroux*, [1996] R.J.Q. 326 (C.S.) (lieu indiqué comme celui du domicile dans l'en-tête d'une requête en injonction interlocutoire et permanente dans l'affidavit souscrit à son appui et présenté quelque temps avant son décès par le défunt).
59. Voir, à propos de la déclaration faite dans un acte de mariage, *Wadsworth* c. *McCord*, précité, note 56 ; *McMullen* c. *Wadsworth*, (1899) 14 A.C. 631 ; *Vézina* c. *Trahan*, [1946] B.R. 14 et *Bélanger* c. *Carrier*, [1954] B.R. 125. Pour un exemple d'actes notariés comportant une déclaration de domicile considérée comme un indice non pertinent pour la détermination du domicile, voir *Baird* c. *Belcourt*, [1975] C.S. 499 ; *Droit de la famille – 1314*, [1991] R.D.F. 145 (C.A.) (contrat de vente) et *Robinson* c. *Montreal Trust* (testament), précité, note 56.
60. Voir *Trottier* c. *Rajotte*, précité, note 56 ; *Fonds d'indemnisation des victimes d'accidents d'automobile* c. *Rahima*, [1969] B.R. 1090 ; *Trahan* c. *Vézina*, [1947] B.R. 670 ; *La Pensée* c. *La Pensée*, [1980] C.A. 71 ; *Droit de la famille – 1314*, précité, note 59 et *Taggart-Watt* c. *Zaremba*, précité, note 58.
61. Mais le seul achat d'un immeuble n'est pas nécessairement un élément pertinent : *Feltrinelli* c. *Barzini*, précité, note 44 et *Droit de la famille – 2032*, [1994] R.J.Q. 2218, EYB 1994-84383 (C.S.).
62. *Québec (Procureure générale)* c. *Elien*, J.E. 2001-1734, REJB 2001-25963 (C.Q.) : réception de prestations de la sécurité du revenu ou d'assurance-emploi et d'assurance-maladie dans un lieu donné, comme indice probant.
63. Voir *Droit de la famille – 1314*, précité, note 59. Au plan des indices qui peuvent également faire présumer de l'intention en regard d'activités à caractère professionnel, le fait d'avoir passé son examen d'admission en médecine au lieu où on se prétend domicilié : *Droit de la famille – 2223*, [1995] R.J.Q. 1792, EYB 1995-72416 (C.S.).

intérêts sont hétérogènes. Si, lorsque la personne occupe un emploi ou une profession qui implique une grande mobilité (on peut penser ici aux membres des forces armées canadiennes), les tribunaux ont tendance à privilégier les attaches familiales[64], on ne peut toutefois en inférer une règle générale. Certaines nominations ou l'acceptation de certaines fonctions n'engendrent d'ailleurs pas, par elles-mêmes, une présomption de changement de domicile de la part de la personne qui se déplace vers le lieu de sa charge. Selon l'article 79 C.c.Q., la personne appelée à une fonction publique, temporaire ou révocable, conserve son domicile, à moins qu'elle ne manifeste l'intention contraire. De la même façon, le séjour temporaire (même de longue durée), aux seules fins d'exécution de son emploi, n'entraîne pas le changement de domicile[65].

Le plus souvent, c'est la réunion d'indices, qui, pris isolément, seraient considérés comme insuffisants[66], qui emportera la conviction du tribunal. Au nombre de ces indices conjugués, on retiendra : la durée de la résidence[67] ; le transport des biens familiaux[68] ; le paiement des taxes et de l'impôt sur le revenu ; l'inscription sur les listes électorales et l'exercice du droit de vote[69] ; la perception des allocations familiales[70] ; la comparution devant le tribunal du lieu de sa nouvelle résidence[71] ; la naturalisation, c'est-à-dire l'acquisition de la citoyenneté canadienne[72].

---

64. *Droit de la famille – 07292*, B.E. 2007BE-824 (C.S.) ; *Trahan* c. *Vézina*, précité, note 60 ; *Bonilla* c. *Lefèvre*, précité, note 40 et *Fredette* c. *Lalanne*, précité, note 56.
65. *J.S.H.* c. *B.B.F.*, [2001] R.J.Q. 1262, REJB 2001-24545 (C.S.).
66. Un casier postal, par exemple : *J.P.* c. *A.T.*, B.E. 2002BE-390 (C.S.).
67. Voir *Lillie* c. *Hendershott*, précité, note 58 ; *Gauvin* c. *Rancourt*, [1953] R.L. (n.s.) 517 (B.R.) ; *Wheeler* c. *Sheenan*, [1961] C.S. 480 ; *Wanless* c. *Bain*, précité, note 56 ; *Fredette* c. *Lalanne*, précité, note 56 ; *Winnycka* c. *Oryschuck*, précité, note 56 ; *Taggart-Watt* c. *Zaremba*, précité, note 58 et *Fournier* c. *Giroux*, précité, note 58. Par contre, une résidence de courte durée peut être suffisante pour emporter changement de domicile (voir *Droit de la famille – 385*, [1987] R.D.F. 296 (C.S.)).
68. *Cicchillitti* c. *Hormaza*, précité, note 48.
69. *Trahan* c. *Vézina*, précité, note 60.
70. *Cicchillitti* c. *Hormaza*, précité, note 48.
71. *Trahan* c. *Vézina*, précité, note 60 et *Ingelsberger* c. *Molho*, précité, note 58.
72. *Taggart-Watt* c. *Zaremba*, précité, note 58. Les tribunaux sont beaucoup plus réservés en ce qui a trait à l'acquisition du statut d'immigrant, distinguant soigneusement statut civil et statut politique (voir *Trahan* c. *Vézina*, précité, note 60 ; *Cicchillitti* c. *Hormaza*, précité, note 48 ; *Feltrinelli* c. *Barzini*, précité, note 44 et *Droit de la famille – 2032*, précité, note 61). Si le fait d'être sous le coup d'une ordonnance de déportation n'emporte pas, pour la personne concernée, la perte de son domicile, le fait d'avoir obtenu le statut d'immigrant n'emporte pas non plus, en soi, l'intention de s'établir au Canada de façon permanente.

Tout est une question de circonstances et les juges du fond jouissent d'un pouvoir souverain d'appréciation en la matière[73]. Il arrive que ni l'un ni l'autre des éléments ne puisse être déterminé avec précision par le juge du fond. Dans de telles circonstances, et en vue d'éviter les flottements, la loi privilégiera tel élément plutôt qu'un autre selon qu'il s'agit de l'intention ou de l'habitation, avec les nuances qui s'imposent.

§2 – Modes exceptionnels de détermination du domicile

343 – La marge de liberté laissée à l'individu par le jeu des critères légaux emporte avec elle la possibilité, pour la personne, de ne pas se fixer dans un lieu plutôt qu'un autre ni même dans aucun lieu. S'il arrive que des individus, par choix ou pour des raisons extrinsèques à leur volonté (on peut penser ici aux itinérants, aux nomades, aux éternels voyageurs), n'aient pas de demeure fixe, il se trouve également que des personnes, bien que résidant dans un lieu de manière habituelle, n'aient pas d'intention arrêtée ou que celle-ci soit difficile à cerner pour qu'on puisse établir avec certitude où est leur domicile. C'est le cas aussi des réfugiés politiques et parfois des immigrants. Dans de telles circonstances, la méthode générale énoncée aux articles 75 à 77 C.c.Q. se révèle insuffisante. Pour pallier cette difficulté, le Code énumère une série de critères subsidiaires. La personne sera alors réputée domiciliée dans un lieu déterminé par la loi. La méthode employée par le législateur se rapproche de celle qu'il utilise lorsque, d'office, il fixe le domicile de la personne. La différence tient au fait que, dans le premier cas, les critères retenus ont valeur de suppléance, alors que dans la deuxième hypothèse, dont les cas sont énumérés limitativement par le Code, la loi ne laisse aucune place à la volonté de l'individu.

A. Le régime de présomptions de l'article 78

344 – L'article 78 C.c.Q. institue une série de présomptions qui font que, à défaut de pouvoir établir avec certitude le domicile de la personne, celle-ci est réputée domiciliée, selon le cas, au lieu de résidence, au lieu où elle se trouve ou, s'il est inconnu, au lieu de son

73. *Adoption – 13204*, 2013 QCCQ 9515, par. 38 ; *Adoption – 1258*, 2012 QCCQ 5904 ; *Droit de la famille – 103292*, 2010 QCCS 6007.

dernier domicile connu. Il s'agit là de présomptions absolues qui ne peuvent donc être repoussées par une preuve contraire[74].

345 – Ainsi, faute de pouvoir cerner l'intention, on doit se référer à l'élément factuel : la personne sera réputée domiciliée au lieu de sa résidence habituelle (art. 78, al. 1 C.c.Q.)[75]. Si ces dispositions viennent combler les fissures du système, elles ont également le mérite de nous débarrasser à tout jamais « de règles parasites »[76] importées de la common law. Car dans ce domaine, comme dans bien d'autres, nos tribunaux se sont inspirés du droit anglais. C'est ainsi, que, appuyés en cela par certains auteurs[77], ils appliquaient le *legal rule* voulant que l'établissement dans un domicile nouveau exige, au-delà de la preuve positive du fait de l'habitation réelle dans un autre lieu et de l'intention d'y faire son principal établissement, la preuve de l'abandon de tout esprit de retour au lieu de son précédent domicile (*animus semper manendi sine animus revertendi*)[78]. On ajoutait alors, à la nécessité d'une preuve positive, celle d'une preuve négative. On imagine dès lors les difficultés rencontrées par les émigrants venus s'établir au Québec (pourtant présenté comme une terre d'accueil) qui, en cas de doute sur l'absence d'*animus revertendi*, étaient présumés domiciliés au lieu de leur ancien domicile[79], sans compter le cas des réfugiés politiques. S'il est vrai que, dans ce dernier cas, la présomption de conservation du domicile antérieur est plus difficile à renverser, puisque l'habitation réelle dans un autre lieu trouve son origine dans la contrainte ou l'état de nécessité, le Code civil n'a jamais exigé que la volonté de rattachement à ce nouveau lieu soit définitive[80]. Il suffit qu'elle soit durable[81] pour qu'il y ait domicile.

---

74. Voir l'article 2847 C.c.Q. Pour un cas d'application, voir *J.S.H.* c. *B.B.F.*, [2001] R.J.Q. 1262, REJB 2001-24545 (C.S.).
75. À titre d'illustration d'une application de cette présomption, voir *Dionne* c. *Ligue de développement du hockey midget AAA du Québec Inc.*, J.E. 95-1855, EYB 1995-73076 (C.S.).
76. A.-F. Bisson, « Remarques sur quelques décisions récentes en matière de domicile », (1979) 39 *R. du B.* 298, 303.
77. W.S. Johnson, *op. cit.*, note 9, p. 75 et s.
78. Voir *Wadsworth* c. *McCord* et *Trottier* c. *Rajotte*, précités, note 56.
79. Voir, entre autres, *Fonds d'indemnisation des victimes d'accidents d'automobile* c. *Rahima*, précité, note 60 ; *Karim* c. *Ali* et *Cicchillitti* c. *Hormaza*, précités, note 48. Pour une critique de l'importation en droit anglo-canadien de cette même règle, voir J.G. Castel, « Domicile », (1958-1959) 5 *McGill L.J.* 179.
80. À titre d'exemple, voir *Winnycka* c. *Oryschuck* et *Jarucka* c. *Korzeniewski*, précités, note 56, commentés par A.-F. Bisson, *loc. cit.*, note 76, p. 303.
81. En ce sens, voir *Droit de la famille – 1351*, [1990] R.D.F. 565 (E.J.) et *Attias* c. *Pons et Bond*, précité, note 56.

346 – *Absence de résidence réelle* – Lorsqu'une personne n'a pas de résidence réelle, le lieu où elle se trouve sera réputé être son domicile. À défaut, ce sera son dernier domicile connu (art. 78, al. 2 C.c.Q.)[82]. Encore faut-il s'entendre sur le sens des mots « où elle se trouve ». Dans le cas des sans-abri, on peut penser que ce sera la municipalité dans laquelle ces derniers circulent habituellement[83]. Dans le cas des personnes qui exercent une activité ambulante, ce sera sans doute la municipalité où elles se trouvent actuellement, c'est-à-dire au moment où on a besoin de les rejoindre aux fins d'une opération juridique ou lorsqu'elles-mêmes doivent accomplir un acte juridique. Il reste qu'on ne peut pas toujours rejoindre les personnes qui ont un mode de vie itinérant, d'où la solution subsidiaire, c'est-à-dire le recours au dernier domicile connu. On peut, à l'instar de certains auteurs[84], regretter le caractère instable du facteur de résidence ou de présence dans un lieu, ce qui le rend non sécuritaire sur le plan du droit, particulièrement du droit international privé. Dans l'une et l'autre des hypothèses couvertes par l'article 78, le législateur privilégie les circonstances de fait pour fixer le lieu du domicile de la personne. On peut voir aussi, dans les solutions retenues, un certain souci du respect de l'autonomie et de la liberté des personnes, puisque ces solutions restent essentiellement fondées sur une initiative de l'individu (choix d'une résidence habituelle, choix d'un mode de vie).

B. Le domicile d'origine et les autres domiciles légaux

347 – La personne n'a pas toujours le libre choix de fixer son domicile là où elle l'entend. Dans certains cas, la loi lui en assigne un d'office. Ces domiciles légaux sont aussi des domiciles de dépendance, le domicile de la personne étant ici rattaché au domicile d'une autre personne. Le domicile d'origine est le premier domicile légal. La loi en institue deux autres qui concernent les adultes, l'un étant à pro-

---

82. C. Emanuelli critique cette règle et est d'opinion qu'il eût été plus sage de ne recourir au lieu où se trouve la personne que dans le cas où il est impossible de déterminer son dernier domicile connu car, selon cette auteure, la règle actuelle pourrait faire échec à l'article 76 C.c.Q. dans un scénario où une personne semble avoir abandonné son domicile alors qu'il est difficile de faire la preuve de son intention de faire de sa nouvelle résidence son principal établissement (C. Emanuelli, *Droit international privé québécois*, 2e éd., Montréal, Wilson & Lafleur, Coll. bleue, 2011, p. 54).
83. On imagine mal, en effet, une personne domiciliée sous tel arbre, dans tel parc, sur tel banc ou encore telle station de métro.
84. G. Goldstein et E. Groffier, *op. cit.*, note 33, par. 36.

prement parler un domicile de dépendance, l'autre un domicile de fonction.

348 – *Le domicile d'origine* – Toute personne, à sa naissance, acquiert un domicile qui lui est assigné par la loi. Le mineur non émancipé a son domicile chez son tuteur, c'est-à-dire, en principe, chez ses parents (art. 80 C.c.Q.). Les père et mère, majeurs ou émancipés, sont de plein droit tuteurs de leur enfant mineur (art. 192 C.c.Q.). En ce sens, on peut affirmer que le domicile d'origine s'acquiert par la filiation. À défaut de filiation connue, l'enfant sera sous la tutelle du directeur de la protection de la jeunesse à qui la situation aura été signalée. Il en sera de même de l'enfant orphelin ou abandonné, à moins qu'il ne soit déjà pourvu d'un tuteur[85].

Si les parents-tuteurs changent de domicile pendant sa minorité, leur nouveau domicile se transmettra à l'enfant[86] et il le conservera après sa majorité, tant et aussi longtemps qu'il n'aura pas fait la preuve qu'il a acquis un domicile indépendant. Cette situation est de nos jours relativement fréquente, compte tenu du décalage entre la majorité légale et l'établissement effectif, généralement lié à l'acquisition d'une certaine indépendance financière. La simple émancipation permet au mineur d'établir son propre domicile. N'étant plus sous l'autorité de ses parents (art. 171 C.c.Q.), il n'a plus besoin de leur autorisation pour quitter leur domicile (art. 602 C.c.Q.). Quant à la pleine émancipation, elle lui confère une majorité anticipée (art. 176 C.c.Q.). L'émancipation ou la majorité n'emportent donc pas en elles-mêmes la perte du domicile d'origine. Dans la chronologie des domiciles, cette prolongation transitoire permet d'éviter un vide entre le dernier domicile de rattachement et le premier domicile volontaire[87].

Dans la mesure où les parents-tuteurs peuvent chacun avoir leur domicile propre et où tutelle et autorité parentale peuvent parfois être exercées concurremment, le législateur se devait de prévoir des solutions qui permettent de situer le domicile de l'enfant mineur.

---

85. *Loi sur la protection de la jeunesse*, RLRQ, c. P-34.1, art. 38 ; voir aussi les articles 199 et 207 C.c.Q.
86. Pour des cas d'application de ce principe, voir *Droit de la famille – 3146*, [1998] R.D.F. 734 (C.S.) ; *Droit de la famille – 3201*, [1999] R.D.F. 63 (C.S.). Voir aussi *Droit de la famille – 091236*, 2009 QCCS 2378, où le changement de résidence de la mère avec ses enfants a été de courte durée et sans intention de faire de celle-ci son domicile.
87. Pour un exemple, voir *Giroux* c. *Cie d'assurances Missisquoi*, [1987] R.R.A. 146 (C.P.).

349 – *Les situations particulières* – Lorsque les père et mère tuteurs ont des domiciles distincts, le mineur est réputé domicilié chez celui de ses parents chez qui il réside habituellement, à moins que le tribunal n'ait fixé son domicile autrement (art. 80, al. 2 C.c.Q.)[88]. L'hypothèse envisagée ici recouvre tant les situations où les parents-tuteurs, tout en faisant vie commune, ont chacun leur domicile propre, que celles où les parents sont séparés (séparation de fait ou séparation légale) ou divorcés[89]. En l'absence de décision judiciaire et « à égalité d'attraction, c'est la réalité concrète de la résidence »[90] qui, ici encore, permettra de déterminer le domicile de l'enfant.

Toutefois, lorsque les parents tuteurs ont des domiciles distincts, l'un se trouvant à l'extérieur du Québec, le déplacement illicite d'enfant, fait en violation du droit de garde, ne peut fonder un changement de domicile au sens des articles 76 et 80 C.c.Q., auquel réfère l'article 3142 C.c.Q.[91]. Ainsi, le lieu de domicile de l'enfant doit s'apprécier avant son déplacement illicite par l'un des parents[92], la proposition contraire ne ferait qu'encourager les parents insatisfaits à faire du *forum shopping*[93] et approuver l'enlèvement d'enfants[94].

Rappelons que la *Loi sur la protection de la jeunesse* vise tout enfant en situation de compromission sur le territoire du Québec. Les notions de domicile et de résidence ne sont pas des critères d'application de la loi[95]. De plus, l'intérêt de l'enfant justifie que la Cour du Québec, Chambre de la jeunesse, ait compétence pour décider d'une requête en révision d'une ordonnance rendue à l'endroit

88. *J.R.* c. *L.M.*, J.E. 2005-581, EYB 2004-85983 (C.S.).
89. Voir *Droit de la famille – 647*, [1989] R.J.Q. 1161 (C.A.) ; *Droit de la famille – 2094*, [1995] R.J.Q. 107, EYB 1994-28945 (C.S.) ; *Droit de la famille – 2580*, [1997] R.D.F. 189 (C.Q.).
90. G. Cornu, *op. cit.*, note 12, n° 649, p. 316. Une réalité qui est aussi l'apanage du parent gardien, la notion de garde emportant le droit de décider unilatéralement du lieu de résidence de l'enfant : *W. (V.)* c. *S. (D.)*, [1996] 2 R.C.S. 108 ; D. Goubau, « Joint Exercise of Parental Authority: The Quebec Civil Law Perspective », (2000) 17 *Canadian Journal of Family Law* 333-369.
91. *Droit de la famille – 133807*, 2013 QCCS 6731 ; *Droit de la famille – 131294*, 2013 QCCA 883, par. 47, en appel de *Droit de la famille – 113627*, 2011 QCCS 6194.
92. *Droit de la famille – 132433*, 2013 QCCA 1529, par. 59.
93. *Droit de la famille – 3451*, [1999] R.D.F. 641, 646 et 647, ces propos du juge Chamberland sont régulièrement cités dans des causes de déplacement illicite d'enfants.
94. *Droit de la famille – 114039*, 2011 QCCS 6948.
95. *Protection de la jeunesse – 1378*, 2013 QCCS 1063, en appel de la decision *Protection de la jeunesse – 125083*, 2012 QCCQ 9955.

d'un parent et de son enfant qui, depuis la dernière ordonnance, ont déménagé à l'extérieur de la province[96].

Dans l'hypothèse où il y a identité de domicile entre les parents-tuteurs, mais où l'enfant ne vit pas habituellement avec ses parents (hypothèse d'une délégation de l'autorité parentale, de l'enfant qui est hébergé pendant un certain temps chez d'autres personnes ou placé, sur une base volontaire, en famille ou en centre d'accueil). Ici, même si le mineur réside ailleurs, c'est en fonction du domicile tutélaire, donc du domicile parental, que s'exerce l'attraction. Le domicile ayant principalement pour fonction de localiser les intérêts de la personne, il paraît normal que pour le mineur non émancipé, cette localisation s'opère au domicile de ceux qui ont la charge de ses intérêts. C'est ce même souci de protection qui a eu pour résultat qu'en droit international privé, la notion de résidence habituelle de l'enfant vienne couramment se substituer à celle du domicile[97].

350 – Lorsque la tutelle est divisée – il y a coexistence d'une tutelle à la personne et d'une tutelle aux biens –, c'est au domicile du tuteur à la personne que doit se faire le rattachement. En effet, dans ce contexte, c'est au tuteur à la personne qu'il revient de représenter le mineur en justice, quant à ses biens.

La situation est cependant plus complexe lorsque la garde de l'enfant a été confiée judiciairement à une tierce personne, sans qu'il y ait pour autant déchéance de l'autorité parentale ou retrait du droit de garde alors que les parents se sont vu simplement retirer l'exercice de la garde en vertu de l'article 606, al. 2 C.c.Q. ou de l'article 91 de la *Loi sur la protection de la jeunesse*. La déchéance de l'autorité parentale entraîne pour le ou les parents déchus la perte de la tutelle, alors que le retrait d'un attribut ou de son exercice n'entraîne la perte de la tutelle que si le tribunal en décide ainsi (art. 197 C.c.Q.). L'enfant, dont l'un des parents a été déchu de l'autorité parentale, sera domicilié chez son autre parent. Dans le cas où la déchéance s'étend aux deux parents, c'est au domicile du tuteur qui lui aura été nommé que le domicile sera rattaché. À défaut de nomination d'un tuteur par le

---

96. *Protection de la jeunesse – 11174*, 2011 QCCQ 2345.
97. *Droit de la famille – 3510*, [2000] R.J.Q. 559, REJB 1999-16297 (C.Q.) ; la notion de résidence habituelle de l'enfant est également le critère retenu par les grandes conventions internationales concernant les enfants lorsqu'il s'agit de la détermination de leurs droits (voir, par exemple, la *Convention de La Haye de 1980 sur les aspects civils de l'enlèvement international d'enfants* et la *Convention relative aux droits de l'enfant*, résolution n° 44/25, Doc. AGNU, c. 3, 44e sess. (1989)).

tribunal, c'est le directeur de la protection de la jeunesse qui, d'office, devient tuteur légal (art. 199, al. 1 et 221 C.c.Q.). Le domicile du mineur et le siège de la tutelle seront donc fixés au lieu où le directeur de la protection de la jeunesse exerce ses fonctions (art. 191, al. 2 C.c.Q.).

Le parent non gardien demeure, en principe, sauf à considérer les circonstances, détenteur de la tutelle (art. 195 C.c.Q.). Dans un tel contexte, l'enfant continue à être domicilié chez son tuteur, l'article 80, al. 2 C.c.Q. ne couvrant pas cette hypothèse. Dès lors, comment concilier l'exercice de l'autorité parentale dont est investi le gardien, avec la tutelle légale du ou des parents[98] ? En pratique, on peut penser que, face à une situation potentiellement conflictuelle, les tribunaux confieront la tutelle au tiers gardien, lequel d'ailleurs peut lui-même en faire la demande (art. 195, 197, 205 et 206 C.c.Q.), ce qui permettrait de garder l'homogénéité des deux institutions qui, en définitive, se recouvrent mutuellement, que ce soit au plan de leur finalité ou de leur mise en œuvre ; une solution qui, *a priori*, apparaît aussi respectueuse de l'intérêt de l'enfant.

Mais la lecture conjuguée des articles 186, 195, 197 et 605 C.c.Q. laisse tout de même perplexe. En effet, dans l'hypothèse où la garde d'un enfant a fait l'objet d'un jugement (hypothèse couverte par l'article 195) et où elle aurait été confiée à un tiers, il nous semble qu'en l'absence de preuve d'indignité de la part du ou des parents, les seuls motifs qui puissent être suffisamment graves pour le ou les priver de la tutelle légale sont l'inaptitude et l'éloignement involontaire. On rejoint alors les situations couvertes par les articles 197 et 606 C.c.Q. (tout au moins si l'on s'en réfère aux commentaires). Mais la question demeure : en l'absence de circonstances exceptionnelles qui permettraient de faire reposer, sur une même tête, tutelle et autorité parentale, ne risque-t-on pas, en définitive, de vider de leur substance l'une et l'autre des deux institutions ?

Si l'idée de communauté de vie appelle l'unité du domicile, elle cède facilement aussi le pas aux intérêts procéduraux, à cette « idée utilitaire que le domicile est plus commodément placé où le patrimoine doit être administré »[99], une tendance que reflètent les règles qui président à la détermination des autres domiciles légaux.

---

98. Voir *C. (G.)* c. *V.-F. (T.)*, [1987] 2 R.C.S. 244.
99. J. Carbonnier, *op. cit.*, note 2, n° 54, p. 79.

1) Le domicile légal du majeur inapte

351 – Le majeur en *tutelle* ou en *curatelle*, c'est-à-dire la personne majeure qui, en vertu d'un jugement, est privée partiellement ou totalement de l'exercice de ses droits, a son domicile chez son tuteur ou son curateur (art. 81 C.c.Q.). Par contre, le majeur inapte pourvu d'un conseiller conserve ou peut se choisir un domicile propre puisqu'il n'est pas représenté, mais simplement assisté. Quant aux personnes placées dans un établissement de soins et qui ne sont pas sous régime de protection, elles gardent, elles aussi, leur domicile, sauf à prouver l'intention contraire. Signe de dépendance, le rattachement s'opère une fois de plus au lieu où est domicilié celui qui a la charge d'autrui, mais il n'implique pas pour autant communauté de vie.

2) Le domicile de fonction

352 – Les citoyens investis de fonctions publiques viagères et irrévocables sont fictivement domiciliés dans le lieu d'exercice de leur fonction, qu'ils aient ou non leur résidence et leur centre d'intérêt personnel ailleurs. C'est le cas notamment des membres de la magistrature à propos desquels « il a pu sembler logique qu'ils fussent rattachés en tant qu'hommes [et femmes] privés, au système de juridictions qu'ils contribuent à constituer »[100] en tant que personnes publiques. La solution s'infère de l'article 79 C.c.Q.[101] selon lequel « la personne appelée à une fonction publique, temporaire ou révocable, conserve son domicile, à moins qu'elle ne manifeste l'intention contraire ». Cette disposition a encore plus d'utilité que dans le passé, en raison de la multiplicité des fonctions publiques temporaires ou révocables[102].

Section III

Domicile élu

353 – *Définition et intérêt* – Le domicile élu est un mode spécial et fictif de localisation de la personne limité à une opération juridique déterminée.

---

100. J. Carbonnier, *op. cit.*, note 2, n° 54, p. 79. À titre d'exemple, voir la *Loi sur la Cour suprême*, L.R.C. (1985), ch. S-26, art. 8. Notons cependant que la *Loi sur les tribunaux judiciaires*, RLRQ, c. T-16, retient plutôt l'obligation de *résidence* des juges (art. 7 et 32).
101. Qui reprend l'article 82 C.c.B.C. Pour un cas d'application, voir *G.G.* c. *C.L.*, [2004] AZ-50222207 (C.S.).
102. *Comm.*, sous l'article 79 C.c.Q., t. I, p. 63.

En passant un contrat, les parties peuvent convenir que pour tout ce qui concerne l'exécution de cet acte, l'une d'elles sera domiciliée dans un autre lieu que son domicile réel. On dit alors de cette personne qu'elle élit domicile dans ce lieu (art. 83 C.c.Q.)[103]. Notons toutefois qu'en matière de petites créances, la compétence territoriale est dictée par l'article 958 C.p.c. (art. 544 C.p.c.) et l'élection de domicile n'est pas possible[104].

Cette stipulation, qui doit être expresse, permettra ultérieurement à son cocontractant d'assigner cette personne devant le tribunal du lieu indiqué dans le contrat aux fins de son exécution ou de l'exercice des droits qui en découlent. L'intérêt pratique d'une telle clause est d'éviter au cocontractant d'avoir à aller plaider devant une juridiction éloignée et de lui épargner ou de minimiser les déplacements qu'implique un procès.

En ce sens, le domicile élu « est moins un véritable domicile qu'une dérogation conventionnelle aux effets normaux du domicile »[105]. C'est une mesure visant à faciliter les relations contractuelles et particulièrement les relations d'affaires que pourrait compromettre la règle de l'unité du domicile[106].

354 – *Caractères et incidence sur le domicile réel* – La personne qui élit domicile dans un autre lieu que son domicile réel ne change pas de domicile. Ce n'est que pour les besoins de l'opération juridique visée par l'élection de domicile (mise en œuvre d'une procédure, exécution d'un jugement) que cette personne sera rattachée, éventuellement, au lieu désigné dans le contrat. Une fois cette opération juridique terminée, l'élection de domicile cesse de produire effet. C'est pourquoi on dit du domicile élu qu'il est à la fois fictif – la personne, par hypo-

---

103. *Montréal (Communauté urbaine de)* c. *Gingras*, [1998] R.J.Q. 2010, REJB 1998-07567 (C.A.) (clause d'élection de domicile dans le cadre d'une entente entre un service de police et un témoin délateur).
104. *Leblanc* c. *Groupe financier Laplante inc.*, 2012 QCCQ 8911.
105. Planiol et Ripert, *Traité pratique de droit civil français*, t. I, *Les personnes*, 2e éd., par R. et J. Savatier, Paris, L.G.D.J., 1952, no 165. C'est pourquoi certains auteurs utilisent parfois, à propos du domicile élu, l'expression « domicile conventionnel » : voir G. Trudel, *op. cit.*, note 6, p. 255.
106. C'est le même principe qui sous-tend les dispositions de l'article 130 C.p.c. (art. 125 C.p.c.). Alors qu'en principe, les personnes morales ont leur domicile au lieu où elles ont leur siège (art. 307 C.c.Q.), la loi permet que les significations d'actes de procédure puissent leur être faites dans d'autres lieux : établissement dans la province, bureau de leur agent dans le district où la cause d'action a pris naissance ou encore signification à l'un de ses dirigeants, dans les conditions prévues au deuxième alinéa.

thèse, n'a pas d'attache réelle avec le lieu désigné à l'acte – et spécial – puisqu'il est lié à une opération juridique déterminée.

Contrairement au domicile réel, le domicile élu n'est ni nécessaire, ni unique. Bien que dans certains cas elle soit imposée par la loi[107], l'élection de domicile, en principe, est volontaire. L'individu est donc libre d'y recourir ou non. Il a été jugé que les clauses d'élection du domicile ne répondent pas à la définition de clause abusive contenue dans un contrat d'adhésion[108]. Il peut y avoir autant de domiciles élus que de conventions traitant d'affaires différentes. Accessoire au contrat principal, le domicile élu participe de la force obligatoire du contrat. Il ne peut donc être changé que du commun accord des parties contractantes, à moins qu'il n'ait été choisi dans l'intérêt exclusif de l'une d'elles. Enfin, contrairement au domicile réel qui participe de l'état des personnes, le domicile élu fait partie des droits patrimoniaux d'une personne. Il est donc transmissible aux héritiers.

355 – *Conditions de validité* – L'élection de domicile doit être expresse. Elle doit être précise[109] et ne se présume pas (art. 83, al. 2 C.c.Q.). Le Code n'exige cependant aucune forme particulière. Toutefois, si le contrat dont l'élection de domicile est l'accessoire doit revêtir certaines formes à peine de nullité, c'est le contrat principal qui déterminera les formes requises pour la constituer valablement[110]. Cependant, il n'est pas nécessaire qu'elle soit faite dans le corps même de l'acte, du moment qu'elle en respecte les formalités essentielles.

Il existe toutefois des exceptions. En effet, si la distinction entre l'élection de domicile faite par un commerçant ou un non-commerçant[111] n'a pas été reprise dans le nouveau Code, elle n'a pas

---

107. L'article 64 C.p.c. impose une telle obligation aux avocats. Cette disposition n'a pas été reprise dans le *Code de procédure civile* de 2014.
108. *Société d'habitation du Québec* c. *Chibougamau (Ville de)*, 2011 QCCS 6736.
109. *Preverco Inc* c. *Action Supply Inc.*, J.E. 2005-2128, EYB 2005-96678 (C.S.) : l'élection de domicile au district judiciaire du vendeur, sans autre précision, rend l'autre partie tributaire des aléas d'un éventuel changement de domicile du vendeur, ce qui rend la clause trop floue pour constituer une élection de domicile valide.
110. P.-B. Mignault, *op. cit.*, note 3, p. 246 ; G. Trudel, *op. cit.*, note 6, p. 257.
111. Art. 85, al. 3 C.c.B.C. qui se lisait comme suit : « Excepté dans un acte notarié, l'élection de domicile est sans valeur quant à la juridiction des tribunaux, si elle est signée par un non-commerçant dans les limites du district où il a sa résidence. »

disparu pour autant. Mesure de protection « insérée » en 1924 dans un « contexte » agricole et de communications difficiles qui n'est plus celui d'aujourd'hui[112], elle trouvait mieux sa place dans la *Loi sur la protection du consommateur*[113] qui édicte qu'« [U]ne élection de domicile en vue de l'exécution d'un acte juridique ou de l'exercice de droits qui en découlent est inopposable au consommateur, sauf si elle est faite dans un acte notarié »[114].

Le Code n'impose aucune condition quant au lieu : le choix est donc illimité, sous réserve de l'ordre public[115]. Mentionnons toutefois que la *Loi sur la protection du consommateur* interdit l'élection de domicile à l'étranger. Ajoutons que, en vertu de cette même loi, le contrat conclu à distance avec un commerçant ou un vendeur est considéré comme conclu à l'adresse du consommateur. Le tribunal du district judiciaire du domicile du consommateur est donc compétent pour entendre les litiges qui peuvent résulter éventuellement de tels contrats[116].

356 – *Les effets de l'élection de domicile* – Pour les apprécier et en déterminer l'étendue, il faut distinguer selon l'objet de la clause d'élection de domicile. Celui-ci peut être simple ou double et les effets de la clause plus ou moins complets.

Si la clause se borne à l'indication d'un lieu sans autre précision (par exemple, une ville ou un district judiciaire), l'élection de domicile est simplement attributive de juridiction. Elle institue (dans les limites déterminées préalablement quant à sa validité) le tribunal de ce lieu compétent à connaître du litige opposant les parties au contrat.

Mais la clause peut être plus précise et la partie qui élit domicile peut aussi indiquer le nom d'une personne chargée de la représenter au lieu désigné. La personne chez qui domicile est élu est alors cons-

---

112. A.-F. Bisson, *loc. cit.*, note 76, p. 301.
113. M. Ouellette, *La réforme du Code civil*, Livre I, *Des personnes*, Ste-Foy, P.U.L., 1993, 15, p. 67.
114. *Loi sur la protection du consommateur*, RLRQ, c. P-40.1, art. 22.1.
115. On peut même élire domicile au lieu de son domicile réel. On pourrait être tenté, comme certains, de voir, dans une telle clause, une clause de style inutile (T.-J.-J. Loranger, *Le droit civil du Bas-Canada suivant l'ordre du Code*, Montréal, M. Mathieu, 1871, t. I, p. 349). Mais, ainsi que le souligne Trudel, « L'effet d'une telle clause permet de conférer une certaine permanence au domicile réel » : « La personne pourra changer de domicile réel, mais, pour les fins de l'acte, le domicile élu demeurera à l'endroit de son ancien domicile réel », *op. cit.*, note 6, p. 261.
116. *Ibid.*, art. 19 à 21.

tituée mandataire du signataire de la clause, ce qui lui permet de recevoir valablement tous les actes nécessaires à l'accomplissement de l'exécution forcée[117], particulièrement les significations des actes de procédure.

L'efficacité de telles clauses se trouve aujourd'hui élargie puisque l'élection de domicile peut affecter l'exécution volontaire du contrat. Ainsi, le paiement (entendu ici dans le sens d'exécution volontaire et non dans son sens technique, soit comme l'exécution d'une obligation)[118] peut être fait au lieu désigné expressément ou implicitement par les parties (art. 1566, al. 1 C.c.Q.)[119], contrairement aux solutions qui existaient antérieurement[120].

Cette efficacité connaît cependant des degrés, car si l'élection de domicile est attributive de compétence, elle n'a pas pour effet d'obliger l'une des parties au contrat à assigner l'autre devant le tribunal du domicile élu. Elle ne peut jamais être exclusive de compétence et l'une des parties au contrat peut toujours assigner l'autre devant un autre forum, conformément à l'article 68 C.p.c.[121] (art. 41 C.p.c.). Il n'y a donc pas lieu, pour le tribunal saisi du litige, contrairement à une idée répandue[122], de rechercher en faveur de qui l'élection de domicile a été consentie ou s'il y a eu renonciation à cet avantage : celui-ci « doit seulement se demander s'il a ou non compétence en vertu de l'un des chefs prévus à l'article 68 C.p.c. Dans l'affirmative, l'exception déclinatoire doit être rejetée »[123].

---

117. Voir G. Trudel, *op. cit.*, note 6, p. 263.
118. La définition est de G. Trudel (*op. cit.*, note 6, p. 263) et elle reflète l'ensemble des opinions doctrinales qui ont pu être exprimées sur la question.
119. À défaut, le paiement se fait au domicile du débiteur (art. 1566, al. 2 C.c.Q.) qui reprend la règle selon laquelle le paiement est quérable et non portable, sauf si son objet consiste en un corps certain, auquel cas c'est le lieu où le bien se trouvait au moment où l'obligation a pris naissance qui devient déterminant.
120. Voir G. Trudel, *op. cit.*, note 6, p. 263 ; P.-B. Mignault, *op. cit.*, note 3, p. 248.
121. *9152-7192 Québec inc.* c. *Boost Groupe Conseil inc.*, 2010 QCCQ 14975 ; *2957-4928 Québec inc. (Clôtures spécialisées)* c. *Gaspé (Ville de)*, 2011 QCCS 6372 ; A.-F. Bisson, *loc. cit.*, note 76, p. 302. Ce qui autorise à remettre en question l'intérêt que peuvent présenter aujourd'hui, tout au moins en droit interne, les clauses d'élection de domicile, car les règles de compétence territoriale, particulièrement en matière contractuelle, sont plutôt nuancées (art. 68 C.p.c.). Par ailleurs, la *Loi sur la protection du consommateur*, précitée, note 105, d'ordre public, vient restreindre considérablement la part laissée à la volonté. Il reste que la partie la plus forte qui a réussi à se faire consentir une élection de domicile en un lieu qui, par hypothèse, l'accommode, se prévaudra généralement de l'avantage ainsi obtenu, lorsqu'elle sera en demande.
122. Voir *Assurances du crédit* c. *Dell*, [1959] C.S. 309.
123. Voir *Cadieux* c. *Vidéo Jacklan Inc.*, J.E. 87-1060, EYB 1987-62564 (C.A.) et A.-F. Bisson, *loc. cit.*, note 76, p. 302.

Pour aller plus loin

357 – *Historique* – On doit aux droits orientaux de l'époque hellénistique et à la Rome archaïque l'esquisse des principales utilisations pratiques du domicile : « En droit public, comme en droit privé, celle-ci est liée à l'organisation familiale » ; mais si, au plan du droit privé, la notion « aide à préciser les rapports dans la communauté familiale », en droit public, après avoir servi « à briser l'importance politique du *genos* ou de la *gens* », c'est le lien établi entre le domicile et le cadastre, c'est-à-dire son rôle fiscal qui, très rapidement, devient prédominant. Ce n'est cependant qu'à la fin du Ier siècle avant J.-C. que le terme « *domicilium* » acquiert un sens technique et que Rome, « rassemblant les fils épars des siècles antérieurs », en donne une définition cohérente et en dégage les caractères.

Le domicile romain apparaît comme le « principal établissement de l'individu, à la fois stable et centre de ses activités » (*ubi quis larem rerumque ac fortunarum suarum summam constituit*, C. just. 10, 40, 7, 1). Le choix du domicile, en principe, est libre. Mais la volonté ne doit pas être arbitraire : « il doit être constitué *re et facto* ». Il existe cependant des exceptions. Rome, en effet, a prévu des domiciles légaux (domicile légal de la femme mariée, domicile de fonctions des sénateurs) : M.-B. Bruguière, « Le domicile dans les droits antiques », dans *Mélanges dédiés à Gabriel Marty*, Toulouse, Université des Sciences sociales de Toulouse, 1978, p. 199 ; W.S. Johnson, « Domicile in Its Legal Aspects », (1929) 7 *R. du B. can.* 356. Voir également C.-C. de Lorimier et C.-A. Vilbon, *La bibliothèque du Droit civil de la province de Québec*, t. I, Montréal, La Minerve, 1885, Titre III, p. 488 ; A. Lafontaine, *Le domicile*, Thèse de doctorat, Université Laval, Québec, 1885 et F. Langelier, *op. cit.*, note 6.

358 – Plusieurs siècles plus tard, c'est en s'appuyant sur les textes romains que Pothier présente sa théorie du domicile (*Introduction générale aux Coutumes*, n°s 5 et 8). En effet, le domicile avait acquis, dans l'ancien droit, une importance considérable, compte tenu de la diversité des coutumes : « il fallait avant tout connaître le domicile des parties, afin de savoir à quelle loi, à quelle coutume elles étaient soumises » (P.-B. Mignault, *op. cit.*, note 3, p. 224). C'est sur ce fond de droit romain et d'ancien droit français que les commissaires chargés de la première codification élaborèrent les règles du domicile (reprenant textuellement, pour sa définition, celle de l'article 102 du Code Napoléon : C.-C. de Lorimier et C.-A. Vilbion, *supra*, p. 488). Voir également G. Trudel, *op. cit.*, note 6, p. 236 ; J.-G. Castel, *op. cit.*, note 9, p. 116-117 et G.-J. Boulanger, « Du domicile », (1959) 4 *C. de D.* 40, 43.

359 – *Politique législative* – Adoptées « à une époque de moindre mobilité de la population et où, sous l'influence de la jurisprudence anglaise, le domicile impliquait une notion de permanence particulièrement tenace », la notion de domicile, telle qu'elle figurait dans le *Code civil du Bas Canada*, ne répondait plus, visiblement, aux besoins des justiciables québécois (O.R.C.C., *Rapport sur le domicile de la personne humaine*, Montréal, Éditeur officiel du Québec, 1975, p. 2). Aussi l'Office de révision du Code civil avait-il proposé d'« en rectifier l'allure en le situant, non plus au lieu du principal établissement, mais à celui de la résidence habituelle », A.-F. Bisson, *loc. cit.*, note 76, p. 305.

Réaffirmer les textes entraînait en effet « le risque de perpétuer les règles parasites » importées de la common law par la jurisprudence. D'un autre côté, « adopter la notion de simple résidence permettait de rompre avec cette même jurisprudence, « mais ne conduisait pas à des résultats satisfaisants dans un système où, moitié par tradition, moitié en raison de l'insuffisance du critère de la nationalité dans un État fédéral, le domicile, c'est-à-dire un lien stable entre une personne et un lieu, possède de puissantes fonctions de rattachement, notamment en matière d'état et de capacité des personnes » (A.-F. Bisson, *loc. cit.*, note 76, p. 304-305). N'eût été l'explication donnée par l'Office, soit la nécessité « d'éliminer l'intention comme facteur dominant » dans la détermination du domicile, le compromis proposé aurait pu paraître satisfaisant. Mais les « facteurs objectifs », dont les juges, à l'avenir, auraient eu à tenir compte pour déterminer le caractère habituel de la résidence, c'est-à-dire « la durée et la continuité de la résidence, ainsi que d'autres éléments de nature personnelle qui créent un lien durable entre la personne et cette résidence » (O.R.C.C., *supra*, p. 4 et 14), ne différaient guère de ceux dont les tribunaux tenaient déjà compte dans la recherche de l'intention de faire d'un autre lieu son principal établissement. C'était revenir au point de départ et même si « en refaisant de la détermination du domicile et de la preuve de son changement essentiellement une question de [...] fait, par le biais de la notion de résidence habituelle », on nous proposait, plus simplement, « de revenir au domicile », tel que le Code l'entendait déjà, il n'est pas sûr que la notion eut été débarrassée, une fois pour toutes, des « alluvions jurisprudentielles ou doctrinales » (A.-F. Bisson, *loc. cit.*, note 76, p. 305), dans lesquelles elle s'était enlisée avec le temps. En ce sens, l'ajout de présomptions aux fins de déterminer le domicile, lorsqu'il est impossible d'établir les éléments intentionnels ou factuels, nous paraît une technique plus heureuse pour reprendre contact avec l'esprit et la lettre de la notion de domicile, telle que codifiée en 1866.

360 – *Théorie juridique* – Longtemps partagée entre la théorie objective, produit de l'histoire (le « domicile demeure » de Pothier) et la théorie abstraite développée par Aubry et Rau (*op. cit.*, note 9), la doctrine moderne tend à voir dans le domicile un prolongement de la personnalité, un élément de l'état. Pour certains, cependant, le domicile est une « notion bien peu personnelle » ; ils n'y voient que « pure technique juridique » (C. Atias, *op. cit.*, note 29, nº 64, p. 105). Mais s'il est vrai que le domicile est un concept qui apparaît aujourd'hui comme éclaté, puisqu'au-delà des applications spécialisées propres à chacune des sphères du droit, il a perdu, au sein du droit civil lui-même, une partie de son empire, il faut admettre que la notion est probablement double.

Une dualité qui correspond aux intérêts pratiques qui y sont attachés. Le domicile est à la fois « la demeure » et « un rapport », un lien entre la personne et un ressort territorial, « une juridiction », au double sens du terme, qui est pour elle source de droits et d'obligations : J. Carbonnier, *op. cit.*, note 2, nº 59, p. 83 ; P. Azard et A.-F. Bisson, *op. cit.*, note 1, p. 68-69 et *Comm.*, t. I, p. X.

BIBLIOGRAPHIE SÉLECTIVE

BISSON, A.-F., « Remarques sur quelques décisions récentes en matière de domicile », (1979) 39 *R. du B.* 298.

BRIÈRE, G., « La réforme du droit du nom et du domicile », (1975) 6 *R.G.D.* 465.

BRUGUIÈRE, M.-B., « Le domicile dans le droit antique », dans *Mélanges dédiés à Gabriel Marty*, Toulouse, Université des Sciences sociales de Toulouse, 1978.

EMANUELLI, C., *Droit international privé québécois*, 3e éd., Montréal, Wilson & Lafleur, 2011, p. 52-62.

GASCON, E. et J. GELFUSA, « Domicile et résidence », dans *Jurisclasseur Québec – Personnes et famille*, Montréal, LexisNexis, 2013.

GÉRIN-LAJOIE, A., *Du domicile et de la juridiction des tribunaux*, Montréal, Imprimerie Modèle, 1922.

GOLDSTEIN, G., « Analyse comparative de la notion de résidence habituelle en droit civil québécois et selon les Conventions de La Haye de 1980 sur l'enlèvement international d'enfants et de 1996 sur la protection des mineurs », (2005) 65 *R. du B.* 223-292.

CHAPITRE IV

LA CONSTATATION DE L'ÉTAT DES PERSONNES : L'ÉTAT CIVIL

Section I

État des personnes et état civil

§1 – L'état des personnes

361 – *L'état de la personne ou l'individu tel que défini par le droit* – Si tous les êtres humains ont la personnalité juridique, s'ils sont tous égaux devant la loi, le droit, sous d'autres rapports, ainsi qu'en témoignent les chapitres précédents, les distingue. Mais au-delà des éléments qui permettent de l'identifier, la loi « prend en considération, dans l'individu, toute une série de particularités et de qualités auxquelles elle attache diverses conséquences juridiques »[1]. Ces éléments distincts, qu'on appelle les *éléments de l'état*, permettent de déterminer la situation de la personne en droit[2]. La somme de toutes les conséquences juridiques attachées à ces éléments détermine la situation de la personne vis-à-vis la loi : elle lui confère un certain statut ; elle constitue ce qu'on appelle son *état*. Dans une acception large, l'état de la personne s'entend de l'ensemble des qualités de la personne que la loi prend en considération pour y attacher des effets juridiques. Encore faut-il distinguer les effets attachés à ces qualités dont certains sont étrangers au droit privé.

362 – *État civil et état politique* – Parmi les éléments qui participent de l'état de la personne, on oppose généralement ceux qui permettent de la rattacher à la cité, tel que l'entendait le droit romain (*status*

1. G. Cornu, *Droit civil, Introduction, Les personnes, Les biens*, Paris, Montchrestien, 2005, n° 532, p. 257.
2. Sur l'indisponibilité et l'immutabilité de l'état civil, voir C. Neirinck, « Les caractères de l'état civil », dans C. Neirinck (dir.), *L'état civil dans tous ses états*, Paris, L.G.D.J., Droit et société, 2008, p. 41-54.

civitatis), c'est-à-dire l'état politique, constitué par la citoyenneté et « par les droits ou l'absence de droits du citoyen »[3], à ceux qui permettent de la situer par rapport au groupement familial (*status familiae*), tel que tissé par les liens matrimoniaux (présents et passés) et les liens parentaux. Les premiers relèvent du droit public et sont en principe étrangers au droit civil, sous réserve de dispositions expresses de la loi, dans les limites que lui assignent les Chartes. Les seconds relèvent du droit privé et trouvent leur source dans des événements d'ordre naturel (ou tout au moins dits tels : naissance, mort, absence, disparition) et dans des rapports institués par le droit entre des personnes (mariage, union civile, filiation). Toutefois, l'état de la personne, tel qu'on l'entend dans nos sociétés modernes, tend à déborder la stricte situation familiale de l'individu pour englober certaines caractéristiques personnelles. Ces qualités peuvent être d'ordre physiologique (âge), physique ou psychique (altération des facultés mentales et corporelles) ou considérées soit comme une émanation, soit comme l'expression de sa personnalité (sexe, nom), des conditions qui sont parfois aussi facteurs d'inégalité – on parlera alors d'inégalités rationnelles (statut des mineurs et des majeurs inaptes) –, mais qui, indépendamment des mesures de protection destinées à corriger des inégalités naturelles, sont devenues sources de droits et de devoirs distincts.

363 – *État et capacité* – Il existe des liens étroits entre l'état et la capacité d'une personne. À la limite, on serait tenté d'affirmer que la capacité n'est qu'un aspect de l'état des personnes[4]. Nous dirons plus simplement que l'état sert à déterminer la capacité de la personne, qu'il s'agisse de sa capacité de jouissance ou de sa capacité d'exercice. Par exemple, c'est en raison de son *status familiae* qu'un conjoint peut venir à la succession de l'autre, qu'un père peut réclamer des aliments à son fils ou une femme au père de ses enfants. Sur un autre plan, c'est la vulnérabilité et la dépendance qui caractérisent la condition d'enfant qui lui permet de bénéficier d'une protection particulière par rapport aux adultes. En matière d'incapacité d'exercice, l'âge constitue un facteur déterminant lorsqu'il s'agit d'en mesurer l'étendue. Ainsi, selon qu'il appartient à telle ou telle classe d'âge, la capacité du mineur sera plus ou moins étendue.

---

3. J. Carbonnier, *Droit civil, Les personnes*, Paris, P.U.F., 2000, n° 61, p. 109.
4. Voir en ce sens les développements consacrés à cette question par P. Azard et A.-F. Bisson, *Droit civil québécois*, t. I, *Notions fondamentales, Famille, Incapacités*, Ottawa, Éditions de l'Université d'Ottawa, 1971, n° 12, p. 9 et la définition proposée par J. Pineau, « De certains éléments relatifs à l'état des personnes, du registre des actes de l'état civil », (1988) 1 *C.P. du N.* 91, 101.

§2 – L'état civil

364 – Le sujet de droit étant défini par rapport à son état, celui-ci doit pouvoir être connu. À l'occasion de l'exercice d'un droit, la personne est fréquemment appelée à faire la preuve des circonstances qui modèlent son état, lequel donne ouverture à ce droit. Ainsi, on ne peut réclamer des aliments de son conjoint sans établir préalablement sa qualité d'époux. Il faut ensuite tenir compte des tiers avec qui la personne peut entrer en relation et qui ont intérêt, eux aussi, à être renseignés sur sa situation. Enfin, les pouvoirs publics, dont l'intérêt se situe sur un plan collectif, doivent pouvoir être informés des événements dont dépend le statut de leurs administrés. C'est pourquoi le législateur a organisé un procédé officiel de constatation de l'état des personnes : les actes de l'état civil.

365 – *Les actes de l'état civil* – Ce sont des écrits authentiques, en ce sens que leur contenu fait preuve à l'égard de tous et qu'ils font foi en justice par leur seule production (art. 2813 et 2818 C.c.Q.). Ils permettent d'archiver les principaux événements d'où découle l'état des personnes, c'est-à-dire les naissances, les mariages, les unions civiles et les décès et qui sont consignés dans un registre (le registre de l'état civil), par un officier public (le Directeur de l'état civil), conformément aux dispositions édictées par la loi.

Le système mis en place permet à la fois de garantir la sincérité des actes, d'en assurer la conservation et d'établir des corrélations entre les actes principaux, auxquels viennent se greffer des documents annexes, de manière à faciliter la réunion des éléments relatifs à une même personne. À cet effet, la loi prévoit l'inscription, dans le registre, d'un certain nombre d'événements qui ne donnent pas lieu à l'établissement d'un acte de l'état civil selon sa forme habituelle (jugement déclaratif de décès, jugement d'adoption) ou qui ont été constatés ailleurs (actes dressés à l'étranger). Des mentions en marge, qui participent du même esprit, permettent également de compléter le registre en faisant un renvoi à des actes ou à des jugements qui n'y sont pas intégralement portés (changement de nom, changement de sexe, divorce, annulation du mariage, etc.). Ces mentions assurent la cohérence du registre en établissant des liens entre les actes principaux (insertion de l'acte de décès en marge de l'acte de naissance, mention du jugement de divorce qui a été prononcé entre les époux en marge de l'acte de mariage).

Ceci explique également la confusion qu'on entretient parfois entre l'état civil et l'état des personnes, le premier n'étant en fait que la constatation du second[5].

Section II
La réforme de l'état civil

366 – *Un service public* – Service public, la direction générale de l'état civil relève du ministre de la Justice. Son organisation a fait l'objet, dans le sillon de la révision du Code civil de 1991, d'une réforme en profondeur. Aussi, avant d'en étudier l'organisation, nous arrêterons-nous préalablement sur les impératifs qui la sous-tendent pour en dégager ensuite les principales caractéristiques.

§1. – Le contexte

367 – *Un système déficient, à la fois confessionnel et laïque* – Service public, le service de l'état civil, pour des raisons historiques, a longtemps eu un caractère purement confessionnel, pour ensuite reposer sur deux structures parallèles : l'une religieuse, l'autre laïque. Cette dernière « avait été développée pour répondre aux besoins nouveaux de la population, dont les mœurs sociales et religieuses avaient changé, et qui s'était enrichie par l'arrivée d'immigrants de cultures et de mœurs différentes »[6]. La composante religieuse restait toutefois dominante. À l'exception des registres tenus par les protonotaires et leurs adjoints (aujourd'hui les greffiers) pour les mariages qu'ils sont habilités à célébrer[7] et la possibilité, pour les parents qui ne désiraient pas faire baptiser leur enfant, de faire enregistrer sa naissance auprès du secrétaire-trésorier ou du greffier de leur municipalité[8], le système consistait « à laisser chaque ministre du culte, désigné par les règles intérieures de sa propre religion, à tenir les registres et à y inscrire les actes »[9]. Artisans principaux de la gestion des actes de l'état civil, les ministres du culte exerçaient, en fait, un triple rôle :

---

5. J. Carbonnier, *op. cit.*, note 3, n° 74, p. 131.
6. *L'État civil-Express*, vol. 1, n° 1, juin 1993, p. 1.
7. Art. 42 et 129 C.c.B.C. ; art. 411 C.c.Q. 1980, art. 366 C.c.Q. Exception à laquelle s'ajoutaient encore les situations visées à l'article 53*b*) C.c.B.C. (art. 419 C.c.Q. 1980).
8. Ou encore auprès du juge de paix le plus proche, art. 53*a*) C.c.B.C.
9. M. Ouellette, *Droit des personnes et de la famille*, Montréal, Éditions Thémis, 1978, p. 106 ; L. Baudouin, *Les aspects généraux du droit privé dans la province de Québec*, Paris, Dalloz, 1967, p. 173.

ministre officiant, officier de l'état civil et officier de la statistique démographique[10].

368 – *La nécessité d'une réforme* – Ce système ne correspondait plus à la réalité d'une société moderne et pluraliste. Il souffrait également d'incohérence dans l'application des règles et des procédures concernant les actes de l'état civil. On comptait en effet plus de 5 000 fonctionnaires[11] et des milliers de registres[12], d'où l'absence d'uniformité et le nombre impressionnant de requêtes en rectification présentées annuellement. Du fait de sa décentralisation[13], le système ne permettait pas non plus de « savoir directement [...] si au Québec, une personne existait, si elle était mariée, célibataire ou même décédée »[14]. Sa dualité engendrait une certaine confusion. Dans l'esprit d'un grand nombre de gens, la cérémonie religieuse et l'enregistrement d'une démarche légale que constitue l'enregistrement d'un fait civil étaient confondus, avec pour résultat que plusieurs déclaraient un même événement à deux endroits et que d'autres ne le déclaraient pas du tout[15]. Enfin, il semble que les protonotaires ne recevaient pas toujours les registres qui devaient leur être remis à la fin de chaque année[16]. Une réforme, souhaitée depuis longtemps[17], s'imposait.

---

10. Il existait en effet, depuis 1926, un régime parallèle et autonome de cueillette de données relatives aux naissances, aux mariages et aux décès, le registre de la population, tenu à des fins sociales, médicales et démographiques. Depuis 1972, ce sont les médecins qui sont chargés de remplir les déclarations de naissance et de décès (désignées par l'expression « les bulletins ») aux fins de ce registre qui relève du ministre de la Santé et des Services sociaux (*Loi sur la santé publique*, RLRQ, c. S-2.2, art. 45 à 47).
11. Le *Rapport du sous-comité sur les actes de l'état civil*, Ste-Foy, ministère de la Justice, 15 septembre 1981, p. 16, évoque le chiffre de 5 681 personnes autorisées à tenir des registres, dont 4 072 sociétés et corporations religieuses.
12. En janvier 1994, le Directeur de l'état civil héritait d'un mode de gestion datant de 375 ans et de près de 17 millions d'actes, répartis en 425 000 registres (Gouvernement du Québec, Le Directeur de l'état civil, *1994-1999. Au cœur de la vie des citoyens !*, Québec, 1999, 15 p.).
13. On comptait environ 3 600 points d'inscription et de délivrance d'actes, *L'État civil-Express*, *loc. cit.*, note 6, p. 1.
14. *Comm.*, t. I, p. 79.
15. Selon certaines données comparées de l'état civil et du registre de la population, environ 15 % des naissances n'auraient pas été déclarées à l'état civil (*Comm.*, t. I, p. 79). En ce qui concerne les décès, un certain nombre n'auraient pas été constatés dans un acte de l'état civil, du fait qu'aucune sépulture n'a eu lieu (*Rapport du sous-comité sur les actes de l'état civil*, *op. cit.*, note 11, p. 47). Sur les inconvénients et les imbroglios générés par ce système, voir *Harvey* c. *Lacroix*, [1985] C.S. 11 et *Droit de la famille – 381*, [1987] R.D.F. 337, EYB 1987-78768 (T.J.).
16. *Comm.*, t. I, p. 79.
17. Voir, sur ce point, les propositions avancées, en 1973, par l'Office de révision du Code civil, O.R.C.C., *Rapport sur l'état civil*, Montréal, 1973.

§2. – Les grands axes de la réforme

369 – Laïcisation, centralisation, simplification et un souci plus marqué du respect de la vie privée sont les grands traits qui caractérisent la réforme entrée en vigueur avec le *Code civil du Québec* de 1991.

370 – *Un seul officier de l'état civil et un seul registre* – La responsabilité du système est confiée à une autorité unique, le Directeur de l'état civil. Celui-ci « est chargé de dresser les actes de l'état civil et de les modifier, de tenir le registre de l'état civil, de le garder et d'en assurer la publicité » (art. 103 C.c.Q.). Un seul officier donc, mais aussi un seul registre « constitué de l'ensemble des actes de l'état civil et des actes juridiques qui le modifient » (art. 104 C.c.Q.)[18]. Le registre est tenu en double exemplaire (art. 105 C.c.Q.).

371 – *Le Directeur de l'état civil : un « greffier »* – Techniquement, mis à part son unicité et celle du registre dont il assume la responsabilité, les fonctions du Directeur de l'état civil ne sont pas fondamentalement différentes de celles qui étaient assumées autrefois par les ministres du culte, les protonotaires et les officiers municipaux. Toutefois, la relation de cet officier public avec le citoyen n'a plus le même caractère. Contrairement à la plupart des officiers qui concouraient à la tenue des registres et qui, par leur qualité d'officiants, étaient témoins de l'événement qu'ils consignaient dans les registres[19], le Directeur de l'état civil n'entretient que des contacts d'ordre bureaucratique avec le citoyen.

372 – *Des pouvoirs élargis et un contrôle judiciaire* – Si ses fonctions n'ont pas vraiment changé, les pouvoirs du Directeur de l'état civil sont par contre plus larges. Cela s'explique en raison de la centralisation et de la laïcisation opérées par la réforme. Indépendamment du pouvoir de contrôle de la régularité des documents à partir desquels il

---

18. Pour les communautés cries, inuites ou naskapies, l'article 152 C.c.Q. prévoit que l'agent local d'inscription ou un autre fonctionnaire nommé en vertu des lois relatives à ces communautés peut, dans la mesure prévue au règlement d'application, être autorisé à exercer certaines fonctions du Directeur de l'état civil. Voir également la *Loi sur les autochtones cris, inuit et naskapis*, RLRQ, c. A-33.1.
19. Jean Pineau, à la veille de la réforme, écrivait : « aujourd'hui, l'officier d'état civil – pour « beaucoup » de Québécois le curé de la paroisse – reçoit lui-même les parents venus déclarer la naissance de leur enfant ; il est lui-même témoin de l'échange du « oui » fatal lors de la célébration du mariage et conduit lui-même son « client » à sa dernière demeure. Il est témoin [...], à l'exception de la naissance. Le nouvel officier de l'état civil, quant à lui, installé dans le bureau central ne sera témoin de rien ». J. Pineau, *loc. cit.*, note 4, p. 104.

dresse l'acte[20], le Directeur de l'état civil jouit avant tout d'un pouvoir dissuasif. C'est ainsi qu'il peut inviter les parents à modifier leur choix lorsque le nom attribué à l'enfant prête au ridicule ou est susceptible de le déconsidérer (art. 54, al. 1 C.c.Q.)[21]. Il a même autorité pour trancher les différends, en cas de désaccord entre les parents quant au choix du nom de famille ou du prénom de l'enfant lorsqu'ils déclarent la naissance (art. 52 C.c.Q.). Il peut aussi corriger, dans tous les actes, les erreurs d'écriture (art. 142 C.c.Q.). Enfin, dans certains cas, la loi lui permet de compléter ou même de dresser un acte, sur la foi des renseignements qu'il a lui-même recueillis, comme elle l'autorise également à recevoir et à inscrire une déclaration tardive (art. 130 C.c.Q.). En ce sens, il exerce une forme de magistrature. Il est lui-même soumis au pouvoir judiciaire, ses décisions étant susceptibles de révision par les tribunaux (art. 141, al. 2).

Le Directeur de l'état civil doit également s'en rapporter à une autorité extérieure (tribunal ou Procureur général) dans tous les cas où la loi ne lui permet pas de décider lui-même. Il existe donc un partage de compétence entre cette autorité administrative, le Procureur général et les autorités judiciaires. C'est que les actes de l'état civil ne mettent pas en cause que des intérêts privés. Ils sont aussi d'intérêt public. Ceci explique pourquoi, en cas de contradiction entre des éléments essentiels à l'établissement de l'état d'une personne ou lorsque, par exemple, il est impossible d'obtenir copie d'un acte dressé à l'étranger, le directeur doit s'en remettre au tribunal[22]. Ce n'est qu'après avoir été autorisé par ce dernier qu'il peut dresser l'acte relatif à l'événement qu'il doit constater. Enfin, on soulignera pour mémoire que le Directeur de l'état civil partage également une autre compétence avec le tribunal, celle d'autoriser un changement de nom. Rappelons, finalement, que c'est lui qui a autorité pour modifier la mention du sexe qui figure sur l'acte de naissance.

---

20. Par exemple, celui de la conformité entre le constat et la déclaration à partir desquels sont dressés les actes de naissance et de décès (art. 108 et 131 C.c.Q.) ou la validité des actes dressés à l'étranger (art. 138 C.c.Q.). Pouvoir d'appréciation aussi, puisque les actes de l'état civil ne doivent contenir que ce qui est exigé par la loi (art. 107, al. 2 C.c.Q.).
21. *Gagnon* c. *Directeur de l'état civil*, B.E. 98BE-267 (C.S.).
22. Art. 131 C.c.Q. (contradiction entre le constat et la déclaration à partir desquels les actes de l'état sont dressés) ; art. 139 (acte de l'état civil dressé hors du Québec, perdu ou détruit) ; art. 54, al. 2 (avis au Procureur général lorsque les parents persistent à vouloir donner à l'enfant un nom qui prête au ridicule ou qui est susceptible de déconsidérer l'enfant ; il appartient alors au Procureur général de décider de l'opportunité de saisir le tribunal).

Section III
L'établissement des actes de l'état civil

§1 – Dispositions générales

373 – L'établissement des actes de l'état civil n'est pas le seul fait du Directeur de l'état civil. Celui-ci n'est lui-même qu'un déclarant, puisqu'il dresse l'acte à partir des informations qu'il reçoit, le plus généralement sous forme de déclarations dont la loi, dans certains cas, exige la corroboration au moyen de constats établis par des personnes désignées par le Code. Ces informations peuvent aussi être contenues dans des actes juridiques, plus précisément des jugements qui ont été rendus en matière d'état des personnes et qui emportent modification de cet état. Ces documents peuvent concerner tant des événements qui sont survenus au Québec (naissances, mariages, unions civiles, décès) que des événements concernant une personne qui y est domiciliée (art. 108, al. 1 C.c.Q.). L'établissement de l'acte d'état civil n'est donc pas une simple formalité dénuée de tout exercice d'un pouvoir de la part du Directeur de l'état civil. Au contraire, celui-ci doit vérifier l'existence des conditions essentielles à l'établissement des actes. Ainsi, en matière de mariage, il doit refuser d'établir un acte de mariage en l'absence de déclaration ou si, autre exemple, il s'agit d'un pseudomariage célébré par un célébrant non compétent[23].

374 – *Les participants et les intervenants* – Les particuliers qui participent à l'établissement des actes de l'état civil sont les parties, les déclarants et les témoins.

- *Les parties.* Ce sont les particuliers directement concernés par l'acte et dont la présence et l'expression de la volonté sont nécessaires pour créer l'état que l'acte vient constater. Il n'y a que le mariage et l'union civile qui exigent ces deux conditions. Ceci explique pourquoi la déclaration de mariage ou d'union civile doit être signée par les deux conjoints (art. 121 et 121.3 C.c.Q.).

- *Les déclarants.* Ce sont les personnes sur la foi de la déclaration desquelles le directeur dresse ensuite l'acte d'état civil, soit que les parties intéressées ne puissent le faire elles-mêmes (naissance,

23. *Droit de la famille – 093038*, 2009 QCCS 5794 ; *Houle* c. *Directeur de l'état civil*, 2014 QCCS 658.

décès) – auquel cas, la loi précise qui peut faire la déclaration (art. 114 et 125 C.c.Q.) –, soit qu'elles aient officié à l'événement. C'est le cas de tous ceux qui sont habilités à célébrer le mariage ou l'union civile, événement dont ils sont également les témoins (art. 118, 366 et 521.2 C.c.Q.).

– *Les témoins* qui jusqu'à récemment devaient intervenir dans l'établissement des actes de l'état civil se sont vu retirer en 2013 leur rôle en ce qui concerne l'acte de naissance et l'acte de décès, par suite de l'adoption de la *Loi modifiant le Code civil en matière d'état civil, de successions et de publicité des droits*[24]. En revanche, les témoins sont toujours nécessaires lors de la célébration du mariage ou de l'union civile. Ils doivent, à ce titre, signer la déclaration que doit remplir le célébrant (art. 121 et 121.3 C.c.Q.).

375 – *Présentation matérielle ; énonciations communes aux constats et déclarations* – L'article 110 C.c.Q. énumère les énonciations que doivent comporter, indépendamment de la nature de l'acte, les constats et les déclarations. On doit y retrouver, dans chaque cas, « la date où ils sont faits, les nom, qualité et domicile de leur auteur » dont ils doivent également comporter la signature.

Quant à l'aspect matériel de l'acte, il est, à toutes fins utiles, celui de la déclaration, revêtue des formalités exigées par la loi. En effet, après avoir été datée, signée et dotée d'un numéro d'ordre par le directeur, puis insérée dans le registre, conformément aux termes de l'article 109 C.c.Q., la déclaration constitue l'acte de l'état civil. Cependant, si un nom contient des caractères ou des signes diacritiques inconnus de langue française ou anglaise, il doit être transcrit en français ou en anglais dans les actes d'état civil, tout en respectant pour le reste l'orthographe originale (art. 108, al. 2 C.c.Q.).

§2 – Les règles particulières à chacun des actes

A. L'acte de naissance

376 – *Les formalités préalables : le constat et la déclaration* – L'acte de naissance est le plus important de tous, puisque c'est le titre qui est délivré à la naissance, celui qui fait preuve de l'existence de la per-

---

24. *Loi modifiant le Code civil en matière d'état civil, de successions et de publicité des droits*, L.Q. 2013, c. 27 (entrée en vigueur le 6 décembre 2013, conformément à l'article 44 de la loi).

sonne, permet d'établir l'âge et constitue hiérarchiquement la preuve première de filiation.

C'est à l'accoucheur, témoin actif et oculaire de l'événement, que la loi confie le soin d'établir le constat de naissance (art. 111, al. 1 C.c.Q.)[25]. Ce document énonce les lieu, date et heure de la naissance, le sexe de l'enfant, de même que les nom, domicile et lieu de naissance de la mère (art. 111 C.c.Q.)[26]. Il ne lui appartient cependant pas d'indiquer la paternité[27]. Dressé en double exemplaire dont l'un est remis, sans délai, au Directeur de l'état civil, l'autre à ceux qui doivent déclarer la naissance[28], le constat ne fait qu'« attester qu'un enfant de tel sexe est né de telle femme, à tel moment, à tel endroit »[29]. Il s'agit donc d'un témoignage partiel qui s'ajoute à la déclaration de naissance que doivent faire les parents.

377 – Les père et mère de l'enfant ont 30 jours[30], à compter de la naissance, pour en faire la déclaration auprès du Directeur de l'état civil[31], à défaut de quoi ils s'exposent au paiement de droits[32]. La

---

25. Généralement, il s'agira d'un médecin, mais cela peut être aussi une sage-femme ou tout autre « intervenant » : on peut penser ici au chauffeur de taxi, au policier ou au mari lorsque la parturiente n'a pas eu le temps de se rendre à l'hôpital ou lorsque la sage-femme est arrivée trop tard. On soulignera également que la personne qui assiste une femme à l'occasion d'un accouchement continuera à remplir un bulletin de naissance pour les besoins du registre de la population, *Loi sur la santé publique*, précitée, note 10, art. 45.
26. Le constat doit également faire état du numéro de code de l'établissement hospitalier où est survenue la naissance ainsi que du numéro du permis d'exercice du médecin qui a procédé à l'accouchement, le cas échéant : art. 3 du *Règlement relatif à la tenue et à la publicité du registre de l'état civil*, Décret 1591-93 du 17 décembre 1993, (1993) 125 *G.O.Q.* II, 8051.
27. *P.R.* c. *S.B. (Succession de)*, [2003] R.D.F. 40, REJB 2002-36397 (C.S.).
28. Art. 112 C.c.Q. et *Règlement relatif à la tenue et à la publicité du registre de l'état civil*, précité, note 26, art. 2.
29. J. Pineau, *loc. cit.*, note 4, n° 21, p. 106.
30. En pratique, tout au moins dans les cas où l'enfant est né dans un établissement hospitalier, la déclaration sera transmise à partir de l'hôpital, en même temps que le constat de naissance, ce à quoi incite d'ailleurs l'article 112 C.c.Q.
31. Art. 113 C.c.Q. L'Office de révision du Code civil prévoyait un délai beaucoup plus court, soit huit jours, O.R.C.C., *Rapport sur le Code civil du Québec*, vol. 1, *Projet de Code civil*, Québec, Éditeur officiel du Québec, 1978, Livre I, art. 85.
32. En vertu des règlements qui viennent compléter le Code civil, des droits de 100 $ sont exigibles pour la confection d'un acte de naissance à la suite d'une enquête sommaire, lorsque la naissance est déclarée plus d'un an après sa survenance ; les droits exigibles ne sont toutefois que de 50 $ si la déclaration, bien que tardive, est faite au directeur dans l'année de la naissance. Cette amende « déguisée » se veut sans doute un incitatif. C'est aussi un moyen efficace d'assurer la véracité des statistiques : *Tarif des droits relatifs aux actes de l'état civil, au changement de nom ou de la mention du sexe*, Décret 1593-93 du 17 novembre 1993, art. 5, (1993) 125 *G.O.Q.* II, 8057.

déclaration de naissance de l'enfant n'a plus à être signée par le témoin[33], elle est faite au Directeur de l'état civil, dans les 30 jours, par les père et mère ou par l'un d'eux. Elle indique, selon l'article 115 C.c.Q., le nom attribué à l'enfant, son sexe, les lieu, date et heure de la naissance, le nom et le domicile des père et mère[34] de même que le lien de parenté du déclarant avec l'enfant, la loi n'exigeant pas de déclaration conjointe. En ce qui concerne le nom, l'article 108 C.c.Q. prévoit que si celui-ci comporte des caractères ou des signes diacritiques qui ne sont pas utilisés en français ou en anglais, il doit être transcrit en français ou en anglais et cette transcription doit être portée au registre et est substituée à la graphie originale sur les copies d'actes, les certificats et les attestations. De plus, en vertu du *Règlement relatif à la tenue et à la publicité du registre de l'état civil*[35], doivent également y être mentionnées, la date de naissance des père et mère de l'enfant et, le cas échéant, aux fins de la déclaration de filiation, l'indication que son père et sa mère sont mariés l'un à l'autre ainsi que la date de leur mariage. Cette exigence s'applique également si les parents sont unis civilement[36].

Ces dernières précisions sont importantes, car à moins d'autorisation expresse, seul le père peut déclarer la filiation de l'enfant à son endroit et seule la mère peut déclarer la filiation maternelle (art. 114 C.c.Q.)[37]. Toutefois, le Code prévoit une exception en faveur des parents mariés ou unis civilement, l'un des deux parents pouvant alors déclarer la filiation de l'enfant à l'égard de l'autre[38]. Encore

33. *Loi modifiant le Code civil en matière d'état civil, de successions et de publicité des droits*, L.Q. 2013, c. 27. Si une ancienne version de ce formulaire est remise aux parents, il n'est pas nécessaire de remplir la section Témoin.
34. Depuis que la loi reconnaît la réalité de l'homoparentalité, il est prévu que dans les cas où les parents sont de même sexe, l'acte de naissance de l'enfant doit les indiquer comme les mères ou les pères, selon le cas (art. 115 C.c.Q.).
35. *Règlement relatif à la tenue et à la publicité du registre de l'état civil*, note 26, art. 3. Après avoir dressé l'acte de naissance, le Directeur de l'état civil envoie aux déclarants un avis d'inscription au registre. Cet avis est lui-même accompagné d'un formulaire de demande de documents relatifs à l'état civil.
36. *Loi instituant l'union civile et établissant de nouvelles règles de filiation*, L.Q. 2002, c. 6, art. 237. Depuis l'adoption de cette loi, il est possible d'inscrire dans l'acte de naissance la bimaternité (*S.G. (Dans la situation de)*, [2002] R.D.F. 1042, REJB 2002-34714 (C.Q.) ; *Droit de la famille – 07528*, [2006] R.J.Q. 775, EYB 2006-100447 (C.A.)) ou la bipaternité (voir *O.F.* c. *J.H.*, [2005] R.D.F. 475 (C.Q.) ; *Dans la situation de S.G.*, [2002] R.D.F. 1042, REJB 2002-34714 (C.Q.)).
37. *L.-J.K. (Dans la situation de)*, [2001] R.D.F. 909, REJB 2001-27243 (C.S.) ; *M.-C.L.* c. *P.C. (Succession de)*, J.E. 2004-338, REJB 2003-52390 (C.S.) ; *P.R.* c. *S.B. (Succession de)*, [2003] R.D.F. 40, REJB 2002-36397 (C.S.) ; *J.L.* c. *M.J.*, B.E. 2003BE-346 (C.S.).
38. Art. 114, al. 1 C.c.Q. Cette règle, établie au bénéfice de l'enfant, s'explique par l'existence de la présomption légale de paternité de l'article 525 C.c.Q. et de comaternité de 538.3 C.c.Q.

faut-il s'assurer que les parents sont bel et bien mariés ou unis civilement l'un à l'autre, d'où la pertinence des mentions additionnelles exigées par le Règlement.

En effet, lorsque l'acte de naissance indique comme père ou mère de l'enfant une personne qui n'était pas présente lors de la déclaration, l'acte de naissance, dressé sur la foi de cette déclaration, fait preuve *prima facie* contre cette personne du lien de filiation qui la relie à l'enfant[39]. Or, à défaut de cette précision, c'est-à-dire de l'état d'époux ou de conjoints unis civilement des père et mère, comment l'officier de l'état civil aurait-il pu savoir si le père ou la mère, qui fait la déclaration, est légalement autorisé à déclarer la filiation de l'enfant à l'endroit de l'autre, et dresser ainsi un acte régulier quant à sa forme ?

378 – *Parents inconnus ou empêchés d'agir* – Dans ces circonstances, c'est la personne qui recueille ou qui assume la garde du nouveau-né qui est tenue de faire la déclaration de naissance, à l'intérieur des mêmes délais, au Directeur de l'état civil (art. 116 C.c.Q.). La loi exige alors que soient mentionnés, dans la déclaration, le sexe de l'enfant et, s'ils sont connus, son nom et les lieu, date et heure de la naissance. Une note faisant état des faits et des circonstances qui entourent la naissance et indiquant, s'ils sont connus, les noms des père et mère de l'enfant, accompagne cette déclaration, ce qui, en ce qui concerne le nom des parents, peut paraître étonnant. En effet, sauf autorisation expresse du père et de la mère, la déclaration ne permet pas d'indiquer la filiation de l'enfant. Or, si l'on peut comprendre que le déclarant soit tenu d'indiquer les noms des père et mère lorsque ceux-ci sont empêchés d'agir, « on le comprend peut-être moins bien lorsque, volontairement, l'un et l'autre entendent demeurer « inconnus » et abandonner l'enfant »[40].

À défaut de pouvoir faire état de ces éléments requis aux fins de la déclaration, le Directeur de l'état civil comble les vides en fixant les lieu, date et heure de la naissance sur la foi d'un rapport médical et suivant les présomptions tirées des circonstances (art. 117 C.c.Q.). On peut d'ailleurs se demander s'il est possible aujourd'hui qu'un enfant puisse être déclaré de mère inconnue, « dès lors qu'intervient

39. *Droit de la famille – 526*, [1988] R.J.Q. 1766, EYB 1988-62865 (C.A.) et *Droit de la famille – 111*, J.E. 84-176 (C.A.).
40. J. Pineau, *loc. cit.*, note 4, n° 23, p. 107.

un accoucheur, puisque le constat de naissance indique notamment le nom et le domicile de la mère » ; à supposer même que celui-ci n'intervienne pas et que la déclaration de naissance soit faite par la personne qui recueille ou garde l'enfant, celle-ci doit indiquer, si elle en a connaissance, les noms des père et mère. Il apparaît donc pour le moins difficile « de cacher une maternité ou, du moins, de garder l'incognito »[41].

B. L'acte de mariage

379 – *La déclaration de mariage* – La déclaration de mariage doit être établie sans délai par le célébrant. Cela signifie que la déclaration doit suivre immédiatement la célébration (art. 118 et 375 C.c.Q.). La loi exige qu'y soient apposées les signatures du célébrant, des époux et des témoins (art. 121 C.c.Q.)[42].

La déclaration, et partant, l'acte de mariage, doit énoncer les noms et domicile des époux, le lieu et la date de leur naissance et de leur mariage, ainsi que le nom de leurs père et mère et des témoins. Elle énonce aussi les nom, domicile et qualité du célébrant, et indique, s'il y a lieu, la société religieuse à laquelle il appartient (art. 119 C.c.Q.). On doit y noter également, si tel est le cas, qu'il y a eu dispense de publications ainsi que l'autorise l'article 370 C.c.Q. ou que les autorisations ou les consentements, dans le cas où l'un des époux est mineur, ont été obtenus (art. 120 et 373 C.c.Q.). Enfin, à cette panoplie d'informations viennent s'ajouter les renseignements additionnels exigés par le *Règlement relatif à la tenue et à la publicité des actes de l'état civil*, soit : l'état matrimonial de chacun des futurs époux – s'il est divorcé, la date de son dernier divorce et s'il est veuf, la date du décès de son conjoint ; le lieu d'enregistrement de la naissance de chacun des époux ; le numéro de code attribué au célébrant par le Directeur de l'état civil[43].

---

41. *Ibid.* Il demeure que sans ces mentions, on voit difficilement comment l'enfant adopté pourrait exercer son droit aux origines. Il nous semble donc qu'il y a une certaine cohérence entre ces dispositions et l'article 583 C.c.Q.
42. En vertu de l'article 377 C.c.Q., le ministre responsable de l'état civil et le ministre de la Justice communiquent au Directeur de l'état civil les renseignements sur les autorisations, désignations et révocations concernant les personnes autorisées à célébrer les mariages et les unions civiles. Le Directeur de l'état civil tient un registre à ce sujet. Le secrétaire de l'Ordre des notaires du Québec communique également au Directeur de l'état civil les renseignements concernant les notaires habilités à agir comme célébrants.
43. Art. 4 du Règlement, précité, note 26. Toutes ces dispositions ont pour objet de s'assurer qu'avant de procéder à la cérémonie, le célébrant s'est bien acquitté des

C. L'acte d'union civile

380 – La loi qui a créé l'institution de l'union civile a également introduit un nouvel acte d'état civil, l'acte d'union civile (art. 521.12 à 521.19 C.c.Q.). L'union civile, qui est ouverte aussi bien aux conjoints hétérosexuels qu'aux conjoints de même sexe, constitue l'équivalent du mariage à l'exception de quelques différences minimes (notamment en ce qui a trait à l'âge puisque les conjoints unis civilement doivent être majeurs) et d'une différence plus importante, celle de pouvoir dissoudre l'union civile par déclaration commune notariée lorsque les conjoints n'ont pas d'enfants à charge et qu'ils s'entendent sur toutes les conséquences de leur séparation (art. 521.12 à 521.19 C.c.Q.).

Le Code civil consacre une nouvelle série d'articles à l'acte d'union civile (art. 121.1 à 121.3 C.c.Q.). En réalité, ces dispositions sont calquées sur celles qui concernent l'acte de mariage.

D. L'acte de décès

381 – L'acte de sépulture du défunt *Code civil du Bas Canada*[44] a été remplacé dans le *Code civil du Québec* par l'acte de décès. Il n'y a donc plus de preuve par ricochet de la mort de ceux dont le corps a été inhumé et ceux qui sont morts sans sépulture et qui ont maintenant droit à un acte de l'état civil qui reflète la réalité. Ici encore, deux documents sont exigés aux fins de son inscription : un constat et une déclaration.

382 – *Le constat de décès* – En principe, le décès doit être constaté par un médecin (art. 122 C.c.Q.), mais s'il est impossible d'en avoir un dans un délai raisonnable et que la mort est évidente, le constat peut être dressé par deux agents de la paix. Ces derniers sont tenus aux mêmes obligations que le médecin (art. 123 C.c.Q.)[45].

---

obligations que lui impose la loi quant à la vérification de l'état des futurs époux et de l'absence d'éventuels empêchements à leur mariage : art. 373 C.c.Q. et *Comm.*, t. I, p. 249.

44. Art. 67 C.c.B.C.

45. Voir également l'article 46 de la *Loi sur la santé publique*, précitée, note 10, qui prévoit que dans certaines circonstances particulières, le constat peut être fait par d'autres personnes.

Ce constat énonce, s'ils sont connus, le nom et le sexe du défunt, ainsi que les lieu, date et heure du décès (art. 124 C.c.Q.)[46]. Il doit être remis par le médecin ou par le directeur de funérailles qui prend en charge le corps du défunt, à la personne tenue de déclarer le décès. Afin d'éviter que des décès ne soient pas publiquement connus en cas de défaut de les déclarer, un exemplaire du constat de décès doit également être transmis sans délai au Directeur de l'état civil, avec la déclaration, à moins que celle-ci ne puisse être transmise immédiatement (art. 122, al. 2 C.c.Q.).

383 – *La déclaration de décès* – Elle est remise, « sans délai », au Directeur de l'état civil, soit par le conjoint, soit par un proche parent ou un allié à qui en incombe la responsabilité ou, à défaut, par toute autre personne capable d'identifier le défunt (art. 125 C.c.Q.). La déclaration de décès n'a plus à être signée par un témoin[47]. De plus, lorsque le corps est pris en charge par un directeur de funérailles, ce qui est généralement le cas, celui-ci doit obligatoirement déclarer le moment, le lieu et le mode de disposition du corps. La déclaration de décès énonce le nom et le sexe du défunt, le lieu et la date de sa naissance et, le cas échéant, de son mariage ou de son union civile, le nom du conjoint, le nom de ses père et mère, le lieu de son dernier domicile, les lieu, date et heure du décès ainsi que le moment, le lieu et le mode de disposition du corps (art. 126 C.c.Q.)[48]. Si la date et l'heure du décès sont inconnues, le Directeur de l'état civil les fixe lui-même dans l'acte, « sur la foi du rapport d'un coroner et suivant les présomptions tirées des circonstances »[49]. Lorsque le lieu du décès est inconnu, la loi présume que c'est celui où le corps a été découvert (art. 127 C.c.Q.).

384 – *Le défunt inconnu* – Lorsque l'identité du défunt est inconnue, le constat de décès, précise l'article 128 C.c.Q., contient son signale-

46. En vertu de l'article 2 du *Règlement relatif à la tenue et à la publicité du registre de l'état civil*, précité, note 26, le constat doit également mentionner, le cas échéant, le numéro de code de l'établissement où est survenu le décès ainsi que le numéro de permis d'exercice du médecin qui l'a constaté.
47. *Loi modifiant le Code civil en matière d'état civil, de successions et de publicité des droits*, L.Q. 2013, c. 27.
48. En vertu de l'article 5 du *Règlement relatif à la tenue et à la publicité du registre de l'état civil*, précité, note 26, la déclaration doit également faire mention du lieu d'enregistrement de la naissance du défunt ainsi que de son état matrimonial.
49. Pour un cas d'application, voir *Booth (Succession de)*, J.E. 98-2105, REJB 1998-09598 (C.S.).

ment et décrit les circonstances de la découverte du corps[50]. On peut donc conclure qu'en l'absence de déclaration, le Directeur de l'état civil ne peut dresser un acte de décès, sauf à conclure qu'il fera lui-même la déclaration à la suite de la réception d'un rapport du coroner qui, entre-temps, aura permis d'identifier le défunt[51].

50. Cette disposition, qui s'inspire de la *Loi sur la recherche des causes et des circonstances des décès*, RLRQ, c. R-0.2, vise à permettre, éventuellement, de compléter l'acte de décès, à la suite du rapport d'un coroner.
51. On peut faire ici un parallèle avec l'enfant sans filiation (art. 116 et 117 C.c.Q.) avec, cependant, cette différence que l'enfant, lui, sera doté d'une identité puisque le Directeur de l'état civil doit lui donner un nom (art. 50 et 53, al. 3 C.c.Q.). On ajoutera que les informations qui sont mentionnées dans l'acte de naissance de l'enfant trouvé permettront éventuellement, elles aussi, de compléter cet acte, notamment quant à sa filiation, les père et mère pouvant toujours se déclarer ou encore être retrouvés par l'enfant, ultérieurement.

ACTES D'ÉTAT CIVIL

MENTIONS SELON L'ACTE		
NAISSANCE	**MARIAGE**	**DÉCÈS**
Déclaration par les père et mère ou l'un d'eux *Renseignements sur l'enfant* : – Nom de l'enfant – Sexe – Lieu, date et heure de naissance *Renseignements sur les parents* – Nom, domicile et date de naissance des père et mère – Lien de parenté du déclarant avec l'enfant *Renseignements sur le témoin* – Nom et domicile du témoin + s'il y a lieu, aux fins de la déclaration de filiation – Date de mariage des père et mère **Signature du déclarant** **Signature du directeur, date de l'acte et numéro d'inscription de la déclaration** ——— **Déclaration par un tiers** – Sexe de l'enfant S'ils sont connus : – Nom, lieu, date et heure de la naissance – Note faisant état des circonstances qui entourent la naissance et, s'ils sont connus, les noms des père et mère	**Identification** – *Des époux* : nom, domicile, lieu et date de naissance Nom de leurs père et mère ; Lieu d'enregistrement de la naissance de chacun des époux ; – *Des témoins* : nom – *Célébrant* : nom, domicile, qualité **État matrimonial de chacun des futurs époux** – Si divorcé, date de son dernier divorce – Si veuf, date du décès de son conjoint **+ s'il y a lieu** – Société religieuse à laquelle appartient le célébrant – Numéro de code attribué au célébrant par le Directeur de l'état civil – Dispense de publications – Autorisation ou consentement si l'un des époux est mineur **Signatures** – Époux, célébrant, témoins **Signature du Directeur de l'état civil, date de l'acte et numéro d'inscription**	**Identification du défunt** – Nom du défunt – Sexe du défunt – Lieu et date • de sa naissance • nom de ses père et mère – Dernier domicile **État matrimonial** – Lieu et date de son mariage – Nom de son conjoint **Renseignements sur le décès** – Lieu, date et heure – Moment, lieu et mode de disposition du corps **Signature du Directeur de l'état civil, date de l'acte et numéro d'inscription**

Section IV

La modification du registre

385 – Dans certains cas, avant de pouvoir dresser un acte de l'état civil, le Directeur de l'état civil doit obtenir, préalablement, l'autorisation du tribunal. Il arrive également que celui-ci soit appelé à inscrire un acte, à partir de documents et parfois même d'informations autres que celles contenues dans les constats et les déclarations. De plus, à la suite du prononcé d'un jugement qui modifie l'état d'une personne, la loi exige que le Directeur de l'état civil fasse les inscriptions nécessaires au registre[52], soit que le jugement entraîne la confection d'un nouvel acte, soit qu'il fasse l'objet d'une mention en marge de l'acte qu'il vient modifier. Un tribunal québécois n'a cependant pas le pouvoir d'ordonner une correction au registraire d'une autre province[53]. Toutes ces dispositions que l'on retrouvait autrefois de manière éparse dans le *Code civil du Bas Canada* et dans le *Code de procédure civile* ont été regroupées dans une même section du *Code civil du Québec* sous le titre « De la modification du registre de l'état civil » (art. 129 à 143 C.c.Q.). S'y retrouvent également des règles particulières aux actes juridiques faits hors Québec et aux jugements étrangers.

§1 – Les actes dressés à la suite d'une enquête sommaire, sur autorisation du tribunal ou à la suite d'une notification d'un jugement et mentions en marge

386 – *Absence de document ou caractère incomplet* – Il se peut qu'une naissance, un mariage, une union civile ou un décès survenu au Québec ait été incorrectement ou tardivement déclaré ou n'ait tout simplement pas été constaté ou déclaré. L'article 130 C.c.Q. pourvoit à la situation et confie au Directeur de l'état civil le soin de procéder à une enquête sommaire, de dresser l'acte ou de le compléter, sur la

---

52. Art. 129 C.c.Q., qui fait obligation au greffier du tribunal qui a rendu un tel jugement de le notifier au Directeur de l'état civil, dès qu'il est passé en force de chose jugée. Pour des illustrations, voir *J.M.* c. *Directeur de la protection de la jeunesse de Montréal*, [2006] R.D.F. 213, EYB 2006-103820 (C.Q.) ; *A.C.* c. *L.G.*, B.E. 2005BE-520 (C.Q.). Une telle obligation de notification au Directeur de l'état civil incombe également au notaire qui reçoit une déclaration commune de dissolution d'une union civile.
53. *G.J.B.P. (Dans l'affaire de)*, [2003] R.L. 470 (C.S.).

base des informations qu'il aura obtenues[54]. Cette disposition a été amendée de façon importante en 1999 pour permettre au Directeur de l'état civil, en cas de déclaration tardive s'ajoutant à une autre déclaration sans toutefois la contredire, de modifier l'acte d'état civil en conséquence, à la condition que l'auteur de la déclaration originelle y consente[55]. Cet ajout vise particulièrement la déclaration tardive de filiation. Dans ce cas particulier, l'article 130 C.c.Q. impose des conditions supplémentaires : 1) le consentement de l'enfant de 14 ans et plus ; 2) l'absence de maternité ou de paternité établie en faveur d'une autre personne par un titre, une possession constante d'état ou une présomption légale ; 3) la publication d'un avis[56], et 4) l'absence d'objection d'un tiers dans les 20 jours de cet avis.

Ce mécanisme permet à un homme, pour prendre le cas le plus courant, de déclarer sa paternité avec l'accord de la mère de l'enfant lorsque l'acte de naissance de celui-ci ne mentionne pas de filiation paternelle. Le but de cette disposition est de permettre au père qui ne s'est pas déclaré, de le faire et de permettre ainsi à l'enfant d'avoir un lien de filiation légalement reconnu avec son père. Cette disposition peut cependant avoir un autre effet, soit celui d'établir un lien de filiation entre un enfant et une personne qui n'est pas biologiquement le père ou la mère. Il s'agit alors d'une situation de fraude à la loi si le

---

54. Informations qui peuvent elles-mêmes être livrées spontanément dans le cadre d'une déclaration tardive qui, pour le retardataire, entraînera le paiement de droits, mais qui ne nécessite plus de recourir au tribunal pour faire constater l'événement, objet de la déclaration.
55. Cet amendement de l'article 130 C.c.Q., introduit par la *Loi modifiant le Code civil en matière de nom et de registre de l'état civil*, L.Q. 1999, c. 47, art. 8, est entré en vigueur le 1er mai 2002.
56. Cet avis doit être donné une fois par semaine, pendant deux semaines consécutives dans la *Gazette officielle* et dans un journal publié ou circulant dans le district judiciaire du domicile de l'auteur de la déclaration tardive et, le cas échéant, du domicile de l'enfant (*Règlement concernant la publication d'un avis de déclaration tardive de filiation*, D. 489-2002 du 24 avril 2002, (2002) 134 *G.O.Q.* II, 2922). Des frais de 50 $ ou de 100 $, selon que la déclaration est faite dans l'année ou plus d'un an après la naissance de l'enfant, sont imposés en vertu du *Règlement modifiant le Tarif des droits relatifs aux actes de l'état civil, au changement de nom ou de la mention du sexe*, D. 490-2002 du 24 avril 2002, (2002) 134 *G.O.Q.* II, 2923. Toutefois, en vertu de l'article 240 de la *Loi instituant l'union civile et établissant de nouvelles règles de filiation*, L.Q. 2002, c. 6, jusqu'au 30 juin 2005, les déclarations tardives concernant un enfant né avant 1er mai 2002 d'un projet parental entre deux conjointes, de même que la demande accessoire d'ajout au nom de famille de l'enfant de tout ou partie du nom de la déclarante, sont exemptées de l'obligation de publication des avis et des frais afférents. Notons que la Cour d'appel s'est penchée sur cette disposition et a décidé que celle-ci ne permet pas de conclure à la rétroactivité de la réforme de 2002 : *Droit de la famille – 07528*, [2006] R.J.Q. 775, EYB 2006-100447 (C.A.).

déclarant sait que sa déclaration ne correspond pas à la réalité, ce qui rend l'acte précaire[57]. La publication d'un avis et le droit d'objection d'un tiers interviennent comme de bien faibles remparts face à cette possibilité réelle.

Toutefois la *Loi modifiant le Code civil en matière d'état civil, de successions et de publicité des droits*[58] dispense désormais le Directeur de l'état civil de l'obligation de s'assurer de la publication des avis d'une demande de changement d'un prénom lorsqu'il est manifeste que le changement demandé, s'il porte sur le prénom, concerne la modification de l'identité sexuelle de la personne (art. 63, al. 1(2) C.c.Q.). De plus le Directeur de l'état civil est aussi dispensé de l'obligation de publier un avis lorsqu'il autorise un tel changement dans le cas d'une demande portant sur le prénom lorsqu'il est manifeste que le changement demandé concerne la modification de l'identité sexuelle de la personne (art. 67, al. 2(2) C.c.Q.). Ces mêmes dispenses sont accordées dans le cas d'une demande de changement de nom concernant un mineur de moins de six mois (art. 63, al. 1(3) et 67, al. 2(3) C.c.Q.). Sur ces questions, voir, *supra*, les chapitres sur le nom et le sexe.

387 – *Contradiction entre le constat et la déclaration* – Si la contradiction porte sur des mentions essentielles à l'établissement de l'état de la personne, l'acte de l'état civil ne peut être dressé qu'avec l'autorisation du tribunal, sur demande du Directeur de l'état civil ou d'une personne intéressée[59].

388 – *Jugements et décisions emportant la confection d'un acte ou d'un nouvel acte* – En vertu de l'article 132, al. 1 C.c.Q., « un nouvel acte de l'état civil est dressé, à la demande d'une personne intéressée, lorsqu'un jugement qui modifie une mention essentielle d'un acte de

57. Dans *A. c. X., B. et C. et Directeur de l'état civil*, EYB 2007-118250 (C.S.), le tribunal constate qu'une fausse déclaration de paternité a été faite par un tiers et que par conséquent ce titre irrégulier ne peut être pris en considération dans le cadre d'une contestation de paternité en application de l'article 530 C.c.Q. Rappelons que cette disposition établit le principe selon lequel la contestation n'est pas possible dès lors qu'il y a une possession d'état conforme à l'acte de naissance.

58. *Loi modifiant le Code civil en matière d'état civil, de successions et de publicité des droits*, L.Q. 2013, c. 27 (ces dispositions de la loi sont entrées en vigueur le 1er mars 2014 : Décret 109-2014, (2014) 146 *G.O.Q.* II, 711).

59. Art. 131 C.c.Q. Le commentaire précise : « L'intervention du tribunal ne sera donc pas requise si la contradiction porte sur des indications qui, bien qu'exigées par le Code, ne sont pas nécessaires pour établir l'identité, la filiation ou l'existence de la personne ». *Comm.*, t. I, p. 96.

l'état civil, tels le nom ou la filiation (par exemple un jugement faisant droit à une action en désaveu de paternité), a été notifié au Directeur de l'état civil ou que la décision d'autoriser un changement de nom ou de la mention de sexe a acquis un caractère définitif »[60].

Afin de compléter l'acte, le Code prévoit que le Directeur de l'état civil peut requérir que la nouvelle déclaration qu'il établit soit signée par ceux qui auraient pu la signer, eût-elle été la déclaration primitive (art. 132, al. 2 C.c.Q.)[61].

389 – Le nouvel acte ainsi dressé se substitue à l'acte primitif ; il en reprend toutes les énonciations et les mentions qui n'ont pas fait l'objet de modifications. Une mention de la substitution est également portée à l'acte primitif (art. 132, al. 3 C.c.Q.).

390 – En vertu de l'article 92 C.c.Q., l'absent qui n'a pas donné signe de vie pendant sept ans peut être rayé du monde des vivants à la demande de toute personne intéressée et la personne dont la mort peut être tenue pour certaine, mais dont le décès n'a pu être constaté, peut être déclarée judiciairement décédée. Contrairement aux jugements et aux décisions évoqués précédemment, le jugement déclaratif de décès, une fois passé en force de chose jugée, puis notifié au Directeur de l'état civil, ne fait pas l'objet d'un nouvel acte, mais emporte confection, par le Directeur de l'état civil, de l'acte de décès. Celui-ci, pour dresser l'acte, reprend alors tout simplement ce qui se trouve dans le jugement (art. 133 C.c.Q.). Aussi, lorsqu'un tribunal a reconnu la culpabilité d'une personne pour des actes ayant causé le décès d'une personne disparue ou la disparition du corps d'une personne décédée, tout intéressé peut déclarer le décès de l'absent au Directeur de l'état civil. Une copie du jugement de culpabilité, passé en force de chose jugée, doit être jointe à la déclaration de décès (art. 133.1. C.c.Q.).

60. Voir également l'article 817.2 C.p.c., en vertu duquel le juge qui a rendu un jugement ordonnant la confection ou la rectification d'un acte ou donnant lieu autrement à une modification au registre, ordonne, même d'office, au Directeur de l'état civil, de modifier le registre. Il énonce alors les mentions qui doivent être inscrites au registre.
61. Ainsi que le souligne Jean Pineau, cette possibilité vise probablement les situations au sujet desquelles le Directeur de l'état civil a lui-même rendu une décision (changement de nom par voie administrative ou changement de la mention du sexe), plutôt que les situations qui ont fait l'objet d'un jugement. J. Pineau, *loc. cit.*, note 4, n° 49, p. 115.

391 – *Mentions en marge* – Ces mentions, qui font office de renvois entre les actes principaux, sont portées sur l'exemplaire informatique du registre et assurent « la complémentarité entre les actes d'état civil d'une personne », et en permettent « la publicité par certificat de l'état civil » ; elles évitent « aussi l'utilisation frauduleuse des actes de l'état civil »[62]. Le Directeur de l'état civil fait mention, à l'acte de naissance, de l'acte de mariage ou d'union civile ; il fait aussi mention, aux actes de naissance et de mariage ou d'union civile, de l'acte de décès (art. 134 C.c.Q.). À ces éléments viennent s'ajouter des informations concernant les changements de l'état matrimonial ; notamment, en cas de divorce, et sur notification du jugement, mention en est portée en marge de l'acte de naissance et de l'acte de mariage de chacun des époux (art. 135 C.c.Q.)[63]. Une mention doit également être faite par le Directeur de l'état civil lorsqu'il reçoit notification d'une déclaration commune notariée ou d'un jugement de dissolution d'une union civile[64].

392 – *Annulation d'un acte* – Lorsqu'un jugement prononçant la nullité du mariage ou de l'union civile ou annulant un jugement déclaratif de décès lui est notifié, le Directeur de l'état civil doit annuler, selon le cas, l'acte de mariage, d'union civile ou de décès et faire les inscriptions nécessaires pour assurer la cohérence du registre. On comprend qu'en regard de telles circonstances, une mention en marge ait apparu insuffisante, de tels jugements ayant pour effet d'anéantir rétroactivement le mariage, l'union civile ou le jugement déclaratif de décès.

393 – *Mentions supplémentaires* – L'article 136 C.c.Q. complète les informations qui doivent être portées au registre afin de faciliter la recherche des actes juridiques qui sont venus modifier l'état d'une personne. Ainsi, lorsque la mention portée à l'acte résulte d'un jugement, le Directeur de l'état civil inscrit à l'acte l'objet et la date du

---

62. *Comm.*, t. I, p. 98 sous l'article 134. Sur la différence entre les mentions en marge faisant office de renvoi et les mentions en marge qui viennent compléter l'acte, mais qui n'ont pas de caractère officiel, voir *Thibault* c. *St-Hilaire*, [1986] R.J.Q. 189 (C.S.) et *Grégoire* c. *Protonotaire de la Cour supérieure de Joliette*, [1986] R.D.F. 667, EYB 1986-79027 (C.S.).
63. Le Code ne fait pas mention de la séparation de corps, ce qui se comprend, celle-ci n'affectant pas l'état d'époux ; ces derniers sont simplement dispensés de l'obligation de faire vie commune (art. 509 C.c.Q.).
64. Ces notifications doivent être faites par le greffier du tribunal, ou par le notaire lorsqu'il s'agit d'une déclaration commune de dissolution d'une union civile (art. 129 C.c.Q.).

jugement, le tribunal qui l'a rendu et le numéro du dossier[65]. Dans les autres cas, il porte sur l'acte les mentions qui permettent de retrouver l'acte modificatif.

§2 – Les actes d'état civil dressés ailleurs au Canada ou à l'étranger et les jugements rendus hors du Québec

394 – *Le principe* – Afin de rendre le registre complet et de permettre aux Québécois d'avoir facilement une copie des actes de l'état civil qui les concernent, le *Code civil du Québec* permet l'inscription des actes de l'état civil faits hors du Québec ainsi que des actes juridiques modifiant l'état civil des personnes qui y sont domiciliées. Toutefois, nonobstant leur inscription dans le registre, les actes juridiques, y compris les actes de l'état civil faits hors du Québec, conservent leur caractère d'actes semi-authentiques[66], à moins que leur validité n'ait été reconnue par un tribunal québécois (art. 137, al. 3 C.c.Q.)[67]. Le Code fait d'ailleurs obligation au Directeur de l'état civil de mentionner ce fait, lorsqu'il délivre des copies, certificats ou attestations qui concernent ces actes. Par ailleurs, les modalités concernant leur inscription diffèrent, selon les situations envisagées.

395 – *L'acte de l'état civil concerne une personne domiciliée au Québec* – Le Directeur de l'état civil inscrit l'acte dans le registre, comme s'il s'agissait d'un acte dressé au Québec (par exemple, l'acte de naissance d'un enfant né de parents québécois à l'étranger ou encore

65. On imagine que ces mêmes éléments qui servent à « identifier » le jugement doivent également être mentionnés dans l'acte de décès dressé par le Directeur de l'état civil lorsqu'il reçoit notification d'un jugement déclaratif de décès. Voir J. Pineau, *loc. cit.*, note 4, n° 56, p. 116.
66. Ces documents sont présumés authentiques, c'est-à-dire qu'ils font preuve *prima facie* de leur contenu, sans qu'il soit nécessaire de prouver ni la qualité ni la signature de l'officier public de qui ils émanent (*Droit de la famille – 3677*, [2000] R.D.F. 472 (C.S.)). Toutefois, lorsque leur authenticité est contestée (art. 89 et 90 C.p.c.), c'est à celui qui invoque l'acte de faire la preuve de son authenticité ; pour des cas d'application, voir *Droit de la famille – 2601*, [1997] R.D.F. 196 (C.Q.) ; *Droit de la famille – 2531*, [1996] R.D.F. 923 (C.Q.).
67. C'est le cas, notamment, des jugements de divorce ou des jugements d'adoption prononcés à l'étranger. Sur les règles relatives à la reconnaissance des jugements étrangers en général, voir les articles 3155 et s. C.c.Q. En matière d'adoption, voir l'article 574 C.c.Q. et *Droit de la famille – 1428*, [1991] R.D.F. 445, EYB 1991-76368. À titre d'illustration, voir *Droit de la famille – 2147*, [1995] R.D.F. 213, EYB 1995-78273 (C.S.) (exemplification d'un jugement hawaïen attribuant le nom du nouveau mari de leur mère à deux enfants nées au Québec ; le juge souligne ici l'intérêt que présente la voie judiciaire par rapport à la voie administrative quant à la force probante qui en résultera pour le document).

l'acte de mariage de personnes qui ont émigré au Québec et qui y sont domiciliées)[68].

L'acte juridique modifie ou remplace un acte de l'état civil que le Directeur de l'état civil détient déjà. Le Directeur de l'état civil l'insère et fait les inscriptions nécessaires pour assurer la publicité du registre, soit qu'il dresse un nouvel acte, si la modification porte sur une mention essentielle (par exemple, une modification qui porte sur le lien de filiation, art. 132, al. 1 C.c.Q.), soit que la modification nécessite simplement une mention en marge (jugement de divorce prononcé à l'étranger ou annulant un mariage préalablement constaté ; art. 134 et 135 C.c.Q.).

396 – *L'acte juridique fait hors du Québec est rédigé dans une autre langue que le français ou l'anglais* – L'article 140 C.c.Q. exige que pour pouvoir être inséré dans le registre, l'acte soit accompagné d'une traduction vidimée au Québec, soit une traduction certifiée conforme à l'original. Rappelons également que lorsque le nom d'une personne contient des signes diacritiques ou des caractères étrangers à la langue française ou anglaise, le nom doit être transcrit dans une de ces deux langues (art. 108, al. 2 C.c.Q.).

397 – *La validité de l'acte est « douteuse »* – Lorsqu'il a un doute sur la validité de l'acte de l'état civil ou de l'acte juridique fait à l'étranger, le Directeur de l'état civil peut refuser d'agir, à moins que la validité du document ne soit reconnue par un tribunal du Québec (art. 138 C.c.Q.).

398 – *L'acte a été perdu ou détruit ou il est impossible d'en obtenir copie* – Le directeur ne peut dresser l'acte ou inscrire une mention à un acte qu'il détient déjà sans l'autorisation du tribunal (art. 139 C.c.Q.).

---

68. L'article 137, al. 1 C.c.Q., introduit dans le Code de 1991, a mis fin à des situations comme celle qu'on retrouve dans *Lachance* c. *Nadeau*, J.E. 82-875 (C.S.) et *Roberge* et *Bourque*, [1991] R.J.Q. 463, EYB 1990-75817 (C.S.) : « Pour pouvoir changer de nom, il faut que celui-ci ait été attribué dans un acte de naissance inscrit dans les registres de l'état civil tenus au Québec. Les dépositaires des actes de l'état civil n'ont pas la compétence pour insérer dans les registres de la province de Québec des actes faits en dehors de celle-ci. » Voir cependant *Re Cheng*, [1987] R.J.Q. 1117, EYB 1987-78666 (C.S.).

Section V
La rectification et la reconstitution des actes et du registre

§1 – La rectification des actes de l'état civil

399 – En principe, une irrégularité dans un acte authentique est sanctionnée par la nullité. Il s'agit donc d'une sanction très grave, une personne pouvant se voir privée du moyen de prouver son état, alors même que l'irrégularité ne proviendrait pas de son propre fait. C'est pourquoi seul l'acte qui ne répond pas aux conditions essentielles sera sanctionné par la nullité. Il s'agit en fait de situations extrêmement rares. Il en serait ainsi de l'acte qui constaterait le mariage de telle personne, alors que le mariage n'a jamais été célébré, ou l'acte indiquant qu'un enfant est né de telle femme, alors que cette femme n'a jamais accouché[69]. Dans les autres cas, c'est-à-dire lorsqu'il s'agit d'une simple irrégularité dans la teneur de l'acte, on procédera à sa rectification sans mettre en cause sa validité[70].

400 – *Une compétence partagée* – Le Directeur de l'état civil peut corriger les erreurs purement matérielles (art. 142 C.c.Q.). Cette décision administrative, comme toutes les autres décisions du Directeur de l'état civil, est susceptible de révision conformément à l'article 141, al. 2 C.c.Q. Dans tous les autres cas, la rectification relève de la compétence exclusive du tribunal[71], ce qui oblige aussi à distinguer les actions d'état des simples demandes en modification, la procédure étant différente. Ainsi, une modification portant sur l'indication de la filiation d'une personne ne peut pas être ordonnée si elle vise à établir indirectement une filiation qui ne l'était pas ou qui était douteuse[72].

---

69. Sous réserve des actes de naissance qui ont été dressés à la suite d'un jugement d'adoption. On peut penser aux cas des mères « porteuses », lorsque l'enfant dont elles ont accouché est désigné comme né d'une autre femme ou à celle qui a accouché sous le nom et en présentant la carte d'assurance-maladie d'une autre, situation à laquelle l'apposition d'une photographie sur la carte d'assurance-maladie entend remédier.
70. Le pouvoir de rectification ou de modification ne vise que les actes détenus par le Directeur de l'état civil ; celui-ci n'a aucun pouvoir de rectification d'un acte étranger non préalablement inséré dans le registre québécois d'état civil (*C.P.* et *Greffier de la Cour supérieure du district de Montréal*, [1996] R.L. 51 (C.S.)).
71. Seule la Cour supérieure est compétente en la matière (*Protection de la jeunesse – 06509*, J.E. 2007-383, EYB 2006-112550 (C.Q.)).
72. Lorsqu'il ne s'agit pas de modifier l'état de la personne, la procédure de simple rectification peut être utilisée, comme ce fut le cas dans *J.-F. Lebœuf* c. *Directeur de l'état civil*, B.E. 2004BE-210 (C.S.), où il s'agissait d'ajouter le nom du père alors

Dans ce cas, il faut procéder par une action d'état. La jurisprudence rendue sous l'ancien Code garde ici toute sa pertinence et constitue une mise en garde contre les tentations de dissimuler, sous les apparences anodines d'une simple procédure de modification de l'acte de naissance, un changement d'état[73]. Une erreur matérielle concernant la filiation (autre qu'une erreur purement matérielle) peut être rectifiée par le tribunal dès lors que cette rectification n'a pas pour objet de modifier ou de créer un lien de filiation, sans quoi c'est une procédure concernant l'état de la personne (dite action d'état) qu'il convient d'instituer[74]. Rappelons que depuis 2002, il est possible de faire une déclaration tardive s'ajoutant à une autre déclaration sans la contredire, notamment pour ajouter le nom d'un parent, dans les conditions strictes de l'article 130 C.c.Q.

401 – La rectification, régie par les articles 864 et suivants C.p.c., doit être réservée aux hypothèses où il n'est question que de faire concorder l'acte avec la réalité juridique ; soit que l'on supprime une mention juridique inopérante (par exemple la mention du nom comme

---

que cette indication avait été radiée de l'acte de naissance dans le cadre d'une procédure de déchéance de l'autorité parentale. Le tribunal rappelle, à juste titre, que la déchéance n'entraîne pas la perte de filiation et qu'il est dans l'intérêt d'une personne d'avoir une filiation connue. En l'espèce, il ne s'agissait pas d'établir la paternité, mais simplement de rendre l'acte conforme à une réalité juridiquement établie et incontestée.

73. Voir, entre autres, *Drouin* c. *Landry*, [1976] C.A. 763 ; *Vachon* c. *Martin*, [1968] R.P. 283 (C.S.) ; *Tanguay* c. *Pouliot*, [1958] R.L. 382 (C.S.) et *Grégoire* c. *Protonotaire de la Cour supérieure de Joliette*, précité, note 62. Toutefois les tribunaux semblent partagés sur la procédure à suivre quand il s'agit d'ajouter le nom du père lorsque la preuve de la paternité est établie par un mode subsidiaire à celui de l'acte de naissance, qu'il s'agisse de la présomption de paternité, d'une reconnaissance volontaire ou de la possession d'état. Voir notamment *Droit de la famille – 766*, [1990] R.J.Q. 289, EYB 1989-63352 (C.A.) ; *Droit de la famille – 119*, [1992] R.J.Q. 581, EYB 1992-64023 (C.A.), et *Droit de la famille – 552*, [1988] R.D.F. 452, EYB 1988-77809 (C.S.). Sur cette question, voir M. Pratte, « L'inscription tardive du nom du père présumé à l'acte de naissance : quelques hésitations quant à la voie procédurale à suivre », (1993) 24 *R.G.D.* 397.

74. En ce sens, *K.B.* c. *S.L.*, J.E. 2001-796, REJB 2001-23759 (C.S.) ; *Droit de la famille – 3122*, [1998] R.J.Q. 2809, REJB 1998-08029 (C.S.), et *Basque* c. *Gedeon*, [2000] R.D.F. 309, REJB 2000-18013 (C.S.). Dans cette dernière affaire, le ministre du culte de la paroisse avait signé deux documents officiels contradictoires, l'un indiquant la maternité et l'autre omettant cette information ; le tribunal conclut que cette erreur matérielle peut être corrigée par voie de requête en rectification puisque la personne avait une filiation établie par possession constante d'état. Avec *Chrétien* c. *Chrétien*, [1997] R.J.Q. 1767, REJB 1997-00190 (C.S.), la jurisprudence fait un pas de plus, en acceptant la voie de la rectification pour ajouter la mention du père sur la foi d'une déclaration volontaire de paternité de celui-ci. Encore faut-il que l'on soit dans un cas où il y a eu erreur ou omission (omission signifiant qu'une information pourtant disponible à l'époque n'a pas été mentionnée dans l'acte) : *K.B.* c. *S.L.*, J.E. 2001-796, REJB 2001-23759 (C.S.).

père ou mère de l'enfant d'une personne qui n'a pas signé la déclaration de naissance ou dont le nom n'a pas été déclaré par son conjoint)[75] ou surabondante (nom du parrain, de la marraine, ou encore celui du grand-père) ; soit qu'une erreur portant sur une mention essentielle, mais qui n'affecte pas directement la filiation, nécessite une correction ou encore que telle mention ne figure pas à l'acte original. On peut penser ici à l'indication du sexe de l'enfant, à celle de ses prénoms ou encore à la date de naissance, du décès[76] ou du mariage[77].

402 – *La procédure* – La demande est introduite par requête présentable dans les dix jours[78]. On notera que dans le *Code de procédure civile*, elle fait corps avec la demande de modification au registre de l'état civil[79]. Il s'agit là d'un terme générique, qui englobe tant les demandes de rectification proprement dites que les demandes visant à l'insertion d'un acte dans le registre, soit qu'il y ait contradiction entre le constat et la déclaration à partir desquels les actes de naissance et les actes de décès sont dressés (art. 131 C.c.Q.), soit qu'un acte dressé hors du Québec ait été détruit, perdu ou encore qu'il soit impossible d'en obtenir copie (art. 139 C.c.Q.). Il convient de préciser que l'inscription de faux n'est pas le véhicule procédural approprié pour corriger un acte de l'état civil[80]. Le Directeur de l'état civil n'a pas pour mission de constater la filiation ni de la vérifier[81].

La demande est portée dans le district de Québec ou devant le tribunal du domicile du requérant. Elle est notifiée aux intéressés et, s'il y a lieu, au Directeur de l'état civil (art. 864 C.p.c.). Elle ne peut, en aucun cas, être entendue par le greffier (art. 865 C.p.c.).

---

75. Prenons pour exemple *Droit de la famille – 526*, précité, note 39.
76. *Booth (Succession de)*, J.E. 98-2105, REJB 1998-09598 (C.S.).
77. À titre d'illustration, voir *Paris* c. *Dumas et Provencher*, [1965] R.P. 98 (C.S.) (requête en vue de faire modifier l'indication du sexe et les prénoms de l'enfant qui n'avaient pas été inscrits correctement) ; *In Re La Vega*, (1962) 62 C.S. 584 (requête en vue de compléter les prénoms de l'enfant) ; *X.* c. *Curé de la paroisse de St-Éphrem de Val Paradis*, [1979] R.P. 42 (C.S.) (acte signé en blanc par les comparants et non rempli par le prêtre qui avait officié au baptême) ; *X.* c. *Curé de la paroisse de St-Philippe de la Reine*, [1979] R.P. 45 (C.S.) (confusion entre la date de naissance et la date du baptême).
78. Art. 862 et 864 C.p.c. Les demandes relèvent de la compétence de la Cour supérieure.
79. Art. 864 C.p.c. qui régit également les demandes visant à faire reconnaître la validité d'un acte de l'état civil fait hors Québec ou à faire réviser une décision du Directeur de l'état civil.
80. *Droit de la famille – 11394*, 2011 QCCA 319.
81. *Droit de la famille – 526*, [1988] R.J.Q. 1766 (C.A.).

Le *Code de procédure civile* de 2014 classe également la modification du registre de l'état civil dans la procédure non contentieuse. Les demandes sont donc soumises aux articles 302 et s. C.p.c. Ces demandes sont toutefois du ressort du juge et du tribunal, à l'exclusion du notaire (art. 312 C.p.c.), du greffier (art. 71 C.p.c.) et même du greffier spécial (art. 73, al. 2 C.p.c.). Par ailleurs, rappelons que la demande en révision d'une décision du Directeur de l'état civil n'est reçue que si elle est introduite dans les 30 jours de la notification de la décision du directeur au demandeur. Le directeur doit, en cas de demande de révision judiciaire, transmettre immédiatement son dossier au greffe de la Cour supérieure (art. 403 C.p.c.). Finalement, lorsque l'état d'une personne est en cause, le juge exerce un important pouvoir de participation à l'administration de la preuve (art. 50 C.p.c.), de nature nettement inquisitoire.

§2 – La reconstitution des actes et du registre

403 – *La reconstitution purement administrative* – Lorsqu'un acte a été perdu ou détruit, le Directeur de l'état civil procède à sa reconstitution à partir des renseignements qu'il recueille (art. 143 C.c.Q.). La reconstitution se fait à partir des « exemplaires ou copies détenus par l'État ou des tiers ; les « procédés modernes de reproduction » seront utilisés, tels que photocopies ou ordinateur »[82].

404 – *La reconstitution sous contrôle judiciaire* – Lorsqu'il n'existe pas de copie de l'acte ou qu'il est impossible de l'obtenir, le Directeur de l'état civil doit établir une procédure de reconstitution et y procéder, de la même manière que lorsqu'il s'agit de la destruction partielle ou totale du registre (art. 870 C.p.c., art. 486 C.p.c.). Au cas où il tarderait ou négligerait de le faire, l'article 871.1, al. 2 C.p.c. (art. 487, al. 2 C.p.c.) prévoit que tout intéressé peut demander au tribunal de désigner une personne pour y procéder.

La reconstitution ainsi opérée est soumise au contrôle du tribunal : « le tribunal homologue l'écrit reconstitué, dès lors qu'il est assuré que la procédure suivie était adéquate et qu'elle permet une reconstitution valable » (art. 871.2 C.p.c., art. 487, al. 3 C.p.c.). L'article 139 C.c.Q., qui prévoit que la reconstitution d'un acte hors

82. *Code civil du Québec, Textes, sources et commentaires*, ministère de la Justice du Québec, mai 1992, p. 7.

Québec doit se faire sous contrôle judiciaire, est cependant muet sur les critères décisionnels que doit suivre le tribunal. Un lien peut être fait avec l'article 143 C.c.Q. qui, en matière d'actes perdus ou détruits, permet la reconstitution sur la foi des renseignements obtenus par le Directeur de l'état civil[83]. À noter également que l'article 139 C.c.Q. ne vise que les cas de destruction, de perte ou d'impossibilité d'obtenir un acte étranger et non pas le scénario de l'absence d'acte, par exemple lorsqu'une naissance à l'extérieur du Québec n'a jamais été déclarée et enregistrée. Dans un tel cas, la Cour supérieure pourrait se fonder sur l'article 453 C.p.c. (art. 142 C.p.c.) (permettant la détermination de l'état d'une personne) pour pallier cette lacune de la loi[84].

La demande d'homologation, qui ne peut être entendue par le greffier, doit être accompagnée de l'écrit reconstitué, du plan de reconstitution et d'un affidavit attestant qu'il a été effectivement suivi. En ce qui a trait à sa signification, le Code de procédure dispose que « le juge peut ordonner, même d'office, qu'une signification soit faite, par avis public ou autrement, aux personnes intéressées ; s'il s'agit d'un acte authentique, la demande est signifiée aux parties à l'acte, à moins que le juge n'en décide autrement » (art. 871.2, al. 3 C.p.c., art. 487 C.p.c.).

405 – Une fois la reconstitution homologuée, les actes et registres reconstitués tiennent lieu d'original. Toutefois, aussi adéquate que puisse être la reconstitution, il peut s'y glisser des erreurs. Aussi, la loi permet-elle à tout intéressé d'en contester le contenu ou de demander que des corrections ou des ajouts y soient apportés (art. 871.3, al. 2 C.p.c., art. 488 C.p.c.).

---

83. En ce sens, *Droit de la famille – 06633*, J.E. 2007-698, EYB 2006-115867 (C.S.) ; en l'espèce, le tribunal autorise que soit dressé l'acte de naissance d'un enfant né dans un pays dont les coutumes permettent à ce dernier de déterminer lui-même son prénom à partir d'un certain âge, même si ce nom ne correspond pas à celui mentionné dans les documents d'immigration.

84. Ainsi, dans *A.* c. *Directeur de l'état civil*, J.E. 2007-508, EYB 2007-114173 (C.S.), le tribunal ordonne l'inscription de la naissance d'un enfant de dix ans, né en Alberta mais dont personne n'avait déclaré officiellement la naissance. Voir pourtant *Droit de la famille – 073156*, EYB 2007-127647, 2007 QCCS 5999, où le tribunal, face à l'inexistence d'un acte de naissance, fixe la date de naissance d'un immigrant en se fondant sur l'article 139 C.c.Q.

Section VI

L'utilisation du registre : publicité et force probante des actes de l'état civil

406 – Les actes et le registre de l'état civil concourent à l'identification des personnes. Étant destinés à faire la preuve de l'état qu'ils constatent, ils sont mis à la disposition des intéressés par leur publicité. La délivrance des documents de l'état civil constitue une des activités importantes du Directeur de l'état civil. Il a le monopole de cette fonction[85].

§1 – La publicité des actes de l'état civil

407 – « L'état civil est le siège d'un conflit constant entre l'efficacité et la discrétion »[86], conflit d'autant plus aigu que sa fonction première est de donner les informations sur l'état des personnes et qu'il concerne la vie privée des gens. Il s'agit de trouver un juste équilibre entre cette fonction d'information et le droit de chacun au respect de sa vie privée. Le Code prévoit divers modes de publicité selon qu'il s'agit des personnes mentionnées à l'acte ou des tiers, de la nature de l'intérêt dont ces derniers peuvent justifier et de l'utilisation que l'on entend faire des informations contenues à l'acte.

A. Les divers modes de publicité

408 – *Copies, certificats et attestations* – La publicité qui s'opérait autrefois par la délivrance d'extraits des registres de l'état civil, c'est-à-dire des copies littérales et entières des actes qu'ils contenaient, prend aujourd'hui trois formes : le Directeur de l'état civil délivre une copie, un certificat ou une attestation portant son *vidimus*, c'est-à-dire certifiant sa conformité (art. 148 C.c.Q.). Chacun de ces documents possède le caractère d'acte authentique.

409 – *La copie : une reproduction intégrale* – La copie d'un acte de l'état civil est un document qui « reproduit intégralement les énoncia-

---

85. C'est donc à bon droit qu'un tribunal a refusé de considérer un extrait de naissance certifié conforme aux registres de l'état civil de la ville de Montréal par le greffier de la ville : *T.B. (V.) (Dans la situation de)*, J.E. 2004-869, REJB 2004-61161 (C.Q.).
86. J. Audier, « Vie privée et actes de l'état civil », dans *Mélanges offerts à Pierre Kayser*, Aix-en-Provence, Presses de l'Université d'Aix-Marseille, 1979, t. I, p. 1, nº 7.

tions de l'acte, y compris les mentions portées à l'acte, telles qu'elles ont pu être modifiées » (art. 145 C.c.Q.). Elle contient toutes les informations qui ont été consignées dans le registre, à l'exception des mentions exigées par règlement qui ne sont pas essentielles pour établir l'état de la personne comme, par exemple, le lieu d'enregistrement de la naissance des époux lorsqu'il s'agit d'un acte de mariage.

410 – *Le certificat : une reproduction abrégée* – Le certificat est « un document qui réunit certains éléments de l'état civil, ceux que toute personne est en droit de connaître, sans que pour autant soit violée la vie privée de celui ou celle qu'il concerne »[87]. Ce document énonce le nom de la personne concernée, son sexe, ses lieu et date de naissance et, le cas échéant, le nom de son conjoint et les lieu et date du mariage, d'union civile ou du décès (art. 146, al. 1 C.c.Q.). Il s'agit d'un « abrégé des trois actes de l'état civil »[88], puisqu'il permet d'obtenir une information générale sur les éléments essentiels de l'état d'une personne qui ont un caractère public. Le Directeur de l'état civil peut par ailleurs délivrer des actes de naissance, de mariage, d'union civile et de décès portant les seules mentions relatives à un fait certifié (art. 146, al. 2 C.c.Q.).

411 – *L'attestation : une information partielle* – L'attestation est un document qui porte sur la présence ou l'absence, dans le registre, d'un acte ou d'une mention dont la loi exige qu'elle soit portée à l'acte (art. 147 C.c.Q.). Il s'agit donc d'un document partiel, permettant de vérifier l'existence ou non d'une information concernant l'état d'une personne, par exemple, si elle est mariée, veuve ou divorcée ou si elle est vivante ou décédée[89].

B. Les règles relatives à la délivrance des copies, certificats et attestations

412 – *Délivrance de copies* – Les copies ne sont délivrées qu'aux personnes mentionnées dans l'acte ou à celles qui justifient de leur intérêt (art. 148, al. 1 C.c.Q.)[90]. La notion d'intérêt doit être comprise avec

---

87. J. Pineau, *loc. cit.*, note 4, n° 80, p. 122.
88. *Ibid.*
89. L'attestation pourrait être utile, par exemple, pour vérifier le statut matrimonial d'une personne lors de l'achat d'une résidence à caractère familial, *Comm.*, t. I, p. 106.
90. Depuis le 6 février 2004, le Barreau du Québec et la Chambre des notaires ont convenu d'une entente avec le Directeur de l'état civil visant à simplifier le processus de l'obtention des actes nécessaires à l'accomplissement de leurs mandats.

circonspection, car la vie privée des personnes est en jeu[91]. Le Directeur de l'état civil et les tribunaux sont les gardiens de ce principe. C'est ainsi que fut refusé à une municipalité le droit de recevoir copie des actes de naissance des nouveau-nés sur son territoire[92]. Dans la foulée des événements tragiques du 11 septembre 2001, le Code civil fut amendé pour permettre au Directeur de l'état civil de mieux vérifier l'identité et l'intérêt de la personne, en lui demandant de fournir les documents et renseignements nécessaires à ce contrôle[93].

413 – *Délivrance d'un certificat* – Le certificat d'état civil était traditionnellement délivré à toute personne qui en faisait la demande, mais la règle a été modifiée. Depuis 2001, la délivrance des certificats est soumise aux mêmes restrictions que la délivrance des copies. Seules les personnes mentionnées dans l'acte ou qui peuvent justifier d'un intérêt peuvent obtenir un certificat et le Directeur de l'état civil dispose également ici du droit de demander les renseignements et documents nécessaires pour établir l'identité et l'intérêt de la personne. En effet, ce document ne contient que des informations à caractère général et, partant, il s'avère non attentatoire à la vie privée.

414 – *Délivrance d'une attestation d'état civil* – Le Code opère une distinction selon que la mention ou le fait dont ce document atteste est de la nature de ceux qui apparaissent sur un certificat ou sur une copie d'un acte de l'état civil. Dans le premier cas, toute personne peut en faire la demande ; dans le second cas, l'attestation n'est délivrée qu'aux personnes qui justifient de leur intérêt à se voir délivrer un tel document (art. 148, al. 2 C.c.Q.). On peut penser à la mention, en marge de l'acte de mariage, du divorce qui a été prononcé entre les époux qui, si elle n'intéresse pas le grand public en général, peut présenter un intérêt pour un tiers appelé à contracter avec une personne qui se présente à lui comme divorcée, notamment s'il s'agit d'une transaction immobilière.

Ainsi, le juriste n'aura pas à produire les pièces d'identité exigées ni à faire preuve de son mandat, il lui suffira de démontrer, lorsque requis, l'intérêt de son client en vertu de l'article 148 C.c.Q.

91. On peut penser, par exemple, à des informations d'ordre généalogique, lesquelles peuvent également présenter un intérêt du point de vue génétique pour un membre de la famille de la personne mentionnée à l'acte.

92. *Blainville (Ville de)* c. *Directeur de l'état civil*, J.E. 97-1977 (C.S.). Le tribunal souligne que le registre de l'état civil et le Directeur de l'état civil ne sont pas des instruments de statistiques comme l'est le Bureau de la statistique.

93. Art. 148 C.c.Q. tel que modifié par la *Loi modifiant le Code civil en matière de demande de documents d'état civil*, L.Q. 2001, c. 70.

C. Les règles particulières à la publicité des actes remplacés ou annulés

415 – *Délivrance de la copie d'un acte primitif* – Lorsqu'un acte de l'état civil a été remplacé par un nouvel acte, seules les personnes mentionnées à l'acte nouveau peuvent obtenir copie de l'acte primitif (art. 149, al. 1 C.c.Q.). L'information n'est donc pas accessible aux tiers qui n'y ont pas intérêt, les mentions portées à l'acte n'ayant plus d'effets civils.

De plus, en ce qui concerne les personnes mentionnées à l'acte, la loi crée une exception, qui doit se lire en concordance avec les règles relatives à la confidentialité qui entoure la procédure d'adoption (art. 582 à 584 C.c.Q.). Le Directeur de l'état civil ne peut alors délivrer copie de l'acte primitif que si les conditions de la loi sont remplies et que le tribunal l'autorise (art. 149, al. 1 C.c.Q.)[94].

416 – *Délivrance de la copie d'un acte annulé* – Seules les personnes qui justifient d'un intérêt peuvent obtenir copie d'un acte de l'état civil qui a été annulé. Bien que l'événement constaté initialement soit réputé n'avoir jamais existé (retour du disparu ou de l'absent qui vient annuler le jugement déclaratif de décès) ou qu'il ne produit plus d'effets civils (mariage annulé, mais sans effet rétroactif lorsque les époux étaient de bonne foi ; 382 à 390 C.c.Q.), il peut mettre en jeu des intérêts pécuniaires pour des tiers qui ont contracté sur la foi de la constatation de ces événements[95].

D. La consultation du registre

417 – *Un mode exceptionnel* – La réforme en matière de publicité des actes et du registre de l'état civil reposant sur la conciliation d'intérêts divergents, intérêt public d'une part, intérêts privés d'autre part, on comprend que le registre de l'état civil ne puisse être consulté facilement. À ces éléments s'ajoutent encore les risques de dégradation physique du registre, particulièrement celle de la version informa-

94. Voir *Droit de la famille – 2484*, [1996] R.J.Q. 687 (C.Q.).
95. En vertu du *Tarif des droits relatifs aux actes de l'état civil, au changement de nom ou de la mention du sexe*, Décret 1593-93 du 17 novembre 1993, (1993) 125 *G.O.Q.* II, 8057, les droits exigibles pour la délivrance d'une copie sont de 20 $; pour un certificat, s'il s'agit d'un certificat « général », on demande 25 $; pour un certificat de naissance, de mariage ou de décès, 15 $. Toutefois, pour toute demande qui nécessite un traitement dans un délai accéléré, les droits sont portés à 35 $ (art. 1).

tisée. Toutefois, le Code autorise le Directeur de l'état civil à permettre la consultation du registre aux conditions qu'il déterminera relativement à la sauvegarde des informations qu'il contient (art. 150 C.c.Q.). On peut penser ici aux recherches généalogiques dont les Québécois sont friands et qui ont donné lieu à de nombreuses publications[96].

96. Voir pour exemples le *Dictionnaire généalogique des familles canadiennes* de Cyprien Tremblay, publié en 7 volumes de 1871 à 1890, le *Dictionnaire généalogique des familles du Québec* de René Jetté (refonte de l'ouvrage précédent, mais qui s'arrête cependant en 1730), le *Bulletin des recherches historiques*, sans compter les 30 000 volumes, les milliers de microfiches, de microfilms et de disquettes que compte la bibliothèque de la Société généalogique canadienne-française. Sur cette passion, voir le numéro publié par la revue *Cap-aux-Diamants, Sur la trace des ancêtres*, n° 34, été 1993. On peut penser aussi aux fichiers génétiques qui ont été établis à partir des registres de l'état civil dans certaines régions du Québec, notamment la région de Charlevoix et celle du Saguenay-Lac-St-Jean.

ACTES D'ÉTAT CIVIL

PUBLICITÉ			
TYPE DE PUBLICITÉ	**CONTENU**	**PERSONNE POUVANT L'OBTENIR**	
COPIE	– Reproduit intégralement l'acte tel que modifié (article 145)	Article 148	– personnes mentionnées dans l'acte – personnes justifiant de leur intérêt
	– Acte primitif (qui a été remplacé)	Article 149	– seules les personnes mentionnées dans le nouvel acte – en cas d'adoption + autorisation du tribunal
	– Acte annulé	Article 149	– personnes démontrant leur intérêt
CERTIFICAT	Énonce le nom, le sexe, le lieu et la date de naissance et, le cas échéant, le nom du conjoint, la date et le lieu du mariage, de l'union civile et du décès (article 146)	Article 148	– personnes mentionnées dans l'acte – personnes justifiant de leur intérêt
ATTESTATION	de la présence ou de l'absence dans le registre d'un acte ou d'une mention dont la loi exige qu'elle soit portée à l'acte (article 147)	Article 148	– toute personne si renseignement de même nature que ceux dans certificat – personnes justifiant de leur intérêt, pour tout autre renseignement
CONSULTATION	Exceptionnelle Le directeur détermine les conditions nécessaires à la sauvegarde des renseignements inscrits	Article 150	– sur autorisation du Directeur de l'état civil

§2 – La force probante des actes de l'état civil

418 – La force probante d'un acte, « c'est l'autorité qui y est attachée en tant qu'instrument de preuve, c'est son degré de crédibilité »[97]. Pourtant, l'originalité des moyens de preuve que sont les actes de l'état civil ne tient pas tant à leur force probante qu'à l'absence de tout autre moyen de preuve des événements qu'ils constatent.

A. Des actes authentiques

419 – *Le principe de l'authenticité des actes de l'état civil* – Les actes de l'état civil, dressés et conservés, avec les garanties qu'on connaît, par un officier public, au même titre que les copies, certificats et attestations qu'il délivre, ont le caractère d'actes authentiques[98]. Cela signifie qu'ils font preuve, par leur seule production et à l'égard de tous, de leur « valeur externe [...] sans que le plaideur qui désire s'en prévaloir ne soit tenu d'établir la signature des parties, des témoins ou de l'officier public, ou la compétence ou la capacité de ce dernier »[99]. Indépendamment de ce qui a été dit précédemment à propos des actes de l'état civil et des actes juridiques faits hors du Québec, auxquels la loi ne reconnaît que la valeur d'actes semi-authentiques et des règles de fond qui, en matière de filiation, restreignent la portée des énonciations contenues à l'acte de naissance, l'authenticité attachée aux actes de l'état civil commande certaines réserves.

420 – *Un principe qui se vide* – Normalement, un acte authentique ne peut être contesté par les voies ordinaires, que ce soit au moyen d'écrits, de témoignages ou d'indices contraires (art. 2811 C.c.Q.). Une procédure particulière, l'inscription de faux, doit être mise en œuvre[100] pour établir la fausseté de l'acte. Or, il faut constater que, en regard des actes de l'état civil, le recours à cette procédure sera

97. A. Weill et F. Terré, *Droit civil : Les personnes, la famille, les incapacités*, 5e éd., Paris, Dalloz, 1993, no 129, p. 108.

98. Art. 107, 144, 2815 et 2820 C.c.Q. L'acte authentique, c'est « celui qui a été reçu ou attesté par un officier public compétent selon les lois du Québec ou du Canada, avec les formalités requises par la loi » : art. 2813, al. 1 C.c.Q. Voir également l'article 2814 C.c.Q. qui énonce, de façon non limitative, les documents qui ont un caractère d'authenticité, dont les actes de l'état civil (art. 2814, 5o C.c.Q.).

99. J.-C. Royer, *La preuve civile*, 3e éd., Cowansville, Éditions Yvon Blais, 2003, p. 176.

100. Art. 223 et s. C.p.c. (art. 258, 259 et 260 C.p.c.). Sur la procédure elle-même, voir D. Ferland, B. Émery et J. Tremblay, *Précis de procédure civile (art. 1 à 481 C.p.c.)*, 4e éd., Cowansville, Éditions Yvon Blais, 2003.

extrêmement rare. D'abord, parce que l'acte dont l'apparence matérielle ne respecte pas les exigences de la loi n'a pas le caractère d'acte authentique (par exemple, un acte ne portant pas la signature ou le *vidimus* du Directeur de l'état civil)[101] ; ensuite, parce que le législateur a codifié la distinction qui était opérée par la jurisprudence entre les énonciations que l'officier public a pour mission de constater et celles qu'il a inscrites sur la foi des déclarations qui lui ont été faites, sans que la loi lui impose le devoir de les vérifier[102], seules les premières nécessitant le recours à l'inscription de faux[103]. C'est dire que, pour l'essentiel de leur contenu, les actes de l'état civil, les copies, les certificats et les attestations qui sont délivrés ne font foi que jusqu'à preuve contraire, le Directeur de l'état civil se bornant aujourd'hui à recueillir tels quels les constats et les déclarations[104]. Celui-ci n'assume plus guère aujourd'hui que la responsabilité du cadre de l'acte : à l'exception donc de la date de l'acte lui-même[105] et à moins de mettre en doute la compétence, la diligence ou la sincérité du Directeur de l'état civil[106] ou de ses adjoints[107], la procédure de l'inscription de faux est devenue hypothétique, sauf à imaginer des déclarations fantaisistes ou inventées de toutes pièces par le Directeur de l'état civil, ce qui pose la question de sa responsabilité.

421 – *La responsabilité du Directeur de l'état civil* – Même si le *Code civil du Québec* n'a pas reproduit l'article 52 C.c.B.C. qui prévoyait spécifiquement la responsabilité civile des dépositaires des registres de l'état civil en cas d'altération par ces derniers, les principes généraux de la responsabilité civile continuent aujourd'hui à s'appliquer vis-à-vis le Directeur de l'état civil, comme vis-à-vis tout autre pré-

101. Voir art. 2813, al. 2 et 2821, al. 2 C.c.Q. À titre d'illustration, voir *Adoption – 5*, [1980] T.J. 2011 (certificat provenant d'un centre hospitalier).
102. Art. 2821 C.c.Q. : « L'inscription de faux n'est nécessaire que pour contredire les énonciations dans l'acte authentique des faits que l'officier public avait mission de constater ».
103. À titre d'exemple, voir, pour la législation antérieure, *Pagé* c. *Nantel*, [1945] R.L. (n.s.) 202 (C.S.) et *Ploschansky* c. *Deckelbaum*, [1973] C.S. 847, confirmé par C.A. Montréal, n° 500-09-000656-73. Voir également la jurisprudence citée par J.-C. Royer, *op. cit.*, note 99, p. 169 et s. et L. Ducharme, « Le nouveau droit de la preuve en matières civiles selon le *Code civil du Québec* », (1992) 23 *R.G.D.* 5, 23.
104. Réserve faite, cependant, de l'hypothèse où il y aurait contradiction entre les deux documents, auquel cas, il faudra l'intervention du tribunal avant que le directeur puisse dresser l'acte, conformément aux dispositions de l'article 131 C.c.Q.
105. Art. 109, al. 2 C.c.Q.
106. J.-C. Royer, *op. cit.*, note 99, p. 171.
107. L'article 151 C.c.Q. prévoit en effet que le ministre de la Justice peut désigner des personnes pour signer et assurer la publicité du registre de l'état civil sous l'autorité du Directeur de l'état civil.

posé de l'État. Celui-ci est passible, en outre, de sanctions prévues aux articles 366 et 378 du *Code criminel*, pour les crimes de faux et de délivrance de fausses copies, de faux certificats ou de fausses attestations d'état civil.

B. L'absence de preuve subsidiaire

422 – *Les actes de l'état civil : des moyens de preuve irremplaçables* – Indépendamment des règles relatives à l'impossibilité d'obtenir copie d'un acte et à la possibilité de reconstituer un acte ou le registre qui a été perdu ou détruit, on ne retrouve pas, dans le *Code civil du Québec*, de disposition permettant de recourir à des modes de preuve subsidiaires, lorsqu'il s'agit de faire la preuve de son état civil[108]. Il n'existe donc aucun substitut à l'acte de naissance pour établir l'existence d'une personne[109], le mariage ou l'union civile, comme le décès d'une personne, alors même que la preuve en aurait été établie par jugement, nécessite la production d'un acte de l'état civil, lorsqu'il s'agit d'en établir la réalité (art. 102 et 378 C.c.Q.). C'est dire l'importance que revêtent les actes de l'état civil, modes de preuve préconstitués. Tout au plus la loi permet-elle de suppléer aux défauts de forme de certains actes par une preuve extrinsèque à ce dernier. C'est le cas de la possession d'état d'époux qui, si elle ne peut jamais suppléer au défaut de présentation de l'acte de mariage, peut couvrir une irrégularité de forme de ce dernier (acte incomplet, par exemple art. 379 C.c.Q.). Enfin, si l'acte de naissance constitue la preuve par excellence de la filiation, la loi énumère toute une série de modes de preuve qui peuvent suppléer à l'acte de naissance aux fins de son établissement (art. 523 et s. C.c.Q.).

Pour aller plus loin

423 – *Origine et historique de l'état civil* – Au Québec, le système de gestion des actes de l'état civil remonte au début de la colonie française. On en trouve la première trace en 1621, date à laquelle est dressé le premier de tous les actes de l'état civil, celui du baptême d'Eustache Martin, fils d'Abraham Martin et de Marguerite Langlois, celui-là même qui a laissé son nom aux plaines où se déroula la célèbre bataille qui changea le cours de l'histoire du

108. L'article 51 C.c.B.C. autorisait une telle preuve : « Sur preuve qu'il n'a pas existé de registre pour la paroisse ou congrégation religieuse ou qu'ils sont perdus, les naissances, mariages et décès peuvent se prouver par les registres et papiers de famille ou autres écrits, ou par témoins. »
109. Voir *Adoption – 5*, précité, note 101.

Québec : F. Drouin, « Je te baptise au nom de l'Église et de l'État », *Cap-aux-Diamants*, n° 31, automne 1992, 18, p. 19. De fait, cet acte fut reconstitué en 1640, les registres ayant été détruits dans l'incendie de l'église Notre-Dame-de-Recouvrance. Les registres furent reconstitués par les Jésuites qui firent appel à la mémoire des habitants : *Catalogue des baptisés à Québec depuis environ 1621 jusqu'à 1640, dont le livre avoit esté bruslé le 15.juin 1640 en Lincendie de la Chapelle e maison et peu apres on eut recours aux Particuliers pour en renouveler ces Mémoires*.

Cette tradition de tenir des registres de baptêmes, mariages et sépultures s'appuie sur des antécédents juridiques importants, qui témoignent des liens étroits entre le droit canon et le droit civil. En effet, c'est l'Église catholique qui, la première, institua les registres de l'état civil dans le but d'assurer l'application des lois canoniques et, partant, la comptabilité des « dons obligatoires » que le clergé sollicitait de ses fidèles. La pratique, qui remonte au Moyen-Âge, fit l'objet d'une législation abondante de la part de l'Église. Elle fut ensuite récupérée par les pouvoirs civils qui, trouvant le « procédé commode », s'en servirent comme preuve de l'état civil.

C'est François 1er qui, par son ordonnance de Villers-Cotterêts en 1539, réglementa la tenue des registres des baptêmes et des registres de sépulture, mais, dans ce dernier cas, pour les *bénéficiers*, soit les ecclésiastiques seulement : les actes ainsi consignés se virent reconnaître foi en justice, quant à ces deux événements. Puis, sous Henri III, l'Ordonnance de Blois (1579) étendit ces effets aux actes de mariage, que le Concile de Trente, en 1563 avait fait passer dans le domaine du droit écrit de l'Église, ainsi qu'à tous les actes de sépulture. Ces ordonnances furent reprises dans l'article 291 de la *Coutume de Paris* lors de la réforme de 1580, dispositions qui furent elles-mêmes complétées par le Code Louis (1667), dont le Conseil souverain, en 1678, étendit l'application à la Nouvelle-France. Cette ordonnance précisait les renseignements que devait contenir chacun des actes. En 1727, le Conseil supérieur de la Nouvelle-France réforma la formulation des actes de mariage et de sépulture. On exigea alors des célébrants qu'ils inscrivent les actes sur deux registres et qu'ils y fassent apposer les signatures sur l'un et l'autre. Le droit québécois « s'affranchit ainsi légèrement du droit français » puisque le Code Louis ne fut lui-même modifié qu'en 1736 par une ordonnance de Louis XV, qui, toutefois, n'eut pas la même ampleur que celle de 1727.

C'est ce système qui constituait la législation en vigueur lors de la cession de la colonie à l'Angleterre. S'agissant de lois civiles, garanties par le Traité de Paris (1763), ce système survécut sous le nouveau régime. L'arrivée d'un grand nombre d'immigrants appartenant à d'autres cultes religieux, notamment de protestants, obligea à étendre aux autres confessions religieuses la réglementation civile sur les registres. Ce fut l'objet de la première loi du régime anglais, édictée en 1795 (*Acte qui établit la forme des registres des baptêmes, qui confirme et rend valables en loi, les registres de la congrégation protestante de Christ Church à Montréal et autres qui ont été tenus d'une manière informe et qui fournit les moyens de remédier aux omissions dans les anciens registres*, 35 Geo. III, ch. 4. Cette loi rétablissait, à quelques détails près, les dispositions des ordonnances de 1667 et 1736 qui avaient cessé d'être suivies après la conquête). Cette législation fut reproduite presque intégralement dans le *Code civil du Bas Canada*, en 1866, les codificateurs considérant la laïcisation napoléonienne, issue de la Révolution française, comme trop étrangère à la coutume installée au pays depuis ses origines et à ses liens avec les institutions, notamment les institutions religieuses. La codification consolida le rôle du clergé dans ce domaine. Sur les rapports entre l'Église et l'État et sur l'influence du droit canon sur le droit civil, voir L. Baudouin, *Les aspects généraux du droit public dans la province de Québec*, Paris, Dalloz, 1965, particulièrement le chapitre IV (Le pouvoir ecclésiastique ou le problème de l'État dans l'Église ou de l'Église dans l'État), p. 125 et s. ; J.-L. Baudouin, « L'influence religieuse sur le droit civil du Québec », (1984) 15 *R.G.D.* 563 et A.-M. Bilodeau, « Quelques aspects de l'influence religieuse sur le droit de la personne et de la famille au Québec », (1984) *R.G.D.* 573.

Le premier mouvement de sécularisation date de 1888, époque à laquelle le législateur est intervenu pour confier aux greffiers et aux secrétaires-trésoriers des municipalités la fonction de tenir un registre de l'état civil permettant aux parents de toute confession de faire enregistrer la naissance de leur enfant (art. 53*a* C.c.B.C.). De fait, cet article est la codification des articles 7 et 8 du statut 39 Vic., c. 20, adopté en 1875, puis modifié en 1887 (50 Vic., ch. 8) pour être ensuite abrogé lors de la refonte des statuts de la province en 1888. Voir P.-B. Mignault, *Le droit civil canadien*, t. I, Montréal, C. Théoret, 1895, p. 179, et J.-J. Beauchamp, *Le Code civil de la province de Québec annoté*, vol. 1, Montréal, Théoret, 1904, p. 51-52.

Ce fut ensuite au protonotaire que l'on confia la mission de tenir registre pour les inhumations et les mariages présidés par une personne qui n'était pas elle-même habilitée à tenir registre. Ce dernier devint lui-même, presque un siècle plus tard, le premier officiel laïque à pouvoir célébrer des mariages civils et à tenir des registres propres à cette fin (*Loi sur le mariage civil*, L.Q. 1968, c. 82. Entre-temps, le législateur avait élargi le nombre de personnes autorisées à tenir des registres de l'état civil. Pour un inventaire de ces lois, voir P.-B. Mignault, *Le droit civil canadien*, t. 1, Montréal, C. Théoret, 1895, p. 172 et s. et D. McKenzie Rowat, « Some Observations on the Registration of Births, Marriages and Deaths in the Province of Québec », (1942) 45 *R. du N.* 176. La dernière remonte à 1971 ; elle confiait au gouvernement le pouvoir d'autoriser des corporations religieuses de confessions diverses à tenir des registres. *Loi sur les corporations religieuses*, RLRQ, c. C-71). Enfin, en 1978, la *Loi sur les autochtones cris, inuit et naskapis* (*Loi sur les autochtones cris, inuit et naskapis*, L.Q. 1978, c. 97 (RLRQ, c. A-33.1)), art. 42, al. 2 C.c.B.C. repris en substance par l'article 152 C.c.Q., permit aux agents locaux d'inscription, nommés en vertu de cette même loi, de tenir des registres aux fins de ces communautés. Il demeure que, jusqu'à l'entrée en vigueur de la réforme, ce sont les communautés religieuses qui assurèrent essentiellement le fonctionnement du système, une charge qu'elles ont assumée gratuitement et qu'elles ne tenaient d'ailleurs pas à conserver, ainsi qu'en témoignent les représentations qui ont été faites dans le cadre de la révision du Code civil. C'est aussi grâce aux communautés religieuses que le Québec compte un fonds d'archives unique en Amérique du Nord (*Rapport du sous-comité sur les actes de l'état civil*, *op. cit.*, note 11, p. 17. Voir également l'article de C.-C. Turgeon, « Des coffrets et des constitutions, archives des premières communautés religieuses », *Cap-aux-Diamants*, n° 31, automne 1992, p. 22).

Indépendamment des auteurs cités plus haut, on pourra consulter, sur les origines, l'évolution et le fonctionnement du système qui, jusqu'à la réforme, a présidé à l'organisation de l'état civil, les auteurs suivants : L. Baudouin, *Le droit civil de la province de Québec, modèle vivant de droit comparé*, Montréal, Wilson & Lafleur, 1953, particulièrement le chap. II, Le droit privé administratif, p. 128 et s. ; L. Baudouin, « La personne humaine au centre du droit québécois », (1966) 26 *R. du B.* 66 ; L. Baudouin, *Les aspects généraux du droit privé dans la province de Québec*, Paris, Dalloz, 1967 ; J.U. Beaudry, *Code des curés, marguilliers et paroissiens accompagné de notes historiques et critiques*, Montréal, 1870 ; J.-G. Castel, *The civil law system of the Province of Québec*, Toronto, Butterworths, 1962 ; E. Lefebvre de Bellefeuille, *Le Code civil annoté étant le Code civil du Bas Canada*, Montréal, Beauchemin et Valois, 1879 ; C.-C. De Lorimier et C.-A. Vilbon, *La bibliothèque du Code civil de la province de Québec*, vol. I, Montréal, La Minerve, 1885 ; L.-A. Jetté, « De la privation des droits civils », (1923-1924) 2 *R. du D.* 59 ; F. Langelier, *Cours de droit civil dans la province de Québec*, Montréal, Wilson & Lafleur, 1905 ; R. Lemelin, « Les registres paroissiaux dans la province civile de Québec », Thèse de doctorat, Université Laval, Québec, 1944 ; T.-J.-J. Loranger, *Commentaires sur le Code civil du Bas Canada*, tome 1, Montréal, 1873 ; R.D. McKenzie, « Some Observations on the Registration of Births, Marriages and Deaths in the Province of Québec », (1934-1935) 37 *R. du N.* 49 ; (1942) 45 *R. du N.* 176 ; P.-B. Mignault, *Le droit paroissial*, Montréal, C.-O. Beauchemin & Fils, 1893 ; A. Morel, « La municipalité, la paroisse et le *Code civil du Québec* », (1968) 2 *Rev. jur. et pol. Ind. et Coop.* 661 ; S. Pagnuelo, *Études historiques et légales sur la liberté religieuse au Canada*, Montréal, Beauchemin & Valois, 1872 ; M. Pourcelet, « L'aspect confessionnel des actes de l'état civil – ses inconvénients – à la recherche d'une solution », (1963) 13 *R.J.T.* 124 ; H. Roch, *Actes et registres de l'état civil et rectification*, Montréal, 1949 ; L. Roy, *De la tenue des registres de l'état civil dans la province de Québec*, Québec, 1959 et G. Trudel, *Traité de droit civil du Québec*, t. I, Montréal, Wilson & Lafleur, 1942.

424 – *Les travaux préparatoires à la mise en place de la réforme* – Sur les travaux qui ont précédé la réforme, voir G. Brière, « Le futur système d'état civil », (1986) 17 *R.G.D.* 371 ; O.R.C.C., *Rapport sur l'état civil*, vol. XXIII, Montréal, Éditeur officiel du Québec, 1973 ; *Rapport sur l'enregistrement*, vol. XXV, Montréal, Éditeur officiel du Québec, 1974 ; *Rapport sur le Code civil du Québec*, vol. 1, *Projet de Code civil* et vol. 2, *Commentaires*, Éditeur officiel du Québec, 1978 ; Jean Pineau, « Les grandes lignes de la réforme du droit des personnes », (1987) 18 *R.D.U.S.* 7 ; M. Rivet, « Le rapport sur l'état civil de l'Office de révision du Code civil », (1974) 15 *C. de D.* 871.

425 – *La Direction de l'état civil : concrètement* – Depuis quelques années, la Direction de l'état civil met à la disposition du public de nombreuses informations concrètes concernant son fonctionnement et son rôle. On consultera avec intérêt le site Internet de l'organisme à l'adresse suivante : <www.etatcivil.gouv.qc.ca>.

426 – *Quelques statistiques* – Les chiffres montrent toute l'importance de l'institution de la Direction de l'état civil. Ainsi, depuis la création d'un registre centralisé en 1994, le Directeur de l'état civil s'est attaché à réunir, en un seul registre, plus de 17 millions d'actes non répertoriés et non indexés, couvrant une période de 400 ans. Qui plus est, ces actes étaient autrefois détenus par environ 8 000 officiers de l'état civil de diverses confessions religieuses. Par ailleurs, des milliers de registres manuscrits sont passés sur support informatique (Commission permanente des institutions, Les travaux parlementaires, *Journal des débats, Étude des crédits du ministère de la Justice*, Québec, Assemblée nationale, 37e législature, 1re session, vol. 38, no 73, 24 mai 2005).

427 – *Les compléments au registre de l'état civil* – Certaines informations, d'intérêt public, ne figurent pas au registre de l'état civil : ce sont celles relatives à l'incapacité des personnes majeures, à leur absence ou à leur situation au regard du droit des régimes matrimoniaux. Ces informations font cependant l'objet d'une publicité particulière qui relève de la *Loi sur le curateur public*, RLRQ, c. C-81, d'une part, et des règles relatives au Registre des droits personnels et réels mobiliers tel qu'institué par les articles 2934 et suivants C.c.Q. Ainsi, en vertu de l'article 54 de la *Loi sur le curateur public*, le curateur doit maintenir un registre des tutelles au mineur, un registre des tutelles et curatelles au majeur, un registre des mandats de protection homologués et un registre des biens sous administration provisoire, exception faite des biens sans maître et de ceux qui deviennent la propriété de l'État. Ces registres ne contiennent que les renseignements prévus par règlement (voir *infra*, Partie II, « Les incapacités et la protection des majeurs inaptes »). De même, en vertu de l'article 442 C.c.Q., un avis de tout contrat de mariage doit être inscrit au Registre des droits personnels et réels mobiliers sur la réquisition du notaire instrumentant. Cette règle s'applique également aux contrats d'union civile, par l'effet de l'article 521.8 C.c.Q.

428 – *Déclaration de naissance* –

Gouvernement du Québec
Le Directeur de l'état civil
205, rue Montmagny
Québec (Québec) G1N 4T2

À ÊTRE REMPLIE PAR LES PARENTS POUR L'INSCRIPTION CIVILE D'UNE NAISSANCE

DEC-1
Déclaration de naissance

Bien vouloir remplir la Déclaration en lettres moulées avec un stylo ou à la machine à écrire. Appuyer fortement.
Consulter attentivement les instructions au verso avant de remplir le document.

IDENTIFICATION DE L'ENFANT (Pour le nom de famille et le ou les prénom(s) de l'enfant, consulter les instructions au verso)

1. Nom de famille
3. Date et heure de naissance — Année / Mois / Jour / Heure(s) / Minute(s)
2. Prénom(s)
4. Sexe ☐ Masculin ☐ Féminin

IDENTIFICATION DU LIEU DE NAISSANCE

5. Nom de l'établissement où a eu lieu la naissance (si l'enfant n'est pas né à l'hôpital, préciser l'endroit de la naissance)
6. Code d'établissement
7. Adresse de l'endroit où a eu lieu la naissance (n°, rue, municipalité, province ou pays)
Code postal

IDENTIFICATION DES DÉCLARANTS (Inscrire le nom de famille et le prénom usuel selon l'acte de naissance)

MÈRE
8. Nom de famille
9. Prénom usuel
10. Adresse du domicile (n°, rue, municipalité, province ou pays)
11. Date de naissance — Année / Mois / Jour
12. N° de téléphone où la mère peut être rejointe le jour — Indicatif régional
Code postal
13. N° d'assurance sociale
14. N° d'assurance-maladie

PÈRE
15. Nom de famille
16. Prénom usuel
17. Adresse du domicile (si différente de celle de la mère)
18. Date de naissance — Année / Mois / Jour
19. N° de téléphone où le père peut être rejoint le jour — Indicatif régional
Code postal
20. N° d'assurance sociale
21. N° d'assurance-maladie

22. La mère et le père sont-ils mariés l'un à l'autre?
☐ Oui ☐ Non
Si oui, indiquer la date du mariage — Année / Mois / Jour

REMPLIR CETTE SECTION UNIQUEMENT SI LE DÉCLARANT EST AUTRE QUE LA MÈRE OU LE PÈRE
23. Nom de famille
24. Prénom usuel
25. N° de téléphone où le déclarant peut être rejoint — Indicatif régional
26. Adresse du domicile (n°, rue, municipalité, province ou pays)
Code postal

QUALITÉ ET SIGNATURE DES DÉCLARANTS

27. **Le Directeur de l'état civil communique à la Régie de l'assurance-maladie du Québec les renseignements nécessaires à l'inscription de l'enfant auprès de cet organisme.**
28. Signature de la mère
29. Date de la signature — Année / Mois / Jour
30. Signature du père
31. Date de la signature — Année / Mois / Jour
32. Signature du déclarant (si autre que la mère ou le père de l'enfant et spécifier la qualité du déclarant)
33. Date de la signature — Année / Mois / Jour

IDENTIFICATION ET ATTESTATION DU TÉMOIN (Inscrire le nom de famille et le prénom usuel selon l'acte de naissance)

J'atteste que la Déclaration a été faite et signée devant moi et, qu'à ma connaissance les renseignements donnés ci-dessus sont exacts.
34. Nom de famille
35. Prénom usuel
36. Adresse du domicile (n°, rue, municipalité, province ou pays)
Code postal
37. Signature du témoin
N° de téléphone — Indicatif régional
38. Date de la signature — Année / Mois / Jour

SECTION RÉSERVÉE À L'USAGE EXCLUSIF DU BUREAU DU DIRECTEUR DE L'ÉTAT CIVIL (Ne pas écrire dans cette section)

39. Signature du directeur de l'état civil
40. Date de la signature — Année / Mois / Jour
41. N° d'inscription
42. Mentions

• DEC-1 (97-08)

1-9023574

1- DIRECTEUR DE L'ÉTAT CIVIL

429 – *Déclaration de mariage* –

Relations avec les citoyens et immigration
Québec

Le Directeur de l'état civil — **DEC-50 Déclaration de mariage**

Remplir la Déclaration en lettres moulées avec un stylo ou à la machine à écrire. Ne pas écrire dans les espaces ombrés. Appuyer fortement. **Lire les instructions au verso avant de remplir le document.**

LIEU ET DATE DU MARIAGE

1. Lieu de célébration du mariage (nom de la paroisse religieuse, de la municipalité et du district judiciaire, dans le cas d'un mariage civil)

2. Adresse du lieu de célébration du mariage (n°, rue, municipalité, province) — Code postal

3. Date du mariage — Année : Mois : Jour

4. Cocher s'il y a eu dispense de publication. ☐

5. Si l'un des époux est mineur, cocher pour indiquer que les autorisations ou consentements ont été obtenus. ☐

ÉPOUSE	ÉPOUX
6. Nom de famille de l'épouse (selon l'acte de naissance)	20. Nom de famille de l'époux (selon l'acte de naissance)
7. Prénom usuel et autres prénoms (selon l'acte de naissance)	21. Prénom usuel et autres prénoms (selon l'acte de naissance)
8. Lieu de naissance (municipalité, province ou pays)	22. Lieu de naissance (municipalité, province ou pays)
9. Lieu d'enregistrement de la naissance (paroisse, municipalité, province ou pays)	23. Lieu d'enregistrement de la naissance (paroisse, municipalité, province ou pays)
10. Date de naissance — Année Mois Jour — 19	24. Date de naissance — Année Mois Jour — 19
11. État matrimonial — 1 ☐ Célibataire (jamais mariée) — 3 ☐ Veuve — 4 ☐ Divorcée	25. État matrimonial — 1 ☐ Célibataire (jamais marié) — 3 ☐ Veuf — 4 ☐ Divorcé
12. Date du décès du conjoint ou date du divorce — Année Mois Jour	26. Date du décès de la conjointe ou date du divorce — Année Mois Jour
N° de jugement de divorce	N° de jugement de divorce

Cette section doit être remplie directement sur la page suivante du formulaire.

16. Adresse du domicile des époux (n°, rue, municipalité, province ou pays) — Code postal

17. Nom de famille et prénom usuel de la mère de l'épouse (selon l'acte de naissance) — Nom / Prénom	30. Nom de famille et prénom usuel de la mère de l'époux (selon l'acte de naissance) — Nom / Prénom
18. Nom de famille et prénom usuel du père de l'épouse (selon l'acte de naissance) — Nom / Prénom	31. Nom de famille et prénom usuel du père de l'époux (selon l'acte de naissance) — Nom / Prénom
19. Nom de famille et prénom usuel du témoin de l'épouse (selon l'acte de naissance) — Nom / Prénom	32. Nom de famille et prénom usuel du témoin de l'époux (selon l'acte de naissance) — Nom / Prénom

IDENTIFICATION ET SIGNATURE DU CÉLÉBRANT

33. Nom de famille du célébrant — 34. Prénom du célébrant

35. Qualité du célébrant — 5 ☐ Ministre du culte — 6 ☐ Greffier ou greffier-adjoint — 7 ☐ Personne désignée

36. Société religieuse à laquelle appartient le célébrant (nom selon l'autorisation du Directeur de l'état civil)

37. Code du célébrant

38. Adresse du domicile du célébrant (n°, rue, municipalité, province ou pays) — Code postal

39. N° de téléphone du célébrant — Indicatif régional

40. Signature du célébrant — X

41. Date de la signature — Année Mois Jour

SIGNATURE DES ÉPOUX ET DES TÉMOINS

42. Signature de l'épouse — X	44. Signature de l'époux — X
43. Signature du témoin de l'épouse — X	45. Signature du témoin de l'époux — X

Épouse	46. N° d'assurance sociale	47. N° d'assurance maladie	Époux	48. N° d'assurance sociale	49. N° d'assurance maladie

N° de téléphone de l'épouse - Domicile (Indicatif régional)	Travail (Indicatif régional)	N° de téléphone de l'époux - Domicile (Indicatif régional)	Travail (Indicatif régional)

LE BULLETIN (PAGE 2) DOIT AUSSI ÊTRE SIGNÉ PAR LES ÉPOUX.

SECTION RÉSERVÉE À L'USAGE DU BUREAU DU DIRECTEUR DE L'ÉTAT CIVIL

50. N° d'inscription de l'acte de naissance de l'épouse — 51. N° d'inscription de l'acte de naissance de l'époux

52. Signature du directeur de l'état civil — 53. Date de la signature (Année Mois Jour) — 54. N° d'inscription

55. Mentions

Ministère des Relations avec les citoyens et de l'Immigration — FO-14-01 rév.:1 (2002-03-15)

2-5030831 — 1- DIRECTEUR DE L'ÉTAT CIVIL

430 – *Déclaration de décès* –

Relations avec les citoyens et Immigration
Québec

Le Directeur de l'état civil — DEC-100 **Déclaration de décès**

Remplir la Déclaration en lettres moulées avec un stylo ou à la machine à écrire.
Appuyer fortement.
Lire les instructions au verso avant de remplir le document.

LIEU, DATE ET HEURE DU DÉCÈS

1. Établissement où la personne est décédée
2. Code d'établissement
3. Endroit où la personne est décédée, si hors d'un établissement (nº, rue, municipalité, province ou pays) — Code postal
4. Date du décès — Année Mois Jour
5. Heure du décès — Heure(s) Minute(s)

IDENTIFICATION DE LA PERSONNE DÉCÉDÉE (Inscrire le nom de famille et le ou les prénoms selon l'acte de naissance.)

6. Nom de famille
7. Prénom usuel et autres prénoms
8. Sexe de la personne décédée — ☐ 1. Masculin ☐ 2. Féminin
9. Adresse du domicile (nº, rue, municipalité, province ou pays) — Code postal
10. Date de naissance — Année Mois Jour
11. Lieu de naissance (municipalité, province ou pays)
12. Lieu de l'enregistrement de la naissance (paroisse, municipalité, province ou pays)
13. État civil — ☐ 1. Célibataire ☐ 2. Marié(e) ☐ 3. Veuf(ve) ☐ 4. Divorcé(e) ☐ 5. Séparé(e)
14. Numéro d'assurance sociale
15. Numéro d'assurance maladie
16. Nom de famille et prénom du père de la personne décédée
17. Nom de famille et prénom de la mère de la personne décédée

REMPLIR LA SECTION SUIVANTE SEULEMENT SI LA PERSONNE ÉTAIT MARIÉE AU MOMENT DU DÉCÈS.

18. Lieu du dernier mariage (nom de la paroisse religieuse, de la municipalité et du district judiciaire, dans le cas d'un mariage civil)
19. Date du mariage — Année Mois Jour

Identification du conjoint de la personne décédée (Inscrire le nom de famille et le ou les prénoms selon l'acte de naissance.)

20. Nom de famille
21. Prénom usuel et autres prénoms
22. Date de naissance — Année Mois Jour
23. Lieu de naissance (municipalité, province ou pays)
24. Lieu d'enregistrement de la naissance (paroisse, municipalité, province ou pays)
25. Numéro d'assurance sociale
26. Numéro d'assurance maladie
27. Nom de famille et prénom du père du conjoint
28. Nom de famille et prénom de la mère du conjoint

IDENTIFICATION ET SIGNATURE DU DÉCLARANT (Inscrire le nom de famille et le prénom usuel selon l'acte de naissance.)

29. Nom de famille
30. Prénom usuel
31. Ind. régional Nº de téléphone (travail)
32. Adresse du domicile (nº, rue, municipalité, province ou pays)
33. Ind. régional Nº de téléphone (domicile)

Code postal

34. Qualité du déclarant — ☐ 1. Conjoint ☐ 2. Proche parent ☐ 3. Allié ☐ 4. Autre (préciser)
35. Carte d'assurance maladie remise — ☐ Oui ☐ Non
36. Le Directeur de l'état civil communique à la Régie de l'assurance maladie du Québec les renseignements nécessaires à l'inscription du décès du bénéficiaire auprès de cet organisme.
37. Signature du déclarant — X
38. Date de la signature — Année Mois Jour

DISPOSITION DU CORPS

39. Mode de disposition du corps — ☐ 1. Inhumation ☐ 2. Crémation ☐ 3. Étude anatomique ☐ 4. Autre (préciser)
40. Nº de permis du directeur de funérailles
41. Date de disposition du corps — Année Mois Jour
42. Lieu de disposition du corps (indiquer le nom du cimetière, du crématorium ou autre.)
43. Nº du constat
44. Adresse du cimetière ou du crématorium (nº, rue, municipalité, province ou pays)
45. Nº de téléphone du directeur de funérailles
46. Nom du directeur de funérailles ou de son représentant (en lettres moulées)
47. Signature du directeur de funérailles ou de son représentant

IDENTIFICATION ET ATTESTATION DU TÉMOIN (Inscrire le nom de famille et le ou les prénoms selon l'acte de naissance.)

J'atteste que la déclaration a été faite et signée devant moi et, qu'à ma connaissance, les renseignements donnés ci-dessus sont exacts.

48. Nom de famille
49. Prénom usuel
50. Signature du témoin — X
51. Date de la signature — Année Mois Jour

SECTION RÉSERVÉE À L'USAGE EXCLUSIF DU DIRECTEUR DE L'ÉTAT CIVIL (Ne pas écrire dans cette section.)

52. Nº d'inscription de l'acte de naissance de la personne décédée
53. Nº d'inscription de l'acte de mariage de la personne décédée
54. Signature du Directeur de l'état civil
55. Date de la signature — Année Mois Jour
56. Nº d'inscription
57. Mentions

Directeur de l'état civil

584231

FO-15-01 rév.: 2 (2002-01) Ministère des Relations avec les citoyens et de l'Immigration

431 – *Directive de l'état civil concernant l'absence de constat de naissance* –

Directeur de l'état civil
Québec

Directive de l'état civil

CCQ 111-1 (en vigueur depuis le 4 avril 2011; révisée le 12 septembre 2011)
Absence d'un constat de naissance signé par un médecin ou une sage-femme

LOI : Code civil du Québec (L.Q., 1991, c. 64), articles 108, 109, 111 et suivants, 130, 131.
Code des professions (L.R.Q., c. C-26).
Loi médicale (L.R.Q., c. M-9).
Loi sur la santé publique (L.R.Q., c. S-2.2).
Loi sur les infirmières et les infirmiers (L.R.Q., c. I-8).
Loi sur les sages-femmes (L.R.Q., c. S-0.1).

La présente directive a pour objet de préciser les démarches à suivre lorsque la naissance d'un enfant a eu lieu et qu'elle n'a pas pu être constatée par un accoucheur (médecin ou sage-femme).

PRINCIPE DE LA LOI

1. Le Code civil du Québec prévoit que le Directeur de l'état civil (ci-après appelé « le Directeur ») dresse l'acte de naissance d'un enfant à partir du constat de naissance rempli et signé par l'accoucheur et de la déclaration de naissance remplie et signée par le ou les parents. Ces documents lui permettent d'obtenir une confirmation de l'événement, d'une part, par l'accoucheur et, d'autre part, par le ou les parents de l'enfant. Avant de dresser l'acte de naissance, le Directeur doit d'abord s'assurer que les informations qui figurent sur le constat et la déclaration de naissance ne sont pas contradictoires.

2. Lorsqu'une naissance n'est pas constatée par l'accoucheur ou l'est incorrectement, la loi permet au Directeur de procéder à une enquête sommaire afin qu'il puisse dresser l'acte et l'insérer au registre de l'état civil du Québec.

PERSONNE AUTORISÉE À SIGNER UN CONSTAT DE NAISSANCE

3. Le mot *accoucheur* désigne une personne qui est autorisée légalement à pratiquer des accouchements. Il s'agit en général d'un médecin ou d'une sage-femme.

4. Une déclaration et un constat relatifs à la naissance d'un enfant ne peuvent pas être signés par la même personne. Le constat ne peut donc pas être signé par le père ou la mère de l'enfant.

PROCÉDURE EN L'ABSENCE D'UN CONSTAT SIGNÉ PAR UN ACCOUCHEUR

5. En l'absence d'un constat de naissance signé par un accoucheur, le parent doit produire les documents suivants au Directeur, en plus de la déclaration de naissance :

   - un rapport de suivi de grossesse récent rédigé par un médecin ou une sage-femme;
   - un rapport rédigé par un médecin ou une sage-femme qui a procédé à un examen et dans lequel il est confirmé que
     - l'accouchement récent de la mère a eu lieu à une date correspondant à la date de la naissance de l'enfant;
     - l'âge du bébé correspond à celui d'un enfant né à la date inscrite dans la déclaration de naissance.

6. Toutefois, s'il est impossible pour le parent de fournir ces rapports en raison de circonstances exceptionnelles, le Directeur pourra dresser l'acte sur la foi d'autres informations et l'insérer au registre. Le parent devra alors présenter, en plus de la déclaration de naissance, les documents suivants :

   - une lettre qu'il a signée, expliquant les raisons pour lesquelles il ne peut pas présenter les rapports mentionnés au point 5;
   - les déclarations sous serment d'au moins deux personnes sans lien de parenté avec les parents et l'enfant, signées devant un commissaire à l'assermentation et contenant les informations suivantes :
     - les nom et prénom du témoin, son occupation, son adresse complète et son numéro de téléphone;
     - l'âge du témoin et la nature de son lien avec les parents;
     - les nom et prénom de la mère ainsi que l'adresse complète de celle-ci;
     - la période depuis laquelle le témoin connaît la mère;
     - la date et le lieu où le témoin a vu la mère enceinte pour la dernière fois avant l'accouchement;
     - si le témoin était présent à l'accouchement, le lieu, la date et l'heure de l'accouchement;
     - la date et le lieu où le témoin a vu la mère et l'enfant ensemble pour la première fois après l'accouchement;
     - le sexe de l'enfant;
     - les nom et prénom du père ainsi que l'adresse complète de celui-ci, s'ils sont connus.

7. Chaque dossier d'inscription d'une naissance sans constat signé par un médecin ou une sage-femme est analysé à la lumière des informations et des documents fournis. Il est possible que des renseignements complémentaires soient demandés aux parents, au besoin.

INFORMATIONS OU DOCUMENTS INSUFFISANTS OU NON CONFORMES

8. En cas d'insuffisance d'éléments essentiels ou de contradiction entre ces éléments, le Directeur pourra refuser de dresser l'acte de naissance et de l'insérer au registre. Le parent devra alors s'adresser au tribunal.

9. Le Directeur dressera l'acte de naissance de l'enfant avec l'autorisation du tribunal lorsque le jugement lui sera notifié.

POUR NOUS JOINDRE

10. Pour toute question sur les démarches à suivre pour inscrire au registre de l'état civil du Québec la naissance d'un enfant qui n'a pas été constatée par un accoucheur, les parents peuvent s'adresser aux personnes suivantes :

Sonia Lemelin	Chantal Dutil
Service de l'inscription (418) 643-1447, poste 2110	

Approuvé par	Signature		Date
Denis Bouchard	(original signé)		2011-09-12
Reno Bernier	(original signé)		2011-09-12

432 – *Directive de l'état civil concernant la correction d'une erreur purement matérielle –*

Directeur
de l'état civil
Québec

Directive de l'état civil

CCQ 142-2 (4 avril 2011)
Correction d'une erreur purement matérielle

LOI : Code civil du Québec (L.Q., 1991, c. 64), articles 107, 141, 142.
Code de procédure civile (L.R.Q., c. C-25), articles 864 et suivants.
Loi sur l'application de la réforme du Code civil, (L.Q. 1992, c. 5), articles 15 et suivants.

La présente directive a pour objet de préciser les orientations du Directeur de l'état civil (ci-après appelé « le Directeur ») en matière de correction d'une erreur purement matérielle constatée sur un acte de l'état civil.

ACTES VISÉS

1. Le Code civil du Québec prévoit que le Directeur corrige, dans tous les actes de l'état civil, les erreurs purement matérielles commises lors de leur confection.

2. Les actes de l'état civil sont les actes de naissance, de mariage, d'union civile et de décès dressés depuis le 1er janvier 1994 ainsi que tous les actes dressés avant cette date et détenus par le Directeur.

ERREUR PUREMENT MATÉRIELLE

3. Une erreur purement matérielle peut être
   - une erreur d'écriture;
   - une erreur de calcul;
   - une omission ou un ajout involontaire.

4. Une telle erreur est commise lorsqu'un acte est dressé ou modifié.

5. Une personne qui considère qu'il y a une erreur purement matérielle sur un acte peut s'adresser au Directeur pour lui demander de la corriger. Une demande de correction peut porter sur

   - un nom de famille;
   - un prénom;
   - une date;
   - un lieu;
   - un état matrimonial.

6. Une correction peut être demandée par la personne visée par l'erreur ou par son représentant légal. De même, le Directeur peut faire une correction sans qu'une demande lui ait été faite. En effet, le Directeur a le pouvoir de corriger d'office les erreurs purement matérielles qui figurent sur les actes de l'état civil. Une erreur peut aussi être découverte lors du dépôt d'une demande de certificat, de copie d'acte ou d'attestation.

7. La personne qui demande la correction d'une erreur purement matérielle doit fournir les motifs et documents à l'appui de sa demande.

Exemples

8. La première fois qu'un citoyen demande un certificat ou une copie d'acte au Directeur, il constate une erreur dans la graphie de son nom de famille. Il observe qu'il est inscrit « Dufaut » sur le document au lieu de « Dufault ». Il estime que la graphie de son patronyme est « Dufault », a toujours utilisé cette graphie et, dans l'acte de naissance de son père et de son frère, figure « Dufault ». Le citoyen démontre au Directeur que l'erreur a dû être commise au moment où l'acte de naissance a été dressé.

9. La première fois qu'un citoyen demande un certificat ou une copie d'acte au Directeur, il constate une erreur portant sur sa date de naissance. Il observe qu'il est inscrit « 19 mars 1970 » sur le document au lieu de « 15 mars 1970 ». Le citoyen démontre au Directeur que l'erreur a dû être commise au moment où l'acte de naissance a été dressé.

10. Le Directeur peut tenir compte des registres tenus avant le 1er janvier 1994 et des extraits qui en ont été délivrés lors d'une demande de correction visée par la présente directive.

11. Lorsque le Directeur dispose de toute l'information et de la documentation nécessaires et que l'erreur est purement matérielle, il procède à la correction et en informe le demandeur.

12. La correction est faite dans la version électronique du registre.

DEMANDE DE CORRECTION REFUSÉE

13. Lorsque l'erreur n'est pas purement matérielle, le Directeur en informe le demandeur et lui fait part des recours possibles, soit

- la demande de changement de nom;
- la demande de modification de la mention du sexe;
- la rectification de l'acte de l'état civil par le tribunal;
- la révision d'une décision du Directeur par le tribunal.

Approuvé par	Signature		Date
Denis Bouchard	(original signé)		2011-04-04
Pierre E. Rodrigue	(original signé)		2011-04-04

BIBLIOGRAPHIE SÉLECTIVE

AUDIER, J., « Vie privée et actes de l'état civil », dans *Mélanges offerts à Pierre Kayser*, Aix-en-Provence, Presses de l'Université d'Aix-Marseille, 1979, t. I, p. 1, n° 7.

LAFLAMME, L., « Le Livre des personnes : dix ans après », (2003) 105 *R. du N.* 155-213.

NEIRINCK, C. (dir.), *L'état civil dans tous ses états*, Droit et société, Paris, L.G.D.J., 2008.

QUÉBEC, Gouvernement du Québec, ministère de la Justice, *L'état civil, La réforme*, 1992.

QUÉBEC, Gouvernement du Québec, Le Directeur de l'état civil, *1994-1999. Au cœur de la vie des citoyens !*, Québec, 1999, 15 p.

OUELLETTE, M., « Livre I, Les personnes », dans *La réforme du Code civil*, Ste-Foy, P.U.L., 1993, p. 77 à 89.

PINEAU, J., « De certains éléments relatifs à l'état des personnes, du registre des actes de l'état civil », (1988) 1 *C.P. du N.* 91, 101.

PRATTE, M., « L'inscription tardive du nom du père présumé à l'acte de naissance : quelques hésitations quant à la voie procédurale à suivre », (1993) 24 *R.G.D.* 397.

ROYER, J.-C., *La preuve civile*, 2e éd., Cowansville, Éditions Yvon Blais, 1995.

PARTIE II

LES INCAPACITÉS ET LA PROTECTION DES INAPTES

CHAPITRE PRÉLIMINAIRE
LES PRINCIPES GÉNÉRAUX

Section I
La règle de la capacité juridique

433 – La pleine jouissance des droits et l'aptitude à les exercer pleinement constituent une des assises du droit civil. Le législateur a voulu affirmer ce principe de façon solennelle en le posant clairement dès les premiers articles du *Code civil du Québec*[1] : « Tout être humain possède la personnalité juridique ; il a la pleine jouissance des droits civils » (art. 1) et « Toute personne est apte à exercer pleinement ses droits civils » (art. 2).

Outre ces dispositions traitant de la jouissance et de l'exercice des droits civils (art. 1-9), le Code civil consacre un titre complet (Titre quatrième du Livre premier) à la capacité des personnes. Son premier chapitre concerne la minorité et la majorité (art. 153-176) ; le deuxième est consacré à l'étude de la tutelle au mineur (art. 177-255) et le troisième traite des régimes de protection du majeur (art. 256-297).

Les règles en matière de capacité ne se limitent toutefois pas à ce Titre quatrième car on trouve à travers tout le Code des dispositions importantes intéressant directement les personnes à capacité juridique réduite[2]. C'est particulièrement le cas pour les dispositions relatives au mandat donné en prévision de l'inaptitude du mandant ou mandat de protection (art. 2166 et s.)[3] ainsi que celles qui touchent à l'administration du bien d'autrui (art. 1299 et s.). On voit d'emblée

---

1. Art. 1 C.c.Q.
2. Que l'on songe par exemple à toutes les dispositions qui traitent de la lésion, de la nullité des actes, de la prescription, de certains actes particuliers comme le testament, la donation ou le mandat.
3. L'insertion des dispositions sur le mandat de protection dans le chapitre des contrats plutôt que dans celui du droit des personnes, est généralement vue, par la

que le problème des incapacités « domine tout le droit »[4]. Mais s'agissant des obligations, comme le prévoit de façon assez didactique l'article 1409, les règles relatives à la capacité de contracter sont principalement établies au Livre Des personnes. C'est en effet dans ce Livre premier que le législateur a concentré les dispositions portant sur les principaux mécanismes de protection. Nous verrons plus loin que d'autres lois se penchent également sur la protection des personnes à autonomie juridique réduite, par exemple le *Code de procédure civile*, la *Loi sur la protection des personnes dont l'état mental présente un danger pour elles-mêmes ou pour autrui*[5] ou la *Loi sur le curateur public*[6].

434 – La jouissance des droits civils et l'aptitude à les exercer (que l'on qualifie classiquement de « capacité juridique ») sont intimement liées à la notion même de personne et de personnalité juridique puisqu'elles sont inhérentes à tout être humain. La personne est sujet de droit précisément parce qu'elle a la capacité de jouir des droits[7]. Nier cette capacité à l'individu, c'est lui nier le statut de personne en droit. La capacité juridique est donc conditionnée par l'état de la personne. Par exemple, le mariage affecte la capacité juridique puisque la personne mariée ne peut contracter un nouveau mariage tant que le premier n'est pas dissous. L'âge de la personne est également un facteur primordial en matière de capacité juridique car la loi rattache à certains seuils d'âge un degré d'autonomie distinct.

Le lien étroit entre, d'une part, la capacité à avoir des droits et à les utiliser et, d'autre part, la notion même de personne a pour conséquence le principe suivant : la capacité juridique est la situation

---

doctrine, comme une anomalie. Voir, en ce sens, C. Fabien, « Le mandat de protection en cas d'inaptitude du mandant : une institution à parfaire. », (2007) 1 *C.P. du N.* 405-438. Pour des développements sur cette question, *cf. infra*, Titre II, chap. III, « Le mandat de protection ». Le *Code de procédure civile* de 2014 indique en son article 778 que dans les lois (incluant le Code civil) et leurs textes d'application, l'expression « mandat de protection » remplace « mandat en prévision de l'imaptitude », « mandat donné en prévision de l'inaptitude », « mandat d'inaptitude » ou toute expression au même effet.

4. G. Marty et P. Raynaud, *Droit civil*, t. I, vol. 2, *Les personnes*, 2e éd., Paris, Sirey, 1967, p. 496.
5. RLRQ, c. P-38.001.
6. RLRQ, c. C-81.
7. Selon l'expression de Mazeaud, « la personnalité juridique est l'aptitude à devenir sujet de droits et d'obligations » (M. Mazeaud, *Leçons de droit civil*, t. I, vol. 2, p. 462), ce qui rejoint la définition stricte de capacité juridique (Aubry et Rau, *Droit civil français*, Paris, Librairies techniques, 1897, t. I, p. 259).

normale, la règle, et l'incapacité demeure l'exception. Ce principe découle clairement des articles 1 et 4 du Code civil et il est expressément consacré par l'article 154 C.c.Q.[8]. Dès lors, il appartient à celui qui entend invoquer l'incapacité, d'en apporter la preuve[9]. Il existe ainsi une présomption de capacité qui participe du principe d'égalité civile entre les individus[10]. Ainsi, l'âge avancé d'une personne ne permet pas de conclure *ipso facto* à son inaptitude[11]. Par contre, lorsque la capacité de contracter est sérieusement mise en doute par une preuve *prima facie*, le fardeau de preuve se déplace alors sur celui qui invoque la validité de l'acte[12].

435 – Du caractère exceptionnel des incapacités, certains auteurs concluent que les dispositions légales en la matière doivent faire l'objet d'une interprétation restrictive[13], en ce sens qu'elles doivent s'interpréter de façon à restreindre l'incapacité. Ce principe ne fait pas l'unanimité en doctrine et en jurisprudence. Par exemple, en ce qui concerne l'article 320 C.c.B.C. qui édictait que le mineur émancipé « ne peut intenter une action immobilière ni y défendre, sans l'assistance de son curateur », certains avaient déduit, *a contrario*, que le mineur émancipé pouvait intenter une action mobilière, interprétant ainsi restrictivement le champ d'incapacité. La jurisprudence a rejeté l'argument, au motif que le mineur émancipé, à l'époque, ne pouvait poser que des actes de pure administration et que lorsque les montants en jeu sont importants, l'action mobilière dépasse le cadre de la simple administration[14]. Les tribunaux ont

---

8. L'article 18 du *Code civil du Bas Canada* édictait que tout être humain « a pleine jouissance des droits civils, sous réserve des dispositions expresses de la loi » et l'article 985 ajoutait que « toute personne est capable de contracter, si elle n'en est pas expressément déclarée incapable par la loi ». En droit français, le Code civil édicte en son article 1123 que « Toute personne peut contracter si elle n'en est pas déclarée incapable par la loi ».
9. Il existe une abondante jurisprudence rappelant ce principe, particulièrement en matière testamentaire ; voir, notamment, *Caron* c. *Forest (Succession de)*, 2010 QCCS 2604 ; *Morin et Morin (Succession de)*, 2008 QCCS 2949 ; *Moreau (Succession)* c. *Beaulieu*, [2008] R.R.A. 799 (C.Q.) ; *J.G. (Succession de)*, 2014 QCCS 1102 ; *R.B.* c. *H.B.*, 2014 QCCS 1096 ; sur la question de la capacité dans le domaine des actes testamentaires, voir A.J. Barette, « La capacité et l'acte testamentaire », dans Service de la formation continue, Barreau du Québec, vol. 324, *Développements récents en succession et fiducies (2010)*, Cowansville, Éditions Yvon Blais, 2010, p. 3.
10. *Leblond* c. *Leblond*, [1978] C.A. 506 ; *Rosconi et Lussier* c. *Dubois et Goulet*, [1951] R.C.S. 554.
11. *Bourgeois* c. *Dagenais*, 2013 QCCS 10 ; *Arpin* c. *Arpin*, 2009 QCCS 6126 ; *Thibault* c. *Auger*, 2012 QCCS 6519.
12. *Therrien* c. *Grenier*, 2013 QCCS 2740.
13. Voir, en ce sens, J.-G. Cardinal, « L'incapacité », (1957) 59 *R. du N.* 489, 491 et 495.
14. *Crevier* c. *Lavigne*, [1952] B.R. 742.

donc interprété la disposition dans le sens d'une plus grande protection de l'incapable.

436 – L'incapacité juridique, quelle qu'elle soit et quelle qu'en soit l'ampleur, constitue donc une sorte de diminution, de réduction de la personnalité juridique justifiée par le fait que certaines personnes n'ont pas, dans les faits, les moyens d'agir efficacement et pleinement. C'est le rôle du droit d'apporter une réponse aux défis que pose la situation de faiblesse dans laquelle se trouvent ces personnes ou ces catégories de personnes. La réponse doit venir de la loi. En effet, il n'appartient pas aux individus de s'imposer à eux-mêmes ou d'imposer à leurs semblables une réduction de la capacité juridique[15]. La Cour suprême du Canada a appliqué cet important principe en refusant à une épouse de représenter son mari dans le cadre de procédures judiciaires lorsque cette représentation n'est pas expressément autorisée par la loi. La Cour suprême rappelle qu'il n'appartient pas à un individu, aussi généreuses que soient ses motivations, de déjouer les exigences des règles relatives aux régimes de protection qui encadrent les modalités de la représentation des personnes inaptes[16]. Les tribunaux, non plus, ne disposent pas de ce pouvoir même si, depuis 1990, la loi leur permet de circonscrire le champ de capacité de certaines personnes inaptes, comme nous le verrons en détail dans le chapitre sur la protection des majeurs à capacité réduite[17]. Mais là encore, ce pouvoir est prévu par la loi et ne peut être exercé que dans le respect scrupuleux des conditions légales. Par conséquent, c'est bien dans la loi que l'incapacité trouve sa source. C'est également parce que les questions de capacité échappent à l'emprise des personnes que le *Code de procédure civile* prévoit que le pouvoir des tribunaux de tenter de concilier les parties qui y consentent ne s'applique pas en matière de capacité des personnes[18]. La nouvelle approche, préconisée par le *Code de procédure civile* de 2014, favorisant le règlement négocié des différends, explique sans doute la disparition de cette exception. L'article 9 C.p.c. prévoit, en effet, le principe général selon lequel si les parties le demandent ou si elles y consentent lors-

15. Le mandat de protection ne peut être analysé comme une auto-limitation de la capacité juridique car ce n'est pas l'individu qui enclenche le processus de protection mais bien l'homologation du mandat par le tribunal ; *cf. infra*, Titre II, chap. III.
16. *Bibaud* c. *Québec (Régie de l'assurance maladie)*, [2004] 2 R.C.S. 3, 2004 CSC 35, REJB 2004-65745.
17. Depuis l'entrée en vigueur, le 15 avril 1990, de la *Loi sur le curateur public et modifiant le Code civil et d'autres dispositions législatives*, L.Q. 1989, c. 54, art. 334.3 C.c.B.C. et 288 C.c.Q.
18. Art. 4.3 C.p.c.

que le tribunal le leur propose, ce dernier peut favoriser la conciliation des parties. Le fait que l'article 9 ne reprenne pas l'exclusion de l'actuel article 4.3 C.p.c. en ce qui concerne la conciliation dans des dossiers qui touchent à la capacité des personnes, laisse à penser que ce champ n'est plus exclu. Cette interprétation est renforcée par l'article 305 C.p.c. qui prévoit que dans les affaires non contentieuses concernant l'intégrité, l'état ou la capacité d'une personne, le facteur déterminant est celui de l'intérêt de la personne concernée. Or il est indéniable que toute tentative de règlement à l'amiable, notamment par la conciliation, sera probablement dans l'intérêt de la personne concernée.

Section II

Le domaine de l'incapacité

437 – *Remarque terminologique* – Le *Code civil du Bas Canada*, tout comme le Code civil français, traitait de l'incapacité, des incapables et des interdits. Les expressions ont paru sans doute quelque peu péjoratives au législateur qui, en 1989, a introduit les termes « inaptitude » et « inaptes ». La terminologie ancienne n'en est pas pour autant complètement évacuée puisque l'on retrouve çà et là encore l'expression incapacité, par exemple à l'article 256, al. 2 C.c.Q. qui édicte que l'incapacité résultant du régime de protection d'un majeur est établie en faveur de ce dernier seulement. Certains auteurs continuent à distinguer aptitude et capacité, la première étant une question de fait alors que la deuxième réfère au concept juridique[19]. Quant à nous, nous utiliserons indifféremment l'expression capacité, aptitude, incapacité et inaptitude, étant entendu qu'il ne faut y voir aucune distinction de sens. Les vocables « juridique », « factuelle », « naturelle » permettent de lever toute ambiguïté.

438 – *Les actes juridiques v. les faits juridiques* – Il faut souligner que l'incapacité juridique au sens où nous l'envisageons ici, ne touche que le domaine des actes juridiques (par opposition aux faits juridiques[20]), c'est-à-dire les actes volontaires dont le but est d'enclencher

19. En ce sens, P. Deschamps, « La confiscation des droits fondamentaux des personnes inaptes et les régimes de protection », dans Service de la formation continue, Barreau du Québec, *La protection des personnes vulnérables*, Cowansville, ÉditionsYvon Blais, 2013, p. 69.

20. Le fait juridique est « un événement auquel la loi attache d'autorité des effets de droit » (J. Pineau et D. Burman, *Théorie des obligations*, 2e éd., Montréal, Éditions Thémis, 1988, § 160, p. 227) ; selon l'expression de J.-L. Baudouin, « Le fait juridique est un événement qui entraîne des effets juridiques sans que ces effets aient été recherchés par l'individu qui en est l'auteur. Il est non volontaire dans le sens

les effets juridiques rattachés à ces actes par la loi (la création, la modification, la transmission, l'extinction d'un droit ou d'une obligation[21]). Lorsque la loi attache des conséquences à un fait, c'est la survenance de ce fait qui déclenche les effets, peu importe la capacité ou l'incapacité juridique de la personne impliquée. C'est ainsi qu'un « incapable » n'est pas, par principe, dans l'impossibilité légale d'engager sa responsabilité civile, ce qui ne signifie pas qu'un régime spécifique de responsabilité ne puisse lui être reconnu afin de tenir compte de son inaptitude et donc de son besoin de protection.

439 – *La responsabilité civile* – Bien entendu, dans la mesure où la personne incapable n'est pas douée de raison au sens de l'article 1457 du Code civil[22], sa responsabilité ne pourra pas être retenue[23]. Ce sera le cas de façon quasi automatique en ce qui concerne les faits et gestes du majeur sous curatelle puisqu'il est frappé d'une incapacité à peu près totale, conséquence d'une incapacité totale à exprimer sa volonté. Celui-là est également « incapable de faute »[24]. Il faut mettre à part le cas d'école du majeur sous curatelle qui aurait bénéficié d'un « moment de lucidité » pendant lequel il aurait brièvement recouvré la raison. Ce cas est d'autant plus théorique qu'il sera à peu près impossible de faire la preuve de cet instant de grâce. La jurisprudence en matière de responsabilité civile fournit plusieurs exemples de cette quasi-impossibilité[25]. De plus, on peut imaginer que, dans pareille situation, le comportement fautif reproché sera bien souvent l'illustration même de l'absence de raison et donc de responsabilité. Il n'y a donc pas d'adéquation juridique entre « avoir la capacité » et « être doué de raison ». Par conséquent, une personne frappée d'une certaine incapacité juridique pourrait néanmoins être considérée comme suffisamment douée de raison et donc tenue

---

que, s'il y a volonté de la part de l'individu, cette volonté n'a pas pour *but essentiel* de créer, de modifier ou d'éteindre une situation juridique » (J.-L. Baudouin, P.-G. Jobin et N. Vézina, *Les obligations*, 7e éd. par P.-G. Jobin et N. Vézina, Cowansville, Éditions Yvon Blais, 2013, p. 61).

21. Voir, pour les effets des contrats, l'article 1433 C.c.Q. : « Le contrat crée des obligations et quelquefois les modifie ou les éteint. En certains cas, il a aussi pour effet de constituer, transférer, modifier ou éteindre des droits réels. »
22. Art. 1457 C.c.Q. : « Toute personne a le devoir de respecter les règles de conduite qui, suivant les circonstances, les usages et la loi, s'imposent à elle, de manière à ne pas causer de préjudice à autrui. Elle est, lorsqu'elle est douée de raison et qu'elle manque à ce devoir, responsable du préjudice qu'elle cause par cette faute à autrui et tenue de réparer ce préjudice, qu'il soit corporel, moral ou matériel. »
23. Pour une analyse critique de ce principe, voir M. Lacroix, « Le cas des inaptes juridiques et de leur (ir)responsabilité civile », (2013) 54 :4 *C. de D.* 811.
24. L'expression est du juge Dugas de la Cour supérieure, dans l'affaire *Laverdure-Renaud* c. *Bélanger et al.*, [1975] C.S. 612, 613. Voir également *infra*, « La responsabilité civile des mineurs ».
25. *Laverdure-Renaud* c. *Bélanger*, [1975] C.S. 612. De la même façon, il est extrêmement difficile de faire la preuve d'un moment précis d'aberration mentale dont serait victime une personne qui, à ce moment, aurait été temporairement incapable de distinguer le bien du mal : *Groupe Estrie Richelieu (Le), cie d'assurances* c. *Morneau*, [2004] R.R.A. 84, REJB 2003-50818 (C.S.).

civilement responsable du préjudice qu'elle a causé par sa faute. Le meilleur exemple est, bien entendu, celui du mineur. Inversement, une personne juridiquement capable pourrait fort bien être considérée, à un moment précis, comme non douée de raison au sens de l'article 1457, al. 2 C.c.Q. et elle pourrait ainsi échapper à toute responsabilité civile.

440 – Puisque l'incapacité ne concerne que les actes juridiques, l'incapable demeure soumis aux obligations imposées par la loi et qui constituent donc des faits juridiques. Ainsi, le parent, qu'il soit majeur ou mineur, est lié par l'obligation alimentaire à l'égard de son enfant. La notion d'incapacité n'a pas sa place en matière d'obligations imposées par la loi[26].

C'est également parce que le domaine des incapacités se limite en principe à celui des actes juridiques que l'incapable peut valablement agir comme gérant d'affaires. En effet, la gestion d'affaires, qui, sous l'ancien droit, était qualifiée de quasi-contrat et que le nouveau Code range sous le chapitre « De certaines autres sources de l'obligation », est « un fait juridique auquel la loi attache des conséquences »[27]. C'est, de la part du gérant, une intervention désintéressée et spontanée dans les affaires d'autrui[28]. Le *Code civil du Bas Canada* prévoyait expressément que seule la personne capable de contracter pouvait valablement agir comme gérant d'affaires (art. 1041). Cette règle n'a pas été retenue par le *Code civil du Québec* qui ne fait pas de la capacité une exigence en matière de gestion d'affaires (art. 1482). Le droit québécois rejoint ainsi la solution préconisée par la doctrine contemporaine dominante en droit français, selon laquelle la gestion d'affaires est susceptible d'engager pleinement l'incapable[29].

441 – *La capacité résiduelle* – La question du domaine de l'incapacité soulève celle de l'éventuelle capacité résiduelle des personnes qui en vertu d'une décision judiciaire sont soumises à un régime d'incapacité totale. Ce régime les prive-t-elles de toute possibilité d'agir ? La question est délicate, particulièrement lorsqu'elle concerne des droits fondamentaux. Par exemple, une personne totalement inapte juridiquement peut-elle malgré cela prétendre décider de son lieu de résidence si elle en a l'aptitude factuelle ? Compte tenu du fait que ce sont les majeurs sous curatelle et sous mandat de protection qui sont essentiellement concernés par cette problématique, nous en traiterons plus loin dans le chapitre sur les inaptes majeurs.

---

26. G. Marty et P. Raynaud, *op. cit.*, note 4, n° 501.
27. M. Tancelin, *Des obligations, contrat et responsabilité*, 4e éd., Montréal, Wilson & Lafleur, 1988, p. 221.
28. Art. 1482 C.c.Q. : « Il y a gestion d'affaires lorsqu'une personne, le gérant, de façon spontanée et sans y être obligée, entreprend volontairement et opportunément de gérer l'affaire d'une autre personne, le géré, hors la connaissance de celle-ci ou à sa connaissance si elle n'était pas elle-même en mesure de désigner un mandataire ou d'y pourvoir de toute autre manière. »
29. Voir, à cet égard, G. Goubeaux, *Traité de droit civil*, t. I « Les personnes », sous la direction de J. Ghestin, Paris, L.G.D.J., 1989, p. 363.

Section III
Les catégories d'incapacités

442 – La doctrine classique propose une classification des différentes sortes d'incapacités. Cet exercice, qui pour certains peut paraître un peu théorique, n'est pourtant pas sans intérêt, car il aide à cerner les caractéristiques essentielles de l'incapacité et permet donc de mieux comprendre les effets juridiques qu'elle entraîne. La principale distinction qui retient l'attention de tous les auteurs est celle qui oppose l'incapacité de jouissance à l'incapacité d'exercice.

§1 – Incapacité de jouissance et incapacité d'exercice

443 – *Le principe* – La capacité de jouissance est l'aptitude à être titulaire d'un droit, alors que la capacité d'exercice est l'aptitude à utiliser, à mettre en œuvre personnellement ce droit. On peut illustrer la distinction d'un exemple évident : un enfant qui vient de naître peut être propriétaire d'un immeuble et donc titulaire d'un droit qui lui permet d'aliéner cet immeuble. Par contre, il ne peut pas vendre lui-même son bien. La vente doit se faire par l'intermédiaire d'un représentant et dans le respect des formalités légales. Jean Carbonnier définit ces concepts de la façon suivante : « l'incapacité de jouissance est l'inaptitude à être sujet de droits et d'obligations, à acquérir des droits et à en jouir, tandis que l'incapacité d'exercice est simplement, un droit étant supposé acquis par le sujet, l'inaptitude à le faire valoir par soi-même dans la vie juridique »[30]. L'intérêt premier de cette distinction classique réside dans le régime des sanctions dont nous traiterons plus loin en détail.

A. L'incapacité de jouissance

444 – *Notion* – L'incapacité de jouissance vise l'absence ou la privation d'un droit. La personne qui en est frappée ne peut exercer ce droit ni par elle-même ni par l'intermédiaire d'un tiers. C'est le cas de la déchéance de l'autorité parentale : non seulement le parent déchu ne peut plus exercer l'autorité à l'égard de son enfant, mais il est dépouillé du droit lui-même. Ainsi perd-il, par exemple, le droit de contester devant un tribunal les actes d'autorité posés par l'autre parent. Même si les cas d'incapacité de jouissance sont assez rares,

30. J. Carbonnier, *Droit civil, Les personnes*, 18e éd., Paris, P.U.F., 1992, p. 144.

on en trouve tout de même des exemples. La notion d'âge apparaît parfois comme un facteur déterminant à cet égard. Ainsi, en matière d'adoption, l'adoptant qui n'est pas de 18 ans l'aîné de l'enfant n'a pas le droit d'adopter ce dernier (art. 547 C.c.Q.). Par ailleurs, le mineur ne peut faire un testament, si ce n'est pour disposer de biens de peu de valeur[31] et le majeur sous curatelle ne peut tester[32]. L'incapacité de jouissance apparaît essentiellement comme une interdiction faite par la loi à des personnes dans une situation définie, de poser certains actes juridiques, de contracter.

445 – Il serait d'ailleurs plus exact de parler d'interdiction d'agir plutôt que d'incapacité de jouissance, car cette dernière expression est ambiguë. On peut en effet penser que le mot « jouissance » réfère à « utilisation » et donc à « exercice » d'un droit, ce qui n'est pas le cas. C'est en ce sens que ces termes, selon l'expression de Planiol et Ripert, sont amphibologiques[33]. Plusieurs auteurs ont dénoncé l'écueil de cette terminologie[34].

446 – Le *Code civil du Bas Canada* prévoyait clairement que tout être humain « a pleine jouissance des droits civils, sous réserve des dispositions expresses de la loi »[35]. Par contre, le *Code civil du Québec*, qui affirme également la pleine capacité de jouissance des droits, ne mentionne pas cette possibilité de réserve législative, alors qu'elle existe expressément en ce qui concerne la capacité d'exercice (art. 4, al. 2 C.c.Q.). Est-ce à dire qu'il n'y a plus d'incapacités de jouissance dans le droit civil québécois depuis l'entrée en vigueur du Code civil du Québec ? Certainement pas. Il faut plutôt comprendre cette absence de réserve comme indiquant que toute personne détient l'aptitude générale de jouir des droits et que cette aptitude générale ne peut être retirée à une personne. Par contre, le Code civil contient lui-même plusieurs cas d'incapacités de jouissance spécifiques. En voici quelques exemples :

- interdiction pour le mineur et le majeur protégé de consentir une donation importante (art. 1813 C.c.Q.)[36] ;

31. Art. 708 C.c.Q.
32. Art. 709 C.c.Q.
33. M. Planiol et G. Ripert, *Traité pratique de droit civil français*, t. I, *Les personnes*, 2e éd., R. Savatier, Paris, L.G.D.J., 1952, p. 247.
34. J.É. Billette, « Traité théorique et pratique de droit civil canadien », t. I, *Donations et Testaments*, Montréal, 1933, p. 141 ; J.-L. Baudouin, *Les obligations*, 3e éd., Cowansville, Éditions Yvon Blais, 1989, p. 186 ; en droit français, voir R. Houin, « Les incapacités », (1947) 45 *Rev. trim. dr. civ.* 385.
35. Art. 18 C.c.B.C.
36. *Cossette* c. *Bruneau*, 2008 QCCQ 3247.

- interdiction pour un patient de consentir une donation à un salarié de l'établissement de santé où les soins sont prodigués (art. 1817 C.c.Q.)[37] ;
- impossibilité pour un bénéficiaire de faire un legs en faveur du propriétaire, de l'administrateur ou d'un salarié d'un établissement de santé et de services sociaux qui n'est ni un conjoint ni un proche parent[38] ou à un membre de la famille d'accueil (art. 761 C.c.Q.)[39] ;
- interdiction pour le salarié de renoncer à son droit d'obtenir une indemnité pour congédiement abusif (art. 2092 C.c.Q.) ;
- interdiction pour les officiers de justice d'acquérir des droits litigieux (art. 1783 C.c.Q.)[40].

Dans d'autres cas, l'interdiction ne vise pas une catégorie spécifique d'individus, mais elle est générale et elle s'adresse à toutes les personnes. En voici des exemples :

---

37. *Commission des droits de la personne et des droits de la jeunesse* c. *Courchesne*, 2013 QCTDP 24. La *Loi sur les services de santé et les services sociaux*, RLRQ, c. S-4.2 (art. 275 à 277) fait écho à cette interdiction et l'étend aux médecins, dentistes et pharmaciens qui exercent leur profession dans un établissement visé par cette loi. L'article 276 vise également les legs. Si ces dispositions sont exceptionnelles et qu'elles ne doivent en principe pas recevoir une interprétation large, il a cependant été décidé qu'il ne faut pas restreindre indûment le mot « époque » parce que cela aurait pour effet de limiter l'interdiction aux seules donations (ou legs) signés à l'hôpital (*Ratté* c. *Lavoie-Savard*, J.E. 97-792, REJB 1997-02961 (C.S.)). Dans *Longtin* c. *Plouffe*, [2001] R.J.Q. 2635, REJB 2001-26927 (C.S.), le tribunal estime que la notion de famille d'accueil au sens du *Code civil du Québec* repose sur « une idée de permanence et de continuité de la situation et de la relation entre la personne hébergée et la personne qui offre l'hébergement ». Pour une interprétation restrictive de la notion de famille d'accueil, voir *Dupaul* c. *Beaulieu*, [2000] R.J.Q. 1186, REJB 2000-18191 (C.S.).
38. La notion de proche parent doit cependant être interprétée largement, notamment en tenant compte des liens affectifs qui lient les personnes. Ainsi, la Cour d'appel a accepté d'y inclure un parent au septième degré : *Boutin* c. *Gagnon Lambert*, 2011 QCCA 1234.
39. Pour une interprétation large de la notion de famille d'accueil dans le cadre de cette disposition, voir *Lafortune* c. *Bourque*, [2000] R.J.Q. 1852, REJB 2000-18711 (C.S.) (comparer avec *Dupaul* c. *Beaulieu*, [2000] R.J.Q. 1186, REJB 2000-18191 (C.S.) et *Blanchette-Miller* c. *Brochu*, J.E. 2000-1791, REJB 2000-20426 (C.S.)). Par contre, dans *Bourgeois* c. *Dagenais**, 2013 QCCS 10 (inscription en appel, C.A. Montréal, n° 500-09-023311-137, 2013-02-08), le tribunal estime que cette disposition ne couvre pas le scénario d'une personne qui reçoit des soins à domicile.
40. Par « droit litigieux » il faut comprendre un droit qui est incertain, disputé, contesté ou susceptible de donner naissance à une contestation judiciaire (J.-L. Baudouin, P.-G. Jobin et N. Vézina, *op. cit.*, note 20) ; c'est le caractère aléatoire du droit qui le rend litigieux : *Lévesque* c. *Landry**, 2013 QCCQ 10333 (inscription en appel, C.A. Québec, n° 200-09-008167-139, 2013-10-10).

- interdiction de transiger relativement à l'état des personnes (art. 2632 C.c.Q.) ;
- interdiction de soumettre à l'arbitrage un différend en matière familiale (art. 2639 C.c.Q.).

447 – *Fondement* – Sous-jacente au principe de l'incapacité de jouissance, se profile la notion de protection. La loi interdit certains actes dans le but de protéger la personne incapable. C'est le cas pour l'interdiction de tester faite au mineur. De toute évidence, le législateur entend par là protéger le mineur contre sa propre inexpérience et contre les influences extérieures indues. L'interdiction d'agir peut aussi viser à protéger la société et l'ordre public, comme c'est le cas pour les interdictions de transiger relativement à l'état ou à la capacité des personnes. C'est également le cas de l'interdiction imposée aux officiers de justice en ce qui a trait à l'acquisition de droits litigieux, l'objectif étant de maintenir la confiance dans les instances judiciaires[41]. Dans d'autres cas, l'interdiction a pour but de protéger une personne contre les agissements d'une autre. Dans ce dernier cas, on parlera d'incapacité de défiance ou de suspicion[42]. Ces incapacités frappent les catégories de personnes dont on peut craindre qu'elles nuisent aux intérêts d'autrui ou de la société[43]. Il s'agit, par exemple, de l'interdiction faite au tuteur de se porter acquéreur des biens de son pupille qu'il doit en principe sauvegarder. C'est le cas également de l'interdiction faite aux juges, avocats, notaires et officiers de justice de se porter acquéreurs de droits litigieux (art. 1783 C.c.Q.)[44].

448 – Il fut une époque où certaines incapacités constituaient une peine, une sanction pour un comportement répréhensible. C'était le cas pour la mort civile ou la dégradation civique. Celles-ci n'existent plus de nos jours. Pourtant, l'idée d'incapacité-sanction n'est pas totalement absente aujourd'hui puisqu'on la retrouve comme toile de fond dans au moins deux cas. Le premier est celui de la déchéance de l'autorité parentale ou du retrait d'un attribut de l'autorité parentale, qui peut être prononcée « si des motifs graves et l'intérêt de l'enfant justifient une telle mesure » (art. 606 C.c.Q.) et qui

---

41. J.-L. Baudouin, P.-G. Jobin et N. Vézina, *op. cit.*, note 20, par. 328.
42. J. Carbonnier, *op. cit.*, note 30, p. 145. On peut parler aussi d'incapacité *préventive* : M. Tancelin, *Sources des obligations, L'acte juridique légitime*, Montréal, Wilson & Lafleur, 1993, p. 50.
43. G. Marty et P. Raynaud, *op. cit.*, note 4, n° 497.
44. Sur cette question, voir J. Turgeon, « Interrelations et considérations sur les droits litigieux, les droits successifs et l'officier de justice », (1993) 53 *R. du B.* 81-125.

emporte aussi, pour l'enfant, dispense de son obligation alimentaire à l'égard du parent déchu. La jurisprudence admet que cette mesure sanctionne le comportement répréhensible, l'indignité du parent[45] et qu'il s'agit donc d'une mesure très grave[46] et extrême[47]. L'autre cas sanctionne également un comportement d'indignité : la personne qui est déclarée coupable d'avoir attenté à la vie du défunt est de plein droit indigne de succéder (art. 620 C.c.Q.)[48]. On voit donc, dans un cas comme dans l'autre, que la loi sanctionne un comportement jugé inacceptable, par le retrait d'un droit. Mais dans ces deux cas, l'idée de protection n'est pas totalement absente. En effet, la déchéance de l'autorité parentale a ultimement pour but de protéger l'enfant et l'indignité à succéder peut être perçue comme une mesure dissuasive et donc de protection à l'égard de la victime éventuelle d'un crime.

449 – *Étendue* – Les exemples d'incapacités de jouissance sont finalement peu nombreux. Et cela est normal car l'incapacité qui frappe ainsi un individu ou une catégorie d'individus, heurte le principe d'égalité civile. De plus, comme cette incapacité équivaut à la privation d'un droit, il en résulte qu'elle est toujours spéciale, c'est-à-dire qu'elle ne vise qu'une activité juridique en particulier. L'incapacité de jouissance générale signifierait l'absence de personnalité juridique et donc la négation du statut de personne. Ce serait l'équivalent de la mort civile.

B. L'incapacité d'exercice

450 – *Notion* – L'incapacité d'exercice n'est pas une absence de droit, mais une impossibilité d'utiliser ce droit de façon autonome. Pour reprendre l'expression de Pierre-Basile Mignault :

> L'exercice c'est la faculté de faire les actes, de remplir les formalités et conditions nécessaires pour la mise en œuvre de cette aptitude, pour acquérir les droits civils, les conserver, les faire valoir et en disposer.[49]

451 – Tout en étant titulaire d'un droit, réellement ou potentiellement, la personne ne peut en faire usage, ne peut elle-même le mettre

45. Voir *V.F. c. C.*, [1987] 2 R.C.S. 244, 262 ; M. D.-Castelli et D. Goubau, *Le droit de la famille au Québec*, 5e éd., Québec, P.U.L., 2005, p. 358 et s. ; J. Pineau et M. Pratte, *La famille*, Montréal, Éditions Thémis, 2006, p. 866 et s.
46. *Droit de la famille – 1738*, [1995] R.J.Q. 2328 (C.A.).
47. *Droit de la famille – 10287*, 2010 QCCA 292.
48. Cette indignité à succéder vise également le parent qui a été déchu de son autorité parentale.
49. P.-B. Mignault, *Le droit civil canadien*, t. I, Montréal, C. Théoret, 1895, p. 132.

en œuvre. La loi met alors en place des mécanismes qui permettent à la personne d'exercer son droit autrement. Ce sont ces incapacités d'exercice et les mécanismes mis en place par la loi pour les pallier qui nous intéressent.

452 – *Fondement* – L'incapacité d'exercice n'est jamais une sanction. Au contraire, elle constitue toujours une mesure de protection. Pour reprendre l'expression d'une sociologue du droit, « [l]'incapacité juridique n'est rien d'autre que le droit à une certaine irresponsabilité [...] »[50]. Les incapacités d'exercice sont instituées dans le but de protéger la personne contre elle-même. Elles viennent pallier une impossibilité ou une difficulté de la personne à exprimer adéquatement sa volonté, soit par le manque d'expérience dû à l'âge (c'est la protection des mineurs) ou par l'altération des facultés mentales ou physiques provoquée, par exemple, par la maladie ou l'affaiblissement dû à l'âge avancé (c'est la protection des majeurs). L'objectif de protection justifie une réduction plus ou moins grande de la liberté d'agir de façon autonome sur le plan du droit.

453 – *Étendue* – Comme il s'agit ici de protéger contre elle-même une personne en situation de faiblesse et non pas de priver un individu de ses droits, on comprend que les incapacités d'exercice sont beaucoup plus nombreuses que les incapacités de jouissance. Mais comme pour la capacité de jouissance, la capacité d'exercice constitue la règle et l'incapacité l'exception (art. 4 C.c.Q.). C'est donc par référence à la loi, et seulement à la loi, que l'on peut évaluer l'étendue de cette incapacité. Ainsi, lorsque l'article 8 C.c.Q. édicte qu'une personne ne peut renoncer à l'exercice des droits civils que dans la mesure où le permet l'ordre public, cela signifie que si elle peut renoncer à utiliser effectivement certains droits, il lui est par contre interdit de renoncer à sa capacité d'exercer ses droits. On trouve une application de ce principe dans l'article 2631 C.c.Q., qui interdit de transiger relativement à la capacité des personnes. Comme l'incapacité d'exercice ne prive pas la personne de ses droits, il n'y a pas d'obstacle de principe à ce que cette incapacité soit générale. On peut citer ici l'exemple du majeur placé sous curatelle : il est frappé d'une inaptitude générale à exercer ses droits. Pourtant, il convient d'atténuer quelque peu ce principe, car même dans le cas d'une incapacité générale d'exercice, le législateur laisse une certaine place, aussi minime soit-elle, à l'autonomie de

50. I. Théry, *Le démariage. Justice et vie privée*, Coll. Opus, Paris, Éditions Odile Jacob, 1996, p. 370.

la personne. En matière médicale, par exemple, il est nécessaire d'obtenir le consentement de l'inapte[51] et la loi indique que dans certaines circonstances son refus d'être soigné doit être respecté. Sur le plan des contrats, les actes faits seuls par le majeur sous curatelle demeurent valides tant et aussi longtemps que son représentant n'en aura pas demandé l'annulation et qu'un tribunal ne l'aura prononcée. On constate ainsi que la personne frappée d'une incapacité que l'on qualifie de générale bénéficie malgré tout d'un champ restreint de capacité. En ce sens, on peut dire qu'il n'y a donc pas d'incapacités d'exercice totales.

§2 – Incapacité naturelle et incapacité juridique

454 – L'incapacité juridique vise les cas, prévus par la loi, où la personne fait l'objet d'un régime particulier de protection, que ce soit automatiquement par le fait même de son état (le mineur) ou par décision judiciaire (par exemple, l'ouverture d'une tutelle ou d'une curatelle au majeur). On oppose à cette notion celle d'incapacité « naturelle » ou « de fait ». Cette distinction relève plus de la confusion terminologique. En effet, l'incapacité naturelle vise les cas d'impossibilité factuelle à donner un consentement, indépendamment de l'ouverture d'un régime de protection[52]. Il s'agit des personnes que l'ancien article 986, al. 4 C.c.B.C. qualifiait maladroitement d'« aliénées ou souffrant d'une aberration temporaire causée par maladie, accident, ivresse ou autre cause ». Ainsi, une personne sous l'effet momentané de la drogue peut être incapable de donner un consentement valable à un contrat, sans pour autant avoir fait l'objet d'un régime particulier de protection. Cette personne est incapable de fait. Elle ne peut donc pas contracter valablement, ce qui ne veut pas dire qu'elle bénéficie des avantages particuliers rattachés aux régimes de protection des inaptes, en matière d'annulation des actes juridiques par exemple. Les tribunaux ont eu souvent l'occasion de se

51. Nous avons vu que, dans certaines situations, on peut ultimement se passer de ce consentement. Mais cela n'enlève rien au fait que ce consentement doit, en principe, être obtenu. *Cf. supra*, Les droits de la personnalité, l'intégrité physique.

52. « L'expression « incapacité naturelle » nous paraît inappropriée, car il y a absence de consentement et non point « incapacité » au sens juridique du terme » : J. Pineau et D. Burman, *op. cit.*, note 20, p. 129. Dans le même sens, voir J.-L. Baudouin, P.-G. Jobin et N. Vézina, *op. cit.*, note 20, p. 423, qui soulignent qu'il ne faut pas confondre aptitude à consentir (c'est-à-dire l'habileté de fait à donner un consentement) et aptitude à s'obliger (c'est-à-dire l'habileté conférée par la loi de s'engager volontairement). ; également D. Lluelles et B. Moore, *Droit des obligations*, 2e éd., Montréal, Éditions Thémis, 2012, par. 937 et s.

prononcer sur le degré d'aberration mentale qu'une partie doit atteindre pour qu'un acte soit frappé de nullité[53]. C'est la situation visée par l'article 1398 C.c.Q. qui édicte que « le consentement doit être donné par une personne qui, au temps où elle le manifeste, de façon expresse ou tacite, est apte à s'obliger ». L'aptitude factuelle ou naturelle est présumée et il appartient à celui qui invoque l'inaptitude, d'en faire la preuve[54]. La distinction entre incapacité juridique et incapacité naturelle est particulièrement mise en lumière dans le cas des majeurs sous régime de protection qui sont soumis à des interventions médicales. Nous avons vu, au chapitre du droit à l'intégrité physique, que la mise en place d'un régime de tutelle ou de curatelle ne libère pas le personnel médical de l'obligation de vérifier l'éventuelle inaptitude du patient à consentir. En d'autres mots, l'incapacité juridique qui découle du régime de protection, n'évacue pas la présomption de capacité naturelle lorsqu'il s'agit de soins.

455 – La nature de l'incapacité résultant de l'homologation d'un mandat de protection a donné lieu à différents points de vue. La plupart des auteurs s'entendent désormais pour affirmer qu'il s'agit d'une incapacité juridique et que l'homologation du mandat ouvre en quelque sorte un régime qui s'apparente aux régimes de protection classiques sans toutefois en être un simple décalque. Il y a de nombreuses conséquences reliées à ce constat, sur lequel nous nous penchons en détail au chapitre sur le mandat de protection[55].

456 – L'inaptitude de fait vise donc les cas où il n'y a pas de régime de protection mis en place par la loi ou par un tribunal. Pourtant, il faut bien constater que le législateur entretient la confusion en utilisant indifféremment le terme « inaptitude », visant parfois les seuls cas où un régime de protection a été mis en place, et parfois les cas de simple inaptitude factuelle. Ainsi, il est clair que l'article 394.2 du *Code de*

---

53. Dans *Thibodeau* c. *Thibodeau*, [1961] R.C.S. 285, 288, le juge Taschereau écrivait à ce sujet : « Si le contractant, ou le testateur, n'a pas la capacité de comprendre la portée de son acte, s'il n'a pas la volonté de l'apprécier, d'y résister ou d'y consentir, si à raison de la faiblesse de son esprit, il ne peut peser la valeur des actes qu'il pose ou les conséquences qu'ils peuvent entraîner, si en un mot il ne possède pas le pouvoir de contrôler son esprit, son acte sera nul faute de consentement valide ». Pour un exemple en matière de donation, voir *J.T.* c. *S.M.*, 2014 QCCS 849. Pour des cas d'application en matière testamentaire (art. 703 et 707 C.c.Q.), voir *Tellier (Succession de)*, J.E. 2007-118 (C.S.) ; *Thériault* c. *Dennis et al.*, EYB 2007-120358 (C.S.) ; sur ces questions, voir C. Morin, « La capacité de tester : tenants et aboutissants », (2011) 41:1 *R.G.D.* 143 ; C. Morin, « Libéralités et personnes âgées : entre autonomie et protection », (2013) 59:1 *McGill L.J.* 141.
54. *Tellier (Succession de)*, J.E. 2007-118 (C.S.).
55. Voir en particulier *infra*, par. 788 et 789.

procédure civile, qui prévoit la possibilité de désigner un tuteur *ad hoc* au majeur inapte, ne vise que la personne sous régime de protection. Par contre, en matière de consentement aux soins médicaux, lorsque la loi mentionne la constatation de l'inaptitude du majeur (art. 15 C.c.Q.), elle vise les cas d'impossibilité de fait à consentir. Cette impossibilité, nous l'avons vu, doit être constatée par les personnes qui prodiguent les soins. Cet exemple illustre la confusion terminologique et donc la nécessité d'être prudent à la lecture des textes en la matière : le terme inaptitude peut viser un cas de régime de protection, une simple impossibilité d'agir ou encore une interdiction d'agir.

Section IV
Capacité et pouvoir

457 – Il ne faut pas confondre les notions de capacité et de pouvoir[56]. La capacité concerne la jouissance et l'exercice des droits par son titulaire. Elle est liée à la personne elle-même. Par contre, le pouvoir vise la possibilité d'exercer les droits qui appartiennent à une autre personne, de gérer l'intérêt d'autrui[57]. Il s'agit de la « prérogative juridique conférée à une personne, par la loi ou un contrat, à agir dans l'intérêt d'autrui ou pour la réalisation d'un but »[58]. C'est le cas du tuteur qui exerce les droits au nom de son pupille. On dit de lui qu'il exerce un pouvoir. Celui-ci est délimité par la loi. En d'autres mots, le pouvoir est une prérogative juridique conférée à une personne qui, dans l'intérêt d'une autre personne, peut accomplir des actes juridiques dont les effets se produisent dans le patrimoine de cette dernière[59]. On trouve une application fort courante de la notion de pouvoir dans le cas des dirigeants d'une personne morale. Ceux-ci représentent la personne morale et « l'obligent dans la mesure des pouvoirs que la loi, l'acte constitutif ou les règlements leur confèrent » (art. 312

---

56. Pour une étude approfondie du concept de pouvoir juridique, voir M. Cantin Cumyn, « Le pouvoir juridique », (2007) 52 *R.D. McGill* 215 ; P. Glenn, « À l'appui du pouvoir », (2007) 52 *R.D. McGill* 237 ; M. Cantin Cumyn et M. Cumyn, *L'administration du bien d'autrui*, 2e éd., dans *Traité de droit civil*, Cowansville, Éditions Yvon Blais, 2014, par. 80 et s. ; M. Cantin Cumyn, « De l'administration des biens à la protection de la personne d'autrui », dans Service de la formation continue, Barreau du Québec, vol. 283, *Obligations et recours contre un curateur, tuteur ou mandataire défaillant (2008)*, Cowansville, Éditions Yvon Blais, 2008, p. 203-221.
57. G. Marty et P. Raynaud, *op. cit.*, note 4, no 497.
58. J.-L. Baudouin et P.-G. Jobin et N. Vézina, *Les obligations*, 7e éd. par P.-G. Jobin et N. Vézina, Cowansville, Éditions Yvon Blais, 2013, p. 424.
59. M. Cantin Cumyn et M. Cumyn, *op. cit.*, note 56, par. 91.

C.c.Q.). Dans d'autres cas, les pouvoirs sont balisés par un jugement (dans le cas du majeur sous tutelle) ou par un mandat (dans le cas d'un mandat de protection)[60]. Contrairement à la capacité qui est la règle, les pouvoirs sont toujours l'exception et « résultent toujours d'une habilitation quelconque »[61]. Les pouvoirs portent généralement sur les biens[62], mais ils peuvent aussi porter sur la personne d'autrui (les pouvoirs qui découlent de l'autorité parentale, par exemple). L'absence ou la restriction de pouvoirs n'affecte en rien la capacité juridique de la personne. À l'opposé, ce n'est pas parce qu'une personne est elle-même en situation d'incapacité juridique qu'elle ne peut exercer de pouvoirs à l'égard des biens d'autrui. Ainsi, le mineur pourrait, à titre d'administrateur, avoir des pouvoirs sur les biens du bénéficiaire. La loi prévoit toutefois dans un tel cas une possibilité d'atténuation de la responsabilité en tant qu'administrateur[63].

Section V

Les catégories de personnes inaptes

458 – La liste des personnes frappées d'une certaine incapacité d'exercice fluctue avec les époques, selon que le législateur estime une catégorie de personnes en situation de faiblesse ou non. Les règles en matière d'incapacité et la liste des personnes visées témoignent d'ailleurs avec éloquence, pour chaque époque, du degré de sollicitude (et parfois de respect) de la société envers certains de ses membres[64]. Elles témoignent aussi du caractère fluctuant de la notion d'égalité des personnes devant le droit. Ainsi, ce n'est qu'en 1964 que la femme mariée acquiert la pleine capacité juridique de

60. Sur la distinction entre la notion de capacité et celle de pouvoir, voir F. Héleine, « La vérification par le professionnel des pouvoirs de passer un acte », (1994) 54 *R. du B.* 95, 115-117.
61. M. Tancelin, *op. cit.*, note 27, p. 52.
62. J.-L. Baudouin, P.-G. Jobin et N. Vézina, *op. cit.*, note 20.
63. Art. 1318 C.c.Q. Voir également l'importante restriction de l'article 327 C.c.Q. M. Cantin Cumyn et M. Cumyn soulignent que l'article 1355 C.c.Q. semble exiger la pleine capacité juridique de l'administrateur étant donné que l'ouverture d'un régime de protection met fin à ses fonctions. Ces auteures concluent que l'article 1318 C.c.Q. ne peut donc viser que les cas où un mineur (ou un majeur inapte) est administrateur de fait (*op. cit.*, note 56, par. 175).
64. L'extension des catégories de personnes incapables peut aussi être considérée comme l'expression de nouveaux rapports entre *pouvoir* et *savoir*. Voir, à ce sujet, M. Foucauld, *Histoire de la folie à l'âge classique*, Paris, Gallimard, 1972 ; A. Cellard, *Histoire de la folie au Québec de 1600 à 1850*, Montréal, Boréal, 1991.

principe[65]. Avant cette date, du seul fait de son mariage, la femme tombait sous la puissance maritale et devenait une « incapable » au même titre que les aliénés et les personnes souffrant d'une aberration mentale temporaire, pour reprendre la terminologie de l'époque[66]. On disait de la femme mariée qu'elle était « l'éternelle mineure »[67].

459 – L'incapacité de la femme mariée trouvait son fondement principal dans l'obligation d'obéissance à laquelle la femme était tenue envers son mari[68]. Il s'agissait donc surtout de sauvegarder de cette façon l'autorité maritale[69]. Elle trouvait accessoirement son fondement dans la « faiblesse et l'inexpérience naturelles de la femme ». Pierre-Basile Mignault écrivait à ce propos que la femme qui se marie « cherche une protection dans le mariage, un guide dans l'époux qu'elle se donne » et qu'elle « marque par là même qu'elle ne se sent ni assez forte ni assez expérimentée pour se charger seule du maniement de ses affaires. De là l'incapacité qui la protège contre elle-même »[70]. Autres temps, autres mœurs...

460 – Jusqu'en 1989, le Code civil prévoyait deux grandes catégories de personnes incapables : les mineurs et les interdits[71]. Ces derniers étaient les personnes « dans un état habituel d'imbécillité, démence ou fureur »[72] ainsi que les prodigues[73], les « ivrognes d'habitude »[74] et les narcomanes[75]. S'ajoutait à cela une catégorie de personnes un peu plus autonomes, mais nécessitant tout de même un certain encadrement, que l'on qualifiait de « faibles d'esprit » ou d'individus qui, sans être complètement prodigues, sont néanmoins enclins à la prodigalité[76]. L'âge et la maladie mentale étaient donc les deux raisons principales qui justifiaient la mise en place d'un régime de protection.

65. *Loi sur la capacité de la femme mariée*, S.Q. 1964-1965, c. 66. Cette loi abolit l'article 183 du *Code civil du Bas Canada*, qui déclarait nuls les actes que la femme faisait sans l'autorisation de son mari.
66. Ancien article 177 C.c.B.C.
67. L. Baudouin, *Le droit civil de la Province de Québec, modèle vivant de droit comparé*, Montréal, Wilson & Lafleur, 1953, p. 266.
68. P.-B. Mignault, *op. cit.*, note 49, p. 503.
69. J.-G. Cardinal, *loc. cit.*, note 13, p. 492.
70. P.-B. Mignault, *op. cit.*, note 49, p. 506.
71. Mis à part, bien entendu, la catégorie des femmes mariées.
72. Art. 325 C.c.B.C.
73. Art. 326 C.c.B.C.
74. Art. 336a C.c.B.C.
75. Art. 336r C.c.B.C.
76. Art. 349 C.c.B.C.

Depuis la réforme de 1989, les catégories de personnes inaptes, auxquelles nous consacrons les prochains chapitres, sont les suivantes[77] :

- le mineur (émancipé ou non) ;
- le majeur inapte à prendre soin de lui-même ou à administrer ses biens, dont les facultés à exprimer sa volonté sont altérées, que ce soit pour cause physique ou mentale ;
- le prodigue qui met en danger le bien-être de son conjoint ou de ses enfants.

On constate que, sous-jacents à ces catégories, on retrouve les facteurs de l'âge et de l'altération des facultés mentales, étant entendu que cette altération ne doit pas nécessairement être causée par une maladie mentale[78].

Section VI

Les mécanismes de protection

461 – Pour répondre aux difficultés que pose l'autonomie réduite des catégories de personnes décrites ci-dessus, la loi a mis en place des mécanismes de protection. Il s'agit de la représentation, de l'assistance, de l'autorisation, de l'avis obligatoire, de l'interdiction pure et simple de certains actes et, finalement, d'un régime particulier de prescription. Certains de ces procédés sont autonomes, alors que d'autres se combinent avec un mécanisme déjà en place. Ces mesures, qui sont autant d'atteintes au principe de l'autonomie juridique de la personne, ne sont pas toutes aussi radicales. Dans chaque situation, le choix du mécanisme de protection dépend de deux facteurs : la gravité de l'acte (il paraît en effet logique de surveiller de façon plus sévère la vente d'un immeuble, par exemple, que l'achat d'un bien à usage courant et d'une valeur minime) et le degré d'inaptitude (ainsi, la personne atteinte d'un lourd handicap mental nécessite un encadrement plus serré que l'adolescent au seuil de la majorité). Plus l'acte est lourd de conséquences pour la personne, plus les mécanismes de protection seront contraignants. Plus élevé est le degré d'inaptitude, plus complètes seront les mesures de protection.

---

77. C'est-à-dire depuis l'entrée en vigueur, le 15 avril 1990, de la *Loi sur le curateur public*, précitée, note 6. Les principes de cette réforme ont été repris dans le *Code civil du Québec*.
78. Voir *infra*, le chapitre sur la protection des majeurs inaptes.

§1 – La représentation

462 – Il s'agit du mécanisme le plus radical qui consiste à dessaisir la personne de l'exercice d'un ou de plusieurs droits, selon qu'il s'agit d'une incapacité spéciale ou générale, pour en charger un tiers qui agit alors pour le compte et au nom de la personne protégée. Ce procédé est réservé aux cas les plus « graves », c'est-à-dire lorsque la personne ne peut administrer elle-même ses propres intérêts. Le représentant est, selon le cas, le tuteur (au mineur ou au majeur), le curateur (au majeur) ou le mandataire (en cas de mandat de protection).

§2 – L'assistance

463 – Ce procédé n'enlève pas à la personne le droit d'agir elle-même. Toutefois, elle doit être assistée d'un tiers dont la tâche est de veiller à ses intérêts. L'assistant apparaît donc essentiellement comme un guide ou un conseiller pour les personnes frappées d'une faible incapacité juridique. Sa tâche dépasse toutefois le simple avis, puisqu'il doit participer à l'acte pour le valider. C'est le cas du tuteur au mineur émancipé (art. 173 C.c.Q.) et du conseiller au majeur (art. 291 C.c.Q.). On peut mentionner également le cas de la tutelle au majeur qui juxtapose les deux mécanismes de protection puisque pour certains actes le majeur doit être représenté alors que pour d'autres la simple assistance suffit (art. 288, al. 2 C.c.Q.).

§3 – L'autorisation

464 – Il s'agit d'un moyen de protection préventif, qui en soi n'enlève rien à la capacité de passer un acte, mais qui permet de s'assurer que l'acte projeté n'est pas nuisible pour la personne. C'est le cas, par exemple, du mineur qui, pour consentir valablement des conventions matrimoniales dans un contrat de mariage, doit y être expressément autorisé par le tribunal (art. 434 C.c.Q.). L'autorisation n'est pas toujours judiciaire. Elle est parfois requise d'une personne, comme du tuteur ou du titulaire de l'autorité parentale en matière de mariage (art. 373 C.c.Q.)[79], ou du bénéficiaire en matière d'administration du bien d'autrui (art. 1312, al. 2 C.c.Q.). Dans d'autres cas, c'est le conseil de tutelle qui doit autoriser un acte précis[80].

---

79. *Cf. infra*, la section sur la notion de tutelle *versus* celle de l'autorité parentale.
80. Par exemple, pour l'acceptation d'une donation avec charge : art. 211 C.c.Q.

Dans la plupart des cas, l'exigence d'une autorisation se combine avec la mise en place d'un autre mécanisme de protection, la représentation ou l'assistance. Pour les actes considérés comme les plus lourds de conséquences, la loi ne se satisfait pas du bon jugement du tuteur ou du curateur. Elle exige une intervention extérieure préalable, que ce soit du tribunal[81] ou du conseil de tutelle[82]. Quitte à alourdir (à l'excès, diront certains) le processus, le législateur fait donc le choix de multiplier les mécanismes de protection lorsqu'il s'agit d'actes graves.

§4 – L'avis

465 – C'est le mécanisme le moins attentatoire à l'autonomie de la personne protégée. La loi prévoit que, pour certains actes, l'avis du représentant, ou plus souvent du conseil de tutelle, est nécessaire. Ce mécanisme est presque toujours joint à celui de l'autorisation. Par exemple, lorsqu'un tribunal est amené à autoriser un mineur à passer un contrat de mariage, le juge doit préalablement prendre l'avis du tuteur (art. 434, al. 2 C.c.Q.). De la même façon, le tribunal prend l'avis du conseil de tutelle avant d'autoriser la vente d'un immeuble d'une valeur excédant 25 000 $ appartenant à un mineur. Cet avis n'a pas de caractère contraignant. Finalement, il n'a pour but que de permettre une décision éclairée dans les cas où une autorisation est nécessaire. C'est en même temps l'expression de la volonté du législateur d'associer le plus possible les proches de la personne protégée au processus décisionnel, ceux-ci étant généralement une source importante d'information sur la situation particulière de la personne protégée.

§5 – L'interdiction d'agir

466 – À véritablement parler, il ne s'agit pas d'un mécanisme d'encadrement de l'exercice des droits, mais plutôt d'une protection extrême qui consiste, au contraire, à limiter les droits. Dans quelques rares cas, en effet, la loi interdit un acte. Il s'agit, ni plus ni moins, d'une incapacité de jouissance qui vient accompagner une incapacité d'exercice. Parfois c'est la personne protégée qui se voit imposer cette restriction. On pense par exemple à l'interdiction faite au mineur de

81. Par exemple, dans le cas du mineur, l'aliénation d'un immeuble dont la valeur excède 25 000 $: art. 213 C.c.Q.
82. *Ibid.*, mais dans le cas où la valeur de l'immeuble n'excède pas 25 000 $.

tester (art. 708 C.c.Q.). Dans d'autres cas, c'est le représentant qui se voit interdire un acte précis, en raison de la situation éventuelle de conflit d'intérêts et donc de la méfiance qu'entretient le législateur à son égard. Par exemple, le tuteur ne peut disposer à titre gratuit des biens de son pupille qu'il administre (art. 1315 C.c.Q.). L'interdiction peut parfois être imposée à un tiers dont la mission est également de participer à la protection et au bien-être de la personne. L'article 275 C.c.Q. en fournit un exemple lorsqu'il édicte que les établissements de santé ou de services sociaux doivent, dans la mesure du possible, garder à la disposition du majeur placé au sein de l'établissement, ses souvenirs et autres objets à caractère personnel. À moins d'un motif impérieux, l'établissement ne peut donc priver la personne protégée de tels biens, en raison de leur importance sur le plan émotif. La notion de respect de la vie privée et de dignité de la personne inapte fonde une telle interdiction d'agir.

§6 – Un régime de prescription adapté

467 – Les personnes inaptes, mineures et majeures, bénéficient d'une protection particulière en matière de prescription puisque celle-ci ne court pas contre eux lorsqu'il s'agit des recours contre leur représentant (art. 2905 C.c.Q.). On comprend qu'il s'agit d'une mesure élémentaire de sécurité contre les malversations des représentants et que cette mesure est importante puisque, par définition, l'inapte est soumis au pouvoir de son représentant. Cependant, la prescription court contre les inaptes pour ce qui est de leurs recours contre les autres tiers, même en matière de responsabilité civile. Ce principe s'appuie sur le fait que l'inapte est représenté et que, par conséquent, il appartient au représentant d'agir, au nom de son protégé, dans les délais requis. La protection des inaptes se voit donc mitigée par l'impératif de protéger les tiers contre des recours tardifs. En 2013, le législateur a apporté un important tempérament à ce principe en ajoutant à l'article 2905 C.c.Q. le principe de la suspension de la prescription en matière de recours d'un mineur ou d'un majeur protégé « contre la personne qui est responsable de leur garde, ou à l'égard des recours qu'ils peuvent avoir contre quiconque pour la réparation du préjudice corporel résultant d'un acte pouvant constituer une infraction criminelle »[83]. Cette modification de la loi fait suite à la jurisprudence de la

83. *Loi modifiant la Loi sur l'indemnisation des victimes d'actes criminels, la Loi visant à favoriser le civisme et certaines dispositions du Code civil relatives à la prescription*, L.Q. 2013, c. 8. Cette loi introduit également un nouvel article 2926.1 C.c.Q. qui édicte : « L'action en réparation du préjudice corporel résultant d'un

Cour suprême en matière de recours en responsabilité civile intentés par des victimes d'agressions sexuelles.

La règle générale de l'article 2905 C.c.Q. peut être tempérée par l'application de l'article 2904 C.c.Q. qui édicte que « La prescription ne court pas contre les personnes qui sont dans l'impossibilité en fait d'agir soit par elles-mêmes, soit en se faisant représenter par d'autres ». Il ne suffit pas de démontrer que l'inapte est dans l'impossibilité d'agir, encore faut-il que son représentant, s'il en est pourvu, le soit[84]. Cette disposition joue, dès lors que le représentant est dans l'impossibilité d'agir pour une personne inapte[85]. Cette impossibilité d'agir peut, dans certains cas, résulter du comportement de l'inapte. Ainsi, c'est à bon droit qu'un juge a décidé que le refus d'une jeune fille de 14 ans de poursuivre l'auteur de l'agression sexuelle dont elle a été victime constitue une impossibilité factuelle de se faire représenter au sens de l'article 2904 C.c.Q.[86]. Cette disposition jouera également lorsque l'inapte n'est pas représenté. On peut penser au mineur dont les parents sont décédés alors qu'aucun tuteur ne lui a encore été nommé ou au majeur inapte soumis au régime de la tutelle ou de la curatelle, mais qui ne serait plus pourvu de tuteur ou de curateur. Mentionnons, en terminant, que l'article 2905 C.c.Q. ne traite pas des majeurs dont le mandat de protection a été homologué. Pourtant, pour les raisons exposées dans le chapitre sur le mandat, on peut affirmer que la personne, dès l'homologation, est soumise à une sorte de régime de protection et que, par conséquent, la règle de l'article 2905 C.c.Q. devrait pouvoir lui être appliquée. Il n'y a, en effet, aucune raison pour refuser au mandant inapte cette protection essentielle lorsqu'il s'agit des recours éventuels contre son mandataire.

---

acte pouvant constituer une infraction criminelle se prescrit par 10 ans à compter du jour où la victime a connaissance que son préjudice est attribuable à cet acte. Ce délai est toutefois de 30 ans si le préjudice résulte d'une agression à caractère sexuel, de la violence subie pendant l'enfance, ou de la violence d'un conjoint ou d'un ancien conjoint ».

84. *Contra : É.S.* c. *C.D.*, [2004] R.R.A. 175, REJB 2003-52115 (C.S.) où le tribunal estime que les conditions de l'article 2904 C.c.Q. sont « disjonctives » et qu'il suffit de faire la démonstration de l'impossibilité d'agir de l'inapte (une mineure de 14 ans) pour accepter l'idée que la prescription ne court pas. À notre avis, une telle interprétation neutraliserait l'article 2905 C.c.Q. et signifierait que dans la plupart des cas, la prescription ne court pas contre les personnes inaptes.

85. Voir, par exemple, *C.K.* c. *D.K.*, J.E. 2003-1388, REJB 2003-43821 (C.S.).

86. *É.S.* c. *C.D.*, précité, note 86. Lorsque tant le mineur que le représentant sont dans l'impossibilité d'agir, la prescription est, bien entendu, suspendue : *Christensen* c. *Archevêque catholique romain de Québec*, [2010] 2 R.C.S. 694 (pour un commentaire, voir J. McCann, « La décision *Christensen* c. *Archevêque catholique romain* : lorsque le tuteur doit poursuivre l'agresseur », (2009-2010) 40 *R.D.U.S.* 599.

Section VII
La sanction des incapacités

468 – Dans cette section, nous abordons succinctement les règles générales relatives au sort réservé aux actes faits par des personnes inaptes. Cette matière relève traditionnellement de la théorie générale des obligations et vise en grande partie la sanction des contrats passés par des inaptes. Quant aux applications particulières à chaque catégorie de personnes inaptes, nous les étudierons plus en détail dans les chapitres consacrés à chacune de ces catégories.

Le but des incapacités étant d'interdire certains actes ou d'en assortir l'exercice de conditions et de formalités, la sanction la plus efficace, en cas de non-respect de ces interdictions ou conditions, est d'annuler purement et simplement les actes contrevenants, de faire comme s'ils n'avaient jamais été passés. Parfois cette mesure peut être excessive et même contraire aux intérêts de la personne protégée. Dans ces cas, la loi permet de simplement réduire les obligations qui découlent de cet acte, tout en sauvegardant l'acte lui-même. Les sanctions qui frappent les actes des inaptes sont donc la nullité et la réduction des obligations, mesures auxquelles s'ajoute, bien entendu, la possibilité de dommages et intérêts en application du droit commun de la responsabilité civile.

§1 – La nullité

469 – *Les deux sortes de nullité : relative et absolue* – Généralement fidèle à la théorie classique des nullités[87], le Code distingue la nullité absolue et la nullité relative. Lorsque l'incapacité a pour but de protéger l'intérêt général, la sanction est la nullité absolue (art. 1417 C.c.Q.). Si l'incapacité est destinée à protéger des intérêts particuliers, la nullité est, en principe, relative (art. 1419 C.c.Q.). Étant donné que la très grande majorité des incapacités visent à protéger les inaptes contre eux-mêmes et que les mécanismes de protection sont établis avant tout dans l'intérêt des inaptes mineurs (art. 177 C.c.Q.) et majeurs (art. 256 C.c.Q.), on peut dire qu'en règle générale la nullité est relative. On en trouve des exemples clairs aux articles 162 et 163 C.c.Q., qui indiquent sans ambiguïté que l'acte peut être

87. Nous disons « généralement », car il faut bien constater que le *Code civil du Québec* s'écarte sensiblement de la théorie classique au chapitre des *effets* de la nullité.

annulé « à la demande du mineur ». Par contre, lorsqu'il s'agit des incapacités de jouissance, on comprend qu'en règle générale la sanction s'avère la nullité absolue puisque le fondement de ces incapacités est bien souvent la protection de l'intérêt général, voire de l'ordre public. Dans certains cas, le législateur mentionne expressément que la sanction est la nullité absolue, comme dans le cas de l'acquisition de droits litigieux par des juges, des avocats, des notaires et des officiers de justice (art. 1783 C.c.Q.). Dans ces cas, à travers une vente en particulier, c'est bien l'intérêt général qui est visé car la société entière a un intérêt dans la préservation de l'intégrité de la justice.

Lorsque l'incapacité de jouissance ne vise que la protection d'intérêts particuliers et non de l'intérêt général, la sanction ne peut être la nullité absolue que si la loi le mentionne expressément. On en trouve un exemple à l'article 161 C.c.Q. Cette disposition concerne les actes que le mineur ne peut faire seul, ni même représenté ; par exemple, léguer ses biens par testament (art. 708 C.c.Q.). Il s'agit donc des actes qui lui sont interdits, pour sa propre protection. Pourtant la loi prévoit que la nullité est néanmoins absolue. Pour ce scénario, la loi consacre la solution de l'ancien système qui prévoyait que les incapacités de jouissance étaient sanctionnées de nullité absolue.

Toutes les incapacités de jouissance ne sont pas pour autant sanctionnées de nullité absolue. Ainsi, l'incapacité pour le tuteur d'acquérir les biens du mineur ne peut être invoquée par ce tuteur qui voudrait voir annuler la vente (art. 1709 C.c.Q.). Il s'agit donc d'une nullité relative.

Donc, dans certains cas, le législateur indique clairement que la nullité est absolue. Dans d'autres cas, la solution n'est pas évidente à première vue, car le texte n'indique pas toujours le type de nullité dont est sanctionné un acte. Il faut alors se demander si l'incapacité a pour but de protéger l'intérêt général ou des intérêts particuliers. En matière d'incapacité, il n'est pas toujours aisé de distinguer entre ces deux finalités. À la limite, on pourrait dire qu'il est toujours dans l'intérêt général que les personnes « fragiles » soient bien protégées...

Il faut donc conclure que les tribunaux ont à se prononcer sur le caractère absolu ou relatif des nullités lorsque la loi est muette sur la question. En matière contractuelle, une présomption vient toutefois à la rescousse des tribunaux dans cette tâche délicate puisque chaque fois que la loi n'indique pas clairement le caractère de la nullité, le contrat est présumé frappé de nullité relative (art. 1421 C.c.Q.). Dans ce cas, il appartient à celui qui veut invoquer le caractère absolu de la nullité de démontrer qu'en dépit du silence de la loi c'est bien l'intérêt général que l'on entend protéger.

470 – *L'utilité de la distinction* – La qualification de la nullité a des conséquences sur la détermination des personnes qui peuvent l'invoquer ou s'en prévaloir, ainsi que sur la possibilité de confirmer l'acte et donc de le rendre définitivement valide. Finalement, la distinction a une incidence sur les délais de prescription de l'action en annulation. Voyons succinctement chacun de ces trois éléments.

471 – *Qui peut invoquer la nullité ?* – Un acte n'est pas nul de plein droit, que ce soit de nullité relative comme de nullité absolue, mais il est éventuellement annulable, ce qui signifie qu'il faut en faire constater la nullité par un tribunal[88]. Encore faut-il savoir qui peut demander l'annulation. La nullité relative ne peut être invoquée que par la personne que la loi entend protéger ou par son représentant. Elle ne peut jamais jouer contre les intérêts de l'incapable, car il s'agit d'une sanction de protection[89].

472 – L'article 1420 C.c.Q. permet cependant au cocontractant d'invoquer la nullité relative d'un contrat « s'il est de bonne foi et en subit un préjudice sérieux ». L'exigence de bonne foi porte sur la cause de l'annulation possible et signifie donc que le cocontractant devait ignorer le statut juridique de l'autre. Il est surprenant que le législateur ait prévu une telle entorse à la règle générale, tellement l'application pratique de ce tempérament paraît devoir rester exceptionnelle. En effet, la rédaction de cette disposition semble bien impliquer que le préjudice subi par le cocontractant doit résulter de l'état d'incapacité de l'autre. On pourrait à la limite imaginer un cas où l'incapacité d'une des parties rend le contrat à ce point fragile en raison des possibilités d'annulation, que l'autre partie en subisse un préjudice[90]. C'est donc bien le risque de voir un jour l'inapte demander l'annulation de l'acte, qui constitue le préjudice que pourrait invoquer éventuellement le cocontractant[91]. Cette exception constitue une entorse de taille à la théorie classique des nullités.

---

88. S. Gaudet, « Inexistence, nullité et annulabilité du contrat : essai de synthèse », (1995) 40 *R.D. McGill* 291-363.
89. M. Planiol et G. Ripert, *op. cit.*, note 33, n° 248. Sur cette question, voir l'arrêt *Rosconi et Lussier* c. *Dubois et Goulet*, [1951] R.C.S. 554 ; voir aussi les articles 177 et 256 C.c.Q.
90. À ce sujet, voir *Aubé* c. *Forget et Lupien*, [1967] C.S. 412.
91. Pour une analyse détaillée de l'article 1420, al. 2 C.c.Q., voir D. Lluelles et B. Moore, *Le droit des obligations*, 2e éd., Montréal, Éditions Thémis, 2012, p. 625 et s.

473 – La personne protégée garde l'initiative en matière de nullité relative. Elle peut choisir de ne pas invoquer la nullité et dans ce cas le tribunal ne peut pas l'invoquer d'office (art. 1420 C.c.Q.). La nullité absolue, par contre, peut être invoquée par « toute personne qui y a un intérêt né et actuel ». Cette expression signifie que l'intérêt doit être pécuniaire. Si les parties ne s'en prévalent pas, le tribunal doit la soulever d'office (art. 1418 C.c.Q.).

474 – *La confirmation de l'acte* – Une autre distinction importante réside dans le fait que l'acte frappé de nullité absolue ne peut pas être confirmé (art. 1418, al. 2 C.c.Q.)[92] alors qu'il peut l'être dans le cas de nullité relative, donc dans la très grande majorité des cas (art. 1420, al. 2 C.c.Q.). Cela signifie qu'une fois disparu le motif de l'incapacité, la personne peut volontairement renoncer à invoquer la nullité[93] et ainsi rendre l'acte inattaquable pour cause d'incapacité. Au moment de la confirmation, il faut que la cause de l'inaptitude ait disparu. On ne peut, en effet, confirmer un acte frappé par un empêchement qui existe toujours au moment de la confirmation[94]. Ainsi, un mineur ne peut confirmer un acte annulable que s'il est devenu majeur[95]. Il peut aussi confirmer un acte fait par son tuteur qui n'aurait pas respecté toutes les formalités requises[96]. Dans ce dernier cas, la confirmation ne peut avoir lieu qu'après la reddition de compte de tutelle, afin de permettre au pupille de mieux évaluer l'opportunité de demander l'annulation de l'acte irrégulier (art. 166 C.c.Q.).

475 – La thèse selon laquelle l'acte du mineur ne peut être confirmé par lui que lorsqu'il est devenu majeur, trouvait assise sur l'article 1008 C.c.B.C., qui édictait que « nul n'est restituable contre le contrat qu'il a fait durant sa minorité, lorsqu'il l'a ratifié en majorité ». L'article 1235, 2° C.c.B.C. mentionnait également la ratification par un majeur d'un acte fait sous minorité. Le principe de l'impossibilité pour un incapable de ratifier un acte tant que dure son incapacité a été confirmé par la Cour suprême dans l'affaire *Cossette et al.*

92. Dans l'ancien droit on parlait aussi de « ratification » : art. 1214 C.c.B.C.
93. Cette volonté peut être expresse ou tacite, mais elle doit toujours être certaine et évidente : art. 1423 C.c.Q.
94. Par conséquent, le jugement qui autorise pendant la minorité la confirmation d'actes annulables est vicié. En ce sens, *Cossette et al.* c. *Germain et al.*, [1982] 1 R.C.S. 751 et les commentaires de cette affaire par J.-L. Baudouin, « Chronique de droit civil québécois : session 1981-82 », (1983) 5 *S.C.L.R.* 209-214.
95. J. Pineau, D. Burman et S. Gaudet, *Théorie des obligations*, 4e éd., Montréal, Éditions Thémis, 2001, p. 356.
96. Par exemple, le fait de ne pas avoir demandé l'autorisation du conseil de tutelle lorsque requis.

c. *Germain et al.*[97]. Aujourd'hui, ces dispositions ne figurent plus dans le Code, mais l'article 166 C.c.Q. prévoit que « le mineur devenu majeur peut confirmer l'acte fait seul en minorité, alors qu'il devait être représenté ». On peut penser que rien n'empêcherait un mineur de renoncer à invoquer la lésion à l'égard d'un acte qu'il pouvait faire seul. Cette renonciation constituerait alors la confirmation d'un acte qui, autrement, pourrait être attaqué pour cause de lésion. Certains interprètes avancent plutôt que l'article 166 C.c.Q. ne s'attache pas à la nature de l'acte et ne fait que référer au type de nullité dont l'acte est entaché, afin de s'assurer que les actes sanctionnés de nullité absolue ne puissent pas faire l'objet d'une confirmation[98].

476 – *La prescription* – Dans l'ancien droit, l'action en nullité relative se prescrivait par dix ans, alors que l'action en nullité absolue était soumise à une prescription de 30 ans[99]. Le législateur voyait dans ces délais très longs un mécanisme supplémentaire de protection, au risque toutefois de porter atteinte aux principes de la stabilité de l'ordre contractuel et celui de la sécurité juridique. Le droit actuel innove sensiblement en la matière en mettant en œuvre deux principes importants : l'uniformisation et la réduction spectaculaire des délais[100]. Désormais, lorsque la loi ne fixe pas de délai précis, la prescription est de dix ans, indépendamment du caractère absolu ou relatif de la nullité que l'on entend invoquer. Si le délai « résiduaire » est de dix ans, en pratique le délai est encore plus court dans la très grande majorité des cas puisque, de façon générale, l'action qui tend à faire valoir un droit personnel se prescrit par trois ans (art. 2925 C.c.Q.). Le délai de trois ans, qui peut sembler bien court, apparaît donc *de facto* comme le délai de prescription le plus courant. La règle est d'autant plus sévère que, contrairement à ce qui existait dans l'ancien droit[101], les délais courent également contre les inaptes (sous réserve de l'exception introduite en 2013 concernant la suspension de la prescription dont nous avons traité plus haut)[102]. La sécurité juridique est sans doute à ce prix. Il faut cependant remarquer que le représentant de l'inapte peut être poursuivi pour ne pas avoir agi et

---

97. *Cossette et al.* c. *Germain et al.*, précité, note 94, p. 751. Voir les commentaires de J.-L. Baudouin, *loc. cit.*, note 94, p. 213-214 et de Y. Desjardins, « L'affaire *Germain* et ses conséquences pour l'examinateur de titre », (1982-1983) 85 *R. du N.* 67.
98. D. Lluelles et B. Moore, *Le droit des obligations*, 2e éd., Montréal, Éditions Thémis, 2012, p. 652.
99. Art. 2242 et 2258 C.c.B.C.
100. M. Cantin Cumyn, « Les principaux éléments de la révision des règles de la prescription », (1989) 30 *C. de D.* 611-625.
101. Art. 2232, 2258 et 2269 C.c.B.C.
102. Art. 2905 et 2926.1 C.c.Q.

que vis-à-vis de ce dernier la prescription est suspendue tant que dure l'incapacité (art. 2905 C.c.Q.).

La sévérité d'un délai aussi bref, même pour invoquer la nullité absolue, est toutefois tempérée de deux façons. Premièrement, le délai de prescription ne court qu'à partir du moment où la personne qui l'invoque a connaissance de la cause de nullité (art. 2927 C.c.Q.)[103]. Deuxièmement, l'exception est imprescriptible, ce qui signifie qu'une partie peut toujours invoquer la nullité de l'acte comme moyen de défense pour repousser une action (art. 2882 C.c.Q.). Par exemple, si un mineur passe un contrat dont la sanction est la nullité, alors que dans les faits ce contrat n'est jamais exécuté, le cocontractant ne peut pas en forcer l'exécution, même après trois ans, car le mineur peut toujours, en défense, invoquer efficacement la nullité de ce contrat.

477 – *La restitution* – L'effet principal de l'annulation d'un acte est que celui-ci est réputé n'avoir jamais existé. Par conséquent, les prestations reçues doivent en principe être restituées (art. 1422 C.c.Q.). Cette restitution doit se faire dans les circonstances et selon les modalités prévues aux articles 1699-1707 C.c.Q. Une règle dérogatoire concerne ici les personnes inaptes : celles-ci ne doivent restituer les prestations « que jusqu'à concurrence de l'enrichissement qu'elles en conservent » (art. 1706 C.c.Q.). Pour rendre cette protection encore plus efficace, la loi met le fardeau de la preuve de l'enrichissement sur les épaules de celui qui exige la restitution. Si par contre la restitution est devenue impossible par leur faute intentionnelle, les personnes protégées peuvent être tenues à la restitution intégrale des prestations. Il faut noter également que les règles particulières en matière de restitution ne s'appliquent qu'aux actes des personnes protégées. Selon une jurisprudence déjà ancienne de la Cour suprême, cela exclut donc les actes antérieurs au régime de protection et dont on aurait obtenu l'annulation[104]. L'actuelle rédaction des dispositions 284 et 290 C.c.Q. devrait cependant permettre de soutenir que les majeurs sous curatelle ou sous tutelle peuvent être considérés comme des personnes protégées rétroactivement et que l'article 1706 C.c.Q. devrait donc pouvoir leur être applicable. Une interprétation différente priverait ces dispositions de leur plein effet protecteur.

---

103. Ainsi, celui qui peut justifier d'un intérêt pour faire annuler une vente portant sur des droits litigieux dispose d'un délai de trois ans à partir du moment où il apprend que l'acquéreur est un juge, un avocat, un notaire ou un officier de justice (art. 1783 C.c.Q.).

104. *Rosconi et Lussier* c. *Dubois et Goulet*, [1951] R.C.S. 554.

§2 – La réduction des obligations

478 – L'annulation implique en principe la restitution des obligations. Par conséquent, elle n'est pas toujours avantageuse pour la personne protégée qui peut avoir intérêt à garder le bénéfice d'une transaction. Aussi, la loi lui permet dans certains cas de demander plutôt une simple réduction de ses obligations tout en maintenant l'acte lui-même. Ce serait le cas du mineur qui, tout en voulant garder l'automobile qu'il a achetée, demande une diminution du prix d'achat. La personne protégée a donc, dans les cas prévus par la loi, le choix entre l'action en annulation et celle en réduction des obligations[105]. En cas de lésion, le tribunal pourrait, sur proposition du défendeur, refuser une demande d'annulation et lui préférer une réduction des obligations (art. 1408 C.c.Q.). Il convient donc de s'arrêter sur la notion de lésion.

§3 – La lésion

479 – *La preuve d'un préjudice* – Dans certains cas il est insuffisant de démontrer que la personne était inapte, pour obtenir l'annulation de l'acte ou la réduction des obligations qui en découlent. La loi exige parfois que l'inapte fasse également la démonstration que l'acte attaqué lui a causé un préjudice. Ainsi, l'acte fait seul par un mineur ne peut être annulé que s'il a subi un préjudice (art. 163 C.c.Q.)[106]. En posant cette exigence supplémentaire, le législateur établit un équilibre entre l'objectif de protection de l'inapte et l'objectif de stabilité des contrats. Il semble en effet normal de ne pas permettre la remise en cause de contrats qui, même s'ils ne sont pas réellement profitables, n'ont au moins pas fait subir de préjudice réel à la personne protégée.

480 – *La lésion objective* – Lorsque la loi édicte qu'il est nécessaire ou qu'il n'est pas nécessaire de démontrer que l'inapte a subi un préjudice[107], elle vise en fait la notion de lésion dont la définition est

105. C'est le cas des articles 163, 173 et 174 et 1407 C.c.Q. La réduction des obligations apparaît donc comme un substitut des dommages-intérêts qui peuvent accompagner la demande d'annulation (en ce sens, M. Tancelin, *op. cit.*, note 42, p. 138).
106. On trouve d'autres exemples d'exigence de préjudice notamment en ce qui concerne les mineurs émancipés (art. 173 C.c.Q.) et les majeurs pourvus d'un conseiller (art. 294 C.c.Q.).
107. Par exemple à l'article 283 C.c.Q. en ce qui concerne le majeur sous curatelle.

donnée dans le Livre cinquième sur les obligations. L'article 1406, al. 1 C.c.Q. édicte qu'il y a lésion lorsqu'une des parties exploite l'autre et qu'il en résulte une disproportion importante entre les prestations réciproques. En d'autres mots, c'est la constatation que le contrat est injuste pour une des parties[108]. Ce pourrait être le cas d'une personne qui se départit d'un tableau de grand maître pour un montant dérisoire. La loi ajoute que la constatation de pareille disproportion fait présumer l'exploitation. Il s'agit ici d'une conception objective de la lésion qui consiste à comparer les prestations des parties. On peut donc affirmer, dans un premier temps, que la notion de préjudice englobe notamment celle de lésion objective[109].

481 – *La lésion subjective* – En ce qui concerne les mineurs et les majeurs protégés, le législateur apporte une protection supplémentaire en édictant que, dans leur cas, il peut y avoir lésion si l'acte entraîne une « obligation estimée excessive eu égard à la situation patrimoniale de la personne, aux avantages qu'elle retire du contrat et à l'ensemble des circonstances »[110]. Il s'agit ici d'une conception subjective de la notion de lésion. Cela signifie que, même en présence d'un contrat dont les prestations sont objectivement équilibrées, la nullité ou la réduction des obligations reste possible. Ce serait le cas d'un contrat de prêt assorti d'un taux d'intérêt raisonnable, mais portant sur un montant dont la personne protégée n'a pas besoin en réalité[111]. Cette disposition ne fait que consacrer, en l'étendant aux majeurs inaptes, la jurisprudence ancienne concernant la lésion dont sont victimes les mineurs.

La personne protégée a donc le choix de démontrer soit la disproportion objective des prestations[112], soit le caractère excessif de son obligation eu égard à sa situation particulière. La jurisprudence en fournit plusieurs exemples dans des affaires d'achat d'automobile par des mineurs. La lésion subjective dépend donc de la situation de fait et cela peut aller très loin. Ainsi, il a déjà été jugé que la lésion peut notamment résulter du fait que le mineur dispose de revenus

108. J. Pineau et D. Burman, *op. cit.*, note 20, p. 119.
109. En ce sens, D. Lluelles et B. Moore, *Le droit des obligations*, 2e éd., Montréal, Éditions Thémis, 2012, p. 487.
110. Art. 1406, al. 2 C.c.Q. Pour une étude approfondie de la notion de lésion dans le *Code civil du Québec*, voir en particulier M. Tancelin, *op. cit.*, note 27, p. 87 à 94.
111. C. Roch, *La tutelle*, dans Chambres des notaires du Québec, Répertoire de droit, « Procédures non contentieuses », Montréal, novembre 1982, p. 28.
112. Voir, par exemple, *Aubin* c. *Marceau*, [1932] C.S. 408 ; *Drouin* c. *Lepage*, [1980] C.P. 146.

insuffisants pour se permettre un tel achat[113], qu'il n'a pas vraiment besoin de l'objet acheté[114] ou qu'il occupe un emploi instable et que le contrat est pour lui source d'ennuis, d'embarras et de soucis[115]. La prise en considération de la lésion apparaît donc comme une mesure d'équité à l'égard de la partie la plus faible[116].

482 – On peut regretter l'utilisation par le législateur d'une double terminologie (préjudice et lésion), car elle porte à confusion[117]. En effet, la notion de lésion étant définie clairement à l'article 1406 C.c.Q., certains peuvent être tentés de donner au terme « préjudice » un contenu plus large encore pour y inclure le moindre petit inconvénient découlant du contrat, indépendamment de toute idée d'exploitation et sans tenir compte de la situation particulière dans laquelle se trouve la personne protégée. S'il est vrai qu'au Livre des personnes le législateur utilise le mot préjudice alors qu'au Livre des obligations il ne retient que celui de lésion, cette distinction formelle nous paraît sans conséquence réelle et semble plutôt une simple maladresse. Il y a pour cela deux raisons. D'abord, il faut remarquer que l'article 1406, al. 2 C.c.Q. définit de façon très large la notion de lésion en visant précisément les personnes incapables. On voit mal l'utilité de pareille définition si, de toute façon, on peut se contenter du terme « préjudice » qui serait encore plus large. La différence entre lésion subjective et préjudice apparaît impossible à établir. Les auteurs Pineau, Burman et Gaudet sont également d'avis que ces termes visent la même chose[118]. Ensuite, on peut ajouter que la jurisprudence sous l'ancien code utilisait indifféremment les termes préjudice et lésion lorsqu'il s'agissait d'annuler des actes faits par des mineurs[119].

Section VIII

La vérification de la capacité

483 – Si un mineur déclare être majeur, cette simple déclaration ne le prive pas de son droit d'obtenir éventuellement l'annulation de l'acte

---

113. *Lepage Automobile ltée* c. *Couturier*, [1956] C.S. 80.
114. *Ibid.* ; *Laflamme* c. *St-Pierre*, [1981] C.P. 340.
115. *Marcel Grenier Automobile ltée* c. *Thauvette*, [1969] C.S. 159.
116. J.-L. Baudouin, P.-G. Jobin et N. Vézina, *op. cit.*, note 20, p. 320.
117. En ce sens, D. Lluelles et B. Moore, *Le droit des obligations*, Montréal, Éditions Thémis, 2006, p. 414 et s. Sur la notion de préjudice en droit français des personnes, voir A. Dumery, « Regards sur l'apparition du préjudice en droit des personnes protégées », dans *Mélanges en l'honneur de la Professeure Françoise Dekeuwer-Défossez*, Montchrestien, Paris, 2012, p. 81.
118. J. Pineau, D. Burman et S. Gaudet, *op. cit.*, note 95, p. 221.
119. On peut citer par exemple l'affaire *Marcel Grenier Automobile ltée* c. *Thauvette*, où le juge Chevalier écrit que « certaines clauses qui, de leur nature et compte tenu de la valeur intrinsèque de la chose qui fait l'objet de l'entente, constituent en elles-mêmes un fardeau additionnel pour le mineur qui équivaut *per se* à un préjudice, donc à une lésion contre lui », précité, note 115.

ou du moins la réduction de ses obligations[120]. Cette règle est exorbitante du droit commun puisqu'elle revient à exonérer le mineur des conséquences de sa propre malveillance et à nier à son cocontractant la possibilité d'invoquer le dol du mineur comme vice de consentement[121]. Si, par contre, il ne s'agit plus seulement d'une simple déclaration, mais également d'autres manœuvres comme la falsification d'un acte de naissance, le mineur pourrait perdre son droit d'action[122]. De la même façon, le majeur protégé ne perd évidemment pas sa protection du seul fait qu'il aurait lui-même déclaré être apte. Ce serait enlever toute signification et toute utilité aux mécanismes de protection mis en place par la loi. Il appartient donc au cocontractant d'être vigilant et de vérifier l'âge ou l'aptitude de la personne avec qui il veut traiter[123].

484 – Certaines catégories de personnes se voient dans l'obligation de vérifier la capacité des parties contractantes. Ainsi, l'obligation générale de diligence du notaire lui impose de contrôler le statut juridique des parties à un acte authentique[124], au risque d'engager sa responsabilité professionnelle[125].

Le *Code civil du Québec* impose dans certains cas la vérification de la capacité des parties. Avant cela, cette exigence était jurisprudentielle. Ainsi, le notaire qui reçoit un acte visant l'inscription ou la suppression d'un droit sur le registre foncier doit attester qu'il a

---

120. Art. 165 C.c.Q. Selon les Commentaires officiels (ci-après *Comm.*), cette règle viserait toutes les formes de déclarations, écrites ou verbales (*Comm.*, t. I, p. 99).
121. J.-L. Baudouin, P.-G. Jobin et N. Vézina, *op. cit.*, note 20, par. 348.
122. En ce sens *Charbonneau Auto ltée* c. *Therrien*, [1967] R.L. 251.
123. Comme le souligne M. Tancelin, « Les commerçants auront à se soucier du statut juridique du cocontractant », *op. cit.*, note 27, p. 39, n° 60. Cette obligation de vérification est parfois expressément prévue, comme c'est le cas pour le courtier immobilier : *Règlement sur les conditions d'exercice d'une opération de courtage, sur la déontologie des courtiers et sur la publicité*, RLRQ, c. C-73.2, r. 1. Pour un cas d'application : *Capitale Distinction inc.* c. *Fondation Dyson Moore*, 2014 QCCQ 2935.
124. J.S. Mackay, « La garantie apportée par l'intervention du notaire dans les phases préliminaires à la conclusion de la vente », dans *Rapports canadiens, Québec*, Actes du XIXe Congrès de l'Union internationale du notariat latin, Chambre des notaires du Québec, 1989, p. 53 ; M. Légaré, « L'obligation de vérifier la capacité des parties », (1977-1978) 80 *R. du N.* 161. Cet auteur va même jusqu'à suggérer que le notaire qui entretiendrait des doutes sur la capacité intellectuelle d'une partie, devrait obtenir une attestation médicale d'où ressort l'aptitude de la personne à comprendre et vouloir ce qu'elle a signé (p. 163).
125. Voir par exemple l'affaire *Lamoureux* c. *Gagnon*, (1924-25) *R. du N.* 187, dans laquelle on reprochait à un notaire de ne pas avoir vérifié le statut de femme mariée d'une des parties au contrat.

vérifié, notamment, la capacité des parties[126]. Cette attestation ne constitue cependant qu'une simple énonciation factuelle à l'acte authentique et peut donc être contredite sans devoir recourir à l'inscription de faux[127]. En somme, le notaire n'atteste pas de la capacité mais atteste plutôt des vérifications qu'il en a faites. La capacité des parties n'est donc pas en soi un fait que le notaire a pour mission de vérifier (à moins, bien entendu, que le notaire agisse dans le cadre de ses fonctions en matière d'homologation d'un mandat de protection ou de l'ouverture d'un régime de protection[128]). Il en irait autrement si le notaire atteste qu'il a vérifié la capacité de la personne alors que les faits démontrent que cette vérification n'a pas été faite. Dans un tel cas, l'inscription de faux est la procédure adéquate[129].

485 – Quelle est l'étendue de cette obligation de vérifier la capacité des parties ? Faut-il conclure que l'obligation implique aussi bien la vérification de la capacité ou de l'incapacité juridique que l'éventuelle incapacité de fait ? Toutes les dispositions qui prévoient cette obligation utilisent le terme « capacité ». On peut donc penser que le législateur ne vise pas ici l'aptitude à consentir, au sens de l'article 1398 C.c.Q. mais bien la capacité au sens de l'article 1409 C.c.Q. Cela n'enlève rien au fait que la personne à qui incombe l'obligation de vérifier la capacité des parties doit également tenir compte de l'aptitude factuelle à consentir (par exemple en refusant de traiter avec une partie qui est sous l'effet de l'alcool) et ce, en vertu de son obligation générale de diligence professionnelle. Par conséquent, l'obligation prévue désormais par le Code impliquerait la vérification de l'âge des parties ainsi que la vérification que les parties ne font pas l'objet d'un régime de protection. L'obligation implique-t-elle de vérifier l'éventuelle homologation d'un mandat de protection ? Nous estimons qu'il faut répondre par l'affirmative, car, comme nous le verrons au chapitre sur le mandat, on peut soutenir qu'avec l'homo-

---

126. Art. 2988 C.c.Q. Quant à la *Loi sur le notariat*, RLRQ, c. N-3, elle édicte expressément que « le notaire doit, par tout moyen raisonnable, vérifier l'identité, la qualité et la capacité des parties à un acte notarié dont il reçoit la signature » (art. 43). Une obligation similaire de vérification de la capacité est désormais imposée à l'arpenteur-géomètre en ce qui concerne les parties à un procès-verbal de bornage (art. 2989 C.c.Q.) et aux officiers de justice, syndics de faillite, secrétaires ou greffiers municipaux et officiers ministériels en ce qui concerne les personnes visées par les actes dressés par eux et soumis à la publicité foncière (art. 2990 et 2994 C.c.Q.). Il en va de même de l'avocat ou du notaire qui atteste une réquisition d'inscription sur le registre foncier (art. 3009 C.c.Q.) ; voir F. Héleine, « La vérification par le professionnel des pouvoirs de passer un acte », (1994) 54 *R. du B.* 95.

127. *Municipalité de Ste-Ursule* c. *Louiseville (Ville de)*, [1995] R.J.Q. 762, EYB 1995-28989 (C.A.) ; *Entreprises Elio Di Giovanni* c. *Peluso*, B.E. 2000BE-821 (C.S.). Cette jurisprudence va dans le sens de la jurisprudence sous le *Code civil du Bas Canada* : *Périard* c. *Paiement*, [1979] C.A. 213.

128. *J.M.* c. *C.M.*, B.E. 2001BE-54 (C.S.). *Cf. infra*, le chapitre sur la protection des majeurs inaptes.

129. *Martin* c. *Denis*, [2001] R.J.Q. 2263, REJB 2001-25765 (C.S.).

logation du mandat un véritable régime de protection est mis en place. L'homologation affecte la capacité de la personne et permet même l'annulation éventuelle d'actes antérieurs (art. 2170 C.c.Q.). D'où l'importance de vérifier s'il y a un mandat de protection. On voit mal, dès lors, pourquoi l'obligation de vérifier la capacité des parties n'inclurait pas celle de vérifier l'existence éventuelle d'un mandat homologué par le tribunal. Dans le cas contraire, cette obligation légale de vérification de la capacité des parties manquerait en bonne partie ses objectifs, plus encore dans un contexte de popularité croissante des mandats de protection. On peut noter, à cet égard, que ces opérations de vérifications sont désormais facilitées par la création du registre des mandats de protection, qui est un des registres des actes notariés tenus par l'ordre des notaires et dont un des objectifs est précisément de faciliter la recherche et la consultation de renseignements relatifs à des mandats de protection[130].

Pour aller plus loin

486 – Sur la question de l'incapacité de la femme mariée, voir J.-L. Baudouin, « Examen critique de la réforme sur la capacité de la femme mariée québécoise », (1965) 43 *R. du B. can.* 393 ; G. Brière, « La réforme de la capacité de la femme mariée dans la Province de Québec », (1966) 18 *R.I.D.C.* 83 ; J.-M. Brisson et N. Kasirer, « La femme mariée et le *Code civil du Bas-Canada* : une commune émancipation ? », dans H.P. Glenn (dir.), *Droit québécois et droit français : communauté, autonomie, concordance*, Cowansville, Éditions Yvon Blais, 1993, p. 221 ; M. Ouellette, « Condition juridique de la femme mariée en droit québécois », (1970) 5 *R.J.T.* 105 ; G. Trudel, « Capacité de la femme mariée : 1923-1947 », (1948) 26 *R. du B. can.* 147.

487 – Pour une approche féministe de la question de l'incapacité de la femme mariée, on consultera M. Lavigne, « Lobby des femmes et promotion des droits », dans H. Dumont (dir.), *Femmes et droit, 50 ans de vie commune... et tout un avenir, Les journées Maximilien-Caron 1991*, Montréal, Éditions Thémis, 1993, p. 15 ; Le collectif Clio, *L'histoire des femmes au Québec depuis quatre siècles*, 2e éd., Montréal, Le Jour, 1992, p. 527 et s. ; F.S. Freedman, « The Judicial Capacity of the Married Woman in Québec: In Relation to Partnership of Acquests and Recent Amendments to the Civil Code », (1975) 21 *McGill L.J.* 518-555.

130. *Loi sur le notariat*, RLRQ, c. N-3, art. 93.

BIBLIOGRAPHIE SÉLECTIVE

BAUDOUIN, L., *Le droit civil de la Province de Québec, modèle vivant de droit comparé*, Montréal, Wilson & Lafleur, 1953.

BAUDOUIN, J.-L., P.-G. JOBIN et N. VÉZINA, *Les obligations*, 7e éd. par P.-G. JOBIN et N. VÉZINA, Cowansville, Éditions Yvon Blais, 2013.

CANTIN CUMYN, M., « Les principaux éléments de la révision des règles de la prescription », (1989) 30 *C. de D.* 611.

CANTIN CUMYN, M. et M. CUMYN, *L'administration du bien d'autrui*, dans *Traité de droit civil*, 2e éd., Cowansville, Éditions Yvon Blais, 2014.

CARDINAL, J.-G., « L'incapacité », (1957) 59 *R. du N.* 489.

DESJARDINS, Y., « L'affaire *Germain* et ses conséquences pour l'examinateur de titre », (1982-1983) 85 *R. du N.* 67.

GAUDET, S., « Inexistence, nullité et annulabilité du contrat : essai de synthèse », (1995) 40 *R.D. McGill* 291-363.

HÉLEINE, F., « La vérification par le professionnel des pouvoirs de passer un acte », (1994) 54 *R. du B.* 95.

LÉGARÉ, M., « L'obligation de vérifier la capacité des parties », (1977-1978) 80 *R. du N.* 161.

LLUELLES, D. et B. MOORE, *Droit des obligations*, 2e éd., Montréal, Éditions Thémis, 2012.

MACKAY, J.S., « La garantie apportée par l'intervention du notaire dans les phases préliminaires à la conclusion de la vente », dans *Rapports canadiens, Québec*, Actes du XIXe Congrès de l'Union internationale du notariat latin, Chambre des notaires du Québec, 1989, p. 53.

PINEAU, J., D. BURMAN et S. GAUDET, *Théorie des obligations*, 4e éd., Montréal, Éditions Thémis, 2001.

ROCH, C., *La tutelle*, dans Chambre des notaires du Québec, Répertoire de droit, « Procédures non contentieuses », Montréal, novembre 1982, p. 28.

TITRE I

LES MINEURS

488 – Les mineurs bénéficient d'un statut juridique particulier comportant des règles complexes et nombreuses. Depuis plusieurs années s'est développé un droit des jeunes ou droit de l'enfance, qui fait désormais partie du programme d'enseignement dans les facultés de droit et qui constitue un champ de pratique spécialisé[1]. Ce droit touche à des secteurs aussi variés que le droit civil, le droit social, le droit criminel, le droit administratif, le droit de l'éducation, le droit constitutionnel et international. Il couvre notamment la protection de la jeunesse et la délinquance juvénile. Autant de domaines qui n'entrent pas dans notre présent champ d'étude. Nous ne nous intéressons ici qu'au statut civil du mineur et plus particulièrement aux questions de capacité et de tutelle.

---

1. Ainsi par exemple, dans les plus importants centres urbains, l'Aide juridique du Québec dispose de sections jeunesse qui regroupent les avocats spécialisés en droit de la jeunesse (Commission des services juridiques, 41e Rapport annuel de gestion, 31 mars 2013, Montréal, 2013, disponible sur le site de la Commission <http://www.csj.qc.ca/SiteComm/W2007Francais/_pdf/Rapport_annuel_2013.pdf>).

CHAPITRE I

LA PROTECTION CIVILE DES MINEURS

Section I

L'âge de la majorité

489 – Les personnes deviennent pleinement capables d'exercer leurs droits civils lorsqu'elles deviennent majeures. La loi fixe l'âge de la majorité à 18 ans (art. 153 C.c.Q.)[2]. Cette ligne de démarcation entre minorité et majorité implique que, du jour au lendemain, le mineur perd le bénéfice des mécanismes de protection de la loi[3]. Comme toute limite d'âge, celle-ci est arbitraire. Le législateur estime que l'on devient adulte à 18 ans. C'est aussi l'âge auquel l'enfant « échappe » à l'autorité de ses parents (art. 598 C.c.Q.). Il y a donc une présomption absolue de maturité dès cet instant... Pourtant, comme le soulignait Louis-Philippe Pigeon, « personne ne peut mesurer avec précision la différence de maturité intellectuelle qui se produit au jour le jour chez le citoyen qui approche l'âge de la majorité »[4]. C'est la raison pour laquelle dans certains domaines, comme celui des soins de santé, le droit adoucit cette approche du tout ou rien, en prenant en considération le degré de maturité du mineur[5].

La sécurité juridique et le principe de non-discrimination exigent évidemment que cette limite d'âge soit la même pour tout le

---

2. *Droit de la famille – 3370*, [1999] R.D.F. 551, REJB 1999-13531 (C.S.).
3. L'âge de la minorité constitue juridiquement un « avantage » puisqu'il implique normalement une protection accrue. Mais l'âge peut aussi devenir source de discrimination au sens de l'article 15 de la *Charte canadienne des droits et libertés*, L.R.C. (1985), App. II, nº 44 et de l'article 10 de la *Charte des droits et libertés de la personne*, RLRQ, c. C-12 ; *Commission des droits de la personne et des droits de la jeunesse* c. *Charos*, J.E. 97-786 (T.D.P.Q.) (âge d'accès à un bar fixé à 21 ans jugé discriminatoire) ; *Association des pompiers de Laval* c. *Commission des droits de la personne et des droits de la jeunesse*, 2011 QCCA 2041 (clause « orphelin » créant une disparité de traitement fondée sur l'âge jugée discriminatoire).
4. L.P. Pigeon, *Rédaction et interprétation des lois*, 3e éd., Québec, Les Publications du Québec, 1986, p. 15.
5. *A.C.* c. *Manitoba (Directeur des services à l'enfant et à la famille)*, 2009 CSC 30.

monde. L'âge de la majorité civile correspond également à la limite d'âge fixée pour l'application des législations en matière de protection de la jeunesse[6] et de délinquance juvénile[7].

490 – *L'âge de la majorité varie avec les époques et d'un pays à l'autre* – Au Québec, cette limite a déjà été fixée à 25 ans, puis à 21 ans en 1782[8]. Ce n'est qu'en 1971 que la majorité civile fut baissée à 18 ans[9]. Le Québec participait ainsi à un mouvement observé dans plusieurs provinces canadiennes et dans de nombreux pays européens au début des années 1970 où un consensus se généralisa pour fixer l'âge de la majorité à 18 ans[10]. À l'heure actuelle, on peut dire qu'il y a un consensus international pour considérer comme enfant toute personne de moins de 18 ans. C'est le principe retenu par la *Convention relative aux droits de l'enfant*, adoptée par l'Assemblée générale des Nations Unies le 20 novembre 1989 et ratifiée par le Canada le 13 décembre 1991[11]. La législation canadienne sur le divorce reconnaît également ce consensus international en édictant qu'un enfant qui réside habituellement à l'étranger est réputé majeur à l'âge de 18 ans[12].

---

6. La *Loi sur la protection de la jeunesse*, RLRQ, c. P-34.1, définit un enfant comme « une personne âgée de moins de dix-huit ans » (art. 1c)).
7. *Loi sur le système de justice pénale pour les adolescents*, L.C. 2002, ch. 1, art. 2(1) : « *adolescent* : Toute personne qui, étant âgée d'au moins douze ans, n'a pas atteint l'âge de dix-huit ans ou qui, en l'absence de preuve contraire, paraît avoir un âge compris entre ces limites [...] ». Dans certains cas, un adolescent de moins de 18 ans peut perdre le bénéfice de cette loi puisque la Chambre de la jeunesse de la Cour du Québec pourra, dans certaines circonstances, exercer la compétence d'un tribunal pour adultes dans les cas d'infractions désignées commis par des adolescents de 16 ans ou plus ; *R. c. D.B.*, 2008 CSC 25 ; S. Delisle et J. Turmel, « La *Loi sur le système de justice pénale pour les adolescents* », dans Collection de droit 2013-2014, École du Barreau, vol. 11, *Droit pénal : procédure et preuve*, Titre III, Cowansville, Éditions Yvon Blais, 2013. Le *Code criminel* prévoit que la « majorité criminelle » est fixée à 12 ans (*Code criminel*, L.R.C. (1985), ch. C-46, art. 13).
8. *An Ordonnance for Altering, Fixing and Establishing the Age of Majority*, (1782) 22 Geo. III, c. 1.
9. L.Q. 1971, c. 85. Lors de la présentation du projet de loi, il fut souligné que si les jeunes de 18 ans, en 1971, avaient le droit de vote et le droit de participer au paiement des impôts et s'ils pouvaient être appelés sous les drapeaux en temps de guerre, ils devaient être reconnus comme des personnes adultes (*Journal des débats*, (1971) 3863, 3995-4002, 4994-4997, 5767). C'est donc par souci d'uniformité que la majorité civile fut adaptée à ces autres « majorités ».
10. En 1972, le Conseil de l'Europe invita les États membres à abaisser l'âge de la majorité qui est maintenant de 18 ans dans la plupart des pays : Grande-Bretagne (1969), France et Suède (1974), Allemagne, Italie et Luxembourg (1975), Espagne (1978), Norvège (1979), Pays-Bas (1987), Belgique (1990) : H. De Page, *Traité élémentaire de droit civil belge*, t. II, vol. II, *Les personnes*, 4e éd. par J.-P. Masson (éd.), Bruxelles, Bruylant, 1990, no 1207.
11. *Convention internationale sur les droits de l'enfant*, art. 1 (« un enfant s'entend de tout être humain âgé de moins de dix-huit ans, sauf si la majorité est atteinte plus tôt en vertu de la législation qui lui est applicable »). Voir *infra*, le chapitre sur le respect des droits de l'enfant.
12. *Loi concernant le divorce et les mesures accessoires*, L.R.C. (1985), ch. 3 (2e suppl.), art. 2.

491 – *À quel moment précis la personne devient-elle majeure ?* – La doctrine ancienne s'est beaucoup intéressée à cette question. Plusieurs méthodes de calcul ont été avancées. La première consiste à computer les délais d'heure en heure. Elle implique que l'heure de la naissance soit indiquée dans l'acte de naissance. La personne devient alors majeure le jour de son dix-huitième anniversaire, à l'heure précise de sa naissance. C'est la solution du droit français[13]. La deuxième méthode applique le principe en matière de computation des délais de prescription qui exclut le jour de départ et inclut le jour d'arrivée[14]. Dans ce cas, la personne devient majeure à la fin de la journée anniversaire. C'est l'interprétation soutenue par les auteurs L.-P. Sirois[15], F. Langelier[16], P.-B. Mignault[17], G. Trudel[18], L. St-Laurent[19]. Enfin, la troisième méthode retient le principe selon lequel, pour les termes fixés dans l'intérêt des personnes, on devrait supposer qu'un jour commencé est censé accompli. La majorité serait alors acquise dès le premier instant de la date anniversaire. C'est l'interprétation de J.-G. Cardinal[20], W.S. Johnson[21], C. De Lorimier[22], L.A. Jetté[23] et c'est sans doute la méthode qui rejoint l'usage populaire en la matière[24]. La suppression du mot « accomplis » que l'on trouvait dans l'article 324 C.c.B.C. appuie cette interprétation. C'est aussi la solution avancée par certaines législations comme la *Loi sur le système de justice pénale pour les adolescents*[25]. Cette discussion qui, à première vue, semble plutôt théorique, pourrait néanmoins se poser de façon concrète puisque le *Code civil du Québec* prévoit que l'acte de naissance doit mentionner non seulement la date mais également l'heure de la naissance (art. 115 C.c.Q.), ce que l'article 54 C.c.B.C. n'exigeait pas. Il devient donc tout à fait

---

13. Art. 57 C.c. fr. Voir G. Goubeaux, *Traité de droit civil*, t. I « Les personnes », sous la direction de J. Ghestin, Paris, L.G.D.J., 1989, p. 323.
14. Art. 1509 et 2879, al. 2 C.c.Q.
15. L.P. Sirois, *Tutelles et curatelles*, Québec, Imprimerie de l'Action sociale, 1911, p. 4.
16. F. Langelier, *Cours de droit civil de la Province de Québec*, t. I, Montréal, Wilson & Lafleur, 1906, p. 407.
17. P.-B. Mignault, *Droit civil canadien*, vol. 2, Montréal, C. Théoret, 1896, p. 269.
18. G. Trudel, *Traité de droit civil du Québec*, t. 2, Montréal, Wilson & Lafleur, 1942.
19. L. St-Laurent, « Majeurs et mineurs – Quelques particularités du droit de Québec à cet égard », dans *Le droit civil français*, Livre-Souvenir des journées du droit civil français, Montréal, Barreau de Montréal, Sirey, 1936, p. 155.
20. J.-G. Cardinal, « L'incapacité. Durée de la minorité », (1958) 61 *R. du N.* 128.
21. W.S. Johnson, « The Age of Majority », (1942) 2 *R. du B.* 204.
22. C. De Lorimier, *La bibliothèque du Code civil de la province de Québec*, vol. 2, Montréal, Minerve, 1873.
23. L.A. Jetté, « De la majorité et de l'interdiction », (1929-1930) 8 *R. du D.* 540, 541.
24. C'est également la méthode préconisée en droit ontarien qui prévoit cette règle de façon expresse à l'article 5(1) de la *Loi sur la majorité et la capacité civile*, L.R.O., 1990, ch. A-7 : « Le moment où la personne atteint un âge déterminé exprimé en années se situe au début de l'anniversaire pertinent de la date de naissance ». Le même principe fut plus récemment adopté au Nouveau-Brunswick : *Loi sur l'âge de la majorité*, L.R.N-B. 2011, ch. 103, art. 3. Certaines législations poussent le souci du détail jusqu'à prévoir des dispositions particulières en ce qui concerne les personnes nées un 29 février (voir par exemple le cas de Terre-Neuve : *Age of Majority Act*, S.N.L. 1995, ch. A-4.2, art. 3(2)).
25. L.C. 2002, ch. 1, art. 16.

possible de déterminer l'âge d'une personne, à l'heure près[26]. Cela est même possible si cette heure est inconnue dans les faits, puisque dans ce cas il appartient au Directeur de l'état civil de fixer l'heure de la naissance « suivant les présomptions tirées des circonstances » (art. 117 C.c.Q.)[27]. Il n'y a donc plus d'obstacle à la preuve du moment précis de la naissance.

Section II

La minorité : période d'acquisition progressive de la capacité juridique

492 – Si c'est en devenant majeur que l'individu devient capable d'exercer pleinement tous ses droits civils (art. 153, al. 2 C.c.Q.), cela ne signifie pas que le mineur soit totalement incapable juridiquement. Au contraire, le législateur affirme que « le mineur exerce ses droits civils dans la seule mesure prévue par la loi » (art. 155 C.c.Q.). Il y a donc des limites. Mais il y a aussi l'affirmation claire que le mineur peut exercer des droits. Dans le *Code civil du Québec*, la minorité reflète cette période de la vie pendant laquelle l'individu acquiert graduellement une autonomie pour aboutir, à 18 ans, à la capacité entière. La minorité n'est donc plus (l'a-t-elle d'ailleurs jamais été[28] ?) cet état d'incapacité totale dans lequel sont tenus les enfants jusqu'à la « délivrance » au moment du dix-huitième anniversaire.

Le droit entend ainsi refléter la réalité des jeunes de la société contemporaine comme l'illustre le passage suivant des commentaires officiels du projet de Code civil :

> La minorité est donc la période où la personne acquiert graduellement une pleine capacité. Ce passage est marqué arbitrairement de certains seuils. Suivant qu'il a six, sept, dix, douze, quatorze ou seize ans, la loi lui reconnaîtra des droits scolaires, une faculté de discernement du bien et du mal, une capacité de donner son avis, d'être pénalement responsable, de donner son consentement à certains actes qui le concernent ou de travailler.

26. *R.* c. *X*, 2008 QCCS 4522, EYB 2008-148427 (jugement confirmé par la Cour d'appel du Québec en 2009).
27. À ce sujet, on peut s'interroger sur les critères que devrait retenir le Directeur de l'état civil pour déterminer l'heure de la naissance dans un cas où même la date est incertaine.
28. Ainsi, au Moyen-Âge, on semblait considérer que dès sept ans l'enfant était en âge de s'exprimer. C'était d'ailleurs l'âge normal de la promesse de mariage. L'enfance finissait pour les filles à 12 ans et pour les garçons à 14 ans : S. Shulamith, *Childhood in the Middle Ages*, Londres, Routeledge, 1990.

Il a semblé difficile d'attribuer aux mineurs la pleine capacité. Une telle proposition n'a pas semblé réaliste, d'autant plus qu'elle ne répond pas aux lois de la nature. En effet, l'être humain est ainsi fait qu'il acquiert graduellement science, jugement, maturité et sagesse.[29]

493 – La période de la minorité est donc ponctuée d'une série d'étapes auxquelles correspond chaque fois un degré plus large d'autonomie. Certaines de ces étapes sont fixées arbitrairement et dépendent soit de l'âge (le mineur de 14 ans peut, par exemple, faire une demande de changement de nom judiciaire : art. 66 C.c.Q.), soit d'un événement précis (ex. : le fait pour un mineur de se lancer en affaires (art. 156 C.c.Q.), de se marier (art. 175 C.c.Q.) ou d'être simplement émancipé (art. 170 C.c.Q.). Dans certains cas, le législateur n'hésite pas à décréter que le mineur est réputé majeur pour une fin particulière. D'autres étapes dépendent du degré de discernement de l'enfant et peuvent donc varier d'un individu à l'autre. Il y a donc des seuils objectifs et des seuils subjectifs.

§1 – Les seuils objectifs

494 – Les seuils objectifs dépendent donc d'un événement précis ou d'un âge déterminé. Ainsi, l'émancipation simple confère une plus grande capacité au mineur (art. 170 C.c.Q.). La pleine émancipation, quant à elle, assimile le mineur au majeur (art. 176 C.c.Q.). On trouve également dans des lois particulières des exemples d'« événements » précis qui ont une incidence directe sur la capacité des mineurs. Dans le domaine de l'éducation, on peut relever que le simple fait de devenir élève ou étudiant confère automatiquement le droit de participer à la formation et à l'administration d'une association d'élèves ou d'étudiants[30], voire de participer au pouvoir décisionnel de l'école[31], et le fait d'obtenir un prêt étudiant implique que l'étudiant mineur est « réputé majeur pour les fins de ce prêt »[32]. Quant aux étapes à un âge déterminé, on en trouve plusieurs, par exemple à dix ans (le droit de consentir ou de s'opposer à sa propre adoption[33]), à 12 ans (la res-

29. Ministère de la Justice du Québec, *Code civil du Québec, Textes, sources et commentaires*, Livre I, Québec, 1992, p. 93 (ci-après *Comm.*).
30. *Loi sur l'accréditation et le financement des associations d'élèves ou d'étudiants*, RLRQ, c. A-3.01, art. 4.
31. *Loi sur l'instruction publique*, RLRQ, c. I-13.3, art. 42, al. 1(1).
32. *Loi sur l'aide financière aux études*, RLRQ, c. A-13.3, art. 17.
33. Art. 549, al. 1 C.c.Q. *Droit de la famille – 2803*, [1997] R.D.F. 892 (C.Q.).

ponsabilité criminelle)[34]. En matière de capacité civile toutefois, 14 ans et 16 ans apparaissent comme des étapes importantes.

495 – *Le mineur de 14 ans* – En considérant les différentes limites d'âge prévues par le Code et par les lois particulières, on constate que l'âge de 14 ans apparaît désormais comme l'étape la plus significative dans le parcours vers la majorité. On peut dire qu'à 14 ans le mineur est en quelque sorte « un petit adulte » dont l'autonomie est respectée à bien des égards. Cette autonomie porte non seulement sur ses biens mais également sur sa personne. Nous avons déjà vu dans la première partie que la personne de 14 ans a le droit de consentir et de refuser des soins médicaux, d'avoir accès à son dossier médical[35], et que, dans ce domaine, elle échappe en grande partie à l'autorité de ses parents. Le respect de l'autonomie du mineur de 14 ans trouve également une illustration éloquente en matière de changement de nom et d'adoption puisque son refus fait irrémédiablement obstacle au projet d'adoption (art. 550 C.c.Q.) ou de changement de nom qui le concerne (art. 66 C.c.Q.). Même la législation sur la protection de la jeunesse qui vise les enfants et les jeunes jusqu'à l'âge de 18 ans[36], fait à l'adolescent de 14 ans une place particulière en lui reconnaissant le droit à l'information, le droit de participer activement aux ententes sur mesures volontaires, le droit de refuser de se soumettre à une expertise médicale ou psychologique, etc.

496 – La loi accorde au mineur de 14 ans un pouvoir de contrôle sur celui qui le représente dans l'administration de ses biens, c'est-à-dire son tuteur, puisque ce dernier doit lui rendre compte annuellement de sa gestion (art. 246 C.c.Q.) et doit lui transmettre également le compte définitif de tutelle lorsque celle-ci prend fin (art. 247 C.c.Q.). Ce pouvoir de contrôle illustre, sans doute plus que tout autre, l'ampleur de la reconnaissance des droits d'autonomie des adolescents. D'aucuns estimeront que le législateur est allé trop loin lorsqu'il donne ainsi à l'adolescent la possibilité de « contrôler » lui-même la gestion de ses représentants qui, la plupart du temps, sont sa mère et son père, c'est-à-dire les personnes qui exercent l'autorité parentale et qui ont pour mission de l'éduquer. On peut se demander si les parents, qui sont les tuteurs légaux, ne devraient pas disposer de la

34. *Code criminel*, art. 13. Un enfant de moins de 12 ans n'encourt aucune responsabilité criminelle, quelle que soit la gravité de ses actes. Sur l'âge de la responsabilité criminelle, voir, entre autres, A.W. Mewett et M. Manning, *Criminal Law*, 4e éd., Toronto, Butterworths, 2009, p. 231-233.
35. *Loi sur les services de santé et les services sociaux*, RLRQ, c. S-4.2, art. 17.
36. *Loi sur la protection de la jeunesse*, RLRQ, c. P-34.1.

possibilité de demander, avec l'autorisation du conseil de tutelle, une dispense de l'obligation de rendre compte, lorsqu'il est démontré que la reddition de compte serait contraire à l'intérêt de l'adolescent. On peut songer au cas du jeune qui, en pleine crise d'adolescence, pourrait bien décider de décrocher de l'école s'il devait apprendre qu'un capital important l'attend à son 18e anniversaire.

497 – C'est également à partir de 14 ans que le mineur est réputé majeur pour tous les actes relatifs à son travail, que ce soit dans le cadre d'un commerce, d'un travail salarié, de l'exercice d'une profession, de la fondation d'une coopérative[37], etc. (art. 156 C.c.Q.)[38]. Le législateur a été inspiré par le souci d'efficacité et de sécurité dans les affaires et le commerce. Mais il reconnaît du même coup que dans notre société, l'adolescent de 14 ans qui a une activité rémunératrice doit, dans le cadre de cette activité, être traité comme une personne autonome et responsable. Cette fiction de la loi lui enlève le bénéfice de la protection propre aux mineurs prévue dans le Code civil. Par contre, cela n'empêche pas que cet enfant soit, dans le cadre de son travail, protégé par les normes particulières de la *Loi sur les normes du travail* qui visent à éviter qu'un jeune soit soumis à des conditions de travail incompatibles avec sa relative vulnérabilité et qui ont également pour objectif de concilier les exigences d'éducation (l'horaire scolaire, notamment) avec le principe du droit au travail[39]. Par ailleurs, si un mineur peut être membre et même fondateur d'une coopérative dont l'objet le concerne, la loi prévoit cependant que s'il est âgé d'au moins 14 ans, il est à cet égard réputé majeur[40]. Par ailleurs, en matière d'aide financière aux études, il existe également une situation où le mineur sera réputé majeur[41].

---

37. *Loi sur les coopératives*, RLRQ, c. C-67.2, art. 8 et 51.1.
38. *Quessy* c. *Plante*, J.E. 98-2008, REJB 1998-08942 (C.S.). Sous l'ancien Code, seul le mineur émancipé ou *commerçant* était réputé majeur et, dans le dernier cas, seulement pour les fins de son commerce (art. 323 C.c.B.C. ; *Livernoche* c. *Québec (Sous-ministre du Revenu)*, [1996] R.D.F. 296, EYB 1996-87978 (C.Q.)). Dans le contexte de cet élargissement à tous les types d'emploi, le législateur n'a pas adapté le *Code de la sécurité routière* (RLRQ, c. C-24.2), qui, en son article 68, dispense seulement le mineur *commerçant* d'accompagner sa demande de permis de conduire d'une autorisation formelle du titulaire de l'autorité parentale.
39. *Loi sur les normes du travail*, RLRQ, c. N-1.1, art. 84.2 à 84.7 et le *Règlement sur les normes du travail*, RLRQ, c. N-1.1, r. 3, art. 35.1 et 35.2 (D. 815-2000).
40. *Loi sur les coopératives*, RLRQ, c. C-67.2, art. 8 et 51.1.
41. La *Loi sur l'aide financière aux études*, RLRQ, c. A-13.3, édicte que l'étudiant mineur qui se voit émettre par le ministre un certificat de garantie à l'égard de l'emprunt qu'il contracte avec un établissement financier reconnu par le ministre, est réputé majeur pour les fins du prêt garanti (art. 15 et 17).

498 – *Le mineur de 16 ans* – L'âge de 16 ans est également une étape importante dans le cheminement de la personne vers la capacité entière. En plus d'être le moment où se termine l'obligation de fréquentation scolaire[42] et où commence le droit de conduire une automobile[43], c'est l'âge auquel le mineur peut être émancipé, simplement (art. 167 C.c.Q.) ou pleinement (art. 175, al. 2 C.c.Q.). C'est également la limite d'âge pour se marier[44], et, comme corollaire à ce droit au mariage, le mineur de 16 ans peut demander seul l'autorisation judiciaire pour consentir toutes les conventions matrimoniales permises dans un contrat de mariage (art. 434 C.c.Q.).

Finalement, pour donner un exemple dans un tout autre domaine, c'est également à partir de 16 ans que le mineur peut devenir membre d'un syndicat professionnel, en vertu de la *Loi sur les syndicats professionnels*[45]. Aujourd'hui, toutefois, on peut se demander si cette limite de 16 ans prévue par la *Loi sur les syndicats professionnels* ne doit pas céder le pas au principe général de l'article 156 C.c.Q., qui prévoit que, pour tous les actes relatifs à son emploi, l'exercice de son art ou de sa profession, le mineur de 14 ans et plus est réputé majeur. Si tel est le cas, ce serait plutôt à partir de 14 ans que le mineur pourrait, sans intervention de son tuteur, devenir membre d'un syndicat professionnel.

---

42. *Loi sur l'instruction publique*, RLRQ, c. I-13.3, art. 14. À noter qu'avant l'âge de 16 ans, l'absentéisme scolaire peut dans certains cas permettre de conclure que la santé et la sécurité de cet enfant sont compromises au sens où l'entend la *Loi sur la protection de la jeunesse*, RLRQ, c. P-34.1.
43. Le *Code de la sécurité routière* prévoit qu'une demande de permis de conduire pour un cyclomoteur peut se faire à partir de 14 ans et que les autres permis ne peuvent être obtenus qu'à l'âge de 16 ans (RLRQ, c. C-24.2, art. 67, al. 2).
44. Art. 373 C.c.Q. et l'article 6 de la *Loi d'harmonisation nº 1 du droit fédéral avec le droit civil*, L.C. 2001, ch. 4.
45. Les tribunaux se sont penchés sur cette question de l'âge requis pour pouvoir être membre d'un syndicat professionnel, dans l'affaire *Société Radio-Canada* c. *Union des artistes* (C.A. Montréal, nº 500-09-001357-805, 12 décembre 1983, juges Nolan, Beauregard, Vallerand). Dans cette affaire, le problème était de savoir si les mineurs que Radio-Canada engage occasionnellement comme artistes (comédiens, chanteurs, danseurs, etc.), pouvaient bénéficier de la convention collective. La Société Radio-Canada leur refusait ce droit, au motif que l'article 7 de la *Loi sur les syndicats professionnels* (RLRQ, c. S-40) édicte que « un mineur âgé de seize ans peut faire partie d'un syndicat professionnel », ce qui exclurait totalement les mineurs de moins de 16 ans. En première instance, le tribunal déclare qu'un mineur de moins de 16 ans peut faire partie d'un syndicat, mais qu'il doit alors être représenté par son tuteur (*Union des artistes* c. *Société Radio-Canada*, [1980] C.S. 1009 à 1013). La Cour d'appel a maintenu le jugement de première instance, tout en soulignant que la représentation par tuteur n'impliquait pas la présence physique de celui-ci aux activités syndicales, mais plutôt la simple autorisation donnée à son pupille de devenir membre du syndicat.

§2 – Les seuils subjectifs

499 – La loi prévoit également des étapes qui ne dépendent pas d'un terme ou d'un événement précis, mais plutôt de l'acquisition d'un certain degré de conscience et de maturité. En matière de responsabilité civile, on dit que le mineur doit être doué de raison, alors que dans d'autres domaines, et plus particulièrement en ce qui concerne les actes juridiques, on retient la notion de discernement. C'est ainsi que l'article 157 C.c.Q. permet au mineur, compte tenu de son âge et de son discernement, d'agir seul lorsque l'objet du contrat vise à satisfaire ses besoins ordinaires et usuels. Le législateur tient ainsi compte de la particularité de chaque individu qui évolue et se développe à son propre rythme.

Le terme discernement apparaît d'emblée comme une notion à contenu variable. Ainsi, il se peut fort bien qu'un mineur de sept ans, non doué du discernement suffisant pour accomplir un acte juridique particulier, par exemple l'achat d'un cinéma-maison, soit par contre considéré comme suffisamment doué de raison, et donc de discernement, pour engager sa responsabilité civile. De la même façon, il se pourrait fort bien qu'un enfant de six ans, qui n'est pas suffisamment doué de raison pour engager sa responsabilité personnelle[46] et encore moins pour conclure des contrats, puisse néanmoins être considéré d'un âge et d'un discernement suffisants, au sens de l'article 34 C.c.Q., pour pouvoir être entendu par un tribunal saisi d'une demande mettant en jeu son intérêt. Il pourrait aussi avoir la « maturité » suffisante pour qu'on puisse « tenir compte de son opinion », pour reprendre la terminologie utilisée en matière d'enlèvement international d'enfants[47]. La notion de discernement est donc élastique ; elle dépend non seulement de la maturité de chaque enfant, mais également du contexte (contractuel, procédural, délictuel, etc.). La notion de discernement est imprécise et, par conséquent, les tribunaux jouissent d'un large pouvoir pour apprécier dans chaque cas si un enfant est ou non doué de discernement[48].

---

46. *Godon c. École Mgr. Comtois, Commission scolaire Samuel de Champlain et La Compagnie d'assurances Lombard*, REJB 2000-20425 (C.Q.) ; *Droit de la famille – 082843*, 2008 QCCS 5320 (le tribunal conclut que les enfants n'ont pas atteint l'âge et la maturité pour pouvoir considérer ce qui est le plus bénéfique pour eux).
47. *Loi sur les aspects civils de l'enlèvement international et interprovincial d'enfants*, RLRQ, c. A-23.01, art. 22, §1.
48. L'affaire *Cayouette* et *Mathieu*, [1987] R.J.Q. 2230-2233 (C.S.), illustre de façon remarquable l'extension que peut prendre cette discrétion judiciaire.

Section III

Les mineurs et la responsabilité civile[49]

500 – *La responsabilité personnelle des enfants* – La responsabilité civile est étrangère à la notion de capacité juridique et le mineur doit, en principe, réparer le préjudice causé par sa faute (art. 164, al. 2 C.c.Q.). Encore faut-il qu'il puisse commettre une faute. Or, une des conditions fondamentales de la responsabilité civile est que l'auteur de l'inconduite soit « doué de raison » (art. 1457, al. 2 C.c.Q.), sans quoi le comportement reproché ne peut constituer une faute entraînant la responsabilité personnelle.

La question se pose donc de savoir à partir de quand un enfant est suffisamment raisonnable, c'est-à-dire mentalement apte à se rendre compte des actes qu'il pose[50] pour pouvoir être tenu responsable. C'est une question qui relève de l'appréciation du tribunal et qui dépend des particularités physiques, morales et intellectuelles de chaque enfant. Sous l'ancien Code, il s'agissait d'évaluer si l'enfant était capable de « discerner le bien du mal »[51]. Le nouveau texte retient plutôt la terminologie « doué de raison », ce qui n'est qu'une façon moins moraliste de dire la même chose. Aussi souple que soit la notion, on constate tout de même que la très grande majorité des décisions judiciaires fixent ce seuil de la raison vers l'âge de sept ans[52]. Ce seuil subjectif est donc semi-objectif dans la mesure où la jurisprudence s'accorde généralement pour retenir cette limite[53]. Cela n'empêche pas que l'on puisse valablement faire la preuve qu'un

---

49. La présente section entend seulement rappeler les principes de base qui régissent le régime de responsabilité des mineurs. Pour des développements plus détaillés, voir en particulier J.-L. Baudouin et P. Deslauriers, *La responsabilité civile*, 7e éd., Cowansville, Éditions Yvon Blais, 2007 ; M. Tancelin, *Des obligations : actes et responsabilités*, 6e éd., Montréal, Wilson & Lafleur, 1997 ; J.-L. Baudoin, P.-G. Jobin et N. Vézina, *Les obligations*, 7e éd. par P.-G. Jobin et N. Vézina, Cowansville, Éditions Yvon Blais, 2013 ; M. Tancelin, *Des obligations en droit mixte du Québec*, 7e éd., Montréal, Wilson & Lafleur, 2009 ; J. Pineau, D. Burman et S. Gaudet, *Théorie des obligations*, 4e éd., Montréal, Éditions Thémis, 2001 ; D. Lluelles et B. Moore, *Droit des obligations*, 2e éd., Montréal, Éditions Thémis, 2012.
50. J.-L. Baudouin et P. Deslauriers, *op. cit.*, note 49, p. 87.
51. Art. 1053 C.c.B.C.
52. *Jean* c. *Ranch de l'Arabe*, [1998] R.J.Q. 568, REJB 1998-04266 (C.S.) ; *Maltais* c. *Pelletier*, [1990] R.R.A. 97 (C.Q.) ; *Morissette* c. *Allard*, [2001] R.R.A. 217, REJB 2001-23618 (C.S.).
53. Il y a cependant des exceptions : *Blanchard* c. *Commission scolaire Morilac*, [1997] R.R.A. 120, EYB 1996-85374 (C.S.), où la Cour estime qu'à l'âge de neuf ans, l'enfant est trop jeune pour se voir imputer la moindre responsabilité.

enfant soit plus précoce ou au contraire moins mature que la moyenne des enfants du même âge[54].

501 – *La responsabilité des parents, gardiens et éducateurs* – Dans la plupart des cas, l'enfant qui cause un préjudice est lui-même insolvable et ne peut donc réparer adéquatement le dommage. Dans le souci d'aider les victimes, le législateur a mis en place un système de responsabilité du fait ou de la faute de l'enfant. Ce régime de responsabilité vise les titulaires de l'autorité parentale (art. 1459 C.c.Q.)[55] (les parents ne sont donc plus responsables de leurs enfants majeurs ou émancipés (art. 598 C.c.Q.)), le tuteur à la personne (art. 186 C.c.Q.) ainsi que les personnes qui se voient confier la garde, la surveillance ou l'éducation d'un mineur (art. 1460 C.c.Q.)[56], comme un centre de réadaptation qui accueille un enfant en application de la *Loi sur la protection de la jeunesse*, de la *Loi sur les services de santé et les services sociaux* ou de la *Loi sur le système de justice pénale pour les adolescents*. Cette description est suffisamment large pour inclure non seulement les enseignants et les surveillants d'école, mais aussi les moniteurs et les éducateurs dans les garderies, les camps de vacances ou les centres sportifs[57].

---

54. Comme le soulignait le juge Mayrand dans une affaire où il s'agissait de déterminer si un enfant de six ans et neuf mois savait ce qu'il faisait en lançant une pierre en direction d'un groupe d'enfants, « la précocité de l'intelligence et du discernement comporte comme rançon une responsabilité plus hâtive » : *Ginn* c. *Sisson*, [1969] C.S. 585, 587. Au sujet de cette décision, voir les « observations » de Tancelin et Gardner dans *Jurisprudence commentée sur les obligations*, 11e éd., Montréal, Wilson & Lafleur, 2013, p. 527-528.
55. *Bouchard* c. *Bédard*, B.E. 99BE-1201 (C.Q.) ; *Place Biermans inc.* c. *C.D.*, 2010 QCCS 4170. Sur cette question, voir A. Mayrand, « La présomption de faute du titulaire de l'autorité parentale et les diverses ordonnances de garde d'enfant », (1988) 38 *McGill L.J.* 257. S'appuyant sur le principe de l'exercice conjoint de l'autorité parentale, les auteurs Tancelin et Gardner concluent de façon convaincante à la responsabilité *in solidum* des parents (M. Tancelin et D. Gardner, *Jurisprudence commentée sur les obligations, op. cit.*, p. 536-537 et 1062 et s.). M. Tancelin, *Des obligations en droit mixte du Québec*, 7e éd., Montréal, Wilson & Lafleur, 2009, p. 470-480 ; F. Levesque, *L'obligation in solidum en droit privé québécois*, Cowansville, Éditions Yvon Blais, 2010, p. 279 à 282.
56. Pour des cas d'application, voir *Salova* c. *Commission scolaire du Sault-St-Louis*, J.E. 95-912, EYB 1995-28813 (C.S.) ; *Bouchard* c. *Bergeron*, [1998] R.R.A. 927, REJB 1998-07877 (rés.) (C.Q.) ; *Bertrand* c. *Commission scolaire des Navigateurs*, B.E. 2001BE-551 (C.Q.) ; *X* c. *Centre jeunesse A*, 2010 QCCS 1682.
57. C. Masse, « La responsabilité civile », dans *La réforme du Code civil, un nouveau départ*, Montréal, Service de la formation permanente, Barreau du Québec, 1993, p. 276. Il faut se rappeler que l'ancien Code ne visait que les parents et les instituteurs et que la jurisprudence interprétait strictement le terme instituteur en excluant, par exemple, les directeurs de colonies de vacances (*Externat classique de Ste-Croix* c. *Grieco*, [1962] R.C.S. 519). Les tribunaux avaient cependant déjà accepté que la responsabilité d'un centre d'accueil pouvait être assimilée à celle de

Dans tous ces cas, le gardien, au sens large, est présumé fautif parce que la loi considère que le préjudice est ultimement causé soit par la mauvaise éducation, soit par une surveillance inadéquate[58]. Cette présomption peut être renversée par la démonstration qu'il n'y a eu aucune faute dans la garde, la surveillance[59] ou l'éducation[60]. On n'impose donc pas le fardeau de démontrer l'impossibilité absolue d'empêcher le fait qui a causé le dommage, mais seulement celle d'une conduite contraire à la norme d'une personne prudente et diligente[61]. Cette possibilité de renversement de la présomption, consacrée par le code, était déjà solidement établie dans la jurisprudence[62]. Chacune des situations doit être prise au cas par cas. Pour ce qui est du renversement de la présomption de l'article 1459 C.c.Q. à l'égard des parents, les tribunaux se contentent d'une preuve « peu élaborée et générale » lorsqu'aucune faute notoire dans l'éducation et la garde ne ressort du dossier, en ce sens qu'une « preuve de bonne éducation n'est pas insuffisante du seul fait qu'elle repose sur des généralités »[63].

502 – *Les exceptions* – La loi apporte un tempérament en écartant la présomption dans deux cas. Le premier concerne le parent déchu de l'autorité parentale, dont la responsabilité n'est engagée que s'il a commis une faute dans l'éducation de son enfant[64]. Cette solution est logique puisque, même si l'enfant échappe à l'autorité du parent

---

l'instituteur (*Jerabek* c. *Accueil Vert-Pré d'Huberdeau*, [1995] R.R.A. 172, EYB 1995-84533 (C.S.)). Pour un cas d'application sous le *Code civil du Québec* : *Fortier* c. *Rapid Reaction Hockey Inc.*, B.E. 99BE-980 (C.Q.).

58. J.-L. Baudouin et P. Deslauriers, *op. cit.*, note 49, p. 666. Voir en particulier l'arrêt *Alain* c. *Hardy*, [1951] R.C.S. 540, dans lequel la Cour suprême a établi que la responsabilité pour la faute d'autrui repose sur une présomption de faute de surveillance ou d'éducation et non pas sur une quelconque théorie du risque qui aurait pour conséquence que les parents ne pourraient pratiquement pas échapper à cette responsabilité ; *Laberge* c. *Tabchich*, 2010 QCCQ 12402.
59. La jurisprudence a établi que plus l'enfant avance en âge, moins les parents sont supposés le « surveiller » : *Personnelle (La), assurances générales inc.* c. *Kebbal*, 2013 QCCS 2779 ; *Gaudet* c. *Lagacé*, [1998] R.J.Q. 1035, REJB 1998-05050 (C.A.). Ce principe s'applique également aux enseignants : *Turmel* c. *Commission scolaire Rouyn-Noranda*, [1996] R.R.A. 227 (C.Q.).
60. Art. 1459 C.c.Q. Voir *Dumont* c. *Desjardins*, J.E. 94-1042, EYB 1994-73379 (C.S.). Il ne suffit cependant pas pour un parent de dire qu'il a bien éduqué son enfant ; encore faut-il qu'il en fasse la démonstration : *Laplante* c. *Major*, [1997] R.L. 352 (C.Q.).
61. *Nguyen* c. *Commission scolaire de la région-de-Sherbrooke, École du Phare*, 2011 QCCQ 3154.
62. Voir *Alain* c. *Hardy*, [1951] R.C.S. 540, 551, cité et commenté par M. Tancelin et D. Gardner, *Jurisprudence commentée sur les obligations*, 11e éd., Montréal, Wilson & Lafleur, 2013, p. 536-537.
63. *Boucher* c. *Simard*, 2010 QCCS 3247, par. 200.
64. Art. 1459, al. 2 C.c.Q.

déchu, les effets d'une mauvaise éducation peuvent perdurer après la déchéance. Le deuxième cas vise le gardien, le surveillant ou l'éducateur qui agit gratuitement ou moyennant une récompense et qui ne sera responsable que s'il a commis une faute[65]. On peut penser ici au *baby-sitter* occasionnel[66] ou à l'entraîneur sportif bénévole[67].

503 – Le *Code civil du Québec* règle la question qui était discutée sous l'ancien Code en regard du comportement fautif d'un enfant non doué de raison et donc non responsable civilement. L'ancien article 1054, al. 1 C.c.B.C. édictait que les parents et les instituteurs n'étaient responsables que de la faute des enfants sous leur contrôle. Par conséquent, cette responsabilité ne pouvait s'appliquer dans le cas d'un mineur non doué de raison puisque celui-ci ne pouvait commettre de faute. Des discussions existaient cependant en ce qui concerne l'interprétation des autres alinéas de l'article 1054 C.c.B.C. Codifiant la règle de l'affaire *Laverdure* c. *Bélanger*[68], le législateur retient désormais non seulement la faute du mineur, mais également son fait fautif, c'est-à-dire un comportement qui, n'eût été l'absence de discernement, aurait été considéré comme fautif (art. 1462 C.c.Q.).

504 – *L'enfant victime d'un préjudice corporel* – Pour terminer ce survol des règles de responsabilité relatives aux mineurs, mentionnons un dernier mécanisme qui illustre le statut particulier de ceux-ci. Il concerne cette fois, non pas le mineur auteur d'une faute, mais le mineur victime d'un préjudice corporel causé par la faute d'autrui. On sait que les dommages-intérêts, à moins d'une entente contraire, sont exigibles sous forme de capital payable au comptant. Cette règle souffre une exception lorsqu'il s'agit du préjudice corporel d'un mineur. Dans ce cas, le tribunal pourrait accorder les dommages-

65. Art. 1460, al. 2 C.c.Q ; *Leblond* c. *Charron*, [2000] R.R.A. 816, REJB 2000-19384 (C.S.) ; *Boucher* c. *Simard*, 2010 QCCS 3247.
66. M. Tancelin, *Des obligations en droit mixte du Québec*, 7e éd., Montréal, Wilson & Lafleur, 2009, p. 470-480.
67. Une discussion pourrait toutefois surgir dans le cas, par exemple, de l'étudiant ou l'étudiante qui garde des enfants le soir à un tarif horaire prédéterminé, comme c'est souvent le cas. Même si ce tarif horaire est inférieur au salaire minimum, on peut douter qu'il s'agisse encore d'une « récompense ».
68. *Laverdure-Renaud* c. *Bélanger*, [1975] C.S. 612. Il s'agissait en l'espèce d'un mineur atteint de schizophrénie paranoïaque qui avait assassiné une compagne de classe. Le tribunal, dans un jugement très étoffé, constate dans un premier temps que ce mineur est « incapable de faute », mais il retient, dans un deuxième temps, *le fait illicite dommageable* dans le cadre de l'article 1054 C.c.B.C. Voir, à ce sujet, J.-L. Baudouin, « La réforme du droit des obligations : la responsabilité civile délictuelle », (1989) 30 *C. de D.* 599, 602.

intérêts sous forme d'une rente ou de versements périodiques, avec ou sans indexation (art. 1616 C.c.Q.). Derrière cette règle se profile la méfiance du législateur à l'égard d'un mineur qui pourrait dilapider un capital important. Ce mécanisme représente en même temps pour le tuteur une simplification de la gestion et constitue donc, en principe, une protection supplémentaire du mineur. Daniel Gardner apporte cependant une critique convaincante de cette solution en soulignant, d'une part, que le risque de dilapidation est minime dans la mesure où le tuteur est tenu par les règles strictes de l'administration des biens d'autrui et, d'autre part, que l'article 1616 C.c.Q. fait abstraction des règles fiscales qui exemptent d'imposition les revenus générés par le capital d'une victime de 21 ans ou moins[69].

En cas de paiement d'une rente, une fois devenu majeur, le bénéficiaire dispose de trois mois pour faire un choix entre le paiement actualisé de ce qui lui reste à recevoir ou la continuation de la rente et des versements périodiques.

Section IV

Le domaine de la capacité des mineurs

505 – Le mineur doué de discernement peut poser seul un nombre important de gestes. Le *Code civil du Québec* consacre en effet des tempéraments coutumiers au principe de l'incapacité du mineur[70]. Ces exceptions sont même tellement nombreuses qu'on peut en conclure que le mineur doué de discernement est dans un état de semi-capacité et que, finalement, le principe de l'incapacité générale des mineurs n'est vrai que pour les enfants qui, en raison de leur âge physique ou mental, ne sont pas encore doués de discernement[71]. Ces actes sont essentiellement ceux qui touchent aux besoins courants, les actes à caractère éminemment personnel, les actes relatifs à la gestion du produit du travail du mineur et certains actes judiciaires. En dehors de ces cas, le mineur doit être représenté par son tuteur dans l'exercice de ses droits civils (art. 158 C.c.Q.), à moins évidemment qu'il s'agisse d'une incapacité de jouissance, auquel cas l'acte est purement et simplement interdit.

69. D. Garder, *Le préjudice corporel*, 3e éd., Cowansville, Éditions Yvon Blais, 2009, p. 204-205.
70. É. Deleury, « La protection des incapables et la réforme du Code civil », (1987) 18 *R.D.U.S.* 57.
71. En ce sens, M. Mazeaud, *Leçons de droit civil*, t. I, vol. 3, 6e éd., M. de Juglart, éd., Paris, Éditions Montchrestien, 1976, no 1254.

506 – *Les besoins de la vie courante* – La loi prévoit que le mineur peut, compte tenu de son âge et de son discernement, contracter seul pour satisfaire ses besoins ordinaires et usuels (art. 157 C.c.Q.). Cela ne signifie pas pour autant que le mineur est considéré ici comme majeur puisqu'il demeure protégé et qu'il peut éventuellement demander l'annulation d'un acte qu'il pouvait faire seul. Certaines lois particulières consacraient déjà cette capacité économique des mineurs en leur permettant, par exemple, d'avoir un compte de banque ou de caisse d'épargne[72]. À cet égard, il faut souligner que cette capacité de déposer et de retirer de l'argent de son compte ne touche pas à la capacité du mineur quant au contrat lui-même pour lequel ce dépôt ou ce retrait sont faits. Par exemple, le mineur peut valablement retirer de son compte de la caisse populaire le montant nécessaire à l'achat d'une voiture d'occasion, ce qui ne signifie pas qu'il a la capacité d'acheter l'automobile en question.

La détermination de l'âge adéquat et du degré de discernement suffisant, nous l'avons vu, relève de l'appréciation du tribunal. Une autre difficulté peut surgir quant à la signification des besoins ordinaires et usuels. Ces termes réfèrent aux actes de la vie courante et de la survie[73]. Il est des besoins qui entrent incontestablement dans cette catégorie : nourriture, vêtements, loisirs ordinaires[74]. Les tribunaux en donnent d'ailleurs une définition extensive en y incluant, par exemple, la capacité de faire une demande d'aide juridique, de signer un bail de logement d'une durée d'un an[75] et de mandater un avocat[76]. Cette interprétation généreuse du domaine des actes relevant des besoins ordinaires et usuels trouve une illustration éloquente dans une décision qui conclut que le perçage de nombril constitue un tel besoin pour une adolescente de 13 ans. Le tribunal conclut que

---

72. *Loi sur les coopératives de services financiers*, RLRQ, c. C-67.3, art. 74. La *Loi sur les banques*, L.C. 1991, ch. 46, prévoit, en son article 437 que « [L]a banque peut, sans aucune intervention extérieure, accepter un dépôt d'une personne ayant ou non la capacité juridique de contracter de même que payer, en tout ou en partie, le principal et les intérêts correspondants à cette personne ou à son ordre ». La *Loi sur les coopératives de services financiers*, RLRQ, c. C-67.3, est au même effet. À propos de la préséance de ces dispositions sur les règles de droit civil, voir N. L'Heureux et É. Fortin, *Droit bancaire*, 4e éd., Cowansville, Éditions Yvon Blais, 2004, p. 96-97.
73. M. Ouellette, « De la capacité des personnes », (1988) 1 *C.P. du N.* 133, 154.
74. Par exemple, *Di Ruocco* c. *Association de hockey mineur Les Étoiles de l'Est inc.*, J.E. 2007-1223, EYB 2007-120548 (C.Q.) : contracter avec une équipe de hockey afin de pratiquer son sport favori.
75. *Olah* c. *Bryan et Bernier*, REJB 2003-45363 (C.Q.) ; *Bessette* c. *Boutin*, J.L.E. 2008JL-2.
76. *Barreau du Québec* c. *Commission des services juridiques du Québec*, J.E. 94-526, EYB 1994-75743 (C.Q.).

« [C]ompte tenu du coût de l'opération, de l'engouement des jeunes pour cette mode et de l'absence de conséquence négative sur la santé des jeunes[77], il y a lieu de conclure que le perçage du nombril constitue un besoin ordinaire et usuel qu'une jeune fille de treize ans et sept mois peut légalement satisfaire sans l'autorisation de ses parents »[78]. Au sujet de cette décision, soulignons tout de même qu'ayant conclu que le perçage de nombril constitue un besoin ordinaire et usuel pour une enfant de 13 ans (ce qui demeure, à notre avis, sujet à discussion), il était logique pour le tribunal d'ajouter que la commerçante n'avait dès lors pas à se soucier de savoir si l'adolescente avait ou non l'autorisation du titulaire de l'autorité parentale. Par contre, lorsqu'on se situe dans la relation parent-enfant, affirmer qu'une jeune fille de 13 ans peut légalement décider de se faire percer le nombril malgré l'opposition de ses parents, constituerait une erreur de droit puisque aucune disposition légale ne fonde une telle atteinte à l'autorité parentale. Rappelons que l'article 157 C.c.Q. ne concerne que les relations entre le mineur et son cocontractant, mais qu'il ne constitue en rien une diminution de l'autorité parentale contrairement, par exemple, aux dispositions en matière de consentement aux soins qui consacrent expressément une véritable autonomie du mineur dans ses relations avec les titulaires de l'autorité parentale (art. 14 et s. C.c.Q.). D'autres dépenses sont plus problématiques. Ainsi, il est sans doute usuel aujourd'hui pour de nombreux adolescents d'acheter un téléphone cellulaire ou un baladeur ; autre chose est de savoir si cet achat, qui peut être onéreux, concerne un besoin ordinaire. Sans doute faut-il, dans cette évaluation, tenir compte de la situation particulière de chaque mineur. Ce qui est ordinaire ou usuel pour l'un ne l'est pas nécessairement pour l'autre. Ces notions ont donc également un aspect subjectif. Ce débat reste toutefois assez théorique car nous verrons plus loin que la sanction des actes faits seul par le mineur, qu'ils visent un besoin courant ou non, est la même. La distinction entre d'un côté les besoins usuels et ordinaires et de l'autre les besoins extraordinaires ou non usuels n'enlève donc rien à la protection des mineurs. Elle n'y ajoute cependant rien non plus, si ce n'est que, s'agissant de besoins courants, le cocontractant majeur ne pourrait refuser de contracter en raison de l'incapacité du mineur sans risque de se voir reprocher un comportement de discrimination fondé sur l'âge (art. 10 de la Charte québécoise).

77. *Corbeil* c. *Ladouceur (Boutique Énigma)*, 2012 QCCQ 402 : les conséquences négatives que l'intervention esthétique peut avoir sur la santé d'un mineur est un critère non négligeable et en l'espèce le perçage de langue est considéré comme trop dangereux pour pouvoir être légalement assumé par le mineur.

78. *Bédard* c. *Roussin Parfumerie inc.*, [2006] R.L. 56, EYB 2006-112442 (C.Q.).

507 – *Certains actes à caractère personnel* – Certains actes sont à ce point personnels qu'il semble normal que le mineur puisse les accomplir seul, sans être représenté par un tuteur[79]. Sans dresser la liste exhaustive des actes personnels que le mineur peut faire seul, mentionnons qu'il peut reconnaître son propre enfant[80], refuser d'être adopté (art. 549 et 550 C.c.Q.)[81], s'engager dans un contrat de mariage (art. 434 C.c.Q.)[82], demander la destitution de son tuteur (art. 251, al. 2 C.c.Q.)[83], faire opposition à un mariage (art. 372, al. 2 C.c.Q.).

508 – *La gestion du produit du travail* – L'autonomie du mineur qui travaille est reconnue à un double point de vue. Ce mineur est réputé majeur dans le cadre de son emploi et il peut gérer seul le produit de son travail (art. 220 C.c.Q.). Toutefois, si ses revenus sont considérables, le tribunal peut fixer les sommes dont le mineur garde la gestion, le surplus étant alors géré par le tuteur. Ici encore, le facteur déterminant est le discernement du mineur. Le tribunal doit également tenir compte de la situation sociale, économique et familiale particulière.

509 – *Les actions en justice* – En principe, le mineur doit être représenté par son tuteur dans les actions en justice (art. 159 C.c.Q.)[84]. La loi apporte des exceptions importantes à ce principe. Ainsi, le mineur ne doit pas être représenté par un tuteur dans les actions relatives à son *état*[85], à sa protection[86], à l'exercice de l'autorité parentale[87], et

79. Voir *Société Radio-Canada* c. *Union des artistes*, C.A. Montréal, nº 500-09-001357-805, 12 décembre 1983, juges Nolan, Beauregard, Vallerand.
80. P. Azard et A.-F. Bisson, *Droit civil québécois*, t. I, Ottawa, Éd. de l'Université d'Ottawa, 1971, p. 277.
81. *Adoption – 08304*, 2008 QCCQ 13391.
82. L'autorisation judiciaire sera toutefois nécessaire dans ce cas précis.
83. P. Azard et A.-F. Bisson, *op. cit.*, note 80, p. 278.
84. *Boissonneault* et *Boissonneault*, B.E. 98BE-702 (C.S.) ; *Leblanc* c. *Poirier*, B.E. 97BE-992 (C.Q.).
85. Par exemple en matière de filiation.
86. Le mineur non représenté peut, par exemple, contester les décisions du Directeur de la protection de la jeunesse en vertu de l'article 74.2 de la *Loi sur la protection de la jeunesse*, RLRQ, c. P-34.1 (*Protection de la jeunesse – 644*, [1993] R.J.Q. 2511, EYB 1993-64075 (C.A.)).
87. Selon les *Comm.*, il s'agirait non seulement des questions d'autorité parentale du mineur à l'égard de son propre enfant, mais également de l'autorité de ses parents à son égard, p. 97. Il faut souligner que la jurisprudence a déjà établi que le recours en *habeas corpus* est ouvert à l'enfant mineur sans nécessité et sans obligation de l'assistance d'un tuteur lorsqu'il s'agit de contester un placement illégal en centre d'accueil (*Droit de la famille – 744*, [1990] R.D.F. 114, EYB 1989-76759 (C.S.) ; désistement en appel, C.A. Montréal, nº 500-09-000351-890, 25-01-1990). D'autre

aux actes à l'égard desquels il peut agir seul (art. 159, al. 2 C.c.Q.). Cette dernière hypothèse vise tous les cas mentionnés plus haut, par exemple l'opposition au mariage (art. 372, al. 2 C.c.Q.) ou la demande d'autorisation de signer un contrat de mariage (art. 434, al. 3 C.c.Q.). On peut donc penser que, s'il y a un conflit judiciaire à propos d'un acte visant des besoins courants, le mineur peut agir seul en justice. En ce qui concerne l'exercice de l'autorité parentale, l'article 159 trouve particulièrement application dans les cas où le mineur entend obtenir la garde de son enfant[88]. Les tribunaux sont d'ailleurs de plus en plus généreux dans l'acceptation des demandes d'intervention de la part de mineurs dans les causes familiales, en raison du fait que leurs intérêts peuvent y être particulièrement affectés[89].

Dans tous les cas où le mineur est en demande et qu'il peut agir seul, il doit obtenir l'autorisation du tribunal. Le droit d'agir n'est donc pas automatique et le tribunal pourra contrôler tant le sérieux de la demande que les motifs qui sous-tendent celle-ci[90]. Cette retenue judiciaire est particulièrement de mise lorsqu'il s'agit de situations où un enfant entend contester un acte d'autorité parentale. Ainsi, les tribunaux ne devraient pas « devenir un forum devant lequel un enfant peut venir contester une punition imposée par une de ses parents ou d'un commun accord »[91]. Il ne faudrait cependant pas interpréter, comme certains[92], l'article 159, al. 2 C.c.Q. comme étant toujours limité aux situations exceptionnelles sous prétexte que cette disposition exige une autorisation judiciaire. Il existe de nombreuses dispositions concernant les mineurs qui prévoient le mécanisme de l'autorisation judiciaire, sans que pour autant le caractère d'exception puisse être accolé à ces situations ; on peut songer aux dispositions en matière de consentement aux soins de santé. Le droit d'action du mineur, dans le cadre de l'article 159 C.c.Q., est un

---

part, c'est à juste titre qu'un tribunal a décidé que ce droit d'action autonome en matière d'autorité parentale ne pouvait trouver à s'appliquer en matière de tutelle (en l'espèce un enfant voulait enlever à ses parents, tuteurs légaux, le droit d'administrer ses biens ; or l'administration des biens ne relève pas de l'autorité parentale) : *Droit de la famille – 2118*, [1995] R.D.F. 39, EYB 1995-72300 (C.S.).

88. *M.M.* c. *T.D.*, [1994] R.D.F. 478 (C.S.) ; sur ce sujet, voir D. Goubau, « L'enfant devant les tribunaux en matières familiales : un mal parfois nécessaire... », dans B. Moore, C. Bideau-Cayre et V. Lemay (dir.), *La représentation des enfants devant les tribunaux*, Montréal, Éditions Thémis, 2009, p. 111-131.
89. À titre d'exemple, voir *Droit de la famille – 2224*, J.E. 95-1362, EYB 1995-59109 (C.A.) et *Droit de la famille – 1549*, [1992] R.J.Q. 855, EYB 1992-63869 (C.A.).
90. *D. (K.)* c. *B. (M.)*, J.E. 2003-548, REJB 2003-38425 (C.S.) ; *Droit de la famille – 131263*, 2013 QCCS 1975.
91. *Droit de la famille – 07946*, 2009 QCCA 623.
92. *D. (K.)* c. *B. (M.)*, *op. cit.*, note 90.

droit dont la seule limite est qu'il est soumis à un test d'opportunité et ce test est appliqué par le tribunal[93]. On peut penser qu'en matière d'intervention par un mineur, la constatation par le tribunal de l'intérêt à intervenir dans une instance équivaut à cette autorisation, la discrétion judiciaire en moins[94]. Lorsqu'il est en défense, cette autorisation n'est pas nécessaire (art. 159, al. 2 C.c.Q.)[95]. Dans les cas où il devrait être représenté, il peut invoquer seul, en défense, le fait qu'il est incapable et qu'il n'est pas représenté (art. 160 C.c.Q.).

Lorsqu'il s'agit d'une action en justice relative à un acte pour lequel le mineur est réputé majeur, il peut agir seul en justice. Par exemple, le mineur peut agir seul en recouvrement de salaire puisqu'il s'agit d'un acte relatif à son emploi (art. 156 C.c.Q.).

Dans tous les cas où le mineur peut agir en justice, ce droit a pour corollaire le droit à un avocat aux fins de représentation en justice. L'enfant peut alors donner personnellement un mandat à son avocat lorsqu'il en a la capacité[96].

510 – *Le principe de la représentation par tuteur* – Pour le reste, la règle veut que le mineur soit représenté par son tuteur. Nous verrons au chapitre de la tutelle que les pouvoirs du tuteur sont très étendus puisqu'il peut même aliéner, dans certaines circonstances, les biens de son pupille. De plus, le tuteur peut faire les actes que le mineur peut faire seul, à moins que la nature de l'acte ne le permette pas (comme le mariage, par exemple). L'article 158 C.c.Q. prévoit, en effet, que « l'acte que le mineur peut faire seul peut aussi être fait valablement par son représentant ». Cette disposition ne permet cependant pas au tuteur de faire d'autorité des actes à l'égard desquels le mineur est réputé majeur. Ainsi, lorsque le mineur de 14 ans et plus agit dans le cadre d'une activité économique, il est réputé majeur (art. 156 C.c.Q.) et le tuteur ne pourrait alors agir sans l'autorisation du mineur. Il faudrait pour cela que le mineur donne un mandat au tuteur. Cette solution s'impose, dans la mesure où l'article

---

93. Nous partageons à cet égard l'avis de Michel Tétrault qui estime que le test de l'article 159, al. 2 C.c.Q. ne peut être que celui du meilleur intérêt de l'enfant (M. Tétrault, *Droit de la famille*, 3e éd., Cowansville, Éditions Yvon Blais, 2005, p. 1397-1398).
94. *Droit de la famille – 2224*, J.E. 95-1362, EYB 1995-59109 (C.A.).
95. *S.-P.L.* c. *L.La.*, [2006] R.J.Q. 2015, EYB 2006-108989 (C.A.).
96. En ce sens, *Droit de la famille – 1549*, [1992] R.J.Q. 855, 865, EYB 1992-63869 (C.A.) ; en matière de protection de la jeunesse, voir *Protection de la jeunesse – 1013*, [1999] R.J.Q. 1999, REJB 1999-12325 (C.S.). En ce qui concerne la représentation de l'enfant en justice par un tuteur *ad hoc*, voir *infra*, par. 663 et s.

158 C.c.Q. vise à permettre au tuteur d'agir lorsqu'il est question d'actes que le mineur peut faire seul. Par contre, lorsque le mineur est réputé majeur, son assimilation avec le majeur est totale dans le cadre de l'activité mentionnée ; à ce titre, un tiers ne pourrait intervenir dans ses affaires. Il appartient donc au mineur de choisir d'autoriser ou non le tuteur[97]. L'étendue de ces pouvoirs justifie la mise en place d'une série de mécanismes de surveillance de la tutelle.

Section V

La sanction des actes posés par ou pour le mineur[98]

511 – *Les actes du mineur non doué de discernement* – Les actes du mineur non doué de discernement sont annulables sans qu'il soit nécessaire de démontrer qu'il y a eu préjudice. En effet, dans ce cas il y a défaut de consentement[99].

512 – *Les actes interdits* – Dans quelques rares cas, le mineur est frappé d'une incapacité de jouissance. Les exemples les plus souvent cités sont l'interdiction de tester, si ce n'est de biens de peu de valeur (art. 708 C.c.Q.)[100], et l'interdiction de faire des donations importantes (art. 1813 C.c.Q.)[101]. Ces actes sont frappés de nullité absolue (art. 161 C.c.Q.)[102]. À cet égard, la formulation de l'article 161 C.c.Q. peut sembler maladroite, car le législateur y mentionne les cas où le mineur ne peut agir « seul ou représenté ». Une lecture rapide de cette disposition pourrait laisser croire que deux situations différentes sont ici visées : celle où le mineur agit seul alors qu'il ne peut agir seul et celle où il ne peut agir représenté. Or le cas où le mineur agit seul est prévu expressément à l'article 163 C.c.Q. Il faut donc comprendre que l'article 161 C.c.Q. vise les cas où le mineur ne peut agir seul ni

---

97. *Contra :* D. Lluelles et B. Moore, *Droit des obligations*, 2e éd., Montréal, Éditions Thémis, 2012, p. 492.
98. Dans la présente section, nous indiquerons le sort spécifique réservé aux actes posés par le mineur. Quant aux principes généraux concernant la sanction des incapacités, voir le chapitre I.
99. C. Roch, *La tutelle*, dans Chambre des notaires du Québec, Répertoire de droit, Montréal, 1981, p. 20.
100. Sur l'origine de l'incapacité du mineur de tester, voir L.P. Sirois, « Les mineurs devraient-ils pouvoir tester ? », (1909-1910) 12 *R. du N.* 185-187.
101. Il a été jugé que les biens ou les sommes donnés doivent être « intrinsèquement » de peu de valeur et que l'évaluation de ce qui est et de ce qui n'est plus de « peu de valeur » ne change pas selon la fortune du donateur : *M.L. et al.* c. *I.K.* c. *V.H.* c. *Curateur public du Québec*, [1997] R.D.F. 75-76, EYB 1996-85458 (C.S.).
102. Pour un exemple de confirmation d'un acte par un mineur devenu majeur, voir *Bergeron* c. *Lalonde*, B.E. 2000BE-892 (C.Q.).

même représenté[103], sans quoi les actes faits seul par le mineur ne pourraient jamais faire l'objet d'une confirmation puisqu'ils seraient frappés de nullité absolue. En d'autres mots, l'article 161 C.c.Q. ne peut viser que les cas d'incapacité de jouissance.

513 – *Les actes non autorisés du tuteur* – En ce qui concerne les actes les plus lourds de conséquences, la loi prévoit que le tuteur doit obtenir l'autorisation du tribunal. C'est le cas de l'aliénation d'un immeuble ou de l'emprunt d'un montant de plus de 25 000 $ (art. 213, al. 1 C.c.Q.)[104]. Le mineur devenu majeur pourrait confirmer cet acte après la reddition du compte de tutelle (art. 166 C.c.Q.)[105]. Il peut aussi en demander l'annulation en invoquant l'absence d'autorisation et sans qu'il soit nécessaire de démontrer qu'il a subi un préjudice (art. 162 C.c.Q.)[106]. En l'absence d'autorisation judiciaire, il y a donc une présomption absolue de préjudice.

514 – *L'acte lésionnaire* – Lorsque le mineur agit seul et lorsque le tuteur agit sans l'autorisation du conseil de famille alors qu'elle est requise[107], l'acte ne peut être annulé ou les obligations qui en découlent réduites qu'à la condition que le mineur en souffre lésion (art. 163 C.c.Q.)[108]. Le préjudice doit être prouvé[109]. Les termes « sans l'autorisation du conseil de tutelle » de l'article 163 C.c.Q. ne visent que les actes du tuteur, puisqu'il n'existe aucun exemple d'acte que le mineur pourrait faire seul avec l'autorisation du conseil de tutelle, alors que cette exigence est souvent imposée au tuteur[110].

---

103. Par exemple, l'impossibilité pour le mineur d'aliéner une partie de son corps non susceptible de régénération (art. 19, al. 2 C.c.Q.).
104. *M.G.* c. *Québec (Curateur public)*, 2009 QCCS 3096 ; *J.G. (Succession de)*, 2011 QCCS 6077.
105. En effet, la sanction est ici la nullité relative. *Contra :* J.A. Krane et M.H. Lubetsky, « Reopening the Langelier – Mignault Debate on Unauthorized Transactions Involving a Minor's Property », (2009) 39 *Revue générale de droit* 101
106. Cette disposition codifie l'interprétation doctrinale et jurisprudentielle dominante de l'article 1009 C.c.B.C. en permettant l'annulation, sans preuve de lésion, chaque fois que la formalité de l'autorisation judiciaire n'est pas respectée, plutôt que de limiter cette possibilité au seul cas de l'aliénation immobilière. *Morin* c. *Dion*, [1957] C.S. 53 ; P.-B. Mignault, *op. cit.*, note 17, p. 245 ; G. Trudel, *op. cit.*, note 18, p. 251.
107. Exemple : contracter un emprunt inférieur à 25 000 $ mais tout de même important en regard de la fortune du mineur (art. 213 C.c.Q.) ; une déclaration de règlement amiable faite par le tuteur sans l'autorisation du conseil de tutelle : *Breault* c. *Billot-Select Mégantic inc. et al.*, [2005] AZ-50337871, EYB 2005-96609 (C.S.).
108. À propos de la notion de lésion, voir *supra*, par. 479 et s.
109. *R.C.* c. *Régie de l'assurance maladie du Québec*, 2013 QCCQ 6560.
110. Voir, par exemple, les articles 211, 212, 213, 215, al. 2 C.c.Q. Cette solution est logique car le conseil de tutelle, nous le verrons plus loin, est une institution de contrôle de la tutelle.

Par conséquent, chaque fois que le mineur doué de discernement fait un acte juridique seul, cet acte peut faire l'objet d'une éventuelle annulation ou réduction des obligations, à la condition qu'il y ait préjudice et donc à la condition que l'acte soit lésionnaire[111]. Il ne pourrait pas non plus invoquer lésion lorsque celle-ci résulte d'un événement casuel ou imprévu, de son dol (art. 164 C.c.Q.) ou de son obligation extracontractuelle de réparer le préjudice causé par sa faute. Il est important de souligner que la loi ne fait pas de distinction entre l'acte de la vie courante que le mineur peut faire seul et l'acte pour lequel il doit être représenté par son tuteur. C'est la raison pour laquelle l'affirmation, à l'article 157 C.c.Q., de la capacité du mineur de contracter seul pour ses besoins ordinaires et usuels n'a pas de réelles conséquences au point de vue de la sanction des actes. Prenons l'exemple du mineur de 17 ans qui s'achète une auto. Il peut y avoir une discussion fort intéressante sur le fait de savoir si cette auto représente un besoin usuel et ordinaire de ce mineur. Mais dans la négative comme dans l'affirmative, le mineur peut demander l'annulation de la vente ou la réduction de ses obligations qui en découlent, s'il peut démontrer le caractère lésionnaire du contrat. Le législateur ne dit d'ailleurs pas que, en ce qui concerne les actes de la vie courante, le mineur est réputé majeur, comme c'est le cas pour les actes relatifs à l'emploi. On peut sans doute se demander s'il n'y a pas là excès de protection puisque de toute façon les actes ordinaires et usuels ne portent pas sur des valeurs considérables. La reconnaissance d'une certaine autonomie (et donc d'un droit) des adolescents sur le plan de l'aptitude à contracter devrait peut-être, comme c'est le cas en droit français[112], s'accompagner de son corollaire, soit l'obligation d'assumer toutes les conséquences de tels actes. Certains justifient une telle règle en considérant que « dans le cas où l'usage autorise les mineurs à agir eux-mêmes, il faut qu'ils en subissent les conséquences afin que les habitudes sociales se corrigent elles-mêmes et restreignent l'autonomie des enfants à ce qui est raisonnable »[113]. La question mérite en tout cas d'être posée.

Enfin, rappelons qu'à ce recours peuvent s'ajouter ceux prévus par des lois particulières, notamment par la *Loi sur la protection du consommateur*, dont l'article 8 traite de la lésion comme source de

---

111. *Drouin* c. *Lepage*, [1980] C.P. 146 ; *Lepage Automobile ltée* c. *Couturier*, [1956] C.S. 80 ; *Laflamme* c. *St-Pierre*, [1981] C.P. 340 ; *Marcel Grenier Automobile ltée* c. *Thauvette*, [1969] C.S. 159 ; *Séguin* c. *Paradis*, 2010 QCCQ 11040.
112. A. Gouttenoire, « La capacité usuelle du mineur », dans *Mélanges en l'honneur du professeur Jean Hauser*, Paris, Lexis-Nexis, Dalloz, 2012, p. 163.
113. C. Atias, *Les personnes. Les incapacités*, Paris, P.U.F., 1985, n° 125.

nullité du contrat ou de réduction des obligations du consommateur. Cette règle s'applique également au consommateur mineur[114].

Le mineur apparaît donc encore et toujours comme une personne incapable de se léser[115], selon la maxime *minor restituitur non tanquam minor sed tanquam laesus.* Par contre, le mineur ne peut se léser par tuteur interposé. En effet, l'acte fait dûment par le tuteur est inattaquable pour cause de lésion[116]. Comme le souligne un auteur, « l'intérêt même du mineur exige que les actes accomplis par son représentant soient à l'abri de toute critique lorsqu'ils sont entourés de toutes les précautions requises par la loi ; car personne ne voudrait contracter avec le tuteur, si le mineur pouvait ensuite invoquer lésion »[117]. Dans ce cas, l'acte est valide, mais le mineur peut éventuellement se retourner contre son tuteur pour obtenir réparation, à la condition qu'il puisse démontrer que la responsabilité du tuteur est engagée. Accepter que le mineur puisse demander contre le cocontractant l'annulation d'un acte valablement fait par son tuteur, au motif que cet acte serait lésionnaire, reviendrait non seulement à ignorer que la tutelle est précisément mise en place pour permettre à un mineur d'agir utilement par l'intermédiaire de son tuteur, mais cela jouerait immanquablement contre les intérêts du protégé puisque les tiers ne voudraient plus faire affaire avec un mineur, même représenté par son tuteur, dès lors que l'acte pourrait ensuite être annulé ou que les obligations du mineur pourraient être réduites. S'il suffisait de constater que l'acte est lésionnaire pour en obtenir l'annulation, cela constituerait la négation même du droit des tiers de se fier sur la personne qui représente le mineur. Nous verrons au chapitre de la tutelle que le tuteur fait l'objet d'une série de mesures de contrôle dont le but est précisément de s'assurer que son administration soit la meilleure et la plus loyale à l'égard du protégé. Là résident, avec le droit de recours du mineur contre son tuteur, les mesures permettant de protéger le mineur. Les tiers n'ont cependant pas à faire les frais d'une mauvaise administration tutélaire[118].

---

114. La *Loi sur la protection du consommateur*, RLRQ, c. P-40.1.
115. P.-B. Mignault, *op. cit.*, note 17, p. 192 et 247 ; M. Guy, « La capacité d'aliéner les biens et d'en disposer en droit comparé et en droit international privé », (1970) 72 *R. du N.* 257, 263.
116. En ce sens, voir L.P. Sirois, *op. cit.*, note 15, p. 284 ; P.-B. Mignault, *op. cit.*, note 17, p. 242. Ce principe a été endossé par la Cour d'appel dans *C.V.* c. *D.M.*, 2011 QCCA 146.
117. G. Brière, « L'abus de pouvoir des représentants légaux dans le droit familial du Québec », (1978) 19 *C. de D.* 117, 127.
118. *Contra :* D. Lluelles et B. Moore, *Droit des obligations*, 2e éd., Montréal, Éditions Thémis, 2012, p. 493-496.

Pour aller plus loin

515 – *L'âge de la majorité* – Sur l'historique de l'âge de la majorité au Québec, voir J.-G. Cardinal, « L'incapacité. Durée de la minorité », (1958) 61 *R. du N.* 128-145 ; W.S. Johnson, « The Age of Majority », (1942) 2 *R. du B.* 204-212. On notera que le principe de la fixation de la majorité à 21 ans, adoptée en 1782 (*An Ordonnance for Altering, Fixing and Establishing the Age of Majority*, (1782) 22 Geo. III, c. 1) fut repris dans le *Code civil du Bas Canada* en 1866, à l'instar de la règle retenue par le Code Napoléon de 1804. En France, où l'âge de la majorité variait d'une région à l'autre, la législation révolutionnaire unifia ces régimes et fixa la majorité à 21 ans par la loi du 20 septembre 1792 : voir P. Ourliac et J. de Malafosse, *Histoire du droit privé*, Paris, P.U.F., 1957, p. 113 et s.

État de la question dans les autres provinces canadiennes : les provinces où la majorité est fixée à 18 ans sont, outre le Québec, l'Ontario (*Loi sur la majorité et la capacité civile*, L.R.O. 1990, ch. A-7, adoptée en 1971, S.O. 1971, ch. 98), l'Alberta (*Age of Majority Act*, R.S.A. 2000, ch. A-6, art. 1), le Manitoba (*Loi sur l'âge de la majorité*, C.P.L.M., ch. A-7, art. 1), la Saskatchewan (*Age of Majority Act*, R.S.S. 1978, ch. A-6, art. 2(1)) et l'Île-du-Prince-Édouard (*Age of Majority Act*, R.S.P.E.I. 1988, ch. A-8, art. 1). Dans les autres provinces et dans les Territoires, l'âge de la majorité est fixé à 19 ans (*Age of Majority Act*, R.S.B.C. 1996, ch. 7, art. 1 ; *Loi sur l'âge de la majorité*, L.R.N.B. 1973, ch. A-4, art. 1 ; *Age of Majority Act*, R.S.N.S. 1989, ch. 4, art. 2 ; *An Act Respecting the Attainment of the Age of Majority*, S.N.L. 1995, ch. A-4.2, art. 2 ; *Loi sur l'âge de la majorité*, L.R.Y. 2002, ch. 2, art. 1 ; *Loi sur l'âge de la majorité*, L.R.T.N.-O. 1988, ch. A-2, art. 2). La Loi fédérale sur le divorce (*Loi concernant le divorce et les mesures accessoires*, L.R.C. (1985), ch. 3 (2e suppl.)) reconnaît ces différences en retenant la définition suivante (art. 2(1)) : « Est majeur l'enfant qui a atteint l'âge de la majorité selon le droit de la province où il réside habituellement ou, s'il réside habituellement à l'étranger, dix-huit ans ».

La fixation d'une limite d'âge comme facteur d'attribution de droits et d'imposition d'obligations comporte toujours une part d'arbitraire. Comment justifier, en effet, que d'une journée à l'autre, une personne passe du statut d'inapte à celui de personne entièrement apte sur le plan juridique ? Pourquoi choisir 18 ans comme âge de la majorité civile plutôt que 19 ans, comme c'est encore le cas dans certaines provinces canadiennes ? Pourquoi refuser d'abaisser le droit de vote à seize ans comme cela est régulièrement réclamé par certains groupes dans la société québécoise ? Quel est le lien rationnel entre une limite d'âge et l'attribution d'un droit ? Le raisonnement qui préside à la fixation d'une limite d'âge dans l'attribution d'un droit pourrait-il s'appliquer lorsqu'il s'agit de retirer un droit à une personne ayant atteint une limite d'âge prédéterminée ? Pour une approche philosophique de ces questions, on lira avec profit l'excellent chapitre « Arbitrariness and Incompetence », dans D. Archard, *Children, Rights & Childhood*, Londres et New York, Routledge, 1993, p. 58-69.

516 – *L'âge de la responsabilité* – Certains pourraient s'étonner que l'on puisse retenir la responsabilité d'un enfant âgé seulement de sept ans. Cette précocité peut s'expliquer en partie par le fait que les tribunaux ne veulent pas laisser les victimes sans dédommagement. C'est d'ailleurs ce souci d'indemnisation des victimes qui avait amené l'Office de révision du Code civil à proposer que, dans certains cas, une personne, même non douée de raison, puisse être tenue à réparation (O.R.C.C., *Rapport sur le Code civil du Québec*, vol. 1, *Projet de Code civil*, Québec, Éditeur officiel du Québec, 1977, p. 348). Le principe de la responsabilité de l'enfant non doué de discernement a également été retenu par la Cour de cassation française en 1984, modifiant ainsi le droit antérieur qui excluait la responsabilité du jeune enfant : J. Carbonnier, *Droit civil, Les personnes*, 18e éd., Paris, P.U.F., 1992, p. 246. (Voir *Cass. 9 mai 1984*, D. 1984, 525). Cette proposition n'a pas été retenue par le législateur. Claude Masse soulignait que l'abondante jurisprudence qui situe à l'âge de sept ans la transition entre l'irresponsabilité et la responsabilité ne tient pas compte des connaissances de la psychologie moderne qui permettraient de situer cette limite plus tard (C. Masse, « La responsabilité civile », dans Service de la formation permanente, Barreau du Québec, *La réforme du Code civil, un nouveau départ*, Montréal, 1993, p. 227-349, p. 326, note 59). Cet auteur écrit que « cet âge semble avoir été déterminé davantage au Québec en fonction de certaines traditions religieuses (l'âge de la première communion qui suit la première confession dans la religion catholique, l'âge aussi de la confirmation) qu'en fonction de critères mieux établis au plan scientifique ». Quelles que soient les raisons pour fixer la limite à sept ans, comme le font expressément certaines législations tel le Code civil allemand (art. 104 B.G.B), il faut souligner que cette coutume est fort ancienne et qu'en droit romain, qui prévoyait que le jeune enfant (*infans*) était frappé d'une incapacité totale, la période de l'enfance (*infantia*) allait de la naissance jusqu'à l'âge de sept ans. Au Moyen-Âge, on semblait également considérer l'âge de sept ans comme une période charnière dans la vie de l'individu (S. Shulamith, *Childhood in the Middle Ages*, Londres, Routeledge, 1990).

BIBLIOGRAPHIE SÉLECTIVE

ARCHARD, D., *Children, Rights & Childhood*, Londres et New York, Routledge, 1993.

BAUDOUIN, J.-L. et P. DESLAURIERS, *La responsabilité civile*, 7e éd., Cowansville, Éditions Yvon Blais, 2007.

BAUDOUIN, J.-L., P.-G. JOBIN et N. VÉZINA, *Les obligations*, 7e éd. par P.-G. JOBIN et N. VÉZINA, Cowansville, Éditions Yvon Blais, 2013.

CARDINAL, J.-G., « L'incapacité. Durée de la minorité », (1958) 61 *R. du N.* 128.

COUCHEZ, G., « La fixation à dix-huit ans de l'âge de la majorité », Comm. de la loi no 74-631 du 5 juillet 1974, *J.C.P.*, 1975, I, 2684.

DELEURY, É., « La protection des incapables et la réforme du Code civil », (1987) 18 *R.D.U.S.* 57.

DELISLE, S. et J. TURMEL, « La *Loi sur le système de justice pénale pour les adolescents* », dans Collection de droit 2013-2014, École du Barreau, vol. 11, *Droit pénal : procédure et preuve*, Titre III, Cowansville, Éditions Yvon Blais, 2013.

DES ROSIERS, N., « La responsabilité de la mère pour le préjudice causé par son enfant », (1995) 36 *C. de D.* 61.

GUY, M., « La capacité d'aliéner les biens et d'en disposer en droit comparé et en droit international privé », (1969) 72 *R. du N.* 257.

GOUBAU, D., « L'enfant devant les tribunaux en matières familiales : un mal parfois nécessaire... », dans B. Moore, C. Bideau-Cayre et V. Lemay (dir.), *La représentation des enfants devant les tribunaux*, Montréal, Éditions Thémis, 2009, p. 111-131.

JETTÉ, L.A., « De la majorité et de l'interdiction », (1929-1930) 8 *R. du D.* 540.

JOHNSON, W.S., « The Age of Majority », (1942) 2 *R. du B.* 204.

LEMAY, S., *La minorité et la tutelle. Commentaires sur le Code civil du Québec*, Cowansville, Éditions Yvon Blais, 2007.

LLUELLES, D. et B. MOORE, *Droit des obligations*, 2e éd., Montréal, Éditions Thémis, 2012.

OUELLETTE, M., « De la capacité des personnes », (1988) 1 *C.P. du N.* 133.

POISSON, E., « L'abaissement de l'âge de la majorité », *D.* 1976, *Chr.* 21.

ROCH, C., *La tutelle*, dans Chambre des notaires du Québec, Répertoire de droit, Montréal, 1981.

SIROIS, L.P., « Les mineurs devraient-ils pouvoir tester ? », (1909-1910) 12 *R. du N.* 185.

SIROIS, L.P., *Tutelles et curatelles*, Québec, Imprimerie de l'Action sociale, 1911.

TANCELIN, M., *Des obligations en droit mixte du Québec*, 7e éd., Montréal, Wilson & Lafleur, 2009.

TÉTRAULT, M., « L'enfant mineur. L'autonomie du recours en matière familiale », (1995) 55 *R. du B.* 667.

CHAPITRE II

L'ÉMANCIPATION

Section I

Définition et fondement

517 – *Le principe* – L'émancipation peut être définie comme une « modification de l'état du mineur qui consiste dans la suppression ou la réduction de l'incapacité d'exercer ses droits civils »[1]. Dans le *Code civil du Bas Canada*, l'émancipation était soit un des effets civils du mariage[2], soit le résultat d'une décision judiciaire[3]. Dans un cas comme dans l'autre, les effets étaient identiques : le mineur émancipé acquérait une capacité partielle qui l'affranchissait de la puissance paternelle et lui permettait d'exercer certains actes d'ordre patrimonial. Les auteurs considéraient l'émancipation comme « une espèce d'éducation civile »[4], un « stage administratif »[5], un « noviciat [permettant] de s'initier graduellement à la pratique de la vie juridique et des affaires »[6].

518 – *Deux sortes d'émancipation* – Depuis la codification de 1866 jusqu'en 1980, l'institution est restée inchangée. Cette année-là, dans le cadre de la réforme du droit de la famille, on accorda au mineur émancipé par mariage une capacité égale à celle du majeur[7], alors que le mineur émancipé par décision judiciaire demeurait en état de demi-incapacité. Le *Code civil du Québec*, quant à lui, reconnaît également

---

1. Centre de recherche en droit privé et comparé du Québec, *Dictionnaire de droit privé*, 2e éd., Cowansville, Éditions Yvon Blais, 1991, p. 221.
2. Art. 314 C.c.B.C. Voir L.-P. Sirois, *Tutelles et curatelles*, Québec, Imprimerie de l'Action sociale, 1911, p. 341 ; G. Trudel, *Traité de droit civil*, t. 2, Montréal, Wilson & Lafleur, 1942, p. 359.
3. Art. 315 et s. C.c.B.C.
4. P.-B. Mignault, *Droit civil canadien*, t. 2, Montréal, C. Théoret, 1896, p. 257.
5. *Ibid.*
6. L. Baudouin, *Le droit civil de la Province de Québec, modèle vivant de droit comparé*, Montréal, Wilson & Lafleur, 1953, p. 322.
7. *Loi instituant un nouveau Code civil et portant réforme du droit de la famille*, L.Q. 1980, c. 39, art. 18, modifiant l'article 314 C.c.B.C.

deux sortes d'émancipation, la simple émancipation et la pleine émancipation, en apportant toutefois quelques modifications importantes à l'institution.

519 – La simple émancipation, qui recouvre *mutatis mutandis* le concept d'émancipation tel qu'il existait avant la réforme de 1980, constitue toujours une espèce de demi-capacité. La pleine émancipation, de son côté, assimile le mineur au majeur et lui accorde donc l'entière capacité juridique.

Notons que, dans un cas comme dans l'autre, l'émancipation n'a d'effets que sur la capacité civile et qu'elle n'affecte pas les mécanismes de protection dans les autres domaines. Ainsi, un mineur émancipé est toujours un adolescent au sens de la *Loi sur le système de justice pénale pour les adolescents*[8] et il peut également faire l'objet d'une intervention dans le cadre de la *Loi sur la protection de la jeunesse*[9]. De façon générale, les limitations ou l'aménagement des droits jusqu'à l'âge de 18 ans que l'on peut retrouver dans différentes lois, continuent à s'appliquer au mineur pleinement émancipé, sauf indication contraire, comme c'est souvent le cas[10].

Section II
La simple émancipation

§1 – Les modalités et les conditions

520 – *Il y a deux façons d'obtenir la simple émancipation : la déclaration au curateur public et la décision judiciaire* – Dans le premier cas, le tuteur peut émanciper son pupille de 16 ans et plus par le dépôt d'une déclaration au curateur public (art. 167 C.c.Q.). Cependant, le tuteur ne peut agir qu'à la demande du mineur et avec l'accord du conseil de tutelle. Le conseil peut ainsi vérifier si la demande d'éman-

8. *Loi sur le système de justice pénale pour les adolescents*, L.C. 2002, ch. 1, art. 2(1).
9. *Loi sur la protection de la jeunesse*, RLRQ, c. P-34.1. Pour des cas d'application, voir *Protection de la jeunesse – 124804*, 2012 QCCQ 9952 ; *Protection de la jeunesse – 121157*, 2012 QCCQ 5995 ; *Protection de la jeunesse – 121162*, 2012 QCCQ 5996 ; *Protection de la jeunesse – 305*, [1988] R.J.Q. 1131 (T.J.) (dans ce dernier cas, il s'agit de la situation d'une enfant de 13 ans et demi, mariée à un adolescent de 17 ans).
10. Exemples : *Loi sur l'aide aux personnes et aux familles*, RLRQ, c. A-13.1.1 ; *Code de la sécurité routière*, RLRQ, c. C-24.2 ; *Loi sur les impôts*, RLRQ, c. I-3 ; *Règles sur les appareils d'amusement*, RLRQ, c. L-6, r. 2 ; *Règlement sur le régime général d'assurance médicaments*, RLRQ, c. A-29.01, r. 4.

cipation n'est pas pour le tuteur une façon de se décharger de la tutelle de manière inopportune ou pour le parent de se décharger de sa responsabilité parentale puisque l'émancipation affranchit l'enfant de cette autorité. L'émancipation prend effet dès le moment de ce dépôt (art. 167, al. 2 C.c.Q.).

Le dépôt auprès du curateur public a pour but de « permettre aux tiers qui y auraient intérêt, de prendre connaissance de ce changement d'état, puisque le curateur public tient un registre accessible à tous »[11]. Il s'agit donc d'une simple mesure de publicité qui ne confère au curateur public aucun pouvoir décisionnel en la matière. Cependant, assez curieusement, la *Loi sur le curateur public* ne prévoit pas d'obligation pour le curateur public de tenir un registre particulier pour les déclarations d'émancipation alors qu'il doit maintenir un registre des tutelles au mineur, un registre des tutelles et curatelles au majeur, un registre des mandats de protection homologués et un registre des biens sous administration provisoire[12]. Dans la pratique, le caractère public de la déclaration et, par voie de conséquence, la protection des tiers, ne sont donc pas vraiment assurés. Il ne s'agit cependant pas d'un problème très épineux, dans la mesure où le mécanisme d'émancipation par déclaration au curateur public est fort peu utilisé[13].

La deuxième façon d'obtenir la simple émancipation est la voie judiciaire[14]. Même si l'article 168 C.c.Q. ne le précise pas, il semble clair que le mineur doit ici aussi être âgé de 16 ans pour pouvoir être émancipé[15]. Un argument de texte peut à cet égard être soulevé. En effet, l'article 168 C.c.Q. indique que le tribunal peut aussi émanciper le mineur, renvoyant donc à l'article 167 C.c.Q. qui permet la déclaration d'émancipation du mineur de 16 ans auprès du curateur public. La version anglaise utilise le mot *likewise* (plutôt que le mot *also* que

---

11. *Comm.*, p. 119.
12. *Loi sur le curateur public*, RLRQ, c. C-81, art. 54. De plus, le *Règlement d'application de la Loi sur le curateur public*, RLRQ, c. C-81, r. 1, art. 7, ne prévoit pas que la déclaration d'émancipation doit figurer parmi les mentions obligatoires du registre des tutelles.
13. Pour l'année 1999, le curateur public a reçu six déclarations. Pour les années 2000 et 2001 cumulées, quatre déclarations seulement ont été reçues. De janvier 2002 à juillet 2007, seulement six déclarations ont été reçues par le curateur public (chiffres obtenus auprès des services du curateur public le 24 juillet 2007). En 2012 et 2013, il n'y a eu que deux déclarations par année (chiffres obtenus du curateur public le 29 avril 2014).
14. Art. 168 C.c.Q.
15. En ce sens, M. Ouellette, « De la capacité des personnes », (1988) 1 *C.P. du N.* 133, 157-158. *Contra : P.-L.B.* c. *Curateur public*, J.E. 2005-751, EYB 2005-87442 (C.S.).

le législateur utilise pourtant à l'article 175, al. 2 C.c.Q pour la pleine émancipation) indiquant par là que les conditions d'âge sont les mêmes.

La Cour supérieure a compétence exclusive en la matière[16]. La demande doit être portée devant le tribunal du domicile ou de la résidence du mineur (art. 70.2 C.p.c. ; art. 44 C.p.c.). Le mineur peut s'adresser seul au tribunal. Le cas pourrait se produire, par exemple, advenant un refus du tuteur ou du conseil de tutelle de procéder par déclaration au curateur public[17] ou s'il n'y a pas de conseil de tutelle[18]. Le tribunal rend alors sa décision après avoir considéré l'avis du tuteur et celui du conseil de tutelle, si ce dernier est déjà constitué[19].

§2 – Les effets

A. Effets sur la tutelle

521 – *Le tuteur devient un assistant* – Le mécanisme de la représentation cède le pas à celui de l'assistance. À compter de l'émancipation, le tuteur ne représente plus le mineur émancipé, mais il continue de l'assister gratuitement (art. 169 C.c.Q.) pour les actes excédant la simple administration (art. 173 C.c.Q.). Le tuteur doit donc, dès l'émancipation, rendre compte de son administration au mineur (art. 169 C.c.Q.). On constate ici une amélioration par rapport à l'ancien régime qui prévoyait, en cas d'émancipation, la nomination d'un curateur[20]. Le nouvel article « évite la nomination d'une autre personne ; le tuteur connaît déjà le mineur et est bien placé pour détermi-

16. *Protection de la jeunesse – 677*, [1994] R.J.Q. 1166, EYB 1994-79416 (C.Q.) ; *Protection de la jeunesse – 969*, J.E. 98-2185, REJB 1998-09487 (C.Q.) ; *Protection de la jeunesse – 1011*, J.E. 99-1475, REJB 1999-10634 (C.Q.) ; *Protection de la jeunesse – 1055*, J.E. 99-1624, REJB 1999-13607 (C.Q) ; voir aussi *C.N.-Q. (Dans la situation de)*, J.E. 2001-1562, REJB 2001-24814 (C.Q.), où le tribunal rappelle le principe de la compétence exclusive de la Cour supérieure en la matière, mais accepte tout de même, en vertu de l'article 91 de la *Loi sur la protection de la jeunesse*, de recommander aux parents d'un adolescent de faire une déclaration d'émancipation.
17. Ce recours devrait être exceptionnel, puisque le mineur devrait généralement réussir à convaincre le conseil de tutelle de sa capacité d'exercer seul les actes de simple administration. En ce sens, *Comm.*, p. 119.
18. Comme dans *P.-L.B.* c. *Québec (curateur public)*, J.E. 2005-751, EYB 2005-87442 (C.S.).
19. Ce qui se produira notamment si la tutelle est exercée par une autre personne que les père et mère ou lorsque la valeur des biens excède 25 000 $: *Comm.*, p. 120. Voir art. 223 C.c.Q.
20. Art. 317, 338 et 340 C.c.B.C.

ner la nature ou le degré d'assistance dont [il] peut avoir besoin »[21]. La continuité dans l'assistance est un gage d'une meilleure protection du mineur émancipé.

522 – *Le tuteur n'est plus responsable de l'administration des biens* – Étant donné que le tuteur devient un simple assistant, il ne peut plus être tenu responsable de l'administration des biens du mineur. Par contre, il demeure tenu de veiller aux intérêts du mineur et de l'assister. Il peut, à ce titre, engager sa responsabilité, par exemple en assistant mal ou en refusant d'assister son protégé lorsque la loi l'y oblige[22], et ce indépendamment de la possibilité pour le mineur de demander la destitution du tuteur[23]. Les obligations du tuteur sont donc moins lourdes, mais toujours réelles.

B. Effets sur le mineur

523 – *Le mineur acquiert une plus grande capacité* – Le mineur ne devient pas titulaire de l'ensemble des droits qui caractérisent la majorité. Il est toutefois libéré de la limitation la plus invasive, c'est-à-dire « de l'obligation d'être représenté pour l'exercice de ses droits civils ». Cette partie de l'article 170 C.c.Q. ne doit cependant pas prêter à confusion. Il ne faudrait pas l'interpréter comme accordant au mineur simplement émancipé le pouvoir d'agir seul en toutes matières. Ce serait en effet un non-sens qui nierait toute distinction entre la pleine et la simple émancipation[24]. Pour saisir la portée réelle de l'article 170 C.c.Q., il faut le lire à la lumière des dispositions qui posent des conditions et des restrictions à l'exercice des droits civils par le mineur simplement émancipé. La simple émancipation constitue donc un stade intermédiaire de capacité[25].

Quant à sa personne, l'effet principal de la simple émancipation est de soustraire le mineur à l'autorité parentale. Par conséquent, les parents sont déchargés de la responsabilité du fait de leur enfant émancipé. Il en va de même du tuteur, car ce dernier n'est pas chargé de la garde, de la surveillance ou de l'éducation du mineur émancipé

21. *Comm.*, p. 120.
22. J. Pineau, *Traité élémentaire de droit civil, la famille*, Montréal, P.U.M., 1972, p. 229 ; L.-P. Sirois, *op. cit.*, note 2, p. 368.
23. L.-P. Sirois, *op. cit.*, note 2, p. 369 ; G. Trudel, *op. cit.*, note 2, p. 370.
24. Voir M. Ouellette, *loc. cit.*, note 15, p. 158.
25. R. Joyal, *Précis de droit des jeunes*, t. 1 : *Droit civil de l'enfance et de l'adolescence*, 3e éd., Cowansville, Éditions Yvon Blais, 1999, p. 148.

(art. 1460 C.c.Q.). En conséquence, il peut établir lui-même son propre domicile (art. 171 C.c.Q.)[26]. De plus, le mineur émancipé devient, de plein droit, tuteur de ses propres enfants (art. 192 C.c.Q.)[27]. Ces effets illustrent « l'autonomie et la capacité accrues du mineur »[28]. Quant aux biens, la loi prévoit que le mineur peut désormais accomplir seul la plupart des actes, même si certains actes plus importants nécessitent encore un encadrement.

524 – *Actes que le mineur peut faire seul* – Pour certains actes, le mineur simplement émancipé peut agir seul. En premier lieu, il est évident que l'émancipation ne lui fait pas perdre les droits qu'il pouvait exercer seul antérieurement : il peut donc contracter pour satisfaire ses besoins ordinaires et usuels (art. 157 C.c.Q.), intenter une action relative à son état (art. 159 C.c.Q.), poser tous les actes relatifs à son emploi, à l'exercice de son art ou de sa profession (art. 156 C.c.Q.)[29], etc.

De plus, l'émancipation permet au mineur de faire seul tous les actes de simple administration[30]. La loi en donne deux exemples : il est possible au mineur de passer, à titre de locataire, des baux d'une durée maximale de trois ans (art. 172 C.c.Q.)[31] ; le mineur simplement émancipé peut aussi faire des donations raisonnables, en ce sens qu'elles ne doivent pas entamer notablement son capital. Cette notion a un caractère relatif et doit être jugée au cas par cas, puisqu'il « aurait été imprudent, et peut-être inutile ou trop contraignant, de fixer des proportions ou d'être autrement plus précis »[32].

---

26. Voir les articles 80 et 598 C.c.Q ; la volonté d'établir son propre domicile et de ne plus être soumis à l'autorité parentale est d'ailleurs le principal motif des demandes d'émancipation : *Protection de la jeunesse – 1011*, J.E. 99-1475, REJB 1999-10634 (C.Q.) ; *C.N.-Q. (Dans la situation de)*, J.E. 2001-1562, REJB 2001-24814 (C.Q.) ; *Protection de la jeunesse – 121162*, 2012 QCCQ 5996.
27. *Protection de la jeunesse – 1013*, [1999] R.J.Q. 1999, REJB 1999-12325 (C.S.).
28. *Comm.*, p. 121.
29. Constitue un « acte relatif à son emploi » le fait de souscrire une assurance-vie dans le cadre de celui-ci : *S.S.Q., société d'assurance-vie inc.* c. *Rouillard*, J.E. 2006-195, EYB 2005-98967 (C.S.).
30. Art. 172 C.c.Q., renvoyant aux articles 1301 à 1305 C.c.Q. Pour un cas d'application, voir *Banque de Montréal* c. *Jaipuria*, [1981] C.S. 321 à 323.
31. Le *Code civil du Bas Canada* prévoyait une durée beaucoup plus longue, soit neuf ans (art. 319 C.c.B.C.). Le législateur a apporté cette modification « afin de réduire le risque économique qui peut résulter d'un bail à long terme » : *Comm.*, p. 121. Pour une critique de la formulation de l'article 172 C.c.Q., voir M. Cantin Cumyn et M. Cumyn, *L'administration du bien d'autrui*, 2e éd., dans *Traité de droit civil*, Cowansville, Éditions Yvon Blais, 2014, par. 208.
32. M. Ouellette, « Des personnes », dans *La réforme du Code civil*, t. 1, Québec, P.U.L., 1993, p. 97.

Le mineur simplement émancipé a donc, pour tous ces actes qu'il peut faire sans assistance ni autorisation, le même degré de capacité qu'un majeur. Par conséquent, il lui est impossible d'invoquer la lésion pour obtenir leur annulation, autrement que dans les conditions auxquelles les majeurs sont soumis. L'émancipation représente donc un élargissement du champ de capacité et, parallèlement, un rétrécissement du régime de protection du mineur[33].

525 – *Actes nécessitant l'assistance du tuteur* – Pour les actes qui excèdent la simple administration, le mineur doit obligatoirement être assisté de son tuteur (art. 173 C.c.Q.)[34]. Le Code apporte des précisions : l'acceptation d'une donation avec charge[35] et la renonciation à une succession[36] sont des actes qui dépassent les limites de la simple administration. La possibilité d'une perte patrimoniale pour le mineur a incité le législateur à exiger l'assistance du tuteur pour ces actes[37].

Toutefois, le défaut d'assistance par le tuteur n'entraîne pas forcément la nullité de l'acte : pour cela le mineur doit faire la preuve qu'il a subi un préjudice en raison de l'acte. Le cas échéant, il peut demander une simple réduction de ses obligations en lieu et place de l'annulation de l'acte (art. 173 C.c.Q.).

526 – *Actes nécessitant l'autorisation du tribunal* – Certains actes peuvent avoir des incidences financières plus graves et nécessiter une prudence accrue. Le Code prévoit qu'ils doivent être autorisés par le tribunal, sur avis du tuteur (art. 174 C.c.Q.). C'est le cas pour les prêts et les emprunts considérables (ce dernier terme s'interprétant en relation avec l'ampleur du patrimoine du mineur) et pour les actes d'aliénation d'un immeuble ou d'une entreprise. Si ces conditions ne sont pas respectées, le mineur pourra demander la nullité de

---

33. En ce sens, J. Pineau, D. Burman et S. Gaudet, *Théorie des obligations*, 4e éd., Montréal, Éditions Thémis, 2001, p. 257.
34. En ce qui concerne la possibilité qu'aurait le mineur simplement émancipé d'effectuer un emprunt qui n'est pas « considérable », nous partageons l'opinion de Pineau, Burman et Gaudet qui sont d'avis que ce mineur a ce droit à la condition que cet emprunt puisse entrer dans les conditions strictes de la simple administration, c'est-à-dire que cet emprunt est nécessaire à la conservation d'un bien ou qu'il est utile au maintien de l'usage auquel un bien du mineur est normalement destiné (art. 1305 C.c.Q.) : J. Pineau, D. Burman et S. Gaudet, *op. cit.*, note 33, p. 258.
35. Art. 1831-1835 C.c.Q. *A contrario*, le mineur simplement émancipé peut accepter une donation sans charge.
36. Art. 638, par. 2 et art. 646-652 C.c.Q.
37. *Comm.*, p. 122.

l'acte ou la réduction de ses obligations si l'acte lui a causé un préjudice. On notera qu'il s'agit d'un resserrement notoire des conditions d'annulation ou de réduction des obligations, par rapport à celles imposées au mineur non émancipé pour lequel l'absence d'autorisation judiciaire, lorsqu'elle est requise, constitue une source de nullité sans qu'il soit nécessaire de faire état d'un préjudice[38].

D'autre part, le mineur qui désire se marier devra obtenir l'autorisation du tribunal pour passer, avant la célébration du mariage, une convention matrimoniale. Le titulaire de l'autorité parentale, ou le cas échéant le tuteur, doit alors être appelé à donner son avis. Il est à noter que le mineur peut demander seul cette autorisation (art. 434 C.c.Q.)[39].

527 – *Acte interdit* – Le mineur simplement émancipé est soumis, en matière de successions, à la même règle que le mineur non émancipé : il lui est interdit de tester, si ce n'est de biens de peu de valeur (art. 708 C.c.Q.)[40]. Par contre, il peut souscrire une assurance-vie et en désigner le bénéficiaire, dès lors que cette souscription fait partie de ses conditions de travail[41].

Section III

La pleine émancipation

§1 – Les modalités et les conditions

528 – La pleine émancipation s'acquiert de deux façons : soit par mariage (art. 175, al. 1 C.c.Q.)[42], ce qui est une reconduction du système en vigueur depuis 1980[43], soit par jugement (art. 175, al. 2 C.c.Q.).

38. Art. 162 et 174 C.c.Q.
39. Cette autorisation n'est plus nécessaire pour les modifications ultérieures au contrat de mariage puisque le mineur est alors réputé majeur, étant pleinement émancipé par le mariage.
40. Voir *supra*, chap. I, section 5 « La sanction des actes du mineur ». Sur ce sujet, voir J. Beaulne, « Les successions », dans *La réforme du Code civil*, t. 1, Québec, P.U.L., 1993, p. 295. À cet égard, l'Office de révision du Code civil proposait une solution différente en permettant au mineur de 16 ans de tester, sous réserve que le testament soit fait sous forme notariée (O.R.C.C., *Rapport sur le Code civil du Québec*, t. I, Québec, Éditeur officiel du Québec, 1977, art. III-248, p. 174).
41. *S.S.Q., société d'assurance-vie inc.* c. *Rouillard*, J.E. 2006-195, EYB 2005-98967 (C.S.).
42. Mignault parlait à cet égard d'émancipation *tacite* : P.-B. Mignault, *op. cit.*, note 4, p. 256.
43. Art. 314 C.c.B.C.

529 – *L'émancipation judiciaire* – Cette pleine émancipation est prononcée par le tribunal à la suite d'une demande en ce sens de la part du mineur. Ce dernier est d'ailleurs le seul qui puisse faire la demande. Cela permet d'éviter les situations où un tuteur ou un parent voudrait donner la pleine capacité à un mineur dans le seul but de se dégager de la lourde charge que peut représenter la tutelle[44].

Certaines conditions et formalités doivent être respectées. La demande ne peut en effet être faite que dans l'intérêt du mineur (art. 33 C.c.Q.) pour un motif sérieux, dont l'appréciation relève du tribunal. Mais fondamentalement, ces motifs doivent toucher à l'importance et l'intérêt réel pour le mineur d'accéder à la pleine capacité. Ainsi, ont été jugés insuffisants le fait pour le mineur de vouloir toucher des prestations d'aide sociale ou de pouvoir réclamer une pension alimentaire[45], de vouloir obtenir son permis de conduire[46], le fait pour un parent de ne pas être capable d'exercer toute l'autorité souhaitée sur son enfant[47] ou, encore, l'abdication des parents dans leur tâche d'éducation[48]. Avant de rendre sa décision, ce dernier devra également considérer l'avis du titulaire de l'autorité parentale, du tuteur, ainsi que de toute personne ayant la garde du mineur. L'avis du conseil de tutelle, si celui-ci est déjà constitué, est également requis (art. 175, al. 2 C.c.Q.). Le tribunal pourrait refuser la pleine émancipation, mais accorder cependant une simple émancipation s'il estime qu'une certaine autonomie peut être utile au mineur tout en le laissant bénéficier de la protection de la loi[49]. Dans tous les cas, le manque de maturité et l'impossibilité pour le mineur de reconnaître lui-même son propre intérêt constituent des obstacles à toute forme d'émancipation[50]. La question se pose de savoir s'il y a une condition d'âge pour la pleine émancipation judiciaire malgré que l'article 175,

---

44. M. Ouellette, *loc. cit.*, note 15, p. 159.
45. *Droit de la famille – 2039*, [1994] R.D.F. 660 (C.S.) ; *Droit de la famille – 2197*, [1995] R.D.F. 420 (C.S.) ; *contra : J.D.Du.* c. *M.O.*, B.E. 2003BE-662 (C.S.), où le tribunal prononce la pleine émancipation d'une mineure de 15 ans orpheline à la suite du décès de ses deux parents, à la seule fin qu'elle puisse être admissible à la *Loi sur le soutien du revenu favorisant l'emploi et la solidarité sociale*, RLRQ, c. S-32.001 (note : cette loi a été remplacée le 1er janvier 2007 par la *Loi sur l'aide aux personnes et aux familles*, RLRQ, c. A-13.1.1).
46. *J.D.-B.* c. *S.B.*, B.E. 2003BE-904 (C.S.) (*obiter*).
47. *Droit de la famille – 2399*, [1996] R.D.F. 268, REJB 1996-29213 (C.S.). Voir aussi la jurisprudence citée dans D. Goubau, « Développements récents en matière d'émancipation des mineurs », (1994) 1 *Impact* 4.
48. *M. (S.) (Re)*, [1995] R.D.F. 675, EYB 1995-72490 (C.S.).
49. *X* c. *A*, 2009 QCCS 194.
50. *P. (V.)* c. *Curateur public du Québec*, J.E. 94-905, EYB 1994-73362 (C.S.).

al. 2 C.c.Q. soit muet sur la question. Nous sommes d'avis que la limite de 16 ans s'impose, car cette exigence transparaît dans l'ensemble des dispositions sur l'émancipation[51]. Rappelons qu'elle s'applique en matière de simple émancipation dont les effets sont pourtant moins drastiques que ceux de la pleine émancipation. On voit mal, dès lors, pourquoi l'exigence serait moins stricte pour cette dernière. De plus, un tribunal saisi d'une demande de pleine émancipation pourrait préférer la solution de la simple émancipation, dans un souci de protection du mineur. Or la simple émancipation, nous l'avons vu, ne peut être prononcée qu'à l'égard d'un mineur d'au moins 16 ans. La philosophie de l'émancipation semble bien indiquer que le législateur a voulu réserver cette institution aux mineurs entre 16 et 18 ans dont la situation particulière dicte un élargissement du champ de capacité. Cette intention ressort d'ailleurs clairement des *Commentaires du ministre de la Justice* lorsqu'il écrit que « [L]'abaissement de l'âge de la majorité à dix-huit ans ne remplace pas l'utilité de l'émancipation, puisque bien des mineurs de seize à dix-huit ans ont suffisamment de maturité pour, en maintes circonstances, agir sans la représentation d'un tuteur »[52].

530 – *L'émancipation par mariage* – Cette émancipation automatique est soumise à la condition que le mariage soit valide et donc, notamment, que le mineur soit âgé de 16 ans[53].

Si le mariage est frappé de nullité, l'émancipation n'en est pas pour autant révoquée quant aux époux qui étaient de bonne foi, le mariage continuant à produire ses effets à leur égard (art. 382 C.c.Q.)[54]. La dissolution du mariage, à la suite de la mort d'un des conjoints, par exemple, n'enlève pas à l'autre le bénéfice de l'émancipation.

§2 – Les effets

531 – Les effets de la pleine émancipation sont indépendants de la façon dont celle-ci est obtenue : le mineur devient juridiquement capable, comme s'il était devenu majeur (art. 176 C.c.Q.). Il perd du

51. *Contra : J.D.Du.* c. *M.O.*, B.E. 2003BE-662 (C.S.), où le tribunal prononce la pleine émancipation d'une mineure de 15 ans.
52. *Comm.*, p. 119.
53. *Loi d'harmonisation nº 1 du droit fédéral avec le droit civil*, L.C. 2001, ch. 4, art. 6. Cette disposition de la loi fédérale pose la limite de 16 ans comme condition de fond du mariage au Québec.
54. Voir L.-P. Sirois, *op. cit.*, note 2, p. 342 ; G. Trudel, *op. cit.*, note 2, p. 359.

même coup tous les « avantages » de la protection civile des mineurs. Cette fiction de majorité civile ne signifie cependant pas que le mineur émancipé acquiert les droits que les autres législations (droit de vote, droit d'accès à certains lieux publics, droit à certaines prestations, etc.) réservent aux personnes âgées de 18 ans et plus[55]. Il faut tout de même noter que certaines législations assimilent le mineur pleinement émancipé au majeur. C'est le cas, par exemple, en matière d'aide sociale[56].

On peut se demander dans quels cas la pleine émancipation, autrement que par mariage, pourrait être souhaitable ou nécessaire[57]. Quoi qu'il en soit, la pleine émancipation demeure exceptionnelle.

Section IV

La fin de l'émancipation

532 – La pleine émancipation prend fin soit par le décès du mineur, soit par l'obtention de la majorité, soit par l'ouverture d'un régime de protection à son égard[58]. Dans les cas où la pleine émancipation est l'effet du mariage du mineur, ni le décès de son conjoint, ni son divorce ou même l'annulation de son mariage ne mettent fin à l'émancipation[59]. La simple émancipation prend également fin au décès ou à la majorité. De plus, elle se termine, bien entendu, si le mineur obtient sa pleine émancipation. Rappelons que, lorsque la simple émancipation prend fin, le tuteur n'est plus tenu de rendre compte puisqu'il n'est plus administrateur des biens et qu'il a déjà rendu son compte définitif au moment de l'ouverture de l'émancipation.

---

55. M. Provost, « La minorité, la tutelle et l'émancipation », dans J.-P. Senécal *et al.*, *Droit de la famille québécois*, Farnham, CCH ltée, 2001, p. 4154.
56. *Loi sur l'aide aux personnes et aux familles*, RLRQ, c. A-13.1.1, art. 23(1). Les tribunaux ont transposé ce principe par analogie à l'article 22 de cette même loi. L'un des membres du couple qui était mineur à l'époque devait être considéré, sur des bases factuelles, de conjoint empêchant ainsi l'autre membre majeur du couple de percevoir l'aide à titre de personne vivant seule ; *G.P.* c. *Ministre de l'Emploi et de la Solidarité sociale*, 2011 QCTAQ 0375.
57. Une auteure donne l'exemple du « mineur totalement autonome dans les faits et dont la vie juridique quotidienne serait considérablement simplifiée par l'émancipation ». M. Ouellette, *op. cit.*, note 32, p. 98.
58. Le mineur pleinement émancipé est considéré comme majeur et peut donc faire l'objet d'un régime de protection au sens des articles 256 et s.
59. En cas d'annulation, l'émancipation demeure, en raison de l'application des principes du mariage putatif. Si ceux-ci ne peuvent s'appliquer, l'annulation du mariage entraînera également celle de l'émancipation (art. 382 et s. C.c.Q.).

533 – *L'émancipation peut-elle être révoquée ?* – Sous le *Code civil du Bas Canada*, la réponse à cette question était clairement négative. L'émancipation était irrévocable. La raison de cette règle se trouvait dans le fait que le mineur émancipé pouvait, au même titre que le majeur, faire l'objet d'une interdiction ou d'une dation d'un conseil judiciaire. L'émancipé était donc protégé s'il venait à souffrir, par exemple, d'une maladie mentale[60]. Le *Code civil du Québec*, par contre, réserve l'application des articles 256 et suivants (curatelle, tutelle et dation d'un conseiller) aux seuls majeurs. On peut cependant soutenir que ces dispositions s'appliquent en cas de pleine émancipation puisque l'émancipé est alors assimilé au majeur (art. 176 C.c.Q.).

Par contre, ces dispositions ne peuvent certainement pas protéger le mineur simplement émancipé puisque, dans ce cas, l'émancipation ne met pas fin à la minorité (art. 170 C.c.Q.). Par conséquent, l'argument qui historiquement justifiait l'irrévocabilité de l'émancipation ne peut plus jouer aujourd'hui pour la simple émancipation. Le mineur simplement émancipé risque de se retrouver sans protection adéquate s'il devenait inapte, à moins d'avoir fait un mandat de protection[61] : d'une part, les régimes de protection du majeur ne peuvent s'appliquer à lui, et, d'autre part, il ne jouit plus de la protection destinée aux mineurs. Cette situation de vide juridique s'explique certainement par le fait que l'article 256 C.c.Q., tel que libellé, a été proposé par l'Office de révision du Code civil[62] alors que l'Office avait également proposé l'abolition pure et simple de l'institution de l'émancipation[63]. Le législateur a préféré la maintenir, mais il a adopté les dispositions sur les régimes de protection du majeur, en « oubliant » le mineur simplement émancipé.

Par conséquent, à moins d'une modification législative pour étendre la protection des majeurs aux mineurs simplement émancipés, il faut conclure que la simple émancipation est désormais révocable. Une solution contraire aboutirait à laisser sans protection le mineur simplement émancipé qui est devenu inapte sans avoir fait au préalable un mandat de protection. On peut donc conclure que le jugement d'émancipation simple devrait pouvoir faire l'objet d'une demande de révision. À l'appui de cette affirmation, on peut invoquer l'article 612 C.c.Q. qui édicte que les décisions, touchant à l'autorité parentale et qui concernent les enfants, peuvent être révisées. Or le jugement d'émancipation répond à ces critères puisqu'il a pour effet de soustraire l'enfant à l'autorité parentale.

---

60. Art. 325 C.c.B.C. : « Le majeur ou le mineur émancipé qui est dans un état habituel d'imbécillité, démence ou fureur, doit être interdit, même lorsque cet état présente des intervalles lucides ».
61. Le *Code de procédure civile* de 2014 indique en son article 778 que dans les lois (incluant le Code civil) et leurs textes d'application, l'expression « mandat de protection » remplace « mandat en prévision de l'imaptitude », « mandat donné en prévision de l'inaptitude », « mandat d'inaptitude » ou toute expression au même effet.
62. O.R.C.C., *op. cit.*, note 40, art. 125 et 180.
63. O.R.C.C., *Rapport sur la famille – 2e partie*, Montréal, 1975, p. 10-11.

Quant à l'émancipation par simple déclaration au curateur public (art. 167 C.c.Q.), elle ne devrait pouvoir être révoquée que sur décision judiciaire afin d'en permettre le contrôle, la Cour supérieure étant l'instance compétente pour toute question relative à l'état des personnes lorsque la loi ne prévoit pas un autre forum.

Pour aller plus loin

534 – *La politique législative en matière d'émancipation* – On peut s'interroger sérieusement sur l'utilité de conserver dans le *Code civil du Québec* l'institution de l'émancipation. À l'époque où l'âge de la majorité était fixé à 21 ans, l'émancipation pouvait, à la rigueur, se justifier, car, comme le rappelait le Barreau du Québec, « la société québécoise de la première moitié du siècle était une société traditionnellement agricole et [...] il arrivait souvent que l'aîné des garçons, dans une famille, prenne jeune la succession du père dans l'exploitation de la terre »[64]. Même à cette époque, l'utilité de l'émancipation était remise en question. Ainsi, en 1967, un auteur écrivait : « Si l'on ne perd pas de vue que même en droit le *Code civil* prévoit expressément que tout mineur (même non émancipé), pourvu qu'il soit âgé de 14 ans, peut intenter seul les actes en recouvrement de gages, opération qui rentre dans la notion d'acte d'administration, on se demande à quoi sert la limitation de la capacité du mineur émancipé. »[65]. Dans l'ancien Code, l'incapacité quasi totale des mineurs permettait d'affirmer que l'état transitoire que constituait l'émancipation, répondait à des nécessités sociales[66]. Cependant, l'abaissement, en 1971, du seuil de la majorité à 18 ans[67], jumelé aujourd'hui à la reconnaissance pour le mineur d'une acquisition progressive de la capacité dans de nombreux domaines, permet de mettre en doute l'utilité actuelle du concept[68]. Il existe très peu d'exemples d'émancipation dans les annales judiciaires. Un des motifs soulevés pour expliquer cette rareté est que la plupart des mineurs ayant été émancipés depuis 1866 l'ont été par mariage[69], donc en l'absence de jugement. Le raisonnement est sans doute valable, mais il n'explique pas pourquoi on a cru bon de conserver le régime de la simple émancipation.

64. Sous-commission du Barreau du Québec sur le droit des personnes, *Mémoire présenté à la Commission parlementaire le 28 mai 1985 sur le projet de loi 20*, 1985, p. 11.
65. L. Baudouin, *Les aspects généraux du droit privé dans la province de Québec*, Paris, Dalloz, 1967, p. 513-514.
66. L. Baudouin, *op. cit.*, note 6, p. 322.
67. L.Q. 1971, c. 85.
68. Concept que l'Office de révision du Code civil n'avait d'ailleurs pas hésité à faire disparaître. *Cf.* O.R.C.C., *op. cit.*, note 63.
69. Voir *Journal des débats*, Commission permanente de la justice, 12 avril 1983, n° 7, p. B-426.

Le législateur estime que le fait de rendre plus facile l'accès à l'émancipation va sans doute inciter plus de gens à y avoir recours[70]. Quant à l'argument de l'abaissement de l'âge de la majorité, cet extrait des *Commentaires* exprime bien la valeur que lui accorde le législateur : « L'abaissement de l'âge de la majorité à dix-huit ans ne remplace pas l'utilité de l'émancipation, puisque bien des mineurs de seize à dix-huit ans ont suffisamment de maturité pour, en maintes circonstances, agir sans la représentation d'un tuteur »[71]. Sans remettre en doute cette affirmation, il y a lieu, malgré tout, de se demander si le législateur ne complique pas inutilement les choses et s'il n'aurait pas été plus simple de ne conserver que le régime de la pleine émancipation.

535 – *L'émancipation en chiffres* – L'émancipation demeure un phénomène somme toute assez marginal, comme en témoigne le tableau ci-dessous. Il concerne des émancipations dans des cas où le curateur public n'agit ni comme tuteur ni comme surveillant d'une tutelle dative. Les chiffres ont été obtenus le 29 avril 2014 auprès du Curateur public du Québec.

Année	Total	Jugement émancipation simple	Jugement émancipation pleine	Déclaration émancipation simple
2007	11	1	10	–
2008	7	1	4	2
2009	9	–	5	4
2010	13	–	4	9
2011	11	2	8	1
2012	12	2	8	2
2013	12	3	7	2
2014	2	–	2	–

70. *Comm.*, p. 119.
71. *Ibid.*

BIBLIOGRAPHIE SÉLECTIVE

ALLARD, F., « La capacité juridique », dans Collection de droit 2000-2001, Barreau du Québec, vol. 3, *Personnes, famille et successions*, Cowansville, Éditions Yvon Blais, 2000, p. 41 et s.

CANTIN CUMYN, M. et M. CUMYN, *L'administration du bien d'autrui*, 2e éd., dans *Traité de droit civil*, Cowansville, Éditions Yvon Blais, 2014.

GOUBAU, D., « Développements récents en matière d'émancipation des mineurs », (1994) 1 *Impact* 4.

JOYAL, R., *Précis de droit des jeunes*, t. 1, *Droit civil de l'enfance et de l'adolescence*, 3e éd., Cowansville, Éditions Yvon Blais, 1999.

OUELLETTE, M., « De la capacité des personnes », (1988) 1 *C.P. du N.* 133.

OUELLETTE, M., « Des personnes », dans *La réforme du Code civil*, t. 1, Québec, P.U.L., 1993, p. 97.

OUELLETTE, M., « Les personnes et la famille », dans *Le nouveau Code civil du Québec : un bilan*, Montréal, Wilson & Lafleur, 1995, p. 5 à 26.

PINEAU, J., D. BURMAN et S. GAUDET, *Théorie des obligations*, 4e éd., Montréal, Éditions Thémis, 2001.

PROVOST, M., « La minorité, la tutelle et l'émancipation », dans J.-P. SENÉCAL *et al.*, *Droit de la famille québécois*, Farnham, CCH ltée, 2001, p. 4111-4160.

SIROIS, L.-P., *Tutelles et curatelles*, Québec, Imprimerie de l'Action sociale, 1911.

CHAPITRE III

LA TUTELLE

536 – *Définition et fondement* – La tutelle au mineur peut être définie comme une charge, assumée par une personne apte, en fait et en droit, et dont l'objet est d'assurer la protection personnelle d'un mineur, l'administration de son patrimoine et l'exercice de ses droits civils[1]. Le tuteur représente le mineur, ce qui signifie qu'il agit en son nom et à sa place. La tutelle implique donc des pouvoirs entre les mains du tuteur. Ceux-ci s'exercent soit sur la personne du mineur, soit sur ses biens, parfois sur les deux à la fois (art. 185 C.c.Q.). Mais la tutelle demeure une mesure de protection, ce qui suppose qu'elle est toujours établie dans le seul intérêt du mineur, jamais dans celui du tuteur. Le mot *tutelle* tire d'ailleurs son origine du verbe latin *tueri* qui signifie aussi bien *surveiller* que *protéger*. De cette affirmation découle le fait que les dispositions concernant la tutelle doivent recevoir une interprétation respectueuse de l'intérêt du mineur protégé[2]. Elles sont considérées comme d'ordre public[3].

Dans certains cas, la tutelle est automatique. Ces cas de tutelle d'office sont prévus par la loi (la tutelle légale) (art. 178 et 192 et s. C.c.Q.). Dans d'autres cas, la tutelle est déférée à une personne désignée par les père et mère ou nommée par un tribunal (la tutelle dative) (art. 178 et 200 et s. C.c.Q.).

Si le tuteur est le personnage central de la tutelle, d'autres mécanismes interviennent au cours de la tutelle pour en contrôler le fonctionnement. Il s'agit de l'assemblée des parents, du conseil de

---

1. Art. 177 et 179 C.c.Q. L'article 192 C.c.Q. apporte cependant une exception à l'exigence d'aptitude pleine et entière, en édictant que les parents mineurs, lorsqu'ils sont émancipés, sont de plein droit tuteurs de leur enfant mineur.
2. *L. (S.)* c. *A. (M.)*, REJB 1999-11168 (C.S.) ; *A.V. (Dans la situation de)*, [2001] R.J.Q. 809, REJB 2001-23639 (C.Q.) ; *Protection de la jeunesse – 1013*, [1999] R.J.Q. 1999, REJB 1999-12325 (C.S.).
3. *Droit de la famille – 3444*, [2000] R.J.Q. 2533, REJB 2000-20474 (C.A.) ; *M.B.* c. *Tremblay*, 2009 QCCS 2150.

tutelle, du tribunal, du curateur public[4] et du directeur de la protection de la jeunesse.

Section I

Les différentes sortes de tutelle

§1 – La tutelle légale

537 – *Un mécanisme attendu de longue date* – La tutelle légale des parents constitue une innovation du *Code civil du Québec* puisque dans le *Code civil du Bas Canada* toutes les tutelles étaient datives[5], et plus précisément judiciaires. Ce système obligeait les parents à s'adresser à la Cour supérieure pour faire désigner un tuteur à leur enfant chaque fois que celui-ci devait être représenté dans la gestion de ses biens ou dans les actions en justice. Par exemple, si un enfant était poursuivi en responsabilité civile, un tuteur devait lui être nommé. Le *Code civil du Bas Canada* montrait ainsi une certaine méfiance à l'égard de la famille du mineur[6]. Dans les faits, toutefois, les tribunaux désignaient presque systématiquement les père et mère comme tuteurs, à moins de raisons sérieuses pour leur refuser la charge[7]. Les mécanismes de mise en place de la tutelle manquaient de souplesse et d'efficacité. Leur caractère désuet faisait l'objet de critiques depuis fort longtemps[8]. La scission entre l'autorité des parents sur la personne de leur enfant et leurs pouvoirs sur les biens de

4. Au 31 mars 2012, le curateur public dénombrait 2 952 tutelles aux mineurs avec surveillance, 1 044 tutelles datives et 4 885 tutelles aux mineurs sans surveillance alors que le curateur public assumait la charge de 153 tutelles datives aux mineurs. Source : <http://www.curateur.gouv.qc.ca/cura/fr/curateur/statistiques.html>.
5. Art. 249 C.c.B.C. Voir L. Saint-Laurent, « Majeurs et mineurs, quelques particularités du droit de Québec à cet égard », dans *Le droit civil français, Livre-souvenir des Journées du droit civil français*, Montréal, Barreau du Québec, 1935, p. 155-162. Notons toutefois qu'il existait déjà des exemples de tutelle légale dans la *Loi sur l'assurance automobile*, RLRQ, c. A-25, art. 3 (cette disposition est abrogée par la *Loi sur l'application de la réforme du Code civil*, L.Q. 1992, c. 57, art. 433) et dans la *Loi sur la protection de la jeunesse*, RLRQ, c. P-34.1, art. 72 (disposition également abrogée en 1992 par la *Loi d'application de la réforme du Code civil*, L.Q. 1992, c. 57, art. 657 et 658).
6. J. Pineau et M. Ouellette, « La protection de l'enfant dans le droit de la famille », (1978) 9 *R.D.U.S.* 76, 99.
7. M. Guy, « La capacité d'aliéner les biens et d'en disposer en droit comparé et en droit international privé », (1970) 72 *R. du N.* 257, 264-265.
8. Voir en particulier les propos de M. Légaré dans « Quelques considérations sur la « nouvelle tutelle » », (1976) 78 *R. du N.* 475, qui qualifie l'ancienne tutelle de « poussiéreuse » (p. 482).

celui-ci, avait aussi été dénoncée à juste titre[9]. Ces critiques ont amené l'Office de révision du Code civil à proposer une réorganisation complète de la tutelle en introduisant l'institution de la tutelle légale des père et mère[10]. Ce n'est cependant qu'avec le Code civil de 1991 que le législateur québécois a finalement décidé de mettre en place un mécanisme de tutelle légale[11], répondant ainsi « à l'objectif de laisser à la famille le soin d'assumer les responsabilités essentiellement personnelles et privées »[12].

Les dispositions transitoires prévoyaient que les tutelles datives qui étaient exercées par un tiers lors de l'entrée en vigueur du *Code civil du Québec* pouvaient être converties en tutelles légales par une demande adressée au tribunal[13]. Le tribunal exerçait à cet égard sa discrétion[14]. Lorsqu'un seul des parents exerçait la tutelle avant l'entrée en vigueur du *Code civil du Québec*, celle-ci pouvait être convertie de commun accord en tutelle légale attribuée aux deux parents[15].

A. La tutelle légale des parents

538 – *La règle : automaticité et collégialité* – Par le simple fait qu'ils deviennent père et mère, les parents sont tuteurs de leur enfant mineur. Les parents doivent toutefois eux-mêmes être majeurs ou émancipés (art. 192 C.c.Q.)[16]. Cette tutelle légale vise la représentation de l'enfant dans l'exercice de ses droits civils et l'administration de son patrimoine[17]. Il s'agit donc essentiellement d'une tutelle aux

---

9. Voir en ce sens la critique de L. Baudouin, *Le droit civil de la Province de Québec*, Montréal, Wilson & Lafleur, 1953, p. 292.
10. O.R.C.C., *Rapport sur le Code civil du Québec*, vol. I, Projet de Code civil, Québec, Éditeur officiel, 1978, p. XXXII et vol. II, *Comm.*, t. I, 1978, p. 54.
11. Des mécanismes équivalents à la tutelle légale existent dans de nombreux pays, notamment en France, en Belgique, en Allemagne, en Espagne.
12. *Comm.*, p. 124-125.
13. *Loi sur l'application de la réforme du Code civil*, L.Q. 1992, c. 57, art. 24, al. 2.
14. *L. (S.)* c. *A. (M.)*, REJB 1999-11168 (C.S.).
15. *Loi sur l'application de la réforme du Code civil*, L.Q. 1992, c. 57, art. 24, al. 1.
16. L'inaptitude d'un parent ne le prive pas automatiquement de la tutelle puisque seul un jugement de déchéance de l'autorité parentale ou une destitution judiciaire peut avoir cet effet (en ce sens *Protection de la jeunesse – 908*, J.E. 97-1433, REJB 1997-08461 (C.Q.)). C'est aussi pour cette raison que le simple retrait de certains attributs de l'autorité parentale ne privera pas le parent de la tutelle (*Protection de la jeunesse – 1019*, 2010 QCCQ 5143).
17. Notons, en passant, qu'en ce qui concerne les enfants mineurs d'Indiens, la *Loi sur les Indiens* (L.R.C. (1985), ch. I-5, art. 52) prévoit que le ministre responsable de l'application de la loi « peut administrer tous biens auxquels les enfants mineurs

biens[18] qui s'ajoute aux droits et devoirs que les parents détiennent déjà, par l'autorité parentale, sur la personne de leur enfant[19].

539 – *Tutelle et autorité parentale* – À la lecture des textes en matière de tutelle, on constate un certain rapprochement entre les institutions de la tutelle et de l'autorité parentale[20]. Lorsque la tutelle s'étend à la personne du mineur et qu'elle est exercée par une personne autre que les parents, la loi prévoit que le tuteur agit alors comme titulaire de l'autorité parentale, sauf décision contraire du tribunal (art. 186 C.c.Q.). On constate que, dans ce cas, la tutelle est bien plus qu'un simple élément se rapprochant de l'autorité parentale. Elle tend à se confondre avec l'autorité elle-même. La situation est plus floue en ce qui a trait à la tutelle légale des père et mère. Celle-ci, nous l'avons vu, ne s'étend qu'à l'administration du patrimoine et à la représentation du mineur dans l'exercice de ses droits civils. Il ne s'agit donc pas d'une tutelle à la personne qui, en l'occurrence, aurait été superflue, puisque les parents ont déjà les pouvoirs sur la personne de leur enfant par le biais de l'autorité parentale[21]. Quels sont alors les liens entre la tutelle légale des parents et l'autorité parentale[22] ? Les dispositions du Code concernant l'autorité parentale (art. 597 et s. C.c.Q.) ne mentionnent pas, comme attribut de l'autorité, le droit des parents de représenter leur enfant et d'administrer leur patrimoine. Pourtant, la tutelle légale apparaît bel et bien comme un véritable complément de l'autorité parentale. Certaines caractéristiques de la tutelle légale, nous l'avons vu, sont calquées sur celles de l'autorité parentale. Pensons à la collégialité et à la possibilité pour un parent de donner mandat à l'autre d'exercer la tutelle. La tutelle légale est d'ailleurs à ce point liée à l'autorité parentale que la déchéance de celle-ci entraîne la perte de celle-là (art. 197 C.c.Q.)[23].

La tutelle n'est cependant pas totalement dépendante de l'autorité parentale puisqu'en cas de rétablissement de l'autorité du parent déchu, la

---

d'Indiens ont droit, ou en assurer l'administration, et il peut nommer des tuteurs à cette fin ». Il s'agit donc d'un cas de tutelle légale et de tutelle dative aux biens, dérogatoire à la tutelle du *Code civil du Québec*.

18. En ce sens, la tutelle légale des parents s'apparente bien plus à l'idée d'une *administration légale* au sens du droit français qu'à celle d'une tutelle proprement dite.
19. *Compagnie d'assurance-vie Manufacturers (Financière Manuvie)* c. *Massouh*, 2010 QCCS 2060.
20. Sur la notion d'autorité parentale, voir M. D.-Castelli et D. Goubau, *Le droit de la famille au Québec*, 5e éd., Québec, P.U.L., 2005, p. 301 et s. ; M. Tétrault, *Droit de la famille*, 3e éd., Cowansville, Éditions Yvon Blais, 2005, p. 1338 et s. ; J. Pineau et M. Pratte, *La famille*, Montréal, Éditions Thémis, 2006, p. 823 et s.
21. *Adoption – 0738*, J.E. 2007-1076, EYB 2007-120639 (C.Q.).
22. À ce sujet voir M. Provost, « La minorité, la tutelle et l'émancipation », dans *Droit de la famille québécois*, Les Publications CCH/FM ltée, p. 4,119 à 4,122, no 51-165.
23. Dans ce cas, le tribunal peut ordonner d'office la constitution d'un conseil de tutelle, en vertu de l'article 826.3 C.p.c. (art. 452 C.p.c.).

tutelle n'est pas nécessairement rétablie (art. 198 C.c.Q.)[24]. Dans ses commentaires sur la question, le ministre de la Justice explique qu'il faut tenir « compte à la fois du lien étroit qui existe entre la tutelle et l'autorité parentale eu égard aux droits et intérêts de l'enfant mineur et de leur différence fondamentale, l'une étant une institution plus juridique, l'autre, plus sociale »[25]. Selon les commentaires officiels, « les responsabilités qui découlent de la charge de la tutelle s'ajoutent, pour les père et mère, aux droits et devoirs liés à cette autre institution qu'est l'autorité parentale [... qui] fait naître des responsabilités moins formelles et plus personnelles de soins, d'entretien, de garde, de surveillance et d'éducation »[26].

En réalité, même si la tutelle légale des père et mère est une institution juridique autonome, elle ressemble à s'y méprendre à un attribut complémentaire de l'autorité parentale, donnant à celle-ci une dimension patrimoniale qui lui manquait[27].

1) Les principes en contexte « pacifique »

540 – À l'instar de l'autorité parentale, la tutelle des parents est exercée ensemble par les père et mère, sauf lorsque cette collégialité n'est pas possible, c'est-à-dire en cas de décès, d'empêchement ou d'urgence. Dans ces cas, un seul parent peut exercer la tutelle (art. 193 C.c.Q.). En pratique, la collégialité pourrait se révéler peu efficace si elle devait signifier que le mineur doit nécessairement et toujours être représenté par ses deux parents en même temps. Le législateur a donc prévu qu'un parent peut donner mandat à l'autre de le représenter dans l'exercice de la tutelle[28] et que le mandat est présumé à l'égard des tiers de bonne foi (art. 194 C.c.Q.). Ainsi, le mineur peut valablement être représenté par un seul de ses parents et le cocontractant se trouve protégé par cette représentation unique. Cette règle est essentielle pour ne pas alourdir un mécanisme dont le

---

24. On trouve un autre exemple de cette possible dissociation, en matière d'adoption : on sait que le consentement à l'adoption entraîne de plein droit la délégation de l'autorité parentale à la personne à qui l'enfant est remis (art. 556 C.c.Q.). Par contre, dans ce cas, il n'y aura pas délégation de plein droit de la tutelle. Celle-ci doit être conférée par le tribunal, à défaut de quoi le directeur de la protection de la jeunesse devient automatiquement tuteur légal (dans le cas où il s'agit d'un consentement général à l'adoption ; art. 199, al. 2 C.c.Q.). L'affaire *Adoption – 13247*, 2013 QCCA 1808, en est un bon exemple.
25. *Comm.*, p. 138.
26. *Comm.*, p. 135 ; *Protection de la jeunesse – 09201*, 2009 QCCQ 3331.
27. Le choix du législateur de traiter de cette question au chapitre de la tutelle plutôt qu'à celui de l'autorité parentale semble bien fondé car la tutelle légale des parents répond à des règles de fonctionnement qui sont, en grande partie, semblables à celles de la tutelle dative.
28. *Droit de la famille – 2884*, [1998] R.D.F. 70, REJB 1997-08076 (C.S.).

but est précisément de simplifier la représentation des mineurs. Il faut souligner que le droit d'un parent de donner mandat à l'autre n'implique pas le droit de se décharger de la tutelle au profit de l'autre parent[29]. La raison en est que la tutelle légale n'est pas seulement un droit des parents. Elle est avant tout une obligation que la loi leur impose.

2) Les principes en situation conflictuelle

541 – *En cas de différend entre les parents* – Le principe de la collégialité, et donc de l'égalité entre parents, suppose un mécanisme d'arbitrage en cas de conflit dans l'exercice de la tutelle. Le législateur a opté, encore une fois, pour l'intervention du tribunal[30]. Saisi du litige, celui-ci doit favoriser la conciliation des parties et peut consulter le conseil de tutelle, pour statuer ultimement dans le seul intérêt de l'enfant (art. 196 C.c.Q.)[31].

542 – *En cas de jugement sur la garde* – Un jugement portant sur la garde d'un enfant n'affecte pas, en principe, l'exercice de la tutelle par les deux parents (art. 195 C.c.Q.) et ne donne pas au parent un rôle tutélaire prépondérant[32]. Ce n'est qu'en présence de motifs graves que le tribunal peut en décider autrement. Constituent des motifs graves, notamment, le fait qu'une mère souffre de graves problèmes d'alcoolisme la rendant totalement incapable de gérer les biens du mineur, et qu'elle ait été pratiquement absente de la vie du mineur pendant sept ans. Le fait qu'un père ait tué la mère de ses enfants et qu'il ait refusé d'intervenir dans le débat sur la garde et la tutelle des enfants est aussi considéré comme un motif grave[33]. La jurisprudence a donc la tâche délicate de donner à l'expression motifs graves un contenu plus précis. Chose certaine, les tribunaux ne peuvent se contenter de décréter que le retrait de la tutelle est automatiquement dans le meilleur intérêt de l'enfant puisque les motifs graves, comme c'est le cas en matière de déchéance de l'autorité parentale, apparaissent comme une exigence supplémentaire visant à respecter

29. En ce sens, voir les *Comm.*, p. 136.
30. Le législateur adopte donc une solution calquée sur celle qui prévaut en matière d'autorité parentale où le tribunal apparaît l'ultime décideur en cas de désaccord parental : art. 604 C.c.Q.
31. Cet article est une simple application du principe général prévu à l'article 33 C.c.Q. Voir *infra*, « Le respect des droits de l'enfant ».
32. *Droit de la famille – 09746*, 2009 QCCA 623.
33. *M.C.* c. *M.-J.F.*, J.E. 2005-52, EYB 2004-81132 (C.S.) ; *Droit de la famille – 121331*, 2012 QCCS 2518.

l'intégrité du rôle des père et mère[34]. La loi vise deux situations : celle où la garde est disputée entre les deux parents et celle où la garde est confiée à un tiers. En cas de conflit entre les parents, il est normal de maintenir le principe de la collégialité, même si la garde de l'enfant est confiée à un seul d'entre eux. En effet, ce n'est pas parce qu'un des parents obtient la garde de l'enfant qu'il est plus que l'autre en mesure d'assumer la tutelle[35]. Lorsque la garde est confiée à un tiers, les parents continuent également à agir comme tuteurs. Un tribunal ne pourrait les dépouiller de ce rôle pour la simple raison qu'il est plus pratique de faire assumer la tutelle par la personne qui a la garde de l'enfant. Il faudrait que des motifs graves justifient cette décision. En principe, en cas de divorce ou de séparation, le parent non gardien demeure investi du rôle de représentant de son enfant dans l'exercice des droits civils de celui-ci[36].

543 – *En cas de déchéance de l'autorité parentale* – Le parent déchu de l'autorité parentale perd la tutelle sur son enfant (art. 606 C.c.Q.). Le tribunal ne dispose d'aucune discrétion à ce sujet et la perte de la tutelle, dans ce cas, est automatique. La solution est logique puisque la déchéance ne peut être prononcée que pour des motifs graves et que l'on peut alors présumer que le parent qui est indigne d'être titulaire de l'autorité parentale n'est pas plus digne d'être tuteur. Par contre, en présence d'un jugement de retrait de l'exercice de certains attributs de l'autorité parentale[37], le tribunal a le choix de maintenir ou non la tutelle dans le chef du parent visé par le jugement[38]. Il se peut,

34. Comme en matière de déchéance de l'autorité parentale, la Cour d'appel a donc une discrétion indépendante de celle de la Cour supérieure pour déterminer la gravité des motifs invoqués en vue du retrait de l'exercice de la tutelle parentale. Dans *Droit de la famille – 2884*, [1998] R.D.F. 70 (C.S.), la Cour conclut que le fait, pour le père non gardien, de faire faillite, ne constitue pas un motif grave permettant d'entraîner automatiquement la perte de la tutelle. Ce jugement semble cependant considérer que la tutelle est un élément de l'autorité parentale et l'évaluation du motif grave est faite dans le cadre de l'appréciation d'une demande de déchéance de l'autorité parentale devant entraîner également la perte de la tutelle.
35. Voir en ce sens les *Comm.*, p. 137 ; *St-Pierre* c. *Michaud*, 2013 QCCQ 8018.
36. D. Goubau, « Joint Exercise of Parental Authority: The Quebec Civil Law Perspective », (2000) 17 *Canadian Journal of Family Law* 333, 343. Le principe de l'exercice conjoint de la tutelle en cas de séparation ou de divorce des parents, est d'ailleurs conforme avec celui de l'exercice conjoint de l'autorité parentale dans ces mêmes situations, ce que confirme la jurisprudence de la Cour d'appel (*D.W.* c. *A.G.*, [2003] R.J.Q. 1411, REJB 2003-42518 (C.A.)) ; *Protection de la jeunesse – 096*, 2009 QCCQ 1087.
37. Que l'on qualifiait antérieurement de déchéance partielle.
38. *Matte, ès qualités « Délégué du Directeur de la protection de la jeunesse »* c. *P. (N.)*, REJB 2000-18077 (C.Q.) ; *Dans la situation de l'enfant : M. (R.)*, REJB 1999-14049 (C.Q.).

en effet, que ce parent soit « jugé digne ou apte à remplir partiellement un rôle auprès de son enfant »[39]. Dans les deux cas, que la déchéance soit totale ou partielle[40], il devra être prouvé que le parent déchu a commis un manquement grave et que cette décision est prise dans l'intérêt de l'enfant[41], puisque la déchéance représente une déclaration judiciaire d'inaptitude du titulaire à détenir une partie ou la totalité de l'autorité parentale[42].

La perte de la tutelle n'est pas une décision irréversible. Ainsi, le parent qui se voit restituer les droits reliés à l'autorité parentale (art. 610 C.c.Q.) peut être rétabli dans sa charge de tuteur. Il faut noter cependant que ce rétablissement n'est pas automatique et qu'il doit être accordé par le tribunal (art. 198 C.c.Q.). Celui-ci pourrait le refuser s'il estime que le tuteur qui fut désigné dans le cadre de la déchéance de l'autorité parentale est plus apte à exercer la charge que les parents rétablis dans leur autorité parentale. L'intérêt de l'enfant est ici le facteur déterminant.

B. La tutelle légale des futurs parents

544 – *La protection patrimoniale de l'enfant conçu* – L'enfant conçu qui n'est pas encore né peut avoir un intérêt patrimonial à protéger. L'ancien droit prévoyait la possibilité de lui désigner un curateur à cette fin[43]. La représentation de l'enfant à naître est d'ailleurs une institution très ancienne, héritée du droit romain. On parlait du « curateur au ventre » pour désigner celui qui représentait l'enfant qui était conçu, mais pas encore né[44]. Le *Code civil du Québec* accorde

39. *Comm.*, p. 138.
40. *J.C.* c. *V.C.*, [2004] R.D.F. 957, REJB 2004-80272 (C.S.) ; *Droit de la famille – 121331*, 2012 QCCS 2518.
41. *Droit de la famille – 131006*, 2013 QCCS 1700 ; *Droit de la famille – 123837*, 2012 QCCS 6879 et *Droit de la famille – 133040*, 2013 QCCS 5426.
42. *C. (G.)* c. *V.-F. (T.)*, [1987] 2 R.C.S. 244 ; *Droit de la famille – 132992*, 2013 QCCS 5368 (cas d'abandon) ; *Droit de la famille – 123837*, 2012 QCCS 6879 (un père poignarde la mère devant les enfants) ; *Droit de la famille – 131006*, 2013 QCCS 1700 ; *Droit de la famille – 133040*, 2013 QCCS 5426 (l'abandon pendant plus de trois ans ainsi que les lésions corporelles ; le tribunal rappelle toutefois que la déchéance parentale est une mesure « extrêmement grave », « radicale » et « tout à fait exceptionnelle »). *Protection de la jeunesse – 092779*, 2009 QCCQ 10142 ; *Protection de la jeunesse – 09201*, 2009 QCCQ 3331 ; S. Guillet, « Les droits des enfants à l'occasion d'un litige familial », dans Collection de droit 2013-2014, Barreau du Québec, vol. 3, *Personnes, famille et successions*, Titre II – Le droit familial, Cowansville, Éditions Yvon Blais, 2013.
43. Art. 345 C.c.B.C.
44. À propos de l'historique de la curatelle au ventre, voir A. Mayrand, *L'inviolabilité de la personne humaine*, Montréal, Wilson & Lafleur, 1975, p. 34 et s. ; P.A. Crépeau,

ce rôle aux futurs parents qui sont de plein droit tuteurs légaux « de leur enfant conçu qui n'est pas encore né » (art. 192, al. 2 C.c.Q.). Le législateur a pris soin d'indiquer noir sur blanc qu'ils sont alors chargés d'agir pour leur futur enfant dans tous les cas où son intérêt *patrimonial* l'exige. Telle que libellée, cette disposition est sans ambiguïté et ne devrait donc pas servir de terreau à un nouveau débat sur la question de la personnalité juridique du fœtus.

545 – *Les titulaires de la charge* – En étendant la tutelle légale des père et mère aux enfants conçus qui ne sont pas encore nés, le législateur a voulu simplifier et uniformiser les mécanismes en la matière. Mais à vouloir éviter certains problèmes, il arrive qu'on en crée d'autres. En l'occurrence, une question semble avoir échappé aux rédacteurs de l'article 192, al. 2 C.c.Q. : comment peut-on être « les père et mère » d'un enfant qui n'est pas né alors que le lien de filiation se crée par la naissance ? Sous l'ancien Code, la question ne se posait pas, puisque le curateur à l'enfant conçu était désigné par le tribunal. Aujourd'hui, cette charge est assumée par les futurs parents. Tant qu'il n'y a pas de conflit entre eux, cette tutelle légale offre des avantages certains puisqu'elle dispense les futurs parents de s'adresser aux tribunaux pour faire nommer un tuteur. En cas de conflit, par contre, la situation pourrait bien être différente. Les règles concernant l'établissement et la preuve de la filiation, à commencer par celles qui sont relatives à l'acte de naissance, ne s'appliquent évidemment qu'à l'enfant déjà né (art. 523 et s. C.c.Q.). On peut penser que le législateur, en parlant de la mère de l'enfant conçu qui n'est pas né, visait de toute évidence la femme qui porte l'enfant. Cette dernière est donc en principe chargée de la tutelle légale[45]. La question est plus problématique en ce qui concerne le futur père. En cas de différend entre les futurs parents sur la façon d'administrer le patrimoine de leur futur enfant, la question inextricable de la paternité (future), aussi curieux que cela puisse paraître, pourrait bien être soulevée devant le tribunal. Sans doute eût-il été plus judicieux de maintenir, en ce qui concerne l'enfant conçu qui n'est pas encore né, un système de tutelle dative.

C. *La tutelle légale du directeur de la protection de la jeunesse*

546 – *En matière de déchéance de l'autorité parentale* – Lorsque les parents sont déchus de l'autorité parentale, ils perdent automatiquement la tutelle sur leur enfant. Afin de ne pas laisser celui-ci sans

---

« L'affaire *Daigle* et la Cour suprême du Canada ou la méconnaissance de la tradition civiliste », dans *Mélanges Germain Brière*, Montréal, Wilson & Lafleur, 1993, p. 218, 274-275. Voir *supra*, Partie I.

45. Cela n'écarte cependant pas l'obligation de faire une preuve de filiation si l'on entend se prévaloir de l'article 617 C.c.Q. qui permet à l'enfant conçu de succéder à la condition d'une naissance vivante et viable. Or la preuve de filiation ne pourra être faite qu'après la naissance : *Picard* c. *Leroux*, EYB 2002-34205 (C.S.).

protection, la loi prévoit que si le jugement de déchéance ne désigne pas de tuteur[46], le directeur de la protection de la jeunesse du lieu de résidence de l'enfant devient d'office tuteur légal (art. 199, al. 1 C.c.Q.)[47]. Toutefois, cette règle ne s'applique pas si l'enfant est déjà pourvu d'un tuteur. Cela pourrait être le cas d'un enfant qui, avant le jugement de déchéance, a déjà été confié à la garde d'un tiers qui a également été désigné tuteur en vertu de l'article 195 C.c.Q.

547 – *En matière d'adoption* – En cas de déclaration d'admissibilité à l'adoption (art. 562 C.c.Q.) ou de consentement général à l'adoption (art. 556 C.c.Q.)[48], il est mis fin à l'exercice de l'autorité parentale par les parents. Il a donc paru normal au législateur de mettre également fin à la tutelle. Si, dans ces situations, le tribunal n'a pas désigné de tuteur, c'est encore le directeur de la protection de la jeunesse qui assumera d'office la tutelle légale[49], et ce, dès l'ordonnance de placement dans le cadre des procédures d'adoption (art. 199, al. 2 et 569 C.c.Q.). En cas de rétractation de l'ordonnance de placement ou dans l'hypothèse où le tribunal refuserait de prononcer l'adoption, le directeur de la protection de la jeunesse qui assumait la tutelle légale de cet enfant exercerait à nouveau cette tutelle (art. 570 à 572 C.c.Q.)[50].

Dans le cas de la déchéance comme dans celui de l'adoption, la tutelle légale du directeur de la protection de la jeunesse a une vocation temporaire. Il ne l'assume que le temps nécessaire pour confier l'enfant aux futurs adoptants ou à un autre tiers[51]. La finalité de la tutelle du directeur de la protection de la jeunesse est d'attribuer à l'État les moyens nécessaires pour assumer temporairement, mais pleinement, la protection d'un enfant en attendant de trouver des parents adéquats pour celui-ci[52].

D. La tutelle légale du curateur public

548 – *Une soupape de sécurité* – La *Loi sur le curateur public* prévoit que le curateur public est notamment chargé de la tutelle aux biens

46. En vertu de l'article 607 C.c.Q.
47. La tutelle légale du directeur de la protection de la jeunesse ne s'applique pas en cas de décès de la mère alors que le père a été déchu de son autorité parentale (*Droit de la famille – 1076*, [1987] R.D.F. 75 (T.J.)).
48. *Protection de la jeunesse – 710*, J.E. 94-1368, EYB 1994-73817 (C.Q.).
49. *Dans la situation de : I. (C.)*, REJB 2000-20013 (C.Q.) : *Adoption – 13247*, 2013 QCCA 1808.
50. *A.V. (Dans la situation de)*, [2001] R.J.Q. 809, REJB 2001-23639 (C.Q.).
51. Voir *Comm.*, p. 139.
52. *A.V. (Dans la situation de)*, [2001] R.J.Q. 809, REJB 2001-23639 (C.Q.).

des mineurs qui ne sont pas pourvus d'un tuteur[53]. Cette disposition, qui existait avant l'entrée en vigueur du *Code civil du Québec*, pouvait être utile sous l'ancien Code, qui ne connaissait que les tutelles datives. Il se pouvait, en effet, qu'un mineur soit temporairement dépourvu de toute représentation par un tuteur. La *Loi sur l'application de la réforme du Code civil*[54] n'a pas abrogé cette disposition. Le législateur a donc préféré maintenir une soupape de sécurité « au cas où ». Dans le nouveau contexte législatif, qui connaît désormais la tutelle légale, cette tutelle subsidiaire du curateur public ne devrait pas s'appliquer souvent. Le système de tutelle légale mis en place par le Code, des parents d'abord, du directeur de la protection de la jeunesse ensuite, paraît en effet assez hermétique. L'intervention temporaire du curateur public pourrait par contre jouer dans le cas où un tuteur désigné refuse d'assumer la tâche, créant ainsi une situation de vacance de la tutelle. L'intervention du curateur public pourrait également s'avérer nécessaire dans les situations où un enfant se voit subitement dépourvu de tuteur alors que les démarches pour lui en faire désigner un nouveau n'ont pas encore été entamées[55].

§2 – La tutelle dative

549 – Si la tutelle légale des parents constitue désormais le principe, le législateur a tout de même maintenu un système de tutelles datives qui constituent, dès lors, l'exception[56]. Le *Code civil du Québec* introduit à ce chapitre un important principe en permettant aux parents de désigner eux-mêmes le futur tuteur de leur enfant. Le législateur affirme ainsi, une fois de plus, le principe de la responsabilité première de la famille à l'égard du mineur.

A. La tutelle déférée par les parents

550 – *La tutelle en cas de décès et la tutelle en cas d'inaptitude* – Sous le *Code civil du Bas Canada*, les parents n'avaient aucune possibilité

53. *Loi sur le curateur public*, RLRQ, c. C-81, art. 12, 3°.
54. *Loi sur l'application de la réforme du Code civil*, précitée, note 5.
55. L'intervention automatique du curateur public dans les cas où un enfant n'a pas de tuteur permet de conclure que les dispositions légales permettant à la Société d'assurance automobile du Québec et à la Commission de la santé et de la sécurité du travail de verser une indemnité, à défaut de tuteur ou de curateur, à une personne que cet organisme désigne *ès qualités* de tuteur, ne peuvent trouver application à l'égard des mineurs. Ces dispositions ne viseraient donc que les personnes majeures (*Loi sur les accidents du travail et les maladies professionnelles*, RLRQ, c. A-3.001, art. 141 ; *Loi sur l'assurance automobile*, RLRQ, c. A-25, art. 83.27).
56. *Comm.*, p. 124.

de désigner eux-mêmes un tuteur à leur enfant, contrairement à la solution du droit français et malgré les critiques formulées à ce sujet[57]. Désormais, le père ou la mère peuvent désigner eux-mêmes la personne qui, soit à leur décès, soit au moment où ils deviennent inaptes[58], assumera la tutelle de leurs enfants mineurs. Cette possibilité répond au souhait des parents désireux d'assurer la sécurité de leur enfant[59]. Ils peuvent également désigner un tuteur remplaçant (art. 204 C.c.Q.). Cette nomination peut se faire soit par un mandat de protection (art. 200 C.c.Q.)[60], soit (pour les cas où la nomination est faite en prévision du décès) par une clause testamentaire ou par une simple déclaration au curateur public[61].

L'ancien Code interdisait expressément la nomination d'un tuteur par testament[62]. Désormais, cette possibilité est offerte aux parents et la loi n'impose aucune forme spécifique de testament. La désignation d'un tuteur pourrait donc se faire dans un testament notarié, olographe ou devant témoins[63]. La déclaration auprès du curateur public n'est cependant pas un mécanisme utilisé très souvent, peut-être parce que cette possibilité est méconnue du public[64].

Cette possibilité qu'ont les parents de désigner un tuteur s'applique donc en prévision de leur décès ou de leur inaptitude (art. 200 C.c.Q.). L'introduction de la tutelle par déclaration au curateur public a été motivée par le souci de ne pas obliger les parents à faire un testament dont le seul objet serait la désignation d'un tuteur[65]. Quant à la désignation d'un tuteur dans un mandat de protection, elle

---

57. Déjà au début du XXe siècle, plusieurs auteurs suggéraient que l'on introduise la tutelle légale en droit québécois. Voir notamment E. Lemire, « Notes sur la tutelle », (1901) 11 *R. du N.* 338.
58. Voir *infra*, Titre II, chap. III, « Le mandat de protection ».
59. M. Ouellette, « De la capacité des personnes », (1988) 1 *C.P. du N.* 162.
60. Cette possibilité existe depuis 1999 (*Loi modifiant le Code de procédure civile en matière notariale et d'autres dispositions législatives*, L.Q. 1998, c. 51).
61. Cette dernière possibilité, introduite dans le *Code civil du Québec* de 1991, représentait une innovation importante qu'avait déjà proposée l'Office de révision du Code civil dans les années 1970 : O.R.C.C., *Rapport sur la famille*, 2e partie, Montréal, 1975, commentaires de l'article 81.
62. Art. 922 C.c.B.C.
63. Art. 712, 716, 725, 727 C.c.Q. Voir par exemple *N.P.* c. *J.L.*, [2003] R.L. 461 (C.S.), appel rejeté, C.A. Québec, n° 200-09-004520-034, 2003-07-08, AZ-03019670.
64. Certains suggèrent qu'une telle déclaration au curateur public devrait engendrer l'obligation de surveillance du curateur public ; en ce sens : C. Dallaire, « Le curateur public et le conseil de tutelle : une responsabilité partagée ? », dans Service de la formation permanente, Barreau du Québec, *Famille et protection*, Cowansville, Éditions Yvon Blais, 2005, p. 217, 224.
65. *Comm.*, p. 140.

permet aux parents de faire face à toutes les situations ouvrant la porte à l'homologation d'un tel mandat[66]. En dehors de ces cas, un parent ne peut valablement désigner un tuteur à son enfant[67].

551 – *Les règles de conflit en cas de double désignation* – Il se peut que chacun des parents désigne, par testament, déclaration ou mandat, un tuteur différent. Le législateur a donc prévu des mécanismes pour éviter tout conflit. En premier lieu, seule la désignation par le dernier mourant ou par le dernier des deux apte à assumer l'exercice de la tutelle est valable (art. 201, al. 1. C.c.Q.)[68]. Cette solution est conforme au principe selon lequel le parent survivant devient l'unique titulaire de l'autorité parentale et de la tutelle légale et selon lequel un parent exerce seul ces fonctions lorsque l'autre est dans l'impossibilité de le faire, ce qui couvre le cas d'homologation du mandat de protection (art. 600 et 193 C.c.Q.)[69]. En second lieu, si les parents meurent ensemble ou perdent l'aptitude à assumer la tutelle au cours

---

66. Voir *infra*, Titre II, chap. III, « Le mandat de protection ». En étendant la possibilité de désigner un tuteur au mandat de protection, le législateur fait écho à une partie des propositions de l'Office de révision du Code civil. On peut néanmoins regretter que la loi n'ait pas adopté toutes les propositions de l'Office qui suggérait que la désignation d'un tuteur soit possible dans toutes les situations où les parents sont dans l'impossibilité d'exercer l'autorité parentale, que ce soit pour cause d'absence, d'éloignement prolongé ou de maladie, ce qui est beaucoup plus large que les seuls cas de décès ou d'« inaptitude » au sens que l'on donne à cette expression aux fins de l'homologation d'un mandat de protection.
67. *Droit de la famille – 102247*, 2010 QCCA 1561 ; la Cour d'appel confirme qu'il est impossible pour une mère lesbienne de désigner sa conjointe comme tutrice à son enfant né d'une insémination artificielle. Les problèmes pratiques qui découlent de cette impossibilité juridique peuvent cependant être évités, maintenant que l'adoption homosexuelle est possible et que le Code reconnaît également la possibilité pour deux femmes d'établir leur double maternité dès lors que la situation répond aux critères légaux de la procréation assistée (art. 538 et s. C.c.Q., introduits par la *Loi instituant l'union civile et établissant de nouvelles règles de filiation*, L.Q. 2002, c. 6). Dans *Olah* c. *Bryan et Bernier*, REJB 2003-45363 (C.Q.), la Cour du Québec, en appel d'une décision de la Régie du logement, accepte implicitement la possibilité d'une désignation de tuteur dans un document sous seing privé destiné à permettre à un tiers d'agir comme tuteur alors que les parents résident à l'extérieur du Canada ; rappelons qu'une telle façon de procéder est impossible en droit québécois.
68. On peut noter que la modification apportée à l'article 201 C.c.Q. par la *Loi modifiant le Code de procédure civile en matière notariale et d'autres dispositions législatives*, L.Q. 1998, c. 51, est imparfaite car l'alinéa 1 de cette disposition énonce « s'il a conservé au jour de son décès la tutelle légale » ; l'article omet donc le cas d'inaptitude. Par conséquent, il aurait fallu ajouter, après le mot « décès », les termes « ou de la prise d'effet du mandat de protection ». Le *Code de procédure civile* de 2014 indique en son article 778 que dans les lois (incluant le Code civil) et leurs textes d'application, l'expression « mandat de protection » remplace « mandat en prévision de l'inaptitude », « mandat donné en prévision de l'inaptitude », « mandat d'inaptitude » ou toute expression au même effet.
69. *Protection de la jeunesse – 096*, 2009 QCCQ 1087.

du même événement (le cas d'un accident de voiture, par exemple) et qu'ils ont chacun désigné un tuteur différent, seul celui qui accepte la charge devient tuteur. Si les deux l'acceptent, le tribunal doit intervenir pour faire le choix. Dans ce dernier cas, le choix du tribunal est limité aux seuls tuteurs désignés par les parents. Il ne pourrait pas désigner une personne non visée par le testament, la déclaration au curateur public ou le mandat de protection.

552 – *Nature de la tutelle déférée par les parents* – Le droit de nommer un tuteur est conditionné par l'exigence que le parent ait conservé la tutelle légale au moment de son décès ou de son inaptitude (art. 201 C.c.Q.). Cependant, lorsque le parent nomme un tuteur, il lui transfère bien plus que le contenu de la seule tutelle légale, c'est-à-dire la représentation du mineur et l'administration de son patrimoine. En effet, la tutelle dative porte sur les biens comme sur la personne de l'enfant[70]. À toutes fins utiles, on peut dire que le parent transfère également son autorité parentale au tuteur désigné[71].

553 – *Qu'advient-il si le dernier mourant des parents a effectivement la tutelle légale, mais que la garde de l'enfant a été confiée à un tiers ?* – Cette situation ne devrait se rencontrer que très rarement, mais elle est possible par le jeu de l'article 195 C.c.Q., comme nous l'avons vu plus haut. Dans ce cas, rien n'empêche le parent de déférer la tutelle à une personne autre que le gardien de l'enfant. Le tuteur devient alors celui qui agit comme titulaire de l'autorité parentale (art. 186 C.c.Q.). Toutefois, cela ne change rien au fait qu'un des attributs de cette autorité, la garde, demeure entre les mains du gardien. De plus, pour éviter tout conflit quant à l'autorité sur l'enfant, le tribunal pourrait décider, en vertu de l'article 186 C.c.Q. *in fine*, que le tuteur désigné ne peut pas agir comme titulaire de l'autorité parentale.

554 – *L'entrée en fonction du tuteur* – Illustration supplémentaire du respect de l'autonomie des parents, la loi n'exige aucune homologation pour rendre la tutelle effective. Dès son acceptation, le tuteur désigné entre en fonction, sauf si sa désignation est contestée devant les tribunaux (art. 202, al. 1 C.c.Q.). La partie qui conteste la désignation n'a pas pour autant le droit de retenir auprès d'elle les enfants

---

70. En vertu du mécanisme de l'article 185 C.c.Q.
71. En ce sens, M. Légaré, *loc. cit.*, note 8, p. 477. On peut ajouter que cette interprétation trouve aujourd'hui appui dans l'article 186 C.c.Q. qui indique que, lorsque la tutelle s'étend à la personne du mineur et qu'elle est exercée par un tiers, le tuteur agit comme titulaire de l'autorité parentale. Ce dernier principe explique la nécessité d'invoquer, comme dans les cas de la déchéance de l'autorité parentale, un manquement grave de la part du tuteur datif afin que celui-ci soit destitué de sa qualité de tuteur datif : *Québec (Curateur public)* et *L.D.*, 2010 QCCS 5767.

concernés[72]. De plus, afin d'éviter une trop longue période d'absence de protection du mineur, la loi introduit une présomption d'acceptation si la personne désignée n'exprime aucun refus dans les 30 jours de la connaissance de sa nomination (art. 202, al. 2 C.c.Q.). Toutefois, pour pallier la brièveté de ce délai, qui ne laisse pas beaucoup de temps à la personne désignée pour réfléchir à sa décision d'accepter ou de refuser la charge, la loi prévoit qu'elle peut revenir sur son refus initial, tant et aussi longtemps que son remplaçant n'a pas accepté la charge ou qu'un tribunal n'a pas désigné un autre tuteur (art. 204, al. 2 C.c.Q.).

La loi ne prévoit aucune formalité pour exprimer un refus, mais il faut comprendre que ce refus s'exprime dans l'avis que la personne désignée a l'obligation d'adresser au liquidateur de la succession du parent, au curateur public (art. 203 C.c.Q.)[73], ainsi qu'au remplaçant désigné par le parent, le cas échéant (art. 204 C.c.Q.). Il ne semble donc pas que l'inaction de la personne désignée puisse être interprétée comme un refus de sa part d'assumer la charge tutélaire.

555 – *Les mesures transitoires* – Il se peut qu'un testament rédigé avant l'entrée en vigueur du *Code civil du Québec* contienne une clause de nomination de tuteur. Déjà en 1976, à la suite des propositions de l'Office de révision du Code civil, certains notaires en recommandaient l'inclusion dans les testaments, en prévision de l'entrée en vigueur des nouvelles dispositions[74]. La Loi d'application prévoit que ces clauses ont plein effet si le décès survient postérieurement à l'entrée en vigueur du *Code civil du Québec*, soit le 1er janvier 1994[75].

B. La tutelle déférée par le tribunal

556 – *La tutelle judiciaire* – La tutelle déférée par le tribunal, c'est-à-dire la Cour supérieure, apparaît tout à fait subsidiaire, puisqu'elle n'intervient qu'à défaut des autres tutelles. La tutelle judiciaire vise les situations de vacance de tutelle, soit qu'il n'y a jamais

---

72. *N.P.* c. *J.L.*, [2003] R.L. 461 (C.S.), appel rejeté, C.A. Québec, nº 200-09-004520-034, 2003-07-08, AZ-03019670, où le tribunal accueille une requête en *habeas corpus* pour que les enfants ainsi privés de leur liberté soient retournés au domicile de la tutrice dative.
73. Ces avis, que le tuteur doit également donner en cas d'acceptation de la charge, sont importants pour permettre au liquidateur de la succession d'agir en conséquence et au curateur public d'exercer son contrôle sur le tuteur (*Comm.*, p. 141-142).
74. Voir M. Légaré, *loc. cit.*, note 8, p. 479-480.
75. *Loi sur l'application de la réforme du Code civil*, précitée, note 5, art. 25.

eu de tuteur et qu'il faut en nommer un (dans le cas d'un enfant abandonné par exemple) (art. 207 C.c.Q.)[76], soit que le tuteur ne peut plus assumer sa charge et qu'il faut le remplacer (art. 205 C.c.Q.). Il s'agit des cas de contestation de tutelle, de décès[77], d'incapacité et de démission du tuteur. Le tribunal intervient également lorsqu'il s'agit de nommer un tuteur *ad hoc*[78] ou un tuteur aux biens[79].

557 – *La procédure* – Le but unique de la tutelle est la protection du mineur (art. 177 C.c.Q.). Il est donc logique d'éviter le plus possible les situations de vacance et lorsque celle-ci est inévitable, de réduire cette période d'incertitude qui est néfaste aux intérêts du mineur. Le législateur a donc choisi de faciliter la nomination d'un tuteur, en permettant à toute personne intéressée d'entamer les démarches utiles. À cet égard, la loi énumère la liste des personnes et elle vise nommément les père et mère, les proches parents et les alliés du mineur, le curateur public, mais également le mineur lui-même (art. 206 C.c.Q.). De plus, le directeur de la protection de la jeunesse peut aussi demander la nomination d'un tuteur à l'enfant qui est en situation d'abandon ou de danger (art. 207 C.c.Q.)[80]. Cette liste n'est pas limitative puisque « toute personne intéressée » peut faire une demande, à commencer par le tuteur lui-même. Celui-ci n'est pas mentionné dans la liste, mais il peut de toute évidence avoir un intérêt à demander son propre remplacement[81].

Dans tous les cas, la personne qui demande l'ouverture d'une tutelle judiciaire peut proposer elle-même un candidat au poste de tuteur (art. 206 C.c.Q.). Toutefois, le tribunal n'est pas lié par cette proposition et il fait son choix en fonction de l'intérêt de l'enfant, conformément à l'article 33 C.c.Q.

---

76. *S.C.* c. *C.F.*, [2000] R.D.F. 507, REJB 2000-19712 (C.S.) ; *Directeur de la protection de la jeunesse pour F. (G.)*, REJB 1998-09487 (C.Q.).
77. *S.B.* c. *M.S.*, 2014 QCCS 1316.
78. Art. 190 C.c.Q. et art. 394.2 C.p.c. (art. 160, al. 3 C.p.c.). Voir *infra*, par. 564, « La tutelle *ad hoc* ».
79. Ce pourrait être le cas si le tuteur aux biens et à la personne se révèle peu à la hauteur de sa tâche, compte tenu de la complexité de l'administration du patrimoine du mineur. Voir *infra*, la section sur la charge tutélaire, par. 568 et s.
80. Cette disposition constitue la codification d'un mécanisme qui existait déjà dans la *Loi sur la protection de la jeunesse*, précitée, note 5 (art. 71 abrogé par la *Loi d'application du Code civil du Québec*, L.Q. 1992, c. 57). Voir *infra*, par. 560, « La tutelle comme mesure de protection dans le cadre de la *Loi sur la protection de la jeunesse* ».
81. Sur cette question, le *Code civil du Québec* ne diffère pas du *Code civil du Bas Canada*. Voir, à ce sujet, L.-P. Sirois, « Quelle personne a le droit de faire nommer un tuteur aux mineurs ? », (1904) 10 *R. du N.* 290 et s.

La demande de nomination ou de remplacement du tuteur peut être faite soit directement au tribunal, soit à un notaire. Dans les deux cas, la décision ultime est rendue par le tribunal. La réforme de 2014 de la procédure civile apporte une importante exception à ce principe du monopole décisionnel des tribunaux. En effet, l'article 320, al. 2 C.p.c. prévoit que lorsque la voie notariale a été choisie et que suite à la notification de l'avis de dépôt du procès-verbal du notaire, personne ne fait opposition, la nomination d'un tuteur à un mineur ou la constitution d'un conseil de tutelle à un mineur prend automatiquement effet dès le dépôt du procès-verbal. Par contre, dans les autres cas (les régimes de protection et les mandats de protection), l'intervention du tribunal demeure essentielle (art. 320, al. 3 C.p.c.). On voit ainsi que les notaires ont acquis un certain pouvoir juridictionnel lorsque le procès-verbal ne fait pas l'objet d'une opposition et que le dossier concerne un mineur.

558 – *La voie judiciaire* – Lorsque la demande est faite directement au tribunal, elle est soumise aux dispositions concernant les matières non contentieuses (art. 862 à 863.3 C.p.c. ; art. 303(4) C.p.c.). Elle se fait par requête présentable dix jours après signification[82], accompagnée, le cas échéant, de l'avis du conseil de tutelle (art. 886, al. 2 C.p.c.) et elle doit être présentée au tribunal du domicile ou de la résidence du mineur (art. 872 C.p.c. ; art. 44 C.p.c.). La requête, dans tous les cas, doit être notifiée au curateur public (art. 394 C.p.c.). Si le mineur a 14 ans ou plus, la requête doit lui être notifiée également (art. 886, al. 1 C.p.c. ; art. 393 C.p.c.). Dans ce dernier cas, la demande initiale doit lui être signifiée en personne[83] (art. 121 et 123 C.p.c.). Le tribunal, le juge ou le greffier peut autoriser ou même ordonner la signification ou la notification de la demande à toute personne qu'il détermine (art. 863.1 C.p.c.).

Sauf dans les cas où la demande est introduite par le directeur de la protection de la jeunesse ou une personne qu'il recommande

82. Art. 110, 862 et 885b) C.p.c.
83. Dans la mesure où la demande initiale a été signifiée en mains propres, un juge pourrait autoriser que les procédures subséquentes soient signifiées sous pli cacheté en parlant à une personne raisonnable qui a la garde du mineur, lorsque la signification à personne « risque d'aggraver l'état physique ou psychique du mineur » (art. 135.1 C.p.c. ; art. 132 C.p.c.) ; cette mesure de protection vise surtout les majeurs inaptes, mais pourrait éventuellement s'appliquer au mineur de 14 ans et plus s'il est démontré que la signification des procédures peut avoir sur lui les effets mentionnés.

comme tuteur, la requête doit être accompagnée de l'avis du conseil de tutelle[84], puisque le tribunal doit considérer cet avis lorsqu'il nomme ou remplace un tuteur (art. 205, al. 2 C.c.Q.)[85]. Le tribunal n'est toutefois pas lié par cet avis et il peut, pour des motifs sérieux ou dans l'intérêt du mineur, nommer une personne autre que celle proposée par le conseil de tutelle[86], même si en pratique les juges suivent habituellement les recommandations qui leur sont faites à ce sujet. La demande peut être présentée à un juge ou un greffier, mais en cas de contestation, seul le tribunal est compétent (art. 863 C.p.c.). Avec la réforme de 2014, le greffier ne peut en aucun cas décider d'une demande en matière de capacité (art. 71 C.p.c.) alors que le greffier spécial peut exercer la compétence du tribunal dans les procédures non contentieuses (art. 73 C.p.c.), ce qui inclut la tutelle (art. 303 C.p.c.). Encore faut-il savoir ce que signifie le terme « contestation » de l'article 863, al. 3 C.p.c. (art. 304, al. 2 C.p.c.). À cet égard, on peut s'inspirer de la terminologie de l'article 863.2, al. 2 C.p.c. (art. 310, al. 2 C.p.c.) qui utilise l'expression « contestation réelle du bien-fondé de la demande ». Il semblerait donc que la contestation doive porter sur l'objet même de la demande et non pas simplement sur un accessoire[87]. Leur pouvoir d'enquête est très étendu puisqu'ils peuvent, d'une part, ordonner la présentation de toute preuve additionnelle, notamment la production d'expertises (art. 863.1 C.p.c. ; art. 50 C.p.c.) et, d'autre part, autoriser les personnes qui sont présentes à faire des observations concernant la demande. La défense est orale (art. 175.2 C.p.c. ; art. 171 C.p.c.) sauf entente des parties sur le principe d'une défense écrite ou sauf autorisation spéciale du tribunal (art. 175.3 C.p.c. ; art. 171 C.p.c.). La décision est transmise au curateur public (art. 863.2 et 863.3 C.p.c. ; art. 336, al. 2 C.p.c.).

---

84. Art. 886, al. 2 C.p.c. (art. 393-394 C.p.c.) et art. 223, al. 2 C.c.Q.
85. À propos du conseil de tutelle, voir *infra*, par. 622 et s.
86. *Isabelle* c. *Fauteux*, [1985] C.S. 31.
87. En ce sens, *A.* c. *B.*, J.E. 2007-421, EYB 2006-113153 (C.S.), où le juge estime que dans un dossier où le principe même de l'inaptitude et de la nécessité de nommer un curateur n'était pas contesté (il s'agissait en l'espèce d'un cas de majeur inapte), la contestation qui ne porte que sur l'identité de la personne à nommer, ne constitue pas une contestation réelle au sens des articles 863 et 863.2 C.p.c. On comprend qu'une telle décision est motivée par le souci louable de ne pas alourdir le processus judiciaire de nomination d'un représentant ; cependant, on ne peut non plus oublier que dans certains dossiers où la demande mentionne l'identité de la personne que les demandeurs veulent voir nommer tuteur, ces débats peuvent opposer différentes factions d'une même famille ; l'identité de la personne à nommer est alors au cœur de la demande et peut donner lieu à des contestations très musclées dans lesquelles il semble difficile de ne pas voir une contestation réelle du bien-fondé de la demande.

559 – *La voie notariale* – La demande qui est introduite devant un notaire[88] est notifiée par ce dernier aux intéressés et signifiée « à personne » en ce qui concerne le mineur de 14 ans et plus[89] (art. 121 et 123 C.p.c.). Les personnes « intéressées » comprennent, dans le cas de la nomination ou du remplacement d'un tuteur, les personnes qui doivent obligatoirement être convoquées à l'assemblée de parents, d'alliés ou d'amis appelés à constituer le conseil de tutelle conformément au premier alinéa de l'article 226 C.c.Q. De plus, le notaire doit en même temps convoquer ces personnes à l'assemblée en question. Il doit aussi notifier la demande au curateur public dans les cas de remplacement de tuteur (art. 876.2, 863.5 et 135.1 C.p.c. ; art. 393 et 394 C.p.c.)[90]. Dans tous les cas, le notaire doit donner avis indiquant la date et le lieu où il commencera ses opérations et donnant l'information utile en rapport avec la demande et avec les droits des personnes intéressées (dont le droit d'être entendu). Cet avis doit être déposé au greffe du tribunal compétent, c'est-à-dire celui du domicile ou de la résidence du mineur (art. 863.9 et 872 C.p.c. ; art. 313 et 318 C.p.c.).

Le notaire joue un rôle préparatoire très important, puisqu'il doit entendre les témoignages et les observations, recueillir la preuve au soutien de la demande et en dresser procès-verbal en minute (art. 863.7 C.p.c. ; art. 391 et 863.7 C.p.c.). Une copie authentique de ce procès-verbal, accompagnée de toutes les pièces justificatives, doit être déposée par le notaire sans délai au greffe du tribunal et une copie du procès-verbal doit être notifiée à toutes les personnes intéressées, incluant le mineur de 14 ans et plus, avec avis que sans opposition dans les dix jours, le juge ou le greffier peut accueillir les conclusions du notaire (art. 863.9 C.p.c. ; art. 318 C.p.c.). Si les pouvoirs du notaire sont importants, il ne s'agit pas pour autant d'un

88. Pour une analyse détaillée du rôle notarial en la matière, voir M. Beauchamp et B. Roy, « Les nouvelles procédures judiciaires non contentieuses devant notaire », (1999) 2 *C.P. du N.* 130 ; A. Roy, *Les régimes de protection du majeur inapte*, dans Chambre des notaires du Québec, Répertoire de droit/Nouvelle série, « Procédures non contentieuses », Doctrine – Document 5, Montréal, septembre 2000, p. 1-59 ; M. Beauchamp, « Les nouvelles compétences attribuées au notaire : commentaires et critique », dans Service de la formation permanente, Barreau du Québec, *Les mandats en cas d'inaptitude : une panacée ?*, Cowansville, Éditions Yvon Blais, 2001, p. 53-69.

89. Le lieu de l'étude notariale n'a pas d'importance et la demande adressée au notaire n'est soumise à aucun formalisme particulier (A. Roy, « Les régimes de protection du majeur inapte », *loc. cit.*, note 88, p. 123).

90. Les « notifications » effectuées par le notaire se font selon les formalités prescrites par les articles 146.1 et 146.2 C.p.c. (art. 863.12 C.p.c. ; art. 110 C.p.c.).

pouvoir décisionnel. Le pouvoir décisionnel en la matière n'est exercé en exclusivité que par le pouvoir judiciaire. En réalité, le tribunal n'est pas formellement tenu par les conclusions du notaire puisqu'il peut aussi bien les rejeter ou rendre toutes les ordonnances nécessaires à la sauvegarde des droits des parties (art. 863.10 C.p.c.). Ici, la réforme de 2014 apporte une importante nouveauté puisque, comme nous l'avons souligné ci-dessus, en l'absence d'opposition la nomination d'un tuteur à un mineur ou la constitution d'un conseil de tutelle à un mineur prend effet dès le dépôt du procès-verbal du notaire (art. 320, al. 2 C.p.c.). Le tribunal n'a donc pas à intervenir dans ces cas-là.

Si la loi accorde au notaire un pouvoir étendu, celui-ci est cependant tenu d'agir constamment dans l'intérêt de la personne concernée, en l'espèce le mineur (art. 863.6 C.p.c. ; art. 305 C.p.c.).

Lorsque, dans l'exécution de ses fonctions, le notaire constate que certaines observations ou représentations qu'il a recueillies équivalent à une contestation du bien-fondé de la demande, il doit se dessaisir immédiatement au profit du tribunal qu'il doit saisir par le dépôt de son procès-verbal. Dans un tel cas, sa mission n'est pas pour autant terminée puisque le tribunal peut confier au notaire la mission de recueillir la preuve nécessaire à la poursuite du dossier (art. 863.8 C.p.c. ; art. 317 C.p.c.). Cette règle n'a donc pas changé avec la réforme de 2014. Toutefois, le nouveau Code innove en prévoyant que si celui qui conteste se désiste de sa demande en justice, le tribunal retourne le dossier au notaire qui poursuit alors sa mission initiale, ce qui est logique puisque le désistement rend à la procédure son caractère non contentieux (art. 317, al. 4 C.p.c.). On peut donc conclure qu'en dehors de ces deux cas (c'est-à-dire d'une part la prise d'effet automatique de la désignation d'un tuteur ou de la constitution du conseil de tutelle selon l'article 320 et d'autre part la nouvelle saisine du notaire en cas de désistement d'une contestation selon l'article 317) la réforme de 2014 n'a pas modifié les règles qui encadrent la procédure notariale.

C. La tutelle comme mesure de protection dans le cadre de la Loi sur la protection de la jeunesse

560 – *La tutelle de protection de la jeunesse* – C'est à la suite des recommandations du Comité d'experts sur la révision de la *Loi sur la* *protection de la jeunesse*[91] que le législateur a mis en place une mesure de tutelle pouvant être ordonnée par la Chambre de la jeunesse de la Cour du Québec[92], mais à laquelle s'appliquent les règles du Code civil en matière de tutelle[93]. Il faisait écho à l'article 207 C.c.Q. qui autorise le directeur de la protection de la jeunesse[94] ou la personne qu'il recommande (cela peut être, par exemple, une famille d'accueil ou une famille dont le projet est éventuellement d'adopter l'enfant un jour) à demander l'ouverture d'une tutelle pour un enfant délaissé ou autrement en danger[95]. L'idée qui sous-tend ce volet de la réforme de 2006 de la *Loi sur la protection de la jeunesse*, est de permettre à des enfants abandonnés ou en situation de danger les empêchant de continuer à vivre avec leurs parents, de s'inscrire néanmoins dans un projet de vie stable et à long terme, alors que ces enfants ne répondent pas pour autant aux différentes conditions de l'adoption. On peut penser au cas d'un enfant pour qui, même si ses parents ne s'en occupent plus adéquatement, l'adoption ne serait pas une bonne solution parce qu'il est dans son intérêt de maintenir soit le lien symbolique d'appartenance avec sa famille biologique, soit même des contacts réels avec l'un ou l'autre parent d'origine. L'adoption plénière qui rompt définitivement les liens de filiation et qui est la seule qui existe en droit québécois ne permet pas de répondre adéquatement à de telles situations[96]. La tutelle apparaît dès lors comme une solution mitoyenne offrant plus de souplesse à cet égard. L'article 70.6 de la *Loi sur la protection de la jeunesse* prévoit d'ailleurs, parmi les mesures dont le tribunal peut accompagner la désignation d'un tuteur, la possibilité de rendre une ordonnance de

91. Ministère de la Santé et des Services sociaux, *Rapport du Comité d'experts sur la révision de la Loi sur la protection de la jeunesse*, Québec, novembre 2003 (rapport Dumais, du nom du président du Comité d'experts), p. 99-100.
92. *Loi modifiant la Loi sur la protection de la jeunesse et d'autres dispositions législatives*, L.Q. 2006, c. 34.
93. Art. 70.1 de la *Loi sur la protection de la jeunesse*, précitée.
94. *Protection de la jeunesse – 091416*, 2009 QCCQ 7251.
95. L'article 207 C.c.Q. prévoit trois situations particulières : l'orphelin non pourvu d'un tuteur, l'enfant dont les parents n'assument pas, de fait, le soin, l'entretien ou l'éducation et, finalement, l'enfant qui serait en danger s'il était confié à ses parents ; *Protection de la jeunesse – 12880*, 2012 QCCQ 5993.
96. Mentionnons qu'un projet de loi a été déposé en 2013 et qu'il proposait d'assortir l'adoption d'une reconnaissance formelle des liens préexistants de filiation lorsqu'il est dans l'intérêt de l'enfant de protéger une identification significative à ses parents d'origine (*Loi modifiant le Code civil et d'autres dispositions législatives en matière d'adoption, d'autorité parentale et de divulgation de renseignements*, P.L. 47, 2013, 1re session, 40e législature).

maintien de relations personnelles avec ses parents d'origine, ses grands-parents d'origine ou tout autre tiers lorsque cela est dans l'intérêt de l'enfant[97].

561 – Il y a eu cependant certains problèmes d'arrimage des nouvelles dispositions de la *Loi sur la protection de la jeunesse* avec les dispositions du Code civil et du *Code de procédure civile*, dans la mesure où les dispositions de ces deux codes, lorsqu'elles traitent de la tutelle demandée et exercée par le directeur de la protection de la jeunesse ou par la personne qu'il recommande, partent du principe que ce type de tutelle n'a pas besoin d'être surveillé par un conseil de tutelle[98] puisque la personne recommandée, peut-on supposer, est déjà « surveillée » par le directeur de la protection de la jeunesse. Pourtant, l'article 70.2 de la *Loi sur la protection de la jeunesse* édicte que « le directeur met fin à son intervention auprès d'un enfant dont il a pris la situation en charge lorsque l'enfant a été confié à une personne ou à une famille d'accueil et que cette personne ou une personne de la famille d'accueil a été nommée tuteur de cet enfant conformément au deuxième alinéa de l'article 70.1 ». C'est donc dire que l'on se trouve en présence d'une tutelle, incluant la tutelle aux biens, qui est dégagée du contrôle par un conseil de tutelle. Il est vrai que cela ne signifie pas une absence totale de contrôle puisque la loi prévoit que lorsque pour un acte donné, un avis ou une autorisation du conseil de tutelle est requis, c'est le tribunal qui doit autoriser l'acte du tuteur. Il y a donc ici alourdissement considérable du fonctionnement de la tutelle. Par ailleurs, lorsque la valeur des biens du mineur est supérieure à 25 000 $ (et dans les autres cas lorsque le tribunal l'ordonne), la personne recommandée ne peut agir qu'à titre de tuteur à la personne, alors que la tutelle aux biens se voit déférée au curateur public qui détient ainsi les droits et les obligations d'un tuteur datif (art. 221

---

97. *Protection de la jeunesse – 092*, 2009 QCCQ 651 ; *Protection de la jeunesse – 126196*, 2012 QCCQ 15711.
98. Là encore, il existe un certain flou dans les dispositions légales. L'article 205 C.c.Q. indique que la tutelle dative est déférée par le tribunal qui doit prendre l'avis du conseil de tutelle à moins que la tutelle ne soit demandée par le directeur de la protection de la jeunesse. On remarque donc que ce texte ne parle pas des demandes présentées par une personne recommandée par le directeur de la protection de la jeunesse. Pourtant, l'article 223, al. 2 C.c.Q. est, quant à lui, très clair puisqu'il édicte que le conseil de tutelle n'est pas constitué lorsqu'il s'agit d'une tutelle exercée par la personne recommandée par le directeur de la protection de la jeunesse. Pour un cas d'application où le tribunal nomme comme tutrice la personne recommandée, sans prendre l'avis d'un conseil de tutelle : *S.C.* c. *C.F.*, [2000] R.D.F. 507, REJB 2000-19712 (C.S.).

C.c.Q.)[99]. Rappelons que si la nomination d'un tuteur met un terme à l'intervention du directeur de la protection de la jeunesse, le tribunal demeure quant à lui saisi du dossier de tutelle[100].

562 – Le tuteur désigné par la Cour du Québec exerce également l'autorité parentale, comme dans tous les cas où la tutelle à la personne du mineur est exercée par une autre personne que les père et mère (art. 186 C.c.Q.). Un autre problème d'arrimage se pose ici. En effet, il est clair que la tutelle de protection a pour but d'écarter les parents dans leur rôle de tuteurs et dans l'exercice de leur autorité parentale. On vise, par cette mesure, à substituer aux parents des personnes dont on espère qu'elles exerceront le rôle parental dans le meilleur intérêt de l'enfant ainsi protégé. C'est d'ailleurs la raison pour laquelle cette charge tutélaire demeure gratuite[101], en dépit du principe selon lequel les tutelles datives peuvent être rémunérées (art. 183 C.c.Q.). Or s'il n'y a pas de problème dans cet exercice de substitution lorsqu'il s'agit de l'autorité parentale (celle-ci pouvant être attribuée à deux tiers, en l'occurrence les parents d'accueil), il en va autrement en matière de tutelle. Cette tutelle, rappelons-le, est dative et dans un tel cas on ne peut nommer qu'un seul tuteur à la personne (art. 187 C.c.Q.). Cet aspect du rôle parental ne pourra, dès lors, être assumé que par une seule personne au sein d'une éventuelle famille d'accueil[102]. Par contre, le tuteur désigné « agit comme titu-

---

99. Un problème se pose ici puisque la tutelle de la personne recommandée par le directeur de la protection de la jeunesse est gratuite, alors que la tutelle aux biens exercée par le curateur public est soumise aux règles de rémunération de cet organisme ; le patrimoine du mineur protégé se voit ainsi sujet à des ponctions financières auxquelles, en d'autres circonstances, il échapperait.

100. *Droit de la famille – 131380*, 2013 QCCS 2284.

101. Elle est gratuite, en ce sens que le tuteur ne peut toucher une rémunération à même les avoirs du mineur ; mais cette tutelle peut cependant être appelée à être subventionnée (art. 70.3 de la *Loi sur la protection de la jeunesse*), l'idée étant de subvenir aux besoins financiers des personnes qui acceptent d'accueillir des enfants en danger dans le cadre d'un mécanisme légal mettant sur leurs épaules une responsabilité à long terme qui dépasse largement celle incombant à une famille d'accueil ordinaire ; *Protection de la jeunesse – 092*, 2009 QCCQ 651. La fixation est prévue par le *Règlement sur l'aide financière pour favoriser la tutelle à un enfant*, RLRQ, c. P-34.1, r. 5. L'aide financière, le cas échéant, sera fournie jusqu'à 18 ans ou exceptionnellement, jusqu'à 21 ans si l'« enfant » fréquente une école où est dispensé de l'enseignement d'ordre secondaire selon l'article 4 du règlement.

102. La question de l'obligation alimentaire pourrait se poser de façon épineuse en cas de séparation du couple qui accueille un enfant protégé et dont un seul membre agit comme tuteur. Nous avons déjà souligné que seul ce dernier agit alors comme titulaire de l'autorité parentale ; à ce titre, il est tenu par une obligation d'entretien. Le conjoint qui n'est pas désigné tuteur n'a pas une telle obligation. Or si la garde de l'enfant, en cas de séparation, est confiée au tuteur,

laire de l'autorité parentale », sauf décision contraire du tribunal (art. 186 C.c.Q.) ; on peut donc penser qu'il pourra, à ce titre, déléguer à l'autre parent d'accueil l'exercice de certains aspects de l'autorité parentale (art. 601 C.c.Q.). Mais une telle mesure demeure strictement tributaire du bon vouloir de chacune des personnes. Cette tutelle, que l'on pourrait qualifier de « tutelle de protection », puisqu'elle se limite aux enfants pris en charge par le directeur de la protection de la jeunesse dans le cadre précis de la *Loi sur la protection de la jeunesse*, introduit implicitement une sorte de déchéance de la tutelle de même nature que celle découlant automatiquement de la déchéance de l'autorité parentale. La loi prévoit, dans cette logique, une possibilité pour les parents qui ont ainsi perdu leur fonction de tuteurs, de demander au tribunal d'être rétablis dans leur tutelle (art. 70.5 de la *Loi sur la protection de la jeunesse*). Dans un tel cas, le tribunal doit demander au directeur de la protection de la jeunesse de produire un rapport sur la situation sociale de l'enfant visé.

563 – *La compétence judiciaire en matière de tutelle* – Une des particularités de cette innovation du droit des tutelles, est le transfert de compétence de la Cour supérieure vers la Cour du Québec pour ce qui est des tutelles visant des enfants qui font l'objet d'une prise en charge par le directeur de la protection de la jeunesse en application de sa loi constitutive[103]. Se pose dès lors la question de la constitutionnalité d'un tel transfert de compétence qui met en jeu l'article 96 de la *Loi constitutionnelle de 1867*[104]. Sans entrer dans une analyse de cette disposition et des interprétations jurisprudentielles complexes qu'elle a générées[105], soulignons tout de même qu'au moment de la Confédération, la compétence en matière de tutelle, au Québec, relevait exclusivement de la Cour supérieure et de la Cour de circuit[106], deux tribunaux visés par l'article 96. Il est vrai que dans plusieurs provinces canadiennes, l'histoire juridique montre qu'il y a eu une pratique importante qui consiste à donner à des tribunaux inférieurs des compétences connexes en

---

l'autre parent de substitution n'est légalement tenu à aucune obligation alimentaire pour le bénéfice de l'enfant.

103. Ce transfert est confirmé par le *Code de procédure civile* de 2014 (art. 30).

104. *Loi constitutionnelle de 1867*, 30 & 31 Vict., ch. 3 (R.-U.). La Cour d'appel a récemment évoqué, en *obiter*, l'existence de cette problématique : *Adoption – 13247*, 2013 QCCA 1808 (par. 40).

105. Pour une description détaillée de la question de la validité d'un transfert de compétence de la Cour supérieure vers une cour provinciale, voir G.-A. Beaudoin, *La Constitution du Canada*, 3e éd., Montréal, Wilson & Lafleur, 2004, p. 189-205 ; H. Brun, G. Tremblay et E. Brouillet, *Droit constitutionnel*, 4e éd., Cowansville, Éditions Yvon Blais, 2008, p. 795-814.

106. L.-P. Sirois, *Tutelles et curatelles*, Québec, Imprimerie de l'Action sociale, 1911, p. 8-12. Cet auteur souligne qu'en matière de tutelle, à l'époque, « il est évident que cette juridiction n'était donnée qu'aux juge de la Cour supérieure, présidant la Cour supérieure ou la Cour de circuit dans le district » (p. 10).

matière de protection et d'adoption. C'est ainsi que des lois de protection de la jeunesse au Canada prévoient aujourd'hui le mécanisme de la tutelle parmi les différentes mesures de protection[107]. Mais il convient de souligner que ces législations font appel à la notion de *wardship* et, surtout, de *guardianship* et que même si la version française de ces législations utilise le mot tutelle pour désigner de telles institutions, force est de constater que celles-ci ne correspondent par pour autant exactement à la notion civiliste de tutelle et qu'elles se rapprochent même plutôt de la notion civiliste d'autorité parentale. Il est vrai aussi qu'en 1982 la Cour suprême du Canada, dans un arrêt partagé, reconnaissait le pouvoir de la province de la Colombie-Britannique d'accorder la compétence en matière de tutelle, dans le cadre de la protection de la jeunesse, à une cour provinciale[108]. Cependant, dans ce cas précis, l'article 6(1)(a) de la *Family Relations Act* (qui était la disposition contestée) prévoyait expressément que la cour provinciale n'avait compétence que sur la tutelle à la personne de l'enfant et non pas sur ses biens, alors que l'article 5(1) de cette même loi confirmait que les questions relatives à la tutelle aux biens ne relevaient que de la Cour suprême de la Colombie-Britannique (soit l'équivalent de la Cour supérieure au Québec). À la lumière de ces éléments, on peut à tout le moins se poser la question de la validité d'un tel transfert de compétence vers la Cour du Québec, d'autant plus que la tutelle que vise la nouvelle législation de protection de la jeunesse couvre tant la tutelle à la personne que la tutelle aux biens. Le lien rationnel entre, d'une part, la représentation de l'enfant en justice (dans quelque cause que ce soit, même sans rapport avec le dossier de protection) de même que la gestion de son patrimoine et, d'autre part, les objectifs de la législation de protection de la jeunesse (qui, rappelons-le, est essentiellement de permettre à l'État d'intervenir dans les familles lorsque l'exercice de l'autorité parentale est déficient au point de mettre l'enfant en danger) est loin d'être évident, rendant ainsi problématique cet aspect de la réforme de la protection de la jeunesse au Québec de 2006[109].

§3 – La tutelle ad hoc

564 – *Le mineur est représenté en justice par son tuteur (art. 159 C.c.Q.)* – Si la représentation en justice par le tuteur est la règle, il se peut, toutefois, que le mineur ait des intérêts à discuter en justice avec son représentant. Il s'agit donc des cas où le mineur et le tuteur se retrouvent en justice comme parties potentiellement adverses[110].

---

107. Voir, par exemple, *Loi sur les Services à l'enfance et à la famille*, L.R.O. 1990, ch. C.11 ; *Loi sur les services à la famille*, L.N.-B. 1980, ch. F-2.2 ; *Child, Family and Community Service Act*, R.S.B.C. 1996, ch. 46.
108. *Renvoi : Family Relations Act (Colombie-Britannique)*, [1982] 1 R.C.S. 62.
109. *Droit de la famille – 131380*, 2013 QCCS 2284.
110. Par exemple, dans une action portant sur la filiation, *Droit de la famille – 2000*, [1994] R.J.Q. 1598, EYB 1994-73377 (C.S.) ; *P. (V.)* c. *B. (P.)*, REJB 1997-00112 (C.S.) ; *B. (S.)* c. *G. (C.)*, REJB 1998-10380 (C.S.) ou dans une action portant sur

Dans ce cas, on nomme un tuteur *ad hoc* au mineur (art. 190 C.c.Q.)[111]. Les fonctions du tuteur *ad hoc* se bornent à la seule affaire pour laquelle il a été désigné[112]. Il n'est donc pas un administrateur des biens du mineur. Il ne fait que le représenter pour une affaire particulière et son rôle est donc temporaire.

La tutelle *ad hoc* est une tutelle dative déférée par le tribunal sur avis du conseil de tutelle (art. 205 C.c.Q.). Il entre d'ailleurs dans les fonctions du conseil de tutelle de veiller à ce qu'un tuteur *ad hoc* soit nommé chaque fois que cela est nécessaire (art. 235 C.c.Q.)[113].

D'autre part, le *Code de procédure civile* prévoit que, si à l'occasion d'une affaire judiciaire le tribunal constate que l'intérêt d'un mineur est opposé à celui de son représentant légal, il doit lui désigner un tuteur *ad hoc* (art. 394.2 C.p.c.)[114]. Avec la réforme de 2014, il ne s'agit plus d'une obligation faite au tribunal, mais plutôt d'un pouvoir discrétionnaire puisque l'article 160, al. 3 C.p.c. prévoit désormais que le tribunal *peut, même d'office*, procéder à une telle nomination, ajoutant que si les circonstances l'exigent (ce qui sera le cas chaque fois qu'il faudra faire des démarches en vue de trouver et de nommer un tuteur) le tribunal peut suspendre les procédures. Cela ne doit cependant pas occulter le fait que l'article 190 C.c.Q. est mandatoire et que lorsque l'objet des procédures porte sur le départage des intérêts du mineur et de son tuteur, la tutelle *ad hoc* s'impose. Par ailleurs, il va de soi que le tuteur *ad hoc* est soumis aux mêmes normes de probité et de désintéressement que le tuteur ordinaire[115].

---

le changement de nom, *Manseau-Côté* c. *Directeur de l'état civil*, 2010 QCCS 3372.

111. Voir M. Beauchamp, « Chronique – Le tuteur *ad hoc* : quoi, quand, comment ? », *Repères*, décembre 2004, EYB 2004REP292.

112. « Ad hoc » signifie « pour cela » en latin (A. Mayrand, *Dictionnaire de maximes et locutions latines utilisées en droit*, 4e éd., Cowansville, Éditions Yvon Blais, 2007, p. 20).

113. Voir *infra*, la section sur le conseil de tutelle.

114. Voir *infra*, chap. IV, « Le respect des droits de l'enfant ». Le pouvoir de désigner un tuteur *ad hoc* entre également dans le champ de compétence de la Cour du Québec lorsqu'en matière d'adoption une opposition d'intérêts apparaît entre l'enfant et son tuteur (*Droit de la famille – 2291*, [1995] R.J.Q. 3029, EYB 1995-75648 (C.Q.)). En l'absence de conflit d'intérêts potentiel entre l'enfant et le tuteur dans le cadre d'une action en responsabilité civile, la désignation d'un tuteur *ad hoc* n'est pas requise : *Demers* c. *Sherbrooke (Ville de)*, 2011 QCCQ 6855.

115. L'importance du désintéressement (dans le sens d'« absence de conflit d'intérêts ») du tuteur à l'instance a été confirmée par la Cour suprême dans une affaire provenant de la Saskatchewan et concernant la nomination d'un tuteur *ad hoc* pour un majeur dans le cadre d'un règlement successoral. La Cour estime que s'il est généralement souhaitable que le tuteur à l'instance soit un membre

565 – *La procédure de nomination du tuteur ad hoc* – Deux questions se posent quant à la procédure de nomination du tuteur *ad hoc*. La première est de savoir s'il est nécessaire de passer par le processus assez contraignant qui prévaut pour le tuteur « ordinaire » et qui implique la convocation d'une assemblée de parents et la constitution d'un conseil de tutelle. La deuxième question consiste à se demander s'il faut faire une distinction entre le tuteur *ad hoc* de l'article 190 C.c.Q. et celui de l'article 394.2 C.p.c. (art. 160 C.p.c.)[116].

566 – *Doit-il y avoir, dans tous les cas, constitution d'un conseil de tutelle ?* – Le *Code civil du Bas Canada* prévoyait que toutes les tutelles étaient déférées judiciairement sur avis du conseil de famille[117]. La nomination du tuteur *ad hoc* suivait donc la procédure de nomination d'un tuteur ordinaire[118]. Le *Code civil du Québec* est encore plus explicite sur le sujet puisqu'il prévoit expressément que la tutelle *ad hoc* est déférée par le tribunal[119] sur avis du conseil de tutelle, à moins qu'elle ne soit demandée par le directeur de la protection de la jeunesse (art. 205, al. 2 C.c.Q.). Le texte est très clair, même si certains regretteront que le législateur ait imposé tant de formalités pour la désignation du tuteur *ad hoc*. Peut-être seront-ils tentés d'interpréter l'exigence de l'article 205, al. 2 C.c.Q. comme n'imposant de prendre l'avis du conseil de tutelle que dans les cas où celui-ci est déjà constitué. Il ne serait alors pas nécessaire de constituer « un conseil de tutelle *ad hoc* » dans les cas où il n'y a pas de « conseil de tutelle ordinaire » (par exemple dans le cas de la tutelle légale des parents lorsque les biens à administrer ont une valeur qui n'excède pas 25 000 $). Il faut bien dire que, malgré l'apparente clarté du texte, cette interprétation n'est pas dénuée de tout fondement. On peut faire ici un parallèle avec l'ancien Code qui prévoyait, dans un texte très clair, que dans toute tutelle il devait y avoir un subrogé-tuteur[120]. Son rôle consistait essentiellement à surveiller le tuteur. Ce texte, apparemment sans ambiguïté, a pourtant été interprété unanimement de façon à ne pas y inclure la tutelle *ad hoc*[121]. Or aujourd'hui, le rôle de chien de garde que

---

de la famille de la personne représentée, il y a cependant des exceptions, notamment lorsque le litige oppose précisément des membres d'une famille à l'occasion d'un règlement successoral. En l'espèce, les tribunaux avaient nommé le curateur public pour jouer ce rôle (*Gronnerud (Tuteurs à l'instance de)* c. *Succession Gronnerud*, [2002] 2 R.C.S. 417, REJB 2002-30872).

116. Voir également M. Provost, « La minorité, la tutelle et l'émancipation », dans *Droit de la famille québécois*, Les Publications CCH/FM ltée, p. 4,119 à 4,122, n° 51-145.

117. Art. 249 C.c.B.C.

118. L.-P. Sirois, *Tutelles et curatelles*, Québec, Imprimerie de l'Action sociale, 1911, p. 73.

119. Art. 205 C.c.Q. Mentionnons que si la tutelle *ad hoc* est toujours déférée par le tribunal, il est possible, depuis 1998, d'introduire la demande par la voie notariale (art. 876.2 C.p.c. ; art. 312 C.p.c.).

120. Art. 267 C.c.B.C.

121. L.-P. Sirois, *op. cit.*, note 118, p. 61 ; F. Langelier, *Cours de droit civil de la Province de Québec*, t. I, Montréal, Wilson & Lafleur, 1905, p. 433. Voir également dans le même sens, J. Pineau, *Traité élémentaire de droit civil, la famille*, Montréal, P.U.M., 1972, p. 214 : « il n'y aura pas lieu de nommer un subrogé-tuteur au

jouait le subrogé-tuteur appartient désormais au conseil de tutelle. Le tuteur *ad hoc* n'administre donc ni les biens ni la personne du mineur et, par conséquent, il peut paraître superflu de le soumettre au contrôle d'un conseil de tutelle. On notera d'ailleurs avec intérêt que si l'article 205, al. 2 C.c.Q. dispense le tribunal de prendre l'avis du conseil de tutelle lorsque la tutelle est demandée par le directeur de la protection de la jeunesse ou une personne qu'il recommande, c'est précisément parce que le directeur de la protection de la jeunesse ne fait pas l'objet d'un contrôle par un conseil de tutelle lorsqu'il assume une charge de tuteur (art. 223, al. 2 C.c.Q.)[122]. On pourrait donc soutenir que, ce contrôle n'étant pas plus nécessaire en ce qui concerne le tuteur *ad hoc*, on devrait également pouvoir se passer du conseil dans le processus de nomination. Il convient cependant d'ajouter que la réforme du *Code de procédure civile* de 1998, introduisant la voie notariale en matière de tutelles, semble imposer la constitution d'un conseil de tutelle lorsque la demande de désignation d'un tuteur *ad hoc* se fait devant notaire (art. 876.2 C.p.c.). À cet égard, on peut noter que l'article 313 du C.p.c. de 2014 ne fait plus expressément mention du tuteur *ad hoc*, ce qui pourrait bien faire pencher la balance en faveur de la solution la plus simple, soit celle de la dispense de la constitution d'un conseil de tutelle.

567 – *Faut-il faire une distinction entre le tuteur ad hoc du C.c.Q. et celui du C.p.c. ?* – Avant la réforme du *Code de procédure civile* de 1992, on pouvait assez facilement accepter l'idée d'une pareille distinction. En effet, l'ancien article 816.1 C.p.c., qui traitait de l'obligation pour le tribunal de désigner un tuteur *ad hoc*, ne s'appliquait qu'en matières familiales[123], alors qu'on pouvait soutenir que la tutelle *ad hoc* de l'article 269 C.c.B.C. ne concernait que les cas d'opposition d'intérêts matériels entre le tuteur et le mineur. Dans ce contexte, on comprend que la différence de terminologie utilisée dans chacun de ces articles (l'article 816.1 C.p.c. édicte que le « juge doit désigner », alors que l'article 269 C.c.B.C. se lisait « on lui donne un tuteur ») ait amené les tribunaux, en matières familiales, à désigner directement le tuteur *ad hoc*, sans passer par la procédure habituelle du conseil de famille[124]. L'article 394.2 C.p.c. (qui remplace l'ancien article 816.1 C.p.c.) s'applique toutefois à toutes les matières et non plus seulement aux matières familiales. Il devient donc plus difficile de le distinguer de l'article 190 C.c.Q., qui prévoit la nécessité de la nomination d'un tuteur *ad hoc* chaque fois que le mineur a des intérêts à discuter en justice avec son tuteur. Deux interprétations sont pourtant possibles. Première interprétation : l'article 394.2 C.p.c. constitue un simple

---

cas de désignation d'un tuteur *ad hoc* puisque celui-ci n'est choisi que pour accomplir un acte particulier ».

122. La question est plus délicate lorsqu'il s'agit d'une tutelle exercée par une personne recommandée par le directeur de la protection de la jeunesse (voir *supra*, par. 560).

123. Sur cette question, voir *infra*, chap. IV, « Le respect des droits de l'enfant ».

124. En ce sens, voir L. Legault, M. Roberge et L. Trudel, « L'enfant et le système judiciaire », dans *L'enfant et le système judiciaire*, Cowansville, Éditions Yvon Blais, 1991, 63, p. 84-85. Pour un cas d'application, voir *Droit de la famille – 1549*, [1992] R.J.Q. 855-874, EYB 1992-63869 (C.A.).

cas d'application de nomination d'un tuteur, auquel cas il faut appliquer le droit commun qui est contenu dans le Code civil et procéder à la constitution d'un conseil de tutelle avant de désigner le tuteur *ad hoc*. Deuxième interprétation : les mots « le tribunal doit lui désigner », que l'on retrouve à l'article 394.2 C.p.c., indiquent que le *Code de procédure civile* déroge au droit commun qui utilise le terme « déférer » (art. 205, al. 2 C.c.Q.). Il y aurait donc une distinction entre la « nomination » d'un tuteur *ad hoc* au sens du Code civil et la « désignation » d'un tel tuteur dans le cadre du *Code de procédure civile*. Dans ce dernier cas, le tribunal pourrait, comme avant la réforme, désigner directement le tuteur *ad hoc* lorsque, dans le cadre d'une affaire dont il est saisi, il constate que l'intérêt d'un mineur est opposé à celui de son représentant légal[125]. Il n'est pas surprenant que cette dernière interprétation soit celle privilégiée par la pratique notamment en matière de filiation[126]. Cette jurisprudence démontre que les tribunaux ont opté pour la rapidité plutôt que pour la lourdeur qu'implique la convocation du conseil de tutelle[127]. Cette approche est essentiellement adoptée dans des dossiers de droit familial[128]. Mais la jurisprudence n'est pas unanime sur la question, même en matière de filiation ni en matière d'administration des biens, certains tribunaux estimant que la désignation d'un tuteur *ad hoc* dans le cadre de l'article 94.2 C.p.c. doit répondre aux exigences de l'article 205 C.c.Q. et donc donner lieu à la constitution préalable d'un conseil de tutelle[129]. Cependant, le *Code de procédure civile* de 2014 en son article 160 remplace le terme *doit* par le terme *peut*. Le tribunal peut donc nommer un tuteur *ad hoc*, mais il n'est plus tenu de le faire. La mise en place de la tutelle *ad hoc* du C.p.c. de 2014 est donc laissée à l'appréciation du tribunal, alors que celle du C.c.Q. s'impose (art. 190). Cette distinction importante pourrait, au nom de l'efficacité judiciaire, justifier une approche différente quant à la question de l'institution d'un

125. *M.G.* c. *Québec (Curateur public)*, 2009 QCCS 3096 ; *J.G. (Succession de)*, 2011 QCCS 6077 et *Protection de la jeunesse – 09201*, 2009 QCCQ 3331.
126. *Droit de la famille – 2000*, [1994] R.J.Q. 1598, EYB 1994-73377 (C.S.) ; *Droit de la famille – 092038*, 2009 QCCS 3822. En l'espèce, le tribunal voit dans la tutelle *ad hoc* du *Code de procédure civile* essentiellement une mesure de protection (le mineur a un intérêt opposé à celui de son représentant) alors que la tutelle *ad hoc* du Code civil est beaucoup plus large : elle vise tous les cas où il y a « discussion », ce qui n'implique pas nécessairement « opposition » ; cette tutelle est alors essentiellement d'assistance. L'inconvénient d'une telle interprétation, par ailleurs irréprochable, est qu'elle oblige le tribunal à faire des distinctions qui seront en pratique souvent impossibles à faire. Voir également *Vincent* c. *Roberge et al.*, EYB 1995-72522, C.S. (St-François), nº 450-04-000625-946, 22 décembre 1994, j. Fréchette ; *Droit de la famille – 2374*, [1996] R.D.F. 242, EYB 1996-87905 (C.S.) ; *Droit de la famille – 2591*, [1997] 142 (C.S.), sur la question de la nomination d'un tuteur *ad hoc* en matière de contestation d'état ; *L.* c. *L.*, [1998] R.L. 1 (C.S.) : nomination d'un tuteur *ad hoc* dans le cadre d'une demande d'ordonnance de prélèvement d'échantillons nécessaires à un test d'ADN auquel la mère s'oppose.
127. M. Tétrault, « L'enfant mineur. L'autonomie du recours en matière familiale », (1995) 55 *R. du B.* 667.
128. Voir les exemples donnés dans M. Tétrault, *La garde partagée*, Scarborough, Carswell, 2000, p. 244-245.
129. *Droit de la famille – 2374*, [1996] R.D.F. 242, EYB 1996-87905 (C.S.).

conseil de tutelle et apporter de l'eau au moulin de l'interprétation qui dispense de la constitution du conseil.

Section II

La charge tutélaire

§1 – Les caractères de la tutelle

Établie dans le seul intérêt du mineur (art. 177 C.c.Q.), la tutelle répond à un certain nombre de caractéristiques dont le but ultime est de mieux servir cet intérêt. Les obligations imposées aux tuteurs sont lourdes et les procédures sont exigeantes. Certaines le sont peut-être même un peu trop, mais ce choix législatif est fondé sur l'impératif de protéger le mineur et le patrimoine de celui-ci.

A. Les caractères relatifs au titulaire de la charge

568 – *Le tuteur doit être une personne physique apte* – En règle générale, le tuteur doit être une personne physique. Il doit être capable du plein exercice de ses droits civils (art. 179 C.c.Q.). Il s'agit là d'une mesure de protection qui va de soi. Seuls les majeurs et les mineurs pleinement émancipés peuvent donc assumer cette charge. De plus, le tuteur doit être apte, dans les faits, à exercer la charge. La loi entend par là qu'indépendamment de la capacité juridique, le tuteur doit pouvoir effectivement assumer la charge. Ainsi, une personne atteinte d'une maladie physique pourrait ne pas être apte à devenir tuteur, sans pour autant que sa capacité juridique en soit autrement affectée. On peut se demander si cette exigence de capacité s'applique également à la tutelle légale des parents. À première vue, la solution semble s'imposer tant il paraît inconcevable qu'un parent sous régime de protection puisse exercer la tutelle légale sur son enfant, donc administrer les biens de ce dernier ou le représenter[130]. Cependant, il convient de remarquer que techniquement, l'inaptitude n'est pas en soi un obstacle à la tutelle légale qui est un effet automatique du lien de filiation. Il est par contre évident que l'ouverture d'un régime de protection du parent s'accompagnera d'une procédure relative à la garde de l'enfant mineur. Ce sont par conséquent les disposi-

130. En ce sens, M. Cantin Cumyn et M. Cumyn, *L'administration du bien d'autrui*, 2e éd., dans *Traité de droit civil*, Cowansville, Éditions Yvon Blais, 2014, par. 176.

tions 195 et s. C.c.Q. qui règleront cette situation. À cet égard, nul doute que le régime de protection du parent peut constituer un « motif grave » au sens de l'article 195 C.c.Q. Par ailleurs, si un parent fait l'objet d'un régime de protection, mais qu'aucune procédure de garde ou de déchéance n'a été intentée, l'article 193 C.c.Q. permet à l'autre parent d'exercer la tutelle sans le concours du parent devenu inapte, donc « empêché de manifester sa volonté ». Cette disposition démontre bien la volonté du législateur d'écarter de la tutelle légale le parent qui se trouve en état d'inaptitude légale ou factuelle.

569 – *Le tuteur aux biens peut être une personne morale* – Si le tuteur à la personne doit nécessairement être une personne physique, il est possible qu'une personne morale agisse comme tuteur aux biens si elle y est autorisée par la loi (art. 189 et 304 C.c.Q.)[131], comme c'est le cas du curateur public ou du directeur de la protection de la jeunesse qui sont des personnes morales de droit public et dont la loi constitutive le prévoit expressément. Il a paru utile au législateur de faire « bénéficier les mineurs de la compétence des organismes spécialisés dans l'administration du bien d'autrui »[132], lorsque la personne morale désignée tuteur aux biens agit également sous le contrôle du tuteur à la personne (art. 246, al. 2 C.c.Q.)[133]. Par contre, rappelons-le, les personnes morales ne peuvent exercer la tutelle à la personne (art. 304 C.c.Q.).

Par ailleurs, le tuteur a le droit de s'adresser à un organisme spécialisé dans l'administration des biens d'autrui, afin de l'aider dans sa gestion tutélaire. Cet organisme agit alors comme mandataire et il est sous le contrôle du tuteur.

B. Le caractère personnel

570 – *La tutelle est une charge personnelle* – En ce qui concerne la tutelle légale, la loi la fonde sur le lien très personnel qui existe entre

---

131. Comme le soulignent M. Cantin Cumyn et M. Cumyn, seules les sociétés de fiducie bénéficient d'une autorisation légale d'exercer une tutelle (*Loi sur les sociétés de fiducie et les sociétés d'épargne*, RLRQ, c. S-29.01, art. 170), *op. cit.*, note 130, par. 171.
132. *Comm.*, p. 133.
133. Sous l'ancien Code il y a eu des précédents où le tribunal a désigné une compagnie de fiducie tuteur aux biens du mineur, lorsque la personne proposée comme tuteur par le conseil de famille n'avait pas les qualifications nécessaires pour gérer la fortune du mineur (voir, par exemple, *Re Hector Proulx*, [1953] C.S. 224. Cette possibilité était d'ailleurs prévue par la *Loi des compagnies de fidéicommis*, S.R.Q. 1964, c. 287, art. 267).

les parents et leur enfant. De même, pour la tutelle dative, le tuteur a été choisi et désigné en raison de sa personnalité propre. Cette tutelle est donc basée en grande partie sur la confiance personnelle à l'égard du tuteur. La relation de confiance explique le caractère personnel de la charge tutélaire. Il en résulte que le tuteur ne peut pas céder sa charge à une autre personne[134].

En conséquence, la charge tutélaire ne passe pas aux héritiers en cas de décès du tuteur, même si les héritiers sont responsables de la gestion de leur auteur, ce qui est une application du principe général en matière successorale (art. 181 C.c.Q.). Une atténuation doit néanmoins être apportée à ce principe : tant que le nouveau tuteur n'est pas entré en fonction, les héritiers sont tenus de continuer l'administration du tuteur décédé, ce qui constitue une sorte d'exception au principe de l'intransmissibilité des pouvoirs du tuteur découlant de la nature personnelle de la charge[135]. Cette obligation des héritiers du tuteur intègre légalement le devoir de rendre compte[136]. Il ne s'agit donc pas à proprement parler d'une exception au principe, mais plutôt d'une mesure temporaire de protection du mineur.

571 – *Quant à la tutelle exercée par le curateur public ou par le directeur de la protection de la jeunesse, elle n'a pas ce caractère intuitu personæ*[137] – Elle n'est pas liée à la personne qui occupe cette fonction, mais plutôt à la fonction elle-même (art. 182 C.c.Q.). En cas de changement de titulaire de la fonction, le nouveau curateur public ou le nouveau directeur de la protection de la jeunesse continue donc d'assumer les charges tutélaires de son prédécesseur.

C. Le caractère facultatif ou obligatoire

572 – *La tutelle dative est facultative, sauf exception* – Alors que la tutelle légale s'impose de par la loi[138], la situation est différente en matière de tutelle dative : « Nul ne peut être contraint d'accepter une tutelle dative » (art. 180 C.c.Q.). C'est une des raisons pour lesquelles

---

134. Cela ne signifie pas pour autant que le tuteur ne puisse pas démissionner de ses fonctions, comme nous le verrons plus loin.
135. Sur le principe de l'intransmissibilité des pouvoirs de l'administrateur des biens d'autrui, voir M. Cantin Cumyn et M. Cumyn, *op. cit.*, note 130, par. 97.
136. *Lincourt* c. *Blanchette-Hébert*, [1982] C.S. 63.
137. *Intuitu personæ* : « en considération de la *personne* » (*Dictionnaire de droit privé et lexiques bilingues*, 2e éd., Cowansville, Éditions Yvon Blais, 1991, p. 319).
138. Pour un cas d'application de ce principe, voir *Bondu* c. *Morin*, J.E. 95-934, EYB 1995-72755 (C.S.).

il est prudent de prévoir la nomination d'un remplaçant dans le cadre de la tutelle testamentaire ou de la tutelle par déclaration au curateur public. La personne désignée pourrait, en effet, refuser d'assumer la charge. La raison du caractère facultatif de la tutelle dative est fort simple : la personne à qui l'on imposerait pareille charge contre son gré risque de ne pas être très zélée dans sa gestion et donc de nuire aux intérêts du mineur.

573 – L'ancien système rendait la charge tutélaire obligatoire. Le *Code civil du Bas Canada* ne permettait pas au tuteur désigné de refuser la charge. On justifiait traditionnellement la règle du caractère obligatoire de la tutelle par le fait que l'intérêt social et l'ordre public exigeaient que celui qui a été désigné comme tuteur, exerce effectivement ses fonctions[139]. Cependant, le C.c.B.C. prévoyait tout de même une longue liste de motifs de dispense que la personne pouvait faire valoir, dans un délai très court, à défaut de quoi elle devait assumer la charge. Il s'agissait pour l'essentiel de motifs reliés à l'âge, à l'état de santé ou au fait que la personne choisie assumait déjà d'autres tutelles[140]. En pratique, ces dispositions ne trouvaient jamais application, car les tribunaux, guidés par le souci de sauvegarder l'intérêt des mineurs, renonçaient à désigner comme tuteur une personne qui, à cause de son refus, devenait *a priori* un candidat suspect.

D. Une charge gratuite ou rémunérée

574 – *La tutelle légale des parents est, en principe, gratuite* – La tutelle légale des parents fait partie des obligations générales de ceux-ci à l'égard de leur enfant. Elle est donc gratuite (art. 183 C.c.Q.). Toutefois, dans le cas exceptionnel où l'administration des biens du mineur devient l'occupation principale des parents, ceux-ci pourraient obtenir une rémunération pour cette charge. Une telle situation pourrait se présenter à l'égard de certains mineurs qui détiennent un patrimoine considérable, « soit par l'exercice d'une profession en bas âge[141], soit par succession[142] ou par l'attribution d'une indemnité pour préjudice subi »[143]. Afin d'éviter qu'un mineur fortuné soit victime de l'indélicatesse éventuelle de ses parents, la loi prévoit que la rémunération doit être fixée par le tribunal. La jurisprudence est cependant réticente à mettre de côté le principe de gratuité de la charge tutélaire légale, refusant, par exemple, de voir une

139. L. Baudouin, *op. cit.*, note 9, p. 298.
140. Art. 272 à 278 C.c.B.C.
141. Pensons aux cas de ces jeunes enfants, étoiles du cinéma ou vedettes de la chanson.
142. *T.J.Te.K.A.* c. *Québec (Curateur public)*, [2005] R.J.Q. 1108.
143. *Comm.*, p. 130-131.

« activité principale » dans l'administration tutélaire qui exige une vingtaine d'heures de travail par mois[144]. Par contre, certains cas exceptionnels pourront justifier une rémunération lorsque l'implication des parents auprès de leur enfant dépasse largement les charges découlant de l'autorité parentale[145]. Le tribunal pourra même allouer une rémunération pour l'avenir, sur approbation du conseil de tutelle[146].

Le caractère gratuit de la tutelle ne signifie pas que le tuteur doive assumer pour autant les charges inhérentes à la fonction. La représentation du mineur en justice ou certains actes d'administration entraînent inévitablement des dépenses (honoraires d'avocat, frais bancaires, etc.). Le paiement de ces frais est prélevé sur le patrimoine du mineur, que la tutelle soit gratuite ou rémunérée (art. 218 C.c.Q.)[147]. Encore faut-il que ces frais soient justifiés[148].

575 – Dans le cas où les deux parents assument la charge tutélaire et où l'administration des biens du mineur constitue l'occupation principale d'un seul d'entre eux, l'autre ayant une occupation professionnelle par ailleurs, la question du droit à une rémunération peut se poser. Tout dépend de l'interprétation du terme « eux » de l'article 183, al. 2 C.c.Q. Certains pourraient soutenir que la terminologie de cette disposition vise uniquement les cas où les deux parents s'occupent principalement de l'administration tutélaire. L'esprit de la loi semble pourtant indiquer que l'on veut éviter l'injustice que créerait la gratuité d'une charge tutélaire très accaparante. En ce sens, la

---

144. *G. (C.)* et *Québec (Curateur public)*, [1999] R.D.F. 504, REJB 1999-13611 (greffier C.S.), confirmé en appel, B.E. 2000BE-241 (C.S.).

145. *R.P.* et *D.P.*, J.E. 2006-1709, EYB 2006-108350 (C.S.) et *R.P.* c. *D.P.*, J.E. 2003-2061, REJB 2003-49244 (C.S.). Notons que dans cette affaire, le tribunal applique simultanément les articles 183 et 184 C.c.Q. Or il s'agissait en l'espèce d'un enfant majeur pour lequel le parent agissait comme curateur. Par conséquent, l'article 183 C.c.Q. et le principe de la gratuité ne jouent pas dans ce contexte puisque les parents, par le biais de l'article 266 C.c.Q., peuvent s'appuyer sur l'article 184 C.c.Q. qui édicte le principe de la rémunération en tenant compte de la situation. C'est donc à juste titre que le tribunal tient compte du patrimoine du majeur dans la décision d'accorder une rémunération au curateur. On voit mal, cependant, sur quelle base légale une rémunération de la conjointe du curateur, mère de l'inapte majeur, pourrait se justifier puisque l'article 183 C.c.Q. ne vise que la tutelle légale sur les enfants mineurs.

146. *R.P.* et *D.P.*, J.E. 2006-1709, EYB 2006-108350 (C.S.). Cette décision fut basée sur des considérations pratiques, soit pour éviter d'avoir à revenir devant le tribunal et subir des frais additionnels.

147. *Québec (Curateur public)* c. *J.M.*, [2001] R.D.F. 629 (C.S.). Voir *infra*, section III, « L'administration tutélaire ».

148. *Dans l'affaire de T. (P.)*, REJB 1999-13611 (C.S.).

rémunération d'un seul parent devrait être possible, tout en restant exceptionnelle.

576 – *La tutelle du directeur de la protection de la jeunesse* – Quant à la tutelle du directeur de la protection de la jeunesse et celle de la personne qu'il recommande comme tuteur, elle est toujours gratuite (art. 183 C.c.Q.). Cette mesure s'explique par le fait que le directeur de la protection de la jeunesse reçoit déjà la rémunération rattachée à sa fonction[149]. Quant à la gratuité de la tutelle de la personne recommandée par le directeur de la protection de la jeunesse, elle s'explique par le fait que ce tuteur assume en réalité le rôle de parent de substitution dans le cadre d'une mesure de protection. De plus, cette absence de rémunération est atténuée par le fait qu'une telle tutelle peut être subventionnée[150].

577 – *La tutelle légale du curateur public* – La tutelle du curateur public, qui se limite aux biens du mineur, n'est pas gratuite. En vertu de sa loi constitutive, le curateur peut toucher des honoraires lorsqu'il assume une tutelle. Ses honoraires sont fixés par règlement[151].

578 – *La tutelle dative est gratuite ou rémunérée* – Sous le *Code civil du Bas Canada*, les tutelles étaient toujours gratuites. Mignault justifiait ce principe en estimant que « la récompense du tuteur consiste dans le souvenir des soins que peut-être il a reçus lui-même dans sa jeunesse ou tout au moins dans la pensée que ses propres enfants ne resteront point sans défense s'ils ont un jour besoin d'être protégés »[152]. Cette façon un peu romantique de considérer les choses n'était pas partagée par tout le monde et le principe de la gratuité fut maintes fois critiqué, car il ne tenait pas compte du fait que la tutelle peut constituer une occupation importante et onéreuse. Certains

---

149. *Comm.*, p. 131.
150. *Loi sur la protection de la jeunesse*, précitée, art. 70.3.
151. *Loi sur le curateur public*, précitée, note 53, art. 55 ; *Règlement d'application de la Loi sur le curateur public*, D. 361-90, (1990) *G.O.Q.* II, 941, 90-03-22, dont l'Annexe II prévoit le tarif des honoraires que peut réclamer le curateur public pour les tutelles aux biens des mineurs. Voir *Sasseville* et *J.-M. G.*, [2005] R.D.F. 882 (C.S.) pour une critique du calcul des honoraires basés sur le rendement des placements gérés par le curateur public. Cependant, le curateur public a émis une directive selon laquelle il n'exige pas d'honoraires si les trois conditions suivantes sont réunies : a) les revenus mensuels n'excèdent pas le montant maximum de la prestation de sécurité de la vieillesse plus le supplément de revenu garanti pour personne célibataire ; b) les liquidités n'excèdent pas 2 500 $ et c) la valeur des actifs nets n'excède pas 130 000 $ (source : <http://www.curateur.gouv.qc.ca/cura/fr/mineur/tutelle-biens/curateur-public/honoraires.html>).
152. P.-B. Mignault, *Droit civil canadien*, t. 2, Montréal, C. Théoret, 1896, p. 154.

tribunaux n'hésitaient pas, en dépit du caractère gratuit de la charge tutélaire, à accorder une certaine rémunération au tuteur lorsque la charge était particulièrement lourde ou lorsque le tuteur était un administrateur professionnel[153].

Désormais la loi est claire : le tuteur datif peut recevoir une rémunération (art. 184 C.c.Q.), à l'exception du tuteur recommandé par le directeur de la protection de la jeunesse dans le cadre de l'application de la *Loi sur la protection de la jeunesse*. Le père ou la mère, en nommant un tuteur, peuvent fixer cette rémunération ou autoriser le liquidateur de leur succession à la déterminer. Le tribunal peut également décider d'une rémunération et il doit alors prendre l'avis du conseil de tutelle.

579 – *Les critères d'établissement de la rémunération du tuteur datif* – Pour fixer la rémunération du tuteur, il est tenu compte de deux facteurs : les charges de la tutelle et les revenus des biens à gérer[154]. Notons d'emblée que la valeur des biens n'est pas en soi un critère dont on tient compte, mais bien l'ampleur des revenus qu'ils génèrent, à moins, bien entendu, que la valeur considérable des biens ait pour conséquence d'alourdir les charges de la tutelle[155]. Soulignons également que la fortune personnelle du tuteur datif n'entre pas en considération dans le calcul de la rémunération et que, par conséquent, même un tuteur financièrement à l'aise pourrait bénéficier, le cas échéant, d'une rémunération[156]. Les termes « charges de la

153. Voir *Charron* c. *Brosseau*, [1953] B.R. 762 et les commentaires de C. Roch, *La tutelle*, dans Chambre des notaires du Québec, Répertoire de droit, « Procédures non contentieuses », Montréal, 1981, p. 41. En l'espèce, la Cour d'appel avait estimé que puisque le tuteur est en droit de confier la gestion des biens du pupille à un tiers rémunéré, il serait illogique de lui refuser une certaine rémunération dans les cas où ce tuteur assume lui-même la gestion ; *contra* : *Béland* c. *Lacasse*, [1924] C.S. 264.

154. Art. 184 C.c.Q. *in fine*. Voir également R. Bourgault, « Chronique – Les paramètres de l'administration relative aux régimes de protection des majeurs : quand la sollicitude épouse la transparence », (2003) 11 *Repères* 2-10, janvier 2003 EYB2003REP72, qui suggère que l'article 1300 C.c.Q. pourrait être plaidé pour une rémunération du tuteur basée sur la valeur des services. Cet auteur s'appuie également sur les articles 1346, 1367 et 1369 C.c.Q. pour invoquer la possibilité d'une rémunération à l'administrateur sous forme de dépenses relatives à l'administration.

155. Voir, par exemple, *A.Z.* c. *F.G.*, 2007 QCCS 4696 (C.S.), où le tribunal reconnaît qu'un tarif horaire de 60 $ n'est pas exagéré compte tenu notamment du fait que les actifs à administrer représentent plusieurs millions.

156. À cet égard, le législateur n'a pas donné suite aux propositions de l'Office de révision du Code civil qui prévoyaient que le juge devrait tenir compte de l'état de fortune du tuteur dans l'établissement d'une éventuelle rémunération : O.R.C.C., *op. cit.*, note 61, art. 45, al. 2.

tutelle » impliquent que l'on puisse prendre en considération des éléments comme l'étendue et la complexité du travail à accomplir[157]. Une rémunération basée sur un taux horaire pourrait être accordée dans les cas où il est plus approprié de tenir compte du temps réel consacré à l'exercice de la charge, par exemple lorsqu'une rémunération à pourcentage est excessive compte tenu de l'importance du patrimoine à gérer[158]. Cette solution a l'avantage de la souplesse. Mais elle comporte l'inconvénient d'obliger le tuteur à faire approuver régulièrement sa rémunération que seul le tribunal peut fixer[159]. Par ailleurs, l'article 184 C.c.Q. ne distingue pas entre les services rendus à la personne et ceux rendus à l'égard des biens de la personne. La jurisprudence a donc établi qu'un tuteur pourrait être rémunéré pour chacun de ces deux aspects de la fonction[160].

580 – *La révision de la rémunération du tuteur* – La loi ne prévoit pas expressément la possibilité de réviser les montants alloués au tuteur à titre de rémunération. Pourtant, la logique devrait amener à conclure qu'une telle révision est possible. En effet, l'article 184 C.c.Q. prévoit qu'il est tenu compte des charges de la tutelle et des revenus à administrer. Or les uns comme les

157. En ce sens, voir *D. (M.)* et *I. (G.B.)*, [1995] R.D.F. 230, EYB 1995-72351 (C.S.). Dans *Québec (Curateur public)* c. *A. et al.*, EYB 2006-113155 (C.S.), le tribunal opte pour une rémunération mensuelle, « compte tenu de la vaste gamme de services que monsieur C dispense, de sa grande disponibilité, de la qualité de son réconfort moral » (par. 78 du jugement). Dans d'autres cas, la rémunération a été établie selon un pourcentage des revenus bruts de la personne représentée : *S...B...* et *G...O... et al.*, [1997] R.D.F. 161 (C.S.) ; en l'espèce, le tribunal fixe la rémunération d'un curateur à 10 % des revenus de la curatelle en s'appuyant sur le fait que c'était la formule retenue dans cette affaire depuis 20 ans (p. 166). Une telle solution ne devrait, à notre avis, être envisagée qu'avec circonspection en présence de revenus importants de la personne protégée, car il convient de maintenir un juste équilibre entre le niveau de rémunération du tuteur et le travail accompli par lui. Dans *A.S. (In re)*, [2000] R.D.F. 485 (C.S.), le tribunal fixe un taux horaire dont il établit le caractère raisonnable en le comparant aux montants tarifés pour semblables services par le curateur public.

158. *Sasseville* et *J.-M. G.*, [2005] R.D.F. 882 (C.S.), le tribunal fixe plutôt un tarif horaire, soit « celui qu'il charge normalement à ses clients financièrement à l'aise » (par. 135). Cette décision est intéressante car elle fait une analyse détaillée de la jurisprudence en matière de rémunération des tuteurs. Le juge y note, en passant, que le système de rémunération du curateur public agissant comme tuteur, est excessivement onéreux pour la personne protégée lorsqu'on est en présence d'un patrimoine important (en l'espèce il s'agissait d'un capital de plus de sept millions de dollars, fruit d'un gain à la loterie nationale).

159. *Ibid.* En l'espèce, le tribunal ordonne au tuteur aux biens de faire annuellement son compte d'honoraires, de le faire parvenir aux members du conseil de tutelle ainsi qu'au curateur public pour ensuite le faire approuver par la Cour.

160. *A.S. (In re)*, [2000] R.D.F. 485, REJB 2000-19493 (C.S.) ; *R.P.* et *D.P.*, J.E. 2006-1709, EYB 2006-108350 (C.S.). Dans ces deux cas, il s'agissait d'une curatelle au bénéfice d'un majeur, les principes étant identiques à ceux de la tutelle aux mineurs (art. 266 C.c.Q.).

autres peuvent fluctuer de façon importante au cours des années. La rémunération pourrait donc devenir injustifiée ou, au contraire, dérisoire par rapport à l'ampleur de la tâche. Par conséquent, il serait juste qu'un tribunal puisse ajuster les montants en conséquence. La réforme de la procédure de 2014 règle très probablement cette question puisque l'article 322 C.p.c. édicte que le jugement qui concerne la capacité d'une personne peut faire l'objet d'une révision dès lors que des faits nouveaux suffisamment importants le justifient. Une interprétation large de l'expression « qui concerne la capacité d'une personne » pour y inclure toutes les modalités des jugements, semble de mise dès lors qu'une telle approche favorise l'adaptation des mesures dans l'intérêt des personnes concernées. Or la rémunération fait partie de ces mesures puisqu'une rémunération adéquate peut favoriser une bonne représentation.

E. Unicité et pluralité des tutelles

581 – *La tutelle à la personne est unique* – La tutelle dative est unique[161]. À moins d'une indication contraire, le tuteur assume aussi bien la tutelle à la personne que la tutelle aux biens du mineur (art. 185 C.c.Q.). La tutelle à la personne est toujours unique afin de préserver la cohérence dans les soins et l'éducation du mineur. Ce principe a également pour but de faciliter le contrôle de la tutelle.

582 – *La tutelle aux biens est divisible* – En ce qui concerne la gestion matérielle, il peut être intéressant de confier à un tiers l'administration de certains biens particuliers (par exemple, un immeuble situé loin du domicile du tuteur) ou même de tout le patrimoine du mineur. En effet, le tuteur à la personne n'a pas toujours les qualifications requises pour administrer lui-même la fortune de son pupille. C'est la raison pour laquelle la loi permet la nomination de plusieurs tuteurs aux biens (art. 187 C.c.Q.).

La tutelle aux biens peut donc être détachée de la tutelle à la personne et la charge peut être divisée entre plusieurs tuteurs. La loi prévoit un cas de scission automatique entre les tutelles aux biens et à la personne. Ainsi, lorsque le directeur de la protection de la jeunesse (ou la personne qu'il recommande) exerce la tutelle et que la valeur des biens à administrer excède 25 000 $, la tutelle aux biens est automatiquement déférée au curateur public. Si la valeur est inférieure à 25 000 $, le tribunal peut, à sa discrétion, déférer la tutelle aux biens au curateur public (art. 221 C.c.Q.).

---

161. Nous avons vu que la tutelle légale est exercée par chacun des parents ; voir *supra*, « La tutelle légale », par. 537 et s.

583 – *Les relations entre les différents tuteurs* – La multiplicité des tuteurs comporte un risque de disparités et de conflits dans la gestion des biens du mineur. Chacun des tuteurs aux biens est évidemment personnellement responsable de la gestion des biens qui lui ont été confiés (art. 188, al. 2 C.c.Q.). Cependant, afin de conserver une certaine cohérence, leur gestion se fait sous le contrôle du tuteur à la personne, à qui les tuteurs aux biens doivent annuellement rendre compte (art. 246, al. 2 C.c.Q.). C'est ce même souci « de préserver une certaine unité de la tutelle et d'éviter la confusion pour les tiers et des coûts inutiles »[162], qui a amené le législateur à confier au tuteur à la personne la tâche de représenter le mineur en justice, même pour les actions qui concernent ses biens. Le tuteur aux biens ne s'occupe donc que de la stricte administration du patrimoine (art. 188 C.c.Q.). Cette disposition du Code a pour résultat la neutralisation de l'article 1316 C.c.Q. qui, au chapitre de l'administration des biens d'autrui, permet au représentant d'ester en justice pour tout ce qui touche à son administration. La Cour d'appel a considéré que cette concentration du pouvoir d'ester en justice entre les mains du seul tuteur à la personne sert mieux l'intérêt de l'enfant et trouve donc aussi appui sur l'article 33 C.c.Q.[163].

F. Le siège de la tutelle

584 – *Le siège de la tutelle est au domicile du mineur* (art. 191, al. 1 C.c.Q.) – Cette règle, comme l'expliquent les commentaires du ministre de la Justice, a pour but de faire échec au principe de l'immutabilité du domicile de la tutelle. Il faut bien comprendre aussi que le siège de la tutelle est unique et que, même s'il y a pluralité de tuteurs aux biens, cela ne change rien au principe du domicile unique[164]. En d'autres mots, le siège de la tutelle se trouve au domicile des parents

---

162. *Comm.*, p. 133.
163. *C.C.* c. *M.C.*, 2011 QCCA 1235. On peut penser que c'est pour contrecarrer cette décision de la Cour d'appel qu'un projet de loi a été déposé visant notamment la modification de l'article 188 C.c.Q. afin d'y ajouter les mots « cependant, le tuteur à la personne représente le mineur en justice quant à ces biens » (Assemblée nationale du Québec, *Loi modifiant le Code civil, le Code de procédure civile et la Loi sur le curateur public en matière de protection des personnes*, P.L. 45, 2012, 2e session, 39e Législature)
164. Comme le souligne, M. D.-Castelli, « Le nouveau droit tranche donc la discussion relative à la détermination du domicile et à son rattachement à la garde du mineur ou à l'exercice de ses droits civils » (M. D.-Castelli, « Commentaires sur le rapport de l'O.R.C.C.Q. sur la famille 2e partie », (1976) 17 *C. de D.* 576, 583).

ou, le cas échéant, à celui du tuteur à la personne (art. 80 C.c.Q.)[165]. Cette solution est logique, car ce sont eux qui assurent la représentation du mineur (art. 188 et 192 C.c.Q.). La règle assure du même coup l'unité et la cohérence dans l'administration de la tutelle[166].

§2 – Les formalités tutélaires

585 – *Des mesures visant le bon fonctionnement et le contrôle de la tutelle* – Lors de son entrée en fonction, tout au long de l'exercice de sa charge, et à la fin de celle-ci, le tuteur est tenu d'accomplir un certain nombre de formalités[167]. Ainsi, il doit donner avis de son acceptation ou de son refus de la charge (A). S'il accepte, il doit dresser un inventaire (B), fournir une sûreté (C), faire des comptes et des rapports annuels (D) et, en fin de fonction, établir le compte définitif de la tutelle (E). Ces formalités, qui sont en fait des exigences assez lourdes imposées au tuteur, apparaissent comme des conditions essentielles au bon fonctionnement de la tutelle et comme des outils qui permettent de contrôler le tuteur.

586 – *La tutelle légale des parents : dispense de certaines formalités* – Dans le cas de la tutelle légale des père et mère, le législateur, dans un souci d'efficacité, a allégé les formalités tutélaires. En effet, les père et mère sont dispensés de faire l'inventaire des biens, de fournir une sûreté et de rendre compte annuellement de leur administration (art. 209 C.c.Q.). Par contre, toutes ces formalités deviennent obligatoires si la valeur des biens du mineur est supérieure à 25 000 $. Il n'y a aucun doute sur le fait que le montant dont il s'agit ici est celui de la valeur des biens du mineur et non pas la valeur des biens administrés par les parents dans l'hypothèse où plusieurs enfants possèdent des biens[168]. La loi est en effet claire sur cette question puisque la tutelle est un mécanisme de protection individuelle du mineur. En ce sens,

---

165. *Directeur de la protection de la jeunesse pour F. (G.)*, REJB 1998-09487 (C.Q.) ; *Dans l'affaire de : C.C. et V.Q.* et *Commission des droits de la personne et des droits de la jeunesse*, REJB 1998-14053 (C.Q.) ; *Droit de la famille – 133807*, 2013 QCCS 6731 (en cas de déplacement du parent avec l'enfant, on ne peut conclure au changement de domicile qu'à condition que le déplacement soit licite).
166. La règle du siège de la tutelle au domicile du mineur n'écarte évidemment pas la possibilité, dans un souci d'efficacité, de recourir à l'élection de domicile.
167. Le tuteur nommé en vertu de l'article 207 C.c.Q. à la demande du directeur de la protection de la jeunesse, est également soumis à ces formalités et mesures de contrôle (*Protection de la jeunesse – 12880*, 2012 QCCQ 5993 ; *Protection de la jeunesse – 126196*, 2012 QCCQ 15711).
168. En ce sens, M. Beauchamp, « L'administration tutélaire des parents », (2001) 9 *Repères* 146.

on peut dire que la tutelle légale des parents est un droit du mineur. Cette solution est logique et permet de conclure que si les enfants ne possèdent pas individuellement des biens d'une valeur supérieure à 25 000 $, les parents sont dispensés des formalités, même si la valeur totale des biens de tous les enfants dépasse ce montant. Par ailleurs, comme le montant dont il s'agit est celui des biens du mineur, il faut conclure que lorsque le mineur est propriétaire d'une part indivise d'un bien, seule la valeur de cette part doit être prise en considération, non pas la valeur totale du bien puisque les autres parts indivises ne sont pas dans le patrimoine du mineur[169]. Dans les cas où cette valeur est inférieure à 25 000 $, le tribunal peut, à la demande de tout intéressé, dont le mineur lui-même, imposer au tuteur l'accomplissement des formalités (ou de certaines d'entre elles). On peut s'interroger sur la sagesse d'un mécanisme qui ne prévoit pas la possibilité pour les parents d'obtenir une dispense de faire inventaire et de rendre compte à leur enfant même s'il peut être démontré que de telles informations pourraient nuire à l'intérêt de l'enfant lui-même.

Le régime particulier de la dispense en matière de tutelle légale s'explique et se justifie « d'abord par le lien particulier d'affection qui unit les parents à leurs enfants, mais aussi par le fait que bon nombre de mineurs n'ont que peu ou pas de biens »[170]. Il eût, en effet, été absurde d'imposer de telles formalités aux parents dans tous les cas où l'enfant possède le moindre bien à administrer. Cette dispense légale ne libère évidemment pas les parents de rendre compte et de remettre le reliquat à l'enfant lorsque celui-ci devient majeur et que la tutelle prend ainsi fin[171].

587 – *Le standard de 25 000 $* – La limite de 25 000 $ apparaît comme un important facteur dans l'organisation tutélaire. Elle l'est également, nous le verrons plus loin, dans l'administration tutélaire elle-même. Le législateur considère, en effet, qu'en dessous de 25 000 $ on est en présence d'un patrimoine modeste alors qu'à partir de 25 000 $ il s'agit d'un patrimoine dont l'importance justifie la mise en place de mécanismes de contrôles et d'autorisations. Une première mouture du projet de Code civil proposait de fixer la limite à 7 000 $. Le législateur de 1991 considéra que cette somme était trop modique et qu'une limite aussi basse aurait obligé trop de parents à se soumettre aux lourdes formalités qui s'y rattachent. C'est donc la somme de 25 000 $ qui fut retenue. On peut cependant s'étonner de voir apparaître

---

169. Nous partageons à cet égard l'opinion exprimée par A. Roy, *loc. cit.*, note 88, p. 42-43 ; c'est la solution retenue par la jurisprudence (*G.B. (Succession de)*, 2010 QCCS 4251).
170. *Comm.*, p. 145.
171. M. Cantin Cumyn et M. Cumyn, *op. cit.*, note 130, par. 265.

dans le Code civil la mention d'un montant précis (les seuls autres cas sont ceux des articles 1328 et 2862 C.c.Q.), alors qu'il eût été plus efficace de fixer la limite par voie réglementaire afin de pouvoir plus facilement actualiser le montant. Le montant de 25 000 $ n'a d'ailleurs jamais été revu depuis l'entrée en vigueur du Code. Pourtant, un rapide calcul permet de constater qu'en appliquant l'indice annuel d'indexation des rentes du Régime de rentes du Québec, le montant de 25 000 $ de 1991 (année d'adoption du Code civil), représente, en 2014, une valeur de 39 447 $. Cela signifie qu'un patrimoine de moins de 39 447 $ devrait logiquement être considéré en 2014 comme un patrimoine modeste si l'on applique le raisonnement du législateur de 1991. Or il n'en est rien puisque la limite actuelle non indexée de 25 000 $ constitue une norme impérative. Si on fait l'exercice avec l'indice des prix à la consommation pour la province de Québec de Statistiques Canada, on arrive au montant de 35 792,50 $ pour l'année 2013. Au sujet de cette dévaluation réelle du montant de 25 000 $ prévu par le Code civil, il faut noter qu'en 2012 un projet de loi a été déposé qui prévoyait notamment que ce montant serait fixé à 35 000 $. Ce projet de loi n'a cependant jamais abouti dans le processus législatif[172].

A. L'avis d'acceptation ou de refus

588 – Le tuteur datif nommé par les parents doit procéder à des avis d'acceptation ou de refus de la charge au curateur public, au liquidateur de la succession et, le cas échéant, au tuteur remplaçant[173]. Dans le cadre des tutelles judiciaires, ces avis ne sont pas exigés. La question ne se pose pas en ce qui concerne la tutelle légale, puisqu'il s'agit, nous l'avons vu, d'une charge automatique et obligatoire[174].

B. L'inventaire

589 – *Le principe* – Dès l'ouverture de la tutelle, le tuteur dispose d'une période de 60 jours pour dresser l'inventaire des biens du mineur. Il doit en transmettre une copie au curateur public et au conseil de tutelle (art. 240 C.c.Q.)[175]. Étant donné que le patrimoine du mineur peut s'enrichir en cours de tutelle, le tuteur doit désormais faire un inventaire *ad hoc* chaque fois que des biens sont échus au mineur[176]. Au cours de la tutelle, le tuteur peut donc être amené à

---

172. Assemblée nationale du Québec, *Loi modifiant le Code civil, le Code de procédure civile et la Loi sur le curateur public en matière de protection des personnes*, P.L. 45, 2012, 2e session, 39e Législature.
173. Voir *supra*, « La tutelle déférée par les parents ».
174. L'entrée en fonction du tuteur n'est plus soumise à l'exigence de la prestation de serment comme c'était le cas sous l'ancien Code.
175. Pour une analyse de cette disposition, voir C. Dallaire, *loc. cit.*, note 64, p. 226.
176. *Ibid.*

dresser, en plus de l'inventaire initial, plusieurs autres inventaires, notamment dans les cas où le mineur est appelé à une succession.

L'inventaire peut faire l'objet d'une contestation, en tout ou en partie, par toute personne intéressée qui peut également demander la confection d'un nouvel inventaire (art. 1330, al. 2 C.c.Q.).

L'inventaire constitue une mesure de protection aussi bien pour le mineur que pour le tuteur. En effet, au bout du compte, l'inventaire permet à l'un de contrôler la bonne administration tutélaire (vérifier l'absence de détournements, par exemple) et à l'autre de justifier sa gestion. Ce principe de double protection se retrouve également dans la règle qui veut que les biens décrits dans l'inventaire soient présumés en bon état à la date de sa confection, à moins que le tuteur n'ait joint un document attestant le contraire (art. 1329 C.c.Q.).

Afin de ne pas multiplier les formalités inutiles, le nouveau tuteur, qui remplace l'ancien, est dispensé de faire l'inventaire des biens (art. 241 C.c.Q.).

590 – *Faut-il transmettre une copie de l'inventaire au mineur ?* – L'article 240 C.c.Q. prévoit que le tuteur doit transmettre une copie de son inventaire au curateur public et au conseil de tutelle, mais il ne mentionne pas le mineur. Par contre, l'article 1330 C.c.Q., qui s'applique de façon générale à l'inventaire de l'administrateur des biens d'autrui, donc, en l'absence d'indication contraire, également au tuteur, impose l'obligation de fournir une copie au « bénéficiaire » ainsi qu'à toute personne dont l'intérêt est connu de l'administrateur. On peut donc penser que le tuteur doit transmettre une copie de son inventaire au mineur ou, à tout le moins, au mineur de 14 ans et plus. En effet, à partir de cet âge, le mineur fait partie de ceux à qui le tuteur doit rendre annuellement compte de sa gestion (art. 246 C.c.Q.). Quel que soit le bien-fondé d'une telle règle automatique, il reste que le contrôle par le mineur de 14 ans risque de devenir illusoire s'il ne dispose pas d'une copie de l'inventaire. Le mineur de 14 ans a donc certainement un intérêt à recevoir une copie de l'inventaire de ses propres biens. Ajoutons à cela que le mineur, comme toute personne intéressée, peut contester la façon dont l'inventaire a été dressé. Il s'agit là d'une raison supplémentaire pour justifier qu'une copie lui soit transmise.

591 – *Dans quel délai les copies de l'inventaire doivent-elles être transmises ?* – Nous avons vu que le tuteur doit établir son inventaire dans les 60 jours de sa nomination. La *Loi sur le curateur public* prévoit également que le tuteur dispose, en vertu de l'article 20, d'une période de deux mois à partir de l'ouverture de la tutelle, pour transmettre une copie au curateur public. Quant à la transmission de l'inventaire au secrétaire du conseil de tutelle, on peut penser qu'elle doit se faire immédiatement après sa confection puisque, d'une part, la loi ne mentionne aucun délai et que, d'autre part, il entre dans la mission du conseil de tutelle de s'assurer que le tuteur dresse un inventaire (art. 236 C.c.Q.).

592 – *Forme et contenu de l'inventaire* – Les règles concernant la forme et le contenu obligatoire de l'inventaire sont prévues au Titre septième du Livre IV du Code civil concernant l'administration des biens d'autrui. L'inventaire peut se faire dans un acte notarié, mais, afin de ne pas imposer des frais trop lourds au patrimoine du mineur, il est désormais possible de le faire plutôt sous seing privé, devant deux témoins (art. 1327 C.c.Q.)[177].

Quant au contenu obligatoire de l'inventaire, il est prévu qu'il doit énumérer et décrire tous les avoirs, de quelque nature que ce soit, en indiquer la valeur, faire état de toutes les dettes et donner un récapitulatif de l'actif et du passif du patrimoine à administrer (art. 1326 C.c.Q.). Afin de ne pas alourdir inutilement la confection d'un inventaire, la loi a heureusement prévu que les effets personnels (vêtements, papiers personnels, bijoux ou objets d'usage courant) peuvent faire l'objet d'une mention générale et que seuls les effets dont la valeur excède 100 $ doivent être détaillés spécifiquement (art. 1328 C.c.Q.).

C. La sûreté

593 – Lorsque la valeur des biens à administrer excède la somme de 25 000 $, le tuteur doit fournir, aux frais du patrimoine du mineur[178], une sûreté pour garantir l'exécution de ses obligations[179]. Cette mesure est également imposée aux parents qui exercent la tutelle légale sur leur enfant. Les modalités de cette sûreté sont établies par

---

177. Le site Internet du Bureau d'assurances du Canada fournit des formulaires d'inventaires de biens meubles : <http://www.infoassurance.ca/fr/assurances/inventaire.aspx>. Lorsque la tutelle est exercée par le curateur public, l'inventaire est fait sous seing privé (*Loi sur le curateur public*, RLRQ, c. C-81, art. 29, al. 2).

178. Dans ses commentaires, le ministre de la Justice explique qu'il paraît logique que les frais de sûreté soient à la charge de la tutelle, donc du mineur, puisqu'il en est le bénéficiaire et que, si ces frais étaient à la charge du tuteur, ils pourraient inciter certains à refuser la tutelle ; *Comm.*, p. 164.

179. En vertu de l'article 244 C.c.Q., les personnes morales qui assument une charge tutélaire sont dispensées de fournir une sûreté car elles ont déjà l'obligation générale de garantir leur administration (*Comm.*, p. 165).

le conseil de tutelle[180]. L'éventail des garanties possibles permet une protection adéquate du mineur, tout en ne gênant pas inutilement le patrimoine du tuteur comme c'était le cas dans l'ancien système[181]. Elle peut, par exemple, prendre la forme d'une assurance responsabilité, un contrat de cautionnement, une garantie hypothécaire sur un immeuble, etc. (art. 242 C.c.Q.).

La nature et le montant de la sûreté ne sont pas immuables. Ils peuvent évoluer pour mieux répondre à la réalité fluctuante du patrimoine du mineur. En cours de tutelle, le tuteur peut offrir une autre valeur jugée suffisante (art. 243 C.c.Q.)[182]. De plus, un contrôle constant est exercé sur le maintien d'une sûreté suffisante puisque le tuteur doit la justifier annuellement au conseil de tutelle et au curateur public (art. 236 C.c.Q.). La sûreté doit être maintenue tant que dure la tutelle et jusqu'à la mainlevée donnée par le conseil de tutelle ou par le mineur devenu majeur (art. 245 C.c.Q.). On constate que la sûreté constitue une mesure flexible et efficace de protection du patrimoine des mineurs.

On peut penser aussi que le conseil de tutelle pourrait donner mainlevée de la sûreté en vertu de l'article 245 C.c.Q., lorsqu'en cours de tutelle la valeur du patrimoine du mineur tombe à moins de 25 000 $ puisque, aux termes de l'article 242 C.c.Q., la sûreté n'est due que dans les cas où la valeur des biens à administrer excède 25 000 $. Si le conseil de tutelle constate que le patrimoine du mineur a perdu de sa valeur à cause de la mauvaise gestion du tuteur, la mainlevée pourrait être refusée puisque l'article 245 C.c.Q. dit bien

---

180. L'ancienne institution de l'hypothèque légale sur les immeubles du tuteur a donc totalement disparu. Sur cette question, voir J. Beaulne, « La garantie de l'administration des biens du mineur : de l'hypothèque légale du *Code civil du Bas Canada* à la sûreté du *Code civil du Québec* », (1984-1985) 87 *R. du N.* 531-559. Il faut noter que le système, qui imposait au tuteur une hypothèque légale sur ses immeubles, faisait depuis fort longtemps l'objet de critiques. En 1946, la Chambre des notaires avait déjà proposé de le remplacer par un cautionnement (« Mémoire aux commissaires nommés pour la refonte du *Code de procédure civile* », (1946-1947) 49 *R. du N.* 70, cité par B. Gagnon, « La tutelle et la curatelle assurent-elles une protection efficace pour le patrimoine d'un incapable ? », (1969) 29 *R. du B.* 601, 605). Pour une critique de l'ancien système, voir également Y. Beaudoin, « Étude critique sur la *Loi de la curatelle publique* », (1947-1948) 50 *R. du N.* 325, 334. Pour les questions relatives à l'inscription et à la radiation des sûretés, voir D.-C. Lamontagne et P. Duchaine, *La publicité des droits*, 5e éd., Cowansville, Éditions Yvon Blais, 2012.

181. *Ibid.*, p. 551.

182. Le nouveau droit confirme donc un certain courant jurisprudentiel qui, malgré la rigidité des dispositions du *Code civil du Bas Canada*, semblait admettre de plus en plus l'idée de remplacer l'hypothèque légale par une autre garantie. Voir, à ce sujet, D.-C. Lamontagne, « Jurisprudence. L'hypothèque légale en faveur du mineur ou de l'interdit. Commutation de garantie », (1985-86) 88 *R. du N.* 82-88.

que le conseil « peut » donner mainlevée. Cet article laisse donc intacte la discrétion du conseil, qui doit agir dans l'intérêt du mineur[183]. Sur réception de l'avis de radiation prévu à l'article 245 C.c.Q., le curateur public pourrait, selon le cas, enquêter sur les circonstances ayant mené à cette radiation[184].

D. Les rapports et comptes de tutelle

594 – *Les rapports et comptes périodiques* – Chaque année, le tuteur a l'obligation de rendre compte de son administration. Le nouveau droit, en exigeant un compte annuel, lève ainsi l'ambiguïté qui existait sous l'ancien Code qui exigeait la reddition d'un compte sommaire « de temps à autre »[185]. Le compte consiste dans l'exposé de sa gestion et est basé sur l'inventaire. Le tuteur doit transmettre son rapport au mineur de 14 ans et plus, car on estime que ce dernier « a suffisamment de maturité pour commencer à s'intéresser à l'administration de ses biens »[186]. Le tuteur doit transmettre le compte annuel au conseil de tutelle, mais également au curateur public (art. 246 C.c.Q.)[187]. Ce dernier apparaît donc encore comme l'ultime contrôleur des tutelles et, à ce titre, sa responsabilité pourrait être engagée[188].

Afin d'assurer une certaine unité et la cohérence dans l'administration de la tutelle et d'en faciliter le contrôle, la loi prévoit qu'en cas de pluralité de tuteurs, les tuteurs aux biens doivent rendre compte au tuteur à la personne (art. 246, al. 2 C.c.Q.).

Le compte annuel doit respecter les règles générales prévues au chapitre sur l'administration du bien d'autrui[189]. Ainsi, ce compte, que l'on qualifie parfois de « sommaire », doit tout de même être suffisamment détaillé pour en permettre le contrôle efficace (art. 1351

183. Voir cependant l'opinion contraire de J. Beaulne, *loc. cit.*, note 180, p. 555.
184. Certains estiment qu'il s'agit même d'une obligation pour le curateur public : C. Dallaire, *loc. cit.*, note 64, p. 228.
185. Art. 309 C.c.B.C.
186. *Comm.*, p. 166. Si cette assertion est conforme à l'idée de reconnaître désormais au mineur de 14 ans et plus un statut de personne semi-capable dans plusieurs domaines, elle n'est pas sans poser problème dans le cas d'un adolescent immature : voir notre critique *supra*, par. 496.
187. *Shaw, ès qualités « Tutrice »* c. *Sénéchal*, REJB 1998-06410 (C.S.).
188. Voir *E.R.* c. *Curateur public du Québec*, [1994] R.L. 27 (C.S.). D'autres suggèrent que la responsabilité du curateur public et du conseil de tutelle en cette matière serait solidaire : C. Dallaire, « Le curateur public et le conseil de tutelle : une responsabilité partagée ? », dans Service de la formation permanente, Barreau du Québec, *Famille et protection*, Cowansville, Éditions Yvon Blais, 2005, p. 217, 229.
189. Art. 1351 à 1354 C.c.Q.

C.c.Q.)[190]. De plus, toute personne intéressée peut demander au tribunal d'en ordonner la vérification par un expert (art. 1352, al. 2 C.c.Q.). Quant au curateur public, il peut exiger que les livres et les comptes relatifs aux biens administrés par le tuteur soient vérifiés par un comptable, si la valeur des biens administrés excède 100 000 $ ou s'il a un motif sérieux de craindre que le mineur ne subisse un préjudice en raison de la gestion du tuteur[191].

Sur demande, le tuteur doit permettre l'accès aux livres et aux pièces justificatives aussi bien au mineur (art. 1351 C.c.Q.) qu'au conseil de tutelle (art. 236 C.c.Q.) et au curateur public[192]. L'autorisation judiciaire n'est pas nécessaire.

E. Le compte définitif de tutelle

595 – À la fin de son administration, le tuteur doit délivrer son compte définitif (art. 247 C.c.Q.)[193]. Si le pupille est devenu majeur, le compte doit lui être transmis. Dans les autres cas, le compte doit être rendu au nouveau tuteur et au mineur lui-même s'il est âgé de 14 ans. Lorsque la tutelle se termine par le décès du mineur, le compte est alors transmis au liquidateur de sa succession. Dans tous les cas, une copie doit être envoyée au curateur public[194].

Comme pour le compte annuel, le Code prévoit, pour le compte définitif, des règles générales que l'on retrouve au chapitre de l'admi-

---

190. Sur le contenu détaillé du compte de tutelle, voir L.-A. Jetté, « Du compte de la tutelle », (1929-30) 8 *R. du D.* 422-442 et C. Roch, *loc. cit.*, note 153, p. 78 et s. Le site Internet du curateur public donne accès aux formulaires de rapports annuels d'administration détaillés ou simplifiés. Le rapport simplifié peut être produit si le patrimoine géré ne comprend ni immeuble, ni terrain, ni action ou obligation, ni prêt d'argent ou hypothèque sur un bien, ni intérêts sur une somme prêtée : <http://www.curateur.gouv.qc.ca>.
191. *Loi sur le curateur public*, précitée, note 53, art. 21.
192. *Ibid.*, art. 20-21 ; *Québec (Curateur public) c. D.G.*, 2010 QCCQ 4151 : un délai dans la remise des pièces justificatives peut entraîner des intérêts ainsi qu'une indemnité additionnelle.
193. Cette obligation s'applique même lorsque la valeur des biens à administrer est inférieure à 25 000 $: P. Desrochers, « Papa, maman, où est mon argent ? La protection des intérêts patrimoniaux du mineur », dans Service de la formation permanente, Barreau du Québec, *Famille et protection*, Cowansville, Éditions Yvon Blais, 2005, p. 89 et M. Beauchamp, « Commentaire sur la décision *Kyprianou* c. *Kyprianou* – La responsabilité des tuteurs dans la gestion des biens d'un mineur », *Repères*, avril 2004, EYB2004REP221.
194. Nonobstant le silence de la loi, on pourrait soutenir que le conseil de tutelle devrait également recevoir copie du compte définitif, comme le suggère C. Dallaire, *loc. cit.*, note 64, p. 230.

nistration des biens d'autrui[195]. Notons, à ce stade-ci, que s'il y a pluralité de tuteurs, chacun doit faire un compte définitif de sa gestion (art. 1363 C.c.Q.). Les frais de la reddition de compte sont à la charge du patrimoine du mineur (art. 1367 C.c.Q.).

Le moment de la clôture du compte définitif est important, car c'est à partir de cet instant que se calculent les intérêts sur les sommes que le tuteur, le cas échéant, doit transmettre à son ex-pupille, c'est-à-dire sur le « reliquat ». Si le tuteur tarde à rendre son compte définitif, les intérêts pourront courir à partir de la mise en demeure (art. 1368 C.c.Q.).

596 – *La reddition de compte en justice* – En principe, la reddition de compte se fait à l'amiable. Il se peut toutefois que l'entente ne soit pas possible. Dans ce cas, le tribunal peut ordonner la reddition de compte (art. 1364 C.c.Q.) qui se fait alors dans le respect des conditions prévues au *Code de procédure civile*[196].

§3 – La fin de la tutelle et le remplacement du tuteur

597 – *Des motifs reliés à la situation du mineur ou à celle du tuteur* – La tutelle, quelle qu'elle soit, ne se termine que pour des motifs reliés au mineur : l'atteinte de la majorité, la pleine émancipation (qui rend le mineur pleinement capable en droit)[197] et le décès[198]. Dans ces cas, la charge du tuteur prend fin puisqu'elle n'a plus d'objet (art. 255 C.c.Q.).

Il est d'autres cas où la charge du tuteur prend fin : lors du décès du tuteur et dans tous les cas où le tuteur est remplacé. On peut ajouter à cela, en ce qui concerne la tutelle légale des parents, que la charge tutélaire prend fin en cas de changement de filiation (que ce soit à la suite d'une action d'état ou d'une adoption[199]), en cas de déchéance de l'autorité parentale, en cas de nomination d'un tuteur

---

195. Art. 1363 à 1370 C.c.Q.
196. Art. 532 à 539 C.p.c.
197. Voir *supra*, chap. II, « L'émancipation ».
198. *Québec (Curateur public)* c. *M.T.*, J.E. 2001-1492, REJB 2001-25465 (C.S.).
199. Dans *Kyprianou* c. *Kyprianou*, [2004] R.J.Q. 293, REJB 2003-51675 (C.S.), la Cour examine le lien de droit entre un père adoptif et son fils mineur avant l'entrée en vigueur des nouvelles dispositions relatives à la tutelle de 1994. En l'absence de tutelle dative, les parents adoptifs qui intervenaient dans la gestion des biens de leur enfant le faisaient à titre de gestionnaires ou d'administrateurs du bien d'autrui.

dans le cadre d'une intervention de protection de la jeunesse[200] ou dans le cas d'une ouverture d'un régime de protection du tuteur[201]. Il ne s'agit pas dans ces cas de la fin de la tutelle à proprement parler puisque celle-ci continue tant et aussi longtemps que le pupille n'est pas dans une des situations décrites plus haut. Il s'agit seulement d'un changement de titulaire de la charge.

Deux questions méritent ici une attention particulière : A) Le tuteur peut-il démissionner de ses fonctions ? B) Peut-on destituer le tuteur de sa charge ?

A. La démission du tuteur

598 – *Le principe* – Il faut faire ici la distinction entre la tutelle légale et la tutelle dative. La première est obligatoire. Il ne peut donc être question de démission volontaire du tuteur légal, puisque la tutelle apparaît dans ce cas comme une charge qui s'impose à son titulaire. Les parents, pas plus que le directeur de la protection de la jeunesse, ne peuvent se soustraire *proprio motu* à leurs obligations.

Par contre, la tutelle dative est facultative. Le législateur a donc logiquement prévu que celui qui a accepté la charge puisse, à un moment donné, changer d'avis et renoncer à celle-ci[202]. Mais comme la tutelle est une institution basée sur la protection des intérêts de l'enfant, le tuteur ne peut démissionner qu'à des conditions bien précises.

599 – *Conditions de la démission* – Comme il s'agit d'un acte qui peut être lourd de conséquences pour le mineur, la démission ne peut se faire que sous contrôle judiciaire ; seul le tribunal peut autoriser le tuteur à cesser ses fonctions[203]. Le *Code de procédure civile* de 2014

200. Art. 207 C.c.Q. et la *Loi sur la protection de la jeunesse*, précitée, art. 70.1 et s.
201. *Protection de la jeunesse – 09201*, 2009 QCCQ 3331. Cette solution est logique dans la mesure où, comme nous l'avons vu, la tâche du tuteur est lourde et exige de lui une capacité de décision importante.
202. La question de la démission du tuteur était controversée dans le passé. La jurisprudence avait toutefois de plus en plus tendance à l'accepter lorsqu'elle répondait au meilleur intérêt du pupille, spécialement dans les cas où il s'agissait d'un tuteur qui voulait ainsi laisser la charge à un des parents de l'enfant (*Scott* c. *Deschamps*, [1959] B.R. 618 ; *Ozenc.* c. *MacLeod*, [1973] C.S. 701). Pour un aperçu de ces discussions, voir en particulier L.-P. Sirois, *op. cit.*, note 118, p. 114-115 et P. Ciotola, « Démission volontaire du tuteur – validité », (1974) 76 *R. du N.* 301-304.
203. Art. 885 C.p.c.

prévoit que le greffier spécial peut traiter la question de la démission selon la procédure non contentieuse (art. 73 C.p.c.). En cas de contestation, la demande est traitée selon la procédure contentieuse du Livre II et le greffier spécial perd juridiction (art. 72 C.p.c.). La demande du tuteur n'est recevable qu'à trois conditions : le tuteur doit en avoir donné avis au conseil de tutelle, il doit invoquer un motif sérieux et la demande ne peut être faite à contretemps (art. 250 C.c.Q.).

La loi ne définit pas ce qui constitue un motif sérieux. Le tribunal doit donc trancher au cas par cas. On peut toutefois penser que ce terme recouvre, outre les anciennes causes de dispense de tutelles (l'âge avancé, la maladie, les charges familiales, etc.), tous les motifs qui ont pour conséquence de mettre en péril le bon fonctionnement de la tutelle. On peut penser par exemple au tuteur qui, pour des raisons professionnelles, doit quitter le pays alors qu'il est dans l'intérêt du mineur de ne pas déménager. Un changement de tuteur pourrait, dès lors, s'imposer.

Le législateur ne définit pas plus l'expression « à contretemps », mais il faut comprendre par là que la démission ne peut être présentée à un moment préjudiciable au mineur ou à son patrimoine[204]. Cette condition s'ajoute aux autres. Il est donc théoriquement possible que, malgré la présence d'un motif sérieux, le tribunal refuse la demande de démission parce qu'elle est présentée à un moment inopportun.

Pendant l'instance, le tuteur démissionnaire doit continuer à exercer sa charge à moins que le tribunal n'en décide autrement et ne désigne un administrateur provisoire chargé de la simple administration (art. 253 C.c.Q.).

Le jugement qui accepte la démission du tuteur ne met pas pour autant celui-ci à l'abri de toute responsabilité pour le préjudice que pourrait causer le simple fait de sa démission. En effet, même s'il y a un motif sérieux et que la demande n'est pas faite à contretemps, la démission peut éventuellement constituer un manquement aux devoirs du tuteur et donc l'obliger à réparer le préjudice (art. 1359

---

204. En ce sens, voir les *Comm.*, p. 168 : l'article 250 C.c.Q. « vise à assurer la continuité de l'administration tutélaire, tout en protégeant le mineur contre les risques d'une administration imposée au tuteur ou contre une démission intempestive ».

C.c.Q.). On peut penser à l'exemple d'un tuteur qui, au moment de l'acceptation de sa charge, est resté silencieux alors qu'il savait déjà qu'il aurait à faire valoir un motif sérieux de démission dans un proche avenir.

B. La destitution du tuteur

600 – *Le principe* – Comme la tutelle constitue une obligation pour le tuteur, la constatation que les fonctions tutélaires ne sont pas exercées, ou sont mal exercées, permet au tribunal de mettre fin à la charge (art. 251 C.c.Q.)[205]. La loi vise plusieurs situations : celle où le tuteur ne peut exercer la charge et celle où il ne respecte pas ses obligations. La destitution peut aussi être demandée en cas d'irrégularités graves dans le processus de nomination du tuteur. L'impossibilité d'agir peut couvrir des cas aussi divers que celui du tuteur devenu trop âgé, inapte (en fait ou en droit), absent ou simplement éloigné pour une période tellement longue qu'il lui devient difficile d'assumer réellement sa charge. Il ne s'agit donc pas, dans ces derniers cas, de faire des reproches au tuteur, mais simplement de constater l'impossibilité d'agir dans laquelle il se trouve.

Par contre, en cas de non-respect des obligations tutélaires, il s'agit du procès du tuteur et de son administration. La loi laisse au tribunal une très grande marge d'appréciation quant à l'opportunité de démettre de ses fonctions le tuteur qui ne respecte pas ses obligations. Les motifs invoqués devront cependant être graves[206]. On peut penser que l'importance de l'obligation non respectée sera prise en considération par le tribunal, de même que le fait pour le tuteur en défaut d'avoir ensuite pris les mesures nécessaires pour rectifier la situation et démontrer ainsi sa bonne foi et sa compétence[207]. Ainsi, les manquements à l'administration qui ne sont pas de nature considérable et dès lors que le tuteur fait preuve de bonne foi, ne justifieront pas la destitution[208], la jurisprudence ayant maintes fois dénoncé le peu de formation en gestion que reçoivent les tuteurs aux

205. Un membre du conseil ne pourrait pas agir seul en destitution du tuteur, sauf situation d'urgence (*L.S.* c. *La.L.*, [2002] R.D.F. 174 (C.S.)).
206. *C. (J.)* c. *C. (V.)*, REJB 2004-80272 (C.S.) ; *Protection de la jeunesse – 092779*, 2009 QCCQ 10142 (dans cette affaire, on refuse la destitution du tuteur puisque celui-ci coopère de façon significative pour le bien-être de son enfant malgré le fait que celui-ci n'est plus sous sa garde).
207. *Québec (Curateur public)* c. *M. (J.)*, REJB 2001-25136 (C.S.).
208. *C.L.* c. *J.L.*, J.E. 2006-1064, EYB 2006-104342 (C.S.).

biens[209]. Par exemple, le fait de ne pas avoir dressé l'inventaire dans les 60 jours n'est pas, de toute évidence, un motif suffisant de destitution, alors que le refus caractérisé de procéder à l'inventaire peut certainement amener le tribunal à la conclusion qu'il est dans l'intérêt du mineur d'être représenté par une autre personne[210].

601 – Les termes très généraux de la loi indiquent que l'on ne vise pas seulement les obligations ponctuelles du tuteur comme l'inventaire ou la reddition de compte annuel, mais bien, de façon générale, tout comportement du tuteur qui dénote une insouciance de sa part à l'égard de l'intérêt du mineur[211]. Cela peut aller du cas flagrant d'infidélité (détournements de fonds, par exemple) aux cas plus subtils de mauvaise gestion. La question s'est posée de savoir si la faillite du tuteur devait entraîner sa destitution. En théorie, la faillite de l'administrateur du bien d'autrui met fin à cette charge (art. 1355 C.c.Q.). Certains soutiennent toutefois qu'étant donné « le caractère particulier de la tutelle légale, [...] le tribunal ne devrait remplacer le parent failli que si celui-ci risque de causer un préjudice au mineur et s'il en est de son intérêt »[212], ce qui est conforme au principe général selon lequel toutes les décisions concernant le mineur doivent être prises dans son intérêt (art. 33 C.c.Q.) ; or la faillite, qui peut être causée par toutes sortes d'événements, n'implique pas automatiquement que le failli est un mauvais gestionnaire du patrimoine de son enfant.

Rappelons qu'en ce qui concerne la destitution des parents, la loi est plus restrictive. Dans ce cas, il faut démontrer en outre qu'il y a un motif grave justifiant que la charge leur soit retirée (art. 195 et s.

---

209. *P. (C.) c. G. (M.)*, REJB 2000-21348 (C.S.) ; *Québec (Curateur public) c. M. (J.)*, REJB 2001-25136 (C.S.) ; *C.L. c. J.L.*, J.E. 2006-1064, EYB 2006-104342 (C.S.). Depuis 2009, une *Politique sur la tutelle des biens du mineur* tend vers des pratiques plus respectueuses de l'intérêt du mineur en promouvant et clarifiant auprès des différents acteurs impliqués la saine gestion du patrimoine du mineur, et ce, grâce à la complémentarité du rôle que joue le curateur public : P. Desrochers, « Le Curateur public et sa politique sur la tutelle privée des biens du mineur », (2011) 2 *C.P. du N.* 335 et Chambre des notaires du Québec, *Entracte*, Journal de la Chambre des notaires du Québec, vol. 20, n° 8, 15 octobre 2011 ; G. Guay, « Problématiques et nouveautés quant à la protection des personnes vulnérables », (2012) *C.P. du N.* 155, 170-171.
210. *Québec (Curateur public) et L.D.*, 2010 QCCS 5767.
211. *N.M. c. G.Gh. M.*, J.E. 2004-1334, EYB 2004-66822 (C.S.) ; *Québec (Curateur public) c. D.G.*, 2010 QCCQ 4151 ; *N.K. c. O.K.*, 2013 QCCS 4582 (ce dernier cas concerne un majeur protégé, mais les principes sont *mutatis mutandis* les mêmes).
212. P. Desrochers, *loc. cit.*, note 193, p. 144-146.

C.c.Q.). Le non-respect caractérisé et répété de toutes les formalités rattachées à la tutelle constitue un tel motif grave[213].

602 – *Qui peut demander la destitution ?* – Toute personne intéressée, y compris le curateur public, peut demander la destitution du tuteur[214]. Cette solution s'impose puisqu'il s'agit de faciliter le contrôle de la protection des mineurs. La loi ajoute que, pour certains, il existe un devoir de demander le remplacement du tuteur. Il s'agit du conseil de tutelle et, en cas d'urgence, d'un de ses membres, ainsi que du tuteur à la personne en ce qui concerne le remplacement d'un tuteur aux biens (art. 251 C.c.Q.). Cette obligation s'impose à eux en raison du fait qu'ils sont les plus proches superviseurs de la tutelle. Un membre du conseil de tutelle ne peut agir seul que s'il y a urgence ; il ne se qualifie donc pas comme « personne intéressée » et ne peut donc agir qu'en sa qualité de membre du conseil de tutelle[215].

Une fois le jugement de destitution rendu, il est exécutoire nonobstant l'appel[216]. Le jugement peut faire l'objet d'un appel de plein droit[217]. Comme dans le cas de démission, la destitution est normalement suivie de la nomination judiciaire d'un nouveau tuteur. La nouvelle nomination se fait sur avis du conseil de tutelle sans qu'il soit nécessaire de requérir l'avis de l'assemblée des parents, alliés et amis[218].

C. La conversion d'une tutelle publique en tutelle privée

603 – Le législateur vise à accroître la responsabilité de la famille à l'égard des mineurs et « tend donc, d'une façon générale, à considérer la famille comme responsable au premier chef de la protection de l'enfant et à limiter les interventions de l'État [...] »[219]. L'intervention du curateur public, du directeur de la protection de la jeunesse ou de

213. *Québec (Curateur public)* c. *K.M.*, B.E. 2000BE-580 (C.S.) ; *Kyprianou* c. *Kyprianou*, [2004] R.J.Q. 293, REJB 2003-51675 (C.S.) ; *T.J.Te.K.A.* c. *Québec (Curateur public) et al.*, [2005] R.J.Q. 1108, EYB 2005-88783 (C.S.).
214. Art. 251, al. 2 C.c.Q. et *Loi sur le curateur public*, précitée, note 53, art. 22 ; *Curateur public* c. *Gérald Robert*, [1991] R.D.F. 476 (C.S.) ; *Québec (Curateur public)* c. *K.M.*, B.E. 2000BE-580 (C.S.).
215. En ce sens, *L.S.* c. *La.L.*, [2002] R.D.F. 174 (C.S.) ; il s'agissait en l'espèce d'une tutelle au majeur mais le principe est identique en ce qui concerne la tutelle au mineur puisque l'article 251 C.c.Q. s'applique dans les deux cas.
216. Art. 547, al. 1e) C.p.c. ; art. 660 (3) C.p.c.
217. Art. 26, al. 1(6)b) et c) C.p.c. ; art. 30 C.p.c.
218. En ce sens, *S.N.* c. *R.P.*, 2007 QCCS 4026 (AZ-50447599).
219. *Comm.*, p. 124.

la personne qu'il recommande, doit être vue comme une mesure subsidiaire, réservée aux cas de mineurs en situation critique. Elle est donc une mesure destinée à n'être que temporaire (à l'exception, sans doute, de la tutelle de la personne recommandée par le directeur de la protection de la jeunesse, qui est une mesure qui s'inscrit dans l'idée de projet de vie pour l'enfant en situation de protection[220]). C'est la raison pour laquelle la loi favorise un « retour à la normale » en édictant que toute personne intéressée peut demander le remplacement du curateur public, du directeur de la protection de la jeunesse ou de la personne qu'il recommande, « sans avoir à justifier d'un autre motif que l'intérêt du mineur » (art. 252 C.c.Q.). Il n'est donc pas nécessaire d'invoquer des motifs d'incapacité ou de négligence à leur égard[221].

D. Les obligations du tuteur à la fin de sa charge

604 – Dans les cas de remplacement de tuteur, le jugement qui fait droit à la demande doit en même temps désigner le nouveau tuteur, afin d'éviter qu'il y ait une période pendant laquelle le mineur ne serait pas représenté (art. 254 C.c.Q.). Tant et aussi longtemps que le tuteur n'a pas été déchargé de ses fonctions, il doit continuer à les assumer, ce qui signifie qu'il doit également continuer à exercer sa charge pendant l'instance. Dans ce cas, le tribunal peut toutefois en décider autrement et désigner plutôt un administrateur provisoire pour le temps de l'instance et jusqu'à la désignation du nouveau tuteur.

605 – Dans tous les cas où la charge tutélaire prend fin, soit parce que la tutelle se termine, soit parce qu'il y a remplacement, le tuteur doit procéder à la reddition du compte définitif de tutelle[222]. Le compte définitif sert alors de base aux autres obligations du tuteur, dans les cas où il y a un reliquat au profit du mineur. Ainsi, le tuteur doit remettre tous les biens administrés au mineur devenu majeur ou au remplaçant (art. 1365 C.c.Q.). Il doit également transmettre tout ce qu'il a reçu dans l'exécution de ses fonctions, ce qui inclut les profits de toutes sortes. Si le tuteur a utilisé sans autorisation un bien du

220. Voir *supra*, par. 560 et s.
221. *Comm.*, p. 169.
222. Voir *supra*, « Les comptes de tutelle », par. 594 et s. La prescription est de 30 ans (art. 2242 C.c.Q.) et commence à courir dès la fin de la tutelle. Toutefois, en cas d'impossibilité d'exiger la reddition de compte définitive et détaillée, par exemple dans un cas d'ignorance de l'existence de la tutelle, la prescription est suspendue et commence à courir à partir de la date de la connaissance de la tutelle (art. 2904 C.c.Q.) : *Gallup* c. *Bourner*, 2012 QCCS 377.

mineur, il est tenu de payer une indemnité pour cet usage (art. 1366 C.c.Q.). Sur toutes ces sommes dues, le tuteur doit des intérêts à compter de la clôture du compte ou de la mise en demeure de le produire (art. 1368 C.c.Q.).

Avant de payer le reliquat, le tuteur peut toutefois en déduire toutes les sommes qui lui seraient dues en raison de son administration et il peut retenir les biens du mineur jusqu'au paiement de ce qui lui est dû (art. 1369 C.c.Q.).

606 – Le compte peut se faire à l'amiable, mais afin de protéger le pupille contre son tuteur, la loi prévoit que tout accord entre eux concernant l'administration ou le compte est nul s'il se fait avant la reddition de compte et la remise des pièces justificatives (art. 248 C.c.Q.)[223]. Le but de cette règle est de protéger le pupille, devenu majeur, et qui n'a pas encore pris connaissance de ses affaires, contre le tuteur qui pourrait vouloir profiter de la situation[224].

Section III

L'administration tutélaire

§1 – Introduction

607 – Les règles de l'administration tutélaire sont prévues à la section particulière de l'*administration tutélaire*[225] ainsi qu'au titre général de l'*administration du bien d'autrui*[226]. Le *Code civil du Québec* regroupe sous un même titre les règles générales qui s'appliquent à toute espèce d'administrateur du bien d'autrui, alors que, dans le *Code civil du Bas Canada*, ces règles étaient dispersées à travers les chapitres concernant notamment la capacité des personnes, l'exécution testamentaire, la fiducie, le mandat, le dépôt ou le prêt. Ce regroupement représente d'ailleurs une particularité du droit québécois[227]. Le Code fait donc, en matière de tutelle, un renvoi général à

223. Cette disposition reprend en substance l'ancien article 311 C.c.B.C. *Courtemanche* c. *Casaubon*, J.E. 96-398, EYB 1996-85093 (C.S.).
224. M. Taschereau, « Tutelle et curatelle », (1960) 4 *C. de D.* 34, 48-50.
225. Livre premier, Des personnes, Titre quatrième, De la capacité des personnes, Chapitre deuxième, De la tutelle au mineur, Section IV, art. 208 à 221 C.c.Q.
226. Livre quatrième, Des biens, Titre septième, De l'administration des biens d'autrui, art. 1299 à 1370 C.c.Q.
227. En effet, on ne retrouve pas l'équivalent dans les codes civils des autres pays, mis à part en droit néerlandais. (Voir P.P.C. Haanappel et E. Mackaay, *Nieuw*

l'administration du bien d'autrui en édictant que « le tuteur agit à l'égard des biens du mineur à titre d'administrateur chargé de la simple administration »[228].

Par conséquent, les règles de l'administration du bien d'autrui constituent le droit commun de l'administration tutélaire, sous réserve des règles particulières prévues aux articles 209 C.c.Q. et suivants qui viennent déroger aux règles générales (art. 1299 C.c.Q.)[229]. Toutes les règles de l'administration du bien d'autrui ne s'appliquent donc pas nécessairement au tuteur. Ainsi, la règle selon laquelle l'administrateur peut renoncer à ses fonctions en avisant simplement le bénéficiaire (c'est-à-dire celui dont il administre les biens) par écrit, ne s'applique pas au tuteur puisque celui-ci ne peut démissionner de sa charge qu'avec l'autorisation du tribunal (art. 250 C.c.Q.).

L'administration tutélaire vise les pouvoirs du tuteur sur les biens du mineur dont il a la charge[230]. Nous verrons donc sommairement quels sont ces pouvoirs[231] mais, préalablement, il convient d'énoncer les devoirs généraux qu'ils impliquent.

§2 – Devoirs fondamentaux du tuteur

608 – *Prudence et diligence* – Dans son administration, le tuteur, en plus de respecter la loi (art. 1308 C.c.Q.) (c'est la moindre des choses), doit agir avec prudence et diligence (art. 1309 C.c.Q.)[232]. Cela cons-

---

Nederlands Burgerlijk Wetboek, Het Vermogensrecht (Nouveau Code civil néerlandais, le droit patrimonial), Deventer, Kluwer, 1990, Livre 3, Titre sixième, art. 126-165.)

228. Art. 208 et art. 1301 et s. C.c.Q.

229. Comme l'indiquent M. Cantin Cumyn et M. Cumyn, les règles de l'administration des biens d'autrui ne s'appliquent pas aux pouvoirs exercés à l'égard de la personne représentée mais dans la mesure où le titre 7e sur l'administration du bien d'autrui incorpore en réalité « les normes fondamentales gouvernant tout pouvoir privé, le titre 7e peut servir de cadre de référence en l'absence de règles spécifiques ». (M. Cantin Cumyn et M. Cumyn, *op. cit.*, note 130, par. 103).

230. C'est précisément parce que l'administration des biens d'autrui vise l'exercice de pouvoirs, que certains se sont demandé s'il n'eût pas mieux valu l'intégrer au Livre sur les personnes avec lequel il semble avoir plus d'affinités, « compte tenu de ce que ce livre traite déjà de la minorité, de l'incapacité et des personnes morales, toutes situations qui exigent la présence d'un administrateur » (M. Cantin Cumyn, « De l'administration du bien d'autrui », (1988) 3 *C.P. du N.* 283, 313).

231. Pour une étude détaillée de ces questions, voir M. Cantin Cumyn et M. Cumyn, *op. cit.*, note 131.

232. R. Bourgault, « Chronique – Les paramètres de l'administration relative aux régimes de protection des majeurs : quand la sollicitude épouse la transparence », (2003) 11 *Repères* 2-10, janvier 2003, EYB2003REP72 ; *Québec (Curateur public)* c. *D.F.*, 2008 QCCQ 3409.

titue, ni plus ni moins, la nouvelle formulation de ce que la loi qualifiait, sous l'ancien Code, d'obligation d'agir en bon père de famille[233]. Le terme prudence signifie que le tuteur ne doit pas faire d'actes hasardeux. La tutelle est, rappelons-le, un mécanisme de protection. Il est donc normal que le tuteur ne fasse pas courir de risques au patrimoine qui lui est confié. On trouve une expression de ce devoir de prudence dans l'obligation qui est faite au tuteur de n'effectuer, avec les deniers du mineur, que des placements présumés sûrs (art. 1304 C.c.Q.). Quant au devoir de diligence, il vise le fait d'agir assez rapidement pour obtenir un bénéfice ou pour éviter une perte[234].

609 – *Honnêteté et loyauté* – Le tuteur doit également agir, dans le meilleur intérêt du mineur, avec honnêteté et loyauté (art. 1309, al. 2 C.c.Q.)[235]. Ce devoir découle directement du fait que la tutelle est instaurée dans le seul intérêt du mineur et que le tuteur doit servir cet intérêt. Le devoir de loyauté, qui comprend celui d'honnêteté[236], implique que le tuteur ne peut exercer ses pouvoirs dans son propre intérêt et il s'exprime de façon concrète dans l'interdiction qui est faite au tuteur de se placer en situation de conflit entre son intérêt et ses obligations d'administrateur (art. 1310 C.c.Q.)[237]. C'est la raison pour laquelle il doit aviser le conseil de tutelle, d'une part, de toutes possibilités de conflits d'intérêts et, d'autre part, de tous droits qu'il pourrait faire valoir contre son pupille. Nous avons vu plus haut que, si cette opposition engendre un débat judiciaire, il faut procéder à la nomination d'un tuteur *ad hoc* (art. 190 C.c.Q.). Il découle également du devoir de loyauté, que le tuteur ne peut, en principe, acquérir les biens de son pupille ou se porter partie à un contrat qui touche les biens administrés (art. 1312 C.c.Q.). De même, il ne doit pas confondre les biens du mineur avec ses propres biens et il doit les administrer séparément[238]. Ainsi, les créanciers de l'un ne pourraient pas

233. Art. 290 C.c.B.C.
234. A. Frenette, « La gestion des biens des incapables », (1987) 18 *R.D.U.S.* 81, 90.
235. Voir *Pierre Cormier, ès qualités de tuteur à l'enfant mineur Bernard Tessier Cormier* c. *Claude Tessier*, [1989] R.J.Q. 1457, EYB 1988-63027 (C.A.) et *Curateur public* c. *Tessier*, J.E. 87-1111, EYB 1987-78835 (C.S.). Voir également *N.M.* c. *G.Gh. M.*, J.E. 2004-1334, REJB 2004-66822 (C.S.), pour un exemple où le tuteur au majeur enfreint cette obligation ; *Québec (Curateur public)* c. *D.G.*, 2010 QCCQ 4151.
236. En ce sens M. Cantin Cumyn et M. Cumyn, *op. cit.*, note 130, par. 297.
237. Sur la question de l'administration et les conflits d'intérêts : R. Bourgault, « Chronique – Les paramètres de l'administration relative aux régimes de protection des majeurs : quand la sollicitude épouse la transparence », (2003) 11 *Repères* 2-10, janvier 2003, EYB2003REP72.
238. Art. 1313 C.c.Q. Cette règle est logique puisque le patrimoine du mineur est distinct de celui du tuteur ; *Chartrand* c. *Auclair*, 2010 QCCQ 6302.

saisir les biens de l'autre[239]. Le devoir de loyauté interdit au tuteur d'utiliser les biens administrés à son profit, sauf avec une autorisation expresse du conseil de tutelle (art. 1314 C.c.Q.). Les manquements du tuteur ouvrent la porte à une condamnation à des dommages-intérêts en vertu du régime commun de la responsabilité civile, mais également, lorsque les conditions sont réunies, à une condamnation à des dommages punitifs en application de l'article 49 de la Charte québécoise dès lors que le non-respect des obligations du tuteur constitue également une violation d'un droit garanti (en premier lieu le droit à la protection de l'article 39 de la Charte)[240].

§3 – Les biens administrés

610 – *La plupart des biens sont soumis à l'administration du tuteur* – Les pouvoirs du tuteur s'étendent sur à peu près tous les biens du mineur, puisque, en règle générale, le tuteur représente le mineur dans l'exercice de ses droits civils. De plus, le tuteur peut également accomplir valablement les actes que le mineur peut faire seul, à moins que la loi ou la nature de l'acte ne le permette pas (art. 158 C.c.Q.). C'est dire que l'administration du tuteur peut également porter sur les biens à l'égard desquels le mineur peut seul accomplir certains actes[241].

611 – *Exceptions* – Une partie du patrimoine du mineur échappe néanmoins à l'administration du tuteur. Il en est ainsi des biens donnés ou légués au mineur sous condition qu'ils échappent à l'administration tutélaire (art. 210 C.c.Q.). Ces biens sont administrés par un tiers qui, à ce titre, sera soumis aux dispositions sur l'administration du bien d'autrui et non pas à celles concernant la tutelle. Dans les cas où une libéralité est constitutive d'une fiducie dont le mineur est le bénéficiaire, ce sont les règles en matière de fiducie et d'administration du bien d'autrui qui s'appliqueront (art. 1287 et s. C.c.Q.)[242]. Il existe une autre exception, plus importante. En effet, le mineur peut gérer lui-même « le produit de son travail et les alloca-

---

239. G. Lauzon, « L'administration du bien d'autrui dans le contexte du nouveau *Code civil du Québec* (L.Q. 1991, c. 64) », (1993) 24 *R.G.D.* 107, 118.
240. *Québec (Curateur public)* et *L.D.*, 2010 QCCS 5767.
241. Pour une analyse de l'administration tutélaire, voir J. Pineau, D. Burman et S. Gaudet, *Théorie des obligations*, 4e éd., Montréal, Éditions Thémis, 2001, par. 119 et s.
242. *Québec (Curateur public)* c. *G. (G.)*, J.E. 98-9, REJB 1997-03545 (C.S.) ; *Shaw, ès qualités « Tutrice »* c. *Sénéchal*, REJB 1998-06410 (C.S.) ; M. Cantin Cumyn et M. Cumyn, *op. cit.*, note 130, par. 120.

tions qui lui sont versées pour combler ses besoins ordinaires et usuels » (art. 220, al. 1 C.c.Q.). Cette règle est conforme au principe de la capacité qu'a le mineur, compte tenu de son discernement, de contracter seul pour satisfaire ses besoins ordinaires et usuels (art. 157 C.c.Q.). Tout en donnant le plus d'autonomie possible au mineur doué de discernement[243], le législateur entend toutefois protéger celui qui risque de dilapider ses revenus. Ainsi, lorsque ceux-ci sont considérables ou lorsque les circonstances le justifient, le tribunal peut limiter les montants dont le mineur a la gestion exclusive (art. 220, al. 2 C.c.Q.). Cette règle s'applique donc même si les revenus sont modestes. Par exemple, si le mineur démontre une tendance à la prodigalité, on pourrait réduire les montants laissés à sa gestion. Dans ce cas, le tribunal doit tenir compte de la situation particulière de chaque mineur, dont notamment l'âge, le discernement, les conditions de son entretien et de son éducation, ses obligations alimentaires et celles de ses parents[244]. Le tuteur ne perd pas tout droit de regard sur cette question, puisqu'il doit donner son avis au tribunal et qu'il peut toujours saisir le tribunal, lorsque les circonstances le justifient, pour faire réviser la décision et modifier ou supprimer la quote-part de revenus dont le mineur garde la gestion.

§4 – Les pouvoirs d'administration du tuteur

612 – *Le tuteur est chargé de la simple administration* – La loi prévoit deux régimes d'administration des biens d'autrui : la simple et la pleine administration, la distinction se justifiant au regard de l'objectif différent poursuivi par chacune[245], la première visant essentiellement la préservation de la valeur du patrimoine alors que la seconde doit tendre à augmenter cette valeur[246]. Le tuteur n'a que les

243. *Comm.*, p. 152.
244. *Ibid.* Depuis l'abolition de l'obligation alimentaire entre grands-parents et petits-enfants en 1996 et la restriction de l'obligation alimentaire aux parents en ligne directe au premier degré (art. 585 C.c.Q.), le terme « parents » de l'article 220 C.c.Q. doit s'entendre au sens restreint, c'est-à-dire ne visant que les père et mère.
245. M. Cantin Cumyn et M. Cumyn, *op. cit.*, note 130, par. 193.
246. *Ibid.*, par. 194. Toutefois, comme l'indiquent Pineau, Burman et Gaudet, la qualification de certains actes n'est pas toujours limpide et la frontière entre simple et pleine administration peut, à l'occasion, être floue ; ces auteurs donnent l'exemple du bail d'habitation de l'immeuble du mineur (J. Pineau, D. Burman et S. Gaudet, *op. cit.*, note 241, p. 251) ; voir cependant *Olah* c. *Bryan et Bernier*, REJB 2003-45363 (C.Q.) où le tribunal qualifie le bail d'un an de « besoin courant », permettant ainsi au mineur de le signer sans l'intervention de son tuteur, ce qui porterait à voir dans un tel contrat, signé par le tuteur, un acte de simple administration.

pouvoirs de simple administration. Il s'agit d'un régime qui, dans un souci de protection du bénéficiaire, limite considérablement les pouvoirs de l'administrateur, en l'occurrence le tuteur. Sans entrer dans l'étude détaillée des règles de l'administration du bien d'autrui, puisqu'elles relèvent du droit des biens, il convient d'en évoquer ici les principes généraux.

613 – *Une administration conservatrice* – La simple administration est essentiellement caractérisée par le fait qu'elle est conservatrice[247]. L'administrateur doit faire les actes nécessaires à la conservation du bien (par exemple, les réparations à un immeuble) et au maintien de son usage normal (art. 1301 C.c.Q.). De la première obligation résulte le fait que, sauf exception[248], l'administrateur ne peut aliéner les biens du mineur. De l'avis de certains, l'obligation de conservation implique celle d'assurer le bien contre les risques de perte, à moins que la valeur du bien ne justifie pas le coût de l'assurance[249]. De l'obligation de maintenir l'usage normal découle le devoir de continuer l'utilisation ou l'exploitation du bien qui produit des fruits et des revenus, sans en changer la destination (art. 1303 C.c.Q.). Le tuteur doit également percevoir les fruits, les revenus et les créances (par exemple, toucher les loyers d'un immeuble à revenus) et exercer les droits attachés au bien (par exemple, exercer le droit de vote en tant qu'actionnaire) (art. 1302 C.c.Q.).

614 – Le tuteur doit placer les sommes d'argent qu'il administre[250], mais il ne peut pas faire n'importe quel placement. Il doit respecter les règles relatives aux placements présumés sûrs[251]. Il n'entre pas dans notre propos d'énumérer la liste exhaustive des placements

---

247. *Dans l'affaire de A., majeur en curatelle, Le curateur public du Québec* et *B.*, EYB 2007-114633 (C.S.).
248. Ainsi, le tuteur peut aliéner seul un bien susceptible de se déprécier rapidement ou de dépérir, art. 1305, al. 2 C.c.Q.
249. M. Cantin Cumyn et M. Cumyn, *op. cit.*, note 130, par. 200.
250. À défaut de faire fructifier le capital au bénéfice du mineur, les tuteurs sont tenus responsables des intérêts qu'ils auraient dû lui procurer, à un taux que le tribunal fixe à 4 % composé annuellement pour chaque année de gestion : *Kyprianou* c. *Kyprianou*, [2004] R.J.Q. 293, REJB 2003-51675 (C.S.).
251. Art. 1304 C.c.Q. qui renvoie aux articles 1339 à 1344 C.c.Q. Pour une critique de la liste des placements présumés sûrs, voir M. Cantin Cumyn et M. Cumyn, *op. cit.*, note 130, par. 283.Voir également R. Bourgault, « Chronique – Les paramètres de l'administration relative aux régimes de protection des majeurs : quand la sollicitude épouse la transparence », (2003) 11 *Repères* 2-10, janvier 2003, EYB2003REP72, qui soutient que la distinction entre l'administration des placements par le tuteur et celle du curateur est plutôt théorique puisque les deux sont tenus de respecter l'article 1304 C.c.Q.

autorisés[252]. De façon générale, celle-ci reflète le souci du législateur de privilégier la protection du mineur plutôt qu'une grande rentabilité éventuelle[253]. Notons toutefois que si le mineur détient déjà des placements au moment de l'entrée en fonction du tuteur, celui-ci peut les maintenir même s'ils ne sont pas présumés sûrs (art. 1342 C.c.Q.). D'autre part, le tuteur doit tenir compte du rendement et de la plus-value espérée, tout en diversifiant, dans la mesure du possible, les placements qu'il fait au nom de son pupille (art. 1340 C.c.Q.)[254]. Tant qu'il respecte les dispositions sur les placements présumés sûrs, le tuteur est présumé agir prudemment (art. 1343 C.c.Q.). Il s'agit d'une présomption simple (art. 2847, al. 2 C.c.Q.)[255]. Des circonstances particulières et prouvées pourraient donc amener à conclure qu'un placement pourtant présumé sûr fut néanmoins imprudent.

On constate que le régime de la simple administration est marqué par les principes de continuité et de sécurité[256].

À ce devoir général d'administration s'ajoute le devoir spécifique du tuteur de prélever sur les biens du mineur les deniers nécessaires pour assurer son entretien et son éducation lorsqu'il y a lieu de suppléer l'obligation alimentaire des père et mère (art. 218 C.c.Q.)[257]. Les tribunaux font preuve d'une certaine souplesse dans l'octroi de

---

252. Pour une analyse des dispositions en la matière, voir L. Beaudoin, « La gestion de portefeuille pour autrui et les dispositions nouvelles du *Code civil du Québec* », (1989) 68 *R. du B. can.* 504 et G. Lauzon, *loc. cit.*, note 239, p. 121-123.
253. A. Frenette, *loc. cit.*, note 234, p. 86.
254. En ce qui concerne les placements dans un *Régime enregistré d'épargne-études*, ces derniers ne peuvent être considérés comme des placements présumés sûrs puisque le souscripteur conserve les sommes lorsque l'enfant ne poursuit pas ses études : P. Desrochers, *loc. cit.*, note 193, p. 113.
255. En ce sens, voir M. Cantin Cumyn et M. Cumyn, *loc. cit.*, note 130, par. 284.
256. Pour une énumération des actes que peut accomplir le tuteur, voir M. Provost, « La minorité, la tutelle et l'émancipation », dans *Droit de la famille québécois*, Les Publications CCH/FM ltée, p. 4,119 à 4,122, nº 51-190 et P. Desrochers, *loc. cit.*, note 193, p. 71 et pour un excellent tableau détaillé des « actes posés par le tuteur seul, avec autorisation, ou interdits », p. 158.
257. *N...L...*c. *Société d'assurance automobile du Québec et Curateur public*, [1995] R.D.F. 687 (C.S.) ; *H.P.* et *Québec (Curateur public)*, 2010 QCCS 2762 (le tribunal définit le terme « suppléer » comme signifiant ajouter ce qui manque pour combler une lacune). Ainsi, on pourra suppléer à l'obligation alimentaire des père et mère en comparant le niveau de vie antérieur de l'enfant mineur à celui qu'il a aujourd'hui, sans le comparer à la moyenne des enfants ; G. Guay, *La tutelle au mineur*, dans Chambre des notaires du Québec, Répertoire de droit/ Nouvelle série, « Procédures non contentieuses », Doctrine – Document 3, Montréal, février 2010, p. 52 et S. Bourassa, « La capacité juridique », dans Collection de droit 2013-2014, Barreau du Québec, vol. 3, *Personnes, famille et successions*, Titre I – Les personnes physiques, Cowansville, Éditions Yvon Blais, 2013.

telles sommes, surtout lorsqu'on est en présence d'un parent démontrant l'insuffisance de ses revenus pour subvenir aux besoins de l'enfant[258].

615 – En tant qu'administrateur des biens du mineur, le tuteur peut ester en justice pour tout ce qui touche à son administration et il peut intervenir dans les actions qui concernent les biens qu'il administre (art. 1316 C.c.Q.). Il plaide alors en son propre nom et en sa qualité de tuteur (art. 59 C.p.c.)[259]. Rappelons que si le mineur a un tuteur aux biens et un tuteur à la personne, c'est ce dernier qui le représente en justice, même si les actions en justice concernent les biens (art. 188, al. 1 C.c.Q.). La règle générale est que le tuteur n'a pas besoin d'une autorisation pour agir en justice lorsqu'il s'agit de questions relatives à son administration[260] ; la loi prévoit cependant des exceptions pour lesquelles une autorisation spécifique est nécessaire.

616 – *Les actes qui nécessitent une autorisation* – Pour les actes les plus importants, le tuteur doit obtenir une autorisation[261]. Ainsi, les règles générales de l'administration du bien d'autrui prévoient

---

258. *Droit de la famille – 502*, [1988] R.D.F. 233 (C.S.) ; *L.P.* c. *N.P.*, [2004] R.D.F. 665, REJB 2004-69270 (C.S.) ; *Québec (Curateur public)* c. *G.B.*, [2006] R.D.F. 198, EYB 2006-100309 (C.Q.). Dans cette dernière affaire, le tribunal permet que soient prélevées des sommes pour assumer les frais de garderie à même le patrimoine du mineur mais exige de la tutrice le remboursement des sommes qui ne s'appuient pas sur des pièces justificatives. Pour un commentaire de cette décision, voir A.-M. Lachapelle, « Commentaire sur la décision *Québec (Curateur public)* c. *G.B.* – application de l'article 218 C.c.Q. », EYB2007REP576, mars 2007 ; M. Piccini Roy, « La liquidation de la succession », dans Collection de droit 2013-2014, Barreau du Québec, vol. 3, *Personnes, famille et successions*, Titre III – Les succession, Cowansville, Éditions Yvon Blais, 2013. Cependant, dans *K.L.* c. *D.J.*, B.E. 2003BE-517 (C.S.), le tribunal rappelle tout de même qu'une dépense du tuteur au bénéfice du mineur n'est pas automatiquement inadmissible dans son compte pour la seule raison qu'elle n'est pas appuyée par une pièce justificative distincte et visant exclusivement cette dépense puisque de nombreuses dépenses courantes sont noyées dans le flot des dépenses communes de la famille. Voir également la jurisprudence citée et la discussion à ce sujet dans P. Desrochers, *loc. cit.*, note 193, p. 98 et s. Rappelons que le tribunal impose toutefois des limites générales à l'administration des dépenses. Le tuteur reste constamment tenu de distinguer son patrimoine de celui de l'enfant mineur. Ainsi, même si un pouvoir discrétionnaire est attribué au tuteur dans sa gestion, il doit l'exercer à l'intérieur des paramètres de la loi : *Chartrand* c. *Auclair*, 2010 QCCQ 6302.

259. Il est cependant tenu de se faire représenter par procureur en vertu de l'article 61 C.p.c. (art. 87 C.p.c.) : *Gesualdi* c. *Curateur public du Québec*, J.E. 97-584, REJB 1997-00001 (T.D.P.Q.).

260. *K.L.* c. *D.J.*, AZ-50157621 (C.S.).

261. Voir l'énumération de ces actes dans M. Provost, « La minorité, la tutelle et l'émancipation », dans *Droit de la famille québécois*, Les Publications CCH/FM ltée, p. 4,119 à 4,122, nº 51-195 et P. Desrochers, *loc. cit.*, note 193, p. 71, 158.

qu'une autorisation est nécessaire pour aliéner un bien à titre onéreux et pour le grever d'une hypothèque. Cette autorisation ne sera donnée qu'à la condition que l'acte soit nécessaire pour payer les dettes, maintenir l'usage du bien ou en conserver la valeur (art. 1305 C.c.Q.). Les règles particulières de la tutelle étendent ces possibilités en ajoutant que l'aliénation ou la sûreté peut également être autorisée si elle est nécessaire pour l'« éducation et l'entretien du mineur » (art. 213, al. 2 C.c.Q.)[262]. Le tribunal ne dispose que d'une faible discrétion en cette matière, étant donné le caractère limitatif de l'alinéa 2 de l'article 213 C.c.Q.[263]. La notion de nécessité apparaît clairement comme le facteur central de cet exercice, en plus de celui de l'intérêt de la personne protégée[264].

Si la valeur du bien ou de la sûreté n'excède pas 25 000 $, l'autorisation doit être donnée par le conseil de tutelle. Dans les autres cas, le tribunal, sur avis du conseil de tutelle, autorise ces actes. Lorsque le tribunal doit autoriser la vente d'un bien du mineur, la demande doit respecter les règles de procédure spécifiques prévues par le *Code de procédure civile*[265]. Elle doit être accompagnée d'une évaluation du bien (art. 898 C.p.c. ; art. 307 C.p.c.), à moins que le juge ou le greffier n'ait accordé une dispense de fournir cette évaluation (art. 904 C.p.c.)[266].

617 – Dans le cadre de la tutelle légale, les parents sont dispensés de requérir les autorisations normalement exigées, lorsque la valeur des biens n'est pas supérieure à 25 000 $ (art. 209 C.c.Q.). Certains auteurs soutiennent cependant que l'autorisation du conseil de tutelle est nécessaire lorsqu'il s'agit d'aliéner l'immeuble du mineur de 25 000 $ ou moins[267]. Dans ces cas les

262. À noter, toutefois, que l'article 218 C.c.Q. oblige le tuteur à prélever sur les biens qu'il administre les sommes nécessaires pour assurer l'entretien ou l'éducation du mineur (lorsqu'il y a lieu de suppléer à l'obligation alimentaire des père et mère) et que cela implique le droit d'entamer le capital de son pupille, sans autorisation, lorsque les revenus sont insuffisants).

263. *R.R. et B.B.-R* et *Curateur public du Québec*, [2005] R.D.F. 315, EYB 2005-87247 (C.S.) ; *M.B.* c. *Québec (Curateur public)*, [2005] R.D.F. 441, EYB 2005-90467 (C.S.).

264. *Dans l'affaire de A., majeur en curatelle, Le curateur public du Québec* et *B.*, EYB 2007-114633 (C.S.).

265. De la procédure de vente du bien d'autrui, art. 897 à 910 C.p.c. (art. 307 et 742 et s. C.p.c.).

266. L'article 214 C.c.Q. prévoit également que le tuteur ne peut aliéner un bien d'une valeur supérieure à 25 000 $, sans l'avoir d'abord fait évaluer par un expert, sauf s'il s'agit de la vente de valeurs boursières dans le respect des dispositions relatives aux placements présumés sûrs : *Lussier* c. *Latulippe (Succession de)*, J.E. 95-698, EYB 1995-72680 (C.S.). Le C.p.c. de 2014 ne prévoit pas de possibilité de dispense d'évaluation.

267. En ce sens, A. Roy, « La vente d'un immeuble du mineur de 25 000 $ ou moins », (1994) 6 *Impact* 2.

parents seraient donc obligés de provoquer la constitution du conseil de tutelle. Au soutien de cette interprétation, on invoque le fait que l'article 209 C.c.Q. ne dispense les parents d'obtenir des autorisations que dans l'administration des biens. Or les parents n'ayant que la simple administration, en vertu de l'article 208 C.c.Q., cette dispense ne pourrait viser la vente de l'immeuble du mineur. Cette interprétation nous semble réductrice de la notion d'administration tutélaire. S'il est vrai que les parents ont la simple administration des biens de leurs enfants mineurs, cette administration ne se limite cependant pas aux articles 1301 et s. C.c.Q. En effet, elle englobe également toutes les dispositions des articles 208 à 221 C.c.Q. qui sont précisément rassemblées dans une section intitulée « De l'administration tutélaire ». Par conséquent, il faut voir dans la dispense accordée aux parents, une règle générale qui touche tous les cas où normalement une autorisation est requise, notamment en matière de vente prévue par l'article 213 C.c.Q. Plusieurs décisions judiciaires vont en ce sens[268]. Non seulement cette interprétation nous paraît plus conforme à l'esprit de la loi qui entend simplifier la charge tutélaire des parents dans les cas où les valeurs impliquées sont de peu d'importance, mais elle semble également conforme au texte lui-même, sans mettre pour autant en danger la protection des intérêts du mineur[269]. Le Code a expressément prévu la possibilité pour tout intéressé (notamment l'acheteur potentiel de l'immeuble) de saisir le tribunal afin que soit ordonnée, malgré tout, la constitution d'un conseil de tutelle aux fins d'une autorisation *ad hoc* lorsque cela est nécessaire[270]. La protection du mineur est donc possible. En ce qui concerne la tutelle légale, le législateur a cependant voulu que la constitution d'un conseil de tutelle ainsi que l'exigence d'une autorisation doivent demeurer des mécanismes d'exception lorsque la valeur des biens n'atteint pas les 25 000 $.

L'autorisation du conseil de tutelle est également requise pour d'autres actes qui peuvent avoir un impact considérable sur le patrimoine du mineur :

- accepter une donation avec charge (art. 211 C.c.Q.) ;
- transiger et poursuivre un appel (art. 212 C.c.Q.) ;
- renoncer à une succession (art. 638 C.c.Q.)[271] ;

268. *O...B...* et *Curateur public*, [1995] R.D.F. 235 (C.S.) ; *P.P. (Succession de)*, J.E. 2007-2308, EYB 2007-125512 (C.S.) ; *contra : Tremblay* c. *Fisch*, 2007 QCCS 6546.
269. Dans le même sens, M. Cantin Cumyn et M. Cumyn, *op. cit.*, note 130, par. 210.
270. *J.G. (Succession de)*, 2011 QCCS 6077.
271. Nous partageons l'opinion de M. Cantin Cumyn et M. Cumyn (*op. cit.*, note 130, par. 226) qui sont d'avis que puisque l'administrateur du bien d'autrui ne peut renoncer à un droit sans contrepartie (art. 1315 C.c.Q.), la renonciation à une succession ne devrait être autorisée que dans les cas où la succession ne représente aucun avantage pour le mineur (dans le cas d'un passif excédentaire, par

- contracter un emprunt important (art. 213 C.c.Q.) ;
- aliéner un bien important à caractère familial (art. 213 C.c.Q.)[272] ;
- provoquer le partage définitif des immeubles d'un mineur indivisaire (art. 213 C.c.Q.) ;
- changer la destination d'un bien qui produit des fruits et revenus (art. 1303 C.c.Q.).

618 – *Les actes interdits au tuteur* – Le devoir de loyauté impose au tuteur un certain nombre de prohibitions. Ainsi, il ne peut renoncer à un droit qui appartient au mineur[273] ou disposer des biens de celui-ci à titre gratuit, sauf s'il s'agit de biens de peu de valeur et que la disposition est faite dans l'intérêt du mineur (art. 1315 et 1813 C.c.Q.). La jurisprudence est divisée sur la nature du test à appliquer pour déterminer la valeur des donations qui peuvent être autorisées. Certains soutiennent que le test pour déterminer le caractère modeste de la donation est objectif et ne peut dépendre du niveau de fortune du mineur[274], alors que d'autres affirment que la modicité est un concept relatif qui s'établit en fonction de l'ensemble du patrimoine[275]. Il est

---

exemple). L'intervention du conseil de tutelle devrait avoir pour objet de vérifier si la renonciation est financièrement justifiée ; *Demers (Succession de)*, J.E. 98-2003, REJB 1998-07987 (C.S.) ; *St-Pierre* c. *Michaud*, 2013 QCCQ 8018. M. Beauchamp se fonde sur l'article 209 C.c.Q. pour soutenir que le conseil de tutelle n'a pas à être consulté si les père ou mère sont tuteurs à leur enfant et que la valeur de la succession est inférieure à 25 000 $: M. Beauchamp, « Procédures devant notaire : c'est le début d'un temps nouveau... », (2002) 2 *C.P. du N.* 65, 84.

272. *M.G.* c. *Québec (Curateur public)*, 2009 QCCS 3096 (pour que le tribunal puisse statuer sur la requête en aliénation de l'immeuble, il y a lieu de nommer un tuteur *ad hoc* et d'obtenir l'autorisation du conseil de tutelle).

273. Le tuteur, par exemple, ne pourrait renoncer à la distribution de dividendes ou renoncer à invoquer la prescription extinctive d'une créance contre le patrimoine du mineur, *Comm.*, p. 789.

274. *R.M.J.* c. *O.C.*, [1997] R.D.F. 75, EYB 1996-85458 (C.S.) ; voir aussi la jurisprudence citée dans P. Desrochers, « Recours contre les acteurs d'un régime de protection », dans Service de la formation continue, Barreau du Québec, *Obligations et recours contre un curateur, tuteur ou mandataire défaillant*, Cowansville, Éditions Yvon Blais, 2008, p. 107, 110-111 ; M. Piccini Roy, « Les conditions de validité », dans Collection de droit 2013-2014, Barreau du Québec, vol. 3, *Personnes, famille et successions*, Titre IV – Les donations, Cowansville, Éditions Yvon Blais, 2013.

275. *(Re) Curatelle de Robillard Charette*, [1983] C.A. 4 ; *Sasseville* et *J.-M. G.*, [2005] R.D.F. 882 (C.S.). Dans cette dernière affaire, la Cour suggère quelques règles de base, notamment que les donations ne devraient pas entamer le capital, et que le total annuel de toutes les donations ne devrait en aucun cas excéder le tiers des revenus nets annuels (après dépenses de la tutelle et rémunération du tuteur.

également interdit au tuteur de se porter partie à un contrat qui touche les biens qu'il administre ou d'acquérir des biens de son pupille autrement que par succession[276]. Cette interdiction n'est pas absolue, puisque le conseil de tutelle pourrait l'y autoriser[277]. Le conseil doit alors évaluer si cette acquisition par le tuteur va également dans le sens de l'intérêt du mineur. Ce pourrait être le cas, par exemple, si le prix que propose le tuteur est supérieur à la valeur marchande et au prix offert par les tiers acquéreurs potentiels.

§5 – La sanction des abus de pouvoir du tuteur

619 – Le tuteur est responsable de sa gestion et il doit en rendre compte[278]. Tout manquement à ses obligations peut être qualifié d'abus de pouvoir[279]. Ces abus peuvent être sanctionnés soit par la destitution, dans les cas les plus graves, soit par l'annulation ou la réduction des obligations qui découlent d'un acte irrégulier[280], soit encore par la condamnation à des dommages et intérêts[281]. L'administration du tuteur échappe donc au contrôle par les tiers de l'opportunité des décisions prises. En d'autres mots, si un tuteur exerce mal ses fonctions, la sanction réside dans la destitution et non pas dans la remise en question des actes d'administration. C'est une

---

276. *Québec (Curateur public)* c. *R.H.*, J.E. 2003-368 (C.S.) ; *Dubé* c. *Dubé et Noël*, REJB 2003-40874 (C.S.).
277. *J.G. (Succession de)*, 2011 QCCS 6077 (dans cette affaire, la conseil de tutelle autorise le tuteur à se porter acquéreur d'un bien qu'il administre. En l'espèce, il n'a pas été nécessaire de nommer un tuteur *ad hoc* puisque les règles de l'administration des biens d'autrui ne le prévoient pas expressément et que les intérêts du tuteur ne sont pas en conflit avec ceux du mineur) ; M. Piccini Roy, « La liquidation de la succession », dans Collection de droit 2013-2014, Barreau du Québec, vol. 3, *Personnes, famille et successions*, Titre III – Les successions, Cowansville, Éditions Yvon Blais, 2013.
278. Rappelons qu'en cas de pluralité de tuteurs aux biens, chacun est responsable de la gestion des biens qui lui sont confiés, art. 188, al. 2 C.c.Q. ; *Québec (Curateur public)* c. *D.G.*, 2010 QCCQ 4151.
279. G. Brière, « L'abus de pouvoir des représentants légaux dans le droit familial du Québec », (1978) 19 *C. de D.* 117.
280. Voir *supra*, « La sanction des actes posés par ou pour le mineur » ; voir aussi M. Cantin Cumyn et M. Cumyn, *op. cit.*, note 130, par. 341 et s.
281. *Quebec (Public Curator)* c. *S.A.S.*, J.E. 2006-1838, EYB 2006-109278 (C.S.). Pour un exemple éloquent de non-respect des devoirs du tuteur, voir *T.J.Te.K.A.* c. *Québec (Curateur public) et al.*, [2005] R.J.Q. 1108 (C.S.) (en l'espèce, il s'agissait davantage de mauvaise foi et d'abus de droit que de négligence et d'imprudence) ; *Québec (Curateur public)* c. *D.G.*, 2010 QCCQ 4151.Voir également l'abondante jurisprudence en matière de récupérations de sommes dues par des représentants, dans P. Desrochers, « Recours contre les acteurs d'un régime de protection », dans Service de la formation continue, Barreau du Québec, *Obligations et recours contre un curateur, tuteur ou mandataire défaillant*, Cowansville, Éditions Yvon Blais, 2008, p. 107, 142.

condition de la bonne marche de la tutelle. Certains avancent qu'il conviendrait de faire une distinction, lorsqu'il s'agit d'une tutelle dative, entre d'une part le représentant nommé à la suite d'un « consensus familial » sur la personne à nommer et, d'autre part, le représentant imposé par le tribunal[282]. Une telle solution ne nous semble pas respecter l'économie générale de l'administration pour autrui et elle obligerait, au surplus, à aménager deux régimes de sanction, selon le processus de nomination, au détriment de la protection des tiers. Une fois le représentant nommé, les règles de l'administration nous semblent devoir être uniformes, au nom de la sécurité juridique.

Le curateur public peut également être tenu responsable civilement en cas de manquement à son devoir de surveillance. Ainsi, son défaut d'agir contre un tuteur alors qu'il aurait dû le faire à maintes reprises le rend passible de dommages et intérêts[283]. En cas de faute commune des tuteurs, vérificateurs et curateur public dans l'administration du patrimoine, ces derniers peuvent être condamnés solidairement aux dommages[284]. À cet égard, il faut noter que le tuteur peut souscrire une assurance garantissant l'exécution de ses obligations. S'il assume sa charge gratuitement, les frais de l'assurance sont assumés par le patrimoine du mineur. Dans le cas contraire, le tuteur doit lui-même assumer le coût de son assurance responsabilité (art. 1331 C.c.Q.).

En ce qui concerne les recours à l'égard du tuteur, la prescription ne court pas contre le mineur. Le délai ne commence à courir qu'à la majorité du pupille (art. 2905 C.c.Q.)[285]. La majorité est fixée selon les lois du pays où réside le pupille au moment de l'institution de l'action[286].

---

282. F. Dupin, « Contester une décision d'un tuteur, curateur ou mandataire dans l'exercice de sa charge », dans Service de la formation continue, Barreau du Québec, *Obligations et recours contre un curateur, tuteur ou mandataire défaillant*, Cowansville, Éditions Yvon Blais, 2008, p. 85, 90.
283. P. Desrochers, « Le Curateur public et sa politique sur la tutelle privée des biens du mineur », (2011) 2 *C.P. du N.* 335, 348, 354-355 et *T.J.Te.K.A.* c. *Québec (Curateur public) et al.*, [2005] R.J.Q. 1108, EYB 2005-88783 (C.S.).
284. *Ibid.* Sur la responsabilité solidaire du curateur public et du conseil de tutelle, voir C. Dallaire, *loc. cit.*, note 64, p. 217. *J.G.* c. *Québec (Curateur public)*, 2010 QCCS 3978 ; *M.B.* c. *Tremblay*, 2009 QCCS 2150.
285. Pour des cas d'application, voir *Larouche* c. *Larouche et al.*, REJB 2000-16317 (C.S.) ; *Québec (Curateur public)* c. *D.G.*, 2010 QCCQ 4151 ; *Gallup* c. *Bourner*, 2012 QCCS 377 ; *K.P.* c. *F.S.*, 2012 QCCQ 2091.
286. *J.G.* c. *Québec (Curateur public)*, [2004] R.R.A. 242, REJB 2004-53204 (C.S.), décision infirmée sur un autre point de droit à B.E. 2004BE-459 (C.A.) ; *J.G.* c. *Québec (Curateur public)*, 2010 QCCS 3978, appel rejeté.

620 – *Les limites de la responsabilité du tuteur à l'égard du mineur* – Le tuteur est passible de dommages et intérêts à l'égard du mineur en cas de non-respect des devoirs qu'implique sa charge. Le tuteur doit répondre de ses fautes caractérisées, comme de sa négligence et de son imprudence[287]. Ainsi, pour prendre un exemple parmi bien d'autres, il sera responsable de ne pas avoir envoyé l'avis d'augmentation de loyer aux locataires d'un immeuble appartenant au mineur. De plus, la loi prévoit des cas spécifiques de responsabilité, notamment lorsque le tuteur ne respecte pas les règles concernant les placements présumés sûrs. Dans un tel cas, il sera responsable des pertes qui en résultent, sans autre preuve de faute (art. 1343, al. 2 C.c.Q.).

La loi édicte toutefois certaines limites à la responsabilité du tuteur. En premier lieu, le tuteur « ne répond pas de la perte du bien qui résulte d'une force majeure, de la vétusté du bien, de son dépérissement ou de l'usage normal et autorisé du bien » (art. 1308, al. 2 C.c.Q.). Il s'agit là d'un cas d'application du droit commun[288]. De plus, le tribunal pourrait décider de restreindre l'étendue de la responsabilité du tuteur, en tenant compte des circonstances particulières dans lesquelles la charge tutélaire est assumée, notamment la gratuité de la charge[289]. On constate que, tout comme en matière de responsabilité du tuteur du fait du mineur (art. 1460, al. 2), les abus de pouvoir du tuteur peuvent être sanctionnés différemment selon que la charge est gratuite ou rémunérée.

621 – *La responsabilité du tuteur à l'égard des tiers* – Tant qu'il agit dans les limites de ses pouvoirs, le tuteur n'encourt aucune responsabilité envers les tiers. Par contre, il est responsable s'il agit en son propre nom plutôt qu'en sa qualité de tuteur (art. 1319 C.c.Q.). De même, s'il agit en dehors des limites de ses pouvoirs, il est tenu personnellement à l'égard des tiers (art. 1320 C.c.Q.), alors que le mineur n'est, dans ce cas, tenu qu'à concurrence des avantages qu'il a retirés de l'acte (art. 1322 C.c.Q.) et sans préjudice de son droit de réclamer éventuellement réparation à son tuteur.

---

287. G. Brière, *loc. cit.*, note 279, p. 125 ; *Québec (Curateur public)* c. *D.C.*, 2009 QCCS 4357.
288. Voir les articles 1470, 2289 et 2322 C.c.Q.
289. Art. 1318 C.c.Q. Voir également *Quebec (Public Curator)* c. *S.A.S.*, J.E. 2006-1838, EYB 2006-109278 (C.S.), où la culture et le mode de vie de la défenderesse autochtone sont pris en considération pour établir le caractère raisonnable de certaines dépenses.

Section IV

Le conseil de tutelle

622 – *Le principe* – En plus des formalités qui s'imposent au tuteur et que la loi qualifie de « mesures de surveillance de la tutelle » (l'inventaire, les comptes, la sûreté), il existe un autre mécanisme de contrôle : le conseil de tutelle. Il s'agit d'une institution créée par le *Code civil du Québec* de 1991. Ce conseil remplace les mécanismes anciens du subrogé-tuteur[290] et du conseil de famille qui faisaient l'objet de critiques en raison de leur lourdeur et de leur inefficacité[291].

§1 – Le rôle du conseil de tutelle

623 – Le conseil de tutelle assume une triple mission dont le principal volet est de surveiller le tuteur (A). Il doit aussi rendre des avis et donner des autorisations (B). Dans certains cas, le conseil de tutelle joue un rôle très actif puisqu'il agit à la place et au nom du mineur bénéficiaire (C)[292].

A. La surveillance du tuteur

624 – *Le conseil de tutelle surveille le tuteur* – La mission essentielle du conseil de tutelle est de surveiller le tuteur (art. 222 C.c.Q.)[293]. Ce rôle de chien de garde s'exerce tant et aussi longtemps que dure la tutelle. Par conséquent, le conseil de tutelle est une institution *permanente*[294]. Ce contrôle ne s'effectue pas en cachette ou à l'insu du

---

290. Le droit transitoire prévoit que les subrogés-tuteurs deviennent des conseils de tutelle formés d'une seule personne (la *Loi sur l'application de la réforme du Code civil*, L.Q. 1992, c. 57, art. 27). Pour une comparaison entre les subrogés-tuteurs et le conseil de tutelle, voir P. Desrochers, *loc. cit.*, note 193, p. 114-121.

291. Voir, entre autres, B. Gagnon, « La tutelle et la curatelle assurent-elles une protection efficace pour le patrimoine d'un incapable ? », (1969) 29 *R. du B.* 601, 603. Cet auteur constate qu'en pratique, la nomination du subrogé-tuteur est devenue une simple formalité plutôt qu'un mécanisme de contrôle réel.

292. R. Bourgault, « Chronique – Les paramètres de l'administration relative aux régimes de protection des majeurs : quand la sollicitude épouse la transparence », (2003) 11 *Repères* 2-10, janvier 2003 et P. Desrochers, *loc. cit.*, note 193, p. 125-129.

293. Le devoir de surveillance devrait être mis en œuvre dès la réception, par le conseil, de l'avis envoyé par le greffier sous l'article 216 C.c.Q. : C. Dallaire, *loc. cit.*, note 64, p. 225.

294. Contrairement à l'ancien conseil de famille qui était une institution à vocation temporaire puisqu'il n'était constitué qu'en vue de la nomination du tuteur et pour certaines missions ponctuelles.

tuteur. Au contraire, il s'exerce en collaboration avec le tuteur qui doit être invité aux séances du conseil pour y donner son avis. Le conseil peut également, mais ce n'est pas une obligation, inviter le mineur à ses réunions (art. 230 C.c.Q.).

La mission de contrôle du conseil de tutelle s'exprime à travers une série d'obligations prévues par la loi. Ainsi, le conseil doit :

- faire nommer un tuteur *ad hoc* lorsque le mineur a des intérêts à discuter en justice avec son tuteur (art. 235 C.c.Q.) ;
- s'assurer que le tuteur procède à l'inventaire des biens du mineur (art. 236 C.c.Q.) ;
- s'assurer que le tuteur fournit et maintient la sûreté imposée par la loi (art. 236 C.c.Q.) ;
- recevoir et examiner les comptes annuels (art. 236 C.c.Q.) ;
- recevoir et examiner le compte définitif de tutelle (art. 247 C.c.Q.) ;
- conserver les archives de la tutelle (art. 239 C.c.Q.) ;
- demander le remplacement du tuteur qui ne peut exercer sa charge ou qui ne respecte pas ses obligations (art. 251 C.c.Q.). En dehors des cas d'urgence, un membre du conseil ne peut demander seul la destitution du tuteur ; cette prérogative appartient au conseil lui-même[295] ;
- aviser sans délai le tuteur et le mineur de 14 ans et plus, du nom et de l'adresse de ses membres et du secrétaire du conseil ; aviser ces mêmes personnes de tout changement à cet égard (art. 875 C.p.c.[296]).

De plus, en cas de jugement relatif aux intérêts patrimoniaux du mineur ou en cas de transaction qui implique le tuteur en cette qualité, le greffier du tribunal doit en donner avis au conseil de tutelle (art. 216 C.c.Q.). Le greffier doit envoyer un avis au curateur public dont la mission est également de contrôler les tutelles.

---

295. *L.* c. *La. L.*, [2002] R.D.F. 174 (C.S.).

296. La *Loi instituant le nouveau Code de procédure civile*, L.Q. 2014, c. 1, prévoit en son article 784 que cette règle est désormais reprise dans l'article 234 *in fine* C.c.Q.

B. Les avis et les autorisations

625 – *Le conseil participe à l'administration tutélaire par ses avis et ses autorisations* – Le conseil de tutelle est plus qu'un simple organe de contrôle de la tutelle. Dans certains cas, la loi lui reconnaît un véritable pouvoir d'intervention dans l'administration même de la charge tutélaire[297]. La plupart du temps, cette participation prend la forme d'un simple avis, facultatif ou obligatoire. Ainsi, le tribunal « peut » prendre l'avis du conseil lorsqu'il s'agit de trancher un différend entre les parents concernant l'exercice de la tutelle légale (art. 196, al. 2 C.c.Q.). Par contre, il « doit » prendre l'avis du conseil avant de nommer un tuteur, incluant le tuteur *ad hoc* (art. 205, al. 2 C.c.Q.)[298], ou de fixer les sommes d'argent dont le mineur peut conserver lui-même la gestion (art. 220, al. 2 C.c.Q.). Nous avons vu plus haut que le tribunal est également tenu de prendre l'avis du conseil de tutelle chaque fois qu'il est appelé à statuer sur une demande d'autorisation relative à des soins, à l'aliénation d'une partie du corps ou à une expérimentation (art. 23 C.c.Q.).

Dans d'autres cas, le conseil de tutelle doit donner son autorisation pour l'accomplissement de certains actes : transiger, poursuivre un appel (art. 212 C.c.Q.)[299], contracter un emprunt important, grever un bien d'une sûreté, aliéner un bien important à caractère familial, aliéner un immeuble ou une entreprise, provoquer le partage définitif des immeubles d'un mineur indivisaire (art. 213 C.c.Q.).

---

297. Sur le conseil de tutelle, voir M. Beauchamp, « Chronique. Du conseil de famille à l'assemblée de parents, d'alliés ou d'amis et du conseil de tutelle », (2002) *Repères*, novembre 2002, EYB2002REP70 et « Chronique. Du conseil de famille à l'assemblée de parents, d'alliés ou d'amis et du conseil de tutelle (deuxième partie) », (2003) *Repères*, mai 2003, EYB2003REP.
298. Dans *Brault* c. *Billots Sélect Mégantic inc.*, REJB 1997-02767 (C.S.), le tribunal estime que les défendeurs dans une action en responsabilité intentée par des parents ne peuvent exiger que l'enfant poursuive personnellement ses parents qu'après avoir obtenu un avis favorable du conseil de tutelle. Le jugement est flou sur cette question, mais on peut penser qu'il se fonde sur l'article 205 C.c.Q. puisqu'une telle poursuite ne serait possible que si l'enfant est représenté par un tuteur *ad hoc*, ce qui implique effectivement l'avis du conseil de tutelle.
299. *J.G. (Succession de)*, 2011 QCCS 6077. Cette autorisation n'est cependant pas nécessaire pour le tuteur légal qui désire transiger lorsque le montant de la transaction n'est pas supérieur à 25 000 $ (art. 209 C.c.Q.) : *O...B...* et *Curateur public*, [1995] R.D.F. 235 (C.S.). Dans le même sens, voir *P.P. (Succession de)*, J.E. 2007-2308, EYB 2007-125512 (C.S.), où le tribunal estime que l'article 209 C.c.Q. vise tous les cas où une autorisation est requise. *Contra : Tremblay* c. *Fisch*, 2007 QCCS 6546 (C.S.), où le tribunal se dit d'avis que l'article 212 C.c.Q. impose de prendre l'avis du conseil de tutelle dans tous les cas et où le juge estime que l'article 209 C.c.Q. n'introduit pas un régime d'exception en matière de transaction.

Dans tous les cas prévus par cette disposition, l'autorisation du conseil de tutelle est requise. Mais si la valeur du bien concerné est supérieure à 25 000 $, c'est le tribunal qui doit donner l'autorisation, après avoir pris l'avis du conseil de tutelle[300].

C. L'intervention directe du conseil de tutelle

626 – *Dans certains cas, le conseil agit lui-même, au nom du mineur* – Les règles de l'administration du bien d'autrui prévoient que le bénéficiaire de cette administration doit ou peut, dans certains cas, donner un consentement, recevoir des avis ou être consulté. Par exemple, l'administrateur doit rendre compte annuellement au bénéficiaire (art. 1351 C.c.Q.) et dénoncer à ce dernier tout intérêt qu'il a dans une entreprise et qui est susceptible de le placer en situation de conflit d'intérêts (art. 1311 C.c.Q.). Lorsque le bénéficiaire est un mineur, le conseil de tutelle agit dans tous ces cas au nom de celui-ci (art. 233, al. 2 C.c.Q.). En d'autres mots, au chapitre de l'administration des biens d'autrui[301], lorsqu'il s'agit de l'administration des biens d'un mineur par le tuteur, les droits et les pouvoirs accordés au mineur sont exercés par le conseil de tutelle.

§2 – La constitution du conseil de tutelle

A. Principes généraux

627 – *Dans quels cas doit-il y avoir constitution d'un conseil de tutelle ?* – La constitution d'un conseil de tutelle est la règle, que la tutelle soit dative ou légale[302]. Deux exceptions sont prévues à ce principe. La première concerne la tutelle légale des père et mère. Dans ce cas, la constitution d'un conseil de tutelle n'est requise que si les père et mère sont tenus de faire un inventaire, de fournir une sûreté et de rendre un compte annuel de gestion (art. 223 C.c.Q.), c'est-à-dire dans les cas où le patrimoine du mineur est supérieur à 25 000 $ (art. 209 C.c.Q.)[303].

---

300. La valeur de 25 000 $ réfère à la part du mineur dans le bien (en ce sens, A. Roy, *loc. cit.*, note 88, p. 42-43).
301. Art. 1299-1370 C.c.Q ; *J.G. (Succession de)*, 2011 QCCS 6077.
302. Sur la constitution du conseil de tutelle, voir P. Desrochers, *loc. cit.*, note 193, p. 121-125.
303. On peut ajouter que, dans de rares cas de patrimoine inférieur à 25 000 $, les parents seront néanmoins tenus de se soumettre à ces formalités de contrôle, si le tribunal l'ordonne. Il faudra alors procéder à la constitution d'un conseil de tutelle en vertu de l'article 223 C.c.Q.

La deuxième exception concerne la tutelle exercée par le curateur public, le directeur de la protection de la jeunesse ou la personne qu'il recommande (art. 223, al. 2 C.c.Q.). Dans ce cas, le législateur a estimé que la surveillance du conseil de tutelle est inutile et que cette absence de contrôle ne diminue pas notablement la protection du mineur[304]. Ces organismes publics sont, de toute façon, soumis à d'autres mécanismes de contrôle[305]. Il en va autrement, cependant, de la personne recommandée par le directeur de la protection de la jeunesse, puisque sa nomination comme tuteur met fin à l'implication du directeur et que le tuteur se retrouve donc sans mécanisme de surveillance.

628 – *Composition du conseil de tutelle* – En règle générale, le conseil de tutelle est formé de trois personnes (art. 222 C.c.Q.). Ce nombre permet, d'une part, la concertation et, d'autre part, la prise de décision selon la règle de la majorité (art. 234 C.c.Q.). On évite ainsi de devoir faire appel au tribunal pour agir comme arbitre en cas de mésentente.

Dans la mesure du possible, le conseil doit respecter la représentation des lignes paternelle et maternelle (art. 228 C.c.Q.). Le tuteur ne peut évidemment pas faire partie du conseil de tutelle, dont le rôle est précisément de le contrôler. Afin de préserver la continuité du conseil, deux membres suppléants sont également désignés, parmi lesquels le conseil désigne le remplaçant en cas de vacance. À défaut de suppléants, le conseil doit choisir un parent ou un allié de la même ligne que le membre à remplacer. Ce n'est qu'en l'absence d'une telle personne que le conseil peut choisir une personne de l'autre ligne ou, en dernier ressort, un ami (art. 229 C.c.Q.). Cette règle est une autre illustration de l'importance qu'attache le législateur à l'engagement de la famille immédiate ainsi qu'au maintien d'un équilibre constant entre les deux lignes parentales. L'assemblée procède également à la nomination d'un secrétaire du conseil, dont le rôle est la rédaction et la conservation des procès-verbaux des délibérations du conseil

---

304. *Comm.*, p. 154.
305. En ce sens, M. Ouellette, *loc. cit.*, note 59, p. 114. Le curateur public est soumis au contrôle du comité de vérification mis en place par la *Loi modifiant la Loi sur le curateur public et d'autres dispositions législatives relativement aux biens soumis à l'administration provisoire du curateur public*, L.Q. 1997, c. 80. Le directeur de la protection de la jeunesse, quant à lui, est soumis notamment au contrôle de la Commission des droits de la personne et des droits de la jeunesse, en vertu de la *Loi sur la protection de la jeunesse*, RLRQ, c. P-34.1, art. 23 et s (cas d'application : *Protection de la jeunesse – 133147*, 2013 QCCQ 8147).

de tutelle. Le secrétaire peut être un membre ou non du conseil. L'assemblée peut prévoir une rémunération pour le secrétaire et en fixe alors le montant (art. 228, al. 2 C.c.Q.).

629 – *Le conseil de tutelle à membre unique* – La règle normale est que le conseil de tutelle est formé de trois membres. Exceptionnellement, le tribunal peut, sur demande ou d'office (art. 231 C.c.Q.), décider que le conseil ne sera formé que d'une seule personne. Le tribunal dispose ici d'une large discrétion. Il peut réduire le nombre de membres du futur conseil dans tous les cas où il estime que la constitution d'un conseil à trois membres est inopportune, en raison du fait que les membres de la famille sont trop éloignés ou indifférents ou empêchés. Le tribunal peut également prendre cette décision « en raison de la situation personnelle ou familiale du mineur »[306]. Le tribunal peut donc exceptionnellement permettre la constitution d'un conseil à membre unique[307]. La loi ne permet cependant pas la constitution d'un conseil à deux membres, car cela bloquerait le fonctionnement du conseil chaque fois que ses membres n'arrivent pas à un consensus[308].

630 – La loi ne définit pas les critères qui permettent de conclure que la situation personnelle ou familiale du mineur milite en faveur de la composition d'un conseil de tutelle à membre unique. Il faut sans doute voir dans ce texte le souci du législateur d'éviter de mettre le mineur au centre d'une situation familiale conflictuelle. Les tribunaux ne devraient pas recourir à cette solution chaque fois que la situation du mineur représente la moindre difficulté ou chaque fois qu'il semble compliqué de réunir trois membres de la famille. Ce serait là nier le principe fondamental en matière de constitution des conseils de tutelle, soit la concertation familiale dans le contrôle de la tutelle.

631 – La personne désignée comme membre unique du conseil de tutelle ne doit pas nécessairement être membre de la famille du mineur. Il suffit qu'elle « démontre un intérêt particulier » à son égard. À défaut d'une telle personne et donc, en tout dernier res-

---

306. Voir *N.M.* c. *G.Gh. M.*, J.E. 2004-1334, REJB 2004-66822 (C.S.), où la Cour nomme le curateur public comme membre unique du conseil de tutelle, étant donné le risque important que le tuteur se place en situation de conflit d'intérêts avec la majeure protégée.
307. Le caractère exceptionnel d'un conseil à membre unique est régulièrement rappelé par la jurisprudence : *N.K.* c. *O.K.*, 2013 QCCS 4582 ; *S.D.* et *X*, 2011 QCCS 5228 ; *Curateur public* c. *A. et B.*, EYB 2007-119747 (C.S.).
308. *Contra* : *Drainville* c. *Lamothe*, C.S. (Joliette), nº 705-14-000430-939, 19 janvier 1994, cité dans A. Roy, « Des principaux changements apportés à la tutelle au mineur par le nouveau *Code civil du Québec* », (1994) *Repères* 262, 267.

sort[309], le tribunal peut désigner le directeur de la protection de la jeunesse ou le curateur public[310].

632 – Lorsque les parents, tuteurs légaux de leur enfant, sont tenus de faire procéder à la constitution d'un conseil de tutelle, la loi leur donne le choix quant à la composition de ce conseil : soit ils procèdent par la voie normale afin de faire constituer un conseil de trois membres, soit ils demandent au tribunal de constituer un conseil d'une seule personne désignée par le tribunal (art. 225 C.c.Q.)[311]. Dans ce dernier cas, l'article 231 C.c.Q. ne trouve donc pas application et, par conséquent, le tribunal ne doit pas vérifier les motifs particuliers qui y sont énumérés. Cette interprétation, confirmée par la jurisprudence[312], semble s'imposer, sans quoi il faudrait conclure que l'article 225, al. 2 C.c.Q. est inutile. En effet, si les parents ne peuvent proposer la constitution d'un conseil unique qu'à la condition qu'ils puissent faire état d'une des situations prévues par l'article 231 C.c.Q., il s'agit alors tout simplement du principe général selon lequel toute personne intéressée peut provoquer la constitution du conseil de tutelle et demander au tribunal d'en réduire la composition à un membre unique dans le respect de l'article 231 C.c.Q. L'article 225 C.c.Q., quant à lui, semble donc donner aux parents un pouvoir particulier en leur laissant le choix du mode de composition du conseil de tutelle. L'expression « les père et mère » de cette disposition ne devrait pas faire obstacle au droit de désigner un conseil à membre unique lorsqu'il n'y a qu'un seul parent tuteur, en cas de décès de l'autre par exemple. Cette disposition est, en effet, justifiée par le lien tout à fait particulier qui unit enfant et parent. La jurisprudence de la Cour supérieure est cependant contradictoire sur cette question du droit d'un parent seul de demander la constitution d'un conseil de tutelle à membre unique[313]. Pour-

---

309. Les commentaires indiquent que cette règle respecte l'objectif de limiter les interventions de l'État dans les affaires de famille (*Comm.*, p. 159).
310. Voir par exemple *N.M.* c. *G.Gh. M.*, J.E. 2004-1334, REJB 2004-66822 (C.S.), où la Cour nomme le curateur public comme membre unique du conseil de tutelle ; au même effet, dans un cas de tutelle au majeur : *Québec (Curateur public)* c. *A. et al.*, EYB 2006-113155 (C.S.), où le tribunal constate que les proches de la personne protégée ne semblent pas démontrer d'intérêt particulier à son égard.
311. *Dans l'affaire de T. (P.)*, REJB 1999-13611 (C.S.).
312. *C.C.* c. *Québec (Curateur public)*, [2002] R.J.Q. 129, REJB 2001-26916 (C.S.) ; *contra : S.D.* et *X*, 2011 QCCS 5228 (dans cette décision, le greffier estime que l'application des conditions de l'article 231 C.c.Q. sont le gage de la préservation de l'intérêt de l'enfant ; avec respect pour l'opinion contraire, nous soutenons que la discrétion judiciaire exercée dans le cadre de l'article 225 C.c.Q. implique qu'il faut également tenir compte de l'intérêt de l'enfant. En d'autres mots, notre interprétation de l'article 225 C.c.Q. n'exclut d'aucune façon le critère de l'intérêt de l'enfant.
313. *Dans l'affaire de T. (P.)*, REJB 1999-13611 (C.S.) ; *L. (S.)* c. *Québec (Curateur public)*, REJB 2004-65839 (C.S.) ; *X* et *Y (Re)*, J.E. 2007-2001, EYB 2007-125575 (C.S.). Par contre, dans *C.C.* c. *Québec (Curateur public)*, [2002] R.J.Q. 129, REJB 2001-26916 (C.S.), le juge refuse cette possibilité, faisant de l'article 225, al. 2 C.c.Q. une lecture limitant ce droit aux deux parents collégialement (voir aussi *X. (Re)*, J.E. 2007-2048, EYB 2007-125086 (C.S.)). Nous ne partageons pas cette interprétation qui semble faire fi de l'objectif de cette disposition et qui oublie que dans bien d'autres articles concernant la tutelle, le Code utilise

tant, « le décès, l'inaptitude ou l'absence d'un parent ne saurait légitimement faire naître un sentiment de suspicion à l'égard du parent restant et, incidemment, altérer la retenue ou la déférence législative à l'égard de l'unité familiale »[314].

B. Caractères de la charge au conseil de tutelle

633 – *Une charge personnelle* – Tout comme pour la tutelle, la charge de membre du conseil de tutelle est *personnelle* (art. 232 C.c.Q.). On peut donc faire ici les mêmes remarques qu'en matière de tutelle, en ce sens que cette charge *intuitu personæ* ne passe pas, en cas de décès, aux héritiers. Par contre, contrairement aux héritiers du tuteur, les héritiers du membre du conseil de tutelle ne sont pas tenus de continuer les fonctions jusqu'à la nomination du remplaçant. La procédure de remplacement est d'ailleurs informelle et très rapide, puisque ce sont les membres du conseil qui désignent eux-mêmes le remplaçant. Il ne devrait donc pas y avoir de période de vacance et donc d'incertitude.

634 – *Une charge gratuite* – Contrairement à la charge tutélaire, la charge au conseil de tutelle est toujours gratuite. Ce principe ne souffre aucune exception, sauf celle où un membre du conseil agirait également comme secrétaire, auquel cas l'assemblée peut avoir accordé et fixé une rémunération (art. 228, al. 2 C.c.Q.). Et en réalité il ne s'agit pas d'une exception puisque c'est alors à titre de secrétaire et non de membre du conseil, que cette personne recevrait sa rémunération. Le tribunal ne pourrait donc pas autoriser une forme de rémunération. La loi considère que la mission de simple contrôle de la tutelle n'est jamais suffisamment importante pour justifier un salaire. En effet, cette charge consiste, contrairement à la tutelle, en une série d'interventions ponctuelles dans la surveillance de la tutelle et non en une tâche de tous les instants[315].

---

l'expression « père et mère » alors qu'il est clair que le parent seul est également visé (c'est notamment le cas de l'article 209 C.c.Q. qui prévoit que les père et mère sont dispensés de se soumettre aux formalités de contrôle dès lors que le patrimoine du mineur n'est pas supérieur à 25 000 $; cette disposition s'applique évidemment aussi dans les cas de monoparentalité). G. Guay, *La tutelle au mineur*, dans Chambre des notaires du Québec, Répertoire de droit/Nouvelle série, « Procédures non contentieuses », Doctrines – Document 3, février 2010.

314. A. Roy, « Chronique de jurisprudence : tutelle au mineur ; quand les mots sont sources de maux », (2002) *R. du N.* 104. À ce sujet, voir également les propos de M. Beauchamp dans « Procédures devant notaire : c'est le début d'un temps nouveau... », (2002) 2 *C.P. du N.* 65, 83-84.

315. Les commentaires officiels soulignent à cet égard que « cette charge n'exige pas une disponibilité continue, comme celle de tuteur » (*Comm.*, p. 160).

635 – *Une charge facultative* – Pour des raisons identiques à celles qui prévalent en matière de tutelle, la charge au conseil est facultative (art. 232 C.c.Q.). Le tribunal peut également accepter la démission d'un membre à condition qu'elle ne soit pas faite à contretemps. Seuls le directeur de la protection de la jeunesse et le curateur public peuvent être obligés d'accepter la charge et ils n'ont aucune possibilité de démission.

C. Procédure

636 – Les questions de procédure relatives au conseil de tutelle se retrouvent dans le Code civil et au chapitre VI du Livre VI du *Code de procédure civile*. Dans le *Code de procédure civile* de 2014, ces questions se retrouvent au Livre III sur la procédure non contentieuse, ainsi qu'au Livre V sur les règles applicables à certaines matières civiles, plus particulièrement au chapitre III sur les demandes relatives à l'état et à la capacité des personnes. Nous renvoyons donc le lecteur à l'exposé *supra* sur les questions de procédure relatives à la nomination du tuteur.

1) L'initiative des procédures

637 – *Provoquer la constitution du conseil de tutelle est un droit et, pour certains, une obligation* – Toute personne intéressée peut provoquer la constitution du conseil de tutelle. Il ne s'agit pas d'une obligation, mais d'un droit qui appartient à toute personne intéressée que ce soit une personne engagée auprès du mineur ou, par exemple, un éventuel créancier de ce dernier. Le tribunal peut également provoquer d'office la constitution du conseil (art. 224 C.c.Q.).

Par contre, certaines personnes ont l'obligation de provoquer la constitution du conseil de tutelle. Il s'agit, d'une part, des père et mère lorsqu'ils sont dans la situation décrite par l'article 223 C.c.Q. et, d'autre part, du tuteur désigné par les parents dans un testament, une déclaration au curateur public ou un mandat de protection (art. 225 C.c.Q.).

La demande relative à la constitution ou à la composition du conseil de tutelle peut, au choix du demandeur, être présentée au juge, au greffier ou à un notaire. Le traitement de la demande est soumis aux mêmes règles de procédure que celles qui prévalent en matière de tutelle, en faisant les adaptations terminologiques nécessaires (art. 863.4 C.p.c. et s.). Dans le *Code de procédure civile* de 2014, le greffier n'a pas compétence en cette matière qui est réservée au tribunal, au greffier spécial et au notaire (art. 73 ct 312 C.p.c.).

Par contre, les demandes qui visent à faire réviser une décision du conseil de tutelle doivent nécessairement être adressées au tribunal. Cette règle est conforme au principe selon lequel, en matières non contentieuses, les questions controversées échappent à la compétence du greffier ou du notaire. Dans ces cas, il s'agit du tribunal du domicile ou de la résidence du mineur (art. 872 C.p.c. ; art. 44, 71 et 73 C.p.c.).

2) L'assemblée des parents, d'alliés ou d'amis

638 – *La convocation de l'assemblée des parents, d'alliés ou d'amis* – La personne qui veut provoquer la constitution du conseil de tutelle doit demander, soit à un notaire, soit au greffier du tribunal, de convoquer l'assemblée des parents, d'alliés ou d'amis (art. 224 C.c.Q.). Cette assemblée désignera par la suite les trois membres du conseil, les deux suppléants et le secrétaire[316]. L'assemblée a la prérogative de décider si le secrétaire recevra une rémunération et de fixer celle-ci[317].

La convocation de l'assemblée est faite par le notaire ou par le greffier du tribunal (art. 873 C.p.c.)[318], qui ont également pour mission de présider par la suite la séance (art. 874 C.p.c.)[319]. Dans le *Code de procédure civile* de 2014, la convocation est faite par le notaire ou par le greffier spécial. L'avis de convocation doit être notifié aux parents, alliés ou amis qui doivent être informés de l'objet et des coordonnées de l'assemblée qui ne peut se tenir à moins de 10 jours ni à plus de deux mois de la notification (art. 405 C.p.c.).

Cette convocation est un préalable obligatoire à la constitution du conseil de tutelle. Une seule exception, toutefois, permet d'être dispensé de passer par le mécanisme de l'assemblée des parents. Il

316. Le secrétaire peut être un des membres du conseil ou une personne extérieure au conseil, même étrangère à la famille (art. 228, al. 2 et 222 C.c.Q.).
317. *D...B...* c. *M...B... et al.*, [1995] R.J.Q. 166, EYB 1994-28936 (C.S.).
318. Selon l'alinéa 2 de cette disposition, les personnes qui doivent être appelées doivent recevoir notification de l'avis.
319. Depuis la réforme de 1999 concernant la procédure en matière notariale lorsque l'assemblée est présidée par un notaire, il n'est plus nécessaire que celui-ci fasse homologuer le procès-verbal de l'assemblée par le greffier.

s'agit du cas où il est démontré au tribunal, dans le cadre d'une demande de constitution d'un conseil d'une seule personne, que des efforts suffisants ont été déployés pour arriver à réunir l'assemblée et que ces efforts ont été vains (art. 231, al. 3 C.c.Q.). Il faut souligner que cette dispense, qui n'est pas automatique, ne peut être donnée que dans les cas d'un conseil formé d'une seule personne et jamais dans les cas « normaux », c'est-à-dire d'un conseil composé de trois personnes[320].

639 – La formulation de l'article 225, al. 2 C.c.Q. semble indiquer que, lorsqu'il s'agit de la constitution d'un conseil de tutelle à la demande des parents, il y a soit convocation de l'assemblée des parents, d'alliés et d'amis, soit demande de désignation d'une personne unique. Dans ce dernier cas, la convocation de l'assemblée des parents n'est pas nécessaire. Mais cette exception s'applique uniquement dans le cadre de la tutelle légale des parents puisque, dans les autres cas de demande de constitution d'un conseil formé d'une seule personne, il doit y avoir convocation de l'assemblée des parents. À moins, bien entendu, que l'on puisse démontrer au tribunal que des efforts suffisants ont été faits et qu'ils sont restés vains, selon l'article 231, al. 3 C.c.Q.

D'autre part, il faut noter que l'article 225, al. 2 C.c.Q. indique que les père et mère peuvent convoquer une assemblée de parents, d'alliés ou d'amis. Cette disposition ne signifie pas qu'ils peuvent procéder eux-mêmes à la convocation. Celle-ci doit toujours être faite par le greffier ou par un notaire (art. 873 C.p.c. ; le greffier spécial ou le notaire : art. 405 C.p.c.)[321].

640 – *Les personnes convoquées* – Certaines personnes doivent nécessairement être convoquées à cette assemblée, mais elles n'ont pas l'obligation de s'y présenter. D'autres personnes peuvent être convoquées, au choix de la personne qui prend l'initiative de cette convocation. Les personnes qui doivent être convoquées sont, dans tous les cas, les père et mère du mineur et, dans les cas où ils ont une résidence connue au Québec, ses autres ascendants (autrement dit, les grands-parents et, le cas échéant, les arrière-grands-parents) ainsi que ses frères et ses sœurs majeurs (art. 226 C.c.Q.)[322].

---

320. Cette possibilité de dispense ne renvoie en effet qu'aux demandes prévues par l'article 231 C.c.Q., c'est-à-dire lorsqu'il s'agit d'une demande de constitution d'un conseil de tutelle à membre unique. Les commentaires indiquent d'ailleurs que le troisième alinéa de l'article 231 C.c.Q. a été édicté parce que « comme le problème qui rend la constitution du conseil de trois personnes inopportune existe souvent aussi au point de départ, cela peut rendre la tenue de l'assemblée de parents impossible » (*Comm.*, p. 159).
321. *S.D.* et *X*, 2011 QCCS 5228.
322. En ce qui concerne les ascendants et les frères et sœurs de domicile inconnu ou résidant à l'extérieur de la province, le *Code civil du Québec* emboîte le pas à une

641 – L'assemblée doit être constituée d'au moins cinq personnes pour pouvoir siéger validement, ce qui signifie qu'il peut y avoir plus de cinq personnes présentes, mais jamais moins. Les personnes qui doivent être convoquées, mais qui, dans les faits, ne l'ont pas été, ont le droit de se présenter et de participer à l'assemblée (art. 227 C.c.Q.). *A contrario*, les personnes qui ne doivent pas légalement être convoquées et qui, dans les faits, ne l'ont pas été, ne pourraient prétendre assister à l'assemblée. L'avis de convocation doit indiquer l'objet, le lieu, le jour et l'heure de l'assemblée (art. 873, al. 2 C.p.c. ; art. 405 C.p.c.). La présence physique des membres de l'assemblée est requise et l'on ne pourrait donc se contenter de prendre l'avis de ces personnes au moyen d'affidavits circonstanciés[323]. Dans un souci d'efficacité, cette exigence a été diluée dans le *Code de procédure civile* de 2014 qui permet désormais le recours aux moyens de communication modernes. Cela permet d'éviter des déplacements inutiles qui, plus est, mettent en péril la participation des membres potentiels de l'assemblée (art. 405 C.p.c.). L'analyse de la jurisprudence, particulièrement dans les cas d'ouverture de régimes de protection pour des majeurs, permet de constater que bien souvent la famille et l'entourage des personnes à protéger ne répondent pas aux convocations. On peut espérer que le recours aux moyens technologiques permettra de faciliter la participation.

642 – Les commentaires officiels de l'article 227 C.c.Q. indiquent que cette disposition « reprend, en substance, l'article 254 C.c.B.C. » et qu'il « permet à une personne qu'on devait convoquer à l'assemblée de constitution de se présenter et donner son avis, même si on a omis de la convoquer »[324]. Pourtant, le nouveau droit semble à cet égard beaucoup plus restrictif que l'ancien, puisque cette possibilité de se présenter sans convocation à l'assemblée n'existe plus désormais que pour les personnes qui devaient nécessairement être convoquées. Or, l'article 254 C.c.B.C. étendait ce droit à tous les parents et alliés qualifiés à faire partie du conseil de famille. L'article 227 C.c.Q. vise bien ceux qui doivent être convoqués, par opposition à ceux qui peuvent l'être. Dorénavant, un oncle ou une tante, par exemple, ne pourraient pas exiger, selon l'article 227 C.c.Q., de participer à l'assemblée s'ils n'ont pas été convo-

---

certaine jurisprudence qui, déjà sous le *Code civil du Bas Canada*, n'hésitait pas à interpréter les dispositions de manière à éviter des démarches fastidieuses et coûteuses à ceux qui voulaient faire nommer un tuteur. Voir en particulier *Guay* c. *Curateur public du Québec*, [1990] R.J.Q. 1937, EYB 1990-76672 (C.S.).

323. *F.G.L.* c. *Y.G.*, B.E. 2002BE-406 (C.S.). En l'espèce, le tribunal souligne à juste titre que pour pallier l'impossibilité de se présenter, le moyen prévu par la loi est la présentation d'une requête en vue de la constitution d'un conseil de tutelle à membre unique en vertu de l'article 231 C.c.Q.

324. *Comm.*, p. 156.

qués. Cela ne leur enlève toutefois pas le droit de contester les procédures de désignation du tuteur en cas d'irrégularité grave.

643 – À l'occasion de la tenue de l'assemblée, les deux lignes, paternelle et maternelle, doivent être représentées autant que possible (art. 226, al. 3 C.c.Q.). Cette règle, qui existait déjà sous l'ancien Code, a pour but de mieux « considérer et cerner le véritable intérêt du mineur »[325] et d'éviter que celui-ci se retrouve au centre d'une querelle entre familles. Cette obligation (« doivent être représentées ») ne s'impose, bien entendu, que dans la mesure du possible. Si les parents d'une ligne, dûment convoqués, refusent ou négligent de se présenter, l'assemblée peut tout de même tenir valablement sa séance en vue de désigner les membres du conseil de tutelle. Par contre, la situation est différente si certains parents, ou tous les membres d'une famille ont sciemment été tenus dans l'ignorance des procédures afin de les écarter de la tutelle. Dans ce cas, les procédures de convocation de l'assemblée et de constitution du conseil de tutelle pourront être attaquées.

D. La sanction des irrégularités

644 – Sous le *Code civil du Bas Canada*, on estimait généralement que les décisions, prises à la suite d'une constitution irrégulière du conseil de famille (que ce soit les nominations de tuteur ou les autorisations pour les actes les plus graves), étaient sanctionnées de nullité relative, à la condition, toutefois, que cette irrégularité soit le résultat d'une véritable fraude portant préjudice aux droits du mineur[326]. On soulignait déjà à l'époque que « l'idée générale à retenir est qu'il faut, alors, considérer l'intérêt du mineur avant de se prononcer sur la nullité et qu'une tutelle devrait être maintenue dans la mesure où les droits du mineur sont sauvegardés »[327].

Un cas courant d'irrégularité ouvrant la porte à l'annulation des procédures ainsi que des décisions prises par la suite est celui où une des branches familiales a été sciemment exclue des procédures. On

325. *Laplante* c. *Lapalme*, [1991] R.J.Q. 1011, 1013, EYB 1991-75854 (C.S.).
326. *Caron* c. *Dupont*, [1958] R.P. 151 (C.S.) ; *Prégent* c. *Donegan*, [1954] C.S. 190 ; *Bolduc* c. *Racine*, [1955] B.R. 594 ; *Nadon* c. *X.*, [1964] R.P. 28 (C.S.) ; P.-B. Mignault, *op. cit.*, note 152, p. 165 ; P. Azard et A.-F. Bisson, *Droit civil québécois*, t. I, *Notions fondamentales. Famille. Incapacités*, Ottawa, Éditions de l'Université d'Ottawa, 1971, p. 291-292.
327. J. Pineau, *op. cit.*, note 121, p. 210-211. Voir aussi P. Ciotola, *loc. cit.*, note 202, p. 304.

en trouve un exemple dans une affaire où le tribunal annule les procédures, les nominations et les décisions d'un conseil de famille (sous l'ancien Code), après avoir constaté « le manquement prémédité de convoquer quelque représentant que ce soit de la ligne paternelle »[328]. On ne saurait justifier l'absence de convocation de certains membres de la famille, voire de tous les membres d'une ligne, au motif que l'un d'entre eux se désintéresse de l'enfant ou n'entretient aucune relation avec lui[329].

Ces principes concernant le conseil de famille du *Code civil du Bas Canada* demeurent pertinents pour l'assemblée des parents, d'alliés et d'amis sous le *Code civil du Québec*. Ils pourraient donc certainement trouver application en ce qui concerne la nomination irrégulière du tuteur ou des membres du conseil de tutelle, ainsi qu'en ce qui concerne les décisions de ceux-ci. La doctrine classique enseigne que la sanction est la nullité relative, l'idée étant qu'il faut considérer l'intérêt de l'enfant[330]. Un tribunal a pourtant déjà décidé que « la transgression intentionnelle de convocation et de tenue d'un conseil de famille en escamotant volontairement quelque représentant que ce soit de la ligne [paternelle] et en négligeant de façon aussi désinvolte le véritable intérêt de l'enfant mineure convertissent la nullité relative de tel conseil de famille en nullité absolue »[331].

Ces demandes, à l'instar de toutes les demandes relatives au conseil de tutelle, sont portées devant le tribunal du domicile ou de la résidence du mineur (art. 872 C.p.c. ; art. 44 C.p.c.).

§3 – Le fonctionnement du conseil de tutelle

645 – Nous avons vu que le conseil de tutelle donne des avis, prend certaines décisions relatives au mineur et, de façon générale, qu'il

328. *Laplante* c. *Lapalme*, précité, note 325, p. 1014. En l'espèce, la branche paternelle avait été tenue délibérément dans l'ignorance des procédures pour le motif que le père de l'enfant avait été déchu de l'autorité parentale. Le tribunal souligne, à juste titre, que la déchéance n'affecte en rien le droit des autres membres de la famille de participer à l'assemblée des parents. Voir également *L.G.* c. *C.B. (Succession de)*, J.E. 2005-585, EYB 2005-86318 (C.S.), où le tribunal annule la décision d'un greffier constituant un conseil de tutelle ; le tribunal ordonne la convocation d'une nouvelle assemblée, comportant cette fois des représentants des deux lignées parentales.
329. En ce sens, voir *Moreau* c. *Mathieu*, [1991] R.D.F. 103, EYB 1990-75808 (C.S.).
330. L. Ph. Sirois, *op. cit.*, note 118, p. 35 ; J. Pineau, *op. cit.*, note 121, p. 210.
331. *Laplante* c. *Lapalme*, précité, note 325, p. 1013. Selon cette jurisprudence, toute personne intéressée pourrait donc invoquer la nullité du processus.

contrôle le tuteur. Pour ce faire, le conseil doit se réunir au moins une fois par année puisqu'il doit procéder à la vérification du compte annuel du tuteur[332]. Lorsque cela est nécessaire, le tuteur peut provoquer la convocation du conseil (art. 238 C.c.Q.). Ce pourrait être le cas chaque fois que le tuteur doit accomplir un acte qui nécessite l'autorisation du conseil. Si le tuteur, pour une raison valable, ne peut provoquer la réunion du conseil, il peut demander au tribunal d'en être dispensé et, le cas échéant, d'agir seul, c'est-à-dire sans l'autorisation du conseil de tutelle (art. 234 C.c.Q.).

646 – Les délibérations du conseil ne sont valables que si la majorité des membres – deux personnes – est réunie. Le conseil peut aussi valablement délibérer si tous les membres peuvent s'exprimer par un moyen de communication (art. 234 C.c.Q.), par exemple une conférence téléphonique. Le but de cette disposition est de rendre plus efficace le fonctionnement du conseil[333]. La loi exige toutefois que cette communication collective soit immédiate, ce qui exclut, par exemple, la communication par courrier. On pourrait éventuellement soutenir qu'une telle réunion peut se tenir validement au moyen du clavardage, mais à la condition que l'on accepte que cette technique de communication répond effectivement à l'exigence d'immédiateté.

647 – Les décisions du conseil doivent être prises et les avis donnés à la majorité. De plus, chaque membre doit exprimer ses motifs (art. 234, al. 2 C.c.Q.). Les avis et les décisions du conseil doivent être donnés par écrit et le secrétaire doit faire un procès-verbal des réunions (art. 876.1 C.p.c.). Le but des avis étant d'éclairer le tribunal, il est en effet important de faire état des éventuelles divergences d'opinions entre les membres du conseil[334].

648 – *Le contrôleur contrôlé* – Le conseil de tutelle prend des décisions. Dès lors, il a paru important au législateur d'instaurer un certain contrôle de cette activité. Ainsi, les décisions du conseil de tutelle, c'est-à-dire les autorisations qu'il donne, peuvent faire l'objet d'une contestation, dans un délai de dix jours, par toute personne intéressée (art. 237 C.c.Q.) dont, bien entendu, le tuteur lui-même[335]. Dans les cas particulièrement graves, on peut aller jusqu'à demander

---

332. Cette règle d'un minimum d'une réunion annuelle ne s'applique évidemment qu'au conseil constitué de trois personnes.
333. *Comm.*, p. 161.
334. *Ibid.*
335. *B. (A.) c. D. (D.)*, [1996] R.J.Q. 753, EYB 1996-88069 (C.S.).

la constitution d'un nouveau conseil[336]. La loi mentionne que la révision ou la constitution d'un nouveau conseil ne peuvent se faire que s'il y a des motifs graves. On peut toutefois penser que le fait que le conseil agit au détriment du mineur constitue en soi un motif grave ouvrant la porte à la révision[337]. À noter que le tribunal ne peut être saisi sans que le conseil ait préalablement pris une décision puisqu'il s'agit bien d'un processus de révision des décisions du conseil[338].

La demande de révision est notifiée au secrétaire du conseil (art. 876 C.p.c.) qui doit alors transmettre au greffier le procès-verbal et le dossier relatif à la décision contestée (art. 876.1 C.p.c.).

336. *Ibid.*
337. En ce sens, *Comm.*, p. 162. Dans l'affaire *B. (A.)* c. *D. (D.)*, précitée, note 335, le tribunal estime que ne constitue pas un motif grave le fait que le conseil de tutelle ait décidé d'un gel des fonds provenant d'une succession pour le bénéfice d'un mineur alors que ce dernier et sa mère, tutrice légale, sont bénéficiaires de l'aide sociale.
338. *K.L.* c. *D.J.*, B.E. 2003BE-517 (C.S.).

BIBLIOGRAPHIE SÉLECTIVE

BEAUCHAMP, M., « Les nouvelles compétences attribuées au notaire : commentaires et critique », dans Service de la formation permanente, Barreau du Québec, *Les mandats en cas d'inaptitude : une panacée ?*, Cowansville, Éditions Yvon Blais, 2001, p. 53.

BEAULNE, J., « La garantie de l'administration des biens du mineur : de l'hypothèque légale du *Code civil du Bas-Canada* à la sûreté du *Code civil du Québec* », (1984-85) 87 *R. du N.* 531.

BOURASSA, S., « La capacité juridique », dans Collection de droit 2013-2014, Barreau du Québec, vol. 3, *Personnes, famille et successions*, Titre I – Les personnes physiques, Cowansville, Éditions Yvon Blais, 2013.

BRIÈRE, G., « L'abus de pouvoir des représentants légaux dans le droit familial du Québec », (1978) 19 *C. de D.* 117.

CANTIN CUMYN, M. et M. CUMYN, *L'administration du bien d'autrui*, 2e éd., dans *Traité de droit civil*, Cowansville, Éditions Yvon Blais, 2014.

DALLAIRE, C., « Le curateur public et le conseil de tutelle : une responsabilité partagée ? », dans Service de la formation permanente, Barreau du Québec, *Famille et protection*, Cowansville, Éditions Yvon Blais, 2005, p. 217.

DESROCHERS, P., « Le Curateur public et sa politique sur la tutelle privée des biens du mineur », (2011) 2 *C.P. du N.* 335.

DESROCHERS, P., « Papa, maman, où est mon argent ? La protection des intérêts patrimoniaux du mineur », dans Service de la formation permanente, Barreau du Québec, *Famille et protection*, Cowansville, Éditions Yvon Blais, 2005, p. 71.

CANTIN CUMYN, M. et M. CANTIN, *L'administration du bien d'autrui*, 2e éd., Cowansville, Éditions Yvon Blais, 2014.

DUPIN, F., « Les procédures non contentieuses », dans Service de la formation permanente, Barreau du Québec, *Développements récents en droit civil*, Cowansville, Éditions Yvon Blais, 2000, p. 68.

GUAY, G., *La tutelle au mineur*, dans Chambre des notaires du Québec, Répertoire de droit/Nouvelle série, « Procédures non contentieuses », Doctrine – Document 3, Montréal, février 2010.

LAUZON, G., « L'administration du bien d'autrui dans le contexte du nouveau *Code civil du Québec* (L.Q. 1991, c. 64) », (1993) 24 *R.G.D.* 107.

LEMAY, S., *Commentaires sur le Code civil du Québec (DCQ). La minorité et la tutelle* (extraits du Droit civil en ligne), Cowansville, Éditions Yvon Blais, 2007.

OUELLETTE, M., « Livre premier : Des personnes », dans *La réforme du Code civil, Personnes, successions, biens*, Québec, P.U.L., 1993.

PICCINI ROY, M., « Les conditions de validité », dans Collection de droit 2013-2014, Barreau du Québec, vol. 3, *Personnes, famille et successions*, Titre IV – Les donations, Montréal, 2013.

PICCINI ROY, M., « La liquidation de la succession », dans Collection de droit 2013-2014, Barreau du Québec, vol. 3, *Personnes, famille et successions*, Titre III – Les successions, Montréal, 2013.

ROY, A., *Les régimes de protection du majeur inapte*, dans Chambre des notaires du Québec, Répertoire de droit/Nouvelle série, « Procédures non contentieuses », Doctrine – Document 5, Montréal, septembre 2000, p. 1-59.

SIROIS, L.-P., *Tutelles et curatelles*, Québec, Imprimerie de l'Action sociale, 1911.

CHAPITRE IV

LE RESPECT DES DROITS DE L'ENFANT

Section I

L'enfant, sujet de droits comme l'adulte

649 – *De l'enfant objet de droits à l'enfant sujet de droits* – C'est sous le titre des droits de la personnalité[1] que le législateur range le principe fondamental du respect des droits de l'enfant. Les décisions concernant l'enfant, dit l'article 33 C.c.Q., doivent être prises dans son intérêt et dans le respect de ses droits. L'énonciation de la nécessité de respecter les droits de l'enfant peut surprendre, tant il est vrai que les droits, quels qu'en soient les titulaires, sont toujours là pour être respectés. Cette affirmation solennelle revêt pourtant toute son importance lorsqu'on la situe dans son contexte historique. En effet, à force de considérer l'enfant comme un être faible qui doit être protégé, on l'a trop longtemps tenu en état d'infériorité, en négation de ses droits. Affirmer, au contraire, que les droits de l'enfant doivent être respectés, c'est du même coup souligner que l'enfant est sujet de droits. Or cette idée est assez récente. Le temps n'est pas loin où l'enfant était considéré plutôt comme objet de droits, soumis d'une part à l'autorité, voire à la puissance, de l'adulte et dépourvu, d'autre part, des droits dont dispose l'adulte.

L'évolution vers la reconnaissance formelle de l'enfant comme sujet de droits s'est d'abord faite dans le cadre des règles régissant les relations familiales et, plus précisément, de l'évolution de la puissance paternelle vers l'autorité parentale telle qu'on la connaît aujourd'hui. En affirmant que cette autorité est un ensemble fonctionnel de droits, mais surtout de responsabilités, pour les parents[2],

---

1. Livre Premier, Titre deuxième, Chapitre deuxième du *Code civil du Québec* (art. 32 à 34). Voir *supra*, Partie I.
2. Gouvernement du Québec, *La protection de la jeunesse, plus qu'une loi,* Rapport du groupe de travail sur l'évaluation de la *Loi sur la protection de la jeunesse,*

on reconnaît que l'enfant n'est pas simplement l'objet de cette autorité[3].

C'est vers la fin des années 1960 que l'on assiste à la reconnaissance graduelle de l'enfant comme entité juridique autonome, titulaire des droits et des libertés fondamentaux, au même titre que les autres personnes. Deux arrêts importants de la Cour suprême des États-Unis ont, à cette époque, radicalement changé la conception du droit applicable aux enfants, en reconnaissant au jeune contrevenant, sur le plan procédural, les mêmes droits et garanties qu'aux adultes[4]. Notre droit a été influencé par ce mouvement[5] et, aujourd'hui, il ne fait aucun doute que l'enfant jouit, en principe, des mêmes garanties que toute autre personne.

650 – *Les droits fondamentaux* – Affirmer que l'enfant est sujet de droits et que ses droits doivent être respectés, c'est évidemment rappeler que l'enfant doit bénéficier de toutes les lois qui le concernent, mais c'est surtout reconnaître qu'il doit bénéficier, au même titre que l'adulte, des libertés et des droits fondamentaux. Il n'entre pas dans notre propos de faire le tour de chacun de ces droits. Mentionnons seulement ceux qui apparaissent les plus importants et que l'on retrouve dans la *Charte canadienne des droits et libertés*[6], dans la *Charte des droits et libertés de la personne*[7] et dans le *Code civil du Québec*.

Québec, 1992, p. 16 (Rapport Jasmin) ; D. Goubau, « Joint Exercise of Parental Authority: The Quebec Civil Law Perspective », (2000) 17 *Canadian Journal of Family Law* 333-369.

3. Sur l'évolution du statut de l'enfant objet de droit vers celui de sujet de droit, voir en particulier, É. Deleury, J. Lindsay et M. Rivet, « La protection de l'enfant en droit comparé », (1980) 21 *C. de D.* 87 ; É. Deleury, M. Rivet et J.-M. Neault, « De la puissance paternelle à l'autorité parentale : une institution en voie de trouver sa vraie finalité », (1974) 15 *C. de D.* 779 ; C. Boisclair, *Les droits et les besoins de l'enfant en matière de garde : réalité ou apparence ?*, Sherbrooke, Éditions R.D.U.S., 1978 ; J. Pineau et M. Pratte, *La famille*, Montréal, Éditions Thémis, 2006, p. 823 et s.
4. L'arrêt *Kent* c. *United States*, 383 U.S. 541 (1966) accorde aux enfants le bénéfice du *due process of law* et l'arrêt *In Re Gault*, 387 U.S. 1 (1967) leur reconnaît le droit à l'avocat, le privilège contre l'auto-incrimination, le droit d'être informés des charges qui pèsent contre eux, le droit au contre-interrogatoire. Cette jurisprudence reconnaît du même coup à l'enfant le statut de « personne » au sens de la constitution américaine (R.L. Geiser, « The Rights of Children », (1977) 28 *Hastings L.J.* 1027, 1034-1035, cité par É. Deleury, J. Lindsay et M. Rivet, *loc. cit.*, note 3, p. 102).
5. H. Létourneau, « L'avocat pour l'enfant : l'expérience québécoise », (1987) *R.D.F.* 135 ; *M.F.* c. *J.L.*, [2002] R.J.Q. 676, REJB 2002-29840 (C.A.).
6. *Charte canadienne des droits et libertés*, Partie I de la *Loi constitutionnelle de 1982*, annexe B de la *Loi de 1982 sur le Canada (R.-U.)*, 1982, c. 11.
7. *Charte des droits et libertés de la personne*, RLRQ, c. C-12.

La *Charte canadienne* énonce notamment le droit à la vie, à la liberté et à la sécurité (art. 7) ; le droit de ne pas être détenu de façon arbitraire (art. 9) ; le droit à l'égalité face à la loi, indépendamment de toute discrimination fondée, notamment, sur l'âge (art. 15). La Charte québécoise, de son côté, garantit le droit à la vie, ainsi qu'à la sûreté, à l'intégrité physique et à la liberté de la personne (art. 1). Elle prohibe aussi la discrimination, notamment celle fondée sur l'âge « sauf dans la mesure prévue par la loi »[8]. Elle reconnaît également le droit pour toute personne de se faire représenter par un avocat ou d'en être assistée devant tout tribunal (art. 34). La Charte québécoise reconnaît également la situation de vulnérabilité des enfants, en insistant sur la responsabilité des adultes à leur endroit. L'article 39 de la Charte édicte ainsi que l'enfant a droit à la protection, à la sécurité et à l'attention que ses parents ou les personnes qui en tiennent lieu peuvent lui donner. Les tribunaux n'hésitent pas à faire bénéficier les enfants et les adolescents des dispositions prévues dans les chartes[9].

Quant au *Code civil du Québec*, nous avons déjà vu qu'il énumère un certain nombre de droits de la personnalité, tel le droit à l'intégrité physique ou le respect de la vie privée. En tant que sujet de droits, l'enfant est donc également titulaire de ces droits, même si certains de ceux-ci sont aménagés spécialement en vue de tenir compte de la situation particulière de l'enfant ou de l'adolescent, par exemple les dispositions concernant le régime de consentements aux différents actes médicaux.

---

8. *Ibid.*, art. 10. Exemples d'application de ce principe : *Commission des droits de la personne du Québec* c. *Bizouarn*, J.E. 96-144, EYB 1995-105369 (T.D.P.Q.) (une mère se voit refuser l'accès à un restaurant en raison de l'âge de son enfant qui l'accompagne ; l'enfant avait quatre ans) : *Commission des droits de la personne et des droits de la jeunesse* c. *Jacques*, J.E. 2004-1520, REJB 2004-66664 (T.D.P.Q.) (refuser de louer un logement en raison du fait qu'un couple a des enfants, constitue une discrimination fondée notamment sur l'âge des enfants).
9. À titre d'illustration, voir *B. (R.)* c. *Children's Aid Society of Metropolitan Toronto*, [1995] 1 R.C.S. 315, EYB 1995-67419 ; *New Brunswick (Minister of Health & Community Services)* c. *G. (J.)*, [1999] 3 R.C.S. 46, REJB 1999-14250 ; *R.* c. *M. (M.R.)*, [1998] 3 R.C.S. 393, REJB 1998-09406. Sur la question des droits fondamentaux des enfants, voir M. Robert, « Le droit des enfants et le contexte constitutionnel », dans A. Ruffo (dir.), *Les enfants devant la justice*, Cowansville, Éditions Yvon Blais, 1990, p. 5-19 ; R. Leckey et N. Bala, « Les trente premières années de la Charte canadienne en droit de la famille (The First 30 Years of the Canadian Charter in Family Law) », (2012) 42:3 *R.D.U.S.* 409-457 ; C. Bernard, « Les droits de l'enfant, des droits de la personne à part entière », dans *Race, femme, enfant, handicap : les conventions internationales et le droit interne à la lumière des enjeux pratiques du droit à l'égalité*, Cowansville, Éditions Yvon Blais, 2010.

Section II

L'enfant, sujet de droits spécifiques

§1 – Les législations spécifiques aux jeunes

651 – *La législation de protection* – La reconnaissance de l'enfant comme sujet de droits au même titre que l'adulte est essentielle, mais elle ne doit pas occulter le fait que l'enfant n'est pas un adulte. Le législateur reconnaît que l'enfant est un être particulier qui a besoin de protection. Le statut juridique complexe du mineur est d'ailleurs, dans notre droit, le résultat de cet équilibre délicat entre d'une part le principe de l'autonomie (donc de l'autodétermination) et d'autre part, celui de la protection (qui représente nécessairement une certaine perte d'autonomie)[10].

La loi met donc en place une série de mécanismes destinés à assurer efficacement cette protection. Les dispositions concernant la capacité civile et la tutelle en sont une illustration évidente. On retrouve également dans la législation sociale des dispositions spécifiques destinées à protéger les enfants[11].

Deux lois concernent plus spécialement la protection des enfants : la loi fédérale concernant la justice pénale pour les adolescents[12] et la loi québécoise sur la protection de la jeunesse[13].

Le souci de protéger législativement les enfants et les adolescents a vu le jour, timidement, au siècle passé. La législation en matière de délinquance juvénile, qui a connu des changements en profondeur en 1984[14], puis en 2002[15], est basée sur l'idée que, d'une

---

10. Sur ce thème, voir C. Bernard, « Les droits de l'enfant, entre la protection et l'autonomie », dans L. Lamarche et P. Bosset (dir.), *Des enfants et des droits*, Québec, P.U.L., 1997, p. 25-40.
11. Sans donner une liste exhaustive des législations qui contiennent des dispositions protectrices des enfants, on peut mentionner quelques lois dans le domaine du travail et de l'instruction : *Loi sur les normes du travail*, RLRQ, c. N-1.1 ; *Loi sur la santé et la sécurité du travail*, RLRQ, c. S-2.1 ; *Code canadien du travail*, L.R.C. (1985), ch. L-2 ; *Loi sur l'instruction publique*, RLRQ, c. I-13.3.
12. *Loi sur le système de justice pénale pour les adolescents*, L.C. 2002, ch. 1.
13. *Loi sur la protection de la jeunesse*, RLRQ, c. P-34.1.
14. La *Loi sur les jeunes contrevenants* mettait fin à la *Loi concernant les jeunes délinquants* qui n'avait pas été modifiée de façon significative depuis son adoption au début du siècle (S.C. 1908, 7-8 Edw. VII, c. 40). V.B. Pinero, « The Semantics of Repression : Linking, Opposing, and Linking against Rehabilitation and Protection of Society », (2006) 36 *R.G.D.* 189-263.
15. *Loi sur le système de justice pénale pour les adolescents*, L.C. 2002, ch. 1.

part, la société a le droit de se protéger contre les jeunes contrevenants, et que, d'autre part, ces derniers, responsables de leurs actes, doivent bénéficier d'un traitement particulier[16]. La loi leur accorde à ce titre un certain nombre de droits spécifiques, notamment celui d'être entendu[17], de faire appel aux services d'un avocat[18] et de ne pas voir son nom divulgué sauf exception[19]. Il faut noter que la *Loi sur le système de justice pénale pour les adolescents* indique spécifiquement que les adolescents qui y sont soumis jouissent, à titre propre, des droits et libertés, notamment ceux qui sont énoncés dans la *Charte canadienne des droits* et dans la *Déclaration canadienne des droits*[20].

Quant à la loi provinciale sur la protection de la jeunesse, son objet est de protéger les enfants « dont la sécurité ou le développement est ou peut être considéré comme compromis »[21]. Elle leur accorde également un certain nombre de droits spécifiques comme celui de consulter un avocat[22], d'être entendus devant un tribunal ou une personne appelé à prendre une décision les concernant[23], de recevoir des services de santé[24], d'être informés avant d'être transférés en famille d'accueil ou en centre de réadaptation[25], de communiquer en toute confidentialité avec certaines personnes[26], bref de participer activement au processus.

---

16. Sur les principes qui sous-tendent la *Loi sur le système de justice pénale pour les adolescents*, voir en particulier R. Grondin, *L' enfant et le droit pénal*, Montréal, Wilson & Lafleur, 2011 ; J. Turmel et S. Delisle, « La *Loi sur le système de justice pénale pour les adolescents* », dans Collection de droit 2013-2014, Barreau du Québec, vol. 11, Cowansville, Éditions Yvon Blais, 2013, p. 259 ; N. Bala et S. Anand, *Youth Criminal Justice Law*, 3e éd., Toronto, Irwin Law, 2012 ; T. Fleming, P. O'Reilly et B. Clark (éd.), *Youth Injustice*, 2e éd., Toronto, Canadian Scholars' Press Inc., 2001 ; J. Trépanier, « L'avenir des pratiques dans un nouveau cadre légal visant les jeunes contrevenants », (2003-2004) 34 *R.D.U.S.* 47-89.
17. *Loi sur le système de justice pénale pour les adolescents*, L.C. 2002, ch. 1.
18. *Ibid.*, art. 25.
19. *Ibid.*, art. 110 et s.
20. *Ibid.*, Préambule.
21. *Loi sur la protection de la jeunesse*, précitée, note 13, art. 2, 38. Cette loi consacre le caractère primordial de l'idée de protection des enfants et des jeunes dans notre société. Par exemple, il a été établi que la règle de confidentialité qui protège l'anonymat des enfants faisant l'objet d'un dossier de protection a préséance sur le droit fondamental à la liberté d'expression et à la liberté de presse des médias (*Québec (Procureur général)* c. *Mongrain*, J.E. 97-846, REJB 1997-00396 (C.S.)).
22. *Ibid.*, art. 5 et 78.
23. *Ibid.*, art. 6.
24. *Ibid.*, art. 8.
25. *Ibid.*, art. 7.
26. *Ibid.*, art. 9.

652 – *Le Code civil* – Le *Code civil du Québec*, quant à lui, énonce deux principes généraux en matière de protection des enfants :

- Les enfants ont droit à la protection, à la sécurité et à l'attention de leurs parents ou des personnes qui en tiennent lieu (art. 30 C.c.Q.) ;
- Les décisions qui concernent les enfants doivent être prises dans leur intérêt et dans le respect de leurs droits (art. 33 C.c.Q.), ce qui implique le droit d'être entendus par le tribunal (art. 34 C.c.Q.).

653 – *Le droit à la protection des parents et des personnes qui en tiennent lieu* – Ce droit, qui fait son entrée pour la première fois dans le Code civil, n'est pas nouveau. Il était déjà prévu dans la *Charte des droits et libertés de la personne*[27] et il rejoint les principes énoncés en matière de protection de la jeunesse[28]. Le législateur a estimé utile de répéter ce principe fondamental dans le Code, compte tenu de ses incidences civiles[29].

§2 – La prise en considération de l'intérêt de l'enfant

654 – *Le principe* – La notion d'intérêt de l'enfant s'applique dans d'innombrables situations, que ce soit en matière de garde, de droit d'accès, d'adoption ou de protection de la jeunesse. Indépendamment de ces cas spécifiques, qui relèvent en grande partie du droit de la famille[30], il convient de s'arrêter aux principes généraux rattachés à cette notion.

Nous avons déjà souligné l'importance d'énoncer clairement le respect des droits de l'enfant, que ce soient les droits dont dispose tout individu ou ceux qui sont spécifiques à l'enfant. Le législateur ajoute à cela que les décisions prises à l'égard de l'enfant doivent l'être dans son intérêt. Toutes les décisions judiciaires et administratives à

27. *Charte des droits et libertés de la personne*, précitée, note 7, art. 39.
28. *Loi sur la protection de la jeunesse*, précitée, note 13, art. 2.2 : « La responsabilité d'assumer le soin, l'entretien et l'éducation d'un enfant et d'en assurer la surveillance incombe en premier lieu à ses parents ». À propos de l'intérêt de l'enfant comme limite au « pouvoir » parental et comme fondement du contrôle étatique sur l'exercice de l'autorité parentale, voir en particulier deux arrêts de la Cour suprême du Canada : *Catholic Children's Aid Society of Toronto* c. *M.*, [1994] 2 R.C.S. 165, EYB 1994-67657 et *B. (R.)* c. *Children's Aid Society of Metropolitan Toronto*, [1995] 1 R.C.S. 315, EYB 1995-67419.
29. *Comm.*, p. 31.
30. V. Laberge, « L'interprétation du meilleur intérêt de l'enfant dans les litiges de garde », (2013) 72 *R. du B.* 67.

l'égard des enfants sont visées. Ainsi, lorsque le Directeur de l'état civil est amené à prendre une décision relative au nom d'un enfant, il est lié par l'article 33 C.c.Q.[31]. Mais on peut soutenir que cet article est plus général et qu'il vise également les décisions « privées », par exemple celles des parents, des tuteurs et des éducateurs[32].

655 – *Origines du principe* – La notion de l'intérêt de l'enfant, que l'on retrouve également dans la *Loi sur la protection de la jeunesse*[33] et qui est répétée à plusieurs reprises dans le Code[34], a été édictée pour la première fois par le législateur, comme règle générale de protection des enfants, en 1980[35]. Ce faisant, la loi ne faisait qu'énoncer un principe déjà bien ancré dans la jurisprudence. Au siècle passé, essentiellement dans le cadre de procédures en *habeas corpus*, les tribunaux avaient dégagé le critère de l'intérêt de l'enfant comme rempart contre les excès de la puissance paternelle[36]. La jurisprudence de la première moitié du XXe siècle, notamment celle de la Cour suprême, apporta des précisions sur la notion d'intérêt[37]. Cependant, comme le souligne un auteur, les tribunaux étaient partagés entre deux interprétations de ce principe : certains le faisaient nettement coïncider avec les prérogatives de la puissance paternelle ; d'autres mettaient l'accent sur les besoins de l'enfant lui-même[38].

Depuis les années 1980, la Cour suprême, par une série d'arrêts importants, a confirmé sans ambiguïté la primauté de la considération de l'intérêt ou du bien-être de l'enfant, à laquelle doivent rester

---

31. En ce sens, *Comm.*, p. 46.
32. En 1980, lors des débats sur l'introduction de cette disposition dans le *Code civil du Bas Canada*, le ministre de la Justice rappelait que le critère de l'intérêt de l'enfant ne vise pas seulement les décisions des tribunaux, mais que « c'est également un guide pour toute personne qui va prendre des décisions à son sujet, qu'il s'agisse du tuteur, des administrateurs, ou de personnes qui ont à décider à son sujet, que ce soit le directeur de la protection de la jeunesse, bref, toute personne qui a des décisions à prendre à son sujet et qui doit tenir compte de son intérêt » (Débats de l'Assemblée nationale, 6e sess., 31e légis., B-793 et B-798).
33. *Loi sur la protection de la jeunesse*, précitée, note 13, art. 3.
34. Par exemple en matière de séparation de corps (art. 496 et 513), d'adoption (art. 543, 545, 547, 568, 573 et 574), d'exercice et de déchéance de l'autorité parentale (art. 604, 606 et 607).
35. La *Loi instituant un nouveau Code civil et portant réforme du droit de la famille*, L.Q. 1980, c. 39, introduit l'article 30 C.c.B.C. que reprend, avec quelques modifications, l'actuel article 33 C.c.Q.
36. Voir l'abondante jurisprudence citée dans É. Deleury, M. Rivet et J.-M. Neault, *loc. cit.*, note 3, p. 843-844, note 207 et notamment *Bleau* c. *Petit*, (1902) 6 R.P. 353.
37. *Stevenson* c. *Florant*, [1925] R.C.S. 532 ; *Dugal* c. *Lefebvre*, [1934] R.C.S. 501 ; *Taillon* c. *Donaldson*, [1953] 2 R.C.S. 257.
38. C. Boisclair, *op. cit.*, note 3, p. 18.

subordonnées toutes les autres considérations[39]. C'est ainsi qu'en 1987, le juge Beetz de la Cour suprême écrivait sans ambages que « l'intérêt de l'enfant est devenu en droit civil québécois la pierre angulaire des décisions prises à son endroit »[40]. En 1993, la Cour suprême établissait la conformité du concept de l'intérêt de l'enfant avec les principes de la *Charte canadienne*[41].

Encore faut-il savoir ce que recouvre précisément la notion d'intérêt.

656 – *La signification de l'intérêt de l'enfant* – La loi ne définit pas la notion d'intérêt de l'enfant. Tout au plus donne-t-elle quelques indications sur son contenu. S'inspirant de la jurisprudence en la matière[42], la loi énonce que la recherche de l'intérêt de l'enfant implique la prise en considération de ses besoins moraux, intellectuels, affectifs et physiques, de son âge, de sa santé, de son caractère et de son milieu familial (art. 33, al. 2 C.c.Q.). Cette liste n'est pas exhaustive puisque la loi invite à tenir compte également des autres aspects de la situation de l'enfant, sans toutefois préciser davantage. L'ensemble de ces aspects doit être pris en considération. On ne peut en retenir un seul au détriment des autres. Retenons que l'intérêt de l'enfant est une notion centrée essentiellement sur l'ensemble des besoins spécifiques de celui-ci et qu'elle doit donc s'apprécier *in concreto*. Le juridique doit donc faire appel aux faits et autres domaines de la connaissance[43].

Toutes les tentatives de définition n'enlèveront toutefois pas à cette notion son caractère subjectif et même flou. D'ailleurs, c'est sciemment que le législateur a utilisé une notion à contenu variable, afin de la faire évoluer avec les situations particulières et avec les

---

39. *Beson* c. *Director of Child Welfare (Nfld.)*, [1982] 2 R.C.S. 716 ; *Racine* c. *Woods*, [1983] 2 R.C.S. 173 ; *King* c. *Low*, [1985] 1 R.C.S. 87 ; *C. (G.)* c. *V.-F. (T.)*, [1987] 2 R.C.S. 244 ; *N.-B. (Ministre de la Santé)* c. *C. (G.C.)*, [1988] 1 R.C.S. 1073 ; *Gordon* c. *Goertz*, [1996] R.D.F. 209, EYB 1996-30431 (C.S.C.) ; *W. (V.)* c. *S. (D.)*, [1996] 2 R.C.S. 108, EYB 1996-67897 ; *Baker* c. *Canada (Ministère de la Citoyenneté et de l'Immigration)*, [1999] 2 R.C.S. 817, REJB 1999-13279 ; *Office des services à l'enfant et à la famille de Winnipeg* c. *K.L.W.*, [2000] 2 R.C.S. 519, REJB 2000-20378.
40. *C. (G.)* c. *V.-F. (T.)*, précité, note 39, p. 269-270.
41. *Young* c. *Young*, [1993] 4 R.C.S. 3, EYB 1993-67111 ; *P. (D.)* c. *S. (C.)*, [1993] 4 R.C.S. 141, EYB 1993-67881.
42. Particulièrement de l'affaire *Goyette (In Re) : C.S.S. Montréal Métropolitain*, [1983] C.S. 429.
43. L. Ricard, « Le rapport entre le juridique et le clinique dans l'application de la *Loi sur la protection de la jeunesse* : une perspective relationnelle », (2013) 43 *R.G.D.* 49-8.

époques. La Cour suprême s'est appuyée sur le fait que le contenu de la notion est essentiellement variable pour nier au principe de l'intérêt de l'enfant le statut de principe de justice fondamentale au sens de l'article 7 de la *Charte canadienne*[44]. Il est vrai que de temps en temps le législateur tente de mieux circonscrire le critère. Ainsi, un projet de réforme de la *Loi sur le divorce* en 2003 prévoyait une liste détaillée de facteurs descriptifs de la notion d'intérêt de l'enfant, mais ce projet n'a jamais été adopté[45]. Nous n'avons pas, aujourd'hui, la même conception de l'intérêt de l'enfant qu'en avaient nos grands-parents et il serait présomptueux de penser que la conception contemporaine des besoins de l'enfant ne subira pas, un jour, des modifications tout aussi fondamentales. Qu'il suffise de penser à l'évolution des mentalités et des approches judiciaires en matière d'attribution du droit de garde ; il y a loin entre la théorie de l'âge tendre qui voulait que tout enfant en bas âge soit confié à sa mère et la solution plus récente de la garde partagée qui, sans être inscrite dans la loi et loin de faire l'unanimité, a de plus en plus tendance à s'imposer comme solution première. Ces deux avenues, pourtant, ont pour assise l'intérêt de l'enfant bien compris. Il serait donc vain de vouloir enfermer cette notion dans le carcan d'un texte législatif trop détaillé, puisque sa raison d'être est précisément de demeurer flexible. Ceci ne devrait pas pour autant signifier que la notion ne peut s'objectiver par des balises légales qui en atténuent quelque peu le caractère par trop discrétionnaire[46]. Les exemples de telles balises légales sont innombrables. Que l'on songe, par exemple, à la *Loi sur la protection de la jeunesse* qui prévoit que la notion de l'intérêt de l'enfant, dans le cadre spécifique de la protection, comprend la prise en considération de la notion du temps chez l'enfant. De même, on peut citer le cas de la *Loi sur le divorce* qui prévoit que l'intérêt de l'enfant en matière de garde implique le maintien, dans la mesure du possible, du maximum de contacts avec le parent non-gardien. Il s'agit de deux illustrations qui démontrent que la notion d'intérêt peut, selon les domaines, varier et voir ses contours précisés.

---

44. *Canadian Foundation for Children, Youth and the Law* c. *Canada (Procureur général)*, [2004] 1 R.C.S. 76, par. 10 à 12.
45. Pour une analyse de ce projet fédéral (projet de loi C-22), voir D. Goubau, « La réforme de la *Loi sur le divorce* », dans Service de la formation permanente, Barreau du Québec, *Développements récents en droit familial (2003)*, Cowansville, Éditions Yvon Blais, 2003, p. 109 et s.
46. D. Goubau, « L'objectivation des normes en droit de la famille : une mission possible », (1998)1 *Revue trimestrielle de droit familial* 7-31 ; K. Kurki-Suonio, « Joint Custody as an Interpretation of the Best Interests of the Child in Critical and Comparative Perspective », (2000)14 *International Journal of Law, Policy and the Family* 183.

Comme le soulignait le juge Mayrand, « l'intérêt d'un enfant est tributaire d'un très grand nombre de facteurs difficiles à évaluer »[47]. Ici, le droit ne suffit plus. En effet, il faut faire appel à des critères non juridiques, relevant essentiellement des sciences humaines[48]. C'est pourquoi les tribunaux recourent aux spécialistes de l'enfance : médecins, éducateurs, travailleurs sociaux, psychologues, psychiatres, etc. Ceux-ci devraient permettre de mieux cerner les besoins de l'enfant, donc de réduire, dans la mesure du possible, la part d'arbitraire inhérente à la notion d'intérêt[49]. Aussi importantes que soient les expertises psychosociales, il faut toutefois se garder d'y voir la panacée, car dans ce domaine aussi, il existe des écoles de pensée. Tous les psychologues ou tous les éducateurs n'ont pas, pour ne citer que cet exemple, la même opinion sur l'importance de la parenté biologique par rapport à la parenté psychologique. Ici comme ailleurs, on assiste à des querelles de clocher. Comme le soulignent des auteurs :

> Even with what appear to be relatively simple facts, different schools of thought in the behavioural professions can lead to different conclusions. Like many concepts in the sciences, and particularly the behavioural sciences, « best interests » is subject to fads and fashions.[50]

Un exemple de la difficulté pour le droit de se « nourrir » à l'aune des sciences du comportement, a été donné par l'utilisation, dans les contentieux du droit de garde et de la protection de l'enfance, de la notion de syndrome d'aliénation parentale qui a donné lieu à toutes sortes d'interprétations qui ne sont pas toujours exemptes d'un biais idéologique[51]. Aujourd'hui, ces contentieux sont largement impré-

47. *Legault* c. *Figueroa*, [1978] C.A. 82, 85.
48. É. Deleury, A. Cloutier *et al.*, *Maman ou papa ? L'attribution de la garde des enfants dans les situations de divorce*, Québec, P.U.L., 1987 (Coll. « Droits et libertés du Centre de recherche sur les droits et libertés »), p. 37 : « L'absence de définition de la notion attire (les juges) inévitablement au-delà de leur propre champ de compétence. »
49. R. M. Galatzer-Levy et L. Kraus (éd.), *The Scientific Basis of Child Custody Decisions*, New York, J. Wiley & Sons Inc., 1999.
50. H.T.G. Andrews et P. Gelsomino, « The Legal Representation of Children in Custody and Protection Proceedings: A Comparative View », dans R.S. Abella et C. L'Heureux-Dubé (dir.), *Family Law Dimensions of Justice*, Toronto, Butterworths, 1983, p. 241, 245 ; voir également J.-P. Villaggi, *L'évaluation psychologique dans le contexte légal : sources et commentaires*, Cowansville, Éditions Yvon Blais, 2001.
51. A.-F. Goldwater, « Le syndrome d'aliénation parentale », dans Service de la formation, Barreau du Québec, *Développements récents en droit familial (1991)*, Cowansville, Éditions Yvon Blais, 1991, p. 121-145 ; N. Bala, « A Report from Canada's Gender War Zone: Reforming the Child Related Provisions of the

gnés de la théorie de l'attachement qui demain, peut-être, se verra atténuée par d'autres savoirs.

Section III
La mise en œuvre du respect des droits

657 – La prise en considération effective de l'intérêt et des droits de l'enfant dans les débats judiciaires passe par la mise en œuvre de mécanismes concrets. Elle implique que l'enfant puisse s'exprimer et donner son opinion (1) et que, dans certaines circonstances, il soit représenté par un avocat ou par un tuteur *ad hoc* (2).

§1 – Le droit à la parole devant les tribunaux

658 – *Le droit de l'enfant de témoigner : le principe* – Lorsque l'enfant est une partie au procès et qu'il est présent après avoir été dûment appelé, il doit être entendu par le juge (art. 5 C.p.c. ; art. 17 C.p.c.). C'est la règle générale qui s'applique à tous les justiciables[52]. La jurisprudence est d'ailleurs de plus en plus généreuse en ce qui concerne le droit d'intervention des enfants dans les procédures où leurs intérêts les plus fondamentaux sont en jeu, comme en matière de garde. Dans une affaire portant sur la garde de deux enfants de 11 et 13 ans, le juge Nichols écrit que, après l'avènement de la *Charte des droits et libertés de la personne* et l'adoption de nouvelles dispositions dans les différents codes et dans la *Loi sur la protection de la jeunesse*, le temps est venu « de dire clairement que « le respect des droits de l'enfant » ne saurait avoir une signification véritable si on ne lui reconnaît un droit d'intervention et de représentation en matière de garde [...] »[53].

Divorce Act », (1999) 16 *Canadian Journal of Family Law* 163-228 ; C.S. Bruch, « Parental Alienation Syndrome and Alienated Children – Getting it Wrong in Child Custody Cases », (2002) 14 *Child and Family Law Quarterly* 381-400 ; D. Goubau, « La garde partagée : tendance lourde ou mode passagère ? », dans B. Moore (dir.), *Mélanges Jean Pineau*, Montréal, Éditions Thémis, 2003, p. 109-130 ; Centre jeunesse de l'Outaouais, *L'aliénation parentale : lorsque l'on utilise la loi pour soutenir l'insoutenable*, octobre 2003, 62 p.

52. Voir R. Lesage, « L'enfant dans les instances mues en Cour supérieure », dans A. Ruffo (dir.), *Les enfants devant la justice*, Cowansville, Éditions Yvon Blais, 1990, p. 215, 222.

53. *Droit de la famille – 1549,* [1992] R.J.Q. 855, 863 (C.A.) ; également *M.F.* c. *J.L.*, [2002] R.J.Q. 676, REJB 2002-29840 (C.A.).

Dans les autres cas, c'est-à-dire dans les cas où l'enfant n'est pas directement partie au procès, le Code prévoit néanmoins qu'il peut faire entendre sa voix lorsque son intérêt est en jeu (art. 34 C.c.Q.). La règle est générale et elle s'applique dans toutes les matières, familiales et autres. Contrairement à ce qui était prévu dans le *Code civil du Bas Canada*, qui laissait au juge le soin de décider d'entendre ou non l'enfant[54], le *Code civil du Québec* fait désormais obligation au tribunal de donner à l'enfant la possibilité d'être entendu[55], à condition que son âge et son discernement le permettent[56]. On constate que, dans le Code civil, la discrétion judiciaire est considérablement réduite en la matière puisqu'elle ne porte plus que sur la question de l'aptitude à témoigner et non sur l'opportunité du témoignage. Il s'agit d'une claire manifestation du désir du législateur de ne pas laisser l'enfant pour compte dans un débat où il est le principal intéressé[57].

659 – *Le droit de parole et l'intérêt de l'enfant* – L'article 34 C.c.Q. pourrait bien accorder à l'enfant un droit qui ne servira pas nécessairement toujours son intérêt. En effet, personne ne contestera que, dans certains cas, il peut être nuisible pour un enfant de participer aux débats concernant, par exemple, le droit de garde que se disputent ses parents. L'article 34 C.c.Q. oblige pourtant le tribunal à entendre l'enfant si son âge et son discernement le permettent[58]. Il s'agit bien entendu de l'âge et du discernement requis pour pouvoir

---

54. Art. 31 C.c.B.C.
55. Le Code civil intègre ainsi une règle qui existait déjà en matière de protection de la jeunesse. La *Loi sur la protection de la jeunesse* va toutefois plus loin puisqu'elle étend cette obligation d'entendre l'enfant, non seulement au tribunal, mais également aux instances administratives (art. 6).
56. Art. 34 C.c.Q. Sur la question de l'aptitude psychologique des enfants à témoigner, voir H. Lilles, « Children as Witnesses: Some Legal and Psychological Viewpoints », (1986) 5 *Can. J. Fam. L.* 237-251. L'auteur y aborde les théories sur l'évolution cognitive de l'enfant et sur le développement du sens moral et de l'aptitude des enfants à témoigner en justice.
57. *Droit de la famille – 1549*, précité, note 53, p. 864.
58. R. Joyal et A. Quiénart, « La parole de l'enfant et les litiges de garde : points de vue de juges sur divers aspects de la question », (2001) 61 *R. du B.* 281-297 ; R. Bessner, *Le point de vue des enfants dans les procédures en matière de divorce, de garde, de droit de visite*, Justice Canada, Section de la famille, des enfants et des adolescents, Ottawa, 2002 ; C.D. Davies, « Access to Justice for Children: the Voice of the Child in Custody and Access Dispute », (2003) 22 *Canadian Family Law Quarterly* 153 ; pour une analyse détaillée de l'application de l'article 34 C.c.Q., voir D. Goubau, « L'enfant devant les tribunaux en matières familiales : un mal parfois nécessaire... », dans B. Moore, C. Bideau-Cayre et V. Lemay (dir.), *La représentation des enfants devant les tribunaux*, Montréal, Éditions Thémis, 2009, p. 111-131.

s'exprimer et comprendre l'enjeu du débat. Un tribunal ne pourrait donc pas, d'une part, conclure que l'enfant a le discernement nécessaire pour s'exprimer dans le cadre d'une instance judiciaire et, d'autre part, lui refuser ce droit en raison du fait que cela serait contraire à son propre intérêt. À moins d'interpréter le terme « discernement » comme visant également la capacité de l'enfant à mesurer l'effet néfaste que peut avoir sur lui le fait de participer aux débats. Ce serait là une interprétation qui viderait la disposition d'une partie de son contenu, car elle nierait que ce qui n'était que facultatif sous l'ancien Code est désormais obligatoire sous le nouveau.

On peut se demander si cette innovation ne risque pas, dans certains cas, d'anticiper sur le développement psycho-affectif de l'enfant, l'obligeant, comme le souligne un auteur, à « une adolescence prématurée »[59]. C'est peut-être oublier aussi que lorsqu'on parle de la parole de l'enfant, celle-ci comporte une certaine part de silence[60] qui mérite le respect.

Soulignons que, lorsqu'il s'agit d'enfants, les questions relatives à l'assermentation[61], à l'exigence de la corroboration et au principe de la prohibition du ouï-dire sont parfois soumises à des règles particulières, exorbitantes du droit commun.

§2 – La protection de l'enfant témoin

660 – *L'environnement du témoignage* – Le législateur entend minimiser autant que possible le traumatisme que peut représenter pour un enfant le fait de témoigner en justice. Normalement, le témoignage doit avoir lieu devant le tribunal. Toutefois, lorsque l'intérêt de l'enfant l'exige, le tribunal peut, après en avoir avisé toutes les parties, décider de le rencontrer en dehors du décorum parfois trop impressionnant du palais de justice. Il peut alors l'entendre au lieu où il réside ou à celui où il est gardé ou en tout autre lieu approprié (art. 394.5 C.p.c. ; art. 291, al. 1 C.p.c.).

---

59. M.-N. Mathis, « De quelques ambiguïtés », (1992) 115 *Dialogue* (numéro thématique sur la *Convention internationale des droits de l'enfant*) 3, 5.
60. É. Deleury, « Le droit de l'enfant à la représentation et à la parole devant les instances judiciaires et les organismes chargés de la protection de l'enfance », dans *Enfance et violences*, sous la direction de J. Rubellin-Devichi et M. Andrieux, Lyon, Presses universitaires de Lyon, 1992, p. 301, 309.
61. Art. 301 C.p.c. et 2844 C.c.Q.

Le tribunal peut également, toujours lorsque l'intérêt de l'enfant l'exige, décider d'entendre celui-ci en dehors de la présence des parties (art. 394.4 C.p.c. ; art. 291, al. 2 C.p.c.). Cette règle s'applique à toutes les causes qui touchent aux intérêts de l'enfant, de quelque nature qu'elles soient, mais elle est particulièrement pertinente en matière familiale, où la présence des parties peut avoir un effet inhibant sur le témoignage de l'enfant. Le face-à-face privé entre le juge et l'enfant est parfois la condition essentielle pour permettre à ce dernier de s'exprimer librement. Cette règle n'affecte que partiellement le droit des parties d'assister à tous les témoignages, car lorsque l'enfant est amené à témoigner hors de la présence des parties, son témoignage est alors sténographié ou enregistré, donc accessible *a posteriori*. Les parties peuvent toutefois renoncer à ce que le témoignage de l'enfant soit sténographié ou enregistré (art. 394.4, al. 2 C.p.c. ; l'article 391, al. 3 C.p.c. ne prévoit pas la possibilité de renoncer à la sténographie ou à l'enregistrement). Finalement, le témoignage de l'enfant pourrait également se faire par une déclaration écrite, aux conditions spécifiques de l'article 294.1 C.p.c.[62] (art. 292 C.p.c.).

661 – À ces mesures spécifiques de protection s'ajoutent la règle générale du huis clos en matières familiales et de protection de la jeunesse et la règle de la confidentialité de l'identité des parties et de l'enfant[63].

662 – *L'enfant peut être accompagné* – Lorsque le tribunal entend un enfant, quel qu'en soit le lieu, l'enfant peut être accompagné d'une personne « apte à l'assister ou à le rassurer » (art. 394.3 C.p.c. ; art. 290 C.p.c.). Il peut s'agir d'un ami, d'un parent ou de toute autre personne[64]. La personne qui accompagne ainsi l'enfant n'est pas une partie au procès. Par conséquent, lorsque le tribunal décide d'entendre l'enfant hors de la présence des parties (art. 394.4 C.p.c. ; art. 291 C.p.c.), l'enfant ne perd pas le droit d'être accompagné d'une personne apte à le rassurer ou à l'assister.

---

62. Cette disposition édicte que la déclaration doit avoir été communiquée et produite au dossier selon les règles usuelles en la matière et qu'une partie peut assigner le déclarant à l'audience, sous réserve d'une condamnation possible à des dépens si le tribunal estime que la production du témoignage écrit eût été suffisante.
63. Art. 23, al. 3 de la *Charte des droits et libertés de la personne*, précitée, note 7, art. 13 et 815.4 C.p.c. ; art. 82 et 83 de la *Loi sur la protection de la jeunesse*, précitée, note 13.
64. J. Doucet, « La représentation des enfants en matière familiale », dans Service de la formation permanente, Barreau du Québec, *Droit et enfant*, Cowansville, Éditions Yvon Blais, 1990, p. 104, 109.

§3 – La représentation de l'enfant

663 – *La représentation par avocat* – Le respect véritable de l'intérêt et des droits de l'enfant resterait lettre morte s'il n'était assorti du droit à l'avocat. Ce droit est consacré par les chartes[65], la *Loi sur le système de justice pénale pour les adolescents*[66] et la *Loi sur la protection de la jeunesse*[67]. Le *Code de procédure civile* prévoit également des mécanismes visant spécifiquement la représentation des mineurs devant les tribunaux (art. 394.1 et 394.2 C.p.c. ; art. 90 C.p.c.).

Ainsi, le tribunal peut, sur demande ou d'office, ajourner l'instruction afin que l'enfant soit représenté par un procureur. Cette décision relève de la discrétion judiciaire puisqu'il appartient au tribunal de déterminer, dans chaque cas, si la représentation de l'enfant est nécessaire pour assurer la sauvegarde de son intérêt (art. 394.1, al. 1 C.p.c. ; art. 90 C.p.c.). Le tribunal peut également statuer sur la fixation des honoraires de l'avocat et décider qui en assumera la charge. Il peut d'ailleurs rendre toute ordonnance utile pour assurer la représentation adéquate de l'enfant (art. 394.1, al. 2 C.p.c. ; art. 160 C.p.c.)[68].

664 – *La représentation par un tuteur ad hoc* – En plus de la possibilité de représentation par avocat, le législateur indique que le tribunal doit, sur demande ou même d'office, désigner un tuteur *ad hoc* à l'enfant dans tous les cas où l'intérêt du mineur est opposé à celui de son représentant légal (art. 394.2 C.p.c.)[69], c'est-à-dire de ses parents ou de son tuteur[70]. C'est dire que la nomination d'un tuteur *ad hoc*

65. *Charte canadienne des droits et libertés*, précitée, note 6, art. 10b) ; *Charte des droits et libertés de la personne*, précitée, note 7, art. 29 et 34.
66. *Loi sur le système de justice pénale pour les adolescents*, L.C. 2002, ch. 1.
67. *Loi sur la protection de la jeunesse*, précitée, note 13, art. 5 et 80 ; *Protection de la jeunesse – 640*, J.E. 93-1572, EYB 1993-74231 (C.S.). A. Fournier, « Le droit de l'enfant à la représentation par un avocat en matière de protection de la jeunesse », (1996) 37 *C. de D.* 971.
68. Cette disposition laisse supposer que le tribunal pourrait, le cas échéant, désigner lui-même le procureur de l'enfant si c'est la seule façon d'en assurer la représentation. À propos de la délicate question du rôle de l'avocat d'enfant, voir *infra*, la section « Pour aller plus loin ».
69. Il faut noter que cette obligation est moins étendue que sous l'ancien article 816.1 C.p.c. qui prévoyait la nomination d'un tuteur *ad hoc* également dans tous les cas où l'enfant ne peut déterminer son propre intérêt.
70. Exemple : dans *Droit de la famille – 2291*, [1995] R.J.Q. 3029, EYB 1995-75648 (C.Q.), le tribunal estime nécessaire la désignation d'un tuteur *ad hoc* pour décider de l'opportunité de consentir à l'adoption de l'enfant lorsque c'est le tuteur qui désire adopter ; voir M. Tétrault, *La garde partagée*, Scarborough, Carswell, 2000.

n'est pas automatique. Par contre, si le tribunal constate l'opposition des intérêts du mineur et de son représentant légal, l'article 394.2 C.p.c. ne laisse aucune place à la discrétion : le tribunal doit procéder à la désignation d'un tuteur *ad hoc*. Avec la réforme de 2014, il ne s'agit plus d'une obligation faite au tribunal, mais plutôt d'un pouvoir discrétionnaire puisque l'article 160, al. 3 C.p.c. prévoit désormais que le tribunal *peut, même d'office*, procéder à une telle nomination, ajoutant que si les circonstances l'exigent (ce qui sera le cas chaque fois qu'il faudra faire des démarches en vue de trouver et de nommer un tuteur) le tribunal peut suspendre les procédures (art. 160, al. 4 C.p.c.). Cela ne doit cependant pas occulter le fait que l'article 190 C.c.Q. est mandatoire et que lorsque l'objet des procédures porte sur le départage des intérêts du mineur et de son tuteur, la tutelle *ad hoc* s'impose.

665 – *Étendue de l'obligation du tribunal de désigner un tuteur ad hoc* – Dans une affaire souvent citée, le juge Benoît de la Cour supérieure avait sensiblement réduit l'obligation pour le tribunal de désigner un tuteur *ad hoc*, en concluant qu'elle ne s'imposait que dans les cas où l'enfant recherche, comme partie à une instance, des conclusions propres en sa faveur et non dans les cas où l'enfant ne cherche qu'à faire connaître son point de vue par l'intermédiaire d'un avocat[71]. Cependant, dans un arrêt plus récent, la Cour d'appel estime que l'enfant, qui se trouve au centre d'une longue guérilla judiciaire menée par ses parents qui se disputent le droit de garde, est dans un cas où le tribunal aurait dû lui désigner un tuteur *ad hoc*[72]. La Cour d'appel élargit donc considérablement la portée de l'obligation des tribunaux de désigner un tuteur *ad hoc*. La formulation de l'article 394.2 C.p.c. semble toutefois apporter un tempérament à cette obligation. En effet, contrairement à l'ancien article 816.1 C.p.c. (qui, rappelons-le, se trouvait sous le titre du Code de procédure concernant les procédures en matière familiale), cette disposition (qui se retrouve sous le titre qui touche aux règles générales en matière de preuve et d'audition) ne parle pas d'intérêt opposé à celui du titulaire de l'autorité parentale, mais du représentant légal. L'ancienne formulation visait sans aucun doute les cas, parmi d'autres, où l'enfant se trouve au centre d'un conflit portant sur le droit de garde et opposant les parents qui ont un intérêt propre en tant que titulaires de l'autorité parentale. La formulation actuelle, par contre, ne vise que les oppositions d'intérêt entre l'enfant et son

---

71. *V.* c. *M.*, [1983] C.S. 87.
72. *Droit de la famille – 1549*, précité, note 53.

tuteur ou ses parents dans leur rôle de représentant légal[73]. Or lorsque les parents se disputent la garde de leur enfant, ils n'agissent pas en tant que représentants légaux de celui-ci, mais en tant que titulaires de l'autorité parentale. On peut donc affirmer que, dans le cadre de conflits impliquant les parents en leur qualité de titulaires de l'autorité parentale, le législateur a estimé que la représentation par avocat offre une protection suffisante à l'enfant et que la désignation d'un tuteur *ad hoc* ne s'impose pas. Nous avons vu ci-dessus que la réforme de 2014 énonce clairement que le tribunal détient une marge de manœuvre en la matière (art. 160 C.p.c.) lorsqu'il ne s'agit pas d'un scénario visé par l'article 190 C.c.Q.

Section IV

La protection internationale de l'enfant

666 – À ce bref aperçu des règles en matière de respect des droits de l'enfant, il faut ajouter que celles-ci font l'objet d'une reconnaissance internationale formelle. De nombreuses conventions internationales concernent les enfants, que ce soit dans le domaine de l'adoption, de la protection, du travail, de l'enlèvement[74], etc. Mais la communauté internationale a surtout consacré les droits de l'enfant de manière spécifique dans la *Convention relative aux droits de l'enfant*[75], adoptée par l'Assemblée générale des Nations Unies le 20 novembre 1989. Le Canada a signé la Convention le 28 mai 1990 et l'a ratifiée le

---

73. Pour des cas d'application de ce principe, voir *J.G. (Succession de)*, 2011 QCCS 6077 ; *Demers* c. *Sherbrooke (Ville de)*, 2011 QCCQ 6855 ; *Droit de la famille – 092038*, 2009 QCCS 3822 ; *M.G.* c. *Québec (Curateur public)*, 2009 QCCS 3096.
74. F. Rémillard et F. Sabourin, *Aspects civils de l'enlèvement international et interprovincial d'enfants*, Cowansville, Éditions Yvon Blais, 2013.
75. *Convention relative aux droits de l'enfant*, résolution n° 44/25, Doc. AGNU, c. 3, 44e sess. (1989). Les travaux, qui ont finalement abouti au texte de la convention, ont été très longs puisque c'est 20 ans plus tôt, en 1969, que l'ONU avait adopté une résolution visant l'élaboration d'une convention internationale sur les droits de l'enfant. Des protocoles additionnels ont été adoptés sur la question des enfants-soldats et des enfants victimes de vente, de prostitution et de pornographie : le *Protocole facultatif à la Convention relative aux droits de l'enfant concernant la participation des enfants aux conflits armés*, adopté par l'Assemblée générale dans sa résolution A/RES/54/263 du 25 mai 2000 (entré en vigueur le 12 février 2002) et le *Protocole facultatif à la Convention relative aux droits de l'enfant concernant la vente des enfants, la prostitution des enfants et la pornographie mettant en scène des enfants*, adopté par l'Assemblée générale dans sa résolution A/RES/54/263 du 25 mai 2000 (entré en vigueur le 18 janvier 2002) ; le *Protocole facultatif établissant une procédure de présentation de communications* (plaintes pour des violations de droits de l'enfant), adopté par l'Assemblée générale dans sa résolution A/RES/66/138 du 27 janvier 2012.

11 décembre 1991[76]. Le gouvernement du Québec s'est déclaré lié par la Convention le 9 décembre 1991[77]. La Convention consacre des droits de nature civile, politique, économique, sociale et culturelle, et elle est basée sur l'idée fondamentale, déjà acceptée en droit québécois, que l'enfant, en tant qu'être humain, a les mêmes droits et jouit des mêmes libertés que l'adulte et qu'en tant que personne vulnérable, il mérite une protection et une attention particulières. C'est ainsi que le préambule de la Convention reprend les termes de la *Déclaration des droits de l'enfant de 1959*[78], qui indique que l'enfant, en raison de son manque de maturité physique et intellectuelle, a besoin d'une protection juridique appropriée. La Convention reflète donc de façon éloquente la dichotomie qui sous-tend le statut juridique complexe de l'enfant : son autonomie, d'une part, et sa protection, d'autre part.

667 – La Convention institue un Comité de l'ONU des droits de l'enfant, qui a pour mission d'examiner (sur la base de rapports que les États doivent lui transmettre tous les cinq ans) les progrès accomplis par les États dans l'exécution de leurs obligations, contractées en vertu de la Convention. Le Comité peut faire les recommandations nécessaires à l'Assemblée générale des Nations Unies[79].

---

76. L'instrument de ratification du gouvernement canadien a été déposé auprès du Secrétaire général de l'ONU le 13 décembre 1991 et la Convention est entrée en vigueur au Canada 30 jours plus tard, soit le 12 janvier 1992, en vertu de l'article 49(2) de la Convention. L'instrument de ratification canadien comporte des réserves à l'article 21 qui touche à l'adoption nationale et internationale (afin de tenir compte des formes de garde coutumière au sein des peuples autochtones) et à l'article 37c) qui concerne le droit de l'enfant, privé de sa liberté, d'être séparé des adultes. Le gouvernement canadien a également exprimé une déclaration d'interprétation concernant l'article 30 (droit d'avoir sa propre vie culturelle, de professer et de pratiquer sa propre religion et d'employer sa propre langue en commun avec les membres de la minorité dont l'enfant fait partie), en la mettant dans la perspective de l'article 4 (Ministère des Approvisionnements et Services Canada, (1992) 3 *Recueil des traités*, Ottawa, Édition Groupe Communication Canada, 1992, p. 50-51).
77. *Décret concernant la Convention relative aux droits de l'enfant*, D. 1676-91, (1992) 32 *G.O.Q.* II, 51 (09-12-91). Le gouvernement y appuie la réserve fédérale à l'article 21 ainsi que la déclaration d'interprétation concernant l'article 30 et déclare ne pas s'opposer à la réserve à l'article 37c), tout en soulignant que la législation québécoise respecte les obligations contenues à cet article.
78. La *Déclaration des droits de l'enfant*, adoptée par l'Assemblée générale des Nations Unies le 20 novembre 1959 (Résolution 1386 (XIV)) qui faisait suite à la *Déclaration de Genève relative aux droits de l'enfant*, adoptée par la Société des Nations en 1924.
79. *Ibid.*, art. 43. Les rapports canadiens, de même que les réactions du Comité sont disponibles sur le site Internet de Patrimoine Canada à l'adresse suivante : <http://www.pch.gc.ca>.

668 – L'intérêt supérieur de l'enfant se trouve confirmé, dans la Convention, comme une considération primordiale dans toutes les décisions qui le concernent[80]. Le Comité des droits de l'enfant a précisé l'interprétation qu'il convient de donner à cette notion centrale de la Convention :

> L'expression « considération primordiale » signifie que l'intérêt supérieur de l'enfant ne peut pas être mis sur le même plan que toutes les autres considérations. Cette position forte est justifiée par la situation particulière de l'enfant : dépendance, degré de maturité, statut juridique et, fréquemment, impossibilité de faire entendre sa voix. Les enfants ont moins de possibilités que les adultes de défendre vigoureusement leurs propres intérêts et ceux qui sont associés aux décisions qui les concernent doivent connaître précisément leurs intérêts. Si les intérêts des enfants ne sont pas mis en exergue, ils tendent à être négligés [...]. Comme le paragraphe 1 de l'article 3 couvre un large éventail de situations, le Comité reconnaît cependant la nécessité d'un certain degré de souplesse dans son application. L'intérêt supérieur de l'enfant – une fois évalué et déterminé – peut être en conflit avec d'autres intérêts ou d'autres droits (par exemple ceux d'autres enfants, du public, des parents, etc.). Les conflits potentiels entre l'intérêt supérieur d'un enfant, pris individuellement, et celui d'un groupe d'enfants ou des enfants en général doivent être résolus au cas par cas, en mettant soigneusement en balance les intérêts de toutes les parties et en trouvant un compromis acceptable. Il convient de procéder de même si les droits d'autres personnes sont en conflit avec l'intérêt supérieur de l'enfant. Si une harmonisation est impossible, les autorités et les responsables devront analyser et mettre en balance les droits de toutes les parties concernées, en ayant à l'esprit que le droit de l'enfant à ce que son intérêt supérieur soit une considération primordiale signifie que les intérêts de l'enfant ont un rang de priorité élevé et ne sont pas une considération parmi d'autres seulement.
>
> Il convient donc d'attribuer un plus grand poids à ce qui sert au mieux les intérêts de l'enfant. Pour considérer l'intérêt supérieur de l'enfant comme « primordial », il faut être conscient de la place que l'intérêt de l'enfant doit occuper dans toutes les

80. *Convention relative aux droits de l'enfant*, précitée, note 75, art. 3.

> actions et avoir la volonté de donner la priorité à ces intérêts en toute circonstance, mais en particulier lorsqu'une action a une incidence indéniable sur les enfants concernés [...] Évaluer l'intérêt supérieur de l'enfant est une opération toujours unique en ce qu'elle doit être effectuée dans chaque cas particulier au regard des circonstances propres à chaque enfant ou groupe d'enfants concerné ou aux enfants en général. Ces circonstances sont liées aux caractéristiques de l'enfant ou des enfants concernés, dont l'âge, le sexe, le degré de maturité, l'expérience, l'appartenance à un groupe minoritaire et le fait de présenter un handicap physique, sensoriel ou intellectuel, ainsi qu'au milieu social et culturel auquel appartient l'enfant, notamment la présence ou l'absence de ses parents, le fait que l'enfant vit ou non avec eux, la qualité de la relation entre l'enfant et sa famille ou ses pourvoyeurs de soins, la sécurité de son environnement et l'existence de solutions de remplacement de qualité à la disposition de la famille, de la famille élargie ou des pourvoyeurs de soins. La détermination de ce qui est dans l'intérêt supérieur de l'enfant devrait débuter par l'examen des circonstances particulières faisant de chaque enfant un cas unique. Cette démarche suppose de retenir certains éléments et d'en écarter d'autres et influe aussi sur le poids relatif attribué à chacun par rapport aux autres. Pour les enfants en général, les mêmes éléments interviennent dans l'évaluation de l'intérêt supérieur.[81]

669 – Une série de droits spécifiques sont également reconnus par la Convention en faveur de l'enfant, dont le droit à l'égalité (art. 2), le droit à la vie (art. 6), le droit à son identité (art. 8), le droit d'exprimer son opinion et d'être entendu dans les procédures judiciaires et administratives (art. 12), le droit à la liberté d'expression (art. 13), le droit à la liberté de pensée, de conscience et de religion (art. 14), le droit à la liberté d'association (art. 15), le droit au respect de la vie privée et familiale (art. 16), le droit à l'information (art. 17), le droit à l'intégrité physique et morale (art. 19), le droit de jouir du meilleur état de santé possible et de bénéficier de services médicaux (art. 24), le droit à un niveau de vie suffisant pour permettre son bon développement (art. 27), le droit de se reposer et de jouer (art. 31), le droit d'être protégé contre l'exploitation économique (art. 32) et contre l'usage de la drogue (art. 33), etc.

---

81. Comité des droits de l'enfant, *Observation générale n° 14 (2013) sur le droit de l'enfant à ce que son intérêt supérieur soit une considération primordiale*, CRC/C/GC/H, adoptée par le Comité à l'occasion de sa 62e session, 29 mai 2013, p. 10-13.

En terminant, notons que si les droits fondamentaux, comme le droit à la vie ou à l'intégrité physique, sont formellement reconnus par la Convention, en revanche les droits économiques, sociaux et culturels dépendent des « limites des ressources dont [les États] disposent »[82]. La Convention apparaît dès lors, à bien des égards, comme une simple déclaration de principe et d'intention de la part des États plutôt que comme une véritable charte des droits[83].

Pour aller plus loin

670 – *Historique de la législation en matière de protection de la jeunesse* – Le Québec a légiféré pour la première fois en matière de protection par l'*Acte concernant les écoles d'industrie* (S.Q. 1869, 32 Vict., ch. 17). Le Parlement fédéral, quant à lui, a concrétisé, à peu près à la même époque, le principe d'une procédure pénale spécifique aux jeunes : *Acte concernant les jeunes délinquants*, S.R.C. 1886, 49 Vict., ch. 177. Sur l'évolution historique de ces lois, voir en particulier : O. D'Amours, « Survol historique de la protection de l'enfance au Québec de 1608 à 1977 », dans le *Rapport de la commission parlementaire spéciale sur la protection de la jeunesse*, Québec, Éditeur officiel du Québec, 1982 ; M. Provost, « Les mauvais traitements de l'enfant : perspectives historiques et comparatives de la législation sur la protection de la jeunesse », (1991) 22 *R.D.U.S.* 21 ; R. Joyal, *Droit des jeunes*, t. II, Cowansville, Éditions Yvon Blais, 1988 ; R. Joyal-Poupart, « Délinquance juvénile d'hier à demain », (1982-1983) 13 *R.D.U.S.* 353 ; (1983-84) 14 *R.D.U.S.* 541 ; J. Trépanier et F. Tulkens, *Délinquance et protection de la jeunesse : aux sources des lois belge et canadienne sur l'enfance*, Bruxelles, De Boeck Université, 1995 ; J.-F. Boulais, *Loi sur la protection de la jeunesse, texte annoté*, 4e éd., Montréal, Soquij, 1999 ; *La protection de l'enfant : évolution*, Prix Charles-Coderre 1998, Sherbrooke, Éditions R.D.U.S., 1999 ; R. Joyal (dir.), *Entre surveillance et compassion. L'évolution de la protection de l'enfance au Québec*, Montréal, Presses de l'Université du Québec, 2000 ; A. Morin, *Principes de responsabilité en matière de délinquance juvénile au Canada*, Montréal, Wilson & Lafleur, 1992 ; R. Joyal et M. Provost, « La *Loi sur la protection de la jeunesse* de 1977. Une maturation laborieuse, un texte porteur », (1993) 34 *C. de D.* 635 ; R. Joyal et C. Chatillon, « La *Loi québécoise de la protection de l'enfance* de 1944 : genèse et avortement d'une réforme », (1994) 53 *Histoire sociale* 33.

671 – *L'intérêt de l'enfant : notion* – Il est intéressant de noter que, dans plusieurs autres provinces canadiennes, certaines lois donnent des définitions beaucoup plus détaillées de la notion d'intérêt de l'enfant en mentionnant, notamment, la prise en considération de l'avis personnel de l'enfant

82. *Ibid.*, art. 4.
83. J.-L. Renchon (dir.), *L'enfant et les relations familiales internationales*, Bruxelles, Bruylant, 2003.

ainsi que son besoin de stabilité. Voir par exemple, pour le Nouveau-Brunswick, *Loi sur les services à la famille*, L.N.-B. 1980, ch. F-2.2, art. 1 ; pour l'Ontario, *Loi sur les services à l'enfant et à la famille*, L.R.O. 1990, ch. C.11, art. 37(3) ; pour le Yukon, le *Children's Act*, R.S.Y. 2002, ch. 31, art. 30. Pour une analyse de la notion d'intérêt de l'enfant dans le cadre du droit de garde et de la protection de la jeunesse, voir M. Tétrault, *Droit de la famille*, 3e éd., Cowansville, Éditions Yvon Blais, 2005, p. 1233 et s. ; J. Pineau et M. Pratte, *La famille*, Montréal, Éditions Thémis, 2007, p. 843 et s. ; C. Boisclair, *Les droits et les besoins de l'enfant en matière de garde : réalité ou apparence ?*, Sherbrooke, Éditions R.D.U.S., 1978 ; C. Bernard, R. Ward et B.M. Knoppers, « "Best Interests of the Child" Exposed: A Portrait of Quebec Custody and Protection Law », (1992) 11 *Can. J. Fam. L.* 57-149 ; D. Goubau, « Joint Exercise of Parental Authority: The Quebec Civil Law Perspective », (2000) 17 *Canadian Journal of Family Law* 333-369 et « L'intérêt de l'enfant et les pouvoirs résiduels du parent non gardien », (1996) 13 *Can. J. Fam. L.* 11-48 ; Gouvernement du Canada, *Réponse du gouvernement du Canada au Rapport du Comité mixte spécial sur la garde et le droit de visite des enfants*, Ottawa, mai 1999 (document disponible sur le site Internet du ministère de la Justice [http://canada.justice.gc.ca] ; N. Bala, « « Best Interests » in Child Protection Proceedings : Implications and Alternatives », (1995) 12 *Can. J. Fam. L.* 367 ; L. Morin, « Pour une définition de l'intérêt de l'enfant basée sur son besoin d'appartenir », (1977) 7 *R.D.U.S.* 452 ; M. Ouellette-Lauzon, « Notion de l'intérêt de l'enfant », (1974) 9 *R.J.T.* 367 ; M.-C. Armstrong, P. Nadeau et L.-A. Duclos-Bélanger, « De la puissance paternelle à l'autorité parentale : en sommes-nous arrivés à la prérogative de l'enfant au Québec », (2009) 3(1) *Revue scientifique de l'AIFI* 1-39 ; S. Guillet, « Les droits de l'enfant à l'occasion d'un litige familial », dans Collection de droit 2012-2013, Barreau du Québec, vol. 3, *Personnes, famille et successions*, Cowansville, Éditions Yvon Blais, 2012.

Le doyen Carbonnier écrit ceci à propos de la notion d'intérêt de l'enfant : « La subtilité congénitale de la notion d'intérêt est accentuée, en ces applications légales, par la supériorité que nous nous sentons tenus d'attribuer, idéalistes que nous sommes tous, aux intérêts les plus fuyants, psychiques, éthiques. Davantage encore elle est accrue par la fluidité d'une situation qui évolue sans cesse avec l'âge des enfants et à laquelle il faut même intégrer la perspective de leur avenir adulte. On récapitule parfois le tout dans un concept d'intérêt éducatif. C'est un intérêt, remarque-t-on, dont l'appréciation ne peut jamais être cristallisée par l'autorité de la chose jugée. À plus forte raison, comment pourrait-elle l'être par l'autorité d'un texte de loi ? » : J. Carbonnier, « Les notions à contenu variable dans le droit français de la famille », dans C. Perelman et R. Vander Elst, *Les notions à contenu variable en droit*, Bruxelles, Bruylant, 1984, p. 104-105. À propos de l'utilisation de notions flexibles en droit familial, N. Bala écrit : « We thus moved from very rigid rules for making decisions about custody and other matters relating to children to highly flexible standards which gave judges such enormous discretion and are so vague and unpredictable as to raise jurisprudential issues as to whether they are "laws" at all » : N. Bala, « Judicial Discretion and Family Law Reform in Canada », (1986) 5 *Can. J. Fam. L.* 15, 23. Pour une excellente analyse des avantages et inconvénients de l'intérêt de l'enfant comme critère décisionnel, voir le texte toujours d'actualité de J.L. Dolgin, « Why has the Best-Interest Standard Survived?: The Historic and Social Context », (1996) 16 *Children's Legal Rights Journal* 2.

672 – *Intérêt de l'enfant versus droits de l'enfant ?* – Le critère de l'intérêt de l'enfant fait régulièrement l'objet de critiques, car, comme nous l'avons souligné plus haut, il laisse une marge d'appréciation telle aux juges, qu'il peut en devenir arbitraire. Il est vrai que, dans les conflits qui concernent l'enfant, chaque partie invoque avec conviction l'intérêt de ce dernier pour justifier sa propre position[84]. Or, la détermination de l'intérêt de l'enfant n'est pas une question qui relève de la simple conscience ou des propres convictions des parties ou du juge[85]. C'est en matière de protection de la jeunesse que les critiques les plus vives ont été formulées à l'égard de ce critère. Dans les années 1970 un courant idéologique a remis en question la notion d'intérêt comme critère décisionnel, au point d'en proposer l'abolition. C'était une des propositions du Rapport Batshaw concernant les enfants en institution[86] :

> En effet, au nom du « bien de l'enfant », on a justifié les pires traitements, allant du châtiment corporel jusqu'à la détention dans des conditions inhumaines et inacceptables.
>
> [...]
>
> Nous proposons, au contraire, d'abolir toute notion d'intérêt ou de dommage dont l'évaluation restera toujours subjective. Après tout, on ne prétend pas agir « dans l'intérêt des adultes » ou de prendre à leur égard les mesures « les moins dommageables » : on décide à la lumière de leurs droits tels que la loi les définit.
>
> [...]

---

84. J. Gauthier, « L'enfant, nouvelle source de droit », dans A. Ruffo (dir.), *Les enfants devant la justice*, Cowansville, Éditions Yvon Blais, 1990, p. 88.
85. On peut citer à cet égard la remarque de J.-L. Bergel qui, dans un autre contexte il est vrai, écrit : « On ne peut en effet livrer les rapports ou les conflits sociaux à une sorte d'existentialisme juridique, procédant du seul bon sens, du sentiment d'équité et de la conscience des juges. Cela conduirait à des jugements contradictoires dans des situations identiques, à l'arbitraire et à l'insécurité » : « Ébauche d'une définition de la méthodologie juridique », (1990) 4 *R.R.J. Droit prospectif* 709.
86. *Rapport du Comité d'étude sur la réadaptation des enfants et adolescents placés en centre d'accueil*, Comité Batshaw, ministère des Affaires sociales, janvier 1976, p. 53, cité dans J.-F. Boulais, *Loi sur la protection de la jeunesse, texte annoté*, 2e éd., Montréal, Soquij, 1990, p. 324-330.

> Nous croyons qu'en définissant clairement et rigoureusement des droits aux enfants et en leur donnant les moyens ou les mécanismes pour les faire respecter, les décisions prises seront les seules possibles dans les circonstances.

Dès le début des années 1980, l'affirmation de la prise en considération de l'intérêt de l'enfant est apparue comme essentielle, car elle permet de répondre aux situations où les seuls droits de l'enfant ne permettent pas de répondre à ses besoins spécifiques et de trancher les débats au bénéfice de l'enfant lorsque plusieurs de ses droits s'opposent entre eux ou à ceux d'un tiers[87]. Comme le souligne le Rapport Jasmin, le droit d'un enfant à être protégé peut, dans certaines situations, avoir préséance sur un autre de ses droits, soit celui d'être maintenu dans son milieu parental. « C'est alors la recherche de l'intérêt de l'enfant qui intervient pour établir la préséance d'un droit sur l'autre »[88]. La notion d'intérêt devient donc indissociable des droits de l'enfant, en ce sens que les décisions qui le concernent doivent viser à combler ses besoins, dans le respect de ses droits[89]. La nécessaire flexibilité de la notion d'intérêt se trouve donc balisée par le caractère objectif des droits[90].

Affirmer le principe de la primauté de l'intérêt de l'enfant ne signifie donc pas que cette notion permet de faire n'importe quoi, n'importe comment, chaque fois qu'il s'agit d'un enfant. Encore faut-il que les décisions respectent les autres règles de droit[91]. En effet, comme le souligne un auteur, « l'intérêt de l'enfant, tout important qu'il soit, n'est pas dictatorial »[92]. La Cour suprême, tout en soulignant l'intérêt de l'enfant est un « principe très

87. On peut noter qu'en 1984 le législateur réintroduisait, à l'article 3 de la *Loi sur la protection de la jeunesse*, la notion de l'intérêt de l'enfant aux côtés de celle du respect de ses droits, comme motif déterminant dans les décisions qui le concernent, donnant suite aux recommandations du *Rapport de la Commission parlementaire spéciale sur la protection de la jeunesse*, ministère des Communications, Québec, 1982, p. 222.
88. Gouvernement du Québec, *La protection de la jeunesse, plus qu'une loi*, Rapport du groupe de travail sur l'évaluation de la *Loi sur la protection de la jeunesse*, Québec, 1992, p. 38.
89. Sur la prise en considération simultanée de l'intérêt, des droits et des besoins de l'enfant, voir S. Bernigaud, « La protection administrative et judiciaire de l'enfant : étude comparative des systèmes français et québécois », Lyon, thèse de doctorat en droit privé de l'Université Jean Moulin – Lyon III, 1992.
90. Voir à ce propos le jugement *Droit de la famille – 595*, [1989] R.D.F. 94, 103, EYB 1988-77303 (C.Q.), dans lequel le juge N. Bernier écrit : « La notion de droits définis par la loi, par essence plus statique, offre l'avantage des balises claires et définies. La notion d'intérêt de l'enfant peut d'autre part s'adapter à l'évolution de la société et de la famille et permettre d'individualiser la situation de chaque enfant » (p. 103).
91. On cite souvent à cet égard l'exemple de l'adoption : le tribunal ne peut tirer argument de l'intérêt de l'enfant pour prononcer un jugement d'adoption si toutes les conditions légales de l'adoption ne sont pas réunies (voir *Ste-Marie* c. *Cour du Bien-être social*, [1974] C.A. 372 ; *Adoption – 17*, [1982] C.A. 58 ; *Droit de la famille – 1558*, [1992] R.D.F. 191, EYB 1992-74903 (C.Q.)).
92. A. Mayrand, « Égalité en droit familial québécois », (1985) 19 *R.J.T.* 275, 277.

puissant »[93] lorsqu'il s'agit de prendre une décision concernant un enfant, a cependant souligné que ce principe juridique ne peut pour autant être qualifié de principe de justice fondamentale. La Cour suprême estime, en effet, que la notion d'intérêt de l'enfant peut être subordonnée à d'autres intérêts dans des contextes appropriés et que son application ne peut que dépendre fortement du contexte et susciter la controverse[94].

673 – *La protection de l'enfant-témoin* – De nouveaux moyens techniques visent à faciliter les témoignages des enfants en matière criminelle et dans les dossiers de protection (exemple : déposition sur bande vidéo, témoignage derrière un écran et sur circuit fermé de télévision). On consultera à cet égard les auteurs suivants : D. Goubau, « L'enfant devant les tribunaux en matières familiales : un mal parfois nécessaire... », dans B. Moore, C. Bideau-Cayre et V. Lemay (dir.), *La représentation des enfants devant les tribunaux*, Montréal, Éditions Thémis, 2009, p. 111-131 ; C. Dubreuil, *Le témoignage des enfants en droit pénal et en droit civil*, Montréal, Éditions Thémis, 1991 ; D. Nadeau et L. Mignault, « L'entrevue avec l'enfant et son témoignage à la Cour : aspects psychologiques », dans Service de la formation permanente, Barreau du Québec, *Congrès annuel du Barreau du Québec 2002*, Montréal, 2002, p. 369 à 403 ; A. Wolfish, « Interviewing Children in Protection Proceedings », (1987) 7 *Health Law in Canada* 95 ; D.A. Rollie Thompson, « Children Should Be Heard, but Not Seen: Children's Evidence in Protection Proceedings », (1991) 8 *C.F.L.Q.* 1-42. À propos des difficultés particulières en matière de témoignage des enfants, voir J.P. Schuman, N. Bala et K. Lee, « Developmentally Appropriate Questions for Child Witnesses », (1999) 25 *Queen's L.J.* 251-304 ; N. Bala, « A Legal & Psychological Critique of the Present Approach to the Assessment of the Competence of Child Witnesses », (2000) 38 *Osgoode Hall L.J.* 409-451 ; P.R. Laforce, « Le témoignage de l'enfant en matière de protection de la jeunesse », dans Barreau du Québec, Service de la formation continue, *Congrès annuel du Barreau du Québec (2010)*, Montréal, 2010 ; P. Berardino, « Le témoignage de l'enfant », dans Barreau du Québec, Service de la formation continue, *Congrès annuel du Barreau du Québec (2010)*, Montréal, 2010 ; H. Timmerman, « Le témoignage de l' enfant : son droit d'être entendu et consulté sur son avenir », dans Barreau du Québec, Service de la formation continue, *Congrès annuel du Barreau du Québec (2010)*, Montréal, 2010.

674 – *Le rôle de l'avocat de l'enfant* – Une fois affirmé le droit de l'enfant d'être représenté par avocat (*Droit de la famille – 1549*, [1992] R.J.Q. 855 (C.A.)) et la possibilité pour le tribunal de prendre les mesures nécessaires à la représentation de l'enfant, la question du rôle et de la nature du mandat de

93. *Canadian Foundation for Children, Youth and the Law* c. *Canada (Procureur général)*, [2004] 1 R.C.S. 76, REJB 2004-53164, par. 12.
94. *Ibid.*, par. 10 et 11. Les juges majoritaires soulignent qu'« il se peut que des gens raisonnables ne s'accordent pas sur le résultat que produira son application », faisant de la notion d'intérêt de l'enfant un principe à contenu trop variable pour pouvoir se qualifier au rang de principe de justice fondamentale (par. 11).

l'avocat se pose. Doit-il veiller au seul respect des droits de son jeune client ou doit-il participer activement à la recherche de l'intérêt de celui-ci ? Dans l'exécution de son mandat, l'avocat est-il strictement le porte-parole de l'enfant ou peut-il, au contraire, agir selon sa propre conception de l'intérêt de l'enfant, quitte à adopter une position contraire à celle exprimée par son client ? Le rôle de l'avocat est-il différent lorsqu'il s'agit d'un enfant doué de discernement ou d'un enfant en bas âge ? Y a-t-il une différence de nature entre le mandat de l'avocat désigné dans le cadre de l'article 394.1 C.p.c. et celui de l'avocat engagé à l'initiative de l'enfant lui-même ? Dans l'affaire *M.F.* c. *J.L.*, [2002] R.J.Q. 676 (C.A.), la Cour d'appel a décidé que lorsque l'enfant est doué de discernement et qu'il est capable d'exprimer ses désirs, quelle que soit l'origine du mandat de l'avocat, ce dernier a l'obligation de faire valoir les attentes de son jeune client, même s'il ne les partage pas.

On constate que la représentation des enfants devant les tribunaux pose une foule d'interrogations importantes. Nous ne faisons ici que les évoquer et nous renvoyons le lecteur à l'abondante littérature sur ces questions. Voir notamment J.S.Vaillancourt, « Le rôle et l'utilité du procureur à l'enfant devant la Cour supérieure : revue de la jurisprudence », dans Service de la formation continue, Barreau du Québec, *Congrès annuel du Barreau du Québec (2010)*, Montréal, 2010 ; Barreau du Québec, *Mémoire sur la représentation des enfants par avocat*, Montréal, février 1995 ; Barreau du Québec, *La représentation des enfants par avocat dix ans plus tard*, Montréal, mai 2006 ; S. Bourassa, « La représentation des enfants : commentaires, perceptions et réactions des enfants », dans Service de la formation continue, Barreau du Québec, *Congrès annuel du Barreau du Québec (2006)*, Montréal, 2006, p. 837-856 ; S. Schirm et P. Vallant, *La représentation des enfants en matière familiale*, Cowansville, Éditions Yvon Blais, 2004 ; Y. Carrière, « Le mode de représentation des enfants par avocat : le modèle québécois se précise », dans Service de la formation permanente, Barreau du Québec, *Développements récents en droit familial (2003)*, Cowansville, Éditions Yvon Blais, 2003, p. 1 ; M. Tétrault, *Droit de la famille*, 3e éd., Cowansville, Éditions Yvon Blais, 2005, p. 1261 et s. ; H. Létourneau, « L'avocat pour l'enfant : l'expérience québécoise », (1987) *R.D.F.* 135 ; Collectif, *L'enfant et le système judiciaire*, Prix Charles-Coderre 1990, Cowansville, Éditions Yvon Blais, 1991 ; N. Bastien, « La représentation de l'enfant par avocat », dans *Droits de la personne : l'émergence de droits nouveaux – Aspects canadiens et européens*, Cowansville, Éditions Yvon Blais, 1993.

675 – *À propos de la Convention internationale des droits de l'enfant* – Pour une analyse plus approfondie et une approche critique de la Convention, nous renvoyons le lecteur aux études suivantes : I. Théry, « Nouveaux droits de l'enfant, la potion magique ? », (1992) 180 *Esprit* 9 ; M. Santos Pais, « La Convention sur les droits de l'enfant », dans *Droits de la personne : l'émergence de droits nouveaux – Aspects canadiens et européens*, Cowansville, Éditions Yvon Blais, 1993, p. 665 ; M. Miaille, « Les droits de l'enfant : plus de droits ou d'autres droits ? », dans *Enfance et violences*, sous la direction de J. Rubellin-Devichi et M. Andrieux, Lyon, Presses universitaires de

Lyon, 1992, p. 127 ; M. Minow, « Children's Rights: Where We've Been and Where We're Going », (1995) 68 *Temple L. Rev.* 1573-1584 ; M. Freeman, « Why It Remains Important to Take Children's Rights Seriously », (2007) 15 *International Journal of Children's Rights* 5-23 ; E. Bartholet, « Ratification by the United States of the Convention on the Rights of the Child: Pros and Cons from a Child's Rights Perspective », (2011) 633 *The ANNALS of the American Academy of Political and Social Science* 80-101 ; R. Dixon et M. Nussbaum, « Children's Rights and a Capabilities Approach: The Question of Special Priority », (2012) 97 *Cornell L. Rev.* 549-594 ; C. Seccaud, « La conception de l'enfance en droit international : illustration par les enfants travailleurs », (2011) 24.1 *R.Q.D.I.* 131-170 ; M. Maystre, *Les enfants soldats en droit international ; problématiques contemporaines au regard du droit international humanitaire et droit international pénal*, Paris, Pedone, coll. Perspectives internationales, nº 30 ; T. Collins, R. Grondin, V. Pinero *et al.*, *Droits de l' enfant : actes de la Conférence internationale / Ottawa 2007 – Rights of the Child: Proceedings of the International Conference / Ottawa 2007*, Montréal, Wilson & Lafleur, 2008.

Pour un regard canadien sur la Convention : Bureau international des droits des enfants, *Rapport final de la Conférence tenue à Montréal du 18 au 20 novembre 2004, Mise en œuvre des droits de l'enfant. Perspectives nationales et internationales*, textes préparés par R. Joyal, J.-F. Noël et C.C. Feliciati, Cowansville, Éditions Yvon Blais, 2005 ; C. Lavallée, « La Convention internationale relative aux droits de l'enfant et son application au Canada », (1996) 3 *Rev. int. dr. comp.* 605 ; Coalition canadienne pour le droit des enfants, *La convention de l'ONU relative aux droits de l'enfant : le Canada respecte-t-il ses engagements ?*, Ottawa, ministère de la Justice, 1999, 136 p. ; J. Holmes, « The Convention on the Rights of the Child: a Canadian Perspective », (1989) *Conf. Council Internat. L.* 21 ; S.J. Toope, « The Convention on the Rights of the Child : Implications for Canada », dans M. Freeman (éd.), *Children's Rights: A Comparative Perspective*, Brookfield U.S.A., Aldershot, 1996 ; *Baker* c. *Canada (Ministère de la Citoyenneté et de l'Immigration)*, [1999] 2 R.C.S. 817 ; voir aussi une série de documents disponibles sur le site Internet de la Commission des droits de la personne et des droits de la jeunesse <http://www.cdpdj.qc.ca> ; M. Paré, « La mise en œuvre de la *Convention relative aux droits de l'enfant* : une question de principes », dans *Race, femme, enfant, handicap : les conventions internationales et le droit interne à la lumière des enjeux pratiques du droit à l'égalité*, Cowansville, Éditions Yvon Blais, 2010, p. 391-427 ; P. Gaumond, « L'évolution du concept de protection de l'enfant en droit interne québécois dans l'optique des principes de la *Convention relative aux droits de l'enfant* », dans *Droits de l'enfant : actes de la Conférence internationale / Ottawa 2007 – Rights of the Child: Proceedings of the International Conference / Ottawa 2007*, Montréal, Wilson & Lafleur, 2008, p. 339.

Sur les difficultés de la communauté internationale à mettre en œuvre les droits et l'intérêt de l'enfant, voir P. David, *Enfants sans enfance*, Paris, Hachette, Coll. *Pluriel*, 1995. En matière de santé, voir en particulier M.-J.

Bernardi, *Le droit à la santé du fœtus au Canada*, Montréal, Éditions Thémis, 1995 ; J.-L. Baudouin et S. Le Bris (dir.), *Droits de la personne : les « bio-droits ». Aspects nord-américains et européens*, Cowansville, Éditions Yvon Blais, 1997.

BIBLIOGRAPHIE SÉLECTIVE

ARMSTRONG, M.-C., P. NADEAU et L.-A. DUCLOS-BÉLANGER, « De la puissance paternelle à l'autorité parentale : en sommes-nous arrivés à la prérogative de l'enfant au Québec ? », (2009) 3(1) *Revue scientifique de l'AIFI* 1-39.

BALA, N. (éd.), *Canadian Child Welfare Law*, 2e éd., Toronto, Thomson Educational Publishing, 2004, p. 333 à 408.

BALA, N., « A Legal & Psychological Critique of the Present Approach to the Assessment of the Competence of Child Witnesses », (2000) 38 *Osgoode Hall L.J.* 409-451.

BALA, N. et S. ANAND, *Youth Criminal Justice Law*, 3e éd., Toronto, Irwin Law, 2012.

BARREAU DU QUÉBEC, *La représentation des enfants par avocat dix ans plus tard*, Montréal, mai 2006.

BASTIEN, N., « La représentation de l'enfant par avocat », dans *Droits de la personne : l'émergence de droits nouveaux – Aspects canadiens et européens,* Cowansville, Éditions Yvon Blais, 1993.

BERNARD, C., « Les droits de l'enfant, entre la protection et l'autonomie », dans L. LAMARCHE et P. BOSSET (dir.), *Des enfants et des droits*, Québec, P.U.L., 1997, p. 25-40.

BERNARD, C., « Les droits de l'enfant, des droits de la personne à part entière », dans *Race, femme, enfant, handicap : les conventions internationales et le droit interne à la lumière des enjeux pratiques du droit à l'égalité*, Cowansville, Éditions Yvon Blais, 2010.

BESSNER, R., *Le point de vue des enfants dans les procédures en matière de divorce, de garde, de droit de visite*, Justice Canada, Section de la famille, des enfants et des adolescents, Ottawa, 2002-FCY-1F, <www.canada.justice.gc.ca>.

BOIES, C., « Le désengagement de l'État et les droits des enfants », dans L. LAMARCHE et P. BOSSET (dir.), *Des enfants et des droits*, Québec, P.U.L., 1997, p. 85 et s.

BOISCLAIR, C., *Les droits et les besoins de l'enfant en matière de garde : réalité ou apparence ?*, Sherbrooke, Éditions R.D.U.S., 1978.

BUREAU INTERNATIONAL DES DROITS DES ENFANTS, *Rapport final de la Conférence tenue à Montréal du 18 au 20 novembre 2004, Mise en œuvre des droits de l'enfant. Perspectives nationales et internationales*, textes préparés par R. Joyal, J.-F. Noël et C.C. Feliciati, Cowansville, Éditions Yvon Blais, 2005.

COALITION CANADIENNE POUR LE DROIT DES ENFANTS, *La convention de l'ONU relative aux droits de l'enfant : le Canada respecte-t-il ses engagements ?*, Ottawa, ministère de la Justice, 1999, 136 p.

COLLECTIF, *La protection de l'enfant : évolution*, Prix Charles-Coderre 1998, Sherbrooke, Éditions R.D.U.S., 1999.

D'AMOURS, O., « Survol historique de la protection de l'enfance au Québec de 1608 à 1977 », dans *Rapport de la commission parlementaire spéciale sur la protection de la jeunesse*, Québec, Éditeur officiel du Québec, 1982.

DAVIES, C.D., « Access to Justice for Children: the Voice of the Child in Custody and Access Dispute », (2003) 22 *Canadian Family Law Quarterly* 153.

DOLGIN, J.L., « Why has the Best-Interest Standard Survived?: The Historic and Social Context », (1996) 16 *Children's Legal Rights Journal* 2.

FOURNIER, A., « Le droit de l'enfant à la représentation par un avocat en matière de protection de la jeunesse », (1996) 37 *C. de D.* 971.

FREEMAN, M., « Why It Remains Important to Take Children's Rights Seriously », (2007) 15 *International Journal of Children's Rights* 5-23.

GOUBAU, D., « L'enfant devant les tribunaux en matières familiales : un mal parfois nécessaire... », dans B. MOORE, C. BIDEAU-CAYRE et V. LEMAY (dir.), *La représentation des enfants devant les tribunaux*, Montréal, Éditions Thémis, 2009, p. 111-131.

GOUBAU, D., « L'intérêt de l'enfant et les pouvoirs résiduels du parent non gardien », (1996) 13 *Can. J. Fam. L.* 11-48.

GOUBAU, D., « L'objectivation des normes en droit de la famille : une mission possible », (1998) 1 *Revue trimestrielle de droit familial* 7-31.

GRONDIN, R., *L'enfant et le droit pénal*, Montréal, Wilson & Lafleur, 2011.

GUILLET, S., « Les droits de l'enfant à l'occasion d'un litige familial », dans Collection de droit 2012-2013, Barreau du Québec, vol. 3, *Personnes, famille et successions*, Cowansville, Éditions Yvon Blais, 2012.

HOLMES, J., « The Convention on the Rights of the Child: a Canadian Perspective », (1989) *Conf. Council Internat. L.* 21.

JOYAL, R. (dir.), *Entre surveillance et compassion. L'évolution de la protection de l'enfance au Québec*, Montréal, Presses de l'Université du Québec, 2000.

JOYAL, R. et A. QUIÉNART, « La parole de l'enfant et les litiges de garde : points de vue de juges sur divers aspects de la question », (2001) 61 *R. du B.* 281-297.

LABERGE, V., « L'interprétation du meilleur intérêt de l'enfant dans les litiges de garde », (2013) 72 *R. du B.* 67.

LAVALLÉE, C., « La Convention internationale relative aux droits de l'enfant et son application au Canada », (1996) 3 *Rev. int. dr. comp.* 605.

PARÉ, M., « La mise en œuvre de la *Convention relative aux droits de l'enfant* : une question de principes », dans *Race, femme, enfant, handicap : les conventions internationales et le droit interne à la lumière des enjeux pratiques du droit à l'égalité*, Cowansville, Éditions Yvon Blais, 2010, p. 391-427.

RÉMILLARD, F. et F. SABOURIN, *Aspects civils de l'enlèvement international et interprovincial d'enfants*, Cowansville, Éditions Yvon Blais, 2013.

RICARD, L., « Le rapport entre le juridique et le clinique dans l'application de la *Loi sur la protection de la jeunesse* : une perspective relationnelle », (2013) 43 *R.G.D.* 49-8.

RUBELLIN-DEVICHI, J. et R. FRANK (dir.), *L'enfant et les conventions internationales*, Lyon, Presses universitaires de Lyon, 1996.

SANTOS PAIS, M., « La Convention sur les droits de l'enfant », dans *Droits de la personne : l'émergence de droits nouveaux – Aspects canadiens et européens,* Cowansville, Éditions Yvon Blais, 1993, p. 665.

SCHIRM, S. et P. VALLANT, *La représentation des enfants en matière familiale*, Cowansville, Éditions Yvon Blais, 2004.

SCHUMAN, J.P., N. BALA et K. LEE, « Developmentaly Appropriate Questions for Child Witnesses », (1999) 25 *Queen's L.J.* 251-304.

SECCAUD, C., « La conception de l'enfance en droit international : illustration par les enfants travailleurs », (2011) 24(1) *R.Q.D.I.* 131-170.

THÉRY, I., « Nouveaux droits de l'enfant, la potion magique ? », (1992) 180 *Esprit* 9.

TOOPE, S.J., « The Convention on the Rights of the Child: Implications for Canada », dans M. FREEMAN (éd.), *Children's Rights: A Comparative Perspective*, Brookfield U.S.A., Aldershot, 1996.

TRÉPANIER, J. et F. TULKENS, *Délinquance et protection de la jeunesse : aux sources des lois belge et canadienne sur l'enfance*, Bruxelles, De Boeck Université, 1995.

TURMEL, J. et S. DELISLE, « La *Loi sur le système de justice pénale pour les adolescents* », dans Collection de droit 2013-2014, Barreau du Québec, vol. 11, *Droit pénal, procédure et preuve*, Cowansville, Éditions Yvon Blais, 2013, p. 259.

WALTER B., J.A. ISENEGGER et N. BALA, « "Best Interests" in Child Protection Proceedings: Implications and Alternatives », (1995) 12 *Can. J. Fam. L.* 367.

TITRE II
LES MAJEURS

676 – *Le principe* – La deuxième catégorie de personnes pour lesquelles le législateur a mis en place des mécanismes de protection est celle des majeurs lorsqu'ils sont plus ou moins inaptes à prendre soin d'eux-mêmes ou à administrer leurs biens. Comme pour les mineurs, la loi prévoit pour les majeurs un système de représentation ou d'assistance. Le but ultime est de permettre à ces personnes d'agir sur le plan juridique et de les protéger, en raison de leur faiblesse permanente ou temporaire, contre elles-mêmes et contre les tiers. Contrairement au régime de protection des mineurs qui, par définition, s'adresse à tous les mineurs, la protection des majeurs demeure un régime d'exception, la règle étant celle de la capacité générale et totale des majeurs.

677 – *L'évolution du droit* – Après plus d'un siècle de quasi-immobilisme, le droit concernant les majeurs inaptes a connu en 1989 un bouleversement impliquant des changements non seulement dans les règles et les mécanismes de protection, mais également dans les principes fondamentaux qui les sous-tendent. Les dispositions du *Code civil du Bas Canada* concernant les majeurs incapables, héritées en grande partie du Code Napoléon et du droit coutumier français[1], n'avaient pratiquement pas bougé depuis 1866, abstraction faite de quelques modifications mineures ou d'ordre procédural. Au début des années 1970, l'Office de révision du Code civil proposa pour la première fois des changements importants aux régimes qui avaient été mis en place il y a plus d'un siècle[2] et qui n'étaient pas

1. À propos de l'interdiction et de la curatelle aux « fous » avant le *Code civil du Bas Canada* et en remontant jusqu'au XVIIe siècle, voir A. Cellard, « La curatelle et l'histoire de la maladie mentale au Québec », *Histoire sociale* (1986) vol. XIX, n° 38, p. 443-450.
2. O.R.C.C., *Rapport sur la famille*, 2e partie, Montréal, Éditeur officiel, 1975, p. 174-204. Voir, au sujet de ces propositions, M. D.-Castelli, « Commentaires sur le rapport de l'O.R.C.C. sur la famille – 2e partie », (1976) *C. de D.* 586-590.

exempts de préjugés à l'égard de la maladie mentale. La nécessité de revoir en profondeur le traitement juridique réservé aux handicapés intellectuels et aux inaptes s'inscrivait dans le contexte de l'« émergence du droit de la personne, de la protection de son autonomie, du respect même de son existence »[3]. Plusieurs projets de loi, dans les années 1980, ont eu pour objet de concrétiser la réforme, mais ils ne sont jamais entrés en vigueur[4]. Ce n'est qu'en 1990 que le gouvernement s'est finalement décidé à mettre en œuvre la réforme, telle que reformulée dans le projet de loi 145[5]. Le Québec participait ainsi au mouvement de réforme du droit des inaptes recentré sur la personne humaine, observé dans de nombreux pays occidentaux à la fin des années 1980 et le début des années 1990 et issu de l'inévitable dialogue entre la psychiatrie et le droit[6]. Le droit québécois s'inscrivait également ainsi dans la logique des développements du droit international au chapitre de la protection des personnes atteintes de déficience mentale ou physique et de l'affirmation du principe du respect de l'autonomie résiduelle des personnes inaptes[7].

Le *Code civil du Québec* de 1991 ne fit que reprendre les textes, en vigueur depuis le 15 avril 1990, en y apportant quelques légères modifications, dictées notamment par la réforme du droit de la tutelle des mineurs[8]. La véritable réforme du droit relatif aux majeurs inaptes a donc été mise en œuvre dès 1990. En 1999, la procédure est à

---

3. M. Ouellette, « La *Loi sur le curateur public* et la protection des incapables », (1989) 3 *C.P. du N.* 1, 10.
4. *Loi portant réforme du Code civil du Québec du droit des personnes*, Québec, décembre 1982, mort au feuilleton (projet de loi 106) ; *Loi portant réforme au Code civil du Québec, du droit des personnes, des successions et des biens*, L.Q. 1987, c. 18 (projet de loi 20, adopté et sanctionné le 15 avril 1987, mais jamais entré en vigueur). Pour un historique détaillé de ces deux projets de loi, voir en particulier É. Deleury, « La protection des incapables et la réforme du Code civil », (1987) 18 *R.D.U.S.* 57.
5. *Loi sur le curateur public et modifiant le Code civil et d'autres dispositions législatives*, L.Q. 1989, c. 54, entrée en vigueur le 15 avril 1990. Cette loi reprend *mutatis mutandis* les propositions du projet de loi 20 en matière de protection des majeurs inaptes et les intègre au *Code civil du Bas Canada*. Ce projet introduit également, mais dans le *Code civil du Québec*, cette fois, les dispositions de l'administration des biens d'autrui, réputées en vigueur pour les seules fins des tutelles et curatelles. À propos de ce processus législatif surprenant et complexe ayant finalement abouti à l'adoption de la réforme, voir les critiques de M. Ouellette, *loc. cit.*, note 3.
6. G. Benoit, I. Brandon et J. Gillardin (dir.), *Malades mentaux et incapables majeurs. Émergence d'un nouveau statut civil*, Bruxelles, Publications des Facultés universitaires Saint-Louis, 1994.
7. I. Duplessis, « La pertinence des instruments internationaux en matière de protection des majeurs », dans Service de la formation continue, Barreau du Québec, *Autonomie et protection*, Cowansville, Éditions Yvon Blais, 2007.
8. Voir *supra*, Partie II, Titre I.

nouveau remodelée pour permettre, cette fois, de passer en partie par la voie notariale lorsqu'il s'agit de l'ouverture d'un régime de protection ou de l'homologation d'un mandat donné en prévision de l'inaptitude ou de protection[9].

678 – *Au-delà du Code civil* – Parallèlement aux dispositions du Code civil, d'autres lois s'intéressent également à la protection de la personne ou du patrimoine des majeurs inaptes. Il s'agit essentiellement de la *Loi sur le curateur public*[10] et de la *Loi sur la protection des personnes dont l'état mental présente un danger pour elles-mêmes ou pour autrui*[11]. Et puisque de nombreuses personnes inaptes résident dans des institutions qui relèvent des services de santé et des services sociaux, il est également utile de se référer à la *Loi sur les services de santé et les services sociaux*[12]. La *Charte des droits et libertés de la personne*, sans référer spécifiquement à la notion d'inaptitude, consacre le principe général de la protection des personnes âgées ou handicapées contre toute forme d'exploitation et le principe de la responsabilité des proches à cet égard[13]. L'organisation des régimes de protection des majeurs se trouve toutefois dans le Code civil ainsi que dans le *Code de procédure civile*.

---

9. *Loi modifiant le Code de procédure civile en matière notariale et d'autres dispositions législatives*, L.Q. 1998, c. 51. Sur ces questions, voir les analyses détaillées *infra*, le paragraphe 712 pour l'ouverture d'un régime de protection et le paragraphe 782 pour l'homologation d'un mandat de protection. Le *Code de procédure civile* de 2014 indique en son article 778 que dans les lois (incluant le Code civil) et leurs textes d'application, l'expression « de protection » remplace « en prévision de l'inaptitude », « donné en prévision de l'inaptitude », « d'inaptitude » ou toute expression au même effet.
10. *Loi sur le curateur public*, RLRQ, c. C-81. Pour l'historique de cette loi, voir *infra*, par. 766.
11. *Loi sur la protection des personnes dont l'état mental présente un danger pour elles-mêmes ou pour autrui*, RLRQ, c. P-38.001. Voir *supra*, Partie I.
12. *Loi sur les services de santé et les services sociaux*, RLRQ, c. S-4.2.
13. RLRQ, c. C-12, art. 48.

CHAPITRE I

LA PROTECTION DES MAJEURS : PRINCIPES GÉNÉRAUX

Section I

La situation avant 1989

679 – Depuis fort longtemps, le système de protection des majeurs incapables faisait l'objet de critiques sévères en raison de son caractère désuet, inefficace[1] et non respectueux des droits de la personne[2]. Ces critiques, qu'il convient d'exposer succinctement pour bien comprendre le système actuel, peuvent se classer en trois catégories selon qu'elles visaient 1) les situations donnant ouverture à un régime de protection, 2) l'organisation du régime de protection ou 3) la finalité de l'intervention à l'égard des majeurs. À ces critiques, on peut ajouter celles qui s'adressaient au rôle joué à cette époque par le curateur public.

680 – *Les critiques concernant les situations donnant ouverture à un régime de protection* – L'interdiction et la dation d'un conseil judiciaire n'étaient possibles, abstraction faite du prodigue et du narcomane, que dans les cas de faiblesse d'esprit ou de maladie mentale. Par conséquent, le législateur n'entendait intervenir qu'à l'égard des personnes souffrant de troubles mentaux, c'est-à-dire atteintes d'un certain degré d'aliénation mentale. Or la terminologie légale a été

1. É. Deleury, « La protection des incapables et la réforme du Code civil », (1987) 18 *R.D.U.S.* 57.
2. *Débats de l'Assemblée nationale*, 33e session, 1988-1989, 31 mai 1989, p. 6131 et s. Voir aussi J. Pineau, D. Burman et S. Gaudet, *Théorie des obligations*, 4e éd., Montréal, Éditions Thémis, 2001, p. 262 et s.

critiquée aussi bien par les psychiatres[3] que par les juristes[4] en raison, notamment, des préjugés profonds qu'elle recelait[5].

Outre l'aspect stigmatisant, pour ne pas dire déshonorant, de la terminologie utilisée (« imbécile », « furieux », « dément », « faible d'esprit »), son imprécision ne pouvait entraîner que l'insécurité juridique. En effet, cette imprécision pouvait, par exemple, amener des réponses dangereuses à des questions comme celle de savoir où se situe la frontière entre le comportement « asocial » et le comportement « anormal » reflétant un trouble d'ordre mental. De plus, le caractère limitatif des causes d'interdiction comportait le danger de faire interdire des personnes qui, tout en méritant peut-être une certaine protection, n'étaient tout de même pas « aliénées » au sens de la loi d'alors. À l'opposé, d'autres personnes couraient le risque de rester sans protection, comme celles atteintes d'une maladie physique les empêchant d'exprimer leur volonté[6] ou celles qui, tout en souffrant de certains troubles d'ordre psychiatrique, étaient néanmoins considérées, d'un point de vue médical, comme aptes à vivre en société. Ce dernier cas se pose de façon particulièrement aiguë dans le contexte de la désinstitutionnalisation des personnes atteintes de maladies mentales[7].

---

3. À propos des critiques formulées par les premiers psychiatres, dès le début du XIXe siècle, voir en particulier P. Keating, *La science du mal*, Montréal, Boréal, 1993, p. 58-60. Pour un survol des classifications modernes des troubles mentaux, voir J. Voyer, « Retard mental et maladies mentales : considérations cliniques et récentes controverses relativement aux personnes inaptes », dans Service de la formation permanente, Barreau du Québec, *Le droit des personnes inaptes (1992)*, Cowansville, Éditions Yvon Blais, 1992, p. 49 et s.
4. Voir notamment L. Baudouin, *Le droit civil de la Province de Québec, modèle vivant de droit comparé*, Montréal, Wilson & Lafleur, 1953, p. 328. Pour se convaincre de l'ambiguïté terminologique, il suffit de lire les différentes tentatives de définition de l'aliénation mentale que l'on retrouve chez les auteurs « classiques » et qui recèlent d'importantes contradictions : voir notamment P.-B. Mignault, *Droit civil canadien*, t. 2, Montréal, C. Théoret, 1896, p. 271 ; L.-P. Sirois, *Tutelles et curatelles*, Québec, Imprimerie de l'Action sociale, 1911, p. 392 ; F. Langelier, *Cours de droit civil de la Province de Québec*, t. I, Montréal, Wilson & Lafleur, 1906, p. 13 ; G. Trudel, *Traité de droit civil du Québec*, t. 2, Montréal, Wilson & Lafleur, 1942, p. 382 ; voir également M. Caron, « Le Code civil québécois, instrument de protection des droits et libertés de la personne ? », (1978) 56 *R. du B. can.* 197, 229.
5. D. Lizotte et P. Fougeyrollas, « Du droit comme facteur déterminant de la participation sociale des personnes ayant des incapacités », (1997) 38 *C. de D.* 371, 386.
6. O.R.C.C., *Rapport sur la famille*, 2e partie, Montréal, Éditeur officiel, 1975, p. 186. Voir également M. D.-Castelli, « Commentaires sur le rapport de l'O.R.C.C. sur la famille – 2e partie », (1976) *C. de D.* 586, 587.
7. Pour un aperçu du phénomène de la désinstitutionnalisation, voir N. Guberman, H. Dorvil et P. Maheu, *Amour, bain, comprimé ou l'ABC de la désinstitutionnalisation*, Rapport de recherche soumis à la Commission d'enquête sur les services de santé et les services sociaux, Québec, Les Publications du Québec, 1987 ;

681 – *Les critiques concernant l'organisation des régimes de protection* – Le *Code civil du Bas Canada* limitait les possibilités d'intervention à « l'interdiction » et la « dation d'un conseil judiciaire ». Le mécanisme de l'interdiction n'offrait aucune souplesse : la personne était frappée d'une incapacité totale. C'était tout ou rien. Par conséquent, il était impossible d'obliger une personne à être représentée pour certains actes tout en lui permettant d'être juridiquement autonome pour d'autres actes. Cette rigidité ne tenait compte ni du phénomène de vieillissement de la population[8], ni du fait qu'en matière de maladies dégénératives les diagnostics sont aujourd'hui beaucoup plus rapides. En d'autres mots, le régime de l'interdiction, excessif et sans nuance, ne tenait pas compte de l'infinie variété des troubles mentaux. Seule la dation d'un conseil judiciaire permettait d'introduire une certaine souplesse afin de tenir compte du degré réel d'inaptitude de la personne qui nécessitait de l'assistance, puisque le tribunal pouvait déterminer les pouvoirs du conseil judiciaire au cas par cas[9]. Cependant, les tribunaux n'utilisaient pas vraiment cette possibilité et se contentaient généralement de mentionner dans leurs jugements les pouvoirs déjà prévus par le Code[10].

Une autre critique venait du fait que les familles pouvaient hésiter à enclencher la procédure d'interdiction, en raison des obligations très contraignantes que la loi mettait sur les épaules du curateur[11], avec pour conséquence que certaines personnes, qui en avaient pourtant besoin, restaient sans protection juridique.

682 – *Les critiques concernant la finalité des régimes de protection* – L'ancien système de protection des majeurs inaptes reflétait essen-

---

C. Mercier, *La désinstitutionnalisation : orientation des politiques et distribution des services*, Rapport de recherche soumis à la Commission d'enquête sur les services de santé et les services sociaux, Québec, Les Publications du Québec, 1987 ; L. Garant, *La désinstitutionnalisation en santé mentale – Un tour d'horizon de la littérature*, Québec, ministère des Affaires sociales, Secrétariat à la coordination de la recherche, 1985.

8. Sur cette question, voir H. Brassard, « Réflexions sur le sort des aînés inaptes depuis l'avènement de la *Loi sur le curateur public* », dans Service de la formation permanente, Barreau du Québec, *Droit des aînés*, Cowansville, Éditions Yvon Blais, 1992, p. 176-178.
9. Art. 351 C.c.B.C.
10. La loi prévoyait ainsi le mécanisme de l'assistance pour plaider, transiger, emprunter, recevoir un capital mobilier et en donner décharge, aliéner, grever les biens du majeur protégé d'hypothèques (art. 351 C.c.B.C.).
11. On peut mentionner, par exemple, que le *Code civil du Bas Canada* créait une hypothèque légale en faveur de l'interdit sur les immeubles du curateur, en garantie de sa bonne administration (art. 2030 C.c.B.C.).

tiellement les préoccupations patrimoniales du législateur[12]. Même si, comme le soulignent les *Commentaires du ministre de la Justice*, dans le droit antérieur à 1989, le curateur à l'interdit avait généralement la responsabilité à la fois de la personne et des biens du majeur, « il n'en demeurait pas moins que les règles codifiées, en majeure partie, s'attachaient surtout à l'administration des biens »[13]. En effet, le législateur cherchait avant tout à empêcher la dilapidation des biens[14]. Quant à la protection de la personne elle-même, sans être totalement absente des textes sur l'interdiction, elle apparaissait néanmoins comme un souci secondaire. Qu'il suffise, pour s'en convaincre, de comparer le peu d'articles du *Code civil du Bas Canada* concernant les pouvoirs sur la personne de l'interdit avec l'abondance de dispositions qui concernent l'administration de ses biens[15]. De toute évidence cette approche classique ne répondait plus aux exigences de la société, « dans un contexte où les droits et libertés de la personne sont reconnus comme des valeurs fondamentales »[16].

683 – *Critiques quant au rôle du curateur public* – La curatelle légale du curateur public faisait certainement l'objet des critiques les plus acerbes. On reprochait essentiellement au mécanisme d'interdiction automatique (la délivrance d'un certificat médical d'incapacité rendait la personne juridiquement inapte) de rendre la personne incapable quant à ses biens, mais également à sa personne, alors que le certificat pouvait être accordé sur la simple constatation qu'une per-

12. L. Baudouin, *Les aspects généraux du droit privé de la Province de Québec (Droit civil, droit commercial, procédure civile)*, Paris, Dalloz, 1967, p. 516.
13. *Comm.*, p. 176.
14. M. Ouellette, « De la capacité des personnes », (1988) 1 *C.P. du N.* 133, 188 ; dans *J...M...W...* c. *S...C...W...* et *Curateur public du Québec*, [1996] R.J.Q. 229, 233, EYB 1996-71138 (C.A.), la Cour d'appel souligne que « l'une des principales préoccupations du législateur de l'époque était d'empêcher la dilapidation des fortunes et donc de préserver pour les proches et les héritiers l'intégrité du patrimoine de l'incapable ».
15. En ce sens, voir B. Gamache et S. Milette, « La personne âgée et l'exercice des droits reliés à sa personne », dans *Les personnes âgées et le droit*, Prix Charles-Coderre 1986, Cowansville, Éditions Yvon Blais, 1987, p. 71, 118 (projet de loi 20).
16. P. Deschamps, « La réforme des régimes de protection (de représentation et d'assistance) des majeurs : perspectives », dans *Consentement éclairé et capacité en psychiatrie – Aspects cliniques et juridiques*, Verdun, Éditions Douglas, 1988, p. 181. Dans le même sens, R. Lamarche, « La nouvelle *Loi sur le curateur public* », (1989) 3 *C.P. du N.* 45, 54. On retrouve également l'écho de ces critiques dans les travaux parlementaires de l'époque : *Journal des débats, Débats de l'Assemblée nationale*, 5e session, 32e législature, vol. 28, no 41, 26 mars 1985, p. 2691.

sonne était incapable d'administrer ses biens. Ce n'est pourtant pas parce qu'une personne ne peut pas administrer ses biens, qu'elle n'a plus la capacité, par exemple, de consentir à des soins ou de les refuser. De plus, la tutelle automatique était mise en place en l'absence totale de garanties procédurales, le simple constat médical étant suffisant à entraîner pour la personne concernée l'impossibilité d'exercer elle-même ses droits, au mépris du plus élémentaire respect de la dignité humaine[17].

Une autre critique dénonçait le fait que, dans la pratique, les médecins pouvaient être tentés d'enclencher le mécanisme de la curatelle publique dans le seul but d'obtenir l'autorisation d'administrer des soins à une personne qui n'était plus en mesure de décider par elle-même. On en arrivait donc à une solution d'interdiction juridique totale pour répondre à une question ponctuelle de refus de soins. De plus, « dans les faits, il appert que l'on a souvent procédé en catimini et que la conduite généralement adoptée était d'enclencher le processus de mise sous curatelle publique d'une personne sans nécessairement en informer la personne visée ou sans en discuter avec les proches de la personne »[18].

Finalement, les détracteurs du système ont mis en lumière le fait que le curateur public ne pouvait assumer adéquatement son rôle de représentant légal face à des questions aussi délicates que celle des soins de santé, car cela implique des contacts réguliers et personnels avec la personne. Or l'absence de contact entre le curateur public et les personnes qu'il représentait « rendait notamment suspecte l'aptitude du curateur public à pouvoir consentir valablement aux soins de santé requis par une personne qu'il représentait, de même qu'à prendre quelque décision intelligente à l'égard de celles-ci »[19].

---

17. B.P. Hill, « Civil Rights of the Psychiatric Patient in Quebec », (1977) 12 *R.J.T.* 503. Cet auteur mentionne à ce propos : « It is difficult to conceive how the opinion of one psychiatrist, in the absence of established criteria, is sufficient to justify the removal of such a basic right. It is true that provisions of law are followed to achieve this result but can one say that these reflect the true notion of due process of law ? », p. 514.
18. P. Deschamps, *loc. cit.*, note 16, p. 194.
19. *Ibid.*, p. 196. Il faut noter à cet égard qu'à l'époque de la réforme de la *Loi sur la curatelle publique*, le curateur public représentait au-delà de 16 000 personnes majeures à titre de curateur (16 329 personnes en 1988 et 16 283 personnes en 1989, selon les chiffres publiés dans le *Rapport annuel du curateur public*, Québec, 1988 et 1989).

Section II
Les principes fondamentaux de la réforme de 1989

684 – La réforme de 1989 a complètement modifié le système de protection des majeurs, à commencer par la terminologie elle-même puisqu'il n'est désormais plus question que de personnes « inaptes »[20]. Cette réforme s'articule autour de deux idées maîtresses : (1) la protection dans le respect de la personne et (2) le respect de la volonté et de l'autonomie des individus. On retrouve donc ici, comme au chapitre des droits de l'enfant, la dichotomie autonomie/protection autour de laquelle s'articule toute l'intervention législative à l'égard des majeurs inaptes. Les différentes législations en matière de protection des inaptes peuvent être classifiées selon qu'elles mettent l'accent sur l'une ou l'autre branche de cette alternative[21]. Toutes les règles en la matière peuvent être rattachées à l'un ou à l'autre de ces principes fondamentaux. La personne est au centre du dispositif pour en constituer, en quelque sorte, la pierre d'angle. Cela ne signifie pas que la loi ne s'intéresse pas aussi à la protection des biens de la personne inapte, comme le rappelle l'article 256 C.c.Q. qui traite tant de la protection de la personne que de l'administration de son patrimoine et de l'exercice de ses droits. Toutefois, les questions relatives à l'administration des biens, tout importantes qu'elles soient, ne constituent plus la préoccupation prédominante du nouveau droit[22].

§1 – La protection dans le respect de la personne

685 – *Le principe* – D'entrée de jeu, le législateur affirme que la personne est au centre de ses préoccupations[23]. Il édicte, en partant, que « les régimes de protection du majeur sont établis dans son intérêt »[24]

20. *Loi sur le curateur public et modifiant le Code civil et d'autres dispositions législatives*, L.Q. 1989, c. 54. Les principes de cette réforme ont par la suite été intégrés dans le *Code civil du Québec* de 1991, avec quelques modifications mineures.
21. Pour un survol des lois canadiennes en ce sens, voir D. Poirier, « La protection juridique des personnes âgées ou handicapées et la *Charte des droits et libertés* », (1991) 23 *Ottawa L. Rev.* 553.
22. Sur les principes de la réforme, voir également N. Forget, *De la curatelle au curateur public : 50 ans de protection*, Montréal, Presses de l'Université du Québec, 1995.
23. À propos du principe de la primauté de la personne qui sous-tend tout le *Code civil du Québec* et pas seulement le Livre Des personnes, voir J. Pineau, « La philosophie générale du Code civil », dans *Le nouveau Code civil : interprétation et application*, Les Journées Maximilien-Caron 1992, Montréal, Éditions Thémis, 1993, p. 270 et s.
24. On remarque que cette disposition est calquée sur l'article 177 C.c.Q. qui traite de la tutelle aux mineurs.

et que « l'incapacité qui en résulte est établie en sa faveur seulement » (art. 256 C.c.Q.)[25]. L'article 257 C.c.Q. édicte que toutes les décisions concernant le majeur doivent être prises dans son intérêt et dans le respect de ses droits. Cette disposition joue à l'égard des majeurs protégés le même rôle que celui de l'article 33 C.c.Q. à l'égard des enfants. Le droit à la protection trouve un écho particulier dans la *Charte des droits et libertés de la personne* en ce qui concerne l'exploitation des personnes âgées ou handicapées[26]. La Charte leur garantit le droit à la protection que doivent leur apporter leur famille ou les personnes qui en tiennent lieu, ce qui peut inclure le curateur public[27]. Le but de l'ouverture d'un régime de protection étant la protection de la personne, on peut conclure qu'il s'agit d'une question purement personnelle au majeur à protéger. Par conséquent, l'intervention d'un tiers dans les procédures ne devrait être possible que si l'objet de cette intervention est la protection réelle du majeur[28]. L'affirmation de la protection dans le respect de la personne s'exprime dans un certain nombre de mécanismes concrets, dont l'extension des cas d'ouverture d'un régime de protection, l'établissement d'un processus uniforme accompagné de garanties procédurales, l'imposition au curateur et au tuteur de l'obligation d'assurer le bien-être moral et matériel du majeur, et, finalement, l'engagement plus grand de la famille de la personne protégée. Elle implique également la consécration de certains droits importants pour le majeur, dont le droit d'être informé et le droit à la protection des biens à caractère essentiellement personnel.

---

25. *Québec (Curateur public) c. A. et al.*, EYB 2006-113155 (C.S.).
26. *Charte des droits et libertés de la personne*, RLRQ, c. C-12, art. 48. Voir M.-A. Dowd, « L'exploitation des personnes âgées ou handicapées – Où tracer les limites de l'intervention de l'État ? », dans Service de la formation permanente, Barreau du Québec, vol. 182, *Pouvoirs publics et protection*, Cowansville, Éditions Yvon Blais, 2003, p. 72.
27. *Commission des droits de la personne du Québec* c. *Brzozowski*, [1994] R.J.Q. 1447, EYB 1994-105333 (T.D.P.Q.) ; *Commission des droits de la personne et des droits de la jeunesse* c. *Courchesne*, 2013 QCTDP 24. C'est également en s'appuyant sur l'article 4 de la *Charte québécoise* (droit au respect de la dignité humaine) qu'un tribunal conclut que le montant nécessaire pour les arrangements funéraires doit être retranché d'une saisie (*Nahal* c. *G.K.*, J.E. 2000-1431, REJB 2000-19114 (C.S.)) ; en l'espèce, le tribunal avait aussi retranché un montant pour des besoins découlant de l'état de santé du majeur, estimant que la maladie d'Alzheimer peut raisonnablement être assimilée à un handicap au sens de l'article 553, al. 1(9.1) C.p.c. (insaisissabilité des sommes nécessaires pour pallier un handicap).
28. Dans *D.B.* c. *F.Be.*, [2000] R.D.F. 770, REJB 2000-20372 (C.S.), le tribunal estime que le fait pour un tiers d'être en procès avec un majeur ne donne pas à ce tiers le droit d'intervenir dans le cadre des procédures d'ouverture d'un régime de protection.

686 – *Élargissement du champ des personnes pouvant bénéficier d'un régime de protection* – Le souci de protection a amené le législateur à multiplier les possibilités d'intervention en édictant que l'on peut envisager l'ouverture d'un régime de protection chaque fois qu'un majeur :

> [...] est inapte à prendre soin de lui-même ou à administrer ses biens, par suite, notamment, d'une maladie, d'une déficience ou d'un affaiblissement dû à l'âge qui altère ses facultés mentales ou son aptitude physique à exprimer sa volonté. (art. 258 C.c.Q.)

À la lecture de cette disposition, on peut affirmer que le fondement des régimes de protection est l'inaptitude à exprimer sa volonté dont le résultat est l'inaptitude à prendre soin de soi-même ou à administrer ses biens, peu importe les causes de cette inaptitude à exprimer sa volonté, qu'elles soient d'ordre physique ou mental. La seule démonstration qu'une personne peut faire des erreurs dans la gestion de ses affaires est insuffisante pour justifier l'ouverture d'un régime de protection[29]. Le législateur énumère quelques exemples de causes possibles d'inaptitude (la maladie, l'affaiblissement dû à l'âge), mais la liste n'est pas exhaustive (« notamment ») et on peut songer également au scénario d'un accident laissant le majeur dans un état d'inaptitude nécessitant protection. Quoi qu'il en soit, la cause elle-même de l'inaptitude apparaît comme accessoire. Par conséquent, même si certains motifs retenus dans l'ancienne législation ne sont plus en soi motifs d'ouverture d'un régime de protection (exemple : l'alcoolisme ou la toxicomanie), ces facteurs peuvent néanmoins être retenus s'il est démontré qu'ils contribuent à affecter la capacité de la personne de façon significative[30]. De même l'âge n'est pas un facteur en soi[31]. Ce sont plutôt les éventuelles conséquences de l'âge sur l'aptitude à exprimer sa volonté qui doivent être prises en considération[32]. De la même manière, la présence d'une maladie grave, notamment une dépression sévère, n'est pas synonyme d'incapacité à prendre des décisions ; cette incapacité doit être prouvée[33].

---

29. *Québec (Curateur public)* c. *A.*, B.E. 2007BE-283 (C.S.).
30. *Droit de la famille – 1805*, [1993] R.D.F. 262, REJB 2000-17676 (C.S.) ; *Québec (Curateur public)* c. *C.B.*, J.E. 2000-877, REJB 2000-17676 (C.S.).
31. *Bourgeois* c. *Dagenais*, 2013 QCCS 10 ; *Arpin* c. *Arpin*, 2009 QCCS 6126 ; *Thibault* c. *Auger*, 2012 QCCS 6519.
32. Sur les dangers de l'*âgisme* dans l'évaluation de l'aptitude des personnes, voir C. Morin, « Libéralités et personnes âgées : entre autonomie et protection », (2013) 59:1 *McGill L.J.* 141.
33. Plusieurs auteurs soulignent l'importance de ne pas faire l'amalgame entre capacité d'une personne de raisonner et capacité de prendre des décisions. En ce sens,

687 – *Une procédure unique accompagnée de garanties* – Le souci de protection dans le respect de la personne s'exprime de façon éloquente par l'abolition de la curatelle automatique du curateur public, qui pouvait être déclenchée par la simple délivrance d'un certificat médical d'inaptitude. Selon l'expression populaire de l'époque, on disait que la personne « tombait sur la curatelle publique »[34]. Il n'y a désormais qu'une seule façon d'obtenir l'ouverture d'un régime de protection : la voie judiciaire (art. 268 C.c.Q.). La réforme de 1999, qui permet d'introduire les demandes d'ouverture des régimes de protection également auprès d'un notaire (art. 863.4 C.p.c. et s. ; art. 312 et s. C.p.c.), ne modifie pas ce principe fondamental puisque la décision finale appartient toujours au tribunal qui peut entériner les conclusions du notaire ou, au contraire, les rejeter et rendre les ordonnances nécessaires à la sauvegarde des personnes concernées (art. 863.10 C.p.c. ; art. 320, al. 3 C.p.c.). Cette judiciarisation (partiellement atténuée en 1999 par la possibilité de choisir la voie « notariale ») s'avère une des caractéristiques importantes des régimes de protection. Le Code vise à « assurer le maximum de garanties procédurales à la personne, afin qu'elle ne soit pas déclarée incapable sans avoir pu bénéficier d'une audition devant le tribunal »[35]. Ainsi, aux garanties « normales », inhérentes à la judiciarisation du processus (comme le droit d'être entendu, autant sur le bien-fondé de la demande que sur la nature du régime demandé et sur le choix de la personne qui sera chargée de représenter ou d'assister le majeur) (art. 276 C.c.Q.), s'ajoutent des garanties spécifiques en matière d'audition et de représentation du majeur (art. 394.1 et s. C.p.c. ; art. 90, 160 et 316 C.p.c.). Cependant, dans les cas où la demande est présentée à un notaire, ces garanties spécifiques ne jouent pas, car elles relèvent, par leur nature, de la compétence du tribunal. Par exemple, le notaire ne pourrait rendre des ordonnances en vue d'assurer la représentation du majeur ou nommer un tuteur *ad hoc*. Dans le cas où de telles mesures s'avèrent nécessaires, le dossier n'est plus « non contentieux » et le notaire a dès lors l'obligation de dresser un procès-verbal de dessaisissement et de le déposer au greffe du tribunal, ce qui équivaut à la saisine du tribunal, donc à la possibilité pour ce

---

B. Frank, « Réflexions éthiques sur la sauvegarde de l'autonomie », dans Service de la formation permanente, Barreau du Québec, *Pouvoirs publics et protection*, Cowansville, Éditions Yvon Blais, 2003, p. 183, 188 et 193 et s.

34. L. Gautier et M. Pauzé, « L'évaluation psychosociale dans le cadre des régimes de protection : l'acceptation de la solitude des choix difficiles pour le travailleur social », dans Service de la formation continue, Barreau du Québec, *La protection des personnes vulnérables*, Cowansville, Éditions Yvon Blais, 2012, p. 81, 85.

35. *Comm.*, p. 182.

dernier de rendre les ordonnances qui s'imposent (art. 878.1 C.p.c.)[36]. Rappelons que le notaire a, en effet, l'obligation d'agir « dans le respect des droits et la sauvegarde de l'autonomie » de la personne (art. 863.6 C.p.c. ; art. 305 C.p.c.), ce qui implique l'obligation de vérifier si l'intérêt du majeur dicte qu'il soit représenté[37]. La réforme de 2014 maintient le principe du dessaisissement du notaire dès lors que la demande fait l'objet d'observations ou d'oppositions équivalant à une contestation réelle du bien-fondé de celle-ci, ajoutant que le notaire doit s'assurer de l'intention véritable de la personne de contester la demande (art. 317 C.p.c.). Lorsque le notaire constate la nécessité pour le majeur d'être représenté, que ce soit par un avocat ou par un tuteur ou curateur *ad hoc*, il doit en informer les intéressés pour que les mesures appropriées soient prises. En l'espèce, s'il s'agit de la nomination d'un tuteur ou curateur *ad hoc*, cette mesure est du ressort du tribunal (art. 90 et 160 C.p.c.). Cependant, la réforme introduit un nouveau principe en prévoyant qu'une fois la nomination faite, et en l'absence d'opposition, le notaire peut continuer à agir (sous réserve qu'il n'y ait pas de contestation de la demande elle-même, bien entendu).

688 – *Le droit du majeur d'être informé* – Le respect de la personne passe par le droit fondamental d'être informé. La loi consacre ce droit à toutes les étapes de la protection. Ainsi, le majeur doit, dans la mesure du possible[38] et sans délai, être informé de toute décision relative à l'ouverture d'un régime de protection à son égard (art. 257 C.c.Q.). Par exemple, ce devoir d'information implique que, lorsque le directeur d'un établissement de santé fait un rapport au curateur public sur l'inaptitude d'un patient, ce dernier doit en recevoir une copie (art. 270 C.c.Q.)[39].

Le droit d'être informé ne se limite pas aux questions relatives à l'ouverture éventuelle d'un régime de protection. Une fois le régime en place, le majeur protégé continue de bénéficier du droit d'être informé, lorsque cela est possible, de toute décision qui le concerne,

---

36. M. Beauchamp, « Les nouvelles compétences attribuées au notaire : commentaires et critique », dans Service de la formation permanente, Barreau du Québec, *Les mandats en cas d'inaptitude : une panacée ?*, Cowansville, Éditions Yvon Blais, 2001, p. 53-69.
37. Sur la procédure « notariale », voir *supra* le chapitre sur la tutelle des mineurs.
38. « Dans la mesure du possible » car il se peut que le degré d'inaptitude soit tellement important que tout effort d'informer le majeur devient impossible, voire inutile.
39. *C.D.* c. *Québec (Curateur public)*, [2001] R.J.Q. 1708, REJB 2001-25356 (C.A.).

sans exception (art. 257 C.c.Q.)[40]. Ce devoir s'impose à toutes les personnes qui sont amenées à prendre des décisions à l'égard du majeur protégé, et particulièrement à son représentant (curateur ou tuteur) (art. 260 C.c.Q.). Le droit du majeur d'être informé représente dès lors dans le chef du représentant une véritable obligation de maintenir avec son protégé un dialogue qui soit à la mesure de l'aptitude du majeur à participer à cet échange. Ce dialogue porte sur toutes les décisions qui concernent le majeur et, en particulier, sur celles qui affectent son mode de vie.

Le droit d'être informé trouve également des applications dans la procédure civile. C'est ainsi que les demandes judiciaires relatives à la capacité doivent être signifiées « à personne ». Cependant, le fondement de cette règle étant la véritable protection de la personne, il ne faudrait pas qu'elle puisse lui nuire. C'est la raison pour laquelle le juge peut autoriser qu'une demande soit plutôt signifiée sous pli cacheté en parlant à une personne raisonnable qui a la garde de la personne concernée, dans les cas où la signification à personne risque d'aggraver l'état psychique ou physique de celle-ci (art. 135.1, al. 2 C.p.c. ; art. 121 et 123 C.p.c.)[41].

689 – *Le bien-être moral et matériel du majeur* – Le curateur et le tuteur, qui ont la responsabilité de la garde et de l'entretien du majeur protégé, doivent s'assurer de son bien-être non seulement matériel, mais moral aussi (art. 260, al. 1 C.c.Q.). Ce devoir de veiller au bien-être matériel du majeur répond « aux objections voulant que l'inaptitude entraîne une baisse, parfois scandaleuse, du niveau de vie en dépit des ressources personnelles de l'inapte »[42]. Quant au devoir moral, il implique pour le représentant, même s'il a délégué la garde et l'entretien à une tierce personne comme la loi le lui permet (art. 260, al. 2 C.c.Q.), d'entretenir avec le majeur protégé une relation personnelle[43]. Cela suppose, par exemple, que, dans les très nombreux cas où le majeur, en raison de son inaptitude, séjourne dans un établissement de santé ou de services sociaux (hôpital, CHSLD, centre de réadaptation), le curateur ou le tuteur doit maintenir un

40. Pour un cas d'application, voir les articles 279 et 280 C.c.Q.
41. Ce mode de signification n'est cependant possible que si la demande initiale a été signifiée à personne.
42. M. Ouellette, « Livre premier : Des personnes », dans *La réforme du Code civil : Personnes, successions, biens*, Québec, P.U.L., 1993, p. 126.
43. Dans *M.N.* c. *G.N.*, B.E. 2002BE-386 (C.S.), il fut décidé que cette obligation de veiller au bien-être moral et de maintenir des relations personnelles s'impose également au tuteur aux biens. L'étendue d'une telle obligation dépend des circonstances particulières.

contact avec lui. C'est d'ailleurs lors de tels placements « que le besoin de relations humaines personnelles se fait le plus cruellement sentir »[44].

Tout comme pour le bien-être matériel, l'exécution du devoir d'assurer le bien-être moral dépend de la condition du majeur, de ses besoins, de ses facultés et des autres circonstances dans lesquelles il se trouve (art. 260 C.c.Q.)[45]. Le législateur ne définit donc pas ce qui constitue une relation personnelle suffisante. Tout dépend des circonstances. Nul doute, toutefois, qu'au moment de la désignation ou du remplacement du curateur ou du tuteur, le tribunal peut tenir compte de la disponibilité de celui-ci ainsi que de sa volonté réelle à maintenir avec le majeur protégé une relation personnelle de qualité.

690 – *La protection de certains biens à caractère personnel* – La loi protège l'environnement du majeur, dans le souci de respecter son histoire et son identité. Cette protection vise particulièrement le majeur qui doit séjourner pour une période plus ou moins longue dans un établissement de santé ou de services sociaux. Dans la mesure du possible, son milieu habituel doit être préservé[46]. De façon générale, tout comme ce qui prévaut pour le mineur, la maison et les biens importants à caractère familial du majeur ne peuvent être aliénés que sur autorisation du tribunal ou du conseil de tutelle selon la valeur du bien, supérieure ou inférieure à 25 000 $[47]. À cela s'ajoute une protection spécifique du logement et des meubles qui le garnissent. Que le majeur soit propriétaire ou locataire, ces biens doivent être laissés à sa disposition, pendant l'instance dans tous les cas et par la suite également si le régime applicable est celui de la tutelle. De plus, l'administrateur de ces biens ne peut consentir sur ceux-ci que des droits de jouissance précaire qui cessent de plein droit dès le retour du majeur protégé (art. 275, al. 1 C.c.Q.). Par exemple, le locataire précaire ne pourrait opposer au majeur protégé qui revient d'un séjour d'hôpital, les dispositions relatives au droit au maintien dans les lieux locatifs (art. 1936 et s. C.c.Q.).

Ce n'est qu'en cas de nécessité ou dans l'intérêt du majeur (par exemple, si la personne hospitalisée ne peut plus assumer la charge financière que représente le coût de son loyer) que le représentant,

---

44. M. Ouellette, *loc. cit.*, note 14, p. 190. Pour un cas d'application, voir *R.P.* et *D.P.*, J.E. 2006-1709, EYB 2006-108350 (C.S.).
45. Notons que ces critères sont directement inspirés de ceux qui prévalent en matière d'obligation alimentaire, art. 587 C.c.Q.
46. *Comm.*, p. 187.
47. Art. 266, al. 1 et 213 C.c.Q.

dûment autorisé par le conseil de tutelle, peut disposer de ces biens (art. 275, al. 2 C.c.Q.). Mais même dans ce cas,il ne peut être disposé des souvenirs et autres objets à caractère personnel, à moins d'un motif impérieux. On peut penser aux albums de photos et autres objets à valeur sentimentale. Il faut souligner que cette règle, qui illustre bien la dimension humaine du cadre juridique de protection, s'applique dans tous les cas, que la personne réside en établissement ou non. Le cas échéant, l'établissement doit, dans la mesure du possible, garder à la disposition de la personne ces biens qui sont éminemment personnels.

691 – *La protection des souvenirs et autres biens à caractère personnel s'applique-t-elle au majeur sous curatelle ?* – Il est indiscutable que, pendant la procédure d'ouverture d'un régime, le logement et les biens qui le garnissent sont protégés, quelle que soit la nature du régime demandé, curatelle, tutelle ou conseil judiciaire. Par contre, une fois le régime ouvert, la protection ne s'applique plus qu'au majeur sous tutelle[48]. Une interprétation stricte de l'article 275 C.c.Q. permet également de conclure que, une fois le régime de protection ouvert, seule la tutelle interdit de disposer des souvenirs et autres biens à caractère personnel. Toutefois, une interprétation plus généreuse demeure possible ; elle se base sur la règle selon laquelle les régimes de protection sont établis dans l'intérêt du majeur et qu'ils sont destinés à assurer la protection de sa personne. En effet, l'article 257 C.c.Q. ne limite pas ce principe aux décisions judiciaires[49]. À l'instar de l'article 33 C.c.Q. qui traite de l'intérêt de l'enfant comme pierre angulaire des décisions qui le concernent, l'article 257 C.c.Q. vise toutes les décisions concernant le majeur protégé, quel que soit le décideur. Cette interprétation, plus respectueuse de l'identité de la personne, ne devrait pas représenter un fardeau trop lourd pour le curateur qui peut tout de même disposer de ces biens s'il y a un motif impérieux, ni pour les établissements de santé ou de services sociaux qui ne sont tenus de garder ces biens à la disposition de leur client que « dans la mesure du possible »[50]. On peut songer ici à

48. L'article 275 C.c.Q. diffère sur ce point de l'article 490-2 du Code civil français (dont il est directement inspiré) qui prévoit expressément que cette protection doit jouer « quel que soit le régime de protection applicable ».
49. En ce sens également : F. Dupin, « Réflexions sur l'acceptation de l'autonomie », dans Service de la formation continue, Barreau du Québec, *Autonomie et protection*, Cowansville, Éditions Yvon Blais, 2007.
50. L'article 275 C.c.Q. est à cet égard moins rigide que l'article 490-2 du Code civil français qui prévoit que « les souvenirs et autres objets de caractère personnel seront toujours exceptés de l'aliénation et devront être gardés à la disposition de la personne protégée, le cas échéant, par les soins de l'établissement de traitement ».

un cas de placement définitif dans des lieux qui ne permettent pas la conservation de certains biens trop encombrants.

692 – *Un certain effacement du rôle du curateur public au profit d'un plus grand engagement de la famille* – Le droit actuel rompt avec la tendance qui consistait à développer de plus en plus le rôle du curateur public. Elle met en place « un système qui se veut à caractère nettement familial »[51]. Le caractère clairement supplétif du rôle du curateur public est particulièrement affirmé dans la *Loi sur le curateur public* qui l'oblige à chercher un curateur ou un tuteur privé, si possible dans la famille, chaque fois qu'il assume une curatelle ou une tutelle[52]. De toute évidence, le législateur part du principe qu'il est dans l'intérêt du majeur d'être sous la responsabilité directe de ses proches plutôt que de celle de l'État[53], même si le curateur public agit comme « chien de garde » dans tous les cas de régime privé de protection[54].

Ce souci s'exprime dans une série de mesures qui visent à favoriser l'engagement de la famille auprès de la personne inapte, comme l'obligation de signifier les procédures à une personne raisonnable de la famille (art. 877 C.p.c.)[55], l'abolition de la sûreté imposée au curateur ou au tuteur lorsque la valeur des biens à administrer est inférieure à 25 000 $ (art. 242 C.c.Q.), la possibilité pour le représentant de recevoir une certaine rémunération (art. 184 C.c.Q.)[56], ou encore l'assouplissement du régime de responsabilité des curateurs et des tuteurs du fait du majeur protégé (art. 1461 C.c.Q.). Ces exemples illustrent la volonté du législateur d'encourager les familles à prendre en charge leurs membres qui ont besoin de protection. Le curateur public, quant à lui, apparaît plutôt comme le contrôleur (distant, mais présent) des régimes de protection. Cette tendance à l'effacement du Curateur public au profit des proches, s'est vue confirmée dans le Projet de loi 45 de 2012, *Loi modifiant le Code civil,*

---

51. J. Pineau, *loc. cit.*, note 23, p. 282.
52. *Loi sur le curateur public*, RLRQ, c. C-81, art. 15.
53. Voir J. Pineau, « Les grandes lignes de la réforme du droit des personnes », (1987) 18 *R.D.U.S.* 7, qui parle de « recul de l'immixtion de l'État » (p. 18-19) ; voir également É. Deleury, *loc. cit.*, note 1, p. 75.
54. Sur les différentes fonctions du curateur public, voir F. Dupin, « Le curateur public : mode d'emploi et interface avec les autres organismes. », dans Service de la formation permanente, Barreau du Québec, vol. 182, *Pouvoirs publics et protection (2003)*, Cowansville, Éditions Yvon Blais, 2003, p. 127-145.
55. *C.D.* c. *Québec (Curateur public)*, [2001] R.J.Q. 1708, REJB 2001-25356 (C.A.).
56. *D. (M.)* et *I. (G.B.)*, [1995] R.D.F. 230, EYB 1995-72351 (C.S.) ; *S...B...* et *L...V... et al.*, [1997] R.D.F. 161 (C.S.).

le Code de procédure civile et la Loi sur le curateur public en matière de protection des personnes[57], dont l'article 51 modifie l'article 17 de la *Loi sur le curateur public* pour y ajouter la règle suivante : « Le curateur public favorise la délégation du consentement à des soins requis par l'état de santé du majeur à une personne visée à l'article 15 du Code civil, sauf lorsqu'il ne l'estime pas opportun ».

L'intervention active du curateur public à titre de représentant de l'inapte pourrait cependant s'avérer la meilleure solution dans des cas où le curateur public apparaît comme le rempart contre des disputes familiales incessantes et des débats judiciaires sans fin[58], lorsque la personne protégée a des intérêts divergents avec les membres de sa famille[59] ou lorsqu'il n'y a tout simplement pas de membres de la famille disponibles[60] pour cause d'éloignement[61], de désintérêt[62] ou, de manière générale, lorsqu'il est démontré que la nomination d'une personne de l'entourage est contraire à l'intérêt de l'inapte[63]. On retient de cette abondante jurisprudence qu'il faut des circonstances particulières pour que le tribunal désigne le curateur public plutôt qu'un membre de la famille ou un proche comme curateur ou tuteur[64]. Mais lorsque cela est dans l'intérêt de la personne, même le père ou la mère peuvent se voir disqualifiés comme représentant de leur enfant majeur, quitte à ce que le curateur fasse usage de son pouvoir de l'article 264 C.c.Q. pour déléguer au parent certaines fonctions de la tutelle ou de la curatelle[65].

---

57. P.L. 45, 2e sess., 39e Législ. Ce projet n'a pas dépassé le stade de la presentation en raison du déclenchement des elections en août 2012.
58. *G. (U.)* c. *G.-E. (H.)*, J.E. 96-719, EYB 1996-29077 (C.A.). Voir aussi *Gesualdi* c. *Curateur public du Québec*, J.E. 97-584, REJB 1997-00001 (T.D.P.Q.) ; *T.M.* c. *T. (L.-G.)*, J.E. 97-1187, REJB 1997-00766 (C.S.) ; *Québec (Curateur public)* c. *D. (L.)*, REJB 1999-15983 (C.S.).
59. *Gronnerud (Tuteurs à l'instance de)* c. *Succession Gronnerud*, 2002 CSC 38, REJB 2002-30872 ; *Québec (Curateur public)* et *J.R.*, 2013 QCCS 2991 ; *Québec (Curateur public)* et *L.L.*, 2013 QCCS 2962.
60. *Québec (Curateur public)* c. *I.L.*., 2012 QCCS 3791.
61. *Québec (Curateur public)* c. *C.B.*, [2000] R.D.F. 289, REJB 2000-17676 (C.S.).
62. *Québec (Curateur public)* et *G.F.*, 2013 QCCS 1296 ; *Québec (Curateur public)* et *J.I.*, 2013 QCCS 1324 ; *Québec (Curateur public)* et *L.L.*, 2013 QCCS 4990 ; *Québec (Curateur public)* et *J.C.*, 2009 QCCS 4571 ; *Québec (Curateur public)* et *C.R.*, 2009 QCCS 2366.
63. *Québec (Curateur public)* et *A.L.*, 2012 QCCS 6076 ; *Québec (Curateur public)* c. *G.F.*, 2012 QCCS 2178 ; *Québec (Curateur public)* et *D.B.*, 2011 QCCS 5451 ; *Québec (Curateur public)* et *S.P.*, 2010 QCCS 3162 ; *Québec (Curateur public)* et *S.O.*, 2009 QCCS 289 ; *Y.D.* c. *L.L.*, 2011 QCCS 7420 ; *L.O.* et *S.L.*, 2011 QCCS 5476.
64. *Québec (Curateur public)* c. *N.G.*, 2012 QCCS 1495.
65. *Ibid.*, par. 28 et 50.

§2 – Le respect de la volonté et de l'autonomie de la personne

693 – *Le droit à l'autodétermination* – La réforme accorde à la volonté de la personne un rôle primordial dans la mise en place des mécanismes de protection, en consacrant un véritable droit à l'autodétermination. Ce droit s'exprime principalement par la reconnaissance du mandat de protection[66], institution réclamée depuis longtemps par les groupes de personnes âgées ou handicapées ainsi que par les corporations professionnelles et les intervenants des milieux de la santé et des services sociaux[67]. Plutôt que de contraindre la personne à vivre sous un régime de protection imposé et sur lequel elle n'a aucune emprise, la loi permet à toute personne apte de désigner la personne qui la représentera le jour où elle deviendra inapte. Par ce mandat, la personne peut également donner des instructions à son futur représentant et organiser ainsi un régime de protection adapté et respectueux de ses volontés. Tant qu'un tel mandat, homologué par le tribunal, répond efficacement aux besoins de la personne devenue inapte, on ne pourra lui imposer une curatelle, une tutelle ou la nomination d'un conseiller[68]. L'ouverture d'un régime de protection au sens strict[69] apparaît par conséquent comme un mécanisme subsidiaire, soumis au droit de la personne à l'autodétermination[70].

Le droit à l'autodétermination s'exprime également dans la possibilité pour le majeur de demander lui-même l'ouverture d'un régime de protection (art. 269 C.c.Q.). Sous l'ancien système, le majeur devenu inapte ne pouvait lui-même provoquer son interdiction[71].

---

66. Art. 2166 et s. C.c.Q. Le *Code de procédure civile* de 2014 indique en son article 778 que dans les lois (incluant le Code civil) et leurs textes d'application, l'expression « mandat de protection » remplace « mandat en prévision de l'inaptitude », « mandat donné en prévision de l'inaptitude », « mandat d'inaptitude » ou toute expression au même effet.
67. *Débats de l'Assemblée nationale*, précité, note 2, p. 6132.
68. Art. 281, 285 et 291 C.c.Q. En ce qui concerne le majeur qui pourrait avoir besoin d'un conseiller et qui serait déjà sous l'empire d'un mandat de protection homologué, ce scénario n'est envisageable que dans le cas (hautement improbable) d'un mandat qui aurait limité l'intervention du mandataire au rôle équivalent à celui d'un conseiller (voir *infra*, le chapitre sur le mandat de protection). Ce scénario est théoriquement possible puisque le régime du conseiller au majeur est un régime de protection du majeur inapte (le degré d'inaptitude étant ici très léger).
69. C'est-à-dire la curatelle, la tutelle et la nomination d'un conseiller.
70. *Nault* c. *N. (M.H.)*, J.E. 99-1446, REJB 1999-13054 (C.S.) ; *T. (M.)* c. *T. (L.-G.)*, J.E. 97-1187, REJB 1997-00766 (C.S.).
71. Art. 327 C.c.B.C.

694 – *Le respect de l'autonomie résiduelle* – Le législateur part du principe que, dans bien des cas, la personne protégée peut, à des degrés divers et malgré son inaptitude, jouir d'une certaine autonomie et que celle-ci doit être préservée. Toute relative que puisse être cette autonomie résiduelle, le législateur veut, malgré tout, permettre à l'inapte de participer, dans la mesure de ses possibilités, à la vie juridique. La loi tend donc à « créer un équilibre entre le besoin de représentation de la personne et le respect maximal de son autonomie et de ses volontés »[72].

Le respect de l'autonomie résiduelle s'exprime, bien entendu, dans la distinction que fait la loi entre l'inaptitude à prendre soin de soi-même et à administrer ses biens (art. 258 C.c.Q.)[73], mais surtout dans la gradation et la flexibilité des régimes mis en place. Le degré d'autonomie devient le critère principal au moment du choix du régime (art. 276 C.c.Q.). La grande originalité, à ce chapitre, réside dans la mise en place d'une tutelle « sur mesure »[74], qui permet au tribunal d'établir le degré de capacité du majeur et de circonscrire, au cas par cas, les pouvoirs du tuteur (art. 288 C.c.Q.). La protection mise en place est donc proportionnée à l'incapacité dont souffre le majeur[75].

Étant donné que l'état d'une personne peut évoluer, dans le sens d'une dégradation[76] comme dans celui d'une amélioration[77], et que, par conséquent, le degré d'inaptitude peut diminuer ou augmenter, le

---

72. H. Brassard, *loc. cit.*, note 8, p. 639 ; voir également R. Lamarche, *loc. cit.*, note 16, p. 55.
73. Les Commentaires du ministre énoncent à ce sujet que cette distinction « permettra d'établir un régime en fonction des besoins réels de la personne et de ne pas limiter inutilement son autonomie ; une personne peut, par exemple, être inapte à administrer ses biens mais avoir l'aptitude mentale suffisante pour consentir aux soins nécessités par son état » (*Comm.*, p. 175). Voir, dans le même sens, P. Deschamps, *loc. cit.*, note 16, p. 193 et Commission des droits de la personne du Québec, *Commentaires sur le Projet de loi nº 79, Loi modifiant la Loi sur la curatelle publique*, cat. 412-44, 8 novembre 1982, p. 2, cité dans H. Brassard, « La *Loi sur le curateur public*, une loi centrée sur la personne », dans *Congrès du Barreau 1991*, Montréal, Service de la formation permanente, Barreau du Québec, 1991, p. 632 ; *C.D.* c. *Québec (Curateur public)*, [2001] R.J.Q. 1708, REJB 2001-25356 (C.A.) ; *Québec (Curateur public)* c. *D.P.*, [2001] R.J.Q. 45, REJB 2000-22326 (C.A.).
74. G. Guay, « Questions pratiques concernant le mandat donné dans l'éventualité de l'inaptitude et les régimes de protection aux majeurs inaptes », (1990) 2 *C.P. du N.* 133, 172.
75. M. Ouellette, *loc. cit.*, note 14, p. 188.
76. Ce qui est le cas le plus courant (voir, par exemple, *Québec (Curateur public)* c. *H.C.*, 2009 QCCS 4518).
77. Pour un cas d'amélioration qui amène le tribunal à transformer une curatelle en tutelle, voir *Québec (Curateur public)* c. *I.L.*, 2012 QCCS 3791.

principe du respect de l'autonomie résiduelle exige la mise en place de mécanismes de révision du régime de protection, pouvant amener à un alourdissement, un allègement, le maintien ou la mainlevée du régime[78]. La loi instaure donc plusieurs procédures de révision, sur demande ou par suite de la réévaluation automatique et périodique de la situation du majeur[79]. Le tribunal peut ordonner un délai de révision plus court que celui prévu par l'article 278 C.c.Q.[80].

La question du respect de l'autonomie résiduelle se pose de manière très particulière lorsque la personne est soumise à un régime de représentation totale, c'est-à-dire lorsqu'elle est jugée totalement inapte. Dans ce cas, existe-t-il malgré tout un champ d'autonomie ? Les paragraphes qui suivent sont consacrés à cette problématique[81].

695 – *Autonomie résiduelle et inaptitude générale* – Le premier alinéa de l'article 257 C.c.Q. est clair : « Toute décision relative à l'ouverture d'un régime de protection ou qui concerne le majeur protégé doit être prise dans son intérêt, le respect de ses droits et la sauvegarde de son autonomie ». Il faut en conclure que la protection idéale, selon la loi, est donc celle qui, tout en assurant la représentation de la personne protégée, lui permet d'assumer sa destinée, dans la mesure de son aptitude à exprimer sa volonté (et donc de sa *capacité naturelle*, pour reprendre la terminologie de la doctrine civiliste classique). Les curateurs, les tuteurs et les mandataires sont amenés, c'est leur mission, à prendre des décisions qui touchent aux aspects les plus importants de la vie des personnes inaptes. C'est le cas lorsqu'il s'agit de consentir à des interventions médicales invasives, de déterminer l'endroit où la personne habitera, de renoncer au secret professionnel en autorisant, par exemple, la divulgation d'informations contenues dans le dossier médical de la personne, de déterminer les priorités budgétaires dans l'administration du patrimoine de la personne, etc. Ces actes, dont la liste est longue, touchent aux aspects les plus intimes

78. Pour un exemple de mainlevée, voir *Québec (Curateur public)* et *A.T.*, 2009 QCCS 1592.
79. Art. 277 à 280 C.c.Q.
80. Cas d'application : *Québec (Curateur public)* c. *J.L.*, 2012 QCCS 3101 ; *Québec (Curateur public)* c. *M.S.*, 2012 QCCS 1358 ; *Québec (Curateur public)* et *L.L.*, 2013 QCCS 4990.
81. Ces paragraphes reprennent, avec quelques modifications, la substance d'une contribution dans le cadre de la formation continue du Barreau du Québec : D. Goubau, « Les actes qui exigent le consentement personnel du majeur protégé », dans Service de la formation continue, Barreau du Québec, *La protection des personnes vulnérables*, Cowansville, Éditions Yvon Blais, 2014, p. 1.

de la vie privée. Il convient de s'interroger sur la place de l'autonomie décisionnelle de la personne dans ces cas.

696 – *Autonomie résiduelle et droits fondamentaux* – En matière de droits fondamentaux, une distinction s'impose entre les droits dont la mise en œuvre implique un acte de volonté (ex. : le droit de refuser une intervention médicale ou le droit de choisir son lieu de résidence comme expression du droit au respect de la vie privée) et ceux qui représentent plutôt des garanties (ex. : le droit au secours et le droit à l'égalité des articles 2 et 10 de la Charte québécoise). La question de l'autonomie résiduelle ne se pose, par définition, qu'à l'égard des premiers puisque c'est bien l'impossibilité à faire valoir personnellement sa volonté qui justifie la restriction dans l'exercice des droits. Les seconds s'appliquent à toute personne, qu'elle soit apte ou non à exprimer sa volonté. Par exemple, la personne sous curatelle jouit évidemment du droit au respect de sa réputation, mais en cas de violation de ce droit la décision d'exercer ou non les éventuels recours sera prise par le curateur, quitte pour lui à engager sa propre responsabilité en sa qualité de représentant. En matière d'intégrité de la personne, le consentement aux soins médicaux et paramédicaux constitue un chapitre à part et c'est précisément en raison de la gravité des atteintes possibles que la loi a mis en place un système obligeant les soignants à vérifier au cas par cas l'aptitude factuelle du patient ou bénéficiaire, quel que soit le régime de protection. Pourtant, les atteintes aux autres droits de la personnalité peuvent être tout aussi graves de conséquence sur la vie de la personne. On peut songer, bien sûr, au choix du lieu de vie, mais également à bien d'autres exemples, comme celui d'un représentant qui accepterait de dévoiler des aspects importants de la vie privée de son protégé alors que celui-ci s'oppose à une telle divulgation.

Quelle est, à l'égard de ces actes, la place de la parole de la personne protégée ?

697 – *Autonomie résiduelle et droit d'information/participation* – L'article 257 C.c.Q. impose de ne prendre de décision concernant le majeur protégé que dans le respect de la sauvegarde de son autonomie. Cela implique certainement que le représentant doit informer, voire consulter la personne, quel que soit le régime, dès lors que la personne protégée jouit de l'aptitude résiduelle suffisante pour recevoir utilement l'information ou, le cas échéant, pour donner son avis. L'alinéa 2 de l'article 257 C.c.Q. énonce que le majeur doit sans délai et dans la mesure du possible être informé des décisions. Une lecture trop rapide de ce texte pourrait laisser croire que le majeur ne doit pas être consulté, mais seulement informé *post factum*, c'est-à-dire une fois la décision prise. Ce serait faire fi de l'alinéa premier de cette disposition et vider de son contenu le principe du respect de l'autonomie. L'article 260 C.c.Q. exige d'ailleurs que les tuteurs et curateurs doivent, le cas échéant, non seulement tenir la personne informée des décisions prises à son sujet, mais, le cas échéant, prendre aussi son avis. Le *Code de procédure civile* adopte la même approche en prévoyant que les procédures concernant le régime de protection doivent être signifiées à la personne[82] et qu'à moins d'impossibilité, la personne doit être entendue par le juge[83]. C'est donc dire que le *Code de procédure civile* reconnaît également qu'une personne sous curatelle peut, en dépit de son incapacité totale, disposer éventuellement d'une autonomie résiduelle justifiant qu'elle ait son mot à dire dans le processus décisionnel qui la concerne. L'obligation du représentant d'informer ou de consulter la personne s'impose particulièrement lorsque l'acte envisagé a une dimension personnelle importante. On peut penser au choix du lieu de résidence ou à la levée du secret professionnel, pour reprendre les exemples qui viennent spontanément à l'esprit. Si l'on accepte qu'un tel devoir existe dans le chef du représentant, il faut alors accepter l'idée que ce dernier a une obligation de vérifier si la personne a la capacité de comprendre une éventuelle information ou de donner son avis, dès lors que l'acte projeté peut être qualifié d'important pour la personne. Conclure autrement irait à l'encontre de l'article 257 C.c.Q. et de l'économie générale des régimes de protection. Mais peut-on, comme certains le proposent[84], aller plus loin et considérer que le caractère éminemment personnel de certains actes, particulièrement ceux mettant en jeu les droits fondamentaux de la personne, implique que cette personne recouvre en quelque sorte sa capacité juridique dès lors que dans les faits elle a l'aptitude à exprimer sa volonté au sujet de l'acte concerné ? En clair, pour citer encore ces deux exemples, la personne en curatelle, mais néanmoins « apte », peut-elle valablement décider de changer de lieu de résidence ou peut-elle s'opposer à un déménagement décidé pour elle par son représentant ? Un curateur pourrait-il divulguer des renseignements personnels qui concernent le majeur et qui sont protégés par le secret professionnel lorsque

82. Art. 883 C.p.c. (art. 336 C.p.c.).
83. Art. 878 C.p.c. (art. 391 C.p.c.) et art. 276, al. 2 C.c.Q.
84. P. Deschamps, « La confiscation des droits fondamentaux des personnes inaptes et les régimes de protection », dans Service de la formation continue, Barreau du Québec, *La protection des personnes vulnérables*, Cowansville, Éditions Yvon Blais, 2013, p. 69.

la preuve démontre que la personne en curatelle a malgré tout un niveau d'aptitude qui lui permet de comprendre la situation et de prendre la décision elle-même ? On peut penser que les cas seront plutôt rares puisqu'un tribunal aura en principe constaté l'inaptitude totale et permanente de la personne au moment de l'ouverture du régime[85]. Les choses ne sont généralement pas si simples puisqu'en dépit de la mise en place d'un tel régime, il arrive que la personne protégée jouisse d'une certaine capacité à exprimer sa volonté lorsqu'il s'agit précisément d'actes à caractère personnel. Face à ces situations, le professeur Pierre Deschamps est d'avis que « même dotée d'un régime de protection, la personne majeure inapte, pour autant qu'elle est en mesure de faire des choix de vie sensés, eu égard aux circonstances, doit pouvoir les faire et ceux-ci doivent être respectés » et que « le représentant légal, même animé des meilleures intentions, n'a pas à substituer ses choix personnels de vie à ceux de la personne qu'il représente »[86]. Cet auteur soutient donc la thèse selon laquelle, « quel que soit le régime de protection, légal ou contractuel, la personne majeure inapte, dans la mesure où elle conserve une certaine lucidité et est capable de faire des choix logiques et sensés, conserve la faculté de prendre des décisions qui sont d'une importance fondamentale pour sa personne »[87]. Cette position, pour généreuse qu'elle soit, n'en questionne pas moins les bases du cadre juridique des régimes de protection. Pour notre part, nous proposons ci-dessous une interprétation des normes actuelles visant la préservation du principe de la représentation tout en respectant l'objectif de sauvegarde de l'autonomie résiduelle des majeurs protégés à l'égard de certaines décisions qu'en principe ces personnes ne peuvent prendre elles-mêmes.

698 – *Autonomie résiduelle de la personne et pouvoirs du représentant* – Les régimes de protection prévoient la possibilité d'une représentation à la personne, aux biens ou aux deux. Soutenir que la personne, en curatelle par exemple, est affranchie de la représentation dès lors qu'il s'agit d'actes *intuitu personæ* et que la personne jouit d'un certain degré d'autonomie, entraîne une difficulté. En effet,

85. À cet égard, rappelons que pour ce qui est des mandats de protection, dans la quasi-totalité des cas, le mandat accorde les pleins pouvoirs au mandataire (F. Dupin, « Droit des aînés : mandat de protection », dans Service de la formation continue, Barreau du Québec, *La protection des personnes vulnérables*, Cowansville, Éditions Yvon Blais, 2010). La question de l'autonomie résiduelle se pose donc de la même manière qu'à l'égard des curatelles.
86. Cité *supra*, note 84.
87. *Ibid.*, p. 71.

cette proposition implique qu'il est possible de délimiter avec certitude la notion d'acte *intuitu personæ*, ce qui ne va pas de soi. Tous les actes qui touchent la personne ne répondent pas pour autant à cette qualification. Or la distinction entre la curatelle aux biens et la curatelle à la personne signifie que dans ce dernier cas le curateur a bel et bien la responsabilité des décisions qui concernent les aspects personnels de la vie du protégé. Exclure les actes personnels dans la mesure de l'aptitude naturelle de la personne, revient donc à ouvrir la porte à une multiplication des contestations à propos du degré d'autonomie résiduelle, mais surtout à diluer considérablement le mécanisme même de la représentation qui est fondé sur le principe selon lequel la personne protégée ne perd pas ses droits, mais les voit exercer par un tiers. Le principe du respect de la sauvegarde de l'autonomie des personnes implique certes que le régime de protection mis en place corresponde au degré d'inaptitude du majeur. Les tribunaux rappellent sans cesse, et à raison, qu'il ne faut pas surprotéger la personne. Ainsi, ils refusent d'homologuer des mandats qui accordent les pleins pouvoirs au mandataire lorsque l'inaptitude du mandant n'est pas totale[88]. De même ils refusent d'ouvrir un régime de protection ou d'augmenter le degré de protection de la personne lorsque la preuve du niveau d'inaptitude ne justifie pas clairement une telle décision[89]. Le pouvoir d'un tribunal de mettre en place un régime plus léger que celui qui lui est demandé, en raison de l'inapplicabilité de la règle *ultra petita*, participe du même principe[90]. Les mécanismes de révision des régimes sont là aussi pour assurer l'adéquation entre le degré d'inaptitude et le niveau de protection.

699 – Mais est-ce à dire qu'une fois déterminé le degré d'inaptitude et judiciairement circonscrits les pouvoirs du représentant, ce dernier doit vérifier l'autonomie résiduelle du protégé et, le cas échéant, abdiquer de son obligation de représentation chaque fois qu'il s'agit pour le majeur d'un « choix de vie » ? Nul doute que la réponse est positive lorsqu'il s'agit des soins puisque la loi le prévoit expressément. Les dispositions du Code civil sont claires et elles édictent qu'en la matière la volonté de la personne doit être respectée dès lors qu'elle a

88. *A.B. (Dans l'affaire de)* c. *J.C.*, 2013 QCCS 4628.
89. *Curateur public du Québec* c. *B.M.*, EYB 2009-152778 (C.S.) ; *B. (M. P.)* et *S. (Ma.) et al.*, REJB 2001-23874 (C.A.) et REJB 1999-14637 (C.S.) ; *L... P... et S... H...* c. *F... H... et al.*, EYB 2009-158975, par. 41 (C.A.).
90. *Le curateur public du Québec* c. *J. G.*, EYB 2009-164826 (C.S.) ; *B. (D.)* c. *Be. (F.)*, REJB 2000-20372 (C.S.) ; *Québec (Curateur public)* c. *L. (G.)*, 2013 QCCS 2203 ; *B. (L.)* c. *C. (La.)*, 2013 QCCS 1941.

l'aptitude nécessaire, indépendamment de l'existence d'un régime de protection. Cela vise tant l'exigence d'un consentement personnel aux soins, que le respect du refus de soins exprimé par la personne. Dans le vaste domaine des soins, la personne sous régime de protection bénéficie donc d'une autonomie juridique réelle dès lors qu'elle est considérée apte au sens des articles 11 et suivants du *Code civil du Québec*. Cela devrait répondre, mais en partie seulement, à la question du choix de la résidence puisque dans les cas où l'hébergement peut être qualifié de soins (qu'il s'agisse d'hébergement aux fins de traitement ou d'hébergement préventif), seule l'aptitude factuelle de la personne détermine sa capacité juridique[91]. Donc, si le majeur sous curatelle est apte au sens de l'article 11, al. 2 C.c.Q. à consentir à son hébergement ou son déménagement ou à refuser celui-ci, le curateur ne peut tout simplement pas prendre la décision à sa place. Et si la personne sous curatelle est effectivement inapte à prendre une telle décision, il reste que le curateur doit, en vertu de l'article 12 C.c.Q., prendre son avis lorsque cela est possible. Le représentant ne peut donc jamais imposer sa propre façon de voir les choses, car en sa qualité de représentant il doit toujours, dans l'évaluation du meilleur intérêt de la personne protégée, se demander quelle décision celle-ci aurait prise elle-même si elle en avait eu l'aptitude. Et si le majeur refuse le choix du représentant, le tribunal devra trancher la question[92]. Mais en dehors du contexte des soins, le choix de la résidence est du ressort du représentant qui, là encore, doit tenir compte de l'opinion exprimée par le majeur lorsque ce dernier a l'aptitude de s'exprimer[93]. Il est vrai que la décision du représentant sur la question du lieu de résidence est délicate et qu'elle dicte, plus que dans tout autre domaine sans doute, une écoute attentive des besoins du majeur[94]. En dehors des soins, la loi ne prévoit pas de marge permettant de désarrimer capacité juridique et aptitude factuelle. S'il fallait accepter d'appliquer la règle qui prévaut en matière de soins aux autres « choix de vie » cela signifierait, d'une part, que dès lors que le

---

91. *M.B.* c. *Centre Hospitalier Pierre-Le-Gardeur*, [2004] R.J.Q. 792, [2004] R.D.F. 224 (C.A.) ; *Regroupement Centre Notre-Dame-de-l'Enfant / Dixville* c. *É.R.*, 2006 QCCS 5307 ; *Centre hospitalier universitaire de Sherbrooke – Hôtel-Dieu* c. *C.R.*, 2011 QCCS 5991 ; *Centre hospitalier universitaire de Sherbrooke – Hôtel Dieu* c. *R.M.*, 2012 QCCS 4412 ; *Hôpital Santa Cabrini* c. *J.V.*, 2013 QCCS 2260.
92. *Québec (Curateur public)* c. *E. (M.)*, EYB 2009-166190 (C.S.).
93. *Alloi Lussier* (*L. (F.A.)* c. *Centre d'hébergement Champlain*), REJB 1997-00104 (C.A.). Il peut être utile de rappeler également que même si la notion de résidence ne doit pas être confondue avec celle de domicile, il reste qu'en vertu de l'article 81 C.c.Q., le majeur en tutelle est domicilié chez son tuteur et le majeur en curatelle chez son curateur.
94. En ce sens, P. Deschamps, *loc. cit.*, note 84, p. 108.

majeur a l'aptitude factuelle de prendre une décision, son choix doit être respecté, que sa décision soit raisonnable ou non et que, d'autre part, l'opposition catégorique du majeur inapte face à un choix de vie fait par son représentant entraîne l'obligation pour ce dernier d'obtenir une autorisation judiciaire s'il veut maintenir sa décision (à propos du choix de la résidence, par exemple). Les conséquences inéluctables d'un tel élargissement nous paraissent aller à l'encontre de l'économie générale des régimes de protection tels que conçus dans le droit actuel.

Est-ce à dire que le représentant substitue son propre choix à celui du majeur dans des domaines qui touchent éminemment au bien-être de la personne ? Certainement pas ! Les principes rappelés plus haut en matière de sauvegarde de l'autonomie et d'intérêt de la personne protégée dictent que de telles décisions ne soient prises qu'en tenant compte, dans la mesure du possible, de la volonté de la personne protégée. C'est bien le sens qu'il faut donner aussi à l'obligation d'informer la personne des décisions qui la concernent. L'obligation d'informer jumelée au principe de la sauvegarde de l'autonomie résiduelle implique que dans certains cas il ne s'agit pas simplement d'annoncer des décisions imposées, mais qu'une concertation doit avoir lieu entre le représentant et le représenté[95]. Comme le souligne un juge dans une affaire où il s'agissait d'interdire les contacts entre un père et son enfant de 18 ans inapte, lorsqu'une personne souffre d'une déficience intellectuelle, mais est tout de même capable d'exprimer ses désirs, « le respect de la sauvegarde de son autonomie milite en faveur du respect de ses opinions »[96]. Plus le majeur est apte à exprimer ses désirs, plus le représentant a l'obligation d'en tenir compte dans l'évaluation qu'il fait de l'intérêt de la personne. On peut, à cet égard s'inspirer du raisonnement de la Cour suprême qui, dans l'arrêt *A.C.* c. *Manitoba (Directeur des services à l'enfant et à la famille)*[97], estime qu'un juste équilibre peut être trouvé entre les droits fondamentaux d'un mineur et la nécessité de le protéger, en accordant à l'opinion du mineur un poids qui corresponde à son degré de maturité. Selon le raisonnement de la Cour suprême, plus le mineur est mature, plus son représentant doit le consulter et plus l'expression de son opinion influe sur la détermination de son

95. Sur l'importance pour l'entourage de la personne de respecter au quotidien l'autonomie résiduelle de celle-ci, voir Curateur public du Québec, « Les guides d'aide à l'accompagnement – l'autonomie mise de l'avant », (2013) 2:1 *Bulletin de veille* 1 et s.
96. *Québec (Curateur public)* et *M.B.*, 2009 QCCS 5749.
97. *A.C.* c. *Manitoba (Directeur des services à l'enfant et à la famille)*, 2009 CSC 30.

meilleur intérêt. Même si la frontière entre autonomie et intérêt n'est pas toujours aisée à déterminer[98], le principe est clair et il oblige le représentant à être très attentif à l'aptitude de la personne à exprimer sa volonté lorsqu'il s'agit d'actes touchant à la vie personnelle. Il est vrai que le Code civil ne prévoit pas de mécanisme de contrôle des décisions du représentant en dehors des demandes de remplacement des tuteurs et curateurs[99] ou de la révocation des mandats[100]. Ce choix du législateur est dicté par le souci d'efficacité des régimes de protection qu'il a voulu mettre à l'abri de recours judiciaires intempestifs. La mission du représentant est particulièrement délicate lorsqu'il s'agit du choix du lieu de résidence, elle l'est également pour ce qui, de manière générale, touche au mode de vie du majeur. L'obligation du représentant est d'être au service de l'intérêt du majeur, ce qui implique qu'il doit veiller à son bien-être moral également[101], même si cela peut avoir d'importantes conséquences patrimoniales[102].

700 – *Autonomie résiduelle : de lege ferenda* – Le législateur pêche peut-être par excès de confiance envers les tuteurs, curateurs et mandataires dont les décisions sont difficiles à contrôler alors qu'elles peuvent pourtant toucher les personnes protégées dans les aspects les plus personnels de leur vie. Il existe bien la possibilité de demander la destitution du « protecteur », mais cette mesure draconienne à l'égard d'un représentant qui n'aurait pas pris une bonne décision n'est pas nécessairement dans l'intérêt du protégé[103]. Il existe égale-

---

98. R.P. Kouri, « Le mineur et les soins médicaux, *A.C.* c. *Manitoba* : de l'autonomie au meilleur intérêt, une limite bien floue », (2010-2011) 4 *McGill J.L. & Health* 65.
99. Art. 266 et 251 C.c.Q.
100. Art. 2177 C.c.Q.
101. Art. 260 C.c.Q. Sur cet aspect spécifique du rôle du protecteur, voir M.T. Giroux, « Des valeurs pour guider le curateur et le tuteur au majeur », dans Barreau du Québec, *Obligations et recours contre un curateur, tuteur ou mandataire défaillant*, Cowansville, Éditions Yvon Blais, 2008.
102. Comme le souligne P. Deschamps, « [Il] appert ainsi que certains représentants légaux, parce que la personne a atteint un âge vénérable, tel que 85 ou 90 ans, vont être plus portés à protéger le patrimoine de la personne ou son capital au détriment de la personne elle-même qui devra se contenter de moins que ce à quoi elle serait en droit de s'attendre » (P. Deschamps, *loc. cit.*, note 84, p. 109).
103. À cet égard, on peut regretter que les articles 251 et 266 C.c.Q. n'aient pas expressément prévu le majeur protégé dans la liste des personnes pouvant demander le remplacement du protecteur. Dans la mesure où le majeur peut entamer personnellement les procédures d'ouverture d'un régime (art. 269 C.c.Q.), on pourrait être tenté de conclure qu'il peut entamer une procédure visant le remplacement du représentant qui ne respecterait pas ses obligations

ment le scénario d'un contrôle par le Curateur public qui peut faire enquête et accepter un engagement volontaire du représentant[104], mais les possibilités demeurent limitées dans les faits. S'agissant de droits fondamentaux et tenant compte des aléas de la vérification de l'inaptitude d'une personne, on peut penser que pour une question aussi fondamentale que celle relative au choix de la résidence, la solution retenue en matière de refus de soins (c'est-à-dire l'obligation d'une intervention judiciaire en cas de refus catégorique de la personne) mériterait d'être envisagée. De même qu'il paraît important de respecter le plus possible, sur ces questions, les directives que la personne aurait pu donner avant de devenir inapte. Le principe du respect de l'autonomie dicte que de telles directives ne soient écartées que lorsque les circonstances et l'intérêt de la personne le justifient clairement[105]. Dans le champ des décisions qui touchent à la vie personnelle et qui ne concernent pas les soins, le droit québécois nous semble, dans l'état actuel des choses, ne pas reconnaître de pouvoir décisionnel aux personnes qui sont soumises à un régime de protection en raison de leur inaptitude totale et permanente, laissant aux représentants le devoir de prendre les décisions les plus respectueuses de l'intérêt des personnes inaptes. Cette mission impose de tenir compte de l'avis de celles-ci dans la mesure du possible. Plus la décision envisagée est lourde de conséquences sur la vie personnelle de la personne (et particulièrement lorsqu'il s'agit de droits fondamentaux), plus le représentant a l'obligation de vérifier la possibilité de lui donner voix au chapitre. Cette obligation de tenir compte de l'avis de la personne dans l'évaluation de son meilleur intérêt, lorsqu'elle est en mesure d'exprimer son avis, milite en faveur d'une reconnais-

---

légales (en ce sens, F. Dupin, « Contester une décision d'un tuteur, curateur ou mandataire dans l'exercice de sa charge », dans Barreau du Québec, *Obligations et recours contre un curateur, tuteur ou mandataire défaillant*, Cowansville, Éditions Yvon Blais, 2008 ; F. Dupin, « Les limites de la protection judiciaire attribuée à la personne aînée : des principes à la réalité », dans *XXe Conférence des juristes de l'État*, 2013 : <http://www.conferencedesjuristes.gouv.qc.ca/textes-de-conferences/pdf/2013/Francois_Dupin.pdf>). Cet argument *a fortiori* aboutit à un résultat séduisant, mais il ne va pas de soi car au moment de la demande d'ouverture la personne est considérée apte en fait et en droit alors qu'une fois le régime ouvert, elle est soumise à la règle de la représentation. De plus, considérer qu'un majeur protégé peut, sans représentation *ad hoc* saisir les tribunaux en destitution ou en remplacement du représentant, entraîne le risque de procédures intempestives.

104. *Loi sur le curateur public*, RLRQ, c. C-81, art. 22, 23 et 27.

105. On peut noter que la *Loi concernant les soins de fin de vie*, L.Q. 2014, c. 2, donne une actualité nouvelle au principe du respect de la parole consignée de la personne inapte, en introduisant la notion de « directives médicales anticipées » dont la valeur contraignante est reconnue. Au moment de mettre sous presse, cette loi n'était pas encore en vigueur.

sance législative du droit de refus de la personne à l'égard des actes les plus attentatoires à sa vie privée. À l'instar de la règle qui prévaut en matière de soins, le législateur pourrait introduire une règle selon laquelle le refus catégorique de la personne ne devrait pouvoir être écarté que par un tribunal afin que soit garanti l'équilibre entre les deux principes éthiques qui fondent les régimes de protection, soit la protection de la personne et le respect de son autonomie résiduelle.

Section III

La protection en dehors des régimes de protection

701 – *Protection des personnes âgées ou handicapées contre l'exploitation* – La Charte québécoise protège les personnes âgées et les personnes handicapées contre l'exploitation. Cette protection est générale et dépasse donc largement le cas des personnes sous régime de protection[106]. Ici la notion de vulnérabilité plutôt que d'incapacité sert de critère de protection[107]. L'article 48 de la Charte se lit ainsi :

> Toute personne âgée ou toute personne handicapée a droit d'être protégée contre toute forme d'exploitation.
>
> Telle personne a aussi droit à la protection et à la sécurité que doivent lui apporter sa famille ou les personnes qui en tiennent lieu.

Le deuxième alinéa est plus englobant que le premier puisqu'il vise le droit général à la protection et à la sécurité, indépendamment d'un contexte d'exploitation[108].

---

106. Mais elle concerne évidemment directement les curateurs et tuteurs dont la mission est précisément la protection de la personne représentée (pour un cas d'application où un tuteur est condamné à des dommages punitifs en raison de la violation de son obligation dans le cadre de l'article 48 de la Charte, voir *Québec (Sous-ministre du Revenu)* c. *T.M.*, 2009 QCCS 861).
107. En ce sens, la protection de l'article 48 de la Charte rejoint la position de certains auteurs qui considèrent que la notion de vulnérabilité est plus opérationnelle que celle d'incapacité. En ce sens, voir M.I. Hall, « Mental Capacity In The (Civil) Law: Capacity, Autonomy and Vulnerability », (2012) 58:1 *McGill LJ* 61. Quant aux recours en cas d'exploitation, mentionnons que l'article 81 de la Charte permet à la Commission des droits de la personne et des droits de la jeunesse de saisir le Tribunal des droits de la personne en vue d'obtenir des mesures d'urgence propres à mettre fin à l'exploitation ou au risque d'exploitation.
108. Sur la notion d'exploitation au sens de l'article 48 de la Charte, voir *infra* la section « Pour aller plus loin ».

La notion d'exploitation a été interprétée par la jurisprudence de façon très libérale. Voici la définition proposée par le Tribunal des droits de la personne, définition citée dans de nombreuses décisions :

> Par ailleurs, que signifie l'expression « exploitation » ? Il nous faut à cette fin nous référer à un dictionnaire vernaculaire puisque ni le dictionnaire de droit privé ni le Vocabulaire juridique n'en traitent explicitement. Ce dernier dictionnaire, cependant, pour une définition de l'expression « exploitation abusive », renvoie à l'expression « abus de position dominante ». L'expression « abus » y est définie comme étant : « Une exploitation outrancière d'une situation de faits ; mise à profit d'une position de force souvent au détriment d'intérêts plus vulnérables. »
>
> Cette définition nous indique donc que le terme « exploitation » doit comprendre trois éléments, soit : 1) une mise à profit 2) d'une position de force 3) au détriment d'intérêts plus vulnérables.
>
> Dans la langue populaire, l'exploitation s'entend de l'action de tirer un profit abusif de quelqu'un ou de quelque chose. En anglais, le terme « exploitation » est défini comme étant « taking unjust advantage of another for one's own advantage or benefit »[109]. Le terme inclut « les différentes formes d'abus, notamment l'abus physique, toute forme de violence physique ou verbale, l'abus financier et l'abus psychologique »[110]. La notion de vulnérabilité est dès lors au cœur de l'article 48 de la Charte.

702 – Quant à la notion de personne âgée, elle est pour le moins floue et vise les personnes « d'un âge plus avancé »[111]. Le Tribunal des droits de la personne du Québec a déjà décidé que l'expression doit s'entendre des personnes « que l'âge a rendues vulnérables et qui peuvent s'inscrire dans un rapport de dépendance, qu'elle soit physique, économique, affective ou psychologique, au même titre que toutes les exploitations interdites par la Charte »[112]. Nul doute qu'un âge très

---

109. *Commission des droits de la personne* c. *Brzozowski*, [1994] R.J.Q. 1947 (T.D.P.Q.). Cette définition est reprise régulièrement par la jurisprudence ; voir notamment *Commission des droits de la personne et des droits de la jeunesse* c. *Payette*, J.E. 2006-1583, EYB 2006-108064 (T.D.P.Q.) ; *Commission des droits de la personne et des droits de la jeunesse* c. *Courchesne*, 2013 QCTDP 24.
110. *Commission des droits de la personne et des droits de la jeunesse* c. *Venne*, 2010 QCTDP 9, par. 115.
111. *Ibid.*, par. 112.
112. *Commission des droits de la personne et des droits de la jeunesse* c. *Gagné*, [2003] R.J.Q. 647, EYB 2006-108064 (T.D.P.Q.).

avancé est en soi une source générale de vulnérabilité. Il reste que la frontière est floue[113] et qu'en dehors de cas clairs de grand âge la preuve devra démontrer les autres aspects de la vulnérabilité (santé, isolement, inexpérience des affaires, deuil, fragilité émotive, niveau de scolarité, etc.).

703 – *Étendue de la protection* – Longuement méconnue, au point de n'être à peu près jamais appliquée dans les vingt premières années de l'entrée en vigueur de la Charte, cette disposition connaît depuis 1994 une application de plus en plus régulière dans toutes sortes de domaines, notamment dans des situations de personnes âgées soumises à des traitements dégradants au sein de leur milieu de vie[114]. Cette disposition de la Charte, qui rejoint l'esprit des instruments internationaux en matière de protection des personnes âgées et des personnes handicapées, vise les cas d'exploitation tant financière, physique, psychologique, que sociale ou morale[115]. Elle peut fonder des recours en dommages-intérêts dans des cas, par exemple, de mauvais traitements, ou des recours en injonction mandatoire pour faire cesser des gestes d'exploitation des personnes. La présence de cette disposition ouvre également la porte à la possibilité d'octroyer des dommages punitifs lorsque les conditions de l'article 49 de la Charte sont réunies[116].

704 – *Exploitation et lésion* – Depuis le début des années 2000, la jurisprudence, tant du Tribunal des droits de la personne que de la Cour du Québec, la Cour supérieure et la Cour d'appel, a étendu la portée de l'article 48 de la Charte pour lui faire jouer un rôle important en matière d'annulation de contrats pour cause de lésion. Cette jurisprudence reflète le fait que parmi les différentes sortes d'abus dont les personnes âgées sont victimes, l'exploitation financière est la plus fréquente[117]. Un arrêt clé en la matière a été rendu par la Cour

113. Dans *Deschênes* c. *Limoges*, 2013 QCCQ 6429, le tribunal estime qu'une propriétaire de 66 ans est une personne âgée au sens de l'article 48 de la Charte. Par contre, dans *Triassi* et *Fonds d'assurance-responsabilité professionnelle de la Chambre des notaires du Québec*, 2009 QCCS 4476, le tribunal est d'avis que des époux dans la fin de la cinquantaine ne se qualifient pas comme personnes âgées.
114. C'était d'ailleurs la situation dans l'affaire *Brzozowski*, citée *supra*, note 109.
115. *Christiaenssens* c. *Rigault*, J.E. 2006-1351, EYB 2006-106819 (C.A.), par. 51.
116. *Commission des droits de la personne et des droits de la jeunesse* c. *Hamel*, J.E. 2003-1562, REJB 2003-45484 (T.D.P.Q.) ; *Commission des droits de la personne et des droits de la jeunesse* c. *Bilodeau*, J.E. 2006-420, EYB 2005-99774 (T.D.P.Q.).
117. S. Philips-Nootens, « Entre secret professionnel et protection de l'aîné vulnérable : un dilemme pour le notaire ? », (2011) 80 *C.P. du N.* 215, 217.

d'appel dans l'affaire *Vallée*[118]. Dans cette affaire, un homme de 81 ans avait en peu de temps dilapidé sa fortune au profit de sa nouvelle amie de cœur, dans la quarantaine ; la preuve avait mis en lumière un scénario dans lequel la bénéficiaire de ces largesses avait réussi à soutirer de nombreux cadeaux et donations, profitant de la situation de faiblesse de la personne âgée. Au lieu de recourir aux mécanismes de droit commun qui auraient permis de protéger adéquatement la victime (vices de consentement, absence de capacité factuelle) les juges majoritaires de la Cour d'appel n'hésitent pas à s'appuyer sur l'article 48 de la Charte pour lui faire jouer un rôle autonome autorisant les tribunaux à voir dans cette disposition le fondement d'une nouvelle sorte de lésion au profit des personnes âgées. Quelques brefs extraits de l'arrêt méritent d'être cités afin de bien comprendre la portée très vaste qu'entend faire jouer la Cour d'appel à cette disposition :

> [...] l'article 48 de la Charte constitue une disposition de droit substantiel [...] [I]l englobe donc tant les droits énoncés au Code civil que ceux qui n'y sont pas prévus [...] (par. 23) ;
>
> [...] l'article 48 de la Charte [...] étend la protection aux personnes âgées victimes d'exploitation sans égard à la validité de leur consentement ou à l'existence d'un régime de protection [...] (par. 24) ;
>
> Le caractère quasi constitutionnel conféré à la Charte justifie une interprétation large et libérale de ses dispositions pour favoriser le plein accomplissement des droits qui y sont prévus. Ce principe emporte la conséquence que la personne âgée a droit d'être protégée contre toute forme d'exploitation même si, du strict point de vue des règles de droit civil, son consentement est valide ou encore lorsqu'elle ne satisfait pas les conditions pour être déclarée inapte (par. 26).

Cette interprétation a ensuite été reprise avec approbation dans de nombreuses décisions[119] et est appuyée par des auteurs[120]. D'autres observateurs ont critiqué l'approche de la Cour qui consiste

---

118. *Vallée* c. *Commission des droits de la personne et des droits de la jeunesse*, [2005] R.J.Q. 961 (C.A.).

119. *Gagné* c. *Tremblay*, B.E. 2007BE-567, EYB 2007-119354 (C.A.) ; *Commission des droits de la personne et des droits de la jeunesse* c. *A.V.*, 2011 QCTDP 13.

120. M. Samson, *Les interactions de la Charte des droits et libertés de la personne avec le Code civil du Québec : une harmonie à concrétiser*, Coll. Minerve, Cowansville, Éditions Yvon Blais, 2013.

à faire appel à la Charte comme fondement d'un recours en annulation pour lésion alors que le Code civil, qui ne reconnaît la lésion que dans de très rares cas bien spécifiés[121], offre, tant en droit des personnes qu'en droit des obligations, un cadre protectionnel exprès et détaillé pour les personnes qui entendent faire annuler un contrat en raison de leur situation d'incapacité de fait ou de droit[122]. Il est d'ailleurs assez remarquable de constater que dans plusieurs causes où les tribunaux ont accepté d'annuler des contrats en se basant sur l'article 48 de la Charte, les faits auraient permis d'arriver au même résultat en appliquant les règles de droit commun, que ce soit en matière de capacité ou de vices de consentement, particulièrement l'erreur[123]. En dehors de tels scénarios, les tribunaux exigeront la preuve que la personne protégée faisait face à quelqu'un en « position de force »[124]. Comme l'indiquait la Cour supérieure dans une affaire où la preuve ne permettait pas l'annulation d'un acte en vertu du droit commun, « la différence fondamentale entre la protection de l'article 48 de la Charte et celle de l'article 1406 C.c.Q. est le concept de la personne en position de force »[125]. Encore faut-il que de ce déséquilibre entre les forces en présence soit né un préjudice[126]. S'il est donc exact d'affirmer que l'article 48 ajoute une protection à celles prévues par le Code civil (particulièrement par le biais des dommages punitifs[127]), la Cour d'appel a néanmoins rapproché ces différents mécanismes en affirmant qu'il existe des « relations intimes entre ces dispositions » et que « le fait de conclure à la capacité du donateur sera

---

121. On peut douter sérieusement que l'article 48 de la Charte puisse être interprété comme prévoyant un « cas [de lésion] expressément prévu par la loi » au sens de l'article 1405 C.c.Q.
122. D. Gardner et D. Goubau, « L'affaire *Vallée* et l'exploitation des personnes âgées selon la Charte québécoise : quand l'harmonie fait défaut », (2005) 46 *C. de D.* 961 ; F. Sabourin, « Commentaire. L'arrêt *Vallée* de la Cour d'appel : la Charte québécoise à la rescousse du Code civil en matière d'exploitation des personnes âgées », (2005-2006) 36 *R.D.U.S.* 309-326.
123. *Deschênes* c. *Limoges*, 2013 QCCQ 6429 (une propriétaire vend son immeuble à tempérament à un neveu et ne lui réclame aucun intérêt alors qu'elle ignore totalement la valeur de cette renonciation) ; *Ampleman* c. *Lachance*, 2013 QCCQ 3137 (le tribunal souligne « En raison de son âge, de sa maladie, de son tempérament et de son isolement, (le demandeur) était vulnérable et il n'était pas en mesure de faire le choix libre et éclairé d'accorder une remise de dette », par. 39).
124. *Périllat* c. *Laroche*, 2012 QCCS 3201.
125. *Juteau* c. *Lepage*, 2009 QCCS 4575.
126. *R.J.* c. *Clément*, 2009 QCCS 1353.
127. Les tribunaux n'hésitent pas à accorder des dommages punitifs en cas de violation de l'article 48 (cas d'application : *Handman* c. *Reinblatt*, 2012 QCCS 6342 ; *M.C.* c. *Service d'aide à domicile Bélanger inc.*, 2011 QCCS 4471 ; *Commission des droits de la personne et des droits de la jeunesse du Québec* c. *Venne*, 2010 QCTDP 9) ; la possibilité d'obtenir des dommages punitifs en vertu de l'article 49, représente sans doute l'avantage le plus tangible de l'article 48 de la Charte.

sûrement [...] un indice précieux au moment d'évaluer un état d'exploitation »[128]. Ainsi, la capacité à donner un consentement ne fait pas obstacle en soi à l'application de l'article 48 de la Charte[129], mais constitue tout de même un sérieux facteur à considérer lorsqu'il s'agit de démontrer la vulnérabilité et l'exploitation. Cet heureux rapprochement opéré par la Cour d'appel entre l'article 48 de la Charte et le Code civil, permet de donner au premier tout son sens et au deuxième toute sa place.

705 – *L'article 48 de la Charte comme révélateur des droits* – Nos réserves quant à la question de la lésion n'enlèvent rien à la pertinence et à l'importance de l'article 48 de la Charte qui peut « agir comme révélateur sur des droits qui existaient en germe, mais auxquels les tribunaux n'accordaient pas assez d'importance »[130]. Ainsi, cette disposition peut servir d'outil efficace en matière de responsabilité civile et d'octroi de dommages-intérêts, incluant ceux pour préjudice moral[131]. Peu de temps après l'arrêt *Vallée*, la Cour d'appel est d'ailleurs venue insister plutôt sur le fait que l'article 48 de la Charte dicte une règle générale de conduite à l'égard des personnes âgées et que ce standard est pertinent dans l'évaluation de la responsabilité civile d'une personne dont le comportement ne respecte pas ce souci collectif à l'égard des personnes âgées[132]. L'âge et la vulnérabilité d'une personne deviennent ainsi des circonstances de fait qui doivent être particulièrement considérées lorsqu'il s'agit d'évaluer le caractère fautif d'un comportement. Par exemple, l'étendue du devoir de conseil du notaire doit être analysée en tenant compte du fait que le client est une personne que l'âge rend vulnérable[133]. De même, le comportement des proches sera jugé à l'aune de la situation de vulnérabilité de la personne[134]. En ce sens, l'article 48 de la Charte peut servir comme révélateur des droits. Un autre exemple de cette approche dans l'application de l'article 48 peut être trouvé dans une cause mettant en jeu l'alinéa 2 : « Toute personne a aussi droit à la

128. *Turcotte* c. *Turcotte*, 2012 QCCA 645, par. 43.
129. *Monette St-Cyr* c. *Résidence Le Monaco inc.*, 2013 QCCQ 13422, par. 21.
130. D. Gardner et D. Goubau, *loc. cit.*, note 122, p. 29-30.
131. *Commission des droits de la personne et des droits de la jeunesse* c. *Courchesne*, 2013 QCTDP 24.
132. *Christiaenssens* c. *Rigault*, J.E. 2006-1351, EYB 2006-106819 (C.A.).
133. *Fonds d'assurance-responsabilité professionnelle de la Chambre des notaires du Québec, service des sinistres* c. *Couture*, 2012 QCCA 70 ; *Deschênes* c. *Limoges*, 2013 QCCQ 6429 ; sur l'obligation faite au notaire d'adapter ses interventions en tenant compte de la vulnérabilité du client, voir S. Philips-Nootens, « Entre secret professionnel et protection de l'aîné vulnérable : un dilemme pour le notaire ? », (2011) 80 *C.P. du N.* 215.
134. *Dion Bourdages (Succession de)* c. *Ouellet*, 2012 QCCQ 7245.

protection et à la sécurité que doivent lui apporter sa famille ou les personnes qui en tiennent lieu ». La Cour du Québec s'autorise de ce texte pour interpréter l'article 1957 C.c.Q. (qui édicte les conditions de la reprise de possession d'un logement par le locateur) et pour accepter l'idée que les aides qu'une personne âgée entend engager soient qualifiées de « personnes qui en tiennent lieu »[135], permettant ainsi la reprise de possession du logement par la personne âgée qui désire y loger les personnes qui lui apportent l'aide quotidienne que dicte sa condition.

706 – *Protection des personnes âgées et handicapées en matière de résiliation de bail* – La protection dont il est question ici n'est pas spécifique aux personnes souffrant d'un certain degré d'inaptitude, mais elle est utile à plusieurs d'entre elles, puisque inaptitude rime souvent avec changement de milieu de vie. En 2011, le Code civil a été modifié[136] afin de mieux tenir compte de la situation des personnes en perte d'autonomie lorsque vient le temps pour elles de vivre dans un milieu adapté à leurs besoins. Ainsi, le nouvel article 1974 C.c.Q. clarifie les règles en la matière et édicte que si une personne se voit attribuer un logement à loyer modique ou si un tribunal la reloge dans un logement équivalent, cette personne peut résilier son bail en cours. De même, un locataire peut résilier son bail « s'il ne peut plus occuper son logement en raison d'un handicap ou, s'il s'agit d'une personne âgée, s'il est admis de façon permanente dans un centre d'hébergement et de soins de longue durée, dans une ressource intermédiaire, dans une résidence privée pour aînés où lui sont offerts les soins infirmiers ou les services d'assistance personnelle que nécessite son état de santé ou dans tout autre lieu d'hébergement, quelle qu'en soit l'appellation, où lui sont offerts de tels soins ou services ». On voit que, contrairement à son ancienne formulation, la loi ratisse large pour ce qui est de la description de la ressource[137], l'idée étant de protéger le plus complètement possible les personnes qui, en raison de leur perte d'autonomie, se voient contraintes de déménager dans des lieux plus adaptés à leur condition. Par contre, on remarque que la loi ne définit pas la notion de personne âgée. Cette absence de précision

135. *Gubner* c. *Dahan*, [2006] R.J.Q. 903, EYB 2005-99774 (C.Q.).
136. *Loi modifiant le Code civil concernant certains cas de résiliation du bail d'un logement*, L.Q. 2011, c. 29. Ces modifications sont entrées en vigueur le 30 novembre 2011, en application de l'article 10 de cette loi.
137. Cette interpretation large est confirmée par la jurisprudence : *L.B.* c. *Immeubles Vianney Ouellet & Fils*, 2013 QCRDL 2334. Par contre, pour ce qui est du respect des formalités (avis, annexes, délais, etc.) l'article 1974 C.c.Q. fait l'objet d'une interprétation stricte puisqu'elle introduit des règles exorbitantes du droit commun : *9066-0166 Québec inc.* c. *Boisvert (Succession de)*, 2012 QCRDL 25664.

mérite d'être soulignée car l'âge avancé est une condition suffisante et il n'est pas nécessaire de faire la preuve d'une maladie ou d'une perte d'autonomie[138]. On peut penser que les tribunaux adopteront une lecture généreuse de la disposition dont l'objectif est la protection des ressources financières des personnes en perte d'autonomie. Cet objectif de protection s'exprime également par le fait que la résiliation prend effet deux mois seulement après l'avis au locateur alors que le délai de droit commun est de trois mois. Mentionnons également que si le bail en cours incluait des frais afférents à des services personnels (de repas ou de soins infirmiers, par exemple), la personne protégée n'est tenue qu'à l'égard des services qui lui ont effectivement été fournis avant son départ.

Pour aller plus loin

707 – *Santé mentale et désinstitutionnalisation* – L'affirmation du caractère exceptionnel des régimes de protection juridique des majeurs ne doit toutefois pas faire perdre de vue que, dans les faits, la déficience intellectuelle et les maladies mentales concernent un nombre non négligeable de personnes. En réalité, il est assez difficile de se faire une idée précise de l'état de santé mentale de la population québécoise car les données restent fragmentaires. On consultera avec intérêt une étude publiée en 2012 sur l'état de la situation au Québec : Gouvernement du Québec, Commissaire à la santé et au bien-être, *État de situation sur la santé mentale au Québec et réponse du système de santé et de services sociaux*, Québec, 2012 (disponible en ligne : <http://www.csbe.gouv.qc.ca/fileadmin/www/2012/SanteMentale/CSBE_EtatSituation_SanteMentale_2012.pdf>). Ce rapport indique que selon l'Organisation mondiale de la Santé (OMS), les troubles mentaux, plus particulièrement la dépression, représenteront d'ici 2030 la principale cause de morbidité dans le monde. Les enquêtes épidémiologiques, tant nationales qu'internationales, révèlent une augmentation de la prévalence des troubles mentaux. Alors que ces derniers représentaient 11 % du fardeau de l'ensemble des maladies en 1990, ce taux devrait s'élever à 15 % en 2020, selon l'OMS. La proportion de la population aux prises avec des troubles mentaux graves est de 2 % à 3 %, tant au Québec que dans le monde. Depuis que l'accent a été mis sur la désinstitutionnalisation, à partir des années 1970, la plupart des personnes ayant des troubles mentaux graves résident désormais dans leur famille.

Sur l'importance de la terminologie, lorsqu'il s'agit des personnes ayant des incapacités, voir D. Lizotte et P. Fougeyrollas, « Du droit comme facteur déterminant de la participation sociale des personnes ayant des incapacités », (1997) 38 *C. de D.* 371.

---

138. *Groupe C.R. Gagnon inc.* c. *Houle*, J.L.E. 2008JL-17.

À propos de l'histoire de l'intervention en santé mentale, du mouvement de désinstitutionnalisation et du récent « virage ambulatoire » en santé mentale, on peut consulter les documents suivants : Gouvernement du Québec, ministère de la Santé et des Services sociaux, *Défis de la reconfiguration des services de santé mentale*, Québec, 1997, 264 p. ; M. Doré, « La désinstitutionnalisation au Québec », (1987) 12 *Santé mentale au Québec* 144 ; Y. Lavallée, « Le virage ambulatoire en psychiatrie : une perspective globale », (1996) 21 *Santé mentale au Québec* 111 ; F. Boudreau, *De l'asile à la santé mentale*, Montréal, Éditions St-Martin, 1984 ; N. Guberman, H. Dorvil et P. Maheu, *Amour, bain, comprimé ou l'ABC de la désinstitutionnalisation*, Rapport de recherche soumis à la Commission d'enquête sur les services de santé et les services sociaux, Québec, Les Publications du Québec, 1987 ; C. Mercier, *La désinstitutionnalisation : orientation des politiques et distribution des services*, Rapport de recherche soumis à la Commission d'enquête sur les services de santé et les services sociaux, Québec, Les Publications du Québec, 1987 ; L. Garant, *La désinstitutionnalisation en santé mentale – Un tour d'horizon de la littérature*, Québec, ministère des Affaires sociales, Secrétariat à la coordination de la recherche, 1985 ; Gouvernement du Québec, *Plan d'action pour la transformation des services de santé mentale*, Québec, 1998, 46 p.

708 – *Vieillissement, abus et âgisme* – En réponse aux problématiques liées au vieillissement de la population, le gouvernement du Québec s'est doté d'un plan d'action pour contrer les abus (Ministère de la Famille et des Aînés, Plan d'action gouvernemental pour contrer la maltraitance envers les personnes aînées – 2010-2015, Québec, 2010, disponible en ligne : <http://aines.gouv.qc.ca/documents/Plan_action_maltraitance.pdf>) ainsi qu'une première politique sociale sur le vieillissement (ministère de la Famille et des Aînés, ministère de la Santé et des Services sociaux). *Vieillir et vivre ensemble, Chez soi, dans sa communauté, au Québec, 2012-2017*, Québec, 2012. Cette politique, dont le texte est disponible en ligne (<http://aines.gouv.qc.ca/documents/politique-vieillir-et-vivre-ensemble.pdf>) s'articule autour de trois grandes orientations formulées ainsi : vieillir et vivre ensemble, c'est 1) participer dans sa communauté, 2) vivre en santé dans sa communauté et 3) créer des environnements sains, sécuritaires et accueillants dans sa communauté. Pour un portrait démographique, voir M.-J. Kergoat et J. Légaré, « Aspects démographiques et épidémiologiques du vieillissement au Québec », dans M. Arcand et R. Hébert (dir.), *Précis pratique de gériatrie*, Québec, Édisem-Maloine, 2007, p. 1. Sur la notion d'âgisme, voir M. Beaulieu, A. Spahic-Blazevic et M. Crevier, « Un Québec vieillissant – Réflexions sur les défis anticipés et la réponse sociale à donner aux personnes aînées », dans *XXe Conférence des juristes de l'État*, 2013 (<http://www.conferencedesjuristes.gouv.qc.ca/textes-des-conferences>). Sur la question de l'exploitation des personnes âgées, voir S. Philips-Nootens, « Entre secret professionnel et protection de l'aîné vulnérable : un dilemme pour le notaire ? », (2011) 80 *C.P. du N.* 215 ; Commission des droits de la personne et des droits de la jeunesse, *L'exploitation des personnes âgées. Vers un filet de protection resserré*, Rapport de consultation et recommandations,

Québec, octobre 2001 ; M.-A. DOWD, « L'exploitation des personnes âgées ou handicapées : Où tracer les limites de l'intervention de l'État ? », dans Service de la formation permanente, Barreau du Québec, vol. 182, *Pouvoirs publics et protection*, Cowansville, Éditions Yvon Blais, 2003, p. 55.

709 – *Le système de protection des majeurs inaptes sous le Code civil du Bas Canada* – Le *Code civil du Bas Canada* prévoyait deux régimes de protection, dont l'un, l'interdiction, rendait le majeur totalement incapable juridiquement, alors que l'autre, la dation d'un conseil judiciaire, frappait la personne d'une demi-incapacité seulement. Le régime de l'*interdiction* visait deux catégories de personnes : d'une part, celles qui étaient dans « un état habituel d'imbécillité, démence ou fureur » alors même que cet état d'aliénation mentale pouvait présenter des intervalles de lucidité (art. 325 C.c.B.C.) et, d'autre part, les prodigues (art. 326 C.c.B.C.), les « ivrognes d'habitude » (art. 336a) C.c.B.C.)[139] et les narcomanes (art. 336r) C.c.B.C.)[140]. Au cas de la curatelle judiciaire, il fallait ajouter le cas particulier de la curatelle d'office du curateur public à l'égard du malade mental dont l'incapacité à administrer ses biens était attestée par un certificat médical[141]. Pour les cas moins graves, le *Code civil du Bas Canada* mettait en place un régime de protection moins sévère, que certains auteurs qualifiaient d'interdiction partielle[142] ou de semi-interdiction[143]. Ce système permettait de tenir compte, au moins de façon très élémentaire, du fait qu'il existe des degrés différents dans l'aliénation des facultés mentales[144].

710 – *Interdiction et internement* – Le fait que la maladie mentale était, jusqu'en 1990, le seul fondement de l'interdiction (donc de la mise en place d'un régime de représentation) et qu'on assiste au début du XXe siècle à l'institutionnalisation accrue des malades mentaux[145] explique pourquoi la

139. Adopté en 1870, 33 Vict., ch. 26.
140. Adopté en 1895, Vict., ch. 40.
141. *Loi sur la curatelle publique*, RLRQ, c. C-80, art. 6. Ce mécanisme existait *mutatis mutandis* depuis 1963 (*Loi modifiant la Loi de la curatelle publique*, S.Q. 1963, c. 59, art. 2), alors que depuis 1945, c'est-à-dire depuis la création de la curatelle publique, le curateur public agissait d'office comme curateur des aliénés non interdits placés dans les asiles d'aliénés (*Loi instituant une curatelle publique*, S.Q. 1945, c. 62, art. 6). Avant 1945, la curatelle d'office des personnes aliénées non pourvues d'un curateur ou d'un tuteur était assumée par les surintendants médicaux des asiles d'aliénés (voir la *Loi des asiles d'aliénés*, S.R.Q. 1941, c. 188). Au sujet de l'historique de la législation sur le curateur public, voir en particulier V. Bergeron, *L'attribution d'une protection légale aux malades mentaux*, Cowansville, Éditions Yvon Blais, 1981, p. 231-233 ; Prix Charles-Coderre 1986, *op. cit.*, note 15, p. 197-200.
142. Voir notamment F. Langelier, *op. cit.*, note 4, p. 52.
143. G. Trudel, *op. cit.*, note 4, p. 444.
144. J. Pineau, *Traité élémentaire de droit civil, la famille*, Montréal, P.U.M., 1972, p. 244.
145. A. Cellard souligne à cet égard qu'avant le XXe siècle, la grande majorité des malades mentaux étaient gardés à la maison plutôt qu'en milieu institutionnel (A. Cellard, « La curatelle et l'histoire de la maladie mentale au Québec »,

question de l'interdiction, depuis cette époque, a été intimement liée à celle de l'internement en institution psychiatrique. Les lois qui, en dehors du *Code civil du Bas Canada*, concernaient les malades mentaux visaient les questions de l'internement et de la gestion des biens des personnes internées non interdites ainsi que des personnes interdites, mais dépourvues d'un curateur (démission, décès, etc.). Aujourd'hui, aussi bien le *Code civil du Québec* que la *Loi sur la protection des personnes dont l'état mental présente un danger pour elles-mêmes ou pour autrui* (RLRQ, c. P-38.001) prévoient des règles de protection contre l'internement psychiatrique arbitraire. En ce qui concerne l'inaptitude et la représentation des majeurs, on ne fait plus de distinction entre le majeur interné et celui qui ne l'est pas. Dans un cas comme dans l'autre, les questions relatives à la représentation des personnes et à l'administration de leurs biens sont désormais réglées de façon uniforme, avec les mêmes garanties pour tous, dans le *Code civil du Québec*. Il est donc important de souligner que les questions d'internement sont indépendantes de celles relatives à la capacité juridique de majeurs. Dans les faits, par contre, il peut y avoir un lien étroit puisque dans bien des cas d'internement psychiatrique, la personne internée fait également l'objet de l'ouverture d'un régime de représentation ou d'assistance.

Histoire sociale, (1986) vol. XIX, nº 38, p. 443-450, 444) ; pour un exposé sur le traitement réservé aux malades mentaux avant l'avènement de la curatelle publique, voir N. Forget, *op. cit.*, note 22, 115 p.

BIBLIOGRAPHIE SÉLECTIVE

BERNHEIM, E., *Garde en établissement et autorisation de soins ; quel droit pour quelle société ?*, Cowansville, Éditions Yvon Blais, 2011.

BRASSARD, H., « Réflexions sur le sort des aînés inaptes depuis l'avènement de la *Loi sur le curateur public* », dans Service de la formation permanente, Barreau du Québec, *Droit des aînés*, Cowansville, Éditions Yvon Blais, 1992, p. 176.

CELLARD, A., « La curatelle et l'histoire de la maladie mentale au Québec », *Histoire sociale*, (1986) vol. XIX, n° 38, p. 443.

DELEURY, É., « La protection des incapables et la réforme du Code civil », (1987) 18 *R.D.U.S.* 57.

DESCHAMPS, P., « La réforme des régimes de protection (de représentation et d'assistance) des majeurs : perspectives », dans *Consentement éclairé et capacité en psychiatrie – Aspects cliniques et juridiques*, Verdun, Éditions Douglas, 1988, p. 181.

DESCHAMPS, P., « La confiscation des droits fondamentaux des personnes inaptes et les régimes de protection », dans Service de la formation continue, Barreau du Québec, *La protection des personnes vulnérables*, Cowansville, Éditions Yvon Blais, 2013, p. 69.

DUPIN, F., « Droit des aînés : mandat de protection », dans Service de la formation continue, Barreau du Québec, *La protection des personnes vulnérables*, Cowansville, Éditions Yvon Blais, 2010.

DURAND, P.J., « La démence et la maladie d'Alzheimer : le malade, sa famille et la société », dans Service de la formation permanente, Barreau du Québec, *Le droit des personnes inaptes (1992)*, Cowansville, Éditions Yvon Blais, 1992, p. 19.

FORGET, N., *De la curatelle au curateur public : 50 ans de protection*, Montréal, Presses de l'Université du Québec, 1995.

GOUBAU, D., « Les actes qui exigent le consentement personnel du majeur protégé », dans Service de la formation continue, Barreau du Québec, *La protection des personnes vulnérables*, Cowansville, Éditions Yvon Blais, 2014, p. 1.

GUBERMAN, N., H. DORVIL et P. MAHEU, *Amour, bain, comprimé ou l'ABC de la désinstitutionnalisation*, Rapport de recherche soumis à la Commission d'enquête sur les services de santé et les services sociaux, Québec, Les Publications du Québec, 1987.

HILL, B.P., « Civil Rights of the Psychiatric Patient in Quebec », (1977) 12 *R.J.T.* 503.

KEATING, P., *La science du mal*, Montréal, Boréal, 1993.

LAMARCHE, R., « La nouvelle *Loi sur le curateur public* », (1989) 3 *C.P. du N.* 45.

LIZOTTE, L. et P. FOUGEYROLLAS, « Du droit comme facteur déterminant de la participation sociale des personnes ayant des incapacités », (1997) 38 *C. de D.* 371.

MERCIER, C., *La désinstitutionnalisation : orientation des politiques et distribution des services*, Rapport de recherche soumis à la Commission d'enquête sur les services de santé et les services sociaux, Québec, Les Publications du Québec, 1987.

MORIN, C., « Libéralités et personnes âgées : entre autonomie et protection », (2013) 59:1 *McGill L.J.* 141

OUELLETTE, M., « De la capacité des personnes », (1988) 1 *C.P. du N.* 133.

OUELLETTE, M., « La *Loi sur le curateur public* et la protection des incapables », (1989) 3 *C.P. du N.* 1.

OUELLETTE, M., « Livre premier : Des personnes », dans *La réforme du Code civil : Personnes, successions, biens*, Québec, P.U.L., 1993.

PINEAU, J., « La philosophie générale du Code civil », dans *Le nouveau Code civil : interprétation et application*, Les Journées Maximilien-Caron 1992, Montréal, Éditions Thémis, 1993, p. 270.

POIRIER, D., « La protection juridique des personnes âgées ou handicapées et la *Charte des droits et libertés* », (1991) 23 *Ottawa L. Rev.* 553.

ROY, A., *Les régimes de protection du majeur inapte*, dans Chambre des notaires du Québec, Répertoire de droit/Nouvelle série, « Procédures non contentieuses », Doctrine – Document 5, Montréal, septembre 2000, p. 1-59.

SIROIS, L.P., *Tutelles et curatelles*, Québec, Imprimerie de l'Action sociale, 1911.

STANHOPE, T., « Savoir à tout prix ou comprendre au-delà des clichés », dans Service de la formation permanente, Barreau du Québec, *Le droit des personnes inaptes (1992)*, Cowansville, Éditions Yvon Blais, 1992.

VOYER, J., « Retard mental et maladies mentales : considérations cliniques et récentes controverses relativement aux personnes inaptes », dans Service de la formation permanente, Barreau du Québec, *Le droit des personnes inaptes (1992)*, Cowansville, Éditions Yvon Blais, 1992, p. 49.

CHAPITRE II

LA TUTELLE, LA CURATELLE ET LE CONSEILLER AU MAJEUR

711 – Pour répondre adéquatement aux problèmes causés par l'altération des facultés mentales ou par l'inaptitude physique des personnes à exprimer leur volonté, trois régimes sont mis en place : la curatelle, la tutelle et la dation d'un conseiller (art. 258 C.c.Q.). Le choix du régime dépend du degré d'inaptitude de la personne (art. 259 C.c.Q.). Le Code énonce des règles spécifiques à ces régimes, mais il procède également par renvoi vers le chapitre sur la tutelle au mineur. Ainsi, l'article 266 C.c.Q. énonce que les règles relatives à la tutelle au mineur (c'est-à-dire les règles touchant à la charge tutélaire – notamment la question de la rémunération –, à l'administration tutélaire, au conseil de tutelle, aux mesures de surveillance, au remplacement du tuteur et à la fin de la tutelle, à la tutelle *ad hoc*[1]) s'appliquent à la tutelle et à la curatelle au majeur, « compte tenu des adaptations nécessaires ». Parmi les exemples évidents d'adaptations nécessaires, on peut citer l'élimination des règles relatives à la tutelle légale de même que le remplacement des termes « le mineur devenu majeur » de l'article 245 C.c.Q. par les mots « le majeur redevenu apte ». Pour les cas moins évidents, l'interprète de la loi a la tâche délicate de décider de l'opportunité d'importer les règles générales de la tutelle vers le chapitre sur la protection des majeurs et d'y apporter les nuances et les modifications nécessaires, à la lumière des dispositions qui sont particulières à la curatelle et à la tutelle au majeur.

Section I

L'ouverture d'un régime de protection

712 – Tous les régimes de protection des majeurs sont judiciaires, même lorsque la voie notariale est choisie pour formuler la demande

1. *Services professionnels du Centre de santé et de services sociaux d'Arthabaska-et-de-l'Érable* c. *J.C.*, 2009 QCCS 6067.

(art. 268, al. 1 C.c.Q.). Il n'existe pas de tutelle ou de curatelle légale depuis que la curatelle sur simple décision administrative a été abolie. Il convient donc d'analyser les règles relatives à l'ouverture d'un régime, ainsi que celles qui permettent une protection provisoire du majeur pendant la période précédant le jugement ou précédant même la demande d'ouverture d'un régime de protection, qui est souvent une période critique dans l'intervention auprès des personnes en perte d'autonomie.

§1 – Qui peut demander l'ouverture d'un régime de protection ?

A. La règle générale

713 – *Toute personne intéressée peut demander l'ouverture d'un régime de protection* – Comme il est question de protéger le majeur, la loi favorise les demandes d'ouverture, en permettant d'agir à quiconque justifie d'un intérêt suffisant[2]. Afin d'éviter toute ambiguïté, le législateur énonce une liste de personnes habilitées à s'adresser au tribunal pour demander l'ouverture d'un régime (art. 269 C.c.Q.)[3]. Il s'agit, cas plutôt rare, du majeur lui-même[4] et, situation courante, du conjoint, des proches parents et alliés[5]. À cette liste, la loi ajoute « toute personne qui démontre pour le majeur un intérêt particulier ». Aux liens de droit s'ajoutent ainsi les liens de fait : l'ami de longue date, le bénévole qui apporte aide et réconfort, un voisin qui manifeste pour le majeur un intérêt particulier d'ordre affectif, ou un associé. Cette énumération aurait sans doute suffi, mais le législateur ouvre également la porte à « tout autre intéressé ». Malgré la généralité de cette énumération[6], il faut en exclure les établissements de

---

2. Sous l'ancien système, seuls les époux, les parents et les alliés étaient autorisés à faire une demande d'interdiction (art. 327 C.c.B.C.). On considérait généralement que le majeur lui-même ne pouvait faire pareille demande (en ce sens : L.-P. Sirois, *Tutelles et curatelles*, Québec, L'Action sociale, 1911, p. 397 ; *contra* : L.-A. Jetté, « De l'interdiction », (1929-1930) 8 *R. du D.* 589, 590).
3. Il faut noter que contrairement à ce qui existe en matière de consentement substitué aux interventions médicales (art. 15 C.c.Q.), la liste des personnes énoncée à l'article 269 C.c.Q. ne contient aucune hiérarchie.
4. Mais cela peut arriver : *T.A.* c. *L.B.*, 2012 QCCS 1642.
5. On présume donc que ces proches ont un intérêt à demander la protection du majeur. Encore faut-il s'entendre sur la signification de la « proximité ». Quant à la notion d'alliance, mentionnons qu'un tribunal a établi qu'elle survit au décès du conjoint qui l'a créée (*Audet* c. *Busque-Audet et curateur public*, [1983] C.S. 85).
6. Il a été jugé, par exemple, que le fait, pour une requérante, d'avoir obtenu un jugement lui accordant une pension alimentaire pour sa fille en fait une personne

santé et de services sociaux, car ceux-ci ont l'obligation de signaler au curateur public tous les cas de personnes qui nécessitent l'ouverture d'un régime de protection, plutôt que de s'adresser eux-mêmes aux tribunaux. Il est de jurisprudence constante qu'un établissement de santé ou de services sociaux n'est pas « une personne intéressée » au sens de l'article 269 C.c.Q.[7]. Cela inclut le directeur de la protection de la jeunesse qui, s'il estime qu'un enfant dont il a la charge a besoin d'un régime de protection à son 18e anniversaire, est tenu de signaler la situation au curateur public et ne peut pas lui-même entamer la procédure d'ouverture du régime de protection[8]. Soulignons que l'intérêt dont il s'agit dans cette disposition est l'intérêt porté au majeur et non pas l'intérêt personnel du requérant, raison pour laquelle une demande d'ouverture d'un régime de protection pourrait être déclarée irrecevable lorsque de toute évidence le requérant est en situation de conflit d'intérêts avec le majeur visé par la procédure[9].

B. Le cas du bénéficiaire de soins et de services sociaux

714 – *Les établissements de santé et de services sociaux ont une mission de « repérage » des personnes en état d'inaptitude* – Dans la grande majorité des cas, la personne majeure inapte est bénéficiaire de soins ou de services d'un établissement de santé ou de services sociaux[10]. Les hôpitaux, les CLSC, les centres d'hébergement et de soins de longue durée (CHSLD) et les centres de réadaptation sont les témoins privilégiés de situations où un majeur peut avoir besoin de protection. Dès lors, la loi a mis en place un mécanisme de signalement qui permet d'intervenir lorsque aucune personne dans l'entou-

---

intéressée au sens de l'article 332.1 C.c.B.C. (l'équivalent de l'article 269 C.c.Q.), même si elle n'est pas la conjointe de l'intimé (*Huamani* c. *Moncion et curateur public*, [1992] R.D.F. 276, 277 (C.S.)).

7. *Curateur public du Québec* et *R...P...L... et al.*, [1993] R.J.Q. 1455, EYB 1993-74125 (C.S.) ; *Maison R. et al.* c. *Curateur public*, [1996] R.D.F. 26, EYB 1995-84772 (C.S.) ; *F. (M.) (Re)*, REJB 2001-25024 (C.S.) ; *C.D.* c. *Québec (Curateur public)*, [2001] R.J.Q. 1708, REJB 2001-25356 (C.A.) ; *Centre de santé et de services sociaux de Memphrémagog* et *P.B.*, B.E. 2008BE-512, EYB 2008-131919 (C.S.). Voir également H. Guay, « Quelles sont les limites à l'intervention d'un établissement de santé pour fins de protection des personnes majeures inaptes ? », dans Service de la formation permanente, Barreau du Québec, *Responsabilités et mécanisme de protection*, Cowansville, Éditions Yvon Blais, 2004, p. 1, 33-36.
8. *Côté* et *X*, 2008 QCCS 3209.
9. En ce sens, *G.M.* c. *M.M.*, [2000] R.D.F. 639, REJB 2000-20131 (C.S.) ; *L.G.* et *G.G.*, J.E. 2004-830, REJB 2004-55432 (C.S.).
10. Il s'agit des établissements visés par la *Loi sur les services de santé et les services sociaux* (RLRQ, c. S-4.2) ou par la *Loi sur les services de santé et les services sociaux pour les autochtones cris et inuit* (RLRQ, c. S-5).

rage du majeur n'en prend l'initiative. Le législateur n'a cependant pas péché par excès de simplicité dans la mise en place de ce mécanisme. Certains rouages se retrouvent dans le *Code civil du Québec*, d'autres dans le *Code de procédure civile* et d'autres encore dans la *Loi sur le curateur public*.

715 – *L'obligation de faire rapport au curateur public* – L'article 270 C.c.Q. invite le directeur général des établissements de santé et de services sociaux à faire rapport au curateur public lorsqu'un patient ou un client majeur est inapte et qu'il a besoin d'être assisté ou représenté dans l'exercice de ses droits civils[11]. Cette disposition vise les cas où la personne inapte « reçoit des soins ou des services » et elle ne semble donc pas limitée aux seuls cas où le majeur est hébergé en établissement[12]. La constatation de l'inaptitude n'entraîne pas automatiquement l'obligation pour l'établissement de signaler le cas. Encore faut-il qu'il y ait un besoin. Ainsi, n'est pas visé le cas du majeur qui est déjà représenté par un mandataire, sauf si ce dernier n'assume pas son rôle de façon adéquate[13]. De plus, l'état de besoin s'évalue non seulement en fonction de l'isolement du majeur, mais également en fonction de la durée prévisible de son inaptitude et de la nature ou de l'état de ses affaires. Les établissements doivent donc apprécier l'opportunité de saisir le curateur public et cet exercice dépend de deux conditions : la situation d'inaptitude et l'état de besoin de l'inapte. Lorsque ces conditions sont remplies et que le cas du majeur est signalé au curateur public, ce dernier ne peut en principe intervenir en l'absence d'une évaluation médicale et psychosociale. La question de la sanction d'une violation de cette obligation se pose néanmoins. La Cour d'appel a décidé qu'une telle violation n'était frappée que d'une nullité relative[14] qui ne sera prononcée qu'à défaut

---

11. Sur la responsabilité et les obligations des directeurs généraux de centres hospitaliers, voir C. Dubé, « Les personnes vulnérables et le réseau de la santé et des services sociaux : aux frontières des responsabilités des directeurs généraux des centres hospitaliers », dans Service de la formation permanente, Barreau du Québec, *Responsabilités et mécanisme de protection*, Cowansville, Éditions Yvon Blais, 2004, p. 75, 82-83.
12. *Contra* : *Comm.*, p. 183 et M. Ouellette, « Livre premier : Des personnes », dans *La réforme du Code civil*, t. I, Québec, P.U.L., 1993, p. 130.
13. Il s'agit ici, bien entendu, d'un mandat de protection dûment homologué (C. Fabien, « Passage du mandat ordinaire au mandat de protection », (2001) *R. du B. can.* 951, 974).
14. *C.D.* c. *Québec (Curateur public)*, [2001] R.J.Q. 1708, REJB 2001-25356 (C.A.) ; pour un commentaire de cet arrêt, voir F. Dupin, « État de la jurisprudence en matière de protection légale et conventionnelle », dans Service de la formation permanente, Barreau du Québec, *Être protégé malgré soi*, Cowansville, Éditions Yvon Blais, 2002, p. 59, 67-68.

pour le curateur public de démontrer soit l'impossibilité de produire l'évaluation (urgence, absence de collaboration volontaire ou involontaire de la part du patient), soit la renonciation expresse ou tacite par la personne visée. En d'autres mots, la production de l'évaluation est considérée par la Cour d'appel comme une formalité obligatoire, certes, mais d'une nature différente des garanties procédurales fondamentales comme c'est le cas du droit de la personne concernée d'être entendue, d'être avisée des procédures, d'être représentée par avocat ou de contre-interroger les témoins.

716 – *Le contenu du rapport d'inaptitude* – Le rapport du directeur de l'établissement, qui est constitué notamment d'une évaluation médicale et psychosociale, doit porter sur l'ensemble de la situation du majeur et pas seulement sur son état de santé car il se peut fort bien que des difficultés d'ordre médical soient compensées, en tout ou en partie, par les relations qu'entretient la personne avec son entourage et par le soutien social dont elle bénéficie. Le rapport doit donc aborder au moins les questions suivantes :

- la nature et le degré d'inaptitude du majeur ;

- l'étendue de ses besoins (physiques, psychologiques, matériels) ;

- les autres circonstances de sa condition (on peut penser aux questions relatives à sa situation familiale, aux motifs de son isolement, etc.) ;

- l'opportunité d'ouvrir un régime de protection[15].

Le rapport doit également mentionner, s'ils sont connus, les noms des personnes qui ont qualité pour demander l'ouverture d'un régime de protection, ce qui permettra par la suite au curateur public de vérifier les ressources familiales et sociales du majeur, donc la capacité de l'entourage à prendre celui-ci en charge.

15. Art. 270, al. 2 C.c.Q. Le contenu de ce rapport est précisé dans le *Règlement d'application de la Loi sur le curateur public*, D. 361-90, 21 mars 1990, (1990) *G.O.Q.* II, 941, art. 1, modifié par D. 594-99, 26 mai 1999, (1999) *G.O.Q.* II, 2339 ; *C.D.* c. *Québec (Curateur public)*, [2001] R.J.Q. 1708 (C.A.). Voir, à ce sujet, C. Dubé, « Les personnes vulnérables et le réseau de la santé et des services sociaux : aux fontières des responsabilités des directeurs généraux des centres hospitaliers », dans Service de la formation permanente, Barreau du Québec, *Responsabilités et mécanisme de protection*, Cowansville, Éditions Yvon Blais, 2004, p. 75, 117 et s.

717 – *Les évaluations médicales et psychosociales en établissement de santé* – En dehors de l'alinéa 2 de l'article 270 C.c.Q., le législateur ne précise ni le contenu, ni la méthode pour procéder aux évaluations médicales et psychosociales en milieu d'hébergement et hospitalier. Pourtant, les résultats de ces évaluations auront souvent un impact crucial sur la vie de la personne évaluée. Le curateur public met, parmi une foule d'autres outils pratiques, un guide à la disposition des intervenants en milieu de santé[16], afin de faciliter les procédures d'évaluation. Néanmoins, plusieurs questions ont été soulevées à ce sujet[17]. En ce qui a trait aux évaluations médicales, la Cour d'appel a souligné, dans l'affaire *C.D.* c. *Québec (Curateur public)*[18], l'obligation du médecin de constater lui-même l'étendue de l'inaptitude de son patient. Le rapport préparé par un résident et simplement signé par le psychiatre a été jugé non recevable[19]. Une auteure soutient que « la tâche des évaluateurs de l'inaptitude se complique par le fait qu'ils seront souvent responsables des soins et des services qui seront prodigués à la personne. Ils se trouvent obligés de répondre de leurs actes à titre de soignants et d'évaluateurs. Leur responsabilité en est accrue. À ceci s'ajoute enfin le fait que le contexte de l'évaluation s'inscrive dans un contexte légal, contentieux à l'occasion »[20]. Sur le plan éthique, on a également souligné la difficulté et la relativité des notions d'autonomie et de capacité de la personne[21]. Depuis 2009,

---

16. On consultera avec intérêt tous les outils et guides disponibles sur le site Internet du curateur public : <http:// www.curateur.gouv.qc.ca>.
17. Pour un compte rendu sur cette question, voir H. Guay, « Quelles sont les responsabilités des intervenants qui réalisent les diverses évaluations en milieu de santé ? », dans Service de la formation permanente, Barreau du Québec, *Responsabilités et mécanisme de protection*, Cowansville, Éditions Yvon Blais, 2004, p. 181.
18. [2001] R.J.Q. 1708, REJB 2001-25356 (C.A.).
19. *Ibid.*
20. H. Guay, « Quelles sont les responsabilités des intervenants qui réalisent les diverses évaluations en milieu de santé ? », dans Service de la formation permanente, Barreau du Québec, *Responsabilités et mécanisme de protection*, Cowansville, Éditions Yvon Blais, 2004, p. 181.
21. L. Gautier et M. Pauzé, « L'évaluation psychosociale dans le cadre des régimes de protection : l'acceptation de la solitude des choix difficiles pour le travailleur social », dans Service de la formation continue, Barreau du Québec, *La protection des personnes vulnérables (2012)*, Cowansville, Éditions Yvon Blais, 2012, p. 81. Un relevé de la littérature sur les recherches effectuées au cours des dernières décennies dans divers pays occidentaux portant sur l'évaluation de l'aptitude des personnes souligne le fait qu'il n'existe, à ce jour, aucun critère clair et généralement reconnu pour la détermination de l'aptitude d'une personne à prendre une décision. De plus, les instruments d'évaluation généralement employés ne seraient pas suffisamment précis pour offrir un meilleur reflet de l'aptitude fonctionnelle de la personne : B. Frank, « Réflexions éthiques sur la sauvegarde de l'autonomie », dans Service de la formation permanente, Barreau du Québec, *Pouvoirs publics et protection*, Cowansville, Éditions Yvon Blais, 2003, p. 181, 193, 197.

l'évaluation psychosociale relève du monopole professionnel des travailleurs sociaux[22] qui, dans les faits, assuraient déjà le plus souvent cette mission[23].

718 – *Effets du rapport d'inaptitude* – Le rapport d'inaptitude est transmis au curateur public. Le majeur doit également en recevoir une copie et le directeur de l'établissement doit en informer un de ses proches (art. 270 C.c.Q.). Ce rapport ne rend pas le majeur automatiquement inapte. Une personne intéressée, au sens de l'article 269 C.c.Q., notamment le proche parent avisé par le directeur, pourrait prendre l'initiative et demander l'ouverture d'un régime de protection. De son côté, dès réception du rapport, le curateur public peut, dans un délai raisonnable[24], prendre toutes les mesures appropriées en vue d'évaluer la situation et de protéger éventuellement le majeur. Il peut, entre autres, convoquer une assemblée des parents, alliés ou amis[25]. Si le curateur public arrive à la conclusion que le majeur devrait bénéficier d'un régime de protection, il peut en faire rapport au greffier du tribunal et il doit en aviser les personnes habilitées à demander l'ouverture d'un régime[26].

La recommandation du curateur public expose les démarches qu'il a entreprises et elle contient, outre le rapport initial du directeur d'établissement, ses propres recommandations et ses éventuelles propositions quant à la personne à désigner pour assister ou représenter le majeur[27]. Le curateur public exerce donc un pouvoir décisionnel de premier niveau quant à l'opportunité d'amorcer le processus d'ouverture d'un régime de protection du majeur[28].

---

22. *Loi modifiant le Code des professions et d'autres dispositions législatives dans le domaine de la santé mentale et des relations humaines*, L.Q. 2009, c. 28.
23. L'Ordre des travailleurs sociaux et des thérapeutes conjugaux et familiaux du Québec a produit à cet effet en 2011 un guide de pratique : *L'évaluation psychosociale dans le contexte des régimes de protection, du mandat donné en prévision de l'inaptitude et des autres mesures de protection au majeur* (ce guide est disponible sur le site de l'OTSTCFQ : <http://www.otstcfq.org/docs/cadres-et-guides-de-pratique/guide-eval-psycho-protection-inaptitude.pdf?sfvrsn=3>).
24. La mention du « délai raisonnable » dans l'article 14 de la *Loi sur le curateur public* (RLRQ, c. C-81) indique que le curateur public a un véritable devoir d'agir à l'égard d'une personne qui fait l'objet d'un rapport d'inaptitude au sens de l'article 270 C.c.Q. : *C.D.* c. *Québec (Curateur public)*, [2001] R.J.Q. 1708, REJB 2001-25356 (C.A.).
25. *Loi sur le curateur public*, précitée, note 24, art. 14.
26. La liste de l'article 269 C.c.Q. étant tellement générale, on peut se demander comment le curateur public pourrait satisfaire à cette obligation.
27. *Loi sur le curateur public*, précitée, note 24, art. 14.
28. *C.D.* c. *Québec (Curateur public)*, [2001] R.J.Q. 1708, REJB 2001-25356 (C.A.). Le curateur public exerce cette discrétion en vertu de l'article 14 de sa loi consti-

Si, dans les 30 jours du dépôt de la recommandation du curateur public, personne ne demande l'ouverture d'un régime de protection, le greffier doit en aviser le curateur public qui doit alors lui-même entamer les procédures en ce sens (art. 877.1 C.p.c. ; art. 406 C.p.c.).

§2 – La procédure

A. La demande

719 – La demande d'ouverture d'un régime de protection se fait soit devant un juge ou un greffier, soit depuis le 13 mai 1999, devant notaire (art. 863.4 C.p.c. ; art. 312 C.p.c.)[29]. Dans le premier cas, la demande relève des matières urgentes[30]. La requête est portée devant le juge ou le greffier[31] (avec la réforme de 2014, le greffier spécial a compétence en matière de régimes de protection, contrairement au greffier : art. 71, 72 et 73 C.p.c.) du district où le majeur a son domicile ou sa résidence[32]. La requête doit articuler, dans tous les cas, les

---

tutive. Sur le rôle et les compétences du curateur public, voir F. Dupin, « Le curateur public : mode d'emploi et interface avec les autres organismes », dans Service de la formation permanente, Barreau du Québec, *Pouvoirs publics et protection*, Cowansville, Éditions Yvon Blais, 2003, p. 127, 130-135.

29. Aucun formalisme particulier n'est attaché à cette demande qui peut donc revêtir la forme notariée ou sous seing privé (M. Beauchamp, « Les nouvelles compétences attribuées au notaire : commentaires et critique », dans Service de la formation permanente, Barreau du Québec, *Les mandats en cas d'inaptitude : une panacée ?*, Cowansville, Éditions Yvon Blais, 2001, p. 53, 58). Mentionnons que la réforme du *Code de procédure civile* de 2002 a étendu la compétence notariale en ajoutant les demandes relatives à la nomination ou au remplacement d'un conseiller, d'un tuteur ou d'un curateur à un majeur (art. 863.4 *in fine* C.p.c.). Les notaires instrumentants doivent être accrédités en vertu du *Règlement sur les conditions de l'accréditation des notaires en matière d'ouverture ou de révision d'un régime de protection et de mandat donné par une personne en prévision de son inaptitude*, RLRQ, c. C-25, r. 3.
30. *Castonguay* c. *Martin*, [1990] R.J.Q. 843, EYB 1990-76570 (C.S.).
31. Lorsque la demande est contestée, elle échappe à la compétence du greffier et elle doit être présentée au tribunal (art. 863.2 C.p.c.). La loi ne fait pas de distinction selon que la contestation émane du majeur ou d'un tiers, ni selon l'objet de la contestation. La jurisprudence dominante semble cependant limiter l'obligation de se référer aux seuls cas où la contestation porte sur l'inaptitude ou sur l'opportunité d'un régime de protection. Selon cette pratique, le greffier garderait juridiction lorsque la contestation ne vise qu'une question relative à la nomination ou à la tenue de l'assemblée de parents, d'alliés ou d'amis (voir la jurisprudence non publiée, citée par F. Dupin, « Le praticien et la protection des inaptes », dans Service de la formation permanente, Barreau du Québec, *Développements récents en droit familial (1995)*, Cowansville, Éditions Yvon Blais, 1995, p. 61-63.
32. Art. 70.2 et 877 C.p.c. (art. 44 C.p.c.). Rappelons que le majeur en tutelle a son domicile chez son tuteur et le majeur en curatelle chez son curateur (art. 81 C.c.Q.). Voir *supra*, Partie I, Titre III, chap. III, « Le domicile ».

faits sur lesquels elle est fondée et elle doit être signifiée au majeur[33], à une personne raisonnable de sa famille[34] (art. 312 C.p.c.) et au curateur public (art. 393 C.p.c.). Dans les faits, la signification à une personne raisonnable apparaît comme une importante mesure de protection, car dans la majorité des cas, lorsqu'il y a désaccord avec la demande de protection, la contestation émane non pas du majeur mais plutôt de la personne raisonnable[35]. En cas de contestation de la demande, la procédure doit alors également être signifiée aux personnes qui doivent être convoquées à l'assemblée des parents, d'alliés ou d'amis (art. 877, al. 2 C.p.c. ; art. 404 C.p.c.)[36]. Les expertises au soutien de la demande doivent également être signifiées ou notifiées[37].

L'obligation de signifier au curateur public s'explique par le fait qu'en sa qualité de « surveillant » des régimes de protection, il a un droit d'intervention dans toutes les demandes d'ouverture d'un tel régime[38]. Le curateur public peut en effet, d'office et sans avis, participer au débat. Une particularité doit être soulignée dans les cas où la

---

33. La signification doit être faite « à personne » : art. 877, al. 2 C.p.c. (art. 121 et 123 C.p.c.) ; *U...G...* c. *A...G... et al.*, [1994] R.D.F. 634 (C.A.) ; voir cependant l'exception de l'article 135.1, al. 2 C.p.c.
34. En l'absence de famille, certains auteurs estiment qu'il serait conforme à l'esprit de la loi de signifier la requête à un autre proche, un ami de longue date par exemple. En ce sens, voir F. Dupin, « Le praticien et la protection des inaptes », *supra*, note 31. La réforme de 2014 répond à cette préoccupation en prévoyant qu'à défaut de membres de la famille, la demande peut être notifiée « à au moins deux personnes qui démontrent pour le majeur un intérêt particulier » (art. 404 C.p.c.).
35. En ce sens, F. Dupin, « Être protégé malgré soi », dans Service de la formation permanente, Barreau du Québec, *Pouvoirs publics et protection*, Cowansville, Éditions Yvon Blais, 2003, p. 119. Cet auteur évalue le taux de contestation entre 3 et 5 % des requêtes en ouverture de régime de protection.
36. Voir *M.-A. R.* et *D.T.*, B.E. 2005BE-164 (C.S.), sur l'obligation de signifier également le procès-verbal de l'assemblée de parents aux personnes visées par l'article 877(2) C.p.c.
37. R. Doray souligne que, selon les circonstances, l'évaluation médicale et psychosociale pourrait ainsi se voir transmise au majeur, à la personne raisonnable, au notaire instrumentant, aux personnes qui doivent être convoquées à l'assemblée de parents, d'alliés et d'amis, au greffier de la Cour supérieure. Cet auteur attire l'attention sur le fait qu'un très grand nombre de personnes pourraient ainsi détenir des renseignements extrêmement sensibles sur une personne, ce qui représente une menace potentielle au respect de la vie privée : R. Doray, « La divulgation des évaluations médicales et psychosociales requises pour l'ouverture d'un régime de protection du majeur et le respect de la vie privée », dans Service de la formation permanente, Barreau du Québec, *Famille et protection*, Cowansville, Éditions Yvon Blais, 2005, p. 187, 200-201.
38. Art. 877.0.2 C.p.c. (art. 394 C.p.c.), qui prévoit que les expertises doivent également être signifiées ou notifiées au curateur public et la *Loi sur le curateur public*, précitée, note 24, art. 13. Sur le rôle de surveillance du curateur public : F. Dupin, *loc. cit.*, note 28, p. 139-142.

demande est présentée par le curateur public lui-même. Ce dernier peut démontrer que les efforts ont été vains pour réunir l'assemblée des parents et amis, le tribunal peut alors procéder sans que l'assemblée soit tenue (art. 267 C.c.Q.). Rappelons que lorsque la demande est présentée par une personne autre que le curateur public, une telle dispense n'est possible que dans le cadre d'une demande de constitution d'un conseil de tutelle à membre unique (art. 231 C.c.Q.)[39].

Lorsque la demande est présentée à un notaire, elle est soumise aux formalités prévues par les articles 863.4 et s. C.p.c.[40] (art. 312 C.p.c.) et le notaire doit être accrédité par le bureau de la Chambre des notaires du Québec[41]. Le curateur public doit également recevoir signification de la demande (art. 877.0.2 C.p.c. ; art. 394 C.p.c.). Le rôle important des notaires dans ce domaine fut consacré par la réforme de 1999[42]. Celle-ci avait pour objet principal d'accorder aux notaires certains pouvoirs dans les domaines de la tutelle aux mineurs, des régimes de protection des majeurs, du mandat de

39. C'est donc à tort, selon nous, que la Cour d'appel permet une dispense de la tenue de l'assemblée dans un dossier où la demande n'était pas présentée par le curateur public et où aucune demande de constitution d'un conseil de tutelle à membre unique ne semble avoir été présentée (*L.H.* c. *Québec (Curateur public)*, [2001] R.D.F. 4, REJB 2001-22099 (C.A.) ; voir aussi *N.K.* c. *O.K.*, 2013 QCCS 4582) ; dans l'arrêt de la Cour d'appel, les juges majoritaires fondent la dispense sur le fait que les membres proposés pour l'assemblée des parents et amis avaient déjà été entendus individuellement comme témoins. Outre le fait que ce dossier ne répondait pas aux exigences légales de la dispense, il convient de rappeler que le but de l'assemblée est non seulement de prendre l'avis de chaque personne, mais également de réunir les membres de la famille et les amis afin que du dialogue et de l'échange émanent les meilleures suggestions et les avis les plus éclairés. Une façon d'élargir les possibilités de dispense, lorsque la demande d'ouverture d'un régime émane d'un particulier, serait d'amender les procédures en convainquant le curateur public d'agir comme corequérant (en ce sens, F. Dupin, « État de la jurisprudence en matière de protection légale et conventionnelle », dans Service de la formation permanente, Barreau du Québec, *Être protégé malgré soi*, Cowansville, Éditions Yvon Blais, 2002, p. 59, 71).

40. Pour une description détaillée de la procédure avec intervention d'un notaire, voir A. Roy, *Les régimes de protection du majeur inapte*, dans Chambre des notaires du Québec, « Procédures non contentieuses », Doctrine – Document 5, septembre 2000 et M. Beauchamp, « Procédures devant notaire : c'est le début d'un temps nouveau... », (2002) 2 *C.P. du N.* 65.

41. Les conditions de l'accréditation sont prévues par le *Règlement sur les conditions de l'accréditation des notaires en matière d'ouverture ou de révision d'un régime de protection et de mandat donné par une personne en prévision de son inaptitude*, (1999) 131 *G.O.Q.* II, 143. Au début de l'année 2002, environ 1300 notaires étaient accrédités (source : Chambre des notaires du Québec).

42. *Loi modifiant le Code de procédure civile en matière notariale et d'autres dispositions législatives*, L.Q. 1998, c. 51.

protection[43] et de la vérification des testaments. Une première version de ce texte législatif (P.L. nº 443) donnait aux notaires un véritable pouvoir décisionnel en la matière, mais à la suite des travaux parlementaires et des multiples critiques adressées au projet, celui-ci fut sensiblement modifié, tout en ouvrant un nouveau champ de compétence à la pratique notariale. Essentiellement, cette réforme permet aux justiciables d'introduire une série de demandes auprès d'un notaire plutôt qu'à un juge ou à un greffier (par exemple, les demandes d'ouverture d'un régime de protection ou celles visant à constater la prise d'effet d'un mandat de protection). Les justiciables ont donc le choix d'adresser ce type de demande soit à un notaire, soit au tribunal. Le notaire dispose de pouvoirs qui lui permettent de monter le dossier (ce qui implique notamment de recueillir des témoignages) et de constituer un rapport. Toutefois, l'intervention du notaire se situe en amont de l'étape ultime et nécessaire : la décision judiciaire. De plus, dès lors que la demande soumise au notaire fait l'objet d'observations ou de représentations équivalant à une contestation[44], le notaire doit se dessaisir au profit du tribunal qui, lui, pourrait cependant confier au notaire la mission de recueillir la preuve nécessaire pour la poursuite du dossier (art. 863.8 C.p.c. ; art. 317 C.p.c. ; rappelons que si la personne qui conteste se désiste de sa contestation, le tribunal renvoie le dossier au notaire et celui-ci poursuit sa mission : art. 317, al. 4 C.p.c.).

Le notaire doit établir une déclaration relatant tous les faits qui fondent la demande. Cette déclaration, accompagnée d'une convocation pour la tenue de l'assemblée de parents, d'alliés et d'amis, doit être signifiée au majeur et notifiée à une personne raisonnable de sa famille, au curateur public et à une personne prévue dans la liste de l'article 15 C.c.Q., c'est à dire les personnes appelées à donner un consentement substitué en matière de soins médicaux (art. 877.0.1 C.p.c. ; art. 314-315 C.p.c.). La signification au majeur et la notification aux personnes intéressées doivent se faire avant le début des

43. Le *Code de procédure civile* de 2014 indique en son article 778 que dans les lois (incluant le Code civil) et leurs textes d'application, l'expression « mandat de protection » remplace « mandat en prévision de l'inaptitude », « mandat donné en prévision de l'inaptitude », « mandat d'inaptitude » ou toute expression au même effet.

44. Ne constitue pas nécessairement une contestation le fait pour le majeur de refuser d'être interrogé par le notaire. Le notaire devra alors s'enquérir des motifs justifiant ce refus et saisir le tribunal s'il en vient à la conclusion que le refus d'être interrogé découle d'une contestation du bien-fondé de la demande : M. Beauchamp, « Procédures devant notaire : c'est le début d'un temps nouveau... », (2002) 2 *C.P. du N.* 65, 80.

opérations du notaire[45] et être accompagnées des avis détaillés (art. 863.5, al. 2 C.p.c. ; art. 313 C.p.c.). Lorsque le notaire constate la nécessité pour le majeur d'être représenté, il doit se dessaisir du dossier au profit du tribunal (art. 878.1, al. 2 C.p.c. ; art. 316 C.p.c. : une fois la représentation mise en place par la désignation d'un procureur ou la nomination d'un tuteur ou d'un curateur *ad hoc*, le notaire peut, en l'absence d'opposition, continuer à agir). Si le notaire traite la demande, il doit interroger personnellement le majeur, sous réserve de la possibilité de déléguer cette mission à un autre notaire en cas d'éloignement géographique (art. 878 C.p.c. ; art. 315 et 392 C.p.c.)[46]. Il doit lui-même obtenir tous les éléments de la preuve et en faire état à l'assemblée des parents, d'alliés et d'amis : l'évaluation médicale et psychosociale, l'interrogatoire du majeur concerné par la demande ainsi que toutes les pièces pertinentes du dossier (art. 878.0.1. C.p.c. ; art. 315 C.p.c.).

La demande d'ouverture d'un régime de protection peut être présentée dans l'année précédant la majorité ; dans ce cas, le jugement ne prendra effet qu'à la majorité (art. 271 C.c.Q.).

720 – *Le caractère d'ordre public des procédures* – On enseigne que les procédures en matière de protection des inaptes sont généralement d'ordre public, en raison précisément du fait qu'elles visent à empêcher les procédures abusives contre des personnes incapables de se défendre[47], et qu'elles ont pour effet de restreindre les libertés fondamentales d'un individu telles que consacrées par les articles 6, 9.1 et 24 de la *Charte des droits*[48]. Cependant, seules les formalités essentielles sont jugées d'ordre public, comme la signification des procédures, l'interrogatoire du majeur[49] ou la représentation par avocat[50], bref les garanties procédurales fondamentales. Les simples irrégularités, qui n'empêchent pas le tribunal (ou le greffier spécial) de se pro-

45. A. Roy, *loc. cit.*, note 40, par. 42 ; M. Beauchamp et B. Roy, « Les nouvelles procédures judiciaires non contentieuses devant notaire », (1999) 2 *C.P. du N.* 123, 136.
46. Il ne peut déléguer ce devoir d'interroger le majeur que dans le cadre précis de cet article (résidence éloignée du majeur). Si le majeur ne parle ni l'anglais ni le français, le notaire peut se faire assister d'un interprète et l'article 878, al. 3 C.p.c. (art. 392, al. 2 C.p.c.) prévoit les formalités à respecter dans ce cas.
47. C. Boisclair, « Les incapacités », (1988-1989) 2 *C.F.P.B.Q.* 145, 153 ; *J.C.* c. *Québec (Curateur public)*, 2010 QCCA 1113.
48. *Québec (Curateur public)* et *M.B.*, B.E. 2003BE-501, REJB 2003-43236 (C.A.).
49. *U...G...* c. *A...G... et al.*, [1994] R.D.F. 634, EYB 1994-58700 (C.A.) ; *J.C.* c. *Québec (Curateur public)*, 2010 QCCA 1113 ; *Québec (Curateur public)* c. *C.G.*, 2012 QCCA 1064 ; *G.N.* c. *E.L.*, 2012 QCCS 5601.
50. *C.D.* c. *Québec (Curateur public)*, [2001] R.J.Q. 1708, REJB 2001-25356 (C.A.).

noncer sur l'inaptitude et sur l'opportunité de la mise en place d'un régime de protection, ne sont pas réputées d'ordre public[51] et ne sont dès lors sanctionnées que de nullité relative[52].

721 – La requête doit être accompagnée d'une évaluation médicale et psychosociale afin de permettre au tribunal de constater l'inaptitude et de tenir compte de la situation complète du majeur dans le choix et l'élaboration du régime de protection. La production de ces pièces doit être faite en principe au moins dix jours avant la date fixée pour l'audition (art. 878.2 C.p.c.[53]). En vue de faciliter les démarches, la loi autorise le requérant à avoir accès et à obtenir copie des rapports d'évaluation médicale et psychosociale[54].

722 – *L'accès au dossier médical* – L'article 22 de la *Loi sur les services de santé et les services sociaux* se lit ainsi :

> Le tuteur, le curateur, le mandataire ou la personne qui peut consentir aux soins d'un usager a droit d'accès aux renseignements contenus au dossier de l'usager dans la mesure où cette communication est nécessaire pour l'exercice de ce pouvoir.
>
> La personne qui atteste sous serment qu'elle entend demander pour un usager l'ouverture ou la révision d'un régime de protection ou l'homologation d'un mandat donné en prévision de son inaptitude, a droit d'accès aux renseignements contenus dans l'évaluation médicale et psychosociale de cet usager, lorsque l'évaluation conclut à l'inaptitude de la personne à prendre soin d'elle-même et à administrer ses biens. Un seul requérant a droit d'accès à ces renseignements.

Certains observateurs suggèrent que l'obtention de ces rapports par le requérant en vertu de cet article heurterait potentiellement le droit à la vie privée du majeur pour lequel l'ouverture d'un régime de protection est demandée. Les arguments principaux à l'appui de cette prétention sont que la loi ne requiert pas de celui qui désire obtenir copie de ces rapports qu'il en démontre la nécessité, contrairement à la tendance jurisprudentielle en matière de vie privée. Ces auteurs déplorent également le fait que le majeur

51. *U...G...* c. *A...G... et al.*, précité, note 49.
52. *Québec (Curateur public)* et *M.B.*, précité, note 48.
53. Cette exigence n'a pas été reprise dans le *Code de procédure civile* de 2014.
54. *Loi sur les services de santé et les services sociaux*, précitée, note 10, art. 22. Cette disposition implique que sur une demande d'accès au dossier, aux fins de l'ouverture d'un régime de protection, une évaluation médicale et psychosociale soit faite ; si le rapport conclut à l'inaptitude, l'accès doit être autorisé. En pratique, les évaluations sont alors communiquées sous pli confidentiel au requérant (Association des hôpitaux du Québec, *La protection de la personne dans un établissement de santé*, Collection « *Code civil du Québec* », Montréal, 1994, p. 53).

déclaré inapte ne soit pas informé de cette démarche d'obtention des rapports, que l'établissement de santé visé par la demande n'ait pas le pouvoir de s'assurer des bonnes intentions du requérant, et enfin, que le degré d'inaptitude du majeur ne soit pas un facteur à considérer lorsqu'il s'agit de transmettre ces renseignements ou non[55]. Par ailleurs, cette disposition est également surprenante, dans la mesure où le deuxième alinéa prévoit qu'un tiers dispose, avant l'ouverture éventuelle d'un régime de protection, d'un accès à des renseignements personnels très sensibles, alors que le premier alinéa édicte que le tuteur et le curateur, pourtant désignés par la Cour supérieure comme représentants et protecteurs de la personne inapte, n'y ont qu'un accès restreint. En effet, l'article 22 permet l'accès au dossier dès lors que le représentant fait la démonstration qu'il est dans l'exercice de son pouvoir de consentir ou de refuser de soins pour la personne protégée. La disposition indique bien que la « communication est nécessaire pour l'exercice *de ce pouvoir* » et réfère donc au consentement aux soins et non pas aux pouvoirs généraux du représentant[56].

Par ailleurs, une autre difficulté soulevée par certains observateurs vient de ce que l'article 22 de la loi fait l'objet d'applications passablement variables selon les établissements[57].

723 – L'exigence du dépôt des rapports n'est pas expressément prévue par la loi, mais on peut soutenir qu'elle découle implicitement de l'article 276 C.c.Q. qui oblige le tribunal à prendre ces évaluations en considération[58]. Un courant en jurisprudence fait d'ailleurs de l'absence de l'évaluation médicale et psychosociale un motif d'irrecevabilité de la requête en ouverture d'un régime de protection[59].

---

55. R. Doray, *loc. cit.*, note 37, p. 187, 209-215 et plus particulièrement les pages 210-212 pour une critique très convaincante de l'article 22 de la *Loi sur les services de santé et les services sociaux*.
56. En ce sens : *P.L.* c. *Centre de santé et de services sociaux des Etchemins*, 2008 QCCAI 107. *Contra* : *M.F.* c. *Centre de santé et de services sociaux Jeanne-Mance*, 2009 QCCAI 224, où la Commission d'accès donne à l'article 22 L.S.S.S.S. une interprétation large en autorisant l'accès au dossier, même en dehors du contexte du consentement aux soins de la personne protégée.
57. H. Guay, « Quelles sont les limites à l'intervention d'un établissement de santé pour fins de protection des personnes majeures inaptes ? », dans Service de la formation permanente, Barreau du Québec, *Responsabilités et mécanisme de protection*, Cowansville, Éditions Yvon Blais, 2004, p. 1, 13.
58. On peut ajouter à cela qu'il paraît logique que l'intention du législateur était d'imposer la production des évaluations médicales et psychosociales dans le cas d'ouverture d'un régime de protection puisqu'il l'exige expressément pour l'homologation d'un mandat de protection, alors que cette procédure est supposément moins contraignante (*contra* : M. Jarry, « Quelques problèmes de preuve et de procédure en matière de régime de protection », dans *Congrès annuel du Barreau du Québec 1991*, Montréal, Service de la formation permanente, Barreau du Québec, 1991, p. 612).
59. *U.G.* c. *A.G. et curateur public*, C.S. Montréal, n° 003-912, 15 décembre 1992, juge F. Bélanger ; *C.T. (in re)*, C.S. Trois-Rivières, n° 410-14-000065-948, 9 février

D'autres décisions vont dans le sens contraire et font une lecture littérale de cette disposition en estimant que l'évaluation médicale et psychosociale n'est pas une condition formelle, contrairement à ce qui prévaut en matière d'homologation des mandats de protection[60]. Il convient sans doute d'analyser cette question à la lumière de la jurisprudence relative à l'exigence de la production d'une évaluation médicale et psychosociale dans le cadre de l'article 270 C.c.Q., la Cour d'appel ayant décidé, comme nous l'avons vu plus haut, que le défaut de production d'une telle évaluation n'était sanctionné que de nullité relative[61].

B. L'interrogatoire et la représentation du majeur

724 – *Le majeur doit être entendu lorsque son état de santé le permet* – Principe fondamental du débat judiciaire, la règle *audi alteram partem* est consacrée par l'article 276, al. 2 C.c.Q. qui donne le droit au majeur d'être entendu, personnellement ou par un représentant, si son état de santé le requiert, sur toutes les facettes de la demande. Il s'agit d'une garantie procédurale fondamentale liée au respect de la dignité de la personne[62]. Cela peut impliquer que le tribunal doive se déplacer pour interroger la personne là où elle réside[63]. La règle *audi alteram partem* implique également le droit pour le majeur de produire des témoins afin de contredire la preuve apportée par le requérant (art. 879 C.p.c. ; art. 309, al. 2 C.p.c.). Il peut également donner

---

1995, juge L. Rochette ; *M.R. (in re)*, C.S. Montréal, nº 500-14-000376-939, 2 mai 1995, juge S. Borenstein : décisions citées par F. Dupin, « Les rapports médical et psychosocial : peut-on s'en passer ? », (1996) 56 *R. du B.* 119. Dans *M.G.* c. *L.B. et curateur public*, [1995] R.D.F. 714, EYB 1995-29037 (C.S.), le tribunal estime pourtant pouvoir se passer des évaluations dans un dossier où la personne ne constituait pas un danger pour elle-même ou pour les tiers et où se posait un sérieux problème d'aptitude à administrer les biens. Le tribunal écrit qu'il serait contraire au but du Code civil d'empêcher le tribunal d'ouvrir un régime de protection en l'absence des évaluations.

60. En ce sens, *D. (J.)* c. *D. (L.)*, REJB 1999-10585 (C.S.).
61. À ce sujet, voir H. Guay, « Quelles sont les responsabilités des intervenants qui réalisent les diverses évaluations en milieu de santé ? », dans Service de la formation permanente, Barreau du Québec, *Responsabilités et mécanisme de protection*, Cowansville, Éditions Yvon Blais, 2004, p. 181, 188-191.
62. *Québec (Curateur public)* c. *C.G.*, 2012 QCCA 1064 ; *G.N.* c. *E.L.*, 2012 QCCS 5601.
63. Cas d'application où le juge, accompagné du greffier, a rencontré la personne pendant une heure et demie à la résidence de celle-ci : *M.R.* c. *K.M.*, 2008 QCCS 3545 (on notera que c'est en se basant essentiellement sur les constats qu'il a faits à cette occasion que le juge rejette la demande d'ouverture d'un régime de protection, estimant que, contrairement aux conclusions des médecins, la personne n'est pas inapte. Ce cas illustre bien toute l'importance de l'interrogatoire de la personne concernée).

son avis personnel sur le bien-fondé de la demande, notamment sur l'opportunité d'ouvrir un régime de protection à son égard, sur la nature du régime et sur le choix de la personne qui devrait être nommée comme tuteur, curateur ou conseiller.

725 – De plus, comme nous l'avons mentionné plus haut, avant même la tenue de l'assemblée des parents, d'alliés et d'amis, le juge, le greffier ou, le cas échéant, le notaire ont l'obligation d'interroger le majeur, à moins que cela soit impossible en raison de son état de santé (art. 878 C.p.c. ; art. 391 C.p.c.). Cette impossibilité doit être prouvée, sous peine de nullité des procédures[64]. Le but de cet interrogatoire est de permettre à celui qui est saisi de la demande de s'assurer *de visu* de l'inaptitude de l'intimé[65]. L'interrogatoire, lorsqu'il est possible, doit être étoffé et ne peut se résumer à poser une seule question à la personne visée par la procédure[66]. Si, à l'issue de cet interrogatoire, un doute subsiste, la requête doit être rejetée par le tribunal[67] et, dans le cas où il s'agit d'une demande devant notaire, celui-ci doit en faire état dans ses conclusions consignées dans son procès-verbal. Cet interrogatoire doit être pris par écrit et transmis à l'assemblée des parents (art. 878 et 878.0.1 C.p.c. ; art. 315 C.p.c.).

726 – *Les règles de la représentation et de l'audition des majeurs inaptes* – Dans le cadre de la demande d'ouverture d'un régime de protection, les règles générales relatives à la représentation et à l'audition des majeurs inaptes s'appliquent lorsque le juge ou le greffier constate que cela est nécessaire pour assurer la sauvegarde des droits du majeur (art. 878.1 C.p.c. ; art. 391 C.p.c.).

---

64. *J.C.* c. *Québec (Curateur public)*, 2010 QCCA 1113.
65. F. Dupin, *loc. cit.*, note 31, p. 39-40.
66. *G. (H.)* c. *G. (S.)*, 2011 QCCA 61.
67. *Re Savage*, C.S. Montréal, nº 500-14-002336-907, 30 janvier 1991, juge Warren ; *Re Blanchet*, C.S. St-François, nº 450-14-000241-917, 3 septembre 1991, protonotaire Tremblay, cité par F. Dupin, *loc. cit.*, note 31, p. 47. Il faut noter que le juge et le greffier détiennent à cet égard de vastes pouvoirs puisqu'ils peuvent, à tout moment avant le jugement, ordonner, même d'office, la production de toute preuve additionnelle et l'assignation de nouveaux témoins, art. 878.3, 863.1 et 863.2 C.p.c. (art. 309 et 310 C.p.c.) (pour des cas d'application, voir *Lévesque* c. *Ouellet et curateur public*, [1990] R.J.Q. 2607 (C.S.) et *R.P.* c. *M.L.*, 2008 QCCS 4765). Quant à la possibilité pour une partie de demander que le majeur se soumette à un examen médical en vertu de l'article 399 C.p.c., voir l'arrêt *Kasovicz* c. *Barzik*, [1990] R.J.Q. 2800, EYB 1990-57090 (C.A.).

Ces règles sont identiques à celles qui concernent la représentation et l'audition des mineurs[68] : possibilité de rendre des ordonnances pour assurer la représentation par avocat (art. 394.1 C.p.c. ; art. 90 C.p.c.)[69], désignation d'un tuteur ou d'un curateur *ad hoc* (art. 394.2 C.p.c. ; art. 160 C.p.c.), droit d'être accompagné d'une personne apte à aider ou à rassurer (art. 394.3 C.p.c. ; art. 290 C.p.c.), interrogatoire en dehors de la présence des parties et hors du prétoire (art. 394.4 et 394.5 C.p.c. ; art. 291 C.p.c.). Ces mécanismes ne jouent pas dans le cadre des demandes adressées à un notaire. Le notaire doit, en effet, se dessaisir dès qu'il apparaît que le majeur devrait être représenté (art. 878.1 C.p.c. ; en l'absence d'opposition, le notaire peut poursuivre sa mission, une fois le représentant nommé : art. 316 C.p.c.).

727 – Le législateur semble faire une distinction entre le majeur que le tribunal « estime inapte » et celui qui est effectivement inapte et pour lequel un régime de protection a déjà été mis en place. Par exemple, le tribunal peut permettre au « majeur qu'il estime inapte » d'être accompagné d'une personne pour le rassurer (art. 394.3 C.p.c. ; art. 290 C.p.c. ; il est vrai que cette disposition traite désormais de l'« inapte », mais il reste que les articles 90 et 160 C.p.c. réfèrent à l'estimation par le juge d'une inaptitude factuelle, ce qui entretient la confusion). Par contre, la désignation d'un tuteur ou d'un curateur *ad hoc* ne vise évidemment que les cas des majeurs inaptes, qui sont déjà sous tutelle ou curatelle. Plus étonnant est le fait qu'en ce qui concerne les règles d'audition, le législateur a utilisé parfois les termes « qu'il estime inapte » et d'autres fois « majeur inapte ». À titre d'exemple, le texte laisse entendre que seul le « majeur inapte », donc déjà protégé, peut être interrogé en dehors de la présence des parties. Cette restriction semble pourtant aller à l'encontre de l'économie générale de la loi dont l'objectif est la protection efficace de la personne dont l'autonomie est restreinte. Nous suggérons qu'il conviendrait donc d'interpréter cette expression comme référant à l'inaptitude factuelle, comme c'est le cas en matière de consentement aux soins.

C. Le conseil de tutelle et l'assemblée des parents et amis

728 – *Renvoi aux règles relatives à la tutelle au mineur* – L'article 266 C.c.Q. édicte que les règles de la tutelle au mineur s'appliquent *mutatis mutandis* à la curatelle et à la tutelle au majeur. Il y a donc convo-

---

68. Art. 394.1 à 394.5 C.p.c. Pour l'étude détaillée de ces dispositions, voir *supra*, Titre I, chap. IV, Le respect des droits de l'enfant.
69. Le rôle de l'avocat, dans ce cas, est *ad hoc*, en ce sens que sa mission est limitée à veiller à ce que la décision soit prise dans le meilleur intérêt du majeur. En ce sens, *E. (G.)* c. *E. (B.)*, [1994] R.J.Q. 1563, EYB 1994-28723 (C.S.).

cation de l'assemblée des parents, alliés et amis et constitution d'un conseil de tutelle[70]. Avant de prendre une décision sur l'ouverture d'un régime, le tribunal doit prendre l'avis des personnes susceptibles de former le conseil de tutelle dont celles qui sont convoquées à l'assemblée des parents (art. 276 C.c.Q.). À noter que l'obligation du tribunal n'en est qu'une de consultation et que, dès lors, l'avis de l'assemblée ne lie pas le décideur. Quant aux « adaptations nécessaires » prévues par l'article 266 C.c.Q., elles invitent à faire une lecture des dispositions au chapitre des mineurs en tenant compte des principes qui président à la protection des majeurs. Ainsi, l'assemblée des parents, alliés et amis a certainement à se pencher sur la question de l'opportunité d'un régime de protection, alors qu'en ce qui concerne les mineurs le rôle de l'assemblée est plus restreint à cet égard et elle n'aura à se pencher que sur la constitution du conseil de tutelle.

729 – Le législateur édicte certaines règles différentes de celles qui s'appliquent au mineur. Ainsi, lorsque la demande émane du curateur public, le tribunal peut procéder sans convocation de l'assemblée des parents s'il est démontré que des efforts suffisants ont été faits pour réunir cette assemblée et qu'ils sont restés vains (art. 267 C.c.Q.)[71]. Autre différence, parmi les personnes qui doivent être convoquées à l'assemblée des parents, s'ajoutent le conjoint et les descendants au premier degré (art. 266, al. 2 C.c.Q.). Une fois de plus, le but de la loi est de favoriser l'implication des proches. Toutefois, malgré le caractère mandatoire des articles 226 et 266 C.c.Q., la jurisprudence applique ces dispositions avec souplesse[72].

---

70. Le législateur utilise les termes « conseil de tutelle », même dans le cadre de la curatelle. Voir, par exemple, l'article 297, al. 2 C.c.Q. et l'article 27 des dispositions transitoires (*Loi sur l'application de la réforme du Code civil*, L.Q. 1992, c. 57). Certaines décisions judiciaires utilisent l'expression « conseil de tutelle » (*R.G.* c. *A.G.*, J.E. 2000-1215, REJB 2000-19101 (C.S.)) ; d'autres préfèrent les termes « conseil de curatelle » (*Québec (Curateur public)* c. *P.S.*, [2000] R.J.Q. 476, REJB 1999-16623 (C.S.)), ce qui permet d'éviter toute confusion quant à la nature du régime de protection.
71. Cette exception ne s'applique que lorsque la requête est présentée par le curateur public (ex. : *Québec (Curateur public)* c. *J.R.*, 2011 QCCS 2707 ; *Québec (Curateur public)* et *L.L.*, 2012 QCCS 4990). Pour les autres, cette dispense n'est possible que dans les cas visés par l'article 231 C.c.Q., c'est-à-dire lorsqu'il y a constitution d'un conseil de tutelle à membre unique. Sur cette question, voir *supra*, Titre I, chap. III, « La tutelle ».
72. Voir, notamment, *Moreau* c. *Mathieu*, J.E. 91-274, EYB 1990-75808 (C.S.) et *Guay* c. *Curateur public*, [1990] R.J.Q. 1937, EYB 1990-76672 ; M. Jarry, *loc. cit.*, note 58, p. 613. Voir cependant *Re M.N.*, EYB 2004-79925 (C.S.) où l'omission d'avoir

§3 – Les mesures de protection provisoire

A. La garde provisoire

730 – *La protection du majeur avant l'instance et la garde pendant l'instance* – Le tribunal peut, même d'office, statuer sur la garde du majeur visé par une demande d'ouverture d'un régime de protection. Les conditions suivantes doivent être remplies (art. 272 C.c.Q.)[73] :

- l'instance doit être commencée[74] ;

- le majeur ne peut manifestement prendre soin de lui-même ;

- la garde est nécessaire pour éviter au majeur un préjudice sérieux.

De plus, le tribunal peut ordonner des mesures visant la protection de la personne avant les procédures, à la condition que celles-ci soient imminentes et qu'il y ait lieu d'agir pour éviter au majeur un préjudice sérieux. Le législateur comblait ainsi, en 1999, une lacune dans le texte de l'article 272 C.c.Q. qui rendait problématique la protection de la personne pendant la période qui précède la présentation formelle de la demande. Cet ajout permet de répondre plus efficacement aux agissements d'abuseurs[75].

La protection de la personne avant le début des procédures peut également être assurée, mais de façon partielle, par d'autres dispositions légales, notamment au chapitre du consentement aux soins.

---

convoqué la fille et la sœur de la personne inapte n'est excusée qu'en raison du fait que ces deux parentes sont atteintes de graves maladies et que leur absence ne cause aucun préjudice à l'inapte.

73. Cette disposition, qui s'impose pour protéger efficacement la personne avant le jugement (*Comm.*, p. 184), ne doit toutefois pas servir à contourner les dispositions qui sont spécifiques à la garde en établissement psychiatrique (art. 26 à 31 C.c.Q.), même si la frontière entre les deux situations peut se révéler floue dans la pratique (M. Ouellette, « La *Loi sur le curateur public* et la protection des incapables », (1989) 3 *C.P. du N.* 22, 131).
74. *Curateur public du Québec* c. *Boulianne*, [1992] R.D.F. 486, EYB 1992-74985 (C.S.).
75. En ce sens, F. Dupin, « Les matières non contentieuses », dans Service de la formation permanente, Barreau du Québec, *Développements récents en droit civil (2000)*, Cowansville, Éditions Yvon Blais, 2000, p. 59, 67 ; l'auteur signale que ce mécanisme aura pour effet de faciliter l'intervention du curateur public auprès des personnes victimes d'abus de la part de leur entourage.

B. Les actes d'administration urgents

731 – *La conservation du patrimoine est assurée, même avant le jugement* – Avant que ne soit rendu le jugement qui ouvre un régime de protection, il peut être important de faire certains actes afin de protéger les biens du majeur qui peuvent être en péril parce que personne ne s'en occupe ou parce que le majeur risque de prendre des décisions inconsidérées. La loi y pourvoit de plusieurs façons. Elle prévoit en premier lieu que le mandat par lequel le majeur a déjà chargé une autre personne de l'administration de ses biens peut s'exécuter malgré la demande d'ouverture d'un régime (art. 273, al. 1 C.c.Q.)[76]. Cette règle s'applique également pour le mandat entre époux[77]. En l'absence de mandat, le curateur public et toute personne qui a qualité pour demander l'ouverture d'un régime peuvent, dans le respect des règles de la gestion d'affaires (art. 1482 et s. C.c.Q.)[78], faire les actes urgents nécessaires à la conservation du patrimoine (art. 273, al. 2 C.c.Q.). Cette possibilité existe pendant l'instance, mais également avant l'instance si une demande d'ouverture est imminente. Le législateur permet ainsi d'assurer la protection patrimoniale du majeur dès que son inaptitude est constatée par ses proches[79].

En dehors de ces cas de mandat ou de gestion d'affaires, le tribunal peut désigner le curateur public ou une autre personne pour accomplir un acte déterminé ou exercer la simple administration provisoire des biens du majeur (art. 274 C.c.Q.)[80]. L'objectif de cette disposition est d'éviter que la vacance de représentation nuise aux intérêts patrimoniaux du majeur en attendant la nomination d'un représentant définitif. Il ne s'agit donc pas d'utiliser ce mécanisme

76. Alors que normalement le mandat ordinaire prend fin lorsque survient l'inaptitude, la loi prévoit donc qu'il continue de produire ses effets dans le cadre limité d'une demande d'ouverture d'un régime de protection. Sur cette question, voir *infra*, chap. III, « Le mandat de protection ».
77. Art. 444 C.c.Q. : « Le tribunal peut confier à l'un des époux le mandat d'administrer les biens de son conjoint ou les biens dont celui-ci a l'administration en vertu du régime matrimonial, lorsque le conjoint ne peut manifester sa volonté ou ne peut le faire en temps utile. Il fixe les modalités et les conditions d'exercice des pouvoirs conférés. »
78. Sur la gestion d'affaires par le curateur public pendant l'instance, voir F. Dupin, « Le curateur public : mode d'emploi et interface avec les autres organismes », dans Service de la formation permanente, Barreau du Québec, *Pouvoirs publics et protection*, Cowansville, Éditions Yvon Blais, 2003, p. 127, 132-135.
79. *Comm.*, p. 185.
80. Cette disposition devrait également pouvoir s'appliquer s'il y a un motif sérieux permettant la révocation du mandat ou si le gérant d'affaires agit contre les intérêts du majeur au point qu'un préjudice sérieux est à craindre (*contra* : *Curateur public du Québec* c. *R...P...L... et al.*, précité, note 7, p. 1464).

pour procéder à des actes dont l'impact financier serait considérable, comme la vente d'un immeuble important[81]. Cette mesure préventive peut également être utile lorsque l'administrateur des biens se trouve en situation de conflit potentiel avec les membres de la famille[82]. Le tribunal peut donc procéder à la désignation aussi bien pendant qu'avant l'instance, à la condition toutefois que la demande d'ouverture d'un régime soit « imminente ». La preuve des démarches entreprises doit alors être faite. On ne pourrait se contenter d'une simple mention dans la requête que la demande est imminente. L'imminence s'apprécie concrètement en fonction des circonstances particulières mises en preuve[83].

Cette procédure demeure exceptionnelle et elle n'a pour but que d'éviter un préjudice sérieux lorsque aucun autre mécanisme ne permet de répondre adéquatement à cette situation d'urgence[84].

C. La conservation des biens à caractère personnel

732 – *La protection provisoire du logement, des meubles et des souvenirs* – Pendant l'instance, le logement du majeur et les meubles qu'il contient doivent être gardés à sa disposition[85]. Cependant, l'aliénation de certains de ces biens devient possible dans la stricte observance des conditions de l'article 275, al. 2 C.c.Q., c'est-à-dire si cela est nécessaire ou si l'intérêt du majeur le dicte. Cette disposition devrait faire l'objet d'une interprétation restrictive car elle constitue une atteinte à l'intégrité du patrimoine de la personne alors qu'aucun régime de protection n'est en place[86].

---

81. *Québec (Curateur public)* c. *B. (D.)*, [1998] R.D.F. 331 (C.S.) ; en l'espèce, le curateur public est cependant autorisé à effectuer les démarches préparatoires à la vente d'un immeuble (publier des annonces, retenir les services d'un courtier en immeubles, etc.) ; pour un commentaire de cette décision, voir F. Dupin, *loc. cit.*, note 75, p. 66.
82. *Québec (Curateur public)* c. *N.-F. (M.)*, [1998] R.D.F. 522, REJB 1998-07078 (C.S.).
83. *Curateur public du Québec* c. *R...P...L... et al.*, précité, note 7.
84. *Moreau* c. *Lavoie et al.*, C.S. (Kamouraska), nº 250-14-000009-920, 20 mars 1992, protonotaire G. Corbeil ; *Curateur public du Québec* c. *R...P...L... et al.*, précité, note 7 et *Curateur public du Québec* c. *Boulianne*, précité, note 74. En ce sens, voir également, F. Dupin, « Le curateur public : mode d'emploi et interface avec les autres organismes », dans Service de la formation permanente, Barreau du Québec, *Pouvoirs publics et protection*, Cowansville, Éditions Yvon Blais, 2003, p. 127.
85. Sur cette question, voir *supra*, chap. I, « La protection des majeurs : principes généraux ».
86. Il faut lire cette disposition avec le principe de l'article 274 C.c.Q. qui prévoit la possibilité d'aliéner un bien, avec l'autorisation du tribunal, en cas d'urgence et

Dans tous les cas, les souvenirs et les objets à caractère personnel sont protégés de façon quasi absolue puisque seul un motif impérieux permet d'en disposer (art. 275, al. 2 C.c.Q.)[87].

§4 – La décision

733 – *La règle ultra petita ne s'applique pas à la demande d'ouverture d'un régime de protection* – La décision doit être prise dans le seul intérêt du majeur, le respect de ses droits et la sauvegarde de son autonomie (art. 257 C.c.Q.)[88]. Il ne peut être procédé à l'ouverture d'un régime de protection que si le majeur a réellement besoin d'être représenté ou assisté[89]. Ainsi, la demande sera rejetée si le majeur est déjà adéquatement représenté dans le cadre d'un mandat de protection dûment homologué. De même, un tribunal pourrait ouvrir une tutelle aux biens mais refuser la tutelle à la personne en dépit de son inaptitude, s'il est démontré qu'il y a entre cette personne et le centre d'hébergement une alliance thérapeutique répondant, dans les circonstances, adéquatement à ses besoins au chapitre des soins[90]. Le constat d'un tel besoin oblige par contre le tribunal à mettre en place un régime de protection lorsque les autres conditions légales sont réunies. Ainsi, le jugement ne pourrait faire dépendre l'ouverture du régime de la réalisation d'une condition, pas plus qu'il ne pourrait prévoir un terme qui équivaudrait à une mainlevée automatique[91]. Le tribunal doit prendre en considération l'avis des personnes susceptibles d'être appelées à former le conseil de tutelle, les évaluations médicales et psychosociales, ainsi que, le cas échéant, les volontés que le majeur a exprimées dans un mandat de protection qui

---

dans le but de conserver le patrimoine (exemple : un bien qui nécessite des réparations urgentes et essentielles mettant en péril le patrimoine de la personne).

87. Il est difficile d'imaginer quel motif serait suffisamment « impérieux » pour justifier que l'on interdise à un majeur inapte de garder ses albums de famille et autres souvenirs du genre.

88. Voir *supra*, chap. I, « La protection des majeurs : principes généraux » ; *B. (M.-P.)* c. *F. (R.)*, REJB 1999-14637 (C.S.), confirmé par la Cour d'appel le 8 mars 2001, REJB 2001-23874 (C.A.) ; *Québec (Curateur public)* et *M.G.*, 2013 QCCS 4970.

89. Art. 281, 285 et 291 C.c.Q.

90. *Québec (Curateur public)* et *M.G.*, 2013 QCCS 4970 ; *Québec (Curateur public)* et *R.M.*, 2013 QCCS 4971.

91. *Québec (Curateur public)* c. *D.P.*, [2001] R.J.Q. 45, REJB 2000-22326 (C.A.) ; en l'espèce, la Cour d'appel reproche au premier juge d'avoir fait dépendre l'ouverture de la tutelle de l'absence de nomination d'un fiduciaire et d'avoir fixé un terme à la tutelle.

n'a pas été homologué (art. 276 C.c.Q.)[92]. Le tribunal n'est pas lié par la demande et il peut fixer un régime différent de celui réclamé si cela s'avère dans l'intérêt du majeur[93].

Lorsque la procédure s'est déroulée devant notaire et que, par conséquent, le tribunal est ensuite saisi par le dépôt du rapport du notaire, le juge ou le greffier peut accueillir les conclusions de ce procès-verbal en l'absence de contestation dans les dix jours (art. 863.9 C.p.c. ; art. 320, al. 3 C.p.c.)[94].

734 – *Signification, révision et appel* – Le jugement doit être signifié au majeur et une copie doit en être transmise sans délai et sans frais au curateur public (art. 883 et 863.3 C.p.c. ; art. 336 C.p.c.) afin de permettre à ce dernier d'exercer son rôle de surveillance des régimes de protection[95]. La décision de procéder à l'ouverture d'un régime est toujours susceptible de révision (art. 277 C.c.Q.)[96] et elle peut faire l'objet d'un appel de plein droit à la Cour d'appel (art. 26, al. 3 C.p.c. ; art. 30 C.p.c.). La révision de la décision est donc soumise aux formalités prescrites pour l'ouverture du régime lui-même. La décision d'ouverture d'un régime prise par le greffier n'est cependant pas soumise au pouvoir de révision du tribunal au sens de l'article 42 C.p.c.[97]. La réforme de 2014 prévoit que la décision du greffier spécial concernant la mise en place d'un régime de protection peut être révisée par un juge en son cabinet ou par le tribunal. La demande de révision doit être notifiée aux autres parties et déposée au greffe dans les 10 jours de la date de la décision attaquée (art. 74 C.p.c.).

---

92. *D. (J.)* c. *D. (L.)*, REJB 1999-10585 (C.S.) ; *G. (G.)* c. *B. (J.)*, J.E. 98-215, REJB 1997-07022 (C.S.).
93. Art. 268, al. 2 C.c.Q. et art. 881 C.p.c. *Trottier* c. *Deslauriers-Trottier et curateur public*, [1992] R.D.F. 692 (C.S.).
94. Pour une critique de ce délai, voir M. Beauchamp, « Les nouvelles compétences attribuées au notaire : commentaires et critique », dans Service de la formation permanente, Barreau du Québec, *Les mandats en cas d'inaptitude : une panacée ?*, Cowansville, Éditions Yvon Blais, 2001, p. 53, 66.
95. *Loi sur le curateur public*, précitée, note 24, art. 12.
96. Sur la question de la révision, voir *infra*, la surveillance et la révision des régimes de protection. Rappelons que lorsque la décision est rendue par le greffier, elle peut être révisée par le juge sur demande signifiée dans les dix jours (art. 863, al. 2 C.p.c.).
97. *D. (C.)* c. *D. (A.)*, J.E. 95-1063, EYB 1995-78244 (C.S.).

Section II
Description des régimes de protection

§1 – Les régimes de représentation

A. La curatelle

735 – *Étendue de l'inaptitude : le principe* – La curatelle n'est établie que dans les cas d'inaptitude totale et permanente du majeur à prendre soin de lui-même et de ses biens (art. 281 C.c.Q.). Il s'agit du régime de représentation le plus sévère. En pratique, comme le souligne le ministre de la Justice dans les commentaires officiels, la curatelle ne s'applique qu'aux personnes atteintes d'une déficience mentale profonde ou dont les facultés sont profondément et irrémédiablement altérées par une maladie ou par un accident[98].

L'effet de la curatelle est de soumettre le majeur, désormais représenté par un curateur, à un régime d'incapacité d'exercice générale, sous réserve de la capacité résiduelle éventuelle en matière de consentement aux soins et sous réserve de la capacité du majeur à être consulté et à donner son avis lorsqu'il s'agit de questions relatives à des choix de vie[99]. De plus, le majeur est frappé d'un certain nombre d'incapacités de jouissance en matière de testament (art. 710 et 711 C.c.Q.), de donations (art. 1813 C.c.Q.), de conventions matrimoniales (art. 436 C.c.Q. *a contrario*), d'administration des personnes morales[100] et d'administration du bien d'autrui (art. 1355 C.c.Q.). Ces incapacités spécifiques (particulièrement l'interdiction de tester) illustrent la gravité d'une décision d'ouverture de curatelle et, par conséquent, justifient l'importance accordée aux règles procédurales que certains pourraient juger contraignantes à l'excès.

736 – *Les actes exclusivement personnels*[101] – Existe-t-il des actes qui, à cause de leur nature, ne peuvent être accomplis que par la personne elle-même et pour lesquels la représentation ne serait même pas envisa-

98. *Comm.*, p. 191.
99. Sur cette question, voir *supra*, le chapitre sur les principes généraux en matière de protection des majeurs.
100. Art. 327 C.c.Q. et art. 123.73 de la *Loi sur les compagnies*, RLRQ, c. C-38.
101. Ce paragraphe reprend, avec quelques modifications, la substance d'une contribution dans le cadre de la formation permanente du Barreau du Québec : D. Goubau, « Les actes qui exigent le consentement personnel du majeur protégé », dans Barreau du Québec, *La protection des personnes vulnérables*, Cowansville, Éditions Yvon Blais, 2014, p. 1.

geable ? La question est importante et pourtant le *Code civil du Bas Canada* était muet sur ce point. Le *Code civil du Québec* n'en dit pas plus. Si cette interrogation n'a jamais, au Québec, fait l'objet d'une analyse très approfondie, on peut tout de même affirmer que la doctrine classique dominante considérait que certains actes sont effectivement trop *intuitu personæ* pour pouvoir être posés par un représentant. Parmi ceux-ci, on peut citer la reconnaissance d'enfants, l'action en divorce et surtout le mariage, qui est l'exemple le plus souvent cité et dont P.-B. Mignault disait d'ailleurs qu'il devrait être ouvert même au majeur *interdit*[102], malgré la règle de son incapacité générale[103]. Pour ces actes-là, la représentation était considérée comme exclue, mais l'idée de les soumettre à une autorisation judiciaire trouvait des adeptes au sein de la doctrine. Selon cette approche, les actes visés ne peuvent cependant être valablement accomplis qu'à la condition de la démonstration d'une aptitude temporaire suffisante, en d'autres mots d'un intervalle lucide au moment de l'acte. La doctrine classique française va dans le même sens en tenant que l'incapacité n'intervient qu'à l'égard des actes juridiques qui ne sont pas purement personnels et qu'elle ne touche donc pas le mariage, la reconnaissance d'enfant ou le testament. En ce qui concerne ces actes purement personnels, la personne doit toujours agir elle-même pour que ces actes soient valides[104]. La conséquence de cette qualification est qu'en cas d'inaptitude naturelle de la personne en curatelle ou sous un mandat de protection (lorsque ce mandant accorde les pleins pouvoirs au mandataire), ou même en tutelle lorsqu'il s'agit d'un scénario où l'acte concerné est clairement dans le champ des pouvoirs exclusifs du tuteur, l'acte est impossible puisqu'il ne peut y avoir représentation. Cette doctrine a pour résultat qu'à l'égard des actes concernés, une inaptitude naturelle engendre non pas une simple incapacité d'exercice, mais une incapacité de jouissance, ce qui est problématique puisque la loi ne le prévoit pas expressément et qu'en principe il ne peut y avoir d'incapacité sans texte. Or à l'égard de certains actes que l'on classe traditionnellement dans la catégorie des actes éminemment personnels, il arrive que la loi édicte expressément une incapacité de jouissance, comme c'est le cas en matière successorale à l'égard du majeur en curatelle, ce dernier étant effectivement privé du droit de tester[105]. Il arrive aussi que la loi énonce clairement que l'acte ne peut être accompli par le représentant. Ainsi, le tuteur, le curateur ou le conseiller ne peuvent ni représenter ni assister la personne en matière testamentaire[106]. Le cas est clair. Mais lors-

102. Rappelons que l'*interdiction* était, à l'époque, l'équivalent de la curatelle d'aujourd'hui puisqu'elle engendrait une incapacité totale d'exercice et la mise en place d'un régime de représentation.
103. P.-B. Mignault, *Le droit civil canadien*, Montréal, Minibiblex, 1977, p. 344-348.
104. Ph. Malaury, *Droit civil. Les personnes. La protection des mineurs et des majeurs*, 4e éd., Paris, Defrénois, 2009, p. 230.
105. Art. 710 C.c.Q.
106. Art. 711 C.c.Q. À noter que cette disposition n'inclut pas le mandat de protection. Par ailleurs, les dispositions concernant la capacité en matière testamentaire sont muettes sur le droit du mandant. On pourrait être tenté d'avancer que la personne protégée par un mandat homologué pourrait invoquer l'article 707 C.c.Q. (et faire la preuve d'un intervalle lucide au temps du testament), même dans les cas où son mandataire détient les pleins pouvoirs. Il faut cependant

que la loi est silencieuse, la situation est pour le moins incertaine quant à l'existence, en droit québécois, d'actes dont la nature exigerait le consentement personnel du majeur protégé. La question peut très certainement se poser à l'égard du mariage et du divorce.

737 – *Le cas du mariage* – L'impossibilité d'un mariage par représentation n'a jamais sérieusement été remise en question tant le consentement au mariage est considéré comme un des actes les plus personnels, voire intimes, qu'il soit. On ne peut raisonnablement concevoir qu'un curateur puisse consentir au mariage d'une personne totalement inapte, en lieu et place de celle-ci. L'idée est d'autant plus inconcevable qu'il est désormais acquis que le droit de se marier ou de ne pas se marier est l'expression d'une liberté individuelle fondamentale, protégée en tant que telle[107]. Même l'idée de la protection de la personne ne pourrait justifier en soi la possibilité d'un mariage par le biais de la représentation puisque dans notre société, même les couples non mariés ou non unis civilement jouissent d'un important niveau de protection. En effet, les conjoints de fait bénéficient en droit public et social des mêmes droits que ceux accordés aux époux en mariage, alors que sur le plan du droit civil, il est possible, entre conjoints de fait, de se donner par contrat des protections similaires à celles qui découlent du mariage, tant en matière de soutien alimentaire qu'en ce qui a trait au partage des biens. En conclusion, le consentement au mariage peut être considéré comme faisant partie de ces actes à caractère strictement personnel pour lesquels le consentement de la personne est nécessaire. Le silence de la loi à propos du droit de la personne sous curatelle de se marier, jumelé à l'impossibilité de se marier par représentation, a amené la doctrine majoritaire[108] ainsi que la jurisprudence[109] à conclure, à l'instar de P.-B Mignault[110], que le mariage consenti par une

---

noter que cette disposition utilise le terme « capacité » et non pas « aptitude ». Dans *D. (F.)* et *B. (D.) (Succession de)*, EYB 2010-174966 (C.S.), le tribunal écrit que « [L]'homologation d'un mandat donné par un majeur en prévision de son inaptitude a, évidemment, le même effet [que la curatelle] sur sa capacité de tester lorsqu'il est établi, au moment de l'homologation, que son inaptitude à prendre soin de lui-même et à administrer ses biens est totale et permanente ». Dans cette optique, l'argument de l'intervalle lucide ne pourrait être invoqué. Pourtant, la possibilité de confirmation d'un testament fait par un majeur sous tutelle (art. 709 C.c.Q.) milite en faveur d'une interprétation respectueuse de l'autonomie résiduelle de la personne sous mandat de protection.

107. H. Brun, « Quelques notes sur les articles 1, 2, 7 et 15 de la *Charte canadienne des droits et libertés* », (1982) 23(4) *C. de D.* 781-794. La Cour suprême a confirmé que la liberté de se marier est un droit fondamental (*Miron* c. *Trudel*, [1995] 2 R.C.S. 418).

108. E. Deleury et M. Rivet, *Droit civil, droit des personnes et de la famille*, Québec, P.U.L., 1974, p. 19 ; J. Pineau, *La famille : droit applicable au lendemain de la « Loi 89 »*, Montréal, P.U.M., 1983, p. 26. *Contra* : M. Ouellette, *Droit de la famille*, 3e éd., Montréal, Éditions Thémis, 1995, p. 17 ; M. Tétrault, *Droit de la famille*, 2e éd., Cowansville, Éditions Yvon Blais, 2002, p. 33-34.

109. *Karakofsky* c. *Diner*, [1947] C.S. 310, conf. [1955] B.R. 72.

110. P.-B. Mignault, *Le droit civil canadien*, Montréal, Minibiblex, 1977, p. 344-348. *Contra* : F. Langelier, *Cours de droit civil de la province de Québec*, Montréal, Wilson et Lafleur, 1905-1911, p. 236 ; L.-P. Sirois, *Tutelles et curatelles*, Québec, Imprimerie de l'Action sociale, 1911, p. 408 et 409.

personne sous curatelle est valide dès lors qu'il existe une preuve d'un intervalle lucide au moment de sa célébration. Cette solution rejoint celle du droit des provinces de common law où l'on accepte qu'une personne inapte représentée puisse avoir la capacité naturelle d'exercer personnellement le droit de se marier[111]. Il faut cependant noter que ce débat a perdu un peu de son importance depuis que le Code civil énonce que les actes faits en violation des règles sur la capacité sont *annulables* plutôt que *nuls*. Un tribunal doit donc prononcer la nullité de l'acte. Or, rappelons qu'en matière de mariage, les règles du *Code civil du Québec*, contrairement à celles du *Code civil du Bas Canada*, accordent aux tribunaux un très large pouvoir discrétionnaire en la matière qui pourrait bien jouer en faveur de la validité d'un mariage dès lors qu'il est démontré que la personne sous curatelle jouissait de la capacité naturelle nécessaire au moment de la célébration. Cette approche semble confirmée par une décision dans laquelle la Cour supérieure fait droit à une demande d'annulation de mariage en se basant sur une preuve factuelle d'inaptitude (au sens de l'article 1398 C.c.Q.) plutôt que sur le fait que la personne était sous curatelle au moment de la célébration[112].

738 – *Le cas du divorce* – Il ne serait pas illogique de qualifier le démariage de la même manière que le mariage et de considérer, dès lors, que tant le divorce que l'annulation du mariage ou la séparation de corps ne peuvent être demandés par le représentant du majeur. C'est en tout cas la conclusion à laquelle en arrive la Cour supérieure dans une décision récente. Partant du principe que le curateur ne peut demander le divorce au nom du majeur protégé, le tribunal applique le même principe dans une situation où un mandat de protection accorde au mandataire la pleine administration[113]. Par contre, dans un arrêt plus récent, la Cour d'appel apporte un sérieux bémol à cette façon de voir et elle décide que lorsqu'un mandant a déjà manifesté, avant son inaptitude, son intention de mettre fin à son mariage, on ne saurait empêcher le mandataire de présenter une demande de divorce[114]. Cette approche se comprend d'autant que, comme nous l'avons souligné plus haut, il s'agit d'actes qui font partie de la liberté fondamentale de la personne. À la lumière de cet arrêt, on peut se demander s'il ne serait pas opportun d'élargir cette approche et de permettre à un représentant, au nom de l'intérêt de la personne inapte, de demander le divorce en son nom même si cette personne n'a pas, à l'époque où elle était encore apte, exprimé le désir de divorcer. Si, comme pour le mariage, il semble raisonnable de permettre à cette personne de faire elle-même la demande de divorce lorsqu'il est démontré qu'en dépit du régime de protection, cette personne a l'aptitude naturelle à prendre une telle décision, la réponse peut paraître moins évidente lorsque la personne ne jouit pas d'une telle aptitude résiduelle, ce qui est sans doute le cas pour de nombreuses personnes en curatelle ou sous mandat de protection. Pourtant,

---

111. G. B. Robertson, *Mental Disability and the Law in Canada*, 2e éd., Toronto, Carswell, 1994, p. 253-254.
112. *C. (R.)* c. *Cl. (D.)*, EYB 2007-123619 (C.S.).
113. *Droit de la famille – 122561*, 2012 QCCS 5063.
114. *Droit de la famille – 13395*, 2013 QCCA 316.

la possibilité pour un représentant de faire une demande de divorce au nom de la personne protégée existe dans d'autres provinces canadiennes[115] et on peut très certainement imaginer des cas où la protection des intérêts de la personne inapte justifierait une telle possibilité. On peut songer au scénario dans lequel le conjoint d'une personne inapte refait sa vie avec un nouveau conjoint, mais renonce à entamer une procédure de divorce afin d'éviter les effets préjudiciables du partage du patrimoine familial ou de la liquidation du régime matrimonial. Ne devrait-on pas, dans de tels cas, envisager la possibilité pour un représentant de présenter une demande de divorce au nom de son protégé[116] ? Il est vrai qu'une telle décision du curateur ou du mandataire est lourde de conséquences. Le caractère exceptionnel d'un tel pouvoir justifierait sans doute que pour pouvoir être exercé, il devrait être soumis à une autorisation judiciaire afin de s'assurer de l'opportunité de la demande de divorce en regard des intérêts matériels et du bien-être de la personne représentée.

739 – *Les pouvoirs d'administration du curateur* – Le curateur a la pleine administration des biens du majeur[117] et *seules* les règles de l'administration du bien d'autrui s'appliquent (art. 282 C.c.Q.)[118]. Cette disposition fait ainsi obstacle, en principe, à l'application des articles 208 à 221 C.c.Q., notamment de l'article 213 C.c.Q. qui oblige les tuteurs à obtenir l'autorisation soit du conseil de tutelle soit du tribunal dans certains cas d'aliénation ou d'actes lourds de conséquences sur le patrimoine protégé[119]. Certaines dispositions de l'administration tutélaire doivent néanmoins s'appliquer à la curatelle. La Cour d'appel a ainsi mentionné les articles 218 et 219 C.c.Q. (les

---

115. *M.K.O. (Litigation Guardian of)* v. *M.E.C.*, [2005] B.C.J. No. 1562, 2005 BCSC 1051, 47 B.C.L.R. (4th) 333.

116. Pour ce qui est de l'intention de vivre séparé, condition pour pouvoir invoquer la séparation comme cause de divorce, l'article 8(3)b)(i) de la *Loi sur le divorce* y répond en prévoyant qu'il n'y a pas interruption ni cessation d'une période de vie séparée dans les cas suivants « du seul fait que l'un des époux est devenu incapable soit d'avoir ou de concevoir l'intention de prolonger la séparation, soit de la prolonger de son plein gré, si le tribunal estime qu'il y aurait eu probablement prolongation sans cette incapacité ». En ce sens : *Calvert (Litigation Guardian of)* v. *Calvert*, [1998] O.J. No. 505, 37 O.R. (3d) 221 (C.A. Ont.). Il est cependant requis que la personne ait eu la capacité de formuler l'intention *initiale* de vivre séparée : *Wolfman-Stotland* v. *Stotland*, [2011] B.C.J. No. 632, 2011 BCCA 175, 333 D.L.R. (4th) 106, 97 R.F.L. (6th) 124.

117. Cette règle ne s'applique pas au curateur public qui n'a que les pouvoirs de simple administration, même lorsqu'il agit comme curateur (art. 262 C.c.Q.). Est donc non fondée la décision qui nomme le curateur public comme curateur tout en lui confiant la pleine administration des biens (*M.L.* c. *J.G.*, 2013 QCCS 5811, par. 74).Voir *infra*, les règles relatives à l'intervention du curateur public.

118. Le jugement qui ouvre la curatelle ne pourrait donc pas augmenter ou diminuer les pouvoirs du curateur (en ce sens, voir M. Ouellette, « De la capacité des personnes », (1988) 1 *C.P. du N.* 198). Sur les règles générales de l'administration du bien d'autrui, voir *supra*, Titre I, chap. III, L'administration tutélaire.

119. *C.C.* c. *M.C.*, 2011 QCCA 1235.

prélèvements nécessaires pour acquitter les charges de la tutelle et l'entretien de la personne protégée)[120]. À la différence de l'administrateur chargé de la simple administration, le curateur ne doit pas seulement conserver le patrimoine du majeur, il doit le faire fructifier, l'accroître et, le cas échéant, réaliser l'affectation de certains biens (art. 1306 C.c.Q.). Ces obligations très lourdes s'accompagnent des pleins pouvoirs : celui d'aliéner à titre onéreux[121], de grever un bien d'un droit réel, d'en changer la destination et, de façon générale, de faire tout acte utile et respectueux de l'intérêt du majeur (art. 1307 C.c.Q.). L'octroi de pouvoirs aussi étendus s'explique et se justifie par le fait que vraisemblablement le majeur ne pourra jamais reprendre le contrôle de son patrimoine, compte tenu du caractère permanent de son inaptitude à exprimer sa volonté[122]. La volonté de protéger la personne a néanmoins amené le législateur à imposer une limite aux pouvoirs du curateur qui ne peut faire que des « placements présumés sûrs »[123].

740 – *La sanction des actes faits seul par le majeur sous curatelle* – L'acte fait postérieurement au jugement de protection par le majeur qui n'est pas représenté par son curateur, peut être annulé ou les obligations qui en découlent réduites, sur la seule preuve qu'il s'agit d'un majeur sous curatelle et sans qu'il soit nécessaire de faire la preuve d'un préjudice (art. 283 C.c.Q.)[124]. On peut dire qu'il y a une présomption irréfragable d'absence de volonté claire et consciente. L'acte antérieur à l'ouverture de la curatelle est frappé de la même sanction (nullité relative ou réduction des obligations)[125], à la condi-

---

120. *Ibid.* On peut sans doute ajouter l'article 216 C.c.Q. (devoirs du greffier de donner avis au curateur public et au conseil de tutelle de tout jugement relatif aux intérêts patrimoniaux de la personne protégée) à cette courte liste.
121. À noter que la prohibition des libéralités faite au tuteur s'applique également au curateur.
122. *Comm.*, p. 192. Dans le même sens, F. Rainville, « De l'administration du bien d'autrui », dans *La réforme du Code civil*, Québec, P.U.L., 1993, p. 800. *Contra* : M. Cantin Cumyn et M. Cumyn, *L'administration du bien d'autrui*, 2e éd., *Traité de droit civil*, Cowansville, Éditions Yvon Blais, 2014, par. 197 ; ces auteures remettent en question le bien-fondé de l'extension des pouvoirs du curateur, en raison du fait que dans bien des cas cette administration est plutôt aléatoire. Sans doute peut-on répondre à cela que l'objectif d'efficacité et de rentabilité de la pleine administration implique certains risques et que ceux-là sont donc inévitables, mais tout de même calculés puisque le curateur est soumis à d'importantes mesures de contrôle.
123. Art. 282, 1339 et s. C.c.Q.
124. Il s'agit d'une nullité de protection, donc relative.
125. Il existe pourtant une différence notoire : en cas d'annulation d'un acte antérieur, le majeur ne peut bénéficier de la règle de la restitution partielle prévue par l'article 1706 C.c.Q. ; *Rosconi* c. *Dubois*, [1951] R.C.S. 554 ; J. Pineau,

tion que l'inaptitude[126] de la personne ait été notoire à l'époque où l'acte a été passé ou, du moins, qu'elle était connue du cocontractant[127]. La notion de notoriété signifie que l'inaptitude ne doit pas être simplement connue de quelques proches ou d'experts, « mais aussi par les habitants du voisinage ou de la localité »[128]. La question s'est posée de savoir si la sanction d'un acte antérieur était tributaire de l'existence d'un préjudice, étant donné que l'article 284 C.c.Q. n'exige que la *seule preuve* que l'inaptitude était notoire ou connue du cocontractant. La Cour d'appel a tranché la question en rappelant que la réduction des obligations est équivalente aux dommages que la personne protégée aurait été justifiée de réclamer. En ce sens, « la réduction des obligations est nécessairement liée au préjudice, qu'il s'agisse de la perte contractuelle subie ou de dommages au sens plus large du terme[129]. Selon la jurisprudence de la Cour d'appel, l'article 284 C.c.Q. (de même que l'article 290 C.c.Q.) ne dispense pas le réclamant de démontrer la disproportion dans les prestations ou ses dommages[130]. La Cour était saisie d'une demande de réduction des obligations. La question demeure donc posée pour ce qui est de la demande d'annulation. L'absence d'exigence formelle d'une preuve de préjudice dans la loi peut être vue comme une mesure de protection et laisser penser que dans ce cas, le préjudice est présumé dès lors que l'inaptitude est démontrée. Ici, la question de l'arbitraire ne se pose pas puisqu'il ne s'agit pas d'évaluer l'ampleur de la sanction.

« Théorie des obligations », dans *La réforme du Code civil*, Québec, P.U.L., 1993, p. 90-91.

126. La preuve de l'inaptitude devra forcément être différente de celle ayant servi à la nomination du curateur ; c'est pourquoi le législateur permet la preuve indirecte passant par la connaissance de l'inaptitude par l'autre partie : D. Lluelles et B. Moore, *Droit des obligations*, 2e éd., Montréal, Éditions Thémis, 2012, p. 510-511.

127. *R.G.* c. *A.G.*, J.E. 2000-1215, REJB 2000-19101 (C.S.) (annulation d'un mariage antérieur à l'ouverture du régime de protection). La révocation d'un testament antérieur serait cependant impossible puisque l'acte ne produit aucun effet du vivant de la personne protégée (*L.S.* c. *L.L.*, [1994] R.D.F. 235, EYB 1994-84339 (C.S.) et M. Cantin Cumyn et M. Cumyn, *op. cit.*, note 122, par. 216), à moins que l'incapacité au moment de la confection du testament ne soit démontrée (en ce sens, *St-Martin* c. *St-Martin*, J.E. 2001-1663, REJB 2001-25861 (C.S.)). Voir *Legault* c. *Kulas*, B.E. 2006BE-1062, EYB 2006-101686 (C.S.), pour un cas d'application de l'article 284 C.c.Q. où l'inaptitude n'est pas prouvée.

128. *Rosconi et Lussier* c. *Dubois et Goulet*, [1951] R.C.S. 554, 573 ; *L.B.* c. *Groupe Iberville Performance marine inc.*, 2010 QCCQ 20964 ; *Lindsay, Lévesque* c. *Y.F.*, 2010 QCCQ 1089.

129. *R.J.* c. *Clément*, 2011 QCCA 748, par. 38. D. Lluelles et B. Moore, *Droit des obligations*, 2e éd., Montréal, Éditions Thémis, 2012, par. 1005 à 1009.

130. *Ibid.*, par. 51. Dans le même sens, D. Lluelles et B. Moore, *Droit des obligations*, 2e éd., Montréal, Éditions Thémis, 2012, p. 511-513.

Par ailleurs, lorsque toutes les conditions d'annulation ou de réduction des obligations sont réunies, le tribunal doit accéder à la demande. Le terme « peuvent » de l'article 284 C.c.Q. exprime, en effet, un devoir pour le tribunal d'exercer ce pouvoir puisqu'il y va de l'intérêt du majeur[131]. Soulignons également que le curateur aux biens peut réclamer les biens au nom du majeur nonobstant le fait qu'ils soient sortis du patrimoine de ce dernier, puisque le curateur administre autant les biens corporels qu'incorporels du majeur[132]. En dehors de ces deux scénarios (inaptitude notoirement ou spécifiquement connue), il est évidemment possible, en application du droit commun, d'attaquer l'acte controversé en apportant la preuve (généralement par expertise) de l'incapacité factuelle de la personne au moment du consentement[133].

741 – *Les actes du curateur* – Pour les mêmes raisons que celles exposées plus haut au chapitre de la tutelle en ce qui concerne les actes réguliers du tuteur au mineur, les actes faits régulièrement par le curateur sont inattaquables pour cause d'incapacité ou pour cause de lésion[134]. En ce sens, le majeur sous curatelle ne peut pas se léser par curateur interposé. La sécurité juridique et l'économie générale des régimes de protection dictent cette solution. L'acte régulier fait par le curateur qui porterait préjudice au majeur protégé peut cependant ouvrir un droit de recours de ce dernier contre son représentant[135].

742 – *La divisibilité de la curatelle* – L'article 281, al. 2 C.c.Q. prévoit que le tribunal nomme « un curateur ». La question se pose donc de savoir si la curatelle peut se diviser en curatelle à la personne et curatelle aux biens. Elle se pose d'autant plus que l'article 285 C.c.Q., qui traite de la tutelle au majeur, prévoit expressément que le tribunal nomme un curateur à la personne et aux biens ou un tuteur soit à la personne, soit aux biens. Le silence de l'article 281, al. 2 C.c.Q. et l'expression très claire de l'article 285 C.c.Q. peuvent légitimement faire penser que le législateur a exclu le principe de la

131. En ce sens, *Drouin* c. *Larivière*, [1995] R.D.F. 106 (C.S.).
132. *Québec (Curateur public)* c. *J.L.*, [2003] R.D.F. 536, REJB 2003-39323 (C.Q.), théorie à laquelle souscrivent également les auteurs M. Provost, « La minorité, la tutelle et l'émancipation », dans *Droit de la famille québécois*, Les Publications CCH/FM ltée, p. 4,119 à 4,122, n° 51-140, p. 4,130 et P. Desrochers, « Papa, maman, où est mon argent ? La protection des intérêts patrimoniaux du mineur », dans Service de la formation permanente, Barreau du Québec, *Famille et protection*, Cowansville, Éditions Yvon Blais, 2005, p. 71, 94.
133. *S.-T.* c. *C.*, [1997] R.L. 61 (C.S.).
134. Ce principe a été endossé par la Cour d'appel dans *C.V.* c. *D.M.*, 2011 QCCA 146.
135. *Contra* : D. Lluelles et B. Moore, *Droit des obligations*, 2e éd., Montréal, Éditions Thémis, 2012, p. 510-511. Ces auteurs sont d'avis que le silence de la loi sur cette question peut être comblé en recourant aux articles 1406, 1407 et 1408 C.c.Q. et à la notion de lésion du droit commun des contrats.

divisibilité de la curatelle. Cette interprétation semble d'ailleurs appuyée par l'article 201 de la *Loi sur le curateur public* qui édicte, au chapitre des mesures transitoires, la mesure suivante : « Les personnes majeures interdites le 15 avril 1990 sont, à compter de cette date, sous le régime de protection applicable au majeur en tutelle. Cette tutelle s'exerce sur la personne et les biens si elles ont été interdites pour imbécilité, démence ou fureur ; elle ne s'exerce que sur les biens dans les autres cas ». En effet, ce texte indique que les cas les plus graves d'interdiction (qui donneraient aujourd'hui ouverture à une curatelle) sont désormais transformés en régime de protection tant à la personne qu'aux biens, alors que les cas d'interdiction moins graves ne sont mutés qu'en régime de représentation aux biens. Ces arguments de texte ne nous paraissent pas convaincants au regard de l'économie générale des régimes de protection. Nous partageons l'opinion du professeur Alain Roy qui est d'avis que l'article de renvoi (art. 266 C.c.Q.) et le principe général du meilleur intérêt de la personne protégée, devraient permettre au tribunal, de diviser la curatelle et de permettre ainsi la meilleure représentation de la personne dans toutes les facettes de sa vie[136]. Une interprétation trop littérale des textes aboutirait à priver les majeurs sous curatelle de l'avantage de voir leurs biens administrés par la personne la plus compétente, tout en étant représentés par la personne la plus adéquate lorsqu'il s'agit de décisions portant sur la personne. La jurisprudence semble d'ailleurs tenir pour acquis que la curatelle peut se diviser entre curatelle à la personne et curatelle aux biens[137], et la Cour d'appel a définitivement entériné le principe de la divisibilité de la curatelle, tout en précisant à juste titre que la règle générale est celle du curateur unique, « qui s'occupe tout à la fois de la personne et des biens du majeur protégé »[138]. Dans le même arrêt, la Cour confirme le principe selon lequel, en cas de division de la curatelle, c'est le curateur à la personne qui a le monopole d'ester en justice au nom du majeur, même lorsque la procédure concerne les biens[139].

B. La tutelle

743 – *Étendue de l'inaptitude* – La tutelle vise les cas d'inaptitude partielle, c'est-à-dire les cas des personnes atteintes d'une déficience

---

136. A. Roy, *Les régimes de protection du majeur inapte*, dans Chambre des notaires du Québec, « Procédures non contentieuses », Doctrine – Document 5, septembre 2000, par. 107 à 109.
137. *A.* c. *X*, J.E. 2007-319, EYB 2006-112679 (C.S.), appel rejeté, C.A. Montréal, nº 500-09-017192-063, 25 avril 2007 ; *Québec (Curateur public)* c. *A. et al.*, EYB 2006-113155 (C.S.) ; *C.F.* c. *T.D.*, 2011 QCCS 1336.
138. *C.C.* c. *M.C.*, 2011 QCCA 1235 ; c'est généralement la curatelle unique qui est d'ailleurs privilégiée par les tribunaux (exemple : *N.K.* c. *O.K.*, 2013 QCCS 4582).
139. La Cour s'appuie pour cela sur les articles 266 et 188 C.c.Q., tout en reconnaissant qu'il y a une certaine logique dans la position du curateur public qui soutenait que les intérêts du majeur seraient mieux protégés si la représentation en justice pour les actions portant sur les biens était confinée au curateur aux biens, censé être meilleur administrateur. La Cour rejette également l'argument basé sur l'article 282 C.c.Q., qui précise que *seules* les dispositions sur l'administration des biens d'autrui s'appliquent à l'administration du curateur.

mentale ou physique affectant leur aptitude à exprimer leur volonté, mais qui conservent une certaine autonomie, ainsi que les cas d'inaptitude temporaire (partielle ou totale), c'est-à-dire où le rétablissement est prévisible[140]. Il s'agit de l'inaptitude du majeur à prendre soin de lui-même ou à administrer ses biens[141]. La tutelle peut donc être à la personne ou aux biens ou aux deux simultanément. La tutelle peut également s'avérer le régime approprié pour les cas de prodigalité, mais seulement si cette prodigalité a pour effet de mettre en danger le bien-être de son conjoint ou de ses enfants mineurs (art. 285, al. 2 C.c.Q.). La Cour d'appel a cependant déjà accepté que la prodigalité soit retenue comme élément de fait important dans l'évaluation de la capacité du majeur à administrer ses biens, donc à établir le degré de protection nécessaire[142].

744 – *Un régime adapté à chaque cas* – La grande originalité de la tutelle réside dans le fait qu'elle est adaptée à la situation particulière de chaque majeur. Le tribunal détermine le degré de capacité de celui-ci, sous réserve des incapacités de jouissance. Pour connaître son champ de capacité, il faut donc consulter le jugement, car le tribunal peut y indiquer les actes que la personne peut faire seule et ceux qui nécessitent l'intervention du tuteur (art. 288 C.c.Q.)[143]. Pour le reste, le législateur renvoie aux règles relatives à l'exercice des droits civils du mineur (art. 287 C.c.Q.). De plus, il convient de référer aux dispositions spécifiques en matière de gestion du produit du travail (art. 289 C.c.Q.), de testament (art. 709 C.c.Q.)[144], de donations

---

140. Dans l'affaire *Trottier* c. *Deslauriers-Trottier*, précitée, note 93, le tribunal opte pour la tutelle, car la preuve laissait espérer un rétablissement dans les 36 mois.
141. Dans *Québec (Curateur public)* et *A.*, B.E. 2007BE-303 (C.S.), le tribunal refuse d'étendre la tutelle à la personne, après avoir constaté que la personne, qui est affectée d'une maladie évolutive, ne représente pas un danger pour elle-même et qu'elle respecte généralement ses rendez-vous médicaux.
142. *J...M...W...* c. *S...C...W... et Curateur public du Québec*, [1996] R.J.Q. 229, EYB 1996-71138 (C.A.).
143. Pour des cas d'application, voir *Québec (Curateur public)* c. *D.P.*, [2001] R.J.Q. 45, REJB 2000-22326 (C.A.) ; *Québec (Curateur public)* et *G.F.*, 2013 QCCS 1296 (dans ce dernier cas, le tribunal prévoit dans le dispositif du jugement que le majeur, consommateur compulsif de matériel informatique, ne pourra faire des achats de matériel technologique de plus de 25 $ ni conclure un contrat de service de télécommunications (téléphone, câblodistribution, Internet) sans être représenté par son tuteur) ; *T.A.* c. *L.B.*, 2012 QCCS 1642 (le tribunal indique que la personne « peut gérer un petit budget de caisse pour ses petites dépenses »).
144. En principe, le majeur sous tutelle ne peut tester, mais un tribunal pourrait confirmer le testament si la nature de ses dispositions et les circonstances qui entourent sa confection le permettent, autrement dit si, à l'époque du testament, le majeur était apte à comprendre la portée de l'acte (*Comm.*, p. 423) ; *Y.B.* et

(art. 1813 et 1814 C.c.Q.), de conventions matrimoniales (art. 436 C.c.Q.)[145], d'administration de personnes morales (art. 327 C.c.Q.)[146] et d'administration du bien d'autrui (art. 1355 C.c.Q.).

745 – *Les pouvoirs d'administration du tuteur* – Pour connaître l'étendue des pouvoirs du tuteur, il faut consulter le jugement d'ouverture de la tutelle, ce qui n'est pas sans créer quelques difficultés pour les cocontractants, d'autant plus que le jugement initial peut avoir fait l'objet de plusieurs révisions[147]. Cette complexité s'accentue du fait que le tuteur peut parfois avoir un rôle de représentation et d'autres fois de simple assistance[148]. Le jugement de tutelle

---

Québec (Curateur public), 2009 QCCS 3854 (l'article 709 C.c.Q. oblige le tribunal non seulement à évaluer l'aptitude du testateur eu égard à la nature des dispositions testamentaires et aux circonstances qui ont entouré la confection du testament, mais également en tenant compte du degré d'inaptitude et aux raisons qui ont justifié l'ouverture de la tutelle). La confirmation pourrait avoir lieu même après le décès du testateur (*Riportella* c. *Goudreault-Houle*, REJB 1999-13470 (C.S.)). Le tuteur ne peut tester au nom du majeur (art. 711 C.c.Q.) ; A.J. Barette, « La capacité et l'acte testamentaire », dans Service de la formation continue, Barreau du Québec, vol. 324, *Développements récents en succession et fiducies (2010)*, Cowansville, Éditions Yvon Blais, 2010, p. 3.

145. Le tuteur, dûment autorisé par le tribunal sur avis du conseil de tutelle, doit assister le majeur.

146. Le majeur sous tutelle ne peut être administrateur d'une personne morale, sauf s'il s'agit d'une association à but non lucratif et dont l'objet le concerne. « Cette exception vise à prendre en compte l'existence de bon nombre d'associations [...] de protection de personnes incapables qui, d'une part, comptent sur leurs membres pour assurer des fonctions d'administrateur et qui, d'autre part, s'inscrivent dans un processus éducatif ou de prise en charge personnelle » (*Comm.*, p. 220).

147. Comme le souligne Monique Ouellette, « le régime modulé a, en théorie, un très grand mérite ; l'application concrète laisse perplexe » (M. Ouellette, *loc. cit.*, note 12, p. 136).

148. L'article 52 *in fine* de la *Loi sur le curateur public*, précitée, note 24, prévoit que le curateur public peut attester qu'une personne est mineure ou sous un régime de protection et indiquer le nom du tuteur ou du curateur à la demande de toute personne intéressée. Mais le curateur ne pourrait pas donner d'autres informations, par exemple sur l'étendue des pouvoirs du tuteur, car ses dossiers sont confidentiels. Le curateur public doit, en vertu de l'article 54 de sa loi, maintenir un registre des régimes de protection dont les renseignements ont un caractère public. Le *Règlement d'application de la Loi sur le curateur public*, RLRQ, c. C-81, r. 1, prévoit le contenu des registres. Notons également que la Chambre des notaires doit tenir un registre des actes notariés et que cela inclut les actes relatifs aux régimes de protection et les mandats de protection (le *Règlement sur les registres de la Chambre des notaires du Québec*, (2001) 133 *G.O.Q.* II, 8020, art. 1, entré en vigueur le 1er janvier 2002 par l'effet du Décret 1493-01, (2001) 133 *G.O.Q.* II, 8757, tel que modifié par le *Règlement modifiant le Règlement sur les registres des dispositions testamentaires et des mandats donnés en prévision de l'inaptitude*, (2006) 138 *G.O.Q.* II, 1950, art. 1 et 2, entré en vigueur le 1er juin 2006).

peut en effet indiquer les actes que le majeur peut faire lui-même avec l'assistance de son tuteur et ceux pour lesquels il doit nécessairement être représenté par ce dernier (art. 288, al. 2 C.c.Q.)[149]. Le jugement peut également, en cas de division de la tutelle, déterminer les pouvoirs respectifs du tuteur à la personne et du ou des tuteurs aux biens. Le tribunal pourrait ainsi écarter les règles prévues par la loi et permettre, par exemple, que le tuteur aux biens puisse ester en justice lorsqu'il s'agit de représenter la personne dans des actions portant sur les biens[150].

Sauf décision contraire du tribunal, le tuteur n'a que les pouvoirs de simple administration et il doit les exercer de la même manière que le tuteur au mineur[151]. C'est donc par renvoi aux règles générales de la tutelle que le législateur organise la tutelle au majeur (art. 286 et 287 C.c.Q.). Ces règles doivent s'appliquer en faisant les adaptations nécessaires afin de tenir compte de la situation particulière du majeur inapte, qui est différente à bien des égards de celle d'un mineur. C'est ainsi que lorsqu'il s'agit d'autoriser la vente d'un immeuble d'un majeur sous tutelle en vertu de l'article 213 C.c.Q., il convient d'appliquer le critère de nécessité que prévoit cette disposition, mais il faut également tenir compte de l'intérêt du majeur ; or cet intérêt implique, en vertu de l'article 257 C.c.Q., que l'on tienne notamment compte du degré d'autonomie de la personne. Dans un cas où la preuve démontrait que la personne protégée ne voulait pas se départir de son immeuble, le tribunal en arrive à la conclusion que cette expression de la volonté doit être respectée et que la vente apparaît, en l'espèce, contraire à l'intérêt de la personne protégée[152].

746 – *La sanction des actes faits seul par le majeur en tutelle* – Les actes antérieurs à l'ouverture de la tutelle sont soumis au même régime qu'en matière de curatelle : ils peuvent être annulés ou les

149. *Québec (Curateur public)* c. *D. (P.)*, [2000] R.D.F. 561, REJB 2000-20014 (C.S.) ; pour un exemple où le tribunal crée un véritable régime à la carte dans lequel les scénarios de représentation et d'assistance sont très détaillés : *Québec (Curateur public)* c. *A. et al.*, EYB 2006-113155 (C.S.) ; dans *Québec (Curateur public)* c. *A. et B.*, EYB 2007-119747 (C.S.), le tribunal ouvre une tutelle mais il spécifie que la personne pourra, avec l'assistance du tuteur, choisir elle-même son lieu de résidence et signer le bail, de même que conserver la gestion de ses revenus.
150. *C.C.* c. *M.C.*, 2011 QCCA 1235.
151. *M.D.* c. *M.-A.L.*, [2002] R.D.F. 89 (C.S.).
152. *A.* et *B.*, EYB 2007-114633 (C.S.). Pour un exemple d'autorisation de vente accordée en raison du fait que le majeur avait besoin de liquidités pour payer ses frais de subsistance en foyer, voir *A.D.* c. *Curateur public*, [2004] AZ-50280812 (C.S.).

obligations qui en découlent peuvent être réduites, sur la seule preuve de la notoriété ou de la connaissance de l'inaptitude (art. 290 C.c.Q.)[153]. Pour ce qui est de l'exigence d'un préjudice lorsqu'il s'agit d'une demande de réduction des obligations, nous renvoyons à notre analyse dans la section *supra* (par. 740) sur les actes antérieurs à l'ouverture d'une curatelle puisque les termes de l'article 290 C.c.Q. sont identiques à ceux de l'article 284 C.c.Q. Quant aux actes postérieurs, la loi renvoie aux règles relatives à l'exercice des droits civils du mineur[154]. Par conséquent, l'acte fait seul par le majeur, alors qu'en vertu de la loi ou du jugement il devait être représenté par son tuteur, peut être annulé ou faire l'objet d'une réduction des obligations, à la condition qu'il y ait lésion. C'est la solution qui résulte du renvoi au chapitre de la minorité.

747 – *Les actes du tuteur* – Pour les mêmes raisons que celles exposées *supra* au paragraphe 514 en ce qui concerne les actes réguliers du tuteur au mineur, les actes faits régulièrement par le tuteur au majeur sont inattaquables pour cause d'incapacité ou pour cause de lésion. En ce sens, le majeur sous tutelle ne peut pas se léser par tuteur interposé[155]. La sécurité juridique et l'économie générale des régimes de protection dictent cette solution. L'acte fait par le tuteur dans le respect des conditions légales, mais qui porterait néanmoins préjudice au majeur protégé peut cependant ouvrir un droit de recours de ce dernier contre son représentant.

C. La garde du majeur représenté

748 – *Le curateur et le tuteur assument la responsabilité de la garde du majeur* – En plus de voir à l'entretien et au bien-être moral du majeur, le curateur et le tuteur assument la garde de celui-ci. Cependant, étant donné que, dans bien des cas, notamment les cas de curatelle, la personne vit en institution, le représentant doit pouvoir déléguer l'exercice de la garde à un tiers (art. 260 C.c.Q.), l'hôpital par exemple. En cas de délégation, la loi lui impose, ainsi qu'au délégué, de maintenir malgré tout, et dans la mesure du possible, une relation personnelle avec le majeur.

---

153. D. Lluelles et B. Moore, *Droit des obligations*, 2e éd., Montréal, Éditions Thémis, 2012, p. 516 et s.
154. Art. 287 C.c.Q. qui renvoie aux articles 155 et s. C.c.Q.
155. Ce principe a été adopté par la Cour d'appel dans *C.V.* c. *D.M.*, 2011 QCCA 146.

749 – Le corollaire du devoir de garde est le principe de la responsabilité du fait de la personne protégée non douée de raison (art. 1457, al. 3 C.c.Q.)[156]. Cependant, le législateur apporte à ce chapitre des exceptions tellement importantes qu'elles constituent pratiquement une exonération de responsabilité des curateurs et des tuteurs. En effet, la responsabilité de ceux-ci ne peut être engagée que s'ils ont commis eux-mêmes une faute intentionnelle ou lourde dans l'exercice de la garde (art. 1461 C.c.Q.)[157]. Par « faute lourde » il faut entendre celle qui dénote une insouciance, une imprudence ou une négligence grossière (art. 1474, al. 1 C.c.Q.). Cette exonération dont bénéficient les curateurs et les tuteurs, mais également les gardiens de fait[158], est fondée sur le souci du législateur « d'assurer une certaine protection aux personnes que l'État veut encourager à prendre charge d'autrui et qui le font, dans la plupart des cas, bénévolement »[159]. Aussi louable que soit cette intention, on ne peut manquer de souligner qu'elle fait peu de cas de la question du droit des victimes à la réparation du préjudice subi[160].

D. Les règles particulières relatives à la représentation par le curateur public

750 – *Les cas où le curateur public peut exercer la curatelle et la tutelle* – Même si le législateur favorise la représentation des majeurs inaptes par une personne de son entourage[161], il est des cas où cela se révèle impossible ou clairement désavantageux pour le majeur[162]. Le curateur public apparaît alors comme la personne toute désignée pour assumer la charge. La loi prévoit deux possibilités d'inter-

156. À noter que ce régime de responsabilité du gardien n'empêche pas théoriquement la responsabilité personnelle du majeur protégé, dans l'hypothèse où, malgré la mise en place du régime de protection, il peut être démontré que le majeur jouissait d'un degré suffisant de discernement pour commettre une faute civile. Voir *supra*, chapitre préliminaire, Les principes généraux. Voir également J.-L. Baudouin et P. Deslauriers, *La responsabilité civile*, 7e éd., Cowansville, Éditions Yvon Blais, 2007, p. 698.
157. La responsabilité couvre le préjudice causé par le fait du majeur non doué de raison, dans la mesure où le comportement reproché aurait été autrement considéré comme fautif (art. 1462 C.c.Q.).
158. Par exemple, le personnel d'un institut psychiatrique (C. Masse, « La responsabilité civile », dans *La réforme du Code civil, un nouveau départ*, Montréal, Service de la formation permanente, Barreau du Québec, 1993, p. 277).
159. *Comm.*, p. 891 ; J.-L. Baudouin et P. Deslauriers, *op. cit.*, note 156, p. 697-698.
160. Pour une critique en ce sens, voir M. Ouellette, *loc. cit.*, note 12.
161. *Québec (Curateur public)* c. *C.G.*, J.E. 2007-2107, EYB 2007-124934 (C.S.).
162. *S.D.* c. *R.D.*, 2008 QCCS 553, EYB 2008-129794 (C.S.) ; *Québec (Curateur public)* et *D.F.*, J.E. 2008-470, EYB 2007-128731 (C.S.) ; *Québec (Curateur public)* et *N.L.*, J.E. 2005-254, EYB 2004-82116 (C.S.).

vention du curateur public : il peut être nommé curateur ou tuteur par le tribunal (art. 261 C.c.Q.)[163] et il est chargé automatiquement de la tutelle ou de la curatelle aux majeurs sous un régime de protection qui ne sont pas pourvus d'un tuteur ou d'un curateur, par exemple en cas de décès de ce représentant[164].

Généralement, la charge du curateur public est précaire. En effet, lorsqu'il exerce une tutelle ou une curatelle, il doit effectuer toutes les démarches nécessaires pour se faire remplacer par un tuteur ou un curateur « privé »[165]. Il entre d'ailleurs dans la mission du conseil de tutelle de provoquer la nomination d'un nouveau curateur ou tuteur (art. 297, al. 2 C.c.Q.). De plus, tout intéressé peut demander le remplacement du curateur public, sans avoir à justifier d'un autre motif que l'intérêt du majeur (art. 266 et 252 C.c.Q.)[166].

Lorsque la curatelle ou la tutelle est exercée par le curateur public, elle est soumise à des règles particulières tant en ce qui concerne la garde du majeur que l'administration de ses biens.

751 – *L'administration des biens* – Qu'il soit curateur ou tuteur, le curateur public n'a jamais que les pouvoirs de simple administration sur les biens du majeur protégé[167]. Cette règle générale doit cependant être tempérée par l'application des règles d'administration prévues dans la *Loi sur le curateur public*[168], et qui ont pour effet d'alléger les formalités d'administration et d'étendre les pouvoirs. Ainsi, dans plusieurs cas, le curateur public n'est pas obligé de requérir des autorisations judiciaires qui sont pourtant exigées dans le cadre de la simple administration. Par exemple, le curateur public peut, sans autorisation du tribunal, emprunter sur la garantie des biens compris dans le patrimoine du majeur, les sommes nécessaires à la conservation d'un immeuble appartenant à ce dernier[169]. De

163. Dans l'affaire *Québec (Curateur public)* c. *L. (P.)*, [1996] R.D.F. 490, EYB 1996-30606 (C.S.), le curateur public, à sa demande, est nommé tuteur aux biens pour une période de deux ans, le tribunal ayant constaté que « le majeur protégé a besoin qu'on le laisse évoluer hors du contrôle familial » ; voir aussi *Québec (Curateur public)* c. *B. (C.)*, J.E. 2000-877, REJB 2000-17676 (C.S.).
164. *Loi sur le curateur public*, précitée, note 24, art. 12, par. 3.
165. *Ibid.*, art. 15 ; *Québec (Curateur public)* c. *D. (L.)*, REJB 1999-15983 (C.S.).
166. Voir *N.M.* c. *G.Gh. M.*, J.E. 2004-1334, REJB 2004-66822 (C.S.).
167. Art. 262 C.c.Q. et *Loi sur le curateur public*, précitée, note 24, art. 30 ; *Québec (Curateur public)* c. *D. (P.)*, [2000] R.D.F. 561, REJB 2000-20014 (C.S.).
168. *Loi sur le curateur public*, précitée, note 24, art. 29 à 44.1.
169. *Ibid.*, art. 35. *Stojak* c. *Proulx et curateur public*, [1992] R.J.Q. 1729, EYB 1992-55770 (C.A.).

même, le curateur public n'est pas soumis à l'obligation d'obtenir les autorisations prévues à l'article 213 C.c.Q., car l'article 34 de sa loi constitutive doit prévaloir sur la loi générale qu'est le Code civil et que l'interprétation de cette disposition ne peut, selon la Cour d'appel, mener à l'application de l'article 213 C.c.Q.[170]. De plus, depuis 1999, le curateur public est soustrait aux règles concernant les placements présumés sûrs à l'égard des portefeuilles collectifs gérés par la Caisse de dépôt et placement du Québec[171]. Un comité consultatif chargé de conseiller le curateur public en matière de protection et de représentation des personnes inaptes et protégées a été mis en place. Cette mesure est une réponse aux multiples critiques dont l'administration de la curatelle publique a fait l'objet au cours des dernières années[172].

S'il n'est pas tenu de fournir une sûreté pour garantir son administration, il doit par contre, une fois l'an, à la demande du majeur, d'un proche parent ou d'une personne qui démontre un intérêt particulier pour le majeur, rendre un compte sommaire de sa gestion[173].

752 – *La garde du majeur* – En principe, le curateur public n'a pas la garde du majeur s'il est nommé tuteur ou curateur. Ce n'est qu'en l'absence d'une personne prête à l'assumer que le tribunal peut lui confier la garde du majeur protégé (art. 263, al. 2 C.c.Q.) lorsque cela est dans l'intérêt du majeur[174]. En l'absence de cette désignation expresse, la garde est assumée par un tiers, désigné par le tribunal[175]. Dans ce cas, le curateur public continue à jouer son rôle de protection du majeur, mais les questions relatives au consentement aux

170. *C.V.* c. *D.M.*, 2011 QCCA 146. La Cour appuie notamment sa conclusion sur le fait que lorsque la valeur du bien est inférieure à 25 000 $, l'autorisation doit être obtenue du conseil de tutelle, alors qu'il n'y a pas de conseil de tutelle quand la curatelle ou la tutelle est assumée par le curateur public.
171. *Loi sur le curateur public*, précitée, note 24, art. 44 et 44.1.
172. Pour une analyse complète de cette problématique conjoncturelle, voir J.C. Deschênes et S. Gagnon, *La mission du curateur public du Québec. Ses fondements, sa portée, ses conditions de réussite*, rapport présenté au curateur public, Québec, décembre 1998 et Curateur public du Québec, *Le virage en faveur de la protection de la personne inapte, Rapport d'étape sur la réforme au curateur public du Québec*, décembre 2000 (ces documents sont disponibles sur le site Internet du curateur public du Québec : <http://www.curateur.gouv.qc.ca>).
173. *Loi sur le curateur public*, précitée, note 24, art. 39.
174. *Québec (Curateur public)* et *A.L.*, 2010 QCCS 3230.
175. *D. (J.)* c. *D. (L.)*, REJB 1999-10585 (C.S.) ; *Québec (Curateur public)* c. *S. (R.)*, J.E. 97-221, EYB 1996-85362 (C.S.).

soins relèvent de la compétence du gardien[176], à l'exception des soins que le curateur choisit de se réserver (art. 263, al. 3 C.c.Q.).

753 – *La délégation de pouvoirs* – Le curateur public assume de nombreuses curatelles et tutelles[177], et il ne peut évidemment pas maintenir un contact soutenu et personnel avec toutes les personnes qu'il représente. C'est la raison pour laquelle la loi lui permet de déléguer certaines fonctions à une personne qu'il désigne (art. 264 C.c.Q.). Toutefois, afin d'éviter les conflits d'intérêts[178], cette personne ne peut être salariée ou occuper une fonction dans l'établissement de santé ou de services sociaux où le majeur est soigné, à moins qu'il s'agisse du conjoint ou d'un proche parent de celui-ci. Cependant, la délégation à une personne qui occupe une fonction dans l'établissement où est soigné le majeur demeure possible pour ce qui est de gérer l'allocation mensuelle destinée aux dépenses personnelles de ce dernier[179].

Le délégué a l'obligation, « dans la mesure du possible », de maintenir une relation personnelle avec le majeur, d'obtenir son avis et de le tenir informé des décisions prises à son sujet[180].

Lorsque le curateur public s'est vu lui-même confier la garde du majeur en vertu de l'article 263 C.c.Q., il peut également déléguer ses pouvoirs en matière de consentement aux soins (art. 264, al. 2 C.c.Q.). Le délégué doit faire un rapport annuel au curateur public qui peut retirer la délégation pour tout motif sérieux, notamment en cas de conflits d'intérêts entre le délégué et le majeur (art. 265 C.c.Q.).

§2 – Les régimes d'assistance

A. La dation d'un conseiller au majeur

754 – *Étendue de l'inaptitude* – La dation d'un conseiller concerne le majeur qui, tout en étant généralement ou habituellement apte, a

---

176. « [...] l'article 15 accorde, en principe, cette responsabilité au tuteur ou au curateur, mais le majeur étant plus lié à son entourage immédiat, il paraît opportun que la responsabilité relève du gardien » (*Comm.*, p. 178).
177. Voir *infra*, les statistiques dans la section « Pour aller plus loin ».
178. Les commentaires officiels soulignent à juste titre que le salarié ainsi désigné pourrait éventuellement acquiescer à une demande de son employeur, au détriment du majeur (*Comm.*, p. 179).
179. Art. 264, al. 1 *in fine*, tel que modifié par la *Loi modifiant certaines dispositions législatives concernant le curateur public*, L.Q. 1999, c. 30.
180. *Loi sur le curateur public*, précitée, note 24, art. 17.

besoin d'être assisté ou conseillé dans l'administration de ses biens. Il peut s'agir de personnes atteintes d'une légère débilité, d'un léger affaiblissement de leurs aptitudes ou de maladies temporaires[181] ou de personnes âgées en légère perte d'autonomie, pour reprendre les termes des Commentaires du ministre de la Justice[182]. On peut également penser au cas d'un jeune qui, au moment du passage de la minorité à la majorité, a besoin d'une certaine continuité dans l'encadrement[183]. Il peut également être nommé un conseiller au prodigue, lorsque cette prodigalité met en danger le bien-être du conjoint ou des enfants mineurs de la personne (art. 258 C.c.Q.). La protection mise en place est ponctuelle car le majeur n'en a besoin que pour certains actes ou de façon temporaire seulement (art. 291 C.c.Q.)[184]. Il s'agit donc du régime le moins envahissant pour la personne protégée[185] et il peut, à l'occasion, être effectivement le régime le plus approprié[186].

755 – *Les pouvoirs du conseiller* – Le majeur conserve l'entière administration de ses biens. Le conseiller n'a qu'une mission d'assistance et non de représentation[187] ou d'administration (art. 292 C.c.Q.). Cette assistance est nécessaire pour les actes spécifiquement indiqués par le tribunal à l'ouverture du régime ou postérieurement (art. 293 C.c.Q.)[188]. Si le jugement est muet sur cette question, l'in-

181. *Comm.*, p. 197.
182. Pour un cas d'application, voir *G.D.* c. *R.D.*, [2006] R.J.Q. 1442, EYB 2006-103624 (C.S.).Voir également P. Bohémier et G. Guay, « L'exploitation des personnes âgées : prévenir pour ne pas être complice – Guide du notaire en matière de protection des personnes âgées », (2005) *C.P. du N.* 3, sur l'utilisation du conseiller au majeur comme mécanisme préventif à l'abus des personnes âgées vulnérables.
183. *L.A.* c. *T.A.*, 2008 QCCS 5633.
184. *D.B.* c. *F.Be.*, [2000] R.D.F. 770, REJB 2000-20372 (C.S.).
185. En 2012, un projet de loi prévoyait l'abolition pure et simple du conseiller au majeur (P.L. 45, *Loi modifiant le Code civil, le Code de procédure civile et la Loi sur le curateur public en matière de protection des personnes*). Les notes explicatives du projet de loi ne fournissent aucune indication sur les raisons d'une telle abolition. Mais il faut bien dire que celle-ci n'aurait pas eu un impact très important puisque de toute façon les tribunaux auraient pu, dans l'hypothèse de la suppression du conseiller au majeur de la liste des régimes de protection, nommer un tuteur dont le rôle aurait été limité à l'assistance du majeur pour des actes déterminés. Le résultat aurait donc été exactement le même.
186. *Québec (Curateur public)* et *J.G.*, 2009 QCCS 4572, par. 39.
187. Le majeur doté d'un conseiller peut donc ester en justice : *A.R.* c. *G.R.*, J.E. 2006-1786, EYB 2006-108881 (C.S.).
188. Le tribunal pourrait, par exemple, exiger l'intervention du conseiller pour tout achat à crédit que voudrait faire un prodigue (sur cette question spécifique de la protection du prodigue, voir M. Tancelin, *Sources des obligations, l'acte juridique légitime*, Montréal, Wilson & Lafleur, 1993, p. 49).

tervention est requise pour tous les actes qui excèdent la capacité du mineur simplement émancipé[189]. D'autre part, le Code prévoit de façon spécifique la nécessité ou la contingence de l'intervention du conseiller, dans les cas particuliers du testament[190], des donations (art. 1815 C.c.Q.) et des conventions matrimoniales (art. 436 C.c.Q.). Le Code civil ne prévoit pas les modalités de la destitution du conseiller au majeur et les règles relatives à la tutelle ne sont pas applicables au conseiller. Toutefois, l'article 297, al. 2 C.c.Q. précise que tout intéressé peut provoquer la nomination d'un nouveau conseiller[191].

756 – *La sanction des actes faits sans assistance*. Les actes antérieurs à l'ouverture du régime de protection ne bénéficient d'aucune protection particulière. Ils ne peuvent donc être attaqués que selon les règles du droit commun, notamment en matière de validité du consentement[192]. Quant aux actes postérieurs, faits sans l'assistance du conseiller alors qu'elle était requise, ils ne peuvent être annulés ou les obligations qui en découlent réduites, que si le majeur en subit un préjudice (art. 294 C.c.Q.)[193].

B. La tutelle

757 – *L'assistance comme modalité de la tutelle* – Si le régime de la tutelle est avant tout un régime de représentation, il a cependant pour vocation d'être flexible et de s'adapter au degré d'inaptitude du majeur. C'est la raison pour laquelle le tribunal pourrait, au moment de l'ouverture du régime ou de sa révision, désigner certains actes que le majeur peut faire lui-même, tout en exigeant l'assistance du tuteur (art. 288, al. 2 C.c.Q.). Pour de tels actes, le tuteur troque son rôle de représentant pour celui de simple conseiller ou assistant.

758 – *La sanction des actes faits sans assistance* – Le Code civil règle la question de la sanction des actes faits par le majeur seul qui nécessitaient la représentation, mais il est muet sur le sort à réserver aux actes faits par le majeur sous tutelle sans l'assistance de son tuteur

---

189. Art. 167 et s. et 293, al. 2 C.c.Q.
190. Art. 710 *in fine* (« Le majeur pourvu d'un conseiller peut tester sans être assisté ») et 711 C.c.Q.
191. Pour un cas d'application, voir *D.B.* c. *M.B.*, J.E. 2004-1833, REJB 2004-70123 (C.S.).
192. Art. 1398 et 1399 C.c.Q. Voir également D. Lluelles et B. Moore, *Droit des obligations*, Montréal, Éditions Thémis, 2006, p. 493.
193. Pour un cas d'application, voir *Allard* c. *Messier*, J.E. 91-1477, EYB 1991-76418 (C.Q.).

alors que celle-ci est exigée par le jugement de tutelle. Il paraît difficile d'appliquer dans ce cas les règles ordinaires de la tutelle (art. 287 et 290 C.c.Q.), car celles-ci ont pour fondement l'incapacité d'exercice du majeur, donc sa nécessaire représentation. Or en l'occurrence, le majeur sous tutelle, en vertu du jugement, a la capacité de faire un acte sous la seule réserve qu'il soit assisté de son tuteur. Il semblerait donc plus juste d'appliquer par analogie la règle relative au conseiller au majeur (art. 294 C.c.Q.).

Section III

La surveillance et la révision des régimes de protection

§1 – La surveillance

759 – *Renvoi aux règles relatives à la tutelle au mineur* – Le tuteur et le curateur sont soumis aux règles de surveillance du tuteur au mineur auxquelles l'article 266 C.c.Q. renvoie[194]. Ils sont donc surveillés par un conseil de tutelle[195], ils doivent faire un inventaire[196], fournir une sûreté[197], établir des rapports et des comptes[198] et ils sont soumis aux mêmes règles en matière de destitution et de remplacement[199], avec cette précision, toutefois, qu'en cas de vacance de la tutelle ou de la curatelle, le curateur public assume d'office et temporairement la charge[200]. Le régime de protection n'est pas « contrôlé » par les membres de la famille, autrement que par le biais du conseil de tutelle ou, bien entendu, par le droit de toute personne intéressée, incluant le curateur public[201], de demander le remplacement du représentant. Autrement dit, la famille n'a pas de droit de regard sur le régime de protection en dehors de ces mécanismes

---

194. Voir *supra*, Titre I, chap. III, La tutelle.
195. Art. 222 à 239 C.c.Q.
196. Art. 240 et 241 C.c.Q. ; *Québec (Curateur public)* c. *P.S.*, [2000] R.J.Q. 476, REJB 1999-16623 (C.S.) ; *C.P.* c. *M.G.*, [2000] R.D.F. 717, REJB 2000-21348 (C.S.) ; sur le contenu précis de l'inventaire et les autres formalités, voir A. Roy, *Les régimes de protection du majeur inapte*, dans Chambre des notaires du Québec, « Procédures non contentieuses », Doctrine – Document 5, septembre 2000, par. 209 et s.
197. Art. 242 à 245 C.c.Q. ; *C.P.* c. *M.G.*, [2000] R.D.F. 717, REJB 2000-21348 (C.S.) ; *P. (C.)* c. *G. (M.)*, REJB 2000-21348 (C.S.).
198. Art. 246 à 249 C.c.Q.
199. Art. 250 à 255 C.c.Q. ; *P.A.* c. *Hôpital-Rivière-des-Prairies*, [2000] R.J.Q. 2070, REJB 2000-19710 (C.S.) ; *C.P.* c. *M.G.*, [2000] R.D.F. 717, REJB 2000-21348 (C.S.).
200. *Loi sur le curateur public*, précitée, note 24, art. 12, par. 3.
201. *Québec (Curateur public)* c. *I.L.*, 2012 QCCS 3791.

précis[202]. La destitution peut n'être prononcée qu'à l'égard de la tutelle ou curatelle aux biens, alors que la tutelle ou de la curatelle à la personne serait maintenue, l'objet des deux (donc les qualités personnelles requises) étant fondamentalement différent[203].

Pour toutes ces questions, nous renvoyons *supra* au titre sur la minorité et la tutelle.

760 – *La mission de surveillance du curateur public* – Il entre dans les attributions générales du curateur public de surveiller l'administration des tutelles et des curatelles[204]. Ce rôle de surveillance s'exprime par la possibilité qu'il a de demander la destitution du représentant[205], d'intervenir dans toutes les instances concernant l'ouverture d'un régime de protection ou le remplacement d'un curateur ou d'un tuteur[206] et d'examiner les inventaires[207], les rapports et les comptes (art. 247 et 249 C.c.Q.). Afin de rendre ce rôle de surveillance effectif, il est prévu que toute demande d'ouverture de régime de protection doit être signifiée au curateur public (art. 877.0.2 C.p.c. ; art. 394 C.p.c.). De plus, le greffier a l'obligation d'aviser celui-ci de tout jugement relatif à l'ouverture, à la révision ou à la mainlevée d'un régime, de même qu'à la nomination ou au remplacement d'un curateur ou d'un tuteur (art. 863.3 C.p.c. ; art. 336 C.p.c.)[208].

Plutôt que de demander la destitution d'un tuteur ou d'un curateur qui est en défaut, le curateur public peut accepter de celui-ci un engagement volontaire de remédier à la situation[209]. Pour rendre efficace sa mission de contrôle, le curateur public détient de vastes pouvoirs d'enquête[210]. Il est investi à cet égard des pouvoirs et de l'immunité des commissaires nommés en vertu de la *Loi sur les com-*

---

202. *P.A.* c. *Hôpital Rivière-des-Prairies*, [2000] R.J.Q. 2070, REJB 2000-19710 (C.S.).
203. *Québec (Curateur public)* c. *P.S.*, [2000] R.J.Q. 476, REJB 1999-16623 (C.S.).
204. *Loi sur le curateur public*, précitée, note 24, art. 12, par. 1.
205. Art. 251 C.c.Q. et *Loi sur le curateur public*, précitée, note 24, art. 22 et 23.
206. *Loi sur le curateur public*, précitée, note 24, art. 13.
207. *Loi sur le curateur public*, précitée, note 24, art. 20.
208. C'est à partir de la réception de cet avis que le curateur public devrait mettre en œuvre les démarches de surveillance de la tutelle : C. Dallaire, « Le curateur public et le conseil de tutelle : une responsabilité partagée ? », dans Service de la formation permanente, Barreau du Québec, *Famille et protection*, Cowansville, Éditions Yvon Blais, 2005, p. 217, 224.
209. *Loi sur le curateur public*, précitée, note 24, art. 23.
210. *Ibid.*, art. 27 et 28.

missions d'enquête[211], sauf du pouvoir d'ordonner l'emprisonnement. Ainsi, le curateur public ne pourrait être poursuivi en dommages-intérêts, à moins d'avoir agi de mauvaise foi dans l'exercice de ses fonctions[212].

§2 – La révision

761 – Le souci de protéger adéquatement le majeur et le respect de son autonomie résiduelle impliquent la possibilité de réviser le régime, que ce soit pour le renforcer ou pour l'assouplir, voire pour y mettre fin. Le degré d'inaptitude peut en effet varier avec le temps. On peut citer, à titre d'exemple, le cas de la schizophrénie[213]. La révision peut impliquer un changement de régime, un changement dans les modalités du régime ou un changement dans le degré d'incapacité à l'intérieur du régime, s'il s'agit de la tutelle ou du conseiller[214]. Il y a trois sortes de révision : la révision sur demande (art. 277 C.c.Q.)[215], la révision périodique automatique (art. 278 C.c.Q.) et la révision sur dépôt d'un rapport de révision par le directeur général d'un établissement de santé ou de services sociaux (art. 279 et 280 C.c.Q.). Le jugement d'ouverture d'un régime de protection ne peut être assorti d'un terme, de sorte que le régime ne peut être révisé ou annulé par la simple survenance d'un tel terme[216]. La flexibilité des régimes de protection est assurée dans le cadre strict de mécanismes de révision limitativement prévus par la loi.

762 – *La demande de révision par voie de requête* – L'article 277 C.c.Q. édicte que « le jugement qui concerne un régime de protection est tou-

---

211. *Loi sur les commissions d'enquête*, RLRQ, c. C-37.
212. *Loi sur le curateur public*, précitée, note 24, art. 27 et 28.1. Voir également R. Bourgault, « Chronique – Les paramètres de l'administration relative aux régimes de protection des majeurs : quand la sollicitude épouse la transparence », (2003) 11 *Repères* 2-10, janvier 2003, EYB2003REP72.
213. Parmi les personnes atteintes de cette maladie, une sur trois connaît un accès psychotique dans sa vie avec une rémission durable, une sur trois évolue entre les rechutes et les rémissions, alors qu'une sur trois vit une détérioration toujours progressive (source : F. Bernier, « Les aspects psychosociaux de la déficience intellectuelle et de la maladie mentale sévère », dans Service de la formation permanente, Barreau du Québec, *Le droit des personnes inaptes (1992)*, Cowansville, Éditions Yvon Blais, 1992, p. 11).
214. Pour un cas d'application, voir *Québec (Curateur public)* c. *L. (P.)*, J.E. 96-1170, EYB 1996-30606 (C.S.). Voir également la jurisprudence non publiée, citée par F. Dupin, « Le praticien et la protection des inaptes », *supra*, note 31.
215. *S...B...* et *G...O... et al.*, [1997] R.D.F. 161 (C.S.).
216. *Québec (Curateur public)* c. *D.P.*, [2001] R.J.Q. 45, REJB 2000-22326 (C.A.).

jours susceptible de révision ». La demande de révision doit être fondée sur l'intérêt du majeur et non d'un tiers (art. 257 C.c.Q.)[217]. Par conséquent, on peut penser que seules les personnes habilitées à demander l'ouverture d'un régime (art. 269 C.c.Q.) peuvent en demander la révision[218].

La demande de révision doit respecter les mêmes formalités que celles prescrites pour l'ouverture du régime, telles que décrites plus haut (art. 884 C.p.c. ; art. 303(5) et 312 C.p.c.)[219]. Elle a pour objet le régime lui-même ou les modalités du régime, mais ne constitue pas une procédure de révision des décisions du tuteur, du curateur ou du conseiller au majeur.

763 – *La réévaluation périodique* – Le mécanisme de réévaluation périodique a pour but d'éviter qu'un majeur soit soumis à un régime de protection qui ne répond plus à ses besoins. Certaines personnes peuvent en effet hésiter, et même craindre, à entamer des procédures de modification ou de mainlevée du régime auquel elles sont soumises[220]. Dans son jugement, le tribunal peut fixer la date de la réévaluation, ce qui ne veut pas dire qu'il puisse assortir son jugement d'un terme à l'arrivée duquel le régime prendrait fin[221]. À défaut, les régimes de la tutelle et de l'assistance par un conseiller doivent être réévalués tous les trois ans, alors que la curatelle l'est aux cinq ans, compte tenu du caractère plus stable de l'inaptitude dans ce dernier cas.

Le curateur, le tuteur et le conseiller ont la responsabilité de veiller à ce que la réévaluation médicale et psychosociale ait lieu dans les délais prescrits par le jugement ou par la loi (art. 278 C.c.Q.). Pour ce qui est des personnes hébergées en établissement de santé, la responsabilité de la réévaluation périodique reviendrait plutôt au direc-

---

217. Voir *Burns* c. *Holms et al.*, [1980] C.S. 305.
218. *Ibid.* Ainsi, une personne n'ayant pas l'intérêt requis pour demander l'ouverture du régime de protection parce qu'en conflit d'intérêts, ne peut se porter requérante d'une demande de révision : *L.G.* et *G.G.*, J.E. 2004-830, REJB 2004-55432 (C.S.).
219. Pour un cas d'application : *Québec (Curateur public)* c. *L. (P.)*, J.E. 96-1170, EYB 1996-30606 (C.S.) ; voir *supra*, section 1, L'ouverture d'un régime de protection. Le tribunal doit donc tenir compte de la preuve médicale et psychosociale, et prendre sa décision dans l'intérêt du majeur, dans le respect de ses droits et la sauvegarde de son autonomie : *S...B...* et *G...O... et al.*, précité, note 215.
220. En ce sens, *Comm.*, p. 189.
221. *Québec (Curateur public)* c. *D.P.*, [2001] R.J.Q. 45, REJB 2000-22326 (C.A.).

teur général, qui doit transmettre le rapport de réévaluation au curateur public. C'est ce qui ressort du guide du curateur public sur le rapport de réévaluation[222], et qui a fait l'objet d'une lettre d'entente entre le ministère de la Santé et des Services sociaux et le curateur public du Québec en décembre 2003[223]. Pourtant, comme l'ont souligné certains auteurs, le directeur général n'est pas une des personnes mentionnées à l'article 278 C.c.Q.[224]. Ainsi, selon ces derniers, le directeur général ne devrait pas avoir à remplir un rapport lorsque la situation du majeur n'a pas changé puisqu'il n'y aurait pas lieu d'appliquer l'article 270 C.c.Q.[225].

Lorsque la nouvelle évaluation conclut à la nécessité d'une modification ou d'une mainlevée, l'évaluateur doit en faire rapport au majeur et à celui qui a demandé la réévaluation. Une copie du rapport est déposée au greffe du tribunal. Le greffier avise de ce dépôt toutes les personnes habilitées à intervenir dans la demande d'ouverture du régime, ce qui inclut le curateur public. En l'absence d'opposition dans les 30 jours, la modification ou la mainlevée du régime a lieu de plein droit (art. 280 C.c.Q.).

764 – *La révision par le dépôt du rapport du directeur général d'un établissement de santé ou de services sociaux* – Suivant un mécanisme identique à l'ouverture d'un régime de protection pour les personnes en institution, le directeur général d'un établissement de santé ou de services sociaux qui constate qu'un patient est redevenu apte doit en faire un rapport qu'il dépose au greffe du tribunal. Ce dépôt a le même effet que celui du rapport d'évaluation périodique : en l'absence d'opposition dans les 30 jours, la mainlevée a lieu de plein droit (art. 280 C.c.Q.). Ce mécanisme simple est destiné à redonner au majeur sa pleine capacité juridique, dans les cas où les proches ou le majeur lui-même négligent d'entamer les démarches nécessaires en ce sens[226].

---

222. Disponible sur le site Internet du curateur public au : <http://www.curateur.gouv.qc.ca/cura/pdf/rapp_reev_med_guide.pdf>.
223. Disponible sur le site Internet du curateur public au <http://www.curateur.gouv.qc.ca/cura/pdf/LePointOrient-vol4-no1.pdf>.
224. C. Dubé, « Les personnes vulnérables et le réseau de la santé et des services sociaux : aux frontières des responsabilités des directeurs généraux des centres hospitaliers », dans Service de la formation permanente, Barreau du Québec, *Responsabilités et mécanisme de protection*, Cowansville, Éditions Yvon Blais, 2004, p. 75, 122-123.
225. *Ibid.*
226. *Comm.*, p. 190.

Pour aller plus loin

765 – *Quelques chiffres*[227] – Le rapport annuel du curateur public fournit d'année en année des chiffres intéressants sur les régimes de protection. Ces chiffres permettent d'avoir un portrait concret de la situation. Voici quatre tableaux issus du rapport 2012-2013 :

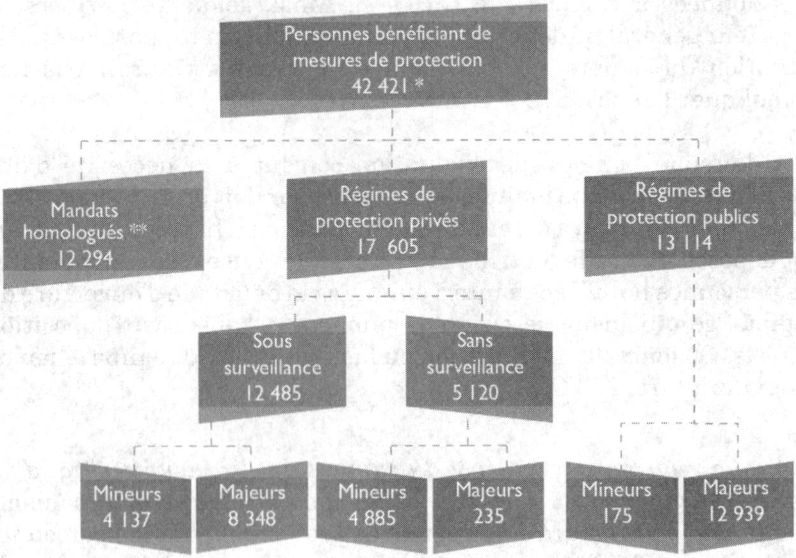

* Une même personne peut avoir à la fois un régime public et privé. Pour cette raison, l'addition du nombre de personnes par type de régime ne correspond pas au total des personnes représentées.

** Données produites avant l'épuration au registre des mandats.

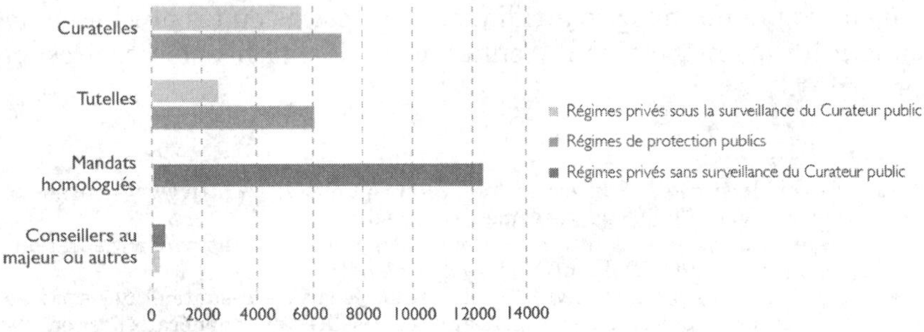

227. Source : le rapport annuel 2012-2013 du curateur public, disponible sur le site de l'organisme : <http://www.curateur.gouv.qc.ca/cura/publications/rapport-annuel-2012-2013.pdf>.

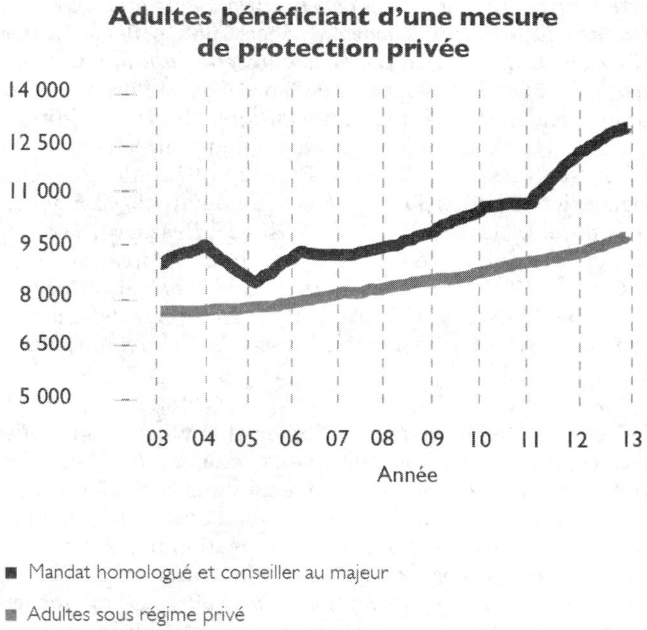
Adultes bénéficiant d'une mesure de protection privée
14 000
12 500
11 000
9 500
8 000
6 500
5 000
03
04
05
06
07
08
09
10
11
12
13
Année
Mandat homologué et conseiller au majeur
Adultes sous régime privé

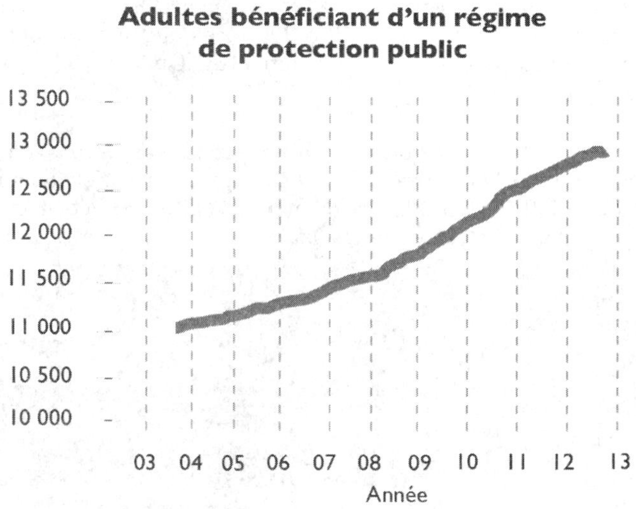
Adultes bénéficiant d'un régime de protection public
13 500
13 000
12 500
12 000
11 500
11 000
10 500
10 000
03
04
05
06
07
08
09
10
11
12
13
Année

766 – *Historique de la curatelle publique au Québec* – Sur les origines et l'évolution de l'institution de la curatelle publique, voir les textes suivants : Comité directeur sur la révision de la *Loi sur la curatelle publique*, *La protection des personnes majeures au Québec*, Québec, 1988, p. 9-12 ; Bureau de la curatrice publique du Québec, *La Loi de la curatelle publique : son évolution et son application au Québec*, Québec, 1987, p. 3-25 ; V. Bergeron, *L'attribution d'une protection légale aux malades mentaux*, Montréal, Éditions Yvon Blais, 1981, p. 229-241 ; Y. Beaudoin, « Étude critique sur la loi de la curatelle publique », (1948) 50 *R. du N.* 325 ; J. Pineau, « Chronique méchante de méchante législation », (1971) 6 *R.J.T.* 355 ; R. Lamarche, « La nouvelle *Loi sur le curateur public* », (1989) 3 *C.P. du N.* 45 ; H. Brassard, « La *Loi sur le curateur public* : une loi centrée sur la personne », *Actes du Congrès du Barreau du Québec 1991*, Montréal, Service de la formation permanente, Barreau du Québec, 1991, p. 617 ; N. Forget, *De la curatelle au curateur public : 50 ans de protection*, Montréal, Presses de l'Université du Québec, 1995, 115 p.

En 1997 et 1998, le Protecteur du citoyen et le Vérificateur général ont formulé des critiques acerbes à l'égard de la gestion et de l'organisation du curateur public, mettant en lumière l'extrême vulnérabilité des personnes inaptes. Ces critiques donnèrent le coup d'envoi d'une vaste réflexion sur la mission du curateur public, puis d'une réorganisation importante de ce service public. On lira à ce propos les documents suivants : J.C. Deschênes et S. Gagnon, *La mission du curateur public du Québec. Ses fondements, sa portée, ses conditions de réussite*, rapport présenté au curateur public, Québec, décembre 1998, 126 p. ; Curateur public du Québec, *Le virage en faveur de la protection de la personne inapte*, *Rapport d'étape sur la réforme au curateur public du Québec*, décembre 2000 (ces documents sont disponibles sur le site Internet du curateur public du Québec : <http://www.curateur.gouv.qc.ca>).

En 2005, la *Loi sur l'abolition de certains organismes publics et le transfert de responsabilités administratives*, L.Q. 2005, c. 44, transfère au ministre du Revenu l'administration provisoire de biens qui était confiée au curateur public en vertu de la *Loi sur le curateur public*.

BIBLIOGRAPHIE SÉLECTIVE

ASSOCIATION DES HÔPITAUX DU QUÉBEC, *La protection de la personne dans un établissememt de santé*, Collection « *Code civil du Québec* », Montréal, 1994.

BARETTE, A.J., « La capacité et l'acte testamentaire », dans Service de la formation continue, Barreau du Québec, vol. 324, *Développements récents en succession et fiducies (2010)*, Cowansville, Éditions Yvon Blais, 2010, p. 3.

BARREAU DU QUÉBEC, *Obligations et recours contre un curateur, tuteur ou mandataire défaillant*, Cowansville, Éditions Yvon Blais, 2008.

BEAUCHAMP, M., « Les nouvelles compétences attribuées au notaire : commentaires et critique », dans Service de la formation permanente, Barreau du Québec, *Les mandats en cas d'inaptitude : une panacée ?*, Cowansville, Éditions Yvon Blais, 2001, p. 53.

BEAUCHAMP, M., « Procédures devant notaire : c'est le début d'un temps nouveau... », (2002) 2 *C.P. du N.* 65.

BERNIER, F., « Les aspects psychosociaux de la déficience intellectuelle et de la maladie mentale sévère », dans Service de la formation permanente, Barreau du Québec, *Le droit des personnes inaptes (1992)*, Cowansville, Éditions Yvon Blais, 1992, p. 11.

BOHÉMIER, P. et G. GUAY, « L'exploitation des personnes âgées : prévenir pour ne pas être complice – Guide du notaire en matière de protection des personnes âgées », (2005) 1 *C.P. du N.* 3.

DALLAIRE, C., « Le curateur public et le conseil de tutelle : une responsabilité partagée ? », dans Service de la formation permanente, Barreau du Québec, *Famille et protection*, Cowansville, Éditions Yvon Blais, 2005, p. 217.

DESROCHERS, P., « Papa, maman, où est mon argent ? La protection des intérêts patrimoniaux du mineur », dans Service de la formation permanente, Barreau du Québec, *Famille et protection*, Cowansville, Éditions Yvon Blais, 2005, p. 71.

DORAY, R., « La divulgation des évaluations médicales et psychosociales requises pour l'ouverture d'un régime de protection du majeur et le respect de la vie privée », dans Service de la formation permanente, Barreau du Québec, *Famille et protection*, Cowansville, Éditions Yvon Blais, 2005, p. 187.

DUBÉ, C., « Les personnes vulnérables et le réseau de la santé et des services sociaux : aux frontières des responsabilités des directeurs généraux des centres hospitaliers », dans Service de la formation permanente, Barreau du Québec, *Responsabilités et mécanisme de protection*, Cowansville, Éditions Yvon Blais, 2004, p. 75.

DUPIN, F., « Le curateur public : mode d'emploi et interface avec les autres organismes » dans Service de la formation permanente, Barreau du Québec, *Pouvoirs publics et protection*, Cowansville, Éditions Yvon Blais, 2003, p. 127.

FORGET, N., *De la curatelle au Curateur public : 50 ans de protection*, Ste-Foy, Presses de l'Université du Québec, 1995.

GAUTIER, L. et M. PAUZÉ, « L'évaluation psychosociale dans le cadre des régimes de protection : l'acceptation de la solitude des choix difficiles pour le travailleur social », dans Service de la formation continue, Barreau du Québec, *La protection des personnes vulnérables*, Cowansville, Éditions Yvon Blais, 2012, p. 81.

GUAY, G., « Problématiques et nouveautés quant à la protection des personnes vulnérables », (2012) *C.P. du N.* 155.

JETTÉ, L.-A., « De l'interdiction », (1929-1930) 8 *R. du D.* 589.

LLUELLES, D. et B. MOORE, *Droit des obligations*, 2e éd., Montréal, Éditions Thémis, 2012.

SIROIS, L.-P., *Tutelles et curatelles*, Québec, L'Action sociale, 1911.

CHAPITRE III

LE MANDAT DE PROTECTION

Remarque terminologique : Le Code civil utilise l'expression « mandat donné en prévision de l'inaptitude du mandant ». Cependant, le *Code de procédure civile* de 2014 indique en son article 778 que dans les lois (incluant le Code civil) et leurs textes d'application, l'expression « mandat de protection » remplace « mandat en prévision de l'inaptitude », « mandat donné en prévision de l'inaptitude », « mandat d'inaptitude » ou toute expression au même effet. De plus, l'article 794 de la *Loi instituant le nouveau Code de procédure civile*, L.Q. 2014, c. 1, indique que l'intitulé de la section précédant l'article 2166 C.c.Q. se lira désormais ainsi : « Des règles particulières au mandat de protection ». Nous avons donc fait le choix d'utiliser cette terminologie nouvelle, d'autant qu'elle est entrée dans les mœurs juridiques depuis quelques années déjà.

767 – Innovation majeure de la réforme de 1989[1], le mandat de protection répond à une double préoccupation : d'abord, permettre à toute personne majeure de décider elle-même qui s'occupera de sa personne et de ses biens en cas d'inaptitude, puis simplifier les formalités au moment où survient cette inaptitude. Ce mécanisme, qui a connu rapidement une grande popularité[2], s'inscrit dans l'esprit

1. *Loi sur le curateur public et modifiant le Code civil et d'autres dispositions législatives*, L.Q. 1989, c. 54. Les principes concernant le mandat, établis par cette loi, sont repris dans le *Code civil du Québec* avec des modifications mineures.
2. Le nombre de mandats inscrits auprès de la Chambre des notaires du Québec est passé de 39 643 au 30 juin 1996 à 2,06 millions au 31 mars 2012. Le nombre d'inscriptions nouvelles est impressionnant. Il était de 118 050 en 2011-2012 et de 116 076 en 2012-2013 (source : les rapports annuels de la Chambre des notaires, disponibles sur le site Internet de la Chambre : <http://www.cnq.org/fr/rapports-annuels.html>). Le nombre de personnes représentées au Québec par un mandataire à la suite de l'homologation d'un mandat de protection était de 12 294 au 31 mars 2013, alors qu'entre le 1er avril 2012 et le 31 mars 2013, pas moins de 3 096 mandats de protection ont été homologués (source : le site Internet du Curateur public du Québec : <http://www.curateur.gouv.qc.ca/cura/fr/curateur/statistiques.html>).

général de la réforme des régimes de protection des incapables majeurs, basée sur le respect de la personne et le droit à l'autodétermination.

Le Code prévoit des dispositions spécifiques au mandat de protection. Il s'agit des articles 2166 à 2174 C.c.Q. Quant aux règles générales, qui s'appliquent à tous les mandats, on peut dire qu'elles s'appliquent *mutatis mutandis* au mandat de protection. Le caractère très particulier de ce mandat oblige cependant à adapter les règles générales[3], voire à les écarter parfois[4].

Section I

Principes généraux

§1 – Définition

768 – *Le mandat de protection, comme son nom l'indique, est un mandat*[5] – La terminologie utilisée dans la littérature est assez variée : la *Loi sur le curateur public et modifiant le Code civil et d'autres dispositions législatives* parlait du « mandat donné dans l'éventualité de l'inaptitude du mandant », alors que le *Code civil du Québec*, tout comme l'actuelle *Loi sur le curateur public*[6], préfère les termes « mandat donné en prévision de l'inaptitude » et que les

---

3. Par exemple, l'article 2171 C.c.Q. permet au mandataire de se rembourser des dépenses ou de payer sa propre rémunération, lorsqu'elle est autorisée, à même la fortune du mandant, alors que dans un mandat « normal », le mandataire ne peut pas se servir lui-même. Il est plutôt payé par le mandant. Cas d'application : *Devost c. Charbonneau (Succession de)*, 2012 QCCS 56.
4. C'est le cas, parmi d'autres, de l'article 2132 C.c.Q. qui ne peut s'appliquer au mandat de protection puisque seule l'homologation peut donner effet à ce dernier (voir *infra*). Il en va de même de l'article 2149 C.c.Q., qui impose au mandant de coopérer avec le mandataire, puisque dans l'hypothèse du mandat de protection, le mandant est en principe inapte à assurer cette coopération.
5. M. Cantin Cumyn et M. Cumyn, pour leur part, voient plutôt dans ce « mandat » un acte unilatéral semblable au testament (*L'administration du bien d'autrui*, 2e éd., dans *Traité de droit civil*, Cowansville, Éditions Yvon Blais, 2014, p. 119) puisque les formalités prescrites aux articles 2166 et 2167 C.c.Q. n'exigent pas la participation du cocontractant. Il est vrai que la participation du mandataire n'est pas requise *ab initio*. Remarquons, cependant, qu'elle est une condition *sine qua non* de l'effectivité du mandat. Par ailleurs, on pourrait soutenir que la qualification de contrat permet de souligner l'importance réelle qu'il y a, pour le mandant, d'obtenir du mandataire un accord de principe sur son futur rôle, sans quoi la protection risque d'être bien aléatoire. Il y a donc ici, à notre avis, une dimension d'entente qui fait défaut au testament.
6. RLRQ, c. C-81, art. 13.

auteurs parlent de « mandat en cas d'inaptitude », de « mandat de protection » ou de « mandat d'inaptitude ». L'expression « mandat de protection » semble la plus adéquate, car elle met bien en lumière la dualité de ce mécanisme, mandat, d'une part, mais également régime de protection[7]. C'est, comme nous l'avons souligné dans la remarque préliminaire, le choix du législateur dans le cadre de la réforme du *Code de procédure civile* de 2014.

Le mandat est, selon l'article 2130 C.c.Q. :

> [...] le contrat par lequel une personne, le mandant, donne le pouvoir de la représenter dans l'accomplissement d'un acte juridique avec un tiers, à une autre personne, le mandataire qui, par le fait de son acceptation, s'oblige à l'exercer.

Mais son objet plus spécifique est d'assurer, dans l'éventualité de l'inaptitude du mandant à prendre soin de lui-même ou à administrer ses biens, la protection de sa personne, l'administration de ses biens et, en général, son bien-être moral et matériel (art. 2131 C.c.Q.)[8]. Il s'agit donc de « la création, par la personne elle-même, d'un régime de protection privé sous la surveillance du Curateur public »[9].

769 – Les pouvoirs du mandataire peuvent porter sur la personne comme sur les biens. Lorsque les pouvoirs portent sur la personne, le mandataire est appelé à exercer certains droits extrapatrimoniaux de la personne protégée. Le mandat de protection trouve une application importante en matière de consentement aux soins puisque le mandataire peut être chargé de consentir aux traitements ou de les

7. Voir le « plaidoyer » de C. Fabien, en ce sens, dans « Passage du mandat ordinaire au mandat de protection », (2001) 80 *R. du B. can.* 951.
8. *G. (G.)* c. *B. (J.)*, J.E. 98-215, REJB 1997-07022 (C.S.) ; *Kleinman* c. *J.P.*, 2012 QCCS 6643.
9. M. Ouellette, « La *Loi sur le curateur public* et la protection des incapables », (1989) 3 *C.P. du N.* 1, 38. Cette constatation amène certains auteurs à se demander s'il n'eût pas mieux valu d'insérer les dispositions sur le mandat de protection, dans le Livre Des personnes, en compagnie des régimes de protection, plutôt que dans le Livre Des obligations (en ce sens, voir C. Fabien, « Mandat de protection : dilemme du juge, dilemme du législateur », (2009) 111 *R. du N.* 255 ; J. Lambert, « La genèse du mandat de protection et quelques autres considérations », dans Service de la formation permanente, Barreau du Québec, *Les mandats en cas d'inaptitude : une panacée ?*, Cowansville, Éditions Yvon Blais, 2001, p. 83, 92) ; *contra* : J. Pineau, D. Burman et S. Gaudet, *Théorie des obligations*, 4e éd., Montréal, Éditions Thémis, 2001, p. 234 et s.

refuser[10]. Il est d'ailleurs le premier dans la hiérarchie des personnes appelées à donner un consentement substitué aux soins (art. 15 C.c.Q.)[11]. Le but du mandat de protection est double : permettre la prise en charge de l'inapte, notamment en matière de soins médicaux, et assurer la gestion de son patrimoine[12]. Le premier volet ayant été abordé dans le titre consacré aux droits de la personnalité[13], nous nous limiterons, dans ce chapitre, à présenter les règles générales du mandat de protection ainsi que les règles particulières à l'administration du mandataire.

§2 – Les caractères du mandat de protection

770 – *Le mandat de protection peut être à titre gratuit ou rémunéré* – Comme pour tout autre mandat, le mandataire peut agir à titre gratuit ou recevoir une rémunération pour la charge (art. 2133 C.c.Q.)[14]. Le législateur suit ici la même logique qu'en matière de tutelle en considérant que la mission de protection du mandataire peut constituer une charge importante et que cela mérite une rémunération, le cas échéant. Le mandat peut prévoir la forme et l'étendue de la rémunération. En cas de silence sur cette question, la loi prévoit une double présomption qui s'applique à toutes les sortes de mandat : si les parties sont des personnes physiques, le mandat est présumé à titre gratuit, alors que le mandat professionnel[15] est présumé à titre

---

10. Certains observateurs estiment que le mandataire ne devrait pas jouir d'une aussi grande latitude lorsqu'il s'agit de soins de santé, particulièrement de soins de fin de vie, et que le mandat devrait avoir un caractère plus contraignant. En ce sens, voir D. Chalifoux, « Les directives préalables de fin de vie et les pouvoirs publics », dans Service de la formation permanente, Barreau du Québec, *Pouvoirs publics et protection*, Cowansville, Éditions Yvon Blais, 2003, p. 1-27. À propos de la force exécutoire des directives de fin de vie, voir *supra* le chapitre sur l'intégrité physique.
11. On retrouve régulièrement, dans les mandats, des clauses de refus de l'acharnement thérapeutique, communément désignées de « testament de vie » ou de « testament biologique » ; voir G. Durand, « Ambiguïté et dérives de l'éthique – Le cas de la bioéthique », (1995) 29 *R.J.T.* 529.
12. *Kleinman* c. *J.P.*, 2012 QCCS 6643.
13. Voir *supra*, Partie I, Titre I, « Les droits de la personnalité ».
14. *Contra* : M. Cantin Cumyn et M. Cumyn, *op. cit.*, note 5, par. 182, qui suggèrent qu'au lieu de l'article 2133 C.c.Q., ce serait plutôt l'article 184 C.c.Q., relatif au tuteur datif, qui devrait jouer à titre supplétif.
15. L'expression « mandat professionnel » n'est pas définie par la loi, mais on peut retenir la définition qu'en donne C. Fabien qui y voit un mandat « que l'on donne à une personne qui se livre de façon habituelle à des activités de mandataire en vue d'en tirer un revenu », par opposition au mandat occasionnel (C. Fabien, *loc. cit.*, note 9, p. 905).

onéreux. Cette règle s'applique aussi au mandat de protection (art. 2150 et 2171 C.c.Q.)[16].

Lorsque le tribunal est amené à fixer la rémunération, il doit tenir compte des usages et de la valeur des services rendus (art. 2134 C.c.Q.)[17], et non des moyens de payer du mandant[18], ni, encore moins, des besoins personnels du mandataire. Le tribunal ne peut établir la rémunération du mandataire que dans deux situations : lorsque le mandat prévoit le principe de la rémunération, mais n'en précise pas le montant et lorsque, face au silence du mandat, la loi présume qu'il est à titre onéreux. On vise ici le cas du mandat confié à une personne pour qui l'exécution de mandats constitue une activité économique[19]. Dans les cas où le mandat prévoit une rémunération avec précision et dans ceux où le mandat est présumé à titre gratuit, aucune disposition légale n'autorise le tribunal à modifier ou à établir la rémunération du mandataire.

Le caractère gratuit ou onéreux n'affecte toutefois en rien le droit du mandataire de se faire rembourser les frais nécessaires occasionnés par l'exécution du mandat (art. 2171 et 2150 C.c.Q.). Par contre, la gratuité peut avoir une incidence sur l'étendue de la responsabilité du mandataire puisque la loi prévoit que si le mandat est gratuit, le tribunal peut réduire le montant des dommages-intérêts dont le mandataire serait tenu (art. 2148 C.c.Q.). Ce tempérament important au régime commun de la responsabilité vise à ne pas pénaliser indûment une personne fautive qui, par ailleurs, s'est consacrée bénévolement à l'assistance d'un proche devenu inapte.

771 – *Le mandat de protection peut être général ou spécial* – Le mandat est général s'il porte sur toutes les affaires du mandant (art. 2135, al. 1 C.c.Q.). Dans les autres cas, il s'agit d'un mandat spécial. Par exemple, le mandat de protection est spécial s'il ne concerne que les

16. *M.D.* c. *Ma.V.*, J.E. 2005-1330, EYB 2005-90609 (C.S.).
17. Cette disposition reprend les mêmes principes qu'en matière d'administration des biens d'autrui (art. 1300 C.c.Q.) ; *Devost* c. *Charbonneau (Succession de)*, 2012 QCCS 56.
18. *R.A.* et *Y.G.*, 2009 QCCS 2728 ; *contra* : L. Laflamme, R.P. Kouri et S. Philips-Nootens, *Le mandat en cas d'inaptitude : de l'expression de sa volonté à sa mise en œuvre*, Cowansville, Éditions Yvon Blais, 2008, p. 32 (ces auteurs sont d'avis que les moyens, tant du mandant que du mandataire, sont un facteur pertinent).
19. Sur la possibilité de désigner une personne morale comme mandataire dans le cadre d'un mandat de protection, voir *infra*, par. 775.

droits patrimoniaux[20], si la mission du mandataire se limite à administrer un bien en particulier, s'il ne vise que la question des soins médicaux ou s'il se limite à protéger le mandant contre l'acharnement thérapeutique.

Le caractère spécial ou général du mandat dépend de son objet et ne doit pas être confondu avec le caractère général de la terminologie utilisée dans le mandat. En effet, le mandat, qu'il soit spécial ou général, peut être conçu en termes généraux ou en termes spécifiques. Ainsi, le mandat qui stipulerait « mon mandataire devra administrer l'immeuble situé à... » est un mandat spécial conçu en termes généraux. Dans ce cas, le mandataire n'a que le pouvoir de passer des actes de simple administration à l'égard de cet immeuble (art. 2135, al. 2 et 1301 C.c.Q.). Si le mandant entend accorder d'autres pouvoirs, il doit alors les formuler spécifiquement ou accorder la pleine administration au mandataire (art. 1306 C.c.Q.). Par ailleurs, si le mandat de protection est destiné à produire ses effets dans plusieurs États, il peut être utile pour le mandant de désigner les règles d'administration qui seront applicables[21]. Dans un autre domaine, le mandat peut spécifier de façon vague et générale que le mandataire pourra prendre toute décision d'ordre médical dans le meilleur intérêt du mandant ou il peut plutôt prévoir une série d'instructions précises en la matière[22].

772 – Accorder la pleine administration des biens, sans autres précisions, n'est cependant pas sans danger. Il peut être prudent de limiter les pouvoirs du mandataire en les calquant sur ceux du curateur au majeur[23]. Tout en ayant la pleine administration des biens du majeur, le mandataire ne peut alors faire que des placements « présumés sûrs » (art. 1306 et 1307 C.c.Q.)[24], ce qui limite les risques de dilapidation du patrimoine. Une telle précaution est d'autant plus utile que les mesures de contrôle de l'administration du mandataire sont moins nombreuses qu'en matière de curatelle. Ainsi, contrairement

20. Par exemple : *S.B.* c. *Kemp*, J.E. 2005-147, EYB 2004-81535 (C.S.).
21. É. Vézina, « Casse-tête notarial sur le plan international : le mandat de protection et les successions », (2010) 1 *C.P. du N.* 121.
22. Pour un plaidoyer en faveur de la rédaction de mandats qui fait référence aux valeurs de la personne, voir L. Fréchette, « Le mandat humain, une approche novatrice en droit de la famille », (2004) 1 *C.P. du N.* 135-161.
23. C. Fabien, *loc. cit.*, note 9, p. 942.
24. Voir par exemple *E.C.* c. *I.C.*, [2003] R.J.Q. 2187, REJB 2003-45440 (C.S.), désistement d'appel (C.A. Montréal, n° 500-09-013585-039, 2003-07-23).

au curateur ou au tuteur, le mandataire n'est pas tenu de dresser un inventaire, de faire des rapports annuels ou, encore, de fournir une sûreté pour garantir sa gestion et il n'est pas supervisé par un conseil de tutelle[25]. Certains auteurs dénoncent cette absence de formalités[26] et suggèrent qu'il est possible de parer à cette problématique en prévoyant, par exemple, un devoir de reddition de compte assorti d'une clause pénale, ce qui assurerait un certain contrôle sur le mandataire[27]. Un tribunal ne pourrait cependant imposer de telles mesures face à un mandat muet sur la question[28].

§3 – Les conditions spécifiques du mandat de protection

A. Conditions relatives aux parties

773 – *La capacité du mandant* – Seul un majeur peut faire un mandat de protection (art. 2166 C.c.Q.). Étant réputé majeur pour le droit

25. En ce sens, J. Lambert, *loc. cit.*, note 9, p. 92 et L. Laflamme, R.P. Kouri et S. Philips-Nootens, *op. cit.*, note 18, p. 124. Pour leur part, M. Cantin Cumyn et M. Cumyn, *op. cit.*, note 5, par. 119, sont d'avis que le mandataire est soumis à de telles mesures de contrôle. Cette conclusion s'appuie sur l'opinion que le mandat homologué ouvre un véritable régime de protection et que, dès lors, le régime supplétif devrait être celui de la tutelle plutôt que celui du mandat (p. 210). Nous souscrivons à la thèse selon laquelle le mandat ouvre une sorte de régime de protection. Par contre, nous sommes d'avis que l'absence de tels contrôles et formalités est précisément un des éléments qui distinguent le mandat dont l'objectif est l'ouverture d'un régime de protection plus léger, moins contraignant. Rien n'empêche le mandant de prévoir une clause de désignation d'un tiers qui pourrait exiger un compte annuel du mandataire (en ce sens, M. Cantin Cumyn et M. Cumyn, *op. cit.*, note 5, par. 318). Par conséquent, nous ne pouvons souscrire à l'idée de modifier la loi pour imposer de telles formalités, comme le suggère un auteur (C. Fabien, « Le mandat de protection en cas d'inaptitude du mandant : une institution à parfaire », (2007) 1 *C.P. du N.* 405-438). Il nous semble que cela serait précisément enlever au mandat ce qui en fait aujourd'hui un instrument souple et respectueux de la volonté des personnes.
26. D. Chalifoux, « Les directives préalables de fin de vie et les pouvoirs publics », dans Service de la formation permanente, Barreau du Québec, *Pouvoirs publics et protection*, Cowansville, Éditions Yvon Blais, 2003, p. 1, 34 et F. Dupin, « État de la jurisprudence en matière de mandats en prévision de l'inaptitude », Service de la formation permanente, Barreau du Québec, *Le mandat en cas d'inaptitude : une panacée ?*, Cowansville, Éditions Yvon Blais, 2001, p. 8.
27. L. Laflamme, « Variations sur des thèmes connus : le mandat en prévision de l'inaptitude et la procuration générale », (2002) 2 *C.P. du N.* 103, 117. Voir également P. Bohémier et G. Guay, « L'exploitation des personnes âgées : prévenir pour ne pas être complice – Guide du notaire en matière de protection des personnes âgées », (2005) *C.P. du N.* 3.
28. Ainsi, dans *P.M. (Dans l'affaire de)* c. *M.A.*, 2008 QCCA 2437, la Cour d'appel confirme qu'un juge ne peut imposer au mandataire l'obligation de rendre compte annuellement de son administration au Curateur public.

civil, le mineur pleinement émancipé le peut également (art. 176 C.c.Q.). Au moment de la rédaction de l'acte, le mandant doit avoir l'aptitude factuelle à agir (art. 1398 et 1399 C.c.Q.)[29]. Cette aptitude doit être constatée formellement par le notaire instrumentant[30] ou par les témoins à l'acte (art. 2167 C.c.Q.). Un simple doute ne suffit pas à repousser la présomption générale de capacité. Cette règle est de jurisprudence constante[31]. Cependant, comme en matière de testament, si la capacité d'une personne est sérieusement mise en doute, celui qui entend faire homologuer le mandat devra prouver la capacité du mandant à l'époque de sa rédaction[32]. Le simple fait que le mandant avait une certaine lucidité pourrait bien être insuffisant en regard de l'importance de l'acte que constitue un mandat de protection[33]. Par contre, le constat d'une évolution irrégulière de l'état mental d'une personne ne suffit pas à renverser le fardeau de la preuve[34]. La vérification de l'aptitude d'une personne à faire un mandat de protection est une opération complexe sur le plan médical et il convient d'y attacher toute l'attention qu'elle nécessite, car l'existence du mandat en dépend[35].

---

29. *R. (G.)* c. *H.-R. (A.)*, J.E. 95-701, EYB 1995-94348 (C.S.) ; *R.P.* et *L.P.*, J.E. 2000-1381, REJB 2000-19127 (C.S.) ; *A.L.* c. *R.L.*, J.E. 2005-1453, EYB 2005-92639 (C.S.) ; *C. (J.)* c. *L. (T.)*, EYB 2006-111881 (C.S.).
30. Sur l'aspect concret de la détermination de l'aptitude d'une personne par le notaire, voir G. Aubé, « Collaborations interprofessionnelles en contexte de détermination de l'inaptitude », (2008) 2 *C.P. du N.* 211, 213-219.
31. *Gariépy* c. *Pitre*, J.E. 96-340, EYB 1995-83215 (C.S.) ; *F.K.* c. *P.H.*, J.E. 2002-1215, REJB 2002-32500 (C.S.) ; *M.B.* et *D.B.*, J.E. 2005-1024, EYB 2005-89997 (C.S.) ; *C.L.* c. *M.L.*, J.E. 2006-1335, EYB 1006-105552 (C.S.).
32. *M.M.* c. *P.M.*, 2009 QCCA 2393, EYB 2009-167253 ; *N.G.* c. *B.G.*, 2010 QCCS 3063, EYB 2010-176791.
33. *L.C.* c. *M.P.*, J.E. 2000-1679, REJB 2000-19802 (C.S.).
34. *C.L.* c. *M.L.*, J.E. 2006-1335, EYB 2006-105552 (C.S.). Ainsi, une personne souffrant d'alcoolisme dont la condition se détériore graduellement ne réussit pas à soulever un doute sérieux quant à sa capacité à consentir à l'acte juridique puisque, selon la Cour, il n'est pas impossible qu'au jour de la signature du mandat, la personne vivait une période de lucidité.
35. S. Gauthier, « Comment déterminer l'aptitude du mandant ? », dans Service de la formation permanente, Barreau du Québec, *Les mandats en cas d'inaptitude : une panacée ?*, Cowansville, Éditions Yvon Blais, 2001, p. 71. Afin d'éviter les contestations lors de l'homologation, ce neurologue conseille d'enregistrer sur bande audio ou vidéo l'entrevue qui détermine l'aptitude des patients qui désirent signer un mandat. Voir également B. Frank, « Réflexions éthiques sur la sauvegarde de l'autonomie », dans Service de la formation permanente, Barreau du Québec, *Pouvoirs publics et protection*, Cowansville, Éditions Yvon Blais, 2003, p. 181 ; G. Voyer, « Ce que la fréquentation des personnes âgées m'a appris au sujet de l'autonomie ou Pour une conception éthique de l'autonomie », dans Service de la formation continue, Barreau du Québec, *Autonomie et protection (2007)*, Cowansville, Éditions Yvon Blais, 2007 ; F. Dupin, « Réflexions sur l'acceptation juridique de l'autonomie », dans Service de la formation continue, Barreau du Québec, *Autonomie et protection (2007)*, Cowansville, Éditions Yvon Blais, 2007.

774 – *La capacité du mandataire* – En ce qui concerne la capacité du mandataire, elle doit être évaluée non pas au moment de la rédaction, mais au moment de l'homologation du mandat[36]. Si, en cours de mandat, ses facultés mentales le rendent inapte à agir pour lui-même, il ne peut plus agir valablement comme mandataire[37]. Qui plus est, si le mandataire se voit lui-même soumis à un régime de protection, le mandat prend fin (art. 2175 C.c.Q.) car il ne protège plus efficacement le mandant. On voit donc que le mandataire doit, tout au long de sa mission, avoir l'aptitude factuelle et la capacité légale pour représenter le mandant inapte[38].

775 – *Le mandataire doit en principe être une personne physique* – Normalement, le mandataire est unique et il s'agit d'une personne physique. Toutefois, aucune disposition ne fait obstacle à ce que plusieurs mandataires soient désignés. Il pourrait donc y avoir simultanément un mandataire à la personne et un mandataire aux biens. Dans ce cas, même si la loi ne le dit pas expressément, le mandataire à la personne doit nécessairement être une personne physique. En effet, il ressort clairement des travaux parlementaires qu'en ce qui concerne le mandat de protection, l'intention du législateur est d'associer les proches dans la prise en charge des majeurs inaptes, comme c'est le cas pour les régimes de protection. À cet égard, on peut citer le ministre de la Justice qui, au moment de l'adoption de principe de la loi, s'exprimait ainsi : « Les dispositions proposées par ce projet de loi, tant en matière de régime de protection que de mandat, tiennent compte d'un objectif social qui est fondamental, à savoir de veiller à impliquer les proches dans la prise en charge des majeurs inaptes. C'est là un objectif majeur de ce présent projet de loi [...] »[39]. De toute évidence, la prise en charge du majeur par une personne

---

36. Sur les risques de nommer son enfant mineur mandataire, avec l'idée qu'il sera devenu majeur au moment où survient l'inaptitude, voir G. Guay, *Le mandat donné en prévision de l'inaptitude*, 2e éd., Collection bleue : Série Répertoire de droit, Montréal, Chambre des notaires, 2009, p. 27.
37. En ce sens, voir C. Fabien, *loc. cit.*, note 9, p. 931. Il s'agit d'un effet des règles générales en matière d'obligations (art. 1398 C.c.Q.). *Y.D.* c. *L.L.*, 2011 QCCS 7420 : refus d'homologuer un mandat en raison de l'inaptitude du mandataire résultant de ses problèmes de consommation d'alcool.
38. L. Laflamme, R.P. Kouri et S. Philips-Nootens, *op. cit.*, note 18, p. 27, 35. Ces auteurs rappellent à juste titre qu'en raison de son incapacité juridique, le mineur ne pourra pas être mandataire dans le cadre d'un mandat de protection. Par contre, suivant le même raisonnement, le mineur émancipé le pourrait.
39. Débats de l'Assemblée nationale, *Journal des débats*, 33e sess., (1988-1989) 6132.

morale ne permettrait pas la création de ce lien *intuitu personæ* entre l'inapte et son représentant[40].

Le parallélisme entre le mandat de protection et les autres régimes de protection autorise à interpréter les dispositions légales en s'inspirant des règles en matière de tutelle[41]. Il ne pourrait donc y avoir qu'un seul mandataire à la personne, alors que rien ne s'oppose à une pluralité de mandataires aux biens[42], ceux-ci pouvant être des personnes morales[43].

La désignation de plusieurs mandataires risque toutefois d'engendrer des difficultés dans la représentation efficace et uniforme du majeur inapte. Par conséquent, plutôt que de désigner plusieurs mandataires, le mandant pourrait n'en désigner qu'un seul, tout en l'autorisant à se substituer une autre personne (physique ou morale) pour exécuter une partie du mandat (par exemple, la gestion d'un portefeuille d'actions ou l'exploitation d'un immeuble), comme le permet l'article 2140 C.c.Q.

776 – Le mandat de protection peut prévoir la désignation d'un remplaçant en cas de décès, d'inaptitude et de démission du mandataire

40. Ainsi, paraît non fondé un jugement qui accepte d'homologuer un mandat qui désigne une personne morale comme mandataire à la personne et à l'administration des biens, comme ce fut le cas dans *Trust général du Canada* c. *Amyot et al.*, C.S. Québec, nº 200-14-000684-958, 22 novembre 1995, j. J. Blanchard. Rappelons qu'une des critiques formulées à l'égard de l'ancien système de protection des incapables portait sur le fait que le curateur public ne pouvait assumer adéquatement son rôle de représentant légal face à des questions aussi délicates que celle des soins médicaux qui impliquent des contacts personnels réguliers. Cette préoccupation devrait animer l'interprétation des dispositions en matière de mandat puisque l'objectif, à ce chapitre, est le même. Ce lien personnel est tellement important que la perte de confiance envers le mandataire peut justifier le refus d'homologation du mandat : *L.O.* et *S.L.*, 2011 QCCS 5476.
41. Art. 179, 187 et 189 C.c.Q.
42. En cas de pluralité de mandataires, chacun exerce les pouvoirs qui lui sont attribués. Toutefois, il est théoriquement possible que deux mandataires soient désignés conjointement pour la même affaire (art. 2144 C.c.Q.).
43. En ce sens, voir G. Guay, *loc. cit.*, note 36, p. 153-155 et C. Fabien, *loc. cit.*, note 9, p. 936. Voir cependant M. Cantin Cumyn et M. Cumyn (*op. cit.*, note 5, par. 174) qui estiment que seule une société de fiducie pourrait assumer une telle fonction du fait qu'il s'agit de la seule personne morale qui pourrait agir en qualité de tuteur et qu'il convient, en cette matière, de se reporter au régime de la tutelle plutôt qu'aux règles générales du mandat. On pourrait cependant soutenir que le mandat a précisément pour but de permettre à la personne de modeler le système de représentation comme elle l'entend ; on ne voit pas, dès lors, pourquoi la personne ne pourrait pas décider de désigner une personne morale qui, dans son esprit, est la plus compétente pour assumer tel ou tel volet de l'administration de ses biens.

(art. 2174 C.c.Q.)[44]. Subsidiairement, une clause du mandat permettant au mandataire de choisir lui-même son remplaçant offre une solution de rechange intéressante qui a déjà été jugée conforme à l'article 2174 C.c.Q.[45].

B. Conditions de forme

777 – *Un contrat formaliste* – Le mandat de protection est un contrat formaliste, en ce sens qu'il doit respecter un certain nombre de formalités, à défaut de quoi il ne peut être homologué[46]. Ces formalités sont d'ordre public et elles ont pour but « d'établir qu'au moment où le mandat a été donné, le mandant était apte, alors qu'il ne le sera plus au moment où le mandat produira ses effets et ne pourra donc confirmer ses volontés ni actuelles ni antérieures »[47].

Ainsi, le mandat doit respecter une des deux formes prévues par la loi : l'acte notarié ou l'acte sous seing privé devant deux témoins (art. 2166 C.c.Q.). Le législateur reprend ici la règle qui existe en matière testamentaire, en excluant toutefois la forme olographe (art. 712 C.c.Q.).

778 – *L'acte notarié*[48] – Cette forme de mandat ne pose aucun problème particulier. Comme tout acte notarié, il s'agit d'un acte authentique (art. 2814, 6° C.c.Q.). Seule particularité, le notaire instrumentant doit inscrire le mandat dans un registre spécial tenu par la Chambre des notaires du Québec afin d'en assurer la publicité[49]. Dans les trois jours suivant la réception du mandat, le notaire doit

---

44. Voir, par exemple, *J.T.* c. *G.T.*, [2003] R.J.Q. 482, REJB 2002-36029 (C.S.) et *P.S.* c. *A.S.*, B.E. 2005BE-758 (C.S.).
45. *R.T. (Dans l'affaire de)*, J.E. 2005-145, EYB 2004-81452 (C.S.) ; *L.P. (Dans l'affaire de)*, J.E. 2005-146, EYB 2004-81257 (C.S.). À ce sujet, G. Guay, *loc. cit.*, note 36, p. 27.
46. *Fiducie Desjardins inc.* et *A.P.*, [2004] R.J.Q. 461, REJB 2003-52099 (C.S.), par. 28.
47. *Comm.*, p. 1361.
48. Plus de plus de 80 % des mandats de protection sont notariés et cette proportion ne cesse de croître : F. Dupin, « Droit des aînés : mandat de protection », dans *Congrès du Barreau 2010*, Montréal, Barreau du Québec, 2010.
49. *Loi sur le notariat*, RLRQ, c. N-3, art. 93 (tel que modifié par 2000, c. 44, art. 93 ; 2005, c. 32, art. 247 ; 2008, c. 11, art. 212). Pour assurer le protection du public, le *Règlement sur les registres des dispositions testamentaires et des mandats donnés en prévision de l'inaptitude*, RLRQ, c. B-1, r. 18, impose aussi aux avocats l'obligation d'inscrire tous les mandats au Registre dans les périodes prescrites (art. 5 et 14).

faire parvenir au registraire un avis comprenant les noms, prénoms, occupation, adresse, date de naissance et numéro d'assurance sociale du mandant, la date du mandat et celle de la fin du mandat, si elle est indiquée[50]. Les renseignements contenus dans le mandat sont protégés, en ce sens que le registraire de la Chambre des notaires ne peut les divulguer qu'au mandant, à son mandataire, à un notaire en exercice ou au curateur public. Cependant, en cas de changement dans la situation du mandant constaté par une évaluation médicale récente ou par un récent rapport d'inaptitude émanant du directeur d'un établissement de santé ou de services sociaux, les renseignements peuvent être divulgués « à toute personne qui accompagne sa demande d'une déclaration assermentée établissant son intérêt pour le mandant »[51].

779 – *Acte devant témoins* – Les formalités du mandat devant témoins sont calquées sur celles du testament devant témoins. Comme l'indiquent les *Commentaires du ministre* à ce sujet, « il y a en effet une similitude certaine entre le testament et ce nouveau type de mandat, puisque le mandant, s'il est vivant, n'est toutefois plus apte à consentir au moment où le mandat devient exécutoire »[52]. Dans ce cas, le mandat peut être rédigé par le mandant lui-même ou par un tiers. Le mandant doit, devant deux témoins, déclarer la nature de l'acte. Il n'est toutefois pas tenu d'en divulguer le contenu. Le rôle des témoins se limite à constater et à attester l'aptitude du mandant au moment de la signature. Pour ce faire, le recours à un professionnel de la santé peut éventuellement être utile[53]. Le mandant aura par contre avantage à dévoiler la teneur du mandat à celui qu'il désigne comme mandataire, afin de savoir si ce dernier acceptera d'assumer la charge le moment venu.

---

50. *Règlement sur les registres de la Chambre des notaires du Québec*, (2001) 133 *G.O.Q.* II, 8020, art. 1, entré en vigueur le 1er janvier 2002 par l'effet du décret 1493-01, (2001) 133 *G.O.Q.* II, 8757, tel que modifié par le *Règlement modifiant le Règlement sur les registres des dispositions testamentaires et des mandats donnés en prévision de l'inaptitude*, (2006) 138 *G.O.Q.* II, 1950, art. 1 et 2, entré en vigueur le 1er juin 2006. Sur la confidentialité des renseignements contenus au registre, voir R. Doray, « Le notaire et la protection des renseignements personnels », (2006) *C.P. du N.* 23.
51. *Ibid.*, art. 5, al. 2 et 3.
52. *Comm.*, p. 1362.
53. L. Laflamme, R.P. Kouri et S. Philips-Nootens, *Le mandat en cas d'inaptitude : de l'expression de sa volonté à sa mise en œuvre*, Cowansville, Éditions Yvon Blais, 2008, p. 43-44.

Le mandat doit être signé par le mandant lui-même ou par un tiers en présence du mandant (art. 2167 C.c.Q.). L'intervention du tiers permet donc à une personne de faire un mandat, même si elle est physiquement incapable de le signer elle-même. Il doit également être signé par les deux témoins. Ceux-ci ne peuvent avoir un intérêt à l'acte, sous peine de nullité, afin de ne pas diminuer ou compromettre leur faculté d'apprécier objectivement l'aptitude du mandant à agir. Cette exigence fait l'objet d'une interprétation très stricte par les tribunaux[54]. Ainsi, l'homologation du mandat sera refusée si un des témoins est en même temps désigné comme mandataire remplaçant à qui le mandataire principal doit rendre compte annuellement de son administration[55] ou si un des témoins, sans être désigné mandataire, est tout de même la personne à qui le rapport annuel d'administration doit être communiqué[56].

Si le mandat est déposé chez un notaire, il doit être inscrit au registre des mandats suivant les mêmes formalités imposées en cas d'acte notarié, alors que le mandat confié à un avocat doit faire l'objet d'une inscription dans un registre spécial tenu par le Barreau du Québec[57].

---

54. *R.A.* et *Y.G.*, 2009 QCCS 2728 ; L. Laflamme, R.P. Kouri et S. Philips-Nootens, *Le mandat en cas d'inaptitude : de l'expression de sa volonté à sa mise en œuvre*, Cowansville, Éditions Yvon Blais, 2008, p. 19. Il est toutefois important de mentionner que, malgré l'analogie des conditions de forme exigées par le testament olographe (art. 714 C.c.Q.), il n'est pas essentiel que la présence des deux témoins soit simultanée (*F.D. (Re)*, 2010 QCCS 4461) ; F. Dupin, « Le mandat de protection : des origines à nos jours », dans *Congrès du Barreau 2008*, Barreau du Québec, 2008.
55. *Nadeau* et *Bérubé*, J.E. 92-1799, EYB 1992-79377 (C.S.). Voir également *In re Falardeau*, C.S. Québec, nº 200-14-001215-919, 20 décembre 1991, protonotaire Bélanger, cité par F. Dupin, « Le praticien et la protection de l'inapte », dans Service de la formation permanente, Barreau du Québec, *Développements récents en droit familial (1995)*, Cowansville, Éditions Yvon Blais, 1995, p. 61.
56. *B. (N.)* c. *B.-B. (Y.)*, J.E. 99-221, REJB 1998-09744 (C.S.).
57. *Règlement sur les registres des dispositions testamentaires et des mandats donnés en prévision de l'inaptitude*, RLRQ, c. B-1, r. 18. L'article 8 du Règlement prévoit que le registraire ne peut divulguer aucun renseignement contenu au registre des mandats si ce n'est au mandant, à son mandataire, à un avocat en exercice ou au curateur public. Cependant, lorsqu'on est en présence d'une évaluation médicale et psychosociale récente constatant l'inaptitude du mandant ou d'un rapport récent du directeur général d'un établissement de santé ou de services sociaux constatant l'inaptitude du mandant à prendre soin de lui-même ou à administrer ses biens, le registraire peut transmettre les renseignements contenus à ce registre à toute personne qui accompagne sa demande d'une déclaration assermentée établissant son intérêt pour le mandant. L'exigence est donc la même que celle imposée à la Chambre des notaires.

Section II

La mise en œuvre et les effets du mandat de protection

§1 – Les conditions d'exécution

Deux éléments conditionnent l'exécution du mandat : la survenance de l'inaptitude du mandant et l'homologation judiciaire, le premier étant une condition *sine qua non* du second (art. 2166 C.c.Q.).

780 – *La survenance de l'inaptitude* – Le mandat de protection se distingue fondamentalement du mandat ordinaire par le fait qu'il prend effet au moment où ce dernier, s'il existe, prend fin, c'est-à-dire lorsque la personne devient inapte[58]. La notion d'inaptitude n'est pas définie par la loi. Il convient, dès lors, de s'en remettre à la signification usuelle du mot[59]. L'inaptitude est ici une question de fait. Elle peut être prouvée par témoins, mais elle doit être démontrée par une évaluation médicale et psychosociale accompagnant la requête en homologation[60]. En vue de faciliter les démarches, la loi autorise le requérant à avoir accès et à obtenir copie des rapports d'évaluation médicale et psychosociale lorsqu'il atteste sous serment qu'il entend demander l'homologation du mandat de protection et que ces évaluations concluent à l'inaptitude effective du mandant, comme le prévoit

58. *Comm.*, p. 1340-1341. Voir *D.S.* c. *A.D.*, J.E. 2006-2152, EYB 2004-53869 (C.S.). Une procuration de simple administration devient également caduque dès le moment où le mandant devient inapte : *A.L. (Succession d')*, J.E. 2006-958, EYB 2006-102113 (C.S.).

59. *L.R.* c. *É.L.*, J.E. 2001-342, REJB 2000-22379 (C.S.).

60. Les caractéristiques de cette évaluation sont décrites dans le chapitre II, L'ouverture judiciaire d'un régime de protection. Il faut toutefois souligner que l'article 884.2 C.p.c. (art. 309 et 315 C.p.c.) est une disposition impérative qui fait de l'évaluation médicale et psychosociale une condition essentielle de la demande d'homologation : *D. (J.)* c. *D. (L.)*, REJB 1999-10585 (C.S.). *Contra* : F. Dupin, « Autonomie et mandat de protection », dans Service de la formation continue, Barreau du Québec, vol. 315, *La protection des personnes vulnérables*, Cowansville, Éditions Yvon Blais, 2010, p. 123 et F. Dupin, « La multidisciplinarité, la sauvegarde de l'autonomie et la nécessité d'une approche conciliatrice », (2011) 5:2 *R.D.S.M.* 279. Pourtant, l'évaluation psychosociale est d'autant plus importante que la situation de la personne peut avoir considérablement changé entre la rédaction du mandat et la demande d'homologation (voir, par exemple, *A.B. (Dans l'affaire de)* c. *J.C.*, 2013 QCCS 4628). Au sujet des aspects pratiques et cliniques de l'évaluation, voir J. Girard, « L'évaluation psychosociale : un processus incontournable pour la sauvegarde de l'autonomie du majeur et complémentaire aux univers légal et médical », dans Service de la formation permanente, Barreau du Québec, *Les mandats en cas d'inaptitude : une panacée ?*, Cowansville, Éditions Yvon Blais, 2001, p. 45.

l'article 22 de la *Loi sur les services de santé et les services sociaux*[61]. Cette disposition implique que sur une demande d'accès au dossier, aux fins de l'ouverture d'un régime de protection, une évaluation médicale et psychosociale soit faite ; si le rapport conclut à l'inaptitude, l'accès doit être autorisé. En pratique, les évaluations sont alors communiquées sous pli confidentiel au requérant[62]. La vérification judiciaire de l'inaptitude se fait à l'occasion de l'instruction de la requête en homologation. En cas de doute sur l'inaptitude, le tribunal doit rejeter la demande[63].

781 – *L'inaptitude partielle* – La jurisprudence démontre que les tribunaux sont enclins à homologuer le mandat même s'ils constatent que l'inaptitude n'est que partielle, à la condition, toutefois, que le mandat réponde aux besoins du mandant, c'est-à-dire que les pouvoirs du mandataire soient proportionnels au degré d'inaptitude de la personne[64]. Cette pratique découle du souci de respecter les volontés du mandant[65].

Toutefois, lorsque le degré d'inaptitude ne concorde pas avec les pouvoirs accordés au mandataire, le mandat ne devrait pas être homologué. La question se pose généralement dans des cas où le mandat accorde les pleins pouvoirs alors que la personne n'est pas totalement inapte. Dans de tels cas, le tribunal doit refuser l'homologation et opter pour un régime de tutelle. Cette approche est désormais solidement ancrée dans la jurisprudence[66].

---

61. *Loi sur les services de santé et les services sociaux*, RLRQ, c. S-4.2, art. 22, al. 2.
62. Association des hôpitaux du Québec, *La protection de la personne dans un établissement de santé*, Collection « *Code civil du Québec* », Montréal, 1994, p. 53.
63. *Re Savage*, C.S. Montréal, nº 500-14-992336-907, 30 janvier 1991, juge Warren ; *Re Blanchet*, C.S. Saint-François, nº 450-14-000241-917, 3 septembre 1991, protonotaire Tremblay.
64. *L.P.* c. *F.H.*, 2009 QCCA 984 (la Cour appuie clairement le courant de pensée voulant qu'un juge doit refuser l'homologation en raison du décalage entre le degré d'inaptitude et les pouvoirs accordés dans le mandat) ; *L.P. (Dans l'affaire de)*, J.E. 2005-146, EYB 2004-81257 (C.S.) ; *Y.L.* et *Lé.L.*, B.E. 2005BE-954 (C.S.). Voir, à ce sujet, L. Laflamme, « Variations sur des thèmes connus : le mandat en prévision de l'inaptitude et la procuration générale », (2002) 2 *C.P. du N.* 103, 128 ; M. Beauchamp, « Le mandat en cas d'inaptitude : crise d'identité ? », (2005) 1 *C.P.du N.* 335, 350.
65. M. Beauchamp, « Commentaire sur la décision *P. (L.) Re* – L'homologation d'un mandat donné en prévision de l'inaptitude du mandant lorsque ce dernier n'est pas inapte de façon totale et permanente », (2005) *Repères* 339, EYB2005REP339 ; F. Dupin, « Le mandat de protection : des origines à nos jours », dans *Congrès du Barreau 2008*, Barreau du Québec, 2008.
66. *L.P.* c. *F.H.*, 2009 QCCA 984, EYB 2009-158975 ; *A.B. (Dans l'affaire de)* c. *J.C.*, 2013 QCCS 4628 ; *A.* et *C.*, B.E. 2007BE-272 (C.S.).

782 – *L'homologation du mandat* – L'initiative de l'homologation appartient au mandataire désigné. Lui seul peut présenter la requête (art. 2166, al. 2 C.c.Q.). Son consentement est essentiel, sans quoi le mandat est inopérant. La demande est portée devant un juge ou devant le greffier[67]. En cas de contestation de l'homologation (cette contestation pouvant prendre la forme d'une demande d'ouverture d'un régime de protection), le greffier doit transmettre le dossier au tribunal (art. 863 C.p.c.)[68]. Il s'agit du tribunal du district où le mandant a son domicile ou sa résidence (art. 884.1 C.p.c. ; art. 44 C.p.c.). La requête doit être signifiée à personne (art. 121 et 393 C.p.c.)[69]. Elle doit également être signifiée à une personne raisonnable de sa famille ainsi qu'au curateur public (art. 884.1, al. 2 C.p.c. ; art. 394 C.p.c.)[70]. De plus, dans le souci avoué d'associer davantage l'entourage du majeur dans tout le processus de protection, la loi donne expressément au juge ou au greffier le pouvoir de faire signifier la demande d'homologation aux proches du majeur[71]. Le *Code de procédure civile* de 2014 prévoit que les demandes relatives à un mandat de protection doivent être notifiées aux personnes désignées comme mandataires ou mandataires substituts ou comme personnes devant recevoir la reddition de compte. Les demandes doivent également être notifiées à au moins deux personnes qui sont soit de la famille du mandant, soit démontrent pour lui un intérêt particulier (art. 404 C.p.c.).

La demande d'homologation peut également être présentée à un notaire[72]. Pour les règles de procédure s'appliquant aux demandes

---

67. Le *Code de procédure civile* de 2014 prévoit cependant que le greffier n'a pas compétence, contrairement au greffier spécial (art. 71 à 73 C.p.c.).
68. Rappelons que le C.p.c. de 2014 édicte que l'homologation d'un mandat relève de la procédure non contentieuse, mais qu'en cas de contestation, le tribunal poursuit le dossier selon les règles de la procédure contentieuse (art. 304 C.p.c.).
69. Cette exigence est impérative et d'ordre public : *Prince (Re)*, B.E. 2000BE-824 (C.S.).
70. Il n'est pas nécessaire, dans la désignation de la personne « raisonnable », d'indiquer expressément ce qualificatif : *M.F.* c. *MA.-A.M.-F.*, J.E. 2000-2223, REJB 2000-21787 (C.S.), appel rejeté sur requête (C.A. Québec, n° 200-09-003350-003, 2000-12-13, REJB 2000-22740).
71. Art. 884.1, al. 3 C.p.c. et art. 269 C.c.Q. : le conjoint, les proches parents et alliés, les personnes démontrant un intérêt particulier pour le mandant ou tout autre intéressé. Pour un cas d'application, voir *L.T.* c. *Boileau*, [2001] R.J.Q. 1009, REJB 2001-23310 (C.S.).
72. Art. 863.4 et 884.7 C.p.c. (art. 312 et s. C.p.c.). Cette possibilité existe depuis que les notaires se sont vu attribuer un rôle actif dans les procédures non contentieuses avec la *Loi modifiant le Code de procédure civile en matière notariale et d'autres dispositions législatives*, L.Q. 1998, c. 51. Sur cette question, voir *supra*, le chapitre sur la tutelle.

présentées à un notaire, nous renvoyons le lecteur au chapitre sur la tutelle puisque l'intervention du notaire dans le cadre de l'homologation des mandats est la même qu'en matière de tutelle et de curatelle. Cependant, quelques règles sont spécifiques à l'homologation. Ainsi, le Code de procédure prévoit que la demande d'homologation présentée au notaire doit être signifiée par ce dernier au mandant. Cette disposition ajoute que le notaire peut convoquer une réunion si le mandant, ou une personne qui a reçu notification de la demande, le requiert. Le mandant et toutes les personnes qui ont reçu notification de la procédure doivent alors être invités à cette réunion (art. 313 C.p.c.). Le notaire doit également notifier la demande au mandataire, au mandataire substitut, lorsque le mandant en a désigné un, au curateur public, de même qu'à l'une des personnes visées par l'article 15 C.c.Q., c'est-à-dire une personne dont la loi prévoit qu'elle peut consentir aux soins de la personne inapte (art. 884.7, al. 2 C.p.c. ; art. 394 et 404 C.p.c.). Si le mandataire ou le mandataire substitut est lui-même une personne visée par l'article 15 C.c.Q., ce qui est souvent le cas, la demande doit alors être notifiée à une autre personne prévue dans l'énumération de cette disposition[73]. Enfin, lorsque le notaire confie le dossier au tribunal en raison d'une contestation d'un tiers, et que ce dernier se désiste de l'affaire, les autres parties intéressées ne peuvent réactiver la demande faite devant le notaire[74]. L'article 317, al. 3 C.p.c. introduit une nouveauté en prévoyant qu'en cas de désistement de la contestation, le tribunal renvoie le dossier au notaire qui poursuit alors ses opérations.

783 – Le but de l'homologation est triple : vérifier 1) la validité du mandat[75] ; 2) l'inaptitude du mandant et, le cas échéant, le degré d'inaptitude, 3) la capacité[76] du mandataire, incluant l'absence de

---

73. *L.T.* c. *Boileau*, [2001] R.J.Q. 1009, REJB 2001-23310 (C.S.).
74. *J.P.* et *L.P.*, B.E. 2005BE-1071 (C.S.).
75. *Québec (Curateur public)* c. *G.F.*, 2012 QCCS 2178 (mandat invalide en raison de la crainte vécue par la mandante au moment de la rédaction du mandat).
76. Le terme « capacité » utilisé ici peut être compris au sens large et le tribunal peut vérifier les compétences générales du mandataire potentiel : *M.B.* c. *D.B.*, J.E. 2005-1766, EYB 2005-95063 (C.A.), où le constat d'incompétence du mandataire constituait un motif sérieux permettant de refuser l'homologation. Voir aussi *P.S.* c. *A.S.*, B.E. 2005BE-758 où les qualifications professionnelles de la mandataire sont examinées par le tribunal ; *Y.D.* c. *L.L.*, 2011 QCCS 7420 (refus d'homologuer un mandat, en raison de l'inaptitude du mandataire résultant de ses problèmes de consommation d'alcool) ; *P.C.* c. *Québec (Curateur public)*, 2013 QCCA 1817 (refus d'homologuer un mandat en raison des faibles capacités du mandataire à comprendre les besoins du mandant).

conflits d'intérêts[77]. La requête doit être accompagnée d'une copie du mandat (art. 884.2 C.p.c. ; art. 315 C.p.c.)[78]. L'article 884.3 C.p.c. prévoit que la validité du mandat doit être vérifiée s'il est fait devant témoins (art. 315, al. 2 C.p.c.). Le tribunal doit en effet veiller au respect de toutes les formalités et, notamment, voir à ce que les témoins soient des personnes désintéressées, au sens de l'article 2167, al. 2 C.c.Q. Cela ne signifie évidemment pas que le mandat notarié ne pourrait pas être déclaré invalide. Au contraire, le tribunal peut en refuser l'homologation, par exemple, s'il est affecté d'un vice de consentement[79], si le tribunal constate que le mandant n'avait pas l'aptitude requise au moment de l'acte, même s'il s'agit d'un acte notarié[80] ou s'il conclut que le degré d'inaptitude est trop faible par rapport aux pouvoirs accordés dans le mandat. Ce dernier scénario se présente à l'occasion et la jurisprudence majoritaire conclut, avec raison, que lorsque le degré d'inaptitude ne correspond pas aux pouvoirs prévus dans le mandat, cela devrait amener le tribunal à refuser l'homologation[81]. Certains juges ont cependant accepté d'homologuer

---

77. *G.V.* c. *A.G.*, 2012 QCCS 4784 ; *L.B.* c. *J.S.*, 2009 QCCS 466. Dans *P.-J.T.* c. *Y.D.*, J.E. 2002-1300, REJB 2002-32803 (C.S.), le tribunal refuse l'homologation d'un second mandat, lui préférant un premier mandat, en raison du fait que le mandataire désigné dans le second mandat avait fait la démonstration claire de sa mauvaise gestion et administration des biens du mandant. Voir également *P.J.* c. *V.D.*, 2012 QCCS 1465 ; *L.A.* et *B.S.*, J.E. 2006-1104, EYB 2006-103182 (C.S.) ; *J.M.* c. *M.M.*, 2007 QCCS 3348, EYB 2007-122080, par. 20.
78. La copie du mandat et l'évaluation médicale et psychosociale doivent être déposées au greffe au moins dix jours avant la date de l'audition, art. 878.2 C.p.c. L'absence de l'évaluation psychosociale fait obstacle à la demande d'homologation : *D. (J.)* c. *D. (L.)*, REJB 1999-10585 (C.S.).
79. En ce sens, voir *M.L.* et *J.G.*, 2013 QCCS 5811 ; *Re Bédard*, C.S. Montréal, nº 500-14-001920-909, 19 novembre 1990, juge Nolin. Dans cette cause, le tribunal estime que dès que la validité du mandat est mise en doute par une preuve *prima facie*, le fardeau de la preuve incombe à la partie qui soutient que l'acte est valide (p. 9 du jugement). Voir également *Re Quintal*, C.S. Bedford, nº 460-14-000062-942, 22 mars 1993, juge Savoie, cité par F. Dupin, *loc. cit.*, note 48, p. 44.
80. *J.M.* c. *C.M.*, B.E. 2001BE-54 (C.S.). Le fait d'avoir incité le mandant à faire un mandat en prévision de son inaptitude ne met pas automatiquement le mandataire en situation de conflit d'intérêts : *Nault* c. *N. (M.H.)*, J.E. 99-1446, REJB 1999-13054 (C.S.). Par contre, constitue un vice de consentement le fait que le mandant ait été victime de captation au moment de la signature : *L.S.* c. *M.P.*, J.E. 2005-1168, EYB 2005-89786 (C.S.).
81. *G. (J.)* c. *G. (G.)*, J.E. 99-279, REJB 1998-10744 (C.S.) ; *A.D.* et *C.C.*, B.E. 2004BE-498 (C.S.) ; *S.* c. *T.*, [1997] R.L. 254 (C.S.) ; *P.B. (S.)* c. *B.F.*, EYB 2006-105828 (C.S.) : dans ces deux derniers cas, le tribunal refuse l'homologation du mandat pour faire plutôt droit à une demande d'ouverture d'un régime de protection qui est mieux adapté au degré d'inaptitude de la personne inapte ; F. Dupin, « Chronique. Protection des personnes inaptes : l'intérêt et l'autonomie du majeur protégé », (1997) 57 *R. du B.* 159. *Contra* : *P. (L.) Re*, EYB 2005REP339 (C.S.) et M. Beauchamp, « Le mandat en cas d'inaptitude : crise d'identité ? »,

des mandats prévoyant des pouvoirs identiques à ceux d'un curateur alors que la personne n'était pas totalement inapte au moment de la demande d'homologation[82]. Admettre que le mandat avec pleins pouvoirs puisse être homologué, alors que la personne jouit encore d'un certain degré d'autonomie, revient à accepter l'idée qu'une personne peut valablement renoncer à son inaptitude résiduelle alors que, comme nous l'avons vu plus haut, seul un texte de loi clair peut introduire une diminution de la capacité des personnes.

Le tribunal dispose des pouvoirs nécessaires en matière d'administration de la preuve dans le cadre des demandes d'homologation[83]. En réalité, les « motifs sérieux » pouvant entraîner la révocation du mandat (art. 2177 C.c.Q.) permettent au tribunal d'en refuser l'homologation[84] puisque le mandat de protection est un mécanisme au seul service du majeur inapte ayant besoin de protection. L'intérêt du majeur est donc au centre de cet exercice[85]. Le tribunal n'a cependant pas le pouvoir de modifier le contenu du mandat[86]. Finalement, il est logique, en cas de pluralité de mandats, que le tribunal donne la préférence au mandat le plus récent[87] puisque l'objectif de ce mécanisme est de donner suite à la volonté de la

---

(2005) 1 *C.P. du N.* 335, 349-350 ; F. Dupin, « La multidisciplinarité, la sauvegarde de l'autonomie et la nécessité d'une approche conciliatrice », (2011) 5:2 *R.D.S.M.* 279.

82. *C.L.* c. *M.L.*, 2008 QCCS 591, EYB 2008-129874 (C.S.).
83. Voir les articles 863.1, 878.3 et 884.4 C.p.c. (art. 309 et 315 C.p.c.).
84. *S.D.* c. *Ma.P.*, 2013 QCCS 612 ; *L.B.* c. *J.S.*, 2009 QCCS 466 ; *P.J.* c. *V.D.*, 2012 QCCS 1465 ; *Dans l'affaire de A.* et *Curateur public*, EYB 2007-117959 (C.S.) ; *A.* c. *B. et C.*, EYB 2006-113767 (C.S.).
85. *N.G.* c. *B.G.*, 2010 QCCS 3063. *P.L. (Re)*, 2011 QCCS 6760 (le tribunal, guidé par l'intérêt du majeur, doit en principe faire primer le mandat de protection sur un éventuel régime de protection) ; *M.C.* c. *H.A.*, 2013 QCCS 514 (même si un mandat subséquent doit généralement l'emporter sur un mandat antérieur, l'intérêt du mandant doit primer ; en l'espèce, la mandataire nommée dans le mandat le plus récent n'est pas en mesure de s'occuper de sa mère qui, de surcroît, n'avait pas la capacité d'accorder un tel mandat à l'époque) ; *L.O.* et *S.L.*, 2011 QCCS 5476 ; *E.S.* c. *S.K.*, 2010 QCCS 62.
86. *B. (N.)* c. *B.-B. (Y.)*, J.E. 99-221, REJB 1998-09744 (C.S.) ; *G. (G.)* c. *B. (J.)*, J.E. 98-215, REJB 1997-07022 (C.S.) ; *L.S.* c. *F.R.*, B.E. 2006BE-747 (C.S.) ; F. Dupin, « État de la jurisprudence en matière de mandats en prévision de l'inaptitude », dans Service de la formation permanente, Barreau du Québec, *Les mandats en cas d'inaptitude : une panacée ?*, Cowansville, Éditions Yvon Blais, 2001, p. 1, 8. Voir aussi E. Pinard et J. Brisson, « Homologation du mandat de protection en cas d'inaptitude partielle : Les clauses sont-elles la solution ? », dans *Congrès du Barreau 2010*, Barreau du Québec, 2010. Sur la question des clauses modulatrices, voir, *infra*, le paragraphe « Le mandat peut-il prévoir une « clause de pondération » ? ».
87. À condition, bien sûr, que le mandant ait été apte au moment de sa signature : *H.B.* c. *M.-J.S.*, EYB 2006-108094 (C.S.).

personne et que l'on peut présumer que le mandat qui est le dernier en date reflète plus justement cette volonté[88]. Il peut donc être important pour le mandant, tant qu'il est apte, de revoir périodiquement les modalités de son mandat afin que ce dernier soit adapté à la réalité changeante du mandant[89]. Rappelons qu'en cas de refus d'homologation, si la personne est inapte et a besoin de protection, le tribunal devra *proprio motu* ouvrir un régime de protection[90].

784 – La question s'est posée de savoir si les mandats rédigés avant le 15 avril 1990, date d'entrée en vigueur de la nouvelle *Loi sur le curateur public*, étaient valides en l'absence de dispositions législatives transitoires à cet égard. La jurisprudence a répondu par l'affirmative en acceptant l'homologation de ces mandats précoces[91]. Cette solution est logique puisque le mandat de protection ne devient effectif que par l'homologation.

785 – *L'instruction de la demande d'homologation* – Les règles de procédure relatives à l'ouverture des régimes de protection prévues par les articles 878 à 878.3 C.p.c. (art. 302 à 320 et 391 à 394 C.p.c.), à l'exception de la communication de l'interrogatoire, s'appliquent à l'homologation du mandat (art. 884.4 C.p.c.). Le juge, le greffier ou le notaire[92] doit interroger le majeur, sauf si son état de santé rend l'interrogatoire manifestement déraisonnable[93]. La règle est donc que le majeur a le droit de se faire entendre. Ce n'est que dans des cas

88. *Clément* c. *Cartier*, REJB 1999-14546 (C.S.) ; *G.D.* c. *R.D.*, [2006] R.J.Q. 1442, EYB 2006-103624 (C.S.). *N.G.* c. *B.G.*, 2010 QCCS 3063 (dans le cas de l'homologation du mandat en prévision de l'inaptitude le plus récent, l'intérêt du mandant est au cœur du processus d'homologation. La Cour soulève la dynamique familiale comme un élément d'appréciation qui doit être considéré) ; *E.S.* c. *S.K.*, 2010 QCCS 62 ; *L.O.* et *S.L.*, 2011 QCCS 5476.

89. L. Laflamme, « Variations sur des thèmes connus : le mandat en prévision de l'inaptitude et la procuration générale », (2002) 2 *C.P. du N.* 103, 114. L'auteure évoque la possibilité d'assortir le mandat d'une clause de péremption ou d'une clause de révision périodique.

90. *A.B. (Dans l'affaire de)* c. *J.C.*, 2013 QCCS 4628 ; *L.P.* c. *F.H.*, 2009 QCCA 984 ; *G.D.* c. *Ge.D.*, 2012 QCCS 2284, et *M.J.* c. *E.F.*, 2011 QCCS 3980.

91. *Brière* c. *Bruchési*, C.S. Longueuil, nº 505-14-000137-900, 18 juillet 1990, juge Gratton ; *Tremblay* c. *Claveau*, C.S. Chicoutimi, nº 150-14-000095, 9 août 1990, juge Simard ; *Potvin* c. *Potvin*, C.S. Québec, nº 200-14-000546-900, 27 août 1990, juge R.W. Dionne, jugements cités dans G. Guay, « Questions pratiques concernant le mandat donné dans l'éventualité de l'inaptitude et les régimes de protection aux majeurs inaptes », (1990) *C.P. du N.* 155, 165.

92. Dans ce cas, le notaire doit dresser un procès-verbal en minute relatant l'interrogatoire du mandant : art. 884.8 C.p.c. (art. 391 C.p.c.).

93. Art. 878 et 884.8 C.p.c. (art. 391 C.p.c.). La Cour d'appel interprète très rigoureusement cette obligation d'interroger la personne (*H.G.* c. *S.G.*, 2011 QCCA 61 ; *Québec (Curateur public)* c. *C.G.*, 2012 QCCA 1064 ; *J.C.* c. *Québec (Curateur public)*, 2010 QCCA 1113).

exceptionnels, sur la foi d'évaluations médicales et psychosociales très probantes, que l'on pourra passer outre à cette règle de justice fondamentale. L'objectif de l'interrogatoire, que ce soit par le juge, le greffier ou le notaire, est la vérification de la réalité et du degré de l'inaptitude de la personne à prendre soin d'elle-même ou à administrer ses biens. En ce qui concerne le rôle du notaire, ce sont les règles relatives aux procédures non contentieuses, de même que celles relatives à la tutelle qui trouvent à s'appliquer. Il faut ajouter à cela que le notaire doit obtenir les évaluations médicale et psychosociale, de même que l'original ou une copie authentique du mandat dont il doit vérifier l'existence. S'il s'agit d'un mandat devant témoins, le notaire doit également en vérifier la validité (art. 884.8 C.p.c., art. 315 C.p.c.).

Les pouvoirs d'instruction du juge et du greffier sont très étendus. L'article 878.1 C.p.c. (art. 90 C.p.c.) leur permet d'appliquer les règles relatives à la représentation et à l'audition des mineurs et des majeurs qui font l'objet d'une demande d'ouverture d'un régime de protection : nomination d'un tuteur *ad hoc*, ordonnance afin d'assurer la représentation par procureur[94], interrogatoire hors de la présence des autres parties, possibilité d'accompagnement par une personne de confiance et interrogatoire hors prétoire (art. 394.1 à 394.5 C.p.c. ; art. 160, 290, 291 et 310 C.p.c.). De plus, celui qui préside l'instruction de la demande peut ordonner la production de toute preuve additionnelle ainsi que l'assignation de témoins supplémentaires (art. 878.3 C.p.c. ; art. 309 C.p.c.). Le juge pourrait ordonner une nouvelle évaluation psychologique s'il s'estime insuffisamment éclairé par les expertises au dossier[95]. En effet, ce dernier n'est pas lié par les évaluations médicales et psychosociales déposées et il peut, pour en déterminer la valeur probante, tenir compte notamment du contexte dans lequel elles ont été faites[96] ou de leur contemporanéité avec l'instruction[97]. Ce rôle inquisitoire du juge est justifié par l'impératif de protection des personnes en situation de précarité, un peu comme

---

94. Pour une application des articles 394.1 et 878 C.p.c., voir *B.V.* c. *O.C.*, J.E. 2005-1595, EYB 2005-92960 (C.S.).
95. *Lévesque* c. *Ouellet*, [1990] R.J.Q. 2607, EYB 1990-76705 (C.S.). En l'espèce, il s'agissait d'une demande de tutelle, mais il est possible de transposer la règle aux demandes d'homologation d'un mandat de protection car l'article 878.3 C.p.c. (art. 309 C.p.c.) s'applique aux deux.
96. *J.F.* c. *J.-M.F.*, J.E. 2006-1504, EYB 2006-107597 (C.S.) où le tribunal considère comme pertinent le fait que le mandant était aux prises avec certaines difficultés familiales temporaires expliquant les conclusions du rapport médical qui concluait à l'inaptitude.
97. Des rapports remontant à plus d'un an sont écartés par le tribunal dans *L.S.* c. *F.R.*, B.E. 2006BE-747 (C.S.).

dans le contentieux familial où c'est bien le souci de protection des personnes (en premier lieu, des enfants) qui a amené le législateur à remodeler le rôle du juge. Par contre, le notaire saisi d'une demande d'homologation ne dispose pas de ces pouvoirs étendus. Dans tous ces scénarios, il est obligé de se dessaisir du dossier et de le transférer au tribunal compétent (art. 878.1 et 863.8 C.p.c. ; l'article 316 C.p.c. prévoit qu'une fois le représentant – avocat, notaire, tuteur *ad hoc* ou curateur *ad hoc* – en fonction, le notaire saisi de la procédure principale peut continuer à agir en l'absence d'opposition ; quant à l'article 317 C.p.c., rappelons qu'il édicte qu'en cas de désistement de la contestation, le tribunal renvoie le dossier au notaire qui reprend les opérations. Il s'agit donc de deux scénarios qui illustrent bien l'accent que met le *Code de procédure civile* de 2014 sur l'importance de la continuité dans les procédures et la préférence du législateur pour la procédure non contentieuse dans le domaine de la protection des personnes). C'est également au stade de l'homologation que le tribunal peut être amené à analyser des allégations de conflits d'intérêts entre la personne à protéger et le futur mandataire[98]. En cas de refus d'homologation, par exemple en raison du constat d'un conflit d'intérêts, le tribunal pourrait désigner le curateur public comme représentant provisoire de la personne en attendant l'ouverture d'un régime de protection[99].

786 – *Qui s'occupe de l'inapte et de ses biens avant l'homologation ?* – Entre le moment où survient l'inaptitude et celui où le mandat est homologué, le mandant peut avoir besoin de protection, tant pour sa personne que pour son patrimoine. S'il s'agit de soins de santé, l'article 15 C.c.Q. y pourvoit. Quant aux questions patrimoniales, le mandataire pourrait se prévaloir des dispositions en matière de gestion d'affaires (art. 1482 et s. C.c.Q.), donc représenter valablement le mandant pendant cette période transitoire. Le professeur C. Fabien soutient qu'une interprétation généreuse de l'article 2168 C.c.Q. devrait permettre d'appliquer l'article 272 C.c.Q. au mandat de

98. *M. (M.-C.)* c. *G. (M.)*, J.E. 97-350, EYB 1996-85427 (C.S.) ; *A.B.* c. *Y.L.*, J.E. 2004-532, EYB 1996-85427 (C.S.) ; *J.G.-B.* c. *P.D.*, B.E. 2004BE-339 (C.S.) et *L.A.* et *B.S.*, J.E. 2006-1104, EYB 2006-103182 (C.S.). Dans *R.L.* c. *T.B. (G.L.* c. *T.B.)*, B.E. 2005BE-782 (C.S.), la Cour souligne qu'un manque de transparence de la part du mandataire ne suffit pas en soi pour refuser l'homologation ; *G.V.* c. *A.G.*, 2012 QCCS 4784 (la Cour souligne ici que le désir d'un mandataire de s'investir pour des raisons superficielles justifie le refus d'homologation).
99. *G.S.* c. *S.C.*, B.E. 2000BE-1069 (C.S.).

protection[100]. Cette question est réglée depuis l'ajout, en 2002, de l'article 2167.1 C.c.Q. qui permet au tribunal, en cours d'instance ou même avant si une demande d'homologation est imminente, de rendre toute ordonnance nécessaire à la protection et la représentation de la personne, de même qu'à l'administration de ses biens. Il s'agit donc d'un mécanisme calqué sur celui qui existe en matière de tutelle et de curatelle. Mais qu'en est-il du mandat « ordinaire » qui est en cours d'exécution au moment où survient l'inaptitude ? Certains soutiennent que ce mandat continue de produire ses effets pendant l'instance[101]. Cette solution n'est pas satisfaisante, car le mandant n'a plus aucune possibilité de contrôler le mandataire, que ce soit en lui demandant des comptes ou tout simplement des informations. Il est préférable de baser le droit et l'obligation d'agir du mandataire sur l'article 2182 C.c.Q. : le mandat ayant pris fin par l'inaptitude du mandant, le mandataire est néanmoins tenu de continuer sa mission, qui sera toutefois réduite aux actes urgents[102]. Le seul mandat compatible avec l'inaptitude du mandant est celui qui a été fait en prévision de cette inaptitude, tel qu'institué par le Code[103]. La réforme du Code civil en 2002[104] apporte une réponse partielle à cette incertitude en introduisant un mécanisme inspiré de celui prévu par l'article 273 C.c.Q. et en prévoyant donc que l'acte par lequel le mandant avait chargé une personne de l'administration de ses biens continue de produire ses effets pendant l'instance à moins que le tribunal ne le révoque pour motif sérieux (art. 2167.1 C.c.Q.)[105]. Le mandant pourra notamment avoir prévu une « procuration générale avec clause d'inaptitude », document qui combine la procuration générale et le mandat de protection. Un tel document permet au mandataire d'assumer l'administration des biens du mandant jusqu'à l'homologation du mandat, date à laquelle il commen-

---

100. C. Fabien, *loc. cit.*, note 9, p. 965. L'auteur élabore sur les questions pratiques relatives à la période critique de transition entre la survenance de l'inaptitude et l'homologation du mandat. Voir également F. Dupin, *loc. cit.*, note 86, p. 7 ; L. Laflamme, « Variations sur des thèmes connus : le mandat en prévision de l'inaptitude et la procuration générale », (2002) 2 *C.P. du N.* 103, 110 et *A.L. (Succession d')*, J.E. 2006-958, EYB 2006-102113 (C.S.).

101. G. Guay, *loc. cit.*, note 91, p. 164.

102. En ce sens, voir C. Fabien, « Passage du mandat ordinaire au mandat de protection », (2001) *R. du B. can.* 932-933.

103. *Ibid.*, p. 931.

104. *Loi modifiant le Code civil et d'autres dispositions législatives*, L.Q. 2002, c. 19 (entrée en vigueur le 13 juin 2002, en vertu de l'article 21 de cette loi).

105. *C.B.* c. *F.D.*, J.E. 2005-2174, EYB 2005-96618 (C.S.) ; L. Laflamme, R.P. Kouri et S. Philips-Nootens, *Le mandat en cas d'inaptitude : de l'expression de sa volonté à sa mise en œuvre*, Cowansville, Éditions Yvon Blais, 2008, p. 92-97.

cera à se charger également de la personne du mandant[106]. Cette possibilité n'existe toutefois que dans les scénarios où une demande d'homologation est devant les tribunaux. L'article 2167.1 C.c.Q. ne constitue pas un blanc-seing pour le détenteur d'une procuration qui, le mandant devenu inapte, s'estime dûment mandaté pour continuer son rôle de représentant. Dans un tel cas, cette personne agit sans droit puisque la procuration, même si elle inclut une « clause d'inaptitude », devient inopérante par la survenue de l'inaptitude factuelle du mandant[107]. Dans un tel scénario, seules deux solutions sont possibles : soit le mandataire demande l'homologation du mandat de protection s'il en existe un, soit il demande l'ouverture d'un régime de protection. Accepter que la procuration générale « survit » à la survenance de l'inaptitude du mandant, reviendrait tout simplement à nier l'existence des règles en matière de protection des majeurs inaptes et à esquiver le rôle essentiel des tribunaux en la matière. Rappelons, en effet, que l'enjeu est celui de la protection des personnes et que le contrôle judiciaire s'impose lorsqu'il s'agit de nier à une personne le droit d'exercer elle-même ses droits civils. La vérification par le tribunal de la réalité de l'inaptitude est donc un impératif juridique et social. Quant à la situation où un tiers administrait les biens de la personne avant l'ouverture d'un régime ou avant l'homologation d'un mandat en cas d'inaptitude, sans avoir été formellement chargé de le faire dans un acte juridique, il doit être considéré, s'il continue cette administration pendant l'instance, comme un administrateur de fait qui, à ce titre, est tenu des obligations prévues par les dispositions du Code civil en matière d'administration des biens d'autrui[108].

787 – Le jugement d'homologation doit être signifié au mandant et au curateur public (art. 863.3 C.p.c. ; art. 336 C.p.c.). Ce dernier tient un registre des mandats homologués[109]. Cela participe de sa mission

106. L. Laflamme, « Variations sur des thèmes connus : le mandat en prévision de l'inaptitude et la procuration générale », (2002) 2 *C.P. du N.* 103, 109.
107. La jurisprudence abonde en ce sens. Voir, par exemple, *S. (D.)* c. *D. (A.) et al.*, EYB 2004-53869 (C.S.), par. 43 et 46.
108. En ce sens, M. Cantin Cumyn et M. Cumyn, *op. cit.*, note 5, par. 136.
109. *Loi sur le curateur public*, RLRQ, c. C-81, art. 54. Le contenu du registre est déterminé par le *Règlement d'application de la Loi sur le curateur public*, D. 361-90, (1990) *G.O.Q.* II, 941, art. 7 et 7.1 (D. 787-2004). Les principaux renseignements qui apparaissent au registre sont les nom et prénoms du mandant et du mandataire, la date du mandat et sa nature, ainsi que la date et le numéro du jugement d'homologation. S'y ajoutent, le cas échéant, la date de la fin du mandat ainsi que la date et le numéro du jugement de révocation du mandat. F. Dupin, *loc. cit.*, note 60 et C. Fabien, *loc. cit.*, note 9.

générale de contrôle et de protection des inaptes et des régimes de représentation.

Comme mentionné plus haut, le jugement concernant un régime de protection est toujours susceptible de révision par le majeur en vertu de l'article 277 C.c.Q. La jurisprudence indique qu'une interprétation téléologique des articles 492 et 493 C.p.c. permet de conclure que le jugement sur l'homologation est également appelable de plein droit par le majeur inapte en vertu de l'alinéa 1(6)d) de l'article 26 et l'article 492 C.p.c., lorsque les mandataires refusent d'exercer ce droit au nom du mandant[110]. L'article 351 C.p.c. confirme cette interprétation puisqu'il énonce que « le droit d'appel appartient à toute partie au jugement de première instance qui y a intérêt ». Or ces deux conditions sont réunies : le majeur est partie au jugement et nul ne contestera que son intérêt est directement touché par celui-ci.

§2 – Les effets du mandat homologué

A. La protection du mandant

788 – *La nature juridique du régime résultant de l'homologation du mandat* – Dès l'homologation, le mandataire acquiert sur la personne ou sur les biens du mandant les pouvoirs expressément prévus à l'acte. Dans la même mesure, le mandant devient juridiquement incapable[111]. Le degré d'incapacité du mandant dépend donc de l'ampleur des pouvoirs accordés dans le mandat. Ce dernier constitue « une certaine forme de régime de protection des personnes inaptes »[112]. Tout comme les régimes de protection, le mandat de protection n'a d'effet que par l'intervention du tribunal. Cette garantie est essentielle, car « l'exécution d'un tel mandat équivaut à une déclaration d'inaptitude du mandant »[113]. Nous sommes d'avis que l'homologation du mandat ouvre un véritable régime de protection, même si

110. *Heenan, Blaikie, s.r.l.* c. *Robert*, J.E. 2003-1491, REJB 2003-46335 (C.S.). Voir toutefois *Bernatchez* c. *Auger*, EYB 2003-45470 (C.Q.), où le tribunal juge qu'une personne déclarée inapte ne peut légalement confier un mandat professionnel.
111. Dans l'affaire *Re Bédard* (précitée, note 79), le tribunal qualifie le mandat homologué de véritable régime de protection à l'endroit du majeur (p. 1, 2 et 8).
112. *Comm.*, p. 1339.
113. *Comm.*, p. 1361.

ce régime marque, à certains égards, des différences notoires d'avec les régimes de tutelle et de curatelle. Ce principe est désormais accepté par les courants doctrinal et jurisprudentiel dominants[114]. La plupart des auteurs s'accordent pour affirmer que le majeur dont le mandat de protection a été homologué (art. 2131 et 2166 C.c.Q.) est frappé d'incapacité juridique et que le mandat homologué donne naissance à un régime de protection[115]. Certains auteurs estiment, au contraire, que le cas du majeur qui, en application des articles 2131 et 2166, a donné un mandat en prévision de son inaptitude à prendre soin de lui-même ou à administrer ses biens, semble devoir être assimilé à une « incapacité naturelle »[116]. Cette interprétation se comprend dans la mesure où le cas du mandat de protection ne fait pas partie des situations décrites au chapitre des régimes de protection des majeurs inaptes. Pourtant, nous croyons que le majeur dont le mandat a été homologué est frappé d'une incapacité juridique d'exercice et qu'à ce titre, il bénéficie d'un régime de protection particulier. En effet, dès l'instant de l'homologation judiciaire (qui ne peut être prononcée qu'après vérification de l'état d'inaptitude), s'ouvre un véritable régime de protection. La grande différence avec les autres régimes réside dans le fait que le majeur a pu lui-même, à l'époque de son aptitude, décider des modalités du régime de protection[117]. Il

114. Voir notamment D. Lluelles et B. Moore, *Droit des obligations*, Montréal, Éditions Thémis, 2012, par. 1022-1047 ; C. Fabien, « Le mandat de protection en cas d'inaptitude du mandant : une institution à parfaire », (2007) 1 *C.P. du N.* 405-438.

115. Voir notamment F. Dupin, « La protection des personnes inaptes : l'intérêt et l'autonomie du majeur protégé », (1997) 57 *R. du B.* 159 ; L. Laflamme, R.P. Kouri et S. Philips-Nootens, *op. cit.*, note 54, p. 99 ; B. Lefebvre, « L'étrange « mandat » qu'est celui donné en prévision de l'inaptitude : lorsque la volonté occulte la finalité », dans G. Bras Miranda et B. Moore (dir.), *Mélanges Adrian Popovici : Les couleurs du droit*, Montréal, Éditions Thémis, 2010, p. 75, 85 ; D. Lluelles et B. Moore, *op. cit.*, note 114, p. 526 ; M. Cantin Cumyn et M. Cumyn, *L'administration du bien d'autrui*, dans *Traité de droit civil*, 2e éd., Cowansville, Éditions Yvon Blais, 2014, par. 119 ; J. Lambert, « La genèse du mandat de protection et quelques autres considérations », dans Service de la formation permanente, Barreau du Québec, *Les mandats en cas d'inaptitude : une panacée ?*, Cowansville, Éditions Yvon Blais, 2001, p. 83 ; C. Fabien, « Le mandat de protection en cas d'inaptitude du mandant : une institution à parfaire », (2007) 1 *C.P. du N.* 405-438.

116. J. Pineau, D. Burman et S. Gaudet, *Théorie des obligations*, 4e éd., Montréal, Éditions Thémis, 2001, p. 234 et s.

117. L'étude des travaux parlementaires à l'occasion de l'adoption de la *Loi sur le curateur public* en 1989 démontre d'ailleurs clairement que loin de vouloir diminuer la protection des personnes qui auraient fait un mandat en cas d'inaptitude, le législateur entendait au contraire augmenter leur protection en leur permettant de choisir elles-mêmes leur futur représentant (*Débats de l'Assemblée nationale*, 33e session, 1988-1989, 31 mai 1989, p. 6130-6140).

s'agit d'un régime de représentation privé dont l'ouverture demeure subordonnée à la survenance d'une incapacité de fait, après constat par l'autorité judiciaire.

789 – Ceux qui soutiennent que le mandat en prévision de l'inaptitude n'ouvre pas un régime de protection tirent argument du fait que le Code permet la coexistence du mandat homologué et d'un régime de protection, et qu'il distingue expressément les deux mécanismes (notamment en faisant figurer le mandataire désigné par le majeur dans la liste des personnes autorisées à demander l'ouverture d'un régime de protection : art. 269 C.c.Q.). On peut répondre à cela qu'il est évident que le mandat homologué n'ouvre pas un régime de protection au sens des articles 256 et suivants C.c.Q. puisque ces dispositions ne visent que la curatelle, la tutelle et l'assistance d'un conseiller. Cela n'empêche pas, pour autant, de conclure que le mandat homologué ouvre un régime de protection de même nature que ceux expressément prévus par les articles 256 et suivants C.c.Q. Nous persistons à croire que la nature contractuelle du mandat ne constitue pas un obstacle à cette conclusion puisqu'en réalité ce « régime de protection » n'entre en œuvre que par le constat judiciaire de l'inaptitude et l'homologation du mandat. Le fait que le tribunal ne peut pas s'immiscer dans la conduite normale des affaires du mandataire (comme en a justement décidé la Cour d'appel[118]) ne devrait pas signifier que le mandant ne bénéficie pas d'un régime équivalent à un régime de protection. Le tribunal ne pourrait d'ailleurs pas plus reconsidérer les décisions d'un curateur ou d'un tuteur pour leur substituer sa propre décision qu'il jugerait plus opportune. Il ne faut pas oublier que l'objectif du législateur, en introduisant le mécanisme du mandat de protection, n'était pas de réduire la protection des personnes inaptes mais, au contraire, de faciliter la mise en place de mesures de protection efficaces et, surtout, d'alléger les formalités et de réduire les aléas des procédures de nomination des curateurs et des tuteurs. La jurisprudence n'hésite d'ailleurs pas à faire le lien entre le mandat de protection et les régimes de protection[119]. Dans le cas de

118. *C.D.* et *F.D.*, 2010 QCCS 1907, *Alloi-Lussier* c. *Centre d'hébergement Champlain*, [1997] R.J.Q. 807, REJB 1997-00104 (C.A.) ; également *A.* c. *B. et al.*, EYB 2006-112860 (C.S.). *Contra* : certains auteurs s'appuient sur le principe de non-immixtion du tribunal dans la conduite des affaires du mandataire, pour avancer que le mandat homolgué n'ouvre pas un régime de protection : L. Laflamme, R.P. Kouri et S. Philips-Nootens, *op. cit.*, note 54, p. 14.

119. Voir, par exemple, *L.R.* c. *É.L.*, J.E. 2001-342, REJB 2000-22379 (C.S.), où le tribunal, dans le cadre d'une requête d'homologation d'un mandat, rappelle que sa décision doit être prise à la lumière des articles 256 et 2166 C.c.Q., en soulignant qu'« il va de soi que *mutatis mutandis*, il doit être tenu compte des dispositions des articles 256 et suivants du *Code civil du Québec* » ; voir également *B. (M.P.)* c. *F. (R.)*, REJB 1999-14637 (C.S.), où le tribunal conclut que le mandat homologué ouvre ni plus ni moins un régime de protection privé ; F. Dupin, « Le mandat de protection : des origines à nos jours », dans *Congrès du Barreau 2008*, Barreau du Québec, 2008.

l'incapacité naturelle ou de fait, il appartient à celui qui entend l'invoquer, de démontrer son existence au moment précis où le consentement contesté a été donné. Il en va autrement en présence d'un mandat de protection. Ainsi, la personne représentée peut même obtenir éventuellement l'annulation d'un acte fait avant l'homologation du mandat, sur la seule preuve que l'inaptitude était notoire ou connue du contractant, non pas au moment de l'acte, mais à l'époque où les actes ont été passés, ce qui illustre bien la mise en place d'un régime de protection exorbitant du droit commun (art. 2170 C.c.Q.). Cette constatation a des incidences pratiques importantes. Ainsi, le majeur représenté est une personne « protégée » au sens de la loi et doit donc pouvoir bénéficier des règles particulières en matière de restitution (art. 1706 C.c.Q.). De plus, lorsque la loi impose à une personne de vérifier la capacité d'une partie à un acte, comme c'est le cas pour les notaires ou les arpenteurs-géomètres[120], cette obligation implique également la vérification de l'éventuelle homologation d'un mandat de protection[121]. Il ne nous paraît donc pas souhaitable de réduire le statut de la personne protégée par un mandat homologué, à une sorte de régime de protection de seconde zone (en lui faisant perdre le bénéfice, notamment, de l'article 1706 C.c.Q. en cas d'annulation d'un acte). La finalité du mandat de protection, selon nous, en fait un régime de protection, à part entière, une fois qu'il a été homologué par le tribunal[122].

B. Obligations des parties[123]

1) Obligations du mandataire

790 – *Envers le mandant* – Les obligations spécifiques du mandataire découlent avant tout de l'objet du mandat et elles sont donc prévues à l'acte. Pour le reste, le mandataire est tenu aux mêmes obligations qu'un mandataire ordinaire[124] et qu'un administrateur des biens d'autrui. À ce titre, tout comme le tuteur ou le curateur, il est tenu

---

120. Art. 2988, 2989, 3009 C.c.Q.
121. Sur cette question, voir *supra*, « La vérification de la capacité ».
122. En ce sens, C. Fabien souligne que l'intention du législateur est claire et que « lorsqu'il précise à l'article 2131 C.c.Q., la finalité du mandat, il reprend les mêmes termes que ceux qui décrivent la finalité des autres régimes de protection du majeur, à l'article 256 C.c.Q. : ils visent à assurer la protection de la personne du majeur inapte, l'administration de ses biens et « en général son bien-être moral ou matériel », renchérit l'article 2131 C.c.Q. » : « Le mandat de protection en cas d'inaptitude du mandant : une institution à parfaire », (2007) 1 *C.P. du N.* 405-438.
123. Dans cette partie qui relève essentiellement du droit des contrats, nous nous limitons à énoncer les quelques règles principales et nous renvoyons le lecteur aux multiples écrits doctrinaux sur le mandat en général.
124. Art. 2138 à 2148 C.c.Q. ; *Droit de la famille – 122561*, 2012 QCCS 5063, EYB 2012-212769.

d'accomplir sa tâche « avec prudence et diligence », « honnêteté et loyauté » (art. 2138 C.c.Q.)[125], ce qui implique qu'il ne peut se mettre en situation de conflit d'intérêts[126]. S'agissant d'un mandat de protection, le mandataire se voit également imposer l'obligation d'agir dans le respect du bien-être moral et matériel du mandant (art. 2131 C.c.Q.), ainsi que des volontés exprimées par le mandant[127]. Dans tous les cas, sauf exception dictée par l'intérêt du mandant ou autorisation de ce dernier, il doit agir lui-même. Il s'agit d'une charge personnelle à caractère *intuitu personæ* (art. 2140 C.c.Q.)[128].

En contrepartie, le mandataire jouit d'une certaine liberté d'action dans le cadre de son mandat et que le Code civil ne permet pas au tribunal, lorsque le mandat est homologué et non contesté, de contrôler l'opportunité des décisions du mandataire pour y substituer ses propres décisions, fût-ce même au nom du respect de l'autonomie du mandant[129]. En matière de mandat de protection, le tribunal n'a donc pas plus le pouvoir de s'immiscer dans la conduite des affaires du mandataire qu'il ne pourrait le faire dans le cadre d'un mandat ordinaire[130]. Par ailleurs, le mandataire n'est pas soumis, comme le

---

125. *L.B.* c. *J.S.*, 2009 QCCS 466. La Cour traduit l'exigence de l'article 2138 C.c.Q. comme créant l'obligation pour le mandataire de faire de son mieux. Contrairement au tuteur, le mandataire n'est pas tenu de dresser un inventaire ou de faire des rapports annuels. Il sera toutefois bien avisé d'en dresser un au début de son mandat, car il est responsable de son administration et il doit rendre compte lorsqu'elle prend fin (art. 2184 C.c.Q.). Voir M. Ouellette, *loc. cit.*, note 9, p. 40 et G. Guay, *loc. cit.*, note 91, p. 165.
126. Pour un cas d'application, voir l'article 2147 C.c.Q. Voir aussi *J.T.* c. *G.T.*, [2003] R.J.Q. 482, REJB 2002-36029 (C.S.), pour une discussion sur le rôle du mandataire en général et du devoir du tribunal en cas de conflit d'intérêts. D. Chalifoux met en garde contre les conflits potentiels lorsque le mandataire est héritier du mandant et mandataire aux biens : « Les directives préalables de fin de vie et les pouvoirs publics » dans Service de la formation permanente, Barreau du Québec, *Pouvoirs publics et protection*, Cowansville, Éditions Yvon Blais, 2003, p. 1-54 ; *G.D.* c. *Ge.D.*, 2012 QCCS 2284 (dans cette affaire, l'un des mandataires fait signer, à l'insu des deux autres, un testament par la mandante).
127. *Alloi-Lussier* c. *Centre d'hébergement Champlain*, [1996] R.J.Q. 311, EYB 1995-29188 (C.S.) ; *J.A.* c. *G.L.*, 2008 QCCS 3018 (le mandat homologué fut révoqué puisque les mesures qui avaient été mises en place avaient eu pour effet d'isoler la personne inapte) ; *M.L. et J.G.*, 2013 QCCS 5811 (refus d'homologation en présence de conflits familiaux entraînant d'importantes divergences de vues quant à l'intérêt de la personne).
128. Les conditions de la responsabilité du mandataire pour les actes de son substitut sont prévues à l'article 2141 C.c.Q. Le caractère *intuitu personæ* n'empêche pas le mandataire de se faire assister (art. 2142 C.c.Q.).
129. En ce sens, *Alloi-Lussier* c. *Centre d'hébergement Champlain*, [1997] R.J.Q. 807, REJB 1997-00104 (C.A.).
130. Les seules façons de « contrôler » l'agir du mandataire sont l'ouverture d'un régime de protection et/ou la révocation du mandat ; voir *infra*, par. 809 à 811.

sont les tuteurs et les curateurs, aux mêmes formalités que celles prévues dans le cadre des régimes de protection ordinaires. La Cour d'appel du Québec a confirmé ce principe, en jugeant qu'un tribunal ne pouvait imposer au mandataire un devoir de rendre compte annuellement de sa gestion au curateur public, et ce, malgré les carences antérieures du conjoint mandataire[131]. Cette décision est appuyée, en premier lieu, sur le fait que la *Loi sur le curateur public* établit une différence très nette entre la tutelle, la curatelle et le mandat de protection, lequel ne peut être assujetti par analogie aux articles 12 et 20 de la loi. En effet, lorsque le législateur veut qu'une disposition de cette loi s'applique au mandat de protection, il l'énonce en termes exprès. Deuxièmement, l'on ne peut prendre appui sur l'article 2167.1 C.c.Q. pour rendre une telle ordonnance puisque son texte indique plutôt que le pouvoir s'exerce sur une base temporaire et dans le cas d'ordonnances à caractère intérimaire. De plus, l'article 2169 C.c.Q. ne peut pas être invoqué pour imposer une obligation de rendre compte lorsque le mandat est complet. Enfin, l'article 2177 C.c.Q., qui permet la révocation du mandat de protection lorsque le mandataire ne l'exécute pas fidèlement, ne peut justifier l'imposition d'une telle obligation[132]. La Cour d'appel souligne toutefois que les « actes du mandataire peuvent tout de même être contrôlés, le curateur public pouvant, de sa propre initiative ou sur demande, faire enquête « relativement à toute personne inapte dont un mandataire prend soin ou administre les biens » (art. 27 L.c.p.) et pouvant également, « si le mandat n'est pas fidèlement exécuté ou pour un autre motif sérieux », en demander la révocation (art. 22 L.c.p.). L'article 2177 C.c.Q. confirme d'ailleurs ces pouvoirs[133]. Par ailleurs, le mandant peut également prévoir une clause de reddition de compte à un tiers[134].

---

131. *Québec (Curateur public)* c. *D.S.*, [2006] R.J.Q. 466, EYB 2006-100415 (C.A.). Pour une opinion contraire, voir M. Cantin Cumyn, « De l'administration des biens à la protection de la personne d'autrui », dans Barreau du Québec, *Obligations et recours contre un curateur, tuteur ou mandataire défaillant*, Cowansville, Éditions Yvon Blais, 2008, p. 203, 211, qui voit dans l'article 1351 C.c.Q. (du chapitre sur l'administration des biens d'autrui) un fondement pertinent pour imposer au mandataire une obligation de reddition de compte annuel.
132. Paraît donc non fondée, la décision rendue dans le cadre d'une demande de révocation (art. 2177 C.c.Q.), obligeant la mandataire à rendre compte mensuellement aux autres membres de la famille (*H.P.* c. *J.P.*, 2007 QCCS 2958, EYB 2007-121064, par. 45) ; voir également *P.M. (Dans l'affaire de)* c. *M.A.*, 2008 QCCA 2437.
133. *Québec (Curateur public)* c. *D.S.*, [2006] R.J.Q. 466, EYB 2006-100415 (C.A.) (par. 36) ; F. Dupin, « Droit des aînés : mandat de protection », dans *Congrès du Barreau 2010*, Barreau du Québec, 2010.
134. L. Laflamme, « Variations sur des thèmes connus : le mandat en prévision de l'inaptitude et la procuration générale », (2002) 2 *C.P. du N.* 103, 117.

791 – Enfin, en ce qui a trait aux décisions relatives à la personne du mandant, la Commission des droits de la personne et des droits de la jeunesse a compétence pour faire enquête sur la conduite du mandataire si une dénonciation d'exploitation a été déposée par un tiers[135].

S'il est vrai que le mandataire échappe, au début et pendant sa mission, à certaines obligations que la loi impose aux tuteurs et aux curateurs, il est tout de même soumis à d'importantes obligations lorsque cesse le mandat. En effet, à la fin du mandat, le mandataire doit :

- rendre compte de son administration[136] ;
- remettre au mandant ce qu'il a reçu dans l'exécution de ses fonctions, même si ce qu'il a reçu n'était pas dû au mandant ;
- payer l'intérêt sur le reliquat du compte, calculé à partir de la mise en demeure (art. 2184 C.c.Q.).

Le caractère gratuit du mandat n'affecte en rien les obligations du mandataire. Par contre, le tribunal peut en tenir compte pour réduire le montant des dommages-intérêts lorsqu'il apprécie l'étendue de sa responsabilité (art. 2148 C.c.Q.). Cette règle est la même que celle qui prévaut en matière de tutelle et elle est fondée sur les mêmes raisons, soit favoriser la représentation de la personne inapte par un proche désintéressé et dévoué. Comme l'indique la Cour d'appel, « la disposition vise à protéger le mandataire bénévole qui, de bonne foi, commet une erreur que n'aurait pas commise une personne raisonnable placée dans les mêmes circonstances », mais « le mandataire à titre gratuit ne devrait pas bénéficier de cette indulgence lorsqu'il s'est montré grossièrement négligent »[137].

---

135. M.-A. Dowd, « L'exploitation des personnes âgées ou handicapées – Où tracer les limites de l'intervention de l'État ? », dans Service de la formation permanente, Barreau du Québec, vol. 182, *Pouvoirs publics et protection*, Cowansville, Éditions Yvon Blais, 2003, p. 72, qui traite également des vices du consentement chez les majeurs inaptes.
136. Compte tenu de cette obligation, on peut penser que le mandataire serait bien avisé de faire un inventaire au début de sa mission, même si la loi ne l'y oblige pas. En ce sens, voir B. Lefebvre, « L'étrange « mandat » qu'est celui donné en prévision de l'inaptitude : lorsque la volonté occulte la finalité », dans G. Bras Miranda et B. Moore (dir.), *Mélanges Adrian Popovici : Les couleurs du droit*, Montréal, Éditions Thémis, 2010, p. 75.
137. *L.B.* c. *N.L.*, 2010 QCCA 2236 (par. 39).

792 – *Envers les tiers* – On applique à cet égard les règles générales en matière de mandat. Par conséquent, le mandataire n'est pas tenu personnellement envers les tiers lorsqu'il agit dans les limites de son mandat en s'obligeant au nom et pour le compte du mandant (art. 2157 C.c.Q.). Dans le cas contraire, il est en principe tenu personnellement (art. 2158 C.c.Q.).

Si le mandataire assume la garde du majeur non doué de raison, il est soumis, comme le tuteur ou le curateur, au régime de responsabilité du fait d'autrui. En sa qualité de gardien, il n'est donc responsable de la faute du majeur que s'il a lui-même commis une faute intentionnelle ou une faute lourde dans l'exercice de la garde (art. 1461 et 1474 C.c.Q.).

2) Obligations du mandant

793 – *Envers le mandataire* – Le mandant inapte a les mêmes obligations que le mandant « ordinaire », à la différence, toutefois, qu'il ne peut généralement pas exécuter lui-même ses obligations. Par conséquent, la loi prévoit une règle dérogatoire qui permet au mandataire d'exécuter ces obligations à son profit (art. 2171 C.c.Q.). Il s'agit essentiellement du remboursement des frais nécessaires à l'exécution du mandat, du paiement de la rémunération (art. 2150 C.c.Q.), du paiement des intérêts sur les frais engagés (art. 2151 C.c.Q.) et de l'indemnisation du préjudice subi en raison de l'exécution du mandat (art. 2154 C.c.Q.).

794 – *Envers les tiers* – Dans le cadre du mandat de protection, les obligations du mandant envers les tiers ne sont pas différentes de celles qu'il a dans le cadre d'un mandat ordinaire[138]. Il est donc tenu pour les actes accomplis par le mandataire dans l'exécution et les limites du mandat ainsi que pour ceux qui excèdent ces limites, mais qu'il a ratifiés (art. 2160 C.c.Q.). Cette ratification ne peut se faire que lorsque l'inaptitude a pris fin. Le mandant est également tenu des actes accomplis par le mandataire après la fin du mandat, par exemple lorsqu'un régime de protection a été ouvert, si ces actes étaient la suite nécessaire des actes déjà accomplis ou s'il s'agit d'actes qui ne pouvaient être différés sans risque de perte ou, encore,

138. Sur les questions relatives au mandat apparent et à la responsabilité pour la faute du mandataire, voir C. Fabien, « Passage du mandat ordinaire au mandat de protection », (2001) *R. du B. can.* 951, 958.

lorsque la fin du mandat est restée inconnue du tiers (art. 2162 C.c.Q.)[139].

C. *Les effets du mandat insuffisant*

795 – Le mandat, nous l'avons souligné, peut être spécial ou général. Il peut confier au mandataire une mission spéciale avec des instructions très précises, comme il peut être vague sur les conditions et général sur son étendue. Entre ces deux extrêmes, une infinie variété de clauses est possible, à la condition, bien entendu, que leur objet soit licite[140]. Le contenu du mandat n'est pas toujours clair et lorsqu'il l'est, il ne répond pas nécessairement à tous les besoins du majeur inapte. La loi vient donc combler ces deux éventuelles lacunes.

1) Le mandat obscur

796 – Les instructions données au mandataire doivent être claires et compréhensibles. Il existe pourtant un danger à vouloir être trop précis dans la rédaction du mandat. À vouloir être trop complet, le mandant risque en effet d'oublier certains aspects et de mettre son futur mandataire dans l'obligation d'interpréter les termes de l'acte. Or la loi ne donne pas ce pouvoir au mandataire. Lorsqu'il y a un doute sur la portée de ses droits ou de ses obligations, le mandataire doit appliquer les règles relatives à la tutelle au majeur (art. 2168 C.c.Q.)[141]. Les autorisations et les avis doivent alors être obtenus du curateur public ou du tribunal puisqu'il n'y a pas de conseil de tutelle dans le cadre du mandat de protection. De plus, en cas de doute, les

139. Ceci est la conséquence logique de l'obligation du mandataire décrite à l'article 2182 C.c.Q.

140. Art. 1413 C.c.Q. : « Est nul le contrat dont l'objet est prohibé par la loi ou contraire à l'ordre public. » Voir *L.L.* c. *È.J.*, [2004] R.J.Q. 3062, EYB 2004-71716 (C.S.), où une clause d'aide alimentaire sous forme de donation hebdomadaire à un tiers contenue au mandat est jugée valide. Pour un commentaire de cette décision, voir L. Fréchette, « Commentaire sur la décision *L. (L.)* c. *J. (È.)* – Le respect, par le mandataire du majeur protégé, des obligations alimentaires naturelles auxquelles le mandant s'était moralement engagé », dans *Repères*, janvier 2005, EYB2005REP309.

141. Cette disposition renvoie donc aux articles 285 et s. C.c.Q. Les auteurs L. Laflamme, R.P. Kouri et S. Philips-Nootens appuient la solution de la simple administration (L. Laflamme, R.P. Kouri et S. Philips-Nootens, *op. cit.*, note 54, p. 144). Notons que si cette règle ne permet pas de dissiper adéquatement le doute, le mandataire pourrait également s'adresser au tribunal afin d'obtenir un jugement déclaratoire en application de l'article 453 C.p.c. (art. 142 C.p.c.).

pouvoirs du mandataire doivent être interprétés comme étant de simple administration (art. 286 C.c.Q.).

2) Le mandat partiel

797 – Il se peut que le mandat ne porte que sur l'administration des biens ou uniquement sur la personne. Il se peut aussi qu'un mandat soit silencieux sur une question particulière. C'est le cas, par exemple, du mandat qui règle la question de la gestion de deux immeubles du mandant, mais qui exclut expressément la gestion d'un troisième immeuble. Il ne s'agit pas d'un mandat obscur, mais d'un mandat incomplet. Dans pareille situation, la loi prévoit qu'un régime de protection peut compléter le mandat[142]. Dans ce cas, l'ouverture du régime de protection ne met pas fin au mandat. Au contraire, le mandataire est tenu de continuer sa mission, dans les limites de ses pouvoirs.

798 – Si un tuteur ou un curateur est désigné à la personne de l'inapte, le mandataire doit faire rapport de sa gestion, sur demande et au moins une fois l'an à ce nouveau représentant. Il doit aussi rendre compte à la fin du mandat. Si, par contre, le mandataire a lui-même soin de l'inapte et que le curateur ou le tuteur n'est désigné qu'à l'administration des biens, c'est ce dernier qui doit assumer des obligations similaires à l'égard du mandataire (art. 2169 C.c.Q.). Les pouvoirs de contrôle et de décision suivent donc la personne du majeur protégé[143].

799 – *La divisibilité du mandat* – Le mandat pourrait-il être homologué en partie seulement, afin de tenir compte de la situation particulière du mandant ? La Cour d'appel s'est penchée sur cette problématique, que l'on pourrait qualifier de divisibilité du mandat. La Cour devait se prononcer sur la question de savoir s'il est possible de considérer qu'un mandat qui porte à la fois sur la personne et sur les biens du mandant, contienne en réalité deux mandats distincts, permettant ainsi à un tribunal d'homologuer une partie du mandat et d'en annuler l'autre[144] ? Doit-il, au contraire, être considéré comme

142. *M. (L.)* c. *M. (J.)*, J.E. 96-971, EYB 1996-30557 (C.S.).
143. M. Ouellette, *loc. cit.*, note 9, p. 42.
144. *Fiducie Desjardins inc.* et *A.P.*, [2004] R.J.Q. 461, REJB 2003-52099 (C.S.), conf. sur ce point de droit à *Québec (Curateur public)* c. *Fiducie Desjardins inc.*, B.E. 2004BE-642 (C.A.). Pour une analyse détaillée de cette affaire, voir F. Dupin, « État de la jurisprudence en matière de régime de protection conventionnel »,

un tout qui ne peut être homologué ou rejeté qu'en entier ? La Cour d'appel est d'avis que le régime du mandat doit bénéficier d'une souplesse suffisante pour que l'objectif général du respect des volontés du mandant soit atteint, lorsque cela est possible. Dans cet esprit, la Cour s'autorise de l'article 2166 C.c.Q. pour permettre l'homologation de la portion du mandat qui portait seulement sur l'administration des biens. À notre avis, cela ne signifie pas que la Cour d'appel accepte l'idée de la divisibilité du mandat si cette idée signifie qu'un tribunal pourrait ne retenir que certains aspects du mandat lors de l'homologation. Cela reviendrait à accepter que le tribunal puisse modifier le contenu des mandats dont l'homologation est demandée, ce qui est impossible. En l'espèce, toutefois, il s'agissait d'un mandat qui désignait des personnes différentes comme mandataire aux biens et mandataire à la personne. De plus, le mandataire à la personne avait renoncé à demander l'homologation du mandat. C'est dans ce contexte particulier que le juge de première instance avait conclu que la question de la divisibilité ne se posait donc pas puisque le mandant avait lui-même clairement distingué les deux volets du mandat. La Cour d'appel abonde dans le même sens. Par conséquent, il est possible de conclure, d'une part, que le mandat peut être homologué en partie lorsque le mandant a clairement exprimé que cette partie constituait un volet autonome du mandat et, d'autre part, que l'homologation partielle n'est pas possible lorsque cela a pour résultat de ne pas suivre la volonté exprimée par le mandant[145].

800 – *Le mandat peut-il prévoir une « clause de pondération » ?* – Si les régimes de protection, tels qu'ils existent depuis la réforme de 1989, se caractérisent par une très grande souplesse, certains auteurs ont par contre souligné la relative rigidité du mandat de protection[146]. Les pouvoirs accordés au mandataire sont en effet les mêmes, quel que soit le degré d'inaptitude du mandant, ce qui signifie que le mandataire pourrait, dans certains cas, se retrouver avec des pouvoirs démesurés si le mandat est homologué tel quel. Pour pallier cette situation, d'aucuns suggèrent qu'il serait possible d'inclure

---

dans Service de la formation permanente, Barreau du Québec, *Famille et protection*, Cowansville, Éditions Yvon Blais, 2005, p. 167. Voir également *M. (A.)* et *M. (M.-C.)*, EYB 2003-37435 (C.S.), où la Cour rejette implicitement l'idée de la divisibilité du mandat.

145. Nous ne souscrivons donc pas aux conclusions d'un juge qui refuse d'homologuer la partie du mandat qui désigne un mandataire et accepte d'homologuer la désignation du mandataire substitut (*A.* c. *B. et C.*, EYB 2006-113774 (C.S.)) ; un résultat identique aurait d'ailleurs pu être obtenu en refusant la désignation du mandataire principal en raison de son incompétence.

146. Voir, par exemple, H. Brassard, « La *Loi sur le curateur public* ; une loi centrée sur la personne », dans *Actes du Congrès du Barreau du Québec 1991*, Montréal, Service de la formation permanente, Barreau du Québec, 1991, p. 637.

dans le mandat une sorte de clause de « pondération » qui devrait permettre au tribunal, au moment de l'homologation, de moduler les droits et les pouvoirs du mandant et du mandataire en fonction du degré d'inaptitude, de façon à atteindre la flexibilité des régimes de protection[147]. Aussi séduisante que paraisse cette proposition, force est de constater que rien dans la loi ne permet cette pondération par le tribunal, dont le champ de compétence est dicté par la loi et ne peut dépendre de la volonté d'une personne. La question de la compétence *ratione materiæ* est d'ordre public[148] et le tribunal peut la soulever d'office (art. 164 C.p.c.). Il n'appartient pas aux parties de modifier cette compétence, même par convention[149].

La loi prévoit d'ailleurs expressément des mécanismes permettant la protection du majeur lorsque le mandat ne répond pas adéquatement à ses besoins. Si les pouvoirs du mandataire sont insuffisants compte tenu du degré d'inaptitude, la loi prévoit la possibilité d'ouvrir un régime de protection pour compléter le mandat (art. 2169 C.c.Q.). Si par contre les pouvoirs sont excessifs par rapport au degré d'inaptitude, le tribunal ne devrait pas homologuer le mandat. En effet, l'inaptitude qui ouvre la porte à l'homologation devrait être proportionnelle aux pouvoirs accordés dans le mandat[150]. Certains auteurs proposent de contourner la difficulté en insérant dans le mandat une clause dite de « préséance »[151]. Ce type de clause est même proposé dans le modèle de mandat de la Chambre des notaires[152]. À notre avis, une telle clause est inopérante et ne devrait pas être homologuée par un tribunal. En effet, il n'appartient pas à une personne de se priver du droit fondamental d'exercer ses droits alors qu'elle n'est pas inapte. Tel serait pourtant l'effet de l'homologation d'un tel mandat puisque la personne se verrait privée de la possibilité d'exercer ses droits, même si elle devait par la suite changer d'avis. La révision d'un jugement d'homologation n'est possible que lorsqu'il y a un changement dans la situation de la personne. Or dans l'hypothèse d'une homologation avec pleins pouvoirs au mandataire alors que le mandant n'est que partiellement inapte, la seule démonstration que la personne protégée n'est que partiellement inapte ne constitue pas un tel

---

147. Chambre des notaires du Québec, Répertoire de droit, « Mandat », Formulaire – Document 1, formule 3, commentaire 4, Montréal, décembre 1990, p. 26.
148. *Corporation de Ste-Angèle de Monnoir* c. *Bérubé*, [1986] R.D.J. 590 (C.A.) ; *G.D.* et *R.F.*, 2008 QCCS 2486 : dans cette affaire, une clause de pondération est déclarée sans effet. L'homologation se fait donc sans en tenir compte.
149. Sur cette question, voir en particulier D. Ferland, B. Emery et J. Tremblay, *Précis de procédure civile du Québec*, Cowansville, Éditions Yvon Blais, 1992, p. 136 ; L. Ducharme, *Précis de la preuve*, 4e éd., Montréal, Wilson & Lafleur, 1993, p. 210 ; *W. (V.)* c. *S. (D.)*, [1996] 2 R.C.S. 108, EYB 1996-67897.
150. *Y.L.* et *Lé.L.*, B.E. 2005BE-954 (C.S.).
151. G. Guay, « Problématiques et nouveautés quant à la protection des personnes vulnérables », (2012) *C.P. du N.* 155, 163 ; voir également B. Lefebvre, « L'étrange « mandat » qu'est celui donné en prévision de l'inaptitude : lorsque la volonté occulte la finalité », dans G. Bras Miranda et B. Moore (dir.), *Mélanges Adrian Popovici : Les couleurs du droit*, Montréal, Éditions Thémis, 2010, p. 75.
152. Chambre des notaires du Québec, Répertoire de droit, « Mandat », Modèle d'acte – Document 2, Montréal.

changement. La personne se serait ainsi auto-piégée sur le plan juridique. Une telle avenue est totalement en contradiction avec les principes en matière de protection des personnes. En réalité, le scénario d'une incapacité partielle, en présence d'un mandat prévoyant les pleins pouvoirs pour le mandataire, trouve déjà sa solution dans la loi et cette solution est celle de l'ouverture d'un régime de tutelle qui répond précisément au besoin d'un encadrement « sur mesure » et qui tient compte de la situation d'incapacité partielle du majeur. Par ailleurs, il ne suffit pas d'affirmer que le mandat de protection, une fois homologué, ouvre un régime de même nature qu'un régime de protection (ce qui, par ailleurs, est exact) pour conclure que les règles relatives à la tutelle, la curatelle et l'assistance par un conseiller, doivent s'appliquer telles quelles au mandat. C'est pourtant ce que suggèrent certains auteurs[153] en affirmant que puisque le mandat de protection est un authentique régime de protection, il faut lui appliquer le principe de la relativité de l'inaptitude et de la gradation de la protection, qui sont des éléments fondamentaux des régimes de protection. Nous ne pouvons souscrire à cette argumentation qui, à notre avis, fait abstraction des distinctions légales fondamentales entre, d'une part, les régimes de protection au sens strict et, d'autre part, le mandat de protection. Une des caractéristiques du mandat est précisément qu'il n'appartient pas à un tiers, dont le tribunal, d'en modifier le contenu[154]. Comme nous l'avons souligné plus haut, la loi prévoit que l'insuffisance du mandat doit être compensée par l'ouverture d'un régime de protection pour le compléter. Si l'on acceptait le raisonnement selon lequel le tribunal peut moduler les pouvoirs du mandataire en les diminuant pour les faire correspondre au degré d'inaptitude du mandant, pourquoi le législateur aurait-il prévu que cette « modulation » n'est pas possible à la hausse et que dans ce cas, c'est plutôt vers un régime de protection complémentaire qu'il convient de se tourner ? La raison, nous semble-t-il, est à trouver dans le principe fondamental du mandat de protection : le respect de la volonté exprimée par le mandant à l'époque où il était apte[155]. Par conséquent, lorsque le degré d'inaptitude est sans commune mesure avec les pouvoirs accordés dans le mandat, celui-ci ne devrait pas être homologué[156]. Nous ne pouvons souscrire à l'affirmation selon laquelle le tribunal, saisi d'une demande d'homologation, pourrait « déterminer les paramètres de la mise à exécution

153. J. Lambert, *loc. cit.*, note 9, p. 100 et s. Voir *contra* : L. Laflamme, « Variations sur des thèmes connus : le mandat en prévision de l'inaptitude et la procuration générale », (2002) 2 *C.P. du N.* 103, 128, qui pose l'hypothèse d'un mandat rédigé de façon à permettre de moduler les pouvoirs du mandataire selon le degré d'inaptitude.

154. *B. (N.)* c. *B.-B. (Y.)*, J.E. 99-221, REJB 1998-09744 (C.S.).

155. Ce principe, consacré aux articles 12 et 276 C.c.Q., est reconnu et réitéré par les tribunaux : *D.G.* et *T.B.*, B.E. 2005BE-735 (C.S.) ; *M.D.* c. *Ma. V.*, J.E. 2005-1330, EYB 2005-90609 (C.S.).

156. C'est en ce sens que se dirige la jurisprudence dominante : *B. (M.P.)* c. *F. (R.)*, REJB 1999-14637 (C.S.), conf. par la Cour d'appel à REJB 2001-23874 (C.A.) ; *G. (J.)* c. *G. (G.)*, J.E. 99-279, REJB 1998-10744 (C.S.) ; *R.G.* c. *L.Ga.*, J.E. 2003-2256, REJB 2006-49914 (C.S.) ; *A.D.* et *C.C.*, B.E. 2004BE-498 (C.S.) ; *P.B. (S.)* c. *B.F.*, EYB 2006-105828 (C.S.).

d'un mandat de protection »[157]. Seul le régime souple de la tutelle devrait alors être envisagé, avec toutes les mesures de contrôle et de protection qui l'accompagnent[158]. Toutes les garanties mises en place par le *Code de procédure civile* ont pour objectif la protection du majeur ainsi que la détermination la plus précise et la plus nuancée du degré d'inaptitude. L'esprit de la loi en matière de protection des majeurs est basé sur l'idée du respect de l'autonomie résiduelle[159], mais aussi du respect de la volonté exprimée par le majeur lorsqu'il était en état de le faire.

D. La sanction des actes irréguliers

801 – *Les actes antérieurs à l'homologation* – La loi accorde au mandant une protection pour la période précédant l'homologation, faisant du mandat de protection un véritable régime de protection au même titre que les autres. Ainsi, l'acte antérieur peut être annulé ou les obligations qui en découlent réduites, si l'inaptitude existait au moment où cet acte a été passé et qu'elle était notoire ou connue du cocontractant[160]. Il n'est pas nécessaire de faire la preuve d'un

157. J. Lambert, *loc. cit.*, note 115.

158. En ce sens, *B. (M.-P.)* c. *F. (R.)*, REJB 1999-14637 (C.S.), confirmé par la Cour d'appel le 8 mars 2001, REJB 2001-23874 (C.A.) ; pour un commentaire de cette décision, voir F. Dupin, « État de la jurisprudence en matière de régime de protection légale ou conventionnelle », dans Service de la formation permanente, Barreau du Québec, *Être protégé malgré soi*, Cowansville, Éditions Yvon Blais, 2002, p. 62 et M. Beauchamp, « Le mandat en cas d'inaptitude : crise d'identité ? », (2005) 1 *C.P.du N.* 335, 348.

159. *L.P.* c. *F.H.*, 2009 QCCA 984 (dans cette affaire, l'homologation du mandat ainsi que l'inaptitude de la mandante étaient contestées par celle-ci. La Cour d'appel souligne l'importance de considérer avec le plus grand respect l'autonomie résiduelle de l'appelant et refuse l'homologation en raison de la disproportion entre le degré d'inaptitude et les pouvoirs du mandataire. L'ouverture d'un régime de protection est, dès lors, privilégiée. *B.H.* c. *A.F.*, 2012 QCCS 3453 ; *G.N.* c. *E.L.*, 2012 QCCS 5601 ; *F.S.* c. *L.D.*, 2008 QCCS 5491 ; *T.A.* c. *L.B.*, 2012 QCCS 1642 ; *M.J.* c. *E.F.*, 2011 QCCS 3980 ; M. Beaulieu et S. Philips-Nootens, « La détermination de l'inaptitude de la personne âgée au carrefour des disciplines : le défi du respect de l'autonomie », dans Service de la formation continue, Barreau du Québec, *La protection des personnes vulnérables*, Cowansville, Éditions Yvon Blais, 2014, p. 159 ; F. Dupin, « Autonomie et mandat de protection », dans Service de la formation continue, Barreau du Québec, vol. 315, *La protection des personnes vulnérables*, Cowansville, Éditions Yvon Blais, 2010 ; E. Pinard et J. Brisson, « Homologation du mandat de protection en cas d'inaptitude partielle : Les clauses sont-elles la solution ? », dans *Congrès du Barreau 2010*, Barreau du Québec, 2010.

160. Art. 2170 C.c.Q. ; pour des cas d'application, voir *Gariépy* c. *Pitre*, J.E. 96-340, EYB 1995-83215 (C.S.) ; *A.L. (Succession d')*, J.E. 2006-958, EYB 2006-102113 (C.S.). Voir aussi *Québec (Curateur public)* c. *N.W.*, J.E. 2001-291, REJB 2000-22183 (C.S.), désistement d'appel (C.A. Montréal, nº 500-09-010498-012, 2001-02-22) ; *P.M.* et *A.O.*, 2008 QCCS 3869.

préjudice[161]. La loi conditionne donc la protection du mandant par l'homologation, mais elle fait en réalité coïncider les effets de cette protection avec la situation réelle de l'inapte, comme c'est le cas pour le majeur sous curatelle ou sous tutelle.

802 – *Les actes postérieurs à l'homologation* – Quelle est la sanction de l'acte fait postérieurement à l'homologation, par le mandant, alors qu'il aurait dû être fait par le mandataire ? Assez curieusement, la loi ne répond pas expressément à cette question, alors qu'elle le fait pour les actes antérieurs. L'article 2168 C.c.Q., qui réfère aux règles relatives à la tutelle au majeur, est de peu de secours, car il ne s'applique qu'au mandat dont la portée est douteuse. Or, ici, c'est plutôt la portée de la loi qui est douteuse. Face au silence de la loi, ne peut-on penser que si l'acte antérieur peut être annulé sans qu'il soit nécessaire de prouver la lésion, à plus forte raison l'acte postérieur devrait être soumis au même régime[162] ?

803 – *Les actes irréguliers du mandataire* – L'irrégularité de l'acte du mandataire peut résulter du fait que l'acte ne respecte pas les conditions générales de validité des contrats. Dans ce cas, la sanction relève des règles du droit commun des obligations. L'irrégularité peut également découler du fait que le mandataire a outrepassé ou a détourné ses pouvoirs. La sanction d'un tel acte est la nullité[163] qui apparaît donc comme un complément possible de l'action en responsabilité civile à l'encontre du mandataire. Il s'agit ici de la nullité relative (art. 1419 et 1421 C.c.Q.)[164].

---

161. *Contra* : D. Lluelles et B. Moore, *op. cit.*, note 114, par. 1029 ; ces auteurs sont d'avis que, tout comme dans le cadre des régimes de protection classiques, l'expression « la seule preuve » ne permettrait pas de conclure au fait que le préjudice ne doit pas être démontré lorsqu'il s'agit de scénarios d'incapacité atténuée.
162. Lluelles et Moore sont plutôt d'avis qu'il convient d'arrimer le régime de sanction des actes au degré d'incapacité du mandant (D. Lluelles et B. Moore, *op. cit.*, note 114, par. 1026). Cette approche nous paraît difficile d'application concrète ; de plus, se baser sur l'article 2168 C.c.Q. et se référer aux règles de la tutelle, lorsqu'il existe une incertitude quant au degré d'inaptitude de la personne, nous semblent faire abstraction du fait que cette disposition ne peut s'appliquer qu'en cas de doute sur le contenu du mandat lui-même et non pas en cas de difficulté d'interprétation de la loi : *Kleinman* c. *J.P.*, 2012 QCCS 6643 (l'inaptitude du mandant permet d'annuler un testament conclu par lui deux mois après l'homologation du mandat en cas d'inaptitude).
163. M. Cantin Cumyn et M. Cumyn, *op. cit.*, note 5, par. 343, exposent une argumentation convaincante pour rejeter la solution de l'inopposabilité comme sanction du défaut de pouvoir du mandataire.
164. *Ibid.*

Section III

La fin du mandat de protection

804 – Le mandat de protection, en tant que contrat, est soumis aux causes d'extinction communes aux obligations et au mandat ordinaire (art. 2175 C.c.Q.). Il est également régi par des règles spécifiques. Seules celles-ci font l'objet de la présente section.

§1 – La fin de l'inaptitude

805 – Lorsque le majeur redevient apte et que le tribunal constate cette aptitude, le mandat cesse d'avoir effet (art. 2172 C.c.Q.). Le tribunal est saisi soit par requête, soit par simple dépôt d'un rapport d'aptitude.

806 – *La constatation de l'aptitude par voie de requête* – On peut penser que, normalement, une telle demande devrait se faire par le mandant. Rien n'empêche toutefois qu'une autre personne intéressée, par exemple le mandataire, en prenne l'initiative[165]. La demande doit respecter les mêmes formalités que la demande d'homologation (art. 885a) C.p.c.). Elle doit, par conséquent, être accompagnée d'une expertise médicale et psychosociale (art. 884.2 C.p.c.).

807 – *La présomption d'aptitude en cas de dépôt d'un rapport par le directeur général d'un établissement de santé ou de services sociaux* – Cette deuxième procédure concerne les majeurs qui reçoivent des services dans des établissements de santé ou de services sociaux. Le législateur met en place un système de constatation d'aptitude du mandant, calqué sur celui des autres régimes de protection (art. 279 et 280 C.c.Q.). En effet, lorsque le directeur général de l'établissement constate que le majeur est redevenu apte, il doit l'attester dans un rapport qu'il dépose au greffe du tribunal, accompagné des expertises médicales et psychosociales (art. 2173 C.c.Q.). Le greffier doit alors en aviser le mandataire, le mandant et toutes les personnes habilitées à intervenir à une demande d'ouverture de régime de protection, ce qui inclut le curateur public[166].

---

165. En ce sens, C. Fabien, *loc. cit.*, note 9, p. 947. Il faut noter que dans le *Code civil du Bas Canada*, seul le mandant, redevenu apte, pouvait demander la révocation judiciaire du mandat (art. 1731.8 C.c.B.C.).
166. *Loi sur le curateur public*, précitée, note 109, art. 13 ; *Québec (Curateur public)* c. *S.P.*, 2010 QCCS 3162.

Ces personnes ont un droit d'opposition. À défaut d'opposition dans les 30 jours, le mandat cesse automatiquement ses effets. La loi présume dans ce cas la constatation d'aptitude par le tribunal et le greffier doit transmettre l'avis de cessation des effets du mandat aux parties et au curateur public (art. 2173, al. 2 C.c.Q.).

808 – *Effet du jugement qui constate l'aptitude du mandant* – Le jugement qui met fin aux effets du mandat doit être signifié au mandataire et, le cas échéant, au mandant. Comme c'était le cas pour l'homologation, une copie du jugement doit être envoyée au curateur public[167]. Lorsque le tribunal a constaté que le mandant est redevenu apte, les effets du mandat cessent, mais le mandat lui-même subsiste tant qu'il n'a pas été révoqué par le mandant[168], comme il pouvait le faire en tout temps avant l'homologation (art. 2175 C.c.Q.)[169]. La révocation n'est pas automatique et « le mandant peut souhaiter maintenir ce mandat, au cas où il redeviendrait inapte »[170]. Le jugement n'a donc pas pour effet de révoquer le mandat. Il ne fait qu'en suspendre l'exécution.

§2 – L'ouverture d'un régime de protection

809 – S'il ne fait aucun doute que l'ouverture d'un régime de protection à l'égard du mandataire met fin à ses pouvoirs (art. 2175 C.c.Q.)[171], cela ne signifie pas automatiquement la fin du mandat, qui peut contenir une clause de remplacement en cas d'inaptitude (ou de décès) du mandataire (art. 2174 C.c.Q.). L'ouverture d'un régime de protection à l'égard du mandant mérite toutefois quelques précisions. En principe, cet événement met fin au mandat, si ce n'est qu'en cours d'instance le mandataire doit continuer à assumer sa charge, sauf décision contraire du tribunal (art. 273 C.c.Q.). Par contre, lorsque la demande d'ouverture d'un régime de protection n'a pour but que de compléter un mandat, qui ne permet pas d'assurer pleinement la protection du majeur, l'ouverture du régime ne met évidemment pas fin

---

167. Art. 863.3 C.p.c. (art. 336 C.p.c.) et *Loi sur le curateur public*, précitée, note 109, art. 13.
168. *Ibid.*
169. La révocation du mandat par le mandant apte peut se faire selon les formalités de l'article 2176 C.c.Q. ou par la notification de la constitution d'un nouveau mandataire (art. 2180 C.c.Q.).
170. *Comm.*, p. 1365.
171. Il eût été logique d'ajouter à cette liste le constat de l'inaptitude du mandataire par l'homologation de son propre mandat de protection.

au mandat. Les deux vont coexister (art. 2169 C.c.Q.). C'est l'exception qu'avait à l'esprit le législateur en édictant, à l'article 2175 C.c.Q., que l'ouverture d'un régime de protection ne met fin au mandat qu'« en certains cas » seulement. On peut cependant imaginer des situations où le mandant recouvre une certaine autonomie rendant les pouvoirs, prévus au mandat, excessifs en les circonstances, alors qu'une certaine protection demeure nécessaire. Dans de tels cas, l'ouverture d'un régime plus « léger » (une tutelle « sur mesure », par exemple) pourrait entraîner la révocation du mandat[172].

§3 – La révocation du mandat non homologué

810 – Nous avons vu plus haut que le mandant apte peut révoquer l'acte en tout temps (art. 2172 et 2175 C.c.Q.). La jurisprudence a déjà accepté l'idée que dans certaines circonstances, un mandat qui n'a pas été homologué pourrait être révoqué par le tribunal au moment de la requête en homologation. Il y aurait donc lieu de distinguer entre un mandat révoqué avant homologation et un refus du tribunal d'homologuer le mandat[173] ; alors que ce dernier demeure valide pour l'avenir, le premier devient nul *ab initio*. Les motifs ayant justifié une telle révocation sont l'existence d'un mandat ultérieur valide[174], ainsi qu'une mauvaise administration par le mandataire[175].

§4 – La révocation du mandat homologué

811 – La révocation du mandat homologué est prononcée par le tribunal et elle vise la protection du majeur inapte (qui ne peut donc plus *proprio motu* révoquer le mandat) en cas de mauvaise exécution du

172. *G. (J.)* c. *G. (G.)*, J.E. 99-279, REJB 1998-10744 (C.S.).
173. En ce sens, F. Dupin, « État de la jurisprudence en matière de mandats en prévision de l'inaptitude », dans Service de la formation permanente, Barreau du Québec, *Les mandats en cas d'inaptitude : une panacée ?*, Cowansville, Éditions Yvon Blais, 2001, p. 1, 13.
174. Voir *G.D.* c. *R.D.*, [2006] R.J.Q. 1442, EYB 2006-103624 (C.S.), où le demandeur, mandataire en vertu du premier mandat, invoquait l'incapacité du mandant lors de la signature du mandat ultérieur pour faire homologuer le premier mandat et révoquer le second par le tribunal ; *P.M.* et *A.O.*, 2008 QCCS 3869 ; *M.C.* c. *H.A.*, 2013 QCCS 514.
175. Voir *R.S.* c. *J.B.*, J.E. 2000-674, REJB 2000-17186 (C.S.), appel rejeté (C.A. Montréal, n° 500-09-009326-000, 2000-09-21), où le tribunal est d'avis que la révocation peut également s'appliquer à l'égard d'un mandat non homologué. Rappelons que le constat de la mauvaise administration, par la personne désignée comme mandataire, est en soi un motif de refus d'homologation du mandat de protection.

mandat ou pour tout autre « motif sérieux » (art. 2177 C.c.Q.)[176]. Le mandataire est le seul à déterminer l'opportunité des décisions à prendre au nom de la personne représentée ; par conséquent, un simple désaccord sur les orientations du mandataire ne permet pas à un tiers d'obtenir la révocation du mandat[177]. La loi vise essentiellement le cas du mandataire négligent, incompétent ou malhonnête, celui qui se serait placé en conflit d'intérêts[178], et peut s'appliquer même si la révocation est basée sur des faits antérieurs au jugement d'homologation[179]. Cependant, elle recouvre également d'autres situations, comme celle où les pouvoirs accordés dans le mandat se révèlent totalement inadéquats par rapport à la situation réelle du mandant[180].

La demande de révocation, qui est soumise aux mêmes formalités que la demande d'homologation (art. 884.5 C.p.c.), peut être faite par toute personne intéressée[181] et particulièrement par les personnes qui exercent un rôle de surveillance à l'égard du majeur, qu'il s'agisse du curateur public[182], des proches ou du personnel de l'hôpital ou du centre d'accueil qui l'héberge[183]. Si le tribunal estime que la révocation n'est pas requise, mais que le mandataire de bonne foi a besoin d'assistance, il peut rendre des ordonnances visant à clarifier

---

176. *J.A.* c. *G.L.*, 2008 QCCS 3018 ; *R.S.* c. *J.B.*, J.E. 2000-674, REJB 2000-17186 (C.S.), appel rejeté (C.A. Montréal, nº 500-09-009326-000, 2000-09-21) ; *B. (N.)* c. *B.-B. (Y.)*, J.E. 99-221, REJB 1998-09744 (C.S.) ; *G. (G.)* c. *B. (J.)*, J.E. 98-215 ; *Québec (Curateur public)* c. *H.L.*, J.E. 2003-1769, REJB 2003-106478 (C.S.) ; *M.B.* c. *F.G.*, J.E. 2006-1372, EYB 2006-106478 (C.S.).
177. *A.* c. *B.*, EYB 2006-115782 (C.S.) ; *C.T.* c. *M.T.*, 2009 QCCS 4969.
178. *Québec (Curateur public)* c. *H.L.*, J.E. 2003-1769, REJB 2003-47244 (C.S.).
179. *M.B.* c. *F.G.*, J.E. 2006-1372, EYB 2006-106478 (C.S.). Dans cette affaire, la Cour constate que la mandataire était en conflit d'intérêts bien avant l'homologation du mandat ; *P.M. (Dans l'affaire de)* c. *M.A.*, 2008 QCCA 2437.
180. *G. (J.)* c. *G. (G.)*, J.E. 99-279, REJB 1998-10744 (C.S.) ; L. Laflamme, R.P. Kouri et S. Philips-Nootens, *op. cit.*, note 54, p. 167-168.
181. *F.N.* c. *S.V.*, 2010 QCCS 74. À noter que la demande de révocation doit être faite dans l'intérêt de la personne protégée, à défaut de quoi le tribunal peut condamner les demandeurs aux honoraires extrajudiciaires pour éviter que le mandant soit pénalisée par les demandes abusives : *L.R.* et *M.R.*, J.E. 2005-1814, EYB 2005-93539 (C.S.) ; *P.L. (Re)*, 2011 QCCS 6760.
182. *Québec (Curateur public)* c. *F.B.*, J.E. 2002-1216, REJB 2002-32515 (C.S.). En ce qui concerne le curateur public dont la mission consiste notamment à surveiller la façon dont les mandataires s'acquittent de leurs obligations (*Loi sur le curateur public*, précitée, note 109, art. 22 et 27), il faut souligner qu'il a également la possibilité « d'accepter du [...] mandataire un engagement volontaire à l'effet de remédier à son défaut s'il y a lieu et de respecter dorénavant les obligations de sa charge qu'il a fait défaut d'exécuter ou qu'il a mal exécutées » (art. 23).
183. *Comm.*, p. 1369.

son administration[184]. À titre provisoire, le tribunal pourrait rendre une ordonnance dans le but de sauvegarder les intérêts de la personne protégée[185], à condition qu'il ait des motifs de croire que des circonstances exceptionnelles risquent de mettre en péril le patrimoine du majeur inapte et de lui causer préjudice pendant l'instance[186].

La révocation doit être suivie de la reddition de compte par le mandataire et de l'ouverture d'un régime de protection à l'égard du majeur (art. 2177 et 2184 C.c.Q.)[187].

La révocation prévue à l'article 2177 C.c.Q. peut également se faire par le biais d'une requête en rétractation de jugement[188]. Dans ce cas, le tribunal peut rendre toute ordonnance de sauvegarde nécessaire à la protection des intérêts du majeur jusqu'à ce que le jugement sur le fond soit rendu[189].

§5 – La démission du mandataire

812 – Le mandat de protection est fondé sur la volonté des parties : volonté du mandant, à l'époque où il était apte, de confier la gestion de ses biens et la protection de sa personne à un tiers choisi par lui ; volonté du mandataire qui prend l'initiative de faire homologuer le mandat. La mission de protection ne peut être assumée efficacement que si le mandataire a la volonté continue de l'assumer. Par conséquent, le législateur lui donne le droit d'y renoncer, de démissionner. Dans un souci de protection du mandant, cette renonciation doit toutefois respecter une condition essentielle : le mandataire doit au préalable avoir pourvu à son remplacement si le mandat prévoit cette

184. *Québec (Curateur public)* c. *S.F.*, B.E. 2006BE-299 (C.S.).
185. *J.D.* c. *D.D.*, B.E. 2000BE-1358 (C.S.).
186. Voir *Québec (Curateur public)* et *S.F.*, [2006] R.J.Q. 1662 (C.S.), où le défaut, par le mandataire, de respecter certaines obligations imposées par le tribunal relatives à la comptabilité de son administration n'a pas été jugé suffisamment inquiétant pour justifier une telle ordonnance.
187. Le tribunal peut suspendre l'exécution provisoire du jugement de révocation, nonobstant l'appel (art. 547, al. 1e) C.p.c. ; art. 660(3) C.p.c.). M. Cantin Cumyn et M. Cumyn, *op. cit.*, note 5, par. 255, partant du constat que le curateur public et toute personne intéressée peuvent saisir le tribunal d'une demande de révocation, et que qui peut le plus peut le moins, sont d'avis que ces personnes pourraient se contenter d'exiger du mandataire qu'il fournisse une garantie.
188. *Haas* c. *Haas*, B.E. 2004BE-87, EYB 2003-52687 (C.S.).
189. *L.G.* c. *S.G.*, B.E. 2005BE-1072 (C.S.). Toutefois, dans *S.P.* et *R.R.*, B.E. 2004BE-529 (C.S.), la Cour considère que le mandat tient lieu d'ordonnance de sauvegarde pendant les procédures relatives à l'ouverture d'un régime de protection.

possibilité[190] et, dans le cas contraire, il doit avoir demandé l'ouverture d'un régime de protection (art. 2174 C.c.Q.)[191]. Tant et aussi longtemps que le tribunal ne s'est pas prononcé sur cette demande, le mandataire doit, en principe, continuer à assumer sa charge (art. 273 C.c.Q.).

De plus, le mandataire est responsable du préjudice que subirait le majeur s'il renonce à sa tâche sans motif sérieux et à contretemps (art. 2178 C.c.Q.). Le législateur utilise ici la même terminologie qu'en matière de démission du tuteur. La conjonction « et » pourrait laisser croire que la renonciation ne peut entraîner la responsabilité que si elle est faite sans motif sérieux en plus d'être à contretemps. Cette interprétation littérale semble aller à l'encontre de l'esprit du Code qui vise avant tout la protection de la personne inapte. Il semble donc que la renonciation sans motif sérieux, peu importe le moment, peut entraîner la responsabilité du mandataire, et vice versa[192]. Le concept « à contretemps » est une notion à contenu variable : on peut accomplir un geste à un moment plutôt mal choisi comme on peut le faire à un moment clairement inapproprié. Le tribunal pourrait donc, dans pareil cas, tenir compte de l'intensité ou de la gravité du contretemps[193].

§6 – La faillite

813 – Alors que la faillite du mandant ou du mandataire met fin au mandat ordinaire, il en va autrement en ce qui concerne le mandat de protection lorsqu'il est à titre gratuit. Dans ce cas, le mandat subsiste (art. 2175, al. 2 C.c.Q.). En ce qui concerne le mandataire, le législateur a instauré cette exception, car « ce mandat est souvent donné à un proche, sans égard à sa situation financière, puisqu'il a notamment pour objet de prendre soin de la personne »[194]. En réalité, la

190. La loi ne prescrit aucune formalité pour l'entrée en fonction du remplaçant. *F.H.* c. *L.P.*, 2008 QCCS 3548.
191. *L.Q.* c. *N.Q.*, J.E. 2001-1179, REJB 2001-24312 (C.S.). *C.D.* et *F.D.*, 2010 QCCS 1907 : illégalité d'une clause du mandat permettant le remplacement du mandataire par le tribunal lorsque ceux désignés au mandat ont renoncé à l'exercice de cette charge. L'article 2174 C.c.Q. édicte que dans une telle situation, seule l'ouverture d'un régime de protection est possible.
192. En ce sens, voir *Comm.*, p. 1370.
193. Pour plus de détails sur la signification des termes « motif sérieux » et « à contretemps », voir *supra*, chap. III, « La tutelle ».
194. *Comm.*, p. 1368. L'argument vaut pour le mandat qui vise les questions relatives à la personne.

faillite antérieure d'un mandataire est tout de même prise en considération dans la décision du tribunal sur l'homologation, *a fortiori* lorsque le mandat prévoit l'administration de biens[195]. Quant au mandant, sa situation de faillite ne fait que souligner son besoin de protection et n'affecte donc pas le mandat.

§7 – Le décès

814 – *Le décès du mandataire* – Tout comme en cas d'ouverture d'un régime de protection à son égard, le décès du mandataire met fin au mandat si ce dernier ne contient pas de clause de remplacement. Le liquidateur de la succession doit aviser le mandant et le curateur public de ce décès. Il a également l'obligation de faire, au nom du mandant, tout ce qui ne peut être différé sans risque de perte (art. 2183 C.c.Q.), et ce, jusqu'à l'ouverture d'un régime de protection.

815 – *Le décès du mandant* – Le but du mandat de protection étant la représentation et la protection du mandant, il va de soi que son décès rend ce mandat sans objet et qu'il y met fin (art. 2175, al. 1 C.c.Q.).

195. Il peut, en effet, paraître étonnant de permettre au failli de s'occuper de l'administration des biens d'autrui (en ce sens, C. Fabien, « Passage du mandat ordinaire au mandat de protection », (2001) *R. du B. can.* 951, 958). Voir *G.R.* et *F.F.*, J.E. 2006-957, EYB 2006-102849 (C.S.), où la faillite et les antécédents judiciaires ont été soulignés parmi les facteurs justifiant le refus d'homologation du mandat.

816 – *Exemples de mandats de protection*[196] –

Exemple 1[197]

Mandat en cas d'inaptitude

Fait à ....
(endroit)

Le..
(date)

Je, soussigné,.. advenant mon inaptitude,
(nom du mandant)

confie à.. le mandat de:
(nom du mandataire)

1. Administrer tous mes biens meubles et immeubles en tant qu'administrateur chargé de la pleine administration conformément aux articles 1345 et 1346 du Code civil du Québec;
2. Assurer mon bien-être moral et matériel et, notamment, accomplir tout acte visant à pourvoir à mes besoins en tenant compte de mon niveau de vie et de la valeur de mon patrimoine;
3. Prendre toutes les décisions quant aux soins exigés par mon état de santé dans la mesure où ils sont opportuns dans les circonstances en tenant compte de mon opposition à l'acharnement thérapeutique et à l'administration de soins disproportionnés ainsi que de ma volonté de mourir dignement. Pour ce faire, j'autorise mon mandataire à refuser que je sois maintenu en vie par des moyens artificiels;
   Mon mandataire devra exiger que me soit administré tout médicament susceptible de diminuer mes souffrances même s'il devait hâter le moment de ma mort;
   Mon mandataire pourra consulter mon dossier médical;
   Mon mandataire devra autoriser le prélèvement sur mon corps de tout organe pour transplantation ou autres fins médicales;
4. Au cas de démission, refus, décès, révocation de mon mandataire principal, je nomme et constitue pour le remplacer dans l'exécution du présent mandat ....
   (nom du mandataire remplaçant)
   .... avec les mêmes pouvoirs et devoirs prévus ci-dessus;
5. Le mandataire principal devra faire un rapport annuel de son administration financière à ....
   ....;
   (nom du mandataire remplaçant)
6. Le présent mandat révoque tout mandat en cas d'inaptitude fait antérieurement.

....
Signature du mandant

Déclaration des témoins

Nous, soussignés,.. et ....
(nom du témoin) (nom du témoin)

tous deux témoins à la signature de..
(nom du mandant)

déclarons n'avoir aucun intérêt dans le présent acte et avoir constaté l'aptitude du mandant à agir.

En foi de quoi nous avons signé à..
(endroit)

Ce ....
(date)

en présence de..
(nom du mandant)

....
Signature du témoin Signature du témoin

196. Il existe différents formulaires de mandat, destinés à en faciliter la diffusion et l'utilisation. Nous en donnons ici deux exemples. On pourra également consulter M.-A. Miquelon, *Pourquoi préparer un mandat ?*, Montréal, Wilson & Lafleur, 1995.
197. Il s'agit du mandat tel que proposé par la Commission des services juridiques (l'Aide juridique).

Exemple 2[198]

Formulaire

Mon mandat en cas d'inaptitude

REMPLIR EN CARACTÈRES D'IMPRIMERIE

Tout mot écrit au singulier comprend aussi le pluriel, et tout mot écrit au genre masculin comprend aussi le genre féminin.

IMPORTANT

Lisez attentivement les notes explicatives intégrées à la brochure aux pages 14 à 19 inclusivement. Chaque section du formulaire renvoie à la note explicative correspondante.

Si vous optez pour un **MANDATAIRE UNIQUE** pour prendre soin de votre personne et administrer vos biens, **remplissez la section 1**, puis passez directement à la section 3.

Si vous optez pour des **MANDATAIRES MULTIPLES** afin qu'ensemble ils prennent soin de votre personne et administrent vos biens ou pour qu'un seul prenne soin de votre personne et l'autre administre vos biens, **remplissez la section 2**, puis passez à la section 3.

À noter que l'administrateur de vos biens peut être une personne de votre famile, un proche ou toute autre personne de confiance ou bien une personne morale, par exemple une société de fiducie ou une autre institution habilitée par la loi à agir à ce titre.

Pour chacune des sections du formulaire, si vous manquez d'espace, vous pouvez ajouter des pages supplémentaires en les numérotant de façon qu'elles renvoient à la section adéquate.

Veuillez apposer vos initiales en marge de tout texte que vous modifiez.

1 MANDATAIRE UNIQUE (Voir la note explicative 1.)

Le présent mandat annule tout mandat en cas d'inaptitude fait antérieurement et, une fois homologué, il mettra fin à toute procuration consentie pour l'administration de mes biens.

Par ce mandat, je soussigné, ________________________ (NOM DU MANDANT), né le ____ ____ ____ (JOUR MOIS ANNÉE)

désigne ________________________ (NOM DU MANDATAIRE)

________________________ (ADRESSE)

pour agir à titre de mandataire chargé de la protection de ma personne et de l'administration de mes biens.

Indiquez votre lien avec cette personne : ________________________

1.1 Mandataire remplaçant

Si mon mandataire se trouve dans l'impossibilité d'agir pour quelque motif,

je désigne ________________________ (NOM DU MANDATAIRE)

________________________ (ADRESSE)

pour agir à titre de mandataire remplaçant.

Indiquez votre lien avec cette personne : ________________________

Initiales du mandant et des témoins ________ ________ ________

(Continuer au verso.)

198. Il s'agit du mandat tel que proposé par le curateur public du Québec dans la brochure *Mon mandat en cas d'inaptitude*, Québec, Les publications du curateur public du Québec, 2013. Ce document est disponible sur le site Internet du curateur public (http://www.curateur.gouv.qc.ca).

2 MANDATAIRES MULTIPLES (Voir la note explicative 2.)

Le présent mandat annule tout mandat en cas d'inaptitude fait antérieurement et, une fois homologué, il mettra fin à toute procuration consentie pour l'administration de mes biens.

Par ce mandat, je soussigné, ______________________ (NOM DU MANDANT), né le ____ (JOUR) ____ (MOIS) ____ (ANNÉE)

désigne ______________________ (NOM DU MANDATAIRE)

______________________ (ADRESSE)

pour agir à titre de mandataire chargé de la protection de ma personne.

Indiquez votre lien avec cette personne : ______________________

Je désigne également ______________________ (NOM DU MANDATAIRE)

______________________ (ADRESSE)

Et, s'il y a lieu, ______________________ (NOM DU MANDATAIRE)

______________________ (ADRESSE)

pour agir à titre de mandataire chargé de l'administration de mes biens.

Indiquez votre lien avec cette personne : ______________________

Lorsque plusieurs mandataires agissent conjointement, les décisions doivent être :

❑ Unanimes **OU** ❑ Prises à la majorité

2.1 Mandataires remplaçants

Si mon mandataire se trouve dans l'impossibilité d'agir pour quelque motif,

je désigne ______________________ (NOM DU MANDATAIRE)

______________________ (ADRESSE)

pour agir à titre de mandataire remplaçant.

Indiquez votre lien avec cette personne : ______________________

Cochez si désiré

❑ Je désire, en cas de démission, de décès ou d'incapacité légale d'agir de l'un ou l'autre de mes mandataires désignés ci-dessus, que le mandataire restant agisse comme s'il avait été désigné seul.

Initiales du mandant et des témoins ________ ________ ________

(Continuer au verso.)

3 INVENTAIRE ET RAPPORT (Voir la note explicative 3.)

3.1 Inventaire

Au moment de son entrée en fonction, mon mandataire chargé de l'administration de mes biens devra procéder à un inventaire sommaire de tous mes biens meubles et immeubles. Cette démarche doit être accomplie en présence de deux témoins, dont idéalement la personne à qui sera fait le rapport de gestion le cas échéant.

3.2 Rapport

❏ Mon mandataire **OU** ❏ Uniquement son remplaçant **OU** ❏ Mon mandataire et son remplaçant

devra faire rapport une fois l'an des faits et gestes accomplis à l'égard de ma personne et de l'administration

de mes biens à ______________________________
NOM

____
ADRESSE

ou, à défaut, à ______________________________
NOM

____
ADRESSE

4 RESPONSABILITÉS DU MANDATAIRE CONCERNANT LA PROTECTION DE MA PERSONNE

(Voir la note explicative 4.)

4.1 Généralités

Mon mandataire a la responsabilité d'assurer mon bien-être moral et matériel ; en ce sens, il est autorisé à prendre les décisions et à accomplir toutes les actions qui répondront à mes besoins quotidiens, tout en respectant mes volontés, mes valeurs personnelles et religieuses, mes habitudes, mon niveau de vie et mon degré d'autonomie.

Quel que soit mon milieu de vie, mon mandataire doit voir à ce que je reçoive les soins et les services requis par mon état de santé.

De manière générale, je souhaite que mon mandataire m'assure, dans la mesure du possible, une présence « active » (visites régulières, écoute, soutien, etc.).

4.2 Hébergement

Je souhaite, si possible, demeurer à domicile. Cependant, si mon état exigeait que je sois hébergé dans un milieu de vie plus sécuritaire et mieux adapté à mes besoins, mon mandataire en déciderait selon les circonstances, tout en tenant compte des souhaits que j'énonce ci-dessous :

____

____

____

____

____

Initiales du mandant et des témoins ________ ________ ________

(Continuer au verso.)

4.3 Consentement aux soins

Si je ne suis pas en mesure de consentir aux soins requis par mon état de santé ou de les refuser, mon mandataire doit le faire à ma place. À cet égard, il doit agir dans mon seul intérêt et tenir compte, dans la mesure du possible et comme le prévoit la loi, des volontés que j'ai exprimées. S'il est appelé à consentir à des soins, il doit prendre tous les moyens pour en décider de manière éclairée, tel qu'il a été discuté avec le médecin traitant et l'équipe soignante. S'il consent aux soins proposés, c'est avec la conviction qu'ils sont bénéfiques malgré leurs effets, opportuns dans le contexte et que les risques qu'ils présentent n'apparaissent pas disproportionnés compte tenu du bienfait espéré.

❑ Oui **OU** ❑ Non

4.4 Projets d'expérimentation

J'autorise mon mandataire, s'il le juge approprié et conformément aux dispositions applicables du Code civil du Québec, à permettre une participation à un projet de recherche ou d'expérimentation.

❑ Oui **OU** ❑ Non

4.5 Volontés de fin de vie

Dans toute décision relative aux soins requis en fin de vie, mon mandataire doit tenir compte de :
(Cochez les options désirées.)

❑ mon opposition à tout moyen diagnostique et thérapeutique disproportionné et ne faisant que multiplier ou prolonger inutilement mes souffrances et mon agonie ;

❑ ma volonté de mourir dignement, avec les soins de soutien et de confort requis et une médication propre à soulager mes souffrances, même si celle-ci a pour effet indirect de hâter le moment de ma mort ;

❑ autres précisions ou volontés :

____

____

____

____

____

____

____

____

____

____

____

____

Initiales du mandant et des témoins ________ ________ ________

(Continuer au verso.)

5 RESPONSABILITÉS DU MANDATAIRE CONCERNANT L'ADMINISTRATION DE MES BIENS
(Voir la note explicative 5.)

Je confie à mon mandataire le pouvoir d'administrer mes biens meubles et immeubles selon les règles de la

❑ **simple administration**, conformément au Code civil du Québec

OU

❑ **pleine administration**, conformément au Code civil du Québec

Cochez les options désirées :

❑ Je souhaite que les biens mobiliers et immobiliers suivants ne soient pas vendus, sauf en cas de nécessité :

____

____

❑ J'autorise spécifiquement mon mandataire aux biens ____________________
NOM DU MANDATAIRE
à agir à ma place à titre de liquidateur d'une succession si cette charge devait m'être attribuée.

6 ACCÈS AUX DOSSIERS (Voir la note explicative 6.)

Dans l'exercice de ses fonctions, il est entendu, comme la loi le prévoit, que mon mandataire est autorisé à consulter mon dossier médical et social ainsi que tout autre dossier pouvant lui être utile concernant ma personne et mes biens.

7 RÉMUNÉRATION (Voir la note explicative 7.)

Mon mandataire pourra se rembourser à même mon patrimoine de toutes dépenses utiles ou nécessaires à l'accomplissement de sa charge, y compris les frais relatifs à l'homologation du mandat.

❑ Mon mandataire ou son remplaçant agira gratuitement.

OU

❑ Je tiens à ce que ____________________
NOM DU MANDATAIRE À LA PERSONNE

OU

❑ Je tiens à ce que ____________________
NOM DU MANDATAIRE AUX BIENS

OU

❑ Je tiens à ce que ____________________
NOM DU MANDATAIRE À LA PERSONNE

ET ____________________
NOM DU MANDATAIRE AUX BIENS

soit rémunéré à même mon patrimoine selon les modalités suivantes : ____________________

____

____

Initiales du mandant et des témoins ________ ________ ________

(Continuer au verso.)

8 SITUATION D'INAPTITUDE PARTIELLE (Voir la note explicative 8.)

Si mon inaptitude n'est que partielle :

❑ J'exige que le présent mandat soit homologué avec tous les pouvoirs qui y sont mentionnés.

Je suis pleinement conscient que si je suis partiellement inapte, certains des pouvoirs prévus aux présentes pourraient restreindre mes droits et mon autonomie. Malgré ce fait, je veux que ce mandat soit quand même homologué.

Je considère être la personne la mieux placée pour connaître mon intérêt. Je suis d'avis que mon mandataire agira pleinement dans le respect de mes droits et de la sauvegarde de mon autonomie, même s'il possède les pouvoirs de pleine administration.

OU

❑ Je préfère que mon mandat tienne compte de mes capacités résiduelles.

Si je ne suis inapte que pour la gestion de mes biens, le mandat qui concerne l'administration de mes biens devra être homologué.

Mon mandataire agira alors avec les pouvoirs de la ❑ simple administration **OU** ❑ pleine administration et je conserverai toute latitude dans les décisions concernant ma personne.

OU

❑ Je préfère en appeler au tribunal.

Dans l'éventualité où le tribunal, saisi d'une demande d'homologation relativement au présent mandat, en viendrait à la conclusion que mon inaptitude n'est que partielle ou temporaire et qu'elle me permet d'exercer certains de mes droits, tout comme le peut un majeur sous le régime de protection pourvu d'un tuteur ou d'un conseiller, j'exprime ma volonté que le tribunal reconnaisse les dispositions du présent mandat selon le degré d'aptitude constaté par le tribunal, sans pour autant relever le mandataire de sa charge, ce dernier pouvant continuer à me représenter ou à me conseiller dans l'exercice de mes droits tout en respectant mon degré d'aptitude reconnu par le tribunal.

Initiales du mandant et des témoins ________ ________ ________

(Continuer au verso.)

9 **CLAUSES DIVERSES** (Voir la note explicative 9.)

Cochez les clauses qui s'appliquent :

❑ Je souhaite que mon mandataire utilise une partie des revenus de mon patrimoine, et même du capital si nécessaire, afin d'assumer mes obligations financières envers ma famille de la même manière que je les ai assumées jusqu'à l'homologation du présent mandat. Cependant, si mes revenus étaient considérablement diminués en raison de mon inaptitude, il assumerait ces obligations dans la mesure de mes moyens.

❑ Pour toute décision concernant ma personne ou relative à l'administration de mes biens, je veux si possible être consulté pour donner mon avis. Si mon mandataire le juge à propos, il consultera les personnes les plus significatives de mon entourage, soit :

______________________ NOM ______________________ NOM

______________________ NOM ______________________ NOM

Il est cependant entendu que le pouvoir de décision appartient à mon mandataire.

❑ Si, lors de l'homologation de ce mandat, un ou plusieurs de mes enfants sont mineurs et doivent être représentés, je nomme :

______________________ NOM ______________________ NOM (S'IL Y A LIEU)

pour agir à titre de tuteur.

❑ Mon mandataire à la personne devra, à chaque cinquième (5e) anniversaire de l'homologation du présent mandat, faire procéder à une nouvelle évaluation médicale et psychosociale afin de réévaluer ma condition. À la réception des résultats de cette évaluation, il devra prendre toutes les décisions et effectuer toutes les démarches nécessaires afin de protéger mes droits et que la sauvegarde de mon autonomie soit respectée.

❑ Si je redeviens apte, mon mandataire devra cesser de me représenter et entreprendre la procédure pour que le présent mandat soit révoqué, à moins d'indication contraire de ma part.

10 **SIGNATURE DU MANDANT ET DÉCLARATION DES TÉMOINS** (Voir la note explicative 10.)

______________________ SIGNATURE DU MANDANT

10.1 **Déclaration des témoins**

Nous soussignés, ______________ NOM et ______________ NOM

avons été témoins de la signature de ______________ NOM DU MANDANT.

Nous déclarons également avoir constaté son aptitude pour rédiger le présent contrat et n'avoir personnellement aucun intérêt dans ce mandat.

En foi de quoi nous avons signé à ______________ LIEU le ____ JOUR ____ MOIS ____ ANNÉE

______________________ SIGNATURE DU TÉMOIN ______________________ SIGNATURE DU TÉMOIN

______________________ NOM DU TÉMOIN ______________________ NOM DU TÉMOIN

______________________ ADRESSE COMPLÈTE ______________________ ADRESSE COMPLÈTE

______________________ No DE TÉLÉPHONE ______________________ No DE TÉLÉPHONE

Initiales du mandant et des témoins ________ ________ ________

(Continuer au verso.)

11 ACCEPTATION DU MANDATAIRE (Voir la note explicative 11.)

❑ La demande de mise en exécution du présent mandat en cas d'inaptitude par mon mandataire sera réputée constituer son acceptation d'exercer cette fonction.

OU

❑ Aux présentes intervient le mandataire désigné

NOM DU MANDATAIRE ______________________ OCCUPATION ______________________

ADRESSE COMPLÈTE ______________________

qui déclare ce qui suit :

1. Je ______________________ reconnais avoir pris connaissance du présent mandat en cas d'inaptitude et accepte d'être nommé à titre de mandataire aux biens ou à la personne ;

2. Je m'engage, advenant l'inaptitude de ______________________ (NOM DU MANDANT), à prendre les mesures requises par la loi pour rendre exécutoire le présent mandat en cas d'inaptitude et pour assumer par la suite les pouvoirs et obligations découlant de ma charge de mandataire et je m'engage à remplir ma charge dans l'intérêt de ______________________ (NOM DU MANDANT), dans le respect de ses droits et de la sauvegarde de son autonomie.

____
SIGNATURE DU MANDATAIRE ACCEPTANT

Veuillez apposer vos initiales en marge de tout texte que vous modifiez.

Initiales du mandant et des témoins ________ ________ ________

BIBLIOGRAPHIE SÉLECTIVE

AUBÉ, G., « Collaborations interprofessionnelles en contexte de détermination de l'inaptitude », (2008) 2 *C.P. du N.* 211.

BARREAU DU QUÉBEC, *Les mandats en cas d'inaptitude : une panacée ?*, Cowansville, Éditions Yvon Blais, 2001.

BEAUCHAMP, M., « Le mandat en cas d'inaptitude : crise d'identité ? », (2005) 1 *C.P. du N.* 335.

BEAULIEU, M. et S. PHILIPS-NOOTENS, « La détermination de l'inaptitude de la personne âgée au Carrefour des disciplines : le défi du respect de l'autonomie », dans Service de la formation continue, Barreau du Québec, *La protection des personnes vulnérables*, Cowansville, Éditions Yvon Blais, 2014.

BOHÉMIER, P. et G. GUAY, « L'exploitation des personnes âgées : prévenir pour ne pas être complice – Guide du notaire en matière de protection des personnes âgées », (2005) 3 *C.P. du N.* 121.

CANTIN CUMYN, M. et M. CUMYN, *L'administration du bien d'autrui*, 2e éd., dans *Traité de droit civil*, Cowanville, Éditions Yvon Blais, 2014.

CHALIFOUX, D., « Les directives préalables de fin de vie et les pouvoirs publics », dans Service de la formation permanente, Barreau du Québec, *Pouvoirs publics et protection*, Cowansville, Éditions Yvon Blais, 2003, p. 1.

DUPIN, F., « Autonomie et mandat de protection », dans Service de la formation continue, Barreau du Québec, vol. 315, *La protection des personnes vulnérables*, Cowansville, Éditions Yvon Blais, 2010.

DUPIN, F., « Droit des aînés : mandat de protection », dans *Congrès du Barreau 2010*, Barreau du Québec, 2010.

DUPIN, F., « La multidisciplinarité, la sauvegarde de l'autonomie et la nécessité d'une approche conciliatrice », (2011) 5:2 *R.D.S.M.* 279.

DUPIN, F., « Le mandat de protection : des origines à nos jours », dans Service de formation continue, *Congrès du Barreau 2008*, Barreau du Québec, Montréal, 2008.

FABIEN, C., « Mandat de protection : dilemme du juge, dilemme du législateur », (2009) 111 *R. du N.* 255.

FRÉCHETTE, L., « Le mandat humain, une approche novatrice en droit de la famille », (2004) 1 *C.P. du N.* 133.

FRÉCHETTE, L., « Règles de consentement et présomption d'aptitude et l'expression des volontés de fin de vie : le mythe du modèle idéal », (2008) 2 *C.P. du N.* 221.

GOUBAU, D., « Les actes qui exigent le consentement personnel du majeur protégé », dans Service de la formation continue, Barreau du Québec, *La protection des personnes vulnérables*, Cowansville, Éditions Yvon Blais, 2014.

LAFLAMME, L., « Variations sur des thèmes connus : le mandat en prévision de l'inaptitude et la procuration générale », (2002) 2 *C.P. du N.* 103.

LAFLAMME, L., R.P. KOURI et S. PHILIPS-NOTENS, *Le mandat en cas d'inaptitude : de l'expression de sa volonté à sa mise en œuvre*, Cowansville, Éditions Yvon Blais, 2008.

LEFEBVRE, B., « L'étrange « mandat » qu'est celui donné en prévision de l'inaptitude : lorsque la volonté occulte la finalité », dans G. BRAS MIRANDA et B. MOORE (dir.), *Mélanges Adrian Popovici : Les couleurs du droit*, Montréal, Éditions Thémis, 2010, p. 75.

PINARD, E. et J. BRISSON, « Homologation du mandat de protection en cas d'inaptitude partielle : les clauses sont-elles la solution ? », dans *Congrès du Barreau 2014*, Barreau du Québec, Montréal, 2014.

TABLE DE LA LÉGISLATION

Les chiffres renvoient aux numéros de paragraphes.

LOIS PRÉÉMINENTES

Charte canadienne des droits et libertés, Partie I de la *Loi constitutionnelle de 1982*, Annexe B de la *Loi de 1982 sur le Canada*, 1982, ch. 11 (R.-U.) 78, 80-82, 170, 257, 362, 651, 655

Art. 1. . . . . 4, 79, 283
Art. 2. . . . . 79, 94
Art. 2b) 80, 172, 245
Art. 6 324
Art. 7. . . . . . 4-6, 79, 100, 120, 128, 176, 186, 200, 650, 656
Art. 7-15 79
Art. 8 . . . . 175, 186
Art. 9 650
Art. 10b) 663
Art. 12 120
Art. 15. . . . . 79, 120, 260, 283, 489, 650
Art. 24 93
Art. 24(1) 92, 324
Art. 24(2) 95
Art. 28 283
Art. 33 79
Art. 52 283

Loi constitutionnelle de 1867, L.R.C. (1985), App. II, n° 5
Art. 96 563

Loi constitutionnelle de 1982, L.R.C. (1985), App. II, nº 44
Art. 38 78
Art. 52(3) 78

CANADA

Codes

Code criminel, L.R.C. (1985), ch. C-46
Art. 2 . . . . 202, 317
Art. 13 . . . . 489, 494
Art. 14 120
Art. 16 202
Art. 45 121
Art. 182 . . . . 29, 159
Art. 183 et s. 183
Art. 219 101
Art. 220 1
Art. 223(1) 1
Art. 223(2) 1
Art. 229 120
Art. 238(1) 1
Art. 241b) 120
Art. 251 (ancien) 5
Art. 252 101
Art. 254 101
Art. 258 101
Art. 265 107
Art. 287 5
Art. 290(2)b) 40
Art. 297 et s. 172
Art. 348 178
Art. 349 178
Art. 366 . . . . 241, 421
Art. 374 241
Art. 378 421
Art. 403 241

Art. 487 179
Art. 487.05 et s. 101
Art. 672.10-672.66 202
Art. 672.58 101

Code canadien du travail, L.R.C. (1985), ch. L-2 651

Lois

Acte concernant les jeunes délinquants, S.R.C. 1886, 49 Vict., ch. 177 670

An Ordonnance for Altering, Fixing and Establishing the Age of Majority, (1782) 22 Geo III, ch. 1 . . . . 490, 515

Déclaration canadienne des droits, L.R.C. (1985), App. III . . 78, 81
Art. 1a) 5

Loi sur l'accès à l'information, L.R.C. (1985), ch. A-1 191

Loi sur les aliments et drogues, L.R.C. (1985), ch. F-27 149

Loi sur les banques, L.C. 1991, ch. 46
Art. 437 506

Loi sur la Cour suprême, L.R.C. (1985), ch. S-26
Art. 8 352

Loi concernant le divorce et les mesures accessoires, L.R.C. (1985), ch. 3 (2e suppl.) 656
Art. 2 490
Art. 2(1) 515
Art. 3-5 330
Art. 8(1) 41, 72, 300
Art. 8(2)a) 72
Art. 8(3)b)(i) 738

Loi canadienne sur les droits de la personne, L.R.C. (1985), ch. H-6 78

Loi électorale du Canada, L.C. 2000, ch. 9
Art. 8 317

Loi d'harmonisation nº 1 du droit fédéral avec le droit civil, L.C. 2001, ch. 4
Art. 6 . . . . 498, 530

Loi sur les Indiens, L.R.C. (1985), ch. I-5
Art. 52 538

Loi sur les jeunes contrevenants, L.R.C. (1985), ch. Y-1 651

Loi concernant les jeunes délinquants, S.C. 1908, Edw. VII, ch. 40 651

Loi sur le mariage civil, L.C. 2005, ch. 33
Art. 2 . . . . 291, 301

Loi concernant la procréation assistée et la recherche connexe, L.C. 2004, ch. 2 . . . . 3, 20
Art. 5. 21
Art. 5(1)a) 20
Art. 5(1)b) 20
Art. 5(1)c) 20
Art. 5(1)d) 20
Art. 5(1)e) 20
Art. 5(1)f) 20
Art. 5(1)g) 20
Art. 5(1)h) 20
Art. 5(1)i) 20
Art. 5(1)j) 20
Art. 6 . . . . 20, 102
Art. 7. 20
Art. 8. 20
Art. 9 . . . . 20, 145

Loi sur la protection des renseignements personnels, L.R.C. (1985), ch. P-21. 191

Loi sur la protection des renseignements personnels et les documents électroniques, L.C. 2000, ch. 5
Art. 26(2)b) 191

Loi sur le système de justice pénale pour les adolescents, L.C. 2002, ch. 1 . . . . 501, 519, 663
Préambule 651
Art. 2(1) 489
Art. 16 491
Art. 25 651
Art. 110 et s. 651

Uniform Vital Statistics Act, ch. 50, A-1 308

Projets de loi

Projet de loi C-22 – *Loi modifiant la Loi sur le divorce, la Loi d'aide à l'exécution des ordonnances et des ententes familiales, la Loi sur la saisie-arrêt et la distraction de pensions, la Loi sur les juges et d'autres lois en conséquence*, 2003 . . . 656

Projet de loi C-484 – *Loi modifiant le Code criminel (blesser ou causer la mort d'un enfant non encore né au cours de la perpétration d'une infraction)*, 2e sess., 39e lég., 56 Eliz. II, 2007 1

Projet de loi C-581 – *Loi modifiant le Code criminel (aide médicale à mourir)*, 2e sess., 41e lég., 62-63 Eliz. II, 2013-2014 120

Règlements

Décret C.P. 1992-2302, *Décret concernant les paiements à titre gracieux aux personnes déstructurées à l'Institut Allen Mémorial au cours des années 1950 et 1965*, 1992 10

Règlement sur les aliments et drogues, C.R.C., ch. 870 149

Règlement sur la procréation assistée, DORS/2007-137. 21

Règlement sur la sécurité des cellules, tissus et organes humains destinés à la transplantation, DORS/2007-118. 162

QUÉBEC

Codes

Code civil du Bas Canada, 29 Vict., ch. 41 (1865). 10, 15, 40, 42, 148, 276, 315, 325, 359, 385, 437, 484, 501, 515, 534, 545, 557, 569, 578, 588, 593, 607, 640, 643, 644, 654, 659, 677, 682, 710, 736, 737
Art. 13 82
Art. 18. . . . . 434, 446
Art. 18-22 84
Art. 19 . . . . 84, 100
Art. 20. . . . . 84, 143, 146
Art. 20, al. 2 143
Art. 20, al. 4 143
Art. 21 . . . . 29, 160
Art. 22 162
Art. 30 . . . . 80, 655
Art. 31 658
Art. 30-38 22
Art. 34 22
Art. 38 22
Art. 42 367
Art. 42, al. 2 423
Art. 51 422
Art. 52 421
Art. 53a 367, 423
Art. 53b. 367
Art. 54. . . . . 224, 491
Art. 56 224
Art. 56a. 248
Art. 56-56.4. 224
Art. 56.1 225
Art. 65 224
Art. 67. . . . . 224, 381
Art. 70-73 39
Art. 71 224

Art. 80 339
Art. 82 352
Art. 83, al. 1 336
Art. 83, al. 3 355
Art. 84 336
Art. 86-110. 39
Art. 129. 367
Art. 175. 336
Art. 177. 458
Art. 183. 458
Art. 249 . . . . 537, 566
Art. 254. 642
Art. 267. 566
Art. 269. 567
Art. 272-278 573
Art. 290. 608
Art. 309. 594
Art. 311. 606
Art. 314 . . . . 517, 518, 528
Art. 315 et s. 517
Art. 317. 521
Art. 319. 523
Art. 320. 435
Art. 323. 497
Art. 325 . . . . 460, 533, 709
Art, 326 . . . . 460, 709
Art. 327 . . . . 693, 713
Art. 332.1. 713
Art. 334.3. 436
Art. 336a 460, 709
Art. 336r. 460, 521, 709
Art. 338 15
Art. 340. 521
Art. 345. . . . . 15, 544
Art. 349. 460
Art. 351. 681
Art. 608 7

Art. 771 7
Art. 922. 550
Art. 945 7
Art. 986, al. 4. 454
Art. 989 82
Art. 990 82
Art. 1008 475
Art. 1009 513
Art. 1041 440
Art. 1053 . . . . 82, 87, 500
Art. 1054 503
Art. 1054, al. 1 503
Art. 1062. 82
Art. 1214 474
Art. 1235(2) 475
Art. 1731.8 806
Art. 2030 681
Art. 2217 159
Art. 2232 476
Art. 2242 476
Art. 2258 476
Art. 2269 476
Art. 2529. . . . . 40, 71
Art. 2543 7

Code civil du Québec, L.Q. 1991, c. 64 . . . . . 7, 38, 76, 84, 98, 99, 103, 104, 123, 159, 173, 198, 221, 224, 236, 259, 274, 285, 308, 327, 369, 381, 407, 460, 518, 534, 537, 548, 549, 555, 587, 622, 644, 650, 653, 677, 678, 710, 714
Disposition préliminaire 82, 84
Livre I, c. III 45
Livre IV, Titre VII 48, 592
Art. 1. . . . . 1, 6, 433, 434
Art. 1-9 433
Art. 2 433
Art. 3. . . . . 82, 83, 168, 245, 654
Art. 4 . . . . 434, 453

Art. 4, al. 2 446
Art. 5 . . . . 225, 240
Art. 7-9. 82
Art. 8 453
Art. 8, al. 2. 85
Art. 9. . . . . 13, 86
Art. 10 . . . . 96, 100, 110, 203, 214
Art. 10 et s. 82
Art. 11. . . . . 105, 106, 110, 133, 214
Art. 11, al. 1 141
Art. 11, al. 2 699
Art. 11-24 96
Art. 11 et s.. 699
Art. 12 . . . . . . 116-118, 126, 128, 131, 135, 136, 699, 800
Art. 12, al. 1 116
Art. 12, al. 2 116
Art. 13 . . . . 101, 121, 122, 126
Art. 13, al. 2. 121, 122
Art. 14 . . . . 114, p. 145, 128, 162
Art. 14, al. 2 . . . . 108, 125, 126
Art. 14 et s.. 506
Art. 15 . . . . 114, 115, 134, 154, 162, 207, 456, 713, 719, 769, 782, 786
Art. 16. . . . . 109, 129, 133, 141, 214
Art. 16, al. 1 . . . . 131, 133, 214
Art. 16, al. 2 126
Art. 17 127
Art. 18. . . . . 132, 135
Art. 19 21
Art. 19, al. 1 144
Art. 19, al. 2. 145, 512
Art. 20 . . . . 122, 148, 152
Art. 21(ancien) 154
Art. 21, al. 2 (ancien) 151
Art. 21, al. 3 (ancien). 151, 155
Art. 21. . . . . 122, 151-153, 155
Art. 21, al. 3. 143, 151

Art. 21, al. 6 115
Art. 22 146
Art. 23 . . . . 131, 135, 158, 625
Art. 23, al. 1 208
Art. 23, al. 2 . . . . 127, 143, 145, 158
Art. 24 . . . . 117, 144, 146
Art. 24, al. 1 144
Art. 24, al. 2 148
Art. 25. . . . . 21, 143, 148
Art. 25, al. 1 144
Art. 25, al. 2 150
Art. 26, al. 1 204
Art. 26, al. 2 204
Art. 26-30. 101
Art. 26-31 . . . . 133, 202, 730
Art. 27 205
Art. 27, al. 1. . . . . 208, 214
Art. 27, al. 2 207
Art. 28, al. 1 208
Art. 28, al. 2 208
Art. 28, al. 3 208
Art. 29 205
Art. 29, al. 1 209
Art. 29, al. 2. . . . . 208, 209
Art. 30 . . . . 208, 210, 212, 652
Art. 30, al. 2 209
Art. 30.1 210
Art. 30.1, al. 1 210
Art. 30.1, al. 2 210
Art. 30.1, al. 3 210
Art. 30.2 (ancien) 210
Art. 31, al. 1 212
Art. 31, al. 2 212
Art. 32-34. . . . . 82, 649
Art. 33 . . . . 131, 251, 302, 529, 541, 557, 583, 601, 649, 652, 655, 685, 691
Art. 33, al. 2 656

Art. 34 . . . . 499, 652, 658, 659
Art. 35 . . . . 88, 168-170, 175, 177, 245
Art. 35, al. 2 . . . . 88, 246
Art. 35-40. 191
Art. 35-41. 199
Art. 35 et s.. 168
Art. 36 . . . . 82, 175-177, 187
Art. 36(1) 178
Art. 36(2) 180
Art. 36(3) 180, 182, 183
Art. 36(5) 180, 182, 183, 186, 241
Art. 36(6) 80, 94, 190
Art. 37 . . . . 176, 192, 193
Art. 37-41 . . . . 97, 176, 178, 191
Art. 38 195
Art. 38-40. 194
Art. 39 195
Art. 40, al. 1. . . . . 196, 199
Art. 40, al. 2. . . . . 197, 199
Art. 42 . . . . 28, 29, 82, 88, 160
Art. 43 . . . . 28, 161
Art. 43, al. 2 161
Art. 43-45 25
Art. 44 29
Art. 44, al. 1 162
Art. 44, al. 2 162
Art. 44-49 82
Art. 45 . . . . 37, 162
Art. 46 161
Art. 48 160
Art. 49 160
Art. 50. . . . . 225, 231, 279, 280, 384
Art. 51. . . . . 231, 279
Art. 52 . . . . 232, 279, 372
Art. 53 279
Art. 53, al. 1 234
Art. 53, al. 2 235

Art. 53, al. 3 384
Art. 54 279
Art. 54, al. 1. . . . . 232, 372
Art. 54, al. 2 372
Art. 55 82
Art. 55, al. 2 240
Art. 56. . . . . 181, 245
Art. 56, al. 1 243
Art. 56, al. 2 . . . . 88, 245
Art. 58. . . . . 242, 253, 257, 279, 292
Art. 58, al. 1 89
Art. 58, al. 2. . . . . 250, 258
Art. 58-70. 280
Art. 59 . . . . 260, 279, 280
Art. 59, al. 2 250
Art. 60 261
Art. 62 262
Art. 62, al. 2 262
Art. 63 . . . . 263, 266, 295
Art. 63, al. 1(2). 386
Art. 63, al. 1(3). 386
Art. 64. . . . . 293, 295
Art. 65 . . . . 249, 250, 253, 292
Art. 66 . . . . 254, 493, 495
Art. 67 296
Art. 67, al. 2(2). 386
Art. 67, al. 2(3). 386
Art. 67, al. 1 271
Art. 67, al. 2 271
Art. 68 . . . . 271, 299, 302
Art. 69. . . . . 271, 299
Art. 70 271
Art. 71 . . . . 289, 291, 298, 299
Art. 71, al. 1 299
Art. 72. . . . . 292, 294
Art. 73 . . . . 292, 295, 299, 302
Art. 74 . . . . 232, 269, 279, 296

Art. 75 . . . . 179, 315, 317, 324
Art. 75-77. 343
Art. 75-78. 333
Art. 76 . . . . 201, 331, 333, 334, 346, 349
Art. 76, al. 1 339
Art. 76, al. 2 340
Art. 77. . . . . 314, 329, 332, 333, 340
Art. 78 . . . . 325, 344, 346
Art. 78, al. 1. . . . . 330, 345
Art. 78, al. 2 346
Art. 79. . . . . 342, 352
Art. 80 . . . . 348, 349, 523, 584
Art. 80, al. 2. . . . . 349, 350
Art. 81 . . . . 351, 699, 719
Art. 82 336
Art. 83 353
Art. 83, al. 2 355
Art. 84 . . . . 39, 40, 55, 69
Art. 84-105. 40
Art. 85 40
Art. 86 . . . . 42, 44, 46
Art. 86 et s. 45
Art. 87 . . . . 42, 46, 48
Art. 87, al. 1 47
Art. 88 50
Art. 89 58
Art. 89, al. 1 51
Art. 90 . . . . 40, 45, 53
Art. 91 . . . . 42, 55
Art. 92 390
Art. 92, al. 2 54
Art. 93 . . . . 57, 69
Art. 93, al. 2 57
Art. 94 40
Art. 94, al. 1 57
Art. 94, al. 2 57
Art. 95 58

Art. 96 . . . . 60, 61, 70
Art. 97, al. 1 64
Art. 97, al. 2 65
Art. 97-101. . . . . 62, 90
Art. 98 70
Art. 98, al. 1 63
Art. 98, al. 2 63
Art. 99 . . . . 66, 67
Art. 100 68
Art. 101 . . . . 64, 67
Art. 102. 422
Art. 103. 370
Art. 104. 370
Art. 105. 370
Art. 106. 286
Art. 107 . . . . 419, 432
Art. 107, al. 2. 372
Art. 108 . . . . 231, 279, 281, 372, 377, 431
Art. 108, al. 1. 373
Art. 108, al. 2 . . . . 375, 396
Art. 109. . . . . 281, 286, 375, 431
Art. 109, al. 2. 420
Art. 110. 375
Art. 111 . . . . 279, 286, 376
Art. 111, al. 1. 376
Art. 111, al. 2. 281
Art. 111-117. . . . . 2, 37
Art. 111 et s. 431
Art. 112 . . . . 376, 377
Art. 113 . . . . 279, 377
Art. 114 . . . . 235, 374, 377
Art. 114, al. 1. 377
Art. 115. . . . . 231, 279, 281, 286, 303, 377, 491
Art. 116. . . . . 235, 279, 378, 384
Art. 117 . . . . 378, 384, 491
Art. 118 . . . . 374, 379
Art. 119. 379

Art. 120 379
Art. 121 . . . . . 374, 379
Art. 121.1-121.3 380
Art. 121.3 374
Art. 122 382
Art. 122, al. 2 382
Art. 122-128 . . . . . 24, 37
Art. 123 382
Art. 124 . . . . . 281, 382
Art. 125 . . . . . 374, 383
Art. 126 . . . . . 57, 281, 383
Art. 127 383
Art. 128 384
Art. 129 . . . . . 57, 252, 385, 391
Art. 129-143 385
Art. 130 . . . . . 250, 288, 372, 386, 400, 431
Art. 131 . . . . . 372, 387, 402, 420, 431
Art. 132 . . . . . 252, 272, 299
Art. 132, al. 1 . . . . . 388, 395
Art. 132, al. 2 388
Art. 132, al. 3 389
Art. 133 . . . . . 57, 390
Art. 133.1 . . . . . 69, 390
Art. 133.1, al. 3 70
Art. 134 . . . . . 391, 395
Art. 135 . . . . . 391, 395
Art. 136 393
Art. 137 252
Art. 137, al. 1 395
Art. 137, al. 3 394
Art. 138 . . . . . 372, 397
Art. 139 . . . . . 398, 402, 404
Art. 140 396
Art. 141 432
Art. 141, al. 1 288
Art. 141, al. 2 . . . . . 372, 400
Art. 142 . . . . . 288, 372, 400, 432

Art. 143 . . . . 403, 404
Art. 144. 419
Art. 145. 409
Art. 146, al. 1. 410
Art. 146, al. 2. 410
Art. 147. 411
Art. 148 . . . . 408, 412
Art. 148, al. 1. 412
Art. 148, al. 2. 414
Art. 149 . . . . 272, 299
Art. 149, al. 1. 415
Art. 150. 417
Art. 151 . . . . 292, 420
Art. 152 . . . . 370, 423
Art. 153 . . . . 108, 489
Art. 153, al. 2. 492
Art. 153-176 433
Art. 154. 434
Art. 155. . . . . 108, 125, 492, 498
Art. 155 et s. 746
Art. 156 . . . . 493, 497, 509, 510, 523
Art. 157 . . . . 499, 506, 514, 523, 611
Art. 158 . . . . 505, 510, 610
Art. 159 . . . . 509, 523, 564
Art. 159, al. 2. 509
Art. 160. 509
Art. 161 . . . . 469, 512
Art. 162 . . . . 469, 513, 526
Art. 163 . . . . 469, 478, 479, 512, 514
Art. 164. 514
Art. 164, al. 2. 500
Art. 165. 483
Art. 166 . . . . 474, 475, 513
Art. 167 . . . . 498, 520, 533
Art. 167, al. 2. 520
Art. 167 et s. 755
Art. 168. 520

Art. 169 521
Art. 170 . . . . . 493, 494, 523, 533
Art. 171 . . . . . 125, 348, 523
Art. 172 523
Art. 173 . . . . . 463, 478, 479, 521, 525
Art. 174 . . . . . 478, 526
Art. 175 . . . . . 15, 493
Art. 175, al. 1 528
Art. 175, al. 2 . . . . . 498, 520, 528, 529
Art. 176 . . . . . 125, 348, 494, 531, 533, 773
Art. 177 . . . . . 469, 471, 536, 557, 567, 685
Art. 177-255 433
Art. 178 536
Art. 179 . . . . . 536, 568, 775
Art. 180 . . . . . 49, 572
Art. 181 570
Art. 182 571
Art. 183 . . . . . 562, 574, 574, 576
Art. 183, al. 2 575
Art. 184 . . . . . 575, 578-580, 692, 770
Art. 185 . . . . . 536, 552, 581
Art. 186 . . . . . 128, 350, 501, 539, 552, 553, 562
Art. 187 . . . . . 562, 582, 775
Art. 188 . . . . . 583, 584, 742
Art. 188, al. 1 615
Art. 188, al. 2 . . . . . 583, 619
Art. 189 . . . . . 569, 775
Art. 190 . . . . . 556, 564, 565, 567, 609, 664, 665
Art. 191 320
Art. 191, al. 1 584
Art. 191, al. 2 350
Art. 192 . . . . . 15, 348, 523, 536, 538, 584
Art. 192, al. 2 . . . . . 13, 14, 544, 545
Art. 192 et s. 536
Art. 193 . . . . . 52, 540, 551, 568
Art. 193 et s. 129
Art. 194 540

Art. 194, al. 2 72
Art. 195 . . . . 350, 541, 546, 553, 568
Art. 195 et s. 568, 601
Art. 196. 541
Art. 196, al. 2. 625
Art. 197 . . . . 350, 539
Art. 198 . . . . 539, 543
Art. 199. 348
Art. 199, al. 1 . . . . 350, 546
Art. 199, al. 2 . . . . 539, 547
Art. 200. 550
Art. 200 et s. 536
Art. 201 . . . . 551, 552
Art. 201, al. 1. 551
Art. 202, al. 1. 554
Art. 202, al. 2. 554
Art. 203. 554
Art. 204 . . . . 550, 554
Art. 204, al. 2. 554
Art. 205. . . . . 350, 556, 561, 564, 566, 567, 625
Art. 205, al. 2. . . . . 558, 566, 567, 625
Art. 206 . . . . 350, 557
Art. 207 . . . . 348, 556, 560, 585, 597
Art. 208 . . . . 48, 607, 617
Art. 208-221 . . . . 607, 617, 739
Art. 209 . . . . 586, 617, 625, 627, 632
Art. 209 et s. 607
Art. 210. 611
Art. 211 . . . . 464, 514, 617
Art. 212 . . . . 514, 617, 625
Art. 213 . . . . 464, 514, 617, 625, 690, 739, 745, 751
Art. 213, al. 1. 513
Art. 213, al. 2. 616
Art. 214. 616
Art. 215, al. 2. 514
Art. 216 . . . . 624, 739
Art. 218. . . . . 50, 574, 614, 616, 739

Art. 219 . . . 739
Art. 220 . . . 508, 611
Art. 220, al. 1 . . . 611
Art. 220, al. 2 . . . 611, 625
Art. 221 . . . 350, 561, 582
Art. 222 . . . 624, 628, 638
Art. 222-225 . . . 47
Art. 222-239 . . . 759
Art. 223 . . . 520, 627, 637
Art. 223, al. 2 . . . 558, 561, 566, 627
Art. 224 . . . 637, 638
Art. 225 . . . 632, 637
Art. 225, al. 2 . . . 632, 639
Art. 226 . . . 559, 640, 729
Art. 226, al. 3 . . . 643
Art. 227 . . . 641, 642
Art. 228 . . . 628
Art. 228, al. 2 . . . 628, 634, 638
Art. 229 . . . 628
Art. 230 . . . 624
Art. 231 . . . 629, 632, 638, 641, 719, 729
Art. 231, al. 3 . . . 638, 639
Art. 232 . . . 49, 633, 635
Art. 233, al. 2 . . . 626
Art. 234 . . . 624, 628, 645, 646
Art. 234, al. 2 . . . 647
Art. 235 . . . 564, 624
Art. 236 . . . 591, 593, 624
Art. 237 . . . 648
Art. 238 . . . 645
Art. 239 . . . 624
Art. 240 . . . 589, 590, 759
Art. 241 . . . 589, 590, 759
Art. 242 . . . 593, 692
Art. 242-245 . . . 759
Art. 243 . . . 593
Art. 244 . . . 593

Art. 245 . . . . 593, 711
Art. 246 . . . . 496, 594
Art. 246, al. 2 . . . . 569, 583, 593
Art. 246-249 759
Art. 247. . . . . 53, 496, 595, 624, 760
Art. 248. 606
Art. 249. 760
Art. 250 . . . . 599, 607
Art. 250-255 759
Art. 251 . . . . 600, 602, 624, 700, 760
Art. 251, al. 2. 602
Art. 252. 603
Art. 253. 599
Art. 254. 604
Art. 255. 597
Art. 256. . . . . 533, 684, 685, 789
Art. 256, al. 2. 437
Art. 256-297 433
Art. 256 et s.. . . . . 532, 533, 789
Art. 257 . . . . 685, 688, 695, 697, 745, 762
Art. 257, al. 2. 697
Art. 258. . . . . 686, 711,754
Art. 259. 711
Art. 260 . . . . 688, 689, 697, 699, 748
Art. 260, al. 1. 689
Art. 260, al. 2 . . . . 134, 689
Art. 261. . . . . 49, 750
Art. 261, al. 1. 689
Art. 262 . . . . 739, 751
Art. 263. 753
Art. 263, al. 2 . . . . 134, 752
Art. 263, al. 3. 752
Art. 264 . . . . 134, 692, 753
Art. 264, al. 1. 753
Art. 264, al. 2. 753
Art. 265. 753

Art. 266 . . . . 574, 579, 699, 700, 711, 728, 729, 742, 750, 759, 759
Art. 266, al. 1. 690
Art. 266, al. 2. 729
Art. 267 . . . . 719, 729
Art. 268. 687
Art. 268, al. 1. 712
Art. 268, al. 2. 733
Art. 269 . . . . . . 134, 693, 700, 713, 718, 748, 762, 782, 789
Art. 270 . . . . 688, 715, 718, 723, 763
Art. 270, al. 2 . . . . 716, 717
Art. 271. 719
Art. 272. 730
Art. 273 . . . . 786, 809, 812
Art. 273, al. 1. 731
Art. 273, al. 2. 731
Art. 274 . . . . 731, 732
Art. 275 . . . . 466, 691
Art. 275, al. 1. 690
Art. 275, al. 2 . . . . 690, 732
Art. 276 . . . . 687, 694, 723, 728, 733, 800
Art. 276, al. 2 . . . . 697, 724
Art. 277. . . . . 734, 761, 762, 787
Art. 277-280 694
Art. 278 . . . . 694, 761, 763
Art. 279 . . . . 688, 761, 807
Art. 280 . . . . 688, 761, 763, 764, 807
Art. 281 . . . . 693, 733, 735
Art. 281, al. 2. 742
Art. 282 . . . . 739, 742
Art. 283 . . . . 480, 740
Art. 284 . . . . 477, 740, 746
Art. 285 . . . . 45, 693, 733, 742
Art. 285, al. 2. 743
Art. 285 et s. 796
Art. 286 . . . . 42, 745, 796
Art. 287. . . . . 744-746, 758

Art. 288 . . . . 436, 694, 743
Art. 288, al. 2 . . . . 463, 745, 757
Art. 289. 744
Art. 290. 477, 740, 746, 758
Art. 291. 463, 693, 733, 754
Art. 292. 755
Art. 293. 755
Art. 293, al. 2. 755
Art. 294 . . . . 479, 756, 759
Art. 295 53
Art. 297, al. 2 . . . . 728, 750, 755
Art. 302. 239
Art. 303. 239
Art. 304. 569
Art. 305. 239
Art. 306. 239
Art. 307. 353
Art. 307, al. 2. 353
Art. 308. 239
Art. 312. 457
Art. 327 . . . . 457, 735, 744
Art. 365 72
Art. 366 . . . . 367, 374
Art. 370. 379
Art. 372, al. 2 . . . . 507, 509
Art. 373 . . . . 379, 464, 498
Art. 374, al. 2 72
Art. 375. 379
Art. 377. 379
Art. 378. 422
Art. 379. 422
Art. 382. 530
Art. 382-390 416
Art. 382 et s. 532
Art. 392. 336
Art. 393 . . . . 242, 257
Art. 395. 336

Art. 398, al. 2 43
Art. 398 et s.. 72
Art. 399 43
Art. 417 60
Art. 434. . . . . 464, 498, 507, 526
Art. 434, al. 3. 509
Art. 434, al. 2. 465
Art. 436 . . . . 735, 755
Art. 439 . . . . 10, 14
Art. 442. 427
Art. 444. . . . . 43, 731
Art. 465(4) 51
Art. 466 60
Art. 492. 787
Art. 493. . . . . 72, 787
Art. 494(2) 41, 72
Art. 496. 655
Art. 509. 391
Art. 513. 655
Art. 521.2. 374
Art. 521.2.2 72
Art. 521.6, al. 4 . . . . 43, 72
Art. 521.8. 427
Art. 521.12 300
Art. 521.12-521.19 380
Art. 521.17. . . . . 41, 72
Art. 523 et s. 422, 545
Art. 525. . . . . 52, 377
Art. 525, al. 1 14
Art. 531. . . . . 52, 250
Art. 530. 386
Art. 531, al. 2 72
Art. 535.1. 101
Art. 538-542 20
Art. 538 et s. 550
Art. 538.1. 303
Art. 538.3 . . . . 52, 303, 377

Art. 538.3, al. 1 14
Art. 539 52
Art. 541 . . . . 102, 303
Art. 542. 180
Art. 543. 655
Art. 545. 655
Art. 546. 303
Art. 547 . . . . 444, 655
Art. 549. 507
Art. 549, al. 1. 494
Art. 550 . . . . 495, 507
Art. 555 . . . . 252, 303
Art. 556 . . . . 539, 547
Art. 559. 252
Art. 559(2) 72
Art. 562. 547
Art. 568. 655
Art. 569. 547
Art. 569, al. 1. 252
Art. 570-572. . . . . 252, 547
Art. 571. 252
Art. 573. 655
Art. 574 . . . . 394, 655
Art. 576. 252
Art. 577. 252
Art. 581. 179
Art. 582 . . . . 179, 180
Art. 582-584 415
Art. 583. 378
Art. 584. 180
Art. 585. 611
Art. 587. 689
Art. 595 72
Art. 596 72
Art. 597 et s. 539
Art. 598 . . . . 489, 501, 523
Art. 598 et s. 128

Art. 600. . . . . 52, 551
Art. 600, al. 2. 129
Art. 601. 562
Art. 602. 348
Art. 603. . . . . 72, 129
Art. 604 . . . . 129, 541, 655
Art. 605. 350
Art. 606. 350, 448, 543, 655
Art. 606, al. 2. 350
Art. 607 . . . . 546, 655
Art. 610. 253
Art. 612 . . . . 139, 533
Art. 613. . . . . 28, 320
Art. 613, al. 1 60
Art. 616 25
Art. 617 . . . . 7, 16, 41, 545
Art. 617, al. 1 10
Art. 619 88
Art. 620. 448
Art. 625, al. 3 . . . . 29, 87
Art. 630 29
Art. 632 29
Art. 638. 617
Art. 638(1) 41
Art. 638(2) 525
Art. 646-652 525
Art. 703. 454
Art. 707 . . . . 454, 736
Art. 708 . . . . 160, 444, 466, 469, 512, 527
Art. 709 . . . . 736, 744
Art. 710 . . . . 735, 736, 755
Art. 711 . . . . 735, 736, 744
Art. 712 . . . . 550, 777
Art. 714. 779
Art. 716. 550
Art. 725. 550
Art. 727. 550

Art. 731 et s. 28
Art. 761. 446
Art. 1002 179
Art. 1179 179
Art. 1179 et s. 201
Art. 1239 . . . . 7, 10
Art. 1242 . . . . 7, 10
Art. 1261. 16
Art. 1262. 16
Art. 1279 . . . . 7, 10
Art. 1287 et s. 611
Art. 1289. . . . . 10, 14
Art. 1299 607
Art. 1299-1370 . . . . 607, 626
Art. 1299 et s. 433
Art. 1300 . . . . 579, 770
Art. 1301 . . . . 613, 771
Art. 1301-1305 523
Art. 1301 et s. 48, 607, 617
Art. 1302 613
Art. 1303 . . . . 613, 617
Art. 1304 . . . . 608, 614
Art. 1305 . . . . 525, 616
Art. 1305, al. 2 613
Art. 1306. . . . . 739, 771, 772
Art. 1307 . . . . 739, 772
Art. 1308 608
Art. 1308, al. 2 620
Art. 1309 608
Art. 1309, al. 2 609
Art. 1310 609
Art. 1311 626
Art. 1312 609
Art. 1312, al. 2 464
Art. 1313 609
Art. 1314 609
Art. 1315. . . . . 466, 617, 618

Art. 1316 . . . . 583, 615
Art. 1318 . . . . 457, 620
Art. 1319 621
Art. 1320 621
Art. 1322 621
Art. 1326 592
Art. 1327 592
Art. 1328 592
Art. 1329 589
Art. 1330 . . . . 589, 590
Art. 1331 619
Art. 1339-1344 614
Art. 1339 et s. 740
Art. 1340 614
Art. 1342 614
Art. 1343 614
Art. 1343, al. 1 620
Art. 1346 579
Art. 1351 . . . . 594, 626
Art. 1351-1354 594
Art. 1352, al. 2 594
Art. 1355. . . . . 601, 735, 744
Art. 1356(3) 53
Art. 1359 599
Art. 1363 595
Art. 1363-1370 595
Art. 1363 et s. 53
Art. 1364 596
Art. 1365 605
Art. 1366 605
Art. 1367 . . . . 579, 595
Art. 1368 . . . . 595, 605
Art. 1369 . . . . 579, 605
Art. 1373. 82
Art. 1385-1387. 72
Art. 1398. . . . . 454, 485, 737, 756, 773, 774
Art. 1399 . . . . 756, 773

Art. 1405 704
Art. 1406. . . . . 482, 704, 741
Art. 1406, al. 1 480
Art. 1406, al. 2 . . . . 481, 482
Art. 1407 . . . . 478, 741
Art. 1408 . . . . 478, 741
Art. 1411. 82
Art. 1413 . . . . 82, 795
Art. 1417 469
Art. 1418 473
Art. 1418, al. 2 474
Art. 1419 . . . . 469, 803
Art. 1420 . . . . 472, 473
Art. 1420, al. 2 . . . . 472, 474
Art. 1421 . . . . 469, 803
Art. 1422 477
Art. 1423 474
Art. 1433 438
Art. 1440 189
Art. 1457 . . . . 11, 13, 82, 91, 107, 439
Art. 1457, al. 2 . . . . 439, 500
Art. 1457, al. 3 749
Art. 1458 et s. 201
Art. 1459 501
Art. 1459, al. 2 502
Art. 1460 . . . . 501, 523
Art. 1460, al. 2 620
Art. 1460, al. 2 502
Art. 1461. . . . . 692, 749, 792
Art. 1462 . . . . 503, 749
Art. 1464, al. 1 749
Art. 1470 620
Art. 1474 792
Art. 1482 440
Art. 1482 et s.. 731, 786
Art. 1509 491
Art. 1525 191

Art. 1566 322
Art. 1566, al. 1 356
Art. 1566, al. 2 356
Art. 1590 101
Art. 1601 101
Art. 1610, al. 2. . . . . 87, 88
Art. 1616 504
Art. 1621. 92
Art. 1621, al. 2. 92
Art. 1625, al. 3. 88
Art. 1699. 66
Art. 1699-1707 477
Art. 1700-1704. 67
Art. 1706. 477, 740, 789
Art. 1709 469
Art. 1783 . . . . 446, 447, 469, 476
Art. 1813 . . . . 446, 512, 618, 735, 744
Art. 1814 744
Art. 1814, al. 1. 10
Art. 1815 755
Art. 1817 446
Art. 1831-1835 525
Art. 1840. . . . . 10, 14
Art. 1857 179
Art. 1891 7
Art. 1931-1933 179
Art. 1936 et s. 690
Art. 1957 705
Art. 1974 706
Art. 2091 200
Art. 2092 446
Art. 2130 768
Art. 2131 . . . . 768, 788-790
Art. 2132 767
Art. 2133 770
Art. 2134 770
Art. 2135, al. 1 771

Art. 2135, al. 2 771
Art. 2138 790
Art. 2138-2148 790
Art. 2140 . . . . 775, 790
Art. 2141 790
Art. 2142 790
Art. 2144 775
Art. 2147 790
Art. 2148 . . . . 770, 791
Art. 2149 767
Art. 2150 . . . . 770, 793
Art. 2151 793
Art. 2154 793
Art. 2157 792
Art. 2158 792
Art. 2160 794
Art. 2162 794
Art. 2166 . . . . 768, 773, 777, 780, 788, 789, 799
Art. 2166, al. 2 782
Art. 2166-2174 767
Art. 2166 et s. 114, 433, 693
Art. 2167. . . . . 768, 773, 779
Art. 2167, al. 2 783
Art. 2167.1 . . . . 786, 790
Art. 2168. . . . . 786, 796, 802
Art. 2169 . . . . 790, 798, 800, 809
Art. 2170. . . . . 485, 789, 801
Art. 2171. . . . . 767, 770, 793
Art. 2172 . . . . 805, 810
Art. 2173 807
Art. 2173, al. 2 807
Art. 2174. . . . . 776, 809, 812
Art. 2175 . . . . 774, 804, 808-810
Art. 2175, al. 1 815
Art. 2175, al. 2 813
Art. 2176 808
Art. 2177 . . . . 699, 783, 790, 811

Art. 2178 812
Art. 2180 808
Art. 2182 . . . . 786, 794
Art. 2183 814
Art. 2184. . . . . 790, 791, 811
Art. 2242 605
Art. 2247 . . . . 7, 10
Art. 2289 620
Art. 2322 620
Art. 2631 453
Art. 2632 . . . . 86, 446
Art. 2639 446
Art. 2644. 85
Art. 2645. 85
Art. 2811 420
Art. 2813 365
Art. 2813, al. 1 419
Art. 2813, al. 2 420
Art. 2814 419
Art. 2814(5) 419
Art. 2814(6) 778
Art. 2815 419
Art. 2818 365
Art. 2820 419
Art. 2821 420
Art. 2821, al. 2 420
Art. 2827 . . . . 229, 344
Art. 2844 659
Art. 2847, al. 2 . . . . 14, 614
Art. 2858 . . . . 95, 186
Art. 2876. 85
Art. 2879, al. 2 491
Art. 2882 476
Art. 2904 . . . . 467, 605
Art. 2905. . . . . 467, 476, 619
Art. 2924 et s. 427
Art. 2925 . . . . 168, 476

Art. 2926.1 . . . . 467, 476
Art. 2927 476
Art. 2929 168
Art. 2988 . . . . 484, 789
Art. 2989 . . . . 484, 789
Art. 2990 484
Art. 2990 et s. 63
Art. 2994 484
Art. 3009 . . . . 484, 789
Art. 3084.1 298
Art. 3089 330
Art. 3090 330
Art. 3098, al. 1 323
Art. 3114-3117 330
Art. 3123 337
Art. 3136. 54
Art. 3142 349
Art. 3143-3146 330
Art. 3148-3150 330
Art. 3149 323
Art. 3155 et s. 394

Code de procédure civile, RLRQ, c. C-25 . . 354, 385, 433, 678, 714
Livre VI, c. VI 636, 80
Art. 4.3 436
Art. 5 658
Art. 13. . . . . 181, 661
Art. 26, al. 1(6b) 602
Art. 26, al. 1(6c) 602
Art. 26, al. 1(6)d). 787
Art. 26, al. 3 734
Art. 33 269
Art. 36.2 211
Art. 42 734
Art. 44 270
Art. 59. . . . . 241, 615
Art. 61 615

Art. 64 354
Art. 65 249
Art. 68 356
Art. 68, al. 1 319
Art. 70 319
Art. 70.2 . . . . 157, 319, 520, 719
Art. 73 288
Art. 74 320
Art. 97 . . . . 56, 157
Art. 89 394
Art. 90 394
Art. 94.2 567
Art. 98 56
Art. 99 56
Art. 110. 558
Art. 123 72
Art. 123, al. 2. 321
Art. 130. 353
Art. 135.1 . . . . 558, 559
Art. 135.1, al. 2 . . . . 688, 719
Art. 138 72
Art. 139 72
Art. 146.1 . . . . 267, 559
Art. 146.2 . . . . 267, 559
Art. 151.1-151.11. 158
Art. 164. 800
Art. 175.2. 558
Art. 175.3. 558
Art. 192-198.1 72
Art. 223 et s. 420
Art. 272. 786
Art. 273. 786
Art. 294.1. 660
Art. 301. 659
Art. 312. 719
Art. 393. 719
Art. 394 47

Art. 394, al. 2. 663
Art. 394.1 . . . . 158, 663, 674, 726, 785
Art. 394.1, al. 1. 663
Art. 394.1-394.5. . . . . 726, 785
Art. 394.1 et s. 687
Art. 394.2 . . . 131, 158, 456, 557, 564, 565, 567, 663-665, 726
Art. 394.3. 158, 662, 726, 727
Art. 394.4. 158, 660, 662, 726
Art. 394.4, al. 2. 660
Art. 394.5 . . . . 660, 726
Art. 399 . . . . 101, 725
Art. 403 270
Art. 414. 101
Art. 453 . . . . 236, 404, 796
Art. 492. 787
Art. 493. 787
Art. 532-539 596
Art, 547, al. 1e) 602, 811
Art. 553, al. 1(9.1) 685
Art. 751 93
Art. 752 7
Art. 753 7
Art. 766. 136
Art. 774. 211
Art. 774 et s. 157
Art. 775. 211
Art. 776. 157
Art. 777. 158
Art. 778. 211
Art. 778-782 202
Art. 779, al. 1. 211
Art. 779, al. 2. 211
Art. 779, al. 3. 211
Art. 780. 211
Art. 781, al. 2. 211
Art. 782. 211
Art. 783, al. 1. 158

Art. 783, al. 2. 211
Art. 815.4. 661
Art. 816.1 (ancien) 567, 664, 665
Art. 817.2. 388
Art. 826.3. 539
Art. 851 et s. 201
Art. 862 . . . . 47, 56, 402, 558
Art. 862-863.3 558
Art. 863 . . . . 558, 782
Art. 863, al. 2. 734
Art. 863, al. 3. 558
Art. 863-863.2 47
Art. 863.1 . . . . 56, 558, 725, 783
Art. 863.2 . . . . 558, 719, 725
Art. 863.2, al. 2. 558
Art. 863.3 . . . . 47, 558, 734, 760, 787, 808
Art. 863.4 719,782
Art. 863.4 et s.. . . . . 47, 637, 687, 719
Art. 863.5. 719
Art. 863.6 . . . . 559, 687
Art. 863.7. 559
Art. 863.8 . . . . 559, 719, 785
Art. 863.9 . . . . 559, 733
Art. 863.10 . . . . 559, 687
Art. 863.12 559
Art. 864. 270, 288, 296, 402
Art. 864 et s.. 255, 401, 432
Art. 864.2 . . . . 270, 296
Art. 865 . . . . 296, 402
Art. 865.1 47
Art. 865.2 50
Art. 865.3 56
Art. 865.4 56
Art. 865.5 63
Art. 865.6 56
Art. 870. 404
Art. 871.1, al. 2. 404

Art. 871.2. 404
Art. 871.2, al. 3. 404
Art. 871.3, al. 2. 405
Art. 872. . . . . 558, 559, 637, 644
Art. 872-876.1 . . . . 47, 55
Art. 873 . . . . 638, 639
Art. 873, al. 2 . . . . 638, 641
Art. 874. 638
Art. 875. 624
Art. 876. 648
Art. 876.1 . . . . 647, 648
Art. 876.2 . . . . 559, 566
Art. 877 . . . . 692, 719
Art. 877, al. 2. 719
Art. 877.0.1 . . . . 719, 725
Art. 877.0.2. . . . . 719, 760
Art. 877.1. 718
Art. 878. . . . . 697, 719, 725, 785
Art. 878, al. 3. 719
Art. 878-878.3 785
Art. 878.1. . . . . 687, 719, 726, 785
Art. 878.2 . . . . 721, 783
Art. 878.3 . . . . 725, 783, 785
Art. 879. 724
Art. 881. 733
Art. 883 . . . . 697, 734
Art. 884. 762
Art. 884.1. 782
Art. 884.1, al. 2. 782
Art. 884.1, al. 3. 782
Art. 884.2 . . . . 780, 783, 806
Art. 884.3. 783
Art. 884.4 . . . . 783, 785
Art. 884.5. 811
Art. 884.7. 782
Art. 884.7, al. 2. 782
Art. 884.8. 785

Art. 885 599
Art. 885a) 806
Art. 885b) 558
Art. 886, al. 1 558
Art. 886, al. 2 558
Art. 897-910 616
Art. 898 616
Art. 904 616
Art. 958 353

Code de procédure civile, RLRQ, c. C-25.01
(non en vigueur) 721, 768
Livre II 157, 599
Livre III 47, 56, 211
Livre V 211, 636
Livre V, c. III 636
Art. 9 436
Art. 17 658
Art. 30 . . . . 158, 563, 602, 734
Art. 38 211
Art. 41 356
Art. 41, al. 1 319
Art. 44 . . . 47, 50, 157, 270, 319, 520, 558, 637, 644, 719, 782
Art. 45 319
Art. 46 320
Art. 50 . . . . 56, 402, 558
Art. 65 332
Art. 71 . . . . 56, 157, 255, 288, 296, 402, 558, 637, 719
Art. 71-73 782
Art. 72 . . . . 599, 719
Art. 73 . . . . 56, 157, 255, 296, 558, 599, 637, 719
Art. 73, al. 2 402
Art. 74 734
Art. 79 56
Art. 90 . . . . 158, 663, 687, 726, 727, 785
Art. 93 241
Art. 109 et s. 267

Art. 110 559
Art. 121. . . . . 157, 211, 558, 559, 688, 719, 782
Art, 123 . . . . 157, 558, 559, 688, 719
Art. 123, al. 2. 211
Art. 125. 353
Art. 142 . . . . 404, 796
Art. 148 et s. 158
Art. 160 . . . . 565, 567, 663, 665, 687, 726, 727, 785
Art. 160, al. 3 . . . . 131, 158, 557, 564, 664
Art. 160, al. 4. 664
Art. 171. 558
Art. 234. 101
Art. 242. 101
Art. 243. 101
Art. 258. 420
Art. 259. 420
Art. 260. 420
Art. 290 . . . . 158, 662, 726, 727, 785
Art. 291. . . . . 158, 662, 726, 785
Art. 291, al. 1. 660
Art. 291, al. 2. 660
Art. 292. 660
Art. 302-320 785
Art. 302 et s. 47, 402
Art. 303 . . . . 56, 157, 558
Art. 303(4) 558
Art. 303(5) 762
Art. 304 . . . . 157, 782
Art. 304, al. 2. 56, 558
Art. 305. . . . . 158, 436, 559, 687
Art. 307. 616
Art. 309 . . . . 56, 157, 725, 780, 783, 785
Art. 309, al. 2. 724
Art. 310 . . . . 725, 785
Art. 310, al. 2. 558
Art. 312 . . . . 402, 566, 637, 719, 762
Art. 312 et s.. . . . . 47, 475, 687, 782

Art. 313 . . . . 559, 719, 782
Art. 314. 719
Art. 315 . . . . 719, 725, 780, 783, 785
Art. 315, al. 2. 783
Art. 316. . . . . 687, 719, 726, 785
Art. 317. . . . . 559, 687, 719, 785
Art. 317, al. 3. 782
Art. 317, al. 4 . . . . 559, 719
Art. 318. 559
Art. 320. 559
Art. 320, al. 2 . . . . 557, 559
Art. 320, al. 3 . . . . 557, 687, 733
Art. 322 . . . . 139, 158, 580
Art. 330, al. 2. 158
Art. 336. . . . . 47, 734, 760, 787, 808
Art. 336, al. 2. 558
Art. 351. 787
Art. 361, al. 2. 158
Art. 391 . . . . 158, 559, 725, 726, 785
Art. 391, al. 3 660
Art. 391-394 785
Art. 391-397 157
Art. 391 et s. 202, 211
Art. 392 . . . . 158, 211, 719
Art. 393. . . . . 157, 211, 255, 296, 558, 559, 782
Art. 394 . . . . 47, 558, 559, 719, 760, 782
Art. 395. 157
Art. 396. 211
Art. 397. 211
Art. 397, al. 1. 211
Art. 398-402 201
Art. 403 . . . . 255, 270, 402
Art. 404 . . . . 296, 719, 782
Art. 405 . . . . 638, 641
Art. 452. 539
Art. 486. 404
Art. 487. 404

Art. 487, al. 2. 404
Art. 487, al. 3. 404
Art. 488. 405
Art. 492. 787
Art. 544. 353
Art. 660(3) 602, 811
Art. 778. . . . . 114, 433, 533, 551, 677, 693, 719

Code de la sécurité routière, RLRQ, c. C-24.2 519
Art. 67, al. 2 498
Art. 68 497
Art. 168. 101

Code des professions, RLRQ, c. C-26 431
Art. 60.4 190

Lois

Acte concernant les écoles d'industrie, S.Q. 1869, 32 Vict., ch. 17 670

Acte pour pourvoir à l'interdiction et à la guérison des ivrognes d'habitude, (1870), 33 Vict., ch. 26 709

Acte qui établit la forme des registres des baptêmes, qui confirme et rend valables en loi, les registres de la congrégation protestante de Christ Church à Montréal et autres qui ont été tenus d'une manière informe et qui fournit les moyens de remédier aux omissions dans les anciens registres, 35 Geo III, ch. 4 (1795) 423

Charte des droits et libertés de la personne, RLRQ, c. C-12. . . . . 3, 7, 76, 80, 87, 362
Préambule 7, 122, 170, 650, 651, 658
Art. 1 . . . . 1, 6, 7, 82, 100, 200, 214, 650
Art. 1-9. . . . . 81, 82
Art. 1-38 81
Art. 2 . . . . 6, 7, 101, 122, 696
Art. 3. . . . . 172, 187, 245
Art. 4. . . . . 82, 168, 170, 171, 187, 257, 685
Art. 5 . . . . 82, 168, 175-177, 182, 186, 187, 299, 324

Art. 6 . . . . 239, 720
Art. 7. . . . . 176, 179, 201
Art. 8 201
Art. 9 . . . . 82, 95, 190
Art. 9.1 . . . . 6, 82, 91, 186, 187, 720
Art. 10 . . . . 214, 224, 283, 302, 489, 506, 650, 696
Art. 10-20.1. . . . . 81, 283
Art. 21 81
Art. 22 81
Art. 23, al. 3 661
Art. 23-38 81
Art. 24 720
Art. 33 650
Art. 34 663
Art. 29 663
Art. 39 . . . . 609, 650, 653
Art. 39-48 81
Art. 44. . . . . 172, 245
Art. 48. 678, 685, 701-705
Art. 48, al. 2. . . . . 701, 705
Art. 49 . . . . 81, 91, 246, 609, 703, 704
Art. 49, al. 1 93
Art. 49, al. 2 92
Art. 49.1 91
Art. 49.2 92
Art. 50 83
Art. 52 81
Art. 54 82
Art. 55 82
Art. 81 701

Dublin Justices Act, (1875) 38 & 39 Vict., ch. 20 (modifiée par (1887), 50 Vict., ch. 8)
Art. 7 423
Art. 8 423

Loi sur l'abolition de certains organismes publics et le transfert de responsabilités administratives, L.Q. 2005, c. 44 766

Loi sur l'accès aux documents des organismes publics et sur la protection des renseignements personnels, RLRQ, c. A-2.1 . . . . . 97, 191
Art. 103 199

Loi modifiant la Loi sur l'accès aux documents des organismes publics et sur la protection des renseignements personnels et d'autres dispositions législatives, L.Q. 2006, c. 22
Art. 111 192

Loi sur les accidents du travail et les maladies professionnelles, RLRQ, c. A-3.001 171
Art. 141 548

Loi sur l'accréditation et le financement des associations d'élèves ou d'étudiants, RLRQ, c. A-3.01
Art. 4 494

Loi sur les activités cliniques et de recherche en matière de procréation assistée, RLRQ, c. A-5.01 . . . . . 18, 20

Loi sur l'aide aux personnes et aux familles, RLRQ, c. A-13.1.1 . . . . . 519, 529
Art. 22 531
Art. 23(1) 531

Loi sur l'aide financière aux études, RLRQ, c. A-13.3
Art. 15 497
Art. 17 . . . . . 494, 497

Loi sur l'application de la réforme du Code civil, L.Q. 1992, c. 5 . . . . . 548, 557
Art. 15 et s. 432
Art. 24, al. 1 537
Art. 24, al. 2 537
Art. 25 555
Art. 27 . . . . . 622, 728
Art. 433 537
Art. 657 537
Art. 658 537

Loi sur les arrangements préalables de services funéraires et de sépulture, RLRQ, c. A-23.001 160

Loi des asiles d'aliénés, S.R.Q. 1941, c. 188 709

Loi sur les aspects civils de l'enlèvement international et interprovincial d'enfants, RLRQ, c. A-23.01
Art. 22(1) 499

Loi sur l'assurance automobile, RLRQ, c. A-25 9
Art. 1 317
Art. 3(abrogé) 537
Art. 6. 12
Art. 7 317
Art. 8 317
Art. 66, al. 2 10
Art. 83.27. 548
Art. 195. 317

Loi sur l'assurance maladie, RLRQ, c. A-29
Art. 1g) 317
Art. 1g.1) 317
Art. 5-9 317
Art. 69 317

Loi sur les autochtones cris, inuit et naskapis, L.Q. 1978, c. 97 ; RLRQ, c. A-33.1 370

Loi sur le Barreau, RLRQ, c. B-1 190

Loi concernant le cadre juridique des technologies de l'information, RLRQ, c. C-1.1 191
Art. 43 222
Art. 44 222

Loi sur la capacité juridique de la femme mariée, L.Q. 1964, c. 66 . . . . 336, 458

Loi modifiant certaines dispositions législatives concernant le curateur public, L.Q. 1999, c. 30 753

Loi sur le changement de nom, L.Q. 1965, c. 77 (modifiée par RLRQ, c. C-10 et abrogée par L.Q. 1992, c. 57, art. 463) 224, 256, 259, 276

Loi modifiant de nouveau le Code civil, L.Q. 1971, c. 85 . . 490, 534

Loi modifiant de nouveau le Code civil et modifiant la Loi abolissant la mort civile, L.Q. 1971, c. 84 22
Art. 2 . . . . 84, 100
Art. 5 84

Loi modifiant le Code civil concernant certains cas de résiliation du bail d'un logement, L.Q. 2011, c. 29
Art. 10 706

Loi modifiant le Code civil en matière d'état civil, de successions et de publicité des droits, L.Q. 2013, c. 27 (D. 109-2014, (2014) 146 *G.O.* II, 711) 69, 263, 289, 377, 383, 386
Art. 44 374

Loi modifiant le Code civil en matière de demande de documents d'état civil, L.Q. 2001, c. 70 412

Loi modifiant le Code civil en matière de nom et de registre de l'état civil, L.Q. 1999, c. 47
Art. 8 386

Loi modifiant le Code civil en matière notariale et d'autres dispositions législatives, L.Q. 1998, c. 51 . . 550, 551, 677, 719

Loi modifiant le Code civil et d'autres dispositions législatives, L.Q. 2002, c. 19 88
Art. 1 209
Art. 21 786

Loi modifiant le Code civil et d'autres dispositions législatives en matière de recherche, L.Q. 2013, c. 17 . . . . 113, 143
Art. 3 146

Loi modifiant le Code civil relativement au mariage, L.Q. 2004, c. 23
Art. 1 291
Art. 2 291

Loi instituant un nouveau Code civil et portant réforme du droit de la famille, L.Q. 1980, c. 39 . . . . 283, 655
Art. 7 224
Art. 12 336
Art. 78. . . . . 276, 518
Art. 79. . . . . 242, 258
Art. 411. 367
Art. 419. 367
Art. 441. 242

Loi modifiant le Code de procédure civile en matière notariale et d'autres dispositions législatives, L.Q. 1998, c. 51. . . . 782

Loi instituant le nouveau Code de procédure civile, L.Q. 2014, c. 1
Art. 784. 624

Loi modifiant le Code des professions et d'autres dispositions législatives, L.Q. 2008, c. 11
Art. 212. 778

Loi modifiant le Code des professions et d'autres dispositions législatives dans le domaine de la santé mentale et des relations humaines, L.Q. 2009, c. 28 717

Loi sur les commissions d'enquête, RLRQ, c. C-37 760

Loi sur les compagnies, RLRQ, c. C-38
Art. 123.73 735

Loi des compagnies de fidéicommis, S.R.Q. 1964, c. 287
Art. 267. 569

Loi sur les coopératives, RLRQ, c. C-67.2
Art. 8 497
Art. 51.1 497

Loi sur les coopératives de services financiers, RLRQ, c. C-67.3
Art. 74 506

Loi sur les corporations religieuses, RLRQ, c. C-71 423

Loi sur le courtage immobilier, RLRQ, c. C-73
Art. 21 191

Loi sur la curatelle publique, RLRQ, c. C-80
Art. 6 709

Loi modifiant la Loi sur la curatelle publique, S.Q. 1963, c. 59
Ar. 2 709

Loi sur la curatelle publique et modifiant le Code civil et d'autres dispositions législatives, L.Q. 1989, c. 54 . . . . 114, 683

Loi instituant une curatelle publique, S.Q. 1945, c. 62
Art. 6 709

Loi sur le curateur public, RLRQ, c. C-81 . . . . 433, 436, 460, 678, 714, 766, 784
Art. 12. . . . . 49, 734, 790
Art. 12(1) 760
Art. 12(3) 548, 750, 759
Art. 13. . . . . 719, 760, 768, 807, 808
Art. 13(3) 157
Art. 14 718
Art. 15 . . . . 692, 750, 752
Art. 17 . . . . 134, 692, 753
Art. 20 . . . . 591, 594, 760, 790
Art. 21 594
Art. 22. . . . . 602, 700, 760, 790, 811
Art. 23 . . . . 700, 760, 811
Art. 24 49
Art. 27 . . . . 700, 760, 790, 811
Art. 28 760
Art. 28.1 760
Art. 29, al. 2 592
Art. 29-44.1. 751
Art. 30 751
Art. 39 751
Art. 44 751

Art. 44.1 751
Art. 52 745
Art. 54 . . . . 427, 520, 745, 787
Art. 55 577

Loi sur le curateur public et modifiant le Code civil et d'autres dispositions législatives, L.Q. 1989, c. 54 . . . . 677, 684, 767, 768, 788

Loi modifiant la Loi sur le curateur public et d'autres dispositions législatives relativement aux biens soumis à l'administration provisoire du curateur public, L.Q. 1997, c. 80 627

Loi facilitant les dons d'organes et de tissus, L.Q. 2010, c. 38. . 161

Loi électorale, RLRQ, c. E-3.3
Art. 1-3 317

Loi sur les élections et les référendums dans les municipalités, RLRQ, c. E-2.2.
Art. 50 317

Loi sur les impôts, RLRQ, c. I-3
Art. 8-10 317

Loi sur les infirmières et les infirmiers, RLRQ, c. I-8 431
Art. 36, al. 2(14) 101
Art. 36, al. 2(15) 101

Loi sur les inhumations et les exhumations, RLRQ, c. I-11 . . . 160

Loi sur l'instruction publique, RLRQ, c. I-13.3. 651
Art. 14 498
Art. 42, al. 1(1) 494

Loi sur les intermédiaires de marché, RLRQ, c. I-15.1
Art. 25 191

Loi concernant les jugements déclaratifs de décès, L.Q. 1969, c. 79 39

Loi sur les laboratoires médicaux, la conservation des organes et des tissus et la disposition des cadavres, RLRQ, c. L-0.2 . 161
Art. 1j). 9
Art. 43 101
Art. 56 160
Art. 58 159

Loi modifiant la Loi sur l'indemnisation des victimes d'actes criminels, la Loi visant à favoriser le civisme et certaines dispositions du Code civil relatives à la prescription, L.Q. 2013, c. 8 467

Loi sur le mariage civil, L.Q. 1968, c. 82 423

Loi médicale, RLRQ, c. M-9 431

Loi abolissant la mort civile, (1906) 6 Ed. VII, ch. 38. 22

Loi sur les normes du travail, RLRQ, c. N-1.1 651
Art. 84.2-84.7. 497

Loi modifiant la Loi sur les normes du travail et d'autres dispositions législatives, L.Q. 2002, c. 80 171

Loi sur le notariat, L.Q. 2000, c. 44
Art. 43 778

Loi sur le notariat, RLRQ, c. N-3
Art. 43 484
Art. 93. . . . . 485, 778
Art. 93 et s.. 161

Loi concernant le partage de certains renseignements de santé, L.Q. 2012, c. 23. . . . . 125, 191

Loi sur la presse, RLRQ, c. P-19
Art. 3-6. 94
Art. 8. 94

Loi sur la protection de la jeunesse, RLRQ,
c. P-34.1 . . . . . . 157, 349, 495, 498, 501, 519, 578, 651, 656
Art. 1c) 489
Art. 2 651
Art. 2.2 653
Art. 3 . . . . 655, 672
Art. 5 . . . . 651, 663
Art. 6 . . . . 651, 658
Art. 7 651
Art. 8 . . . . 514, 651
Art. 9 651
Art. 23 et s.. 627
Art. 38. . . . . 348, 651
Art. 52 129
Art. 54e) 129
Art. 54j). 129
Art. 70.1. . . . . 560, 561
Art. 70.1 et s.. 597
Art. 70.2 561
Art. 70.3. . . . . 562, 576
Art. 70.5 562
Art. 70.6 560
Art. 71(abrogé) 557
Art. 72 (abrogé) 537
Art. 72.5 191
Art. 72.7 191
Art. 74.1 129
Art. 74.2 509
Art. 76.1 129
Art. 78 651
Art. 80 663
Art. 82 661
Art. 83 661
Art. 91. . . . . 350, 520
Art. 91g) 129
Art. 91i). 129

Art. 39 186
Art. 46-48. 131
Art. 83 181

Loi modifiant la Loi sur la protection de la jeunesse et d'autres dispositions législatives, L.Q. 2006, c. 34 (D. 401-2007, (2007) 139 *G.O.* II, 2247 (no 25)) 560

Loi sur la protection de la santé publique, RLRQ, c. P-35.1
Art. 42 125

Loi sur la protection des personnes dont l'état mental présente un danger pour elles-mêmes ou pour autrui, RLRQ, c. P-38.001 . . . . 141, 433, 678, 710
Art. 1 205
Art. 2 . . . . 101, 208
Art. 3 . . . . 209, 210
Art. 4 208
Art. 5 . . . . 101, 210
Art. 6 207
Art. 7. . . . . 101, 205, 207
Art. 8. . . . . 205, 207, 220
Art. 9 208
Art. 10 210
Art. 12(1) 210
Art. 12(2) 210
Art. 12(3) 210
Art. 13 101
Art. 14 212
Art. 15 212
Art. 16, al. 1 212
Art. 16, al. 2 212
Art. 17, al. 1 213
Art. 17, al. 2 213
Art. 17, al. 3 213
Art. 19 216
Art. 20. . . . . 210, 211
Art. 21, al. 1 210

Art. 21, al. 2 210
Art. 23 208

Loi sur la protection des renseignements personnels dans le secteur privé, RLRQ, c. P-39.1 202
Section II 192
Section III 192
Art. 1 192
Art. 2 192
Art. 4 192
Art. 7 . . . . 192, 198
Art. 8 192
Art. 10 192
Art. 11 192
Art. 13 . . . . 192, 193, 198
Art. 14 192
Art. 17 193
Art. 18, al. 1(4) 116
Art. 18, al. 1(7) 116
Art. 18 et s.. 193
Art. 19 198
Art. 22 193
Art. 22-26. 193
Art. 23, al. 2 198
Art. 25 197
Art. 27. . . . . 195, 198
Art. 28 196
Art. 29 198
Art. 30. . . . . 195, 197
Art. 31 . . . . 88, 97
Art. 32 197
Art. 33 195
Art. 34. . . . . 195, 197
Art. 35 197
Art. 37 195
Art. 37-41. 195
Art. 38 195

Art. 39 195
Art. 39(2) 195
Art. 40 195
Art. 41 195
Art. 42-60. 199
Art. 48 199
Art. 58 199
Art. 61-69. 199
Art. 94 191

Loi sur la protection du consommateur, RLRQ, c. P-40.1 356
Art. 19-21. 355
Art. 22.1 355
Art. 260.1-260.4 191

Loi sur la protection du malade mental, RLRQ, c. P-41
(remplacée). 202

Loi sur la recherche des causes et des circonstances des décès,
RLRQ, c. R-0.2 . . . . 159, 384

Loi portant réforme au Code civil du Québec du droit des personnes, des successions et des biens, L.Q. 1987, c. 18
Art. 89 et s. 45

Loi sur le régime de rentes du Québec, RLRQ, c. R-9 58

Loi sur les sages-femmes, RLRQ, c. S-0.1. 431

Loi sur la santé et la sécurité du travail, RLRQ, c. S-2.1 651

Loi sur la santé publique, RLRQ, c. S-2.2 431
Art. 45 376
Art. 45-47. 367
Art. 46 382
Art. 118-130 101

Loi sur les services de santé et les services sociaux, RLRQ,
c. S-4.2 . . . . 195, 501, 678, 714
Art. 1 106

Art. 7 . . . . 101, 121
Art. 8 111
Art. 9 . . . . 105, 106
Art. 17 495
Art. 17-28. 191
Art. 21 116
Art. 22 . . . . 116, 722, 780
Art. 22, al. 2 780
Art. 23 88
Art. 29-71. 156
Art. 43 101
Art. 79 206
Art. 118.1 . . . . 101, 215
Art. 275-277 446
Art. 276. 446

Loi modifiant la Loi sur les services de santé et les services sociaux et d'autres dispositions législatives, L.Q. 2005, c. 32. . . . 161
Art. 247. 778

Loi sur les services de santé et les services sociaux pour les autochtones cris et inuit, RLRQ, c. S-5 714

Loi sur les sociétés de fiducie et les sociétés d'épargne, RLRQ, c. S-29.01
Art. 170. 569

Loi sur le soutien du revenu favorisant l'emploi et la solidarité sociale, RLRQ, c. S-32.001. 529

Loi sur les syndicats professionnels, RLRQ, c. S-40
Art. 7 498

Loi sur les tribunaux judiciaires, RLRQ, c. T-16
Art. 7 352
Art. 32 352

Loi instituant l'union civile et établissant de nouvelles règles de filiation, L.Q. 2002, c. 6 . . . . 291, 550
Art. 237 377
Art. 240 386

Projets de loi

Projet de loi 20, *Loi portant réforme au Code civil du Québec, du droit des personnes, des successions et des biens*, L.Q. 1987, c. 18 . . . . 677, 682

Projet de loi 45, *Loi modifiant le Code civil, le Code de procédure civile et la Loi sur le curateur public en matière de protection des personnes*, Assemblée nationale du Québec, 2e sess., 39e lég., Québec, 2012 . . . . 584, 587, 754
Art. 51 692

Projet de loi 47, *Loi modifiant le Code civil et d'autres dispositions législatives en matière d'adoption, d'autorité parentale et de divulgation de renseignements*, Assemblée nationale du Québec, 1re sess., 40e lég., Québec, 2013 560

Projet de loi 52, *Loi sur les soins de fin de vie*, Assemblée nationale du Québec, 1re sess., 40e lég., Québec, 2013 . . . 116, 120, 700
Art. 1 117

Projet de loi 106, *Loi portant réforme au Code civil du Québec du droit des personnes*, Assemblée nationale du Québec, 1982. 677
Art. 229 et s.. 45

Règlements

Code de déontologie des avocats, RLRQ, c. B-1, r. 3 190

Code de déontologie des coroners, RLRQ, c. R-0.2, r. 1
Art. 3 29

Code de déontologie des infirmières et des infirmiers, RLRQ, c. I-8, r. 9
Art. 1 121

Code de déontologie des médecins, RLRQ, c. M-9, r. 17 122
Art. 17 190
Art. 28. . . . . 107, 111
Art. 29. . . . . 107, 111
Art. 38 121
Art. 50 124
Art. 57 111
Art. 58 119

Décrets

Décret 1676-91, *Décret concernant la Convention relative aux droits de l'enfant*, (1992) 32 *G.O.* II, 51 666

Décret 98-625, *Loi sur la protection des personnes dont l'état mental présente un danger pour elles-mêmes ou pour autrui,* (1988) 130 *G.O.* II, 2481. 202

Décret 109-2014, *Loi modifiant le Code civil en matière d'état civil, de successions et de publicité des droits*, (2014) 146 *G.O.* II, 711 263

Règlements

Règlement d'application de l'article 27 de la Loi sur la protection du malade mental, RLRQ, c. P-41, r. 1 212

Règlement d'application de la Loi sur l'assurance maladie, RLRQ, c. A-29, r. 5
Art. 22 291

Règlement d'application de la Loi sur le curateur public, RLRQ, c. C-81, r. 1 (modifié par D. 361-90, (1990) *G.O.* II, 941 ; D. 594-99, (1999) *G.O.* II, 2339) ; D. 787-2004). 745
Art. 1 716
Art. 7 . . . . 520, 787
Art. 7.1 787
Annexe II. 577

Règlement d'application de la Loi sur les laboratoires médicaux, la conservation des organes et des tissus et la disposition des cadavres, RLRQ, c. L-0.2, r. 1
Art. 9 . . . . 9, 147, 161

Règlement ministériel d'application de la Loi sur la santé publique, RLRQ, c. S-2.2, r. 2
Art. 9 101

Règlement sur les activités cliniques et matière de procréation assistée, RLRQ, c. A-5.01, r. 1
Art. 18 18

Règlement sur l'admissibilité et l'inscription des personnes auprès de la Régie de l'assurance maladie du Québec, RLRQ, c. A-29, r. 1. 317
Art. 14 281

Règlement sur l'aide financière pour favoriser la tutelle à un enfant, RLRQ, c. P-34.1, r. 5
Art. 4 562

Règlement relatif au changement de nom et d'autres qualités de l'état civil, D. 1592-93, (1993) 125 *G.O.* II, 8053
Art. 1 293
Art. 1-4 . . . . 264, 295
Art. 2 293
Art. 3 265
Art. 4 . . . . 265, 293
Art. 5-7. . . . . 263, 267, 294
Art. 5-10 266
Art. 11-16. 268
Art. 16 296
Art. 16-22. 295
Art. 17. . . . . 271, 296
Art. 18. . . . . 271, 296
Art. 19 296
Art. 20-22. 267
Art. 23 292
Art. 24. . . . . 292, 294

Règlement sur les conditions d'exercice d'une opération de courtage, sur la déontologie des courtiers et sur la publicité, RLRQ, c. C-73.2, r. 1. 483

Règlement sur les conditions de l'accréditation des notaires en matière d'ouverture ou de révision d'un régime protection et de mandat donné par une personne en prévision de son inaptitude, RLRQ, c. C-25, r. 3 719

Règlement sur les déchets biomédicaux, RLRQ, c. Q-2, r. 12 . . 147

Règlement sur la définition de certains mots et expressions aux fins de la Loi sur l'assurance automobile, RLRQ, c. A-25, r. 5

Art. 3-8 317

Règlement sur l'identification, le transport, la conservation, la garde et la remise des cadavres, objets et documents, RLRQ, c. R-0.2, r. 3 160

Règlement sur les normes du travail, RLRQ, c. N-1.1, r. 3

Art. 35.1 497

Art. 35.2 497

Règlement sur les permis, RLRQ, c. C-24.2, r. 34 281

Règlement concernant la publication d'un avis de déclaration tardive de filiation, D. 489-2002, (2002) 134 *G.O.* II, 2922. 386

Règlement sur le régime général d'assurance médicaments, RLRQ, c. A-29.01, r. 4 519

Règlement sur les registres de la Chambre des notaires du Québec, RLRQ, c. N-3, r. 13 (D. 1493-01, (2001) 133 *G.O.* II, 8757. 161

Art. 1 . . . . 745, 778

Règlement sur les registres des dispositions testamentaires et des mandats donnés en prévision de l'inaptitude, RLRQ, c. B-1, r. 18

Art. 5 778

Art. 8 779
Art. 14 778

Règlement modifiant le Règlement sur les registres des dispositions testamentaires et des mandats donnés en prévision de l'inaptitude, RLRQ, c. B-1, r. 18
Art. 1 . . . . 745, 778
Art. 2 . . . . 745, 778
Art. 5(2) 778
Art. 5(3) 778

Règlement relatif à la tenue et à la publicité du registre de l'état civil, D. 1591-93, (1993) 125 *G.O.* II, 8051
Art. 2 . . . . 376, 382
Art. 3. . . . . 376, 377, 379
Art. 5 383

Règlement modifiant le Tarif des droits relatifs aux actes de l'état civil, au changement de nom ou de la mention du sexe, D. 490-2002, (2002) 134 *G.O.* II, 2923 386

Règles sur les appareils d'amusement, RLRQ, c. L-6, r. 2 519

Tarif des droits relatifs aux actes de l'état civil, au changement de nom ou de la mention du sexe, D. 1593-93, (1993) 125 *G.O.* II, 8057
Art. 1 416
Art. 5 377

Tarif sur les frais de transport, de garde et de conservation des cadavres, RLRQ, c. R-0.2, r. 6. 160

AUTRES PROVINCES

Alberta

Age of Majority Act, R.S.A. 2000, ch. A-6
Art. 1 515

Change of Name Act, R.S.A. 2000, ch. C-7 273

Maternal Tort Liability Act, S.A. 2005, ch. M-7.5 12

Vital Statistics Act, R.S.A. 2000, ch. V-4 308

Colombie-Britannique

Age of Majority Act, R.S.B.C. 1996, ch. 7
Art. 1 515

Change of Name Act, R.S.B.C. 1996, ch. 328 273

Child Famly and Community Service Act, R.S.B.C. 1996, ch. 46 563

Family Relations Act
Art. 6(1)a) 563

Vital Statistics Act, R.S.B.C. 1996, ch. 479 308

Île-du-Prince-Édouard

Age of Majority Act, R.S.P.E.I. 1988, ch. A-8
Art. 1 515

Change of Name Act, R.S.P.E.I. 1988, ch. C-3.1 273

Manitoba

Change of Name Act, C.P.L.M., ch. C-50 273

Loi sur l'âge de la majorité, C.P.L.M., ch. A-7
Art. 1 515

Loi sur les services à l'enfant et à la famille, C.P.L.M., ch. C-80 126

Loi sur les statistiques de l'état civil, C.P.L.M., ch. V-60
Art. 2 24

Vital Statistics Act, C.C.S.M., ch. V-50 308

Nouveau-Brunswick

Change of Name Act, L.N.-B. 1987, ch. C-2.001 273

Loi sur l'âge de la majorité, L.R.N.-B. 1973, ch. A-4
Art. 1 515

Loi sur l'âge de la majorité, L.R.N.-B. 2011, ch. 103
Art. 3 491

Loi sur les services à la famille, L.N.-B. 1980, ch. F-2.2 563
Art. 1 671

Vital Statistics Act, S.N.B. 1979, ch. V-3 308

Nouvelle-Écosse

Age of Majority Act, R.S.N.S. 1989, ch. 4
Art. 2 515

Change of Name Act, R.S.N.S. 1989, ch. C-66 273

Human Organ and Tissue Donation Act, S.N.S. 2010, ch. 36 24

Nova Scotia Hospital Act, R.S.N.S. 1989, ch. 208
Art. 52(2) 109

Vital Statistics Act, R.S.N.C. 1989, ch. 494 308

Nunavut

Change of Name Act, L.R.T.-N. (Nu.) 1988, ch. C-3 273

Ontario

Change of Name Act, R.S.O. 1990, ch. C-7 273

Loi de 1966 sur le consentement aux soins de santé, L.O. 1996, ch. 2
Annexe 2 123

Loi sur le consentement aux soins, L.O. 1996, ch. 2
Art. 4(1) 109
Art. 4(2) 109

Loi sur la majorité et la capacité civile, L.R.O. 1990, ch. A-7 . . 515
Art. 5(1) 491

Loi sur les services à l'enfance et à la famille, L.R.O. 1990, ch. C.11. 563
Art. 37(3) 671

Vital Statistics Act, R.S.O. 1990, ch. V-4 308

Saskatchewan

An Act Respecting the Attainment of the Age of Majority, S.N.L. 1995, ch. A-4.2
Art. 2 515

Age of Majority Act, R.S.S. 1978, ch. A-6
Art. 2(1) 515

Change of Name Act, S.S. 1995, ch. 6-1. 273

Vital Statistics Act, S.S. 1995, ch. V-7.1 308

Terre-Neuve et Labrador

Age of Majority Act, S.N.L. 1995, ch. A-4.2
Art. 3(2) 491

Change of Name Act, S.N.L. 2009, ch. C-8.1 273

Territoires du Nord-Ouest

Change of Name Act, L.T.N.-O. 2007, ch. 12 273

Loi sur l'âge de la majorité, L.T.N.-O. 1988, ch. A-2
Art. 2 515

Vital Statistics Act, R.S.N.W.T. 1988, ch. 3 308

Yukon

Change of Name Act, R.S.Y. 2002, ch. 28. 273

Children's Act, R.S.Y. 2002, ch. 31
Art. 30 671

Loi sur l'âge de la majorité, L.R.Y. 2002, ch. 2
Art. 1 515

Loi sur l'enfance, L.R.Y. 2002, ch. 31
Art. 135 8

Loi sur la santé et la sécurité publique, L.R.Y. 2002, ch. 176 . . . 8

Loi sur les services à l'enfance et à la famille, L.Y. 2008, ch. 1
Art. 199 8

Règlement sur les normes applicables aux hôpitaux,
Y.D. 1994/227 9

Règlement sur le signalement du syndrome de l'alcoolisme fœtal, Y.D. 2000/179 8

AUTRES PAYS

Allemagne

Bürgrliches Gesetzbuch (B.G.B.)
Art. 104. 516
Art. 1355 275
Art. 1616 275

Angleterre

Human Fertilization and Embryology Act 1990, 1990,
ch. 37 (R.U.) 20

Ordonnance de Blois, 1579 423

Chine

Loi sur le mariage, 1980
Art. 16 275

États-Unis

Déclaration d'indépendance, 1776 76

France

Code civil
Art. 16-1-1, al. 2 159
Art. 57 491
Art. 490-2. 691
Art. 1123 434

Code la santé publique
Art. L. 1232-1236 24
Art. R. 1232-1 et s. 24

Code Louis, 1667 (modifié en 1727 et 1736) 423

Code Napoléon 515 (1804), 677
Art. 102 . . . . 159, 358

Coutume de Paris
Art. 291. 423

Déclaration des droits de l'Homme et du citoyen, 1789 76

Loi du 20 septembre 1792 515

Loi du 18 juin 2003 relative au nom de famille. 275, 277

Loi n° 2002-303 du 4 mars 2002 relative aux droits des malades et à la qualité du système de santé. . . . 34, 226, 275
Art. 1. 34

Loi n° 2002-304 du 4 mars 2002 relative au nom de famille 34, 226, 275, 277

Loi n° 2011-814 du 7 juillet relative à la bioéthique. 20

Ordonnance n° 2005-759 du 4 juillet 2005 portant réforme du droit de la filiation 275

Ordonnance de Villers-Cotterêts, 1539 423

Ordonnance de 1667 423

Ordonnance de 1736 423

Pays-Bas

Code civil
Art. 126-165 607

Suisse

Code civil
Art. 31 9

LOIS INTERNATIONALES

Code de Nuremberg, 1947 166

Convention de La Haye de 1980 sur les aspects civils de l'enlèvement international d'enfants 349

Convention européenne des droits de l'Homme, 1950 76
Art. 8 275
Art. 14 275

Convention relative aux droits de l'enfant, Rés. nº 44/25,
Doc. AGNU, c. 3, 44e sess., 1989 . . . . . . 262, 349, 666, 675
Préambule 20
Art. 1 490
Art. 2 669
Art. 3 668
Art. 3(1) 668
Art. 4 . . . . 666, 669
Art. 6 669
Art. 8 669
Art. 12 669
Art. 13 669
Art. 14 669
Art. 15 669
Art. 16 669

Art. 17 669
Art. 19 669
Art. 21 666
Art. 24 669
Art. 27 669
Art. 30 666
Art. 31 669
Art. 32 669
Art. 33 669
Art. 37c) 666
Art. 49(2) 666

Déclaration d'Helsinki, Association médicale mondiale, 1964. . 166

Déclaration de Genève, Conseil des Organisations internationales des sciences médicales, 1993 166

Déclaration de Genève relative aux droits de l'enfant, 1924 . . . 666

Déclaration de Tokyo, Association médicale mondiale, 1975 . . 166

Déclaration de Venise, Association médicale mondiale, 1983 . . 166

Déclaration des droits de l'enfant de 1959, Rés. 1386 (XIV). . . 666
Art. 43 667

Déclaration universelle des droits de l'Homme, 1948 76
Art. 12 168

Pacte international relatif aux droits civils et politiques, 1966 . . 76
Art. 17 168

Protocole facultatif à la Convention relative aux droits de l'enfant concernant la participation des enfants aux conflits armés, A/RES/54/263, 25 mai 2000 666

Protocole facultatif à la Convention relative aux droits de l'enfant concernant la vente des enfants, la prostitution des enfants et la pornographie mettant en scène des enfants, A/RES/54/263, 25 mai 2000 666

Protocole facultatif établissant une procédure de présentation de communications, A/RES/66/138, 27 janvier 2012 666

Traité de Paris, 1763 423

TABLE DE LA JURISPRUDENCE

Les chiffres renvoient aux numéros de paragraphes.

2957-4928 Québec inc. (Clôtures spécialisées) c. *Gaspé (Ville de)*, 2011 QCCS 6372 356

9066-0166 Québec inc. c. *Boisvert (Succession de)*, 2012 QCRDL 25664 706

9080-5128 Québec inc. c. *Morin-Ogilvy*, 2012 QCCS 1464 . . . 172

9116-8609 Québec inc. c. *Senécal*, 2010 QCCS 3308 95

9152-7192 Québec inc. c. *Boost Groupe Conseil inc.*, 2010 QCCQ 14975 356

9179-3588 Québec inc. (Institut Drouin) c. *Drouin*, 2013 QCCA 2146. 177

- A -

A. c. *B.*, EYB 2006-112860 (C.S.) 789

A. c. *B.*, EYB 2006-115782 (C.S.) 811

A. c. *B.*, J.E. 2007-421, EYB 2006-113153 (C.S.). 558

A. c. *B. et C.*, EYB 2006-113767 (C.S.) 783, 799

A. c. *Centre hospitalier A.*, T.A.Q.E. 2007AD-19 206

A. c. *Centre hospitalier de St. Mary*, 2007 QCCA 358, EYB 2007-116185 . . . . 206, 209, 211

A c. *Charrette*, 2012 QCCAI 332 195

A. c. *Directeur de l'état civil*, J.E. 2007-508, EYB 2007-114173 (C.S.) 404

A. c. *X*, J.E. 2007-319, EYB 2006-112679 (C.S.) 742

A. c. *X., B. et C. et Directeur de l'état civil*, EYB 2007-118250 (C.S.) 386

A. et *B.*, EYB 2007-114633 (C.S.) 745

A. (Dans l'affaire de) et *Curateur public*, EYB 2007-117959 (C.S.) 783

A.A. c. *Société canadienne de consultants en immigration*, 2012 QCCAI 393 195

A.B. c. *Y.L.*, J.E. 2004-532, EYB 1996-85427 (C.S.) 785

A.B. (Dans l'affaire de) c. *J.C.*, 2013 QCCS 4628 . . . . . 698, 780, 781, 783

A.C. c. *Desjardins sécurité financière*, 2011 QCCAI 218. 195

A.C. c. *L.G.*, B.E. 2005BE-520 (C.Q.) 385

A.C. c. *Manitoba (Directeur des services à l'enfant et à la famille)*, 2009 CSC 30. . . . . 126, 489, 699

A.D. c. *Québec (Curateur public)*, AZ-50280812 (C.S.). 745

A.D. et *C.C.*, B.E. 2004BE-498 (C.S.) 783, 800

A. et *C.*, B.E. 2007BE-272 (C.S.) 781

A.G. c. *Centre hospitalier régional de Baie-Comeau*, 2009 QCCQ 5954. 215

A.G. (Dans la situation de) (C.Q., 2002-12-19), AZ-50158918, J.E. 2003-400, REJB 2002-37205 126

A.L. c. *R.L.*, J.E. 2005-1453, EYB 2005-92639 (C.S.) 773

A.L. (Succession d'), J.E. 2006-958, EYB 2006-102113 (C.S.). 780, 786, 801

A.L. (Succession de) c. *Duchesne*, AZ-50463468 (C.A.I. 2007-11-02). 191

A., Québec (Curateur public) et *B.*, EYB 2007-114633 (C.S.) 613, 616

A.P. c. *Y.R.*, 2012 QCCQ 9732 192

A.R. c. *G.R.*, J.E. 2006-1786, EYB 2006-108881 (C.S.) 755

A.S. (In re), [2000] R.D.F. 485, REJB 2000-19493 (C.S.) 579

A.V. (Dans la situation de), [2001] R.J.Q. 809, REJB 2001-23639 (C.Q.) 536, 547

A.Z. c. *F.G.*, 2007 QCCS 4696 (C.S.) 579

Acadia Subaru c. *Michaud*, 2012 QCCS 5668 172

Adoption – 5, [1980] T.J. 2011. . . . . 420, 422

Adoption – 17, [1982] C.A. 58 672

Adoption – 0738, J.E. 2007-1076, EYB 2007-120639 (C.Q.). . . 539

Adoption – 0859, 2008 QCCQ 7208 231

Adoption – 1258, 2012 QCCQ 5904 342
Adoption – 1445, 2014 QCCA 1162 303
Adoption – 08304, 2008 QCCQ 13391 507
Adoption – 13204, 2013 QCCQ 9515 342
Adoption – 13247, 2013 QCCA 1808 . . . . 539, 547, 563
Affaires sociales – 204, [1999] T.A.Q. 91 214
Affaires sociales – 518, [2000] T.A.Q. 1049 214
Aide sociale – 2, [1993] C.A.S. 30 9
Alain c. *Caisse populaire Laval-des-Rapides*, [2005] C.A.I. 25 192
Alain c. *Hardy*, [1951] R.C.S. 540. 501
Alberta (Information and Privacy Commissioner) c. *Travailleurs et travailleuses unis de l'alimentation et du commerce, section locale 401*, 2013 CSC 62. 187
Ali Khan c. *Arthington Cutten*, J.E. 85-348, EYB 1985-159331 (C.A.) 315
Allan Memorial Institute c. *McIntosh*, REJB 1999-15815. . . . 126
Allard c. *Messier*, J.E. 91-1477, EYB 1991-76418 (C.Q.) 756
Allard c. *Monette*, (1928) 66 C.S. 291 9
Alloi-Lussier c. *Centre d'hébergement Champlain*, [1996] R.J.Q. 311, EYB 1995-29188 (C.S.). 790
Alloi-Lussier c. *Centre d'hébergement Champlain*, [1997] R.J.Q. 807, REJB 1997-00104 (C.A.) 106, 699, 789, 790
Ampleman c. *Lachance*, 2013 QCCQ 3137 704
Amzïane c. *Bell Mobilité*, J.E. 2004-1702, EYB 2004-68815 (C.S.) 186
Anonyme, C.S. Montréal, n° 500-04-004051-927, 11 décembre 1995 253
Arndt c. *Smith*, [1997] 2 R.C.S. 539 11
Arpin c. *Arpin*, 2009 QCCS 6126 . . . . 434, 686
Association des pompiers de Laval c. *Commission des droits de la personne et des droits de la jeunesse*, 2011 QCCA 2041. 489
Association des professeurs de Lignery (A.P.L.), Syndicat affilié à la C.E.Q. c. *Alvetta-Comeau*, [1990] R.J.Q. 130, EYB 1989-63377 (C.A.) 92
Assurance-automobile – 9, [1984] C.A.S. 489 9

Assurance-automobile – 25, [1982] C.A.S. 270 9
Assurance-vie Desjardins c. *Duguay*, [1985] C.A. 334. . . . . 38, 54
Assurance-vie Desjardins c. *Stebenne*, [1997] R.J.Q. 416 (C.S.), [1995] C.A.I. 14. 192
Assurance-vie Desjardins-Laurentienne inc. c. *Boissonnault*, J.E. 1998-995, REJB 1998-09260 (C.S.) 192
Assurances du crédit c. *Dell*, [1959] C.S. 309. 356
Attias c. *Pons et Bond*, [1977] C.A. 326 . . . . 339, 345
Aubé c. *Forget et Lupien*, [1967] C.S. 412 472
Aubin c. *Marceau*, [1932] C.S. 408 481
Aubry c. *Éditions Vice-Versa Inc.*, [1998] 1 R.C.S. 591, REJB 1998-05646 . . . . 82, 91, 169, 175, 182, 187, 187
Audet c. *Busque-Audet et Québec (Curateur public)*, [1983] C.S. 85 713
Audette c. *Société Radio-Canada*, 2009 QCCA 4241. 187
Auger c. *Equity Account Buyers Ltd.*, [1976] C.S. 279 179
Augustus c. *Gosset*, [1996] 3 R.C.S. 268, EYB 1996-30154 . . . . 81, 87, 91
Autobus Transco (1988) inc. et *Syndicat des travailleuses et travailleurs de Transco (CSN)*, [2010] R.J.D.T. 1199 . . . 192

- B -

B. (A.) c. *D. (D.)*, [1996] R.J.Q. 753, EYB 1996-88069 (C.S.) . . 648
B. (A.) c. *H. (M.-J.)*, [2006] R.D.F. 10, EYB 2006-99696 (C.A.) 251
B. (B.) c. *Québec (Procureur général)*, [1998] R.J.Q. 317, REJB 1997-03811 (C.A.). 241
B. (D.) c. *Be. (F.)*, REJB 2000-20372 (C.S.). 698
B.H. c. *A.F.*, 2012 QCCS 3453. 800
B. (L.) c. *C. (La.)*, 2013 QCCS 1941 698
B. (M.P.) c. *F. (R.)*, REJB 2001-23874 (C.A.), REJB 1999-14637 (C.S.) 698, 733, 789, 800
B. (N.) c. *B.-B. (Y.)*, J.E. 99-221, REJB 1998-09744 (C.S.) 783, 800, 811, 776
B. (R.) c. *Children's Aid Society of Metropolitan Toronto*, [1995] 1 R.C.S. 315, EYB 1995-67419 . . . 128, 131, 650, 653

B. (S.) c. *G. (C.)*, REJB 1998-10380 (C.S.) 564

B.V. c. *O.C.*, J.E. 2005-1595, EYB 2005-92960 (C.S.) 785

Bagdan c. *Directeur de l'état civil*, [2000] R.J.Q. 1425, REJB 2000-18445 (C.S.) 257

Baird c. *Belcourt*, [1975] C.S. 499 341

Baker c. *Canada (Ministère de la Citoyenneté et de l'Immigration)*, [1999] 2 R.C.S. 817, REJB 1999-13279 . . . 655, 675

Banque de Montréal c. *Jaipuria*, [1981] C.S. 321 524

Barreau du Québec c. *Commission des services juridiques du Québec*, J.E. 94-526, EYB 1994-75743 (C.Q.) 506

Basque c. *Gedeon*, [2000] R.D.F. 309, REJB 2000-18013 (C.S.) 400

Bawa c. *Directeur de l'état civil*, 2010 QCCS 4667. 257

Beaudoin c. *Beaudoin*, [1986] R.R.A. 68 179

Bédard (In re), C.S. Montréal, n° 500-14-001920-909, 19 novembre 1990 . . . . 783, 788

Bédard c. *Gauthier*, J.E. 96-1540, [1996] R.R.A. 860, EYB 1996-85023 (C.S.) 121

Bédard c. *Roussin Parfumerie inc.*, [2006] R.L. 56, EYB 2006-112442 (C.Q.) 506

Béland c. *Lacasse*, [1924] C.S. 264 578

Bélanger c. *Carrier*, [1954] B.R. 125. . . . . 334, 341

Bélanger-Gauthier c. *Véronneau*, J.E. 2002-1296, REJB 2002-32771 (C.Q.) 160

Bélisle c. *Grenier*, [2000] R.R.A. 923, REJB 2000-21283 (C.S.) 172

Béliveau St-Jacques c. *Fédération des employées et employés de services publics Inc.*, [1996] 2 R.C.S. 345 . . . . . 81, 91, 92

Bellefeuille c. *Morisset*, [2007] R.J.Q. 796, EYB 2007-117913 (C.A.). 95

Benmansour c. *Directeur de l'état civil*, [1995] R.J.Q. 205, EYB 1994-72282 (C.S.) 260

Bergeron c. *Lalonde*, B.E. 2000BE-892 (C.Q.) 512

Bernatchez c. *Auger*, EYB 2003-45470 (C.Q.) 787

Berrière c. *Filion*, [1999] R.J.Q. 1127 (C.S.) 172

Bertrand c. *Commission scolaire des Navigateurs*, B.E. 2001BE-551 (C.Q.). 501

Beshara c. *Turgeon*, 2014 QCCS 287 119
Beson c. *Director of Child Welfare (Nfld)*, [1982] 2 R.C.S. 716 655
Bessette c. *Boutin*, J.L.E. 2008JL-2 506
Bibaud c. *Québec (Régie de l'assurance maladie)*, [2004] 2 R.C.S. 3, 2004 CSC 35, REJB 2004-65745 436
Biddle c. *Club de jazz Biddle inc.**, J.E. 2003-1538 (C.S.). . . . 245
Bilodeau c. *Goulet*, [2004] C.A.I. 366 196
Blainville (Ville de) c. *Directeur de l'état civil*, J.E. 97-1977 (C.S.) 412
Blanchard c. *Commission scolaire Morilac*, [1997] R.R.A. 120, EYB 1996-85374 (C.S.) 500
Blanchet (Re), C.S. St-François, nº 450-14-000241-917, 3 septembre 1991 . . . . 725, 780
Blanchette c. *Bury*, [2001] R.R.A. 904, REJB 2001-26864 (C.S.) 172
Blanchette-Miller c. *Brochu*, J.E. 2000-1791, REJB 2000-20426 (C.S.) 446
Bleau c. *Petit*, (1902) 6 R.P. 353. 655
Bloc québécois c. *Sourour*, 2009 QCCA 942, [2009] R.R.A. 435 . . . . 86, 182, 189
Boissonneault et *Boissonneault*, B.E. 98BE-702 (C.S.) 509
Bolduc c. *Racine*, [1955] B.R. 594. 644
Bondu c. *Morin*, J.E. 95-934, EYB 1995-72755 (C.S.) 572
Bonilla c. *Directeur de l'état civil*, [1997] R.D.F. 318 (C.S.) . . . 257
Bonilla c. *Lefèvre*, [1964] B.R. 102 . . . . 332, 333, 342
Bonneville c. *Brasseurs du Nord Inc.*, [2000] R.R.A. 144, REJB 2000-16215 (C.S.). 182
Booth (Succession de), J.E. 98-2105, REJB 1998-09598 (C.S.) 383, 401
Borowski c. *Canada (Procureur général)*, [1989] 1 R.C.S. 342, EYB 1989-95668 5
Borowski c. *Canada (Procureur général)*, [1987] 4 W.W.R. 385, 33 C.C.C. (3d) 402 (C.A. Sask.). 5
Bou Malhab c. *Diffusion Métromédia CMR Inc.*, 2011 CSC 9, [2011] 1 R.C.S. 214 . . . . 91, 172
Bouchard c. *Bédard*, B.E. 99BE-1201 (C.Q.). 501

Bouchard c. *Bergeron*, [1998] R.R.A. 927, REJB 1998-07877 (rés.) (C.Q.) 501
Boucher c. *Assurances générales des Caisses Desjardins*, [1999] C.A.I. 52 192
Boucher c. *Simard*, 2010 QCCS 3247 . . . . 501, 502
Bouffard c. *Assurances générales Desjardins*, [2000] C.A.I. 110 192
Bourassa-Lacombe c. *Centre universitaire de santé de l'Estrie*, 2007 QCCS 620 202
Bourgeois c. *Dagenais*, 2013 QCCS 10 . . . . 434, 686
Boutin c. *GagnonLambert*, 2011 QCCA 1234 446
Bowater Produits forestiers du Canada Inc. – Papeterie de Donnacona c. *Beaulieu*, [2009] R.J.D.T. 941 (C.S.) 95
Boyer c. *Grignon*, [1988] R.J.Q. 829, EYB 1988-86759 (C.S.) . . 121
Brasseur c. *Lavigne*, [1995] R.J.Q. 2183, EYB 1995-75632 (C.S.) 231, 269
Brault c. *Billots Sélect Mégantic Inc.*, REJB 1997-02767 (C.S.) 625
Breault c. *Billot-Select Mégantic inc. et al.*, [2005] AZ-50337871, EYB 2005- 96609 (C.S.). 514
Brière c. *Bruchési*, C.S. Longueuil, nº 505-14-000137-900, 18 juillet 1990 784
Brizard c. *Boivin*, J.E 2004-640, EYB 2004-54477 (C.S.) 314
Bruker c. *Marcovitz*, 2007 CSC 54, EYB 2007-127332 82
Burns c. *Holms*, [1980] C.S. 305 762

- C -

C.B. c. *F.D.*, J.E. 2005-2174, EYB 2005-96618 (C.S.) 786
C. (C.) c. *D. (F.)*, REJB 2005-95281 (C.S.) 253
C.C. c. *M.C.*, 2011 QCCA 1235 . . . . 583, 739, 742, 745
C.C. c. *Québec (Curateur public)*, [2002] R.J.Q. 129, REJB 2001-26916 (C.S.) 632
C.C. et V.Q. et *Commission des droits de la personne et des droits de la jeunesse*, REJB 1998-14053 (C.Q.). 584
C.D. c. *Québec (Curateur public)*, [2001] R.J.Q. 1708, REJB 2001-25356 (C.A.) 688, 692, 694, 713, 715, 716, 717, 718, 720

C.D. et *F.D.*, 2010 QCCS 1907 . . . . 789, 811
C.F. c. *T.D.*, 2011 QCCS 1336 742
C. (G.) c. *V.-F. (T.)*, [1987] 2 R.C.S. 244 . . . . 350, 543, 655
C.H.A.L. c. *T.I.B.*, [2001] R.D.F. 414 209
C. (J.) c. *C. (V.)*, REJB 2004-80272 (C.S.) 600
C. (J.) c. *L. (T.)*, EYB 2006-111881 (C.S.). 773
C.K. c. *D.K.*, J.E. 2003-1388, REJB 2003-43821 (C.S.) 467
C.L. c. *Christian Daviau Notaire inc.*, 2013 QCCAI 171 195
C.L. c. *J.L.*, J.E. 2006-1064, EYB 2006-104342 (C.S.) 600
C.L. c. *M.L.*, J.E. 2006-1335, EYB 1006-105552 (C.S.) 773
C.L. c. *M.L.*, 2008 QCCS 591, EYB 2008-129874 (C.S.) 783
C.M. c. *Ordre des ingénieurs du Québec*, 2011 QCCAI 92 191
C.N.-Q. (Dans la situation de), J.E. 2001-1562, REJB 2001-24814 (C.Q.). 501, 520, 523
C.P. c. *Centre A.*, 2013 QCCAI 138 192
C.P. c. *M.G.*, [2000] R.D.F. 717, REJB 2000-21348 (C.S.) 759
C.P. et *Greffier de la Cour supérieure du district de Montréal*, [1996] R.L. 51 (C.S.) 399
C. (R.) c. *Cl. (D.)*, EYB 2007-123619 (C.S.) 737
C. (R.) c. *Québec (Directeur de l'état civil)*, REJB 2004-69630 (C.S.) 257
C.T. c. *M.T.*, 2009 QCCS 4969 811
C.T. (In re), C.S. Trois-Rivières, n° 410-14-000065-948, 9 février 1995 723
C.V. c. *D.M.*, 2011 QCCA 146 . . . . 741, 747, 751
Cadieux c. *Service de gaz naturel Laval Inc.*, [1991] R.J.Q. 2490 (C.A.) 183
Cadieux c. *Vidéo Jacklan Inc.*, J.E. 87-1060, EYB 1987-62564 (C.A.) 356
Calvert (Litigation Guardian of) v. *Calvert*, [1998] O.J. No. 505, 37 O.R. (3d) 221 (C.A. Ont.) 738
Canada (Procureur général) c. *Hôpital Notre-Dame*, [1984] C.S. 426. 119
Canadian Foundation for Children, Youth and the Law c. *Canada (Procureur général)*, [2004] 1 R.C.S. 76, REJB 2004-53164 . . . . 656, 672

Canadian Life Assurance c. *Lo*, [1998] R.J.Q. 418, REJB 1998-04205 (C.A.) 56

Canoë Inc. c. *Corriveau*, 2012 QCCA 109 . . . . 92, 172

Cantin-Cloutier c. *Gagnon*, [2002] R.R.A. 75, REJB 2000-21212 (C.S.) 110

Capitale Distinction inc. c. *Fondation Dyson Moore*, 2014 QCCQ 2935. 483

Caron c. *Dupont*, [1958] R.P. 151 (C.S.) 644

Caron c. *Forest (Succession de)*, 2010 QCCS 2604 434

Carpentier c. *Tremblay*, 2013 QCCQ 292. 172

Carrefour de la santé et des services sociaux de la St-Maurice c. *Cadieux*, [1999] R.D.F. 292, REJB 1999-10538 (C.S.) . . . 119

Carter c. *Canada (Attorney General)*, 2012 BCSC 886 120

Castonguay c. *Martin*, [1990] R.J.Q. 843, EYB 1990-76570 (C.S.) 719

Cataford c. *Moreau*, [1978] C.S. 933 11

Catholic Children's Aid Society of Toronto c. *M.*, [1994] 2 R.C.S. 165, EYB 1994-67657 653

Cayouette et Mathieu, [1987] R.J.Q. 2230, EYB 1987-78462 (C.S.) 143, 499

Centre de santé et services sociaux Alphonse-Desjardins (CHAU, Hôtel-Dieu de Lévis) c. *Y.L.*, 2011 QCCS 6021 133

Centre de santé et de services sociaux de Beauce – services hospitaliers c. *B.P.*, 2012 QCCS 6293. 138

Centre de santé et de services sociaux de Beauce – services hospitaliers c. *D.S.*, 2011 QCCS 3977. 118

Centre de santé et de services sociaux de Chicoutimi c. *K.G.*, 2011 QCCQ 7071. 209

Centre de santé et de services sociaux de Chicoutimi c. *V.B.*, 2011 QCCS 5523 133

Centre de santé et de services sociaux de la Côte-de-Gaspé c. *C.P.*, 2013 QCCQ 11942 206

Centre de santé et de services sociaux de la Haute-Yamaska c. *A.*, REJB 2007-114635 (C.S.) 109, 207

Centre de santé et de services sociaux de la Haute-Yamaska c. *G. (C.)*, 2014 QCCS 28 . . . . 109, 138

Centre de santé et de services sociaux de la Haute-Yamaska c. *P.T.*, 2012 QCCS 4083. 118

Centre de santé et de services sociaux de Laval c. *G.P.*, 2008 QCCS 1002. 141

Centre de santé et de services sociaux de Memphrémagog et *P.B.*, B.E. 2008BE-512, EYB 2008-131919 (C.S.) 713

Centre de santé et de services sociaux de Rimouski-Neigette c. *A.*, 2007 QCCS 1403 133

Centre de santé et de services sociaux de Rimouski-Neigette c. *C.F.*, 2011 QCCS 3550 . . . . 118, 129

Centre de santé et de services sociaux de Rimouski-Neigette c. *J.B.*, 2013 QCCQ 16500 205

Centre de santé et de services sociaux de Rimouski-Neigette c. *R.D.*, 2008 QCCQ 9205 206

Centre de santé et de services sociaux de Rimouski-Neigette c. *T.G.*, 2010 QCCA 143 202

Centre de santé et de services sociaux de Rivière-du-Loup c. *M.M.*, 2010 QCCQ 6316 205

Centre de santé et de services sociaux de Rivière-du-Loup c. *M.P.*, 2013 QCCQ 1697 206

Centre de santé et de services sociaux de Rivière-du-Loup c. *V.M.*, 2009 QCCQ 4353 211

Centre de santé et de services sociaux de Rouyn-Noranda c. *J.T.*, 2010 QCCS 6532 138

Centre de santé et de services sociaux de Sept-Îles c. *B.B.*, 2013 QCCQ 1700 . . . . 205, 206

Centre de santé et de services sociaux de Sept-Îles c. *C.D.*, 2010 QCCQ 6348. 205

Centre de santé et de services sociaux de Sept-Îles c. *J.B.*, 2008 QCCQ 12765 206

Centre de santé et de services sociaux de Sept-Îles c. *L.T.*, 2011 QCCQ 5263. 205

Centre de santé et de services sociaux de Sept-Îles c. *X*, 2013 QCCQ 4043. 206

Centre de santé et de services sociaux Domaine-du-Roy c. *Z.J.*, 2008 QCCS 935. . . . . 138, 148

Centre de santé et de services sociaux des Etchemins c. *J.N.*, 2011 QCCS 1581. 141

Centre de santé et de services sociaux Drummond (Hôpital Sainte-Croix) c. *A. (C.)*, 2009 QCCS 3532 138

Centre de santé et de services sociaux Drummond (Hôpital Ste-Croix) c. *A.M.*, 2011 QCCS 2622 108

Centre de santé et de services sociaux de Lac-St-Jean-Est c. *M.T.*, 2011 QCCQ 15932. 206

Centre de santé et de services sociaux du Lac-St-Jean-Est c. *M.T.*, B.E. 2006BE-129, EYB 2005-98457 (C.Q.). 211

Centre de santé et de services sociaux du Nord de Lanaudière c. *C.B.*, 2013 QCCS 6283. 138

Centre de santé et de services sociaux du Rocher-Percé c. *J.K.*, 2013 QCCS 4282. 142

Centre de santé et de services sociaux du Sud de Lanaudière (Clinique Charlemagne) c. *J.R.*, 2010 QCCS 2168 138

Centre de santé et de services sociaux Pierre-Boucher c. *A.G.*, 2009 QCCA 2395. . . . . 141, 202, 205, 206

Centre de santé et de services sociaux Pierre-Boucher c. *P.D.*, 2014 QCCS 1385 106

Centre de santé et de services sociaux Pierre-Boucher c. *P.D.*, 2013 QCCS 4057 106

Centre de santé et de services sociaux de Trois-Rivières c. *J.G.*, 2012 QCCS 3511 118

Centre de santé et de services sociaux Richelieu-Yamaska c. *C.H.*, 2010 QCCS 2300 138

Centre de santé et de services sociaux Richelieu-Yamaska c. *F.N.*, 2012 QCCS 1840. 138

Centre de santé et de services sociaux Richelieu-Yamaska c. *M.L.*, J.E. 2006-918, [2006] R.D.F. 420, EYB 2006-104015 (C.S.) 25, 114

Centre hospitalier affilié universitaire de Québec c. *L.B.*, 2006 QCCS 1966 119

Centre hospitalier de Chandler c. *C.C.*, [2000] R.J.Q. 1159, REJB 2000-17538 (C.S.). 119

Centre hospitalier de l'Université de Montréal c. *T.F.*, 2012 QCCS 4436 138

Centre hospitalier de l'Université de Montréal (CHUM) – Hôpital Notre-Dame c. *G.C.*, 2010 QCCA 293 108

Centre hospitalier de Québec c. *M.G.*, [2007] R.D.F. 732 (C.S.) 133

Centre hospitalier de St.Mary c. *M.B.*, 2012 QCCQ 2094 206

Centre hospitalier de St.Mary c. *S.M.*, 2012 QCCQ 6141 211

Centre hospitalier Pierre-Janet c. *S.M.*, 2011 QCCQ 10508 . . . 206

Centre hospitalier Robert Giffard c. *L. (S.)*, REJB 2006-110523 (C.S.). 109

Centre hospitalier Ste-Marie c. *Fournier*, [1996] R.J.Q. 2325, EYB 1996-30252 (C.S.) 131

Centre hospitalier universitaire de Québec c. *A.*, J.E. 2007-1093, EYB 2007-119927 (C.A.). 131

Centre hospitalier universitaire de Sherbrooke – Hôtel-Dieu c. *C.R.*, 2011 QCCS 5991 . . . . 141, 699

Centre hospitalier universitaire de Sherbrooke – Hôtel-Dieu c. *J.B.*, 2011 QCCS 5058 138

Centre hospitalier universitaire de Sherbrooke – Hôtel-Dieu c. *J.L.*, 2014 QCCS 1362 138

Centre hospitalier universitaire de Sherbrooke – Hôtel-Dieu c. *J.R.*, 2011 QCCS 5547 118

Centre hospitalier universitaire de Sherbrooke – Hôtel-Dieu c. *J.S.*, 2009 QCCS 5269 138

Centre hospitalier universitaire de Sherbrooke – Hôtel-Dieu c. *L.K.*, 2013 QCCS 5250. 138

Centre hospitalier universitaire de Sherbrooke – Hôtel-Dieu c. *M.B.*, 2013 QCCS 5898 133

Centre hospitalier universitaire de Sherbrooke – Hôtel-Dieu c. *M.L.*, 2011 QCCS 5530 . . . . 138, 140

Centre hospitalier universitaire de Sherbrooke – Hôtel-Dieu c. *N.G.*, 2012 QCCS 1450 138

Centre hospitalier universitaire de Sherbrooke – Hôtel Dieu c. *R.M.*, 2012 QCCS 4412 699

Centre hospitalier universitaire de Sherbrooke – site Fleurimont c. *B.P.*, 2012 QCCS 3679 131

Centre hospitalier universitaire Sainte-Justine c. *M.C.*, 2013 QCCS 2583. 131

Centre hospitalier universitaire Sainte-Justine c. *X.*, 2011 QCCS 3803. 131

Century 21 / Immeubles Brière Connolly (1983) Inc. c. *Hazel Connolly*, [1986] R.J.Q. 1370 (C.S.) 238

Chabot c. *Sun Media*, J.E. 2008-140, REJB 2007-131908 (C.S.) 182

Chamberlain c. *Association québécoise d'aide aux personnes souffrant d'anorexie nerveuse et de boulimie*, [2003] C.A.I. 544. 196

Chamberland et *Québec (Procureur général)* et *Banque de Montréal (Re)*, (1938) 76 C.S. 167 46

Chaoulli c. *Québec (Procureur général)*, [2005] 1 R.C.S. 791, EYB 2005-91328 81

Charbonneau Auto ltée c. *Therrien*, [1967] R.L. 251. 483

Charron c. *Brosseau*, [1953] B.R. 762 578

Chartrand c. *Auclair*, 2010 QCCQ 6302 . . . . 609, 614

Chauvette c. *Directeur de l'état civil*, [2004] R.D.F. 840, REJB 2004-69630 (C.S.) 257, 258

Chayer c. *Messier*, 2014 QCCS 357 172

Cheng (Re), [1987] R.J.Q. 1177, EYB 1987-78666 (C.S.). . 257, 395

Cherry c. *Borsman*, (1992) 94 D.L.R. (4th) 487 (C.A. C.-B.) . . . 10

Cherry (Guardian ad litem of) c. *Borsman (S.C.C.)*, [1992] S.C.C.A. No. 472. 10

Chrétien c. *Chrétien*, [1997] R.J.Q. 1767, REJB 1997-00190 (C.S.) 250, 400

Christensen c. *Archevêque catholique romain de Québec*, [2010] 2 R.C.S. 694 467

Christiaenssens c. *Rigault*, J.E. 2006-1351, EYB 2006-106819 (C.A.) 703, 705

CHU de Québec c. *M.G.*, 2014 QCCS 1404 116

Ciarlariello c. *Schacter*, [1993] 2 R.C.S. 119, 136, EYB 1993-68611 . . . . 107, 110

Cicchillitti c. *Hormaza*, [1974] C.S. 525. . . . . 334, 342

Cinar Corporation c. *Robinson (Weinberg* c. *Robinson ; Izard* c. *Robinson ; Robinson* c. *France Animation S.A.)*, 2013 CSC 73. 92

Clément c. *Cartier*, REJB 1999-14546 (C.S.). 783

Clinique dentaire Lafrenière & St-Pierre c. *McLean*, J.E. 2003-2080, REJB 2003-50416 (C.Q.) 127

Cohen c. *Queenswear International Ltd.*, [1989] R.R.A. 570 (C.S.) 182, 189

Collin Re, EYB 2007-118477 145

Commission de protection des droits de la jeunesse c. *C.T. et G.R.*, [1990] R.J.Q. 1674, EYB 1990-76655 (C.S.) 131

Commission des droits de la personne du Québec c. *Arglsberger*, [1982] C.P. 82 281

Commission des droits de la personne du Québec c. *Bizouarn*, J.E. 96-144 (T.D.P.) 650

Commission des droits de la personne du Québec c. *Brzozowski*, [1994] R.J.Q. 1447, EYB 1994-105333 (T.D.P.Q.) 685, 701, 703

Commission des droits de la personne du Québec c. *Charos*, J.E. 97-786 (T.D.P.Q.) 489

Commission des droits de la personne du Québec c. *Jacques*, J.E. 2004-1520 (T.D.P.Q.) 650

Commission des droits de la personne et des droits de la jeunesse c. *A.V.*, 2011 QCTDP 13 704

Commission des droits de la personne et des droits de la jeunesse c. *Bilodeau*, J.E. 2006-420, EYB 2005-99774 (T.D.P.Q.). 703

Commission des droits de la personne et des droits de la jeunesse c. *Caumartin*, 2007 QCTDP 22 179

Commission des droits de la personne et des droits de la jeunesse c. *Chamberland*, 2013 QCTDP 37. 170

Commission des droits de la personne et des droits de la jeunesse c. *Charos*, J.E. 97-786 (T.D.P.Q.) 489

Commission des droits de la personne et des droits de la jeunesse c. *Courchesne*, 2013 QCTDP 24 . . 446, 685, 701, 705

Commission des droits de la personne et des droits de la jeunesse c. *Gagné*, [2003] R.J.Q. 647, EYB 2006-108064 (T.D.P.Q.). 702

Commission des droits de la personne et des droits de la jeunesse c. *Hamel*, J.E. 2003-1562, REJB 2003-45484 (T.D.P.Q.). 703

Commission des droits de la personne et des droits de la jeunesse c. *Immeubles Chanta et Martin inc. (Manoir de La Baie inc.)*, 2013 QCTDP 23 224

Commission des droits de la personne et des droits de la jeunesse c. *Jacques*, J.E. 2004-1520, REJB 2004-66664 (T.D.P.Q.) . . . 650

Commission des droits de la personne et des droits de la jeunesse c. *Magasins Wal-Mart Canada Inc.*, [2003] R.J.Q. 1345, REJB 2003-38790 (T.D.P.Q.) ; J.E. 2005-441, EYB 2005-86103 (C.A.) . . . 190

Commission des droits de la personne et des droits de la jeunesse c. *Maison des jeunes*, [1998] R.J.Q. 2549, REJB 1998-07058 (T.D.P.) . . . 281, 289, 302

Commission des droits de la personne et des droits de la jeunesse c. *Payette*, J.E. 2006-1583, EYB 2006-108064 (T.D.P.Q.) . . . 701

Commission des droits de la personne et des droits de la jeunesse c. *Venne*, 2010 QCTDP 9 . . . 701, 702, 704

Communauté urbaine de Montréal, **Voir** *Montréal (Communauté urbaine de)*

Compagnie d'assurance-vie Manufacturers (Financière Manuvie) c. *Massouh*, 2010 QCCS 2060 . . . 538

Compagnie d'assurances Standard Life c. *Tremblay*, [2010] R.J.Q. 1098 (C.A.) . . . 186

Comtois c. *Comtois*, 2013 QCCA 247 . . . 160

Congrégation des Témoins de Jéhovah d'Issoudun-Sud c. *Mailly*, [2000] C.A.I. 427, REJB 2000-20159 . . . 191

Conseil pour la protection des malades c. *Fédération des médecins spécialistes du Québec**, 2010 QCCS 6094, [2011] R.J.Q. 89 . . . 92

Cooke c. *Suite*, [1995] R.J.Q. 2765, EYB 1995-59148 (C.A.) . . . 11

Coopérative funéraire de la Mauricie c. *Gendron*, J.E. 2004-110, REJB 2003-50921 (C.Q.) . . . 160

Corbeil c. *Ladouceur (Boutique Énigma)*, 2012 QCCQ 402 . . . 128, 506

Cooperberg c. *Buckman*, [1958] C.S. 427 . . . 179

Corporation de Ste-Angèle de Monnoir c. *Bérubé*, [1986] R.D.J. 590 (C.A.) . . . 800

Cossette c. *Bruneau*, 2008 QCCQ 3247 . . . 446

Cossette c. *Germain*, [1982] 1 R.C.S. 751 . . . 474

Côté, [2006] R.R.A. 509, EYB 2006-101691 (C.Q.) . . . 58

Côté c. *CHU de Québec (Centre hospitalier affilié universitaire de Québec (CHA) et Centre hospitalier universitaire de Québec (CHUQ))*, 2013 QCCS 4053 101

Côté c. *St-Antoine*, [1991] R.D.F. 513, EYB 1991-56729 (C.A.). 249, 253, 257

Côté et *X*, 2008 QCCS 3209 713

Courtemanche c. *Casaubon*, J.E. 96-398, EYB 1996-85093 (C.S.) 606

Courtemanche c. *Poisson*, [2004] R.R.A. 272, REJB 2004-52229 (C.S.) 192

Couture Jacquet c. *Montreal Children's Hospital*, [1986] R.J.Q. 1221, 1227, EYB 1986-62351 (C.A.). 131

Crevier c. *Lavigne*, [1952] B.R. 742 435

Crookes c. *Newton*, 2011 CSC 47 172

Croteau c. *Directeur de l'état civil*, [1995] R.D.F. 31 (C.S.) . . . 257

CSSS St-Jérôme c. *R.G.*, 2011 QCCQ 8615 209

Cuthbertson c. *Rasouli*, 2013 CSC 53 . . . . 117, 123

- D -

D.B. c. *F.Be.*, [2000] R.D.F. 770, REJB 2000-20372 (C.S.) . 685, 754

D.B. c. *M.B.*, J.E. 2004-1833, REJB 2004-70123 (C.S.) 755

D...B... c. *M...B...*, [1995] R.J.Q. 166, EYB 1994-28936 (C.S.) 638

D. (C.) c. *D. (A.)*, J.E. 95-1063, EYB 1995-78244 (C.S.) 734

D.D. c. *Centre de santé et de services sociaux de Rivière-du-Loup*, 2013 QCCA 829 205

D. (F.) et *B. (D.) (Succession de)*, EYB 2010-174966 (C.S.) . . . 736

D.G. et *T.B.*, B.E. 2005BE-735 (C.S.). 800

D. (J.) c. *D. (L.)*, REJB 1999-10585 (C.S.) 723, 733, 752, 780, 783

D. (J.L.) c. *Vallée*, [1996] R.J.Q. 2480, REJB 1996-29278 (C.A.) 241

D.-J.S. (Dans la situation de), J.E. 2004-2179, EYB 2004-81112 (C.Q.) 130, 131

D. (K.) c. *B. (M.)*, J.E. 2003-548, REJB 2003-38425 (C.S.). . . . 509

D.L. c. *Hôpital X*, T.A.Q.E. 2006AD-67. 206

D. (M.) et *I. (G.B.)*, [1995] R.D.F. 230, EYB 1995-72351 (C.S.) 579, 692

D.M. c. *P.L.*, [2005] R.D.F. 141, EYB 2004-82118 (C.S.). 129

D.M. c. *Prosper*, B.E. 2005BE-1075, EYB 2004-85751 (C.A.) . . 209

D.R. c. *Coopérative d'habitation A*, 2013 QCCQ 4456 191

D.M. c. *Prosper*, B.E. 2005BE-1075, EYB 2004-85751 (C.A.) . . 209

D.S. c. *A.D.*, J.E. 2006-2152, EYB 2004-53869 (C.S.) 780

D.S. c. *Intact Assurance*, 2013 QCCAI 35 195

D.W. c. *A.G.*, [2003] R.J.Q. 1411, REJB 2003-42518 (C.A.) . . . 542

D.W. c. *A.G.*, [2003] R.J.Q. 1481, REJB 2003-38730 (C.A.) . . . 129

D'Alexis c. *Société de publication Merlin ltée*, C.S. Montréal, n° 500-05-007199-878, 10 janvier 1996 182

D'Ambroise c. *Kodrun*, 2013 QCCS 150 172

D'Anjou c. *Registrar of Civil Status*, [1998] R.D.F. 519, REJB 1998-06300 (C.A.) 256, 257

D'Aoust c. *Directeur de l'état civil*, [2005] R.J.Q. 1128, EYB 2005-89308 (C.S.) 257

Daigle c. *Lafond* (C.S., 2006-09-08), 2006 QCCS 5136, EYB 2006-110324 110

Daigle c. *Tremblay*, [1989] R.J.Q. 1735, EYB 1989-63356 (C.A.) 7

Darveau c. *Darveau*, [1977] C.S. 1077 58

de Montigny c. *Brossard (Succession)*, 2010 CSC 51, [2010] 3 R.C.S. 64. 92

Demers c. *Club des archers de Beaurivage*, [1994] C.A.I. 209 . . 195

Demers c. *Sherbrooke (Ville de)*, 2011 QCCQ 6855 . . . . . 564, 665

Demers (Succession de), J.E. 98-2003, REJB 1998-07987 (C.S.) 617

Déry c. *Annanack*, J.E. 2005-716, EYB 2004-83145 (C.Q.) . . . 101

Deschamps c. *Renault Canada*, (1977) 18 *C. de D.* 937 (C.S.) 182, 189

Deschênes c. *Limoges*, 2013 QCCQ 6429. . . . . 702, 704, 705

Desloges c. *Desloges*, J.E. 83-767 (C.S.). 257

Desmarais c. *Québec (Directeur de l'état civil)*, J.E. 2007-794, EYB 2007-116911 (C.S.). 257

Devoir Inc. (Le) c. *Centre de psychologie préventive et de développement humain Inc.*, [1999] R.R.A. 17, REJB 1999-10604 (C.A.) 172

Devost c. *Charbonneau (Succession de)*, 2012 QCCS 56 . . 767, 770

Di Ruocco c. *Association de hockey mineur Les Étoiles de l'Est inc.*, J.E. 2007-1223, EYB 2007-120548 (C.Q.) 506

Dion Bourdages (Succession de) c. *Ouellet*, 2012 QCCQ 7245. . 705

Dionne c. *Ligue de développement du hockey midget AAA du Québec Inc.*, J.E. 95-1855, EYB 1995-73076 (C.S.). 345

Diop c. *Wade*, 2010 QCCA 2281. 172

Directeur de la protection de la jeunesse pour F. (G.), REJB 1998-09487 (C.Q.) 556, 584

Dobson (Tuteur à l'instance de) c. *Dobson*, [1999] 2 R.C.S. 753, REJB 1999-13280, inf. (1998) 189 R.N.-B. (2d) 208, 148 D.L.R. (4th) 332 (N.B.C.A.) 12

Douglas Hospital c. *C.T.*, [1993] R.J.Q. 1128, EYB 1992-74087 (C.S.) 116

Doyon c. *Corporation Sun Media*, 2011 QCCS 6220 94

Drainville c. *Lamothe*, C.S. Joliette, nº 705-14-000430-939, 19 janvier 1994. 629

Driver c. *Coca-Cola Ltd.*, [1961] R.C.S. 201 87

Droit de la famille – 27, [1984] T.J. 2073. 180

Droit de la famille – 111, J.E. 84-176 (C.A.) 377

Droit de la famille – 119, [1992] R.J.Q. 581, EYB 1992-64023 (C.A.) 400

Droit de la famille – 130, [1984] C.A. 184 253

Droit de la famille – 140, [1989] T.J. 2049 180

Droit de la famille – 150, [1984] T.J. 2052 252

Droit de la famille – 268, [1986] R.D.F. 46 (C.S.). 231, 234

Droit de la famille – 334, [1987] R.J.Q. 368, EYB 1986-78536 (C.S.) 257

Droit de la famille – 381, [1987] R.D.F. 337, EYB 1987-78768 (T.J.) 368

Droit de la famille – 385, [1987] R.D.F. 296 (C.S.). 342

Droit de la famille – 502, [1988] R.D.F. 233 (C.S.). 614

Droit de la famille – 526, [1988] R.J.Q. 1766, EYB 1988-62865 (C.A.). 377, 401, 402

Droit de la famille – 552, [1988] R.D.F. 452, EYB 1988-77809 (C.S.) 400
Droit de la famille – 595, [1989] R.D.F. 94, 103, EYB 1988-77303 (C.Q.) 672, 652
Droit de la famille – 639, [1989] R.J.Q. 1082, EYB 1989-63336 (C.A.) 253
Droit de la famille – 647, [1989] R.J.Q. 1161 (C.A.) 349
Droit de la famille – 657, [1989] R.D.F. 542, EYB 1989-77170 (C.Q.). 180
Droit de la famille – 744, [1990] R.D.F. 114, EYB 1989-76759 (C.S.) 509
Droit de la famille – 766, [1990] R.J.Q. 289, EYB 1989-63352 (C.A.) 400
Droit de la famille – 990, [1991] R.J.Q. 1215, EYB 1991-57832 (C.A.). 241, 249, 253
Droit de la famille – 1070, [1987] R.D.F. 64 (C.S.). 253
Droit de la famille – 1070, [1987] R.D.F. 1117 (C.S.) 257
Droit de la famille – 1076, [1987] R.D.F. 75 (T.J.). 546
Droit de la famille – 1102, [1987] R.D.F. 258 (C.S.) 234, 253
Droit de la famille – 1314, [1991] R.D.F. 145 (C.A.) 341, 342
Droit de la famille – 1343, [1990] R.D.F. 531 (C.S.) 253
Droit de la famille – 1351, [1990] R.D.F. 565 (T.J.) 345
Droit de la famille – 1428, [1991] R.D.F. 445, EYB 1991-76368 394
Droit de la famille – 1549, [1992] R.J.Q. 855, EYB 1992-63869 (C.A.) 509, 567, 658, 665, 654
Droit de la famille – 1558, [1992] R.D.F. 191, EYB 1992-74903 (C.Q.) 672
Droit de la famille – 1702, [1993] R.J.Q. 9, EYB 1992-58027 (C.A.) 251
Droit de la famille – 1726, [1993] R.J.Q. 22 (C.A.). 253
Droit de la famille – 1738, [1995] R.J.Q. 2328 (C.A.) 448
Droit de la famille – 1757, [1993] R.D.F. 147 52
Droit de la famille – 1805, [1993] R.D.F. 262, REJB 2000-17676 (C.S.) 686
Droit de la famille – 2000, [1994] R.J.Q. 1598, EYB 1994-73377 (C.S.) 564, 548

Droit de la famille – 2032, [1994] R.J.Q. 2218, EYB 1994-84383 (C.S.) 342

Droit de la famille – 2039, [1994] R.D.F. 660 (C.S.) 529

Droit de la famille – 2049, [1994] R.J.Q. 1068, EYB 1994-73339 (C.S.) 250

Droit de la famille – 2094, [1995] R.J.Q. 107, EYB 1994-28945 (C.S.) 349

Droit de la famille – 2105, [1995] R.D.F. 646, EYB 1995-28865 (C.S.) 253

Droit de la famille – 2105, [1995] R.D.F. 22, EYB 1994-72558 (C.S.) 254

Droit de la famille – 2118, [1995] R.D.F. 39, EYB 1995-72300 (C.S.) 509

Droit de la famille – 2147, [1995] R.D.F. 213, EYB 1995-78273 (C.S.) 394

Droit de la famille – 2177, [1995] R.D.F. 232, EYB 1995-72366 (C.S.) 253

Droit de la famille – 2181, [1995] R.D.F. 269, EYB 1995-72375 (C.S.) 242

Droit de la famille – 2197, [1995] R.D.F. 420 (C.S.) 529

Droit de la famille – 2206, [1995] R.J.Q. 1419, EYB 1995-72384 (C.S.) 95, 183

Droit de la famille – 2223, [1995] R.J.Q. 1792, EYB 1995-72416 (C.S.) 342

Droit de la famille – 2224, J.E. 95-1362, EYB 1995-59109 (C.A.) 509

Droit de la famille – 2291, [1995] R.J.Q. 3029, EYB 1995-75648 (C.Q.) 564, 664

Droit de la famille – 2367, [1996] R.J.Q. 829, EYB 1996-88116 (C.Q.) 180

Droit de la famille – 2374, [1996] R.D.F. 242, EYB 1996-87905 (C.S.) 567

Droit de la famille – 2399, [1996] R.D.F. 268, REJB 1996-29213 (C.S.) 529

Droit de la famille – 2427, [1996] R.J.Q. 1451, EYB 1996-88125 (C.Q.) 180

Droit de la famille – 2469, [1997] R.D.F. 241 (C.S.) 95

Droit de la famille – 2474, [1996] R.D.F. 612, EYB 1996-29228 (C.S.) 95
Droit de la famille – 2484, [1996] R.J.Q. 687 (C.Q.) 415
Droit de la famille – 2531, [1996] R.D.F. 923 (C.Q.) 394
Droit de la famille – 2558, [1997] R.D.F. 55, EYB 1996-85446 (C.S.) 106
Droit de la famille – 2580, [1997] R.D.F. 189 (C.Q.) 349
Droit de la famille – 2591, [1997] R.D.F. 142 (C.S.) 567
Droit de la famille – 2601, [1997] R.D.F. 196 (C.Q.) 394
Droit de la famille – 2617, [1997] R.J.Q. 1011, EYB 1996-87769 (C.S.) 314, 334
Droit de la famille – 2803, [1997] R.D.F. 892 (C.Q.) 494
Droit de la famille – 2884, [1998] R.D.F. 70, REJB 1997-08076 (C.S.) 540, 542
Droit de la famille – 3122, [1998] R.J.Q. 2809, REJB 1998-08029 (C.S.) 250, 400
Droit de la famille – 3146, [1998] R.D.F. 734 (C.S.) 348
Droit de la famille – 3201, [1999] R.D.F. 63 (C.S.). 348
Droit de la famille – 3212, [1999] R.D.F. 185, REJB 1998-09468 180
Droit de la famille – 3370, [1999] R.D.F. 551, REJB 1999-13531 (C.S.) 489
Droit de la famille – 3441, [1999] R.D.F. 740, REJB 1999-15438 253
Droit de la famille – 3444, [2000] R.J.Q. 2533, REJB 2000-20474 (C.A.) 536, 531
Droit de la famille – 3451, [1999] R.D.F. 641 349
Droit de la famille – 3510, [2000] R.J.Q. 559, REJB 1999-16297 (C.Q.) 334, 349
Droit de la famille – 3618, [2000] R.D.F. 327, REJB 2000-17885 (C.S.) 334
Droit de la famille – 3677, [2000] R.D.F. 472 (C.S.) 394
Droit de la famille – 3726, [2000] R.D.F. 656, REJB 2000-20984 (C.S.) 253, 428
Droit de la famille – 06633, J.E. 2007-698, EYB 2006-115867 (C.S.) 404
Droit de la famille – 07292, B.E. 2007BE-824 (C.S.) 342

Droit de la famille – 07528, [2006] R.J.Q. 775, EYB 2006-100447 (C.A.) 386, 372
Droit de la famille – 07946, 2009 QCCA 623 . . . . 509, 542
Droit de la famille – 10217, 2010 QCCS 392 253
Droit de la famille – 11394, 2011 QCCA 319. 402
Droit de la famille – 12168, 2012 QCCS 323 251
Droit de la famille – 13395, 2013 QCCA 316. 738
Droit de la famille – 14259, 2014 QCCS 549 250
Droit de la famille – 071547, 2007 QCCS 3096, EYB 2007-121475 257
Droit de la famille – 072036, 2007 QCCS 3995, EYB 2007-123371 250
Droit de la famille – 072111, 2007 QCCS 4112, EYB 2007-123560 250
Droit de la famille – 072641, 2007 QCCS 5183, EYB 2007-126097 253
Droit de la famille – 072863, 2007 QCCS 5601, EYB 2007-126838 253
Droit de la famille – 072982, 2007 QCCS 5678, EYB 2007-127043 254
Droit de la famille – 073156, 2007 QCCS 5999 404
Droit de la famille – 073498, 2007 QCCS 6594, EYB 2007-132581 250
Droit de la famille – 082843, 2008 QCCS 5320 499
Droit de la famille – 091236, 2009 QCCS 2378 348
Droit de la famille – 092038, 2009 QCCS 3822. . . . . . . 567, 665
Droit de la famille – 093038, 2009 QCCS 5794 373
Droit de la famille – 102247, 2010 QCCA 1561 550
Droit de la famille – 103292, 2010 QCCS 6007 342
Droit de la famille – 103390, 2010 QCCS 6185 250
Droit de la famille – 111978, 2011 QCCA 1256 250
Droit de la famille – 113627, 2011 QCCS 6194 349
Droit de la famille – 114039, 2011 QCCS 6948 349
Droit de la famille – 121331, 2012 QCCS 2518. . . . . . . 542, 543
Droit de la famille – 121473, 2012 QCCS 3316 253
Droit de la famille – 121670, 2012 QCCS 3633 129

Droit de la famille – 122561, 2012 QCCS 5063, EYB 2012-212769 . . . . 738, 790
Droit de la famille – 122577, 2012 QCCA 1677 253
Droit de la famille – 123545, 2012 QCCA 2224 241
Droit de la famille – 123837, 2012 QCCS 6879 543
*Droit de la famille – 131006**, 2013 QCCS 1700 . . . 250, 253, 543
Droit de la famille – 131263, 20013 QCCS 1975. 509
Droit de la famille – 131294, 2013 QCCA 883 349
Droit de la famille – 131380, 2013 QCCS 2284. . . . . 561, 563
Droit de la famille – 132433, 2013 QCCA 1529 349
Droit de la famille – 132992, 2013 QCCS 5368 543
Droit de la famille – 133040, 2013 QCCS 5426 543
Droit de la famille – 133688, 2013 QCCS 6556. . . . . 250, 253
Droit de la famille – 133807, 2013 QCCS 6731. . . . . 349, 584
Drouin c. *Landry*, [1976] C.A. 763 400
Drouin c. *Larivière*, [1995] R.D.F. 106 (C.S.). 740
Drouin c. *Lepage*, [1980] C.P. 146 . . . . 481, 514
Dubé c. *Dubé et Noël*, REJB 2003-40874 (C.S.) 618
Ducharme c. *Laval (Ville de) (Service de protection des citoyens, département de police)*, 2010 QCCS 5015. 101
Dudas (Guardian ad litem of) c. *Munro*, 1997 CanLII 4313 (C.S. C.-B.). 10
Dufour c. *Centre hospitalier Robert Giffard*, [1986] R.R.A. 262 (C.S.). 121
Dugal c. *Lefebvre*, [1934] R.C.S. 501 655
Dumont c. *Desjardins*, J.E. 94-1042, EYB 1994-73379 (C.S.) . . 501
Dupaul c. *Beaulieu*, [2000] R.J.Q. 1186, REJB 2000-18191 (C.S.) 446
Dupont c. *Ruffo*, [1987] R.J.Q. 1592, EYB 1987-83428 (C.S.) . . 127
Dupuis c. *Directeur de l'état civil*, 2010 QCCS 1526 257
Dumont c. *Desjardins*, J.E. 94-1042, EYB 1994-73379 (C.S.) . . 501

- E -

E.C. c. *I.C.*, [2003] R.J.Q. 2187, REJB 2003-45440 (C.S.) 772
E.D. c. *Québec (Ministre de l'Emploi et de la Solidarité sociale)*, 2009 QCTAQ 10755 9
E. (G.) c. *E. (B.)*, [1994] R.J.Q. 1563, EYB 1994-28723 (C.S.) . . 726
E. (Mrs) c. *Eve*, [1986] 2 R.C.S. 388, EYB 1986-67712 135
E. Néron Communication Marketing inc. c. *Chambre des notaires du Québec*, [2004] 3 R.C.S. 95, REJB 2004-68721 172
É.P. (Dans la situation de), [2004] AZ-502657 (C.S.) 250
É.P. (Dans la situation de), REJB 2004-68761 (C.Q.) 157
E.R. c. *Québec (Curateur public)*, [1994] R.L. 27 (C.S.) 594
É.S. c. *C.D.*, [2004] R.R.A. 175, REJB 2003-52115 (C.S.) 467
E.S. c. *S.K.*, 2010 QCCS 62 783
Éditions Vice-Versa Inc. c. *Aubry*, **Voir** *Aubry* c. *Éditions Vice-Versa Inc.*
Engstrom c. *Courteau*, [1986] R.J.Q. 3048, EYB 1986-79061 (C.S.) 11
Entreprises Elio Di Giovanni c. *Peluso*, B.E. 2000BE-821 (C.S.) 484
Éthier c. *Boutique à coiffer Tonic Inc.*, [1999] R.R.A. 100, REJB 1998-10030 (C.S.) 172, 176
Éthier c. *Mouffarège*, 2005, AZ-50337354 (C.Q.) 86
Externat classique de Ste-Croix c. *Grieco*, [1962] R.C.S. 519 501

- F -

F. (G.), **Voir** *Directeur de la protection de la jeunesse pour F. (G.)*
F.G.L. c. *Y.G.*, B.E. 2002BE-406 (C.S.) 641
F.H. c. *L.P.*, 2008 QCCS 3548 811
F.K. c. *P.H.*, J.E. 2002-1215, REJB 2002-32500 (C.S.) 773
F. (M.) (Re), REJB 2001-25024 (C.S.) 713
F.P. (Dans la situation de), EYB 2005-97957 (C.Q.) 157
F.S. c. *L.D.*, 2008 QCCS 5491 800
Falardeau (In re), C.S. Québec, nº 200-14-002215-919, 20 décembre 1991 779

Fédération des médecins spécialistes du Québec c. *Conseil pour la protection des malades*, 2014 QCCA 459 92

Feltrinelli c. *Barzini*, J.E. 90-1669, EYB 1990-95815 (C.S.) 333, 342

Fiducie Desjardins inc. et *A.P.*, [2004] R.J.Q. 461, REJB 2003-52099 (C.S.). 777, 799

Field c. *United Amusement Corporation Ltd.*, [1971] C.S. 283 182

Follows c. *Follows*, 2012 QCCA 1128. 160

Fondation Le Corbusier c. *Société en commandite Manoir Le Corbusier Phase I*, [1991] R.J.Q. 2864, EYB 1991-76023 (C.S.) 228, 245

Fonds d'assurance-responsabilité professionnelle de la Chambre des notaires du Québec, service des sinistres c. *Couture*, 2012 QCCA 70 705

Fonds d'indemnisation des victimes d'accidents d'automobile c. *Rahima*, [1969] B.R. 1090 . . . . 341, 345

Ford c. *Québec (Procureur général)*, [1988] 2 R.C.S. 769 82

Fortier c. *Rapid Reaction Hockey Inc.*, B.E. 99BE-980 (C.Q.) . . 501

Fournier c. *Giroux*, [1996] R.J.Q. 326, EYB 1995-84809 (C.S.). 334, 341, 342

Frappier c. *Constant*, [2005] R.R.A. 1056, EYB 2005-94625 (C.A.) 172

Fredette c. *Lalanne*, [1965] B.R. 75 . . . . 339, 342

Frères de l'instruction chrétienne et Dupont, [2006] R.L. 523, EYB 2006-114252 (C.S.) 54, 57

- G -

G.B. c. *Institut universitaire de santé mentale de Québec*, 2010 QCCA 2188 . . . . 109, 141

G.B. (Succession de), 2010 QCCS 4251. 586

G. (C.) et Québec (Curateur public), [1999] R.D.F. 504, REJB 1999-13611 574

G.D. c. *Ge.D.*, 2012 QCCS 2284 . . . . 783, 790

G.D. c. *R.D.*, [2006] R.J.Q. 1442, EYB 2006-103624 (C.S.). 754, 783, 809

G.F. c. *Ligue de balle molle masculine de St-Majorique*, 2010 QCCAI 317 191

G. (G.) c. *B. (J.)*, J.E. 98-215, REJB 1997-07022 (C.S.) 733, 768, 783, 811

G.G. c. *C.L.*, 2004, AZ-50222207 (C.S.) 352

G.G. c. *CSSS Richelieu-Yamaska*, 2009 QCCA 2359 . 205, 206, 209

G. (H.) c. *G. (S.)*, 2011 QCCA 61 725

G.J. c. *Consolidated Thompson Iron Mines*, 2012 QCCAI 475 195

G. (J.) c. *G. (G.)*, J.E. 99-279, REJB 1998-10744 (C.S.) . . 783, 800, 809, 811

G.J.B.P. (Dans l'affaire de), [2003] R.L. 470 (C.S.) 385

G.L. c. *Compagnie A*, 2012 QCCAI 193. 195

G. (M.) c. *Association Selwyn House*, 2009 QCCS 989 193

G.M. c. *M.M.*, [2000] R.D.F. 639, REJB 2000-20131 (C.S.) . . . 713

G.M.H.E. c. *A.H.F.M.*, J.E. 2006-515, EYB 2006-101600 (C.S.) 314

G.N. c. *E.L.*, 2012 QCCS 5601 . . . . 720, 724, 800

G.P. c. *Ministre de l'Emploi et de la Solidarité sociale*, 2011 QCTAQ 0375 531

G.P. c. *S.S.*, 2012 QCCQ 8325. 172

G.R. et *F.F.*, J.E. 2006-957, EYB 2006-102849 (C.S.) 813

G.S. c. *S.C.*, B.E. 2000BE-1069 (C.S.) 785

G.T. c. *Centre de santé et de services sociaux du Suroit*, 2010 QCCA 573. . . . . 209, 211

G.T. c. *Entreprise A.*, 2011 QCCAI 285 192

G.T. c. *Hôpital X.*, T.A.Q.E. 2006AD-12 210

G. (U.) c. *G.-E. (H.)*, J.E. 96-719, EYB 1996-29077 (C.A.) 692

G.V. c. *A.G.*, 2012 QCCS 4784 . . . . 783, 785

Gabriel c. *Québec (Directeur de l'état civil)*, [2005] R.D.F. 160, EYB 2005-82832 (C.S.) 257

Gagné c. *Boulay*, 2012 QCCS 5226 160

Gagné c. *Directeur de l'état civil*, B.E. 2005-BE596 (C.S.). . . . 160

Gagné c. *Roy*, 2013 QCCS 2003 182

Gagné c. *Tremblay*, B.E. 2007BE-567, EYB 2007-119354 (C.A.) 704

Gallup c. *Bourner*, 2012 QCCS 377 . . . . 605, 619
Gagnon c. *Directeur de l'état civil*, B.E. 98BE-267 (C.S.). . 233, 372
Gariepy c. *Directeur de l'état civil*, [1997] R.D.F. 50 (C.S.) 38
Gariépy c. *Pitre*, J.E. 96-340, EYB 1995-83215 (C.S.) . . . 773, 801
Gaudet c. *Lagacé*, [1998] R.J.Q. 1035, REJB 1998-05050 (C.A.) 501
Gauvin c. *Rancourt*, [1953] R.L. (n.s.) 517 (B.R.) 342
Gazette (The) c. *Goulet*, 2012 QCCA 1085. . . . . 92, 182, 185
Genex Communications inc. c. *Association québécoise de l'industrie du disque, du spectacle et de la vidéo*, 2009 QCCA 2201. 172
Gesca ltée c. *Corporation Sun Media**, 2013 QCCS 3689 . . 94, 172
Gesca ltée c. *Groupe Polygone Éditeurs inc. (Malcom Média inc.)*, 2009 QCCA 1534 187
Gesualdi c. *Curateur public du Québec*, J.E. 97-584, REJB 1997-00001 (T.D.P.Q.) 615, 692
Ghattas c. *École nationale de théâtre du Canada*, [2006] R.J.Q. 852, EYB 2006- 102226 (C.S.). 186
GIFRIC c. *Corporation Sun Media (Journal de Québec)*, 2009 QCCS 4148 94
Gilbert c. *Couture*, 2006 QCCS 1458, J.E. 2006-866, EYB 2006-102772 101
Gill et Houle c. *Home Dépôt Canada inc.*, J.E. 2005-789, EYB 2005-88595 (C.S.) 314
Ginn c. *Sisson*, [1969] C.S. 585 500
Girard c. *Desmeules*, 2011 QCCS 6764 172
Giroux c. *Cie d'assurances Missisquoi*, [1987] R.R.A. 146 (C.P.) 348
Godbout c. *Longueuil (Ville de)*, [1997] 3 R.C.S. 844, REJB 1997-02908 . . . . 80, 82, 174, 176, 324
Godbout c. *Longueuil (Ville de)*, [1995] R.J.Q. 2561, EYB 1995-64631 (C.A.) 80
Godon c. *École Mgr Comtois, Commission scolaire Samuel de Champlain et Compagnie d'assurances Lombard*, REJB 2000-20425 (C.Q.) 499
Gordon c. *Goertz*, [1996] R.D.F. 209, EYB 1996-30431 (C.S.C.) 655

Gosselin c. *Québec (Procureur général)*, [2002] 4 R.C.S. 429, REJB 2002-36302 81

Goyette c. *Fédération québécoise des centres de réadaptation pour personnes alcooliques et autres toxicomanes*, [2006] C.A.I. 131. 195

Goyette (In re) : Centre de services sociaux du Montréal Métropolitain, [1983] C.S. 429 . . . . 131, 656

Grant c. *Torstar Corp.*, 2009 CSC 61 172

Grégoire c. *Protonotaire de la Cour supérieure de Joliette*, [1986] R.D.F. 667, EYB 1986-79027 (C.S.) 391, 400

Grilo c. *Hachey*, 2010 QCCS 5424 186

Grizenko c. *V.*, [2000] R.J.Q. 2193, REJB 2000-17984 (C.Q.) . . 202

Grizenko et Douglas Hospital c. *Mastromatteo*, C.Q. Montréal, no 500-40-002343-965, 27 novembre 1996 205

Gronnerud (Tuteurs à l'instance de) c. *Succession Gronnerud*, [2002] 2 R.C.S. 417, REJB 2002-30872 . . . . 565, 692

Groupe C.R. Gagnon inc. c. *Houle*, J.L.E. 2008JL-17 706

Groupe Estrie Richelieu (Le), cie d'assurances c. *Morneau*, [2004] R.R.A. 84, REJB 2003-50818 (C.S.) 439

Guay c. *Curateur public du Québec*, [1990] R.J.Q. 1937, EYB 1990-76672 (C.S.). 640, 729

Gubner c. *Dahan*, [2006] R.J.Q. 903, EYB 2005-99774 (C.Q.). . 705

Guèvremont c. *A.S.*, [2004] R.D.F. 467, REJB 2004-53335 (C.Q.) 205, 209

Guitouni c. *Société Radio-Canada*, [2000] R.J.Q. 2889, REJB 2000-20329 (C.S.). 172

- H -

H.B. c. *M.-J.S.*, EYB 2006-108094 (C.S.). 783

H.G. c. *S.G.*, 2011 QCCA 61. 785

H.P. c. *J.P.*, 2007 QCCS 2958, EYB 2007-121064 790

H.P. et *Québec (Curateur public)*, 2010 QCCS 2762 614

Haas c. *Haas*, B.E. 2004BE-87, EYB 2003-52687 (C.S.). 811

Halinshka c. *University of Saskatchewan*, (1966) 53 D.L.R. (3d) 436 (Sask. C.A.) 149

Handman c. *Reinblatt*, 2012 QCCS 6342 704

Harris c. *Bosworthick*, [1966] C.S. 482 242
Harrisson (Succession de) c. *Desjardins Sécurité financière*, 2011 QCCQ 3762. 188
Harvey c. *Lacroix*, [1985] C.S. 11 368
Harvey c. *Société de l'assurance automobile du Québec*, 2006 QCCS 3310, EYB 2006-106714 . . . . 314, 340
Hector Proulx (Re), [1953] C.S. 224 569
Heenan, Blaikie, s.r.l. c. *Robert,* J.E. 2003-1491, REJB 2003-46335 (C.S.). 787
Hervieux-Payette c. *Société St-Jean-Baptiste de Montréal*, [1998] R.J.Q. 131, REJB 1997-03422 (C.S.) 171
Hill c. *Église de scientologie de Toronto*, [1995] 2 R.C.S. 1130, EYB 1995-68609 80
Hôpital A. c. *A*, 2013 QCCQ 16268 206
Hôpital Charles-Lemoyne c. *N.D.*, J.E. 2005-618, EYB 2005-98650 (C.Q.). 108, 205
Hôpital de Montréal pour enfants c. *D.J.*, J.E. 2002-1363, REJB 2002-32899 126
Hôpital du Sacré-Cœur de Montréal c. *Y.C.*, 2009 QCCS 2431. 133
Hôpital général juif Sir Mortimer B. Davis c. *Commission des droits de la personne et de la jeunesse*, 2010 QCCA 172 . . 91
Hôpital Maisonneuve-Rosemont c. *C.L.*, 2014 QCCS 1383. 138, 140
Hôpital Maisonneuve-Rosemont c. *M.H.*, 2013 QCCS 974. . . . 109
Hôpital Maisonneuve-Rosemont et *M.R.*, 2011 QCCQ 15090 . . 209
Hôpital Sainte-Justine c. *Giron*, J.E. 2002-1080, [2002] R.D.F. 732, REJB 2002-32270 (C.S.) 126
Hôpital Santa Cabrini c. *J.V.*, 2013 QCCS 2260 . . . . . . 141, 699
Hopp c. *Lepp*, [1980] 2 R.C.S. 192 112
Hoque c. *Directeur de l'état civil*, J.E. 2001-180 257
Houle c. *Directeur de l'état civil*, 2014 QCCS 658 373
Houle (Re), 2008 QCCS 5091. 57
Huamani c. *Moncion et Québec (Curateur public)*, [1992] R.D.F. 276 (C.S.) 713
Hubert c. *Université Laval*, [2001] R.R.A. 975, REJB 2001-27172 (C.S.) 172
Hunter c. *Southam*, [1984] 2 R.C.S. 145 176

- I -

I. (C.) (Dans la situation de), REJB 2000-20013 (C.Q.) 547

I.M.S. du Canada c. *Commission d'accès à l'information*, J.E. 2005-511, EYB 2005-86003 (C.S.) 192

Imbeault c. *Directeur de l'état civil*, [2003] R.D.F. 372, REJB 2003-39533 (C.S.) 245

Immeubles Robin inc. c. *Ingold*, 2013 QCCS 1373 172

In re, **Voir** *Intitulé du nom des parties (In re)*

Industrielle Alliance, assurances et services financiers inc. c. *Lebel*, 2013 QCCA 581 101

Ingelsberger c. *Molho*, [1971] C.A. 699 . . . . 341, 342

Institut Philippe-Pinel c. *A.G.*, [1994] R.J.Q. 2523, EYB 1994-64538 (C.A.) 108, 109

Institut Philippe-Pinel c. *Blais*, [1991] R.J.Q. 1974 (C.S.) 109

Institut Philippe-Pinel de Montréal c. *F.V.*, 2007 QCCS 3981, EYB 2007-123276 . . . . 138, 142, 148

Institut Philippe-Pinel de Montréal c. *S.D.*, 2010 QCCS 4296. . 138

Institut universitaire en santé mentale de Québec c. *F.D.*, 2012 QCCS 4320 109

Irwin c. *Gagnon*, (1917) 23 R.L. (n.s.) 47 (C.S.) 325

Isabelle c. *Fauteux*, [1985] C.S. 31 558

Ivanhoe inc. c. *TUAC, section locale 500*, [2001] 2 R.C.S. 565, REJB 2001-25016 10

- J -

J.A. c. *G.L.*, 2008 QCCS 3018 . . . . 790, 811

J.C. c. *Centre de santé et de services sociaux de Laval*, 2013 QCCA 2239 . . . . 106, 141

J.C. c. *Québec (Curateur public)*, 2010 QCCA 1113 . . 720, 725, 785

J.C. c. *V.C.*, [2004] R.D.F. 957, REJB 2004-80272 (C.S.) 543

J.D. c. *Centre hospitalier Robert-Giffard*, [2001] T.A.Q. 330 208

J.D. c. *D.D.*, B.E. 2000BE-1358 (C.S.) 811

J.D. c. *Hôpital Sacré-Cœur de Montréal*, 2012 QCCA 1674 . . . 205

J.D.-B. c. *S.B.*, B.E. 2003BE-904 (C.S.). 529

J.D.Du. c. *M.O.*, B.E. 2003BE-662 (C.S.) 529

J.F. c. *J.-M.F.*, J.E. 2006-1504, EYB 2006-107597 (C.S.) 785

J.-F. Lebœuf c. *Directeur de l'état civil*, B.E. 2004BE-210 (C.S.) 400

J. (G.) c. *Directeur des services professionnels du Centre hospitalier Pierre-Le-Gardeur*, EYB 2007-122663 (C.A.) 211

J.G. c. *M.B.*, 2009 QCCS 2765 182

J.G. c. *Québec (Curateur public)*, [2004] R.R.A. 242, REJB 2004-53204 (C.S.) 619

J.G. c. *Québec (Curateur public)*, 2010 QCCS 3978 619

J.G. (Succession de), 2011 QCCS 6077 . . . 513, 567, 617, 618, 625, 626, 665

J.G. (Succession de), 2014 QCCS 1102 434

J.G.-B. c. *P.D.*, B.E. 2004BE-339 (C.S.) 785

J.-J.F. c. *Directeur de l'état civil*, [2004] R.J.Q. 254, REJB 2003-51195 (C.S.) 262

J.L. c. *D.B.*, J.E. 2001-2227, REJB 2001-27365 (C.S.) 129

J.L. c. *M.J.*, AZ-50167415 (C.S.) 251

J.M. c. *C.M.*, B.E. 2001BE-54 (C.S.) 484, 783

J.M. c. *Directeur de la protection de la jeunesse de Montréal*, [2006] R.D.F. 213, EYB 2006-103820 (C.Q.) 385

J.M. c. *Je.M.*, [2004] R.J.Q. 2491 (C.S.) 302

J.M. c. *M.M.*, 2007 QCCS 3348, EYB 2007-122080 . . . . 783, 748

J...M... W... c. *S...C... W...* et *Québec (Curateur public)*, [1996] R.J.Q. 229, EYB 1996-71138 (C.A.) . . . 682, 708, 743

J.P. c. *A.T.*, B.E. 2002BE-390 (C.S.) 342

J.P. et *L.P.*, B.E. 2005BE-1071 (C.S.) 782

J.R. c. *Centre hospitalier de l'Université de Montréal*, 2009 QCCA 480 133

J.R. c. *L.M.*, J.E. 2005-581, EYB 2004-85983 (C.S.) 349

J.S. c. *D.D.*, [2001] R.J.Q. 329, REJB 2001-22280 (C.A.) 253

J.S.H. c. *B.B.F.*, [2001] R.J.Q. 1262, REJB 2001-24545 (C.S.) 334, 342, 344

J.T. c. *G.T.*, [2003] R.J.Q. 482, REJB 2002-36029 (C.S.) . . 776, 790

J.T. c. *S.M.*, 2014 QCCS 849 454

Jarucka c. *Korzeniewski*, [1975] C.S. 73 . . . . 339, 345

Jean c. *Ranch de l'Arabe*, [1998] R.J.Q. 568, REJB 1998-04266 (C.S.) 500

Jean Louis c. *Directeur de l'état civil*, [1998] R.J.Q. 518, REJB 1997-03657 (C.S.). 232, 233

Jerabek c. *Accueil Vert-Pré d'Huberdeau*, [1995] R.R.A. 172, EYB 1995-84533 (C.S.) 501

Jou c. *Allstate du Canada, compagnie d'assurances*, [2003] C.A.I. 640. 195

Journal de Québec (Le), Division des Communications Quebecor inc. c. *Beaulieu-Marquis*, [2002] R.R.A. 797, REJB 2002-33702 (C.A.) 172, 189

Jouvet c. *Lévesque*, [2001] R.R.A. 861, REJB 2001-26010 (C.S.) 172

Julien c. *J.E. Roy Inc.*, [1975] C.S. 401 . . . . 9, 13

Juteau c. *Lepage*, 2009 QCCS 4575. 704

- K -

K.B. c. *S.L.*, J.E. 2001-796, REJB 2001-23759 (C.S.) 400

K.B. c. *Société de l'assurance automobile du Québec*, [2004] T.A.Q. 781. 9

K.L. c. *D.J.*, B.E. 2003BE-517 (C.S.) 614, 648

K.L. c. *D.J.*, AZ-50157621 (C.S.) 615

K.P. c. *F.S.*, 2012 QCCQ 2091. 619

Karakofsky c. *Diner*, [1947] C.S. 310, conf. [1955] B.R. 72. . . . 737

Karim c. *Ali*, [1971] C.S. 439 . . . . 334, 345

Kasovicz c. *Barzik*, [1990] R.J.Q. 2800,EYB 1990-57090 (C.A.) 725

King c. *Low*, [1985] 1 R.C.S. 87 655

Kleinman c. *J.P.*, 2012 QCCS 6643 . . . . 768, 769, 802

Kolitsidas c. *Société des loteries du Québec*, EYB 2007-122644 (C.S.) 334

Kou c. *Fang* (C.S., 1998-04-28), AZ-98026365, B.E. 98BE-668, [1999] R.L. 10 54

Koulmyeh-Abaneh c. *Québec (Directeur de l'état civil)*, [2006] R.D.F. 38, EYB 2006-101024 (C.A.) 256, 257, 269

Krangle (Tutrice à l'instance de) c. *Brisco*, [2002] 1 R.C.S. 205, REJB 2002-27592, inf. (2000) 184 D.L.R. (4th) 251 (C.A. B.-C.), (1997) 154 D.L.R. (4th) 707 (C.S. B.-C.), ... 11

Kulczycky c. *Rafferty*, [1994] R.J.Q. 1792, EYB 1994-58465 (C.A.) 121

Kyprianou c. *Kyprianou*, [2004] R.J.Q. 293, REJB 2003-51675 (C.S.). 597, 601, 614

- L -

L. c. *L.,* [1998] R.L. 1 (C.S.) 567

L. c. *La. L.*, [2002] R.D.F. 174 (C.S.) 624

L.A. et *B.S.*, J.E. 2006-1104, EYB 2006-103182 (C.S.) . . . 783, 785

L.A. c. *T.A.*, 2008 QCCS 5633 754

L.B. c. *Immeubles Vianney Ouellet & Fils*, 2013 QCRDL 2334 . 706

L.B. c. *J.S.*, 2009 QCCS 466 . . . . 783, 790

L.B. c. *N.L.*, 2010 QCCA 2236 791

L.C. c. *M.P.*, J.E. 2000-1679, REJB 2000-19802 (C.S.) 773

L.G. c. *C.B. (Succession de)*, J.E. 2005-585 (C.S.) 644

L.G. c. *S.G.*, B.E. 2005BE-1072 (C.S.) 811

L.G. et *G.G.*, J.E. 2004-830, REJB 2004-55432 (C.S.) . . . 713, 762

L.H. c. *Québec (Curateur public)*, [2001] R.D.F. 4, REJB 2001-22099 (C.A.) 719

L.J. c. *Institut universitaire en santé mentale de Québec (Hôpital Robert-Giffard)*, 2013 QCCQ 5672 101

L.-J.K. (Dans la situation de), [2001] R.D.F. 909, REJB 2001-27243 (C.S.). 251, 377

L.L. c. *È.J.*, [2004] R.J.Q. 3062, EYB 2004-71716 795

L.L. c. *Hôpital X.*, T.A.Q.E. 2007AD-144 210

L.M. (Dans la situation de), J.E. 2005-1304, EYB 2005-93292 (C.Q.) 157

L.O. et *S.L.*, 2011 QCCS 5476 . . . . 692, 775, 783

L.P. (Dans l'affaire de), J.E. 2005-146, EYB 2004-81257 (C.S.) 776, 781

L.P. c. *Cité de la santé de Laval*, J.E. 2004-1333, EYB 2004-65861 (C.A.) 109

L.P. c. *F.H.*, 2009 QCCA 984, EYB 2009-158975 . . . 781, 783, 800

L.P. c. *N.P.*, [2004] R.D.F. 665, REJB 2004-69270 (C.S.) 614
L... P... et S... H... c. *F... H... et al.*, EYB 2009-158975 698
L.Q. c. *N.Q.*, J.E. 2001-1179, REJB 2001-24312 (C.S.) 811
L.R. c. *É.L.*, J.E. 2001-342, REJB 2000-22379 (C.S.). . . . 780, 789
L.R. et *M.R.*, J.E. 2005-1814, EYB 2005-93539 (C.S.) 811
L. (S.) c. *A. (M.)*, REJB 1999-11168 (C.S.) 524, 536, 537
L.S. c. *F.R.*, B.E. 2006BE-747 (C.S.) 783, 785
L.S. c. *L.L.*, [1994] R.D.F. 235, EYB 1994-84339 (C.S.) 740
L.S. c. *La. L.*, [2002] R.D.F. 174 (C.S.) 600, 602
L.S. c. *M.P.*, J.E. 2005-1168, EYB 2005-89786 (C.S.) 783
L. (S.) c. *Québec (Curateur public)*, REJB 2004-65839 (C.S.) . . 632
L.T. c. *Boileau*, [2001] R.J.Q. 1009, REJB 2001-23310 (C.S.) . . 782
L.T. c. *Coopérative d'habitation Chung Hua*, 2013 QCCAI 47 195
La Métropolitaine c. *Frenette*, [1992] 1 R.C.S. 647, [1990] R.J.Q. 62, EYB 1989-63413 (C.A.) 86
La Pensée c. *La Pensée*, [1980] C.A. 71 341
La Vega (In re), (1962) 62 C.S. 584 401
Labbé c. *Laroche*, [2001] R.R.A. 184, REJB 2000-21617 (C.S.) 126
Laberge c. *Tabchich*, 2010 QCCQ 12402 501
Lacasse c. *Lefrançois*, EYB 2007-122339 (C.A.) 107
Lachance c. *Nadeau*, J.E. 82-875 (C.S.) 395
Lacroix (Litigation Guardian of) c. *Dominique*, (1999) 141 Man. R. (2d) 1 (B.R.) 11
Laflamme c. *St-Pierre*, [1981] C.P. 340 . . . . 481, 514
Lafortune c. *Bourque*, [2000] R.J.Q. 1852, REJB 2000-18711 (C.S.) 446
Laing c. *Macfie*, J.E. 84-820, EYB 1984-142916 (C.S.) 315
Lalancette c. *Guillemette*, [1999] R.R.A. 1035, REJB 1999-15513 (C.S.) 171
Laliberté c. *Directeur de l'état civil*, [2001] R.D.F. 258 (C.S.) 256, 257
Laliberté c. *Transit Éditeur inc.*, 2009 QCCS 6177 . . 181, 243, 246
Lambert c. *P.P.D. Rim-Spec Inc.*, [1991] R.J.Q. 2174, EYB 1991-63804 (C.A.) 93

Lamoureux c. *Gagnon*, (1924-25) *R. du N.* 187. 484
Lancaster c. *Desgroseillers*, [1991] R.R.A. 290 (C.S.) 180
Laoun c. *Malo*, [2003] R.J.Q. 381, REJB 2003-36925 (C.A.) 182, 189
Lapierre c. *Sormany*, 2012 QCCS 4190. 172
Laplante c. *Groupe de sécurité Garda inc.*, 2008 QCCQ 1594. . 186
Laplante c. *Lapalme*, [1991] R.J.Q. 1011, 1013, EYB 1991-75854 (C.S.). 643, 644
Laplante c. *Major*, [1997] R.L. 352 (C.Q.) 501
Lapointe c. *Gagnon*, 2013 QCCQ 923. 172
Lapolla-Longo c. *Lapolla*, REJB 2003-39529 (C.S.) 160
Larente c. *9140-9599 Québec inc.*, 2011 QCCS 3430 . . . . 182, 189
Larocque c. *Côté*, [1996] R.J.Q. 1930, EYB 1996-30544 (C.S.) 171
Larouche c. *Larouche*, REJB 2000-16317 (C.S.) 619
Laverdure-Renaud c. *Bélanger*, [1975] C.S. 612. . . . 439, 503, 484
Lavigne c. *Beaucaire*, [1996] R.J.Q. 1970, EYB 1996-88187 (C.S.) 233
Lavigne c. *P.F.*, 2008 QCCQ 482, J.E. 2008-518, EYB 2008-129198 (C.Q.) 202, 208
Lavigne c. *Villeneuve*, [1998] R.J.Q. 573, REJB 1997-09452 (C.S.) 233
Lavoie c. *Vailles*, 2013 QCCA 1482 94
Leblanc c. *Groupe financier Laplante inc.*, 2012 QCCQ 8911 . . 353
Leblanc c. *Poirier*, B.E. 97BE-992 (C.Q.) 509
Leblond c. *Charron*, [2000] R.R.A. 816, REJB 2000-19384 (C.S.) 502
Leblond c. *Leblond*, [1978] C.A. 506 434
Lebrun c. *Directeur de l'état civil*, [2002] R.D.F. 656, REJB 2002-33179 (C.S.). 251
Leclerc (Succession de) c. *Turmel*, [2005] R.J.Q. 1165, EYB 2005-87440 (C.S.) 25
Légaré c. *Flammand*, [2004] R.D.I. 752, EYB 2004-66402 (C.Q.) 178
Legault c. *Figueroa*, [1978] C.A. 82 656

Legault c. *Kulas*, B.E. 2006BE-1062, EYB 2006-101686 (C.S.) 740

Lehouillier-Rail c. *Visa Desjardins*, 2007 QCCQ 10123 179

Lepage Automobile Limitée c. *Couturier*, [1956] C.S. 80 . . 481, 514

Létourneau c. *Lavigne*, [1995] R.D.F. 228, EYB 1995-72350 (C.S.) 231

Lévesque c. *Communication Quebecor Inc.*, [1999] R.R.A. 681, REJB 1999-14105 (C.S.). 187

Lévesque c. *Landry**, 2013 QCCQ 10333 446

Lévesque c. *Ouellet et Québec (Curateur public)*, [1990] R.J.Q. 2607 (C.S.) 725, 785

Lillie c. *Hendershott*, [1962] B.R. 148 . . . . 341, 342

Lincourt c. *Blanchette-Hébert*, [1982] C.S. 63 570

Lindsay, Lévesque c. *Y.F.*, 2010 QCCQ 1089 740

Lirette c. *M. (C.)*, [1997] R.J.Q. 1794, REJB 1997-07489 (C.Q.) 208

Livernoche c. *Québec (Sous-ministre du Revenu)*, [1996] R.D.F. 296, EYB 1996-87978 (C.Q.). 497

Longtin c. *Plouffe*, [2001] R.J.Q. 2635, REJB 2001-26927 (C.S.) 446

Lussier c. *Latulippe (Succession de)*, J.E. 95-698, EYB 1995-72680 (C.S.) 616

- M -

M. (A.) et *M. (M.-C.)*, EYB 2003-37435 (C.S.) 799

M.-A.R. et *D.T.*, B.E. 2005BE-164 (C.S.). 719

M.B. c. *Banque Amex du Canada*, 2008 QCCAI 42 196

M.B. c. *Centre Hospitalier Pierre-Le-Gardeur*, [2004] R.J.Q. 792, REJB 2004-54544, [2004] R.D.F. 224 (C.A.) 106, 108, 109, 699

M.B. et *D.B.*, J.E. 2005-1024, EYB 2005-89997 (C.S.). 773

M.B. c. *D.B.*, J.E. 2005-1766, EYB 2005-95063 (C.A.) 783

M.B. c. *F.G.*, J.E. 2006-1372, EYB 2006-106478 (C.S.) 811

M.B. c. *Québec (Curateur public)*, [2005] R.D.F. 441, EYB 2005-90467 (C.S.) 616

M.B. c. *SSQ Assurances générales inc.*, 2013 QCCAI 27 195

M.B. c. *Tremblay*, 2009 QCCS 2150 . . . . 536, 619
M.-B. (É.) c. *Québec (Directeur de l'état civil)*, [1996] R.J.Q. 1384, EYB 1996-84899 (C.S.) 257
M.C. c. *C.B.*, [2001] R.J.Q. 356, REJB 2001-22587 (C.A.) 253
M.C. c. *Centre hospitalier régional de Lanaudière*, [2001] T.A.Q. 1152. 205
M.C. c. *H.A.*, 2013 QCCS 514 . . . . 783, 810
M.C. c. *M.-J.F.*, J.E. 2005-52, EYB 2004-81132 (C.S.). 542
M.C. c. *Service d'aide à domicile Bélanger inc.*, 2011 QCCS 4471. 704
M.C. c. *Service professionnel du Centre de santé et de services sociaux d'Arthabaska-et-de-l'Érable*, 2010 QCCA 1114 . . . . 108, 109, 137, 138
M.-C.L. c. *P.C. (Succession de)*, AZ-50212863 (C.S.) 251
M.-C.L. c. *P.C. (Succession de)*, J.E. 2004-338, REJB 2003-52390 (C.S.) 377
M.D. c. *C.D.*, J.E. 2005-27, EYB 2004-80330 (C.S.) 171
M.D. c. *M.-A.L.*, [2002] R.D.F. 89 (C.S.) 745
M.D. c. *Ma.V.*, J.E. 2005-1330, EYB 2005-90609 (C.S.) . . 770, 800
M.F. c. *Centre de santé et de services sociaux Jeanne-Mance*, 2009 QCCAI 224 722
M.F. c. *J.L.*, [2002] R.J.Q. 676, REJB 2002-29840 (C.A.). 649, 658, 674
M.F. c. *MA.-A.M.-F.*, J.E. 2000-2223, REJB 2000-21787 (C.S.) 782
M.F. c. *Ordre des technologues professionnels du Québec*, 2009 QCCQ 5526. 191
M.G. c. *Bureau d'évaluation psychologique*, 2013 QCCAI 132 195
M.G. c. *L.B. et curateur public*, [1995] R.D.F. 714, EYB 1995-29037 (C.S.) 723
M.G. c. *Pinsonneault**, 2014 QCCS 1222. 119
M.G. c. *Québec (Curateur public)*, 2009 QCCS 3096. . . . 513, 567, 617, 665
M.J. c. *E.F.*, 2011 QCCS 3980 . . . . 783, 800
M.K.O. (Litigation Guardian of) v. *M.E.C.*, [2005] B.C.J. No. 1562, 2005 BCSC 1051, 47 B.C.L.R. (4th) 333 738

M.L. c. *J.G.*, 2013 QCCS 5811 . . . . 739, 783, 790
M. (L.) c. *M. (J.)*, J.E. 96-971, EYB 1996-30557 (C.S.). 797
M.L. et al. c. *I.K.* c. *V.H.* c. *Curateur public du Québec*, [1997] R.D.F. 75, EYB 1996-85458 (C.S.) 512
M.M. c. *P.M.*, 2009 QCCA 2393, EYB 2009-167253 773
M.M. c. *T.D.*, [1994] R.D.F. 478 (C.S.) 509
M. (M.-C.) c. *G. (M.)*, J.E. 97-350, EYB 1996-85427 (C.S.) . . . 785
M.-M.S. (Dans la situation de), B.E. 2006BE-330 (C.Q.) 157
M.N. c. *G.N.*, B.E. 2002BE-386 (C.S.) 689
M.N. (Re), EYB 2004-79925 (C.S.) 729
M.R. c. *K.M.*, 2008 QCCS 3545 724
M. (R.) (Dans la situation de), REJB 1999-14049 (C.Q.) 543
M.R. (In re), C.S. Montréal, nº 500-14-000376-939, 2 mai 1995 723
M. (S.) (Re), [1995] R.D.F. 675, EYB 1995-72490 (C.S.) 529
M.T. c. *TD Assurance habitation et auto*, 2012 QCCAI 340 . . . 195
M.-W. (J.) c. *C.-W. (S.)*, [1996] R.J.Q. 229, EYB 1996-71138 (C.A.) 109
Mackay c. *Jolicœur*, [1993] R.J.Q. 2104 (C.S.) 242
Maegher c. *Blanchette*, 2011 QCCQ 5085 195
Maison R. et al. c. *Curateur public*, [1996] R.D.F. 26, EYB 1995-84772 (C.S.) 713
Mallette c. *Schulman*, (1990) 72 O.R. 417 122
Maltais c. *Pelletier*, [1990] R.R.A. 97 (C.Q.) 500
Manoir de la Pointe Bleue c. *Corbeil*, [1992] R.J.Q. 712, EYB 1992-74873 (C.S.). 106, 119
Manseau-Côté c. *Directeur de l'état civil*, 2010 QCCS 3372 . . . 564
Marcel Grenier Automobile ltée c. *Thauvette*, [1969] C.S. 159 . . . . 481, 482, 514
Marcoux c. *Bouchard*, [2001] 2 R.C.S. 726, REJB 2001-25654 112
Marois et *Chassé*, [2000] R.D.F. 301, REJB 2000-18441 (C.S.) 54
Martin c. *Denis*, [2001] R.J.Q. 2263, REJB 2001-25765 (C.S.) 484
Martin inc. (Manoir de La Baie inc.), 2013 QCTDP 23 224

Mascouche (Ville de) c. *Houle*, [1999] R.J.Q. 1894, REJB 1999-13538 (C.A.) 95, 176

Matte, ès qualités « Délégué du Directeur de la protection de la jeunesse » c. *P. (N.)*, REJB 2000-18077 (C.Q.) 543

Mbolika c. *Directeur de l'état civil*, [2003] R.D.F. 221, REJB 2002-36683 (C.S.) 257

McCoy c. *McCoy*, 2014 QCCS 286. 179

McFarlane c. *Royal Trust*, [1995] C.A.I. 105 197

McGill University Health Centre c. *A*, 2007 QCCA 208, EYB 2007-114454 . . . . 140, 149

McGill University Health Centre c. *D. (D.)*, REJB 2006-111711 (C.S.) 140, 149

McGill University Health Centre c. *H.M.*, 2006 QCCA 951, EYB 2006-107771 . . . . 140, 149

McIlwaine c. *Equity Accounts Buyers Ltd.*, [1974] R.L. 115. . . 179

McMullen c. *Wadsworth*, (1899) 14 A.C. 631. 341

Melançon c. *Directeur de l'état civil du Québec*, 2008 QCCS 4948. 257

Meloche c. *Bernier*, [2005] R.R.A. 172, EYB 2005-86371 (C.S.) 113

Mereuta c. *Directeur de l'État civil*, 2010 QCCS 3890 257

Métromédia CMR Montréal inc. c. *Johnson*, [2005] R.R.A. 39, EYB 2006-100768 (C.A.). 172

Michel Women et protonotaire de la Cour supérieure et greffier de la Ville de Québec, C.S. Québec, n° 200-14-000371-911, 11 avril 1991 236

Miron c. *Trudel*, [1995] 2 R.C.S. 418 737

Monette St-Cyr c. *Résidence Le Monaco inc.*, 2013 QCCQ 13422. 704

Montigny c. *Brossard (Succession)*, 2010 CSC 51, [2010] 3 R.C.S. 64. . . . . 87, 88

Montréal (Communauté urbaine de) c. *Gingras*, [1998] R.J.Q. 2010, REJB 1998-07567 (C.A.) 353

Montreal Tramways Co. c. *Léveillé*, [1933] R.C.S. 456 . . . . 10, 12

Montreuil c. *Directeur de l'état civil*, [1999] R.J.Q. 2819, REJB 1999-15029 (C.A.) 241, 256, 257, 281

Montreuil c. *Québec (Procureur général),* [2001] R.D.F. 452 (C.S.) 241, 256, 257
Montreuil c. *Société de l'assurance automobile du Québec,* J.E. 98-1988, REJB 1998-08124 (C.S.) 299
Moreau c. *Lavoie*, C.S. Kamouraska, n° 250-14-000009-920, 20 mars 1992 732
Moreau c. *Mathieu*, [1991] R.D.F. 103, EYB 1990-75808 (C.S.) 644, 729
Moreau (Succession) c. *Beaulieu*, [2008] R.R.A. 799 (C.Q.) . . . 434
Morin c. *Dion*, [1957] C.S. 53 513
Morin et *Morin (Succession de)*, 2008 QCCS 2949 434
Morin-Gauthier c. *Assurance-vie Desjardins*, [1994] C.A.I. 226 195
Morissette c. *Allard*, [2001] R.R.A. 217, REJB 2001-23618 (C.S.) 500
MP2B c. *Payette*, 2010 QCCS 5223 186
Municipalité de, **Voir** *Nom (Municipalité de)*

- N -

N.B. c. *Centre hospitalier affilié universitaire de Québec*, 2007 QCCA 1382, EYB 2007-124980 209
N.-B. (Ministre de la Santé) c. *C. (G.C.)*, [1988] 1 R.C.S. 1073 653
N.D. c. *Hôpital X.*, T.A.Q.E. 2006AD-251 206
N.G. c. *B.G.*, 2010 QCCS 3063, EYB 2010-176791 . . . . . 773, 783
N.K. c. *O.K.*, 2013 QCCS 4582 . . . . 601, 629, 719, 742
N...L... c. *Société d'assurance automobile du Québec et Québec (Curateur public)*, [1995] R.D.F. 687 (C.S.) 614
N.M. c. *G.Gh. M.*, J.E. 2004-1334, EYB 2004-66822 (C.S.) 601, 609, 629, 631, 750
N.P. c. *J.L.*, [2003] R.L. 461 (C.S.) 550, 554
Nadeau et *Bérubé*, J.E. 92-1799, EYB 1992-79377 (C.S.) 779
Nadon c. *X.*, [1964] R.P. 28 (C.S.) 644
Nadon et *Directeur de l'état civil*, 2009 QCCS 4509 54
Nahal c. *G.K.*, J.E. 2000-1431, REJB 2000-19114 (C.S.) 685
Nancy B. c. *Hôtel-Dieu de Québec*, [1992] R.J.Q. 361 (C.S.) . . . 119

National Bank of Canada c. *Weir*, 2010 QCCS 402 172

Nault c. *N. (M.H.)*, J.E. 99-1446, REJB 1999-13054 (C.S.) 693, 783

Nejad-Assasi c. *Directeur de l'état civil*, 2009 QCCS 948 . 229, 257

New Brunswick (Minister of Health & Community Services) c. *G. (J.)*, [1999] 3 R.C.S. 46, REJB 1999-14250. . . . . 631, 650

Nguyen c. *Commission scolaire de la région-de-Sherbrooke, École du Phare*, 2011 QCCQ 3154 501

Nouveau-Brunswick (Ministre de la Santé et des Services communautaires) c. *G. (J.)*, [1999] 3 R.C.S. 46, REJB 1999-14250 . . . . 128, 166

- O -

O...B... et *Québec (Curateur public)*, [1995] R.D.F. 235 (C.S.) 617, 625

O.F. c. *J.H.*, [2005] R.D.F. 475 (C.Q.). 377

Office des services à l'enfant et à la famille de Winnipeg c. *K.K.W.*, [2000] 2 R.C.S. 48, REJB 2000-20378 . . . . 128, 655

Office des services à l'enfant et à la famille de Winnipeg (région du Nord-Ouest) c. *G. (D.F.)*, [1997] 3 R.C.S. 925, REJB 1997-02909 . . . . 5, 8, 33

Olah c. *Bryan et Bernier*, REJB 2003-45363 (C.Q.) . . 506, 550, 612

Ouellet c. *Pigeon*, [1997] R.R.A. 1168, REJB 1997-03106 (C.S.) 187

Ozenc c. *MacLeod*, [1973] C.S. 701 598

- P -

P.A. c. *Hôpital de Rivière-des-Prairies*, [2000] R.J.Q. 2070, REJB 2000-19710 (C.S.) 115, 759

P.B. c. *M.C.E.*, J.E. 2003-2147, REJB 2003-49666 (C.S.) 334

P.B. (S.) c. *B.F.*, EYB 2006-105828 (C.S.). 783, 800

P. (C.) c. *G. (M.)*, REJB 2000-21348 (C.S.) 600, 759

P.C. c. *Québec (Curateur public)*, 2013 QCCA 1817 783

P. (D.) c. *S. (C.)*, [1993] 4 R.C.S. 141, EYB 1993-67881 . . . . 80, 129, 655

P.J. c. *V.D.*, 2012 QCCS 1465 783

P.-J.T. c. *Y.D.*, J.E. 2002-1300, REJB 2002-32803 (C.S.) 783

P.L. c. *Centre de santé et de services sociaux des Etchemins*, 2008 QCCAI 107 722
P.L. (Re), 2011 QCCS 6760 . . . . 783, 811
P.-L.B. c. *Curateur public*, J.E. 2005-751, EYB 2005-87442 (C.S.) 520
P.M. (Dans l'affaire de) c. *M.A.*, 2008 QCCA 2437 . . 772, 790, 811
P.M. et *A.O.*, 2008 QCCS 3869 . . . . 801, 810
P.P. (Succession de), J.E. 2007-2308, EYB 2007-125512 (C.S.) 617, 625
P.R. c. *S.B. (Succession de)*, [2003] R.D.F. 40, REJB 2002-36397 (C.S.) 376
P.S. c. *A.S.*, B.E. 2005BE-758 (C.S.). 776, 783
P. (V.) c. *B. (P.)*, REJB 1997-00112 (C.S.) 564
P. (V.) c. *Curateur public du Québec*, J.E. 94-905, EYB 1994-73362 (C.S.) 529
Pagé c. *Nantel*, [1945] R.L. (n.s.) 202 (C.S.) 420
Pantel c. *Air Canada*, [1975] 1 R.C.S. 472. 87
Paris c. *Dumas et Provencher*, [1965] R.P. 98 (C.S.). 401
Parizeau c. *Lafferty, Hartwood & Partners Ltd.*, [2000] R.R.A. 417, REJB 2001-17424 (C.S.) 172
Pasquale c. *Descôteaux*, [1990] R.R.A. 574, EYB 1990-76626 (C.S.) 179
Pasteur c. *Directeur de l'état civil*, [2000] R.D.F. 46, REJB 2000-19462 (C.S.) 257
Paxton c. *Ramji*, 2008 ONCA 697 11
Pelletier c. *Ferland*, [2004] R.R.A. 944, REJB 2004-66848 (C.S.) 182
Pelletier c. *Pelletier*, J.E. 2004-985, REJB 2004-55601 (C.S.) . . 160
Pelletier c. *Roberge*, [1991] R.R.A. 726, EYB 1991-63575 (C.A.) 112
Périard c. *Paiement*, [1979] C.A. 213 484
Périllat c. *Laroche*, 2012 QCCS 3201 704
Perreault c. *Blondin*, [2006] C.A.I. 162 192
Perron c. *Éditions des Intouchables inc.*, J.E. 2003-1736, REJB 2003-46170 (C.S.). 182
Personnelle (La), assurances générales inc. c. *Kebbal*, 2013 QCCS 2779 501

Picard c. *Leroux*, EYB 2002-34205 (C.S.) 15, 545

Pickard c. *7239785 Canada inc. (Gestion P. Laflèche)*, 2013 QCCQ 2783. 192

Pierre c. *Fédéral Express Canada ltée*, [2003] C.A.I. 139 191

Pierre Cormier, ès qualités de tuteur à l'enfant mineur Bernard Tessier Cormier c. *Claude Tessier*, [1989] R.J.Q. 1457, EYB 1988-63027 (C.A.) 609

Pilon c. *St-Pierre*, [1999] R.J.Q. 1825, REJB 1999-13437 (C.S.) 172

Place Biermans inc. c. *C.D.*, 2010 QCCS 4170 501

Plante c. *Bisson*, 2006 QCCQ 3890 179

Plante c. *Directeur de l'état civil*, [1996] R.D.F. 54, EYB 1995-84787 (C.S.) 256

Ploschansky c. *Deckelbaum*, C.A. Montréal, n° 500-09-000656-73, [1973] C.S. 847 420

Potvin c. *Potvin*, C.S. Québec, n° 200-14-000546-900, 27 août 1990 784

Prégent c. *Donegan*, [1954] C.S. 190 644

Preverco Inc c. *Action Supply Inc.*, J.E. 2005-2128, EYB 2005-96678 (C.S.) 355

Prince (Re), B.E. 2000BE-824 (C.S.) 782

Procureur général (P.G.), **Voir** *Sous le nom de la province ou du pays*

Productions et distributions Imavision 21 ltée c. *Avecom Distribution Inc.*, [2002] R.R.A. 227, REJB 2001-29853 (C.S.) 172

Protection de la jeunesse – 092, 2009 QCCQ 651 . . . . . . 560, 561

Protection de la jeunesse – 096, 2009 QCCQ 1087 . . . . . 542, 551

Protection de la jeunesse – 273, [1987] R.J.Q. 1923, EYB 1987-78788 (T.J.) 179

Protection de la jeunesse – 305, [1988] R.J.Q. 1131 (T.J.) 519

Protection de la jeunesse – 332, [1988] R.J.Q. 1666 (C.S.). . . . 131

Protection de la jeunesse – 599, [1993] R.J.Q. 611, EYB 1993-74033 (C.Q.) 126

Protection de la jeunesse – 640, J.E. 93-1572, EYB 1993-74231 (C.S.) 663

Protection de la jeunesse – 644, [1993] R.J.Q. 2511, EYB 1993-64075 (C.A.) 609
Protection de la jeunesse – 677, [1994] R.J.Q. 1166, EYB 1994-79416 (C.Q.) 520
Protection de la jeunesse – 710, J.E. 94-1368, EYB 1994-73817 (C.Q.) 547
Protection de la jeunesse – 884, [1998] R.J.Q. 816, REJB 1998-04853 (C.S.) 126
Protection de la jeunesse – 908, J.E. 97-1433, REJB 1997-08461 (C.Q.) 538
Protection de la jeunesse – 969, J.E. 98-2185, REJB 1998-09487 (C.Q.) 520
Protection de la jeunesse – 1011, J.E. 99-1475, REJB 1999-10634 (C.Q.) 520, 523
Protection de la jeunesse – 1013, [1999] R.J.Q. 1999, REJB 1999-12325 (C.S.) 509, 523, 536
Protection de la jeunesse – 1019, 2010 QCCQ 5143 538
Protection de la jeunesse – 1055, J.E. 99-1624, REJB 1999-13607 (C.Q.) 520
Protection de la jeunesse – 1097, 2010 QCCQ 8414 129
Protection de la jeunesse – 1110, [2000] R.J.Q. 579, REJB 2000-16960 (C.Q.) 131
Protection de la jeunesse – 1378, 2013 QCCS 1063 349
Protection de la jeunesse – 06509, J.E. 2007-383, EYB 2006-112550 (C.Q.). 400
Protection de la jeunesse – 09201, 2009 QCCQ 3331. . . . . 539, 543, 567, 597
Protection de la jeunesse – 11174, 2011 QCCQ 2345. 349
Protection de la jeunesse – 12880, 2012 QCCQ 5993 . . . . 560, 585
Protection de la jeunesse – 091416, 2009 QCCQ 7251 560
Protection de la jeunesse – 092779, 2009 QCCQ 10142. . . 543, 600
Protection de la jeunesse – 095353, 2009 QCCQ 17397 129
Protection de la jeunesse – 121157, 2012 QCCQ 5995 519
Protection de la jeunesse – 121162, 2012 QCCQ 5996 . . . 519, 523
Protection de la jeunesse – 124804, 2012 QCCQ 9952 519
Protection de la jeunesse – 125083, 2012 QCCQ 9955 349
Protection de la jeunesse – 126196, 2012 QCCQ 15711. . . 560, 585

Protection de la jeunesse – 127173, 2012 QCCS 6986 95
Protection de la jeunesse – 133147, 2013 QCCQ 8147 627
Protection du malade mental – 4, [1997] C.A.S. 271. 205
Prud'homme c. *Prud'homme*, 2002 CSC 85, REJB 2002-36356 172

- Q -

Québec c. *Bizouarn*, J.E. 96-144, EYB 1995-105369 (T.D.P.Q.). 650
Québec (Commission des droits de la personne et des droits de la jeunesse) c. *Montréal (Ville de)*, [2000] 1 R.C.S. 665, REJB 2000-18009 81
Québec (Curateur public), [1991] R.D.F. 476 (C.S.) 602
Québec (Curateur public) c. *A.*, B.E. 2007BE-283 (C.S.). 686
Québec (Curateur public) c. *A. et al.*, EYB 2006-113155 (C.S.) 579, 631, 685, 742, 745
Québec (Curateur public) c. *A. et B.*, EYB 2007-119747 (C.S.) 629, 745
Québec (Curateur public) c. *B. (C.)*, J.E. 2000-877, REJB 2000-17676 (C.S.) 750
Québec (Curateur public) c. *B. (D.)*, [1998] R.D.F. 331 (C.S.) . . 731
Québec (Curateur public) c. *B.M.*, EYB 2009-152778 (C.S.). . . 698
Québec (Curateur public) c. *Boulianne*, [1992] R.D.F. 486, EYB 1992-74985 (C.S.) 730
Québec (Curateur public) c. *C.B.*, J.E. 2000-877, REJB 2000-17676 (C.S.). 686, 692
Québec (Curateur public) c. *C.G.*, J.E. 2007-2107, EYB 2007-124934 (C.S.). 750
Québec (Curateur public) c. *C.G.*, 2012 QCCA 1064 . 720, 724, 785
Québec (Curateur public) c. *C. (M.)*, J.E. 98-1317, REJB 1998-06599 (C.S.) 109
Québec (Curateur public) c. *Centre de santé et de services sociaux de Drummond*, 2010 QCCA 144 138
Québec (Curateur public) c. *Centre de santé et de services sociaux de Laval*, 2008 QCCA 833 138
Québec (Curateur public) c. *D.C.*, 2009 QCCS 4357 620
Québec (Curateur public) c. *D.F.*, 2008 QCCQ 3409 608

Québec (Curateur public) c. *D.G.*, 2010 QCCQ 4151 . . . . 594, 601, 609, 619

Québec (Curateur public) c. *D. (L.)*, REJB 1999-15983 (C.S.) 692, 750

Québec (Curateur public) c. *D. (P.)*, [2000] R.D.F. 561, REJB 2000-20014 (C.S.) 745, 751

Québec (Curateur public) c. *D.P.*, [2001] R.J.Q. 45, REJB 2000-22326 (C.A.) 694, 733, 744, 761, 763

Québec (Curateur public) c. *D.S.*, [2006] R.J.Q. 466, EYB 2006-100415 (C.A.). 790

Québec (Curateur public) c. *E. (M.)*, EYB 2009-166190 (C.S.). . 699

Québec (Curateur public) c. *F.B.*, J.E. 2002-1216, REJB 2002-32515 (C.S.) 811

Québec (Curateur public) c. *Fiducie Desjardins inc.*, B.E. 2004BE-642 (C.A.) 799

Québec (Curateur public) c. *G.B.*, [2006] R.D.F. 198, EYB 2006-100309 (C.Q.) 614

Québec (Curateur public) c. *G.F.*, 2012 QCCS 2178 . . . . 692, 783

Québec (Curateur public) c. *G. (G.)*, J.E. 98-9, REJB 1997-03545 (C.S.) 611

Québec (Curateur public) c. *H.C.*, 2009 QCCS 4518 694

Québec (Curateur public) c. *H.L.*, J.E. 2003-1769, REJB 2003-106478 (C.S.) 811

Québec (Curateur public) c. *I.L.*, 2012 QCCS 3791 . . . . . 692, 694

Québec (Curateur public) c. *Institut Pinel de Montréal*, 2008 QCCA 286, EYB 2008-129599 . . . . 137, 138, 139

Québec (Curateur public) c. *J.G.*, EYB 2009-164826 (C.S.) . . . 698

Québec (Curateur public) et *J.G.*, 2009 QCCS 4572 754

Québec (Curateur public) c. *J.L.*, [2003] R.D.F. 536, REJB 2003-39323 (C.Q.) 740

Québec (Curateur public) c. *J.L.*, 2012 QCCS 3101 694

Québec (Curateur public) c. *J.M.*, [2001] R.D.F. 629 (C.S.) . . . 574

Québec (Curateur public) c. *J.R.*, 2011 QCCS 2707 729

Québec (Curateur public) c. *K.M.*, B.E. 2000BE-580 (C.S.) 601, 602

Québec (Curateur public) et *L.D.*, 2010 QCCS 5767 . 552, 600, 609

Québec (Curateur public) c. *L. (G.)*, 2013 QCCS 2203 698

Québec (Curateur public) c. *L. (P.)*, [1996] R.D.F. 490, EYB 1996-30606 (C.S.) 750, 761, 762

Québec (Curateur public) c. *M. (J.)*, REJB 2001-25136 (C.S.) 600

Québec (Curateur public) c. *M.S.*, 2012 QCCS 1358 694

Québec (Curateur public) c. *M.T.*, J.E. 2001-1492, REJB 2001-25465 (C.S.) 597

Québec (Curateur public) c. *N.-F. (M.)*, [1998] R.D.F. 522, REJB 1998-07078 (C.S.). 731

Québec (Curateur public) c. *N.G.*, 2012 QCCS 1495 692

Québec (Curateur public) et *N.L.*, J.E. 2005-254, EYB 2004-82116 (C.S.) 750

Québec (Curateur public) c. *N.W.*, J.E. 2001-291, REJB 2000-22183 (C.S.) 801

Québec (Curateur public) c. *P.S.*, [2000] R.J.Q. 476, REJB 1999-16623 (C.S.). 728, 759

Québec (Curateur public) c. *R.H.*, J.E. 2003-368 (C.S.) 618

Québec (Curateur public) c. *Robert*, [1991] R.D.F. 476 (C.S.) 602

Québec (Curateur public) et *S.F.*, [2006] R.J.Q. 1662 (C.S.). . . 811

Québec (Curateur public) c. *S.P.*, 2010 QCCS 3162 807

Québec (Curateur public) c. *S. (R.)*, J.E. 97-221, EYB 1996-85362 (C.S.) 752

Québec (Curateur public) c. *Syndicat national des employés de l'Hôpital St-Ferdinand*, [1996] 3 R.C.S. 211, EYB 1996-29281 . . . . 81, 82, 85, 91, 92

Québec (Curateur public) et *A.*, B.E. 2007BE-303 (C.S.) 743

Québec (Curateur public) c. *A.*, EYB 2006-113155 (C.S.) 579, 631, 685, 742, 745

Québec (Curateur public) et *A.L.*, 2010 QCCS 3230 752

Québec (Curateur public) et *A.L.*., 2012 QCCS 6076. 692

Québec (Curateur public) et *A.T.*, 2009 QCCS 1592 694

Québec (Curateur public) et *C.R.*, 2009 QCCS 2366 692

Québec (Curateur public) et *D.B.*, 2011 QCCS 5451 692

Québec (Curateur public) et *D.F.*, J.E. 2008-470, EYB 2007-128731 (C.S.). 750

Québec (Curateur public) et *G.F.*, 2013 QCCS 1296 . . . . 692, 744

Québec (Curateur public) et *J.R.*, 2013 QCCS 2991 692

Québec (Curateur public) et *J.C.*, 2009 QCCS 4571 692

Québec (Curateur public) et *J.I.*, 2013 QCCS 1324 692

Québec (Curateur public) et *L.L.*, 2012 QCCS 4990 729

Québec (Curateur public) et *L.L.*, 2013 QCCS 2962 692

Québec (Curateur public) et *L.L.*, 2013 QCCS 4990 . . . . 692, 694

Québec (Curateur public) et *M.B.*, REJB 2003-43236 B.E. 2003BE-501 (C.A.) 720

Québec (Curateur public) et *M.B.*, 2009 QCCS 5749 . . . . 699, 720

Québec (Curateur public) et *M.G.*, 2013 QCCS 4970 733

Québec (Curateur public) et *N.L.*, J.E. 2005-254, EYB 2004-82116 (C.S.) 750

Québec (Curateur public) et *R.M.*, 2013 QCCS 4971 733

Québec (Curateur public) et *R...P...L... et al.*, [1993] R.J.Q. 1455, EYB 1993-74125 (C.S.) 713, 731

Québec (Curateur public) c. *S.F.*, B.E. 2006BE-299 (C.S.). . . . 811

Québec (Curateur public) et *S.O.*, 2009 QCCS 289 692

Québec (Curateur public) et *S.P.*, 2010 QCCS 3162 692

Québec (Curateur public) c. *Tessier*, J.E. 87-1111, EYB 1987-78835 (C.S.) 609

Québec (Procureur général) c. *A*, 2013 CSC 5 80

Québec (Procureur général) c. *Comeau*, [2006] R.J.Q. 2729, EYB 2006-110945 (C.S.). 233

Québec (Procureur général) c. *Mongrain*, J.E. 97-846, REJB 1997-00396 (C.S.) 651

Québec (Procureure générale) c. *Elien*, J.E. 2001-1734, REJB 2001-25963 (C.Q.) 342

Quebec (Public Curator) c. *S.A.S.*, J.E. 2006-1838, EYB 2006-109278 (C.S.) 619, 620

Québec (Sous-ministre du Revenu) c. *T.M.*, 2009 QCCS 861 . . 701

Quessy c. *Plante*, J.E. 98-2008, REJB 1998-08942 (C.S.) 497

Quintal (Re), C.S. Bedford, n° 460-14-000062-942, 22 mars 1993 783

- R -

R. c. *Beaulieu*, [1992] R.J.Q. 2959, EYB 1992-75115 (C.Q.) . . . 101
R. c. *Cole*, [2012] 3 R.C.S. 34 185
R. c. *Collins*, [1987] 1 R.C.S. 265, EYB 1987-66975. 95
R. c. *D.B.*, 2008 CSC 25 489
R. c. *Demers*, (2003) 102 C.C.R. (2d) 367, 2003 BCCA 28 (CanLII) 5
R. c. *Drummond*, (1997) 112 C.C.C. (3d) 481 (Ont. Prov. Div.) . . 1
R. c. *Dyment*, [1988] 2 R.C.S. 417, EYB 1988-67715. 176
R. c. *Levkovic*, 103 O.R. (3d) 1, 2010 ONCA 830 1
R. c. *M. (M.R.)*, [1998] 3 R.C.S. 393, REJB 1998-09406 650
R. c. *Morgentaler*, [1988] 1 R.C.S. 30, EYB 1988-67444 5
R. c. *Oakes*, [1986] 1 R.C.S. 103, EYB 1986-67556 79
R. c. *Patrick*, 2009 CSC 17 176
R. c. *Solomon*, [1992] R.J.Q. 2631 (C.S.) 180
R. c. *Sullivan*, [1991] 1 R.C.S. 489 1
R. c. *X*, 2008 QCCS 4522, EYB 2008-148427. 491
R.A. et *Y.G.*, 2009 QCCS 2728. . . . . 770, 779
R.B. c. *H.B.*, 2014 QCCS 1096 434
R.C. c. *Régie de l'assurance maladie du Québec*, 2013 QCCQ 6560. 514
R. (F.-S.) (Dans la situation de), J.E. 2003-1946, REJB 2003-49696 (C.Q.) 157
R.G. c. *A.G.*, J.E. 2000-1215, REJB 2000-19101 (C.S.) 728
R. (G.) c. *H.-R. (A.)*, J.E. 95-701, EYB 1995-94348 (C.S.). . 740, 773
R.G. c. *L.Ga.*, J.E. 2003-2256, REJB 2006-49914 (C.S.) 800
R.J. c. *Clément*, 2009 QCCS 1353 704
R.J. c. *Clément*, 2011 QCCA 748 740
R.L. c. *T.B. (G.L.* c. *T.B.)*, B.E. 2005BE-782 (C.S.). 785
R.M.J. c. *O.C.*, [1997] R.D.F. 75, EYB 1996-85458 (C.S.) 618
R.P. c. *D.P.*, J.E. 2003-2061, REJB 2003-49244 (C.S.). 574
R.P. c. *M.L.*, 2008 QCCS 4765 725
R.P. et *D.P.*, J.E. 2006-1709, EYB 2006-108350 (C.S.) . . 574, 574, 579, 689

R.P. et *L.P.*, J.E. 2000-1381, REJB 2000-19127 (C.S.) 773
R.R. et B.B.-R et Curateur public du Québec, [2005] R.D.F. 315, EYB 2005-87247 (C.S.) 616
R.S. c. *J.B.*, J.E. 2000-674, REJB 2000-17186 (C.S.). . . . 810, 811
R.T. (Dans l'affaire de), J.E. 2005-145, EYB 2004-81452 (C.S.) 776
Racine c. *Woods*, [1983] 2 R.C.S. 173 655
Ratté c. *Lavoie-Savard*, J.E. 97-792, REJB 1997-02961 (C.S.) 446
Re, **Voir** *Intitulé du nom des parties (Re)*
Rebeiro c. *Shawinigan Chemicals (1969) Limited*, [1973] C.S. 389 . . . . 182, 189
Rees c. *Convergia*, J.E. 2005-738, EYB 2005-88752 (C.A.) . . . 323
Régie de l'assurance maladie du Québec c. *Mailloux*, 2012 QCCS 3124 180
Regroupement Centre Notre-Dame-de-l'Enfant / Dixville c. *É.R.*, 2006 QCCS 5307 699
Reibl c. *Hughes*, [1980] 2 R.C.S. 880 112
Renda (Re), 2013 QCCS 100 54
Renvoi : Family Relations Act (Colombie-Britannique), [1982] 1 R.C.S. 62 563
Renvoi relatif à la Loi sur la procréation assistée, 2010 CSC 61, [2010] 3 R.C.S. 457 20
Richard c. *Time Inc.*, 2012 CSC 8, [2012] 1 R.C.S. 265 92
Riportella c. *Goudreault-Houle*, REJB 1999-13470 (C.S.). . . . 744
Robbins c. *Canadian Broadcasting Corp. (Québec)*, [1958] C.S. 152. 179
Roberge et *Bourque*, [1991] R.J.Q. 463, EYB 1990-75817 (C.S.) 395
Robert c. *Cimetière de l'Est de Montréal Inc.*, [1989] R.R.A. 124 (C.S.) 29
Robillard Charrette (Curatelle de) (Re), [1983] C.A. 4. 618
Robinson c. *Montreal Trust*, [1971] C.A. 876 . . . . 339, 341
Rochette c. *Tribunal ecclésiastique du Québec*, [2004] C.A.I. 1. 191
Rodriguez c. *Colombie-Britannique (P.G.)*, [1993] 3 R.C.S. 519, EYB 1993-67109 120

Rosconi c. *Dubois*, [1951] R.C.S. 554 740
Rosconi et Lussier c. *Dubois et Goulet*, [1951] R.C.S. 554 . . . . 434, 471, 477, 740
Rosenberg c. *Lacerte*, 2013 QCCS 6286. 172
Rossi c. *Urgence-santé inc.*, [2006] R.R.A. 989 (C.S.) 182
Rouleau c. *Groupe Quebecor Inc.*, [1992] R.R.A. 244, EYB 1992-74893 (C.S.) 187
Rousseau c. *A.B.*, 2011 QCCQ 7624. 209
Roussel c. *Dumais*, [1958] C.S. 448 339
Roy c. *Saulnier*, [1992] R.J.Q. 2419. 183
Roy c. *Société sylvicole d'Arthabaska-Drummond*, J.E. 2005-279, EYB 2004-82277 (C.Q.) 193
Royer (Re), REJB 2006-108189 (C.S.) 54, 57

- S -

S. c. *T.*, [1997] R.L. 254 (C.S.). 783
S.A. c. *P.T.*, [2004] R.D.F. 447, REJB 2004-54934 (C.S.) 144
S.B. c. *Kemp*, J.E. 2005-147, EYB 2004-81535 (C.S.) . . . 114, 771
S.B. c. *M.S.*, 2014 QCCS 1316 556
S...B... et *G...O...*, [1997] R.D.F. 161 (C.S.) 579, 761, 762
S...B... et *L...V...*, [1997] R.D.F. 161 (C.S.) 692
S.B. (Succession de), [2003] R.D.F. 40, REJB 2002-36397 (C.S.) 377
S.C. c. *C.F.*, [2000] R.D.F. 507, REJB 2000-19712 (C.S.). 253, 556, 561
S.D. c. *D.A.*, EYB 2004-53869 (C.S.) 786
S.D. c. *Ma.P.*, 2013 QCCS 612 783
S.D. c. *R.D.*, 2008 QCCS 553, EYB 2008-129794 (C.S.) 750
S.D. et *X*, 2011 QCCS 5228. . . . . 629, 632, 639
S.D.G.M.R. c. *Dolphin Delivery Ltd.*, [1986] 2 R.C.S. 530, EYB 1986-95560 80
S.G. (Dans la situation de), [2002] R.D.F. 1042, REJB 2002-34714 (C.Q.) 377
S.L. c. *Centre hospitalier universitaire de Québec*, 2010 QCCA 959 205

S.L. et *Directeur de la protection de la jeunesse du Bas St-Laurent*, [2001] R.D.F. 647 . . . . 232, 252

S.N. c. *R.P.*, 2007 QCCS 4026 (AZ-50447599) 602

S.P. et *R.R.*, B.E. 2004BE529 (C.S.) 811

S.-P.L. c. *L.La.*, [2006] R.J.Q. 2015, EYB 2006-108989 (C.A.). . 509

S.S.Q., société d'assurance-vie inc. c. *Rouillard*, J.E. 2006-195, EYB 2005-98967 (C.S.). 524, 527

S.-T. c. *C.*, [1997] R.L. 61 (C.S.). 740

S.Y. c. *Intact Assurance*, 2012 QCCAI 331 195

Salman et *Gagnon*, [1996] R.D.F. 324 (C.S.) 54

Salova c. *Commission scolaire du Sault-St-Louis*, J.E. 95-912, EYB 1995-28813 (C.S.) 501

Sandaldjian c. *Directeur de l'état civil*, B.E. 2004BE-277 (C.A.). 38, 54, 55, 57

Sasseville et *J.-M.G.*, [2005] R.D.F. 882 (C.S.) 577, 579, 618

Savage (Re), C.S. Montréal, n° 500-14-002336-907, 30 janvier 1991 . . . . 725, 780

Savard c. *Curtin-Savard*, 2012 QCCS 3523 248

Schrierer c. *Canada (Sous-procureur général)*, (1996) 109 F.T.R. 28, [1997] C.C.L. 5511. 10

Scott c. *Deschamps*, [1959] B.R. 618 598

Sears Canada inc. c. *Gauthier*, 2013 QCCQ 16635 195

Sébille c. *Photo Police*, [2007] R.R.A. 320, EYB 2007-116399 (C.S.) 180

Séguin c. *Paradis*, 2010 QCCQ 11040 514

Sergerie c. *Centre jeunesse du Saguenay-Lac-St-Jean*, J.E. 2004-547, REJB 2004-54071 (C.A.) 180

Service d'aide au consommateur et *Reliable (La), Compagnie d'assurance-vie*, A.I.E. 96AC-102 192

Services professionnels du Centre de santé et de services sociaux d'Arthabaska-et-de l'Érable c. *J.C.*, 2009 QCCS 6067 . . . 711

Shaw, ès qualités « Tutrice » c. *Sénéchal*, REJB 1998-06410 (C.S.) 594, 611

Société d'habitation du Québec c. *Chibougamau (Ville de)*, 2011 QCCS 6736 354

Société Radio-Canada c. *Canada (Procureur général)*, 2011 CSC 2. 172

Société Radio-Canada c. *Courtemanche*, [1999] R.J.Q. 1577, REJB 1999-12880 (C.A.). 179

Société Radio-Canada c. *Union des artistes*, C.A. Montréal, nº 500-09-001357-805, 12 décembre 1983 . . . . 498, 507

Srivastava c. *Hindu Mission of Canada (Québec) Inc.*, [2001] R.J.Q. 1111, REJB 2001-23958 (C.A.). 172, 176, 180, 183, 185

SSQ, société d'assurances inc. c. *Froidebise*, 2014 QCCS 205 . . 229

S.S.Q., société d'assurance-vie inc. c. *Rouillard*, J.E. 2006-195, EYB 2005-98967 (C.S.). 524, 527

St-Martin c. *St-Martin*, J.E. 2001-1663, REJB 2001-25861 (C.S.) 740

St-Pierre c. *Michaud*, 2013 QCCQ 8018. . . . . 542, 617

Starson c. *Swayze*, [2003] 1 R.C.S. 722, REJB 2003-42849 . . . . 108, 109

Ste-Marie c. *Cour du Bien-être social*, [1974] C.A. 372 672

Ste-Marie c. *Placements JPM Marquis inc.*, [2005] R.R.A. 295, EYB 2005-88296 (C.A.) 186

Ste-Ursule (Municipalité de) c. *Louiseville (Ville de)*, [1995] R.J.Q. 762, EYB 1995-28989 (C.A.). 484

Stevenson c. *Florant*, [1925] R.C.S. 532 655

Stojak c. *Proulx et curateur public*, [1992] R.J.Q. 1729, EYB 1992-55770 (C.A.) 751

Succession de, **Voir** *Nom (Succession de)*

Syndicat canadien des communications, de l'énergie et du papier, section 30 c. *Pâtes & Papier Irving ltée*, 2013 CSC 34 . . . 176

Syndicat de l'Autobus Terremont ltée (CSN) c. *Autobus Terremont ltée*, 2010 QCCA 1050 193

Syndicat des communications graphiques, local 41 M c. *Journal de Montréal*, [1994] R.D.J. 456, EYB 1994-64349 (C.A.). . 179

Syndicat des professionnels du centre jeunesse de Québec (CSN) c. *Desnoyers*, [2005] R.J.Q. 414, 2005 QCCA 110, EYB 2005-86208 (C.A.) 86, 178

Syndicat des travailleuses et des travailleurs de Bridgestone / Firestone de Joliette (C.S.N.) c. *Trudeau*, [1999] R.J.Q. 2229, REJB 1999-14156 (C.A.). 82, 95, 175, 176, 186

Syndicat national des employés de l'Hôpital St-Ferdinand (C.S.N.) c. *Québec (Curateur public)*, [1996] 3 R.C.S. 211, EYB 1996-29281, [1994] R.J.Q. 2761, EYB 1994-28741 (C.A.), [1990] R.J.Q. 359, EYB 1989-76768 (C.S.) 170

Syndicat Northcrest c. *Amselem*, [2004] 2 R.C.S. 551, REJB 2004-66513 . . . . 82, 86

Szpiro c. *Gigante*, 2012 QCCS 6080 101

- T -

T.A. c. *L.B.*, 2012 QCCS 1642 . . . . 713, 744, 800

T.B. (V.) (Dans la situation de), J.E. 2004-869, REJB 2004-61161 (C.Q.) 406

T.J.Te.K.A. c. *Québec (Curateur public)*, [2005] R.J.Q. 1108 (C.S.). 574, 601, 619

T.M. c. *T. (L.-G.)*, J.E. 97-1187, REJB 1997-00766 (C.S.). . 692, 693

T. (N.) c. *N.-T. (C.)*, [1999] R.J.Q. 223, REJB 1998-10487 (C.S.) 135

T. (P.), REJB 1999-13611 (C.S.) 574, 632

T.V.-F et D.F. c. *G.C.*, [1987] 2 R.C.S. 244, EYB 1987-67733 . . 129

Taggart-Watt c. *Zaremba*, [1980] C.S. 78 . . . . 341, 342

Taillon c. *Donaldson*, [1953] 2 R.C.S. 257 655

Tanguay c. *Pouliot*, [1958] R.L. 382 (C.S.) 400

Technologies et laboratoires de nutrition MVP inc. c. *Tremblay*, 2009 QCCS 5026 182

Tellier (Succession de), J.E. 2007-118 (C.S.) 454

The Gazette (division Southam) c. *Valiquette*, [1997] R.J.Q. 30, EYB 1996-65651 (C.A.) 177, 180, 184

Thériault c. *Association montréalaise d'action récréative et culturelle)*, [1984] C.S. 946 183

Thériault c. *Dennis et al.*, EYB 2007-120358 (C.S.) 454

Thériault c. *Gauvreau*, J.E. 96-1737, EYB 1996-29266 (C.S.) . . . 8

Therrien c. *Grenier*, 2013 QCCS 2740 434

Thibault c. *Auger*, 2012 QCCS 6519 . . . . 434, 686

Thibault c. *St-Hilaire*, [1986] R.J.Q. 189 (C.S.) 391

Thibodeau c. *Commission municipale de Québec*, [1996] R.J.Q. 1217, EYB 1996-87949 (C.S.) 180

Thibodeau c. *Thibodeau*, [1961] R.C.S. 285 454

Thomas c. *Publications Photo-Police Inc.*, [1997] R.J.Q. 2321, REJB 1997-03552 (C.S.). 187

Thompson c. *Directeur de l'état civil*, [2002] R.D.F. 182, REJB 2002-28176 (C.S.). 256, 257

Torrito c. *Fondation Lise T. pour le respect du droit à la vie et à la dignité des personnes lourdement handicapées*, [1995] R.D.F. 429, EYB 1995-72401 (C.S.). 180

Tourigny c. *Directeur de l'état civil*, [2000] R.D.F. 283, REJB 2000-17395 (C.S.) 257

Trahan c. *Vézina*, [1947] B.R. 670. . . . . 341, 342

Trahan (Succession de), [2004] R.J.Q. 1613, REJB 2004-61359 (C.S.) 82, 201

Tremblay c. *Claveau*, C.S. Chicoutimi, nº 150-14-000095, 9 août 1990. 784

Tremblay c. *Compagnie d'assurances Standard Life*, 2008 QCCS 2488. 186

Tremblay c. *Daigle*, [1989] 2 R.C.S. 530, EYB 1989-67833 ; [1989] R.J.Q. 1735, EYB 1989-63356 (C.A.) ; [1989] R.J.Q. 1980, EYB 1989-79700 (C.S.). 1, 6, 7, 8, 13, 15, 82

Tremblay c. *Fisch*, 2007 QCCS 6546 (C.S.) 617, 625

Tremblay c. *Plourde*, 2014 QCCS 201 172

Triassi et *Fonds d'assurance-responsabilité professionnelle de la Chambre des notaires du Québec*, 2009 QCCS 4476 . . 702

Trottier c. *Deslauriers-Trottier et Québec (Curateur public)*, [1992] R.D.F. 692 (C.S.) 733, 743

Trottier c. *Rajotte*, [1940] R.C.S. 203. . . . . 339, 341, 345

Trottier et *Directeur de l'état civil*, 2008 QCCS 965. 54

Trudeau c. *AD 4 Distribution Canada inc.*, 2013 QCCS 2678 . 172

Trust général du Canada c. *Amyot*, C.S. Québec, nº 200-14-000684-958, 22 novembre 1995 775

Turcotte c. *Turcotte*, 2012 QCCA 645. 704

Turmel c. *Commission scolaire Rouyn-Noranda*, [1996] R.R.A. 227 (C.Q.). 501

Turmel c. *Turmel*, 2010 QCCA 653 101

- U -

U...G... c. *A...G... et al.*, [1994] R.D.F. 634, EYB 1994-58700 (C.A.) 719, 720
U.G. c. *A.G. et Curateur public*, C.S. Montréal, n° 003-912, 15 décembre 1992 723
Unfasung c. *Assouline*, 2011 QCCS 1842. 181
Union des artistes c. *Société Radio-Canada*, [1980] C.S. 1009. 498

- V -

V. c. *M.*, [1983] C.S. 87 665
V.F. c. *C.*, [1987] 2 R.C.S. 244. 448
V.P. c. *Commission de la santé et de la sécurité du travail*, 2013 QCCAI 205 197
Vachon c. *Martin*, [1968] R.P. 283 (C.S.) 400
Valiquette c. *The Gazette (Division de Southam inc.)*, [1997] R.J.Q. 30, EYB 1996-65651 (C.S.) 175, 180
Vallée c. *Commission des droits de la personne et des droits de la jeunesse*, [2005] R.J.Q. 961 (C.A.) 704
Vancouver Rape Relief Society c. *Nixon*, 2005 BCCA 601 284
Vancouver (Ville) c. *Ward*, 2010 CSC 27, [2010] 2 R.C.S. 28 . . . 92
Veilleux c. *Compagnie d'assurance-vie Penncorp*, 2008 QCCA 257, EYB 2008-129355 186
Vézina c. *Trahan*, [1946] B.R. 14 341
Ville de, **Voir** *Nom (Ville de)*
Vincent c. *Roberge et al.*, EYB 1995-72522, C.S. (St-François), n° 450-04-000625-946, 22 décembre 1994 567
Vriend c. *Alberta*, [1998] 1 R.C.S. 493, REJB 1998-05585 80

- W -

W.I.C. Radio Ltd. c. *Simpson*, 2008 CSC 40 172
W.S. c. *Hôpital Charles-Lemoyne*, 2010 QCCA 1209 133
W. (V.) c. *S. (D.)*, [1996] 2 R.C.S. 108, EYB 1996-67897 . . . . 129, 349, 655
Wadsworth c. *McCord*, (1886) 12 R.C.S. 456 . . . . . 339, 341, 345

Wallack c. *Services financiers DaimlerChrysler Canada inc. (Services financiers Chrysler Canada inc.)*, 2011 QCCQ 4532. 196
Wanless c. *Bain*, [1964] R.P. 312 (C.S.) 339, 342
Ward c. *Labelle*, 2011 QCCS 6753 172
Weiss c. *Solomon*, [1989] R.J.Q. 731, EYB 1989-95790 (C.S.) 149, 155
Wheeler c. *Sheenan*, [1961] C.S. 480 342
Wilson c. *Bano*, [1995] R.J.Q. 787 (C.S.) 183
Winnycka c. *Oryschuck*, [1970] C.A. 1163 . . . . 339, 342, 345
Wolfman-Stotland v. *Stotland*, [2011] B.C.J. No. 632, 2011 BCCA 175, 333 D.L.R. (4th) 106, 97 R.F.L. (6th) 124 738

- X -

X c. *A*, 2009 QCCS 194 529
X. c. *Banque de Montréal*, A.I.E. 96AC-68 192
X. c. *Brault et Martineau Inc.*, A.I.E. 96AC-35. 192
X c. *Centre jeunesse A*, 2010 QCCS 1682 501
X. c. *Compagnie de La Baie d'Hudson*, [1995] C.A.I. 283 196
X. c. *Curé de la paroisse de St-Ephrem de Val Paradis*, [1979] R.P. 42 (C.S.). 401
X. c. *Curé de la paroisse de St-Philippe de la Reine*, [1979] R.P. 45 (C.S.). 401
X. c. *Equifax Canada*, [1994] C.A.I. 230 196
X. c. *Vision Trust Royal*, [1994] C.A.I. 290 197
X. (Dans la situation de), [2006] R.J.Q. 2488 (C.Q.) 157
X. et *Aventure Électronique*, A.I.E. 96AC-76 192
X et *Y (Re)*, J.E. 2007-2001, EYB 2007-125575 (C.S.) 632
X. (Re), J.E. 2007-2048, EYB 2007-125086 (C.S.) 632

- Y -

Y.B. et *Québec (Curateur public)*, 2009 QCCS 3854 744
Y.D. c. *L.L.*, 2011 QCCS 7420 . . . . 692, 783
Y.-E.S. c. *Hôpital Charles-Lemoine*, [2000] T.A.Q. 242 . . 202, 208
Y.F. c. *I.F.A.*, [2001] R.D.F. 43, REJB 2000-22452. 251

Y.L. et *Lé.L.*, B.E. 2005BE-954 (C.S.) 781, 800
Y.P. c. *Hôpital Louis-H. Lafontaine*, [2005] T.A.Q. 57 157
Young c. *Young*, [1993] 4 R.C.S. 3, EYB 1993-67111 . . . . 129, 655

DROIT ÉTRANGER

États-Unis

Gault (In re), 387 U.S. 1 (1967) 649
Griswold c. *State of Connecticut*, 381 U.S. 479 (1965) 174
Kent c. *United States*, 383 U.S. 541 (1966) 649
Littleton c. *Prange*, 9 S.W.3d 223 288
Moore c. *Regents of the University of California*, 249 Cal. Rptr. 494 (Cal. App. 2 Dist., 1988) ; 271 Cal. Rptr. 146 (Cal. Sup. Ct, 146) ; 499 U.S. 936 147

Europe

Ünal Tekeli c. *Turquie*, (2005) 2 R.J.P.F. 4. 278

France

C.A. Versailles, 1re Ch. A, 22 juin 2000. 288
Cass. 9 mai 1984, D. 1984-525 516
Cass. 1re civ., 16 sept. 2010 : *RTD civ.* 2010 159
Affaire *Perruche* (Cass. Plénière, 17 novembre 2000, Bull. 2000, Ass. Plén. no 9 34

Grande-Bretagne

Mc Kay v. *Essex Area Health Authority*, [1982] Q.B. 1166 34
Norrie c. *NSW Registrar of Births, Deaths and Marriages*, [2013] NSWCA 145 . . . . 284, 308

INDEX ANALYTIQUE

Les chiffres renvoient aux numéros de paragraphes.

-A-

Abandon

Absence, 52

Changement de nom, 249, 253

Déclaration de naissance, 378

Tutelle judiciaire, 556, 557, 560

Absence

Abandon des enfants, 52

Administrateur des biens, 42, 45, 47, 48, 51, 53

Adoption, 72

Aliments, 50, 65

Assurance, 56, 58, 71

Autorité parentale, 42, 72

Bigamie, 40

Charges familiales, 50

Conflit familial, 65

Créancier, 47

Curateur public, 47, 49

Date du décès

- Détermination, 54, 57
- Incidences, 59-61

Déclaration administrative de décès, 69, 70, 390

Déclaration de présomption de décès, 40

Déclaration judiciaire de décès, 37, 40, 53-57, 390

- Cessation d'effet, 64
- Conditions d'ouverture, 54, 55
- Défaut de faire déclarer judiciairement la personne décédée, 40
- Demande, 56
- Procédure, 56
- Quasi-certitude de décès, 54
- Réforme de 2014 de la procédure civile, 56

Définition, 38

Disparition, 37-39, 53, 54, 362

Divorce, 41, 71, 72

Droit antérieur à la réforme, 39, 71

Droit comparé, 73

Droit de succéder, 41

Droit français, 73

Écoulement du temps, 40, 53-55, 71

Éloignement, 39, 72

Enlèvement, 39
Fruits et revenus, 48, 67
Garde de l'enfant, 65
Incapacité, 45
Intérêts des tiers, 40, 43, 67
Jugement déclaratif de décès, 40, 53, 54, 56-59, 390
– Annulation, 63, 67, 68, 392, 416
– Cessation d'effet, 62
– Contenu, 57
– Copie transmise au coroner en chef, 57
– Effets, 58
– Fondement, 59
– Notification, 57
– Réforme de 2014 de la procédure civile, 56
– Registre de l'état civil, 57, 68
– Tutelle, 40
Lieu du décès, 57
Liquidation du patrimoine, 51, 58, 60
Mandat, 53, 72
Mariage, 41, 52, 58, 71, 72
– Retour, 64
Obligation alimentaire, 50
Partage du patrimoine, 51
Possession des biens, 67, 68
Présomption, 40-42, 45, 50, 55
– Cessation, 53
– Déclaration de présomption de décès, 40
Prestation compensatoire, 60
Preuve, 40, 46, 55, 71
Protection des intérêts de l'absent, 40, 42, 46, 71
– Mode de protection subsidiaire, 43
– Organisation, 43-49
Publicité, 427
Régime matrimonial, 51, 58, 60, 64
Représentation, 43
Responsabilités financières, 50
Restitution des prestations, 61, 66, 67
Retour de l'absent, 45, 53
– Effets, 53, 59, 62-68
Succession, 71
– Date du décès, 60, 61
– Retour, 64, 66-68
Tutelle, 42-49
– Avis du conseil de tutelle, 47
– Caractère supplétif, 43, 49
– Demande, 46, 47
– Jugement, 47
– Mainlevée, 45
– Ouverture, 42-44
– Régime de protection du majeur, 44, 45
– Tuteur aux biens, 42, 45, 48-51, 53
Union civile, 41, 52, 58, 60, 64, 72

Abus de droit
Droits de la personnalité, 86

Accès aux documents
Voir **Renseignement personnel**

Accès à l'information
Voir **Renseignement personnel**

Acharnement thérapeutique, 117, 121, 771

Acte authentique, 484
Acte de l'état civil, 365, 419-421
Voir aussi **Acte notarié**

Acte d'union civile
Voir **Union civile**

Acte de décès, 23, 37, 70, 381-384, 390
Absence, 57
Annulation, 392
Contradiction entre le constat et la déclaration, 402
Déclaration administrative de décès, 70
Jugement déclaratif de décès, 390
Mention du sexe, 281
Mentions en marge, 365, 391
Preuve, 381
Rapport du coroner, 384
Voir aussi **Constat de décès**, **Déclaration de décès**

Acte de mariage, 379, 395
Annulation, 392
Contenu, 379
Documents exigibles, 379
Irrégularité, 422
Mentions en marge, 365, 391, 414
Possession d'état, 422
Témoins, 379
Transsexualisme, 299
Vérification, 373
Voir aussi **Déclaration de mariage**

Acte de naissance, 2, 37, 376-378, 395, 422
Changement de nom, 250, 251
Contenu, 491
Contradiction entre le constat et la déclaration, 402
Copie
– Délivrance, 412
Filiation, 376, 377, 386, 419, 422
Formalités préalables, 376, 377
Heure de la naissance, 491
Importance, 376
Mention du sexe, 281, 286, 308
Mentions en marge, 365, 391
Modification, 290-298, 386, 400
Nom de famille, 231, 240
Nouvel acte, 299
Transsexualisme, 290-298
Voir aussi **Constat de naissance**, **Déclaration de naissance**

Acte de sépulture
Voir **Acte de décès**

Acte extrajudiciaire, 341

Acte judiciaire, 341, 505

Acte notarié
Déclaration de domicile, 341
Inventaire, 592
Mandat de protection, 778
Nom, 241
Registre, 485

Acte sous seing privé
Déclaration de domicile, 341
Inventaire, 592
Mandat de protection, 779

Actes de l'état civil
Absence de document, 386
Absence de preuve subsidiaire, 422
Acte authentique, 365, 399, 404, 419-421
Acte juridique, 373, 394
Acte juridique fait hors Québec, 394, 395, 397, 419
Acte semi-authentique, 394, 419
Action d'état, 400
Annulation, 392
– Délivrance de la copie, 416
Archives, 365
Attestation, 408, 411, 419-421
– Délivrance, 394, 414
– Fausse, 421
– Force probante, 420
– Information partielle, 411
Authenticité, *voir* Acte authentique
Autorisation judiciaire, 385, 387, 398
Caractère incomplet du document, 386
Certificat, 391, 410
– Délivrance, 394, 408, 413
– Faux, 421
– Force probante, 420
– Reproduction abrégée, 410
– Vérification de l'identité et de l'intérêt du demandeur, 413
Changement de nom, 272, 388
Confidentialité, 407, 415
Constat, 373, 375
Contradiction entre le constat et la déclaration, 387, 402
Copie, 372
– Contenu, 409
– Délivrance, 394, 408, 412
– Fausse, 421
– Force probante, 420
– Reproduction intégrale, 409
– Vérification de l'identité et de l'intérêt du demandeur, 412
Copie inexistante, 404
Correction d'une erreur purement matérielle
– Directive de l'état civil, 432
Déclarants, 373, 374
Déclaration, 373, 375
Déclaration tardive, 372, 386, 400
Définition, 365
Destruction, 403, 404, 422
Directeur de l'état civil, 288, 372, 373, 385, 386, 388, 391-394, 420, 421

Domicile, 341, 375
Dressés à l'étranger, *voir* Faits hors Québec
Droit au respect de la vie privée, 407, 410, 412
Élément d'identification, 221
Énonciations communes, 375
Erreur matérielle, 288, 372, 400, 405, 432
Établissement, 373-384
- Règles générales, 373-375
- Règles particulières, 376-384

Faits hors Québec, 365, 372, 394-398, 419
- Impossibilité d'obtenir une copie, 398, 402, 404
- Langue, 396
- Personne domiciliée au Québec, 395
- Perte ou destruction, 398, 402, 404
- Principe, 394
- Reconstitution sous contrôle judiciaire, 404
- Traduction, 396
- Validité, 394, 396

Faux, 421
Force probante, 418-422
Formalités, 375
Historique, 423
Identification des personnes, 406
Importance, 422
Impossibilité d'obtenir une copie, 398, 402, 404, 422
Inscription de faux, 402, 420
Intérêt public, 372
Intervenants, 374
Irrégularités, 399, 422
Jugement, 373, 385, 388, 393
Jugement déclaratif de décès, 390, 416
Jugement rendu hors Québec, 395
Mentions en marge, 365, 385, 391, 395, 414
Mentions supplémentaires, 393
Modification, *voir* Rectification
Nom, 241, 375, 400
- Caractères ou signes diacritiques inconnus de langue française ou anglaise, 375, 377, 396

Nouvel acte, 380, 385, 388, 389, 395, 415
Origine, 423
Parties, 374
Perte, 403, 404, 422
Précarité, 386
Présentation matérielle, 375
Preuve, 418-422
Primitif, 272, 299, 389
- Délivrance de la copie, 415

Publicité, 391, 407-417
- Actes remplacés ou annulés, 415, 416
- Conciliation d'intérêts divergents, 407, 417
- Consultation du registre, 417
- Délivrance des copies, certificats et attestations, 406, 408, 412-414

– Modes, 408-411
Reconstitution administrative, 403
Reconstitution sous contrôle judiciaire, 404, 405
Rectification, 372, 399-402
– Action d'état, 400
– Cas d'application, 399, 401
– Compétence partagée, 400
– Concordance, 401
– Erreur matérielle, 288, 400
– Inscription de faux, 402
– Procédure, 402
– Réforme de 2014 de la procédure civile, 402
– Révision judiciaire, 400
Statistiques, 426
Substitut, 389, 422
Témoins, 374
Validité, 399
Vérification, 373
Voir aussi **Acte de décès**, **Acte de mariage**, **Acte de naissance**, **Registre de l'état civil**, **Union civile**

Action d'état, 250, 308, 323, 400, 597

Action pour gestation préjudiciable, 18

Action pour vie préjudiciable, 11-13, 34

Administration de la justice
Déconsidération, 95

Administration du bien d'autrui, 433
Absence, 42, 45, 47, 48, 51
Administration tutélaire, 607, 611-619, 626
Autorisation, 464
Curatelle au majeur, 735, 739
Incapacité juridique, 457
Inventaire, 590, 592
Reddition de compte, 594, 595
Régimes, 612
Voir aussi **Mandat de protection**, **Régime de protection du majeur**

Administration provisoire
Registre des biens, 427, 520
Tutelle, 599, 604

Administration tutélaire
Voir **Tutelle**, **Tuteur**

Adolescent
Voir **Mineur de 14 ans et plus**, **Mineur de 16 ans**

Adoption
Changement de nom, 252
Confidentialité, 252, 415
Consentement du mineur, 494
Droit au respect de la vie privée, 180
Incapacité de jouissance de l'adoptant, 444
Intérêt de l'enfant, 654
Opposition du mineur, 494, 495, 507
Transsexualisme, 303

Tutelle légale, 547, 597

Âge

Acte de naissance, 376

Capacité juridique, 363, 434

Cause d'inaptitude, 686

Discrimination, 506, 650

État de la personne, 362, 363

Incapacité d'exercice, 363

Incapacité de jouissance, 444

Régime de protection, 460

Responsabilité civile, 516

Vérification, 485

Voir aussi **Majorité**, **Mineur**

Âge de la majorité

Voir **Majorité**

Agent de la paix

Constat de décès, 382

Garde en établissement et évaluation psychiatrique, 207, 211, 212

Aide au suicide, 120, 167

Aide juridique

Besoins ordinaires et usuels, 506

Aide médicale à mourir, 117, 120, 167

Aide sociale

Mineur pleinement émancipé, 529, 531

Aliénation d'affection, 171

Aliénation mentale

Voir **Garde en établissement et évaluation psychiatrique**, **Majeur inapte**, **Régime de protection du majeur**, **Soins**

Aliénation parentale, 656

Aliénation des parties et des produits du corps humain

Voir **Corps humain**, **Prélèvement d'organes et de tissus**, **Transplantation d'organes**

Aliments

Absence, 50, 65

Éloignement, 72

État civil, 364

État de la personne, 363

Mineur pleinement émancipé, 529

Voir aussi **Obligation alimentaire**

Alliés

Déclaration de décès, 383

Garde en établissement et évaluation psychiatrique

– Personne non habilitée à effectuer l'examen, 208

Régime de protection du majeur

– Demande d'ouverture, 713

Tutelle judiciaire, 557

Voir aussi **Assemblée des parents, alliés et amis**

Anencéphale

Voir **Enfant anencéphale**

Animal

Sujet de droit, 31

Animal-humain, 20

Anonymat

Voir **Droit à l'anonymat**

Appartenance sexuelle

Voir **Sexe**

Aptitude légale à poser des actes juridiques

Voir **Capacité juridique**

Aptitude mentale à consentir

Voir **Capacité**

Arbitrage

Différend en matière familiale, 446

Tutelle légale, 541

Arpenteur-géomètre, 789

Assemblée des parents, alliés et amis, 536, 638-643

Avis de convocation, 638, 641

– Moyens technologiques, 641

Convocation, 638, 639, 718, 719, 728

Dispense, 638, 639, 719, 729

Droit antérieur à la réforme, 642, 643, 644

Information de l'objet et des coordonnées de l'assemblée, 638

Intérêt du mineur, 643

Intervention du notaire ou du greffier du tribunal, 638, 639

Irrégularités, 643, 644

Nombre de personnes, 641

Personnes convoquées, 640, 641

– Omission de convocation, 641, 642

Pouvoir, 638

Prérogative, 638

Présidence de la séance, 638

Réforme de 2014 de la procédure civile, 638, 641

Régime de protection du majeur, 718, 719, 725, 728, 729

Représentation des lignes paternelle et maternelle, 643

Séance

– Nombre de membres requis, 641

Tutelle *ad hoc*, 565

Tutelle judiciaire, 559

Assistance, 461, 463, 676, 681, 687, 754-758, 763

Voir aussi **Conseiller au majeur**, **Tutelle au majeur**

Assistance médicale à la procréation

Voir **Procréation assistée**

Assurance

Absence, 56, 58, 71

Accès à l'information, 195

Émancipation, 527
Infans conceptus, 10, 21
Jugement déclaratif de décès
- Effet, 58
- Signification de la demande à l'assureur, 56

Réparation des atteintes au corps humain, 102
Tuteur, 593, 613, 619

Atteinte à l'intégrité (expérimentation)
Voir **Recherche susceptible de porter atteinte à l'intégrité (expérimentation)**

Atteinte à la personne d'autrui
Actes médicaux et psychosociaux, 104, 105
Autorisation légale, 101
Convention, 101, 102
Enfant à naître, 10
Réparation du préjudice, 91, 101
Voir aussi **Soins**

Atteinte au corps humain
Voir **Atteinte à la personne d'autrui, Corps humain, Soins**

Attestation
Actes de l'état civil, 394, 408, 411, 414, 419-421
Aptitude du mandant, 807
Transsexualisme, 294
Vérification de la capacité des parties, 484

Attribution du nom
Voir **Nom**

Autochtones
Éponymie, 277, 310
État civil, 423

Autodétermination
Voir **Droit à l'autodétermination**

Autonomie
Voir **Droit à l'autonomie**

Autorisation
Atteinte à la personne d'autrui, 101
Atteinte à un droit de la personnalité, 86
Communication des renseignements personnels, 192, 193
Conseil de tutelle, 464, 496, 514, 561, 574, 617, 618, 625, 645, 648
Garde en établissement et évaluation psychiatrique, 203
Liberté d'expression et de presse, 189
Mécanisme de protection de la personne inapte, 461, 464
Tuteur, 464, 510, 615-618
Tuteur légal, 617
Utilisation de la voix, 183

Autorisation judiciaire
Absence, 43
Acte de l'état civil, 385, 387, 398
Acte du mineur émancipé, 526

Acte du tuteur, 513
Acte primitif
– Délivrance de la copie, 415
Action en justice du mineur, 509
Atteinte à la personne d'autrui, 101
Changement de nom, 247, 249-255
Contrat de mariage, 464, 465, 498, 509, 526
Corps humain
– Aliénation, 157, 158
Directeur de l'état civil, 372
Droits de la personnalité, 96
Garde en établissement et évaluation psychiatrique, 101, 133, 203, 204, 208, 209, 214
Gestion des biens du mineur, 611
Mandat de protection, 796
Mécanisme de protection de la personne inapte, 461, 464
Prélèvement d'organes et de tissus, 96
Recherche susceptible de porter atteinte à l'intégrité (expérimentation), 157, 158
Soins, 96, 109, 116, 118, 157, 158, 509
– Appel, 158
– Intérêt de la personne, 118
– Non requis par l'état de santé, 132, 135, 157
– Refus, 118, 126, 130, 131, 133
– Révision judiciaire, 158
Tutelle
– Valeur des biens inférieure ou supérieure à 25 000 $, 625
Tuteur
– Démission, 599, 607
– Reddition de compte, 594
Voir aussi **Tribunal**

Autorité parentale
Absence, 52
Action en justice du mineur, 509
– Retenue judiciaire, 509
Attribution du nom, 226, 230-235
Attributs, 128
Consentement aux soins du mineur, 114, 126-132
– Soins à finalité thérapeutique, 126
– Soins non requis par l'état de santé, 127
Demande relative à l'intégrité de la personne, 157, 158
Disposition du corps du mineur, 160
Droits de l'enfant, 649
Effet de l'émancipation, 520, 523, 526, 529
Garde en établissement et évaluation psychiatrique, 207, 211, 216
Institution collégiale, 129
Mariage du mineur, 464
Non-présence, 72
Notion de pouvoir, 457

Opposition d'intérêts, 665
Pouvoir de contrôle du mineur de 14 ans et plus, 496
Prélèvement d'organes et de tissus du mineur, 143, 145
– *Post mortem*, 161, 162
Recherche susceptible de porter atteinte à l'intégrité (expérimentation), 151, 157
Responsabilité civile, 501-503, 649, 650
Retrait de l'exercice de certains attributs, 448
– Tutelle légale, 543
Surveillance parentale
– Interception d'une communication privée, 183
Tutelle dative, 552, 553, 562, 563
Voir aussi **Déchéance de l'autorité parentale**, **Parents**, **Tutelle légale**

Avis d'expert
Voir **Évaluation médicale et psychosociale**

Avis public
Actes et registres reconstitués
– Demande d'homologation, 404
Changement de nom, 266
Transsexualisme, 296

Avocat
Voir **Droit à l'avocat**

Avortement, 16
Décriminalisation, 5
Droit à la vie, à la liberté et à la sécurité de sa personne, 5
Injonction
– Protection du fœtus, 7
Notion d'« être humain » en droit criminel, 1
Produits prélevés
– Droit de regard ou de suite, 147
Soins non requis par l'état de santé, 127, 132

-B-

Bébé-médicament, 18

Bigamie, 40

-C-

Cadavre
Atteinte à l'image, à la mémoire ou à la dignité, 29
Chose, 29
Défaut de sépulture, 159
Défunt inconnu, 384
Disposition, 159
Droit de la personnalité, 29
Droit extrapatrimonial, 162
Exposition aux fins commerciales, 159
Modes de disposition, 29, 160
Prélèvement d'organes et de tissus, 21, 24, 25, 143, 161
– Substitution de la volonté du défunt, 162
Quasi-personnalité, 27

Respect, 29, 159, 162
Voir aussi **Décès**, **Mort**

Calomnie
Voir **Diffamation**, **Droit à l'honneur**, **Droit à la réputation**

Capacité
Consentement aux soins, 108, 109, 454
Définition, 108, 457
Domicile, 323

Capacité d'exercice, 16, 363, 446
Définition, 443
Mineur, 125
Règle, 453
Renonciation interdite, 453
Réserve, 446

Capacité de jouissance, 363, 446
Absence de réserve, 446
Définition, 443

Capacité juridique
Absence d'adéquation juridique entre « avoir la capacité » et « être doué de raison », 439
Acquisition progressive, 492-499, 534
– Seuils objectifs, 494-498
– Seuils subjectifs, 499
Âge, 363, 434
Conciliation des parties, 436
Discernement, 659
État de la personne, 363, 434
Facteurs, 434
Interdiction de transiger, 447, 453
Mandat de protection, 773, 774
Mariage, 434
Mineur, 505-510
Notion de personne, 434
Notion de pouvoir, 457
Présomption, 434, 454
Preuve, 773
Principe d'égalité civile, 434
Principe de la capacité, 433
Qualification, 434
Réforme de 2014 de la procédure civile, 436, 580
Règle, 433-436
Règlement à l'amiable, 436
Responsabilité civile, 500
Tutelle légale, 568
Tuteur, 568
Vérification, 483-485
Voir aussi **Capacité d'exercice**, **Capacité de jouissance**, **Incapacité juridique**, **Majorité**

Capacité naturelle, 133, 454, 735, 737

Caricature, 182

Centre d'accueil
Domicile de l'enfant, 349
Inviolabilité du domicile, 179
Voir aussi **Établissement de santé ou de services sociaux**

Centre d'hébergement et de soins de longue durée

Bien-être moral et matériel du majeur, 689

Mécanisme de signalement, 714

Protection des personnes âgées ou handicapées, 706

Voir aussi **Établissement de santé ou de services sociaux**

Centre de réadaptation

Bien-être moral et matériel du majeur, 689

Droit à l'information, 651

Régime de protection du majeur, 714

Responsabilité du fait ou de la faute de l'enfant, 501

Voir aussi **Établissement de santé ou de services sociaux**

Certificat

Voir **Actes de l'état civil**

Certificat médical

Curatelle publique, 683, 687, 709

Garde en établissement et évaluation psychiatrique, 210

Transsexualisme, 294

Changement de domicile

Voir **Domicile**

Changement de nom, 224, 247-273, 386, 388

Changement de sexe, *voir* Transsexualisme

Autorisation judiciaire, 247, 249-255

- Abandon de l'enfant, 249, 253
- Action en contestation d'état, 250
- Adoption, 252
- Changement d'état, 249-252
- Compétence exclusive du tribunal, 249
- Conditions d'ouverture, 249-253
- Déchéance de l'autorité parentale, 249, 253
- Double filiation, 233, 252
- Droits de l'enfant, 251
- Filiation connue d'un seul parent, 250, 251
- Filiation inconnue, 250
- Intérêt de l'enfant, 250, 251, 253
- Mineur de 14 ans et plus, 254, 255, 493, 495
- Nom du conjoint, 242
- Prescription, 89
- Procédure, 254, 255
- Reconnaissance d'une nouvelle filiation, 250

Décision administrative, 247, 256-270

- Ajout au nom de famille, 258, 260
- Avis public, 266
- Conditions d'ouverture, 257-262

– Considérations d'ordre culturel, religieux, psychologique ou affectif, 257
– Considérations d'ordre humanitaire, 257
– Contenu de la demande, 264, 265
– Décision du Directeur de l'état civil, 258, 268
– Demande présentée par une personne majeure, 259, 260, 264, 265
– Demande présentée par le tuteur d'un enfant mineur, 259, 261, 265, 266
– Discrétion du Directeur de l'état civil, 257, 372
– Dispense de publication, 263, 266
– Documents à fournir, 264, 265
– Droit à la dignité, 257
– Droit de ne pas être exposé au ridicule, 257
– Droits exigibles, 263
– Enfant majeur, 258
– Examen au mérite de la demande, 268
– Examen contextuel et individualisé de la demande, 257
– Formalités, 263
– Intégration des nouveaux citoyens dans leur société, 257
– Intérêt de l'enfant, 258
– Mineur, 258-262, 265, 266, 267
– Mineur de moins de six mois (dispense de publication), 263, 386
– Mineur de 14 ans et plus, 259, 262, 266
– Motif sérieux, 257, 258
– Opposition, 262, 267
– Politique institutionnelle, 257
– Preuve de séquelles ou de souffrances psychologiques, 257
– Principe de la stabilité du nom, 257
– Privilège, 256
– Procédure, 263-270
– Publicité, 263, 266
– Recours en révision, 233, 268-270
– Test objectif, 257, 258

Déclaration devant notaire, 273

Droit au respect de la vie privée, 248

Effets, 271, 272

Publication, 263, 266, 272

Sociologie, 276

Statistiques, 276

Transsexualisme, 248, 292-294, 296, 298, 308, 386

Changement de sexe

Voir **Transsexualisme**

Charge tutélaire

Voir **Tutelle**

Charges familiales

Absence, 50

Chirurgie esthétique

Soins non requis par l'état de santé, 102, 132

Choix de vie, 697, 699, 700, 735

CHSLD

Voir **Centre d'hébergement et de soins de longue durée**

Citoyenneté, 293, 299, 342

Acte de naissance

– Modification, 291

Changement de nom, 260, 261, 264

Domicile, 342

État politique, 362

Transsexualisme, 291

Clientèle

Voir **Droit de clientèle**

Clonage d'embryons humains, 20

Cohabitation

Voir **Domicile**

Collecte des renseignements personnels

Voir **Renseignement personnel**

Coma dépassé

Voir **Mort cérébrale**

Comité d'éthique de l'établissement de santé

Voir **Établissement de santé ou de services sociaux**

Comité d'éthique de la recherche, 148, 151, 154-156, 166

Voir aussi **Recherche susceptible de porter atteinte à l'intégrité (expérimentation)**

Commissariat à la protection de la vie privée du Canada, 219

Commission d'accès à l'information, 97

Compétence, 199

Décision, 199

Pouvoirs, 97, 199

Rôle de surveillance, 97, 199

Site Internet, 219

Voir aussi **Droit à la protection des renseignements personnels, Renseignement personnel**

Communauté de vie

Voir **Domicile**

Compétence

Voir **Capacité**

Complément du nom

Voir **Nom**

Compte de banque ou de caisse d'épargne

Besoins ordinaires et usuels, 506

Confidentialité

Voir **Droit au secret et à la confidentialité**, **Renseignement personnel**

Conjoint

Voir **Mariage**, **Union civile**

Conjoint de fait

Voir **Union de fait**

Conjoint uni civilement

Voir **Union civile**

Conseil de famille

Voir **Assemblée des parents, alliés et amis**, **Conseil de tutelle**

Conseil des médecins, pharmaciens et dentistes, 109

Conseil de tutelle, 536, 622-648, 739

Administration des biens, 626

Autorisation, 464, 496, 514, 561, 574, 617, 618, 625, 645, 648
- *Ad hoc*, 617
- Contestation, 648

Avis, 47, 157, 211, 465, 529, 558, 561, 564, 566, 578, 602, 616, 625, 645, 647

Charge facultative, 635

Charge obligatoire, 635

Charge personnelle, 633

Composition, 628-632, 637

Concertation familiale, 628, 630

Constitution, 633-644
- Choix des parents, 632
- Compétence, 637
- Composition, 628-632, 637
- Curateur public, 627, 631, 635
- Directeur de la protection de la jeunesse, 627, 631, 635
- Dispense, 566, 567
- Exceptions, 627
- Intervention judiciaire, 629, 637
- Membre unique, 629-632, 638, 639
- Nouveau conseil, 648
- Obligation, 637
- Personne intéressée, 637
- Présentation de la demande, 637
- Principes généraux, 627-632
- Procédure, 636-643
- Quorum, 629
- Représentation des lignes paternelle et maternelle, 628, 644
- Suppléance, 628, 638
- Traitement de la demande, 637
- Vacance, 628

Contrôle, 648

Création, 622

Décision, 645, 648

– Contestation, 648

– Demande de révision auprès du tribunal, 637, 648

Décision prise à la majorité, 628, 647

Délibérations, 628, 646

– Moyens de communication, 646

Demande relative à l'intégrité de la personne, 157, 158

Démission du membre, 635

Destitution du tuteur, 602

Divergences d'opinion, 647

Droit antérieur à la réforme, 644

Émancipation, 520, 529

Fonctionnement, 645-648

Gratuité, 634

Intérêt du mineur, 644

Intervention directe, 626

Intransmissibilité de la charge, 633

Inventaire, 591

Irrégularités, 643, 644

Mandat de protection, 772, 796

Mécanisme de contrôle, 622, 624, 628, 634, 645

Mission, 623, 624, 634

Obligations, 624

Permanence, 624

Pouvoir d'intervention, 625

Procédure, 636-643

Procès-verbal, 628, 647, 648

Reddition de compte, 594

Réforme de 2014 de la procédure civile, 566, 567, 636, 637

Régime de protection du majeur, 690, 711, 719, 728, 733, 750, 759

Remplacement du membre, 628, 633

Remplacement du tuteur, 602

Rémunération du tuteur datif, 579

Réunion annuelle, 645

Rôle, 623-626

Secrétaire, 628, 638, 647, 648

– Rémunération, 628, 634, 638

Situation familiale conflictuelle, 630

Subrogé-tuteur, 566, 622

Sûreté, 593, 616

Surveillance du tuteur, 561, 623, 624

Tutelle *ad hoc*, 564, 566, 567

Tutelle dative, 637

Tutelle judiciaire, 558, 559, 561

Tutelle légale, 541, 574, 617, 625, 632, 637, 639

Voir aussi **Assemblée des parents**, **alliés et amis**

Conseiller au majeur, 711, 754-756

Actes exclusivement personnels, 736

Actes faits sans assistance par le majeur, 756

Actes spécifiquement indiqués par le tribunal, 755

Destitution, 755
Devoir d'assistance, 463, 755
Domicile légal, 351
Émancipation, 533
Étendue de l'inaptitude, 754
Intervention spécifique, 755
Nomination d'un nouveau conseiller, 755
Nullité des actes, 756
Pouvoirs, 755
Prodigalité, 754
Réduction des obligations, 756
Réévaluation périodique, 763
Responsabilité, 763
Révision de la décision, 762
Révision du régime, 761
Spécificité du régime, 754
Statistiques, 765

Consentement
Atteinte à la personne d'autrui, 101
Atteinte à un droit de la personnalité, 86
Collecte des renseignements personnels auprès des tiers, 192
Communication des renseignements personnels, 192, 193, 198
Conversion sexuelle, 289
Droit de disposer de son cadavre, 160
Garde en établissement et évaluation psychiatrique, 203, 204, 212, 213
Liberté d'expression, 188, 189
Prélèvement d'organes et de tissus, 144, 146, 147
Recherche susceptible de porter atteinte à l'intégrité (expérimentation), 148, 149, 153, 157
Utilisation du nom ou de l'image, 182, 189
Vice, 483, 704, 783

Consentement aux soins
Voir **Soins**

Constat de décès, 2, 23-25, 37, 382
Contenu, 382
Défunt inconnu, 384
Délai, 382
Disposition du corps, 160
Médecin, 25, 382
Mention du sexe, 281
Prélèvement d'organes et de tissus
– *Post mortem*, 162
Respect du cadavre, 160
Transmission, 382
Voir aussi **Acte de décès**

Constat de l'état civil
Voir **Actes de l'état civil**, **État civil**, **Registre de l'état civil**

Constat de naissance, 37, 376
Absence de constat de naissance signé par un médecin ou une sage-femme
– Directive de l'état civil, 431
Accoucheur, 376, 378

Contenu, 376, 378
Copie, 378
Mention du sexe, 281, 286
Tenue, 376
Voir aussi **Acte de naissance**

Contraception
Soins non requis par l'état de santé, 127
Voir aussi **Stérilisation**

Contrainte par corps, 201

Contrat
Atteinte à la personne d'autrui, 101, 102
Disposition du corps, 160
Droits de la personnalité, 85, 86
Élection de domicile, 353-356
État de la personne
– Interdiction de transiger, 446
Gestation pour autrui, 102
Nullité relative, 469, 472
Prélèvement d'organes et de tissus, 147
Voir aussi **Émancipation**, **Incapacité juridique**, **Lésion**, **Mineur**

Contrat de mariage
Voir **Mariage**

Convention
Voir **Contrat**

Convention matrimoniale
Voir **Mariage**

Conversion sexuelle
Voir **Transsexualisme**

Copie des actes de l'état civil
Voir **Actes de l'état civil**

Corps humain, 98
Aliénation, 21, 86, 102, 143
– Avis du conseil de tutelle, 625
– Conditions, 144, 145
– Demande, 157, 158
– Majeur inapte, 143, 145
– Mineur, 143, 145
– Parties susceptibles de régénération, 143, 145
– Principes, 143
– Références, 165
Atteinte, 99-101
– Consentement, 100, 107
– Convention, 86, 101, 102
– Mesures de prophylaxie (isolement), 101
– Moyens de contention physique ou chimique, 101
– Ordre public, 102
– Protection contre les atteintes des tiers, 100, 101
– Réparation du préjudice, 101
– Résultante d'une omission, 101
– Urgence, 121

Autodétermination, 101, 104, 105
Biotechnologie, 103
Caractère extrapatrimonial, 104, 146
Catégorie juridique mitoyenne, 103
Consubstantialité, 102
Droit au respect de la vie privée, 180
Hors commerce, 102, 163
Inaliénabilité, 102, 103
Indisponibilité, 102
Intégrité, 74, 84, 96, 99, 100, 103, 121, 131, 133, 144, 149, 150, 152, 153, 157, 158
Inviolabilité, 27, 82, 84, 95, 96, 98-102, 111, 159, 162
Libre disposition, 102
Objet d'utilité sociale, 104, 105
Protection contre soi-même, 102
Réification, 104
Respect après le décès, 23, 25, 26, 29, 82, 98
Utilisation aux fins de recherche, 99, 103, 143, 146, 147
Voir aussi **Atteinte à la personne d'autrui**, **Personne physique**, **Prélèvement d'organes et de tissus**, **Recherche susceptible de porter atteinte à l'intégrité (expérimentation)**, **Soins**, **Transplantation d'organes**

Crémation
Voir **Disposition du corps**

Cryogénisation, 10, 29

Culpabilité criminelle
Voir **Responsabilité criminelle**

Culte des morts, 26, 159, 277

Curatelle au majeur, 454, 711, 735-742
Actes exclusivement personnels, 698, 736-738
– Divorce, 736, 738
– Doctrine classique, 736
– Mariage, 736, 737
– Reconnaissance d'enfants, 736
– Testament, 736
Actes faits seul par le majeur, 453, 740
Choix de vie, 697, 699, 700, 735
Choix du lieu de résidence, 697, 699, 700
Curateur public, 750-753, 759
Décision administrative, 712
Degré d'autonomie, 698
Dispositions applicables, 735, 739
Divisibilité, 742
Domicile, 351
Droit à la protection des biens à caractère personnel, 691
Droit à la réputation, 696
Droit de donner son avis, 735
Effet, 735
Étendue de l'inaptitude, 453, 735

Incapacité d'exercice, 453, 735
Incapacité de jouissance, 444, 735
Interdiction de tester, 444, 735
Intérêt du majeur, 695, 699, 700, 742
Lésion par curateur interposé, 741
Moment de lucidité, 439
Nullité des actes, 740
Prélèvement d'organes et de tissus, 143, 145
Principe, 735
Réduction des obligations, 740
Réévaluation périodique, 763
Registre, 427, 520
Règles procédurales, 735
Respect de l'autonomie, 695-700
Révision, 761-764
Soins
- Présomption de capacité naturelle, 454, 735
Spécificité du régime, 735
Statistiques, 765
Surveillance, 760
Vacance, 759
Voir aussi **Curateur au majeur**, **Majeur inapte**, **Régime de protection du majeur**

Curatelle au ventre
Voir **Tutelle légale**

Curatelle publique, 683
Caractère supplétif, 49
Historique, 766

Curateur *ad hoc*, 158, 719, 726, 727

Curateur au majeur
Actes faits régulièrement, 741
Actes lourds de conséquences sur le patrimoine protégé, 739
Délégation de la garde, 134, 748
Demande relative à l'intégrité de la personne, 157, 158
Destitution, 759, 760
Devoir d'assurer le bien-être moral et matériel du majeur, 748
Devoir de garde, 748
Devoir d'information, 685, 688, 697
Faute intentionnelle ou lourde, 749
Garde en établissement et évaluation psychiatrique, 211-213, 216
- Consentement, 204
Inventaire, 759
Nomination, 742, 760
Obligations, 739
Placement présumé sûr, 739
Pouvoirs d'administration, 739, 740
Prélèvement d'organes et de tissus, 143, 145
- *Post mortem*, 162
Protection des intérêts patrimoniaux, 740
Protection du majeur inapte, 685, 689, 692, 749, 798

Rapport, 759
Recherche susceptible de porter atteinte à l'intégrité (expérimentation), 153, 157
Recours du majeur, 741
Reddition de compte, 759
Règle générale du curateur unique, 742
Relation personnelle avec le majeur, 748
Remplacement, 759, 760
Représentation, 462, 735-742
Responsabilité du fait de la personne protégée, 749
Révision de la décision, 762
Soins, 114, 134, 135
Sûreté, 759
Surveillance, 759, 760

Curateur au ventre, 15, 544
Voir aussi **Tutelle légale**

Curateur public
Conseil de tutelle, 627, 631, 635
Demande relative à l'intégrité de la personne, 157
Destitution du tuteur, 601
Dommages-intérêts, 619
Émancipation, 520, 533
Garde en établissement et évaluation psychiatrique, 211, 213
Mandat de protection, 778, 787, 807, 808
- Avis et autorisation, 796
- Demande de révocation, 790, 811
- Droit d'opposition, 807
- Mission de surveillance, 768, 787, 790
- Registre, 427, 520, 787
- Représentation provisoire, 785

Mécanisme de contrôle, 624
Recherche susceptible de porter atteinte à l'intégrité (expérimentation), 157
Reddition de compte, 594
Régime de protection du majeur, 692, 750-753, 760, 766
- Administration des biens, 751
- Allocation mensuelle destinée aux dépenses personnelles, 753
- Autorisation non requise en matière de vente, 751
- Avis, 718
- Caractère supplétif du rôle, 692
- Cas d'application, 750
- Charge précaire, 750, 759
- Comité consultatif chargé de conseiller le curateur, 751
- Conflit d'intérêts, 753
- Conservation du patrimoine, 731
- Délégation de la garde, 134
- Délégation de pouvoirs, 692, 753
- Délégation du consentement aux soins, 692
- Demande d'ouverture, 718, 719, 729

– Désignation du curateur plutôt qu'un membre de la famille ou un proche, 692
– Droit à la protection du respect de la personne, 685
– Droit d'intervention, 719, 760
– Évaluation médicale et psychosociale, 717
– Garde du majeur, 752
– Immunité, 760
– Intérêt du majeur, 750, 752
– Mesures d'évaluation et de protection du majeur, 718
– Mission de provoquer la nomination d'un nouveau curateur, 750
– Mission de surveillance, 692, 719, 734, 760
– Nomination par le tribunal, 750
– Placement présumé sûr, 751
– Possibilités d'intervention, 750
– Pouvoirs, 718, 751, 760
– Rapport, 718
– Rapport annuel, 765
– Rapport de réévaluation, 763
– Recommandation, 718
– Reddition du compte sommaire, 751
– Remplacement, 750
– Représentation du majeur, 750-753
– Simple administration provisoire, 731
– Situation avant 1989, 683, 687
– Soins, 752, 753
– Sûreté, 751

Registres, 427, 520
Responsabilité civile, 619
Soins, 114, 134
Sûreté, 593
Surveillance du tuteur, 619
Tutelle, 49, 536, 569, 571, 582, 603
Tutelle à l'absent, 47, 49
Tutelle dative, 550, 551, 561, 572, 637
Tutelle judiciaire, 557-559
Tutelle légale, 548, 577, 683

Cure fermée

Voir **Garde en établissement et évaluation psychiatrique**

Cyberespace

Voir **Droit à la protection des renseignements personnels, Renseignement personnel**

-D-

Danger imminent de mort ou de blessures graves

Levée du secret professionnel, 190

Dangerosité

Voir **Garde en établissement et évaluation psychiatrique**

Dation d'un conseil judiciaire
Voir **Régime de protection du majeur**

De lege ferenda
Régime de protection du majeur
– Autonomie résiduelle, 700

Décérébration, 24

Décès
Absence de document, 386
Absence de preuve subsidiaire, 422
Attestation, 411
Certificat, 410
Disparition
– Quasi-certitude de décès, 37-39, 53, 54
Mandat de protection, 776, 809, 814, 815
Nom du conjoint, 242
Personne résiduelle, 28
Prélèvement d'organes et de tissus, 146
Preuve, 53, 54, 59-61
Respect du corps, 23, 25, 26, 29, 82, 98, 159-162
Utilisation illégitime du nom d'une personne décédée par un tiers, 245
Voir aussi **Acte de décès**, **Cadavre**, **Constat de décès**, **Déclaration de décès**, **Jugement déclaratif de décès**, **Mort**, **Mourir dans la dignité**, **Soins en fin de vie**, **Testament**

Déchéance de l'autorité parentale
Absence, 52
Changement de nom, 249, 253, 265
Consentement aux soins, 129
Domicile de l'enfant, 350
Incapacité de jouissance, 444, 448
Responsabilité civile, 502
Tutelle légale, 539, 542, 543, 546, 547, 597

Décision judiciaire
Voir **Tribunal**

Déclaration
Actes de l'état civil, 373, 375
Régime de protection du majeur
– Demande notariale, 719

Déclaration administrative de décès
Voir **Déclaration de décès**

Déclaration commune notariée
Actes de l'état civil
– Mention en marge, 391
Dissolution de l'union civile, 380

Déclaration de décès, 24, 383
Contenu, 383

Date et heure inconnues, 383
Déclaration administrative
– Culpabilité et disparition du corps, 69
– Effets, 70
Délai, 383
Disparition, 38
Formulaire, 430
Lieu du décès inconnu, 383
Moment, lieu et mode de disposition du corps, 383
Rapport du coroner, 383, 384

Déclaration de domicile
Voir **Domicile**

Déclaration de filiation
Voir **Filiation**

Déclaration de mariage
Contenu, 379
Déclarants, 379
Déclaration tardive, 386
Délai, 379
Dispense de publication, 379
Établissement, 379
Formulaire, 429
Parties, 379
Témoin, 379

Déclaration de naissance, 2
Contenu, 377, 378
Déclarants, 377
Déclaration auprès du Directeur de l'état civil, 377
Délai, 377, 378
Établissement, 377
État marital des parents, 377
Filiation, 377, 378
Formulaire, 428
Mention du sexe, 286
Paiement de droits, 377
Parents inconnus ou empêchés d'agir, 378
Union civile, 377

Déclaration d'union civile
Voir **Union civile**

Déclaration judiciaire de décès
Voir **Absence**, **Déclaration de décès**

Déficient mental
Respect de l'autonomie, 699
Stérilisation contraceptive, 135
Voir aussi **Majeur inapte**, **Garde en établissement et évaluation psychiatrique**, **Régime de protection du majeur**

Définition
Abrègement de la vie, 87
Absence, 38
Acte authentique, 419
Actes de l'état civil, 365
Actes juridiques, 438
Assistance, 461
Attestation, 411
Autorisation, 461
Avis, 461
Capacité, 108, 457
Capacité d'exercice, 443

Capacité de jouissance, 443
Certificat, 410
Consentement éclairé, 110
Consentement substitué, 107
Considération primordiale, 668
Copie d'un acte de l'état civil, 409
Dangerosité, 108
Diffamation, 172
Discernement, 499
Disparition, 38
Domicile, 179, 314, 315
Domicile d'origine, 332
Domicile de dépendance, 332
Domicile élu, 353
Domicile légal, 332
Droit à l'honneur, 171
Droit à la dignité, 169, 170
Droit à la réputation, 172
Droit au respect de la vie privée, 168, 169, 174, 175
Droits de la personnalité, 75
Droits imprescriptibles, 85
Émancipation, 517
Embryon, 3
Éponymie, 277
Erreur matérielle, 288
Établissement, 333
État de la personne, 361, 365
État du patient, 109
Être humain, 1
Exploitation, 701
Fait fautif, 503
Fœtus, 3
Force probante d'un acte, 418
Habitation, 314
Inaptitude, 780
Incapacité d'exercice, 443, 450
Incapacité de fait, 454
Incapacité de jouissance, 443-445
Incapacité naturelle, 454
Incessibilité, 85
Insaisissabilité, 85
Interdiction d'agir, 466
Intérêt de l'enfant, 656
Intransmissibilité, 85
Inviolabilité du domicile, 179
Lésion, 480
Liste nominative, 193
Litige privé, 80
Mandat de protection, 768, 769
Matière civile, 80
Méthode scientifique, 151
Mort, 24, 25
Mort biologique, 24
Mort néocorticale, 25
Motif sérieux, 257
Naissance, 9
Naturalisation, 342
Nom, 223
Personnalité, 83
Personne, 1, 30
Personne âgée, 702
Pouvoir, 457
Principal établissement, 315
Proches parents, 114
Pseudonyme, 228
Recherche susceptible de porter atteinte à l'intégrité (expérimentation), 152

Renseignement personnel, 192
Représentation, 436
Résidence, 314
Sexe, 284, 285
Soins, 106
Soins futiles, 124
Solatium doloris, 87
Solitude, 180
Surnom, 229
Testament de vie, 117
Transsexualisme, 289, 310
Tutelle au mineur, 536
Urgence, 121

Défunt
Voir **Cadavre**, **Mort**

Dégradation civique, 22, 448

Délai de prescription
Voir **Prescription**

Délinquance juvénile, 488, 489, 651

Demeure
Voir **Domicile**

Désinstitutionnalisation, 680, 707

Détention arbitraire, 650

Devoir d'information
Curateur, 685, 688, 697
Établissement de santé ou de services sociaux, 688
État civil, 364, 407
Garde en établissement et évaluation psychiatrique, 211, 216
Prélèvement d'organes et de tissus, 144, 147
Recherche susceptible de porter atteinte à l'intégrité (expérimentation), 113, 149
Renseignement personnel, 192, 197, 198
Soins, 110-113
- Manière de fournir l'information, 110
- Test objectif de divulgation, 112

Tuteur au majeur, 685, 688, 697
Voir aussi **Droit à l'information**

Diagnostic préimplantatoire
Voir **Bébé-médicament**

Diagnostic prénatal
Voir **Médecine prénatale**

Diffamation
Atteintes à l'honneur et à la réputation, 172
Critères d'appréciation, 172
Intention de nuire, 172
Liberté d'expression, 172
Liberté de presse, 94
Publication sur Internet, 172
Voir aussi **Droit à la réputation**, **Liberté de presse**

Dignité
Voir **Droit à la dignité**

Directeur de funérailles, 382, 383

Directeur de l'état civil
Absence, 57
Acte de décès, 70, 390
Acte de naissance, 286
– Heure de la naissance, 491
Actes de l'état civil, 372, 373, 385, 386, 388, 420
– Annulation, 392
– Faits hors Québec, 394, 395, 397, 398
– Mentions en marge, 391
– Mentions supplémentaires, 393
– Reconstitution, 403, 404
– Rectification, 288, 386, 400
Ajout au nom de famille, 258, 372
Attribution du nom, 233, 235, 372
Changement de nom, 250, 257, 258, 263, 268, 372, 386, 388
– Mineur de moins de six mois (dispense de publication), 263, 386
– Recours en révision de la décision, 268-270
Changement de prénom
– Modification de l'identité sexuelle de la personne (dispense de publication), 263, 294, 386
Changement de sexe, *voir* Transsexualisme
Consultation du registre, 417
Contrôle judiciaire, 372
Déclaration de décès, 383
Déclaration de mariage, 379
Déclaration de naissance, 378
Délivrance des copies, certificats et attestations, 394, 406, 408, 412-414, 419
– Vérification de l'identité et de l'intérêt de la personne, 412, 413
Devoirs, 372
Enquête sommaire, 386
Fonctions, 370, 371, 406
Greffier, 371
Intérêt de l'enfant, 654
Officier public, 365
Partage des compétences, 372
Pouvoirs, 372
Responsabilité, 420, 421
Révision judiciaire, 233, 268-270, 402
Transsexualisme
– Certificat, 296
– Changement de prénom (dispense de publication), 386
– Modification de l'acte de naissance, 290, 292, 296, 298
– Nouvel acte de naissance, 299
Voir aussi **Actes de l'état civil**, **Direction de l'état civil**, **Registre de l'état civil**

Directeur de la protection de la jeunesse
Conseil de tutelle, 627, 631, 635
Domicile de l'enfant, 348, 350
Régime de protection du majeur
– Demande d'ouverture, 713
Soins
– Enfant en situation de compromission, 131
Tutelle, 536, 566, 569, 603
– Caractères de la charge tutélaire, 571, 576, 598
– Réforme de la protection de la jeunesse, 560-563, 576, 578, 597, 603, 627
– Remplacement, 603
Tutelle *ad hoc*, 566
Tutelle judiciaire, 557, 558
Tutelle légale, 350, 546, 547

Direction de l'état civil, 425
Ministre responsable, 366
Organisation, 366
Services, 366
Site Internet, 425
Statistiques, 426
Voir aussi **Directeur de l'état civil**

Directives médicales anticipées
Voir **Soins de fin de vie**

Discrimination fondée sur l'âge
Voir **Âge**

Discrimination fondée sur le nom
Voir **Nom**

Discrimination fondée sur le sexe
Voir **Sexe**, **Transsexualisme**

Disparition, 37
Absence, 37-39, 53, 54
Déclaration administrative de décès, 69, 70, 390
Déclaration judiciaire de décès, 37, 54
Définition, 38
Quasi-certitude de décès, 37-39, 53, 54
Réforme du Code civil, 39
Voir aussi **Absence**

Disposition du corps, 25, 28, 29, 82, 102, 150, 159, 160

Dissolution du mariage
Voir **Mariage**

Dissolution de l'union civile
Absence du conjoint, 41
– Retour, 65
Actes de l'état civil
– Mention en marge, 391
Déclaration commune notariée, 380, 391
Effet de la mort, 23
Éloignement du conjoint, 72
Jugement, 391
Transsexualisme, 300
Voir aussi **Union civile**

Divorce
Absence du conjoint, 41, 71
Acte exclusivement personnel, 736, 738
Actes de l'état civil
– Mentions en marge, 391, 395, 414
Attestation, 411
Changement de nom, 242
Consentement aux soins du mineur, 129
Domicile de l'enfant, 349
Éloignement du conjoint, 72
Intérêt de l'enfant, 656
Nom du conjoint, 242
Résidence, 330
Transsexualisme, 300
Tutelle légale
– Rôle du parent non gardien, 542

Document électronique
Voir **Droit à la protection des renseignements personnels**, **Renseignement personnel**

Domicile
Absence, 40, 46, 47
Absence de résidence réelle, 346
Acte de mariage, 379
Actes de l'état civil faits hors Québec, 395
Actes de procédure, 321
Action d'état, 323
Activité ambulante, 346
Cadastre, 357
Capacité, 323
Caractères, 324-327
Changement, 324, 326
– Conditions, 334
– Présomption, 342
– Preuve, 339, 340
Cohabitation, 335, 336
Communauté de vie, 335, 336, 350
Confusion avec le concept de résidence, 316, 331, 340
Conjugal, 336, 337
Conseiller au majeur, 351
Conventionnel, 327
Critères de détermination, *voir* Détermination
Critères de rattachement, 318-323, 325, 359
Curatelle au majeur, 351
D'origine, 332, 347, 348
De dépendance, 332, 347
De fonction, 342, 347, 352
Déchéance de l'autorité parentale, 350
Définition, 179, 314, 315
Dernier domicile connu, 344, 346
Détermination, 326, 328, 329, 331-352
– Critères, 324, 332-335, 343
– Intérêt de la détermination en droit civil, 318-323
– Méthode générale, 333-342
– Modes exceptionnels, 343-352
– Question de fait, 338, 341

Droit à l'inviolabilité, *voir* Inviolabilité
Droit au respect de la vie privée, 177, 178-180, 324
Droit de choisir, *voir* Libre choix
Droit de la personnalité, 84
Droit international privé, 323, 346, 349
Dualité, 360
Effets, 317
Élection, 327, 353-356
- Attribution de compétence, 354, 355, 356
- Caractères, 354
- Clause, 354
- Conditions de validité, 355
- Définition, 353
- Effets, 356
- Exception déclinatoire, 356
- Incidence sur le domicile réel, 354
- Inopposabilité au consommateur, 355
- Paiement, 356
- Petites créances, 353
- Pluralité, 354
- Protection du consommateur, 355
- Transmissibilité, 354
- Volontaire, 354

Élément d'identification, 221, 222
Émancipation, 348, 523
État de la personne, 313, 323, 360
Étymologie, 314
Exécution des obligations, 322, 356
Fixité, 326, 345, 359
Garde de l'enfant, 350
Habitation, 326, 335, 336, 345
Historique, 357
Indices matériels, 334, 342
Inviolabilité, 177, 178, 179
Itinérance, 343, 346
Légal, 332, 347, 351, 357
Libre choix, 201, 324, 331, 332, 346, 347, 357
Localisation juridique de la personne, 313
Majeur inapte, 351
Majorité, 348
Matrimonial, 335-337
Migration, 343, 345
Mineur, 332, 348-350
Nomadisme, 343
Notion, 313-316
Perquisition, 179
Placement dans un établissement de soins, 351
Port d'attache, *voir* Présence permanente
Portée, 317
Présence permanente, 313, 314, 321, 325, 359
Preuve, 339, 340, 345
Principal établissement, 179, 315, 317, 331-334, 338, 339, 345, 357, 359
Réfugié politique, 343, 345
Saisie, 179
Sans abri, *voir* Itinérance

Séjour temporaire, 334, 342
Spécial, 317, 327
Stabilité, *voir* Fixité
Transmissibilité, 348, 354
Unité, 327, 339, 350, 353
Volontaire, *voir* Libre choix
Voir aussi **Résidence**

Dommages exemplaires
Voir **Dommages punitifs**

Dommages-intérêts
Atteinte à la réputation, 172
Atteinte à un droit de la personnalité, 85
Atteinte aux droits fondamentaux, 80, 91
Communication des renseignements personnels, 193
Enfant à naître, 10
Garde en établissement et évaluation psychiatrique
– Mesures de contrôle (non-respect des conditions), 215
– Gestation préjudiciable, 18
– Préjudice imputable au comportement de la mère pendant la grossesse, 12
Exploitation des personnes âgées ou handicapées, 703, 705
Inexécution des obligations, 201
Liberté d'expression, 80
Liberté physique, 201
Mandat de protection, 770, 791
Mineur
– Victime de préjudice corporel, 504
Rente, 504
Sanction des incapacités, 468
Tuteur au mineur, 609, 619, 620

Dommages punitifs
Atteinte aux droits fondamentaux, 92
– Adaptation à la situation particulière de la personne condamnée, 92
– Autonomie du recours, 92
– Caractère intentionnel, 92
– Critères d'attribution, 92
– Fonction préventive, 92
– Mesure exceptionnelle, 92
– Nature d'une peine privée, 92
– Objectifs, 92
– Préséance de la Charte sur les règles du droit commun, 92
Exploitation des personnes âgées ou handicapées, 703, 704
Tuteur au mineur, 609
Usage du nom, 246

Don d'organes
Voir **Prélèvement d'organes et de tissus**, **Transplantation d'organes**

Donation
Conseiller au majeur, 755

Émancipation, 524
Infans conceptus, 10, 21
Interdiction de consentir une donation importante, 446
Majeur protégé, 446
Mineur, 446, 512
Tutelle, 525, 617, 618

Dossier d'adoption
Voir **Adoption**

Dossier médical
Voir **Droit à la protection des renseignements personnels, Renseignement personnel**

Dossier personnel
Voir **Droit à la protection des renseignements personnels, Renseignement personnel**

Douleurs et souffrances
Aide médicale à mourir, 120
Changement de nom, 257
Droit à une indemnisation, 87
Refus de traitement, 122

Droit à l'anonymat, 177, 181-183
Image, 182
Nom, 181
Voix, 183, 241

Droit à l'autodétermination, 101, 104, 105, 109, 120, 122, 177, 218, 651, 693, 767

Droit à l'autonomie
Actes relatifs au travail du mineur, 508
Aliénation des parties et des produits du corps humain, 143
Consentement aux soins, 107, 112, 114
Droit à l'image, 182
Droit au respect de la vie privée, 177
Droit de disposer de son cadavre, 160
Droit de l'enfant, 651, 666
Émancipation, 523
Incapacité d'exercice, 453
Inviolabilité de la personne, 100
Femme enceinte, 5, 12, 33
Mandat de protection, 790, 800
Mécanismes de protection de la personne inapte, 461, 465
Mineur de 14 ans et plus, 126, 493, 495-497, 514
Recherche susceptible de porter atteinte à l'intégrité (expérimentation), 149
Régime de protection du majeur, 677, 687, 693-700, 733
Soins de santé, 96
– Soins à finalité thérapeutique, 126

Droit à l'avocat, 506, 509, 650, 651, 663, 665, 674, 715, 720, 726

Droit à l'égalité, 30, 79, 81, 109, 126, 361, 650, 669

Droit à l'honneur, 168

Appréciation, 171

Atteinte, 88, 169, 171, 172

Caractère social, 171

Caractère subjectif, 171

Diffamation, 172

Droit à l'image, 182

Droit de la personnalité, 82, 88

Fondement, 169

Harcèlement sexuel, 171

Harcèlement psychologique en milieu de travail, 171

Mort, 29

Notion, 171

Patrimoine moral, 88

Relations de travail, 171

Droit à l'image

Voir **Image**

Droit à l'information, 186, 187

Droit constitutionnel, 94, 187

Droit de l'enfant, 651, 669

Garde en établissement et évaluation psychiatrique, 212

Mineur de 14 ans et plus, 495

Régime de protection du majeur, 685, 688, 697, 699

Voir aussi **Devoir d'information**, **Liberté d'expression**, **Liberté de presse**

Droit à l'intégrité morale, 74, 168-170, 183, 669

Voir aussi **Droit à l'honneur**, **Droit à la dignité**, **Droit à la réputation**, **Droit au respect de la vie privée**

Droit à l'intégrité physique, 9, 74, 84, 96, 98-167, 170, 454, 650, 669

Voir aussi **Corps humain**, **Droit à l'inviolabilité**, **Prélèvement d'organes et de tissus**, **Recherche susceptible de porter atteinte à l'intégrité (expérimentation)**, **Soins**, **Transplantation d'organes**

Droit à l'inviolabilité, 27, 82, 84, 95, 96, 98-102, 111, 159, 162, 177, 202, 203

Droit à la communication

Garde en établissement et évaluation psychiatrique, 213

Droit à la confidentialité

Voir **Droit au secret et à la confidentialité**

Droit à la dignité, 74, 76, 100, 103, 119, 169-170

Atteinte, 169-171, 183

Biologisation de la personne, 104

But, 169

Changement de nom, 257

Composantes, 170

Conflit de droits, 96

Déchets médicaux, 147
Demande d'ouverture d'un régime de protection
– Importance de l'interrogatoire de la personne concernée, 724
Double dimension, 170
Droit de la personnalité, 82, 170
Droit fondamental, 170
Fondement, 169, 170
Gestation pour autrui, 102
Harcèlement psychologique en milieu de travail, 171
Harcèlement sexuel, 171
Libre arbitre, 100
Mort, 24, 26, 29, 119, 159
Notion, 169, 170
Ordre public, 100, 104, 170
Préambule de la Charte québécoise, 170
Procréation assistée, 21
Protection concrète dans de nombreux domaines du droit, 170
Respect du corps après le décès, 159
Soins futiles, 124

Droit à la protection des renseignements personnels, 97, 177
Atteinte, 180
Cadre législatif, 97, 191
Difficile protection, 190
Information génétique, 147, 165
Mécanisme de protection, 191-199
Multiplication des espaces réseau (défi pour l'effectivité des législations), 190
Organismes gouvernementaux de surveillance, 219
Principe de la maîtrise de l'individu sur les renseignements personnels, 190
Secteur privé, 97, 191
Secteur public, 191
Voir aussi **Renseignement personnel**

Droit à la protection du respect de la personne
Voir **Régime de protection du majeur**

Droit à la réputation, 168
Atteinte, 93, 168, 169, 172
But, 169
Compensation pécuniaire, 172
Constitutionnalité, 168
Curatelle au majeur, 696
Diffamation, 172
Dignité du cadavre, 29
Droit à l'image, 182
Droit à la voix, 183
Droit de la personnalité, 82, 84, 168
Fondement, 169
Notion, 172
Propos outrageants et injurieux, 172
Renseignement personnel, 192
Réparation du préjudice, 172

Droit à la sauvegarde de la réputation

Voir **Droit à la réputation**

Droit à la solitude et à l'intimité, 177-180

Atteinte, 178-180

Consentement à la divulgation, 188

Droit de clore son terrain, 179

Droit de préserver son intimité, 180

Harcèlement par Internet, 179

Harcèlement téléphonique, 179

Inviolabilité du domicile, 178, 179

Isolement physique, 101, 106, 178

Lieu privé, 180

Notion de solitude, 180

Servitude de vue, 179

Droit à la vie, à la liberté et à la sécurité de sa personne, 4, 5, 30, 76, 101

Conflit de droits, 96

Droit de l'enfant, 650, 669

Droit de la personnalité, 82, 84, 87, 88, 96

Droit fondamental, 79

Embryon, 4

Fœtus, 4, 5

Interdiction d'engager les services d'un individu à vie, 200

Liberté individuelle, 200

Refus des soins, 119, 126, 131

Droit à la vie privée

Voir **Droit au respect de la vie privée**

Droit à la voix

Voir **Voix**

Droit au contrôle des données personnelles

Voir **Droit à la protection des renseignements personnels, Renseignement personnel**

Droit au nom

Voir **Nom**

Droit au respect de la vie privée, 168, 173-189, 218

Accès à l'information, 97, 195

Actes de l'état civil, 407, 410

– Délivrance de copies, 412

Analyse contextuelle, 186, 217

Arrêt de principe, 177

Atteinte, 95, 168, 169, 175, 177, 185, 186, 190

Caractère extensible, 174, 177

Composantes fonctionnelles ou conceptuelles de la vie privée, 176

Consentement à la divulgation, 188, 189

Considérations d'ordre économique et d'organisation efficace du travail, 186

Constitutionnalité, 168, 173, 176

Contenu, 177-183

Devoir de non-immixtion et de non-ingérence, 177

Dimensions défensive (protection contre l'intrusion) et dynamique (liberté), 177

Domicile, 177, 178-180, 324

Droit à l'autodétermination informationnelle, 177, 218

Droit à l'autonomie, 177

Droit au secret et à la confidentialité, 177

Droit de l'enfant, 669

Droit de la personnalité, 82, 88, 168, 173, 175, 179

Droit fondamental, 186

Droit non absolu, 184

Droit public, 176

Droit subjectif, 173, 176

Expectative de vie privée, 176, 185

Expressions multiples, 177

Femme enceinte, 12

Fondement, 169

Fouille, perquisition ou saisie abusive, 176

Image, 88, 169, 177, 182

Importance des circonstances, 186

Information génétique, 147, 165

Intérêt public, 186, 187

Limites, 94, 175, 184-189

Mort, 29

Nombre de procès, 173

Notion, 168, 169, 174, 175, 177

Nouvelles technologies de l'information, 218

Objet, 177-183

Orientation sexuelle, 177

Pondération des droits et intérêts, 94, 186, 187, 217

Relations de travail, 186, 217

Renonciation, 188

Renseignement personnel, 97, 177, 180, 190-195, 218

Sécurité publique, 176

Test de proportionnalité, 186

Trait de civilisation, 174

Utilisation du nom, 177, 248

Vie familiale et amoureuse, 177

Voir aussi **Droit à l'anonymat**, **Droit à la protection des renseignements personnels**, **Droit à la solitude et à l'intimité**, **Droit au secret et à la confidentialité**

Droit au secours, 7, 101, 122

Droit au secret et à la confidentialité, 177

Atteinte, 180

Droit de la personnalité, 84

Droits de l'enfant, 661

Garde en établissement et évaluation psychiatrique, 208, 213

Principe, 180

Voir aussi **Droit à la protection des renseignements personnels**, **Secret professionnel**, **Renseignement personnel**

Droit comparé

Attribution du nom, 275, 276

Identité sexuelle, 308

Droit constitutionnel
Voir **Droits de la personnalité, Droits fondamentaux**

Droit d'accès
Intérêt de l'enfant, 654

Droit d'auteur, 86
Image, 182

Droit d'information
Voir **Droit à l'information**

Droit de clientèle
Image, 182

Droit de critiquer et de caricaturer, 172

Droit de donner son avis, 526, 611, 624, 642, 697, 699, 700, 724, 735

Droit de garde
Voir **Garde de l'enfant**

Droit de l'enfance
Voir **Droits de l'enfant**

Droit des inaptes
Voir **Incapacité juridique, Majeur inapte, Mandat de protection, Régime de protection du majeur**

Droit du public à l'information
Voir **Droit à l'information**

Droit international privé
Domicile, 323, 346, 349
Résidence, 330, 349

Droit litigieux, 446, 447, 469

Droit naturel, 30, 31

Droit romain
Curateur au ventre, 544
Domicile, 357, 358
État de la personne, 362
Infans conceptus, 10
Mort, 36
Nom, 273
Notion de personne, 30
Personne future, 16
Troisième sexe, 306

Droits de l'enfant, 488, 649-675
Changement de nom, 251
Comité de l'ONU des droits de l'enfant, 667
Conseil de tutelle, 644
Dichotomie autonomie/protection, 651, 666
Droit au silence, 659
Droit de parole, 658, 659
Droits de la personnalité, 82, 649, 650, 669
Droits économiques, sociaux et culturels, 669
Droits fondamentaux, 650, 669
Droits spécifiques, 651, 669

Mise en œuvre du respect des droits, 657-665
Objet de droit, 649
Processus judiciaire, 649, 657-665, 673, 674
Protection internationale, 666-669, 675
Protection législative, 650-653
– Historique, 651, 670
– Principes généraux, 652
Représentation, 663-665
– Discrétion judiciaire, 663
– Droit à l'avocat, 663, 674
– Ordonnance de sauvegarde, 663
– Rôle et nature du mandat de l'avocat, 674
– Tuteur *ad hoc*, 664, 665
Soins, 128, 131, 650, 669
Sujet de droit, 125, 649, 650
Témoignage, 660-662
– Accompagnement, 662
– Confidentialité, 661
– Déclaration écrite, 660
– Environnement, 660
– Hors de la présence des parties, 660, 662
– Huis clos, 661
– Lieu, 660
– Moyens techniques, 660, 673
– Opportunité, 658
– Principe, 658
– Sténographie ou enregistrement, 660
Tutelle, 644
Tuteur *ad hoc*, 657, 664, 665
Voir aussi **Intérêt de l'enfant**

Droits de l'homme
Voir **Droits fondamentaux**

Droits de la personnalité, 74
Abrègement de la vie, 87
Atteinte, 85-88, 90
Autorisation, 86
Autorisation judiciaire aux soins, 96
Caractères, 75
Classification, 84
Définition, 75
Disposition du corps, 28, 82
Droit antérieur à la réforme, 82, 87
Droit à l'image, 84, 182
Droit à l'inviolabilité et à l'intégrité de la personne, 100
Droit à la réputation, 168
Droit au nom, 76, 82, 84, 88, 89, 224, 245, 246, 274
Droit au respect de la vie, 82, 84, 87, 88
Droit au respect de la vie privée, 82, 88, 168, 173, 176, 179
Droit au respect du corps après la mort, 82, 159
Droits de l'enfant, 649, 650, 669
Droits extrapatrimoniaux, 85, 86
Droits fondamentaux, 76, 82
Droits non pécuniaires, 85
Droits patrimoniaux de la personne humaine, 85

Droits subjectifs, 75, 84
Enfant anencéphale, 9
Fondement, 84
Gage des créanciers, 85
Hors commerce, 85, 163
Imprescriptibilité, 85, 89
Incessibilité, 85
Insaisissabilité, 85
Intransmissibilité, 85, 88
Libertés civiles, 74, 200
Notion de personnalité, 83
Objet, 75
Opposabilité, 84
Ordre public, 82, 86
Patrimoine moral, 88
Recours des héritiers, 87, 88
Renonciation, 86
Renseignement personnel, 97
Réparation du préjudice, 85, 87, 90-92
Sanction, 75, 82
Transmission, 88
Vie privée, 82, 88, 95, 97
Voir aussi **Droits de l'enfant**

Droits fondamentaux
Charte constitutionnelle fédérale, 78-80
Clause de dérogation, 79, 82
Consentement aux soins, 107
Dignité, 170
Droit à l'inviolabilité et à l'intégrité de la personne, 100
Droit au respect de la vie privée, 186
Droit public, 76
Droits à l'égalité, 79, 81
Droits constitutionnels, 78
Droits de l'enfant, 650, 669
Droits économiques, sociaux et culturels, 76, 81, 669
Droits judiciaires, 81
Droits politiques, 81
Incapacité juridique, 441
Instruments législatifs, 78-82
Limites, 79, 82
Objets de législation, 77
Ordre public, 80, 82, 187
Pondération des droits et intérêts, 186, 187
Prépondérance, 81
Refus des soins, 109
Régime de protection du majeur, 682, 685, 696, 697, 699, 700
Règles d'interprétation, 82
Réparation du préjudice, 76, 91
- Conflit de droits, 91
- Dommages-intérêts compensatoires, 91
- Dommages punitifs, 92
- Exclusion de la preuve, 95
- Injonction, 93
- Liberté de presse, 94
- Preuve, 91
- Test de justification et de pondération des intérêts, 91
- Théorie du chevauchement, 91, 92

Valeurs démocratiques, 82, 187
Voir aussi **Atteinte à la personne d'autrui, Droits de l'enfant**

Droits et libertés
Voir **Droits fondamentaux**

Droits extrapatrimoniaux
Voir **Droits de la personnalité**

Droits patrimoniaux
Mandat de protection, 771
Voir aussi **Droits de la personnalité, Intérêt patrimonial**

Droits primordiaux de la personne
Voir **Droits de la personnalité**

-E-

Échantillons d'ADN
Voir **Prélèvement d'organes et de tissus**

Échantillons d'haleine ou de sang
Voir **Prélèvement d'organes et de tissus**

Écoute clandestine, 183

Éducateur
Intérêt de l'enfant, 654, 656
Responsabilité civile, 501-503

Éducation
Capacité juridique du mineur, 494
Mineur de 16 ans, 498
Tutelle au mineur, 539, 581, 614, 616

Égalité civile, 434, 449

Égalité des sexes
Voir **Sexe**

Élection de domicile
Voir **Domicile**

Éloignement
Voir **Absence**

Émancipation, 493, 517-535
Actes de simple administration, 435, 524
Actes interdits, 527
Actes juridiques, 524
Actes personnels, 524
Actes relatifs à son travail, 524
Action en justice, 524
Assistance du tuteur, 521, 522, 525
Assurance-vie, 527
Autorisation judiciaire, 526
Avis du tuteur, 526
Besoins ordinaires et usuels, 524
Chiffres, 535
Définition, 517
Domicile, 348, 523
Droit à l'autonomie, 523

Droit antérieur à la réforme, 517, 518, 528, 533, 534
Fin, 532, 533
Nullité des actes, 524-526
Pleine, 494, 498, 518, 519, 528-531
– Aide sociale, 529, 531
– Conditions d'acquisition, 529, 530
– Effets, 519, 531
– Jugement, 528, 529
– Mariage, 528, 530, 534
– Modes d'acquisition, 528
– Motif sérieux, 529
– Pension alimentaire, 529
Politique législative, 529, 531, 534
Principe, 517
Réduction des obligations, 525, 526
Révocation, 530, 533
Simple, 494, 498, 518-527
– Conditions d'acquisition, 520, 529
– Décision judiciaire, 519, 520, 533
– Déclaration au curateur public, 520, 533
– Effets sur la tutelle, 521, 522
– Effets sur le mineur, 519, 523-527
– Exercice des droits civils, 523
– Modes d'acquisition, 520
– Prise d'effet, 520
– Protection des tiers, 520
– Publicité, 520
– Registre, 520
– Révocation, 533
– Stade intermédiaire de capacité, 519, 523
Utilité, 534

Embryon
Actes interdits, 20
Bébé-médicament, 18
Clonage, 20
Cryogénisation, 10
Définition, 3
Diagnostic préimplantatoire, 18
Droit à la vie, à la liberté et à la sécurité de sa personne, 4
Embryons excédentaires, 19
Encadrement légal, 21
In vitro, 10, 18-21
Infans conceptus, 21
Statut juridique, 2, 16, 18, 21
Sujet de droit, 31
Utilisation aux fins de recherche, 19, 21, 35
Voir aussi **Enfant à naître, Fœtus**

Empreintes digitales, 222

Empreintes génétiques, 101

Enfant
Enfant en situation de compromission, 131, 157, 349
Enlèvement, 349, 666
Notion de personne, 1, 5-8
Propriété privée, 18

Responsabilité personnelle, 500
Voir aussi **Adoption**, **Droits de l'enfant**, **Émancipation**, **Enfant à naître**, **Enfant anencéphale**, **Enfant mort-né**, **Enfant non viable**, **Filiation**, **Garde de l'enfant**, **Intérêt de l'enfant**, **Mineur**, **Nom**

Enfant à naître
Bébé-médicament, 18
Capacité de jouissance, 443
Charte canadienne des droits et libertés, 3-5
Charte des droits et libertés de la personne, 3, 6, 7
Critères de viabilité, 9
Curateur au ventre, 15, 544
Date de conception, 9, 10
– Détermination, 14
Droit à la vie, à la liberté et à la sécurité de sa personne, 4
Droits acquis, 10
Immunité parentale, 12, 13
Infans conceptus, 10, 14-16, 21, 32
Intérêt patrimonial, 7, 13, 15, 16
– Protection, 7, 8, 544
Négligence criminelle, 1
Personnalité juridique, 1, 5-7, 10, 13, 16, 20, 31
– Rétroactivité, 7, 16, 26
Personne future, 9, 16
Procréation assistée, 20
Statut juridique, 13, 20
Sujet de droit, 16
Tutelle dative, 545
Tutelle légale, 15, 544, 545
Voir aussi **Embryon**, **Fœtus**

Enfant anencéphale, 9

Enfant conçu
Voir **Enfant à naître**

Enfant mort-né
Statut juridique, 9

Enfant non viable
Statut juridique, 9

Enlèvement
Voir **Absence**, **Disparition**

Enquête du coroner
Jugement déclaratif de décès, 57

Entretien
Charges familiales, 50
Majeur protégé, 689
Majeur représenté, 748
Tutelle au mineur, 539, 611, 614, 616

Esclavage, 30

Estime de soi
Voir **Droit à l'honneur**, **Droit à la dignité**, **Droit à la réputation**

Établissement
Voir **Domicile**, **Résidence**

Établissement de santé ou de services sociaux
Bénéficiaire
– Incapacité de jouissance, 446
Comité d'éthique, 109
Devoir d'information à l'égard du majeur inapte, 688
Garde du majeur inapte, 690, 748, 753
Interdiction d'agir, 466
Mandat de protection
– Demande de révocation, 811
– Rapport d'aptitude, 807
Protection des objets à caractère personnel du majeur inapte, 466, 690, 691
Rapport d'inaptitude au curateur public, 715-718
– Contenu, 716, 717
– Effets, 718
Recherche susceptible de porter atteinte à l'intégrité (expérimentation), 157
Régime de protection du majeur, 714-718
– Démarche d'obtention des rapports, 722
– Exclusion à titre de personne intéressée à l'ouverture, 713
– Rapport d'aptitude, 764
– Réévaluation périodique, 763
– Révision, 761
Signalement de majeur inapte au curateur public, 713-715
Soins, 126
– Hébergement, 106, 133
Voir aussi **Centre d'hébergement et de soins de longue durée**, **Centre de réadaptation**, **Garde en établissement et évaluation psychiatrique**, **Soins**

État
Droit objectif, 31

État civil, 361-427
Caractère, 367
Constatation, 373
Devoir d'information, 364, 407
Droit au respect de la vie privée, 407
État de la personne, 361-363, 365, 407
Fondement, 362
Ministre du culte, 367, 371
Officier, 365, 367, 370, 371
Organisation, 366-372, 423
Rectification, 287, 288
Réforme, 367-372
– Contexte, 367, 368
– Nécessité, 368
– Travaux préparatoires à la mise en place, 424
Service public, 366, 367
Structures, 367
Système, 365
– Décentralisation, 368
– Déficience, 367
– Dualité, 368

– Responsabilité, 370

Voir aussi **Actes de l'état civil, Directeur de l'état civil, Direction de l'état civil, Registre de l'état civil**

État de la personne

Voir **Personnalité juridique, Personne physique**

État mental

Voir **Garde en établissement et évaluation psychiatrique, Régime de protection du majeur**

État politique, 362

Être humain

Voir **Personnalité juridique, Personne physique**

Eugénisme, 18

Euthanasie, 24, 120, 122, 167

Voir aussi **Aide médicale à mourir**

Évaluation médicale et psychosociale

Demande relative à l'intégrité de la personne, 157, 158

Inaptitude, 108, 133

Intérêt de l'enfant, 656

Mandat de protection, 778, 780, 785, 806, 807

Mineur de 14 ans et plus, 495

Non-viabilité, 9

Refus, 101, 495

Régime de protection du majeur

– Ouverture, 715-717, 719, 721-723, 733

– Réévaluation périodique, 763

Voir aussi **Preuve, Soins**

Évaluation psychiatrique

Voir **Garde en établissement et évaluation psychiatrique**

Examen médical

Voir **Évaluation médicale et psychosociale, Prélèvement d'organes et de tissus, Soins**

Examen psychiatrique

Voir **Garde en établissement et évaluation psychiatrique**

Exclusion de la preuve

Voir **Preuve**

Expectative de vie privée

Voir **Droit au respect de la vie privée**

Expérimentation

Voir **Recherche susceptible de porter atteinte à l'intégrité (expérimentation)**

Expertise médicale et psychosociale

Voir **Évaluation médicale et psychosociale**

Exploitation

Mandat de protection, 790

Protection des personnes âgées ou handicapées, 678, 685, 701-706
- Dommages-intérêts, 703, 705
- Dommages punitifs, 704
- Étendue de la protection, 703
- Étendue du devoir de conseil du notaire, 705
- Formes d'abus, 701, 704
- Injonction, 703
- Mesures de réparation en vertu de la Charte, 703-705
- Notion d'« exploitation », 701
- Notion de « personne âgée », 702
- Notion de « vulnérabilité », 701
- Position de force, 704
- Préjudice moral, 705
- Recours en annulation pour cause de lésion, 704
- Reprise de possession du logement, 705
- Résiliation de bail, 706
- Responsabilité civile, 705
- Vice de consentement, 704

Voir aussi **Lésion**

Exploitation d'une entreprise

Protection des renseignements personnels
- Cadre législatif, 97, 191
- Devoir d'information, 198

Expression vocale

Voir **Voix**

-F-

Facebook

Voir **Réseaux sociaux**

Famille

Absence, 51, 65

Droit au respect de la vie privée, 180

État de la personne, 362

Protection du majeur inapte, 685

Voir aussi **Conseil de tutelle**, **Famille d'accueil**, **Partage du patrimoine familial**, **Régime de protection du majeur**

Famille d'accueil

Bénéficiaire
- Incapacité de jouissance, 446

Consentement aux soins du mineur, 129

Domicile de l'enfant, 349

Droit à l'information, 651

Tutelle dative, 560-562

Faux nom

Voir **Nom**

Fécondation *in vitro*, 10, 18-21

Femme enceinte

Droit à l'autonomie, 5, 12, 33

Droits fondamentaux, 8, 12
Garde en établissement et évaluation psychiatrique, 8
Immunité parentale, 12, 13
Obligation de diligence à l'égard du fœtus, 12
Obligation morale, 5
Voir aussi **Grossesse**

Femme mariée ou unie civilement
Voir **Mariage**, **Union civile**

Fiducie, 10, 21, 28, 607, 611

Filiation
Absence, 52
Acte de naissance, 376, 377, 419
Action d'état, 400
Aménagement des règles relatives au droit de la filiation, 20
Attribution du nom, 224, 226, 230, 231, 234, 235
Changement de nom, 249-253, 258-262, 265-267
Date de conception, 14
Déclaration, 377, 378
Déclaration tardive, 386
Domicile d'origine, 348
État de la personne, 362
Expertise sanguine, 101
Pouvoir parental, 128
Preuve, 376, 422
Transsexualisme, 302, 303
Tutelle légale, 597
Tuteur *ad hoc*, 567
Voir aussi **Acte de naissance**

Fin de vie
Voir **Aide médicale à mourir**, **Décès**, **Mourir dans la dignité**, **Soins en fin de vie**

Fœtus
Absence de protection constitutionnelle, 5
Action pour vie préjudiciable, 11-13, 34
Classification scientifique, 7
Définition, 3
Droit à la vie, à la liberté et à la sécurité de sa personne, 4, 5
Fœtoscopie, 17
Intérêt patrimonial, 7, 15
Patient, 11
Statut juridique, 2, 4-8
Sujet de droit, 31
Syndrome d'alcoolisation fœtale, 12
Voir aussi **Enfant à naître**, **Embryon**

Formalités tutélaires
Voir **Tutelle**

Fouille, perquisition ou saisie abusive
Droit au respect de la vie privée, 176

Funérailles
Voir **Directeur de funérailles**, **Mort**

-G-

Garde de l'enfant
Action en justice du mineur, 509
Changement de nom, 257
Consentement aux soins du mineur, 129
Déclaration de naissance, 378
Déplacement illicite, 349
Domicile, 349, 350
Droit de parole des enfants, 658, 659
Intérêt de l'enfant, 654, 656
Résidence habituelle, 350
Responsabilité du gardien, 501, 502
– Renversement de la présomption, 501
Retour de l'absent, 65
Transsexualisme, 302
Tutelle *ad hoc*, 665
Tutelle dative, 553
Tutelle légale, 542, 546, 568

Garde du majeur
Voir **Curateur public**, **Établissement de santé ou de services sociaux**, **Régime de protection du majeur**, **Soins**

Garde en établissement et évaluation psychiatrique, 101, 133, 141, 202-216
Absence de danger, 205
Agent de la paix, 207, 211, 212
Antécédents, 206
Audition, 211
Autorisation, 203
Autorisation judiciaire, 101, 133, 203, 208, 209, 214
Cadre législatif, 202
Capacité médicale, 214
Certificat médical, 210
Conditions, 141, 203-211
Consentement, 203, 204, 212, 213
Dangerosité, 108, 141, 205, 206
Devoir d'information, 211, 216
Document d'information, 212, 216
Dommages-intérêts, 215
Droit à l'information, 212
Droit à l'inviolabilité, 203
– Exception, 101, 202
Droit à la communication, 213
Droit à la confidentialité, 208, 213
Droit d'exercer des recours, 212
Droit de s'opposer à des soins autres que les soins de garde, 214
Durée, 210
Évaluation périodique, 210, 212, 214, 216
Femme enceinte, 8
Garde préventive, 204, 206-208, 212, 216
Garde provisoire, 206, 208, 212
Garde régulière, 206, 209
Interrogatoire, 211
Jugement, 210
– Exécution, 211
– Notification, 211
– Suspension, 211
– Transmission, 211, 216

Mécanisme de protection, 202
Mesures de contrôle, 215
Notification de la demande, 211
Obtention des renseignements auprès des proches, 106
Ordonnance de garde, 101, 210, 211, 212, 214
– Condition préalable, 208
Opposition, 205
Partage des responsabilités, 220
Pratique d'oppression, 220
Plan de soins, 212
Principes généraux, 203
Procédure, 211
Rapport d'enquête sur les difficultés d'application de la loi, 220
Rapport d'examen, 205, 208-210
Recours à la force, à l'isolement et à des mesures de contention, 101, 106, 215
Réforme de 2014 de la procédure civile, 211
Refus des soins, 109, 205, 214
Répression et privation de liberté, 220
Résident en psychiatrie, 208
Responsabilité civile, 202
Soins d'hygiène, 214
Tribunal administratif du Québec, 210, 211, 213, 216
Trouble du comportement, 205
Urgence, 204, 207, 211, 214, 215
Vérification préalable de l'inaptitude, 204

Génome humain

Acte interdit, 20
Séquençage, 18

Gestation pour autrui, 102

Gestation préjudiciable

Voir **Action pour gestation préjudiciable**

Gestion d'affaires, 440, 786

Gestion de l'instance, 158

Gestion tutélaire

Voir **Tutelle**

Greffe d'organes

Voir **Transplantation d'organes**

Greffier du tribunal

Voir **Tribunal**

Grossesse

Action pour gestation préjudiciable, 18
Immunité de la mère, 12, 13
Protection du fœtus, 7, 8
Recours de l'enfant contre sa mère
– Préjudice imputable au comportement de la mère pendant la grossesse, 12, 13

Voir aussi **Femme enceinte**

-H-

Habeas corpus, 157, 201, 205, 211, 655

Habeas data, 97

Habitation

Voir **Domicile, Résidence**

Handicap

Action pour vie préjudiciable, 11-13, 34

Droit général à la protection et à la sécurité, 701

Préjudice imputable au comportement de la mère pendant la grossesse

– Recours de l'enfant contre sa mère, 12, 13

Protection contre l'exploitation, 678, 685, 701-706

Harcèlement par Internet

Inviolabilité du domicile, 179

Harcèlement psychologique en milieu de travail

Atteinte à la dignité, 171

Harcèlement sexuel

Atteinte à la dignité, 171

Lésion professionnelle, 171

Harcèlement téléphonique

Inviolabilité du domicile, 179

Hébergement, hospitalisation et soins

Voir **Établissement de santé ou de services sociaux, Garde en établissement et évaluation psychiatrique, Soins**

Héritier

Voir **Succession**

Hermaphrodisme

Voir **Intersexualité physique**

Homicide

Enfant à naître, 1

Honneur

Voir **Droit à l'honneur**

Hôpital

Voir **Établissement de santé ou de services sociaux, Garde en établissement et évaluation psychiatrique, Soins**

-I-

Identification de la personne

Voir **Actes de l'état civil, Domicile, Droit à l'anonymat, Nom, Sexe**

Identité sexuelle

Voir **Sexe**

Image

Appropriation d'autrui, 182

Atteinte, 182
– Sanction, 182
Caractère commercial, 86
Caricature, 182
Circonstances factuelles, 182
Consentement à la divulgation, 182
Dignité du cadavre, 29
Droit à l'anonymat, 182
Droit à l'honneur, 182
Droit à la réputation, 182
Droit au respect de la vie privée, 88, 169, 177, 182
Droit d'auteur, 182
Droit de la personnalité, 84, 182
Droit extrapatrimonial, 182
Effigie d'une personne, 182
Incessibilité du droit, 182
Information légitime du public, 177, 182, 186, 187
Intérêt pécuniaire résultant de l'exploitation lucrative, 182
Intérêt public, 182, 187
Liberté de photographier des sites, 182
Notion de propriété, 182
Patrimoine moral, 88
Utilisation aux fins publicitaires, artistiques ou littéraires, 182, 187
– Consentement, 182, 189
Utilisation illégitime de la ressemblance d'une personne, 182

Immunité civile, 121

Immunité parentale, 12, 13

Inaptitude
Voir **Incapacité juridique, Majeur inapte, Mandat donné en prévision de l'inaptitude, Régime de protection du majeur**

Inaptitude à consentir à des soins de santé
Voir **Soins**

Inaptitude à subir son procès, 108

Incapacité d'exercice, 442, 450-453
Catégories de personnes inaptes, 458
Curatelle au majeur, 453, 735
Définition, 443
Étendue, 453
Exception, 453
Fondement, 452
Irresponsabilité, 452
Mandat de protection, 788
Objectif de protection, 452
Sanction, 452
Soins, 453
Titulaire d'un droit, 451
Voir aussi **Majorité, Mineur**

Incapacité de jouissance, 16, 442, 444-449, 744
Absence ou privation d'un droit, 444, 449
Acte exclusivement personnel, 736
Adoption, 444

Âge, 444
Ambiguïté de l'expression, 445
Curatelle au majeur, 444, 735
Déchéance de l'autorité parentale, 444, 448
Défiance, 447
Définition, 443
Dégradation civique, 22, 448
Effet, 444
Étendue, 449
Exemples, 446, 449
Facteur déterminant, 444
Fondement, 447
Générale, 449
Indignité, 448
Interdiction d'agir, 444, 445, 447, 466
Mineur, 444, 447, 466, 469, 505, 512
Mort civile, 22, 448, 449
Notion, 444, 445
Notion de protection, 447, 448
Ordre public, 447, 469
Principe d'égalité civile, 449
Sanction, 448, 469
Spéciale, 449
Suspicion, 447
Tuteur au mineur, 447, 469

Incapacité juridique

Actes juridiques, 438, 440
Capacité résiduelle, 441
Catégories, 442-456
Catégories de personnes inaptes, 458-460
Choix du lieu de résidence, 441
Confusion terminologique, 454, 456
De fait, 437, 454, 456, 485, 789
Distinction classique, 443
Droits fondamentaux, 441
Exceptions, 505
Faits juridiques, 438, 440
Femme mariée, 458, 459, 486, 487
Finalités, 468, 469
Gestion d'affaires, 440
Impossibilité d'agir, 456, 467
Interdiction d'agir, 456
Interprétation, 435
Lésion, 479-482
Mandat de protection, 455, 788
Mécanismes de protection, 461, 483, 489
Notion de pouvoir, 457
Nullité des actes, 469-477, 483
- Confirmation de l'acte, 474, 475, 513
- D'office, 473
- Degré d'aberration mentale, 454
- Distinction, 469, 470
- Exigence de bonne foi, 472
- Mineur émancipé, 524-525
- Personne intéressée, 471-473
- Préjudice sérieux, 472
- Prescription, 476
- Présomption, 469
- Restitution, 477
- Suspension de la prescription, 476

Obligations, 440
Personnalité juridique réduite, 436
Preuve, 434, 454
Principe, 434, 436, 443
Principe d'égalité, 458
Réduction des obligations, 468, 478, 483, 525, 526
Régime de protection du majeur, 363, 437, 452, 454, 456
Responsabilité civile, 438, 439
Sanction, 468-482
Terminologie, 437
Tutelle légale, 568
Vérification, 483-485
Voir aussi **Capacité juridique**, **Incapacité d'exercice**, **Incapacité de jouissance**, **Incapacité naturelle**, **Majeur inapte**, **Mineur**, **Régime de protection du majeur**

Incapacité naturelle, 454, 736

Incessibilité
Droit à l'image, 182
Droits de la personnalité, 85

Incinération
Voir **Disposition du corps**

Indignité, 159, 161, 350, 448, 543
Voir aussi **Droit à la dignité**

Individu
Voir **Personnalité juridique**, **Personne physique**

Infamie
Changement de nom, 257

Infans conceptus, 10, 14-16, 21, 32

Infraction criminelle
Pratiques interdites en matière de procréation assistée et de recherche connexe, 20
Recours d'un mineur ou d'un majeur protégé, 467
Voir aussi **Responsabilité criminelle**

Ingénierie génétique, 18-21, 35

Inhumation
Voir **Disposition du corps**

Injonction
Atteinte aux droits fondamentaux, 93
Exploitation des personnes âgées ou handicapées, 703

Insaisissabilité
Droits de la personnalité, 85

Inscription de faux, 402, 420, 484

Insémination artificielle
Voir **Procréation assistée**

Instituteur
Voir **Éducateur**

Intégrité

Voir **Droit à l'intégrité morale**, **Droit à l'intégrité physique**, **Recherche susceptible de porter atteinte à l'intégrité (expérimentation)**

Interdiction d'agir, 444-447, 456, 461, 466, 512

Intérêt de l'enfant, 95, 654-656

Action en justice du mineur, 509
Aliénation parentale, 656
Appréciation, 656, 672
Assemblée des parents, alliés et amis, 643
Attribution du nom, 226, 275
Besoins spécifiques, 656, 672
Caractère subjectif, 656
Champ d'application, 654
Changement de nom, 251, 253, 258
Conseil de tutelle, 644
Considération primordiale, 668
Controverse, 656, 672
Convention internationale, 666, 675
Coparentalité, 129
Critère arbitraire, 656, 672
Décisions prises à l'égard de l'enfant, 654, 655, 669, 672
Directeur de l'état civil, 654
Droit à l'avocat, 509, 663
Droit de parole, 658, 659
Émancipation, 529
Évaluation médicale et psychosociale, 656
Notion, 654-656, 671
Origine du principe, 655
Principe, 654, 672
Références, 671, 672, 675
Signification, 656
Soins, 129, 131
– Non requis par l'état de santé, 132
– Refus, 131, 156, 158
Témoignage, 660
Théorie de l'attachement, 656
Transsexualisme, 302
Tutelle, 536, 573, 600, 601, 609, 618
Tutelle *ad hoc*, 564, 664, 665
Tutelle dative, 572
– Conversion en tutelle légale, 537
Tutelle judiciaire, 557-560, 562
Tutelle légale, 542, 543, 601
Voir aussi **Droits de l'enfant**

Intérêt particulier

Voir **Personne qui démontre un intérêt particulier**

Intérêt patrimonial

Enfant à naître, 7, 13, 15, 16, 544
Mineur, 624

Intérêt public

Actes de l'état civil, 372

Droit à l'image, 182, 187

Droit au respect de la vie privée, 186, 187

Liberté de presse, 187

Internement

Voir **Garde en établissement et évaluation psychiatrique**

Internet

Atteinte à la réputation, 172

Harcèlement, 179

Protection de la vie privée, 218

Voir aussi **Réseaux sociaux**

Interruption de grossesse

Voir **Avortement**

Interruption de traitement

Voir **Soins**

Intersexualité physique, 287, 289, 311

Intersexualité psychique, 285, 287, 289

Intervenant en situation de crise

Garde en établissement et évaluation psychiatrique

– Garde préventive, 207

Intervention médicale

Voir **Soins**

Intimité

Voir **Droit à la solitude et à l'intimité**

Intransmissibilité

Charge au conseil de tutelle, 633

Droits de la personnalité, 85, 88

Inventaire de la tutelle

Voir **Tuteur**

Inviolabilité

Voir **Droit à l'inviolabilité**

Inviolabilité du domicile

Voir **Domicile**

Irrecevabilité de la preuve

Voir **Preuve**

Isolement physique, 101, 106, 178, 215

Voir aussi **Droit à la solitude et à l'intimité**, **Garde en établissement et évaluation psychiatrique**

-J-

Jeune contrevenant

Voir **Délinquance juvénile**

Jugement d'émancipation

Voir **Émancipation**

Jugement d'homologation du mandat de protection

Voir **Mandat de protection**

Jugement d'ouverture d'un régime de protection
Voir **Régime de protection du majeur**

Jugement de culpabilité
Déclaration administrative de décès, 69, 70, 390

Jugement de mise sous garde
Voir **Garde en établissement et évaluation psychiatrique**

Jugement déclaratif de décès
Absence, 53, 54, 56-59, 62, 63, 66-68, 390, 392, 416

-L-

Langue
Actes de l'état civil faits hors Québec, 396

Lésion
Acte du curateur, 741
Acte du tuteur, 514, 747
Confirmation de l'acte, 475
Définition, 480
Émancipation, 524
Exploitation des personnes âgées ou handicapées, 704
Incapacité juridique, 479-482
Notion de préjudice, 482, 514
Nullité des actes, 514
Obligation d'assumer les conséquences de ses actes, 514
Preuve, 479, 481
Preuve de préjudice, 514
Protection du consommateur, 514
Réduction des obligations, 478, 514

Libelle diffamatoire
Voir **Diffamation**

Liberté d'aller et de venir, 324, 325

Liberté d'association, 669

Liberté d'établissement, 324

Liberté d'expression
Conflit de droits, 187
Consentement à la divulgation, 188, 189
Diffamation, 172
Droit à la réputation, 172
Droit de l'enfant, 669
Droit du public à l'information, 186, 187
Droit fondamental, 79, 187
Liberté fondamentale en démocratie, 187
Piquetage, 179

Liberté d'opinion, 79, 172, 180, 187, 200, 669

Liberté de conscience, 79, 200, 669
Voir aussi **Liberté d'opinion**, **Liberté de religion**

Liberté de croyance, 79, 200, 669

Liberté de pensée, 79

Liberté de presse
Consentement à la divulgation, 189
Diffamation, 94
Droit de réponse, 94
Droit du public à l'information, 94, 187
Droit fondamental, 79
Intérêt public, 187
Rétractation, 94
Sanctions punitives et réparatrices, 94

Liberté de religion, 79, 123, 124, 126, 131, 180, 200, 669

Liberté du mode de vie, 200, 201

Liberté physique, 201

Libertés civiles, 200-216
Droits de la personnalité, 74, 200
Voir aussi **Liberté de conscience, Liberté d'opinion, Liberté de religion**

Liquidation de la succession
Voir **Succession**

Liquidation du patrimoine
Absence, 51, 58, 60

Logement
Besoins ordinaires et usuels, 506, 524
Inviolabilité du domicile, 179
Régime de protection du majeur, 690, 691, 732
Reprise de possession, 705
Résiliation de bail, 706

-M-

Majeur inapte
Assistance, 676
Autorisation judiciaire, 96
Consentement aux soins, 107, 108, 133-135
- Absence de présomption, 114
- Autorisation judiciaire, 135, 158
- Consentement substitué, 114-118, 121, 123, 134
- Degré d'autonomie et de conscience, 108
- Délégation de la garde, 134
- Impossibilité d'agir, 456
- Mécanisme de représentation informelle, 114, 115, 130
- Présomption de proximité, 114
- Question de fait, 108, 133
- Recherche susceptible de porter atteinte à l'intégrité (expérimentation), 115

Demande relative à l'intégrité de la personne, 157, 158

Dichotomie autonomie/protection, 684
Domicile légal, 351
Droit à l'autodétermination, 109
Droit à l'égalité, 109
Garde en établissement et évaluation psychiatrique, 204, 211-213, 216
Lésion, 479-482
Mécanismes de protection, 461-467, 676, 677
Nullité des actes, 469-477
Objectif de protection, 100, 133, 145, 460, 479, 701-706
Protection contre l'exploitation, 685, 701-706
Recherche susceptible de porter atteinte à l'intégrité (expérimentation), 143, 148, 151-157
Refus des soins, 109, 133, 453
- Autorisation judiciaire, 118, 133, 158
- Critères de détermination de l'inaptitude, 109
- Droit de refus, 119, 135
Représentation, 158, 676
Soins non requis par l'état de santé, 135, 157
- Test en cinq volets, 109
Tuteur *ad hoc*, 456
Voir aussi **Régime de protection du majeur**

Majeur sous curatelle
Voir **Curatelle au majeur**

Majorité, 433
Âge, 489-491, 499, 534, 619
- Consensus international, 490
- Effets, 489
- Fixation, 489, 515
- Historique, 490, 515
- Méthodes de calcul, 491
- Notion de discernement, 499
- Présomption de maturité, 489
- Principe de non-discrimination, 489
- Soins de santé, 489
Exercice des droits civils, 489, 492
Ratification de l'acte fait sous minorité, 475

Maladie
Cause d'inaptitude, 686

Maladie contagieuse, 101

Maladie génétique
Voir **Médecine génétique**

Maladie mentale
Voir **Garde en établissement et évaluation psychiatrique**, **Majeur inapte**, **Régime de protection du majeur**, **Soins**

Mandat
Absence, 53
Tutelle légale, 540

Mandat d'affaires
Voir **Gestion d'affaires**

Mandat d'inaptitude
Voir **Mandat de protection**

Mandat de protection, 433, 693, 767-816
Acharnement thérapeutique, 771
Acte notarié, 778
Acte sous seing privé, 779
Actes exclusivement personnels, 736, 738
Administration des biens, 768, 769, 771, 772, 775, 786, 790, 796-799, 813
Aptitude, *voir* Fin de l'inaptitude
But, 114, 767, 769, 775, 783, 789, 815
Caractéristiques, 770-772, 800
Clause de pondération, 800
Clause de « préséance », 800
Clause pénale, 772
Conditions d'exécution, 780-787
Conflit d'intérêts, 783, 785, 790, 811
Curateur public, 768, 778, 785, 787, 790, 796, 807, 808
Définition, 768, 769
Désistement de la contestation, 782, 785
Divisibilité, 799
Droit à l'autodétermination, 693, 767
Droit à la protection du respect de la personne, 767
Droits patrimoniaux, 761
Effets dans plusieurs États
– Règles d'administration applicables, 771
Émancipation, 533, 773
Engagement de la famille, 775, 782
Exemples, 816
Exploitation, 791
Évaluation médicale et psychosociale, 778, 780, 785, 806, 807
Fin, 774, 791, 804-816
Fin de l'inaptitude, 805-808
– Avis de cessation des effets, 807
– Effet, 805, 807
– Effet du jugement, 808
– Intervention du tribunal, 779, 805, 807, 808
– Rapport d'aptitude, 807
Formalités, 777-779, 783
Frais, 770, 793
Garanties procédurales, 800
Gestion d'affaires, 786
Gratuité, 770, 791, 813
Homologation, 143, 145, 455, 467, 777, 780, 782
– Actes antérieurs, 786, 789, 801
– Actes postérieurs, 794, 802
– Administration de la preuve, 783, 785
– But, 783
– Capacité des parties, 774, 779, 780, 782, 783

– Demande notariale, 677, 782, 783, 785
– Document accompagnateur, 783
– Effets, 788-803
– Instruction de la demande, 785
– Interrogatoire du mandant, 785
– Jugement, 787
– Modulation des droits et obligations par le tribunal, 800
– Réforme de 2014 de la procédure civile, 782, 785
– Refus d'homologation, 783
– Registre, 427, 787
– Règles de procédures applicables, 782, 785
– Révision du jugement d'homologation, 800
– Révocation, 811
– Témoins, 785
– Tribunal compétent, 782, 785
– Vérification, 484, 485, 783, 785, 786, 789

Honnêteté et loyauté, 790

Incapacité d'exercice, 788

Incapacité juridique, 455, 788

Incapacité naturelle, 788, 789

Insuffisance, 795-800

Interdiction de modifier le contenu du mandat, 783, 799, 800

Intérêt du majeur, 783, 790

Inventaire, 772

Lacunes, 801-803, 810, 811

Mandant
– Aptitude factuelle à agir, 773
– Capacité, 773, 779
– Décès, 815
– Garde, 792
– Faillite, 813
– Obligations envers le mandataire, 793
– Obligations envers les tiers, 794
– Protection, 788, 789
– Respect de l'autonomie et de la volonté, 790, 800
– Respect du bien-être moral et matériel, 768, 790

Mandataire
– Actes irréguliers, 803
– Actes qui excèdent les limites du mandat, 794, 803
– Aptitude factuelle à agir, 774
– Capacité, 774
– Charge personnelle, 790
– Clause de remplacement en cas d'inaptitude ou de décès, 776, 809, 814
– Consentement substitué aux soins, 778
– Contrôle, 772
– Décès, 776, 809, 814
– Démission, 776, 812
– Exercice des droits extrapatrimoniaux, 769
– Faillite, 813
– Incompétence, 811

– Indemnisation du préjudice subi, 793
– Liberté d'action, 790
– Malhonnêteté, 811
– Négligence, 811
– Obligations envers le mandant, 790, 791
– Obligations envers les tiers, 792
– Pouvoirs, 457, 769, 771, 772, 781, 788, 790, 796, 800
– Reddition de compte, 772, 779, 790, 791, 798, 811
– Régime de protection, 774
– Remplacement, 776, 779, 812
– Renonciation sans motif sérieux et à contretemps, 812
– Responsabilité, 770, 791, 792, 803, 812
– Responsabilité du fait d'autrui, 792
– Substitut, 769, 775, 782

Mécanismes de protection, 467, 693, 767, 768, 785, 788-790, 800, 812, 815

Mesures de contrôle, 772, 800

Nature juridique, 788

Nullité des actes, 801-803

Objet, 768, 771, 790

Ordonnance de sauvegarde, 811

Ordonnance intérimaire, 790

Partiel, 775, 797-800

Période transitoire, 786

Placement présumé sûr, 772

Pleine administration, 771, 772

Pluralité, 783, 799

Prélèvement d'organes et de tissus, 143, 145

Prescription, 467

Présomption, 773, 783, 807

Principes généraux, 768-779, 800

Prise d'effet, 780, 784

Procédure non contentieuse, 785

Publicité, 778

Recours à un professionnel de la santé, 779

Rédaction, 779
– Avant le 15 avril 1990, 784
– Capacité des parties, 773
– Instructions claires et compréhensibles, 795

Réduction des obligations, 801

Réforme du Code civil, 767

Régime de protection du majeur, 455, 693, 733, 768, 774, 775, 788, 789, 797, 798, 800, 801, 809, 812, 814

Registre, 427, 485, 777, 779

Règles applicables de la tutelle, 770, 775, 785, 796, 800, 802

Rémunération, 770, 793

Renseignement personnel, 778

Représentation, 462, 775, 786, 788, 791, 815

Requête en rétractation de jugement, 811

Restitution des prestations, 789

Révision périodique, 783

Révocation, 783, 790, 808-810

Sanction des irrégularités, 801-803

Simple administration, 771, 796

Soins, 114, 768, 769, 771, 786
Statistiques, 765
Surveillance, 768
Témoins, 779, 780
Terminologie, 768
Tutelle au majeur, 781, 800, 809
Tuteur *ad hoc*, 456, 785
Validité, 783, 785, 803
Vérification, 783, 785, 786, 789
Vice de consentement, 783

Mandat donné en prévision de l'inaptitude
Voir **Mandat de protection**

Manipulation génétique
Voir **Ingénierie génétique**

Mariage
Absence du conjoint, 41, 52, 60, 64, 67
Absence de document, 386
Absence de preuve subsidiaire, 422
Acte exclusivement personnel, 736, 737
Attestation, 411
Autorité maritale, 459
Capacité juridique, 434
Caractère incomplet du document, 386
Célébrant non compétent, 373
Certificat, 410
Contrat, 507
– Autorisation judiciaire, 464, 465, 498, 509, 526
– Conseiller au majeur, 755
– Inscription aux registres, 427
Dissolution
– Effet du décès, 23, 60
– Effet sur l'émancipation, 530
Domicile, 335-337
Émancipation, 517, 518, 526, 528, 530, 532, 534
État de la personne, 362
Incapacité de la femme mariée, 458, 459, 486, 487
Jugement déclaratif de décès
– Effet, 58
Limite d'âge, 498
Mariage par représentation, 737
Mineur, 464, 465, 493, 507, 510
Mineur de 16 ans, 498
Nom du conjoint, 242, 275, 278
Nullité, 392, 395, 416, 530, 532
Opposition du mineur, 507, 509
Promesse
– Rupture abusive, 171
Registre, 367
Résidence, 336
Transsexualisme, 300, 301, 303
Vie commune, 336
Voir aussi **Acte de mariage**, **Déclaration de mariage**

Marque de commerce
Nom, 239

Maternité de substitution, 20, 303

Maxime *infans conceptus*
Voir ***Infans conceptus***

Médecin
Voir **Certificat médical, Constat de décès, Rapport médical, Soins**

Médecine génétique, 11, 17-19, 35

Médecine prédictive, 18

Médecine prénatale, 11, 18

Médecine procréative, 18

Médecine programmative, 18

Mémoire
Dignité du cadavre, 29

Mère porteuse
Voir **Gestation pour autrui, Maternité de substitution**

Mesures de contention
Garde en établissement et évaluation psychiatrique, 215
Soins, 106

Migration
Domicile, 343, 345

Mineur, 433
Accès à l'information
- Refus, 195

Actes interdits, 469, 505, 512
Actes personnels, 493, 505, 507
Actes relatifs à son travail, 505, 508, 509, 611
Action en justice, 499, 509
Administrateur du bien d'autrui, 457
Adoption, 494, 507
Âge de la responsabilité, 516
Besoins ordinaires et usuels, 499, 505, 506, 509, 514, 611
Capacité juridique, 505-510, 611
- Acquisition progressive, 492-499

Changement de nom, 249-253, 258-262, 265-267
- Mineur de moins de six mois (dispense de publication), 263, 386

Comportement fautif, *voir* Fait fautif
Conseiller au majeur, 754
Consentement aux soins, 108, 126, 128-132
- Absence de consentement, 130
- Autorisation judiciaire, 509
- Enfant en situation de compromission, 131
- Limites au consentement parental, 130
- Prérogative parentale, 114, 128
- Statut parental, 129
- Urgence, 130, 131
- Volontés exprimées par la personne, 126, 128

Déclaration d'être majeur, 483
Déclaration de mariage, 379

Degré d'autonomie, 492
Demande relative à l'intégrité de la personne, 157, 158
Discernement, 125, 143, 153, 493, 499, 500, 505, 506, 611, 659, 674
Dol, 483, 514
Domicile, 332, 348
Doué de raison, 439, 499, 500, 505, 514
Droit à l'avocat, 506, 509
Droit de disposer de son cadavre, 160
Exercice des droits civils, 492, 505, 523, 610
Fait fautif, 500, 503, 514
Garde de l'enfant, 509
Garde en établissement et évaluation psychiatrique, 204, 207, 212, 216
Incapacité d'exercice, 452
Incapacité de jouissance, 444, 446, 447, 466, 505, 512
Interdiction de consentir une donation importante, 446
Interdiction de tester, 444, 447, 466, 469, 512
Lésion, 475, 479-482, 514
Majeur redevenu apte, 711
Mariage, 464, 465, 493, 507, 509, 510, 526
Opposition au mariage, 507, 509
Préjudice corporel, 504
Prélèvement d'organes et de tissus, 143, 145
– *Post mortem*, 161
Prêt étudiant, 494
Prodigalité, 611
Protection, 100, 145, 454, 460, 489-516, 536, 557, 560-562, 586, 593, 598, 601, 606, 614, 627, 651, 666
Recherche susceptible de porter atteinte à l'intégrité (expérimentation), 143, 145, 148, 151-157
Réduction des obligations, 478, 483, 514
Refus des soins, 130, 131
– Autorisation judiciaire, 131, 158
– Intérêt de l'enfant, 131
Représentation, 158, 505, 509, 510
Responsabilité civile, 439, 499-504, 514, 516
Responsabilité criminelle, 494
Responsabilité des parents, gardiens et éducateurs, 128, 501-503
Sanction des actes, 511-514
Semi-capacité, 505, 518, 519
Seuil de la raison, 500
Soins à finalité non thérapeutique, 132
Statut juridique, 125, 128, 488, 651
Voir aussi **Droits de l'enfant**, **Émancipation**, **Incapacité juridique**, **Mineur de 14 ans et plus**, **Mineur de 16 ans**

Mineur de moins de 14 ans
Voir **Mineur**

Mineur de 14 ans et plus
Actes à caractère personnel, 262

Actes relatifs à son travail, 497, 498, 510
Adoption, 495
Aide financière aux études, 497
Capacité juridique, 495-497
Changement de nom, 254, 255, 259, 262, 266, 493, 495
– Avis, 255
– Opposition, 254, 259, 262
Consentement aux soins, 108, 125-127, 495
– Substitution, 114, 127
Contrôle sur la tutelle, 496
Coopérative, 497
Dossier médical, 495
Droit à l'autonomie, 126, 493, 495-497, 514
Droit à l'information, 495
Entente sur mesures volontaires
– Droit de participer, 495
Expertise médicale et psychosociale
– Droit de refus, 495
Filiation
– Déclaration tardive, 386
Inventaire, 590
Jugement déclaratif de décès
– Signification de la demande, 56
Normes du travail, 497
Pouvoir de contrôle, 496
Prélèvement d'organes et de tissus, 145
– *Post mortem*, 161
Recherche susceptible de porter atteinte à l'intégrité (expérimentation), 151, 153, 157
Reddition de compte, 594, 595
Refus des soins, 126, 495
– Autorisation judiciaire, 118, 126
– Droit de refus, 127
– Inaptitude, 127
Soins à finalité thérapeutique, 126
Soins non requis par l'état de santé, 127
Soins requis par l'état de santé, 126
Tutelle judiciaire, 558, 559

Mineur de 16 ans
Capacité juridique, 498
Voir aussi **Émancipation**

Mineur émancipé
Voir **Émancipation**

Mineur non émancipé
Voir **Mineur**

Minorité
Voir **Mineur**

Mise sous garde
Voir **Garde en établissement et évaluation psychiatrique**

Mode de vie
Voir **Liberté du mode de vie**

Modification du sexe
Voir **Transsexualisme**

Moniteur
Responsabilité du fait ou de la faute de l'enfant, 501

Mort
Aide médicale à mourir, 117, 120, 167
Constatation, 24, 25, 37
Culte, 26, 159, 277
Définition, 24, 25
Dignité, 24, 26, 29, 119, 159
Disposition du corps, 25, 28, 29, 159
Droit de se laisser mourir, 120, 167
Effet, 22, 23, 26
État de la personne, 362
Euthanasie, 24, 120, 122, 167
Exposition aux fins commerciales, 159
Funérailles, 29, 159, 160
Prélèvement d'organes et de tissus, 21, 24, 25, 143, 161, 162
Preuve, 381
Protection de la mémoire du défunt, 29, 88
Protection de la personnalité, 26
Quasi-personnalité du défunt, 27
Réanimation
– Mort par étapes, 1
Références, 36
Respect du corps, 23, 25, 26, 29, 82, 98, 159-162
Voir aussi **Acte de décès**, **Constat de décès**, **Déclaration de décès**, **Enfant mort-né**, **Mourir dans la dignité**, **Testament**

Mort biologique, 24

Mort cérébrale, 24, 25

Mort civile, 22, 36, 448, 449

Mort clinique, 24

Mort néocorticale, 25

Mort vivant, 25

Mourir dans la dignité, 120, 167
Voir aussi **Aide médicale à mourir**, **Soins de fin de vie**

-N-

Naissance, 1, 37
Absence de document, 386
Caractère incomplet du document, 386
Certificat, 410
Définition, 9
Effet, 2
État de la personne, 362
Personnalité juridique
– Condition d'acquisition, 16
Voir aussi **Acte de naissance**, **Constat de naissance**, **Déclaration de naissance**

Naissance préjudiciable

Voir **Action pour vie préjudiciable**

Naturalisation

Voir **Citoyenneté**

Nature

Sujet de droit, 31

Nom

Acte de mariage, 379

Atteinte, 88, 181, 243-245

- Sanction, 246

Attribution, 224, 226, 230-236, 275, 276, 279, 372

- Choix des parents, 226, 231, 232, 275
- Décision administrative ou judiciaire, 233, 239
- Directive de l'état civil, 279
- Double filiation, 231-233, 275, 276
- Droit comparé, 275, 276
- Effet de la filiation, 224, 226, 230, 234
- Filiation connue d'un seul parent (simple filiation), 234
- Filiation inconnue, 235
- Intérêt de l'enfant, 226, 275
- Limites à la volonté parentale, 233
- Nom du conjoint, 242
- Pouvoirs du Directeur de l'état civil, 372

Baptême, 273

Caractère commercial, 86

Caractères ou signes diacritiques inconnus de langue française ou anglaise, 375, 377, 396

Choix, 226, 231-233, 275, 372

Clause testamentaire, 248

Composition, 221, 222, 225-229

Confusion, 243-245, 256, 257

Constat de décès, 382

Constat de naissance, 376

Déclaration, 241, 375

Déclaration de décès, 383

Déclaration de mariage, 379

Déclaration de naissance, 377, 378

Déclaration tardive, 400

Déconsidération de l'enfant, 233

Définition, 223

Dévolution, 226

Diminutif, 229

Discrimination, 275

Double nom, 232, 233

Droit à l'anonymat, 181, 241

Droit au respect de la vie privée, 177, 248

Droit de la personnalité, 76, 82, 84, 88, 89, 224, 245, 246, 274

Droit de porter son nom, *voir* Port du nom

Éléments d'identification, 221, 222

État de la personne, 224, 245, 246, 270, 274, 362

Exercice des droits civils, 223, 225, 236, 240

Exploitation, 86
Faux, 228, 241
Homonymie, 238
Identité perdue, 236
Immatriculation, 222
Immutabilité, 248, 273
Indisponibilité de l'État, 235, 236, 248
Infamie, 257
Initiale, 231
Mariage, 242, 275, 278
Matricule, 222
Nature juridique, 245, 274
Nom composé, 231, 232, 252, 258, 273, 276
Nom d'usage, 227
Nom de famille, 225, 226, 231-233, 273
Nom de fantaisie, 228
Nom inusité, 233
Nom patronymique, 226
Nombre, 231, 232
Particule, 225
Patrimoine moral, 88, 245
Port du nom, 237
- Droit, 237-239
- Imprescriptibilité, 89, 239, 274
- Inaliénabilité, 239, 274
- Obligation, 225, 237, 240, 241
Portée évolutive, 275
Préjudice, 243-245
Prénom, 225, 231, 233, 240, 273, 275
Principe d'égalité, 226, 233, 242, 248, 257
Principe de la stabilité, 253, 256, 257
Principe de sécurité, 256
Protection légale particulière, 224, 239
Pseudonyme, 225, 227, 228, 241
Ridicule, 233, 257, 372
Sobriquet, 229
Statistiques, 276
Surnom, 225, 227, 229, 273
Terminologie, 225
Titre de noblesse, 225
Usurpation, 181
Utilisation, 86, 181, 224, 237-242
- Consentement, 189
- Par un tiers, 243-246
Valeur symbolique, 277
Vocation héréditaire, 226, 273
Voir aussi **Changement de nom**

Nom commercial, 86, 228, 238, 239

Nom de famille
Voir **Nom**

Non-présence
Voir **Absence**

Notaire, 427
Assemblée des parents, alliés et amis, 638, 639

Capacité des parties (vérification), 484
Conseil de tutelle, 637
Mandat de protection, 677, 773, 778, 779, 782, 783, 785, 787
Obligation de diligence, 484
Protection des personnes âgées ou handicapées, 705
Réforme de 2014 de la procédure civile, 557, 559, 687
Régime de protection du majeur, 677, 687, 712, 719, 725, 726, 733
Tutelle à l'absent, 47
Tutelle *ad hoc*, 566
Tutelle judiciaire, 557, 559
Voir aussi **Acte notarié, Déclaration commune notariée**

Nouvelles technologies de l'information
Protection de la vie privée, 218
Protection des renseignements personnels, 218
– Cadre législatif, 191
Voir aussi **Internet**, **Réseaux sociaux**

-O-

Obligation alimentaire, 440, 448
Absence, 50
Tutelle au mineur, 614
Voir aussi **Aliments**

Obligation d'informer
Voir **Devoir d'information**

Obligation de renseignement
Voir **Devoir d'information**

Obligation tutélaire
Voir **Tuteur**

Officier de justice
Interdiction d'acquérir des droits litigieux, 446, 447, 469

Officier de l'état civil
Voir **Directeur de l'état civil**

Ordonnance de garde
Voir **Garde en établissement et évaluation psychiatrique**

Ordre professionnel
Protection des renseignements personnels
– Cadre législatif, 190, 191

Ordre public
Biologisation de la personne, 104
Dignité humaine, 100, 104, 170
Disposition du corps, 102
Droits de la personnalité, 82, 86
Droits et libertés, 80, 82, 187
Incapacité de jouissance, 447, 469
Procédures de protection des personnes inaptes, 720
Recherche susceptible de porter atteinte à l'intégrité (expérimentation), 148

Recours de l'enfant contre sa mère
– Préjudice imputable au comportement de la mère pendant la grossesse, 13
Renonciation à l'exercice des droits civils, 453

-P-

Parents
Aliénation parentale, 656
Attribution du nom, 226, 230-235
Changement de nom, 255
Conseil de tutelle, 627, 632, 637, 639, 640
Consentement aux soins du mineur, 114, 126-132, 155
Déclaration de naissance
– Parents inconnus ou empêchés d'agir, 378
Domicile de l'enfant, 332, 348-350
Indignité, 448
Intérêt de l'enfant, 654
Obligation alimentaire à l'égard de son enfant, 440
Opposition d'intérêts, 665
Prélèvement d'organes et de tissus du mineur, 143, 145
– *Post mortem*, 161, 162
Rémunération du tuteur datif, 578
Responsabilité civile, 501-503, 649, 650
– Renversement de la présomption, 501
Tutelle judiciaire, 560
Voir aussi **Assemblée des parents, alliés et amis, Autorité parentale, Déchéance de l'autorité parentale, Immunité parentale, Tutelle dative, Tutelle légale**

Parents par alliance
Voir **Alliés**

Partage du patrimoine familial, 51, 738

Patrimoine
Voir **Intérêt patrimonial, Liquidation du patrimoine**

Patrimoine familial
Voir **Partage du patrimoine familial**

Patrimoine moral
Voir **Droits de la personnalité**

Perçage du nombril
Besoins ordinaires et usuels, 506

Père et mère
Voir **Parents**

Personnalité juridique, 74, 361, 434
Conditions d'acquisition, 6, 9-21
Enfant à naître, 1, 5-7, 13, 16, 20, 31

Enfant né vivant et viable, 6, 10, 13, 26, 31
Être humain, 1, 6, 7, 84, 434
Extinction, 22-29
Incapacité de jouissance générale, 449
Incapacité juridique, 436
Rétroactivité, 7, 9, 10, 16, 26
Sujet de droit, 1, 30, 31, 649, 650
Voir aussi **Capacité juridique, Droits de la personnalité**

Personne
Voir **Personne âgée, Personne morale, Personne physique**

Personne âgée
Âge très avancé, 702
Capacité juridique, 434
Conseiller au majeur, 754
Droit général à la protection et à la sécurité, 701
Notion, 702
Plan d'action gouvernemental pour contrer la maltraitance, 708
– Grandes orientations, 708
Politique sociale sur le vieillissement, 708
Protection contre l'exploitation, 678, 685, 701-706, 708
Reprise de possession du logement, 705
Vieillissement, abus et âgisme, 708
Voir aussi **Majeur inapte, Mandat de protection, Régime de protection du majeur**

Personne dont l'état mental présente un danger pour elle-même ou pour autrui
Voir **Garde en établissement et évaluation psychiatrique, Régime de protection du majeur**

Personne handicapée
Voir **Handicap**

Personne morale, 7
Mandataire, 775
Notion de pouvoir, 457
Tuteur aux biens, 569

Personne physique
Apparition, 2
Biologisation, 104
Capacité juridique, 363
Définition, 1, 30
État de la personne, 222, 224, 246-248, 270, 274, 281, 284, 297, 307, 313, 354, 361-365, 407, 409-411, 434, 446, 447
État politique, 362
Évolution du concept, 30
Identification, 181-183
Notion, 1, 6, 7, 30
Ordre public de protection, 104
Protection contre les atteintes des tiers, 100, 101

Sujet de droit, 1, 30, 31, 99, 100, 434, 649, 650
Voir aussi **Atteinte à la personne d'autrui, Corps humain, Droits de la personnalité, Droits fondamentaux, État civil, Personnalité juridique**

Personne qui démontre un intérêt particulier
Conseil de tutelle, 631
Consentement aux soins, 114, 115
Garde en établissement et évaluation psychiatrique, 210-212, 216
Prélèvement d'organes et de tissus *post mortem*, 162
Recherche susceptible de porter atteinte à l'intégrité (expérimentation), 154, 157
Régime de protection du majeur
– Demande d'ouverture, 713
Voir aussi **Assemblée des parents, alliés et amis**

Personne transgenre
Voir **Transsexualisme**

Personne unie civilement
Voir **Union civile**

Petites créances
Élection de domicile, 353

Photographie
Voir **Image**

Placement présumé sûr, 48, 608, 614, 620, 739, 751, 772

Pleine émancipation
Voir **Émancipation**

Port du nom
Voir **Nom**

Possession d'état, 52, 250, 422

Poursuite pour vie préjudiciable
Voir **Action pour vie préjudiciable**

Préjudice corporel
Enfant victime, 504
Préjudice résultant d'un acte pouvant constituer une infraction criminelle
– Recours d'un mineur ou d'un majeur protégé, 467

Préjudice de vie
Voir **Action pour vie préjudiciable**

Préjudice moral
Exploitation des personnes âgées ou handicapées, 705

Prélèvement d'organes et de tissus
Atteinte à l'intégrité physique, 144
Autorisation judiciaire, 96, 158
Bébé-médicament, 18
Cellules souches, 147

Conditions, 144, 145
– Révocation, 144, 146
Déchets médicaux, 147
Devoir d'information, 144, 147
Document de réflexion et d'information, 164
Donneurs, 143
Droit à la dignité, 147
Droit de veto, 143
Échantillons d'ADN, 144, 147
Échantillons d'haleine ou de sang, 101
État d'ivresse, 101
Gamètes, 145, 147
Gratuité, 143
Majeur inapte, 143, 145
Mineur, 143, 145
Parties susceptibles de régénération, 143, 145
Post mortem, 21, 24, 25, 143, 146, 161, 162
– Absence de volontés exprimées ou connues, 162
– Conflit d'intérêts, 161, 162
– Constat de décès, 162
– Mineur, 161
– Mineur de 14 ans et plus, 161
– Règles fédérales particulières de sécurité et de contrôle, 162
– Urgence, 162
Principes, 143, 146
Registre, 161
Renseignement personnel, 147
Respect de l'autonomie, 143
Responsabilité civile, 24
Responsabilité criminelle, 24
Utilisation aux fins de recherche, dans le cadre des soins, 143, 146, 147
Utilisation aux fins scientifiques ou thérapeutiques, 144-146

Prénom

Voir **Nom**

Prescription

Âge de la majorité, 491
Atteinte à un droit de la personnalité, 85, 89
Délai, 476
Nom, 89, 239, 274
Nullité des actes, 476
Recours d'un mineur ou d'un majeur protégé, 467, 619
Suspension, 467, 476

Présomption

Absence, 40-42, 45, 50, 53, 55
Aptitude factuelle ou naturelle, 454
Capacité, 435, 454
Curatelle au majeur, 740
Dangerosité, 205
Date de conception, 14
Domicile, 314, 325, 339, 341, 343-346, 359
– Changement, 342
Infans conceptus, 10, 14-16
Inventaire, 589

Mandat de protection
- Caractère gratuit ou onéreux, 770

Nullité relative, 469
Personnalité juridique, 9
Placement sûr, 608, 614, 620, 739, 751, 772
Responsabilité civile, 501, 502
Tutelle dative, 554
Viabilité, 9

Prestation compensatoire
Absence, 60

Prêt étudiant, 494, 497

Pretium mortis, 88

Preuve
Absence, 40, 46, 55, 71
Actes de l'état civil, 418-422
Atteinte à un droit fondamental, 95
Capacité juridique, 773
Changement de domicile, 339, 340
Curatelle au majeur
- Actes antérieurs à l'ouverture d'une curatelle (exigence d'un préjudice), 740

Dangerosité, 205
Date de conception, 14
Décès, 53, 54
Exclusion, 95
État civil, 364
Filiation, 376, 422
Inaptitude, 108, 133
Incapacité juridique, 434, 454
Lésion, 479, 481
Mort, 381
Non-viabilité, 9
Principal établissement, 339, 340, 345
Tutelle judiciaire, 558, 559
Urgence, 121

Principal établissement
Voir **Domicile**

Privilège thérapeutique, 111, 149

Procréation assistée, 18-21, 35, 145, 180, 303
Voir aussi **Embryon**, **Fécondation *in vitro***

Procréation pour autrui, 102

Procureur général
Attribution du nom, 233
Décisions du Directeur de l'état civil
- Contrôle judiciaire, 362
- Partage des compétences, 372

Jugement déclaratif de décès
- Signification de la demande, 56

Prodigalité, 460, 611, 680, 709, 743, 754

Professionnel de la santé
Voir **Soins**

Propos calomnieux

Voir **Diffamation, Droit à l'honneur, Droit à la réputation**

Propos diffamatoire

Voir **Diffamation, Droit à l'honneur, Droit à la réputation**

Protection de la jeunesse, 488, 489

Droit à l'avocat, 663

Droits spécifiques, 651, 669

Huis clos, 661

Intérêt de l'enfant, 654-656, 672

Législation, 129, 131, 157, 350, 495, 501, 519, 651, 655, 670

Tutelle de protection, 560-563, 568, 576, 578, 597

Voir aussi **Directeur de la protection de la jeunesse, Droits de l'enfant**

Protection des droits de la personnalité

Voir **Droits de la personnalité**

Protection des personnes âgées ou handicapées

Voir **Exploitation**

Protection des renseignements personnels

Voir **Droit à la protection des renseignements personnels, Renseignement personnel**

Protection du majeur

Voir **Mandat de protection, Régime de protection du majeur**

Protection du mineur

Voir **Tutelle**

Protection internationale de l'enfant

Voir **Droits de l'enfant**

Protection patrimoniale

Voir **Intérêt patrimonial**

Pseudonyme

Voir **Nom**

Publicité des actes de l'état civil

Voir **Actes de l'état civil**

-Q-

Quasi-certitude de décès

Voir **Disparition**

-R-

Rapport d'examen

Voir **Garde en établissement et évaluation psychiatrique**

Rapport d'inaptitude, 715-718, 778

Rapport du coroner

Déclaration de décès, 383, 384

Rapport médical, 109, 378

Réassignation sexuelle
Voir **Transsexualisme**

Recherche susceptible de porter atteinte à l'intégrité (expérimentation), 113, 115, 122, 143, 148-156
Abandon du terme « expérimentation », 148, 152
Absence de contrepartie financière, 148, 150
Absence de risque sérieux, 154
Absence totale de risque, 152
Approbation par un comité d'éthique de la recherche, 148, 154-156
Autorisation judiciaire, 158
Avis d'expert, 157, 158
Avis du comité d'éthique de la recherche, 151
Avis du conseil de tutelle, 625
Champ d'application, 148, 152
Compilation statistique, 152
Conditions, 148, 149, 151, 153, 154
Conflit d'intérêts, 151
Consentement, 115, 148, 149, 153, 154, 157
Contestation de la demande, 157
Contrainte, 150
Contrôle, 149, 154, 155
Définition, 152
Demande, 157, 158
Demande de révision, 157
Devoir d'information, 113, 149
Documents internationaux, 166
Droit à l'autonomie, 149
Droit à l'intégrité, 149
Droit de veto, 143, 153
Établissement de santé ou de services sociaux, 157
Évaluation des demandes de recherche, 155
Évaluation des modalités du consentement, 156
Évaluation des risques, 149, 155
Examen du mode de sélection des participants, 156
Finalité thérapeutique, 153
Garde en établissement et évaluation psychiatrique, 157
Gratuité, 143, 150
Indemnité compensatoire, 150
Initiative spontanée, 151
Légitimité, 148
Légalité, 148
Majeur inapte, 143, 148, 151-157
Mineur, 143, 145, 148, 151-157
Mineur de 14 ans et plus, 151, 153, 157
Notion de risque, 152
Pouvoirs et responsabilités du comité d'éthique de la recherche, 155, 156
Principes dégagés par la bioéthique, 148
Projet de recherche, 149-153, 155, 156
Proportionnalité risques-bénéfices, 148, 149, 154
Qualification, 152
Recherche en génétique, 149

Recherche scientifique, 151, 154
Références, 166
Réforme de 2014 de la procédure civile, 157, 158
Refus de participer, 143, 153, 155, 156
Respect de l'autonomie, 143
Risque d'atteinte à l'intégrité, 149
Risque minimal, 115, 151-154, 156
Simple observation, 152
Situation médicale d'urgence, *voir* Urgence
Soins innovateurs (expression abandonnée par le législateur), 151
Soins inusités, 122
Sollicitation déguisée, 150
Standard de divulgation, 113
Thérapie expérimentale, 153
Urgence, 151-154, 156

Reconnaissance d'enfant

Acte exclusivement personnel, 736

Reconstitution des actes et du registre de l'état civil

Voir **Actes de l'état civil, Registre de l'état civil**

Rectification des actes de l'état civil

Voir **Actes de l'état civil**

Réforme de l'état civil

Voir **État civil**

Refus de traitement

Voir **Soins**

Régime d'union civile

Absence, 60, 64

Régime de protection du majeur, 261, 433, 436, 460

Actes antérieurs, 477
Administration des biens, 682, 683, 684, 686, 690, 694, 709, 731
Alcoolisme, 686, 709
Assemblée des parents, alliés et amis, 718, 719, 725, 728, 729
Assistance, 461, 463, 676, 681, 687
Audition du majeur, 687, 697, 715, 724-727
Bien-être moral et matériel du majeur, 685, 689
Caractère exceptionnel, 707
Catégories, 686, 711
Causes d'inaptitude, 686
Choix de vie, 697, 699, 700
Choix du lieu de résidence, 697, 699, 700
Conseil de tutelle, 690, 711, 719, 728, 733, 750, 759
Consentement aux soins, 108, 696, 699, 730
Conséquences de l'âge sur l'aptitude à exprimer sa volonté, 686
Conservation des biens à caractère personnel, *voir* Droit à la protection des biens à caractère personnel

Curateur *ad hoc*, 726, 727

Curateur public, 683, 685, 687, 692, 715, 717-719, 731, 734, 750-753, 760

Dation d'un conseil judiciaire, 680, 681, 709

De lege ferenda, 700

Décisions prises à l'égard du majeur, 685, 688, 695

Degré d'autonomie, 694

Dépression, 686, 707

Désinstitutionnalisation, 680, 707

Dialogue avec le protégé, 688

Dichotomie autonomie/protection, 684

Droit à l'autodétermination, 109, 693

Droit à l'information, 685, 688, 697, 699

Droit à la protection des biens à caractère personnel, 685, 690, 691, 732

Droit à la réputation, 696

Droit antérieur à la réforme, 679-683, 693, 709

Droit d'être entendu, *voir* Audition du majeur

Droit de donner son avis, 697, 699, 700

Droit de refus, 700

Droit international, 677

Droits fondamentaux, 682, 685, 696, 697, 699, 700

Droits patrimoniaux, 731, 732

Engagement de la famille, 685, 692, 729

Établissement de santé ou de services sociaux, 690, 713-718

Évolution du droit, 677

Finalité, 682, 694

Fondement, 677, 686

Flexibilité, 694, 761

Garanties procédurales, 687, 715, 720

Garde de l'enfant, 568

Garde en établissement et évaluation psychiatrique, 209, 216, 710

Garde provisoire, 730

Gestion d'affaires, 731

Historique de la curatelle publique, 677, 683

Inaptitude générale, 695

Interdiction, 680-682, 709, 710

Interdiction d'agir, 456, 461

Interdiction de consentir une donation importante, 446

Interrogatoire du majeur, 697, 699, 700, 719, 720, 725-727
- Désignation d'un tuteur ou d'un curateur *ad hoc*, 727
- Estimation par le juge d'une inaptitude factuelle, 727
- Impossibilité d'interroger le majeur (nécessité d'en faire la preuve), 725
- Interrogatoire réel, 725
- « Majeur qu'il estime inapte », 727
- Réforme de 2014 de la procédure civile, 726, 727

- Règles générales relatives à la représentation et à l'audition des majeurs inaptes, 726
- Restriction, 727

Législation, 678, 684

Logement, 732

Mainlevée, 733, 760, 763, 764

Mandat de protection, 455, 693, 733, 768, 774, 775, 788, 789, 797, 798, 800, 801, 809, 812, 814

Mécanisme de contrôle des décisions du représentant, 699, 700

Mécanismes de protection, 461-467, 483, 691, 693, 730-732

Mécanismes de révision, *voir* Révision

Mesures conservatoires, 730

Mesures provisoires, 730-732

Opposition d'intérêts, 692, 731

Ouverture, 712-734

- Accès aux documents, 721, 722
- Appel de la décision, 734
- Avis du conseil de tutelle, 728, 733
- Avis du majeur, 715, 724, 733
- Bénéficiaire de soins et de services sociaux, 714-718
- Besoin réel d'être représenté ou assisté, 733
- Caractère d'ordre public des procédures, 720
- Conflit d'intérêts, 713
- Contenu de la demande, 719
- Contestation, 719
- Curateur public, 692, 718, 719, 729
- Demande, 719-723, 733, 780, 782
- Demande notariale, 677, 687, 712, 719, 725, 726, 733
- Dépôt des rapports, 723, 733, 763
- Désistement de la contestation, 719
- Devoir d'information, 688
- Directeur de la protection de la jeunesse, 713
- Dossier médical, 722
- Droit à la dignité, 724
- Droit au respect de la vie, 722
- Évaluation médicale et psychosociale, 715-717, 719, 721-723, 733
- Formalités essentielles, 715, 720, 734
- Garantie procédurale, 724
- Intervention du tribunal, 436, 687, 712, 719, 720, 724, 725, 728, 730, 733
- Irrecevabilité de la demande, 713, 723
- Jugement, 733, 734, 760, 761, 763, 787
- Personne intéressée, 693, 713-718
- Procédure, 687, 719-729
- Réforme de 2014 de la procédure civile, 687, 719, 734
- Rejet de la demande, 725, 733

– Représentation et audition du majeur, 715, 719, 720, 724-727
– Révision de la décision, 734
– Signification de la demande, 688, 719, 720, 760
– Témoins, 716, 724
– Tuteur au mineur, 597
Pouvoirs du représentant, 698, 699
Pouvoirs du tribunal, 698
Prélèvement d'organes et de tissus, 143, 145
Principes fondamentaux, 684-700
Procédure non contentieuse, 785
Protection des biens à caractère personnel, *voir* Droit à la protection des biens à caractère personnel
Protection du majeur avant l'instance, 730, 731
Recherche susceptible de porter atteinte à l'intégrité (expérimentation), 148, 151-153
Refus de soins, 683, 699
Registre, 427
Relation personnelle, 689
Représentation du majeur, 436, 461, 462, 676, 687, 694, 695, 697-699
Respect de la volonté et de l'autonomie, 677, 687, 693-700, 733, 761
Révision, 694, 698, 761-764
– Catégories, 761
– Délai, 694
– Demande, 694, 762
– Effet, 761
– Objet, 761
– Procédures, 694
– Rapport d'aptitude, 764
– Réévaluation périodique, 694, 763
Sanction des irrégularités, 720, 723
Sauvegarde de l'autonomie, *voir* Respect de la volonté et de l'autonomie
Soins, 683, 694
– Présomption de capacité naturelle, 454
Sources du droit, 678
Statistiques, 707, 765
Surveillance, 692, 719, 734, 759, 760
Témoins, 714, 716, 728
Toxicomanie, 680, 686, 709
Tutelle à l'absent, 44, 45
Tutelle légale, 568, 683
Tuteur *ad hoc*, 687, 726, 727
Voir aussi **Conseiller au majeur, Curatelle au majeur, Majeur inapte, Mandat de protection, Tutelle au majeur**

Régime de protection du mineur
Voir **Tutelle**

Régime de retraite
Jugement déclaratif de décès
– Effet, 58

Régime matrimonial
Absence, 51, 58, 60, 64
Domicile, 337
Publicité, 427

Registre de l'état civil, 2, 24, 365, 367, 370, 394
Absence de document, 386
Caractère incomplet du document, 386
Compléments, 391, 427
Consultation, 417
Destruction, 404
Double exemplaire, 370, 377
Exemplaire informatique, 391, 426
Identification des personnes, 406
Inscription, 365
Jugement d'adoption, 365
Jugement déclaratif de décès, 57, 58, 365
– Effet du retour de l'absent, 63
Mentions, 365, 391
Ministre du culte, 367
Modification, 385-398, 402
Origine, 423
Publicité, 385, 391, 395, 408, 417
Reconstitution, 403-405
Registre centralisé, 426
Sauvegarde des informations, 417
Statistiques, 426
Support informatique, *voir* Exemplaire informatique
Tenue, 370, 371
– Effet non rétroactif du changement de sexe, 302
Unicité, 370
Voir aussi **Actes de l'état civil, Directeur de l'état civil, Direction de l'état civil**

Registre des directives médicales anticipées, 116

Registre des dons d'organes et de tissus, 161

Registre des droits personnels et réels mobiliers, 63, 427

Relation patient-médecin
Voir **Soins**

Renseignement personnel
Accès au dossier, 97, 192, 194, 195, 198, 721, 722
– Demande, 197
– Droit non absolu, 195
– Droit subjectif, 97
– Enquête menée par un service de sécurité interne, 195
– Gratuité, 195
– Modalités d'accès, 195
– Protection de l'intégrité des personnes, 195
– Refus, 97, 195
– Restriction, 195
Cadre législatif, 97, 191
Collecte, 97, 189-192
– Atteinte à la vie privée et à la réputation, 192

– Avis, 198
– Collecte auprès des tiers, 192
– Intérêt sérieux et légitime, 192
– Mention des sources, 192, 198
– Moyens licites, 192
– Objet du dossier, 192
– Pertinence, 192
– Utilisation à d'autres fins, 192

Communication
– Consentement, 192, 193, 198
– Dommages-intérêts, 193
– Matériel journalistique, historique ou généalogique, 191

Confidentialité, 189, 192, 193
Conservation, 97
Constitution du dossier, *voir* Collecte
Contrôle, 97, 177, 191, 192, 194-199
Cyberespace, 189
Définition, 192
Détention, 97, 191, 192
Devoir d'information, 192, 197, 198
Diffusion, 97, 191, 193
Document électronique, 189, 192, 193
Dossier d'adoption, 252
Dossier médical, 116, 147, 191, 195, 495, 722
Frais de reproduction ou de transcription, 195
– Caractère raisonnable (évaluation), 195

Gestion fiduciaire, 97
Liste nominative, 193
– Retrait, 197, 199
– Utilisation aux fins de prospection commerciale ou philanthropique, 193, 198

Mise à jour du dossier, 192
Modification du dossier, 97, 194, 196, 197, 199
Prélèvement d'organes et de tissus, 147
– Déchets médicaux nominalisés, 147

Utilisation, 97, 191, 192, 218
Vérification de l'exactitude, 192
Voir aussi **Commission d'accès à l'information**, **Droit à la protection des renseignements personnels**

Représentation

Absent, 43
Curateur au majeur, 462, 735-742
Curateur public, 750-753
Droits de l'enfant, 663-665, 674
Enfant à naître, 15
Garde du majeur représenté, 748, 749
Garde en établissement et évaluation psychiatrique, 211
Majeur inapte, 114, 115, 130, 158, 436, 461, 462, 464
Mécanisme de représentation supplétif, 115, 130

Mineur, 114, 131, 158, 505, 509, 510, 583, 615
Tutelle *ad hoc*, 564, 664, 665, 711
Tutelle légale, 538-540, 542
Tuteur, 114, 462, 463, 505, 509, 510, 536, 583, 615
Tuteur au majeur, 462, 743-747
Voir aussi **Droit à l'avocat, Mandat de protection, Régime de protection du majeur**

Représentation par avocat
Voir **Droit à l'avocat**

Réseaux sociaux
Atteinte à la réputation, 172
Protection de la vie privée, 218
Voir aussi **Internet**

Résidence
Assignation, 336
Changement, 334
Choix du lieu de résidence, 697, 699, 700
Confusion avec le concept de domicilc, 316, 331, 340
Critère juridique autonome, 328, 330
Définition, 314
Droit international privé, 330, 349
Effets, 330
Élément de détermination du domicile, 314, 328, 329
Élément de l'état de la personne, 313
Fait, 314, 329
Familiale, 330, 336, 337
Habitation, 314
Habituelle, 330, 331, 334, 340, 345, 346, 359
Incarcération, 334
Intérêt, 328-330
Localisation juridique de la personne, 313
Mariage, 336
Notion, 313-316, 328
Principale, 334
Pluralité, 334, 339
Secondaire, 329
Voir aussi **Domicile**

Résiliation de bail
Protection des personnes âgées ou handicapées, 706

Responsabilité civile
Âge, 516
Assurance, 593, 619
Atteinte à un droit de la personnalité, 85, 87
Atteinte aux droits fondamentaux, 91, 170
Capacité juridique, 500
Curatelle au majeur, 439, 749
Curateur public, 619
Déchéance de l'autorité parentale, 502
Directeur de l'état civil, 420
Éducateur, 501-503
Exploitation des personnes âgées ou handicapées, 705

Garde en établissement et évaluation psychiatrique, 202
Gardien, 501, 502
Gestation préjudiciable, 18
Majeur inapte, 467
Majeur sous curatelle, *voir* Curatelle au majeur
Mandataire, 770, 791, 792, 803, 812
Mineur, 439, 499-504, 514, 516
Parents, 501-503, 649, 650
Surveillant, 501, 502
Tuteur, 501, 619-621
Tuteur au majeur, 749
Vie préjudiciable, 11-13, 34

Culpabilité criminelle
Voir **Infraction criminelle**, **Responsabilité criminelle**

Responsabilité criminelle
Absence de responsabilité criminelle pour maladie mentale, 108
Disparition du corps
– Déclaration administrative de décès, 69, 70, 390
Mineur, 494
Procréation assistée, 20
Voir aussi **Infraction criminelle**

Responsabilité professionnelle, 484

Restitution des prestations
Décès de l'absent, 61
Mandat de protection, 789
Nullité des actes, 477
Retour de l'absent, 66, 67

Risque minimal
Voir **Recherche susceptible de porter atteinte à l'intégrité (expérimentation)**

-S-

Santé publique
Atteinte au corps humain, 101, 105
Disposition du cadavre, 159

Secret
Voir **Droit au secret et à la confidentialité**, **Secret professionnel**

Secret professionnel, 82, 95, 180, 190, 195

Séparation de corps
Absence du conjoint, 41
– Retour, 65
Acte exclusivement personnel, 738
Consentement aux soins du mineur, 129
Domicile de l'enfant, 349
Éloignement du conjoint, 72
Procréation assistée, 21
Tutelle légale
– Rôle du parent non gardien, 542

Séparation de fait
Absence du conjoint, 41

Consentement aux soins du mineur, 129
Domicile de l'enfant, 349

Service de l'état civil
Voir **État civil**

Servitude de passage, 201

Servitude de vue, 179

Sexe
Acte de naissance, 286
Ambiguïté biologique, 308
Anatomique, 284-287, 289, 297
Catégorie « neutre », 284, 308
Choix, *voir* Sélection
Constat de décès, 382
Constatation, 286-288
Déclaration de décès, 383
Déclaration de naissance, 378
Définition, 284, 285
Démographie, 281
Discrimination, 283
Dimension sociale et psychique, 284, 289
Distinction binaire entre masculine et féminin, 284
Égalité, 282, 283, 297
Élément d'identification, 221, 222, 284
État civil, 287
- Rectification, 287, 288
État de la personne, 281, 284, 297, 362
Examen physiologique, 286
Génétique, 18, 20, 285-287
Genre, 297, 306, 308
Hermaphrodisme, *voir* Intersexualité physique
Hormonal, 285
Identité sexuelle, 281, 285, 297, 306
Intersexualité physique, 287, 289, 311
Intersexualité psychique, 285, 287, 289
Malformation, 286, 287, 311
Revendications
- Élimination de la mention du sexe dans les documents officiels, 308
- Élimination du sexe comme marqueur de l'identité juridique des personnes, 308
- Libre choix de son sexe à l'état civil, 297
- Revendications identitaires, 297
Sélection, 18, 20
Voir aussi **Transsexualisme**

Simple émancipation
Voir **Émancipation**

Sobriquet, 229

Soins, 102
Acharnement thérapeutique, 117, 121, 771
Âge de la majorité, 489
Alliance thérapeutique entre le centre d'hébergement et le majeur inapte, 733

Autorisation judiciaire, 96, 109, 116, 118, 126, 130-133, 135-140, 157, 158, 509

Avis du conseil de tutelle, 625

Capacité naturelle présumée, 454

Consentement

- Accès au dossier médical, 722
- Autodétermination, 105, 122
- Capacité, 108, 109
- Capacité résiduelle, 735
- Caractères, 107, 110
- Curateur public, 752, 753
- Degré d'autonomie et de conscience, 108
- Fondement, 107
- Exception, 121, 122, 130, 131
- Impossibilité d'agir, 456
- Libre de toute contrainte, 110
- Majeur inapte, 107, 108, 133-135, 158, 456, 696, 699, 730
- Mandat de protection, 769
- Mineur, 108, 126, 128-132, 158
- Mineur de 14 ans et plus, 108, 125-127, 495
- Nécessité, 107
- Parental, 114, 126-132
- Possibilité pour le soignant de se faire insistant et persuasif, 110
- Pseudo-consentement, 133
- Retrait en cours de procédure, 107
- Substitution, 107, 114-118, 122, 128-132, 134, 769
- Urgence, 107, 121

Devenus inutiles, *voir* Futiles

Devoir d'information, 110-113

- Standard de divulgation, 113
- Test objectif de divulgation, 112

Droit à l'inviolabilité, 96

Droit de faire interrompre un traitement, *voir* Interruption

Droit de refus, *voir* Refus

Droits de l'enfant, 128, 131, 650, 669

Effets graves et permanents, 106, 127, 132, 135

Euthanasie, 24, 120, 122

Finalité non thérapeutique, 102, 115, 118, 125, 132

Finalité thérapeutique, 125, 126

Futiles, 106, 121-124, 131

Garde du majeur, 752

Garde en établissement et évaluation psychiatrique, 133, 141, 205

- Droit de s'opposer à des soins autres que les soins de garde, 214

Hébergement et hospitalisation, 106, 118, 133, 141, 142, 202, 699, 706

- Durée de l'hébergement, 142
- Hébergement aux fins de traitement, 141, 699

- Hébergement forcé, 133, 141, 142
- Hébergement préventif, 141, 699
- Mince frontière entre l'hébergement thérapeutique et la mise sous garde, 141
- Ordonnance d'hébergement permanent, 142
- Soins en soi, 141
- Thérapie en milieu fermé, 142

Hygiène, 106, 118, 133, 214

Innovateurs, 106, 113, 151

Interruption, 107, 119

Inusités, 106, 122, 131

Inutiles, *voir* Futiles

Longue durée, 138, 142, 706, 714

Maladie contagieuse, 101

Non médicalement nécessaires, 124

Non requis par l'état de santé, 96, 106, 113, 127, 128, 130, 132, 135, 157

Notion, 106

Obtention des renseignements auprès des proches, 106

Processus décisionnel, 126, 136-140
- Degré de précision de l'autorisation, 137
- Durée de l'autorisation, 138
- Éléments, 136
- Exécution de la décision, 140
- Intérêt de la personne, 126
- Réforme de 2014 de la procédure civile, 139
- Révision de l'autorisation, 139

Privilège thérapeutique, 111, 149

Refus, 107, 119-121, 122, 158, 453, 683, 699
- Absence d'autocritique, 109
- Accès au dossier médical, 722
- Autodétermination, 120
- Autorisation judiciaire, 118, 126, 131, 133, 136-141, 158
- Capacité résiduelle, 133
- Caractères, 107
- Catégorique, 133
- Comportement irrationnel, 121
- Déni psychologique, 109
- Droit de refus, 119, 127, 135
- Droit de se laisser mourir, 120
- Exercice d'appréciation de l'aptitude ou de l'inaptitude de la personne, 109
- Hébergement forcé, 141
- Injonction, 93
- Intervention en dépit du refus (responsabilité civile du soignant), 119
- Majeur inapte, 133, 158, 453

– Mineur, 128, 130, 131, 158
– Mineur de 14 ans et plus, 118, 126, 127, 495
– Mythe de l'inaptitude du non obéissant, 109
– Suicide assisté, 120
– Test en cinq volets, 109
– Volontés exprimées par la personne, 116, 126

Requis par l'état de santé, 96, 106, 113, 115, 126

Retrait de traitement, 123

Testament de vie, 117

Tutelle au mineur, 581

Urgence, 101, 107, 113, 121, 122, 126, 130, 133

Voir aussi **Recherche susceptible de porter atteinte à l'intégrité (expérimentation), Soins de fin de vie**

Soins de fin de vie

Aide médicale à mourir, 117, 120

Droit à la mort, 167

Droit de refuser des soins, 120

Mécanisme des directives médicales anticipées, 116, 117

Projet de loi de 2013, 116, 117, 120

Références, 167

Registre des directives médicales anticipées, 116

Testament de vie, 117

Soins psychiatriques

Voir **Garde en établissement et évaluation psychiatrique**

Solatium doloris, 87

Solitude

Voir **Droit à la solitude et à l'intimité**

Souffrances

Voir **Douleurs et souffrances**

Stérilisation

Soins non requis par l'état de santé
– Déficient mental, 135
– Mineur de 14 ans et plus, 127

Subrogé-tuteur

Voir **Conseil de tutelle**

Succession, 23

Absence, 41, 47, 58, 60, 71
– Retour, 64, 66-68

Accès à l'information, 195

Charge au conseil de tutelle, 633

Charge tutélaire, 633

Compte définitif de la tutelle, 595

Curatelle au majeur, 736

Domicile, 320, 323

Funérailles, 29, 159, 160

Indignité, 448

Infans conceptus, 10

Jugement déclaratif de décès
– Effet, 58
Mineur, 525, 589
Prélèvement d'organes et de tissus
– *Post mortem*, 162
Respect du cadavre, 29, 159, 160, 162
Transmission du patrimoine, 85, 88, 354

Suicide
Voir **Aide au suicide**

Sûreté
Voir **Tuteur**

Surnom
Voir **Nom**

Surveillant
Responsabilité du fait ou de la faute de l'enfant, 501, 502

Syndicat professionnel
Mineur de 16 ans, 498

Système de l'état civil
Voir **État civil**

Système de protection du majeur
Voir **Régime de protection du majeur**

-T-

Technologies de l'information
Voir **Nouvelles technologies de l'information**

Témoignage
Droit de l'enfant, 658, 660-662, 673

Témoin de Jéhovah, 122

Test de dépistage, 11, 18

Test génétique
Voir **Médecine génétique**

Testament
Acte exclusivement personnel, 736
Conseiller au majeur, 755
Disposition du corps, 160
Interdiction de tester, 444, 447, 466, 469, 512, 527, 735
Liberté de conscience, 200
Liberté de tester, 160
Personne résiduelle, 28
Port du nom, 239
Prolongement de la personnalité, 28
Retour de l'absent, 64
Voir aussi **Succession**

Testament de vie, 117

Thérapie en milieu fermé, 142

Thérapie expérimentale
Voir **Recherche susceptible de porter atteinte à l'intégrité (expérimentation)**

Titulaire de l'autorité parentale
Voir **Autorité parentale**

Traitement
Voir **Soins**

Transaction
Voir **Contrat**

Transfusion sanguine, 122, 126, 131

Transgenre
Voir **Transsexualisme**

Transplantation d'organes, 21, 24, 103, 143, 145, 159

Transsexualisme, 289-304
Accès à l'information, 299
Acte de naissance
- Modification dans la réforme de 2013, 297, 298
- Modification dans le droit actuel, 290-296
- Nouvelle mention du sexe, 299

Adoption, 303
Attestation médicale du succès des soins, 294
Avis public, 296
Cadre juridique, 291, 308
Capacité parentale, 302
Caractéristiques, 289
Certificat de changement de nom, 299
Certificat médical, 294
Changement d'état, 299
Changement de nom, 248, 292-294, 296, 298, 299, 308, 386
Changement de prénom
- Dispense de publication, 263, 294, 386

Conditions de fond, 291, 298
Conjoints de même sexe, 301, 303
Contenu de la demande, 292, 298
Continuité des droits et obligations, 299
Conversion sexuelle, 289, 309
Décision du Directeur de l'état civil, 296
Définition, 289, 310
Discrimination fondée sur le sexe, 295, 297, 302
Dispense de publication, 263, 294, 296, 386
Documents à fournir, 293
Droit à l'autonomie du sujet, 297
Droit à l'identité sexuelle, 290, 298
Droits conjugaux, 300, 301, 303
Droits de l'enfant, 302
Effets juridiques, 299-304
Enjeu politique, 297
État civil, 299, 303, 308
Filiation, 302, 303
Identité de la personne, 298

Indisponibilité de l'état, 304
Intersexualité physique, 311
Maternité de substitution, 303
Nouvel acte de naissance, 299
Procédure, 292, 298, 308
Publicité, 292, 295
Réforme de 2013, 289, 290, 297, 298
– Assouplissement des conditions, 298
– Nouvelle approche, 297
– Revendications identitaires, 297
Révision judiciaire, 296
Statistique, 309, 312
Statut des enfants après la réassignation sexuelle, 302
Statut familial, 299, 303
Traitements médicaux et chirurgicaux, 289, 291, 297, 298, 308
Transgenre, 284, 294
Union civile, 300, 301

Travailleur social

Évaluation psychosociale, 717

Tribunal

Absence
– Autorisation d'agir sans le consentement de l'autre conjoint, 43
– Charges familiales, 50
– Liquidation ou partage du patrimoine, 51
Accès à l'information, 199
Actes de l'état civil
– Confection d'un nouvel acte, 385
– Contradiction entre constat et déclaration, 387, 402
– Délivrance des copies, 412
– Faits hors Québec, 394, 397, 404
– Reconstitution, 404, 405
– Rectification, 288, 400, 402
Action en justice du mineur, 509
– Notion de discernement, 499, 659
Assemblée des parents, alliés et amis
– Convocation, 638, 639
– Sanction des irrégularités, 644
Capacité juridique
– Besoins ordinaires et usuels du mineur, 506
– Conciliation des parties, 436
– Responsabilité civile, 500
Changement de nom, 233
– Révision, 269, 270
Conseil de tutelle
– Composition, 629-632
– Constitution, 637
– Démission du membre, 635
– Dispense de convocation, 638, 639, 645
– Révision de la décision, 637, 648
– Sanction des irrégularités, 644

Conseiller au majeur
- Actes spécifiquement indiqués par le tribunal, 755

Consentement aux soins du mineur, 129
- Conciliation des parties, 129

Curatelle au majeur
- Actes antérieurs à l'ouverture d'une curatelle, 453, 740
- Garde du majeur, 752
- Nomination du curateur, 742
- Nomination du curateur public, 750

Décès
- Déclaration, 37, 53-56, 63
- Jugement, 53, 54, 56-59, 62, 63, 66-68

Décisions de la Commission d'accès à l'information
- Homologation, 199

Décisions du Directeur de l'état civil
- Autorisation, 372, 415
- Révision, 372, 400

Demande relative à l'intégrité de la personne, 157, 158
- Appel, 158
- Délai pour se prévaloir d'une autorisation, 158
- Gestion de l'instance, 158
- Prise d'effet du jugement, 158
- Réforme de 2014 de la procédure civile, 157, 158
- Règles relatives à la représentation et à l'audition, 158
- Révision judiciaire, 158
- Tribunal compétent, 157

Détermination du domicile, 338-342

Dommages-intérêts
- Préjudice corporel d'un mineur, 504

Droits de l'enfant
- Désignation d'un tuteur *ad hoc*, 664, 665
- Droit de parole, 658, 659
- Représentation par avocat, 663, 674
- Témoignage, 660-662

Droits de la personnalité, 84

Émancipation, 519, 520, 526, 528, 529, 533

Garde en établissement et évaluation psychiatrique, 209-211
- Jugement exécutoire, 211
- Suspension du jugement, 211

Gestion du produit du travail du mineur, 508, 611

Incapacité juridique, 435
- Degré d'aberration mentale, 454
- Nullité des actes, 454, 469, 471, 473

Lésion
- Exploitation des personnes âgées ou handicapées, 704
- Réduction des obligations, 478

Mandat de protection, 790
- Avis et autorisation, 796
- Constatation de l'aptitude du mandant, 779, 805, 807, 808
- Homologation, 143, 145, 782-789, 799, 800
- Réduction du montant des dommages-intérêts dont le mandataire est tenu, 770, 791
- Refus, 779, 781, 783, 785, 810
- Rémunération du mandataire, 770
- Révocation, 810, 811
- Vérification de l'inaptitude, 780, 785, 786, 805

Mort
- Détermination, 25

Refus des soins, 109, 157, 158

Régime de protection du majeur, 436, 687, 712, 719
- Garde provisoire, 730
- Interrogatoire du majeur, 720, 725
- Jugement, 733, 734, 760, 761, 763
- Mesures conservatoires, 731
- Obligation de consultation, 728
- Réévaluation périodique, 763
- Révision de la décision, 734

Soins
- Avis du conseil de tutelle, 625
- Consentement substitué, 114, 129

Transsexualisme, 296, 308

Tutelle, 536
- Administrateur provisoire, 599, 604
- Avis du conseil de tutelle, 625
- Scission, 582

Tutelle à l'absent, 46, 47, 49

Tutelle *ad hoc*, 564, 625

Tutelle au majeur
- Assistance du tuteur, 757
- Degré de capacité, 744
- Garde du majeur, 752
- Jugement, 744, 745, 758
- Nomination du curateur public, 750

Tutelle dative, 556-563
- Conflit en cas de double désignation, 551
- Conflit quant à l'autorité sur l'enfant, 553
- Contestation de la désignation du tuteur, 554
- Conversion en tutelle légale, 537
- Rémunération du tuteur, 578-580

Tutelle judiciaire, 556-563

Tutelle légale, 541-543
- Rémunération du tuteur, 574

Tuteur
- Avis du conseil de tutelle, 625
- Démission, 599, 607

– Désignation d'un tuteur *ad hoc*, 664, 665
– Destitution, 600
– Nomination judiciaire d'un nouveau tuteur, 602, 604
– Reddition de compte, 596
– Rémunération, 574, 578-580

Voir aussi **Autorisation judiciaire**, **Régime de protection du majeur**, **Tribunal administratif du Québec**

Tribunal administratif du Québec

Garde en établissement et évaluation psychiatrique, 210, 211, 213, 216

Trouble mental

Voir **Garde en établissement et évaluation psychiatrique**, **Majeur inapte**, **Régime de protection du majeur**, **Soins**

Tutelle, 433

Absence, 42-49
Administrateur provisoire, 599, 604
Administration, 536, 607-621, 625, 626
Automaticité, 536
Caractères, 568-584
Charge obligatoire, 573
Charge personnelle, 536, 570
Compte définitif, 496, 532, 585, 595, 596, 605, 624
Conditions de bon fonctionnement, 585
Contrôle, 496, 536, 581, 585, 587, 594, 622, 624, 627, 628, 634, 645
Conversion d'une tutelle publique en tutelle privée, 603
Curateur public, 49, 536, 569, 571, 582, 603, 619, 627
Déférence, 47, 536, 550-564, 566, 567, 582, 632
Définition, 536
Directeur de la protection de la jeunesse, 536, 560-563, 566, 569, 571, 576, 582, 603, 627
Divisibilité, 582
Domicile, 320, 348-350, 584
Émancipation, 521, 522
Fin, 595, 597, 605
Fondement, 536
Formalités, 585-596
Gestion des biens du mineur, 569, 583
Gratuité, 578, 619, 620
Incessibilité, 570
Inventaire, 585, 589-592
Mesure de protection, 536, 560-563, 568, 576, 578, 586, 597, 598, 603, 606, 608, 614, 627
Origine latine, 536
Pluralité, 582, 583
Pouvoir d'ester en justice (tuteur à la personne), 583
Pouvoirs, 536
Prodigalité, 611
Registre, 427
Reliquat, 586, 595, 605
Scission, 582
Siège, 584

Sûreté, 585, 593
Surveillance, 510, 622, 634
Unicité, 581
Vacance, 556, 557
Valeur des biens inférieure ou supérieure à 25 000 $, 561, 582, 587, 593, 616, 625
– Dévaluation réelle (indice des prix à la consommation), 587
Valeur des biens supérieure à 100 000 $, 594
Voir aussi **Assemblée des parents, alliés et amis**, **Conseil de tutelle**, **Mineur**, **Tutelle *ad hoc***, **Tutelle au majeur**, **Tutelle dative**, **Tutelle judiciaire**, **Tutelle légale**, **Tuteur**

Tutelle à l'absent
Voir **Absence**

Tutelle *ad hoc*, 564-567, 711
Caractéristiques, 564
Conseil de tutelle, 564, 566, 567
Départage des intérêts du mineur et de son tuteur, 564, 664
Intervention du tribunal, 564, 566
Normes de probité et de désintéressement, 564
Pouvoir discrétionnaire du tribunal, 564, 664
Procédure de nomination du tuteur *ad hoc*, 565-567
Réforme de 2014 de la procédure civile, 564, 664
Représentation de l'enfant, 564, 664, 665
Suspension des procédures, 564, 664
Tutelle dative, 564
Voir aussi **Tuteur *ad hoc***

Tutelle au majeur, 454, 711, 733, 743-747
Actes exclusivement personnels, 736
Actes faits par le majeur sans l'assistance du tuteur, 758
Actes faits seul par le majeur, 746
Alliance thérapeutique entre le centre d'hébergement et le majeur, 733
Assistance du tuteur, 745, 757, 758
Curateur public, 750-753, 759
Division, 745
Domicile, 351
Étendue de l'inaptitude, 743, 744
Flexibilité, 74
Jugement, 744, 745, 758
Lésion, 746
Mandat de protection, 781, 800, 809
Nullité des actes, 746
Prélèvement d'organes et de tissus, 143, 145
Prodigalité, 743
Réduction des obligations, 746
Réévaluation périodique, 763
Régime adapté à chaque cas, 744

Registre, 427, 520
Règles applicables de la tutelle au mineur, 711, 728, 745, 759
Règles applicables du conseiller au majeur, 758
Règles relatives à l'exercice des droits civils du mineur, 744, 746
Révision, 757, 761-764
Spécificité du régime, 743, 744, 757
Statistiques, 765
Surveillance, 760
Tutelle légale, 712
Vacance, 759
Voir aussi **Régime de protection du majeur**, **Tuteur au majeur**

Tutelle au mineur
Voir **Tutelle**

Tutelle dative, 536, 549-563
Avis d'acceptation ou de refus, 554, 588
Conversion en tutelle légale, 537
Déclaration au curateur public, 550, 551, 572, 637
Double désignation, 551
Entrée en fonction du tuteur, 550, 554
Exception, 549
Garde de l'enfant, 553
Gratuité, 562, 578
Intervention du tribunal, 551, 553, 556-563
Mandat de protection, 550, 551, 637
Nature, 552
Présomption, 554
Principe, 549
Rémunération, 562, 578
- Critères d'établissement, 579
- Exception, 578
- Révision, 580
Testament, 550, 551, 555, 572, 637
Unicité, 551, 581

Tutelle de père et mère
Voir **Tutelle légale**

Tutelle judiciaire, 556-563
But, 556
Désistement de la contestation, 559
Enfant en situation d'abandon ou de danger, 556, 557, 560-563, 568, 576, 578, 597, 603, 627
Exception au principe du monopole décisionnel des tribunaux, 557
Procédure, 557-559
Réforme de 2014 de la procédure civile, 557, 559
Subsidiaire, 556
Voie judiciaire, 558
Voie notariale, 557, 559

Tutelle légale, 537-548, 711
Absence, 52

Actes nécessitant une autorisation, 608
Adoption, 547
Automaticité, 536, 538, 568, 588
Autorité parentale, 537-539
Capacité juridique, 568
Caractéristiques, 538
Charge obligatoire, 572, 588, 598
Collégialité, 538, 540, 542, 575
Conversion de la tutelle dative, 537
Curateur public, 548, 577, 683
Déchéance de l'autorité parentale, 539, 542, 543, 546, 557
Directeur de la protection de la jeunesse, 350, 546, 547
Dispense, 586, 617
Enfant à naître, 15, 544, 545
Formalités, 586
Frais, 574
Garde de l'enfant, 542, 546, 568
Gratuité, 574
Institution juridique autonome, 539
Intervention du tribunal, 541-543
Inventaire des biens, 627
Objectif, 537
Obligations, 540, 574
Parents, 15, 538-543
Perte, 542, 543, 546
– Motifs graves, 542, 543
Reddition de compte, 15, 586, 627
– Dispense, 496, 586
Réforme du Code civil, 537, 548
Régime de protection du majeur, 568
Règle, 538, 540
Reliquat, 586
Rémunération, 574, 575
Rétablissement, 539, 543, 562
Sûreté, 586, 593, 627
Valeur des biens inférieure ou supérieure à 25 000 $, 566, 586, 617, 627

Tuteur, 536
À l'absent, 42, 45, 48-51, 53
Abus de pouvoirs, 619-621
Accès aux livres et comptes, 594
Actes interdits, 618
Actes nécessaires à la conservation du bien, 613, 616
Actes nécessitant une autorisation, 464, 510, 615-618, 645
Actes non autorisés, 513, 514, 605
Assistance, 463, 521, 522, 525
Assurance, 613
Assurance-responsabilité, 593, 619
Aux biens, 556, 581, 583, 600, 615
– Absence, 42, 45, 48-51, 53
– Divisibilité, 582
– Personne morale, 569
– Pluralité, 582-584, 594
– Reddition de compte, 594
– Remplacement, 602
– Responsabilité personnelle, 583
– Scission, 582

Avis d'acceptation ou de refus, 554, 585, 588
Biens administrés, 582, 594, 605, 609-611, 618
Biens donnés ou légués au mineur, 611
Cautionnement, 593
Changement, *voir* Remplacement
Charge personnelle, 536, 570
Conflit d'intérêts, 466, 609, 626
Constitution du conseil de tutelle, 617
Contrôle, 496, 514, 569
Décès, 556, 597
Démission, 556
- Conditions, 599
- Contrôle judiciaire, 599, 607
- Exercice de la charge pendant l'instance, 599
- Principe, 598
- Réforme de 2014 de la procédure civile, 599

Destitution, 507, 522, 600-602
- Abus de pouvoir, 619
- Insouciance à l'égard de l'intérêt du mineur, 601
- Intervention du tribunal, 600
- Jugement exécutoire nonobstant l'appel, 602
- Motifs graves, 600, 601
- Procédure, 602

Devoir d'assistance, *voir* Assistance
Devoirs fondamentaux, 608, 609
Domicile de l'enfant, 332, 348-350
Dommages-intérêts, 609, 619, 620
Dommages punitifs, 609
Donation, 525, 617, 618
Émancipation, 463, 520-523
Étendue des pouvoirs, 510, 610
Faillite, 601
Fiducie, 611
Fin de la charge tutélaire, 597-606
Formalités, 585
Frais, 574, 592, 593, 595, 619
Garantie hypothécaire, 593
Honoraires, 577
Honnêteté et loyauté, 609, 618
Impossibilité d'agir, 556, 600
Imprudence, 614, 620
Inaptitude, 600
Incapacité de jouissance, 447, 469
Inventaire, 585, 589-592
- Contenu, 592
- Contestation, 589, 590
- Copie, 589-591
- Délai, 589, 591, 600
- Dispense, 586, 589
- Forme, 592
- Mineur de 14 ans et plus, 590
- Refus de procéder à l'inventaire, 600

Mariage du mineur, 464, 510
Multiplicité, 582-584, 594
Négligence, 614, 620

Nouveau tuteur, 570, 589, 595, 604
- Nomination judiciaire, 602, 604

Nullité des actes, 469, 619

Obligation de rendre compte de son administration, *voir* Reddition du compte

Opposition d'intérêts, 665

Personne morale, 569

Personne physique, 568

Prélèvement d'organes et de tissus, 143, 145

Prudence et diligence, 501, 608, 614

Rapport, 586, 594

Recherche susceptible de porter atteinte à l'intégrité (expérimentation), 151, 153, 157

Recours du mineur à l'égard du tuteur, 514, 619

Reddition du compte, 496, 513, 521, 594-596, 619
- À l'amiable, 596, 606
- Accès aux livres et comptes, 594
- Compte annuel, 583, 585, 590, 594, 626
- Compte définitif, 496, 532, 585, 595, 596, 605, 624
- Dispense, 586
- Frais, 595
- Vérification par un expert, 594

Remplacement, 556, 572, 588, 597, 599, 602, 604, 605
- Exercice de la charge pendant l'instance, 604
- Jugement, 604

Rémunération, 574, 575, 578-580

Responsabilité, 501, 514, 583, 599, 619
- Envers les tiers, 621
- Limites, 620

Simple administration, 599, 612-618
- Actes nécessitant une autorisation, 616
- Placement présumé sûr, 608, 614, 620
- Pouvoirs, 612, 615

Sûreté, 585, 586, 593, 616

Surveillance, 561, 566, 619, 623, 624

Tutelle judiciaire, 557

Voir aussi **Tuteur *ad hoc*, Tuteur au majeur**

Tuteur *ad hoc*, 158, 456, 564-567, 609, 625, 657, 664, 665, 687, 719, 726, 727, 785

Tuteur au majeur

Actes faits régulièrement, 747

Assistance, 745

Délégation de la garde, 134, 748

Demande relative à l'intégrité de la personne, 157, 158

Destitution, 759, 760

Devoir d'assurer le bien-être moral et matériel du majeur, 748

Devoir de garde, 748

Devoir d'information, 685, 688, 697

Domicile, 351
Engagement volontaire de remédier à la situation, 760
Faute intentionnelle ou lourde, 749
Garde en établissement et évaluation psychiatrique, 204, 211-213, 216
Inventaire, 759
Nomination, 760
Obligations, 745
Pouvoirs, 457
Pouvoirs d'administration, 745
Protection du majeur inapte, 685, 689, 692, 749, 798
Recherche susceptible de porter atteinte à l'intégrité (expérimentation), 153, 157
Recours du majeur, 747
Reddition de compte, 759
Remplacement, 759, 760
Responsabilité du fait de la personne protégée, 749
Soins, 114, 134, 135
Sûreté, 759
Surveillance, 759, 760

Tuteur au mineur
Voir **Tuteur**

Tuteur aux biens
Voir **Tuteur**

-U-

Union civile
Absence du conjoint, 41, 52, 58, 60, 64
Absence de document, 386
Accès à l'information, 195
Acte, 380
– Mentions en marge, 391
Caractère incomplet du document, 386
Certificat, 410
Conditions d'ouverture, 380
Conjoints de même sexe, 380
Contrat
– Inscription aux registres, 427
Déclaration de décès, 383
Déclaration de naissance, 377
Déclaration tardive, 386
Domicile, 335-337
État de la personne, 362
Nullité, 392
Recherche susceptible de porter atteinte à l'intégrité (expérimentation)
– Consentement substitué, 154
Régime de protection du majeur
– Demande d'ouverture, 713
Résidence, 336
Transsexualisme, 300, 301, 303
Vie commune, 336
Voir aussi **Dissolution de l'union civile, Régime d'union civile**

Union de fait
Changement de nom, 252

Soins
– Consentement substitué, 114

Urgence

Atteinte à la personne d'autrui, 101

Communication des renseignements personnels
– Exception au principe du consentement, 193

Définition, 121

Droit à l'inviolabilité
– Exception, 101, 121

Garde en établissement et évaluation psychiatrique, 204, 207, 211, 214, 215

Immunité, 121

Interprétation restrictive, 121

Prélèvement d'organes et de tissus *post mortem*, 162

Preuve, 121

Recherche susceptible de porter atteinte à l'intégrité (expérimentation), 151-154, 156

Régime de protection du majeur
– Actes d'administration urgents, 731
– Demande d'ouverture, 719

Soins, 101, 107, 113, 121, 122, 126, 130, 131, 133
– Devoir d'information, 113

Tutelle à l'absent, 48

Tutelle légale, 540

Usage de la force

Garde en établissement et évaluation psychiatrique, 215

Usurpation de nom

Voir **Nom**

-V-

Vaccination, 101

Valeurs morales

Voir **Droit à l'honneur, Droit à la dignité, Droit à la réputation, Droit au respect de la vie privée**

Viabilité

Voir **Enfant à naître, Enfant non viable**

Vice de consentement

Voir **Consentement**

Vie

Concept non défini par le droit, 1

Voir aussi **Mort, Naissance**

Vie préjudiciable

Voir **Action pour vie préjudiciable**

Vie privée

Voir **Droit au respect de la vie privée**

Vieillissement

Voir **Personne âgée**

Violence

Levée du secret professionnel, 190

Voix
Atteinte, 183
Caractère commercial, 86
Droit, 84
Droit à l'anonymat, 183
Écoute clandestine, 183
Interception d'une communication privée, 183
Protection particulière, 183
Utilisation, 183

Volonté pour autrui
Voir **Représentation**

Vulnérabilité
Voir **Exploitation**

-W-

Wrongful life
Voir **Action pour vie préjudiciable**